आधुनिक हिन्दी गद्य साहित्य का विकास और विश्लेषण

आधुनिक हिन्दी गद्य साहित्य का विकास और विश्लेषण

विजयमोहन सिंह

भारतीय ज्ञानपीठ

लोकोदय ग्रन्थमाला : ग्रन्थांक 1213

आधुनिक हिन्दी गद्य साहित्य का विकास और विश्लेषण
(आलोचना)
विजयमोहन सिंह

दूसरा संस्करण : 2015
मूल्य : 750 रुपये

ISBN 978-93-263-5247-5

प्रकाशक : भारतीय ज्ञानपीठ
18, इन्स्टीट्यूशनल एरिया, लोदी रोड, नयी दिल्ली-110 003

मुद्रक : विकास कम्प्यूटर ऐंड प्रिंटर्स, दिल्ली

आवरण-सज्जा : ज्ञानपीठ कला प्रभाग

AADHUNIK HINDI GADYA SAHITYA KA
VIKAS AUR VISHLESHAN
(Criticism)
by Vijay Mohan Singh

Published by : **Bharatiya Jnanpith**
18, Institutional Area, Lodi Road, New Delhi-110 003
Ph. : 011 24698417, 24626467; 23241619 (Daryaganj)
Mob. : 9350536020; e-mail : bjnanpith@gmail.com
sales@jnanpith.net, website : www.jnanpith.net

Second Edition : 2015
Price : Rs. 750

पूर्वकथन

अपनी किसी पुस्तक की भूमिका लिखना मेरे लिए असुविधा का विषय रहा है; एक तो शुद्ध आलस्य के कारण। दूसरा यह मानकर कि पाठक शायद बहुत-सी बातें समझ न सके, उसे अलग से समझाना ज़रूरी है! यह पाठक के विवेक पर अविश्वास करना होगा। तीसरा यह कि ऐसा कुछ रह गया है 'जो कहा नहीं गया' उसे अलग से कहना ज़रूरी है।

यह पुस्तक इतिहास नहीं है, आधुनिक हिन्दी गद्य साहित्य के विकास का विश्लेषण है। इतिहास न कहने पर जोर इसलिए है कि हिन्दी में अभी तक जो साहित्य के इतिहास लिखे गये हैं (अपवाद स्वरूप एक हद तक शुक्ल जी के इतिहास को छोड़कर) वे इतिहास के नाम पर लेखकों और पुस्तकों के सूचीपत्र अधिक रहे हैं। ऐसा भी नहीं है कि वे साहित्येतिहास की किसी विशेष वैज्ञानिक पद्धति से लिखे गये हों। अधिकांशत: वे वैसे ही खतियाकर रख दिये गये हैं। फिर उनका जोर 'कालविभाजन' और उनके शीर्षकों को लेकर रहा है जो एक अप्रासंगिक किस्म की फतवेबाजी ही रही है। हाँ इस पुस्तक में आधुनिक को लेकर मेरा मतभेद ज़रूर रहा है। सामान्यत: आधुनिकता की विशेषताओं को लेकर और उससे जुड़े विशेष भावबोध को समझे बिना छापाखाना, टेलीफ़ोन, रेलवे आदि के आगमन के आधार पर आधुनिक युग का आगमन घोषित कर दिया गया है। अब चूँकि आधुनिकता को बहुत कुछ परिभाषित कर दिया गया है और उसकी विशेषताओं को रेखांकित किया जा चुका है इसलिए इस पुस्तक में इस सन्दर्भ में आधुनिकता को नये सिरे से परिभाषित तथा विश्लेषित करने की चेष्टा की गयी है।

इसके अलावा नामोल्लेख की भरमार से बचने की भी भरसक कोशिश की गयी है। (यद्यपि हमेशा ऐसा नहीं हो सका है) और उन्हीं नामों को रेखांकित कर उनकी कृतियों को विश्लेषित किया गया है जिनका गद्य विधा के विकास में विशेष योगदान रहा है। प्राय: आवंछित तथा लघुतर नामों को या तो छोड़ दिया गया है या उनका उल्लेख मात्र ही किया गया है। भले ही इससे कुछ लोग उपेक्षित महसूस करें पर उन्हें उपकृत करने के लिए समय तथा पृष्ठों के अपव्यय से बचा गया है।

विकास तथा विश्लेषण की भी मेरी अपनी विशेष पद्धति तथा दृष्टि रही है।

उसके अभाव में तो पुस्तक लिखने की आवश्यकता ही नहीं थी। प्राय: इस विशेष दृष्टि को ही पूर्वग्रह मान लिया जाता है। किन्तु इसके अभाव में कोई आलोचना रचना के स्तर तक पहुँच ही नहीं सकती। यानी यह पुस्तक न केवल इतिहास नहीं है बल्कि आलोचना को भी रचनात्मक ढंग से प्रस्तुत करने का प्रयत्न है।

यहाँ 'विकास' शब्द को भी समझने की ज़रूरत है, 'विकास' का मतलब यह नहीं है कि उसके ग्राफ की रेखाएँ हमेशा ऊपर की ओर जाती हुई दिखाई जाएँ क्योंकि परिवर्तन की गति हमेशा ऐसी होती नहीं, वह 'युग परिवर्तन' के साथ कभी ऊपर और कभी नीचे की ओर भी जाती दिखाई देती है। हम उसे भी 'विकास' कहेंगे, केवल हमारी विश्लेषण पद्धति उसे पृथक दृष्टि और पृथक ढंग से समझने की कोशिश करे।

अत: पुस्तक में 'इतिहास' कम, आलोचना अधिक मिलेगी, यानी आधुनिक हिन्दी गद्य साहित्य का आकलन तथा मूल्यांकन (मेरी अपनी दृष्टि से)। यहीं विवाद तथा मतभेद की गुंजाइश शुरू हो जाती है— पसन्द अपनी-अपनी, ख़याल अपना-अपना! एक समय की बहुप्रसंशित तथा तब के मानकों के आधार पर हाई पेडस्टल स्थित कुछ कृतियाँ मेरी मूल्यदृष्टि में उतनी मूल्यवान नहीं सिद्ध हो पायी हों जितनी तब मान ली गयी थीं और इसके ठीक विपरीत कुछ कृतियाँ या तो उपेक्षित रह गयी हों या उतनी महत्त्वपूर्ण न मानी गयी हों जितनी मेरी दृष्टि में आज हो गयी हैं।

ऐतिहासिक उपन्यासों को एक अलग अध्याय और श्रेणी में रखा गया है। ऐसा केवल इसलिए नहीं कि वे इतिहास के अलग कालखंड से रू-ब-रू होते और उन्हें विश्लेषित और प्रस्तुत करते हैं, बल्कि इसलिए कि वे प्राय: इतिहास की समकालीनता सिद्ध करने की कोशिश करते हैं या वर्तमान को इतिहास या अतीत पर प्रक्षेपित करने की कोशिश करते हैं। इससे उनके लेखकों की जीवन-दृष्टि तथा आग्रहों (या दुराग्रहों) का पता चलता है। कथा की आधारभूमि का स्थानान्तरण हो जाने से उनकी संरचना का भी रूपान्तरण हो जाता है। यही तत्त्व ऐतिहासिक उपन्यासों और समसामयिक उपन्यासों में अन्तर स्थापित करते हैं, इसीलिए उन्हें अलग श्रेणी में रखा गया है।

इसी तरह 'महिला लेखिकाओं को भी एक अलग अध्याय तथा श्रेणी में रखा गया है (जबकि ऐसा होना नहीं चाहिए- यह लिंग भेद क्यों?)। ऐसा इसलिए करना पड़ा क्योंकि (बाक़ी क्षेत्रों के विषयों तथा भूमि की तरह) एक तो लेखन के क्षेत्र में महिलाओं का पदार्पण अपेक्षाकृत देर से हुआ और दूसरा इसलिए कि जीवन, समस्याओं और सवालों को देखने तथा उनसे जूझने का उनका नजरिया पुरुष लेखकों से भिन्न दिखाई पड़ता है; कभी वे अपने को पीड़ित तथा प्रताड़ित दिखाई गयी हैं

और कभी लेखन के विकास के उत्तरकालीन पक्ष में जुझारू, लड़ाकू तथा प्रतिरोधक जीवनशक्ति के रूप में। यह दृष्टिकोण उनके लेखन को पुरुष-लेखन से सर्वथा भिन्न रूप दे देता है। अत: उन्हें भिन्न श्रेणी में रखना ही उचित लगा।

इसके अलावा पुस्तक में गध साहित्य की विभिन्न विधाओं को उनके विधागत स्वरूप के अनुरूप ही विश्लेषित किया गया है। क्रमश: गद्य साहित्य की विधाओं में इतनी विभिन्नता आयी है, उनकी संख्या में इतनी वृद्धि हुई कि सबको समेट पाना प्राय: असम्भव प्रतीत हुआ क्योंकि यह एक पृथक पुस्तक में ही कर पाना सम्भव हो सकता था। अत: उस पक्ष की सीमाएँ स्पष्ट दिखेंगी।

एक मंशा यह भी थी कि गद्य भाषा के विकास तथा परिवर्तनों को विस्तार से विश्लेषित किया जाय, किन्तु यह कार्य भी आधे-अधूरे ढंग से ही हो सका। रचना की भाषा और चिन्तन की भाषा में कितना और क्या अन्तर होता है। यह कार्य भी योजना के अनुरूप सम्पूर्ण ढंग से सम्पन्न नहीं हो सका है।

आदिवासी और दलित गद्य लेखन पर भी विधिवत विचार नहीं हो सका है। यह सब और भी बहुत कुछ योजना के अनुसार नहीं हो सका है। इस पुस्तक की ये कुछ स्पष्ट सीमाएँ हैं, जिन्हें लेखक प्रारम्भ में ही स्वीकार कर लेना चाहता है। सीमाएँ और भी होंगी जिन्हें पाठक और समीक्षक लक्ष्य करेंगे तो सामने आएँगी।

लेखक भारतीय ज्ञानपीठ तथा उसके निदेशक श्री रवीन्द्र कालिया का विशेषरूप से आभारी है (यह तो प्रारम्भ में ही स्पष्ट कर देना चाहिए था) क्योंकि उनके फेलोशिप के रूप में अनुदान के बिना पुस्तक लेखन सम्पन्न ही नहीं हो सकता था, बल्कि उसे लिखने का विचार ही लेखक के मस्तिष्क में नहीं आया होता। इसके अतिरिक्त लेखक डॉ. रामचन्द्र तिवारी का भी अत्यन्त आभारी है जिनकी पुस्तक 'आधुनिक हिन्दी गद्य साहित्य' से उनके नाम और तिथियाँ आदि लेकर उद्धृत की गयी हैं।

—विजयमोहन सिंह

अनुक्रम

आधुनिकता और आधुनिकता

इक्कीसवीं सदी में अब आधुनिकता के प्रश्न पर फिर से विचार करना अप्रासंगिक तथा अनावश्यक लग सकता है, खासतौर पर जब उत्तर आधुनिकता पर भी बहस की धूल-सी बैठने लगी हो।

किन्तु इतिहास के सन्दर्भ में इस पर बहस आज भी प्रासंगिक है, क्योंकि इतिहास हर चीज को पुन:परिभाषित करने की माँग करता है। इतिहास घटनाओं के विकास या परिवर्तन का चित्रण मात्र नहीं है। वह उन्हें पुनर्विश्लेषित भी करना चाहता है, उन्हीं परिवर्तनों के सन्दर्भ में।

हम यहाँ साहित्य के इतिहास की बात कर रहे हैं, बल्कि उससे भी सीमित अर्थ में हिन्दी के आधुनिक गद्य-साहित्य के इतिहास की बात।

ज्यादातर आधुनिक हिन्दी साहित्य के इतिहासकार आधुनिकता को बिना परिभाषित किये ही साहित्य के एक विशेष कालखंड को आधुनिक काल कहकर उस काल के साहित्य के बारे में लिखते गये हैं—गतानुगतिक ढंग से। हिन्दी साहित्य के सबसे बड़े इतिहासकार आचार्य रामचन्द्र शुक्ल ने भी सुविधानुसार समय विभाजित करते हुए उन्नीसवीं सदी के आसपास लिखे जानेवाले साहित्य को आधुनिक मान लिया है—अधिक से अधिक उसे मुगल शासन के पतन और अँग्रेजों के आगमन से जोड़कर। उन्होंने उसी समय से लिखे जानेवाले गद्य को भी खड़ी बोली का गद्य या आधुनिक हिन्दी गद्य मान लिया। हालाँकि वे खड़ी बोली के आरम्भ को बहुत पीछे तक खींचकर ले जाते हैं, पर मान लेते हैं कि जैसे ही अँग्रेज आये, उस गद्य में आधुनिकता भर गयी। उन्होंने न तो आधुनिकता को परिभाषित करने की कोशिश की है और न वे परिस्थितियाँ बताई हैं, जिनके कारण हिन्दी साहित्य में आधुनिकता आयी।

पर फिलहाल हमें इस पचड़े में न पड़कर देखने की जरूरत है कि शुक्ल जी ने खड़ी बोली के गद्य के विकास के बारे में क्या कहा है। इससे कई बातें स्पष्ट होंगी। आधुनिकता के बारे में उनकी धारणा भी सामने आ जाएगी। यहाँ भी एक बात आश्चर्यजनक लगती है कि शुक्ल जी ने इस पर भी विधिवत विचार

नहीं किया है कि क्यों हिन्दी साहित्य में अभिव्यक्ति का माध्यम ब्रजभाषा से हटकर खड़ी बोली या हिन्दी बन गई। उन्होंने तो इसे 'ईश्वर का अनुग्रह' ही माना है। अपने इतिहास के आधुनिक काल वाले खंड में वे लिखते हैं, "अतः 'भगवान का यह भी अनुग्रह' ही समझना चाहिए कि यह भाषा-विप्लव ब्रजभाषा तथा खड़ी बोली के बीच में ही हुआ और खड़ी बोली जो कभी अलग और कभी ब्रजभाषा की गोद में दिखायी पड़ जाती थी धीरे-धीरे व्यवहार की शिष्ट भाषा लेकर गद्य के मैदान में दौड़ पड़ी।"

शुक्ल जी ने खड़ी बोली के गद्य के मैदान से दौड़ने के भी जो कारण बताए हैं, वे भी अन्तर्विरोधों से भरे हैं। इस प्रसंग पर हम बाद में आयेंगे। पहले यह जान लें कि यह कवि सुमित्रानन्दन पन्त थे, जिन्होंने अपने काव्य संग्रह 'पल्लव' की भूमिका में विस्तार से विचार किया है कि अभिव्यक्ति माध्यम क्यों ब्रजभाषा से खड़ी बोली यानी हिन्दी में रूपान्तरित हो गया। उन्होंने इसके कारणों का तार्किक तथा ऐतिहासिक विवेचन किया है।

अब शुक्ल जी द्वारा खड़ी बोली के विकास के जो कारण बताए गये हैं, उन्हें देखें— "देश के भिन्न-भिन्न भागों में मुसलमानों के फैलने तथा दिल्ली की दरबारी शिष्टता के प्रचार के साथ ही खड़ी बोली शिष्ट समुदाय के परस्पर व्यवहार की भाषा हो चली थी।" अतः उनके अनुसार पहली बात तो यह कि खड़ी बोली का विकास शिष्ट समुदाय की भाषा के रूप में हुआ। दूसरी बात यह कि खड़ी बोली का विकास व्यवहार की भाषा होने के रूप में हुआ। दूसरी बात यह कि खड़ी बोली व्यवहार की भाषा होने के कारण मुख्यतः गद्य भाषा के रूप में ही फैली। और तीसरी बात यह कि खड़ी बोली के प्रचार-प्रसार में मुसलमानों और मुग़ल दरबारों की मुख्य भूमिका थी। लेकिन अगले ही पैराग्राफ में वे लिखते हैं, "मुग़ल साम्राज्य के ध्वंस से खड़ी बोली के फैलने में सहायता पहुँची।" यह एक अन्तर्विरोधी वक्तव्य है—मुसलमानों तथा मुगल दरबारों ने खड़ी बोली के प्रसार में मदद भी की और मुग़ल साम्राज्य के ध्वंस यानी मुग़ल दरबारों की बरबादी से भी खड़ी बोली के फैलने में मदद पहुँची?

ये दोनों बातें कैसे सम्भव या सच हो सकती हैं? लेकिन शुक्ल जी का तात्पर्य कुछ और है। वे शायद कहना चाहते हैं कि मुगल साम्राज्य के काल में खड़ी बोली दिल्ली, आगरा तथा आसपास तक सीमित थी, किन्तु मुग़ल साम्राज्य के ध्वंस के बाद वह महज दरबारों तक सीमित न रहकर लखनऊ, बनारस और मुर्शिदाबाद आदि जगहों तक फैलने लगी, क्योंकि ये दरबारी लोग भी जगह-जगह फैलने लगे।

इसी के साथ उन्हीं के अनुसार दिल्ली और आगरा के अनेक मुसलमान

शायर और साहित्यकार भी इन जगहों तक फैल गये। यानी कुल मिलाकर पता यह चलता है कि खड़ी बोली को फैलाने में निश्चित रूप से मुसलमानों ने मुख्य भूमिका निभाई।

इसके अतिरिक्त यह सर्वविदित तथ्य है कि किसी भी भाषा के प्रचार-प्रसार तथा स्वाभाविक विकास में बाजार तथा व्यापार की भी एक बड़ी भूमिका होती है। खड़ी बोली के साथ भी यही हुआ। जैसे-जैसे दिल्ली और आगरा के व्यापारी पूरब की ओर बढ़ने लगे, वैसे-वैसे खड़ी बोली के विकास का दायरा भी विस्तृत होता गया। शुक्ल जी की बातों से ही हमें पता चलता है कि मुसलमानों ने ही खड़ी बोली को जगह-जगह फैलाया। यही नहीं बल्कि दरबारों से निकलकर जो खड़ी बोली हाट-बाजार तक पहुँची, वह उर्दू-हिन्दी मिश्रित थी। यानी इन दोनों बोलियों का विकास जुड़वाँ बहनों की तरह एक साथ तथा एकरूपता लिये हुए स्वाभाविक रूप से हुआ। लेकिन स्वयं यह सब कहने तथा साबित करने के बाद भी न जाने क्यों शुक्ल जी हिन्दी यानी खड़ी बोली को तो स्वाभाविक विकास वाली भाषा मानते हैं, पर उर्दू को 'गढ़ी हुई' और इस देश की स्वाभाविक भाषा नहीं मानते (जैसा कि हम उनके ऊपर के कथन से देख आये हैं)। जैसे अपने ही द्वारा साबित की गयी बात स्वयं उनके गले नहीं उतरती। तभी वे आगे कहते हैं, ''कुछ लोगों का यह कहना या समझना कि मुसलमानों के द्वारा ही खड़ी बोली अस्तित्व में आयी और उसका मूल रूप उर्दू है, जिससे आधुनिक हिन्दी गद्य की भाषा अरबी, फारसी आदि शब्दों से निकालकर गढ़ ली गयी, शुद्ध भ्रम या अज्ञान है।'' साफ है कि पता नहीं किन कारणों से शुक्ल जी खड़ी बोली के प्रसार-प्रचार का श्रेय अपने ही तर्कों से खंडित करते हुए मुसलमानों को नहीं देना चाहते। कुछ लोगों को उनकी इन बातों से साम्प्रदायिक भावना की बू आ सकती है। आखिर जिस भाषा का विकास दुकानदारों, व्यापारियों, पर्यटकों तथा अन्य कारणों से स्थान्तरित होनेवालों के द्वारा हुआ, वह भाषा निश्चित रूप से संस्कृत या अरबी-फारसी तो रही नहीं होगी। वह अवश्य ही हिन्दी-उर्दू मिश्रित वही भाषा होगी जो शुक्ल जी के ही शब्दों में मुगल दरबारों से निकलकर बाहर फैली। हालाँकि शुक्ल जी की इस स्थापना पर भी सन्देह व्यक्त किया जा सकता है कि जिस खड़ी बोली का जिक्र उन्होंने किया है, वह केवल दरबारों में ही फल-फूल रही थी और केवल शिष्टजनों की ही भाषा थी या वह दरबारों के बाहर अन्य स्थलों पर भी उसी समय या उससे पहले से ही एक जनभाषा के रूप में शिष्ट वर्ग के बाहर के लोगों में भी व्यवहृत हो रही थी? मेरा ख्याल है कि ऐसा भी जरूर हुआ होगा वरना जिस हिन्दी-उर्दू मिश्रित भाषा को आज हम हिन्दुस्तानी कहते हैं, उसका यह रूप प्रचलन में न आया होता। प्रमाण के

रूप में हम नजीर अकबराबादी के 'आगरा बाजार' की भाषा देख सकते हैं, जो व्यापक जनभाषा के रूप में प्रचलित हो चुकी थी और जिससे साबित हुआ कि ऐसी जनभाषा भी साहित्य की लोकप्रिय भाषा बन सकती है।

किन्तु शुक्ल जी का ध्यान इन तथ्यों की ओर नहीं गया। जाहिर सी बात है कि वे खड़ी बोली या हिन्दी के प्रचार-प्रसार का कोई श्रेय मुसलमानों को देना नहीं चाहते। वे खड़ी बोली के उत्स या उपयोग को खींचकर अकबर के काल तक तो ले जाते हैं, पर वहाँ भी गंग कवि की जिस खड़ी बोली के गद्य का वे उदाहरण देते हैं, उसमें भी हम देख सकते हैं कि उर्दू के शब्दों का कितना प्रयोग है। इस खींचतान में वे खड़ी बोली को राजा भोज और हम्मीर के समय तक भी ले जाते हैं और लिखते हैं कि "अपभ्रंश में भी खड़ी बोली के प्राचीन गद्य की झलक मिलती है। अपभ्रंश में खड़ी बोली या हिन्दी की झलक विद्वान देखते आये हैं पर उसे आधुनिक हिन्दी कहना तो क्या हिन्दी कहना या मानना भी मुश्किल है।"

शुक्ल जी हिन्दी गद्य की तलाश में यहीं तक नहीं रुकते बल्कि गोरखपन्थी ग्रन्थों में भी उन्हें हिन्दी गद्य के उदाहरण मिलते हैं यथा भक्तिकाल की कृष्णभक्ति शाखा में यानी अपभ्रंश ही नहीं ब्रजभाषा में भी वे कुछ लक्षणों के आधार पर गद्य का प्रयोग पाते हैं जैसे बल्लभ सम्प्रदाय के बिट्ठलदास के 'शृंगार रस मंडन' की कुछ पंक्तियों में भी उन्हें गद्य का आभास होता है। यद्यपि वे इन सब तथाकथित गद्य प्रयोगों को अपरिष्कृत और अपरिमार्जित ही मानते हैं। वैसे गद्य प्रयोग के सिलसिले में उनके अलावा भी इतिहासकारों ने 'चौरासी वैष्णवों की वार्ता' तथा 'दो सौ बावन वैष्णवों की वार्ता' को हिन्दी के प्रारम्भिक गद्य का उदाहरण माना है। 'बैताल पचीसी' का तो आगे चलकर लल्लूलाल ने हिन्दी में अनुवाद भी किया। पर ध्यान देने की बात है कि इन ग्रन्थों में हिन्दुस्तानी शब्दों का पर्याप्त प्रयोग मिलता है जिनसे शुक्ल जी इसलिए परहेज करते हैं क्योंकि वे मुसलमानों द्वारा लाये गये हैं। किन्तु अब यह ऐतिहासिक तथा स्थापित तथ्य है कि हिन्दी (या हिन्दुस्तानी) गद्य के विकास में मुसलमानों का अभूतपूर्व योगदान रहा है। अमीर खुसरो और नजीर अकबराबादी के अद्‌भुत बानगी वाले गद्य प्रयोग को कौन नजरअन्दाज कर सकता है!

अत: वास्तविकता यही है कि हिन्दी गद्य का स्वरूप प्रारम्भ से ही धर्मनिरपेक्ष रहा है और उसका यही रूप आज भी 'मानक' माना जा सकता है। लेकिन इससे यह तात्पर्य नहीं है कि क्रमश: आगे चलकर जयशंकर प्रसाद तथा आचार्य हजारीप्रसाद द्विवेदी आदि के अत्यन्त परिष्कृत हिन्दी गद्य ग्रन्थों की महत्ता कमतर है बल्कि उनका योगदान तो कुछ मामलों में इसलिए कहीं अधिक

महत्त्वपूर्ण है कि हिन्दी के पंडिताऊ, लचर और लद्धड़ संस्कृत शब्दोंवाले गद्य से हिन्दी गद्य को मुक्त करके उसने संस्कृत प्रधान तत्सम शब्दों में एक नयी अर्थवत्ता का संचार किया, जिससे पहली बार प्रमाणित हुआ कि संस्कृत भाषा की अपरिमित तथा अत्यन्त ऊर्जावान शब्द सम्पदा का रचनात्मक उपयोग किस प्रकार किया जा सकता है। यही कार्य अज्ञेय ने अपने उपन्यासों तथा विश्लेषणात्मक गद्य में पृथक ढंग से किया और पुराने पड़े तथा अनुपयुक्त मान लिए गये शब्दों को पुनर्माजित कर नये सन्दर्भों में नयी भंगिमा के साथ उनसे अत्यन्त समृद्ध 'कथा भाषा' का निर्माण किया। आगे चलकर यथास्थान आधुनिक गद्य पर विस्तार से विचार करते हुए इसका विवेचन किया जाएगा।

यहाँ यह सब कहने का तात्पर्य यह भी है कि आधुनिक साहित्यिक हिन्दी गद्य की कम से कम दो परम्पराओं का समानान्तर रूप से विकास हुआ। दरअसल भाषा में सामर्थ्य और शक्ति महज शब्द प्रयोग से नहीं आती बल्कि वह लेखक की चिन्तनशीलता तथा रचनात्मकता पर निर्भर करती है। यहाँ महज एक उदाहरण देना पर्याप्त होगा (आगे और भी उदाहरण दिए जाएँगे) और वह गजानन माधव मुक्तिबोध के गद्य का है। मुक्तिबोध का गद्य सामान्यत: ऊबड़-खाबड़ और कई तरह के शब्द प्रयोगों से भरा हुआ है, जो असजग तथा शिथिल सोचवाले पाठक को अपाठ्य भी प्रतीत हो सकता है, किन्तु जैसे-जैसे हम उनकी चिन्तन प्रक्रिया तथा उनके पेचीदा दिमाग की गहनतर स्तरों पर उतर जाने वाली 'गोताखोर' सभ्यता से परिचित होते जाते हैं, वैसे-वैसे उनकी अतल से निकालकर ले आने वाले वैचारिक मोतियों की आभा से चमत्कृत भी होते जाते हैं। हिन्दी गद्य में इस तरह की जटिल और पेचीदा गद्य का प्रयोग मुक्तिबोध के बाद एक हद तक मलयज के गद्य में ही मिलता है। गद्यभाषा में सरलता की कीमत पर कोई समझौता नहीं किया जा सकता है और न सरलता या सुगमता उसकी आत्यन्तिक विशेषता ही होती है।

इस तरह हिन्दी के आधुनिक गद्य के भाषा के स्तर पर कई परम्पराएँ और प्रयोग हमें दिखायी देते हैं। दरअसल कोई भी बड़ा गद्य लेखक खास तौर पर कथाकार जब तक अपनी निजी 'कथा भाषा' नहीं विकसित या निर्मित कर लेता तब तक उसकी रचनाओं में वह प्रभावात्मकता नहीं उत्पन्न होती जो अन्तत: निजी पहचान बन जाती है। इसी कारण हिन्दी में भी अनेक ऐसे गद्यकार हुए हैं जिनके गद्यांशों को बिना उनका नाम लिखे ही उद्धृत कर दिया जाय तब भी अभ्यस्त तथा हिन्दी गद्य लेखन से परिचित पाठक को उसका नाम जानने और समझने में देर नहीं लगती। इस तरह 'भाषा' लेखक की 'ब्रांड' बन जाती है। हिन्दी 'गद्य भाषा' पर भी आगे प्रसंग आने पर विचार किया जाएगा।

हिन्दी में गद्य साहित्य केवल धर्मनिरपेक्ष ही नहीं विधागत स्तर पर भी अधिक मुक्त तथा स्वच्छन्द रूप लेकर विकसित हुआ। वैसे भी गद्य पद्य की अपेक्षा मुक्त तथा व्यापक विधा है। इसीलिए विकासक्रम में उसमें नाटक, उपन्यास, कहानी आदि परम्परागत विधाओं के साथ डायरी, संस्मरण, यात्रा-वृत्तान्त, पत्र लेखन और रिपोर्ताज आदि अनेक शैलियों का विकास हुआ। शैलियों के अतिरिक्त विषय-वस्तु के स्तर पर भी उसमें अनेक विचार सारणियों का समावेश होता गया जिनका सम्बन्ध प्रत्यक्षत: साहित्य में दर्शनशास्त्र, मनोविज्ञान, समाजशास्त्र, नृतत्वशास्त्र यहाँ तक कि स्थापत्य, चित्रकला, संगीत और वैज्ञानिक प्रविधियों का समावेश भी होता गया। आधुनिक गद्य साहित्य की इस अनूठी विशेषता पर विस्तार से विचार करने की जरूरत है जो आगे के किसी पृथक अध्याय में कुछ विशेष गद्य लेखकों के सन्दर्भ में किया जाएगा।

स्पष्टत: शुक्ल जी ही नहीं अधिकांश साहित्य के इतिहासकारों का ध्यान इस ओर नहीं गया है। इसका एक कारण तो यह है कि विकासक्रम में ये विशेषताएँ देर से आयीं और आज भी इस दिशा में उनमें अनेक प्रयोग हो रहे हैं।

लेकिन जैसा कि पहले भी कहा गया, शुक्ल जी का इतिहास और मुख्य रूप से उसमें आधुनिक कालवाला खंड चूँकि आगे आनेवाले साहित्य के इतिहासकारों के लिए न केवल एक मानक-ग्रन्थ बना, बल्कि एक परम्परा बन गया और ये इतिहासकार थोड़े बहुत हेर-फेर के साथ उसी का अनुगमन करते रहे। इसीलिए हमारा उद्देश्य यहाँ गतानुगतिक ढंग से लिखी गयी इन रूढ़िगत स्थापनाओं का यदि खंडन नहीं तो परिमार्जन जरूर है और हिन्दी के आधुनिक गद्य साहित्य में जो कुछ अद्यतन घटित हो रहा है उससे परिचित कराना ही नहीं विश्लेषित करना भी है। क्योंकि जिसे हम सामान्य रूप से विकास कहते हैं उसकी दिशा हमेशा प्रगति की ओर ही नहीं होती बल्कि सामाजिक ढाँचे, व्यवस्था, परिवर्तन तथा कभी-कभी सामाजिक तथा राजनैतिक अध:पतन (डीजेनरेशन) के प्रतिबिम्ब ही नहीं 'लक्षण' भी उसमें दिखने लगते हैं। कहने की जरूरत नहीं कि हिन्दी गद्य साहित्य के इस 'विकास' में ऐसा भी बहुत कुछ घटित हुआ है और हो रहा है। लेकिन इस प्रसंग पर हम सम्भवत: पुस्तक के अन्त में ही आ पाएँगे।

लेकिन चूँकि यहाँ हम हिन्दी साहित्य के आदि इतिहास ग्रन्थ आचार्य रामचन्द्र शुक्ल के इतिहास की कुछ विचित्रताओं तथा विलक्षण स्थापनाओं पर विचार कर रहे हैं। इसलिए फिलहाल उसकी ऐसी कुछ और बातों पर गौर करें, खड़ी बोली के गद्य के विकास में मुसलमानों के ऋण को स्वीकार करते हुए भी शुक्ल जी उन्हीं के द्वारा खड़ी बोली को भ्रष्ट किए जाने को भी प्रमाणित

करने की दिशा में वहीं तक नहीं रुकते बल्कि आगे भी कहते हैं, ''जब मुसलमानों ने खड़ी बोली में फारसी के शब्द भर दिये तो उसका रूप बिल्कुल बदल गया।'' यानी वह भ्रष्ट हो गयी। जबकि जानने की जरूरत है (और शुक्ल जी इसे न जानते हों, यह नहीं माना जा सकता) कि अपने स्वाभाविक विकास के क्रम में प्रत्येक भाषा ऐतिहासिक, सामाजिक तथा राजनैतिक परिस्थितियों के अनुरूप देशी, विदेशी तथा अन्यान्य स्थलों की लोक भाषाओं से भी शब्द-संग्रह करती हुई ही विकसित होती है, यह उसकी विकृति नहीं बल्कि विशेषता है। भाषा के प्रति यह शुद्धतावादी दृष्टिकोण उन्हीं साम्प्रदायिक मनोवृत्तियों की ओर संकेत करता है जिसका विस्फोटक तथा राक्षसी तांडव हम आज भारत के ही कुछ प्रदेशों तथा सम्प्रदायों में देख रहे हैं। अत: भाषा के सम्बन्ध में शुक्ल जी की ऐसी टिप्पणियों को दुर्भाग्यपूर्ण ही कहा जाएगा। हाँ, यदि इससे उनका संकेत पारसी थियेटरों की रंगमंचीय भाषा की ओर है तो इससे तत्कालीन हिन्दी रंगमंच की दयनीयता प्रकट होती है, हिन्दी भाषा की नहीं। इन थियेटरों में भाषा को बेहद तोड़-मरोड़ कर और अतिनाटकीय बनाकर प्रस्तुत किया जाता था, जिसमें मूल लेखक की कुछ विशेष भूमिका या हाथ नहीं होता था। वरना आगा हस्र कश्मीरी के नाटकों की भाषा को बहुत बरबाद भाषा नहीं कहा जा सकता और उसके योगदान का आकलन आज अनेक नाट्य विशेषज्ञ कर रहे हैं।

यहाँ यह देखने की भी जरूरत है कि आखिर शुक्ल जी 'खड़ी बोली' और 'उर्दू' में फर्क किस आधार पर करते हैं, क्योंकि पहले ही उन्होंने मुसलमानों द्वारा खड़ी बोली में अरबी-फारसी शब्दों को भरकर उसे भ्रष्ट कर देने की बात कह दी है। पर क्या खड़ी बोली और उर्दू में कोई बुनियादी फर्क भी था? यहाँ भी शुक्ल जी बड़े सरलीकृत ढंग से यह फर्क स्थापित करने की कोशिश करते हैं। वे कहते हैं, ''खड़ी बोली का एक सामान्य देशी रूप था दूसरा दरबारी रूप जो मुसलमानों ने उसे दिया था वह उर्दू कहलाने लगा।'' एक तो हिन्दी उर्दू के बीच यह सरलीकृत विभाजन बहुत लोगों के गले के नीचे उतरना मुश्किल है और उसको लेकर खूब विवाद और चर्चाएँ भी हुईं और अनेक दृष्टियों से उनमें फर्क बताया गया। (इस पर भी आगे विचार किया जाएगा) दूसरी बात यह कि शुक्ल जी खड़ी बोली का 'देशी रूप' किसे कहते हैं? उनके अनुसार, मुसलमानों के दिए हुए कृत्रिम रूप से स्वतन्त्र खड़ी बोली का स्वाभाविक देशी रूप भी देश के विभिन्न भागों में पछाँह के व्यापारियों के साथ फैल रहा था। उसके प्रचार से उर्दू साहित्य के प्रचार का कोई सम्बन्ध नहीं। धीरे-धीरे यह खड़ी बोली व्यवहार की सामान्य शिष्ट भाषा हो गयी।'' शुक्ल जी इसी शिष्ट भाषा को खड़ी बोली कहते हैं, जो उन्हीं के अनुसार एक तो पछाँह के व्यापारियों

द्वारा फैली और दूसरी ओर उसके असली स्वाभाविक रूप का व्यवहार हिन्दू साधू, पंडित, महाजन आदि अपने शिष्ट भाषण आदि में करते थे। इनमें संस्कृत के पढ़े-लिखे विद्वान होते थे। उनकी बोली में संस्कृत के शब्द भी मिले होते थे। यहाँ फिर शुक्ल जी हिन्दी, उर्दू में फर्क 'मुसलमान भाषा' और 'हिन्दू भाषा' के आधार पर करते हैं और बार-बार हिन्दुओं वाली खड़ी बोली या हिन्दी को स्वाभाविक तथा मुसलमानों वाली खड़ी बोली को उर्दू तथा कृत्रिम मानते हैं। उनके अनुसार, इसी हिन्दी का असली रूप व्यापक रूप से फैल रहा था और हिन्दी गद्य के लिए उसके ग्रहण में सफलता की सम्भावना दिखायी पड़ी।

बहरहाल उनके अनुसार आधुनिक हिन्दी गद्य का आरम्भ, प्रचार और प्रसार इसी रूप में शुरू हुआ और फोर्ट विलियम कॉलेज की स्थापना के साथ जॉन गिलक्राइस्ट ने हिन्दी और उर्दू दोनों भाषाओं की गद्य पुस्तकें तैयार करने की व्यवस्था की। अतः इस प्रकार हिन्दी और उर्दू भाषाओं के बीच आधिकारिक (ऑफिसियल) विभाजन भी हो गया। इसी फोर्ट विलियम कॉलेज के चार महानुभावों को शुक्ल जी हिन्दी गद्य को आगे बढ़ानेवाला मानते हैं। ये महानुभाव हैं, मुंशी सदासुखलाल, सैयद इंशा अल्ला खाँ, लल्लू लाल और सदल मिश्र। पर इसके साथ ही वे यह भी मानते हैं कि "अँग्रेज़ों की प्रेरणा से हिन्दी के खड़ी बोली के गद्य का प्रादुर्भाव हुआ, यह कहना ठीक नहीं है।" शुक्ल जी के इन परस्पर अन्तर्विरोधी कथनों को दरकिनार कर भी दें तो उनका यह कहना कि अँग्रेज़ों द्वारा की गयी इस व्यवस्था से पहले ही इंशा अल्ला खाँ 'रानी केतकी की कहानी' लिख चुके थे, फिर यही साबित करता है कि यदि अँग्रेज़ों की प्रेरणा से हिन्दी गद्य का विकास नहीं भी हुआ हो तो भी खड़ी बोली की पहली कहानी 'रानी केतकी की कहानी' लिखे जाने का श्रेय आखिर एक मुसलमान लेखक को तो जाता ही है।

आधुनिक हिन्दी गद्य के विकास के मामले में शुक्ल जी में काफी घालमेल मिलता है। अतः इसे यहीं छोड़ देना चाहिए।

अब रहा एक काल खंड विशेष को 'आधुनिक काल' कह देने का कारण और और क्यों इसे 'आधुनिक काल' कहा गया? शुक्ल जी की उपरोक्त स्थापनाओं के अनुसार निश्चित रूप से 'फोर्ट विलियम कॉलेज' की स्थापना के साथ ही हिन्दी गद्य में आधुनिक काल की शुरुआत हो गयी। यानी अँग्रेज़ों के आगमन और उनकी प्रेरणा से ही, शुक्ल जी चाहे जो कहें पर उनकी स्थापनाओं की असली ध्वनि तो यही साबित करती है। यानी जिस प्रकार वे 'भक्ति काल' की शुरुआत मुसलमानों के आगमन और आक्रमण से मानते हैं, उसी तरह 'आधुनिक काल' की शुरुआत अँग्रेज़ों के आगमन से। लेकिन क्या हिन्दी में आधुनिक काल के

आरम्भ के पीछे और कोई प्रेरणाएँ या परिस्थितियाँ नहीं थीं?

शुक्ल जी हिन्दी में 'छायावाद' की शुरुआत के पीछे तो सीधे अँग्रेज़ों के रोमैंटिसिज्म का प्रभाव देखते हैं, जो उनके अनुसार बंगाल के रास्ते हिन्दी में आया। यानी वह प्रकारान्तर से रोमैंटिक कविताओं का ही भारतीय या हिन्दीकरण था। उनकी यह स्थापना भी पूरी तरह सही नहीं थी। पर उन्होंने उसके 'देशी रूप' की चर्चा नहीं की। बाद में डॉ. नामवर सिंह ने जरूर उसे भारतीय परिस्थितियों से जोड़ा।

पर क्या भारत में और हिन्दी साहित्य में जो आधुनिक काल आया उस पर पश्चिम के आधुनिक काल की कोई प्रेरणा या प्रभाव नहीं था? पर पहले यह देखने की जरूरत है कि पश्चिम में आधुनिकता और आधुनिक काल कब, किन परिस्थितियों में और किन कारणों से आया?

पश्चिम के बहुत से विचारक वहाँ की आधुनिकता के प्रादुर्भाव को 'प्रबोधनकाल (एनलाइटमेंट) से जोड़ कर देखते हैं (अठारहवीं सदी)। यह सच है कि पश्चिम में आधुनिक काल एक स्वप्न की तरह आया जो प्रबोधनकाल के चौमुखी विकास (वैज्ञानिक, बौद्धिक, तकनीकी और फेयरवेल स्टेट आदि की अवधारणाओं के विकास के साथ) से जुड़ा हुआ स्वप्न था। कला के क्षेत्र में अलग क्रान्ति हो रही थी, मुख्यत: चित्रकला और मूर्तिकला, स्थापत्य और शिल्प आदि में। उधर दर्शनशास्त्र के क्षेत्र में बुद्धिवादी युग का आगमन हो चुका था, देकार्त, लाइबनव्ज, स्पिनोजा और डेविड ह्यूम आदि एक तर्कसंगत तथा सुसंगत दर्शनशास्त्र की स्थापना कर रहे थे। पश्चिम एक नये 'एज ऑफ रीजन' और विवेक के युग में प्रवेश कर रहा था। पूरा पश्चिम एक सुनहरे भविष्य का स्वप्न देख रहा था।

किन्तु क्रमश: दूसरे महायुद्ध के बाद यह स्वप्न दु:स्वप्न में परिवर्तित हो गया। वहाँ की दूसरे महायुद्ध के बाद की 'आधुनिकता' इसी दु:स्वप्न की देन है।

अत: पश्चिम में आधुनिकता का विकास एक 'विभाजित भावबोध' के रूप में हुआ। एक जो प्रबोधनकाल में विकसित होनेवाला आधुनिक भावबोध था, जो विज्ञान और तर्कवाद पर आधारित प्रगति और विकास की नयी अवधारणाओं पर आधारित था, जिसमें बाद में हॉब्स, लॉक और रूसो की 'सोशल कॉन्ट्रेक्ट थ्योरी' भी जुड़ गयी जो समानता, समान अधिकार, व्यक्ति स्वातन्त्र्य तथा अभिव्यक्ति की स्वतन्त्रता आदि अवधारणाओं पर आधारित थी। पर कहीं न कहीं उसमें भी विकास क्रम में द्वन्द्वात्मक विरोधाभासी प्रवृत्तियाँ दिखने लगी थीं। यानी बेंथम, जॉन स्टुअर्ट मिल आदि की स्थापनाओं के आलोक में लोकतन्त्र और प्रजातन्त्र के बीज अंकुरित होने लगे थे। पर दूसरी ओर कुछ राष्ट्रों की विस्तारवादी नीतियों के कारण उपनिवेशवाद भी जन्म लेने लगा था। तथाकथित अविकसित

कहे जाने वाले देशों और समाजों की संस्कृतियों और सामाजिक व्यवस्था को नष्ट कर उन पर उपनिवेशवादी नीतियाँ और बाद में शासन प्रणालियाँ भी आरोपित की जा रही थीं।

भारत में शुक्ल जी जिसे रीतिकाल के बाद का आधुनिक युग कहते हैं और जिसे अँग्रेज़ों के साम्राज्य स्थापन का परिणाम मानते हैं, वह इसी काल की आधुनिकता थी, जिसके कारण भारत में भी एक तरह का नवजागरण काल आया। लेकिन भारत के इस नवजागरण काल में स्वप्न और संघर्ष दोनों था और उसके भी अपने अनेक अन्तर्विरोध थे जिस पर आगे विचार किया जाएगा।

पश्चिम में प्रबोधनकाल के बाद भी आधुनिकता का विकास तथा विस्तार दोनों प्रवृत्तियों की द्वन्द्वात्मक स्थितियों के कारण ही जहाँ एक ओर अफ्रीकी और एशियाई देशों में उपनिवेशवाद स्थापित हुआ वहीं उभरती हुई नाजी और फासीवादी प्रवृत्तियाँ वहाँ भी स्वयं उन्हीं के विनाश का बीज बोने लगीं। वहाँ 'पहला महायुद्ध' और बाद में 'दूसरा महायुद्ध' इसी का परिणाम था। 'आधुनिक युग' से मोहभंग के लक्षण तो पहले महायुद्ध (1917) के बाद ही दिखने लगे थे जिसे महान कवि तथा चिन्तक टी एस एलियट की विख्यात कविताओं हॉलोमैन और वेस्टलैंड आदि में देखा जा सकता है।

स्वप्न से मोहभंग की रही-सही कसर दूसरे महायुद्ध (1939) ने पूरी कर दी। पश्चिम में आधुनिकता का यह दूसरा चरण था जो दूसरे महायुद्ध के विध्वंस की देन था। लेकिन चूँकि 1917 में ही रूसी क्रान्ति भी हो चुकी थी, इसलिए उससे मार्क्सवादी विचारधारा का प्रभाव तथा पूंजीवाद का विरोध ये नये तत्व भी जुड़ गये थे। दूसरे महायुद्ध ने केवल मनुष्यों, इमारतों, जीव-जंतुओं तथा वनस्पतियों का ही विनाश नहीं किया बल्कि आधुनिकता के प्रथम चरण के आशावादी स्वप्न, विकास की अवधारणा, मूल्यों और मान्यताओं को भी पूरी तरह ध्वस्त कर दिया। दूसरे महायुद्ध के बाद पश्चिम में इस टूटे हुए, खंडित और अपंग मनुष्य से ही वहाँ की नयी आधुनिकता उत्पन्न हुई। (उसका भारत पर और भारतीय साहित्य मुख्यतः हिन्दी साहित्य पर क्या प्रभाव पड़ा इसका विश्लेषण पुस्तक में आगे किया जाएगा) इस नयी आधुनिकता ने पश्चिम में विज्ञान, तर्कवाद और बुद्धिवाद पर अविश्वास ही नहीं, उसके प्रति विद्वेष भी भर दिया। पश्चिम के इस अकाल वयोवृद्ध, जर्जर मनुष्य में मनुष्य और जीवन के प्रति आस्था ही समाप्त हो गयी। जीवन इसे एक 'निरर्थक उत्तेजनामात्र' लगने लगा। ('लाइफ इज मीनिंगलेस पैसेन' सार्त्र)। यह आधुनिकता ईश्वर के अस्तित्व में विश्वास नहीं करती थी कि 'ईश्वर की मृत्यु हो चुकी है।' (द गॉड इज डेड)। इस समय का सबसे चर्चित दार्शनिक-साहित्यिक आन्दोलन 'अस्तित्ववाद' था जिसके अगुआ

फ्रेंच दार्शनिक, चिन्तक और साहित्यकार ज्याँ पॉल सार्त्र थे जिनका दर्शन पारम्परिक दर्शन के विरुद्ध इस सिद्धान्त पर आधारित था कि कोई मूल्य पूर्व निर्धारित नहीं होता तथा 'अस्तित्व निर्धारित सत्व का पूर्ववर्ती होता है। (''एक्जिस्टेंस प्रीसिड्स एंसेस'') उनके समकालीन उपन्यासकार तथा चिन्तक अल्वैर कामू ने और आगे बढ़कर कहा कि 'जीवन ऐब्सर्ड है' उसका कोई अर्थ नहीं है, वह पूर्णत: निरर्थक है और जब ईश्वर ही नहीं है तो मनुष्य कुछ भी करने के लिए स्वतन्त्र है।

सार्त्र मानते थे कि गद्य साहित्य ही मूलत: वास्तविक साहित्य है और कविता एक अमूर्त विधा है, उसमें हम भाषा के भीतर होते हैं जबकि गद्य की भाषा का सम्बन्ध सीधा वाह्य जगत से होता है। अत: समाज और जीवन की अभिव्यक्ति मूलत: गद्य साहित्य के द्वारा ही सम्भव है।

भारत और हिन्दी के साहित्य के उन्नीसवीं सदी और बीसवीं सदी का पारम्परिक साहित्य, पश्चिम के अभ्युदय कालीन कला, साहित्य तथा वैज्ञानिक जीवन मूल्यों से प्रभावित था, जो उस काल की आधुनिक अवधारणाओं पर आधारित था, जबकि बीसवीं सदी के उत्तरार्द्ध का साहित्य 'द्वितीय महायुद्ध' के बाद की नकारवादी मान्यताओं पर आधारित था। अत: कुछ इतिहासकारों तथा आलोचकों का यह कहना कि 1960 के बाद का हिन्दी साहित्य नेहरू युग के स्वप्नों से मोहभंग का साहित्य था, पूरी तरह सत्य नहीं है। वह दरअसल पश्चिम की युद्धोत्तर आधुनिकता पर आधारित था, जिसका जीवन मात्र से मोहभंग हो चुका था।

इस तरह हम यदि उपरोक्त मान्यताओं का पुनरावलोकन करते हुए देखें तो स्पष्ट हो जाता है कि हिन्दी साहित्य में आधुनिक युग या आधुनिकता तथा गद्य साहित्य का प्रादुर्भाव लगभग साथ-साथ तथा समानान्तर हुआ। इस आधार पर बिना किसी अतिरेक के कह सकते हैं कि आधुनिकता की अभिव्यक्ति और सम्प्रेषण का केन्द्रीय माध्यम गद्य साहित्य ही पहले बना। इसका तात्पर्य कविता का महत्त्व कम करना नहीं है बल्कि इससे पता चलता है कि प्रत्येक युग के भावबोध तथा जीवन की अभिव्यक्ति किसी विशेष विधा के माध्यम से ही अधिक होने लगती है। मध्ययुग के अन्त और आधुनिक युग के आरम्भ के साथ ही साहित्यिक अभिव्यक्ति का माध्यम कविता से गद्य की ओर स्थानान्तरित होने लगा है।

लेकिन क्या पूरे भारत में आधुनिक काल एक साथ आया? डॉ. बच्चन सिंह जैसे इतिहासकार (जिन्होंने शुक्ल जी के बहुत बाद में हिन्दी साहित्य का इतिहास लिखा) मानते हैं कि ऐसा नहीं हुआ। वैसे वे भी शुक्ल जी की तरह ही मानते हैं कि अँग्रेज़ों के आगमन के बाद ही भारत में आधुनिक काल आया, पर उनका

कहना है कि भारत में जहाँ-जहाँ अँग्रेज़ पहले पहुँचे, वहाँ क्रमशः आधुनिक काल का आविर्भाव हुआ। मसलन 1757 में प्लासी के युद्ध में अँग्रेज़ों की विजय हुई तो बंगाल में आधुनिक काल आ गया। और अन्त में 1857 में 'सिपाही विद्रोह' की असफलता के बाद पूरे भारत में आधुनिक काल आ गया। अतः हिन्दी में भी इसी समय से आधुनिक काल का आरम्भ मानें। यद्यपि यह बात एक हद तक ठीक है, किन्तु भारत में आधुनिक काल के आगमन का इतना यान्त्रिक सरलीकरण शायद नहीं किया जा सकता। यह भी सही है कि 1857 के आसपास भारत में पहली रेल चली (जिसे अन्तिम मुगल सम्राट बहादुरशाह जफर ने अपनी कैद यात्रा के दौरान रंगून जाते हुए दिल्ली की सीमा के बाद कहीं देखा भी था) और उसे भी आधुनिकता की शुरुआत का एक लक्षण माना जा सकता है—मार्क्स ने भी भारतीय इतिहास पर अपनी टिप्पणियों में भारत में रेल की शुरुआत को काफी बड़ा परिवर्तन माना था। हालाँकि उसने भी इसे अँग्रेज़ों के अपने निहित स्वार्थों को पूरा करने का एक साधन ही माना था। लेकिन सवाल यह है कि भारत का आधुनिकीकरण और साहित्य में आधुनिकता क्या एक ही बात है? वैसे पश्चिम में भी वहाँ के रेनेसाँ काल से ही आधुनिकता की शुरुआत मानी जाने लगी थी जो 17वीं शताब्दी में ही शुरू हो गया था। पर ध्यान देने की बात है कि वह साहित्य का आधुनिक काल नहीं था। वहाँ तो तब रोमैंटिक युग की भी शुरुआत नहीं हुई थी। हाँ, चिन्तन और विचारों में आधुनिकता जरूर आ रही थी। फिर भी पश्चिम के साहित्य में रोमैंटिक युग के अन्त के बाद ही आधुनिक काल की शुरुआत मानी जाती है। इस तरह देखें तो समाज और साहित्य में आधुनिकता एक साथ नहीं आती है। यानी संचार माध्यमों तथा मशीनों के उपयोग के साथ ही साहित्य में आधुनिकता नहीं आ जाती है। साहित्य की दृष्टि और भावबोध में परिवर्तन अपेक्षाकृत मंथर गति से फिल्टर होकर ही आता है—वह किसी टंकी के नल की तरह नहीं है कि उधर टंकी में पनी भरा और इधर टंकी का नल खोल देने से आधुनिकता पानी की धार की तरह प्रवाहित होने लगी। हिन्दी साहित्य में भी यही हुआ। हाँ, आधुनिकता के आगमन और गद्य-साहित्य के विकास का सम्बन्ध जरूर है जिसे शुक्ल जी ने काफी कुछ ठीक ही समझा है। फिर भी हिन्दी साहित्य के आधुनिक काल पर फिर से विचार करने की जरूरत है।

इस दृष्टि से क्या हम भारतेन्दु काल या जिसे द्विवेदी युग (हालाँकि यह एक निरर्थक वर्गीकरण है) को सही अर्थों में आधुनिक काल कह सकते हैं? क्या इसलिए कि उस पर पश्चिम के पहले चरण की आधुनिकता का प्रभाव था? (शिक्षा, सुधार, स्वतन्त्रता, समानता आदि का)? दरअसल आधुनिकता की हमारी

अवधारणा मूलतः उपनिवेशवादी ही है। लेकिन भारतेन्दु के समय में भी उस आधुनिक चिन्तन में अँग्रेज़ों के प्रति विरोध और विद्रोह के स्वर उभरने लगे थे—हालाँकि बड़े दबे और छिपे तौर पर। भारतेन्दु कहीं न कहीं अँग्रेज़ों से आतंकित जरूर थे, इसलिए उनके विचारों तथा साहित्य में भी अन्तर्विरोधी धाराएँ दिखायी देती हैं—जिनका विश्लेषण हम आगे करेंगे। लेकिन यहाँ भी शुक्ल जी की एक बात सही लगती है कि भारतेन्दु ही सही अर्थों में हिन्दी के पहले गद्य लेखक थे—वे मूलतः नाटककार ही थे। अतः उस समय की आधुनिकता की अवधारणा की दृष्टि से उन्हें ही हिन्दी का पहला आधुनिक गद्य लेखक भी माना जा सकता है।

दरअसल इस भारतीय आधुनिकता और उसके साहित्य पर भी पश्चिम के प्रथम चरण की आधुनिकता का जो प्रभाव पड़ा, वह भी भारतीय नवजागरण के अभियानों तथा उसके प्रचारकों के माध्यम से ही आया। इसीलिए भारतीय नवजागरण तथा उसके अग्रदूतों के विचारों, चिन्तन तथा कार्यों में जो अन्तर्विरोध थे हिन्दी साहित्य में—मुख्यतः गद्य साहित्य में भी वे अन्तर्विरोध लगभग प्रतिध्वनि के रूप में उभरते रहे—हालाँकि बाद में बंगाल के नवजागरण और उत्तर भारत के आर्य समाजी नवजागरण के प्रभावों के क्रमशः क्षीण होते जाने के साथ-साथ इसमें भी परिवर्तन तथा विकास होता रहा। इसमें मार्क्सवादी तथा गाँधीवादी विचारों की विशेष भूमिका थी। यद्यपि ऐतिहासिक दृष्टि से 1917 में रूसी क्रान्ति के बाद मार्क्सवादी विचार विश्व में पहले ही व्यापक रूप से फैल चुके थे, किन्तु हिन्दी के गद्य साहित्य पर-मुख्यतः कथा-साहित्य पर आर्य समाजी प्रभाव के बाद गाँधीवादी प्रभाव ही पहले पड़ा। इसका भी विचार परीक्षण बाद में किया जाएगा।

इन्हीं कारणों से लाला श्रीनिवास दास, श्रद्धा राम फिल्लौरी तथा ठाकुर जगमोहन सिंह आदि के कथात्मक गद्य लेखन को हम आधुनिक नहीं मान सकते। बल्कि इस दृष्टि से बालकृष्ण भट्ट आदि के विचारात्मक लेखन में आधुनिकता के लक्षण ज्यादा दिखायी देते हैं। तब क्या तत्कालीन कथा लेखन उस समय के विचारात्मक लेखन तथा चिन्तन से पीछे चल रहा था? इस पर भी आगे विचार किया जाएगा। पर कुछ आगे चलकर हम देखते हैं कि कविता में छायावाद का विरोध इन्हीं में से कई चिन्तकों तथा समीक्षकों ने जिस आधार पर और जिस निष्कर्ष पर किया वह परम दुराग्रही और अपने समय से बहुत पीछे चलनेवाला था।

इस तरह हम देखते हैं कि आधुनिकता तथा आधुनिक लेखन मुख्यतः गद्य लेखन पर विचार करना बहुत आसान नहीं है। यह प्रश्न बहुत पेचीदा तथा उलझा हुआ है। गद्य लेखन और खास तौर पर कथा लेखन में तो इतने अन्तर्विरोधी विचार व्यक्त हुए हैं कि वे चकित करनेवाले ही नहीं बेहद उलझन में डालनेवाले हैं।

यही कारण है कि आज भी नये से नये समीक्षक तथा विचारक अक्सर इन्हें लेकर एक-दूसरे से उलझ पड़ते हैं। ये मामले भी बेहद दिलचस्प हैं। आगे इन पर भी विचार किया जाएगा।

अत: हम देखते हैं कि साहित्य में आधुनिकता उपकरणों से नहीं आती, लेकिन उसका आधुनिक उपकरणों से कोई सम्बन्ध नहीं होता ऐसा भी नहीं है। क्योंकि ये उपकरण ही परिवेश तथा परिस्थितियाँ परिवर्तित करते हैं और उस बदले हुए परिवेश में क्रमश: उसमें रहनेवाला मनुष्य भी बदलता है, उसकी जीवन पद्धति तथा उसकी जीवन दृष्टि बदलती है। यह बदली हुई जीवन दृष्टि ही अन्तत: हमारे कलात्मक तथा साहित्यिक भावबोध को निर्मित करती है। ऊपर हमने देखा कि परिवर्तन की यह प्रक्रिया लम्बी और जटिल होती है।

अत: मेरी दृष्टि में जिसे आधुनिक हिन्दी साहित्य कहते हैं, वह वस्तुत: आजादी के बाद (कामचलाऊ वर्गीकरण करें तो) के हिन्दी लेखन से ही दिखायी देता है या थोड़ा और पीछे जाएँ तो वह सन् 1936-37 से परिलक्षित होने लगता है। 1936-37 मैंने इसलिए कहा क्योंकि ऐतिहासिक दृष्टि से सामाजिक-राजनैतिक और साहित्यिक इन सभी स्तरों पर इन वर्षों में कुछ महत्त्वपूर्ण परिवर्तन हुए। राजनैतिक स्तर पर इन्हीं वर्षों में भारत में कुछ महत्त्वपूर्ण परिवर्तन हुए। राजनैतिक स्तर पर इन्हीं वर्षों में भारत में कुछ अर्द्धस्वतन्त्र अन्तरिम सरकारें बनीं। इसके पीछे की घटनाओं, सत्ता परिवर्तन की प्रक्रियाओं तथा संघर्षों की कहानी का प्रामाणिक साक्ष्य हमें तब के सर्वोच्च शलाका पुरुष तथा अग्रदूत गाँधी और नेहरू की आत्मकथाओं में मिलता है जो इन्हीं वर्षों में लिखी गयी थीं। तब तक यह स्पष्ट हो गया था कि ढाई सौ वर्षों की गुलामी से मुक्ति के दिन सामने हैं। स्पष्टत: इस परिवर्तन का प्रभाव तत्कालीन साहित्य पर भी पड़ रहा था। लेकिन इस साहित्य में जहाँ मुक्ति की साँस सुनायी पड़ रही थी, वहीं यह साहित्य एक सांसत में भी पड़ा हुआ दिखायी दे रहा था। कविता में जहाँ एक ओर इसी वर्ष जयशंकर प्रसाद की कालजयी कृति 'कामायनी' प्रकाशित हुई थी वहीं तत्कालीन कविता के दूसरे हुंकार और अहंकार के कवि निराला की 'राम की शक्ति पूजा' भी इसी वर्ष प्रकाशित हुई थी। हम देख सकते हैं कि इन दोनों तत्कालीन प्रतिनिधि कृतियों में 'मुक्ति के स्वर' अलग-अलग ढंग से सुनायी पड़ते हैं। कामायनी में प्रसाद जहाँ आध्यात्मिक और आत्मिक मुक्ति की तलाश कर रहे थे वहीं निराला रावण का विनाश करते हुए राम को शक्तिपुंज के रूप में देख रहे थे। यानी उनके मन में स्वतन्त्रता संग्राम का संघर्ष राम और रावण का संघर्ष था और वे होगी जय होगी जय का स्वर उद्घोषित कर रहे थे। वहीं प्रसाद कामायनी में मनु के माध्यम से एक नये मानव की प्रतिष्ठा कर रहे थे जो राजनैतिक ही नहीं आत्मिक

मुक्ति भी चाहता था।

लेकिन गद्य में क्या स्थिति थी? इसी वर्ष हिन्दी का सर्वश्रेष्ठ माना जाने वाला उपन्यास 'गोदान' भी प्रकाशित हुआ था जिसमें प्रेमचन्द तत्कालीन प्रतिनिधि काव्य कृतियों से अलग इस परिवर्तन को शुद्ध सामाजिक तथा राजनैकि स्तर पर देख रहे थे और उनके मन में इस परिवर्तन को लेकर अनेक शंकाएँ थीं : गोदान से अधिक शंकालु उपन्यास प्रेमचन्द का कोई और नहीं है और संयोगवश यह प्रेमचन्द का अन्तिम उपन्यास भी था। प्रेमचन्द सोच रहे थे कि क्या सत्ता परिवर्तन की आहट के साथ व्यवस्था में कोई स्थाई और बुनियादी परिवर्तन हो रहा था? देखें तो प्रेमचन्द को इसका उत्तर निषेधात्मक ढंग से ही मिल रहा था। होरी के माध्यम से वे देखते हैं कि किसानों की स्थिति बद से बदतर हो रही थी। किसान से मजदूर बना गोबर एक दूसरी ट्रेजडी से जूझ रहा था। शहरों में प्रगति की प्रतीक मिलों और मिल मालिकों की दशा वे मिस्टर खन्ना की मिल के रूप में देख ही रहे थे। राजनैतिक स्तर पर अन्तरिम सरकारों के चुनाव कैसे और किस रूप में हो रहे थे यह भी वे राय साहब तथा चुनाव के मैदान में कूद पड़नेवाले स्वार्थ लोलुप महारथियों के आपसी संघर्षों में स्पष्ट देख रहे थे—जैसे उन्हें आने वाली स्वतन्त्रता के असली स्वरूप का पूर्वाभास पहले ही हो चुका था। यानी प्रेमचन्द का स्वर कहीं से भी आशावादी नहीं था। वे स्वतन्त्रता को लेकर कहीं से भी उत्साहित नहीं थे। तत्कालीन तथा आने वाली अन्य गद्य कृतियों में तत्कालीन भारत के वर्तमान और भविष्य का जो चित्रण हो रहा था उसका विश्लेषण भी पुस्तक में यथास्थान करेंगे। स्वतन्त्र भारत के निर्माता कहे जाने वाले भारत के प्रथम प्रधानमंत्री जवाहरलाल नेहरू की आत्मकथा का स्वर तो और भी आशंकाओं से ग्रस्त था। गाँधी-इरविन पैक्ट से तो वे इतने निराश तथा हताश थे कि आत्मकथा के उस अध्याय का अन्त उन्होंने कवि टी. एस. एलियट की विख्यात कविता हॉलोमैन की इन अन्तिम पंक्तियों से किया था—"दिस इज द वे, द वर्ल्ड ऐंड्स, नॉट विद बैंग, बट विद व्हिम्पर"। यही नहीं, इसी आत्मकथा में भारत के राष्ट्रपिता और अपने राजनैतिक पथप्रदर्शक महात्मा गाँधी के बारे में सोचते हैं तो वे उन्हें 'अन्तर्विरोधों की मूर्ति' नजर आते हैं, जो एक ओर गरीबों की बात करते हैं, उनके सच्चे हितैषी हैं, उनका उत्थान चाहते हैं, पर दूसरी ओर उनकी दशा के जिम्मेदार तत्कालीन पूँजीपतियों, सेठों और साहूकारों को भी आशीर्वाद देते रहते हैं। क्या इसे स्वयं नेहरू का मोहभंग नहीं कहेंगे?

क्या मोहभंग की शुरुआत यहीं से नहीं हो गयी थी? क्या 'आधुनिक साहित्य' मूलतः आधुनिकता से मोहभंग का साहित्य है? पश्चिम में आधुनिकता से मोहभंग की परिणति स्वयं दूसरा महायुद्ध था और वहाँ का तत्कालीन साहित्य

उन्हीं परिणतियों का ध्वंसावशेष था।

इन प्रश्नों तथा परिस्थितियों को रेखांकित करते हुए मुख्यत: हिन्दी के गद्य साहित्य के सन्दर्भ में आगे विस्तार से पुस्तक में विचार किया जाएगा।

अत: जो लोग (ज्यादातर लोग) भारतीय आधुनिकता को भारतीय या हिन्दी साहित्य की आधुनिकता पर ज्यों का त्यों लागू करके उसी निष्कर्ष पर अपने साहित्य का आकलन तथा मूल्यांकन करना शुरू कर देते हैं, बुनियादी गड़बड़ी या गलती भी वहीं से शुरू होती है। पहली बात तो यह कि (जिसकी विडम्बना पर पहले संकेत किया जा चुका है) कि जिन्हें हम आज विकसित देश कहते हैं, वे पश्चिम के अभ्युदय (एंलाइटमेंट) काल से ही मूलत: विजेता देश रहे हैं। जिन्होंने पहले की पारम्परिक या पुरातन आक्रमणकारी पद्धति छोड़कर आक्रमण और आधिपत्य की नयी पद्धतियाँ ईजाद कीं और उन्हीं के माध्यम से तथाकथित अविकसित देशों को अपना उपनिवेश बनाया और अपने इन उपनिवेशों का उन्होंने जो आधुनिकीकरण किया वह स्वयं उनके अपने देशों के आधुनिकीकरण से सर्वथा भिन्न था, जिसमें मूलत: उनके शोषण तथा उपयोग का अभिप्राय निहित था। इन देशों के आधुनिकीकरण में मशीनों, अन्य उपकरणों तथा उनकी विकसित प्रविधियों की जितनी भूमिका थी, उतनी ही उनके अपने बुद्धिजीवियों तथा चिन्तकों की भी थी जिन्होंने सबसे पहले तो इन देशों की संस्कृतियों तथा इतिहासों की अपने ढंग से व्याख्या की जिससे यह प्रतीत हो कि इन अविकसित देशों को आधुनिक बनाकर वे उनका कितना बड़ा उपकार कर रहे हों। दूसरी पद्धति यह थी कि उनके ऊपर अपनी शिक्षा प्रणाली और पद्धति आरोपित कर उन्हें अपने जैसा बनाने की कोशिश। अपने जैसा का अर्थ उन्हें अपनाना नहीं था, बल्कि महज आभास देना था कि वे उन्हें अपना रहे हैं। यहाँ भी अन्तर्निहित उनके उपयोग का उद्देश्य ही था। इस प्रकार उन्होंने नौकरशाहों और बुद्धिजीवियों की एक नयी ब्रिगेड तैयार की। नौकरशाह जो अपने ही देश पर शासन करने तथा प्रशासन चलाने में उनकी सहायता करें और ऐसे बुद्धिजीवी जो उनके कार्यों और अपने ही देश के ऐतिहासिक एवं सांस्कृतिक 'उत्खनन' का औचित्य सिद्ध करते हुए उन्हें गौरवान्वित करके प्रचारित करें। साहित्य में एक इस नये आधुनिक भावबोध का निर्माण करने में इन्हीं और ऐसे ही बुद्धिजीवियों ने सबसे महत्त्वपूर्ण भूमिका निभाई—और आज भी निभा रहे हैं। यहीं यह भी बताने की जरूरत है कि ऐसे बुद्धिजीवियों की प्रतिक्रिया में एक ऐसा बुद्धिजीवी तथा चिन्तक वर्ग उभरा जो इसके ठीक विपरीत दिशा में जाकर अपने देश का एक नया पुनरुत्थान करने लगा। भारत का बहुचर्चित नवजागरण इसी का प्रतिफल था और आज भी इन दोनों प्रकार के बुद्धिजीवियों को हम सक्रिय होता हुआ देख रहे हैं।

संक्षेप यह कि भारतीय तथा हिन्दी साहित्य की आधुनिकता इन्हीं मिश्रित प्रवृत्तियों का परिणाम है। अत: इस रूप में भी इसे पश्चिमी आधुनिकता से अलग करके देखना होगा।

हिन्दी का आधुनिक गद्य साहित्य इस आधुनिकता का अधिक व्यापक तथा मुखर प्रतिबिम्ब इसलिए बना क्योंकि गद्य विधा वैसे भी कविता की अपेक्षा अधिक मुखर तथा साक्षात विधा है। वह कविता की अपेक्षा अधिक पारदर्शी विधा भी है। विभिन्न गद्य कृतियों के माध्यम से इसका भी पुस्तक में आगे विवेचन किया जाएगा।

आजादी के बाद चूँकि ये उपनिवेश बने देश एक तरह से स्वतन्त्र हुए (एक तरह से स्वतन्त्र इसलिए कि दूसरी तरफ इन्हें एक नया उपनिवेश बनाने की कवायद शुरू हो गयी और उसमें नये विकसित देशों—मसलन अमेरीकन को कहीं अधिक सफलता भी मिली) तो पूरे विश्व के दरवाजे उनकी तरफ पूरी तरह खुल गये।

परिणाम यह हुआ कि बाकी उपकरणों तथा उत्पादों के आदान-प्रदान के अलावा साहित्यिक आदान-प्रदान की गति भी तीव्रतर हो गयी। किन्तु उन नयी उपनिवेशवादी नीतियों की तरह ही इस तथाकथित आदान-प्रदान में आदान आयातित ही अधिक रहा—प्रदान अपेक्षाकृत बहुत कम हुआ।

अत: मोटे तौर पर सन् 50 से सन् 80-85 तक का हिन्दी साहित्य (गद्य तथा पद्य दोनों ही) इसी आयातित साहित्यिक भावबोध के प्रतिनिधि तथा प्रतिबिम्ब अधिक बने। इसमें सबसे शक्तिशाली तथा महत्त्वपूर्ण प्रभाव फ्रेंच अस्तित्ववादी साहित्यिक आन्दोलन का और मार्क्सवाद का था।

अत: हम देखते हैं कि छायावादी युग तक तो हिन्दी साहित्य और मुख्यत: गद्य साहित्य की एक देशज भूमिका थी। सन् 50 तथा सन् 80 तक के इस संक्रान्तिकालीन (तथाकथित) साहित्य का स्वर, भाषा और भावबोध सभी कुछ पूरी तरह पश्चिम से आक्रान्त तथा उसी आधुनिकता की प्रतिकृति थी।

किन्तु सन 80 के आसपास मुख्य रूप से हिन्दी की गद्य कृतियों में एक परिवर्तन आना प्रारम्भ हुआ है। यह कैसे-क्यों और किस रूप में हुआ है। इसकी चर्चा भी प्रस्तुत पुस्तक के अन्तिम निष्कर्षों में की जाएगी।

अत: मेरे उपरोक्त सूत्रात्मक तथा निष्कर्षात्मक प्रतीत होने वाले कथनों को महज 'फतवेबाजी' न समझा जाय। ऐसे परिचय में प्रस्तुत पुस्तक का जो धुँधला प्रारूप है, यह महज उसी की संक्षिप्त भूमिका है। प्रमाण पुष्ट ढंग से इन्हें मूल पुस्तक में ही विधिवत प्रस्तुत किया जाएगा। यह भी सम्भव है कि मेरे इन कथनों तथा धारणाओं में आगे लेखन की प्रक्रिया में परिवर्तन दिखायी पड़े या मेरे अन्तिम निष्कर्ष हू-ब-हू यही न होकर कुछ और भी हों।

खड़ी बोली पूर्व हिन्दी गद्य

आचार्य रामचन्द्र शुक्ल सहित हिन्दी साहित्य के अन्य इतिहासकारों ने खड़ी बोली से पहले के हिन्दी गद्य के अनेक उदाहरण दिए हैं जिन्हें तथाकथित हिन्दी या तथाकथित गद्य ही कहा जा सकता है। शुक्ल जी ने जिन परिस्थितियों में हिन्दी गद्य का आविर्भाव हुआ, उनका जिक्र करते हुए लिखा है, देश के भिन्न-भिन्न भागों में मुसलमानों के फैलने तथा दिल्ली की दरबारी शिष्टता के प्रचार के साथ ही दिल्ली की खड़ी बोली शिष्ट समुदाय के परस्पर व्यवहार की भाषा हो चली थी। किन्तु इसके अगले पैराग्राफ में वे लिखते हैं, "मुगल साम्राज्य के ध्वंस से भी खड़ी बोली के फैलने में सहायता पहुँची।" ये दोनों परस्पर विरोधी उक्तियाँ प्रतीत होती हैं। मुगल दरबार से हिन्दी या खड़ी बोली के प्रचार-प्रसार में सहायता पहुँची और मुगल साम्राज्य के ध्वंस से भी उसके प्रचार में सहायता पहुँची? ये दोनों कैसे सम्भव हो सकते हैं? शायद शुक्ल जी यह कहना चाहते हैं कि मुगल साम्राज्य काल में जो खड़ी बोली दिल्ली-आगरा तक सीमित थी वह उसके ध्वंस के बाद लखनऊ, मुर्शिदाबाद, पटना आदि स्थानों तक फैल गयी। उर्दू के अनेक शायर और साहित्यकार उन जगहों में चले गये। किन्तु इसके साथ ही यह सर्वविदित तथ्य है कि आधुनिक गद्य भाषा का स्वाभाविक विकास और प्रचार-प्रसार मुख्यत: हाट-बाजार और व्यापार के द्वारा हुआ। खड़ी बोली यानी हिन्दी गद्य के साथ भी यही हुआ। जैसे-जैसे दिल्ली के व्यापारी पूरब की ओर बढ़ने लगे वैसे-वैसे हिन्दी भी उन क्षेत्रों में फैलने लगी।

किन्तु मुख्य प्रश्न यह है कि हिन्दी का आविर्भाव क्या ऐसे ही हुआ? इस पर आगे विचार किया जाएगा।

किन्तु यहाँ तो शुक्ल जी को अपनी ही यह स्थापना आगे चलकर उनके ही गले के नीचे नहीं उतरती क्योंकि इससे खड़ी बोली की शुरुआत का श्रेय मुगल दरबारों और मुसलमानों को चला जाता है। इसलिए आगे बढ़ते ही वे तत्काल अपनी ही बात संशोधित करते हुए लिखते हैं, "कुछ लोगों का यह समझना और कि मुसलमानों के द्वारा खड़ी बोली अस्तित्व में आयी और उसका मूल रूप

उर्दू है जिससे आधुनिक हिन्दी गद्य की भाषा अरबी-फारसी आदि के शब्दों को निकालकर गढ़ ली गयी है, शुद्ध भ्रम और अज्ञान है।'' स्पष्टत: पहली बात तो यह कि शुक्ल जी हिन्दी की खड़ी बोली के आरम्भ तथा विकास का कोई श्रेय मुसलमानों को नहीं देना चाहते और दूसरी बात यह कि वे हिन्दी की खड़ी बोली को उर्दू से एकदम पृथक तथा स्वतन्त्र देखना चाहते हैं। उनके लिए यह मुद्दा या प्रश्न बहुत महत्त्वपूर्ण है। उनका इतिहास तो बहुत बाद में लिखा गया उससे बहुत पहले राजा शिव प्रसाद तथा भारतेन्दु के जमाने में ही दोनों भाषाओं को लेकर केवल भाषा में ही नहीं दो समुदायों के बीच तुमुल वाक्‌युद्ध का विराट प्रकरण बन चुका था। हिन्दी साहित्यकारों तथा प्रचारकों में भी इसे लेकर दो समुदाय बन चुके थे जो अपने मूल में हिन्दी और हिन्दूवाद की स्थापना के मूल प्रश्न से जुड़ा हुआ था। हिन्दी-उर्दू का यह मुद्दा एक विराट ऐतिहासिक द्वन्द्व की शुरुआत के दौर से गुजर रहा था। भाषा का प्रश्न केवल भाषा का प्रश्न नहीं रहता। हिन्दी उर्दू को लेकर भी यही हुआ। दोनों के बीच एक विशाल खाई खोदी जा रही थी। आगे चलकर जिसके पाट इतने चौड़े होते गये कि भारत और पाकिस्तान के रूप में सामने आए। स्पष्ट है कि शुक्ल जी का संकेत किस ओर था।

इन्हीं कारणों से शुक्ल जी हिन्दी की शुरुआत को खींचकर कहीं और तथा किसी और दिशा में ले जाना चाहते हैं: ''किसी भाषा का साहित्य में व्यवहार न होना इस बात का प्रमाण नहीं है कि पहले उसका अस्तित्व नहीं था।'' शुक्ल जी इसलिए मुसलमानों, मुसलमानी प्रभाव और उर्दू से अलग उसका अस्तित्व राजा भोज और हम्मीर देव के काल तक ले जाते हैं और लिखते हैं कि ''इस बात के अपभ्रंश में भी खड़ी बोली के प्राचीन रूप की झलक मिलती है।''

और इस प्रकार वे खड़ी बोली के प्राचीन रूप को संवत् 1407 तक की अपभ्रंश में देखते हैं। शुक्लजी की इन स्थापनाओं का उल्लेख हम पहले भी कर चुके हैं। निश्चित रूप से किसी भी भाषा का विकास क्रमश: ही होता है किन्तु वह इस प्रक्रिया में अनेक प्रकार के सांस्कृतिक, राजनैतिक और सामाजिक प्रभावों को ग्रहण करती हुई ही अपना विशेष रूप प्राप्त करती है। हिन्दी के साथ भी ऐसा ही हुआ होगा। किन्तु जिस खड़ी बोली को आज हम जानते हैं और जिसमें लिखते-पढ़ते हैं उसे महज उर्दू तथा मुसलमानी प्रभाव से अलग करने के लिए— और वह भी साम्प्रदायिक मनोवृत्ति से प्रेरित होकर उसकी शुरूआत ढूँढ़ने के लिए जमीन-आसमान के कुलाबे मिलाने वाली तर्क बुद्धि कुतर्क से ही ज्यादा प्रेरित लगती है, जबकि आज लिखी जाने वाली हिन्दी-उर्दू गंगा-जमुनी भाषा के रूप में मिल-जुल कर इस तरह एकसार हो गयी है कि आज ऐसी कोई कोशिश साम्प्रदायिक दुर्भावना से प्रेरित ही लग सकती है। स्पष्टत: यह हिन्दू विश्व-

विद्यालय के संस्थापक तथा परम तेजस्वी व्याख्याता नेता महामना मदनमोहन मालवीय जी का प्रभाव था। भारतेन्दु कालीन हिन्दूवादी नेताओं में—उन दिनों हिन्दी के नेतृत्व को लेकर भी हिन्दी लेखकों में होड़ लगी हुई थी: राजा शिवप्रसाद तथा भारतेन्दु के बीच 'रस्साकशी' का मुख्य मुद्दा यही था। भारतेन्दु को काशी नरेश का संरक्षण प्राप्त था जो परम्परा से ही हिन्दुओं का संरक्षण करते आ रहे थे।

इन्हीं प्रभावों से प्रेरित होकर शुक्ल जी ने भी अपने इतिहास में हिन्दी और उर्दू को अलग-अलग भाषा के रूप में स्थापित करने की जी-तोड़ कोशिश की है। वे हिन्दी तथा खड़ी बोली को तो एक स्वाभाविक रूप से विकसित भाषा मानते हैं किन्तु उर्दू को एक कृत्रिम रूप से गढ़ी हुई भाषा घोषित करते हैं।

हिन्दी का और हिन्दी गद्य का यदि ऐसे ग्रन्थों से किसी स्तर पर सम्बन्ध जुड़ता भी हो तो इस जुड़ाव के पीछे जो मनोवृत्ति काम करती रही है उसे जान लेने के बाद हिन्दी गद्य के आधुनिक धर्मनिरपेक्ष स्वरूप को सुरक्षित रखने के लिए आवश्यक लगता है कि हिन्दी गद्य की परम्परा को इनसे पृथक ही रखा जाय। वैसे भी आधुनिक हिन्दी गद्य साहित्य का ऐसी किसी साम्प्रदायिक परम्परा से सम्बन्ध किसी भी स्तर पर नहीं जुड़ता।

खड़ी बोली के सन्दर्भ में हिन्दुस्तानी शब्द का प्रयोग उल्लेखनीय है। स्पष्टत: शुक्ल जी जानते हैं कि खड़ी बोली के गद्य का मूल तथा स्वाभाविक स्वरूप मूलत: हिन्दुस्तानी ही था यानी धर्मनिरपेक्ष तथा गैर साम्प्रदायिक। पर इस प्रसंग में वे अमीर खुसरो और आगे चलकर नजीर अकबराबादी के योगदान का जिक्र करने के बाद घबड़ा से जाते हैं क्योंकि इससे हिन्दी गद्य के विकास में मुसलमानों का योगदान स्पष्ट हो जाता है। आज जब हिन्दी गद्य लेखन में मुसलमान रचनाकारों की इतनी बड़ी प्रतिभाशाली जमात संलग्न है तब शुक्ल जी की यह हिचक (मुसलमानों के योगदान के सन्दर्भ में) हास्यास्पद लग सकती है।

दरअसल भाषा के स्वरूप निर्धारण की दृष्टि से भारतेन्दु का जमाना बहुत उथल-पुथल से भरा हुआ था। मुख्य रूप से भारतेन्दु के क्षेत्रों वाले हिन्दीभाषी भू-भागों में परम्परावादी हिन्दुओं को अपने चारों ओर चुनौतियाँ और खतरे दिखायी दे रहे थे। पहले तो केवल मुसलमान और मुसलमानी भाषा-संस्कृति थी, किन्तु अब नये आकाओं के रूप में उभरे अँग्रेज़ ईसाई मिसनरी ही नहीं उनके प्रभाव में आये (इन रूढ़िवादियों के अनुसार) नवजागरण के आन्दोलनों तथा अभियानों ने उनके लिए चारों तरफ खतरे ही खतरे उत्पन्न कर दिए थे।

यह लड़ाई भाषा के स्तर पर सबसे प्रकट तथा तीव्रतर थी। यहाँ यह जानना कि आधुनिक हिन्दी गद्य साहित्य का विकास इन्हीं परिस्थितियों तथा घात-

प्रतिघातों के बीच हुआ, अत्यन्त महत्त्वपूर्ण है।

शुक्ल जी जिसे 'भाषा का विप्लव' कहते हैं यानी ब्रजभाषा और खड़ी बोली के बीच टकराहट की बात—वह तब तक ब्रजभाषा को लेकर नहीं, बल्कि उर्दू को लेकर था। यानी असली 'भाषा का विप्लव' हिन्दी और उर्दू के बीच हो रहा था। ब्रज भाषा तो क्रमश: अपनी स्वाभाविक ऐतिहासिक मौत मर रही थी।

खड़ी बोली तथा हिन्दी के गद्य साहित्य के विकास को रेखांकित करते हुए शुक्ल जी की पूरी कोशिश उसे उर्दू से सर्वथा भिन्न भाषा सिद्ध करने की रही है। वे यहाँ तक कह जाते हैं कि मुसलमानों ने उसमें फारसी शब्द बाद में भर दिए जिससे उसका स्वाभाविक रूप बदल गया। ऐसा कहने के पीछे शुक्ल जी का मन्तव्य क्या था यह तो स्पष्ट हो ही चुका है। किन्तु शुक्ल जी शायद यह लक्ष्य नहीं कर सके कि गद्य पद्य की अपेक्षा आधुनिक विद्या है। यानी गद्य अपने स्वरूप और संवेदना में ही आधुनिक भावबोध लेकर आया है। आधुनिक भावबोध दुनिया भर में सत्ता तथा व्यवस्था के स्तर पर प्रजातन्त्र के विकास के साथ ही विकसित हुआ। प्रजातान्त्रिक व्यवस्था के मूल तत्व धर्मनिरपेक्षता की अवधारणा पर आधारित हैं। अत: गद्य और मुख्यत: हिन्दी गद्य साहित्य न केवल एक धर्मनिरपेक्षता की अवधारणा पर आधारित है। अत: गद्य तथा मुख्यत: हिन्दी गद्य साहित्य न केवल एक धर्मनिरपेक्ष भावबोध का साहित्य है, बल्कि भाषिक संरचना की दृष्टि से भी उसमें शब्द चयन के आधार पर कोई शुद्धतावाद नहीं है, बल्कि विकास के क्रम में न केवल उर्दू (उर्दू तो प्रारम्भ से ही उसके कलेवर में अन्तर्निहित थी) बल्कि बोलचाल वाली अँग्रेज़ी तथा भारत की दूसरी भाषाओं और बोलियों के शब्द भी स्वत: शामिल होते गये। मुख्य रूप से हिन्दी के आधुनिक रचनात्मक गद्य साहित्य की यह केंद्रीय विशेषता रही है। जिसने उसमें निरन्तर नयी ऊर्जा व अर्थवत्ता उत्पन्न कर उसकी रचनात्मकता में वृद्धि की है। गुलेरी जी सहित आगे आने वाले अनेक रचनाकार फणीश्वर नाथ रेणु, कृष्णा सोबती और जगदम्बा प्रसाद दीक्षित आदि की कृतियाँ इसकी उत्कृष्ट उदाहरण हैं।

कहने का तात्पर्य यह है कि शुक्ल जी ने प्रारम्भ में ही अपने इतिहास के द्वारा भाषिक स्तर पर जो 'शुद्धतावाद' स्थापित करने की कोशिश की वह बेहद दुर्भाग्यपूर्ण था। यद्यपि सौभाग्य से आगे लिखे जाने वाले हिन्दी गद्य साहित्य पर इसका कोई असर नहीं पड़ा। किन्तु सामाजिक तथा राजनैतिक स्तर पर इस द्वैत को बढ़ावा मिला जिससे गद्य साहित्य में गौण रूप से ही एक शुद्धतावाद संकीर्ण हिन्दूवादी धारा आज भी प्रवाहित हो रही है। जिसका एक रूप ऐतिहासिक तथा पौराणिक आख्यानों पर आधारित कृतियों में देखा जा सकता है। संयोग से इसका विकास हिन्दी काव्य में अधिक हुआ क्योंकि जैसा कहा जा चुका है कि गद्य

अपने स्वरूप तथा संवेदना में न केवल आधुनिक है बल्कि अधिक मुक्त, स्वतन्त्र तथा सम्प्रदाय निरपेक्ष विधा है।

शुक्ल जी ने हिन्दी की खड़ी बोली को उर्दू से अलग करने की कोशिश में कई तरह के अलगाव उत्पन्न कर दिए। किन्तु आधुनिक हिन्दी गद्य साहित्य का विकास न केवल कविता की अपेक्षा अधिक मुक्त और खुले रूप में हुआ बल्कि उसमें अनेकानेक नयी विधाएँ भी उत्पन्न होती गयीं। ललित निबंध, पत्र लेखन शैली, डायरी संस्मरण लेखन शैली, आत्मकथा लेखन, यात्रा विवरण आदि अनेक गद्य शैलियाँ आधुनिक हिन्दी गद्य साहित्य में शामिल होती गयीं। रिपोर्ताज नाम से लिखी जाने वाली गद्य शैली ने तो गद्य विधा में एक छोटी-मोटी क्रान्ति ही कर दी, जिसका सर्वोत्तम रूप आगे चलकर फणीश्वर नाथ रेणु के रिपोर्ताज तथा निर्मल वर्मा के कथ्य सम्बन्धी संसमरणात्मक रिपोर्टिंग में देखा जा सकता है।

हिन्दी के गद्य साहित्य में अनेक नयी शैलियों का निरन्तर समावेश होता गया है और कुछ चतुर कथाकारों ने तो अपनी कथाकृतियों में इनमें से अनेक का सम्मिलित उपयोग करके एक नये प्रयोगवादी रचनात्मक गद्य को जन्म दिया।

इस तरह हम लक्ष्य करें तो पाएँगे कि प्रत्येक युग की अपनी विशेष भाषा ही नहीं होती विशेष प्रतिनिधि विधा भी होती है। अतः युग विशेष के साथ-साथ महाकाव्य और एपिक नॉवेल लुप्त हुए तो उन्होंने जेम्स ज्वॉइस, वर्जिनिया वुल्फ, फ्रांज काफ्का, और मार्शल प्रूस्त आदि की अनेक नयी कथा शैलियों को जन्म भी दिया जिन्होंने उस विधा को कहीं अधिक समृद्ध बनाया।

आचार्य रामचन्द्र शुक्ल अपने शुद्धतावादी दृष्टिकोण के कारण आधुनिक हिन्दी गद्य या खड़ी बोली के विकास का श्रेय न केवल मुसलमानों को नहीं देना चाहते बल्कि अँग्रेज़ों को भी उससे दूर ही रखना चाहते हैं। अपने इतिहास में वे लिखते हैं : ''अतः यह कहना कि अँग्रेज़ों की ही प्रेरणा से हिन्दी गद्य का प्रादुर्भाव हुआ, ठीक नहीं है।'' पर शुक्ल जी के ही अनुसार स्वयं अँग्रेज़ यह जान गये थे कि उर्दू इस देश की भाषा न होकर एक विदेशी भाषा है, पर राजकाज चलाने के लिए उन्हें इन दोनों भाषाओं की जरूरत पड़ी। 'फोर्ट विलियम कॉलेज' की स्थापना इन्हीं कारणों से की गयी। जिसकी ऐतिहासिक महत्त्वपूर्ण भूमिका स्वयं शुक्ल जी बार-बार स्वीकार करते हैं। फोर्ट विलियम कॉलेज के प्राचार्य जॉन गिलक्राइस्ट आखिर अँग्रेज़ ही थे। किन्तु शुक्ल जी का शुद्धतावादी हिन्दी (या हिन्दू) दृष्टिकोण किसी का ऋण स्वीकार नहीं करना चाहता।

अतः शुक्ल जी के पूर्वग्रहग्रस्त तथा अन्तर्विरोधों से भरी इन स्थापनाओं को दरकिनार करके ही हिन्दी की खड़ी बोली के विकास को समझा जा सकता है।

वास्तविकता तो यह है कि आधुनिक हिन्दी और खड़ी बोली के विकास में मुसलमानों, अँग्रेज़ों, साधु-सधुक्कड़ों, मुल्ले-मौलवियों सबका योगदान रहा है। हिन्दी गद्य का विकास एक युग तथा उसकी परिस्थितियों की आवश्यकता थी जिसमें एक समाज के सभी वर्गों तथा सम्प्रदायों के लोग सम्मिलित रहते हैं। शुक्ल जी ने किसी भाषा के विकास के इस सामाजिक तथा अत्यन्त स्वाभाविक स्वरूप की ओर ध्यान नहीं दिया। वे खड़ी बोली तथा हिन्दी गद्य को एक बेहद पुरानी भाषा सिद्ध करने में ही लगे रहे जिससे मूलत: कुछ सिद्ध नहीं होता। उनके द्वारा दिए गये तथाकथित पुरानी हिन्दी के उदाहरण भी हिन्दी के तो नहीं कहे जा सकते।

आधुनिक हिन्दी गद्य का विकास—एक सर्वेक्षण

गद्य को मोटे तौर पर दो रूपों में देखा जाता है : रचनात्मक गद्य तथा विचारात्मक गद्य। जहाँ तक रचनात्मक गद्य का सवाल है वह अकसर गद्य की सीमा लाँघ कर कविता की सीमा में प्रवेश कर जाता है। पुरानी हिन्दी गद्य की संरचना देखें तो एक ओर उसमें ब्रजभाषा के शब्दों की भरमार थी और प्रचलित बोली के भदेसी शब्द भी उसमें खूब होते थे। इसके अलावा उस समय मुहावरेदार भाषा लिखने का चलन था बल्कि अकसर मुहावरों का उपयोग करने के लिए ही भाषा तथा विचार दोनों गढ़ लिए जाते थे। जिसे 'हिन्दी नवजागरण' कहा जाता है, उस समय की भाषा ऐसी ही थी। तथाकथित गद्य काव्य लिखने की शुरुआत भी उसी समय हुई किन्तु सौभाग्य से इस कृत्रिम विधा का विकास अधिक नहीं हो सका।

जिसे छायावादी गद्य कहा जाता है, वह तो अलंकारों तथा काव्य बिम्बों से लदा हुआ था। किन्तु छायावादी गद्य भाषा में पर्याप्त विकास हुआ और उसके कारण भाषा-खास तौर पर कथा भाषा में ऐसी चित्रात्मकता आयी जिससे कथा भाषा में सूक्ष्मता का प्रवेश हुआ। यह सूक्ष्मता विचारात्मक गद्य में भी विश्लेषणात्मकता बनकर उत्पन्न हुई। हिन्दी नवजागरण काल की भाषा में सूक्ष्मता तथा विश्लेषणात्मकता जैसी वैचारिकता का प्रवेश नहीं हुआ था। हाँ, भावुकता तथा भावावेश वहाँ खूब था जिसके उदाहरण सरदार पूर्ण सिंह के निबन्ध थे।

किन्तु छायावादी गद्य एक बहुत समृद्ध गद्य परम्परा लेकर आया जिसका क्रमश: विकास हुआ। यह जानना दिलचस्प होगा कि पहले का गद्य काव्यात्मकता से अधिक बोझिल है और उसमें अनावश्यक रूप से तत्सम शब्दों का प्रयोग अधिक हुआ है। किन्तु जहाँ यह काव्यात्मकता छनकर प्रकृति तथा रूप चित्रण करती है, वहाँ दृश्यों को साकार करने में बेहद सक्षम होती है। छायावादी गद्य भाषा का सर्वोत्तम रूप उत्तर छायावादी लेखकों में दिखायी पड़ा।

गद्य में काव्यात्मकता या काव्य-गुण होने चाहिए या नहीं, यह लम्बी बहस का विषय है और इस पर बहस हुई भी खूब है, किन्तु अपने मूल रूप में गद्य

में जिसे काव्यात्मकता कहा जाता है उसका दायरा इतना बड़ा है कि प्राय: प्रभावशाली ढंग से चित्रित किया हुआ कोई भी दृश्य या गद्यांश अपनी प्रभावात्मकता में काव्यात्मक लगने लगता है।

अमेरिकी रचना साहित्य में तो दॉस पैसोस तथा अर्नेस्ट हेमिंग्वे जैसे रचनाकार प्राय: रिपोर्टिंग की शैली में विशेषण विहीन निरलंकृत सटीक गद्य लिखने के पक्षधर थे तथा गद्य विशेषज्ञ हेमिंग्वे ने तो रचनात्मक भाषा के वाक्य विन्यास में भी क्रान्तिकारी परिवर्तन ला दिया था। उन्हें उलझे हुए लम्बे-लम्बे वाक्यों के बजाय छोटे-छोटे सीधे-सादे सटीक वाक्य लिखने में महारत हासिल थी। उनका गद्य तो मानो कैनवास पर कूंची से अलग-अलग दृश्य अंकित करता हुआ गद्य है। इस गद्य की विशेषता थी अलंकारों, उपमाओं और विशेषणों की सहायता लिए बिना ही वह सामने एक सजीव तथा सटीक दृश्य प्रस्तुत कर देता था—एक सीधा-सादा निरा गद्य जिसमें भावुकता या भावनात्मकता के लिए कोई स्थान नहीं था। देखने में शुष्क तथा ठोस—इसी तरह के आकाश में तैरते हुए घने काले बादल जो देखने में शिलाखंड प्रतीत होते हैं किन्तु फट पड़ें तो सबकुछ आप्लावित कर दें। पश्चिम में ही नहीं, पूरे विश्व में गद्य की इस कथा भाषा का आधुनिक गद्य साहित्य पर बहुत प्रभाव पड़ा।

किन्तु हिन्दी के रचनात्मक साहित्य की यह परम्परा बहुत आगे नहीं बढ़ पाई—कुछ अपवादों को छोड़कर। इस गद्य भाषा पर आगे प्रसंगानुसार विस्तार से लिखा जाएगा। यहाँ महज यह बता देना जरूरी है कि हिन्दी पाठक का रुचि-संस्कार अभी भी भावात्मकता तथा उसी कारण काव्यात्मकता से इतना बिंधा हुआ है कि यहाँ अभी भी 'गुनाहों के देवता' तथा 'कृष्णकली' जैसे उपन्यास ही अधिक लोकप्रिय हो पाते हैं। आधुनिक हिन्दी की कालजयी कहानी 'उसने कहा था' का शीर्षक ही अत्यन्त काव्यात्मक है किन्तु उसमें काव्यात्मक भाषा का भी बहुत रचनात्मक उपयोग हुआ है। कहने का तात्पर्य यह है कि गद्य भाषा को काव्यात्मकता से शून्य कर देना या कर पाना प्राय: असम्भव है और उचित रचनात्मक आधार पाकर काव्यात्मकता गद्य को सम्पन्नतर भी बनाती है।

विचारात्मक गद्य में भी प्राय: काव्यातमकता आ जाती है। हिन्दी वैयक्तिक या व्यक्तिव्यंजक कहे जाने वाले निबन्धों में इसे देखा जा सकता है। यहाँ तक कि आलोचनात्मक गद्य भी किस प्रकार काव्यात्मक हो जाता है, इसे देखना हो तो महावीर प्रसाद द्विवेदी तथा आचार्य हजारी प्रसाद द्विवेदी के आलोचनात्मक निबन्धों की भाषा देखी जा सकती है। हालाँकि आचार्य हजारी प्रसाद द्विवेदी के काव्यात्मक गद्य में व्यंजनात्मकता इतनी अधिक है कि वह अनेक अर्थ स्तरों पर ध्वनित होती हुई भाषा को भी नया अर्थ देती है—इस पर भी प्रसंग आने पर विस्तार से विचार

किया जाएगा।

हिन्दी में प्रेमचन्द ने अपने विचारात्मक तथा रचनात्मक गद्य दोनों को काव्यात्मकता से सर्वथा मुक्त रखा है। दरअसल काव्यात्मकता तथा भावात्मकता में गहरा सम्बन्ध है—जहाँ भावात्मकता होगी यानी लेखक भावाकुल होगा वहाँ भाषा में काव्यात्मकता स्वाभाविक रूप से स्वतः प्रवेश कर जाएगी। प्रेमचन्द के साहित्य में भावात्मकता न्यूनतम है, इसलिए उनकी गद्य भाषा भी काव्यात्मकता से बच पाई है।

इसी तरह आचार्य रामचन्द्र शुक्ल का गद्य अपनी निर्मम विश्लेषणात्मकता में बेजोड़ है। उनकी तटस्थ शीतल शैली चकित करनेवाली है। उनकी गद्य भाषा एक तरह की शल्य क्रिया करती चलती है। जबकि उनके परवर्ती दूसरे महत्त्वपूर्ण आलोचक आचार्य हजारी प्रसाद द्विवेदी का गद्य आवेगों का अम्बार लगाता चलता है जिससे उनकी वैचारिकता कभी-कभी खंडित हो जाती है। उनकी सूरदास पर लिखी पुस्तक इसका सर्वोत्तम उदाहरण है। इस पुस्तक की भाषा भाव विह्वल गद्य का नमूना है। उनकी प्रख्यात पुस्तक 'कबीर' भी इसका बहुत अपवाद नहीं है। लेकिन उनकी सबसे महत्त्वपूर्ण वैचारिक गद्य कृति 'हिन्दी साहित्य की भूमिका' में उनकी प्रखर ऐतिहासिक दृष्टि से सम्पन्न गहरी अन्तर्दृष्टि से युक्त अत्यन्त ऊर्जावान गद्य सामने आता है। इस ग्रन्थ पर विस्तार से चर्चा यथास्थान की जाएगी।

गद्य भाषा की विशेषता उसके वस्तुनिष्ठ ठोस रूप में होती है। ज्याँ पॉल सार्त्र ने कविता तथा गद्य में अन्तर करते हुए लिखा है कि कविता में लेखक भाषा के भीतर होता है जबकि गद्य में वह उसके बाहर रहता है। यानी कविता में कवि की आँख भीतर की ओर अधिक खुली होती है जबकि गद्य में बाहर की ओर। किन्तु इसका अर्थ यह नहीं है कि गद्य में लेखक की दृष्टि हमेशा बाहर-बाहर ही होती है और कविता में हमेशा वह भीतर ही देखती है। इस अन्तर से केवल दोनों की मूलभूत विशेषताओं का चरित्र निर्धारण होता है।

किन्तु रचनात्मकता या रचनाधर्मिता का ज्यादा सटीक विश्लेषण अँग्रेज़ी समीक्षक आई. एस. रिचर्ड्स ने किया है। उनके अनुसार प्रत्येक महत्त्वपूर्ण रचना में हमेशा विचार (थॉट) और भावना (इमोशन) का विरल सामंजस्य-'फ्यूजन' होता है। यह सामंजस्य जितना अधिक सन्तुलित होगा, रचना उतनी ही महत्त्वपूर्ण होगी। अतः निष्कर्षतः यह कहा जा सकता है कि गद्य पूरी तरह काव्यात्मकता से रिक्त या वंचित नहीं हो सकता—उसे होना भी नहीं चाहिए।

पर विचारात्मक गद्य के लेखक का उद्देश्य मुख्यतः विचारों को विश्लेषित करते हुए संप्रेषित करना होता है। इसके अलावा उसे अपने विचारों को सत्यापित

करने के लिए तथ्य आधारित तर्कों का सहारा लेना पड़ता है जिसमें भावानात्मकता के लिए अवकाश नहीं होता। इसीलिए उसकी भाषा अधिक सीधी (डायरेक्ट) तथा ठोस होती है। अधिकांशत: सैद्धांतिक दार्शनिक गद्य भी ऐसा ही होता है : हिन्दी में गजानन माधव मुक्ति का समीक्षात्मक गद्य इसका सर्वोत्तम उदाहरण है। उनके समीक्षात्मक गद्य लेखन पर पृथक से विचार किया जाएगा।

इसी कारण वैचारिक गद्य सामान्यत: बोलचाल का गद्य नहीं हो सकता। इसकी भाषा में लेखक को यह प्रमाणित करना होता है कि इसका कथन या इसकी स्थापना तथ्य आधारित सच है।

जबकि रचनात्मक लेखन की भाषा में लेखक को अन्तर्निहित अर्थ को संकेतों के माध्यम से अधिक व्यक्त करना होता है वरना उसकी भाषा अधिक मुखर होकर विस्फारित हो जाएगी और उसका अपेक्षित प्रभाव समग्र रूप से नहीं पड़ेगा। भाषा जितनी 'एक्सप्लिसिट' होगी, रचना उतनी ही कमजोर तथा दुर्बल होती जाएगी। प्रेमचन्द तथा यशपाल जैसे महत्त्वपूर्ण हिन्दी उपन्यासकारों के गद्य में भी अकसर यह कमजोरी दिखायी पड़ जाती है।

विचारात्मक गद्य में चूँकि भावनाओं को नहीं विचारों को सम्प्रेषित करना होता है, इसलिए उसे 'दृश्यात्मक' (विजुअल) होने की जरूरत नहीं पड़ती। वह अवधारणाओं (कांसेप्ट्स) की भाषा होती है। लेकिन रचनात्मक गद्य की भाषा में चूँकि विचार तथा भावनाएँ दोनों सम्पृक्त होती हैं इसलिए उस भाषा को प्रभावशाली होने के लिए न केवल दृश्यात्मक होने की आवश्यकता होती है, बल्कि अधिक प्रभावोत्पादक होने के लिए कला और ज्ञान की अन्य विधाओं की शब्दावली और भाषा का भी सहारा लेना पड़ सकता है। आधुनिक हिन्दी के रचनात्मक गद्य में इस भाषा का सर्वाधिक प्रभावशाली प्रयोग अज्ञेय ने अपने उपन्यासों तथा कहानियों में किया है। उनके उपन्यासों का विश्लेषण करते हुए उस पर विधिवत विचार किया जाएगा। अज्ञेय के बाद परवर्ती रचनाकारों में फणीश्वरनाथ रेणु तथा निर्मल वर्मा की गद्य भाषा में भी इन विशेषताओं का प्रभावशाली प्रयोग हुआ है। इधर की हिन्दी रचनाओं के गद्य में भाषा-चातुर्य तथा चमत्कारिता ही अधिक दिखायी पड़ती है। समकालीन प्रसंगों में इस पर विचार किया जाएगा।

गद्य तथा कविता दोनों की भाषा में अकसर एक प्रकार की कृत्रिमता आ जाती है जिसे पारखी आलोचक तथा अभ्यस्त पाठक तत्काल समझ लेते हैं। भाषा में यह कृत्रिमता कई कारणों से आती है—यदि रचनाकार अपनी रचना में तन्मय न होकर यांत्रिक ढंग से लिख रहा हो तो उसकी भाषा तथा भावनाएँ दोनों कृत्रिम हो जाएँगे। हिन्दी के महत्त्वपूर्ण माने जाने वाले कथाकारों में से एक डॉ. शिव

प्रसाद सिंह का रचनात्मक गद्य ऐसा ही ढला-ढलाया कृत्रिम गद्य का उदाहरण है।

कभी-कभी रचनात्मक गद्य में ही नहीं विचारात्मक गद्य में भी पाठक को भरमाने, भटकाने और इस प्रकार उलझन में डालकर प्रभावित करने के लिए भी ऐसी उलझाव वाली कृत्रिम भाषा प्रयुक्त की जाती है। इधर की आलोचनात्मक गद्य भाषा में अक्सर इसका प्रयोग किया जाने लगा है। इस तथाकथित युक्ति का प्रयोग प्राय: वैचारिक खोखलेपन को छिपाने के लिए किया जाता है। अधकचरे लेखक भी प्रभाव डालने के लिए ऐसी भाषा का प्रयोग करते हैं। भाषा का यह आतंक इधर की हिन्दी आलोचना में अधिक दिखायी देने लगा है जो अकसर अनुवाद की भाषा होने के कारण भाषा और विचारों दोनों में दिखायी पड़ता है। मुख्यत: यह लेखक के दिमागी दिवालिएपन का ही द्योतक होता है। विचारों तथा चिंतन की अस्पष्टता या असत्यता भी कभी-कभी भाषा में अस्पष्टता भर देती है। कभी-कभी भाषा के अज्ञान के कारण भी ऐसा होता है। लेकिन गहन चिंतन की गम्भीरता तथा जटिलता भी कभी-कभी भाषा को अस्पष्ट तथा दुरूह बना देती है जैसा कि मुक्तिबोध की 'चिन्तन भाषा' में कहीं-कहीं देखा जा सकता है। ऐसी भाषा तथा उसमें व्यक्त विचारों को चूँकि समझने में दिमाग पर जोर डालना पड़ता है, इसलिए शिथिल मस्तिष्क वाले सुस्त आलोचक तथा पाठक दोनों ही ऐसी भाषा वाली कृतियों को समझे बिना ही दरकिनार कर देते हैं। कहा जाता है कि 'मेरे पल्ले तो कुछ भी नहीं पड़ा।' बहुत मौलिक चिन्तन तथा रचना भी प्राय: ऐसी प्रतिक्रियाओं का शिकार होने के लिए अभिशप्त हो जाती है।

'जिस तरह हम बोलते हैं, उस तरह तू लिख' में लिखी गयी कृति जरूरी नहीं कि श्रेष्ठ हो, बल्कि अबोध तथा अज्ञानता से पूर्ण लेखन भी प्राय: ऐसी ही भाषा में होता है। पत्रकारिता की तरह लिखी गयी स्टोरी की भाषा भी ऐसी ही होती है।

भाषा की ऐसी कसौटियाँ या निकष रचना के आकलन में बहुत दूर तक साथ नहीं देते। गद्य की भाषा टेरारिकल या भाषण वाली भाषा भी नहीं होनी चाहिए। यह भाषा खराब गद्य का उदाहरण प्रस्तुत करती है। उपन्यास सम्राट प्रेमचन्द के उपन्यासों में ऐसे गद्यांश प्राय: आ जाते हैं। हिन्दी के कुछ गणमान्य आलोचकों की भाषा ही निबन्धों में भी अनावश्यक विस्तार मिलता है। डॉ. रमेश कुंतल मेघ इस भाषा तथा विवेचना शैली के सिद्धहस्त आचार्य हैं। यद्यपि एक दूसरे प्रमुख समीक्षक रमेश चन्द्र शाह की भाषा अनावश्यक दुरुहता का शिकार नहीं होती किन्तु उनमें अँग्रेज़ी तथा प्राचीन भारतीय ग्रन्थों के सन्दर्भहीन अनावश्यक उद्धरणों का बाहुल्य होता है।

अनावश्यक विवरणों से बोझिल लम्बी कहानियाँ लिखने की प्रवृत्ति भी

इधर हिन्दी में बढ़ी है। कुछ पत्रिकाएँ भी अनावश्यक रूप से लम्बी कहानियाँ लिखने के लिए प्रोत्साहित करने लगी हैं। चर्चित कथाकार उदय प्रकाश ने इधर अपनी एक लम्बी रोमानी कहानी 'पीली छतरी वाली लड़की' को बेल कर उपन्यास का आकार देने की कोशिश की है—परिणामस्वरूप यह रचना न कहानी बन पाई और न कोई सार्थक उपन्यास। इसी प्रकार उनकी सद्यः प्रकाशित लम्बी कहानी 'मोहन दास' चमत्कारिक प्रविधियों का गड्मड् गड़बड़झाला बनकर रह गयी है। साहित्य में चमत्कारिकता उत्पन्न करने की यह प्रवृत्ति उत्तर आधुनिक काल के पश्चिम से आयी है और जादुई यथार्थ से आगे की नयी प्रवृत्ति मानी जा रही है। कथाकार उदय प्रकाश ऐसे फैशनेबल नये-नये नुस्खों को आजमाने में माहिर समझे जाते हैं।

उत्तर आधुनिक समीक्षा पद्धति जो केवल पाठ के आधार पर किसी कृति के आकलन का प्रयास करती है न केवल एकांगी है बल्कि सतही भी है क्योंकि उसमें भाषा के भीतर पैठकर रचना के अन्तर्गर्भित अर्थ को समझने की न तो क्षमता है और न चेष्टा। यह समीक्षा पद्धति न केवल भ्रामक है बल्कि घातक भी है।

बहरहाल बतलाना यहाँ यह है कि विचारात्मक गद्य भाषा के भी अनेक रूप होते हैं, एक तो दार्शनिक चिन्तन की भाषा जो पारिभाषिक शब्दावली तथा लेखक के अपने अन्वेषित शब्द समूह से भरी होती है। ऐसी भाषा को उसके 'सन्दर्भ विशेष' को जाने बिना नहीं समझा जा सकता। चूँकि हिन्दी में डॉ. देवराज जैसे दार्शनिक-समीक्षकों के बाद ऐसा चिन्तन प्रायः बन्द हो गया है, इसलिए यहाँ उदाहरण के रूप में किसी नये चिंतक का नाम लेना मुश्किल है। दार्शनिक चिन्तन के स्थान पर राजनीति तथा समाजशास्त्र पर आधारित वैचारिक चिन्तन की प्रवृत्ति इधर बढ़ी है—डॉ. पी. सी. जोशी तथा डॉ. धर्मवीर के अलावा वीरेन्द्र कुमार बरनवाल जैसे कई लेखकों ने इस दिशा में सराहनीय पहल की है। इस प्रक्रिया में एक नयी चिन्तन भाषा भी विकसित हुई है जिस पर यथास्थान विचार किया जाएगा। इस चिन्तन भाषा में इतिहास, समाजशास्त्र, नृतत्वशास्त्र, विधिशास्त्र, अर्थशास्त्र और राजनैतिक सिद्धान्तों की भाषा का मिला-जुला रूप प्राप्त होता है। इस तरह देखें तो इधर के विचारात्मक गद्य में अनेक विधाओं से ली गयी शब्दावली से युक्त एक नयी भाषा रूप ग्रहण कर रही है। यह भाषा विचारात्मक गद्य तक सीमित नहीं है बल्कि अनेक उपन्यासों तथा कहानियों में भी उसका प्रयोग होने लगा है। ऐसी भाषा वाली रचनात्मक कृतियों का प्रभाव हमेशा वांछित तथा अनुकूल ही नहीं होता।

वैसे तो हिन्दी उपन्यासों में दार्शनिक चिन्तन तथा विभिन्न दार्शनिक सम्प्रदायों से ली गयी विशेष भाषा प्रयोग की परम्परा पुरानी है जिसकी शुरुआत

जयशंकर प्रसाद की 'सालवती' जैसी श्रेष्ठ कहानियों से होती है और जिसका सर्वोत्तम रूप आचार्य हजारी प्रसाद द्विवेदी के उपन्यासों 'वाणभट्ट की आत्मकथा', 'चारूचन्द्र लेख' तथा 'अनाम दास का पोथा' जैसी कृतियों में देखा जा सकता है। उसके अलावा राहुल सांकृत्यायन, यशपाल और रांघेय राघव आदि के उपन्यासों में ऐसी भाषा के अच्छे-बुरे प्रयोग प्राप्त होते हैं।

महाभारत तथा अन्य पौराणिक आख्यानों पर आधारित अनेक आख्यानों में भी ऐसी भाषा का प्रयोग मिलता है जो कभी-कभी एक साम्प्रदायिक हिन्दूवादी स्वरूप ग्रहण कर लेती है।

साहित्य में बौद्धिकता तथा 'एज ऑफ रीज़न' का युग आने से गद्य साहित्य तथा उसकी भाषा पर गहरा प्रभाव पड़ा। सबसे पहले तो भाषा को भावनाशून्य-इमोशनलेस (उसकी चर्चा पहले की जा चुकी है) बनाने का एक आन्दोलन शुरू हो गया और साहित्य में भावुकता को (जिसे आचार्य रामचन्द्र शुक्ल जैसे आलोचक एक बड़ा रचनात्मक गुण मानते थे) बहिष्कृत कर उसकी जगह तर्क आधारित चिन्तन को स्थापित करने वाली बुद्धिवादी प्रवृत्ति का प्रवेश हुआ। भावुकताग्रस्त रचनाएँ निचले स्तर की रचनाएँ मानी जाने लगीं।

कथा साहित्य में इस बुद्धिवादी 'एम्बिग्विटी' को स्थापित करने का श्रेय अँग्रेज़ी उपन्यासकार जेम्स ज्वाइस के 'यूलिसिस' को है। इस उपन्यास से रचनात्मक गद्य में शिल्प प्रयोगों की शुरुआत भी होती है। यह उपन्यास 1922 में प्रकाशित हुआ था—जब पश्चिमी 'आधुनिकतावाद' पहले महायुद्ध के बाद भूलुंठित होकर अपने दूसरे चरण में प्रवेश कर रहा था।

हिन्दी कथा साहित्य में और मुख्य रूप से उसकी भाषा में यह प्रवृत्ति भावुकता छायावादी रोमैंटिकता के विरुद्ध शुरू की गयी किन्तु प्रारम्भ में स्वयं इसकी संवेदना भावुकता से लबरेज थी। किन्तु यह प्रवृत्ति हिन्दी में एक नया कथा-शिल्प लेकर आयी जिसके प्रवर्तक जैनेन्द्र थे। जैनेन्द्र के बाद अज्ञेय ने इस भाषा तथा शिल्प का विकास करते हुए उसकी तर्कसंगत परिणति तक पहुँचाया।

जहाँ तक जैनेन्द्र का सवाल है उनके परख, सुनीता, त्यागपत्र जैसे उपन्यासों तथा 'जाह्नवी', 'एक रात', 'कैदी' तथा 'पत्नी' जैसी कहानियों की भाषा यद्यपि निरलंकृत, सीधी तथा सहज गद्य वाली है किन्तु इतने निरावृत गद्य के बावजूद इन सभी कृतियों में भावनात्मकता ही निर्णायक भूमिका निभाती है।

इसके बरक्स अज्ञेय की रचनाओं की भाषा तथा संवेदना दोनों कहीं आगे की चीज थीं—अधिक सूक्ष्म, विश्लेषणात्मक तथा बौद्धिक आधार लिए हुए। अज्ञेय ने हिन्दी की कथा भाषा को समृद्ध ही नहीं किया बल्कि उसे अधिक परिष्कृत भी बनाया। अज्ञेय की कथा भाषा छायावादी गद्य का सर्वोत्तम उदाहरण प्रस्तुत

करती है।

बीसवीं सदी के उत्तरार्द्ध की कथा भाषा में फणीश्वरनाथ रेणु का सबसे महत्त्वपूर्ण योगदान है। यद्यपि प्रेमचन्द गाँवों के कथाकार के रूप में अधिक माने जाते हैं किन्तु उन्होंने अपनी रचनाओं में जनपदीय लोक भाषा का इस्तेमाल नहीं किया बल्कि सामान्य खड़ी बोली का प्रयोग ही उनमें मिलता है। लोक भाषा जिसे आंचलिक भाषा भी कहा गया, का सबसे जीवन्त उपयोग फणीश्वरनाथ रेणु के उपन्यासों तथा कहानियों में मिलता है। दरअसल रेणु ने हिन्दी गद्य की कथा भाषा को एक बिलकुल नया संस्कार तथा संरचना दी जिससे पहली बार समझा जा सका कि भाषा केवल शाब्दिक संरचना नहीं होती और न उसका सम्बन्ध केवल साहित्यिक संवेदना से होता है बल्कि अद्‌भुत ढंग से वह अपनी संरचना में पूरे परिवेश को समाहित किये हुए होती है जिसमें वर्गगत तथा जातिगत संस्कार तो होते ही हैं साथ ही जनपद विशेष की जीवन पद्धति तथा जीवनशैली भी अन्तर्निहित होती है। जनपद या लोक जीवन की भाषा नागर भाषा से कितनी भिन्न होती है उसे रेणु से पहले न किसी हिन्दी कथाकार ने समझने की कोशिश की और न समझी। रेणु की कथा भाषा में पूरे जनपद का जीवन स्वयं मुखर होकर सामने आ जाता है। यह भाषा का कोई खिलंदड़ा प्रयोग नहीं था। जैसा कि ग्रामीण कथाकार कहे जाने वाले कुछ अन्य कथाकारों ने किये हैं, बल्कि इस भाषा से पृथक या कटकर उसमें कथा तथा उसका जीवन निर्जीव हो जाता है। यह केवल रीति-रिवाजों, तीज-त्योहारों तथा उनके गीतों से भरी भाषा नहीं थी बल्कि वहाँ का पूरा जीवन एक सूत्र में पिरोकर विशेष गद्य छन्द में वहाँ प्रस्तुत कर दिया गया है।

यह भाषा पहली बार रेणु के पहले उपन्यास 'मैला आँचल' में प्रयुक्त हुई किन्तु उसका सर्वोत्तम रूप रेणु की कहानियों 'तीसरी कसम' और 'लाल पान की बेगम' जैसी कहानियों में मिलता है। 'तीसरी कसम' में प्रसिद्ध लोक नाट्य नौटंकी के असली रूप को भाषिक तथा संरचनात्मक स्तर पर प्रेमकथा से गूँथकर प्रस्तुत किया गया है, वह रचनात्मक कौशल का भी बेमिसाल उदाहरण है। उस भाषा की संगीतात्मकता विशेष विश्लेषण की माँग करती है।

इसी तरह 'लाल पान की बेगम' में देखा जा सकता है ग्रामीण मेले-ठेले जो नागर दृष्टि में भीड़-भड़क्के, मक्खियों से भिनभिनाती मिठाइयों की दुकानों, कार्निवाल, झूलों, गुब्बारों तथा गर्द-गुबार से भरे दमघोंट उत्सव होते हैं। वे स्वयं ग्रामीण लोगों विशेष रूप से औरतों और बच्चों के लिए क्या होते हैं? छप्परों से ढँके कच्चे घरों जिनकी दीवारों पर गोबर के उपलों की रोटियाँ चिपकी होती हैं और जिनके भीतर का धुँधला धुएँ भरा माहौल और उसके भीतर जीने वाली

औरतों तथा उनके लिए ये मेले-ठेले मुक्ति और रंजन के अत्यन्त महत्त्वपूर्ण अवसर हैं—जिनसे वंचित रह जाना मानो जीवन से ही वंचित रह जाना है। कहानी की औरतें मनोरंजन के नाम पर दिन-रात एक-दूसरे को ताने मारने तथा व्यंग्य वाणों से बींधती रहती हैं। उनके लिए मेला शब्द क्या अर्थ रखता है उसे वही कथाकार समझ सकता है जो मानो उन घरों में घुसकर बैठा हुआ अनुक्षण उस जीवन की चर्चा तथा क्रियाकलाप को अंकित कर रहा हो। इस कहानी में मेला सचमुच परस्पर द्वेष भरे दिलों को मिला देता है। कहानी में ग्रामीण जीवन की गहरी मानवीयता को भी बड़ी मार्मिकता के साथ व्यक्त किया गया। उसके अतिरिक्त रेणु की भाषा का जबरदस्त हास्य बोध (सेंस ऑफ ह्यूमर) यह भी बतलाता है कि अत्यन्त दीनहीन वंचित जीवन जीने वाले भारतीय ग्रामीणों में जीवन के प्रति कितना उल्लास भरा होता है जो मौका पाते ही हँसी की फुहार से भरे शब्दों में व्यक्त होता रहता है। रेणु के उपन्यासों के अनेक पात्र-स्यामबत्ती पीसी, भिम्मल मामा आदि उसके उदाहरण हैं।

रेणु की कथा भाषा में एक संगीतात्मक पैटर्न निर्मित करने वाली शब्दावली के साथ बात-बात पर गुदगुदाकर हँसा देने वाले शब्द समूह भी हैं।

जिसे नयी कहानी कहा गया (स्वयं रेणु उससे बाहर और परे ही रहे) कथा भाषा के स्तर पर उसका योगदान न्यूनतम है। उसकी आत्ममुग्ध घोषित तिकड़ी (मोहन राकेश, राजेन्द्र यादव और कमलेश्वर) ने अपनी कोई निजी कथा भाषा नहीं निर्मित की। बल्कि भाषा के स्तर पर वे जैनेन्द्र और अज्ञेय की कथा भाषा से भी पीछे की जमात में बैठे हुए नजर आते हैं।

मोहन राकेश की मशहूर कहानी 'आर्द्रा' मूलतः अपनी संवेदना में भी उतनी ही आर्द्र है जितना शीर्षक से प्रतीत होती है। यद्यपि वह आज की परिवर्तित आधुनिक जीवन शैली को लक्ष्य करके लिखी गयी है जिसमें माँ के लिए स्थान नहीं रह गया है—पर उसे भी मध्यवर्गीय पाठक समुदाय पर प्रभाव डालने के लिए उसी भावाकुल आर्द्र शैली का सहारा लेना पड़ता है जिसमें आज भी बॉलीवुड की फिल्में तथा हिन्दी धारावाहिक बन रहे हैं। यद्यपि राकेश की कहानियों का कथा क्षेत्र व्यापक तथा सही अर्थों में आधुनिक था किन्तु उनकी गद्य रचनाएँ अपनी कोई निजी कथा भाषा नहीं निर्मित करतीं। राकेश के सहवर्ती कथाकार राजेन्द्र यादव की एक चर्चित कहानी 'जहाँ लक्ष्मी कैद है' तो कई कदम पीछे जाकर परम्परागत लक्ष्मी का रूप धारण कर लेती है। स्त्री की मुक्ति की आड़ लेकर लिखी गयी यह नितान्त भावुकताग्रस्त कहानी है। मोहन राकेश के विपरीत राजेन्द्र यादव की भाषा बोझिल तथा नितान्त वर्णनात्मक है जो अपने अनावश्यक ब्योरों से उबाने लगती है। उससे बुरा हाल उस दौर के एक और महत्त्वपूर्ण समझे जाने वाले कथाकार

कमलेश्वर का है। उनकी एक समय में बेहद चर्चित कहानी दो कथा परम्पराओं का चित्रण करके एक नये कथा शिल्प को जन्म देने का दावा करती है किन्तु गलदश्रु होकर शरतचन्द्रीय भावुकता की झोली में जा गिरती है। 'नयी कहानी' के इस 'नये कथा आन्दोलन' का विधिवत विवेचन आगे पुस्तक में यथास्थान किया जाएगा।

नयी कहानी के ही दौर के एक अन्य शलाका कथाकार निर्मल वर्मा ने निश्चित रूप से अपनी निजी तथा नयी कथा भाषा निर्मित की थी जिसका महत्त्व विवादास्पद होते हुए भी विवेच्य है। उनकी यह कथा भाषा एक नया 'रीतिवाद' लेकर आती है। वह नख से शिख (नख-शिख) तक अलंकृत है। वह उपमाओं और विशेषणों के बिना एक कदम नहीं चलती। यद्यपि वे हिन्दी की कथा भाषा में बिम्बों तथा प्रतीकों का उपयोग करने वाले पहले कहानीकार हैं (उनकी विख्यात कहानी 'परिंदे' उसका सर्वोत्तम उदाहरण है) किन्तु एक सीमा के बाद उनके ये बिम्ब और प्रतीक ही नहीं पूरी कथा भाषा स्टीरियो टाइप होकर पुनरावृत्ति दोष का शिकार हो जाती है। निर्मल वर्मा की गद्य भाषा आकर्षण और विकर्षण दोनों का अद्‌भुत मिश्रण प्रस्तुत करती है।

नयी कहानी के विपरीत यद्यपि साठोत्तर कहानी अल्पप्राण तथा अल्पजीवी सिद्ध हुई किन्तु उसने आज की कहानी की कथा भाषा में कुछ ऐसे बुनियादी परिवर्तन किये जिसकी नींव पर आज के नवलेखन की कथा भाषा को परिवर्तन के न कुछ नये सूत्र प्राप्त हुए बल्कि अपने समय को भी समझने तथा अभिव्यक्त करने की पद्धति के कुछ नये संकेत भी प्राप्त हुए।

दरअसल साठोत्तरी कहानी तक आते-आते विश्व साहित्य हिन्दी ही नहीं पूरे भारतीय साहित्य के साथ इतना एकाकार होने लगा था कि पूरे विश्व की अधुनातन नयी प्रवृत्तियाँ तत्काल कथा साहित्य में परिलक्षित होने लगती थीं। इस नये 'आव्रजन चैनेल' का पहला लाभ साठोत्तर कहानी को हुआ। किन्तु इस नयी बयार के झोंको से साठोत्तर कहानीकार इतने 'यूफोरिया ग्रस्त' हो गये कि पश्चिम के नये कथा आन्दोलनों को आत्मसात किये बिना ही फैंटेसी पर आधारित तथा अस्तित्वाद से प्रभावित कथा के जुमलों और मुहावरों को यथावत अपनी रचनाओं में सजाने लगे। उससे बिदक कर नयी कहानी के नम्बरदारों ने साठोत्तरी कहानी को 'एय्यास प्रेतों का विद्रोह' कहा। इसे चिकनी सतहों तथा बहते आन्दोलन कहकर खारिज करने की कोशिश की।

किन्तु 'कथा भाषा' पर साठोत्तरी कहानी का प्रभाव स्थायी रूप से पड़ा। इस दौर के सबसे चर्चित कहानीकार ज्ञानरंजन की 'पिता', 'सम्बन्ध' तथा 'वहिर्गमन' आदि कहानियों ने हिन्दी कहानी को एक नयी कथा भाषा दी जो निर्मल वर्मा की अलंकृत कथा भाषा से सर्वथा भिन्न थी। इसी तरह दूधनाथ सिंह की 'रक्तपात'

तथा 'रीछ' जैसी कहानियों में एक नया कथा शिल्प भी सामने आया।

कथा भाषा की दृष्टि से इस दौर के सबसे महत्त्वपूर्ण कथाकार विनोद कुमार शुक्ल ने भाषा तथा शिल्प दोनों में अनेक प्रयोग किये जो उनकी कहानियों से अधिक बीसवीं सदी के अन्तिम दशकों में लिखे गये उनके उपन्यासों 'नौकर की कमीज', 'खिलेगा तो देखेंगे', 'दीवार में एक खिड़की रहती थी' में अपने सटीक रूप में दिखायी देते हैं।

1960 तथा 1970 के बीच साठोत्तरी कहानीकार काशीनाथ सिंह, रवीन्द्र कालिया तथा महेन्द्र भल्ला ने कथा भाषा में काफी तोड़-फोड़ किया। हिन्दी की कथा भाषा में अभी तक स्लैंग्स का प्रचलन नहीं हुआ था। उस दौर में ज्ञानरंजन तथा काशीनाथ सिंह ने पहली बार अपनी भाषा में स्लैंग्स का प्रयोग प्रारम्भ किया।

काशीनाथ सिंह ने बड़ी चतुराई से अपनी कथा भाषा के लिए एक ऐसे नगर तथा उसके जनपद को चुना जो अपनी भाषा के भदेसपन के लिए विख्यात था। इस भाषा में उत्सवधर्मिता तथा प्रखर आक्रामकता दोनों थीं। रेणु की तरह ही भाषा में काशीनाथ सिंह ने हँसी-ठिठोली का भरपूर उपयोग किया किन्तु उन्होंने रेणु की भाषा की मुलायमियत को कुचलकर उसे उजड्डु और बेलाग बना दिया। भद्र भाषा के विपरीत काशीनाथ सिंह की भाषा में भदेसपन ही नहीं, गाली गलौज से भी गुरेज नहीं है। उसमें एक प्रकार की नग्न आक्रामकता है। यह एक लट्ठमार भाषा है जो जनपदीय स्लैंग्स से सराबोर है।

साठोत्तरी कहानीकारों में जिस कहानीकार की चर्चा अपेक्षाकृत कम हुई और जिसकी कहानियों में स्लैंग्स का खूब प्रयोग हुआ है वे हैं शैलेश मटियानी। वे साठोत्तरी कहानीकारों में एकमात्र आँचलिक कहानीकार हैं। वे सही अर्थों में निम्न वर्ग के कहानीकार हैं। उनकी कहानियों में पहाड़ी आँचलिकता है और उनमें अंचल के शब्दों का भरपूर उपयोग हुआ है। उनकी रचनाओं में जहाँ एक ओर गढ़वाल तथा कुमायूँ का पर्वती अंचल है तो दूसरी ओर बम्बई जैसे महानगर की निम्नवर्गीय घिनौनी जिन्दगी का वहाँ की स्लैंग्स की भाषा में बेहद सटीक चित्रण है।

बम्बई की निम्नवर्गीय वेश्याओं की जिन्दगी का उनके स्लैंग्स की भाषा में ऐसा ही वास्तविक चित्रण जगदम्बा प्रसाद दीक्षित के उपन्यास 'मुरदाघर' में मिलता है। इन दोनों की सीमा यह है कि दोनों की रचनाएँ निर्धारित यथार्थ तक ही सीमित रहती हैं। उनमें उस तरह के अतिक्रमण की क्षमता नहीं है जो किसी रचना को महज अच्छी से ऊपर उठाकर उत्कृष्ट बनाती है।

जहाँ नयी कहानी के अधिकांश कहानाकारों में हास्य बोध या सेंस ऑफ ह्यूमर है ही नहीं वहीं साठोत्तरी कहानीकारों में जबर्दस्त सेंस ऑफ ह्यूमर है

जो मुख्यत: उनकी चुलबुली भाषा के माध्यम से व्यक्त होता है। रवींद्र कालिया की कहानियों की भाषा इस दृष्टि से बेजोड़ हैं। उनमें जो चुभती हुई अचानक टपक पड़ने वाली टिप्पणियाँ हैं वे एक विशेष परिवेश तथा वर्ग के युवकों की जिंदगी को बेहद करुण हास्य बोध के साथ उजागर करती हैं। आजादी के बाद शिक्षित युवकों की संख्या में वृद्धि के साथ ही बेकार युवकों की संख्या में भी बेतहाशा वृद्धि हुई। उनकी जिन्दगी की बेचैन भटकन तथा उसकी मानसिकता को ये कहानियाँ आत्मउपहास की शैली में व्यक्त करती हैं। नयी कहानी के दौर की कहानियों में जहाँ आत्मदीनता की प्रधानता है (जैसे—एक और जिन्दगी, जानवर और जानवर, खोई हुई दिशाएँ आदि कहानियाँ) वहीं साठोत्तरी कहानियों में आत्म उपहास की प्रधानता है। यह केवल रवीन्द्र कालिया की कहानियों में नहीं, महेन्द्र भल्ला तथा काशीनाथ सिंह की कुछ कहानियों में भी बखूबी व्यक्त हुआ है। महेंद्र भल्ला की 'एक पति के नोट्स' आदि रचनाएँ निरर्थकता तथा निस्सारता को जिस तरह चित्रित करती हैं, वह ऐसा महायुद्धोत्तर यथार्थ है जो विश्वव्यापी स्तर पर युवकों की मानसिकता का अंग बन गया था।

साठोत्तरी कहानियों में शारीरिक सम्बन्धों को भी एक विशेष दृष्टिकोण से देखा तथा चित्रित किया गया है—जैसे दूधनाथ सिंह की कहानी 'रक्तपात' तथा काशीनाथ सिंह की कहानी 'आखिरी रात' में। 'एक पति के नोट्स' में भी उसका नायक अपनी विरस तथा उकताई गृहस्थ जिन्दगी की एकरसता में ऊबकर नये शारीरिक सम्बन्ध बनाने की कोशिश करता है, किन्तु असफल रहता है। 'हिन्दी के कुछ आलोचकों ने ऐसी मनोवृत्ति को यौन असमता से उपजी मनोवृति के रूप में देखा। जबकि ये कहानियाँ अपने अन्तिम रूप में सबकुछ की निस्सारता को इतने सघन रूप में अनुभव करती और उसे व्यक्त करती हैं कि उसमें महज यौन सम्बन्ध कुछ विशेष माने नहीं रखते। बदलते सम्बन्धों तथा परिवर्तित यथार्थ की निस्सारता को साठोत्तरी कहानीकारों ने ही पहली बार देखा और व्यक्त किया। हिन्दी कहानीकारों की अगली पीढ़ियों ने उस निस्सारता बोध को अपनी अनेक कहानियों में चरम सीमा तक पहुँचाया।

जबकि दुर्भाग्य से ज्ञानरंजन तथा महेन्द्र भल्ला जैसे कहानीकार अपने इस उपार्जित निस्सारता बोध का विस्तार नहीं कर सके और उनकी भाषा की ताजगी भी बनती-बिगड़ती गयी। महेंद्र भल्ला के उपन्यासों में उनकी कहानियों की टटकी, उत्फुल्ल और कभी-कभी बेचैन भाषा क्रमशः तथाकथित अतिगम्भीरता तथा उबाऊ विमर्शों में बदल गयी।

कुछ पीछे जाकर देखें तो यह निस्सारता बोध नयी कहानी की महिला कथाकार उषा प्रियंवदा में बड़ी सहजता से व्यक्त हुआ है। मुख्यत: उनके उपन्यासों

'पचपन खम्भे लाल दीवारें' तथा 'रुकोगी नहीं राधिका' में।

महिला कथाकारों में भाषा की दृष्टि से कृष्णा सोबती अत्यन्त महत्त्वपूर्ण कथाकार हैं। उन्होंने बहुत पहले ही अपनी कहानी 'यारों के यार' में भाषा के जो प्रयोग किये उसके कारण वह अनावश्यक रूप से विवाद का विषय बनीं। उनकी अब प्राय: क्लैसिक का दर्जा पा चुकी कहानी 'ऐ लड़की' कथा भाषा की दृष्टि से बेहद महत्त्वपूर्ण उपलब्धि है। उसकी विस्तृत चर्चा हम यथास्थान करेंगे। उनका महाकाव्यात्मक उपन्यास 'जिंदगीनामा' में भी आँचलिक (पंजाबी) स्लैंग्स की भाषा का लगभग वैसा ही रचनात्मक उपयोग हुआ है जैसा रेणु के उपन्यास 'मैला आँचल' में। हिन्दी के ये दो उपन्यास आँचलिक भाषा के उपयोग के दो अनुपम ध्रुवान्त हैं।

अन्य महिला कथाकारों चाहे वे नयी कहानी के दौर की हों या साठोत्तरी दौर की—कथा भाषा में प्रयोग बहुत कम किये हैं। नयी कहानी के दौर की—अत्यन्त महत्त्वपूर्ण कथाकार मन्नू भंडारी ने अपनी रचनाओं में परम्परा प्राप्त भाषा का ही सहज-सरल उपयोग किया है। उनकी कृतियाँ कथा भाषा या शिल्प की दृष्टि से उतनी महत्त्वपूर्ण नहीं हैं जितनी कृष्णा सोबती की कृतियाँ हैं। कृष्णा सोबती कथा भाषा में विध्वंस करती हैं और उस प्रक्रिया में वे कभी-कभी अनर्गल की सीमा में प्रवेश कर जाती हैं। खासतौर पर अपने संस्मरणों में वे अब सबलाइम से रिडुकुलस तक आने लगी हैं।

मन्नू भंडारी की महत्ता इस बात में है कि वे बहुत सी दुस्साहसी महिला कथाकारों के विपरीत आधुनिकता के नाम पर दुहरी तथा पाखंडपूर्ण जिन्दगी की छद्म आधुनिकता का बहुत बारीकी से उद्घाटन करती हैं।

उस दौर के कथाकारों में भाषा तथा शिल्प की दृष्टि से सर्वाधिक महत्त्वपूर्ण प्रयोग मनोहर श्याम जोशी ने किये किन्तु उनकी अधिकांश कथा कृतियाँ सातवें तथा आठवें दशक में प्रकाशित होना शुरू हुईं। उनका सर्वाधिक प्रयोगधर्मी उपन्यास 'कुरु-कुरु स्वाहा' था जिसकी भाषा में एक नाटकीय खिलंदड़ापन था। व्यंग्य और विनोद से भरा हुआ कथा गद्य में एक साथ कई शैलियाँ अपनाता हुआ चलता है: कहीं वह निबन्धात्मक हो जाता है और कहीं फिल्मों की प्रविधि अपनाता हुआ दृश्यात्मक। वे अपना कथा गुरु आचार्य हजारी प्रसाद द्विवेदी तथा अमृतलाल नागर को मानते थे। अमृत लाल नागर यशपाल तथा भगवती चरण वर्मा आदि के समकालीन थे। उनके कथा-गद्य में गहरा व्यंग्य विनोद और अपने प्रारम्भिक उपन्यास 'सेठ बाँकेमल' में उन्होंने हिन्दी में पहली बार आँचलिक गद्य का प्रयोग किया था। उनका गद्य काफी तरन्नुम में लिखा गया गद्य है जिसमें एक ताजगी भरी रवानगी है किन्तु मनोहर श्याम जोशी का गद्य प्रयत्न पूर्वक गढ़ा हुआ है,

इसलिए कृत्रिम लगता है। भाषा तथा शिल्प दोनों स्तरों पर यह कृत्रिमता उनकी रचनाओं में क्रमशः बढ़ती गयी है। लेकिन उनकी रचनाओं के विषय तथा कथा स्थितियाँ उन्हें समकालीन बना देते हैं। नयी कहानी के दौर के वे एकमात्र कथाकार हैं जिन्हें वास्तविक अर्थों में समकालीन कहा जा सकता है। उनमें बड़ी सतर्क तथा जीवन्त राजनैतिक समकालीनता भी है जो समकालीन राजनैतिक स्थितियों को बड़े मारक ढंग से विश्लेषित करती है। वे साठोत्तरी दौर से लेकर इक्कीसवीं सदी के पहले दशक तक निरन्तर सक्रिय रहे। यह सक्रियता कुछ और बुजुर्ग कथा लेखकों में देखी जा सकती है, मसलन हृदयेश, कामतानाथ आदि। किन्तु मनोहर श्याम जोशी की सजग सतत समकालीनता तथा शिल्प प्रयोग उन्हें हिन्दी की अद्यतन कथा पीढ़ी से जोड़ते हैं। यही कारण है कि नयी पीढ़ी के अनेक कथाकारों ने उनसे निरन्तर प्रेरणा ग्रहण की है। चर्चित कथाकार उदय प्रकाश तो अपने कथा प्रयोगों की अतिवादिता में मनोहर श्याम जोशी से भी आगे निकल जाते हैं।

बीसवीं शताब्दी के अन्तिम दशक में कुछ नये कथाकारों ने कथा गद्य में कुछ दिलचस्प प्रयोग किये तथा एक नयी कथा भाषा निर्मित करने की सार्थक कोशिश की। इनमें कथाकार अखिलेश तथा प्रियंवद प्रमुख हैं—अखिलेश कथा स्थितियों को बारीकी से बुनते हुए उन्हें अभिव्यक्त करने के लिए नये शब्द प्रयोग करते हैं। लगभग यही कार्य प्रियवंद वर्णनात्मक स्तर पर करते हैं। इसका एक उदाहरण उनका उपन्यास 'परछाईं नाच' है जिसकी भाषा, वर्णन शैली तथा कथा विन्यास में बड़ी सूक्ष्म पर्यवेक्षक शब्दावली अपनाई गयी है।

इधर के नये कथाकार कुछ ही कहानियाँ लिखने के बाद तत्काल उपन्यास लेखन में हाथ आजमाने लगते हैं। यह एक महत्त्वाकांक्षापूर्ण मनोवृत्ति है किन्तु उनके पास प्रायः पर्याप्त अनुभवफलक न होने के कारण इसमें हमेशा सफलता नहीं मिलती। मसलन अपनी लम्बी कहानी 'चिट्ठी' का विस्तार करते हुए अखिलेश ने जो उपन्यास लिखा वह अन्त तक आते-आते घटनात्मक स्थितियों के अभाव में लड़खड़ाकर गिर जाता है। यही हाल प्रतिभाशाली कथाकार नीलाक्षी सिंह के उपन्यास का होता है।

अन्य अपेक्षाकृत नये कथाकारों में देवेंद्र, प्रियदर्शन तथा कुणाल सिंह आदि ने कथा भाषा के उत्तेजक प्रयोग किये हैं। आगे उनकी रचनाओं के सन्दर्भ में उनका विवेचन किया जाएगा।

सन् 50 के बाद का हिन्दी गद्य साहित्य अपेक्षाकृत छोटी उपलब्धियों का संगठनात्मक सम्मुचय है। सदी के इस उत्तरार्द्ध में किसी वैसी दिग्गज गद्य प्रतिभा का उदय नहीं हुआ जैसी पूर्वार्द्ध में प्रेमचन्द, जैनेन्द्र या फिर अज्ञेय के रूप में हुआ था। किन्तु यह अधिक सम्भावनाओं और सुविधाओं का साहित्यिक समय था,

जिसमें सुअवसर तथा सम्भावनाएँ अधिक थीं। किन्तु यह प्रतिभा विकास का सुअवसर नहीं था। परिणामस्वरूप पूर्ण विकास से पूर्व ही प्रतिभाएँ कुंठित होने लगीं।

जब हम गद्य साहित्य के विकास की बात करते हैं तो यह तथ्य ध्यान में रखना चाहिए कि किसी भी लेखक के लेखन में क्रमशः विकास तथा ह्रास दोनों लक्षित होते हैं। दुर्भाग्य से हिन्दी गद्य (मुख्यतः रचनात्मक गद्य के) के अधिकांश लेखकों में अनुभव तथा उम्र के साथ विकास कम तथा ह्रास अधिक परिलक्षित होता है। जरूरी नहीं कि पहली के बाद दूसरी या तीसरी कृति में विकास या परिपक्वता दिखायी पड़े। अधिकतर तो किसी लेखक की सबसे पहली कृति ही महत्त्वपूर्ण कृति बनकर रह जाती है। हालाँकि यह बात केवल हिन्दी तक सीमित नहीं, विश्व के अनेक महत्त्वपूर्ण लेखकों के साथ ऐसा घटित होते हुए देखा गया है।

हिन्दी गद्य लेखकों में प्रेमचन्द इसके अपवाद हैं—उनके उपन्यासों तथा कहानियों दोनों का ग्राफ क्रमशः ऊपर ही उठता गया है--वैचारिक परिपक्वता तथा कलात्मकता दोनों ही दृष्टियों से। मसलन उनकी प्रारम्भिक कहानियों 'पंच परमेश्वर', 'बड़े घर की बेटी', 'बड़े भाई साहब' आदि की अपेक्षा बाद की कहानियाँ 'ईदगाह', 'पूस की रात', 'शतरंज के खिलाड़ी' तथा 'अन्तिम कहानी' 'कफन' आदि श्रेष्ठतर कहानियाँ हैं। 'कफन' (1936) तक आते-आते तो उनकी रचनात्मकता अपने चरम उत्कर्ष पर पहुँच जाती है। यही स्थिति उनके उपन्यासों की भी है। उनके उपन्यासों 'सेवासदन' (1918), 'निर्मला', 'गबन', 'प्रेमाश्रम', 'रंगभूमि' और 'अन्तिम दौर' के उपन्यासों 'कर्मभूमि' तथा 'गोदान' में उत्तोरत्तर विकास का एक क्रमिक ग्राफ दिखायी पड़ता है। उनके शुरू के उपन्यासों का आश्रमवाद, आर्यसमाजी सुधारवाद यहाँ तक कि गाँधीवाद का प्रभाव भी क्रमशः झरता गया है। वे न केवल वस्तुगत यथार्थ के निकटतर होते गये हैं बल्कि उनमें कलात्मक स्तर पर भी अधिक संयम तथा परिपक्वता आती गयी है। उनके अन्तिम तथा सर्वश्रेष्ठ उपन्यास गोदान में एक प्रो. मेहता के वक्तव्यों तथा एक भाषण को छोड़कर भाषणवाजी शायद ही कहीं और हो। 'गोदान' के संवादों में भी अधिक चुस्ती तथा संक्षिप्तता है। फिर भी जैनेन्द्र के अनुसार उसका कलेवर अपेक्षाकृत छोटा होता तो बेहतर था। 'गोदान' में प्रेमचन्द का आशावाद भी बुरी तरह ध्वस्त हुआ है। उसके होरी में कुछ लोग भले ही संघर्षरत श्रमिक नायक देखते हों, वास्तविकता यह है कि 'गोदान' का एक अन्त एक अकाल वृद्ध, जर्जर तथा पस्त व्यक्ति का अन्त है। यहाँ तक कि 1936 में जब आंशिक रूप से स्वतन्त्र अन्तरिम सरकारें बनने लगी थीं, उनके विडम्बनात्मक आरम्भ को भी प्रेमचन्द ने

आगे आने वाली प्रजातान्त्रिक व्यवस्था की विकृतियों के पूर्वाभास के रूप में ही चित्रित किया है। यानी सत्ता भले ही बदल जाय आम आदमी की जिन्दगी में कोई खास परिवर्तन नहीं होने वाला है। 'गोदान' में प्रेमचन्द निराश भले ही न दीखें भारतवर्ष के भविष्य को लेकर शंकालु अवश्य हैं।

लेकिन यह स्थिति प्रेमचन्द के सभी परवर्ती कथाकारों की नहीं रही। उनमें से कुछ में प्रखर प्रतिक्रिया है तो कुछ में अतिवादी बालकोचित उत्साह। कुछ कथाकार विचारधारा विशेष के आधार पर क्रान्ति कर देने का सपना लेकर आये तो कुछ अतीत का गुणगान तथा जयगान करते हुए। सामाजिक स्तर पर प्रेमचन्द-सी तटस्थ तथा वस्तुगत अन्तर्दृष्टि इनमें से किसी में न थी।

वे लोग प्रेमचन्द के विकासक्रम का भी निर्वाह नहीं कर सके। प्रेमचन्द के घोषित उत्तराधिकारी तथा स्वयं प्रेमचन्द द्वारा पीठ थपथपाए जाने वाले कथाकार जैनेन्द्र के पहले उपन्यास 'परख' में कच्चापन तथा स्पष्ट बंगाली प्रभाव था। उसके बाद की उनकी दो कृतियाँ 'त्यागपत्र' तथा 'सुनीता' उनकी सर्वश्रेष्ठ कृतियाँ बनी रहीं और उसके बाद के आधा दर्जन से अधिक उपन्यासों में क्रमशः उनकी औपन्यासिक तथा रचनात्मक प्रतिभा का क्षरण ही दिखायी पड़ता है। एक कथाकार के रूप में वे अन्त तक आते-आते भाषा तथा शिल्प दोनों स्तरों पर औंधे मुँह गिर जाते हैं।

जैनेन्द्र के आने के बाद ठीक सर्वाधिक प्रतिभाशाली कथाकार अज्ञेय का पहला उपन्यास 'शेखर एक जीवनी' (1941) यद्यपि हिन्दी के कुछ कालजयी उपन्यासों में से एक है किन्तु उसके बाद 'नदी के द्वीप' तथा 'अपने-अपने अजनबी' में उनकी रचनात्मकता का स्रोत सूखता ही चला जाता है।

अज्ञेय के समकालीन कथाकार यशपाल यद्यपि उतने महत्त्वपूर्ण कथाकार न थे किन्तु 'दादा कामरेड', 'पार्टी कामरेड' आदि से 'झूठा सच' तक के उनके उपन्यासों में विकास का एक ग्राफ जरूर दीखता है। किन्तु उसके बाद उन्होंने 'तेरी मेरी उसकी बात' जैसे उपन्यास लिखकर अपनी अर्जित प्रतिष्ठा को ध्वस्त ही किया। अपने बाद के उपन्यासों तथा कहानियों में वे विकृत यौन कुंठा के शिकार भी हो गये।

यही हश्र उनके एक दूसरे समकालीन कथाकार भगवती चरण वर्मा का हुआ। भगवती चरण वर्मा का पहला उपन्यास 'चित्रलेखा' 1932 में प्रकाशित हुआ था। प्रकाशित होते ही वह उस समय का सर्वाधिक लोकप्रिय उपन्यास बन गया था। उन दिनों प्रेमचन्द लोकप्रियता के शिखर पर थे किन्तु 'चित्रलेखा' के आगे उनके उपन्यासों की लोकप्रियता फीकी पड़ गयी। यानी भगवती चरण वर्मा का हिन्दी कथा साहित्य में प्रवेश एक धूमकेतु की तरह हुआ था। 'चित्रलेखा' एक काल्पनिक

ऐतिहासिक रोमांस था जिसे भगवती बाबू ने चन्द्रगुप्त के काल में अवस्थित (सिचुएट) किया था। पेशे से वकील वर्मा जी ने इसे जिरह की भाषा में लिखा था। इसकी संरचना नाटक की तरह पृथक-पृथक दृश्यों में विभाजित थी। उपन्यास में पाप-पुण्य, नैतिकता-अनैतिकता, सच-झूठ आदि कुछ बुनियादी सवालों पर वाद-विवाद शैली में विचार किया गया था। 'चित्रलेखा' कलात्मक दृष्टि से बहुत उत्कृष्ट उपन्यास नहीं था किन्तु उसमें सामान्य पाठक को आकृष्ट करने की विलक्षण क्षमता थी।

भगवती बाबू का दूसरा उपन्यास 'टेढ़े मेढ़े रास्ते' राजनैतिक उपन्यास था जिसमें विभिन्न विचारधाराओं की उपयोगिता तथा प्रमाणिकता पर विचार करने के बाद उपन्यास इस निष्कर्ष पर पहुँच जाता है कि कोई भी विचारधारा लक्ष्य को प्राप्त करने में बहुत उपयोगी नहीं सिद्ध होती। एक विचार पद्धति के रूप में वह भ्रष्ट तथा विकृत होने के लिए अभिशप्त है।

'टेढ़े मेढ़े रास्ते' को यद्यपि 'चित्रलेखा' की तरह लोकप्रियता नहीं प्राप्त हुई पर वह अपने समय का पर्याप्त चर्चित उपन्यास था। उसके बाद भगवती चरण वर्मा ने विभिन्न विषयों पर लगभग एक दर्जन उपन्यास लिखे जिनमें उनकी भाषा शैली उत्तोरत्तर भोथरी होती चली गयी। उनके बाद की राजनैतिक उपन्यासों की एक शृंखला तो एक के बाद एक स्थापित होने वाले यौन सम्बन्धों की शृंखला है जिनके घटित होने का कोई औचित्य नहीं है। पूरी शृंखला से केवल यह तथ्य स्थापित होता है कि स्त्री मूलतः कामुक, दुष्ट तथा कपटी होती है। इस तरह एक उपन्यासकार के रूप में भगवती बाबू भी एक क्रमिक 'पतन' (उनके एक उपन्यास का शीर्षक) के ही शिकार होते हैं।

इन उपन्यासकारों के अतिरिक्त इन्हीं की तरह प्रेमचन्द की परम्परा का पालन करने का दावा करने वाले तत्कालीन उपन्यासकार अमृतलाल नागर भी आगे चलकर अपने समय के अत्यन्त लोकप्रिय उपन्यासकार माने गये। इन्होंने अपनी भाषा तथा वर्णन शैली निर्मित की थी जिसमें व्यंग्य विनोद के अलावा एक खास तरह का चटपटापन था। यह टकसाली शैली तब खूब चली। उनके पहले उपन्यास 'सेठ बाँकेलाल' की तो अपने बाँकपन के कारण ही तब के श्रेष्ठ उपन्यासों में गणना होने लगी थी। अपेक्षाकृत व्यापक सामाजिक फलक पर लिखा गया उनका विशालकाय उपन्यास 'बूँद और समुद्र' को प्रेमचन्द के उपन्यासों के समकक्ष स्थापित किया गया। किन्तु उसके बाद उन्होंने जो ऐतिहासिक-पौराणिक महाकाय उपन्यास लिखे वे उनकी प्रतिभा के क्षरण के ही महाआख्यान बनते गये।

कहने का तात्पर्य यह है कि प्रतिभा का क्रमिक क्षरण प्रेमचन्दोत्तर हिन्दी उपन्यासकारों की एक नियति सी बन गयी। इसका विश्लेषण 'उपन्यास प्रकरण'

में पृथक से किया जाएगा।

उपन्यासकार बनने की महत्त्वाकांक्षा लेकर आने वाले नयी कहानी के युग के शिवप्रसाद सिंह, कमलेश्वर और राजेन्द्र यादव आदि भी इसी नियति को प्राप्त हुए। जैसा कि बताया जा चुका है कि इस समय के ही नहीं बल्कि सदी के उत्तरार्द्ध के सर्वश्रेष्ठ उपन्यासकार फणीश्वरनाथ रेणु थे। कथाकार निर्मल वर्मा ने भी एक विशेष अर्थ में कुछ श्रेष्ठ उपन्यास लिखे। इन सभी लेखकों तथा उनकी कृतियों का 'उपन्यास प्रकरण' में विस्तार से विचार किया जाएगा जिसमें एक समाज के सभी वर्गों तथा सम्प्रदायों के लोग सम्मिलित रहते हैं। शुक्ल जी ने किसी भाषा के विकास के इस सामाजिक तथा अत्यन्त स्वाभाविक स्वरूप की ओर ध्यान नहीं दिया। वे खड़ी बोली तथा हिन्दी गद्य को एक बेहद पुरानी भाषा सिद्ध करने में ही लगे रहे जिससे मूलतः कुछ सिद्ध नहीं होता। उनके द्वारा दिये गये तथाकथित पुरानी हिन्दी के उदाहरण भी हिन्दी के तो नहीं कहे जा सकते।

हिन्दी नवजागरण

हिन्दी के पहले गद्य लेखक : राजा शिवप्रसाद (1823-1895)

यद्यपि आचार्य रामचन्द्र शुक्ल सहित हिन्दी के लगभग सभी इतिहासकारों ने भारतेन्दु हरिश्चन्द्र को ही हिन्दी का पहला गद्य लेखक माना है जो उनके लेखन की व्यापकता और विपुलता को देखते हुए सामान्यत: सही प्रतीत होता है। इसके अलावा भारतेन्दु ने जिस तरह तथा जिस स्तर पर हिन्दी आन्दोलन का नेतृत्व किया और उसे व्यापक आधार दिया उसे देखते हुए भी भारतेन्दु को न केवल हिन्दी का पहला गद्य लेखक मान लेना चाहिए बल्कि पहले आधुनिक हिन्दी लेखक के रूप में भी स्वीकार कर लेना चाहिए।

किन्तु कालानुक्रम की दृष्टि से देखा जाय तो राजा शिव प्रसाद ने भारतेन्दु से पहले गद्य लेखन प्रारम्भ कर दिया था तथा परिमाण की दृष्टि से भी वह प्रचुर है। वास्तविकता तो यह है कि भारतेन्दु उनके विद्यार्थी थे। लेकिन आनेवाले इतिहासकारों तथा समीक्षकों ने न केवल उन्हें हिन्दी का पहला गद्य लेखक मानने से इंकार कर दिया बल्कि उन्हें हिन्दी के खलनायकों की श्रेणी में डाल दिया। यही नहीं बाद में उनके विरोधी तथा प्रतिस्पर्धी बन गये भारतेन्दु हरिश्चन्द्र के नाम से एक युग की परिकल्पना कर डाली गयी और एक काल खंड विशेष को भारतेन्दु युग ही कहा जाने लगा।

लेकिन आज जब कोई नये सिरे से हिन्दी साहित्य के आधुनिक युग पर विचार करता है तो अनेक ऐतिहासिक तथ्य उसे इन प्रश्नों पर नये सिरे से विचार करने के लिए न केवल प्रेरित करते हैं बल्कि उसे लगता है कि इन प्रश्नों पर पुनर्विचार किये बिना आधुनिक हिन्दी गद्य साहित्य के विकास को ठीक-ठीक समझा नहीं जा सकता।

लेकिन वास्तविकता यह भी है कि राजा शिव प्रसाद 19 वीं सदी के सबसे विवादास्पद किन्तु अत्यन्त महत्त्वपूर्ण हिन्दी गद्य लेखक थे। हिन्दी की जिस नयी चाल को भारतेन्दु ने अपने नाम से प्रचारित-प्रसारित किया और बाद में वह उन्हीं के नाम से चलाई भी जाती रही, उसकी शुरुआत राजा शिव प्रसाद गद्य लेखन

के द्वारा बहुत पहले कर चुके थे। डॉ. रामविलास शर्मा ने इस तथ्य की ओर संकेत भी किया है किन्तु उन्होंने इस ऐतिहासिक गलतफहमी या गलतबयानी का विश्लेषण नहीं किया है।

राजा शिव प्रसाद ने दर्जनों किताबें लिखी थीं जिनमें 'इतिहास तिमिरनाशक' (तीन खंडों में प्रकाशित) सबसे महत्त्वपूर्ण किन्तु अत्यन्त विवादास्पद पुस्तक है। दरअसल इस पुस्तक की कुछ मूल स्थापनाओं के कारण भी राजा शिव प्रसाद को उदार तथा उत्थानवादी इतिहासकारों ने खलनायक की कोटि में डाल दिया। इसका कारण यह था कि यह पुस्तक मुसलमान विरोधी इतिहास पुस्तक थी। किन्तु हिन्दी में इतिहास लेखन की शुरुआत भी इसी पुस्तक से होती है।

राजा शिवप्रसाद को हिन्दी का पहला आधुनिक गद्य लेखक मानने का कारण यह भी है कि उन्होंने न केवल भारतेन्दु से बहुत पहले लिखना शुरू कर दिया था बल्कि उनका गद्य लेखन भारतेन्दु की अपेक्षा अधिक चुस्त-दुरुस्त तथा सरल है।

फिर भी यदि आचार्य रामचन्द्र शुक्ल सहित तमाम हिन्दी आलोचक भारतेन्दु को ही हिन्दी का पहला गद्य लेखक मानते हैं तो उसके कारण कुछ तो ऐतिहासिक तथ्यों तथा कुछ उनके अपने पूर्वाग्रहों में स्थित हैं। यह सही है कि राजा शिवप्रसाद अँग्रेज़ी राज्य में शिक्षा अधिकारी थे और यह देशभक्तों की दृष्टि में एक अपराध था। किन्तु उस पद का समुचित उपयोग करते हुए उन्होंने हिन्दी के लिए जो कुछ किया उसका भी सम्यक तथा न्यायोचित मूल्यांकन होना चाहिए।

चूँकि राजा शिव प्रसाद सरकारी अधिकारी थे। इसलिए उन्हें घोर राजभक्त तथा चाटुकार माना जाता था। यह अभियान भारतेन्दु तथा उनकी मंडली के लोगों ने चला रखा था। इस अभियान में बालकृष्ण की हिन्दी पत्रिका 'प्रदीप' सबसे अधिक मुखर थी। उसके प्राय: हर अंक में राजा शिव प्रसाद की निंदा प्रकाशित होती थी।

कुछ दिनों पूर्व प्रकाशित अपनी पुस्तक 'रस्साकशी' में प्रो. वीर भारत तलवार ने राजा शिवप्रसाद के हिन्दी योगदान का अत्यन्त संतुलित मूल्यांकन किया है और उस दौर के कई अनछुए पहलुओं पर भी महत्त्वपूर्ण प्रकाश डाला है। किन्तु इस प्रक्रिया में उन्होंने भारतेन्दु को प्रतिक्रियावादी तथा हिन्दूवादी सिद्ध कर दिया है। लेकिन उन्होंने जो तथ्य दिए हैं उनके आलोक में राजा शिव प्रसाद के लेखकीय योगदान को काफी संतुलित ढंग से समझा जा सकता है। वस्तुत: राजा शिव प्रसाद का संघर्ष या विरोध भारतेंदु से न होकर उस समय के अग्रणी मुस्लिम सुधारक नेता सर सैयद अहमद से था जो स्वयं एक सरकारी खैरख्वाह थे। वे हिन्दी विरोधी उर्दू अभियान चला रहे थे। इधर हिन्दी का नेतृत्व लेने की स्पर्धा में भारतेन्दु सबसे आगे थे और इस मामले में उन्हें सबसे बड़ा अड़ंगा राजा शिवप्रसाद लगते थे।

अत: विरोध तथा संघर्ष की दिशा बदलकर राजा शिव प्रसाद तथा भारतेन्दु के बीच हो गयी। किन्तु इस विरोध तथा संघर्ष का परिणाम हिन्दी के लिए हितकर नहीं हुआ।

भारतेन्दु के पास भारतेन्दु मंडली थी। राजा शिव प्रसाद अकेले थे। इसके अलावा सरकारी मुलाजिम होने के नाते वे देशभक्तों के लिए सहज ही बध्य हो गये। हालाँकि भारतेन्दु भी बीच-बीच में अपनी राजभक्ति का परिचय अपनी राज स्तुति परक रचनाओं के द्वारा दिया करते थे। लेकिन इतिहासकारों ने उनकी अँग्रेज़ों की आलोचना वाली रचनाओं को ही अधिक रेखांकित किया है।

वस्तुत: ऐतिहासिक दृष्टि से तत्कालीन हिन्दी अभियान तथा हिन्दी गद्य लेखन में योगदान की दृष्टि से इन दोनों महत्त्वपूर्ण लेखकों की अलग-अलग भूमिकाएँ थीं जिसका मूल्यांकन उचित सन्दर्भ में किया जाना चाहिए।

यहाँ देखने की जरूरत है कि स्कूल इंस्पेक्टर के रूप में राजा शिव प्रसाद ने हिंदी के प्रचार-प्रसार के लिए क्या किया? अपने विवादास्पद ग्रंथ 'इतिहास तिमिरनाशक' में उन्होंने सामान्य धारणा के विपरीत पहली बार इतिहास को पुराणों से अलग करके यह बताया कि पौराणिक कथाओं को यथावत इतिहास का सच मानकर स्वीकार नहीं करना चाहिए। हिन्दुओं ने इसे पुराण विरोधी माना और वे राजा के विरोधी हो गये। और तो और, स्वयं भारतेन्दु इस ऐतिहासिक स्थापना को स्वीकार नहीं कर सके। भारतेन्दु मूलत: आर्य गौरव गान के लेखक थे। अपनी तमाम सुधारवादी गतिविधियों के बावजूद उनकी आत्मा आर्य गौरवगान में ही बसती थी। प्रकारांतर से वे भी भारत में मुसलिम राज को अंधकार युग ही मानते थे। अपनी पुस्तक में राजा शिव प्रसाद ने भी यही स्थापित किया था। अत: इस मामले में दोनों में कोई फर्क नहीं था।

लेकिन अपनी विवादास्पद स्थापनाओं के बावजूद 'इतिहास तिमिरनाशक' उस समय की सबसे लोकप्रिय पुस्तक थी। उतनी लोकप्रियता भारतेन्दु की किसी रचना को नहीं प्राप्त हुई। भारतेन्दु ने वैसा कोई स्वतंत्र वृहद ग्रंथ लिखा भी नहीं। इस पुस्तक की लोकप्रियता तथा महत्ता का ही प्रमाण है कि स्वयं स्वामी दयानन्द सरस्वती ने अपने 'सत्यार्थ प्रकाश' में इसके एक अंश को उद्धृत किया था।

'इतिहास तिमिरनाशक' में पौराणिक अंधविश्वासों पर आधारित मान्यताओं का खंडन किया गया है। प्राचीन आर्यों में अतिमानवीय गुण होते थे और वे कुछ भी अलौकिक कार्य कर सकते थे। वे सैकड़ों वर्ष जीवित रहते थे जैसी अनेक अनर्गल पौराणिक धारणाओं का इसमें खंडन है। राजा शिवप्रसाद ने बताया कि उस काल के लोगों में भी आज के लोगों की तरह ही छुद्रता, धूर्तता और कमीनापन होता था। तब भी पाखंडी तथा भ्रष्ट लोग होते थे और उनमें भी आज की तरह

सभी सामान्य मानवीय दुर्बलताएँ होती थीं।

स्पष्टत: तथ्यों पर आधारित ये उद्घाटन पुनरुत्थानवादी हिन्दुओं को अखर गये और राजा शिवप्रसाद इस कारण भी उस युग के खलनायक बना दिये गए। लेकिन आज के दलितवादियों के लिए यह जानना महत्त्वपूर्ण होगा कि 'इतिहास तिमिरनाशक' में पहली बार प्राचीन युग में शूद्रों पर होने वाले अत्याचारों का वर्णन मिलता है और बौद्ध धर्म के प्रचार का मुख्य कारण भी बताया गया है। डॉ. अम्बेडकर ने दो हजार साल बाद बौद्ध धर्म स्वीकार कर इसी धारणा की पुष्टि की। इन चन्द तथ्यों तथा स्थापनाओं से स्पष्ट हो जाता है कि लेखक तथा विचारक के रूप में राजा शिव प्रसाद अपने युग से कितना आगे थे। अत: कोई आश्चर्य नहीं कि अपने युग में उन्हें वह स्वीकृति तथा मान्यता नहीं मिली जो भारतेन्दु को प्राप्त हुई। भारतेन्दु अपने समय से आगे नहीं, बल्कि अपने समय के साथ थे।

भाषा की दृष्टि से भी राजा शिवप्रसाद की हिन्दी एक बेहतर हिन्दी थी और उसे ही वास्तविक अर्थों में नयी चाल की हिन्दी कहा जा सकता है और यह भारतेन्दु से पहले ही लिखी जा चुकी थी।

भारतेन्दु की भाषा में जन उन्मुखता थी किन्तु उसमें जनपदीय तथा संस्कृत शब्दों का अजीब घालमेल था जो पढ़ने पर भी काफी अटपटी प्रतीत होती है। भारतेन्दु मंडल के अन्य लेखकों ने भी इसी भाषा को अपना आदर्श बनाया। बाद में भारतेन्दु के प्रशंसकों ने इसी भाषा को हिन्दी का हंसमुख गद्य कहकर उसकी स्तुति की।

भारतेन्दु तथा भारतेन्दु मंडल के लेखकों द्वारा गढ़े गये इस नये गद्य के पीछे डॉ. वीर भारत तलवार एक घनघोर हिन्दूवादी साम्प्रदायिक प्रवृत्ति देखते हैं जो हिन्दी भाषा से उर्दू शब्दों को बाहर कर उनकी जगह संस्कृत शब्दों को भरने की मनोवृति से प्रेरित थी। आचार्य रामचन्द्र शुक्ल अपने इतिहास में भी उर्दू को हिन्दी से अलग करने की ऐसी ही कोशिश करते हैं।

वीर भारत तलवार के इस तर्क में दम नजर आता है क्योंकि आज भी चबा चबाकर बोली जाने वाली हिन्दी एक विशेष संप्रदाय तथा विचार धारा के लोग ही बोलते हैं। उनके अनुसार यह भाषा मिश्र, उपाध्याय, मालवीय, पाठक, द्विवेदी, शुक्ल और सिंह उपाधि वाले लेखकों के बीच ही बोली और लिखी जाती थी। इस प्रकार इस भाषा का एक विशेष साम्प्रदायिक स्वभाव तथा चरित्र स्वत: निर्धारित हो गया था। अत: इस आधार पर भी भारतेन्दु तथा भारतेन्दु मंडल के लेखकों की भाषा ही नहीं, बल्कि विचारों तथा दृष्टिकोण का भी पृथक से अध्ययन तथा आकलन किया जा सकता है। अत: माना जा सकता है कि भारतेन्दु मंडल के लेखकों ने स्वाभाविक रूप से विकसित जनभाषा की अवहेलना की जिसे शुक्ल जी

सहित हिन्दी साहित्य के इतिहासकारों ने गतानुगतिक ढंग से गौरवान्वित किया।

यदि ऐसा है तो भारतेन्दु युग कहे जाने वाले समय में लिखे जाने वाले गद्य की भाषा ही नहीं, विचारों तथा जीवन के प्रति दृष्टिकोण की भी पुनः परीक्षण की आवश्यकता है।

लेकिन जैसा कि पहले भी कहा जा चुका है, हिन्दी के इस प्रारम्भिक गद्य काल में शुरू किये गये इस भाषिक (यद्यपि केवल भाषिक नहीं, कह लें साम्प्रदायिक) दुरुभिसंधि को इतिहास ने खारिज कर दिया और आधुनिक गद्य साहित्य भाषा तथा विचार दोनों स्तरों पर एक धर्मनिरपेक्ष रूप में ही विकसित हुआ। हिन्दी में आज दर्जनों मुसलमान तथा दलित लेखक रचनारत हैं। विशेष रूप से दलित साहित्य अपना एक विशेष व्यक्तित्व तथा जीवनदर्शन लेकर विकसित हो रहा है जो पश्चिम के श्याम साहित्य (ब्लैक लिटरेचर) की तरह हिन्दी के पूरे रचनात्मक लेखन को एक नयी दिशा दे रहा है।

हिन्दी गद्य साहित्य के प्रारम्भ में ही हिन्दी नवजागरण के नाम पर हिन्दू नवजागरण का दुश्चक्र रचा गया था। वह एक सीमित समय तक सीमित वर्ग में ही सिमट कर रह गया।

उन्नीसवीं शताब्दी के हिन्दी गद्य-साहित्य का पुनरावलोकन यद्यपि हमें कई अप्रिय तथ्यों की ओर ध्यान देने के लिए विवश करता है पर गौर करने पर उनकी प्रमुख धारा कही जाने वाली प्रवृत्तियों में कुछ साम्प्रदायिक वृत्तियाँ जरूर दिखायी पड़ती हैं। आगे तत्कालीन कुछ विशेष लेखकों के लेखन से उदाहरण लेकर इसे स्पष्ट किया जाएगा।

संभवतः इन्हीं कारणों से वीर भारत तलवार हिन्दी नवजागरण को एक भ्रामक नाम मानते हैं। उनका कहना है कि इससे भ्रम होता है कि 19वीं सदी में जो अखिल भारतीय नवजागरण हुआ था और जिसे बंगाल में ब्रह्मसमाज, महाराष्ट्र में प्रार्थना समाज, पश्चिमोत्तर प्रांतों में आर्य समाज कहा जाता है—हिन्दी नवजागरण इसी का अंग होगा। जबकि ऐसा बिल्कुल नहीं था। बल्कि वास्तविकता तो यह है कि तथाकथित हिन्दी नवजागरण के अधिकांश लेखक उस व्यापक भारतीय नवजागरण के विरोधी थे और वे सनातनी हिन्दू संस्थाओं से जुड़े थे जो भारतीय नवजागरण के सुधारों के विरोध में बनाई गयी थी जैसे धर्म समाज, सनातन धर्म सभा, दक्षिणी सभा, हिन्दू समाज और श्री भारत धर्म समाज आदि। यद्यपि भारतेन्दु बाल विवाह और सती प्रथा के विरोधी थे और स्त्री शिक्षा के समर्थक थे किन्तु भावनात्मक स्तर पर उनके संस्कार सामन्तवादी तथा सनातनी थे। उनकी पारिवारिक परम्परा भी ऐसी ही थी। इसलिए उनके लेखन में अन्तर्विरोध तथा उनकी संवेदना में फाँक दिखायी देते हैं।

वीर भारत तलवार के अनुसार हिन्दी नवजागरण से जुड़े लेखक हिन्दू भद्र वर्ग के लोग थे जो कायस्थ समाज या ब्रह्म समाज के भद्र वर्ग से अलग था। ये लोग हिन्दी का पक्ष अँग्रेज़ी का विरोध करने के लिए नहीं बल्कि हिन्दू होने के कारण लेते थे। ये लोग उर्दू विरोधी भी थे। भारतेन्दु खूब अँग्रेज़ी लिखते थे। और अँग्रेज़ अधिकारियों से उनका पत्र व्यवहार अँग्रेज़ी में ही होता था। फिर भी वे कहते थे कि 'निज भाषा की उन्नति में है सब उन्नति को मूल।' हिन्दी के इतिहासकार उनकी ऐसी उक्तियों को ही ले उड़े और उन्हें हिन्दी नवजागरण का अग्रदूत बना दिया गया। वीर भारत तलवार के अनुसार उनके लेखन को नवजागरण का लेखन कहना भ्रामक तथा गलत है। तलवार के विचारों से सहमत होना जरूरी नहीं है किन्तु उन्होंने अपने कथन के समर्थन में जो तथ्य जुटाये हैं उस पर भी गौर करना जरूरी है। उस जमाने में अँग्रेज़ी विरोध के साथ-साथ अँग्रेज़ी की पढ़ाई तथा समझ को सुधार तथा उदारता का द्योतक समझा जाता था। जबकि खूब अँग्रेज़ी पढ़े-लिखे लोग भी रूढ़िवादी और घोर अंधविश्वासी होते हैं। और वे अपने रूढ़िवादी विचारों को तर्क का जामा पहनाने में कुशल होते हैं। तलवार के अनुसार, 19वीं सदी के ज्यादातर तथाकथित नवजागरण वाले हिन्दी लेखक यही कर रहे थे और उनका सम्बन्ध व्यवहार के स्तर पर रूढ़िवादी हिन्दू संस्थाओं से था। भारतेन्दु भी इसके अपवाद न थे और वे शास्त्रों की परम्परागत व्याख्या में ही विश्वास करते थे। वे उनकी कोई सुधारवादी नयी व्याख्या सुनने को तैयार न थे। भारतेन्दु के मुख्य संरक्षक काशीनरेश थे जिनके यहाँ रूढ़िवादी हिन्दू पंडितों का जमघट लगा रहता था। वे सभी 'हर हर महादेव' और 'जय बम भोले' बोलने वाले लोग थे।

तलवार आज की उस धारणा के समर्थक प्रतीत होते हैं जिसके अनुसार तत्कालीन अधिकांश लेखक ब्राह्मण-शुक्ल, मिश्र, चतुर्वेदी, द्विवेदी आदि थे। आज के कुछ लेखकों ने शुक्ल ही नहीं, हजारी प्रसाद द्विवेदी और निराला आदि को भी इसी कोटि में रखना शुरू कर दिया है। मेरे विचार से इस धारणा को बहुत दूर तक खींचना नहीं चाहिए किन्तु इसमें शक नहीं कि हिन्दी नवजागरण के लेखकों के लेखन का तथा उनके सुधार अभियानों का स्वरूप ब्रह्मसमाज, प्रार्थना समाज तथा आर्य समाज से भिन्न था। वे उनके सुधारों के विरोधी थे। तलवार के अनुसार यह तथाकथित हिन्दी नवजागरण वाला लेखन हिन्दी लेखन को हिन्दू विरादरी के साम्प्रदायिक लेखन में बदलने की कोशिश कर रहा था। उनकी इस स्थापना के आगे परीक्षा की जायेगा—तत्कालीन उन लेखकों के लेखन के आलोक में।

हिन्दी नवजागरण के लेखकों का अभियान बहुत व्यापक भी नहीं था और न उनके पास उसे चलाने के लिए अधिक मुद्दे थे। उनके अभियान के तीन ही

प्रमुख मुद्दे थे—नागरी लिपि, हिन्दी भाषा और गोरस। विभिन्न स्थानों पर नागरी प्रचारिणी सभा तथा हिन्दी साहित्य सम्मेलन जैसी संस्थाएँ इन्हीं आधारों पर स्थापित की गयी थीं। स्वयं भारतेन्दु 'ब्रह्मामृतवर्षिणी सभा' के भी प्रमुख सदस्य थे।

भारतेन्दु हरिश्चन्द्र (1805–1885)

आधुनिक हिन्दी साहित्य के आरम्भिक युग को 'भारतेन्दु युग' कहा जाता है। व्यक्ति के नाम पर केंद्रित करके एक पूरे कालखंड को उसका नाम देना, एक तो यह व्यक्ति पूजा की पराकाष्ठा है और दूसरे इस ऐतिहासिक तथ्य को नकारना है कि कोई एक व्यक्ति एक पूरे युग को न तो निर्मित करता है और न उस युग का एकमात्र प्रतिनिधि होता है। कहने को तो 'गाँधी युग' और 'नेहरू युग' कहने की परम्परा भी चल निकली है किन्तु उसे कोई सर्वस्वीकृत ऐतिहासिक तथ्य के रूप में स्वीकार नहीं करता। परन्तु हिन्दी साहित्य के इतिहास में आधुनिक हिन्दी साहित्य के आरम्भ को भारतेन्दु के साथ इस तरह नत्थी कर दिया गया है मानो वही उस युग के एकमात्र 'भाग्यविधाता' तथा निर्माता हों।

यह सच है कि भारतेन्दु एक विविध आयामी साहित्यिक मेधा लेकर उत्पन्न हुए थे और उन्होंने न केवल विविध विधाओं में साहित्य रचना की बल्कि स्वयं अपने उद्यम से कई पत्रिकाएँ भी निकालीं तथा उनका सम्पादन किया। वे आधुनिक हिन्दी गद्य साहित्य को आरम्भ करने वाले निर्माताओं में थे। उन्होंने यात्रा वृत्तान्त तथा आत्मकथा जैसी नयी गद्य विधाओं की शुरुआत की थी और सैंतीस वर्ष की अल्पायु में दिवंगत हो जाने के बावजूद उन्होंने डेढ़ सौ से अधिक रचनाएँ की थीं। जिनमें 24 नाटक थे। दरअसल भारतेन्दु का वास्तविक महत्त्व उनकी नाट्य रचनाओं के कारण ही है। उन्होंने पहली बार संस्कृत से चली आ रही परम्परागत नाट्य विधा को सामाजिक आधार दिया और उसे सामाजिक सरोकारों से जोड़ा। उनके प्रहसन कहे जाने वाले नाटकों में भी गहरा सामाजिक तथा राजनैतिक व्यंग्य है। उनके नाटक 'वैदिकी हिंसा: हिंसा न भवति' में रूढ़िवादी हिन्दुओं तथा उनके रीति-रिवाजों पर तीखा प्रहार है। इसी तरह 'भारत दुर्दशा' में अँग्रेज़ी राज में हो रही भारत की दुर्दशा का मार्मिक चित्रण है। 'अंधेर नगरी' वैसे तो प्रहसन है किन्तु उसका चुभता हुआ मुहावरा 'अँधेर नगरी चौपट राजा, टके सेर भाजी, टके सेर खाजा' एक ऐसा सर्वकालीन क्लासिक मुहावरा बन चुका है जो आज की किसी ऐसी स्थिति पर उतना ही चस्पा बैठता है जितना उस समय और उस स्थिति पर जिसको लक्ष्य कर के वह तब लिखा गया था।

वैसे तो भारतेन्दु एक वैष्णव व्यवसायी राज भक्त परिवार में उत्पन्न हुए थे और उनकी कई पूर्व पीढ़ियाँ अँग्रेज़ों से उपकृत होती आयी थीं (उनके दो

दादाओं को अँग्रेज़ों ने राजा तथा राजबहादुर की उपाधि प्रदान की थी।) किन्तु स्वयं भारतेन्दु में गहरी स्वतन्त्र सामाजिक चेतना थी और वे स्वयं समय-समय पर अँग्रेज़ों तथा अँग्रेज़ी व्यवस्था पर तीखा प्रहार करने से नहीं चूकते थे। अपने नाटक 'भारत दुर्दशा' में उन्होंने महँगाई तथा टैक्स से पीड़ित जनता की स्थिति का अत्यन्त कारुणिक चित्रण किया है जिसमें शेक्सपीयर की त्रासदियों की तरह नाटक का नायक भारत देश की दुर्दशा से दुखी होकर आत्महत्या कर लेता है। उस जमाने में भारतेन्दु के प्रशंसकों ने उन्हें भारत का शेक्सपीयर भी कहा था।

भारतेन्दु सम्पन्न रईस परिवार के तो थे ही, अत्यन्त उदार भी थे। वे मित्रों तथा अपने समर्थकों पर खुलकर खर्च करते थे तथा आवश्यकता पड़ने पर उनकी भरपूर मदद भी करते थे। अतः शीघ्र ही उनके इर्द-गिर्द उनके प्रशंसकों, भक्तों तथा समर्थकों का अच्छा-खासा समूह एकत्र हो गया था। चूँकि भारतेन्दु अँग्रेज़ी शिक्षा प्राप्त सामाजिक रूप से जागरूक तथा चौकन्ने और अत्यन्त महत्त्वाकांक्षी व्यक्ति थे जो सामाजिक तथा साहित्यिक स्तर पर अपना वर्चस्व स्थापित करना चाहते थे, इसलिए उन्होंने अपने प्रभामंडल का विस्तार करते हुए अपने अनुकूल तथा समान विचारों वाले लेखकों की एक मंडली स्थापित कर ली थी जिसे हिन्दी साहित्य के इतिहासकारों ने बाकायदा भारतेन्दु मंडल के लेखक कहना शुरू कर दिया था और आज तक पाठ्य पुस्तकों तथा पाठ्य ग्रन्थों में उन्हें इसी रूप में जाना जाता है। तथाकथित भारतेन्दु मंडल के ये लेखक थे : बालकृष्ण भट्ट, प्रताप नारायण मिश्र, प्रेमधन, अम्बिका दत्त व्यास, ठाकुर जगमोहन सिंह आदि।

भारतेन्दु का जन्म सितम्बर 1850 में तथा मृत्यु जनवरी 1885 में हुई थी। इस तरह उन्हें कुल 35 वर्ष की आयु प्राप्त हुई थी। इतनी अल्पायु में वे प्रायः किंदवदन्ती बन गये। इस व्यक्ति के साहित्यिक योगदान पर विधिवत विचार करना जरूरी है। इस क्रम में उसका आकलन भी किया जाएगा तथा हिन्दी गद्य साहित्य में उसका स्थान भी निर्धारित करने की कोशिश की जाएगी।

भारतेन्दु के गद्य को कुल मिलाकर हिन्दी साहित्य के बचपन का गद्य ही माना जायेगा न कि तथाकथित 'नयी चाल' का कोई अनोखा 'हँसमुख' गद्य जैसा कि सामान्यतः प्रचारित किया जाता रहा है। वीर भारत तलवार ने अपनी पुस्तक में भारतेन्दु के जो गद्य नमूने दिये हैं वे हँसमुख गद्य के नमूने नहीं बल्कि हास्यास्पद गद्य के उदाहरण हैं। मसलन लॉर्ड मेयो की हत्या के बाद भारतेन्दु ने अपनी पत्रिका कविवचन सुधा में यह श्रद्धांजलि लिखी—"आज हम उस मरण का वृतान्त लिखते हैं जिसकी भुजा की छाँह में सब प्रजा सुख से कालक्षेप करती थी।" इस श्रद्धांजलि की भाषा पर बिना कोई टिप्पणी किये आगे एक ऐसी ही भाषा का दूसरा नमूना प्रस्तुत किया गया है—"सम्प्रति राजकोट में एक अन्याय हुआ है उसे हम अपने

पाठक गण के अवलोकन निमित्त प्रकाश करते हैं। गत अक्टूबर मास में जॉकी नामक एक भृत्य राजकोट के पार्श्ववर्ती एक कूप के किनारे बैठकर दन्तधावन करता था।'' भारतेन्दु की इसी हिन्दी को हिन्दी के इतिहासकारों तथा समीक्षकों ने हिन्दी की 'नई चाल' कहा। इस नयी चाल को अलग से समझने की जरूरत नहीं। यद्यपि भारतेन्दु के नाटकों में ऐसी भाषा नहीं है किन्तु जिस भाषा में वे अपनी पत्रिका 'कविवचन सुधा' में पाठकों को सम्बोधित करते थे उसकी भाषा ऐसी ही थी।

ऐसी भाषा लिखने के पीछे साम्प्रदायिक भावना भी काम कर रही थी। यानी हिन्दी को उर्दू से बिलकुल अलग करके प्रस्तुत किया जाए किन्तु भाषा को विकृत करके जब कृत्रिम ढंग से गढ़ा जाता है तो उसका ऐसा ही हास्यास्पद रूप सामने आता है। इस हिन्दीवादी हिन्दू मनोवृत्ति को स्पष्ट करने के लिए वीर भारत तलवार ने भारतेन्दु द्वारा किये गये शेक्सपीयर के नाटक 'मर्चेंट ऑफ वेनिस' के अनुवाद का उदाहरण भी दिया है जो तब एक ऐसी पत्रिका में धारावाहिक रूप में छपा था जो हिन्दी उर्दू के बीच की खाई को कम करना चाहती थी, तो उसकी भाषा कुछ और थी और जब भारतेन्दु ने उसे पुस्तक के रूप में प्रकाशित किया तो उसमें से चुन-चुनकर उर्दू या बोलचाल के शब्दों को बाहर कर दिया तथा उनके बदले में अत्यन्त बोझिल और कृत्रिम संस्कृत शब्दों को भर दिया। मसलन पहले नाटक कें अनुवाद का शीर्षक था—वेनिस का सौदागर। पर बाद में उसे 'दुर्लभ बन्धु' कर दिया गया। इसी तरह नाटक के एक पात्र शाईलॉक का नाम बदलकर शैलास कर दिया गया। इसी तरह 'ट्रिपोलिस' को त्रिपुल और मैक्सिको को मौसिक कर दिया गया।

भारतेन्दु ने अनेक ऐतिहासिक निबन्ध लिखे हैं जिनकी खूब प्रशंसा की गयी है, किन्तु उनकी भाषा भी ऐसी है। उनका एक निबन्ध था, 'उदयपुरोदय' (शायद उदयपुर का उदय से तात्पर्य है) उसकी भाषा का भी एक उदाहरण देखें—'वापा के चरमकाल का विवरण सर्वपेक्षा आश्चर्य है। कथित है कि एक परिणत वसव में उन्होंने स्वकीय राज सन्तान गण को परित्याग कर खुरासन राज्य में गमन किया और तदोश्च अधिकार करके मलेच्छवंशीय अनेक रमणी का पाणिग्रहण किया। इन सभी रमणी के गर्भ से बहुसंख्यक सन्तान समुत्पन्न हुए थे।' ये सब उस महान गद्य निर्माता की भाषा के उदाहरण हैं जिसके नाम पर इतिहासकारों ने एक पूरे युग को अभिहित किया है।

हिन्दी साहित्य के सबसे बड़े तथा अत्यन्त विवेक सम्पन्न इतिहासकार आचार्य रामचन्द्र शुक्ल भारतेन्दु के विषय में लिखते हैं, 'भारतेन्दु मंडल मनोरंजक साहित्य निर्माण के द्वारा हिन्दी गद्य साहित्य की स्वतन्त्र सत्ता का भाव ही प्रतिष्ठित

करने में अधिकतर लगा रहा।'

हिन्दी की यह स्वतंत्र सत्ता क्या और कैसी थी, इसके कुछ उदाहरण हमने ऊपर के गद्यांशों में देख लिए। यहाँ संकेत रूप से स्वयं शुक्ल जी ने भी कह दिया है कि भारतेंदु मंडल के लेखकों का मुख्य उद्देश्य 'हिन्दी की स्वतन्त्र सत्ता' स्थापित करना ही अधिक था, और गम्भीर तथा सार्थक साहित्य रचना उनका उद्देश्य नहीं था। उनका गद्य साहित्य मनोरंजन प्रधान था। ठीक इसी के आगे शुक्ल जी ने उस समय की गद्य भाषा पर भी बड़ी सटीक टिप्पणी की है। ''इस काल खंड के लेखकों की भाषा की तारीफ में यह कहने की आवश्यकता नहीं समझी जाती थी कि ये हिन्दी बहुत अच्छी जानते हैं। यह मालूम ही नहीं होता था कि हिन्दी भी कोई जानने की चीज है।''

अत: स्पष्ट हो जाता है कि भाषा की दृष्टि से भारतेन्दु के समय में हिन्दी गद्य का कोई विशेष विकास नहीं हुआ और वह 'लद्धड़' ढंग से ही घिसटती रही। लेकिन इसके विपरीत यह भी सच है कि यह हाल भारतेन्दु तथा उनके मंडल के लेखकों की भाषा का ही था क्योंकि भारतेन्दु से बहुत पहले उनके शिक्षक रह चुके राजा शिव प्रसाद ने अपनी पुस्तकों में ज्यादातर जिस भाषा का प्रयोग किया है वह जातीय पूर्वग्रहों से मुक्त सरल सीधी और सुबोध है। भारतेन्दु जब महज सात वर्ष के रहे होंगे तभी 1857 में प्रकाशित राजा शिवप्रसाद की भूगोल जैसे विषय पर लिखी भाषा का उदाहरण देखा जा सकता है। ''अनाड़ियों को यह बात सुनने में बड़ा आश्चर्य होगा कि पृथ्वी बिना किसी आधार के अधर में किस प्रकार रह सकती है। उनको इस बात पर अच्छी तरह ध्यान देना चाहिए कि वे किसी चीज को अगर पृथ्वी का आधार मानेंगे तो फिर उस आधार के ठहराव के लिए भी कोई दूसरा आधार अवश्य मानना चाहिए।'' आदि।

यह भाषा आज भी साफ-सुथरी तथा प्रासंगिक लगती है। राजा शिव प्रसाद की भाषा ऐसी ही थी जो भारतेन्दु से बीसियों साल पहले लिखी जा चुकी थी। उन्होंने पदार्थ विज्ञान, वनस्पति विज्ञान, जीव विज्ञान, तथा ज्यामिति आदि की किताबें ऐसी ही भाषा में लिखीं तथा उन्हें पाठ्यक्रम में रखवाया। यही नहीं, उन्होंने अँग्रेज़ी से जिन रचनाओं का अनुवाद किया, उनकी भाषा भी साफ-सुथरी तथा आसान थी। सेंग्झोके की एक कहानी के अनुवाद की कुछ पंक्तियाँ देखी जा सकती हैं—''फ्रांसिस पुकार-पुकार कर लोगों से यही कहता था कि जो मेरे लड़के को इस आफत से बचावे वह बेखटके मेरी आधी दौलत ले लेवे।''

राजा शिव प्रसाद अपने पत्रों में भी बड़ी साफ सुथरी हिन्दी लिखते थे। स्वामी दयानन्द सरस्वती को लिखे उनके एक पत्र की भाषा देखें—''जब दर्शन पाया, कुछ बात हुई। कुछ अधूरी रह गयी। इच्छा थी फिर दर्शन करूँ। बन नहीं

पाया। अब सुना आप बाहर पधारने वाले हैं। इसलिए उस दिन के अपने प्रश्न और आपके उत्तर अपने स्मरणानुसार नीचे लिख रहा हूँ। यदि भूल हो, आप सुधार लें।'' (वीर भारत तलवार द्वारा अपनी पुस्तक में उद्धृत अंश से)

इतने साफ-सुथरे छोटे-छोटे वाक्यों वाली यह भाषा आज भी आकृष्ट करती है, जबकि यह 19वीं शताब्दी के मध्य की हिन्दी गद्य भाषा है। अत: भारतेन्दु तथा भारतेन्दु मंडल के लेखकों के गद्य साहित्य और विशेष रूप से उनकी गद्य भाषा को उस युग की भाषा और गद्य साहित्य का विकास या 'मानदंड' नहीं मानना चाहिए। इस मंडल से बाहर कहीं बेहतर हिन्दी तथा बेहतर हिन्दी-गद्य लिखा जा रहा था जिसका उदाहरण आगे प्रसंगानुसार किया जाएगा।

लेकिन शुक्ल जी भी भारतेन्दु के प्रशंसक थे और वे उनके तथा उनके दौर के बारे में लिखते हैं, ''नूतन हिन्दी साहित्य का वह प्रथम उत्थान कैसा हँसता-खेलता आया था, भारतेन्दु के सहयोगी लेखकों का वह मंडल किस जोश और जिंदादिली के साथ कैसी चहल-पहल के बीच अपना काम कर गया, इसका उल्लेख पहले हो चुका है।''

भारतेन्दु तथा उनके मंडल के लेखकों के योगदान के बारे में यह शुक्ल जी का आकलन है जिसे उन्होंने उपरोक्त पंक्तियों में समेटकर निष्कर्ष के रूप में प्रस्तुत कर दिया है। लेकिन हम देख चुके हैं कि न तो वह गद्य बहुत हँसता-खेलता आया था और न वह युग उस तरह के चहल-पहल का था जैसा शुक्ल जी ने संकेत किया है। वस्तुत: वह युग चहल-पहल का न होकर घोर उथल-पुथल का युग था जब राजनीति की बात छोड़ भी दें तो—भाषा तथा साहित्य के स्तर पर हिन्दी और उर्दू के बीच घनघोर संघर्ष छिड़ा हुआ था। उर्दू अपने परम्परागत रूप में एक स्थापित भाषा थी जिसे सँवारने वाले शायरों तथा साहित्यकारों की एक पूरी जमात तैयार हो चुकी थी। मशहूर शायर मीर तकी मीर की जबान की तारीफ में आज तक बहुत कुछ कहा जाता है जिसमें बेहद सादगी और साफगोई थी, और कुछ लोगों ने उसे नज़ीर मानकर गालिब की शायरी के बारे में तंजिया अन्दाज में कहा था कि ''न हुआ मीर का अन्दाज नसीब, यारों ने बड़ा जोर गज़ल में मारा।'' यानी एक बेहद साफ-सुथरी तराशी हुई और ढली हुई भाषा वाली उर्दू तब तक बहुत विकसित हो चुकी थी। मीर ने शायरी के अलावा अपनी आत्मकथा भी 'जिक्रेमीर' नाम से लिखी थी जो गद्य में भी उर्दू साहित्य की एक बेमिसाल कृति थी।

लेकिन हिन्दी अभी विकसित होती हुई भाषा थी जो ब्रजभाषा से अलग होकर अभी अपना अस्तित्व ग्रहण कर ही रही थी कि हिन्दी के हिन्दूवादी लेखकों ने उसे उर्दू से नितान्त अलग करने के लिए एक नितान्त कृत्रिम तथा गढ़ी हुई

हिन्दी विकसित करने की कोशिश की, जिसका उदाहरण ऊपर दिया जा चुका है। दुर्भाग्य से भारतेन्दु तथा उनके सहयोगियों की हिन्दी ऐसी ही थी। इसी को शुक्ल जी ने हिन्दी का हँसता-खेलता रूप कहा है जो सच से कोसों दूर है। जबकि हिन्दी को उर्दू से दूर न करने की कोशिश करने वाले लेखकों की भी एक जमात थी जिनकी भाषा तथा साहित्य दोनों भारतेन्दु की जमात के लेखकों से अधिक लोकप्रिय थे। ऐसे लोगों में राजा शिव प्रसाद की चर्चा की जा चुकी है। इनके अलावा देवकी नंदन खत्री तथा अयोध्या प्रसाद खत्री आदि थे। देवकी नंदन खत्री की 'चन्द्रकान्ता' तो हिन्दी के उस प्रारम्भिक काल की कालजयी कृति बन चुकी है। देवकी नंदन खत्री तथा चन्द्रकान्ता पर आगे विस्तार से चर्चा की जायेगी। पर यह जानना जरूरी है कि ये सभी लेखक न केवल भारतेन्दु की हिन्दूवादी जमात की अपेक्षा सेक्युलर दृष्टिकोण वाले लेखक थे बल्कि इन्हीं कारणों से वे भारतेन्दु की भाषा के आलोचक भी थे।

अत: यहाँ यह घोषित करना अतिश्योक्तिपूर्ण नहीं माना जायेगा कि हिन्दी का यह प्रारम्भिक युग मुख्यत: गद्य युग था और यह भारतेन्दु के नाटकों के कारण नहीं बल्कि मुख्यत: और मूलत: देवकी नन्दन खत्री की 'चन्द्रकान्ता' के कारण।

काव्य के स्तर पर हम देख चुके हैं कि मीर जैसे शायर की शायरी की तुलना तत्कालीन भारतेन्दु या किसी और कवि की कविता से करने की हिमाकत हास्यास्पद ही सिद्ध होगी।

अत: कहा जा सकता है कि आधुनिक हिन्दी साहित्य की शुरुआत ही गद्य साहित्य से होती है।

लेकिन पहले भारतेन्दु के सहयोगी तथा समकालीन लेखकों के विचारात्मक साहित्य को देखने-परखने की जरूरत है। क्योंकि एक तो उनकी भूमिका अधिक व्यापक थी और दूसरे वे प्राय: सभी (भारतेन्दु सहित) पत्रकार-सम्पादक आदि भी थे। और इस रूप में समकालीन यानी तत्कालीन स्थितियों से ज्यादा जुड़े हुए थे।

लेकिन इस प्रारम्भिक काल में ही हिन्दी और उर्दू के बीच इतनी गहरी खाई न खोदने के बजाय दोनों को प्राय: एक ही भाषा मानकर विकसित करने की कोशिश की जाती तो हिन्दी भाषा साहित्य के साथ ही हिन्दी जगत या पूरे साहित्य जगत का अधिक लाभ होता। लेकिन कहना पड़ेगा कि यह कार्य भारतेन्दु तथा उनके सहयोगी लेखकों ने नहीं किया। यह एक ऐतिहासिक गलती थी बल्कि केवल एक गलती नहीं, एक रूढ़िवादी मनोवृत्ति थी। यह रूढ़िवाद जो मूलत: हिन्दूवाद था। वह भारतेन्दु तथा उनके सहयोगी लेखकों के महत्व को कम कर देता है—भले ही इस विषय में आचार्य शुक्ल तथा दूसरे इतिहासकार चाहे जो कहें।

शुक्ल जी ने हिन्दी गद्य साहित्य की शुरुआत नाटकों से माना है और यह

भी लिखा है कि सबसे पहले भारतेन्दु द्वारा किये गये बांग्ला नाटक 'विद्या सुन्दर' में हिन्दी गद्य के बहुत सुडौल रूप का आभास मिला। शुक्ल जी को भी उसमें हिन्दी के सुडौल रूप का आभास ही मिला था। दरअसल यह सुडौल गद्य भारतेन्दु में आगे बहुत विकसित नहीं हुआ। सुडौल गद्य लिखने का आरम्भ राजा शिवप्रसाद बहुत पहले कर चुके थे। शुक्ल जी के अनुसार ही इस हरिश्चन्द्री हिन्दी ने बहुत से नये-नये लेखक तैयार किये। भारतेन्दु ने तीन पत्रिकाओं का प्रकाशन किया जिसमें स्त्री शिक्षा की पत्रिका 'बाल बोधिनी' भी थी।

भारतेन्दु हिन्दी के पहले नाटककार नहीं थे। स्वयं उन्हीं के अनुसार उनसे पहले महाराज विश्वनाथ सिंह का 'आनंदरघुनंदन' तथा गोपाल चन्द्र का 'नहुष' नाटक लिखे गये थे।

यद्यपि शुक्ल जी भारतेन्दु को सर्वतोमुखी प्रतिभा वाला साहित्यकार मानते हैं किन्तु उनकी प्रतिभा की विभिन्न दिशाओं का जो उदाहरण वे देते हैं, उनमें घोर विरोधाभास है : कहीं तो वे ब्रजभाषा के द्विजदेव और पदयात्रा वाली परम्परा में दिखायी देते हैं जो पुरानी रूढ़िवादी परम्परा थी तो कहीं वे उन्हें माइकल मधुसूदन तथा हेमचन्द्र की आधुनिक परम्परा में देखते हैं। यही नहीं, भारतेन्दु उन्हें राधाकृष्ण की भक्ति में झूमते हुए भक्तिमाल गूँथते हुए दिखायी देते हैं तो दूसरी ओर स्त्री शिक्षा तथा समाज सुधार आदि पर व्याख्यान देते हुए भी पाए जाते हैं। दरअसल ये विरोधाभास तथा अन्तर्विरोध ही भारतेन्दु के व्यक्तित्व की विशेषता थे। उनकी संवेदना और भावबोध में अन्तराल था जिसके कारण उनका साहित्य भी बिखरा-बिखरा तथा आधे-अधूरे मन से लिखा हुआ प्रतीत होता है। उनके यहाँ सबकुछ प्रयत्न करके साहित्येतर कारणों से लिखा हुआ अधिक है—स्वतः स्फूर्त रचनात्मक ऊर्जा से उत्पन्न बहुत कम।

भारतेन्दु के साहित्य में इसी कारण स्वाभाविकता नहीं है। वे नेतृत्व की आकांक्षा से अधिक प्रेरित थे। इतिहास में उन्हें यह नेतृत्व तो प्राप्त हुआ किन्तु लेखन के स्तर पर भारतेन्दु के पद्य को ही नहीं गद्य को भी बहुत उत्कृष्ट साहित्य नहीं माना जा सकता। शुक्ल जी ने भी चाहे जिन कारणों से भारतेन्दु के साहित्य को शीतल कला का साहित्य ही कहा है। यह शीतलता उनके साहित्य के बेजान होने (यानी स्वाभाविक न होने) की सूचक है।

इसी तरह शुक्ल जी ने भी भारतेन्दु की 'लद्धड़' ढीली-ढाली भाषा के कुछ उदाहरण दिये हैं पर उन्होंने उनका बचाव करते हुए वहाँ भी कह दिया है कि "यह भारतेन्दु की असली भाषा नहीं है।"

अतः शुक्ल जी के सामने भी भारतेन्दु की कमजोरियाँ तथा सीमाएँ स्पष्ट थीं किन्तु मूलतः अपनी 'हिन्दीवादी' (या हिन्दूवादी) प्रवृत्ति के कारण शुक्ल

जी का रुख उनके बचाव का ही रहा है।

बालकृष्ण भट्ट (1844-1914)

वैचारिक स्तर पर यह श्री भारतेन्दु की अपेक्षा अधिक प्रौढ़ तथा परिपक्व थे। यद्यपि वे भारतेन्दु के समर्थक तथा प्रशंसक थे। विभिन्न विषयों पर उनके विचार भारतेन्दु से भिन्न तथा प्रगतिशील थे।

भट्ट जी ने हिन्दी में आलोचना की शुरुआत की थी। उन्होंने सबसे पहले साहित्य के सामाजिक आधार का सवाल उठाया था और 'हिन्दी प्रदीप' में एक स्वतन्त्र निबन्ध लिखा था जिसका शीर्षक था—"साहित्य जन समूह के हृदय का विकास है।"

उन्नीसवीं सदी में किसी विचारक के द्वारा साहित्य के सम्बन्ध में यह कथन क्रान्तिकारी ही माना जाएगा। खास तौर पर जब बीसवीं शताब्दी में भी प्रायः आधी सदी तक महावीर प्रसाद द्विवेदी की साहित्य के सम्बन्ध में यह उक्ति ही चलती रही कि "साहित्य समाज का दर्पण है।" यही नहीं रामचन्द्र शुक्ल तक ने कविता के सम्बन्ध में लिखा था कि "कविता हृदय की मुक्तावस्था का नाम है।" ऐसे में भट्ट जी ने न केवल साहित्य को विकास कहा बल्कि सीधे-सीधे उसे जनसमूह के विकास से जोड़ दिया। साहित्य को जनसमूह से जोड़ना ही साहित्य को सामाजिक आधार देना है। इस तरह कह सकते हैं कि भट्ट जी ने न केवल हिन्दी साहित्य समीक्षा की शुरुआत की बल्कि जन समूह की बात करके उन्होंने आने वाली शताब्दी की प्रगतिशील समीक्षा की पूर्व पीठिका भी स्थापित कर दी।

यद्यपि भट्ट जी राजा शिव प्रसाद के विरोधी तथा निंदक थे किन्तु कई मामले में वे अपने विचारों में उन्हीं की तरह अपने समय से बहुत आगे थे। राजा शिव प्रसाद के वे विरोधी इसलिए थे कि राजा शिव प्रसाद एक राजभक्त सरकारी अधिकारी थे और भट्ट जी का मत था कि राजभक्ति और देशभक्ति दोनों एक साथ नहीं चल सकतीं "दुई न होहीं एक संग भुआबू।" वे इसे ऐसा ही समझते थे। राजभक्ति के बारे में वे भारतेन्दु से भिन्न थे जो राजा शिव प्रसाद से कम राजभक्त नहीं थे और शासकों तथा राजकुमारों की स्तुति में कसीदे लिखते थे। भट्ट जी ने लिखा भी था कि "हमारा कथन है कि राजभक्ति और प्रजा का हित दोनों का साथ कैसे निभ सकता है। जैसे हँसना और गाल फुलाना, बहुरी चबाना शहनाई वजाना, एक संग नहीं हो सकता, ऐसे ही यह असम्भव और दुःसाध्य है।"

बाल कृष्ण भट्ट का हिन्दी पत्रकारिता के क्षेत्र में भी अभूतपूर्व योगदान है। यद्यपि उस दौर में प्रायः प्रत्येक महत्त्वपूर्ण साहित्यकार कोई न कोई पत्रिका जरूर निकालता था। भारतेन्दु तो तीन पत्रिकाओं के संपादक थे, किन्तु बालकृष्ण भट्ट

की पत्रिका 'हिन्दी प्रदीप' ने जो ऐतिहासिक भूमिका निभाई, अनेक दृष्टियों से वह आगे चलकर निकलने वाली हिन्दी की युग प्रवर्तक पत्रिका 'सरस्वती' भी नहीं कर पाई। चूँकि भट्ट जी अपने राजनैतिक विचारों में लोकमान्य तिलक के समर्थक थे इसलिए उनकी राजनीति में कोई ढुलमुलपन नहीं था। उनके विचार कट्टर तथा दृढ़ होते थे। महावीर प्रसाद द्विवेदी को उनकी यह कट्टरता पसन्द नहीं थी।

हालाँकि भट्ट जी की पत्रिका 'प्रदीप' का मोटो भारतेन्दु ने लिखा था और वह निरन्तर उसके साथ ही प्रकाशित होता रहा किन्तु उसमें प्रकाशित विचार तथा भट्ट जी के निबन्धों में व्यक्त विचार प्रायः भारतेन्दु के विचारों से भिन्न हुआ करते थे। मसलन वे भारत की जातीय वैदिक परम्परा के समर्थक थे किन्तु पुराणों के विरोधी थे। वे पौराणिक विचारों को अनेक कुरीतियों का जनक मानते थे। उन्होंने जातीयता या राष्ट्रीयता के सिलसिले में लिखा भी था कि "हमारी छिन्न-भिन्न दशा जिसके कारण हजार-हजार चेष्टा करने पर भी जातीयता (राष्ट्रीयता) आती ही नहीं, यह सब पुराणों की कृपा से है।...अनेक मत-मतान्तर का प्रचार भी पुराणों की ही वस्तु है। अनेक पुराण वाले तो वेदों को पूजने तक से संतोष करके रह गये।" इसी तरह तन्त्र-मन्त्र के भी वे घोर विरोधी थे। "तन्त्रों ने बड़ा संहार किया...निस्सन्देह तान्त्रिकों की कृपा न होती तो हिन्दुस्तान ऐसा जल्द न डूबता।" यहाँ भी हम देखते हैं कि भट्ट जी के विचार भारतेन्दु से भिन्न हैं।

वे हिन्दी के पहले ऐसे लेखक थे जिन्होंने नानक, कबीर, चैतन्य महाप्रभु, शंकराचार्य तथा रामानुजाचार्य आदि के विचारों को सामाजिक तथा राजनैतिक सन्दर्भ में विश्लेषित किया। वैदिकता के समर्थक होने के बावजूद उन्होंने शंकराचार्य के अद्वैत वेदान्त का तथा उसकी बौद्धधर्म विरोधी भूमिका का समर्थन नहीं किया बल्कि उसके निषेधात्मक प्रभाव का बहुत विवेक सम्मत विश्लेषण किया जो उस वक्त के विचारकों के मस्तिष्क में तो क्या आज के भी अनेक लोगों को नहीं नजर आएगी। उन्होंने लिखा, शंकराचार्य ने बौद्धों को बाहर निकालकर बड़ी खलबली मचा दी और चाहा कि भारत फिर वैसा हो जाए जैसा वैदिक ऋषियों के समय में था। पर भारत वो न होकर आधा तीतर आधा बटेर सा हो गया। उन्होंने बताया कि बौद्धों के जाने के बाद ब्राह्मणों को मनमानी करने की छूट मिल गयी और कर्मकांड सम्बन्धी अनेक रूढ़ियों की शुरुआत उसी समय हुई। यही नहीं, शैवों तथा वैष्णवों के बीच संघर्ष की शुरुआत भी इसी समय से हुई जिसका भयानक परिणाम पूरे देश को भुगतना पड़ा।

धर्म के विषय में भी भट्ट जी के विचार भारतेन्दु से भिन्न ही नहीं अत्यन्त प्रगतिशील हैं : वे शंकराचार्य के विर्वतवाद यानी जगत को मिथ्या मानने वाले सिद्धान्त के विरोधी हैं और पुनर्जन्म का भी मखौल उड़ाते हैं। अपने समय के

अन्य हिन्दूवादी लेखकों के विपरीत वे सनातन धर्म के समर्थक नहीं विरोधी हैं। वे लिखते हैं—"सनातन धर्म वाले उपदेश देते हैं—बाप-दादा की लीक पीटते जाओ, वही सम्पूर्ण वेदशास्त्र का निचोड़ है, हिन्दू धर्म का सारांश है। हमारा उपदेश है—बाप-दादा की लीक पीटने के बराबर कोई दूसरा पाप नहीं है। यह सनातन धर्म नहीं, ब्राह्मणों के लिए छोटे-बड़े सबको अपने चंगुल में रखने का सहज लटका है।" यहाँ भी हम देखते हैं कि धर्म के मामले में ब्राह्मणों (स्वयं ब्राह्मण होते हुए भी) की भूमिका को उस दौर में ही उन्होंने खुलेआम बेनकाब कर दिया था।

वे साहित्य की 'समकालीन चेतना' को पहचानने तथा रेखांकित करने वाले हिन्दी के पहले विचारक थे। पहले ही कहा जा चुका है कि हिन्दी में आलोचना ही नहीं बल्कि प्रगतिशील आलोचना की शुरुआत उन्हीं से होती है। वे साहित्य में 'स्पिरिट ऑफ टाइम' की पहचान यानी समकालीन चेतना को साहित्य का सर्वप्रथम गुण मानते थे।

भट्ट जी संस्कृत के विद्वान होते हुए भी अँग्रेज़ी के प्रबोधन कालीन लेखकों जॉन स्टुअर्ट मिल, बेंथम, न्यूटन, शेक्सपियर, वर्जिल, दान्ते आदि की रचनाओं से भलीभाँति परिचित थे तथा उनके विचारों से हिन्दी के पाठकों को परिचित कराते रहते थे।

उन्होंने वैचारिक गद्य के अलावा आँख, नाक, कान आदि विषयों पर ऐसे मनोवैज्ञानिक लेख लिखे जिनसे आगे चलकर रामचन्द्र शुक्ल जैसे लेखक को अपने मनोवैज्ञानिक निबन्ध लिखने की प्रेरणा मिली थी।

परिवर्तन को वे विकास के लिए आवश्यक मानते थे। 'भारतीय ललनाओं की शोचनीय दशा' पर लिखते हुए वे कहते हैं—"हिन्दुस्तान की परिवर्तन विमुखता आदिकाल से प्रसिद्ध है।" इसी परिवर्तन विरोधी प्रवृत्ति होने को वे भारतीय स्थितियों की दर्दुशा और पिछड़ेपन का कारण मानते हैं। उनकी ऐसी स्थिति पर भट्ट जी ने बड़ी गँवारू भाषा में (स्लैंग्स से भरी हुई) बड़ा चुभता हुआ व्यंग्यात्मक लेख लिखा है : "बाबू साहब छंदान तोड़ विलायत की राह सुधारने के लिए कदम उठाए हुए हैं, बबुआइन घर बैठी गोबर पाथती रहीं। बाबू साहब लाला साहब मिस्टर सो एंड सो कहे जाने की उमंग में फूले नहीं समाते, ललाइन कौआ हँकनी ही रह गयीं।" भट्ट जी सीधे-सीधे लिखते हैं कि जब तक स्त्रियों की दशा में सुधार नहीं होगा, देश का विकास भी नहीं होगा। हालाँकि इस मामले में वे साफ-साफ 'स्त्री शिक्षा' की बात नहीं करते।

भट्ट जी की पत्रिका 'प्रदीप' 1910 में सरकार द्वारा बन्द कर दी गयी जिसे वे उसे 1872 से तब तक अनेक विघ्न-बाधाओं के बावजूद चलाते रहे थे। उन्होंने

19वीं शताब्दी को तो जिया ही था, बीसवीं शताब्दी के उदय को भी अनुभव किया था। इसी कारण उन्होंने बड़ी प्रमाणिकता के साथ '19वीं शताब्दी का आदि और अन्त' पर भी एक ऐसा लेख लिखा है जिसका ऐतिहासिक महत्त्व है: यह निबन्ध प्रारम्भ में व्यंग्यात्मक तथा द्विअर्थक है—ऐसा लगता है मानो 19वीं शताब्दी के अँग्रेज़ प्रशासन की प्रशंसा की जा रही है पर क्रमशः निबन्ध उसी निष्कर्ष पर पहुँचता है जो अँग्रेज़ों की डेढ़ सौ वर्षों के प्रशासन की वास्तविकता थी। भट्ट जी लिखते हैं : "विलायत की सभ्यता सब ओर टाँग पसार रही है। हिन्दुस्तान के नस-नस में व्याप गयी। देशी कारीगरी, देश की वस्तुओं का रोजगार एकदम बंद हो गया...उठते-बैठते, सोते-जागते हम जो कुछ करते हैं, अपने ही काम से प्राप्त रुपया विलायत भेजते जा रहे हैं....नौकरी पर इतनी कैद लगा दी गयी कि कुछ कहा नहीं जाता, रही खेती सो उसमें जमाबन्दी है..., किसान केवल हाथ पर हाथ रखे रह जाता है। उसमें दूसरे-तीसरे साल दुर्भिक्ष, अवर्षण, कभी-कभी अतिवर्षा आदि, अति उत्पादक उपद्रव अकाल और महँगाई हटने नहीं देता, महामारी हैजा इत्यादि अधिक दैविक पीड़ा सुख चैन और स्वास्थ्य को मानो हमारे बीच से खदेरे हुए है। ईश्वर करे ऐसे बुरे दिन किसी के न आवें।"

इस निबन्ध में एक शताब्दी की स्थिति का ही आकलन नहीं पूरे अँग्रेज़ी प्रशासन के दिनों में भारत की सामाजिक-आर्थिक स्थिति का आकलन है।

भट्ट जी की सामाजिक-राजनैतिक समझ बेहद प्रखर तथा सटीक थी और वे हर स्थिति पर बिना लाग-लपेट टिप्पणी करना अपना कर्तव्य समझते थे।

यद्यपि भट्ट जी ने अनेक विषयों पर तीखा टिप्पणियाँ की हैं किन्तु विशद और वृहद विश्लेषणात्मक लेख कम ही लिखे थे। उनके अधिकांश लेखन पर पत्रकारिता का प्रभाव है। उनकी भाषा बोलचाल वाली है पर उसमें गँवारू तथा भदेसी शब्द भरे हुए हैं। अँग्रेज़ी शब्दों का प्रयोग भी वे खुलकर करते हैं। कुल मिलाकर उनकी भाषा ढीली-ढाली ही है।

भट्ट जी को हिन्दी में उपन्यास लेखन की शुरुआत का श्रेय भी दिया जा सकता है : उनके दो उपन्यासों 'नूतन ब्रह्मचारी' और 'सौ अजान एक सुजान' की गणना हिन्दी के प्रारम्भिक उपन्यासों में की जाती है।

प्रताप नारायण मिश्र (1856-1895)

ये भी भारतेन्दु मंडल के लेखक माने जाते हैं। इनका जन्म 1856 में हुआ था पर कार्यक्षेत्र कानपुर था। इस तरह इन लोगों ने हिन्दी या नागरी के प्रचार के लिए मानो अलग-अलग कार्यक्षेत्र चुन लिये थे। भारतेन्दु का वाराणसी, बालकृष्ण भट्ट का इलाहाबाद तथा मिश्र जी का कानपुर। ये उन्हीं की तरह कानपुर से 'ब्राह्मण'

नाम की पत्रिका निकालते थे जिसका एक कार्य हिन्दू धर्म का प्रचार कार्य भी था। उस समय के अधिकांश लेखकों की तरह उन्होंने भी नाटक लिखे थे : 'संगीत शाकुन्तल', 'हठी हम्मीर', 'भारत दुर्दशा', 'गो संकट', 'कलि प्रभाव' आदि। लेकिन ये अपने व्यंग्य विनोद प्रधान निबन्धों के लिए अधिक जाने जाते हैं। वे किसान प्रकृति के थे—वैसे ही सरल, बेलाग और बेधड़क। आचार्य शुक्ल जी ने उनके तथा भट्ट जी के निबन्धों की तुलना अँग्रेज़ी के विख्यात निबन्धकार एडिसन तथा स्टील से की है। ये भारतेन्दु का बहुत आदर करते थे और उनके विचारों के समर्थक भी थे। उनके निबन्धों की भाषा सीधी-सादी तथा उस पर बैसवाड़े की बोली का प्रभाव था। देश की दशा, समाज सुधार, हिन्दी का प्रचार तथा गो रक्षा आदि अनेक विषयों पर इन्होंने निबन्ध लिखे थे। ये विषय ही उन दिनों फैशनेबल विषय थे। वे अपने निबन्धों में मुहावरों का खूब प्रयोग करते थे। 'समझदार की मौत है' तथा 'मनोयोग' आदि उनके चर्चित निबन्ध थे। इनकी मृत्यु भी अड़तीस वर्ष की अल्पायु में ही हो गयी थी।

भारतेन्दु, बालकृष्ण भट्ट तथा प्रताप नारायण मिश्र की 'त्रिमूर्ति' ही उस समय की मुख्य धारा की प्रतिनिधि थी। ये ही उस समय के सर्वाधिक सक्रिय लेखक भी थे।

इनके अलावा मिरजापुर के रईस उपाध्याय, बदरी नारायण चौधरी 'प्रेमघन' को इसलिए उस दौर का उल्लेखनीय गद्य लेखक माना जाएगा क्योंकि वे तब के पहले लेखक थे जो गद्य लेखन को एक विशेष कला के रूप में मान्यता देते थे। किन्तु उनकी यह गद्य कला इतनी पेचीदी थी कि अक्सर कलाबाजी लगाती थी। किन्तु वे अपने लेखन में प्रतिबद्ध तथा पूर्णतावादी (परफेक्टनिस्ट) थे—अपने लेखों का खूब परिष्कार करवाने के बाद ही छपवाते थे। वे भारतेन्दु के घनिष्ट मित्र थे लेकिन उनके लेखन के आलोचक भी थे। उनके अनुसार भारतेन्दु बहुत उतावली में लिखते हैं और वे अपनी रचना में थोड़ा सुधार-परिष्कार कर दें तो उनकी रचनाएँ अधिक सुगठित हो जाएँगी।

नाटक इन्होंने भी लिखे थे। ये कांग्रेस के समर्थक थे और उसके अधिवेशन में खेले जाने के लिए इन्होंने 'भारत सौभाग्य' नाम का नाटक लिखा था जिसे 'अनेकता में एकता' दिखाने के लिए उन्होंने उसे रंग-बिरंगी भाषा में लिखा था। उसमें बैसवाड़ी, मारवाड़ी, उर्दू, भोजपुरी, मराठी, पंजाबी, बंगाली आदि सभी भाषाओं का पुट था। नाटक के पात्र भी भारत के विभिन्न क्षेत्रों तथा प्रदेशों के प्रतिनिधि थे। इस नाटक के अलावा इन्होंने 'वीरांगना रहस्य', 'प्रयागराजगमन' आदि नाटक लिखे थे। ये 'आनन्द कादम्बिनी' नाम की पत्रिका निकालते थे। उन्होंने 'नागरी नीरद' नाम का साप्ताहिक भी निकाला था।

आचार्य रामचन्द्र शुक्ल के अनुसार हिन्दी में समालोचना का सूत्रपात इन्होंने ही किया था। लाला श्री निवास दास की 'संयोगिता स्वयंवर' की एक विस्तृत तथा कठोर समीक्षा इन्होंने लिखी थी। इसके अलावा भी कई आलोचनात्मक निबन्ध इन्होंने लिखे थे।

लेकिन उस जमाने के सबसे महत्त्वपूर्ण लेखक थे लाला श्री निवास दास। दरअसल इन्हें ही हिन्दी का पहला मौलिक तथा 'पश्चिमी ढंग' का उपन्यासकार माना जाता है। उनका उपन्यास 'परीक्षा गुरु' (1882) हिन्दी का पहला यथार्थवादी उपन्यास माना जाएगा। उपन्यास की संरचना ढीली-ढाली है।

उन्होंने नाटक भी लिखे थे जिनमें 'रणधीर और प्रेम मोहिनी' (1877) बहुत चर्चित हुआ था। इस नाटक पर शेक्सपीयर के नाटक 'रोमियो जुलियट' का प्रभाव स्पष्ट था—जैसा कि शीर्षक से ही लग जाता है। लाला जी अँग्रेज़ी साहित्य के सम्पर्क में थे और उनके प्रभाव में ही स्वयं भी रचना करते थे।

हिन्दी के प्रारम्भिक गद्य लेखकों में मध्य प्रदेश के ठाकुर जगमोहन सिंह की गणना भी की जाती है। उनका उपन्यास 'श्यामास्वप्न' (1885) भी हिन्दी का प्रारम्भिक उपन्यास था। उपन्यास संरचना की दृष्टि से ढीला-ढाला है, परन्तु उसकी कहानी उस समय की दृष्टि से क्रान्तिकारी है। उसमें एक ब्राह्मण युवती तथा क्षत्रिय युवक की प्रेमकहानी बयान की गयी है जिसका चित्रण बहुत स्वच्छन्द रूप से किया गया है—चुम्बन, परिरम्भन आदि की भरमार है। उद्दीपन के रूप में प्रकृति का बहुत काव्यात्मक चित्रण किया गया है। भाषा अलंकार बहुल तथा काव्यात्मक है। उसकी तुकबन्दी उसे कविता बना देती है।

"याही मग हवै के गये एकवन श्रीराम
वासो पावन देस वह विंध्या ललाम"

ये चूँकि संस्कृत के विद्वान भी थे इसलिए इनके लिए प्रकृति वर्णन पर कालिदास का स्पष्ट प्रभाव है।

इस दौर के अन्य गद्य लेखक थे—पंडित तोताराम, केशव राम भट्ट, पं. राधाकृष्ण गोस्वामी, अंबिका दत्त व्यास, मोहन लाल विष्णु लाल पंड्या, भीम सेन शर्मा, काशीनाथ खत्री, राधाकृष्ण दास और फ्रेडरिक पिंकाट।

फ्रेडरिक पिनकोट थे तो अँग्रेज़ और रहते भी इंग्लैंड में थे पर अपने हिन्दी प्रेम के कारण लिखते हिन्दी में थे। ये हिन्दी के लेखकों से हिन्दी में पत्र व्यवहार भी करते थे। इन्होंने दो किताबें लिखी थीं—'बाल दीपक' और 'विक्टोरिया चरित्र'। 'बाल दीपक' स्कूलों के पाठ्यक्रम में भी थी। इनकी भाषा सरल, छोटे-छोटे वाक्यों वाली और सहज है। ये हिन्दी-उर्दू को एक ही भाषा मानते थे और

अपने एक पत्र में उन्होंने लिखा था कि हिन्दी से फारसी शब्दों को निकाल देना निरी मूर्खता है, ऐसा सम्भव भी नहीं है।

यद्यपि इसी दौर में उपन्यास लेखन की शुरुआत हुई और प्रायः सभी लेखकों ने नाटक भी लिखे और ऐसा लगता था कि नाटक ही हिन्दी की प्रमुख गद्य विधा बनकर उभरेगा, किन्तु इस युग के बाद नाट्य लेखन काफी मद्धिम होता गया और फिर जयशंकर प्रसाद के नाटकों में ही उसका नवजागरण हो सका। प्रसाद जी के नाटकों पर पृथक रूप से विचार किया जाएगा।

इतिहास 'सरलीकरण' करता है। हिन्दी साहित्य के इतिहासकारों ने भी खूब सरलीकरण किया है और इस दौर को भारतेन्दु युग कहकर गौरवान्वित किया है जबकि मूलतः गद्य लेखन के स्तर पर यह हिन्दी और हिन्दूधर्म के प्रचार-प्रसार का युग था जिसकी शुद्ध साहित्यिक महत्ता न्यूनतम थी। भाषा भी लड़खड़ाकर चलने वाली और गँवारू किस्म की थी। जिसमें से उर्दू फारसी के शब्दों को चुन-चुनकर बाहर कर दिया गया था, ऐसा क्यों किया गया था, इसे ऊपर स्पष्ट किया जा चुका है।

यह अनुवादों का युग भी था—अँग्रेज़ी तथा बांग्ला से खूब अनुवाद होते थे। लेकिन यह मुख्यतः निबन्ध लेखन का युग था क्योंकि निबन्धों के माध्यम से प्रचार कार्य बेहतर तरीके से किया जा सकता था। सामाजिक-राजनैतिक टिप्पणियों के लिए भी यह बेहतर विधा थी। बांग्ला के माइकेल मधुसूदन दत्त तथा बाद में बंकिम चन्द्र की तरह किसी महत्तर साहित्यिक मेधा का इस युग का हिन्दी में आविर्भाव नहीं हुआ। अतः बंगला या उर्दू के साहित्य से इस युग की हिन्दी बहुत पीछे और पिछड़ी हुई थी।

अधिकांश हिन्दी साहित्य के इतिहासकारों ने इन तथ्यों को अनदेखा किया है। आचार्य रामचन्द्र शुक्ल तक ने लिख दिया कि इस युग में गद्य हँसता-खेलता आया। उस हँसते-खेलते गद्य की बानगी हम देख चुके हैं।

इस सरलीकरण का कारण था अन्तर्दृष्टि का अभाव और विश्लेषण की क्षमता का न होना। इतिहासकार जब तथ्यों तथा घटनाओं का विश्लेषण करने लगता है तो वह इतिहास नहीं इतिहास दर्शन हो जाता है। शुक्ल जी में अन्तर्दृष्टि तथा विश्लेषण क्षमता दोनों थीं किन्तु उन्होंने भी इस युग को अपने 'ब्राह्मण हिन्दी' चश्मे से देखा था जो घनघोर रूप से 'उर्दू विरोधी' (और इस कारण किंचित सम्प्रदायवादी) दृष्टि थी। इस युग पर उनका दृष्टिपात एक बहुत चतुर दृष्टिपात था जिसमें भाषा और साहित्य के पीछे के मकसदों, मंसूबों और संस्कारग्रस्त पूर्वग्रहों का उल्लेख ही नहीं है। वास्तविक हिन्दी गद्य का विकास बीसवीं सदी में ही हो सका।

हिन्दी नाटक

यद्यपि पहले नाटक की गणना भी काव्य के अन्तर्गत ही की जाती थी, किन्तु संस्कृत नाटकों के समय से ही नाटकों का विकास स्वतन्त्र विधा के रूप में होने लगा था और जैसा कि रामचन्द्र शुक्ल मानते हैं और जो कि एक वास्तविकता है कि आधुनिक हिन्दी गद्य साहित्य का आरम्भ नाटकों से ही हुआ। ऐसा माना जाता है कि हिन्दी के पहले नाटककार महाराजा विश्वनाथ सिंह थे।

भारतेन्दु के समय के प्रायः सभी साहित्यकार कोई न कोई नाटक जरूर लिखते थे। वे नाटक कैसे होते थे, इसकी चर्चा व्यर्थ है किन्तु इससे नाटकों की विद्यात्मक केन्द्रीयता जरूर समझ में आती है। स्वयं भारतेन्दु के अनुसार तो ''विशुद्ध नाटक की रीति से पात्रप्रवेशादि नियम रसण द्वारा प्रथम नाटक मेरे पिता पूज्य चरण श्री कविवर गिरिधरदास (वास्तविक नाम बाबू गोपाल चन्द्र जी) का है।'' भारतेन्दु के ही अनुसार हिन्दी का दूसरा नाटक राजा लक्ष्मण सिंह का 'शकुन्तला' है और तीसरा नाटक भारतेन्दु द्वारा अनूदित 'विद्या सुंदर' है। इसी क्रम में चौथा लाला श्रीनिवास का, पाँचवाँ नाटक भारतेन्दु का ही 'वैदिकी हिंसा हिंसा न भवति, छठा नाटक पंडित तोताराम का था। किन्तु ये सभी नाटक भारतेन्दु के अनुसार कालिदास के गले पर छुरी फेर रहे थे। इनके अनुवाद भी बेहद खराब थे।

आचार्य हजारी प्रसाद द्विवेदी के अनुसार भी हिन्दी गद्य का आरम्भ नाटकों से ही हुआ। वे लिखते हैं ''पहले नाटक का आविर्भाव हुआ और उससे बहुत बाद में उपन्यास का हुआ।'' उपन्यासों का आरम्भ बहुत बाद में हुआ, यह तो कहना मुश्किल है—इस पर बाद में विचार किया जाएगा।

निश्चित रूप से नाटक गद्य की सबसे संश्लिष्ट विधा है, उसमें अनेक साहित्य विधाओं की विशेषताएँ समाविष्ट होती हैं। किन्तु उसके रूप (फार्म) की सीमाएँ निर्धारित होती हैं : उसमें उपन्यास, कहानी तथा निबन्ध की तरह कुछ भी या सबकुछ कह देने की स्वतन्त्रता नहीं होती है, इसलिए उसमें ऐसा कलात्मक कसाव होना जरूरी होता है जिसमें मौखिक और क्रियान्वयन के द्वारा

ही सबकुछ सम्प्रेषित किया जा सके।

इन सब दृष्टियों से हिन्दी का पहला महत्त्वपूर्ण नाटक भारतेन्दु का 'अँधेर नगरी' ही माना जाएगा। इस नाटक से जो सांकेतिक ध्वनियाँ निकलती हैं, वे बहुत दूर तक जाती हैं। यही कारण है कि वह आज तक प्रासंगिक बना हुआ है और यह संयोग नहीं है कि आपातकाल के दिनों में राष्ट्रीय नाट्य विद्यालय में ब-व-कारंत के निर्देशन में इसकी अत्यन्त सफल तथा लोकप्रिय प्रस्तुति हुई थी। जनप्रियता क्या लोकप्रियता के तत्व 'अँधेर नगरी' में प्रारम्भ से ही थे और जिस दिन यह लिखा गया उसी दिन बनारस के दशाश्मेघ घाट के खुले रंगमंच पर इसे खेला गया था जिसे देखने के लिए अपार भीड़ एकत्र हुई थी। इस तरह इसे हिन्दी का पहला नुक्कड़ नाटक भी कहा जा सकता है।

यह नाटक कुल चौबीस-पच्चीस पृष्ठों का है पर इसमें बीस-पच्चीस पात्र हैं। इसे छः छोटे-छोटे दृश्यों में विभाजित किया गया है। सबसे अद्‌भुत बात तो यह है कि इसमें भारतीय समाज के सभी वर्गों के पात्र हैं, चना बेचने वाला, नारंगी बेचने वाला, हलवाई, कुंजड़िन, कबाववाला, मछली बेचने वाली, ब्राह्मण, बनिया, साहूकार, राजा, रानी, मन्त्री, सेवक कारीगर, भिश्तीवाला, गड़ेरिया, कोतवाल, प्यारे, सिपाही, भूत सभी वर्गों के प्रतिनिधियों का अत्यन्त कुशलतापूर्वक संयोजन किया गया है। तब से अब तक इसके इतने अधिक मंचन हुए हैं, जो अपने आप में एक कीर्तिमान है। इसमें भारतीय नाट्य परम्परा तथा पश्चिमी नाट्य परम्परा दोनों का विलक्षण प्रयोग है। इस नाटक से अनेक आधुनिक नाटकों ने प्रेरणा प्राप्त की जिसमें धर्मवीर भारती का 'अंधायुग' और ज्ञानदेव अग्निहोत्री का 'शुतर्मुग' महत्त्वपूर्ण हैं, किन्तु हिन्दी में आधुनिक नाटकों की शुरुआत तब तक नहीं हो सकी थी। आचार्य रामचन्द्र शुक्ल ने भी लक्ष्य किया था कि 'अंधेर नगरी' आदि नाटकों की शुरुआत जिस धूमधाम से हुई, वह कायम नहीं रह सकी। भारतेन्दु के बाद बहुत दिनों तक हिन्दी नाटक के क्षेत्र में अंधकार युग ही बना रहा। कह सकते हैं कि इस अंधकार युग को वास्तविक रूप से जयशंकर प्रसाद के नाटकों ने ही समाप्त किया।

किन्तु हिन्दी नाटकों के विकास में पारसी नाटकों के जनप्रिय योगदान को नकारा नहीं जा सकता। पारसी रंगमंच के अग्रणी नाटककार आगाहश्र कश्मीरी ने अपना पहला नाटक 1899 में लिखा जिसका नाम 'मुरीद-ए-शक' था यह शेक्सपियर के नाटक 'विंटर्स टेल' पर आधारित था। इसके बाद आगाहश्र कश्मीरी ने खुद अपनी कम्पनी बनाई और उसके लिए उन्होंने तीस वर्षों में 28 नाटक लिखे और मंचित किये। उन्होंने कई फिल्मों की पटकथाएँ भी लिखीं, आगाहश्र के नाटकों की भाषा उर्दू प्रधान थी और पारसी रंगमंच के वही सबसे अधिक

सफल नाटककार माने जाते हैं। लेकिन उनके नाटकों की भाषा के कारण यह धारणा बनी कि यहाँ भी भारतेन्दु युगवाली हिन्दूवादी मनोवृत्ति काम कर रही थी और हिन्दी के इतिहासकारों में भी इसी कारण पारसी रंगमंच के प्रति वितृष्णा और विद्वेष का भाव बना रहा और 'पारसी रंगमंच' का समुचित आकलन कभी नहीं हो पाया। आगाहश्र पारसी रंगमंच और नाटकों के अग्रदूत थे। उनके प्रारम्भिक नाटकों के कथानक भी मुस्लिम परम्परागत कथाओं पर आधारित थे। हिन्दी उर्दू के झगड़े ने इतना तूल पकड़ा कि दर्शकों और समीक्षकों के भी दो वर्ग बन गये और मनोरंजन तथा साहित्य का यह लोकप्रिय मंच भाषाई विद्वेष का अखाड़ा बन गया। इससे परेशान तथा दुखी होकर अन्ततः आगाहश्र तत्सम हिन्दी में नाटक लिखने लगे जैसे उनकी बदली हुई भाषा की यह पंक्ति "राग-रंग, रस के प्रभाव से कंठ में फंदा पड़ जाता है।" उसके बाद पारसी नाटकों की भाषा में उर्दू के शेरों के साथ-साथ ब्रजभाषा के गीत भी भरे जाने लगे। इन नाटकों का मंगलाचरण ब्रजभाषा में होता था और प्रारम्भ में ईश्वर की वंदना की जाती थी।

यानी कुल मिलाकर यह भाषा किसी भाषाई या सांस्कृतिक एकता का प्रतीक नहीं बल्कि 'भानुमती का पिटारा' थी और नाटकों का युग इसलिए भी अंधकारयुग था कि इससे जाहिर होता था कि किस प्रकार साम्प्रदायिकता की लड़ाई भाषा की सरहदों पर लड़ी जा रही थी। पाठ की दृष्टि से भी इसीलिए पारसी नाटक हास्यास्पद पाये जाने लगे थे। उनमें जो गीतात्मक तुकबंदी होती थी वह नाटकीयताएँ बन गयी थीं। नाटककार के द्वारा लिखे गये संवादों को बार-बार बदला जाता था, वह भी किसी लेखक के द्वारा नहीं बल्कि थियेटर में काम करने वाले कई मुंशियों के द्वारा। थियेटर के अनपढ़ मालिकों को जो जुमला अधिक फड़कता हुआ लगता था उसी को मंच पर प्रस्तुति के लिए चुना जाता था। यानी पारसी नाटक थे तो व्यावसायिकता और बाजार के लिए ही किन्तु उनकी लोकप्रियता ने साहित्यिक मनोरंजन का प्रचार कर प्रिंट मीडिया के लिए भी मार्ग प्रशस्त किया।

आगाहश्र कश्मीरी के अलावा 'बेताब' पारसी नाटकों के दूसरे शिरोमणि थे। वे भी आगाहश्र की तरह ही शेक्सपियर के नाटकों से बुरी तरह प्रभावित थे। आगाहश्र के तो पाँच नाटक बाकायदे शेक्सपियर की अनुकृति थे। उनके नाम थे, 'मुरीदे शक' (1899) 'शहीदेनाज' (1909) 'सै-ए-हक्स' (1906) 'सफेद खून' (1907) और 'ख़्वाबेहस्ती' (1908)। बेताव ने यह परम्परा बरकार रखी और अपने नाटक 'मीठा जहर' से लेकर 'गोरखधन्धा' तक शेक्सपीयर के नाटकों के तर्ज पर लिखे। ये सभी नाटक बेहद सफल रहे। संक्षेप में स्थिति यह थी कि भारतेन्दु के समय से लेकर पारसी नाटकों के युग तक प्रायः सभी हिन्दी नाटककारों

के लिए रहनुमा तथा सबसे सहज सुलझ नुस्खा बना रहा। थियेटर के मलिकों को भी इनसे खूब पैसा मिल रहा था। और उन्होंने भी इसे खूब बढ़ावा दिया। जबकि हिन्दी नाटक तथा रंगमंच रसातल में जा रहा था। उसके तत्काल बाद आने वाली फिल्म-विधा पर भी इसका प्रभाव दूर तक पड़ा। और उससे मुक्त होने के लिए उसे न्यू थियेटर की फिल्मों की प्रतीक्षा करनी पड़ी।

शेक्सपियर के अलावा पारसी नाटकों में धार्मिक-पौराणिक कथाओं पर आधारित नाटक भी खूब चले और इन्हें हिन्दू धर्मगुरुओं का आशीर्वाद भी प्राप्त हुआ। यह परम्परा भी 'राजा हरिश्चन्द्र' से लेकर 'रामराज्य' आदि फिल्मों तक खूब चलती रही और आज भी यदाकदा 'जयसन्तोषी माँ' तथा 'दिलवाले दुलहनियाँ ले जाएँगे' में करवाचौथ और अन्धविश्वासों को बढ़ावा दे रही है। बेताब तो संस्कारों से शुद्ध सनातनी थे और उन्होंने 1931 ये 'देवी देवयानी' नाटक लिखा जो इतना सफल हुआ कि उस पर तत्काल फिल्म भी बन गयी।

इस प्रकार पारसी रंगमंच और नाटक क्रमशः फिल्म माध्यम में रूपान्तरित होने लगे और यही कारण था कि फिर हिन्दी फिल्मों की कथावस्तु, भाषा तथा संवादों पर ही नहीं अभिनय शैली पर भी इसका असर पड़ा और इससे छुटकारा अभिनेता मोतीलाल तथा हिन्दी फिल्मों में मेथड एक्टिंग के प्रवर्तक दिलीप कुमार के द्वारा मिला। तब तक सर्वश्रेष्ठ अभिनेता पृथ्वीराज कपूर की अभिनय शैली पर भी पारसी अभिनय शैली का प्रभाव था तथा उनके द्वारा स्थापित पृथ्वी थियेटर के नाटकों पर भी उनका किंचित विकसित प्रभाव बना रहा।

बेताब हिन्दी फिल्मों में भी खूब चले। उन्हें उस जमाने में भी एक हजार रुपया महीना मिलता था यानी एक साल में बारह हजार रुपये जो उस जमाने में बहुत माने जाते थे, यहाँ तक कि कुछ ही दिनों बाद 1934 में जब मुंशी प्रेमचन्द को बम्बई बुलाया गया तो उन्हें सात सौ रुपये मासिक ही मिलते थे यानी सालभर ये केवल आठ हजार रुपये। यह पारसी नाटकों के प्रभाव का जादू था जिसे हिन्दी साहित्य के इतिहासकारों ने एक सिरे से ही खारिज करना शुरू कर दिया था। आचार्य रामचन्द्र शुक्ल ने भी उनका महज उल्लेख किया है।

पारसी नाटकों के तीसरे तथा अधिक स्तरीय नाटककार पंडित राधेश्याम कथा वाचक थे। उन्होंने पारसी नाटकों के स्वरूप को बिलकुल बदल दिया। पारसी नाटकों को एक सामाजिक आधार दिया। वे वैसे तो मुख्य रूप से कथावाचक थे और अन्त तक कथावाचक ही रहे। उनका लिखा 'रामायण' खूब लोकप्रिय हुआ। अपने कथावाचन से वे रोज पाँच रुपये कमा लेते थे जो उन दिनों में काफी हुआ करता था। फिर भी अपने पिता की इच्छा से उन्होंने अल्फ्रेड नाम की पारसी कम्पनी में काम करना शुरू किया और उसके लिए उन्होंने अपना पहला नाटक

'वीर अभिमन्यु' 1916 में लिखा जिसके बारे में कहा जाता है कि छपने पर उसकी एक लाख प्रतियाँ बिकीं जो आज भी हिन्दी जगत में एक रेकॉर्ड ही माना जाएगा।

उन्होंने धार्मिक नाटकों की परम्परा को आगे बढ़ाया। 'शकुन्तला', 'रामायण' आदि कई फिल्मों की पटकथाएँ भी लिखीं लेकिन चूँकि वे पक्के सनातनी थे, इसलिए अपने नाटकों को उन्होंने सनातन धर्म के प्रचार का भी माध्यम बनाया। अतः कहा जा सकता है कि हिन्दी नाटकों की प्रचारात्मक भूमिका की शुरुआत यहीं से हुई।

सन् 50 के बाद पारसी नाटकों का प्रभाव घटने लगा और फिल्म माध्यम उस पर पूरी तरह हावी हो गया। किन्तु हिन्दी नाटकों के विकास में पारसी नाटकों के योगदान को भुलाया नहीं जा सकता, न उसे दरकिनार किया जा सकता है।

जयशंकर प्रसाद : पारसी नाटकों से सर्वथा पृथक या उसके समानान्तर हिन्दी नाटकों की एक दूसरी परम्परा की शुरुआत जयशंकर प्रसाद के नाटकों से होती है।

प्रसाद जी मूलतः कवि थे, शीर्षस्थ छायावादी कवि। बल्कि वास्तविक अर्थों में हिन्दी कविता के सबसे महत्त्वपूर्ण काव्यान्दोलन छायावाद की शुरुआत उन्हीं से होती है। किन्तु वे अपने समय के शीर्षस्थ नाटककार भी थे। जैसा कि देखा गया, भारतेन्दु के समय के प्रायः प्रत्येक लेखक ने कोई न कोई नाटक जरूर लिखा था। किन्तु उन्हें सही अर्थों में नाटक शायद ही कहा जा सकता है।

किन्तु चूँकि तब तक आधुनिकता पूरी तरह परिभाषित नहीं हुई थी। इसलिए कहा जा सकता है कि प्रसाद के नाटकों से ही हिन्दी के आधुनिक नाटकों की शुरुआत होती है।

आचार्य रामचन्द्र शुक्ल आधुनिक हिन्दी गद्य की शुरुआत हिन्दी नाटकों से मानते हैं। अतः देखना चाहिए कि प्रसाद जी के नाटकों के विषय में उनके क्या विचार हैं। चूँकि शुक्ल जी रसवादी थे, इसलिए उन्होंने नाटकों पर संकलनत्रयी की दृष्टि से विचार किया है जबकि प्रसाद जी ने अपने नाटकों में परम्परागत संकलनत्रयी की अवधारणा को ही ध्वस्त कर दिया है। शुक्ल जी की दृष्टि से उनके नाटकों में मुख्य दोष यही है। प्रसाद जी ने अपने नाटक 'चन्द्रगुप्त' में पच्चीस तीस वर्षों के ऐतिहासिक काल को समेट लिया है वह शुक्ल जी दृष्टि में एक बड़ी दुर्बलता है। "चन्द्रगुप्त नाटक में एक बड़ा भारी दोष है, उसमें सिकन्दर के भारत पहुँचने और उसके बाद सेल्युकस की पराजय के लगभग 25 वर्षों के दीर्घकाल की घटनाएँ जिस तरह वह दी गयी हैं, जो एक नाटक के भीतर नहीं आनी चाहिए।" यह आक्षेप शुक्ल जी संकलनत्रयी की दृष्टि से ही लगा रहे हैं, किन्तु उस पूरे कालखंड को जिस कुशलता से समेटा गया है, शुक्ल जी भी

उसकी सराहना तो करते हैं, किन्तु उसमें अन्तर्निहित जीवन दृष्टि को समझ नहीं पाते। ध्यान देने की बात है कि नाटक का शीर्षक यद्यपि चन्द्रगुप्त है और उसका नायक भी चन्द्रगुप्त हैं किन्तु उसका जीवन दर्शन चाणक्य के द्वारा निर्मित होता है : अपनी सारी क्षमता तथा शौर्य के बावजूद चन्द्रगुप्त अपने किशोर काल से लेकर सम्राट होने तक पूरी तरह चाणक्य की ही निर्मिति है। चाणक्य उसे एक औजार या टूल की तरह इस्तेमाल करता है। किन्तु बाद में चन्द्रगुप्त उसे ही अप्रासांगिक व्यक्ति मानने लगता है जैसा कि सन् 20 के आसपास जवाहरलाल नेहरू महात्मा गाँधी के सम्पर्क में आने के बाद पूरी तरह उनकी निर्मिति थे किन्तु सन 36 तक आते आते स्वयं नेहरू के लिए भी गाँधी पुराणपंथी और विकास विरोधी लगने लगे थे। यह समानता या तुलना बेतुकी लग सकती है किन्तु यदि उसे एक ऐतिहासिक रूपक के रूप में देखें तो उसमें एक आश्चर्यजनक साम्य दिखायी पड़ेगा।

बहरहाल यहाँ देखें कि चाणक्य के माध्यम से व्यक्त की गयी प्रसाद की वह जीवनदृष्टि क्या है जिसे शुक्ल जी नहीं समझ सके। वे लिखते हैं, उनके कथोपकथन कई स्थलों पर नाटकीय न होकर गद्य काव्य हो गये हैं। उसमें बीच-बीच में गाने भी रखे गये हैं, जो न तो प्रकरण और न ही प्राचीन काल की भावनाप्रवृत्ति के अनुरूप हैं। वे प्रगीतमूलक (लिरिक्स) मात्र हैं।'' यहाँ भी शुक्ल जी की प्राचीन रस दृष्टि ही काम कर रही है।

शुक्ल जी यह समझ नहीं पाते कि प्रसाद जी प्राचीन नाट्य परम्परा की भूमि पर एक नये नाटक की आधार शिला तो रख रहे थे किन्तु उसका शिल्प, संरचना और उसका स्थापत्य सर्वथा भिन्न प्रकृति का था। ऐसा परम्परा का गतानुगतिक ढंग से अनुकरण करके नहीं किया जा सकता है। प्रसाद जी के नाटकों को आधुनिक सन्दर्भ में विश्लेषण करने से पूर्व नाटकों के सम्बन्ध में उनके विचारों को जानना जरूरी है। वैसे तो प्रसाद जी भी परम्परावादी हैं और वे नाटकों में रस की परम्परा के ही निर्वाह के समर्थक हैं लेकिन चूँकि उनकी नाटक के सम्बन्ध में जानकारी और स्वयं की विवेक बुद्धि शुक्ल जी से अधिक है और वे स्वयं नाटककार भी हैं, इसलिए नाटकों के सम्बन्ध में उनकी दृष्टि अधिक व्यावहारिक है। मसलन वे मानते हैं कि पारसी व्यावसायियों ने अपने रंगमंच के लिए नाटक की जिस भाषा का प्रयोग किया, वह बेहद मिश्रित थी (जैसा कि हम ऊपर देख आये हैं) और 'शेक्सपियरन स्टेज के प्रभाव से जिस रंगमंच का निर्माण किया गया था, वह वहाँ भी पुरानी पड़ चुकी थी और बाद में 'सूक्ष्म तथा गम्भीर प्रभाव डालने वाली इब्सन के नाटकों की प्रेरणा से जो नया नाटक वहाँ शुरू हो रहा था वह 'यथार्थवाद' पर आधारित था।

इस तरह हम देखते हैं कि प्रसाद पूरी तरह परम्परावादी नहीं हैं। वे परिवर्तन और प्रगति के विरोधी भी नहीं हैं। इसलिए जब पश्चिम का रंगमंच और उस पर खेले जाने वाले नाटक शेक्सपियर से आगे बढ़कर इब्सन के यथार्थवादी नाटकों की ओर उन्मुख हुआ तो उन्होंने उसका समर्थन किया। खासतौर पर इसलिए भी कि वह अधिक गम्भीर प्रभाव डालने वाला था। प्रसाद इन दोनों नाटककारों के नाटकों से पूरी तरह परिचित थे।

प्रसाद जी हिन्दी के पारसी नाटकों और रंगमंच के भी पूरी तरह विरोधी नहीं थे। किन्तु उनकी भड़ैतीवाली प्रस्तुतियों के विरोधी थे। साथ ही उनमें व्यावसायिकता की दृष्टि से जो घालमेल किया गया था और उनमें बेवजह गजलें गाई जाती थीं, वह उन्हें कुरुचिपूर्ण लगता था। फूहड़ परिहास भी पसन्द नहीं था। इसीलिए वे हिन्दी नाटकों का पिंड पारसी नाटकों से छुड़ाना चाहते थे। वे हिन्दी का अपना ऐसा रंगमंच चाहते थे जो न तो पश्चिम का अंधानुकरण करने वाला हो और न प्राचीन भारत की रसवादी या भरतवादी परम्परा का अंधानुकरण करने वाला हो। वे ऐतिहासिक चरित्रों को तो ऐतिहासिक रूप में ही देखना चाहते थे किन्तु इतिहास ही व्याख्या वर्तमान के सन्दर्भ में करना चाहते थे। इसीलिए इब्सन के नाटकों में जो भूत या अतीत का चित्रण है, उसे वे महज वास्तविकता का भ्रम निर्मित करने वाला मानते थे।

भाषा के मामले में भी प्रसाद 'सहज'–सरल के पक्षधर नहीं हैं। वे मानते थे कि "मैं तो कहूँगा कि सरलता और क्लिष्टता या सरलता विचारों के अनुरूप ही होनी चाहिए। उसके लिए भाषा की एकतानता को नष्ट करके खिचड़ी भाषा का प्रयोग हिन्दी के लिए ठीक नहीं है। देश और काल के अनुसार और सांस्कृतिक स्वरूप को ध्यान में रखकर भाषा में उसकी पूर्ण अभिव्यक्ति होनी चाहिए।" इसीलिए हम प्रसाद की भाषा में खिचड़ी भाषा का प्रयोग नहीं देखते हैं और उस पर संस्कृत तथा संस्कृति का प्रभाव है, इसलिए कुछ लोगों को वह क्लिष्ट लगती है। इसी तरह कुछ लोग मानते हैं कि प्रसाद की भाषा श्रव्य अधिक है और 'दृश्य' कम है। यानी वह पाठ के लिए तो ठीक किन्तु रंगमंच पर प्रस्तुति के लिए ठीक नहीं। ऐसे लोगों को पहले प्रसाद के नाटकों तथा रंगमंच सम्बन्धी अवधारणा को समझ लेना चाहिए। वस्तुतः उस समय का हिन्दी दर्शक पारसी रंगमंच तथा उसकी छिछोरी प्रस्तुतियों का इतना अभ्यस्त (कंडीसंड) हो चुका था कि वह प्रसाद द्वारा लाये गये क्रान्तिकारी परिवर्तन को ग्रहण करने में पूर्णतः असमर्थ था। प्रसाद जी लिखते हैं, "रंगमंच के सम्बन्ध में यह भारी भ्रम है कि रंगमंच के लिए नाटक लिखे जाने चाहिए न कि नाटक की आवश्यकता के अनुरूप रंगमंच होना चाहिए।" प्रसाद ने यही नहीं किया क्योंकि वे इसमें विश्वास नहीं

करते थे। प्रसाद ने अपने नाटक रंगमंच के दर्शक की तत्कालीन जरूरत के लिए नहीं लिखे। वे हिन्दी के नये रंगमंच का ही नहीं, एक नये दर्शक वर्ग का भी निर्माण कर रहे थे, जो उनके जीवनकाल में सम्पन्न नहीं हुआ। वस्तुतः यह समस्या सिनेमा के युग में आज भी बरकार है।

इसी प्रकार उनके नाटकों को समझने के लिए उनकी परम्परा और प्रयोग की अवधारणा को भी समझ लेना चाहिए। जैसा कि पहले कहा गया कि वे कठमुल्ले परम्परावादी नहीं थे : वे लिखते हैं, ''अतीत और वर्तमान को देखकर भविष्य का निर्माण होता है। इसीलिए साहित्य में एकांगी लक्ष्य नहीं रखना चाहिए, जिस तरह हम प्राचीन या वास्तविक शब्दों में लोकधर्मी अभिनय की आवश्यकता समझते हैं, ठीक उसी प्रकार नाट्यधर्मी अभिनय को भी देशकाल पात्र के अनुसार रंगमंच में संग्रहीत होना चाहिए। पश्चिम ने भी अपना सबकुछ छोड़कर नये को नहीं पाया है।'' प्रसाद जी के ये अतीत, वर्तमान तथा भविष्य की एकसूत्रता सम्बन्धी विचार केवल उनके नाटकों पर ही नहीं, बल्कि उनके पूरे साहित्य पर लागू होते हैं। टी.एस. इलियट ने भी ठीक यही विचार यह कहकर व्यक्त किया है कि ''टाइम पास्ट ऐंड टाइम प्रजेंट आर बोथ प्रेजेंट इन द टाइम फ्यूचर।'' प्रसाद के नाटक इसी अतीत और वर्तमान के अन्तर्सम्बन्धों पर आधारित हैं। आगे हम प्रसाद के नाटकों की इसी सन्दर्भ में व्याख्या करने की कोशिश करेंगे।

शुक्ल जी ने प्रसाद जी के नाटकों के जिन अंशों या योजनाओं की आलोचना की है, वे वस्तुतः परम्परा अनुमोदित हैं। शुक्ल जी को प्रसाद जी की काव्यात्मक भाषा और बीच-बीच में आने वाले गीतों पर आपत्ति है। पर पहली बात तो यह है कि प्रसाद स्वयं बताते हैं और यह प्रायः सर्वविदित तथ्य है कि नाटकों का आरम्भ ही काव्यात्मक रहा है और उनमें गान, ऋचाएँ तथा श्लोकों की समन्वित संरचनात्मकता परम्परा से ही चली आ रही है। प्रसाद के नाटकों के गीत तो इससे भी आगे बढ़कर केवल उसकी कथा को ही नहीं, उसके उद्देश्य और जीवनदर्शन को भी अभिव्यक्त करते हैं। प्रसाद की अनेक श्रेष्ठ कविताएँ और गीत उनके नाटकों में व्यवहृत हुए हैं।

उसके अलावा प्रसाद जी नाटकों में अतियथार्थ की अभिव्यक्ति के विरुद्ध हैं, और उस विरोध के लिए उनके अपने कारण तथा तर्क हैं। सभी जानते हैं कि पश्चिम में भी इब्सन और बर्नार्ड शॉ के बाद (हालाँकि इब्सन ने भी अपना पहला नाटक वर्सप्ले (गीति नाट्य) के रूप में ही लिखा था) इलियट और ईट्स ने जो 'वर्सप्ले' की परम्परा प्रारम्भ की वह निराधार नहीं थी। नाटक, नाटकीयता की माँग करता है। नाटकीयता शब्द में ही एक प्रकार की अतिरंजना निहित रहती है जो वास्तकिता तथा यथार्थ की तीव्र अभिव्यक्ति के लिए आवश्यक होती है।

प्रकारान्तर से मिथक, फैटेंसी और अत्याधुनिक 'ऐबर्स्ड' नाटक यही काम करते हैं। नाटक में 'काव्य' की उपस्थिति उसे साहित्य की जटिलतम विधा बना देती है।

प्रसाद जी शेक्सपियर तथा इब्सन के नाटकों से भलीभाँति परिचित थे। इब्सन ने 1850 से ही नाटक लिखना शुरू कर दिया था—जब हिन्दी में अभी भारतेन्दु का साहित्यिक आगमन भी नहीं हुआ था। किन्तु हिन्दी में हमारे अँग्रेज़ शासकों के प्रभाव से प्रत्येक भारतीय भाषा में केवल शेक्सपियर का ही बोलबाला था। हिन्दी में शेक्सपियर के प्रभाव तथा आतंक का जिक्र किया जा चुका है। भारत में मुख्यत: बांग्ला और हिन्दी में नाट्यलेखन का प्रारम्भ ही शेक्सपियर के नाटकों का अनुवाद करके किया जाता था। ये अनुवाद भी प्राय: भोंडे होते थे। यह परम्परा प्रसाद के आगमन तक चलती रही थी।

पहले ही बताया जा चुका है कि यद्यपि इब्सन को यथार्थवादी और समस्यामूलक नाटकों की शुरुआत करने वाले के रूप में माना जाता है किन्तु 1850 में प्रकाशित उसका पहला नाटक 'कैटलीना' एक वर्सप्ले यानी काव्यात्मक नाटक था। इसके ठीक सौ वर्ष बाद टी.एस. इलियट का वर्सप्ले 'काकटेल पार्टी' 1950 में प्रकाशित हुआ था। यहाँ यह जान लेना चाहिए कि 1850 से लेकर 1950 तक यूरोप में भी नाटकों की स्थिति बहुत अच्छी नहीं थी और वहाँ भी फूहड़ हँसी मजाक वाले नाटक लिखे जा रहे थे। प्रसाद ने वहाँ की यथार्थवादी प्रवृत्ति वाले नाटकों का अनुशरण नहीं किया और न शेक्सपियर का कोई प्रभाव उन पर पड़ा। हाँ, उनके कुछ प्रमुख पात्रों का 'अन्तर्द्वन्द्व' जरूर शेक्सपियर के कुछ पात्रों के अन्तर्द्वन्द्व की याद दिलाता है। मसलन उनके नाटक 'स्कन्दगुप्त' के 'स्कंदगुप्त' की मन:स्थिति और उसके भीतर चलने वाला द्वन्द्व जरूर शेक्सपियर के हैमलेट के भीतर चलने वाले द्वन्द्व का 'टु बी ऑर नाट टु बी' वाली मन:स्थिति की याद दिलाता है, खासतौर पर जीवन के प्रति निरपेक्ष तथा निरर्थकता बोध वाली मन:स्थिति का। शेक्सपियर की ट्रेजडीज़ का प्रभाव भी प्रसाद पर पड़ा होगा। उनके नाटकों में जो 'सेंस ऑफ ट्रेजडी' है, वह है तो उनकी अपनी किन्तु उसे शेक्सपियर के दुखान्त नाटकों ने जरूर जगाया होगा। किन्तु प्रसाद ने उसे भारतीय चिन्तन परम्परा से अन्तर्भूत करके और आत्मसात करके अपनी एक स्वतन्त्र जीवन दृष्टि निर्मित की थी। प्रसाद को इसके लिए होमर आदि के पास जाने की जरूरत नहीं थी बल्कि 'अभिज्ञान शाकुन्तलम', 'उत्तररामचरित' तथा 'महाभारत' आदि का अथाह ट्रेजिक बोध उनके सामने था। जहाँ राम अन्त में जल समाधि ले लेते हैं, सीता धरती के गर्भ में विलीन हो जाती हैं और महाभारत के युधिष्ठिर अपने पूरे संयुक्त परिवार के साथ हिमसमाधि ले लेते हैं। मूलत: प्रसाद का सम्पूर्ण साहित्य इसी जीवनदर्शन पर आधारित था। उनके महाकाव्य 'कामायनी' के मनु

और श्रद्धा भी अन्त में निर्वेद के रूप में कैलाशपर्वत के हिमशिखरों में ही विलीन हो जाते हैं। उनके नाटक 'चन्द्रगुप्त' के 'सूत्रधार' तथा संचालक चाणक्य भी अन्त में संसार के नश्वर चमकीले पदार्थों से विरत होकर 'भूमा के सुख' की तलाश में वनवासी हो जाता है। वह किसी के राज्य में न रहकर स्वराज में विचरण करता है। उनके नाटक 'स्कन्दगुप्त' की पहली ही पंक्ति है, 'अधिकार सुख कितना 'मादक और सारहीन होता है'। उसकी नायिका देवसेना अन्त में गाती है, 'चढ़कर मेरे जीवन रथ पर, प्रलय चल रहा अपने पथ पर। मैंने निर्बल पद बल से उससे 'हारी होड़' लगाई। 'आह वेदना मिली विदाई।' प्रसाद जी के नाटकों में जो एक विज़न है, वह हिन्दी नाटकों में पहली तथा अन्तिम बार ही दिखाई पड़ा। अन्य कोई हिन्दी नाटककार उस अतिक्रमण करने वाली जीवन दृष्टि को प्राप्त नहीं कर सका।

शुक्ल जी इस बात को नहीं समझ सके। न उन्होंने समझने की कोशिश की कि प्रसाद जी के नाटकों की कथा से उनके नाटकों में आने वाले गीत किस तरह अन्यस्पूत तथा अन्तर्गुम्फित हैं। ये गीत उनके नाटकों के अवान्तर प्रसंग नहीं हैं। वे नाटकों की कथा को आगे बढ़ाते हुए उसकी अर्थवत्ता को अधिक आवेगशील बनाते हुए उनमें इतना भावोद्वेग भर देते हैं कि इससे उनका 'साधारणीकरण' होने में सहायता मिलती है। प्रसाद जहाँ एक ओर अत्यन्त गम्भीर तथा बौद्धिक चिन्तक हैं तो दूसरी ओर अत्यधिक संवेदनशील तथा भावप्रवण भी। बौद्धिकता तथा भावात्मकता के बीच यह सामंजस्य उनके नाटकों को श्रेष्ठतर साहित्य की श्रेणी में ले जाता है। इसी को आई.ए. स्विर्ड्स ने ''फ्यूजन ऑफ थॉट एंड इमोशन'' कहा है जो उनके लिए श्रेष्ठ साहित्य की कसौटी है।

प्रसाद जिन दिनों अपने नाटक लिख रहे थे (1920 तथा 1936 के बीच), उन दिनों गाँधी जी के नेतृत्व में स्वतन्त्रता आन्दोलन चरम पर था। सन् 36 तक तो अन्तरिम स्वतन्त्र सरकारें भी बनने लगी थीं। अत: प्रसाद 'स्वतन्त्र भारत' की पगध्वनि स्पष्ट रूप से सुन रहे थे। अत: यह आकस्मिक नहीं है कि 'मुक्ति' और 'स्वतन्त्रता' उनके नाटकों के केन्द्रीय 'बीज शब्द' हैं। हालाँकि यह भी सच है कि 'मुक्ति' और 'स्वतन्त्रता' प्रसाद के यहाँ हमेशा राजनैतिक अर्थ में ही नहीं प्रयुक्त हुए हैं, उनका अर्थ बहुत व्यापक है तथा मानव के सम्पूर्ण अस्तित्व से जुड़ा हुआ है, किन्तु उनके नाटकों में उनका राजनैतिक स्वरूप बहुत स्पष्ट होकर उभरा है। 'चन्द्रगुप्त' नाटक में जब पाटलिपुत्र के भ्रष्ट तथा नृशंस शासक राजा नन्द के विरुद्ध आन्दोलन करने के आरोप में चाणक्य को कैद करके 'कालकोठरी' में डाल दिया जाता है तो उसका मित्र तथा नन्द का महामात्य कात्यायन उसके पास जब वह प्रस्ताव लेकर जाता है कि यदि वह पाणिनी के व्याकरण का भाष्य

लिखने में उसकी सहायता करे तो वह उसे मुक्त करवा सकता है, तो चाणक्य उत्तर देता है, "मैं भाषा ठीक करने से पहले मनुष्यों को ठीक करना चाहता हूँ।" वह यह प्रस्ताव अस्वीकार कर देता है। तत्कालीन स्वतन्त्रता संग्राम के सन्दर्भ में चाणक्य की यह उक्ति अत्यन्त अर्थगर्भित तथा प्रासंगिक है। अतः प्रसाद के नाटकों के ऊपर से ऐतिहासिक आवरण हटाकर देखें तो उनमें स्वतन्त्रता तथा मुक्ति के लिए जो छटपटाहट है, वह वस्तुतः अँग्रेज़ी शासन से मुक्ति की ही छटपटाहट है। इतिहास भी महज एक नाटकीय 'डिवाइस' या युक्ति के रूप में ही प्रयुक्त किया गया है, जिसे बिना समझे सतही यथार्थ को ही समझने तथा व्यक्त करने वाले प्रेमचन्द ने उन्हें 'गड़े मुरदे उखाड़ने वाला' कह दिया था। यहाँ यह भी जान लेना जरूरी है कि प्रसाद का सम्बन्ध विशेष वर्ग से था। वे एक सम्पन्न तथा खैरख्वाह परिवार से जुड़े हुए थे। अँग्रेज़ सरकार ने कभी प्रसाद को 'ऑनरेरी मजिस्ट्रेट' भी बनाया था, जिसे बाद में प्रसाद जी ने त्याग दिया था। अत: प्रसाद की प्रतिरोध की पद्धति न केवल प्रेमचन्द से पृथक थी, बल्कि अधिक रचनात्मक 'रूपकात्मक' भी थी। आखिर उनके पात्रों का आक्रोश गुलामी के प्रति ही तो है। चन्द्रगुप्त नाटक में देश पर आक्रमण करने वाले सिकन्दर से मिलकर जब तक्षशिला का राजकुमार आम्भीक देशद्रोही हो जाता है और अपने सहपाठी तथा देशभक्त मालवा के राजकुमार से कुपित होकर उस पर आक्रमण करने के लिए 'म्यान' (कोष) से तलवार खींचने की कोशिश करता है तो चाणक्य बीच-बचाव करते हुए कहता है कि "क्या तलवार के लिए कोष में स्थान नहीं है?" तब सिंहरण तीक्ष्ण व्यंग्य से कहता है, "कोष (खजाना) तो पहले ही विदेशी आक्रमणकारियों के उत्कोच से भरा हुआ है।" प्रसाद की यह उक्ति उनका मंतव्य तो स्पष्ट कर ही देती है, साथ ही शेक्सपियर के नाटक ओथैलो की उस उक्ति का स्मरण भी कराती है— "कीप अप योर शोर्ड्स ब्राइट फॉर द डिपुविलरस्ट देम।"

प्रसाद के नाटकों की समकालीनता ऐसे ही अन्तर्गर्भित सन्दर्भों तथा संवादों के द्वारा उद्घाटित होती है। प्रसाद जानते थे कि अतीत कभी निरपेक्ष रूप से पृथक नहीं होता। वह हमेशा वर्तमान तथा भविष्य से जुड़ा हुआ होता है। टी.एस. इलियट ने कहा था कि "जब हम किसी लेखक को पढ़ रहे होते हैं तो केवल उसे ही नहीं, उसके पहले के और उसके बाद आने वाले लेखकों और उनके समय को भी पढ़ रहे होते हैं। उस रूप में प्रसाद के नाटक पारसी नाटकों के दौर से प्रस्थान बिंदु को ही रेखांकित नहीं करते बल्कि आने वाले हिन्दी नाटकों के लिए भी संकेत-सूत्र छोड़ जाते हैं। सत्ता तथा साहित्य के सम्बन्ध को सबसे पहले प्रसाद ने ही रेखांकित करते हुए उद्भाषित किया था। वरना छठे दशक के नाटक 'आषाढ़

का एक दिन' (मोहन राकेश) में ये प्रश्न इतना प्रखर होकर न उठाया जा सकता था। 'चन्द्रगुप्त' नाटक में चन्द्रगुप्त तथा मालविका के सम्बन्धों का यदि हम विश्लेषण करें तो स्पष्ट हो जाएगा कि 'आषाढ़ का एक दिन' के कालिदास तथा मल्लिका के सम्बन्धों पर कहीं-न-कहीं उनकी छाया जरूर पड़ी है। वही दुखान्त अन्त और परांगनामुखी होने के लिए विवश (मालविका की तरह) मल्लिका!

हर बड़ा लेखक अपने लेखन द्वारा अतीत के लेखन को पुनर्परिभाषित करने के लिए प्रेरित तो करता ही है, भविष्य के लेखन पर भी उसकी छाया बहुत दूर तक पड़ती है। नाट्य भाषा को काव्यात्मक बनाने की आवश्यकता प्रसाद को केवल इसलिए नहीं पड़ी थी कि वे स्वयं एक बहुत बड़े कवि थे बल्कि वे जानते थे कि शुद्ध तथा ठस गद्य जहाँ एक ओर नाटकीयता उत्पन्न करने में असमर्थ होता है वहीं दूसरी ओर वह भाषा, वह ऊर्जा तथा आवेग भी उत्पन्न नहीं कर पाता। नाटक में ही नहीं किसी भी रचनात्मक कृति में गहरा तथा जटिल आवेग आवश्यक होता है। प्रसाद की नाट्य भाषा की विशेषता यह है कि उसमें जहाँ एक सख्त बौद्धिकता है वहीं गहरा आवेग भी है। उसमें एक बिन्दु ऐसा आता है जहाँ 'गद्य' तथा 'पद्य' की सीमाएँ एक दूसरे में घुलमिल जाती हैं। वहाँ पात्र परिस्थिति के अनुरूप ऐसे संवाद बोलते हैं जो उनके प्रभाव को तीव्रतर कर देते हैं। वे अभिव्यक्ति की सम्प्रेषणीयता को भी बढ़ा देते हैं। परम्परागत भाषा में कहें तो वास्तविक साधारणीकरण तभी सम्भव हो पाता है। चन्द्रगुप्त नाटक में अपनी पलायन करती हुई सेना को सम्बोधित करते 'पर्वतेश्वर' (पोरस) की भाषा ऐसी ही है।

प्रसाद की नाट्यभाषा सूक्तियों से संकुल भाषा है : उन सूक्तियों में जीवन के मर्म का उद्‌घाटन करने वाली दार्शनिकता है। मसलन चन्द्रगुप्त नाटक में जब चाणक्य कहता है कि "महत्त्वाकांक्षा का मोती निष्ठुरता की सीपी में रहता है" तो वह जीवन की एक बहुत बड़ी वास्तविकता का उद्‌घाटन कर रहा होता है। इसी नाटक में विश्व विजय की महत्त्वाकांक्षा लिए हुए सिकन्दर जब महर्षि के आश्रम में उनसे आशीर्वाद लेने जाता है तो वे उसका उपहास करते हुए कहते हैं कि तुम बहती हुई नदी के प्रवाह को रोक सकते हो? या वायु की गति पर अवरोध लगा सकते हो? विश्व विजय की महत्त्वाकांक्षा से अधिक खोखला दम्भ और कुछ नहीं हो सकता। काल भी एक अजस्र प्रवाह है, पल-पल परिवर्तित होता हुआ। कब किस क्षण क्या घटित हो जाय कोई नहीं जान सकता। होता भी यही है कुछ ही दिनों बाद अपनी ही सेना द्वारा वापस लौटने को मजबूर सिकन्दर की रहस्यमय ढंग से मृत्यु हो जाती है जिसकी गुत्थी को कोई इतिहासकार आज तक नहीं सुलझा पाया है। प्रसाद की नाट्य भाषा में ऐसी ही अनेक अद्‌भुत उक्तियाँ और सूक्तियाँ बिखरी पड़ी हैं।

प्रत्येक आन्दोलन तथा संघर्ष काव्य और दर्शन विशेष से अनुप्राणित होता है। यह आकस्मिक नहीं है कि बाल गंगाधर तिलक और गाँधी दोनों 'भगवत् गीता' से प्रेरणा ग्रहण करते थे तथा गाँधी का स्वतन्त्रता संघर्ष और उसके अभियान कदम-कदम पर गीतों और भजनों से गुँथे हुए हैं। और नेता जी सुभाषचन्द्र बोस की आजाद हिन्द फौज का तो अपना गीत था, 'कदम-कदम बढ़ाये जा।' ऐसे में कोई चाहे तो शुक्ल जी से पूछ सकता है कि आखिर उन गीतों की प्रासंगिकता क्या थी? प्रसाद के नाटकों के गीत ही उनके संघर्ष पथ को प्रशस्त करते चलते हैं (प्रशस्त पुण्य पंथ है, बढ़े चलो बढ़े चलो)।

इसके अतिरिक्त प्रसाद के नाटक एक सामाजिक भूमिका भी निभाते हैं, उनका नाटक 'ध्रुवस्वाभिनी' हिन्दी का पहला 'नारीवादी' साहित्य है बल्कि कह सकते हैं कि नारीवादी (फेमिनिस्ट) आन्दोलन का प्रारम्भ ही उसी से होता है। आज की भाषा में कहें तो इसमें पहली बार स्त्री-शक्ति का प्रदर्शन किया गया है। 'ध्रुवस्वामिनी' नारीवादी आन्दोलन का पहला घोषणापत्र था। प्रसाद ने बड़ी कुशलता तथा शास्त्रसम्मत ढंग से ध्रुवस्वामिनी को अपने 'क्लीव' पति से संघर्ष करते हुए दिखाया है। यही नहीं, अपने पति से मुक्ति पाकर वह अपने देवर 'चन्द्रगुप्त' से विवाह भी कर लेती है। उस दौर में यह बहुत बड़ा साहसिक निर्णय था।

प्रसाद अपने प्रत्येक नाटक में बड़े सुव्यवस्थित ढंग से एक जीवन दर्शन की स्थापना भी करते चलते हैं। उनके प्रत्येक पात्र में एक सुविचारित चारित्रिक विशेषता होती है, चन्द्रगुप्त नाटक के चन्द्रगुप्त का चरित्र अपने गुरु तथा मार्गदर्शक कूटनीतिज्ञ चाणक्य से कितना भिन्न है? यद्यपि दोनों दो जीवन दृष्टियों का प्रतिनिधित्व करते हैं। किन्तु वे एक दूसरे के पूरक भी हैं। और 'स्कन्दगुप्त' नाटक का स्कन्दगुप्त? वह कितना भावात्मक तथा जीवन की कठोर विडम्बनाओं से आहतचरित्र है? उसे प्रारम्भ से ही सत्ता और 'शक्ति' निस्सार लगती है किन्तु अपने दायित्व का निर्वाह करने में वह कोई दुर्बलता नहीं प्रदर्शित करता। शेक्सपियर के हैमलेट की तरह ही स्कंदगुप्त की भी एक कामुक तथा नृशंस माँ (यद्यपि यहाँ सौतेली) है जो अपनी कामुकता तथा महत्त्वाकांक्षा की पूर्ति के लिए सबकुछ नष्ट करने के लिए तत्पर है। हैमलेट तथा चन्द्रगुप्त दोनों ही अपने देशों के राजनैतिक कुचक्रों से जर्जर हैं किन्तु हैमलेट उनसे उस तरह संघर्ष नहीं करता जिस तरह स्कन्दगुप्त करता है।

नाटक एक अधिक व्यावहारिक विधा है किन्तु उसे अन्य साहित्यिक विधाओं से सर्वथा पृथक करके नहीं देखा जा सकता। यहाँ 'नाटक' तथा 'पाठ प्रमुख' साहित्य का सम्बन्ध जानना जरूरी है। नाटक केवल रंगमंच केन्द्रित विधा

नहीं है बल्कि एक अत्यन्त संश्लिष्ट साहित्य भी है। उसमें कई साहित्यिक विधाओं के अद्‌भुत रसायन होते हैं। इस रूप में वह एक श्रेष्ठ गद्य विधा है। प्रसाद जी के नाटकों का आकलन उसी रूप में किया जाना चाहिए। बहुत दिनों तक (शायद आज भी) लोग प्रसाद जी के नाटकों को केवल पढ़ने और पढ़ाने वाला साहित्य मानते थे जिसे वे रंगमंच के अनुकूल नहीं समझते थे। किन्तु धीरे-धीरे यह धारणा भी निर्मूल सिद्ध हो रही है। पहले ही कहा जा चुका है कि प्रसाद जी अपने नाटकों के लिए एक पृथक तथा नया रंगमंच चाहते थे जो अब क्रमशः राष्ट्रीय नाट्य विद्यालय तथा अन्य नाट्य संस्थापकों द्वारा विकसित किया जा रहा है।

नाटक और रंगमंच का सम्बन्ध अत्यन्त सघन रूप से जुड़ा हुआ है—'नाटक' अन्ततः और मूलतः मंचित होने के लिए ही लिखा जाता है किन्तु नाटक की तरह ही रंगमंच की भी अवधारणा तथा स्वरूप बदलता रहता है। नाटक इस तरह की स्वतन्त्र विधा नहीं है, जैसा कि सिनेमा है। सिनेमा ने अपने को अपनी प्राविधिक विशेषताओं से एक स्वतन्त्र विधा के रूप में स्थापित कर लिया है, उसे अपनी अलग पटकथा चाहिए तथा उसकी अपनी प्रस्तुति सम्बन्धी पृथक सीमाएँ तथा आवश्यकताएँ हैं, इसीलिए प्रायः कालसिद्ध साहित्यिक कृतियों पर जिसमें नाटक भी शामिल हैं, बहुत सफल तथा श्रेष्ठ सिनेमा का निर्माण नहीं हो पाता। सिनेमा उसकी अन्तर्निहित अर्थवत्ता तथा अन्तर्ध्वनियों को चाक्षुष रूप से प्रायः प्रस्तुत करने में असमर्थ हो जाता है। हिन्दी में 'गोदान' तथा अन्य भाषाओं में 'वार एंड पीस' तथा 'अन्नाकेरैनिना' पर बनी फिल्में उनके साथ पूरी तरह न्याय नहीं कर पायीं और न पाठक के मन में स्थित तथ्य तथा निर्मित बिम्ब को यथावत स्थानान्तरित या रूपान्तरित कर पायीं। यह एक अलग विषय है जिस पर विस्तार से विचार करने की आवश्यकता है।

वस्तुतः नाटक एक पूर्णकला है, इसलिए उसके माध्यम से नाटककार श्रेष्ठतर कलात्मक मूल्यों की स्थापना करने की कोशिश करता है। जयशंकर प्रसाद के नाटकों से पूर्व हम हिन्दी नाटकों में ऐसी कलात्मक पूर्णता की तलाश नहीं देखते। संस्कृत नाटकों की अत्यन्त समृद्ध परम्परा के बावजूद जयशंकर प्रसाद के नाटकों से पूर्व हिन्दी नाटक मुख्यतः मनोरंजन के माध्यम ही माने जाते रहे। इस कलात्मक पूर्णता की तलाश प्रसाद की सर्वश्रेष्ठ काव्य कृति 'कामायनी' में भी देखी जा सकती है, बल्कि मैं तो यहाँ तक कहना चाहूँगा कि एक विशेष रूप में 'कामायनी' भी एक 'नाट्य-काव्य' ही है। कई अनेक कई ऐसी काव्य-नाट्य कृतियों की तरह। नाटक की भाषा या शब्दावली (डिक्शन) का संयोजन उसकी सम्प्रेषणशीयता में अभिवृद्धि को ध्यान में रखकर ही किया जाता है। इसलिए उसे

'श्रव्य' तथा 'चाक्षुष' दोनों रूपों में संयोजित करना पड़ता है जो कठिन कलाकर्म है क्योंकि नाटककार का अभिप्रेत यह होता है कि वह अपने सम्प्रेषण को इतना प्रभावोत्पादक बना सके कि सहृदय पाठक अधिक त्वरा से द्रवित होकर उससे एकाकार हो सके जिसे 'साधारणीकरण' कहते हैं। अत: नाटक के संवाद की भाषा में दर्शक को द्रवित करने वाली 'आशु क्षमता' होनी चाहिए। उसके द्वारा अभिनेता और दर्शक के बीच एक स्वाभाविक 'अन्तरंगता' स्थापित हो जाती है। इसीलिए सर्वोत्तम अभिनेता वह होता है जो अपने संवाद 'एक्सट्म्पोर' (आशु) बोलता हुआ प्रतीत होता हो।

दरअसल भारतेन्दु तथा प्रसाद की नाट्य भाषा में मूलभूत अन्तर यह है कि भारतेन्दु के नाटकों की भाषा लोक भाषा और बोलचाल की भाषा के अधिक निकट पड़ती है किन्तु अभिव्यंजना शैली में अतिरंजना होती है जो उसे प्राय: 'प्रहसन' बना देती है। लेकिन प्रसाद की अभिव्यंजना शैली में 'आवेश' तो होता है किन्तु अतिरंजना वाली नाटकीयता नहीं होती। भारतेन्दु अपने कथ्य कथन की शैली लोकपरम्परा से प्राप्त करते हैं जबकि प्रसाद क्लास्किल नाट्य परम्परा से। भारतेन्दु के पास सन्देश तो है किन्तु विज़न नहीं जो महान कलाकृति बन पाने के लिए अनिवार्य होती है और जो रामायण, महाभारत, उत्तर रामचरित तथा कालिदास की कृतियों के अन्तस्थल में उपस्थित है। हिन्दी साहित्य में यह 'विजन' या 'विश्वदृष्टि' उपलब्ध करने की चेष्टा केवल प्रसाद से ही प्रारम्भ होती है। प्रसाद अपने नाटकों में सतह की यथार्थ वाली 'सामाजिक स्थिति' से अधिक 'मानवीय स्थिति' को ध्यान में रखते हैं। उन्हें सतही सामाजिक स्थितियाँ तथा उनसे जुड़े 'क्षणभंगुर' प्रश्न तथा समस्याएँ आकर्षित नहीं करतीं। पूरी मानव नियति के प्रश्नों से जूझते उनके पात्र निरन्तर तनाव तथा 'इंटेस' मन:स्थिति में रहते हैं। इसी सन्दर्भ में उनके नाटकों की प्रगीतात्मकता अधिक प्रासंगिक हो जाती है। इसी तथ्य को स्पष्ट करते हुए विश्वविख्यात कवि तथा नाटककार टी.एस. इलियट ने लिखा है : 'The human soul in intense Emotion strives to express itself in verse. This is not for me but for nerologists to discover why this is so and how feeling and Rhythem is related. If we want to get it permanet and universal we tend to Express inverse.'

इन पंक्तियों को नाटक के सन्दर्भ में समझने के बाद प्रसाद के नाटकों की भाषा तथा उनमें प्रयुक्त होनेवाले गीतों के बारे में और कुछ कहने की आवश्यकता नहीं रह जाती। काश, आचार्य शुक्ल ने भी इसे समझा होता।

अत: चूँकि प्रसाद के नाटकों में हमेशा परमानेंट (शाश्वत) तथा यूनिवर्सल (सार्वभौमिक) प्रश्न ही उनकी चिन्ता के केन्द्र में होते हैं इसलिए उनसे जुड़ी

तीव्र अनुभूतियों (इंटेस फीलिंग्स) को व्यक्त करने की प्रक्रिया में प्रायः उनकी भाषा काव्यात्मक हो जाती है और यहीं उनकी अनुभूतियाँ दार्शनिक सरहदों को छूने लगती हैं। 'चाणक्य' तथा 'स्कन्दगुप्त' के स्वगतकथन इसके सर्वोत्तम उदाहरण हैं।

शेक्सपियर चूँकि घनिष्ट रूप से रंगमंच से जुड़ा हुआ था, इसलिए 'संवाद' लिखते समय उसके सामने कुछ विशेष अभिनेता होते थे (आज भी सिनेमा के संवाद लेखकों के सामने कुछ विशेष नायक होते हैं) किन्तु प्रसाद के सामने अभिनेता के रूप में ऐसा कोई मॉडल नहीं था पर उनके प्रायः समकालीन पारसी नाटककार आगाहश्र कश्मीरी आदि के सामने हमेशा मॉडल होते थे या उन्हें मालिकों की माँग के अनुरूप संवाद लिखना पड़ता था। (ऐसा हम ऊपर देख आये हैं) ऐसा कोई मॉडल होने से लेखन की प्रक्रिया पूरी तरह बदल जाती है। प्रसाद के सामने न तो ऐसा कोई मॉडल था न वे किसी प्रचलित रंगमंच के लिए नाटक लिख रहे थे बल्कि जैसा पहले कहा गया था वे अपने नाटकों के अनुरूप तथा अनुकूल जिस नये रंगमंच की अवधारणा निर्मित कर रहे थे वह उस समय न तो सुलभ थी न लोग (मुख्यतः वे लोग जिनका उस समय के रंगमंच पर आधिपत्य था) इसकी आवश्यकता महसूस कर रहे थे। तब का दर्शक समुदाय ही नहीं पाठक तथा नाट्य समीक्षक समुदाय भी उनसे इस तरह 'कंडीसंड' हो चुका था कि उन्हें प्रसाद के नाटक रंगमंच के अनुकूल लगता ही नहीं था। इसीलिए प्रसाद के नाटकों को साहित्यिक पाठ (लिटरेरी टेक्स्ट) रूप में देखना भी जरूरी हो जाता है। चूँकि प्रसाद की अपनी निजी जीवन दृष्टि भी उनके नाटकों के अनुरूप रहती है और नाटकों में यह जीवन दृष्टि चरित्रों के माध्यम से व्यक्त होती है, इसलिए रंगमंच की दृष्टि से देखें तो उन पात्रों का अभिनय करने वाले अभिनेताओं के लिए भी उन पात्रों में प्रवेश करने के लिए उस जीवन दृष्टि में भी प्रवेश करना अनिवार्य हो जाता है। तभी अभिनय भी प्रभावशाली तथा सम्प्रेषणीय हो सकता है। स्पष्टतः पारसी नाटकों द्वारा कंडीसंड हो गये ऐसे अभिनेता भी उस समय उपलब्ध नहीं थे।

इसके अलावा रस की दृष्टि से देखें तो रसानुभूति की बात करते हुए भी प्रसाद ने परम्परागत नाटक की अवधारणा को पूरी तरह ध्वस्त कर दिया था। उनके नाटकों के दृश्यबन्ध ऐसे होते थे जिनमें परम्परागत दृष्टि से 'स्थान' और 'काल' का ध्यान नहीं रखा जाता था जिससे स्पष्टतः उस समय के रंगमंचों पर उन्हें प्रस्तुत करना कठिन कार्य था। उनमें अचानक एक दृश्य खुलने पर 'वनपथ में ये अलका' दिखायी पड़ सकती थी या दुर्ग के प्राचीर पर भीषण युद्ध का दृश्य प्रस्तुत किया जा सकता था। प्रायः उनके संवाद इतने सुदीर्घ होते थे कि अभिनेताओं को उन्हें याद करके मंच पर लगातार बोलने में कठिनाई हो सकती थी। किन्तु ध्यान देने

की बात है कि वे अपने नाटकों में एक आन्तरिक तनाव बरकरार रखते थे, ऐसा तनाव जो नाटक को जीवन्त तथा 'ऊर्जस्वित' बनाये रखता है। उनके पात्रों के सामने हमेशा एक निश्चित लक्ष्य तथा उद्देश्य रहता है जो हमेशा उन्हें तनावग्रस्त तथा तत्पर बनाये रहता है। वैसे भी उनके नाटकों के पात्र 'सामान्य मनुष्य' नहीं होते। वे हमेशा बौद्धिक या भावात्मक ढंग से इतने 'इन्वाल्व्ड' होते हैं कि उन्हें कभी 'रिलैक्स्ड' नहीं देखा जा सकता। शेक्सपियर का हैमलेट या ओथैलो अथवा जुलियस सीजर का 'एंटोनी', 'रिलैक्स्ड' हो सकते हैं?

प्रसाद के नाटकों की परिणति उनकी अन्य कृतियों की भाँति ही, एक प्रकार के 'निर्वेद' या 'उपराम' में होती है जो पश्चिमी दृष्टि से 'रोमेंटिक एगोनी' या विषादात्मक अन्त लग सकता है। किन्तु प्रसाद की दृष्टि में वही आनन्द का दर्शन है : 'चन्द्रगुप्त' के चाण्क्य या 'स्कन्दगुप्त' अथवा 'कामायनी' की परिणति इसी समरसता में होती है।

प्रसाद के नाटकों में 'गद्य' तथा 'गेय' दोनों के बीच यद्यपि स्पष्ट विभाजन है किन्तु परिस्थिति के अनुरोध से वही 'गद्य' कभी-कभी पिघलकर 'गेय' हो जाता है। यह प्रत्यक्षत: प्रसाद का 'यथार्थ विरोधी रूप है जो अनुकृति मूलक नाटकों से पृथक मिथकीय रूप ले लेता है। वह प्रत्यक्ष यथार्थ का विरोधी होते हुए भी वास्तविकता विरोधी नहीं होता।

प्रसाद के बाद के नाटककार : प्रसाद के बाद आने वाले अनेक हिन्दी नाटककार इब्सन के 'डॉल्स हाउस' या 'एनेमी ऑफ द पिपुल' आदि नाटकों की अनुकृति में 'समस्यामूलक' नाटक लिखने लगे। समस्यामूलक नाटककारों में लक्ष्मीनारायण मिश्र प्रमुख थे जिनका नाटक 'सिन्दूर की होली' बहुत लोकप्रिय हुआ था। उपेन्द्रनाथ 'अश्क' जैसे नाटककारों ने मनोवैज्ञानिक गुत्थियों वाले 'भंवर' (1961) तथा 'अंजोदीदी' (1955) जैसे नाटक लिखे। उपेन्द्रनाथ अश्क ने हिन्दी नाटक को 'एक नयी दिशा' देने की कोशिश जरूर की किन्तु अपनी भावविह्वलता में सामाजिक यथार्थ तथा 'मनोवैज्ञानिक यथार्थ' को कुछ इस तरह उलझा दिया कि उनके नाटक न इधर के रहे न उधर के। 'अंजोदीदी' के रूप में एक नयी नारी अवश्य दिखायी पड़ी थी जिससे आगे चलकर मोहन राकेश को अपने नाटक 'आधे अधूरे' में इस कार्य को पूरा करने वाली 'सावित्री' को रचने की प्रेरणा मिली होगी। नाटककारों की एक खासी बड़ी जमात प्रसाद के बाद हिन्दी में निकल पड़ी किन्तु उसने हिन्दी नाटकों की न तो परम्परा को आगे बढ़ाया और न आधुनिकता बोध का प्रवेश कर पाये। इसीलिए हिन्दी में कोई नया रंगमंच भी निर्मित न हो पाया। यह कार्य स्वतन्त्रता प्राप्ति तक स्थगित रहा। हिन्दी में मुख्यत: ऐतिहासिक तथा पौराणिक नाटकों की ही परम्परा चलती रही। ऐसे नाटककारों

में प्रमुखतः उदयशंकर भट्ट, रामकुमार वर्मा, जगदीश चन्द्र माथुर (कोणार्क) हरिकृष्ण प्रेमी (रक्षाबन्धन) आदि नाटककार थे।

इनमें हरिकृष्ण प्रेमी प्रसाद की परम्परा के नाटककार माने जाते हैं लेकिन जगदीश चन्द्र माथुर ने अपने नाटक 'कोर्णाक' में इतिहास की एक नयी व्याख्या प्रस्तुत की। 'कोणार्क' तत्कालीन रंगमंच पर अत्यन्त लोकप्रिय नाटक सिद्ध हुआ। डॉ. रामकुमार वर्मा (1905-1990) अपने एकांकी नाटकों के कारण अधिक उल्लेखनीय माने जाते हैं। उन्होंने एकांकी नाटकों को उस दौर में पर्याप्त लोकप्रिय बनाया। कुछ वर्षों तक एकांकी नाटक ही अधिक खेले जाते रहे। उपेन्द्रनाथ अश्क ने भी कई एकांकी नाटक लिखे जिनमें 'भँवर' तथा 'परदा उठाओ, परदा गिराओ' आदि कई एकांकी लिखे। उपन्यासकार और कवि भगवतीचरण वर्मा ने भी कुछ हास्य व्यंग्य प्रधान एकांकी लिखे जिनमें 'सबसे बड़ा आदमी' पर्याप्त चर्चित हुआ था। इनके अलावा सेठ गोविन्द दास, गोविन्दवल्लभ पन्त, वेचनशर्मा उग्र, वृंदावन लाल वर्मा आदि इस दौर के चर्चित नाटककार थे।

भुवनेश्वर : प्रसाद की मृत्य से कुछ ही पूर्व भुवनेश्वर के एकांकी नाटकों का संग्रह 'कारवाँ' (1935) प्रकाशित हुआ जिसका उस वक्त तो उल्लेख मात्र ही हुआ किन्तु वह वस्तुतः हिन्दी नाटकों को क्रान्तिकारी मोड़ देनेवाला संग्रह था। भुवनेश्वर वास्तविक अर्थों में हिन्दी नाटक में आधुनिक भावबोध भरने वाले पहले नाटककार ही नहीं, बल्कि अद्यतन अर्थों में एक ऐसे नये नाटक की शुरुआत करने वाले नाटककार थे जो भावबोध तथा कलात्मकता की दृष्टि से आज तक हिन्दी के सबसे नये नाटककार बने हुए हैं और उनके नाटकों का वास्तविक आकलन आज तक नहीं हुआ है। वे एक धूमकेतु थे और आज भी यह बात अकल्पनीय लगती है कि 1935 में जब हिन्दी नाटक हिन्दी की सबसे कमजोर विधा के रूप में रिरियाता हुआ खिसक रहा था, भुवनेश्वर का 'कारवाँ' एक विस्फोट के रूप में प्रकट हुआ कि नाट्य समीक्षकों तथा प्रत्येक विधा के लेखकों की आँखों में धुआँ सा भर गया और वे बहुत दिनों तक चौंधियाये हुए न कुछ देख पा रहे थे और न समझ पा रहे थे।

नया नाटक है क्या? इसे समझने के लिए हमें पश्चिम के आधुनिक नाटकों के विकास को देखना होगा। पश्चिम में आधुनिक नाटकों की शुरुआत मुख्यतः बनार्डशा से होती है। वैसे तो अस्तित्ववादी नाटकों को ही पश्चिम में आधुनिक नाटक का पर्याय माना जाता है और इसकी शुरुआत द्वितीय महायुद्ध के दौरान होती है। ज्याँ पॉल सार्त्र का पहला नाटक 'द फ्लाइज़', युद्ध के दिनों में ही 1941 में पेरिस में मंचित हुआ था। महायुद्ध के बाद कैमू का नाटक 'कैलिगुला', ज्याँ जेने का 'द मेन्स', 'बॉलकनी' आदि नाटक भी इसी दौरान मंचित हुए थे।

लेकिन पश्चिम में वास्तविक अर्थ में नये नाटक की शुरुआत 'ऐबसर्ड' नाटकों से होती है। यह अस्तित्ववादी, नाटकों का ही विस्तार था और उसकी शुरुआत 'जॉन ऐस बॉर्न' के नाटक 'लुकबैक इन ऐंगर' से होती है।

ज्यॉ जेने का पहला नाटक 'मेड्स' पहली बार 1947 में पेरिस में खेला गया था और यहाँ गौरतलब है कि भुवनेश्वर का एकांकी 'ताँबे के कीड़े' 1946 में प्रकाशित हुआ था। तब तक पश्चिम में ऐबसर्ड नाटकों की शुरुआत नहीं हुई थी। यहाँ गौरतलब है कि भुवनेश्वर का एकांकी 'ताँबे के कीड़े' 1940 में प्रकाशित हुआ था। 'ताँबे के कीड़े' में हम ऐबसर्ड नाटकों की झलक देख सकते हैं और उसके संवादों में देखा जा सकता है मसलन उसका एक पात्र कहता है ''मैं सीटी बजाऊँगा। मैं अपनी सारी ताकत सीटी बजाने में खर्च कर दूँगा।'' और यह संवाद ''तुम बाइसिकिल पर वहाँ गये थे?'' ''मैं बाइसिकिल पर कहीं नहीं गया था। मैं कहीं गया ही नहीं।'' इस तरह के कथोपकथन में कोई संगति ढूँढना व्यर्थ या निरर्थक है। वही निरर्थकता और निरर्थकताबोध ऐबसर्ड नाटकों का केन्द्रीय भावबोध है। जीवन में घटनाएँ हमेशा सुसंगत ढंग से घटित नहीं होतीं। गौर से देखने पर पता चलेगा कि जीवन में बहुत कुछ ऊलजलूल तथा बेतुकेपन के साथ घटित होता रहता है। उनमें कोई कार्यकारण सम्बन्ध नहीं होता। अस्तित्ववादी नाटककार तथा उपन्यासकार कामू कहता है, ''आज का मनुष्य जैसे एक पारदर्शी क्यूबीकल में बन्द टेलीफोन बूथ में टेलीफोन पर बातें करता है तो बाहर वालों को केवल उसके ओंठ हिलते हुए दिखायी देते हैं और वे न कुछ सुन सकते हैं न समझ सकते हैं। जिन्दगी में भी आज मनुष्य और मनुष्य के बीच ऐसी ही सम्प्रेषणहीनता आ गयी है।'' यही सम्प्रेषणहीनता तथा असंगति तथा विसंगति ऐबसर्ड नाटकों का आधार है। शब्दों के अर्थ गुम हो गये हैं और हम निरर्थक रूप से केवल बड़बड़ा रहे हैं। 'ताँबे के कीड़े' के उपरोक्त संवादों में ऐसी ही असंगति और अर्थहीनता हम देखते हैं। किन्तु पश्चिम के ऐबसर्ड नाटकों में यह 'ऐबसर्डिटी' तो द्वितीय महायुद्ध के बाद आई। भुवनेश्वर के नाटकों में वह कहाँ से आयी? 'कारवाँ' तो 1935 में ही प्रकाशित हो चुका था और 'ताँबें के कीड़े' 1940 में। जब द्वितीय महायुद्ध की शुरुआत हुई थी। तब भुवनेश्वर के नाटकों का स्रोत कहीं और ढूँढना होगा। दरअसल आधुनिक भावबोध का सबकुछ द्वितीय महायुद्ध में ढूँढना अतिसरलीकरण है और यह एक 'क्लिशे' बन गया है। वस्तुत: पश्चिम में भी साहित्य में ऐबसर्ड भावबोध की प्रत्यक्ष शुरुआत तो 1956 में ही हो चुकी थी जब ज्यॉ पॉल सार्त्र का उपन्यास 'नॉसिया' प्रकाशित हुआ था। 'नॉसिया' उपन्यास के नायक रिक्वेंर्त को सबकुछ असंगत तथा बेतुका लगा। ये सांसारिक गतिविधियाँ तथा क्रियाकलाप उसके मन में उबकाई (नॉसिया) पैदा

करते हैं। पूरा उपन्यास इसी निरर्थकता बोध से भरा हुआ है। रिक्वेंर्त को हम विक्षिप्त कह सकते हैं, सार्त्र भी अपने को विक्षिप्त मानता था और इसी तथाकथित विक्षिप्तता को वह जीवनभर रचना में रूपान्तरित करता रहा। जब किसी सामान्य मनुष्य से पृथक दूसरों की दृष्टि में असामान्य प्रतीत होने वाले मनुष्य में अपने असामान्य मस्तिष्क को तथा अपनी असामान्य अनुभूतियों तथा रुचि को रचना में रूपान्तरित करने की क्षमता या प्रतिभा आ जाती हैं तो वह प्राय: महान कलाकार बनता है। हम आधुनिक चित्र कला तथा उसकी अमूर्त आकृतियों को ही कितना समझ पाते हैं? भुवनेश्वर का भी मस्तिष्क ऐसा ही था और उनके नाटक उनकी इसी क्षमता की उपज हैं। भुवनेश्वर को भी विक्षिप्त समझा जाने लगा था और लोग उनकी संगति से परहेज करने लगे थे। उनकी यह 'अभिशप्त' स्थिति ही हिन्दी नाटकों के लिए 'वरदान' सिद्ध हुई। उनके मन में घृणा तथा अपनी अमानुषिकता से भरी हुई दुनिया के प्रति गहरा आक्रोश तथा वितृष्णा थी जिसे वे सीटी बजाकर चौंकाना चाहते थे। वरना हम देखते हैं कि अपने समाज की विसंगतियों, अमानवीयता और तथा पाखंडपूर्ण समझने की कितनी गहरी अन्तर्दृष्टि उनमें थी। उनका चर्चित नाटक 'स्ट्राइक' उसका सर्वोत्तम उदाहरण है। 'स्ट्राइक' प्राय: एक प्रतीकात्मक नाटक है 'स्ट्राईक' कहीं भी हो सकती है और कभी भी। मनुष्य चाहकर भी कुछ नहीं कर सकता। स्ट्राइक मशीन और मशीनीकरण के विरुद्ध मनुष्य का संघर्ष है। पूर्व नियोजित कुछ भी नहीं है। स्ट्राइक ऐबसर्ड नाटक नहीं है। उसकी संरचना अपेक्षाकृत सरल है।

भुवनेश्वर का दूसरा एकांकी 'ऊसर' अधिक जटिल तथा सूक्ष्म संवेदनावाला नाटक है। अपने 'प्रतीकार्थ' में उसकी अन्तर्ध्वनियाँ दूर तक जाती हैं। निर्मल वर्मा की कहानी 'सूखा' की तरह इसमें भी पात्रों के बीच जो बातचीत होती है, आपस में कोई सीधा सम्बन्ध नहीं है। जैसे सबकुछ 'शुष्क तथा बंजर' हो गया हो, खासतौर पर समय। पात्रों को पता नहीं है कि उन्हें करना क्या है, समय केवल एक 'रिक्ति' या 'शून्य' है और उस 'शून्य' को भरना प्राय: असम्भव कार्य है। हम ज्यादातर इस शून्य तथा खालीपन को भरने के लिए हल्के-फुल्के काम करते हैं जैसे पार्क में टहलना, या किसी रेस्ट्राँ में खाना खाने जाना, मौसम, सेहत आदि के बारे में बात करना या ताश खेलना आदि। 'ऊसर' के पात्र यह सबकुछ आजमाते हैं। मगर व्यर्थ! शब्दों का खेल खेलते हैं। ढेर सारे शब्द बोले जाते हैं, पर अन्ततः केवल अर्थ के ऊप्पर तक पहुँच पाते हैं वहाँ एक सीमाहीन रेगिस्तान है। शब्द भी केवल एक 'रिक्ति' को भरने की कोशिश है। जीवन केवल एक अन्तहीन 'ऊसर' है।

'ऊसर' भुवनेश्वर के जीवन की 'ऐबसर्डिटी' को सबसे अधिक व्यक्त करने

वाला नाटक है। यह मूवमेंट तब तक एक लेबल के रूप में इस्तेमाल में भी नहीं आया था। बहुत बाद में 'सैमुअल बैकेट' के 'एंडगेम' जैसे नाटकों को पढ़कर भुवनेश्वर के 'ऊसर' जैसे नाटकों की याद आती है न कि 'ऊसर' को पढ़कर 'एंडगेम' की।

भुवनेश्वर के बाद हिन्दी नाटकों का विकास जिस रूप में होना चाहिए, वह नहीं हुआ। भुवनेश्वर ने विकास की जितनी दिशाएँ अपने नाटकों के द्वारा दिखा दी थीं, हिन्दी नाटक उनमें से किसी दिशा की ओर नहीं बढ़ा क्योंकि भावबोध के स्तर पर वह छायावाद और सुधारवाद के आसपास ही डोल रहा था। भुवनेश्वर के नाटक एक बहुत बड़ी 'छलाँग' थे और उससे उन्होंने जिस खाई को पार किया था उसे लाँघने की क्षमता किसी भी और नाटककार में नहीं थी क्योंकि भुवनेश्वर का भावबोध एक 'ऊसर' या भुवनेश्वर के बाद वह जलस्रोत रेगिस्तान में ही कुछ दूर जाकर विलीन हो गया।

हिन्दी नाटकों में यह 'ऊसर' बाद तक के प्रारम्भिक वर्षों तक बना रहा और सन 50 और सन 60 के बीच जब हिन्दी ही नहीं, भारतीय नाटककारों का युद्धोत्तर पश्चिमी नाटककारों तथा नाटकों से साक्षातकार हुआ तो सहसा पूरे भारत के नाटकों में एक वास्तविक पुनर्जागरण हुआ। किन्तु हिन्दी नाटक वहाँ भी कुछ देर से ही पहुँच सका। हिन्दी से पूर्व कन्नड़, मराठी, बंगाली आदि भाषाओं के नाटकों तक एक नया तथा आधुनिक उन्मेष दिखायी पड़ा। हिन्दी में भी तभी एक नया रंगमंच भी बना। लेकिन हम देखते हैं कि कई वर्षों तक इस रंगमंच पर भी कन्नड़, बंगला तथा मराठी नाटकों का ही आधिपत्य रहा। बादल सरकार के 'एवम् इन्द्रजीत', 'पगला घोड़ा', 'बाकी इतिहास', तेंदुलकर के 'खामोश अदालत जारी' है। नाटक कन्नड़ के आदिरंगाचार्य, गिरीश कर्नाड के नाटकों का आधिपत्य बना रहा। बहुत बाद तक धर्मवीर भारती के 'अंधायुग', मोहन राकेश के 'आषाढ़ का एक दिन' तथा 'आधे अधूरे' जैसे नाटकों से हिन्दी रंगमंच पर हिन्दी नाटक का पुनरागमन सम्पन्न हो सका, इसमें नाट्य निर्देशकों की प्रमुख भूमिका थी।

यह वह दौर था जब पूरे विश्व में नाटक एक सक्रिय तथा सोद्देश्य अभियान के रूप में तेजी से फैल रहा था। यह अभियान फ्रांस पर जर्मन कब्जे के दिनों में ही शुरू हो गया था। यहाँ तक सोवियत रूस में भी स्टालिन की तानाशाही के खिलाफ एक भूमिगत नाट्य आन्दोलन चोरी छिपे फैल रहा था। इंग्लैंड में भी सत्ता विरोधी नाट्य आन्दोलन ऐंग्री यंगमैन पीढ़ी के रूप में खूब सक्रिय था। इसी बीच जॉन ऑसबर्न ने 'लुक बैक इन ऐंगर' लिखा था। जो उस पीढ़ी का प्रतिनिधि नाटक था। दूसरी ओर हैराल्ड पिंटर के नाटकों ने अमेरिका विरोधी

आन्दोलन चला रखा था। कहने का तात्पर्य यह कि कुल मिलाकर यह नाटक ही था जिसने बुर्जुआ पूँजीवादी व्यवस्था तथा सत्ता के प्रति आक्रोश तथा विरोध प्रकट कर रखा था। यानी नाटक प्रतिरोधात्मक साहित्य का प्रतिनिधित्व कर रहा था। अमेरिका में भी 'ऑफ ब्रॉड वे' के नाटक अमेरिकी व्यवस्था के विरुद्ध संघर्ष कर रहे थे। ऐसे नाटककारों में ऑथर मिलर प्रमुख थे। वहाँ छाँट-छाँटकर मार्क्सवादी लेखक और कलाकार गिरफ्तार किये जा रहे थे।

यहाँ स्वतन्त्र भारत में भी मार्क्सवादी लेखकों के लिए कोई अनुकूल परिस्थितियाँ नहीं थीं। मार्क्सवादी लेखकों के प्रति सरकार का कोई बहुत अच्छा रुख नहीं था और सोवियत रूस की व्यवस्था वाले ढाँचे को जहाँ एक ओर नेहरू सरकार अपना रही थी वहीं कम्युनिस्ट पार्टी तथा कम्युनिस्टों के प्रति अत्यन्त कठोर रुख अपना रही थी। किन्तु भारत में स्पष्ट रूप से कोई सत्ता विरोधी नाटक नहीं लिखा जा रहा था। किन्तु इसी बीच धर्मवीर भारती ने अपना एक प्रायः क्लेसिक बन गया नाटक 'अंधायुग' लिखा जिसका शीर्षक ही सत्ता और तत्कालीन सत्ता और व्यवस्था के प्रति जो संकेत कर रहा था वह यही था कि यह 'अंधायुग' लाने वाली व्यवस्था है। हालाँकि नाटककार ने उसे प्रच्छन्न रूप से महाभारत के रूपक के रूप में प्रस्तुत किया था। 'अंधायुग' 1954 में रेडियो रूपक के रूप में लिखा गया था और लोग उस युग को 'नेहरू युग' कहने लगे थे। ऐसे में क्या 'नेहरू युग' को ही 'अंधायुग' नहीं कहा जा रहा था? 'अंधा युग' को अब तक इस दृष्टि से नहीं देखा गया है और उसे या तो महायुद्धोत्तर विश्व की विध्वंस स्थिति की एक व्याख्या अथवा एक अस्तित्ववादी नाट्य काव्य मान लिया गया है। उसकी नाट्य प्रस्तुतियाँ भी उसी रूप में उसकी व्याख्या करती रही हैं। किन्तु धर्मवीर भारती ने बड़े कौशल से उसके रूपकात्मक आवरण में नेहरू युग की आधा तीतर और आधा बटेर वाली व्यवस्था पर टिप्पणी की है। निश्चित रूप से अंधायुग एक मर्सिया और एक शोकगीत है किन्तु ध्यान देने की बात है कि आजादी के बाद का भारत जिस सुनहरे भविष्य का स्वप्न देखने लगा था, उसका उफान अभी उतरा नहीं था और न वह अभी सन् 62 के बाद वाले 'मोहभंग' के दौर से गुजर रहा था। तब धर्मवीर भारती ने अचानक यह रूपकात्मक शोकगीत लिखने की जरूरत क्यों समझी? निश्चित रूप से वे केवल वैज्ञानिक विश्व की विध्वंसात्मक परिणति से पीड़ित नहीं थे। निश्चित रूप से उनकी पीड़ा कहीं और छिपी थी। उसमें विभाजन, साम्प्रदायिक कत्लेआम, प्रजातन्त्र व्यवस्था के नाम पर बनी सरकार की विकृतियाँ, सत्ता प्राप्ति के लिए लगी सभी पार्टियों की चूहा दौड़, पंचवर्षीय योजनाओं की आधी-अधूरी सफलताएँ, एक मूल्यमूढ़ता तथा 'दृष्टिहीनता' की सी स्थिति इन सब पर 'अंधायुग' कलियुग के आगमन के साथ

क्यों समाप्त होता है? जब पंडित नेहरू सम्पूर्ण एशिया का लीडर बनकर भारत को एक केन्द्र में स्थापित करने का स्वप्न देख रहे थे, तब अचानक मध्याह्न में ही यह पूर्ण सूर्यग्रहण क्यों? 'डॉर्कनेस ऐट नून'? अत: निश्चित रूप से 'अंधायुग' का पुर्नमूल्यांकन तथा इस नये सन्दर्भ में आकलन करने की आवश्यकता है।

जहाँ तक 'अंधायुग' की प्रविधि तथा संरचना का प्रश्न है, इसमें पूर्व तथा पश्चिम की नाट्य परम्पराओं तथा प्रविधि का अद्‌भुत समन्वय किया गया है। पूरे पश्चिम में अनेक नाट्य प्रवृत्तियों तथा आन्दोलनों का दौर चल रहा था जिनका उल्लेख ऊपर किया जा चुका है। जॉन ऑसबर्न के नाटक 'लुकबैक इन ऐंगर' का पहली बार 1956 में मंचन किया गया था और उसके साथ पूरे यूरोप में 'रंगमंच' एक व्यवसाय बन गया था। उसकी सफलता से प्रेरित होकर अनेक लेखक नाटक लिखने लगे थे। इनमें 'लुकबैक इन ऐंगर' के बाद हैरोल्ड पिन्टर का 'केयर टेकर' सर्वाधिक चर्चित हुआ था। फ्रांस में भी ज्यॉ पॉल सार्त्र के अस्तित्ववादी नाटकों 'द फ्लाईज़', 'नो एग्ज़िट', 'रेस्पेक्टेबल प्रॉस्टीट्यूट', 'प्रिंजनर ऑफ एलटोना' आदि नाटकों और कामू के 'कैलिगुला' आदि नाटकों की धूम मची हुई थी। अत: कह सकते हैं कि यूरोप में तथा भारत में एक 'नये नाटक' की शुरुआत समानान्तर रूप से हो रही थी और हिन्दी में 'अंधायुग' एक नये नाटक युग की शुरुआत के रूप में सामने आया। छठा दशक हिन्दी गद्य विधा में भी एक नयी रचनात्मक ऊर्जा के उन्मेष का दौर था।

'अंधायुग' पर यूरोप की नयी नाट्य प्रवृत्तियों का प्रभाव न पड़ा हो, ऐसा नहीं कहा जा सकता। किन्तु धर्मवीर भारती इन सबके बीच से एक ऐसा नया रास्ता निकालते हैं जो उनका अपना और निजी है। ऊपर उसकी प्रविधि की बात की गयी है, नाटक की स्थापना, अन्तराल और अन्तराल तीन शीर्षकों में विभाजित किया गया है और उसके अंकों के शीर्षक प्रतीकात्मक हैं और उनके बीच प्रहरी, कथागायन आदि का विभाजन शास्त्रीय तथा लोकशैली के समिश्रण के आधार पर किया गया है। उसके कथा तक का तानाबाना प्राचीन कथागायन की पद्धति के आधार पर बुना गया है। बीच-बीच में टिप्पणियाँ और व्याख्याएँ भी रखी गयी हैं जो नाटक की प्रयोगात्मक प्रविधि को बाधित करके उसे सपाट बना देती हैं यानी पाठक या दर्शक को अपनी कल्पना के अनुसार व्याख्या करने के लिए कुछ भी नहीं छोड़ती हैं। फिर भी जैसा होता है, पाठक और दर्शक पंक्तियों के बीच से (विटविन द लाइन्स) बहुत कुछ पढ़ लेता है। नाट्य समीक्षक डॉ. सुरेश अवस्थी ने ठीक ही लिखा है कि 'अंधायुग' का रूप विधान कथावस्तु के नये विश्लेषण और नयी मौलिक स्थापनाओं के मोह से इतना आक्रान्त है कि उसकी रूपगत कमजोरियों का कारण 'वस्तु' के नाट्य निरूपण में ही मिल जाता

है। उनके कथा तक का ताना बाना प्राचीन कथा-शैली के अनुरूप कथावाचक और श्रोता की शैली में बुना गया है। नाटक की अपनी व्याख्याओं के साथ दिक्कत यह है कि उनमें नाटककार केवल अपने विचारों को ही नहीं 'विचारधारा' को भी बिखेरता चलता है। और उसमें विचार धाराओं की परस्पर असंगति भी दीखने लगती है। कहीं उसमें परम्परा पोषण की प्रवृत्ति दीखती है जिससे भक्ति, समर्पण, आस्था और विश्वास आदि का भक्तिभाव तथा परम्परा का स्वर उभरने लगता है और कहीं आधुनिक अस्तित्ववादी जुमलों (अस्तित्ववादी दर्शन नहीं) के अत्यन्त आस्थाहीन निराशा और हताश के भाव के साथ व्यक्त किया गया है, इसीलिए उसमें कोई सुनिश्चित सैद्धांतिक स्वर या विश्वास भी उभर नहीं पाता। इस प्रकार नाटक का प्रमुख तथा मूलस्वर भावात्मक तथा भावुकतापूर्ण ही बना रहता है जो धर्मभारती के अपने भावबोध की ही अभिव्यक्ति है। इसे उनके उपन्यास 'गुनाहों के देवता' और 'कनुप्रिया' जैसी भावुकतापूर्ण कृतियों में भी देखा जा सकता है। इस प्रकार 'अंधायुग' की मुख्य विशेषता प्रयोगात्मक प्रविधि ही है, वरना अपनी वैचारिकता में वह नितान्त परम्परापोषक और भावविह्वल ही है।

इन सब विसंगतियों तथा विरोधाभासों का मुख्य कारण यह है कि नाटककार अपने नेहरूयुग के विचारों तथा भावनाओं को प्रच्छन्न ही रहने देना चाहता है। उन्हें मुख्य रूप से व्यक्त करने का साहस उसमें नहीं है, शायद इसलिए प्रतिरोधी विचारों का समर्थक न मान लिया जाय। सत्ता का मुखर तथा स्पष्ट विरोध करने का मतलब यह है कि स्वयं अपनी लघुसत्ता से च्युत हो जाना। 'अंधायुग' इसीलिए एक प्रभावशाली नाटक है किन्तु उसे पश्चिम की या भारत की भी सत्ता तथा व्यवस्था विरोधी नाटक अभियानों के साथ जोड़कर नहीं देखा जा सकता।

नाटक केवल 'रंगमंच' (थियेटर) ही नहीं है, वह एक साहित्यिक विधा भी है। 'अंधायुग' ने 'रंगमंच' पर आने से पूर्व ही एक साहित्यिक विधा के रूप में अपने को स्थापित कर लिया था। जयशंकर प्रसाद के नाटकों के बाद उसमें पहली बार अपनी एक 'विश्वदृष्टि' निर्मित करने का प्रयास दिखायी देता है—चाहे वह एक प्रत्यावर्तनवादी विश्वदृष्टि क्यों न हो। हम देख आये हैं कि 'अंधायुग' की अनेक सीमाएँ हैं किन्तु उसने अपनी एक नाट्य प्रविधि तथा नाट्यभाषा भी निर्मित की थी। कुल मिलाकर 'अंधायुग' एक युगप्रर्वतक नाट्यकृति तो है ही।

भारती भुवनेश्वर की तरह 'ऐंग्री यंगमैन' नहीं हैं। वे वर्तमान व्यवस्था से असन्तुष्ट हैं और वे उसे एक कलियुगी व्यवस्था के रूप में देखते हैं किन्तु उनका दृष्टिकोण या दृष्टि प्रत्यावर्तनवादी ही है, वे 'प्रभु' (गॉड) की मृत्यु से कलियुग का प्रारम्भ मानते हैं। नीत्से की तरह आधुनिक युग का नहीं। 'अंधायुग' आधुनिक

नाटकों का विलोम है विशेष रूप से ऐबसर्ड नाटकों का। अपनी प्रत्यावर्तनवादी दृष्टि के कारण वह 'मर्यादा' को बहुत बड़ा 'मूल्य' मानता है। इस प्रकार अपनी भाषिक संरचना में वह आधुनिक है किन्तु भावबोध में नितान्त प्रत्यावर्तनवादी। अतः इस रूप में हम उसे एक आधुनिक नाटक नहीं मान सकते। अपनी 'मर्यादापोषक' दृष्टि के कारण भारती 'रूढ़िगत परम्परा' का प्रतिरोध नहीं करते। वे उसका विस्तार चाहते हैं, इसीलिए वे उसकी 'नयी व्याख्या' (इंटरप्रिटेशन) करते हैं। उन्हें पुराने मूल्यों तथा 'मर्यादा' के टूटने का दुख है। अतः उनकी यह 'विश्वदृष्टि' अतीतोन्मुख है। अंधायुग के केन्द्रीय चरित्र 'कृष्ण' और 'कुन्ती' घनघोर परम्परापोषक हैं, दोनों की एक दूसरे के प्रति 'अंधाअनुरक्ति' भावविह्वलता है। भारती ने 'बुद्धि' की जगह 'भावना' को प्रधानता दी है, इसलिए भी 'अंधायुग' आधुनिक नाटक नहीं है। अंधायुग का अन्त अत्यन्त भावुकताग्रस्त है। गुलाबी पाँवों में व्याध का एक तीर, एक सिसकी और अन्त! ऐसा लगता है भारती में पाँवों को लेकर 'फ्रूट फेंटिसनेस' है। जैसे उनकी कविता की यह पंक्ति 'तुम्हारे पाँव मेरी गोद में।'

वस्तुतः 'अंधायुग' का क्रुद्ध युवक (ऐंग्रीयंगमैन) तो 'अश्वस्थामा है जिसका यदि विकास किया गया होता और 'अंधायुग' का अन्त उसी से होता तो 'अंधायुग' में आधुनिक नाटक बनने की सम्भावना हो सकती थी।

अब जरा 'अंधायुग' की नाट्य संरचना को देखें। उसमें जहाँ लोक नाट्य शैली का उपयोग किया गया है, वे अंश ही अधिक प्रभावशाली बन पड़े हैं, लेकिन जिन अंशों में 'प्रवचन' शैली का प्रयोग किया गया है—और जो बहुत हैं, वहाँ वे नाटककार को कथावाचक तथा प्रवचनकर्ता बना देते हैं। इन अंशों की शब्दावली भी अत्यन्त प्रयुक्त अस्तित्ववादी शब्दावली का विलोम ही नहीं, बेमेल लगती है और उसकी नाट्यभाषा को 'खिचड़ी भाषा बना देती है। नाटककार एक ओर तो आधुनिक मानव नियति तथा विसंगति को बयान करने के लिए अस्तित्ववादी शब्दावली का उपयोग कर रहा है, और दूसरी ओर एक 'कथावाचक' के रूप में 'भगवद्गीता' का पाठ कर रहा है। नाटककार को यह तय कर लेना चाहिए था कि वह भगवद्गीता का भाष्यकार है या महायुद्धोत्तर विसंगतियों का व्याख्याता।

यह दुर्बल दार्शनिक दृष्टि का परिणाम भी है जिसके अनुसार इतिहास बार-बार दुहराया जाता है, पहली बार 'महाभारत' के रूप में और दूसरी बार 'द्वितीय महायुद्ध' के रूप में। पहली बात तो यह कि इतिहास कभी अपने को हू-ब-हू रूप में नहीं दुहराता तथा महाभारत और द्वितीय महायुद्ध में जितनी और जैसी समानता दिखाई गयी है, वह पूरे नाटक की संरचना को बहुत कृत्रिम बना देती

है। मिथकीय ब्रह्मास्त्र को वैज्ञानिक एटमबॉम नहीं बनाया जा सकता, जैसा कि नाटक में बनाया गया है, ब्रह्मास्त्र छोड़ा जाएगा तो सूरज बुझ जाएगा, धरती बंजर हो जाएगी आदि इस तरह के बीच-बीच में दिये जाने वाले प्रवचन नाटक की बहुत बड़ी दुर्बलता हैं। 'कथागायन' और उसमें की गयी टिप्पणियाँ फिर भी सराहनीय हैं कि वे एक लोक नाट्यशैली का निर्वाह भर करने के लिए लाई गयी हैं।

इस तरह शिल्प तथा प्रस्तुति की दृष्टि से नाटक अत्यन्त सफल है किन्तु वैचारिक दृष्टि से एक लचर तथा पुराणपंथी नाटक बन गया है। आखिर यह दृष्टिकोण अपना कर धर्मवीर भारती आखिर साबित क्या करना चाहते हैं? वह पूरी तरह 'पुराणपंथी' नाटक भी नहीं बन पाया है। उसमें 'पुराण' तथा 'बायबिल' का अजीब घालमेल है। मुक्तिबोध ने ठीक ही लिखा है, 'अंधायुग' में कोई विकास नहीं होता। उसके पात्र स्टैटिक और स्थिर हैं। इसके अलावा उसमें भागवत भक्ति तथा श्रद्धा भाव से निर्मित भाषा के साथ अस्तित्ववादी शब्दावली का सम्मिश्रण किया गया है, वह एक 'वर्णसंकर' भाव बोध का द्योतक है। यहाँ भी मुक्तिबोध का यह कथन अत्यन्त सार्थक है कि दरअसल "भारती का वैचारिक अन्तरंग छायावादी है।" उसी बात को मुक्तिबोध अधिक 'प्वाइंटेड' बनाकर कह सकते थे कि भारती का वैचारिक अन्तरंग मूलतः रोमानी है क्योंकि छायावादी भावबोध अधिक व्यापक तथा विस्तृत भावबोध है। स्वयं मुक्तिबोध 'कामायनी' की 'इड़ा' के बारे में लिखते हैं कि "कामायनी में इड़ा अपने आत्मनिवेदन में रहस्यात्मक शब्दावली में ही सही, अपने मंतव्य को स्पष्ट रूप में व्यक्त करती है। भिन्न-भिन्न वर्णों की मुक्ति, स्वतन्त्रता, दायित्व, आस्था, मर्यादा आदि की अवधारणाएँ भाववादी ही सही, एक ठोस वैचारिक दृष्टि पर आधारित हैं। किन्तु भारती का भविष्य एक बहलावा है, इसीलिए उसमें सामाजिक रूपान्तरण का कोई ठोस वैज्ञानिक आधार नहीं दिखाई पड़ता है। भारती के पूरे मनोलोक में न समाजशास्त्रीय दृष्टि है और न ऐसी कोई दार्शनिक दृष्टि जो 'कामायनी' में थी।" यानी 'अंधायुग' मनोलोक व पूरी तरह छायावादी मान्यताओं से भी निर्मित नहीं है। वह महज एक भावात्मक उन्मेष का रचनात्मक प्रतिफलन है जो संयोग से सफल और 'क्लिक' करने वाला बन गया है।

इसके अलावा 'अंधायुग' की कथास्थितियाँ तथा घटनाएँ स्वयं कम बोलती हैं (यानी यहाँ बात बोलेगी, हम नहीं" वाली 'बात' नहीं है)। उसका लेखक सूत्रधारों और अपनी व्याख्याओं के द्वारा ज्यादा बोलता है। वह दर्शक को अपनी कल्पना या अनुमान के लिए कुछ भी नहीं छोड़ता जो अपने आप में बहुत बड़ी रचनात्मक दुर्बलता है। उसके लेखक में भावात्मकता इस हद तक है कि वह अन्ततः कृष्ण तथा गांधारी के बीच हुए संवादों में इस प्रकार व्यक्त होता है—

कृष्ण गांधारी का शाप स्वीकार करते हुए कहते हैं, "माता! प्रभु हूँ या परात्पर, पर पुत्र हूँ तुम्हारा/तुम माता हो।" "शाप यह तुम्हारा स्वीकार है।" गांधारी कहती है, "यह क्या किया तुमने?" फूट-फूट कर रोने लगती है और कहती है, "रोई नहीं मैं अपने सौ पुत्रों के लिए लेकिन कृष्ण तुम पर मेरी अगाध ममता है..."

फिर कथागायन में कहा जाता है "स्वीकार किया यह शाप कृष्ण ने जिस क्षण से। ज्योति सितारों की पड़ गयी मन्द/युग-युग की संचित मर्यादा निष्प्राण हुई। श्रीहीन हो गये कवियों के सब स्वर।" 'अंधायुग' की यह भावह्विवल परिणति 'गुनाहों के देवता' के भावविह्वल अन्त से कुछ ज्यादा भिन्न नहीं है। 'अंधायुग' का यह अन्त उसकी 'सत्ता' विरोधी प्रगतिशील शुरुआत से कितनी भिन्न है जहाँ इस भगवद्भक्ति के विपरीत कहा गया है, "सत्ता होगी उनकी जिनकी पूँजी होगी। जिनके नकली चेहरे होंगे। केवल उन्हें महत्त्व मिलेगा। राजशक्तियाँ लोलुप होंगी। जनता जिनसे पीड़ित होकर गहन गुफाओं में छिपकर दिन काटेगी।"

यहाँ ऐसा प्रतीत होता है मानो पूँजीवादी व्यवस्था पर आघात करने वाला कोई प्रखर काव्य लिखा जा रहा है। किन्तु 'अंधायुग' की परिणति घोर हिन्दूवादी 'घोषणा पत्र' के रूप में होती है मानो कहा जा रहा हो, "जब-जब होहि धरम की हानी, बाढ़े असुर महाअभिमानी। तब तब धरि प्रभु मनुज शरीरा, हरहिं कृपानिधि सज्जन पीड़ा।" और 'अंधायुग' का भी अन्तिम निष्कर्ष यही है।

"सभी परिस्थितियों का अतिक्रमण करते हुए..जीवित और सक्रिय हो उठूँगा मैं बार-बार।"

इस प्रकार 'अंधायुग' में पहले तो पूर्वी और पश्चिमी नाट्य पद्धतियों का संयोग करके ऐसा नाट्यकाव्य रचा है जिससे 'षडरस का स्वाद उत्पन्न हो' और एक ऐसी रेसिपी दी है जिससे सभी वर्गों, वर्णों तथा सभी श्रेणी के दर्शकों की रुचियाँ तृप्त होती हों।

पाँच अंकों में विभाजित इस नाटक के बीच-बीच में अंकों के विभाजन के अतिरिक्त स्थापना, अन्तराल तथा समापन के व्याख्यात्मक दृश्य भी हैं। यह विभाजन अत्यन्त सुनियोजित है। कथा को परम्परागत ढंग से कहने का तात्पर्य यह है कि महाभारत की जिन कथास्थितियों का चयन किया गया है, उसमें ध्यान रखा गया है कि वे मुख्यत: वही हों जिनके बारे में दर्शक या पाठक पहले से ही 'कंडीसंड' हो चुके हों और उन्हें रसरिक्त करने में नाटककार को कुछ विशेष उपक्रम नहीं करना पड़ता। उसके अलावा यह भी नहीं भूलना चाहिए कि धर्मवीर भारती उस दौर के एक अच्छे कवि भी माने जाते थे और उन्होंने अपनी कवित्वक्षमता का भी 'अंधायुग' में भरपूर उपयोग किया है। यद्यपि उनकी

काव्यभाषा तथा भावबोध रूमानियत से भरपूर है, लेकिन वह भी दर्शक को भावविह्वल बनाने के लिए बहुत उपयुक्त है। 'अंधायुग' की प्रभान्विति में काव्य और नाटक दोनों की संयुक्त एकान्विति ही मूलतः उसकी सफलता का रहस्य है। अंधायुग एक पद्यनाटक है जिसमें लोकगायन और नयी कविता दोनों की भाषा-शैली का सफल उपयोग किया गया है। नयी कविता के प्रतीकों, बिम्बों तथा मिथकों को भी बहुत कुशलतापूर्वक प्रयुक्त किया गया है। टूटी तलवारों की मूठ, रथ के टूटे पहिये और चक्रव्यूह आदि को प्रायः प्रतीकों के रूप में इस्तेमाल किया गया है। किन्तु इस नाटक की सफलता और विफलता इसकी बीच-बीच में की गयी टिप्पणियों और लेखकीय व्याख्याएँ हैं : सफलता इस बात में कि सामान्य पाठक नाटक को अनुरूप समझता हुआ उससे एकाकार होता रहता है। विफलता इस बात में कि दर्शक को अपनी ओर से अनुमान लगाने के लिए कुछ भी नहीं छोड़ा जाता। यही नाटक को सपाट और शिथिल बना देता है। धर्मवीर भारती न तो समाजशास्त्री हैं और न उनमें प्रसाद जी की तरह दार्शनिक दृष्टि है, इसलिए नाटक में न तो कोई समाजशास्त्रीय जटिलता उत्पन्न हो पाती है और न विचारधारात्मक संशय तथा ऊहापोह, जो उसमें किसी प्रकार की विश्लेषणात्मक दार्शनिक गहराई ला सके। नाटक के सारे पात्र लेखक की डोर से बँधे हुए कठपुतलियों की तरह आचरण करते रहते हैं। लेखक को केवल इस बात की चिन्ता रहती है कि किसने 'मर्यादा' अधिक तोड़ी और किसने कम। जैसे उसी प्रश्न के उत्तर में सारे प्रश्नों का समाधान निहित हो? उससे अधिक सपाट प्रश्न और उत्तर क्या हो सकता है। उसके अतिरिक्त नाटक में मर्यादा की अवधारणा भी अमूर्त है। किसकी मर्यादा? कैसी मर्यादा? क्या मर्यादा कोई मूल्य है? या रूढिगत परम्परा द्वारा निर्धारित एक नैतिक सीमारेखा? अतः यहाँ भी हम देखते हैं कि लेखक (नाटककार) का दृष्टिकोण पूर्णतः रूढिवादी है। उसी अमूर्त मर्यादा की धुरी से उसकी आस्था का रूप संचालित होता रहता है। यानी यह रूढ़िगत मर्यादा टूटी तो आस्था का रथ भी टूटा और रह गये केवल उसके टूटे पहिये जिन्हें हाथों में लेकर 'अंधायुग' के पात्र सुदर्शन चक्र की तरह चलाने की कोशिश कर रहे हैं। वस्तुतः यही धुरीहीनता तथा आस्था धर्मवीर भारती की सम्पूर्ण वैचारिकता के केन्द्र में रही है जिसकी पूँजीभूत परिणति 'अंधायुग' में होती है।

इन दिनों भारत के कुछ भागों में 'मर्यादा' की रक्षा के नाम पर युवक-युवतियों तथा किशोर-किशोरियों की ऑनरकिलिंग हो रही है। दरअसल धर्मवीर भारती की भी 'मर्यादा' उसी आस्था पर टिकी हुई है जिसकी परिणति अन्ततः ऐसी ही ऑनर (मर्यादा) किलिंग्स के रूप में हो रही है।

दरअसल धर्मवीर भारती की यह मर्यादा (तथा उससे जुड़े मूल्य तथा

मान्यताएँ) खुद अंधी है वरना जगह-जगह वैष्णव भावनाओं तथा प्रवचनों से लदी हुई 'अंधायुग' की कथा का अन्त व्याध दारा कृष्ण की मृत्यु से न होकर पांडव परिवार की हिमसमाधि से होता। वह अधिक व्यापक मानव तथा मानव अस्तित्व की त्रासदी होती। क्या प्रत्येक युग का अन्त इसी प्रकार के बंजर तथा विध्वंस के रूप में नहीं होता है? तब के महाभारत के बाद भी और आज के महायुद्धों के बाद भी? तभी सही अर्थों में 'अंधायुग' महाभारत तथा द्वितीय महायुद्ध में समानता, समानान्तरता दिखा पाता। किन्तु दुर्भाग्य से ऐसा नहीं हुआ है क्योंकि 'अंधायुग' ऐसे किसी व्यापक तथा गहन मानवीय प्रश्न से जूझ ही नहीं रहा है। वह स्वयं एक सीमित और 'मायोपिक' दृष्टिहीनता का शिकार है।

यहाँ भारत में जब द्वितीय महायुद्ध का मर्सिया पढ़ा जा रहा था और अंधायुग जैसे नये नाटक कहे जाने वाले नाटकों में दरअसल एक नयी भाषा में 'हम कौन थे, क्या हो गये और क्या होंगे अभी' का विलाप-गीत लिखा जा रहा था, वहीं यूरोप में विश्व युद्ध के नरक में ढकेलने वाली व्यवस्थाओं के विरुद्ध आन्दोलनों का ज्वार आया हुआ था। जैसा कि पहले ही बताया जा चुका है कि इंग्लैंड में 'ऐंग्रीयंगमैन' नाम से क्रुद्ध युवाओं की एक नयी पीढ़ी जन्म ले चुकी थी और वह कथा साहित्य तथा नाटकों दोनों विधाओं में अपनी अभिव्यक्ति कर रही थी। नाटकों में इसकी शुरुआत जॉन ऑसवर्ड के नाटक 'लुकबैक इन ऐंगर' से हो चुकी थी। लेकिन जैसा कि प्रायः होता है, कुछ कृतियों का पहला प्रभाव विद्युत प्रवाह की तरह होता है किन्तु आवश्यक नहीं है कि उनका कोई स्थायी प्रभाव पड़े। कथानक की दृष्टि से 'लुकबैक इन ऐंगर' न एक 'वेलरेड प्ले' था जिसे जॉन ऑसबर्ड ने भी स्वीकार किया है कि उसे दुबारा पढ़ने पर शर्मिन्दगी सी महसूस होती है क्योंकि उसकी कहानी में ऐसा कुछ नहीं था जिसका इतना चमत्कारिक प्रभाव पड़ता जैसा कि पड़ा। उसकी कहानी में महायुद्धोत्तर युवा पीढ़ी की मानसिकता का विश्लेषण किया गया है। उसका नायक लकी जिमी पोर्टर नाम का युवक है (किंग्सले एमिस के उपन्यास के नायक लकी जिम की तरह) जिमी खूब पढ़ा-लिखा है पर अपनी स्थिति से वह हमेशा असन्तुष्ट रहता है। क्योंकि वह जो चाहता है वह उसे मिलता नहीं। अन्त में निराश होकर वह एक छोटे से शहर में मिठाइयों की एक छोटी सी दुकान खोल लेता है। किन्तु उसके असन्तोष को उसकी पत्नी 'एलिस' और बढ़ा देती है जो एक उच्च मध्यम वर्गीय परिवार की युवती है। ऐसी पत्नी के साथ रहना उसे असह्य लगता है। दोनों हमेशा लड़ते रहते हैं। जिमी उसे प्रताड़ित करता रहता है। जिमी को इस बात से भी असन्तोष है कि इतना सुसंस्कृत तथा बौद्धिक होने के बावजूद उसे एक छोटे से गन्दे शहर में एक सड़ी सी इमारत की बरसाती में रहना पड़ता है। इसी

बीच उसकी पत्नी की एक अभिनेत्री मित्र उसके जीवन में प्रवेश करती है जो जल्दी ही अपनी कुटिलता से उन दोनों में विच्छेद करा देती है। एलिस घर छोड़कर चली जाती है। उस वक्त वह गर्भवती थी पर यह वह अपने पति को नहीं बताती। जिमी होलना को एक कामुक स्त्री से अधिक कुछ नहीं समझता था किन्तु उस कामुक युवती के साथ रहना अच्छा लगता था। इसी बीच उसका एक पुराना दोस्त 'क्लिव' भी उसे छोड़कर चला जाता है।

एक बड़ी अजीब सी स्थिति बन जाती है। जिमी सोचता है कि पहले उसकी पत्नी, एक कामुक स्त्री की कुटिलता के कारण उसे छोड़कर चली जाती है और फिर उसका सबसे पुराना दोस्त उसे छोड़कर चला गया। जिमी को लगता है कि उसकी पूरी पीढ़ी ही एक बरबाद पीढ़ी है जो बिलकुल नाकारा है। वह सोचता है कि आज की दुनिया में जो भी प्रतिभाशाली है, वह सबसे अकेला है—लगातार अँधेरे में भटकने वाला।

उधर उसकी पत्नी एलिस भी सोचती है कि वह शुरू से ही गलत थी। मैं तो भ्रष्ट होना चाहती हूँ। निरर्थकता में जीना चाहती हूँ। फिर अपने गर्भ में नष्ट हो जाने वाले बच्चे के बारे में सोच-सोचकर वह रोती रहती है। वह होता तो कैसा होता? पर वह चला गया। हमेशा के लिए चला गया। न मैंने उसे देखा न उसने मुझे देखा। वह नन्हा सा निरीह असहाय प्राणी मेरे भीतर था। मैंने सोचा था कि मेरे भीतर रहकर वह सुरक्षित है, उसे मुझसे कोई छीन नहीं सकता। पर वह चला गया! अब मैं केवल मरना चाहती हूँ।

किन्तु उन तमाम यंत्रणाओं, यातनाओं की परिणति एक सुखद अन्त में होती है। पति, पत्नी दोनों मिल जाते हैं और सुखपूर्वक रहने लगते हैं। अतः 'अंधायुग' की तरह ही 'लुकबैक इन ऐंगर' भी एक परम्परागत नाटक बन कर ही रह जाता है। अतः वह कोई 'ट्रेंडसेटर' आधुनिक नाटक नहीं साबित होता है। अतः कुल मिलाकर इंग्लैंड में नाटक के क्षेत्र में कुछ विशेष नहीं घटित हो रहा था। लेकिन 1955-56 में फ्रांस के नाट्य क्षेत्र में बहुत कुछ नया हो रहा था। वहाँ व्यवस्था के विरोध में ऐसे नाटक लिखे जा रहे थे जिनमें अस्तित्ववादी तथा 'ऐबसर्ड' नाटकों की प्रमुख भूमिका थी। अस्तित्ववादी नाटकों को 'थियेटर ऑफ ऐक्शन' कहा जा रहा था जिसके प्रमुख प्रवक्ता तथा नाटककार ज्याँ पॉल सार्त्र थे।

नाटकों का यह अस्तित्ववादी, ऐबसर्ड और ऐक्शन का मिला जुला प्रभाव सन् 60-62 तक आते-आते हिन्दी में तो नहीं किन्तु बांग्ला तक जरूर पहुँच गया था। वहाँ उत्पल दत्त एक नये ऐक्शन प्रधान थियेटर की स्थापना कर चुके थे जो किसी न किसी रूप में नुक्कड़ नाटकों के रूप में आज भी सक्रिय है। जहाँ तक लिखित नाटक का प्रश्न है, आधुनिक नाटकों का यह मिला जुला रूप बांग्ला

में सबसे पहले बादल सरकार के नाटकों 'पगला घोड़ा', 'बाकी इतिहास' आदि में दिखायी पड़ा।

हिन्दी में 'अंधायुग' के बाद एक पृथक किस्म के आधुनिक नाटक तथा रंगमंच का स्वरूप मोहन राकेश के नाटक 'आषाढ़ का एक दिन' के साथ आया। 'अंधायुग' तथा 'आषाढ़ का एक दिन' में एक समानता तो यह है कि दोनों अतीत की कथाओं को आधुनिक सन्दर्भ में प्रस्तुत करने वाले नाटक हैं। 'अंधायुग' में पौराणिक कथा को इसका माध्यम बनाया गया है और 'आषाढ़ का एक दिन' में इन कथाओं के रूप में प्रचलित इतिहास-कथा को।

'आषाढ़ का एक दिन' 1958 में प्रकाशित हुआ था। यानी 'अंधायुग' से तीन वर्षों बाद। किन्तु तब तक भी हिन्दी का कोई अपना रंगमंच विकसित नहीं हुआ था। इसलिए 'अंधायुग' को भी तब तक एक रेडियो नाटक के रूप में ही प्रतिष्ठा मिल सकी थी। जैसा कि बताया जा चुका है, आधुनिक कहे जाने वाले ये दोनों नाटक अतीत की पृष्ठभूमि पर ही लिखे गये थे। दोनों नाटकों में आधुनिक शब्दावली की छौंक थी। किन्तु मोहन राकेश चूँकि संस्कृत नाट्य परम्परा से पूरी तरह परिचित थे (संस्कृत साहित्य का विद्यार्थी होने के कारण) और 'आषाढ़ का एक दिन' का नायक स्वयं कालिदास को बनाया गया है, इसलिए 'आषाढ़ का एक दिन' में आधुनिकता का कोई प्रदर्शन नहीं है। उसके पात्रों की मानसिकता तथा उसके भावबोध को भी कालिदास के पात्रों की मानसिकता के अनुरूप गढ़ा गया है। इसलिए यदि 'आषाढ़ का एक दिन' भावात्मकता तथा भावुकता से लबरेज है तो उचित आधार है। अतः वह स्वाभाविक प्रतीत होता है। वस्तुतः मोहन राकेश ने 'आषाढ़ का एक दिन' में काल का अतिक्रमण करके उसे अतीत के एक कालखंड विशेष में अवस्थित करने का प्रयास किया है। लगभग उसी तरह जैसे आचार्य हजारी प्रसाद द्विवेदी ने अपने उपन्यास 'वाणभट्ट की आत्मकथा' में किया है। किन्तु 'वाणभट्ट की आत्मकथा' का फलक अधिक व्यापक और विस्तृत है जिस पर यथास्थान विस्तार से विचार किया जाएगा। किन्तु ऐसा प्रतीत होता है कि मोहन राकेश ने 'वाणभट्ट की आत्मकथा' से कुछ और प्रेरणाएँ प्राप्त की हैं, जैसे कह लें उसकी मूल कथा या कथानक ही जिस 'कथ्य' पर आधारित है, वह 'वाणभट्ट की आत्मकथा' वाला ही है और वह है साहित्यकार और सत्ता का सम्बन्ध। यद्यपि 'आषाढ़ का एक दिन' कालिदास और मल्लिका की प्रेमकथा तथा उसकी विडम्बनात्मक परिणति है किन्तु वस्तुतः मोहन राकेश दिखाना यह चाहते हैं कि कलाकार या साहित्यकार जैसे ही सत्ता की शरण में चला जाता है, वह कहीं न कहीं बिक तो जाता ही है, अपनी जड़ों से विमुक्त होकर एक कृत्रिम तथा अपने शरणदाता का यशगान या गुणगान करने वाला चारण मात्र बनकर

रह जाता है। यद्यपि मोहन राकेश ने कालिदास को सम्राट के बुलावे पर राजधानी चले जाने के बाद एक महज बिके हुए व्यक्ति के रूप में चित्रित नहीं किया है, बल्कि अपने रचनात्मक विवेक का परिचय देते हुए उसे अधिक जटिल तथा संश्लिष्ट चरित्र के रूप में ही प्रतिष्ठित किया है, किसी खलनायक के रूप में नहीं।

'आषाढ़ का एक दिन' यह शीर्षक कालिदास की पंक्ति 'आषाढ़स्य प्रथमो दिवसे...' का ही रूपान्तर है और उसकी शुरुआत भी उसकी नायिका मल्लिका की आषाढ़ की पहली बारिश में भीगकर घर लौटने से होती है। नाटक की यह शुरुआत ही कालिदास के पात्रों की मानसिकता से रची-बसी है। इस तरह नाटक की शुरुआत ही एक भावनात्मक नाटकीयता के साथ होती है। इसी तरह कालिदास का भी नाटक में एक घायल मृगशावक को लेकर प्रवेश भी ऐसी ही भावना से भीगी नाटकीयता के साथ होता है जो प्रारम्भ से ही दर्शकों को बाँध लेता है।

मल्लिका के चरित्र की कल्पना सम्भवतः मोहन राकेश ने कालिदास के मेघदूत को ध्यान में रखकर की है जिसमें 'विरही यक्ष' मेघ के माध्यम से अपनी प्रिया को सन्देश भेजता है। मेघदूत में विरही यक्ष की व्यथा का जो चित्रण किया गया है, वह इतना प्रामाणिक तथा अन्तरंगता लिये हुए है, उससे ऐसा प्रतीत होता है मानो उसमें कालिदास ने अपनी स्वयं की व्यथा व्यक्त की हो! संस्कृत काव्य के मर्मज्ञ जनकवि नागार्जुन ने भी यही शंका व्यक्त करते हुए अपनी एक कविता में कहा है कि "कालिदास सच-सच बतलाना, अज रोया था या तुम रोये थे?" इसके अलावा कालिदास की प्रायः सभी कृतियों में (विशेष रूप से 'मेघदूत' तथा 'अभिज्ञान शाकुन्तलम' में) विरहिणी नायिकाओं का चित्रण अत्यन्त प्रगाढ़ रूप में किया गया है।

मल्लिका के चरित्र की परिकल्पना इन्हीं सब बातों को ध्यान में रखकर की गयी है। इसके अलावा मोहन राकेश भी सम्भवतः इस प्रचलित धारणा में विश्वास करते हैं कि प्रत्येक सफल या महान व्यक्ति की सफलता के पीछे कोई न कोई स्त्री अवश्य होती है। नाटक में बीच-बीच में इन बातों की पुष्टि भी की जाती है। दूर दराज से आने वाले यात्रियों से मल्लिका न केवल कालिदास की कुशल-क्षेम की सूचनाएँ प्राप्त करती है बल्कि कालिदास की कृतियों की प्रतिलिपियाँ प्राप्त कर लेती है, उनमें वह कालिदास का सन्देश भी सुनती है कि कृति की प्रत्येक नारी में प्रकारान्तर से तुम्हारी ही छवि को उकेरा गया है!

किन्तु इन सबके माध्यम से मोहन राकेश यह सन्देश देना चाहते हैं कि काल अत्यन्त क्रूर होता है, वह "किसी की प्रतीक्षा नहीं करता।" न मल्लिका प्रतीक्षा कर पाती है और न कालिदास वचन देकर जाता है कि वह एक दिन जरूर लौटेगा। वह लौटता भी है किन्तु तब तक मल्लिका किसी और की हो

चुकी है। वह कोई और, और कोई नहीं कालिदास का प्रबल शत्रु तथा मल्लिका दावेदार रकीब विलोम है जिससे मल्लिका को एक सन्तान भी है। कालिदास यह कहते हुए लौट जाता है कि ''समय किसी की प्रतीक्षा नहीं करता'' किन्तु यदि समय मल्लिका के सम्बन्ध में प्रतीक्षा नहीं कर सका तो कालिदास ने भी उसका निर्वाह कहाँ किया? मल्लिका देख चुकी है कि कालिदास की पत्नी प्रियंगुमंजरी किस तरह राजरानी बनकर मानो कालिदास पर शोध करने के लिए उससे मिलने आयी थी! अतः वचन तो दोनों की ओर से टूट चुका है।

इन प्रश्नों तथा सन्दर्भों को छोड़ दें तो 'आषाढ़ का एक दिन' की मूलकथा एक सामान्य त्रिकोणात्मक प्रेम कहानी है, यह 'त्रिकोण' कालिदास, मल्लिका और विलोम के बीच बनता है। मल्लिका कालिदास से प्रेम करती है और विलोम से नफरत! विलोम अपने को 'असफल कालिदास' कहता है। वह अपने सारे गुणधर्म में कालिदास का विलोम है। कालिदास कवि है और उसकी ख्याति दूर-दूर तक फैली हुई है। उसे सम्राट का आमन्त्रण मिलता है और वहाँ वह राजकवि (पोयेट लॉरियट) बना दिया जाता है। नाटक में यह सब एकदम आकस्मिक रूप से दिखाया जाता है, क्योंकि कालिदास का जितना चित्रण नाटक में किया गया है वह इतना संक्षिप्त है कि उससे पता नहीं चलता कि वह पहले से ही कोई ख्यात व्यक्ति बन चुका है और अचानक उसे 'राजकवि' बना दिया जाना अस्वाभाविक प्रतीत होता है यानी इसे टी.एस. इलियट के शब्दों में कहें तो यहाँ 'ऑबजेक्टिव कोरिलेटिव' का अभाव है।

'अंधायुग' में जहाँ 'रंगमंच' सम्बन्धी कोई निर्देश नाटककार की ओर से नहीं दिया गया है, वहाँ 'आषाढ़ का एक दिन' में मल्लिका के घर को पहले से ही रंगमंच की तरह प्रस्तुत किया गया है। बाद में भी अंक परिवर्तन तथा घटनाओं के विकास के साथ-साथ घर के स्वरूप में भी परिवर्तन होता दिखाया गया है। इस तरह नाटक में प्रारम्भ से अन्त तक एक ही रंगमंच बना रहता है। नाटक की घटनाओं में विकास तथा परिवर्तन सूचनाओं तथा घटनाओं के रूप में दिखाया गया है। शायद यह सब प्रस्तुति की सुविधा की दृष्टि से किया गया है। मोहन राकेश के अन्तिम पूर्ण नाटक (उनका अन्तिम नाटक 'पैर तले की जमीन' अपूर्ण ही रहा) 'आधे अधूरे' में भी ऐसा ही दृश्य विधान रखा गया है। किन्तु इससे नाटक एक ही झोली में फँसा सा रह गया है!

जैसा कि कहा गया 'आषाढ़ का एक दिन' का मूल कथ्य सत्ता और साहित्यकार का सम्बन्ध है या प्रारम्भ में ऐसा प्रतीत होता है किन्तु 'वाणभट्ट की आत्मकथा' में जहाँ स्पष्ट रूप से कहा गया है कि वाणभट्ट जिस दिन राजा (हर्षवर्धन) के हाथ से पान का बीड़ा ग्रहण कर लेगा, उसी दिन से उसका पतन

प्रारम्भ हो जाएगा। किन्तु 'आषाढ़ का एक दिन' में ऐसा कुछ भी नहीं कहा गया है और वह एक दुखान्तक कहानी मात्र बनकर रह गया है। यह 'आषाढ़ का एक दिन' की बहुत बड़ी सीमा है जिसे लेखक चाहता तो विस्तार दे सकता था। इसका मुख्य कारण यह है कि नाटककार कालिदास को 'निष्कलंक' ही रहने देना चाहता है यानी उसके प्रति उसका रवैया पक्षपातपूर्ण है। कालिदास न केवल राजकवि बनता है और शायद किसी प्रदेश (सम्भवतः कश्मीर) का शासक भी बना दिया जाता है और नाटककार उसे नाटक में लौटाता तो है किन्तु वह भी क्षणिक संकेत के रूप में! वस्तुतः कालिदास की कीर्तिध्वजा चाहे जितनी भी ऊँचाई से फहरा रही हो, किन्तु वह है 'कालिदास की पतन कथा' ही, किन्तु नाटककार ने ऐसा नहीं दिखाया है। यदि ऐसा होता तो 'आषाढ़ का एक दिन' अधिक महत्त्वपूर्ण नाटक बन सका होता।

मोहन राकेश का अगला नाटक 'लहरों के राजहंस' 1963 में प्रकाशित हुआ था। इसे नाट्य समीक्षक सुरेश अवस्थी ने हिन्दी नाटक की नयी उपलब्धि इस अर्थ में कहा था क्योंकि इसमें नाटक में अनेक वर्षों से निर्वासित 'काव्य तत्व' को बड़ी मार्मिकता के साथ वापस लाया गया था। इस सन्दर्भ में पहला प्रश्न तो यही उठता है कि क्या नाटक में काव्य तत्व का होना कोई नयी उपलब्धि है? या उसमें उसे महत्त्वपूर्ण बनाने वाली और भी विशेषताएँ हैं?

1963 में जब पूरे भारत में चीन से प्राप्त पराभव के कारण हताशा ही नहीं, क्रोध तथा विद्रोह का वातावरण बन रहा था, 'लहरों के राजहंस' में शृंगारिक 'काव्य तत्व' की आवश्यकता थी? इस तरह या तो 'लहरों के राजहंस' का प्रकाशन ही गलत समय पर हुआ था या नाटककार का ध्यान तब भी नाटक की 'सुन्दरी' के सौन्दर्य पर ही टिका हुआ था? और ऐसे में वे 'नीरो वाली बांसुरी' क्यों बजा रहे थे?

इसके अलावा पूरे भारत में ही नहीं, पूरे विश्व में 'वर्स प्ले' का जमाना गुजर चुका था। उसके पुरोधा टी.एस. इलियट के 'वर्स प्ले' पूरी तरह असफल हो चुके थे। यूरोप में यूजीन युनेस्को, ज्यॉजेने, सैमुअल बैकेट अदामोव और एडवर्ड, एलबी आदि 'ऐबसर्ड' नाटककारों का दौर चल रहा था। द्वितीय महायुद्ध के बाद पूरा यूरोप ध्वस्त और त्रस्त था। वहाँ के लोग बेकारी, गरीबी, भुखमरी तथा अनेक युद्धोत्तर विकृतियों से जूझ रहे थे। दूसरी ओर सोवियत रूस ने जो साम्यवाद के नाम पर समता, शान्ति तथा अमन चैन का सपना दिखाया था, वह भी क्रमशः टूट रहा था। वहाँ अपने विरोधियों के कुचलने, दबाने के लिए उन्हें कान्सनट्रेशन कैम्प्स में भेजा जा रहा था। हिटलर के अवसान के बाद अभी पश्चिम ने चैन की साँस भी नहीं ली थी कि स्टालिन के रूप में एक दूसरा नृशंस तानाशाह

उत्पन्न हो गया था जो विरोध का स्वर उठाने वाले वहाँ के अनेक साहित्यकारों को भी 'साइबेरिया' भेज रहा था। ऐसे साहित्यकार वहाँ आत्महत्याएँ कर रहे थे। दूसरी ओर अमेरिका लोकतन्त्र के नाम पर ऐसी पूँजीवादी शक्ति के रूप में उभर रहा था जो पूरे विश्व को अपना उपनिवेश बनाने के लिए अनेक हथकंडे अपना रहा था। ऐसे में संवेदनशील प्रतिभाशाली साहित्यकार तथा नाटककार इस घुटन भरे माहौल से निकलने के लिए नये रास्ते तलाशने के उपक्रम में लगे हुए थे।

नाटको के इस विश्वव्यापी सन्दर्भ में रखकर ही 'लहरों के राजहंस' का आकलन किया जा सकता है। मोहन राकेश ने इसका कथानक अश्वघोष के विख्यात नाटक 'सौन्दरानंद' से लिया है और उसमें कुछ और तत्व अपनी ओर से जोड़कर उसे अपने ढंग से विश्लेषित किया है। 'सौन्दरानन्द' की कथा बौद्धकालीन है और प्रकारान्तर से स्वयं बुद्ध के ही महाप्रयाण की कथा है। कपिल वस्तु के राजकुमार अपनी परम सुन्दरी, रूपगर्विता पत्नी 'सुन्दरी' को परित्याग कर भिक्षुक बन जाते हैं। नाटक के प्रथम अंक में सुन्दरी वसन्तोत्सव की तैयारियाँ कर रही है। यह अंक इस उत्सव के लिए शृंगार करती सुन्दरी पर केन्द्रित है। यह सब विस्तार से वर्णित किया गया है, जिसे बाद में 'एन्टीक्लाइमेक्स' के रूप में इस्तेमाल किया गया है।

इस नाटक का अन्त भी 'आषाढ़ का एक दिन' की तरह है। वह भिक्षुक बन जाता है, किन्तु वह आन्तरिक रूप से भिक्षुक नहीं बन पाता और सुन्दरी के पास लौटता है किन्तु यहाँ भी "समय किसी की प्रतीक्षा नहीं करता" वाली बात ही दिखायी गयी। सुन्दरी उसे भिक्षु रूप में देखकर इतनी आतंकित हो जाती है कि उसे देखना ही नहीं चाहती। निराश घर वापस लौट जाती है। नाटक में द्वन्द्व तथा अन्तर्द्वन्द्व तो बहुत है किन्तु उनकी कोई प्रासंगिकता नहीं बनती।

'लहरों के राजहंस' में मोहन राकेश बर्वर जगत में सौन्दर्य की रसधारा बहाना चाहते हैं पर ऐसा नहीं हो पाता। सम्भवतः हंस का यह प्रतीक उन्होंने चेखव के विख्यात नाटक 'सीगल' से लिया है किन्तु यहाँ वे इस प्रतीकात्मकता का निर्वाह नहीं कर पाये हैं।

चेखव ने भी 'सीगल' का यह प्रतीक कहीं और से लिया है। नाटक में प्रतीकों के उपयोग की परम्परा बहुत पुरानी है : इब्सन ने भी अपने एक नाटक में बतख को प्रतीक के रूप में इस्तेमाल किया है और हिन्दी नाटककार भुवनेश्वर ने अपने एकांकी 'ताँबे के कीड़े' को प्रतीक के रूप में ही प्रयुक्त किया है। इसी क्रम में धर्मवीर भारती तथा मोहन राकेश ने भी प्रतीकों का सहारा लिया है। जैसा कि ऊपर कहा गया, नाटकों में प्रतीकों के प्रयोग की शुरुआत यथार्थवादी नाटकों के प्रवर्तक इब्सन ने की थी। उनके इस नाटक का शीर्षक 'वाइल्ड डक' था।

मोहन राकेश का तीसरा नाटक 'आधे अधूरे' था। यह 1969 में प्रकाशित हुआ था। यह उनके पहले दो नाटकों से नितान्त भिन्न है। यह निम्नमध्यमवर्गीय परिवार की कहानी है और हिन्दी का पहला ऐसा नाटक है जो पारिवारिक सम्बन्धों के नाटक का चित्रण करता है। इसका रंगमंच भी एक ही कमरे तक सीमित है, दर्शकों के सामने एक ही कमरा रहता है और उसी पर सबकुछ घटित होता रहता है। कुछ समीक्षकों ने प्रश्न उठाया है कि उस घर में और भी कमरे होंगे, फिर सबकुछ एक ही कमरे में ही क्यों घटित होता रहता है? क्यों वही पति-पत्नी, बेटा, बेटियाँ क्यों दिखाये जाते हैं? पहला कारण तो पहले ही बताया जा चुका है कि मोहन राकेश रंगमंच के प्रति अत्यन्त सचेत हैं और वे जानते हैं कि मंचन की सुविधा की दृष्टि से अनेक आधुनिक नाटकों में ऐसा ही किया जाता रहा है। दूसरा कारण अधिक गूढ़ है और मेरा खयाल है कि मोहन राकेश के मन में वह भी रहा होगा। मोहन राकेश प्रारम्भ से ही मुख्यत: मानवीय सम्बन्धों के कथाकार रहे हैं और 'आधे अधूरे' में ऐसे पति-पत्नी का चित्रण किया गया है जो एक दूसरे को पसन्द नहीं करते बल्कि एक-दूसरे से कहीं दूर भाग जाना चाहते हैं किन्तु ऐसा कर नहीं पाते—वे एक दूसरे के साथ रहने के लिए अभिशप्त हैं। वे एक दूसरे को सह नहीं पाते किन्तु एक दूसरे के बगैर रह भी नहीं पाते। यह साथ रहने की 'अभिशप्त रहने वाली स्थिति' की परिकल्पना सम्भवत: मोहन राकेश ने सार्त्र के अस्तित्ववाद से ली होगी खासतौर पर जैसा उसके नाटक 'नो एग्ज़िट' में दिखाया गया है। किन्तु उसे मोहन राकेश की मौलिकता ही कहेंगे कि उन्होंने 'आधे अधूरे' को सार्त्र के अस्तित्ववाद की अनुकृति नहीं बनाया है बल्कि इसके आधार पर स्वतन्त्र कथानक की रचना की है। मेरी दृष्टि में 'आधे अधूरे' मोहन राकेश का सर्वश्रेष्ठ नाटक है, उसमें चित्रित वास्तविकताओं का क्षेत्र व्यापक है!

नाटक का मुख्य पात्र महेन्द्रनाथ एक ऐसा असफल पति है जो सपने तो बहुत देखता है, योजनाएँ तो बहुत बनाता है किन्तु उन्हें कार्यान्वित करने में असमर्थ रहता है। वह अब पूर्णत: अपनी पत्नी पर निर्भर है जो आज की भाषा में 'वर्किंग वुमन' है। वह अपने पति को बर्दाश्त ही नहीं करती बल्कि उसे ढो रही है। पति-पत्नी के बीच ऐसे सम्बन्ध का प्रभाव उनकी सन्ततियों पर भी पड़ता है जिनका विकास अपने-अपने ढंग से हो रहा है। भारत में ऐसे महेन्द्रनाथों की कमी नहीं है—जिनमें गृहणियाँ ही नहीं, घरों में काम करने वाली महरियाँ, मेहतरानियाँ और दफ्तरों में काम करने वाली अनेक ऐसी स्त्रियाँ होती हैं जिनका पति अपंग, बीमार या निकम्मा होता है या घनघोर पियक्कड़ तथा झगड़ालू होता है।

मोहन राकेश ने इस नाटक में कुछ अन्य आयाम जोड़ने के लिए उसकी पारिवारिक संरचना में इस विडम्बना को भी जोड़ दिया है जिसकी और विख्यात फ्रेंच लेखिका सीमोन दी बोडआ ने अपनी पुस्तक 'द सेकंड सेक्स' में संकेत किया है और बताया है कि आज की वर्किंग वुमेन को दो पुरुषों के प्रति जिम्मेदार तथा वफादार होना पड़ता है। घर में पति तथा दफ्तर में बॉस। इससे उसकी स्थिति अत्यन्त विडम्बनात्मक हो जाती है। स्त्री होने के कारण वह कई स्तरों पर वनरेबल हो जाती है, उसे कई प्रकार के समझौते करने पड़ते हैं। परिवार को चलाने के लिए उसे कई प्रकार की त्रासद युक्तियों का सहारा लेना पड़ता है। परिणाम स्वरूप वह इस तनाव में बिखर कर एक 'मनोवैज्ञानिक केस' बन जाती है। 'आधे-अधूरे' की नायिका सावित्री एक ऐसी ही स्त्री है। यद्यपि नाटक मनुष्य के (केवल पुरुष के नहीं) मूलभूत 'आधे अधूरेपन' को चित्रित करता है। किन्तु उसका केन्द्रीय विषय आज की 'वर्किंग वुमन' की स्थिति का चित्रण है। किन्तु 'आधे अधूरे' की कमजोरी यह है कि उसमें बहुत से प्रश्नों, समस्याओं और विषयों को मिलाकर ऐसा गड्डमड्ड कर दिया गया है कि वह एक नाटक बन गया है। उसमें अनेक प्रश्नों, समस्याओं के विषयों को मिलाकर एक ही कथा में पिरोकर प्रस्तुत कर दिया गया है जो सभी पृथक चित्रण चाहते हैं। प्रसिद्ध रंग समीक्षक नेमिचन्द्र जैन की 'सावित्री' को लेकर मुख्य आपत्ति यह है कि वह अनेक पुरुषों से क्यों और कैसे सम्बन्ध रख पाती है!

अपने पति महेन्द्रनाथ के अलावा सावित्री का सम्बन्ध दो और पुरुषों से है—एक के साथ तो वह कुछ दिनों के लिए भाग भी जाती है, किन्तु वहाँ भी उसे निराशा ही हाथ लगती है और वह वापस लौट आती है। तीसरे व्यक्ति से भी उसकी पर्याप्त निकटता है। इन तीनों पात्रों को मोहन राकेश ने काले सूटवाले आदमी कहा है और उन तीनों को उन्होंने कालेसूट में प्रस्तुत किया है। उन तीनों पात्रों में इस समानता और एकता का रहस्य सावित्री उद्घाटित करती है। अन्त में वह प्राय: 'नर्वस ब्रेक डाउन' का शिकार होकर कहती है, ''तुम सारे पुरुष एक जैसे हो! सबके सब आधे-अधूरे!'' दरअसल जिस 'पूर्णपुरुष' की परिकल्पना उसके मन में है, वह एक 'मिथक' है। इसीलिए उसे वह कहीं नहीं मिलता। अपनी कल्पना के 'पुरुष' की तलाश में ही वह अनेक पुरुषों के सानिध्य में रहती है। नेमिचन्द्र जैन के प्रश्न का उत्तर सावित्री की इसी मानसिकता में निहित है। इसके अलावा अपने पति की निरन्तर विफलता से हताश होकर वह आश्रय की तलाश में अनेक पुरुषों के पास भटकती है। इस प्रकार के आश्रय की तलाश वैसे तो प्रत्येक स्त्री की प्रकृति में निहित होती है किन्तु ऐसा प्रतीत होता है कि पर पुरुष का संसर्ग उसे विशेष प्रिय है। उसके परिवार का बिखराव इस कारण भी

है। उसकी बड़ी बेटी उसी के एक मित्र के साथ भागकर विवाह कर लेती है, बेटा एक 'फ्रस्टेटेड' युवक है जिसे पता नहीं है कि उसका लक्ष्य कहाँ है और क्या है! छोटी-बेटी असमय किशोरी हो गयी है और अश्लील प्रेम कथाओं में दिलचस्पी लेने लगी है।

कुल मिलाकर यही आज के निम्नमध्यमवर्गीय जीवन का यथार्थ है जिसका मोहन राकेश ने बड़ी रचनात्मक कुशलता से 'आधे अधूरे' में नाटक के रूप में रूपान्तरण प्रस्तुत किया है।

...सावित्री ने जो सारे पुरुषों के 'आधे अधूरे' होने का प्रश्न उठाया है वह वास्तविकता से कोसों दूर है। यह दरअसल उसका अपना 'फ्रशट्रेशन' है जिसे लगता है कि सारे पुरुष स्वार्थी लोलुप और स्त्री का इस्तेमाल करने वाले होते हैं! वस्तुतः स्वयं वह अपने हित में पुरुषों का जो इस्तेमाल करना चाहती है, वह मकसद सिद्ध नहीं हो पाता। कोई पुरुष अपना शत-प्रतिशत किसी अन्य स्त्री को नहीं दे सकता। 'और भी ग़म है—जमाने में मुहब्बत के सिवा।' जीवन का क्षेत्र व्यापक है और उसके केन्द्र में कोई स्त्री ही नहीं हो सकती। पुरुष या प्रेमी से शत-प्रतिशत पाने की आकांक्षा मूलतः एक रोमैंटिक अवधारणा है। मनोवैज्ञानिक दृष्टि से इसमें पजेसिवनेस की भावना निहित है। सावित्री उन्हें पजेस नहीं कर पाती, वही उसकी कुंठा का कारण है।

संवादों की दृष्टि से 'आधे अधूरे' अत्यन्त पठनीय तथा सफल रचना है। इसमें मोहन राकेश ने अपने पहले के नाटकों में प्रयुक्त कृत्रिम संस्कृतनिष्ट शब्दावली को छोड़कर सहज-सरल बोलने वाली प्रचलित भाषा का प्रयोग किया है।

जैसाकि ऊपर कहा गया है मोहन राकेश ने सूत्र सार्त्र के विख्यात नाटक 'नो एग्ज़िट' से लिया है जिसमें एक बन्द कमरे में कुछ स्त्री पुरुष साथ रहने के लिए इसलिए विवश हैं क्योंकि कमरे का दरवाजा बाहर से बन्द है और वे बाहर निकल नहीं सकते। नाटक के अन्त में कहा जाता है कि साथ रहने की यह अभिशप्त स्थिति ही 'नरक' है, 'हेल इज़ द अदर पिपुल।'

'आधे अधूरे' में मोहन राकेश अपने ढंग से यही साबित करना चाहते हैं। सावित्री भागती है, पर फिर वापस लौट आती है। नाटक में महेन्द्रनाथ भी भागता है किन्तु अन्त में 'ब्लडप्रेशर' से पीड़ित होकर फिर उसी 'नरक' में लौट आता है।

अब यहाँ देखने की जरूरत है कि 'आधे अधूरे' के बाद इक्कीसवीं सदी के पहले दशक तक हिन्दी नाटक के क्षेत्र में क्या कुछ घटित हुआ। अब यह प्रायः अनिवार्य हो चुका है कि हिन्दी नाटकों की बात करते समय अन्य भारतीय

भाषाओं के नाटकों को भी ध्यान में रखा जाय। ठीक उन्हीं दिनों मराठी, कन्नड़, बांग्ला आदि भाषाओं में विजय तेंदुलकर, गिरीश कर्नाड, बादल सरकार तथा सतीश आलेकर आदि अनेक प्रतिभाशाली नाटककार अपने नाटकों से अपनी-अपनी भाषाओं के रंगमंच को समृद्ध कर रहे थे। उनके नाटक पश्चिम से विमुख तथा अप्रभावित नहीं थे। किन्तु उनकी विशेषता यह थी कि पश्चिम की 'आधुनिकता' और उसके भावबोध से प्रेरणा लेते हुए भी उन्होंने अपने नाटकों के कथानकों को परम्परागत कथा के ढाँचे में ढालकर ही प्रस्तुत किया था। यह बात विशेष रूप से गिरीश कर्नाड के नाटकों पर लागू होती है जिन्होंने अपने नाटकों 'तुगलक', 'हयवदन' आदि नाटकों को परम्परागत पौराणिक कथानकों में डालकर ही प्रस्तुत किया है। इस दृष्टि से हिन्दी नाटकों की अपेक्षा उनमें अधिक कलात्मक क्षमता दिखायी देती है। विजय तेंदुलकर 'आधे अधूरे' की 'सावित्री' को घर के घुटन भरे माहौल से निकालकर 'अदालत' के कटघरे ('खामोश अदालत जारी है') तक ले गये किन्तु वहाँ भी उस पर फैसला स्थगित ही रहता है। विजय तेंदुलकर के नाटकों को रंगमंच पर सफलता प्राप्त हुई क्योंकि उनमें अपेक्षाकृत प्रयोगात्मकता कम थी तथा पॉपुलर अपील अधिक थी। तत्कालीन घटनाओं पर आधारित उनके विवादास्पद नाटक 'कमला' में 'स्त्री की त्रासदी' को और अधिक मुखर रूप में प्रस्तुत किया गया है जो उस पर उठे विवादों तथा बवालों का कारण बना। नाना फड़नवीस पर आधारित उनके नाटक को सर्वाधिक सफलता मिली। प्रखर बुद्धिजीवी नाटककार गिरीश कर्नाड सामाजिक स्थितियों से अधिक मानव नियति से जुड़े बुनियादी प्रश्नों में अधिक दिलचस्पी ले रहे थे। उनका भावबोध अस्तित्ववादी नाटककार अलबेयर कामू से अधिक प्रभावित था और उनके नाटक 'तुगलक' की परिकल्पना के पीछे कामू के प्रसिद्ध नाटक 'कैलिगुला' की ही प्रेरणा थी। लेकिन उसमें भी गिरीश कर्नाड ने महत्त्वाकांक्षाओं की क्रूरता, नृशंसता तथा अन्त में उसकी विफलता को अत्यन्त सूक्ष्म मनोवैज्ञानिक विश्लेषण के साथ प्रस्तुत किया है। तुगलक असफल रहता है क्योंकि वह 'असम्भव' के स्वप्न देखता है। अपने व्यक्तिगत स्वप्नों के सामूहिक यथार्थ में परिणत करते ही उसकी यह कोशिश ताश के पत्तों के घर की तरह भरभराकर गिर जाती है। 'तुगलक' अपने प्रतिभाशाली निर्देशक इब्राहिम अलकाजी तथा उस समय के प्रतिभाशाली अभिनेताओं के कारण हिन्दी रंगमंच पर अत्यन्त सफल रहा। उस समय के हिन्दी रंगमंच की यही विशेषता और उपलब्धि थी कि भारत की प्राय: सभी भाषाओं के महत्त्वपूर्ण नाटकों को हिन्दी रंगमंच ने प्रस्तुत करके भारत की सांस्कृतिक एकता को प्रोत्साहित किया। इसीलिए हिन्दी नाटकों की बात करते समय भारत की सभी भाषाओं के नाटकों की बात करना जरूरी हो जाता है। गिरीश कार्नाड अतीत की

कथाओं के उपयोग से ही नहीं, मनोविज्ञान तथा दर्शन का अपने नाटकों में सफल तथा रचनात्मक उपयोग करने में मोहन राकेश से अधिक सक्षम नाटककार हैं। उनके मुकाबले बादल सरकार के नाटक, 'बाकी इतिहास', और 'पगला घोड़ा' आदि नाटक अस्तित्ववादी भावबोध से अधिक आक्रान्त हैं।

कुल मिलाकर देखें तो आधुनिक भाव-बोध, रचना तथा रंगमंच पर प्रस्तुत करने की दृष्टि से हिन्दी के उस दौर के नाटक अन्य भाषाओं के नाटकों से काफी पिछड़े हुए नजर आते हैं।

इसके विपरीत देखा जाए तो हिन्दी में महत्त्वपूर्ण नाटककारों की अपेक्षा महत्त्वपूर्ण नाट्य निर्देशक अधिक नजर आते हैं। इस क्षेत्र में कई अन्य भाषाओं के नाट्य निर्देशकों का विशेष योगदान है। इनमें इब्राहिम अलकाजी, बी.वी. कारंत तथा हबीब तनवीर का सर्वाधिक योगदान है। हबीब तनवीर अच्छे नाटककार भी हैं। उर्दूभाषी होते हुए भी उनकी प्रायः सभी प्रस्तुतियाँ हिन्दी में ही हैं बल्कि उनके कई नाटक तो छत्तीसगढ़ी भाषा में खेले गये हैं।

इब्राहीम अलकाजी ने 'अंधायुग', 'आधे अधूरे' तथा 'तुगलक' का निर्देशन कर उन्हें लोकप्रिय बनाया। उसी प्रकार बी.वी. कारंत ने गिरीश कर्नाड के 'हयवदन' को लोक नाट्य शैली में प्रस्तुत कर उसकी एक नयी व्याख्या की जो परम्परा तथा आधुनिकता के संयोग से निर्मित की गयी थी। उसी प्रकार उन्होंने भारतेन्दु के नाटक 'अंधेर नगरी' तथा 'विद्यासुंदर' को भी लोक नाट्य शैली में प्रस्तुत कर भारतेन्दु के नाटकों को आज के लिए अधिक प्रासंगिक बनाया।

आगे चलकर देवेन्द्रराज अंकुर ने हिन्दी की कुछ महत्त्वपूर्ण कहानियों का नाट्यरूपान्तर प्रस्तुत कर उन कहानियों को एक आयाम और अर्थवत्ता दी।

हिन्दी में मोहन राकेश के बाद नाटककारों की एक नयी जमात आयी जिनमें मोहन राकेश के समकालीन भीष्म साहनी का नाम विशेष उल्लेखनीय है। उनके नाटकों के नाम हैं : 'हानुश' (1977) 'कबिरा खड़ा बाजार में' (1981) 'माधवी' (1985) 'मुआवजे' (1995) 'रंग दे बसन्ती चोला' (1998) और 'आलमगीर' (1999) इनमें से अधिकांश नाटक रंगमंच पर बहुत सफल रहे।

भीष्म साहनी के नाटकों में विषय की दृष्टि से बहुत विविधता है: हानुश नाटक चेकोस्लोवाकिया की एक लोक कथा पर है। 'माधवी' भारत की पौराणिक कथा पर आधारित है जिसमें एक प्राचीन स्त्री पात्र को आधुनिक सन्दर्भ में प्रस्तुत किया गया है। 'कबिरा खड़ा बाजार में' में महान सन्त कवि कबीर के व्यक्तित्व के अनेक पक्षों का उद्घाटन किया गया है। 'रंग दे बसंती चोला' जलियाँवाला बाग के नृशंस सामूहिक हत्याकांड को आधार बनाकर लिखा गया है और इसी प्रकार 'आलमगीर' में औरंगजेब तथा दाराशिकोह इन भाइयों के संघर्ष की कथा

बयान की गयी है जो नाटकीय कम है, कथा प्रधान अधिक है।

भीष्म साहनी के बाद डॉ. लक्ष्मीनारायण लाल ने अनेक नाटक लिखे हैं जिनके नाम हैं, 'अंधाकुआँ' (1955) 'मादाकैक्टस' (1959) 'तीन आँखों वाली मछली' (1960), 'सूखा सरोवर' (1960) 'नाटक बहुरंगी' (1961) 'नाटक तोता मैना' (1962) रातरानी (1962) 'दर्पण' (1962) 'रक्त व मल' (1963) 'सूर्यमुख' (1968) 'कलंकी' (1969) 'मिस्टर अभिमन्यु' (1971) 'कर्फ्यू' (1972) 'दूसरा दरवाजा' (1972) 'असदुल्ला दीवाना' (1973) 'नरसिंह कथा (1975) 'व्यक्तिगत' (1975) 'गुरु' (1976) 'यक्षप्रश्न' (1976) 'एक सत्य हरिश्चन्द्र' (1976) 'गंगामाटी' (1977) 'सगुन पक्षी' (1977) 'सब रंग मोहभंग' (1977) 'पंच पुरुष' (1978) 'राम की लड़ाई' (1979) 'बलराम की तीर्थयात्रा' (1985) 'कजरीवन' (1980)।

डॉ. लाल के नाटक संख्या में जितने अधिक हैं, गुणवत्ता की दृष्टि से उतने महत्त्वपूर्ण नहीं हैं। उन्होंने प्रयोग बहुत किये हैं किन्तु अधिकांश प्रयोग दिशाहीन तथा प्रयोग के लिए प्रयोग हैं। उनके नाटक पर हड़बड़ी तथा जल्दबाजी की छाप स्पष्ट है और नाटक शिल्प पर भी इनकी पकड़ बहुत अधिक नहीं दीखती। लिखने में भी यदि ये थोड़ा संयम बरतते तो शायद कुछ बात बनती।

कवि सर्वेश्वर दयाल सक्सेना ने भी कुछ अच्छे नाटक लिखे हैं जिनमें 'बकरी' (1974) को पर्याप्त सफलता मिली थी। लेकिन उस दौर में जो लोकप्रियता ज्ञानदेव अग्निहोत्री के नाटक 'शुतुरमुर्ग' (1968) को मिली वह किसी और नाटक को प्राप्त न हो सकी। नेहरूयुग की निष्क्रिय तथा स्वप्नजीवी व्यवस्था पर प्रखर आघात करने वाला यह उस दौर का पहला नाटक था। उसके पीछे चीनी आक्रमण की पृष्ठभूमि थी। चीनी आक्रमण के बाद मिली पराभव से पूरी तरह टूट चुके नेहरू ने स्वयं रेडियो पर लड़खड़ाते शब्दों में कहा था कि हम अभी तक स्वप्न युग में जी रहे थे। 'शुतुरमुर्ग' को प्रतीक बनाकर ज्ञानदेव अग्निहोत्री ने एक ऐसे राज्य की परिकल्पना की है जिसका राजा शुतुरमुर्ग और नगर शुतुरमुर्ग और राजचिह्न शुतुरमुर्ग है। यह राजा जो पैसा देश के विकास पर खर्च करना चाहिए था वह शुतुरमुर्ग की एक स्वर्ण प्रतिमा बनाने पर खर्च कर देता है।

इस नाटक का प्रेरणास्रोत भारतेन्दु हरिश्चन्द्र का नाटक 'अँधेर नगरी' है किन्तु नाटककार ने उस विख्यात रोमनकथा का भी उपयोग किया है जिसमें बताया गया है कि जब पूरा रोम जल रहा था तो उसका राजा बाँसुरी बजा रहा था। यद्यपि नाटक का प्रतीक शुतुरमुर्ग काफी स्थूल प्रतीक है किन्तु लोकप्रियता के लिए शायद ऐसे ही स्थूल प्रतीकों की ओर सतही किस्म की संरचना की आवश्यकता होती

है।

इसके बाद 'नेफा की एक शाम' (1962) में चीनी आक्रमण का ही चित्रण किया गया है।

ज्ञानदेव अग्निहोत्री के अन्य नाटक हैं, 'चिराग जल उठा' और 'अनुष्ठान'। वैसे ज्ञानदेव अग्निहोत्री एक सामान्य स्तर नाटकाकर थे। उनके पास न तो कोई गहरी नाट्य दृष्टि थी और न जीवन दृष्टि।

दूसरे उस दौर के चर्चित नाटककार रेवतीसरन शर्मा हैं जो प्राय: उसी श्रेणी के नाटकाकर हैं जिस श्रेणी के ज्ञानदेव अग्निहोत्री! इनके नाटक हैं, 'अपनी धरती' (1963) 'अँधेरे का बेटा' (1969) 'न धर्म न ईमान' (1970) और 'दीपशिखा' (1975)।

ये सुधारवादी नाटककार हैं और आधुनिकता के नाम पर उदारवादी विचारों की प्रतिष्ठा करने की कोशिश इन्होंने अपने नाटकों में की है।

वस्तुतः मोहन राकेश के बाद साठोत्तरी दौर के सर्वाधिक महत्त्वपूर्ण नाटककार सुरेंद्र वर्मा हैं। यद्यपि, इनके नाटकों को रंगमंच पर सफलता तो मिली किन्तु उतनी नहीं जितनी 'अंधायुग' या 'आषाढ़ का एक दिन' और 'आधे अधूरे' आदि को। किन्तु इनके नाटक विशेष अध्ययन की माँग करते हैं। इन्होंने अनेक नाटक लिखे हैं और निरन्तर लिख रहे हैं। इनके नाटकों का क्षेत्र बहुत व्यापक है। अभी तक इनके प्रकाशित नाटक हैं, 'द्रौपदी' (1972) 'सेतुबन्ध' (1972) 'नायक, खलनायक, विदूषक' (1972) 'सूर्य की अन्तिम किरण से सूर्य की पहली किरण तक' (1975) 'आठवाँ सर्ग' (1976) 'छोटे सैयद बड़े सैयद (1982) 'एक और एक' (1987) 'शकुन्तला की अँगूठी' (1990) 'और कैद-ए-हयात' (1995)।

सुरेन्द्र वर्मा ने अपने अनेक नाटकों के कथ्य और कथानक संस्कृत नाटकों की परम्परा से प्राप्त किये हैं किन्तु उनकी व्याख्या आधुनिक सन्दर्भ में तथा आधुनिक दृष्टि से की है। संस्कृत नाटकों की परम्परा से जुड़े रहने के कारण इनके नाटकों में परम्पराबोध तथा आधुनिकताबोध का एक अद्‌भुत समन्वय है। इनके पहले नाटक 'द्रौपदी' को उसी कारण विशेष सफलता प्राप्त हुई। इसमें उन्होंने पाँच पतियों की पत्नी द्रौपदी को आधुनिक 'सुरेखा' के रूप में प्रस्तुत किया है। नाटक की नायिका 'सुरेखा' के यद्यपि पाँच पति नहीं हैं। किन्तु उसके पति मनमोहन के खंडित और विभाजित व्यक्तित्व को ही नाटक में पाँच पतियों के रूप में अत्यन्त नाटकीय कौशल के साथ प्रस्तुत किया गया है।

प्रख्यात संस्कृत नाटककार कालिदास सुरेन्द्र वर्मा के मुख्य प्रेरणा स्रोत हैं अपने नाटक 'नायक, खलनायक, विदूषक' में उन्होंने कालिदास के नाटक

'अभिजान शाकुन्तलम' के राजा दुष्यन्त की एक नयी व्याख्या की है। उनके नाटक में पहले राजा दुष्यन्त को नायक के रूप में प्रस्तुत किया गया है किन्तु जब वह भरी राज सभा में शकुन्तला को अपमानित करके बाहर निकाल देता है तो वह खलनायक बन जाता है और नाटक के अन्त में जब वह शकुन्तला से क्षमा माँगता है तथा अपने किये पर पछतावा व्यक्त करता है तो वह लेखक की दृष्टि में विदूषक बन जाता है। 'सूर्य की अन्तिम किरण से सूर्य की पहली किरण तक' में जहाँ पति पत्नी से गर्भधारण कराने में असमर्थ रहता है तो प्राचीन प्रचलन के अनुसार नियोग पद्धति के द्वारा उसका गर्भ धारण कराया जाता है। एक तरह से यह नाटक नैतिकता तथा स्त्रीत्व के पुराने मानदंडों को तोड़ता हुआ नैतिकता की एक नयी अवधारणा निर्मित करता है जो हिन्दी नाटक में एक बहुत बड़ा साहसिक कदम था। कालिदास के 'कुमारसम्भव' नाटक के आठवें सर्ग में केलिक्रिया का जो विस्तृत वर्णन प्रस्तुत किया गया है उसे आधार बनाकर अश्लीलता के प्रश्न पर नये सिरे से विचार किया गया गया है। उसी प्रकार 'शुकन्तला की अंगूठी' में एक आधुनिक दुष्यन्त की सृष्टि की गयी है जो अर्थ अर्जन के लिए अपनी प्रेमिका शकुन्तला को छोड़कर अमेरिका चला जाता है और शकुन्तला भी किसी और से विवाह करके अपना नया घर बसा लेती है। वस्तुत: नाटक का मूल उद्देश्य दुष्यन्त के रूप में आधुनिक मनुष्य के अभिशप्त अकेलेपन की नियति को प्रस्तुत करना है। 'कैद-ए-हयात' उर्दू के विख्यात शायर ग़ालिब के जीवन पर आधारित है।

निश्चित रूप से सुरेन्द्र वर्मा मोहन राकेश के बाद हिन्दी के सर्वश्रेष्ठ नाटककार हैं और उनकी नाट्य प्रतिभा अभी नि:शेष नहीं हुई है।

रमेश बक्षी मूलत: कहानीकार तथा उपन्यासकार थे, किन्तु उन्होंने 'देवयानी का कहना है' (1972), 'तीसरा हाथी' (1975), 'वामाचार' (1977), 'यादों के घर' तथा 'कसे हुए तार' (1979) शीर्षक से पाँच नाटक भी लिखे थे जिनमें मुख्यत: नारी स्वतन्त्रता तथा मुक्त यौन सम्बन्धों की हिमायत की गयी है। रमेश बक्षी एक साहसिक आधुनिक भाव के नाटककार थे।

मणि मधुकर ने वैसे तो कई नाटक लिखे किन्तु उनका नाटक 'रसगंर्धव' एक चर्चित प्रयोगात्मक नाटक है जो ऐबसर्ड नाटकों के निकट पड़ता है।

बलराज पंडित का चर्चित नाटक 'पाँचवा सवार' पश्चिमी आधुनिक नाटकों से स्पष्ट रूप से प्रभावित होकर लिखा गया है।

मुद्राराक्षस : साहसिक प्रयोगों के रचनाकार मुद्राराक्षस ने भी कई नाटक लिखे थे जिनके नाम हैं : 'तिलचट्टा', 'योर्स फेथफुली', 'मरजीवा', 'तेन्दुआ', 'प्रथम प्रस्तुति', 'आलाअफसर' और 'गुफाएँ'। इनमें 'आलाअफसर' विशेष चर्चित हुआ था।

दूधनाथ सिंह : कथाकार दूधनाथ सिंह ने एक ही नाटक 'यमगाथा' लिखा जो कई दृष्टियों से अत्यन्त महत्त्वपूर्ण है। उसका कथानक ऋग्वेद से लिया गया है और उसमें तथाकथित देवसंस्कृति और इसके राजा इन्द्र द्वारा 'असुर' कहे जाने वाली जनजातियों के शोषण की कहानी बड़े प्रभावपूर्ण ढंग से वर्णित की गयी है। यह वैदिक आख्यानों की नयी व्याख्या तथा विश्लेषण का नाटक है जिसकी भाषा हिन्दी के सम्भवतः सभी नाटकों की अपेक्षा अधिक सशक्त तथा प्रभावपूर्ण है।

ब्रजमोहन शाह : वैसे तो वे राष्ट्रीय नाट्य विद्यालय के निर्देशक तथा एक कुशलप्रशासक के रूप में जाने जाते हैं किन्तु उन्होंने 'त्रिशंकु', 'युद्धपन', 'शह पे मात', नामक तीन नाटक भी लिखे जो रंगमंच पर प्रस्तुति की दृष्टि से विशेष उपयोगी हैं।

रामेश्वर प्रेम : इनमें नाटक लेखन की नैसर्गिक प्रतिभा है। इन्होंने कई नाटक लिखे हैं जिनमें 'चारपाई' विशेष चर्चा का विषय बना। इनके अन्य नाटक हैं : 'राजा नंगा है', 'कालपात्र', 'अज्ञातघर', 'अन्तरंग', 'कैम्प', 'शस्त्र सन्तान और लोमड़वेश'। इनका नाटक 'लोमड़वेश' बेन जॉनसन के नाटक 'द एक्स' का हिन्दी रूपान्तरण है, इसे बाद में इन्होंने गुजरात की पवई लोक शैली में ढालकर प्रस्तुत किया जो बहुत लोकप्रिय हुआ। भोपाल के गैसकांड पर भी इन्होंने भोपाल में रहकर ही एक नाटक लिखा जो भारतभवन के रंगमंडल के द्वारा वहीं खेला भी गया और पर्याप्त सफल रहा। आज के सामाजिक यथार्थ पर इनकी पर्याप्त पकड़ है किन्तु मोहन राकेश और सुरेन्द्र वर्मा की तरह इनकी कोई अपनी जीवनदृष्टि नहीं है। ये आज भी एक सक्रिय नाटककार हैं।

कृष्ण बलदेव वैद : विख्यात प्रयोगधर्मी उपन्यासकार कृष्ण बलदेव ने कई नाटक भी लिखे हैं। इन्होंने तीन प्रयोगधर्मी नाटक भी लिखे हैं। 'भूख आग है', 'हमारी बुढ़िया' तथा 'सवाल और स्वप्न'। श्री वैद ने विश्वविख्यात नाटककार 'सैमुअल बकेट के नाटक 'वेटिंग फॉर गोदो' तथा 'एंडगेम' का हिन्दी में अनुवाद किया है और इनके अपने नाटकों पर भी खासतौर पर संवाद शैली पर बकेट का प्रभाव स्पष्ट है।

नागबोडस : नागबोडस हिन्दी भाषी नहीं थे फिर भी इन्होंने कई हिन्दी नाटक लिखे हैं जिनके नाम हैं : 'खूबसूरत बहू' (1998), 'वसीयत' (1998), 'दलित' (1998), 'तोता झूठ नहीं बोलता' (1998) और 'पढ़ो फारसी बेचो तेल' (2002)। इन्होंने नाटक लिखना देर से शुरू किया और जैसा कि ऊपर उनके प्रकाशन वर्षों से स्पष्ट है, एक ही वर्ष में चार नाटक लिख डाले थे। इनका पहला नाटक 'खूबसूरत बहू' अपनी तीव्र गतिशील घटना बहुल नाटकीयता के

कारण प्रकाशित होते ही अत्यन्त चर्चित हो गया था और राष्ट्रीय नाट्य विद्यालय द्वारा मंचित भी किया गया था।

स्वदेश दीपक : ये अद्भुत प्रतिभा के धनी कथाकार तथा नाट्य भाषा पर अबाध अधिकार रखने वाले रचनाकार हैं। इन्होंने छः नाटक लिखे हैं : 'बाल भगवान' (1989), 'कोर्ट मार्शल' (1991), 'जलता हुआ रथ' (1998), 'सबसे उदास कविता' (1998) और 'काल कोठरी' (1999)। इनके नाटक 'कोर्ट मार्शल' को नाट्य समीक्षकों की पर्याप्त प्रशंसा मिली और कई जगहों के रंगमंच पर भी यह बहुत सफलतापूर्वक खेला गया था।

इन नाटककारों के अतिरिक्त भी समकालीन नाटककारों की एक बहुत बड़ी जमात है। यदि इनका नामोल्लेख करना आवश्यक ही हो तो इनसे कुछ के नाम हैं : असगर वजाहत, गोविन्दचातक, मोहन थपलियाल, विष्णुचन्द्र शर्मा, राजेश जोशी, राजेश जैन, ललितकुमार सहगल, शरद जोशी, नन्द किशोर आचार्य, शंकर शेष, दयाप्रकाश सिन्हा, महेन्द्र भल्ला, मन्नू भंडारी, मृदुला गर्ग, सिद्धनाथ कुमार, प्रभाकर श्रोत्रिय, कुसम कुमार, गिरीश रस्तोगी आदि।

समकालीन परिदृश्य

हिन्दी नाटकों के समकालीन परिदृश्य पर बात करने से पहले मैं बिना किसी टिप्पणी के नाटककार स्ट्रनबर्ग की इस घोषणा को उद्धृत करना चाहता हूँ जिसमें कहा गया है, "It has seemed to me that Theatre may be on the verge of being abandoned as a form which is dying out and for the enjoyment of which we lacks the necessary conditions in those civilized countries which have produced greatest thinkers of the age. That is to say England and Germany the drametic Art is dead."

स्ट्रीनबर्ग ने यह घोषणा अपने नाटक 'मिस जूली' की भूमिका में 1888 में की थी। यह बात अब बहुत पुरानी हो चुकी है और इसे बार-बार उदधृत भी किया जा चुका है, किन्तु यह तब शायद नाटक के क्षेत्र में उतनी सही नहीं उतरती क्योंकि इस दरम्यान विश्व नाटक विकास और परिवर्तन के अनेक दौरों से गुजरा और उसने न जाने कितने महान नाटककारों तथा नाटकों को जन्म दिया। किन्तु अब यह विचार करना जरूरी लग रहा है कि क्या यह नाटकों के भविष्य पर एक भविष्यवाणी तो नहीं थी?

इस घोषणा के साथ स्टीनबर्ग ने यह भी कहा था कि बौद्धिक तथा विचार के स्तर पर अधिक विकसित देशों में नाटक एक 'कला' के रूप में प्रायः मृत हो चुका है। तब से अब तक न जाने कितने नये आन्दोलन हुए जिनका परिचय ऊपर दिया जा चुका है। किन्तु क्या नाटक एक कलारूप में कोई गम्भीर तथा प्रभावशाली भूमिका निभा पा रहा है?

हिन्दी नाटकों के समकालीन परिदृश्य को देखें तो प्रचलन और परिपाटी के रूप में नाटक आज भी खूब लिखे और राष्ट्रीय नाट्य विद्यालयों जैसी संस्थाओं के मंच से खेले जा रहे हैं। पर उन्हें देखते कितने और कौन लोग हैं? सामाजिक स्तर पर छोड़ भी दें तो कला रूप में कोई हलचल मच पा रही है? अखबारों तथा पत्रिकाओं के स्तम्भ में उनकी समीक्षाएँ हो जाती हैं किन्तु एक समग्र प्रभाव के रूप में उसका दायरा शास्त्रीय संगीत से भी सीमित हो गया है। नाटक और

रंगमंच से कुछ प्रतिभाशाली लोग सिनेमा में चले जाते हैं क्योंकि वहीं उन्हें अपना भविष्य नजर आता है और वहीं उन्हें अपनी प्रतिभा का भरपूर उपयोग करने का मौका मिलता है जबकि रंगमंच से जुड़े युवा लड़के-लड़कियों का एक बड़ा समूह एक बेकार प्रतिभाओं के रूप में देखा जाता है।

भारतभवन जैसी अनेक कला विधाओं को संरक्षण देने वाली संस्थाएँ रेपार्टरिज बन्द होती जा रही हैं। अत्यन्त पुरानी तथा प्रतिष्ठित नाट्य संस्था 'पृथ्वी थियेटर्स' दुर्दिन से गुजरती हुई प्रायः बन्द हो चुकी है और किराया-घर के रूप में काम कर रही है। कुल मिलाकर नाटक अपना सामूहिक प्रभाव खो चुका है।

'रंगमंच' से सिनेमा में जाकर प्रचुर धन और लोकप्रियता प्राप्त करने के बाद वही अभिनेता जब किसी प्रयोजन से या किसी विशेष अवसर पर रंगमंच पर अवतरित होते हैं तो टिकटों की कीमतें तो आसमान छूने ही लगती हैं, पूरा हॉल हफ्तों तक ठसाठस भरा रहता है। प्रश्न उठता है ऐसा क्यों? उत्तर साफ है, नाटक अपना सामूहिक प्रभाव तथा मूल रूप खो चुका है। मध्यवर्ग के अर्द्धशिक्षित लोग नाटकों से अधिक कथावाचक तथा कीर्तन सभाओं में जाने लगे हैं। यह एक वास्तविकता है। आज रंगमंच एक संकट के दौर से गुजर रहा है। नाटक अब समाज को उद्वेलित करके किसी सामूहिक आन्दोलन की प्रेरणा देने का स्रोत भी नहीं रह गया है।

'सहमत' आदि नुक्कड़ नाटकों वाली संस्थाएँ भी अब जहाँ-तहाँ रिचुअल के रूप में नाटक खेलती हैं।

अमेरिका जैसे विकसित देशों में भी अब 'ब्रॉडवे' और 'ऑफ ब्राडवे' पर कभी-कभार खेले जाने वाले नाटक भी चर्चा का विषय नहीं बनते। इसके अलावा पहले भी कोई नाटक यदि 'ब्राडवे' या 'ऑफ ब्राडवे' पर सफल हो जाते थे तो तत्काल उन्हें सिनेमा के रूप में परिवर्तित कर दिया जाता था। टेनिसी विलियम्स और ऑर्थर मिलर जैसे नाटककारों के नाटकों के साथ ऐसा ही होता रहा है। 'हू इज अफ्रेड ऑफ वर्जिनिया वुल्फ' और 'कैटऑनहॉट टिनरूफ' जैसे नाटक फिल्म रूप में आकर ही अवार्ड विनर बने। अतः विचारणीय प्रश्न है कि क्या एक कला माध्यम के रूप में नाटक अपनी प्रभावात्मकता खो चुका है?

नाटक की भाषा : सामान्य साहित्य माध्यमों की भाषा लेखक की निजी भाषा होती है, उसे पाठक की उतनी चिन्ता करने की आवश्यकता नहीं होती कि वह उस भाषा को तत्काल समझ जाएगा या नहीं। किन्तु नाटक की भाषा के लिए एक समूह की भाषा होना आवश्यक होता है ताकि वह तत्काल उस समूह तक सम्प्रेषित हो जाय। भाषा के रूप में सामान्य साहित्य की भाषा और नाटक की भाषा में मुख्य अन्तर उसकी प्रभावात्मकता को लेकर भी होता है।

बर्नाड शॉ जैसे नाटककार अपने लम्बे-लम्बे भाषणों वाली भाषा के साथ भी मंच पर सफल हो जाते थे क्योंकि उसे समझने तथा उससे प्रभावित होने वाला समूह वहाँ मौजूद होता था। अतः वह उस 'समूह', उस समय की भाषा होती थी। अतः इसीलिए बनार्ड शॉ के नाटकों का प्रभाव भी एक समय तक ही सीमित रहा।

सामान्य साहित्य तथा नाटक के सम्बन्धों को लेकर दूसरी दिक्कत यह भी आती है कि जरूरी नहीं है कि साहित्य विशेषज्ञ या समीक्षक नाटक और रंगमंच का भी विशेषज्ञ हो! अतः इसीलिए साहित्य समीक्षा लिखते हुए समीक्षक नाटक और रंगमंच की बारीकियों को समझ नहीं पाते। प्रायः वे यह भी नहीं समझ पाते कि 'रंगमंच' पर किसी अभिनेता या अभिनेत्री ने नाटक की 'कथावस्तु' या अन्तर्वस्तु के साथ किस हद तक न्याय किया है। इसीलिए सामान्यतः आज की नाट्य समीक्षा उसमें व्यक्त विचारों और विचारधारा तक ही सीमित रहती है। लेकिन जैसा कि पहले कहा गया, नाटक एक संश्लिष्ट विधा है : उसे कई स्तरों तथा कई कोणों से समझना होता है।

बनार्ड शॉ जैसे नाटककारों की भी सीमा यही थी। उनके नाटक विचारात्मक नाटक थे और विचारों की भाषा में लिखे गये थे। इसीलिए उनकी प्रभावक्ता उनमें व्यक्त किये गये विचारों की प्रभावक्ता पर आधारित होती थी। इसीलिए बनार्ड शॉ के आदर्श मॉलियर थे न कि शेक्सपियर। वे कहा करते थे कि शेक्सपियर को मनुष्य की दुर्बलताओं का तो पता था किन्तु उसकी शक्तियों का पता न था। शॉ अपने नाटकों के द्वारा मनुष्य के ज्ञान (नॉलेज) में वृद्धि करना चाहते थे। किन्तु ये 'ज्ञानवर्धक' नाटक बहुत सीमित समुदाय तक ही पहुँच पाते थे। शॉ के पास प्रभावोत्पादक भाषा थी किन्तु उनके पास भावनाओं को व्यक्त करने वाली भाषा नहीं थी। इसीलिए वे अन्तिम निकष पर बहुत बड़े नाटककार नहीं सिद्ध होते हैं। वे अपने को बहुत बड़ा नाटककार मानते भी नहीं थे।

आधुनिक नाटकों की कहानी तब तक पूरी नहीं होती जब तक महान रूसी कहानीकार और नाटककार एंटेन चेखव का जिक्र न किया जाय। नाटकों के क्षेत्र में जो महायुद्धों से पहले का दौर था जिसे वैज्ञानिक विवेक या 'एज ऑफ रीजन' का युग कहा जाता था, उस दौर के अन्तिम चरण में ही वैज्ञानिकता तथा आधुनिकता को लेकर अनेक शंकाएँ उत्पन्न होने लगी थीं। जर्मनी में शॉपेनहावर तथा नीत्से जैसे दार्शनिक अपने को 'डिसइनहोरिटेड माइंड' मानने लगे थे। कथा साहित्य तथा मुख्यतः नाटकों के क्षेत्र थे जिन कथाकारों तथा नाटककारों ने इस सच को समझा और अपनी रचनाओं में व्यक्त किया उनमें चेखव सर्वश्रेष्ठ थे। भारत में और हिन्दी नाटकों में महायुद्धोत्तर काल में बनार्ड शॉ आदि के बाद चेखव के

नाटकों का ही सर्वाधिक प्रभाव पड़ा।

आधुनिक हिन्दी नाटकों के विकासक्रम में हम पहले से ही देखते आ रहे हैं कि अन्य कला विधाओं की तरह ही नाटकों में आधुनिकता की शुरुआत पश्चिमी प्रभाव से हुई। भारतेन्दु काल से लेकर जयशंकर प्रसाद के समय तक के नाटककार शेक्सपियर से आक्रान्त थे लेकिन वह प्रभाव आधुनिकता का नहीं था। पारसी नाटकों के दौर में भी शेक्सपियर का अंधानुकरण किया जा रहा था जो अनुकरण से अधिक भोंडा अनुवाद हुआ करता था। शेक्सपियर के बाद जिन पश्चिमी नाटककारों का सर्वाधिक अनुकरण हिन्दी में किया गया, उनमें इब्सन तथा बनार्ड शॉ प्रमुख थे। इन्हें समस्यामूलक नाटक कहा गया। उन्हें यथार्थवादी नाटक भी कहा गया। लेकिन जैसा कि हम देख आये हैं, ये नाटक न तो समस्यामूलक थे और न यथार्थवादी। वे भावुकताप्रधान उपदेशात्मक किस्म के नाटक थे। हरिकृष्ण प्रेमी, लक्ष्मीनारायण मिश्र, सेठ गोविंददास और उदयशंकर भट्ट आदि ऐसे ही नाटककार थे। अपवाद स्वरूप केवल भुवनेश्वर थे जिनके नाटक तब की आधुनिकता से भी बहुत आगे थे और जो सन् 55 में ही हिन्दी में 'ऐबसर्ड नाटक' लिखने लगे थे, जब पश्चिम में भी ऐबसर्ड नाटकों का नामोनिशान नहीं था।

तात्पर्य यह कि सन् 40 और 50 के बीच हिन्दी नाटक एक दयनीय दौर से गुजर रहा था। हिन्दी नाटकों पर चेखव के नाटकों का प्रभाव सन् 50 के बाद पड़ा और उसने कथावस्तु और जीवनदृष्टि दोनों रूपों में हिन्दी नाटकों को बदलना शुरू कर दिया : ऐंग्रीयंगमैन, अस्तित्ववादी नाटक और ऐबसर्ड नाटकों का प्रभाव चेखव के प्रभाव के अनुगामी होकर हिन्दी नाटकों पर पड़े।

अनेक दृष्टियों से चेखव विश्व के सबसे पहले यथार्थवादी नाटककार थे। चेखव ने ही सबसे पहले नाटकों में प्रतीकों का प्रयोग प्रारम्भ किया। सवाल यह है कि साहित्य में प्रतीक आते ही क्यों हैं। या उनका प्रयोग अब आवश्यक हो जाता है? उस सन्दर्भ में हम चेखव के नाटक 'सीगल' में उस पक्षी की हत्या कर दी जाती है और उसे खाने को परोसा जाता है। सीगल के इस अमानवीय तथा हिंसक उपयोग के साथ ही नाटक की मूलकथा चलती है जिसमें एक युवती को फुसलाकर उसके साथ 'यौन सम्बन्ध' स्थापित किया जाता है। लेकिन यह सब दिखलाने के लिए 'सीगल' की क्या आवश्यकता है? चेखव का कहना है कि चूँकि नाटक के पात्र पढ़े लिखे और बौद्धिक प्राणी हैं, इसलिए यदि उन्हें उसी रूप में प्रस्तुत किया जाता तो वे अपने वाग्जाल से अपने कृत्य का (हत्या का) औचित्य सिद्ध करने की कोशिश करते। अत: यहाँ एक 'प्रतीक' के रूप में 'सीगल' को ले आते हैं, एक कोमल, सुन्दर निरीह पक्षी, जिसकी हत्या करके वे अपना 'भक्ष्य' बनाते हैं। ऐसे नृशंस कृत्य का क्या औचित्य सिद्ध किया जा

सकता है? ठीक ऐसा ही कृत्य एक युवती के साथ किया जाता है। जब खाने की मेज पर 'सीगल' का माँस परोसा जाता है तो एक युवती कहती है कि यद्यपि मैं यहाँ एक अभिनेत्री हूँ किन्तु दरअसल मैं ही वह सीगल हूँ। उसके इस कथन का इतना गहरा प्रभाव पड़ता है कि हत्यारा पात्र गोली मारकर आत्महत्या कर लेता है। कहने का तात्पर्य यह कि यही बात चेखव किसी लम्बे भाषण या स्पीच के द्वारा कहलाता तो वह उतना प्रभावशाली नहीं बन पाता जितना 'सीगल' के प्रतीक के द्वारा हो पाया है। साहित्य में प्रतीकों की आवश्यकता उसकी प्रभावोत्पादकता को प्रखर बनाने के लिए पड़ती है। इससे उसके अर्थ का दायरा भी विस्तृत तथा व्यापक हो जाता है। चेखव ने ऐसे ही प्रतीकों का उपयोग 'चेरी की बगिया' (चोरी आचर्ड) जैसे अन्य नाटकों में भी किया है। चेखव को इसीलिए आधुनिक नाटकों में एक विशेष प्रकार के यथार्थवाद का जन्मदाता माना जाता है जो मैक्सिम गोर्की के यथार्थवाद का अतिक्रमण करता है।

हिन्दी में मोहन राकेश के नाटक 'लहरों के राजहंस' में चेखव के सीगल से ही प्रेरित होकर 'हंस' को प्रतीक के रूप में प्रस्तुत किया गया था। लेकिन मोहन राकेश राजहंस के प्रतीक का प्रयोग उतने प्रभावोत्पादक यथार्थवादी प्रतीक के रूप में नहीं कर पाये।

चेखव के नाटक चूँकि रियलिस्टिक होते थे। इसलिए उनमें नाटकीयता दिखाने की गुंजाइश कम होती थी। नाटकीयता एक सीमा के बाद अवास्तविक हो जाती है। चेखव इसी से बचने के लिए स्वतन्त्र तथा नयी युक्तियाँ ईज़ाद करते हैं। मोहन राकेश ने चेखव के यथार्थवाद का अधिक प्रभावशाली इस्तेमाल 'आधे अधूरे' में किया जिसमें चेखव के नाटक 'थ्रीसिस्टर्स' की तरह जीवन की घुटन तथा 'एकरसता' से मुक्ति की छटपटाहट दिखायी गयी है।

जैसा कि बताया जा चुका है, मोहन राकेश के बाद हिन्दी नाटक पर पश्चिम की विविध प्रविधियों तथा प्रवृत्तियों का प्रभाव पड़ा और आगे आने वाले नाटककार उनसे प्रभावित होते रहे। ऐसे नये नाटककारों का उल्लेख ऊपर किया जा चुका है।

एकांकी नाटक

हिन्दी एकांकी नाटकों का सूत्रपात करनेवाले भारतेन्दु हरिश्चन्द्र ही थे। उनका विख्यात नाटक 'अंधेर नगरी' भले ही कई दृश्यों में विभाजित हो, किन्तु मूलतः वह रूपविधान की दृष्टि से एकांकी ही है। वैसे यदि विधिवत 'एकांकी' के रूप में देखें तो प्रसाद का नाटक 'एक घूँट' से ही हिन्दी एकांकी की शुरुआत होती है। अतः डॉ. नगेन्द्र का यह कहना है कि 'हिन्दी एकांकी का इतिहास दस वर्षों में सिमटा हुआ है', नितान्त-भ्रान्त तथा मिथ्या कथन है। वस्तुतः हिन्दी के सर्वश्रेष्ठ एकांकी तो भुवनेश्वर ने ही लिखे थे। उनके एकांकियों का संग्रह 'कारवां' 1934 में ही छप चुका था। अतः आधुनिक हिन्दी नाटकों की शुरुआत 1955 से होती है। यद्यपि डॉ. रामकुमार वर्मा का एकांकी 'बादल की मृत्यु' 1950 में ही प्रकाशित हो चुका था किन्तु वाह्य रुपविधान के बावजूद उसे आधुनिक एकांकी नहीं माना जा सकता। एकांकी नाटकों के क्षेत्र में डॉ. रामकुमार वर्मा का योगदान इसलिए महत्त्वपूर्ण है कि उन्होंने सम्भवतः हिन्दी में सर्वाधिक एकांकी लिखे जो गुणवत्ता की दृष्टि से भी श्रेष्ठ हैं। उनका पहला एकांकी संग्रह 'पृथ्वीराज की आँखें' 1958 में प्रकाशित हुआ था।

वैसे तो एक अंकवाले नाटक लिखने की परम्परा बहुत पुरानी है। संस्कृत में भी भाष, व्यायोग, अंक वीथी आदि नाट्य लिखे गये थे। स्वयं भारतेन्दु ने 'विषस्य विषऔषधम' नामक संस्कृत एकांकी लिखा था।

किन्तु आधुनिक हिन्दी एकांकी को हमें पश्चिम की नाट्य परम्परा से ही जोड़ना होगा जहाँ एकांकी नाटकों की परम्परा 'कर्टेन रेजर' के रूप में शुरू होती है जो मुख्य नाटक शुरू होने से पूर्व मनोरंजक रूप में दिखाए जाते थे।

जैसाकि कहा जा चुका है कि सन् 40 और 50 के बीच हिन्दी में एकांकी नाटकों की बाढ़ सी आ गयी थी। डॉ. रामकुमार वर्मा, उदयशंकर भट्ट, सेठगोविन्ददास, उपेन्द्र नाथ अश्क, लक्ष्मीनारायण मिश्र, हरिकृष्ण प्रेमी, भगवती चरण वर्मा, जगदीश चन्द्र माथुर, विष्णु प्रभाकर और सत्येन्द्र शरत आदि ने अनेक एकांकी लिखे थे।

समय की सीमा को ध्यान में रखते हुए रेडियो एकांकियों को काफी लोकप्रियता प्राप्त हुई जो ध्वनि नाट्य के रूप में लिखे जाते थे। रेडियो के 'हवामहल' आदि कार्यक्रमों में ढेर से एकांकी प्रसारित किये जाते थे जो मूलतः हास्य व्यंग्य प्रधान होते थे। रेडियो से ही गीति नाट्य परम्परा शुरू हुई जो बहुत लोकप्रिय नहीं हुई। कवि सुमित्रानन्दनपन्त ने भी ज्योत्सना नाम का फेटेंसी रूप में गीति नाट्य लिखा था जो बहुत सफल प्रयोग नहीं सिद्ध हो सका था। उन्होंने गीति नाट्यों के अपने दो संग्रह भी प्रकाशित कराये थे : 'रजत शिखर' और 'शिल्पी'। डॉ. लक्ष्मीनारायण लाल का 'सूखा सरोवर' और दुश्यन्त कुमार का 'एक कंठ विषपायी' उल्लेखनीय नाट्यकृतियाँ थीं। इस दिशा में अज्ञेय ने भी 'उत्तर प्रियदर्शी' नामक नाटक लिखा था जो मंच पर बहुत सफल नहीं हो सका था।

'एकांकी नाटक' एकांगी भी होते हैं इसलिए उनके द्वारा कोई समग्र प्रभान्विति (टोटल इफेक्ट) नहीं हो पाती। यद्यपि कहानी के ही स्थानापन्न नाट्यरूप हैं किन्तु कहानी की कला विकसित होती हुई जिस तरह चरम शिखर पर पहुँच चुकी है, उस तरह एकांकी नाटकों की कला में विकास नहीं हो पाया। इसलिए उसका एक अन्तिम पड़ाव भुवनेश्वर के एकांकी ही हैं। इस तरह की प्रतीकात्मकता तथा प्रखरता आगे चलकर हिन्दी एकांकी नहीं कर पाया। इसलिए नाटक अपने पुराने कार्य की ओर ही लौटता रहा है।

जर्मन नाटककार ब्रेश्ट ने अपनी एपिक नाटकों की अवधारणा को एक विशेष दौर में विश्वव्यापी बना दिया था किन्तु वह मूलतः साम्यवादी विचारधारा वाली परम्परा थी जो परम्परावादी भारतीय नाटकों की साधारणीकरण तथा 'रस निष्पति' द्वारा सम्पृत्ति के स्थान पर अलगाव (एलिएनेशन) पर जोर देती थी ताकि दर्शक नाटक से अभिभूत न होकर अधिक चैतन्य होकर नाटक के प्रभाव का विश्लेषण कर सके। किन्तु ब्रेश्ट के नाटक साम्यवादी क्रान्ति के दौर में आये थे। लेकिन क्रमशः साम्यवादी व्यवस्था (विचारधारा नहीं) से मोहभंग होने तथा महान सोवियत रूस के ध्वस्त होते ही उसका प्रभाव क्षीण हो गया।

यही हश्र अस्तित्ववादी प्रभाव से उत्पन्न हुए 'ऐबसर्ड' नाटकों का हुआ जब अस्तित्ववादी प्रभाव से मुक्त होती कला विधाएँ 'उत्तर आधुनिकता' के मोहपाश में बँध गयीं।

आज का नाटक (केवल हिन्दी का नहीं) पूरे विश्व में एक संकट से गुजर रहा है। इसका बहुत कुछ श्रेय सिनेमा को जाता है जो 'नाटकफॉर्म' को पचाकर एक महाकाय प्रविधि सम्पन्न कला विधा के रूप में सम्पूर्ण विश्व को आच्छन्न किये हुए : उसमें श्रव्य, दृश्य, ध्वनि, संवाद आदि के द्वारा साधारणीकरण की एक नयी परम्परा कायम हो गयी है जिसमें ये सबकुछ समन्वित हैं। आज के

सिनेमा में कुछ ऐबसर्ड भी है, कुछ अमूर्त न भी है, कुछ क्रान्ति के स्वर हैं तो कुछ परम्परागत या विचारवाद के भी। वस्तुतः उसने सभी कला विधाओं को उदरस्थ कर लिया है। आज का सिनेमा बाजारवाद तथा व्यावसायिकता का सर्वश्रेष्ठ कला माध्यम है जिसने कला की परम्परागत अवधारणा को ही ध्वस्त कर दिया है और इसका सबसे बड़ा शिकार आज का नाटक हुआ है।

अतः आज का नाटक तथा रंगमंच एक अनुष्ठानिक तथा औपचारिक रचना विधा पात्र बनकर रह गया है जो केवल सरकारी अनुदान प्राप्त संस्थाओं द्वारा 'वेंटिलेटर' के सहारे जीवित है।

नाटक की यह स्थिति साबित करती है कि आज हम 'ईश्वर विहीन' संसार में ही नहीं 'कलाविहीन' संसार में भी जी रहे हैं।

उपन्यास

हिन्दी उपन्यास मिश्रित प्रभावों तथा परम्पराओं की देन है। निश्चित रूप से मुख्यतः शिल्प, शैली तथा संरचना की दृष्टि से यह पश्चिम के उन्नीसवीं सदी के उपन्यासों से प्रभावित तथा प्रेरित विधा है। किन्तु अपन्नी कथावस्तु तथा मूल भावबोध में यह स्वतन्त्रता प्राप्ति तक एक परम्परागत रचना विधा के रूप में ही विकसित होता रहा है।

नाटक को अपदस्थ करने की प्रक्रियाओं में इसने सबसे पहले पहल की थी। इसीलिए उसे पश्चिम में 'जेवी थियेटर' भी कहा जाता था।

ऐसा माना जाता है कि प्रारम्भिक हिन्दी उपन्यासों की मूल प्रेरक शक्ति भारत का पुनर्जागरण काल था। यह पुनर्जागरण या नवोत्थान भारत के अलग-अलग प्रदेशों में अलग-अलग ढंग से हो रहा था। पश्चिमोत्तर प्रदेशों में यह कार्य आर्यसमाज कर रहा था। बंगाल में ब्रह्म समाज और महाराष्ट्र में प्रार्थना समाज। हिन्दी उपन्यास पर पहला प्रभाव आर्यसमाज का पड़ा। लेकिन विडम्बना यह थी कि हिन्दी और व्यापक परम्परागत हिन्दी समाज में आर्यसमाज एक खतरा बनकर आया था। भारतेन्दुकालीन हिन्दू तथा हिन्दी समुदाय मुख्यतः आर्य समाज के सुधारों का विरोधी था इसीलिए डॉ. रामविलास शर्मा जैसे समीक्षकों ने इसे हिन्दी नवजागरण कहा था, वहीं आज के कई समीक्षक उसे 'हिन्दू नवजागरण' काल कहते हैं। वैसे मुख्यतः आर्यसमाज भी हिन्दू नवजागरण ही कह रहा था किन्तु उसका 'हिन्दू सुधार' व्यापक सुधारों पर आधारित था जिनसे कट्टर हिन्दू समाज सहमत नहीं था और वह उन्हें दुष्प्रभावों के रूप में देखता था। आर्य समाज का जोर शिक्षा तथा स्त्री सुधारों पर अधिक था। वह बाल विवाह विरोधी तथा विधवा विवाह का समर्थक था। शिक्षा की उसने नयी प्रणाली तथा पद्धति विकसित की थी। वह पश्चिम अभिमुख नहीं था। आर्य समाज की दृष्टि केवल धार्मिक सुधारों पर केन्द्रित न होकर व्यापक सामाजिक परिवर्तन पर केन्द्रित थी।

आर्य समाज का विरोध मुख्यतः पुरोहित समुदाय तथा ब्राह्मण समुदाय कर रहा था। दुर्भाग्य से उसके विरोध में हिन्दी क्षेत्र का एक लेखक समुदाय भी सहयोग

कर रहा था। भारतेन्दु हरिश्चन्द्र भी आर्य समाज के समर्थक नहीं थे और न ही उनके सहयोगियों का 'मंडल' उसका समर्थक था।

हिन्दी उपन्यास का आरम्भ इसी वैचारिक द्वैत तथा द्वन्द्व को लेकर हुआ था जिसका जिक्र हम आगे विस्तार से करेंगे।

बंगाल के ब्रह्म समाज को मुख्यत: उस बौद्धिक समाज का समर्थन प्राप्त था जो पश्चिम की ओर अभिमुख था। उनके रहन-सहन तथा खानपान में भी पश्चिमी प्रभाव स्पष्ट झलकता था। इसीलिए वहाँ का भी कट्टर हिन्दू समुदाय उसे भारतीय ईसाई की तरह ही देखता था। तब के बांग्ला उपन्यासों में यह द्वन्द्व स्पष्ट रूप से दिखायी देता है। बंगाल के दो सर्वश्रेष्ठ उपन्यासकारों शरतचन्द्र तथा रवीन्द्रनाथ टैगोर के उपन्यासों में इस द्वन्द्व को देखा जा सकता है। टैगोर का प्रख्यात उपन्यास 'गोरा' तो इसी 'द्वैत' की विडम्बना पर आधारित है।

'ब्रह्म समाज' आर्यसमाज के विपरीत उच्चवर्गीय और कुलीनवर्गीय आन्दोलन बनकर रह गया। व्यापक जनसमुदाय में उसकी पैठ न हो सकी। राजा राममोहन राय, केशव चन्द्रसेन और रवीन्द्रनाथ टैगोर के पूर्वज उसके अग्रदूत थे। ब्रह्मसमाज शिक्षा में सुधारों तथा सतीप्रथा के विरोध आदि के बावजूद एक प्रकार की सम्मिलित तथा साफ संस्कृति में विश्वास करता था। ब्रह्म समाज के प्राय: सभी लोग 'भद्र लोक' के थे। शिक्षा के क्षेत्र में सबसे अधिक प्रचार-प्रसार का कार्य ईश्वरचन्द्र विद्यासागर ने किया जिन्हें ब्रह्म समाजी नहीं कहा जा सकता। बंगाल के सबसे प्रतिभाशाली रचनाकार माइकल मधुसूदन दत्त आधे अँग्रेज़ बन चुके थे।

लगभग यही स्थिति हिन्दी उपन्यासों में आर्यसमाज की भी थी। कुछ उपन्यासों के स्वर उसके समर्थन में थे और कुछ में उसके प्रति विरोध का स्वर प्रमुख था।

हिन्दी के पहले तथा सर्वश्रेष्ठ समीक्षक और इतिहासकार रामचन्द्र शुक्ल न जाने किन कारणों से हिन्दी उपन्यासों के पश्चिमीकरण पर बहुत जोर दे रहे थे। उन्होंने अपने इतिहास में कई जगह लिखा है कि हिन्दी में 'पश्चिमी ढंग का उपन्यास अमुक था।' मानो पश्चिमी ढंग का उपन्यास होना ही श्रेष्ठ उपन्यास होने की कसौटी हो। शुक्ल जी दरअसल रीतिकालीन तथा कुछ पोंगापंथी प्रभावों से हिन्दी उपन्यास को मुक्त रखना चाहते थे। इसीलिए उन्होंने लाला श्रीनिवास दास के उपन्यास 'परीक्षा गुरु' को पहला पश्चिमी ढंग का उपन्यास माना।

शुक्लजी को हिन्दी के प्रचार-प्रसार में सर्वाधिक योगदान करने वाले तथा अपने

समय के सर्वाधिक लोकप्रिय उपन्यास 'चन्द्रकान्ता संतति' आदि उपन्यास श्रृंखला से अधिक लगाव नहीं था क्योंकि वे उपन्यास हिन्दुस्तानी भाषा के समर्थक थे और उर्दू को हिन्दी से अभिन्न मानते थे। ग़रज कि उपन्यासों के पश्चिमीकरण की माँग शुक्ल से ही शुरू होती है। यहाँ यह जानना दिलचस्प होगा कि यही शुक्ल जी छायावाद के पश्चिम से प्रेरित तथा प्रभावित मानकर उसकी आलोचना कर रहे थे।

यह सच है कि देवकी नंदन खत्री आदि तत्कालीन हिन्दी उपन्यासों पर 'अरेबियन नाइट्स' आदि मुसलिम देशों की कथाओं का प्रभाव था जो स्पष्टत: शुक्ल जी को स्वीकार नहीं हो सकता था और सम्भवत: वे इसीलिए पश्चिमीकरण को एक बेहतर चुनाव के रूप में देखते थे। उस समय सर्वाधिक उपन्यास किशोरीलाल गोस्वामी ने लिखे थे और उनपर अंग्रेजियत का प्रचुर प्रभाव था। वे खूब अँग्रेज़ी साहित्य पढ़ चुके थे।

पंजाब के समाज सुधारक साहित्यकार पं. श्रद्धाराम फुल्लौरी का उपन्यास 'भाग्यवती' जो 1877 में प्रकाशित हुआ था, उसे कुछ लोग हिन्दी का पहला उपन्यास मानते हैं। किन्तु वह मुख्यत: स्त्रियों को घर-गृहस्थी सम्बन्धी कर्तव्यों का उपदेश देने वाला उपन्यास था जिसे एक अर्थों में उपन्यास मानना कठिन है।

अत: 'परीक्षा गुरु' को ही हिन्दी का पहला उपन्यास माना जाता है। जैसा कि ऊपर कहा गया है उसके सम्बन्ध में शुक्ल जी ने अपने इतिहास में लिखा था, "अँग्रेज़ी ढंग का मौलिक उपन्यास पहले-पहल हिन्दी में लाला श्री निवासदास का 'परीक्षा गुरु' निकला था।"

अत: हिन्दी उपन्यास किसी एक विशेष परम्परा की उपज नहीं था और वह अनेक मिश्रित परम्पराओं की देन था। हालाँकि ऐसा नहीं कि भारत में कोई कथात्मक गद्य की प्राचीन परम्परा नहीं थी: गुणाढ्य का 'वृहत कथा सागर' तथा 'चौरासी वैष्णों की वार्ता' आदि तो थे ही, वाणभट्ट की 'कादम्बरी' तब की सर्वश्रेष्ठ कथाकृति थी।

मेरी दृष्टि में यह दुर्भाग्यपूर्ण था कि अंग्रेजियत वाली नयी चाल में चलने की होड़ में, जिसे 'भारतीय अस्मिता' कहते हैं, वह प्रारम्भ से ही हिन्दी उपन्यास से लुप्त हो गयी।

आचार्य रामचन्द्र शुक्ल के उपन्यास के सम्बन्ध में विचार विभिन्न थे। उन्होंने प्राचीन कथा-परम्परा (जिसमें सम्भवत: मुसलमानी तथा प्राचीन भारतीय कथा परम्पराएँ, दोनों शामिल थीं) के बारे में लिखा था कि "ये वास्तव में घटना प्रधान कथानक और कपोलकल्पित किस्से हैं और साहित्य की कोटि में नहीं आते। देवकी नन्दन खत्री आदि के उपन्यास चूँकि ऐसे ही थे, इसलिए शुक्ल जी की बात उन्हीं

को लक्ष्य करके कही गयी थी जिसको वे शौक तो मानते थे, पर साहित्य नहीं। अतः इस शौक से छुटकारा दिलाया पश्चिम से प्रेरित तथा प्रभावित उपन्यासों ने।

बाद में प्रेमचन्द ने भी अपने को हेनरी फिल्डिंग, मोंपासा, डिकेंस आदि के उपन्यासों का ऋणी बताया था। बहुत बाद में जब भारतीयतावादी लोगों द्वारा हिन्दी के उपन्यासों पर पश्चिम प्रेरित तथा प्रभावित होने का आरोप लगाया जाने लगा तो इस तथ्य की ओर गौर नहीं किया गया कि यह तो प्रारम्भ से ही आहूत तथा आमंत्रित प्रभाव था। उसके 'प्रेत' अपने ही लोगों द्वारा जगाए गये थे।

भारतीय उपन्यास का कोई अपना तथा निजी स्वरूप न उभर पाने का मूल कारण यही था। वरना लैंटिन अमेरिकन उपन्यासों की तरह या 'ब्लैक नॉवेल' कहे जाने वाले उपन्यासों की तरह भारतीय उपन्यासों का अपना स्वरूप उभर सकता था। प्रेमचन्द तथा कुछ बाद के उपन्यासकारों तक तो कम से कम उपन्यासों की विषयवस्तु और अर्न्तवस्तु भारतीय बनी रही किन्तु बाद में क्रमशः उसका भी आधुनिकीकरण होने लगा।

पहले ही कहा जा चुका है कि हिन्दी उपन्यास प्रभावों की मिश्रित उपज है। किन्तु सर्वाधिक प्रभाव उस पर पुनर्जागरण या नवजागरण का पड़ा जो सुधारवादी था। इन सभी प्रवृत्तियों का प्रतिनिधित्व किशोरीलाल गोस्वामी के उपन्यास करते हैं।

नाटकों की तरह ही उन्नीसवीं 'सदी का बांग्ला' उपन्यास हिन्दी उपन्यास से बहुत आगे था। वहाँ बहुत पहले बंकिमचन्द्र चट्टोपाध्याय के उपन्यासों ने अपना स्वरूप निश्चित कर लिया था जिसका प्रभाव इतना जबर्दस्त था कि उनके कई उपन्यासों के अनुवाद अँग्रेज़ी में भी हुए थे। आज धर्मनिरपेक्षता के युग में उनके ऐतिहासिक उपन्यासों 'आनन्दमठ' और 'राजसिंह' आदि को लोग प्रतिक्रियावादी और मुसलिम विरोधी मानते हैं, किन्तु वे ऐतिहासिक तथ्यों पर आधारित हैं। बंकिमचन्द्र के उपन्यासों में एक गहरी मनोवैज्ञानिकता भी थी जो उनके 'रजनी', 'विषवृक्ष' आदि उपन्यासों में देखी जा सकती है। निश्चित रूप से बंकिमचन्द्र के उपन्यासों को बंगला ही, नहीं अनेक अर्थों में 'भारतीय उपन्यासों' का जनक माना जा सकता है, जैसे रूस में तुर्गनेव को माना जाता है।

बंकिमचन्द्र ने तो 1838 से लिखना शुरू कर दिया था और उनका ऐतिहासिक उपन्यास 'दुर्गेश नन्दिनी' 1865 में प्रकाशित हुआ था जब हिन्दी उपन्यास का नामोनिशान तक नहीं था। हिन्दी में पहला उपन्यास कहे जाने वाला उपन्यास 'भाग्यवती' 1877 में लिखा गया था।

बीसवीं शताब्दी के पहले दशक के बाद काव्य में छायावादी आन्दोलन की शुरुआत होते ही हिन्दी कविता तथा हिन्दी उपन्यास में होड़-सी लगने लगी थी।

किन्तु प्रसाद, निराला और पंत के साथ इस प्रतिस्पर्धा में प्रेमचन्द अकेले खड़े थे। प्रेमचन्द को छोड़कर उस समय के (और बाद के भी) सभी उपन्यासकारों पर छायावादी भावबोध का प्रभाव था।

इसमें कोई शक नहीं था कि हिन्दी उपन्यास में ही नहीं, हिन्दी कविताओं में भी यथार्थ की चेतना प्रेमचन्द ने जगाई थी वरना हिन्दी कविता 'जूही की कली' से जल्दी आगे नहीं बढ़ती और निराला को भी 'वह तोड़ती पत्थर' तक पहुँचने में देर लगती। इस तरह कह सकते हैं कि बीसवीं सदी का उपन्यास वास्तविक अर्थों में अपने युग की अभिव्यक्ति का स्वाभाविक माध्यम बन कर विकसित हुआ।

अभिव्यक्ति की यह आवाज सबसे पहले मन्नन द्विवेदी के उपन्यास 'रामलाल' और 'कल्याणी' में (1917) सुनी गई। इन दोनों उपन्यासों पर आर्यसमाज तथा गाँधीवाद का प्रभाव था। 'रामलाल' में ग्रामीण जीवन के सामाजिक परिवेश को व्यक्त किया गया है। इस उपन्यास से प्रेमचन्द के उपन्यासों तक विकास की एक सीधी लकीर देखी जा सकती है। ये सभी नवजागरण से प्रभावित सुधारवादी उपन्यास थे। 1918 में प्रकाशित प्रेमचन्द के पहले उपन्यास 'सेवा सदन' में सबसे मुखर रूप में सुधारवाद सामने आया लेकिन मन्नन द्विवेदी के उपन्यासों का सुधारवाद बहुत सहमा हुआ सुधारवाद था। इस सुधारवादी प्रतिरोध में देशभक्ति और राजभक्ति का विचित्र मिश्रण था (भारतेन्दु मंडल के लेखकों की तरह) इसमें विदेशी शासन का विरोध नहीं है, केवल विदेशी सभ्यता तथा संस्कृति का विरोध है।

बीसवीं सदी के दूसरे दशक में प्रकाशित ठाकुर कल्याण सिंह शेखावत का उपन्यास 'शुक्ल और सोफिया' कई दृष्टियों से महत्त्वपूर्ण उपन्यास था। इस उपन्यास तथा प्रेमचन्द के उपन्यास 'रंगभूमि' में एक अद्‌भुत साम्य दिखायी देता है। 'शुक्ल और सोफिया' में भारतीय डॉक्टर शुक्ल और विदेशी युवती सोफिया के बीच प्रेम सम्बन्ध चित्रित किया गया है। यह हिन्दी उपन्यास में एक नये प्रकार के कथानक की शुरुआत थी। इस उपन्यास पर 'थियोसॉफिस्ट' विचारों का प्रभाव है पर बहुत दूर तक नहीं। इसमें पहली बार बहुत धीमे स्वर में नारी मुक्ति का आह्वान भी सुनायी होता है। लेकिन इस उपन्यास से सुधारवादी मूल्यों का दुहरापन भी साफ हो जाता है जो उनमें अन्तर्निहित पाखंड को भी सामने लाता है। डॉ. शुक्ल अपने को ब्रह्मसमाजी कहते हैं और अपने पुत्र को पढ़ने के लिए विलायत भेजने को बहुत बड़ी क्रान्ति समझते हैं, जबकि इसका असली कारण आर्थिक लाभ है। उनका यह ब्रह्मसमाजी पाखंड खुलकर तब सामने आता है जब उनका पुत्र ईसाई युवती से विवाह करना चाहता है तो वे उसका विरोध करते हैं।

दरअसल 'शुक्ल और सोफिया' में प्रच्छन्न रूप से हिन्दी साम्प्रदायिकता

की भावना भी झाँकती रहती है। उपन्यास में मि. याकूब को 'खलनायक' बना दिया गया है और उपन्यास के ईसाई पात्रों द्वारा हिन्दी संस्कृति का गौरवगान कराया गया है (हम आगे देखेंगे कि प्रेमचन्द के उपन्यास 'रंगभूमि' में भी ठीक यही कराया गया है)।

उपन्यास के अन्त में हम देखते हैं कि सोफिया से प्रेम करने वाले डॉ. शुक्ल संन्यासी बन जाते हैं और सोफिया भी 'नन' बन जाती है।

हिन्दी उपन्यास परम्परागत धार्मिक रूढ़ियों को बहुत दूर तक ढोता रहा है और सामाजिक क्रान्ति के नाम पर उसमें सुधारवादी समझौते ही अधिक दिखायी देते हैं। प्रेमचन्द के उपन्यास भी इससे पूरी तरह मुक्त नहीं हैं। फिर भी 'शुक्ल और सोफिया' ऐतिहासिक दृष्टि से महत्त्वपूर्ण उपन्यास है। अँग्रेज़ी समीक्षक एफ.आर. लेविस ने अपनी पुस्तक 'द ग्रेट ट्रेडिशन' में हेनरी फिल्डिंग के उपन्यासों को इसी दृष्टि से महत्त्वपूर्ण माना है।

ऐसा ही एक उपन्यास ठाकुर जगमोहन सिंह का 'श्यामा स्वप्न' था जो सन् 1888 में प्रकाशित हुआ था। यह उपन्यास काव्यात्मक भाषा-शैली में लिखा गया एक परम्परागत उपन्यास था। लगभग रीतिकालीन पद्धति में लिखा गया यह उपन्यास दूत, दूती, विरह मिलन आदि वर्णन युक्त है जिसमें प्रकृति का विस्तार से वर्णन किया गया है और जो महज प्रेम को उदीप्त करने के लिए है। किन्तु इसका भी ऐतिहासिक दृष्टि से महत्त्व इस बात में है कि इसमें एक ब्राह्मण कन्या तथा क्षत्रिय युवक के बीच बड़े साहसिक ढंग से प्रेम का वर्णन किया गया है।

इसके अतिरिक्त पं. लज्जा राम मेहता तथा श्री राधाकृष्ण भी इस दौर के उपन्यासकार थे किन्तु सर्वाधिक ख्याति किशोरीलाल गोस्वामी के उपन्यासों को ही मिली। उन्होंने 65 उपन्यास लिखे थे। ये बीसवीं सदी के दूसरे दशक तक लिखते रहे थे यानी लगभग प्रेमचन्द के समय तक। ये घनघोर हिन्दूवादी तथा सनातनी थे। इसी से समझा जा सकता है कि प्राय: इसी समय कथा के क्षेत्र में आने वाले प्रेमचन्द पर परम्परा तथा रूढ़ियों का कितना बोझ रहा होगा जिन्हें अपनी पीठ से उतार फेकने के लिए उन्हें अपने अन्तिम उपन्यास 'गोदान' तक प्रतीक्षा करनी पड़ी। लेकिन 'गोदान' भी पूरी तरह रूढ़ि मुक्त नहीं हो पाया। इसका जिक्र भी यथासमय किया जाएगा। यही कारण है कि प्रेमचन्द के प्रारम्भिक उपन्यासों में आश्रमवादी तथा सुधारवादी प्रवृत्तियाँ बहुत मिलती हैं। श्रमिकों और किसानों के प्रति सहानुभूति रखते हुए भी प्रेमचन्द जमींदारों तथा राजा रजवाड़ों के प्रति कोई कड़ा रुख नहीं अपनाते, बल्कि जगह-जगह उनके सद्गुणों को भी सामने लाते रहते हैं, यह बतलाने के लिए कि सारे जमींदार और राजे-रजवाड़े एक जैसे नहीं होते। किन्तु प्रेमचन्द के सम्पूर्ण कथा-साहित्य में विकास का एक क्रमिक

ग्राफ दीखता है जो 'गोदान' जैसे उपन्यास तथा 'कफन' जैसी कहानी में अपने चरम उत्कर्ष पर पहुँच गया है।

किशोरीदास गोस्वामी के ही समकालीन उपन्यासकार भुवनेश्वर मिश्र थे जिनका ध्यान पहली बार ग्राम अंचल की ओर गया। उनके उपन्यास 'घटना' (1894) और 'जैनेन्द्र गुलेनार' (1907) में ग्रामीण जीवन का अच्छा चित्रण मिलता है। प्रसिद्ध कवि अयोध्या सिंह उपाध्याय ने भी 'ठेठ हिन्दी का ठाठ' (1899) और 'अधखिला फूल' (1901) नामक दो उपन्यास लिखे थे। इसके अतिरिक्त ब्रजनन्दन सहाय का उपन्यास 'सौंदर्योपासक' (1912) भी पर्याप्त चर्चित हुआ था। इनके अतिरिक्त प्राय: आधा दर्जन उपन्यासकारों ने भी इस दौर में कई उपन्यास लिखे थे।

प्रेमचन्द (1880–1936)

प्रेमचन्द का यद्यपि हिन्दी उपन्यास के क्षेत्र में प्रवेश बहुत चमत्कारिक नहीं था, बल्कि एक क्रमिक विकास की परिणति थी, किन्तु उन्होंने अपने उपन्यासों के कथानक बड़ी सर्तकता से चुने थे। उनकी सामाजिक चेतना अद्‌भुत थी। वे एक पत्रकार लेखक के रूप में हमेशा किसी न किसी पत्र-पत्रिका से जुड़े रहे जिनमें 'जागरण' और 'हंस' प्रमुख हैं। वे एक कुशल तथा सतर्क पत्रकार की तरह अपने समय की घटनाओं पर अनुक्षण नजर रखते थे। प्राय: अपने उपन्यासों के कथानक उन्हें पत्र-पत्रिकाओं से ही मिलते थे जिन्हें वे बड़ी रचनात्मक कुशलता से कथारूप में अपने उपन्यासों में ढाल लिया करते थे। इसी कारण उनके उपन्यास क्रमश: सरलता से जटिलता की ओर बढ़ते हैं और अपने विवेचन विवेक से वे इन्हें अपने दृष्टिकोण में भी व्यक्त करते जाते हैं। पर जैसा कहा गया, अपने ऊपर परम्परा के भारी बोझ के कारण वे बहुत साहसिक निर्णय लेने से हमेशा कतराते रहे। वे आर्यसमाजी भी बने, गाँधीवादी भी बने और अन्त में समाजवाद की ओर बढ़ते हुए भी (हालाँकि उनके समाजवाद का स्वरूप भी सुधारवाद और समझौतावाद पर ही आधारित था) दिखायी देते हैं किन्तु वह उनके प्रेरणास्त्रोत मैक्सिम गोर्की वाला समाजवाद न होकर टॉलस्टॉय वाला समाजवाद अधिक प्रतीत होता है। वे अपने बाद आने वाले उपन्यासकारों जैनेन्द्र और अज्ञेय की तरह चिन्तक नहीं थे, किन्तु उनकी अपेक्षा वे अपने समय तथा समाज की ओर अधिक जागरूक दृष्टि रखते थे।

जैसाकि पहले ही बताया जा चुका है कि हिन्दी उपन्यास पर नवजागरण का सर्वाधिक प्रभाव पड़ा था। किन्तु प्रेमचन्द ने बांग्ला नवजागरण से प्रेरित बांग्ला उपन्यासकारों से प्रेरणा न लेकर न तो उनके शिल्प को अपनाया और न उनकी

संवेदना को। हिन्दी नवजागरण से प्रभावित होकर उन्होंने उसके स्थूल मुद्दों को लेकर ही उपन्यास लिखे और इसी रूप में हमेशा अपने समय के साथ चलने की कोशिश करते रहे। 1918 में प्रकाशित उनका पहला उपन्यास 'सेवासदन' प्रकाशित होते ही लोकप्रिय हो गया क्योंकि उन्होंने बांग्ला उपन्यासों, मुख्यत: शरतचन्द्र तथा रवीन्द्र नाथ टैगोर की तरह उस समय की समस्याओं के अन्तरंग में न जाकर एक मानवतावादी दृष्टि से उन्हें देखा जो सामान्य जनमानस के गले आसानी से उतर जाती थी। उसके अतिरिक्त उन्होंने हिन्दी की कथाभाषा के स्वरूप को एकदम बदल दिया था। वे लच्छेदार कवित्वपूर्ण तथा प्राय: टेढ़े-मेढ़े असंगत किस्म के वाक्य विन्यासों से कथा भाषा को निकालकर बैठकों की बातचीत तथा राहगीरों की भाषा के स्तर पर उतार लाये थे। उन्होंने कथा भाषा को मुहावरों तथा लोकोक्तियों से भर दिया था जो तत्कालीन जनरुचि के अत्यन्त करीब थी। उसे रामचन्द्र शुक्ल ने सबसे पहले लक्षित किया था, "प्रेमचन्द की सी चलती और पात्रों के अनुरूप रंग बदलने वाली भाषा हिन्दी में पहले कभी नहीं देखी गयी थी।" शुक्ल जी का ध्यान प्रेमचन्द की भाषा की इस अनोखी विशेषता की ओर तो गया किन्तु इसी अनोखी भाषा के सामाजिक पक्ष की ओर उन्होंने ध्यान नहीं दिया। प्रेमचन्द कथाकार के रूप में उर्दू से आये थे। उन्होंने उर्दू में भी खूब लिखा था। आज भी वे उर्दू के भी एक महत्त्वपूर्ण कथाकार के रूप में जाने जाते हैं। अत: उन्होंने शुक्ल जी के विचारों के विपरीत उर्दू को हिन्दी से अलग नहीं समझा और अपनी इस 'अनोखी भाषा' के द्वारा हिन्दी और उर्दू के बीच का अन्तर मिटा दिया जो राजा शिवप्रसाद, सरसैयद अहमद तथा भारतेन्दु के जमाने से चला आ रहा था। उन्होंने इस भाषायी विवाद को लेकर कोई आन्दोलन नहीं चलाया, पर नज़ीर के तौर पर ऐसी भाषा लिखी, जिसके सब मुरीद हो गये। हिन्दी उपन्यासों में एक नयी कथा-भाषा का सूत्रपात स्वत: हो गया और जो आज तक कथाभाषा का एक स्वाभाविक स्वरूप बना हुआ है।

'सेवा सदन' ऐसी ही कथाभाषा को लेकर आया। प्रेमचन्द एक स्वाभाविक किस्सागो तो थे ही, उनकी इस कथाभाषा ने 'सेवासदन' के 'रूप पक्ष' को चमका दिया। किन्तु विचार तथा 'वस्तु तत्व' के रूप में देखें तो 'सेवासदन' की समस्याएँ और उनके समाधान बहुत स्थूल किस्म के हैं जो जाहिरा तौर पर अपने समय के सुधारवादी आन्दोलनों से लिये गये हैं : माना कि उपन्यास की नायिका सुमन के पिता को आर्थिक परेशानियों से ग्रस्त होकर भ्रष्ट होने पर मजबूर होना पड़ा और आगे चलकर सुमन को भी विवाहोपरान्त वेश्या होने पर मजबूर होना पड़ा किन्तु यह एक कथा में इतनी अतिशयता तथा अतिरंजना के साथ व्यक्त किया गया है कि आज के सजग पाठक को यह एक सामाजिक फिल्मी-कथा की तरह

लगता है। स्पष्टत: उस समय तक समाजशास्त्र तथा सामाजिक चिन्तन इतना विकसित नहीं हुआ था कि वेश्या बनने या होने के जटिल तथा मनोवैज्ञानिक कारणों को समझा जा सके। पश्चिम में एमिल जोला का 'नाना' तथा टॉलस्टॉय का 'पुनर्जन्म' (रिजरक्शन) तो प्रकाशित हो ही चुके थे और प्रेमचन्द ने शायद टॉलस्टॉय को तो पढ़ा ही होगा। 'सेवासदन' में सुमन का वेश्या बनना बिल्कुल कन्विंसिंग नहीं लगता।

'सेवासदन' के बाद प्रेमचन्द का दूसरा उपन्यास 'प्रेमाश्रम' 1921 में प्रकाशित हुआ था। यद्यपि यह भी एक आश्रमवादी उपन्यास ही है और उसका भी अन्त 'आश्रमवाद' तथा 'त्यागवाद' के रूप में ही होता है किन्तु इसमें एक उपन्यासकार के रूप में उत्तर प्रदेश के किसान आन्दोलन को केन्द्र में रखकर विस्तार से सामाजिक और आर्थिक प्रश्नों पर विचार किया गया है जो इस उपन्यास को 'सेवासदन' से बहुत आगे ले जाता है। इस पर प्रकारान्तर में गाँधी का प्रभाव है किन्तु यह गाँधीवादी उपन्यास नहीं है। इसकी फलक बहुत व्यापक है और उसमें सामाजिक आर्थिक प्रश्नों के अलावा नैतिक प्रश्नों पर भी विचार किया गया है।

इस दौर में गाँधी जी का प्रभाव अपने पूरे उरूज पर था जिसके बारे में जवाहरलाल नेहरू ने अपनी आत्मकथा में लिखा था, "ऐसा मालूम होता था कि वह (भारतीय जनता) किसी कैद या बोझ से छुटकारा पा गयी हो और आजादी का एक नया भाव इसमें आ गया हो...हमारे जोश और आशावाद का ठिकाना न था...वह पुराना भाव कि हम दबे हुए हैं और हमें कामयाबी नहीं मिल सकती, बिलकुल चला गया था" (मेरी कहानी पृष्ठ 107)।

लेकिन यह तस्वीर का केवल एक रुख यानी अभी यह सबकुछ केवल मानसिक स्तर पर घटित हो रहा था, जबकि बाहर की वास्तविकता कुछ और थी। इसके बारे में भी नेहरू ने आगे लिखा था, "कल-कारखाने के मजदूर जिनकी संख्या पहले महायुद्ध के बाद बेतरह बढ़ गयी थी और वे कुछ ही जगहों में स्थानीय रूप से संगठित हो पाये थे और उनका प्रभाव नहीं के बराबर था। किसान गरीबी और मुसीबतों के मारे थे। वे भाग्य के भरोसे दिन काटते और सरकार जमींदार, साहूकार, छोटे-बड़े हुक्काम, वकील, पंडे, पुरोहित, सब उन पर सवारी गाँठ रहे थे। उन्हें पूरी तरह चूस रहे थे।" यह सब नेहरू ने उन्हीं दिनों उत्तर प्रदेश के अपने दौरे के बाद लिखा था। 'प्रेमाश्रम' की कथा भी इसी दौर पर आधारित थी और यह दौर 'गोदान' के दिनों तक चला था और तब तक प्रेमचन्द 'आश्रमवाद' से निकलकर उन्हीं वास्तविकताओं और ब्योरों का वर्णन करने लगे थे जिनका जिक्र नेहरू ने किया था और जिसका शिकार 'गोदान' का 'होरी' हो

गया था।

तात्पर्य यह कि प्रेमचन्द के आने तक या उनके कारण ही तीसरे और चौथे दशक तक हिन्दी उपन्यासों में परिवर्तन का एक नया स्वर तथा नयी धमक सुनायी पड़ने लगी थी। प्रेमचन्द कथाकार होने के अतिरिक्त एक जागरुक पत्रकार भी थे तथा उस समय के प्रबुद्ध पत्रकारों से उनके घनिष्ठ सम्बन्ध भी थे। जिन घटनाओं तथा समाचारों से उस समय के अखबार आन्दोलित होते रहते थे, प्रेमचन्द के 'कथानक' उन्हीं से निर्मित होते थे। प्रेमचन्द के पास एक अत्यन्त सर्तक दृष्टि थी जो अपने आसपास घटित होती घटनाओं को बड़ी कुशलता से अपनी कथाओं में गूँथती जाती थी। वे अपने ब्यौरों को रूखा या शुष्क नहीं होने देते थे और उन्हें अपने व्यंग्य और विनोद से भर देते थे। किन्तु उनके उपन्यासों में पात्रों या चरित्रों के 'अन्तरंग' या मानसिकता का चित्रण बहुत कम है। उनके उपन्यासों में गतिशीलता बहुत है मानो वे उन्हें भागते-भागते पकड़ रहे हों। उनमें पूरे समाज तथा जीवन को पकड़ लेने की आतुरता है। इसीलिए उनके उपन्यासों में सभी वर्गों और वर्णों के लोग उपस्थित हैं। उनके यहाँ समाज की प्रायः सभी समस्याएँ मिलेंगी। इसीलिए उनके चित्रण और उनके समाधान कुछ स्थूल किस्म के ही होते हैं। जहाँ तक कथा में भावप्रवणता का प्रश्न है, उन्होंने जैनेन्द्र कुमार के एक प्रश्न में उत्तर में कहा था, 'मैं अपने उपन्यासों को बांग्ला उपन्यासों की 'स्त्रैणता' से मुक्त रखना चाहता हूँ।'

उस समय के स्वतन्त्रता सम्बन्धी आन्दोलनों, विशेष रूप से गाँधी द्वारा प्रेरित आन्दोलनों का प्रभाव यह पड़ा था कि स्त्रियाँ भी बहुत बड़ी संख्या में उनमें शामिल होने लगी थीं। उस समय सार्वजनिक जीवन में स्त्रियों का प्रवेश एक बहुत बड़ी घटना थी। उसने जहाँ राजनैतिक-सामाजिक आन्दोलनों को तीव्र किया, वहीं पारिवारिक सम्बन्धों को अनेक प्रकार की जटिलताओं तथा तनावों से भर दिया। यहाँ तक कि गाँधी जी द्वारा स्थापित आश्रम भी उनसे मुक्त नहीं थे। हिन्दी उपन्यासों के लिए यह अपूर्व अवसर था। अनेक उपन्यासकारों ने इसका भरपूर उपयोग किया। प्रेमचन्द के उपन्यासों में इनका चित्रण बहुत कम मिलता है, केवल 'कर्मभूमि' इसका अपवाद है। इसका चित्रण जैनेन्द्र और यशपाल आदि के उपन्यासों में अधिक मिलता है।

जैसा कि मैंने ऊपर कहा था प्रेमचन्द के उपन्यास सरलता से जटिलता की ओर क्रमशः बढ़ते हैं : 'सेवासदन' से 'गोदान' तक की लम्बी यात्रा में यह स्पष्ट लक्षित किया जा सकता है। यदि प्रेमचन्द के उपन्यासों में बाह्य सामाजिक-राजनैतिक जीवन के चित्रण के साथ-साथ मनुष्य के मानसिक जगत का चित्रण भी सूक्ष्मता से किया जा सकता तो उनके उपन्यास अधिक महत्त्वपूर्ण बन सकते

थे। इसी कारण वे टॉलस्टॉय की अपेक्षा गोर्की के अधिक करीब दिखायी देते हैं। उनका 'गोदान' (जैसा कि कुछ लोग कहते हैं) टॉलस्टॉय के 'वार एंड पीस' के आसपास भी कहीं नहीं पहुँच पाता। उनके यहाँ नैतिक द्वन्द्व और उससे उत्पन्न जटिलता का चित्रण भी कहीं नहीं मिलता।

यही कारण है कि प्रेमचन्द के उपन्यासों में 'पतन' (फॉल) की अवधारणा ही नहीं है। केवल 'प्रेमाश्रम' के ज्ञानशंकर और गायत्री देवी के सम्बन्धों में यह नैतिक द्वन्द्व तथा अपराधबोध जरूर दिखायी पड़ता है जिसका अन्त दोनों की आत्महत्याओं में होता है। इसके अलावा सूक्ष्म-सौन्दर्य चित्रण तो प्रेमचन्द के यहाँ प्राय: है ही नहीं—हालाँकि इसके अवसर अनेक हैं : 'रंगभूमि' में विनय तथा सोफिया के बीच प्रेम तथा सुकुमार क्षणों के अनेक अवसर आये हैं किन्तु उनका कामचलाऊ चित्रण करके ही निपटा दिया गया है। 'कर्मभूमि' में रमाकान्त तथा रुबीना के बीच प्रेम-सम्बन्ध किंचित अधिक सघन तथा द्वन्द्वात्मक है, पर वहाँ भी इस 'परकीया प्रेम' को स्वीकार करने का साहस प्रेमचन्द नहीं कर पाये हैं। वे दाम्पत्य प्रेम को बहुत प्रमुखता देते हैं और उसके टूटने का चित्रण कहीं नहीं कर पाते जैसा कि टॉलस्टॉय ने अपने महान उपन्यास 'अन्ना केरेनिना' में किया है, भले ही उसका अन्त अन्ना केरेनिना की आत्महत्या में होता है। प्रेमचन्द के उपन्यासों में 'प्रेम' तथा सौंदर्य चित्रण का अभाव है।

पतन (फॉल) एक गम्भीर मानवीय प्रवृत्ति है जो मनुष्य के नैतिक बोध को बहुत गहराई से प्रभावित करती है, जिसका सर्वोत्तम चित्रण टॉलस्टॉय के 'फादर सर्जियस' जैसे उपन्यासों में किया गया है। अत्यधिक स्वचेतन तथा संवेदनशील व्यक्ति को ही अपने 'पतन' तथा 'डीजेनरेशन' का अनुभव हो पाता है। प्राचीन भारतीय गाथाओं में उर्वशी, पुरुरवा, विश्वामित्र, दुष्यन्त-शकुन्तला, नल-दमयंती आदि अनेक ऐसे उदाहरण हैं जो मूलत: पतन पर आधारित हैं और उन्हें क्रमश: 'पतन' से 'उदात्त' की ओर बढ़ता दिखाया गया है। महान ग्रीक त्रासदियाँ भी 'पतन' की ही गाथाएँ हैं। शेक्सपियर के नाटक 'ओथेलो' तथा 'जुलियस सीज़र' आदि में भी मनुष्य के 'पतन' और प्रायश्चित का अभूतपूर्व चित्रण किया गया है। 'जूलियस सीजर' में जब सीजर का सबसे अधिक विश्वासपात्र व्यक्ति ब्रूट्स भ्रमित होकर उस पर छुरे से वार करता है तो सीजर कहता है 'यू टू ब्रूटस? देन सीजर फॉल्स।' अपनी इस गद्दारी और विश्वासघात को ब्रूटस कभी भूल नहीं पाता और अन्त में इसका प्रायश्चित आत्महत्या के रूप में करता है। किन्तु प्रेमचन्द की कथा परम्परा सम्भवत: तुलसी के राम वाली है। यह संयोग नहीं कि प्रेमचन्द को पढ़ते हुए हमें अक्सर तुलसीदास की उक्तियों और सूक्तियों की याद आती है। प्रेमचन्द में भी क़दम-क़दम पर उक्तियाँ, सूक्तियाँ और नीति वाक्य भरे पड़े

हैं। प्रेमचन्द के उपन्यासों में ग्रामीण-जीवन तथा किसानों का चित्रण बहुत प्रामाणिक तथा वास्तविक है। प्रेमचन्द मैथिलीशरण गुप्त की तरह कहीं नहीं लिखते या लिख सकते कि "अहा, ग्रामजीवन भी क्या है!"...लेकिन प्रेमचन्द जब जमींदारों, ताल्लुकेदारों तथा राजे-रजबाड़ों के जीवन का चित्रण करते हैं (जो उन्होंने अनेक स्थलों पर किया है) तो वह स्वाभाविक नहीं प्रतीत होता। चाहे वह 'गोदान' के रायसाहब हों या 'रंगभूमि' के राजे रजबाड़े। उनके आन्तरिक जीवन की पर्याप्त जानकारी न होने पर भी वे उसमें प्रवेश तो करते हैं, पर महज बताने के लिए कि वे इतने बुरे नहीं है, जितना हम समझते हैं। इन्हीं कारणों से प्रेमचन्द सतह के यथार्थ तक सीमित रह जाते हैं, वे 'सतह से उठता आदमी' नहीं बन पाते।

यह मान लेने के बावजूद हमें कोई आश्वासन नहीं मिलता कि हिन्दी उपन्यास का वह किशोर काल था और प्रेमचन्द का कद अपने समय से बहुत ऊँचा था (जो कई दृष्टियों से आज भी है) वे टॉलस्टॉय तो क्या गोर्की के पास तक नहीं पहुँच सके। और तो और, भारत में ही वे शरतचन्द्र की लोकप्रियता तथा मनुष्य के मर्म तक पहुँचने वाली क्षमता को भी नहीं प्राप्त कर सके। यहाँ यह भी नहीं भूलना चाहिए कि उनसे बहुत पहले भारत में ही उड़िया उपन्यासकार उन्नीसवीं सदी में ही 'छः बीघा जमीन' जैसा उपन्यास लिख चुके थे। प्रेमचन्द पश्चिमी कथा साहित्य से अपरिचित न थे और वह भी अँग्रेज़ी के हेनरी फिल्डिंग और डिकेंस आदि से ही नहीं, बल्कि टॉलस्टॉय, गोर्की आदि से भी खूब परिचित थे। गोर्की उनके आदर्श थे। गोर्की का उपन्यास 'माँ' उनका प्रिय उपन्यास था किन्तु 'माँ' को रूसी कथा साहित्य में भी बहुत श्रेष्ठ उपन्यास नहीं माना जाता।

1922 में ही जेम्स ज्वायस अपना महान प्रयोगात्मक उपन्यास 'यूलिसिस' लिख चुके थे और फ्रेंच उपन्यास क्षेत्र में मार्शल प्रूस्त अपना कालजयी महाकाय उपन्यास 'रिमेम्वबरेंस ऑफ थिंग्स पास्ट' भी लिख चुके थे।

इन सन्दर्भों में हिन्दी उपन्यास का पिछड़ापन तो अखरता ही है। अपने 'उपन्यास सम्राट' प्रेमचन्द की भी सीमित दृष्टि, सतही दृष्टि को हम बहुत दूर तक अपना 'सिरमौर' बनाकर नहीं रख सकते—जैसाकि आज तक करते आ रहे हैं। अँग्रेज़ी उपन्यास में यद्यपि आज तक चार्ल्स डिंकेस तथा जेन ऑस्टिन आदि मान्य हैं लेकिन एक दूसरे स्तर पर वे एमिल ब्रॉन्टे के उपन्यास 'वुदरिंग हाइट्स' की ऊँचाई तक नहीं पहुँच पाते। यह दुखद तथा दुर्भाग्यपूर्ण है कि हम आज भी प्रेमचन्द की सीमाओं को स्वीकार करने में हिचकते हैं बल्कि लगातार उनका औचित्य सिद्ध करते रहते हैं। यह वीर पूजाभाव न केवल उपन्यासों के प्रति है, बल्कि कविता में भी हम निराला की ऊबड़-खाबड़ विषमताओं का जिक्र या

उल्लेख भी सहन नहीं कर पाते।

प्रेमचन्द के उपन्यासों में हमें जीवन के बुनियादी तथा मूलभूत प्रश्नों से सामना नहीं होता। प्रेमचन्द केवल जीवन की जरूरतों का चित्रण करते हैं। वे जीवन को कहीं परिभाषित नहीं करते, न उसे समझने की कोशिश करते हैं जैसा टॉलस्टॉय या चेखव करते हैं या हिन्दी में ही आगे चलकर जैनेन्द्र या अज्ञेय करते हैं। 'रंगभूमि' का 'सूरदास' महत्त्वपूर्ण चरित्र है किन्तु वह भी युक्तियों से खड़ा किया गया चरित्र है। उसे गरीबों का मसीहा बनाने की कोशिश की गयी है। वह अपनी झोपड़ी बार-बार जलाये जाने पर भी उसे फिर खड़ा कर लेता है और अपने घर से तिरस्कृत तथा प्रताड़ित स्त्री को भी साहसपूर्वक सामाजिक विरोध के बाद भी अपने घर में रख लेता है। वह पार्क में फैक्ट्री न बनने देने के लिए जी-जान से प्रतिरोध करता है। विकास के लिए 'भूमि अधिग्रहण' के विरुद्ध आवाज उठाने वाला वह पहला औपन्यासिक चरित्र है। यदि 'रंगभूमि' केवल सूरदास पर केन्द्रित करके लिखा जाता और उसी का विविध पक्षों से विकास किया जाता तो निश्चित रूप से 'रंगभूमि' अत्यन्त महत्त्वपूर्ण उपन्यास बन सकता था। किन्तु रंगभूमि में अवान्तर प्रसंग इतने अधिक हैं कि कथा के केन्द्र को ढूँढना मुश्किल हो जाता है। कभी वह विनय और सोफिया के सम्बन्धों पर केन्द्रित हो जाता है, कभी सूरदास तथा 'फैक्ट्री' प्रसंग पर और कभी राजे-रजवाड़ों के जीवन पर। इस मामले में 'रंगभूमि' से अधिक केन्द्रित तथा सघन संरचना वाला उपन्यास 'कर्मभूमि' है। वह 'गोदान' के बाद प्रेमचन्द का सर्वश्रेष्ठ उपन्यास है।

संरचना तथा शिल्प विधान की दृष्टि से प्रेमचन्द के उपन्यास उन्नीसवीं सदी के पश्चिमी उपन्यासों से लिये गये हैं। इसीलिए वे विमर्शवादी हैं जिनमें लम्बे-लम्बे विवादों के द्वारा समस्याओं के समाधान ढूँढ़ने की कोशिश की गयी है। लेकिन यह सही है कि प्रेमचन्द के उपन्यासों की अन्तर्वस्तु निखालिस भारतीय होती है। उनमें सामान्य जन का मूल्य और नैतिक बोध होता है। जो काम सूरदास निराश्रित तथा तिरस्कृत स्त्री को अपने घर में रखकर करता है वही काम 'गोदान' की धनिया और होरी, सिलिया और उसके अवैध बेटे को अपने घर में रखकर करते हैं।

प्रेमचन्द पर अक्सर वाक्विस्फारक आरोप लगाया जाता है। स्वयं उनके अनुजवत शिष्य कथाकार जैनेन्द्र ने अपने निबन्ध 'प्रेमचन्द का 'गोदान' यदि मैं लिखता' में लिखा है कि पहले तो मैं पात्रों के विशाल जंगल में पूरी तरह कटौती करके तीन चार पात्रों से ही काम चला लेता। दूसरे अनावश्यक रूप से लम्बे लम्बे संवादों और वक्तव्यों को संक्षिप्त कर देता। जैसे वे गोबर और झुनिया की पहली मुलाकात में ही झुनिया द्वारा किये गये बकवादी वक्तव्य को काट-छाँटकर कुछ

ही में काम चला लेते। उनका तर्क है कि प्रेम की भाषा संक्षिप्त होती है। खासतौर पर पहली ही मुलाकात में वे इतने बकवादी नहीं बन जाते हैं जैसाकि प्रेमचन्द ने दिखाया है। इससे साबित होता है कि प्रेमचन्द का प्रेमचित्रण अस्वाभाविक और दुर्बल है। उन्हें प्रेम के मनोविज्ञान की विशेष जानकारी नहीं है। दरअसल, वे जब प्रेम का चित्रण करते हैं तो उनके सामने दो पुरुष-स्त्री अपने सामने न होकर दो मूल्य तथा दो परम्पराएँ आमने-सामने होती हैं और वहाँ भी प्रेमचन्द पुरानी परम्परा या मूल्य का ध्वस्त होना नहीं दिखाते हैं। वे प्रेम को अशरीरी ही बने रहने देना पसन्द करते हैं फिर चाहे वह 'रंगभूमि' के विनय और सोफिया का प्रेम हो या 'गोदान' के मिस्टर मेहता और मिस मालती का। केवल 'गोदान' के गोबर और झुनिया इसके अपवाद हैं जो विवाह के रूप में ही पूर्णता को प्राप्त करते हैं। बिना विवाह के शरीर सम्बन्ध को वे अवैध और अनैतिक मानते हैं। केवल प्रेम के मामले में ही नहीं, अधिकांश मामलों में वे परम्परा का अनुगमन करना ही पसन्द करते हैं। कह सकते हैं कि किसी भी परिवर्तन के मायने में वे परिवर्तन के पक्ष में कोई निर्भीक निर्णय नहीं ले पाते हैं। उनके पात्र मानो प्रेम की भाषा जानते ही नहीं, वे वहाँ भी एक-दूसरे को सदुपदेश देने लगते हैं। 'सेवासदन' में चूँकि सुमन विवाहिता है और वेश्या है, इसलिए उसका विवाह सदन से न कराके शांता नाम की एक 'शुद्ध पवित्र' युवती से कराया जाता है और रंगभूमि में चूँकि विनय राजपूत है और सोफिया ईसाई है, इसलिए उनमें विवाह नहीं हो सकता। अपने अन्तिम तथा परिवर्तनकामी उपन्यास 'गोदान' में भी प्रो. मेहता तथा मिस मालती अविवाहित रहने का ही निर्णय लेते हैं और उनमें किसी प्रकार का शरीर सम्बन्ध भी नहीं दिखाया गया है। प्रेम के मामले में वे 'दमन' (रिप्रेशन) के समर्थक हैं और 'पतन' की तो उनके यहाँ अवधारणा ही नहीं है। इस सम्बन्ध में प्रसिद्ध अमरीकी समीक्षक फिडलर ने लिखा है कि सभी सुधारवादी अवधारणाओं में 'पतन' (फॉल) को अस्वीकार किया जाता है क्योंकि वहाँ मनुष्य को मनुष्य न मानकर उसमें एक अस्वाभाविक देवत्व की प्रतिष्ठा की जाती है।

'गोदान' का होरी जिसकी समीक्षकों ने भूरि-भूरि प्रशंसा की है, वस्तुतः एक मेरुदंड विहीन ढुलमुल स्वभाव का व्यक्ति है जिसे सरल और निरीह बनाकर प्रस्तुत किया गया है। इस मामले में उसकी पत्नी धनिया दबंग और निर्भीक स्त्री है। वही हर मामले में दृढ़ निर्णय भी लेती है और प्रत्येक अन्याय और अत्याचार के विरुद्ध तनकर खड़ा होना जानती है। वह सचमुच एक भारतीय किसान स्त्री है जो पुरुष की अपेक्षा प्रत्येक मुकाम पर तैनात दीखती है। धनिया के अक्खड़, झगड़ालू, जिद्दी और दबंग स्वभाव से उपन्यास में एक नया आयाम उत्पन्न हो

गया है। गोदान में वही एक चरित्र है जो लेखक के 'सेंसर' से मुक्त होकर अपना स्वतन्त्र विकास कर पाती है। गोदान में त्रासदी तो है किन्तु संघर्ष नहीं है। होरी कहीं भी संघर्ष नहीं करता। वह नेहरू द्वारा वर्णित 'दब्बू, निरीह और सहज पीड़ित किसान है। उसका पुत्र प्रतिरोध तो करता है किन्तु संघर्ष करना नहीं जानता। प्रेमचन्द का कोई भी महत्त्वपूर्ण पात्र संघर्ष नहीं बल्कि समझौते करना जानता है। यानी कुल मिलाकर प्रेमचन्द समझौतावादी ही हैं। उनके यहाँ नकार या निषेध (निगेशन) नहीं है और इसीलिए उनके यहाँ कोई विद्रोही (रिबेलियन) चरित्र नहीं है। वे 'अस्वीकार' के उपन्यासकार नहीं हैं। गोदान के शहरी पात्र मेहता, मालती, रायसाहब, खन्ना, खुर्शीद यहाँ तक कि विद्रोही स्वभाववाली मिसेज खन्ना भी समझौतापूर्ण सुखी जीवन जीने लगती है।

इसके अलावा वे कई स्थलों पर हिन्दूवादी परम्परा को भी अपना समर्थन देते हैं। उनका कोई भी हिन्दू चरित्र हिन्दू धर्म के अन्तर्विरोधों, असंगतियों की वैसी आलोचना नहीं करता जैसा 'रंगभूमि' में सोफिया का भाई इसाई धर्म की बात करता है। बल्कि ऐसा प्रतीत होता है जैसे प्रेमचन्द सभी धर्मों पर हिन्दू धर्म की श्रेष्ठता ही प्रभावित करना चाहते हों। यानी अन्ततः प्रेमचन्द हिन्दू धर्म का परचम लहराते हुए ही नजर आते हैं।

इस तरह हम अन्ततः प्रेमचन्द को अपनी समझ की सीमा के दायरे में ही परिक्रमा करते हुए देखते हैं। वे उसकी सीमा का अतिक्रमण नहीं कर पाते, जबकि प्रत्येक रचनाकार अपने समय की सीमा का अतिक्रमण करके ही महान बनता है। प्रेमचन्द अपने समय के सबसे महत्त्वपूर्ण उपन्यासकार हैं। वे आगे की पीढ़ी के लिए दिशा तो देते हैं, किन्तु स्वयं उस दिशा में आगे नहीं बढ़ पाते!

जयशंकर प्रसाद (1890–1937)

लेकिन इसी दौर के दूसरे शीर्षस्थ साहित्यकार जिनको रोमेंटिक भावबोध का ही नहीं, पारम्परिक भावबोध का साहित्यकार भी माना गया है, ऐसे प्रसंगों में कहीं अधिक यथार्थपूर्ण रवैया अपनाते हुए दिखायी देते हैं। प्रसाद को पारम्परिक ही नहीं वर्तमान से विमुख तथा अतीतोन्मुख माना जाता है। अपने दो उपन्यासों 'तितली' और 'कंकाल' में वे न केवल समकालीन हैं, बल्कि उनकी यथार्थवादी दृष्टि भी विलक्षण है।

'तितली' तत्कालीन सामाजिक सन्दर्भ में मूलतः 'नारी मुक्ति' की कथा है जो अपने आपमें एक प्रगतिशील प्रयास है। इस उपन्यास में प्रसाद जी ने आश्चर्यजनक ढंग से 'नारी मुक्ति' को आर्थिक मुक्ति से जोड़कर देखा है जो सही अर्थों में आधुनिक और प्रगतिशील दृष्टिकोण है। प्रेम सम्बन्धों में भी वे

प्रेमचन्द की अपेक्षा अधिक उदार एवं वस्तुपरक हैं। इसके अलावा 'तितली' में ग्राम सुधार, संयुक्त परिवार तथा सामन्ती संरचना की पतनोन्मुख स्थितियों को भी सामने लाया गया है। यहाँ तक प्रेम सम्बन्ध भी जो अभी तक 'नैतिक प्रश्नों' से जुड़े हुए थे, यहाँ आकर आर्थिक प्रश्नों से जुड़ जाते हैं। यद्यपि 'तितली' पर नवजागरणकालीन पुनरोत्थान का प्रभाव है और उसमें मुख्य रूप से भारतीय जीवन मूल्यों की प्रधानता ही स्थापित की गयी है। किन्तु उनकी रचना दृष्टि इतनी यथार्थपरक है कि चकित रह जाना पड़ता है। खासतौर पर तत्कालीन सामाजिक सन्दर्भ में क्रान्तिकारी कदम उठाते हुए प्रसाद जी ने इसमें विलायत से बैरिस्टर बनकर आये हुए एक जमींदार से यूरोपियन युवती शैला का विवाह कराया है। एक ऐसा साहसिक कदम जो प्रेमचन्द 'रंगभूमि' में विनय और सोफिया के सम्बन्धों में नहीं उठा सके। यही नहीं, दूसरी ओर विपन्न किन्तु अत्यन्त विदुषी युवती तितली का विवाह एक उद्धत कृषक युवक मधुसूदन से होता है। इन पात्रों के माध्यम से (विशेष कर तितली के माध्यम से) पाश्चात्य तथा भारतीय जीवन मूल्यों की टकराहट चित्रित की गयी है। इन टकराहटों के निष्कर्षों की ओर ध्यान न भी दिया जाए तो भी यहाँ प्रसाद की रचनाप्रक्रिया इतनी सघन, आवेगपूर्ण, विश्लेषणात्मक, मनोवैज्ञानिक तथा यथार्थपरक है कि इस मामले में प्रेमचन्द बहुत पीछे छूटते हुए दिखायी देते हैं।

इसी तरह शैला तथा इन्द्रदेव के प्रकरण में प्रसाद जो रवैया अपनाते हैं, वह रंगभूमि के विनय और सोफिया प्रसंग से बहुत आगे की दृष्टि साबित होती है। प्रेमचन्द वहाँ ईसाई युवती सोफिया और विनय से विवाह करा पाना तो दूर, किसी भी प्रकार का शारीरिक सम्बन्ध भी दिखाने का साहस नहीं कर पाते। प्रसाद यहाँ जातीय तथा धार्मिक बन्धनों को भी उतना महत्त्व नहीं देते जितना प्रेमचन्द देते हैं। किन्तु किसी लेखक पर भी प्रचलित सामाजिक-सांस्कृतिक मूल्यों का दबाव कितना महत्त्वपूर्ण होता है वह यहाँ भी परिलक्षित होता है। दिलचस्प ढंग से इस मामले में प्रेमचन्द तथा प्रसाद के निर्णय लगभग समान हैं। 'तितली' की शैला और रंगभूमि की सोफिया दोनों अन्ततः भारतीयता तथा भारतीय मूल्यों की ओर झुकती दिखायी देती हैं। 'तितली' में शैला का इन्द्रदेव से विवाह क्रान्तिकारी कदम तो है पर यह तभी सम्भव हो पाता है जब शैला हिन्दू धर्म में दीक्षित हो जाती है—हालाँकि यह पारिवारिक तथा वातावरण के दबावों के कारण ही करना पड़ता है।

लेकिन इतना स्पष्ट है कि हिन्दी उपन्यास तब तक जाति-धर्म तथा परम्परागत हिन्दू संस्कारों की भव बाधा को पार नहीं कर पाया था।

किन्तु प्रेमचन्द के उपन्यासों ने हिन्दी उपन्यास को एक नयी दिशा दे दी

थी—नयी तथा उसकी प्रकृत दिशा। इस दिशा में कल्पना के लिए अधिक अवकाश न था। प्रेमचन्द से प्रेरित उपन्यासकारों ने जीवन, समाज, परिवार, अपने समय की राजनीति से सम्बन्धित उपन्यास ही लिखे। इनमें से कुछ उपन्यासकारों ने तो प्रेमचन्द से प्रेरित ही नहीं, प्रभावित होकर लगभग उन्हीं की तरह के उपन्यास लिखे। नवजागरण के सुधारवादी और पुनरुत्थान वादी उपन्यास तो लिखे ही जा रहे थे। प्रेमचन्द प्रेरित उपन्यासकारों में विश्वम्भरनाथ शर्मा कौशिक, भगवती प्रसाद वाजपेयी, चंडीप्रसाद शर्मा हृदयेश आदि प्रमुख थे। विश्वम्भरनाथ शर्मा कौशिक के दो उपन्यास 'माँ' (1929) और 'भिखारिणी' (1929) पर्याप्त चर्चित हुए थे। इसी तरह श्रीनाथ सिंह ने प्रेमचन्द का विरोधी होते हुए भी लगभग उन्हीं की तरह उपन्यास लिखे थे। लेकिन कमजोर उपन्यास लिखे थे। इनमें 'उलझन' (1922) 'क्षमा' (1925) 'एकाकिनी' (1927) 'प्रेम परीक्षा' (1922) आदि अनेक उपन्यास थे जिन्हें सामान्य कोटि का ही कहा जा सकता है। ऐसे ही उपन्यासकार भगवती प्रसाद वाजपेयी भी थे जिनके कुछ उपन्यास उन दिनों काफी पढ़े जाते थे। इनमें 'प्रेमपथ' (1920), 'मीठी चुटकी' (1928), 'अनाथ पत्नी' (1928), 'त्यागमयी' (1932), 'पतिता की साधना' प्रमुख थे। इनके उपन्यासों में मुख्यतः प्रेम की जटिलता तथा प्रेम के द्वन्द्व आदि अधिक चित्रित किये गये थे।

कई दृष्टियों से इस दौर के लेखक शिवपूजन सहाय बहुत महत्त्वपूर्ण लेखक माने जाएँगे। उन्होंने केवल लिखा ही नहीं, बल्कि अनेक महत्त्वपूर्ण पत्रिकाओं का सम्पादन तथा कई प्रमुख हिन्दी संस्थाओं का संचालन भी किया। इन्होंने ग्रामीण जीवन पर केन्द्रित एक ठेठ देहाती उपन्यास भी लिखा जिसका शीर्षक ही था 'देहाती दुनिया'। अपनी गाँवों को समझने वाली दृष्टि और गाँव की वास्तविक समस्याओं को समझने वाली आत्मीयता तथा सहानुभूति के कारण यह उपन्यास अपनी सरलता के बावजूद उस दौर का महत्त्वपूर्ण उपन्यास माना जायेगा। इसी तरह मैथिली शरण गुप्त के भाई तथा मुख्य रूप से कवि सियाराम शरण गुप्त का उपन्यास 'नारी' एक महत्त्वपूर्ण उपन्यास था जिसमें 'नारी' को मैथिलीशरण गुप्त की तरह केवल आँचल में है दूध और आँखों में पानी' की दृष्टि से ही नहीं देखा गया था, बल्कि स्त्री के गूढ़ मन का यथार्थपूर्ण विश्लेषण भी किया गया था। इसी दौर के एक और प्रमुख कथाकार राजा राधिका रमणप्रसाद सिंह जो शताब्दी के प्रारम्भ से ही लिख रहे थे और जिनकी कहानी 'कानों में कंगना' को आचार्य रामचन्द्र शुक्ल ने हिन्दी कहानी की शुरुआत करनेवाली कहानियों में माना था। उन्होंने कई चर्चित उपन्यास भी लिखे थे। जिनमें 'पुरुष और नारी', 'राम रहीम', प्रमुख हैं। 'नर नारी' तो कई दृष्टियों से महत्त्वपूर्ण उपन्यास माना

जाएगा।

इसमें 'पुरुष और नारी' के सम्बन्धों पर लगाये गये नैतिक अंकुशों के कारण जो द्वन्द्व तथा अन्तर्द्वन्द्व उभर रहे थे उन पर पहली बार सहानुभूति पूर्ण मनोवैज्ञानिक दृष्टि से विचार किया गया था। दरअसल गाँधीवाद और गाँधीवादी दर्शन या जीवन दृष्टि ने अनेक प्रकार के 'कथा विषय' हिन्दी उपन्यास को दे दिये थे जिनके कई अनुछुए पहलुओं की ओर प्रेमचन्द का ध्यान नहीं गया था। एक ओर तो गाँधी और गाँधीवाद का विराट प्रभाव और दूसरी ओर उनके बीच से उभरते हुए अन्तर्विरोधों ने हिन्दी उपन्यासकारों के सामने नयी कथा दिशाएँ तो खोली थीं, किन्तु विचारशील उपन्यासकारों के सामने कई तरह के प्रश्न भी खड़े कर दिये थे। मसलन गाँधी ने नारी को पुरुषों के साथ-साथ कंधे से कंधा मिलाकर स्वतन्त्रता संग्राम में शामिल होने का खुला आह्वान तो कर दिया था और फलस्वरूप सभी वर्गों की स्त्रियों का एक बड़ा समूह सभी मोर्चों पर उनके साथ शामिल हो रहा था, लेकिन दूसरी ओर गाँधी जी की आचरण संहिता के अनुसार उनमें कोई शारीरिक सम्बन्ध नहीं होने चाहिए, उन्हें ब्रह्मचर्य व्रत रखना चाहिए आदि। यहाँ तक कि वे विवाहित दम्पतियों को भी ब्रह्मचर्य रखने की शिक्षा देने लगे थे। और तो और उनके अनन्य अनुवायी और प्रखर बौद्धिकता वाले अत्यन्त लोकप्रिय नेता जयप्रकाश नारायण ने जब गाँधी जी की ही अन्ध भक्त शिष्या प्रभावती देवी से विवाह कर लिया तो गाँधी जी ने उन्हें पहली शिक्षा 'ब्रह्मचर्य' रखने की दी जबकि वे स्वयं तीन-तीन पुत्र उत्पन्न कर चुके थे। इसे अन्तर्विरोध कहा जाय या अत्यन्त अव्यावहारिक आदेश। गाँधी जी की इस जिद्दी तथा असम्भव किस्म के आरोपों तथा आचरण संहिता ने इनके द्वारा स्थापित आश्रमों में भी खलबली मचा दी थी। उनमें आये दिन इन नियमों के उलंघन की घटनाएँ होती रहती थीं। इन आश्रमों के बाहर भी स्त्री-पुरुषों के साथ-साथ रहने और काम करने वाले लोगों के लिए यह कठिन अग्निपरीक्षा की घड़ियाँ थीं। वे एक ओर तो गाँधीजी और गाँधीवादी आचरण संहिता को अपना 'टेन-कमांडमेंट्स' मानकर उनके अनुसार पूरी तरह आचरण करने की चेष्टा कर रहे थे, किन्तु दूसरी ओर प्रकृति तथा प्राकृतिक (एक रूप में स्वाभाविक) आवश्यकताओं के सामने अवश तथा असहाय थे क्योंकि यह 'आचरण संहिता' मल-मूत्र तथा दूसरी प्राकृतिक आवश्यकताओं के वेग को नियन्त्रित करने जैसा असम्भव आदेश था। फलस्वरूप अनेक प्रकार की सार्वजनिक तथा पारिवारिक जटिलताएँ उत्पन्न होने लगीं। हिन्दी उपन्यासकारों के लिए यह भी एक दिलचस्प लेकिन उलझन में डालनेवाली 'आचार संहिता' थी। गाँधी जी को भी इसके आगे घुटने टेकने पड़ते थे। गाँधीवाद के इस पक्ष से सम्बन्धित भी अनेक उपन्यास लिखे गये। सन् 35 तक आते-आते तो इस आचार संहिता

के विरुद्ध प्रतिक्रियाएँ भी होने लगीं जो गाँधी और गाँधीवाद को ही बेनकाब करने लगी थीं। इनका जिक्र आगे किया जाएगा।

प्रेमचन्द के साहित्य ने एक अत्यन्त महत्त्वपूर्ण कार्य यह किया कि कम से कम भाषा के स्तर पर हिन्दी-उर्दू की सीमाएँ मिटा दीं और भारतेन्दु कालीन दौर में जहाँ लेखक और लेखन की परीक्षा इस आधार पर की जाती थी कि कौन लेखक शुद्ध तत्सम हिन्दी लिख रहा है और किसके लेखन में उर्दू शब्दों की बहुलता है। प्रेमचन्द का यह कार्य भाषा तक सीमित नहीं था बल्कि उनके उपन्यासों में बड़ी संख्या में मुसलमान पात्र हिन्दू पात्रों के साथ इस तरह घुलमिल गये हैं कि उन्हें केवल मनुष्य के रूप में देखा जा सकता है, हिन्दू मुसलमान के रूप में नहीं। इस तरह प्रेमचन्द ने जाने-अनजाने ही हिन्दी उपन्यास को एक धर्मनिरपेक्ष स्वरूप देने की शुरुआत ही नहीं की बल्कि उसे हिन्दी उपन्यास का एक स्थायी स्वर और स्वरूप ही बना दिया।

प्रेमचन्द ने लगभग यही कार्य दलित वर्ग को प्रतिनिधित्व देकर किया (जिसे आज एक गुमराह दलित-विमर्श के अन्तर्गत विकृत करके प्रस्तुत किया जा रहा है)। उनकी कृतियों में दलित पात्रों की बहुतायत है जिसमें स्त्री पुरुष दोनों हैं। अपने अन्तिम तथा सर्वश्रेष्ठ उपन्यास 'गोदान' में उन्होंने दलित वर्ग को न्याय दिलाने की पुरजोर लड़ाई भी लड़ी।

लेकिन प्रेमचन्द का ध्यान स्त्रियों के बहुआयामी व्यक्तित्व की ओर कम ही गया। उनके उपन्यासों की स्त्रियों का चित्रण प्रायः सतह पर ही बना रहता है। उनमें उनका अन्तस नहीं बोलता। अधिकतर स्थलों पर उनका चित्रण सरलीकृत और सामान्यीकृत ही रहता है।

जैनेन्द्र कुमार (1905-1988)

इस दिशा में पहल जैनेन्द्र कुमार ने की। उन्होंने प्रेमचन्द के बाद (बल्कि उनके सामने ही) हिन्दी उपन्यासों को कई दृष्टियों से एक नयी दिशा दी। जैनेन्द्र का पहला उपन्यास 'परख' 1929 में प्रकाशित हुआ था। रचनाकाल की दृष्टि से यह 'गोदान' और 'तितली' से पहले की कृति है किन्तु कथा-भाषा तथा उपन्यास कला की दृष्टि से यह हिन्दी उपन्यास में महत्त्वपूर्ण परिवर्तन उपस्थित करता है। जैनेन्द्र कुमार हिन्दी के पहले कथाकार हैं जिन्होंने एक निजी तथा अनूठी कथाभाषा विकसित की। उन्होंने पहली बार संक्षिप्तता तथा सांकेतिकता की कला को भी जन्म दिया। यद्यपि 'जीवन दृष्टि' तथा जीवन मूल्यों के स्तर पर यह प्रायः परम्परागत था। अपने अगले दो उपन्यासों 'सुनीता' और 'त्यागपत्र' से यह पीछे की कृति है किन्तु इसमें कई विशेषताएँ हैं जो हिन्दी उपन्यास में पहली बार

परिलक्षित हुई थीं। यद्यपि जैनेन्द्र कुमार प्रेमचन्द के प्रतिस्पर्धी या विरोधी नहीं थे बल्कि प्रेमचन्द उन्हें अपना उत्तराधिकारी ही मानते थे किन्तु उन्होंने 'परख' में पहली बार प्रेमचन्द की वागविस्फार वाली शैली को ध्वस्त किया। 'परख' द्वारा वे हिन्दी में मित्‌कथन की कला का 'आविष्कार' करते हैं। 'मित्‌कथन' केवल संक्षिप्तता नहीं है, वह अभिव्यक्ति की सबसे प्रभावशाली शैली है। शब्दों की शाहखर्ची उनकी सम्प्रेषण क्षमता तथा प्रभाववत्ता को कुन्द कर देती है। बड़बोलापन यही नहीं कि 'कला' नहीं है बल्कि वह सतहीपन तथा छिछोरेपन का द्योतक भी होता है। इसलिए वह भाषा तथा वर्णन शैली का एक दुर्गुण भी है। मित्‌कथन के साथ भाषा में चित्रात्मकता, सांकेतिकता तथा प्रतीकात्मकता भी आती है जो 'आधुनिक साहित्य के महत्त्वपूर्ण गुण माने गये हैं। इस दृष्टि से जैनेन्द्र के उपन्यास हिन्दी उपन्यास में 'आधुनिकता लाने वाले पहले उपन्यास माने जाएँगे। जैसे पश्चिमी कविता में 'सिम्बोलिज्म' और 'इमेजिज्म' कविता को रोमेंटिकता से मुक्त करके उसे आधुनिक भावबोध का प्रवेश कराते हैं। उसी प्रकार मितकथन की शैली एक 'नये भावबोध' को भी लाती है : भाषा में परिवर्तन केवल भाषा में ही नहीं, भावबोध में भी परिवर्तन का द्योतक होता है। जैनेन्द्र ने सबसे पहले तो हिन्दी उपन्यास को एक नयी कथा-भाषा ही नहीं, एक नया भावबोध भी दिया।

सबसे पहले तो यदि हम 'परख' शीर्षक पर ही गौर करें तो प्रश्न उठता है किसकी परख? मूलतः यह परम्परागत नैतिक मूल्यों की ही 'परख' है। परम्परागत नैतिक मूल्यों की 'परख' कर किसी निष्कर्ष पर पहुँचना एक गहरे 'द्वन्द्व' तथा 'तनाव' से गुजरना है। यह 'द्वन्द्व' तथा 'तनाव' भी हिन्दी उपन्यास में 'परख' के माध्यम से ही आया।

'परख' में जैनेन्द्र परम्परागत नैतिक मूल्यों का 'सामना' और 'समाधान' दोनों करना चाहते हैं। यहाँ इस कार्य में उन्हें आंशिक सफलता ही मिली है। क्योंकि 'परख' पर शरतचन्द्र का गहरा प्रभाव है और शरतचन्द्र अन्तिम निष्कर्षों में परम्परावादी हैं। अतः वे जैनेन्द्र की इस 'नई राह' में रोड़े भी हैं। शरतचन्द्र परम्परागत नैतिक मूल्यों की परीक्षा करते हुए विडम्बनात्मक ढंग से उनके और निकट चले जाते हैं। 'परख' में जैनेन्द्र भी यही करते हैं। 'विवाह' और प्रेम की परम्परागत नैतिक मूल्यों के सन्दर्भ में परीक्षा करते हुए जैनेन्द्र एक विचित्र निष्कर्ष पर पहुँचते हैं यानी 'प्रेम' किसी और से और 'विवाह' किसी और से। इसके लिए वे 'समर्पण' तथा 'श्रद्धा' का एक नया नुस्खा भी तैयार करते हैं—'परख' के प्रमुख पात्र, सत्यधन और बिहारी के बीच इस नये नुस्खे का जाल बुना जाता है। उपन्यास की शुरुआत 'सत्यधन' तथा 'कट्टो' नाम की एक किशोरी के बीच प्रेम से होती है। इस प्रेम की दो बातें प्रमुख हैं : एक तो यह प्रेम बी.ए.एल.एल.बी.

सत्यधन तथा चौदह वर्षीय किशोरी कट्टो के बीच होता है। दूसरी बात यह कि कट्टो की ओर से प्रारम्भ में जितना चुलबुलापन प्रदर्शित किया गया है, आगे चलकर अचानक अत्यधिक वयस्कता तथा गम्भीरता उस पर आरोपित कर दी गयी है। लेकिन वयस्क प्रतीत होने वाला सत्यघन निर्णयों में अधकचरा सिद्ध होता है। इसका कारण यह है कि सत्यधन का व्यक्तित्व जिन वायवी आदर्शों से निर्मित है, जैनेन्द्र उसे तोड़ना चाहते हैं और कट्टो के द्वारा सिद्ध करना चाहते हैं कि जीवन के सीधे तथा साक्षात अनुभवों से जिस प्रेम का विकास होता है, वह अधिक परिपक्व तथा स्थाई होता है। चौदह वर्ष की किशोरी कट्टो की अचानक गम्भीरता इसलिए आरोपित लगती है क्योंकि प्रेम की इस पुरानी परम्परा में (जो कि मूलत: मध्ययुगीन है) बारह वर्ष के बाद ही लड़की पूर्ण विकसित युवती मान ली जाती है और गम्भीरता के सारे आवरण उस पर आरोपित कर दिये जाते हैं : भारत में 'बाल विवाह' की परम्परा के आधार यही रहे हैं। कट्टो जिस व्यक्ति के प्रति अपने को पूर्ण समर्पित कर बैठी है, उसमें आगे जो द्वन्द्व तथा हिचक देखती है तो यह 'आघात' सहसा उसे कैशोर्य की दहलीज पार कर पूर्ण विकसित युवती में बदल देता है।

उपन्यास का तीसरा पात्र बिहारी जब अचानक कट्टो को अपनी बहन गरिमा और सत्यघन के बीच विवाह की बात बताता है तो कट्टो पूरे विश्वास के साथ उत्तर देती है कि "तुम वृथा ही बात कर रहे हो, यह विवाह पक्का नहीं हो सकता।" बिहारी सोचता है कि इतना विश्वास! सत्यघन ऐसे निच्छल और स्वर्गीय विश्वास को झुठलाकर उसके साथ छल करेगा?" लेकिन जैनेन्द्र तो प्रेम को 'उत्सर्ग' की वस्तु मानते हैं और गाँव की भोली-भाली किशोरी बिहारी के प्रेम का वैसा ही पाठ पढ़ाती है जैसा गोपियों ने कभी उद्धव को पढ़ाया था।

किन्तु जीवन अपनी राह चलता है : सत्यघन जहाँ वायवी और रोमेंटिक है, वहीं भीतर से बेहद व्यावहारिक है। वह सचमुच मासूम किशोरी कट्टो से छल करता है। वह गरिमा से इसलिए विवाह कर लेता है कि वह एक बड़ा वकील बनकर गरिमा के पिता के धन का स्वामी बन जाए। जब ऐसा नहीं हो पाता तो वह लोभ की मूर्ति बन जाता है। रोमानी या रोमैंटिक सपनों पर जीवन की इमारत खड़ी करने वालों का यही हश्र होता है। लेकिन जैनेन्द्र इसके बावजूद यहाँ मूलत: रोमैंटिक हैं। वे सिद्ध या स्थापित क्या करना चाहते हैं? क्योंकि यह सब जानने-समझने के बाद भी कट्टो प्रेम की अनन्यता की रक्षा करती है। यद्यपि वह अन्तत: विवाह बिहारी से कर लेती है। यही है विवाह किसी और से तथा प्रेम किसी और के प्रति। जैनेन्द्र अपने उपन्यासों में एक 'गुत्थी' पैदा कर देते हैं जिसे सुलझाना कोई आसान काम नहीं है। जैनेन्द्र ने एक जगह अपने विषय

में लिखा है कि "मेरे साहित्य का उद्देश्य है, बुद्धि की दुश्मनी!" 'परख' में यही किया गया है। जैनेन्द्र विवाह को एक तर्कसिद्ध स्थिति मानते हैं और प्रेम को अतार्किक! 'परख' में जैनेन्द्र यही करते हैं : वे 'प्रेम' और 'विवाह' दोनों में अशरीरीपन की स्थापना करते हैं। वे इस मामले में आधे गाँधीवादी हैं, और आधे प्रेमचन्द की प्रेम धारणा के करीब—लेकिन प्रेमचन्द कम से कम अशरीरीपन की स्थापना तो नहीं करते। लेकिन जैनेन्द्र तो घोषणा करके बुद्धिविरोधी हैं, करें तो क्या करें? जैनेन्द्र का यह बुद्धि विरोध दूर तक जाता है और एक अलग किस्म के बुद्धि विरोधी सिद्धान्त को जन्म देता है, जिसके तर्क उनके अपने 'बुद्धिवाद' पर आधारित हैं।

जैनेन्द्र के उपन्यासों में स्थापित ये तथाकथित बुद्धिविरोधी सिद्धान्त बहुत क्रान्तिकारी नहीं हैं। इसकी एक लम्बी परम्परा पूर्व और पश्चिम दोनों में रही है: एक ओर तो ये पश्चिमी बुद्धिवाद विरोधी चिन्तक 'बर्गसाँ' आदि के सिद्धान्तों की पुष्टि करते हैं और दूसरी ओर फ्रायड के मनोविश्लेषणवादी अवचेतन के सिद्धान्त के अन्तर्गत मनुष्य के बहुत से निर्णय अवचेतन द्वारा लिये जाते हैं। 'अवचेतन' बुद्धि पर आधारित नहीं होता और बुद्धि द्वारा किये गये निर्णय चेतन स्तर पर ही किये जाते हैं। भारत में भी पूरा भक्तिवादी आन्दोलन (मैं उसे आन्दोलन ही कहूँगा) बुद्धि या तर्क पर नहीं, विश्वास, उत्सर्ग और समर्पण पर आधारित है। जैनेन्द्र ने इन सबका उपयोग किया है (या हो गया है) और यही उनका नया नुस्खा है जिसने हिन्दी उपन्यास में कुछ महत्त्वपूर्ण परिवर्तन किये हैं : इसे एक नया भावबोध भी कहा जा सकता है जिसे एक 'नयी नैतिकता' भी कहा जा सकता है।

'सुनीता', 'परख' से अधिक सघन कथानक वाला उपन्यास है। इसमें जैनेन्द्र ने रवीन्द्रनाथ टैगोर के विख्यात उपन्यास 'घर-बाहर' जैसा कथानक चुना है किन्तु जैनेन्द्र का 'ट्रीटमेंट' बिलकुल अलग किस्म का है। इसमें उन्होंने 'क्रान्ति' की अवधारणा या सिद्धान्त को ही चुनौती दी है।

उसके अलावा 'सुनीता' में जैनेन्द्र हिन्दी के कथा-गद्य में पहली बार चित्रात्मक भाषा का प्रयोग करते हैं : उपन्यास में जब पहली बार श्रीकान्त (सुनीता का पति) अपने क्रान्तिकारी मित्र हरिप्रसन्न को लेकर घर में प्रवेश करता है तो तब सुनीता हाथ में झाड़ू लेकर दीवार से जाले उतार रही थी। हरिप्रसन्न ने उसे पहली बार इसी रूप में देखा : अस्त-व्यस्त वस्त्र, बिखरे बाल, चेहरे पर श्रम की तमतमाहट और हाथ में झाड़ू। अपने को इस तरह भौंचक देख लिए जाने की घबराहट। सुनीता की यह 'छवि' एक चित्र की तरह अंकित की जाती है, पाठक के मन पर भी यह हाथ एक शब्द बिम्ब की तरह अंकित हो जाता है।

इसके अलावा जैनेन्द्र ने दाम्पत्य में 'एकरसता' को इतने सूक्ष्म रूप में अंकित किया है (वैसे 'घर बाहर' का कथानक भी दाम्पत्य की इसी एकरसता से जुड़ा हुआ है) इस तरह सुनीता का कथा के मूल में है पारिवारिक 'एकरसता' और तोड़ने के लिए ऐडवेंचर की चाह पर साथ ही संस्कारबद्ध 'पतिव्रत्य' का दबाव भी है। जैनेन्द्र ने इसे बड़े कलात्मक कौशल से व्यक्त किया है।

'सुनीता' में ये दम्पत्ति हैं श्रीकान्त और सुनीता : उनके परस्पर सम्बन्धों में कोई अन्तराल नहीं है और न विरोध या विपरीतता है। पर कुछ है जो उनके बीच एक 'अन्तराल' निर्मित कर देता है। हिन्दी उपन्यास में यह बिलकुल नये किस्म का कथानक था (बाद में इसके अनुकरण से सैकड़ों संस्करण निकले—उपन्यास और कहानी दोनों में)।

इस 'एकरसता' तथा अन्तराल को जैनेन्द्र इस रूप में चित्रित करते हैं : "सुनीता—सुन्दरी सुनीता जब काम कर रही होती है तब श्रीकान्त सामने दीवार को एकटक देखते हुए एक गहरी साँस लेते हैं और उठकर टहलने लगते हैं। इसी तरह सुनीता सामने दीवार को एकटक देखती हुई पहले एक साँस लेती है फिर दूसरी, और फिर झटपट किसी नये काम को ढूँढ़कर उसमें लग जाती है...श्रीकान्त चाहता है कि घर में कुछ ऋतु बदले, नहीं तो आलसता और जड़ता छा जाती है। बहुत बार ऐसा हुआ है कि एक ही कमरे में होते हुए भी कई मिनट तक कहने को कुछ नहीं सूझता। सुनीता चुपचाप रहती है। तब सबकुछ घुट-घुट सा गया है। ऐसा क्यों होता है? इसका कोई समर्थन, कोई कारण उसके मन को नहीं मिलता है।" समस्त सुख सुविधाओं तथा दाम्पत्य की प्रगाढ़ता (जिसमें सुनीता का अनिंद्य सौन्दर्य भी शामिल है) के बावजूद इस दमघोंट एकरसता का एक मात्र हल है किसी तीसरे की उपस्थिति, 'घर' में 'बाहर' का प्रवेश। इस बाहर का प्रतिनिधित्व हरिप्रसन्न करता है। सुनीता की भूल की शुरुआत हरिप्रसन्न के घर में प्रवेश से ही होती है। श्रीकान्त घर की एकरसता हरिप्रसन्न के माध्यम से दूर करना चाहता है और हरिप्रसन्न अपने क्रान्तिकारी जीवन की एकरसता सुनीता के माध्यम से। इस प्रकार कहानी के केन्द्र में 'एकरसता' ही है, वही इसका मूल विषय है। हिन्दी उपन्यास में यह भी अत्यन्त नया ही नहीं, पहली बार आधुनिकता का प्रवेश था।

'सुनीता' के श्रीकान्त में एक विशेष प्रकार की गाँधीवादी मनोवृत्ति है। वह अपने घर की एकरसता को दूर करना चाहता है पर साथ ही अपने पुराने मित्र हरिप्रसन्न को भी उसके बनजारा जीवन से वापस लाना चाहता है। वह जानता है कि वह अकेला है। बेहद अकेला है। इसीलिए वह हरिप्रसन्न को अपने घर ले आता है। किन्तु कहीं उसके मन में अनजाने ही हरिप्रसन्न को उसके क्रान्तिकारी

जीवन से भी पृथक करना है। इस मामले में वह सुनीता की सहायता चाहता है। वह सुनीता से कहता है कि तुम्हारी राह से मैं उसे दुनिया में लाने की सोचता हूँ। तुम क्या जानती हो कि वह अकेला ही घूम रहा है? अकेला ही कर्म कर रहा है। लेकिन अकेले कुछ नहीं होता। अकेले मात्र भटका जा सकता है। और वह ऐसा आदमी है नहीं कि अपने जोर से वह अपने लिए मूर्ति बना ले और उसके सहारे अपना अकेलापन सर्वथा नष्ट कर दे। वह भक्त नहीं है।'' जैनेन्द्र यहाँ अपना मंतव्य स्पष्ट भी कर देते हैं : तुम्हारी राह से तात्पर्य सुनीता के माध्यम से अर्थात प्रेम के माध्यम से, नारी के प्रति उत्पन्न आकर्षण के माध्यम से। व्यावहारिक दृष्टि से यह एक विचित्र तर्क है। पति अपनी पत्नी से निवेदन कर रहा है कि वह अपना स्नेह किसी और को दे—जिसके द्वारा उसे सीधी राह पर लाया जा सके। विचित्र तर्क तो यह है किन्तु पहली बार जैनेन्द्र गहरायी मैं जाकर जीवन की 'सार्थकता' का प्रश्न सामने लाते हैं, प्राय: बहुत बाद में आने वाले अस्तित्ववादी दर्शन की राह से जिसका मुख्य उद्देश्य ही जीवन में अर्थ (मीनिंग) को तलाशना है। जरा कल्पना कीजिए, सन् 1935-36 में जैनेन्द्र अपने कथा साहित्य के माध्यम से अपने 'होने' के अर्थ की तलाश कर रहे थे और उस तलाश के लिए वह एक विचित्र राह अपनाते हैं : लेकिन वास्तविकता यह है कि हरिप्रसन्न का जीवन स्वयं श्रीकान्त के जीवन पर प्रश्नचिह्न लगाता है। वे अपने से ही पूछता है तो क्या यही जीवन है 'मुझे अपने पर शंका होती है, अपने औचित्य पर सन्देह होता है।' जैनेन्द्र मूल प्रश्नों (फंडामेंटल क्वेश्चन) के कथाकार हैं। किन्तु इन मूल प्रश्नों से टकराने का उनका यह तरीका अनोखा है। उलझानेवाला पर नितान्त भौतिक ढंग से। इस 'तलाश' और इस राह की जोखिम वह जानता है, पर फिर भी यह खतरा वह उठाता है—अपनी पत्नी को खो देने का खतरा। फिर भी वह जोखिम वह उठाता है। यह भी एक ऐंडवेंचर है या फिर अपने ढंग से 'सत्य के साथ प्रयोग' की राह।

श्रीकान्त इस राह या पद्धति की परिणति भी जानता है, पर उसे 'शंका या आशंका' नहीं है। जैनेन्द्र प्रेम को विश्वास और उत्सर्ग मानते हैं। यह 'प्रेम' की भी अग्नि परीक्षा है।

किन्तु यह शंका निर्मूल नहीं है। उसकी स्वाभाविक परिणति ही होती है जो होनी चाहिए। श्रीकान्त की लगातार चर्चा ने उसके मन में हरिप्रसन्न के प्रति उत्सुकता को भर दिया है। प्रेम के साथ यहाँ जीवन की सार्थकता का प्रश्न भी जुड़ा हुआ है। सार्थकता का यह प्रश्न श्रीकान्त के लिए भी है, सुनीता के लिए भी और हरिप्रसन्न के लिए भी।

श्रीकान्त के गृह में हरिप्रसन्न के प्रवेश के साथ सम्बन्धों का यह त्रिकोण

पूरा हो जाता है...दो के बीच तीसरे के प्रवेश से यह दमघोंट एकरसता टूटती है। जीवन में जो फीकापन, एक रीतापन आ चला था, उसे इस प्रवेश ने ताजगी दी।

बिना 'त्रिकोण' के कोई प्रेम-कथा पूरी भी नहीं होती, प्रेम में 'त्रिकोण' जरूरी है : बहुत बाद में और आज से बहुत पहले 1948-49 में फिल्म निर्माता-निर्देशक महबूब खान ने एक फिल्म बनाई थी 'अंदाज', जो प्रेम के इसी 'त्रिकोण' पर आधारित थी (वह हिन्दी फिल्मों में 'त्रिकोणात्मक' प्रेम की शुरुआत थी। वह एक प्रायः कालजयी फिल्म थी) : फिल्म में राजकपूर और नरगिस केवल प्रेमी-प्रेमिका नहीं, प्रायः पति-पत्नी हैं। राजकपूर एक लम्बे अरसे के लिए विदेश चला जाता है। लौटता है तो कहानी के परिदृश्य में एक तीसरे का प्रवेश हो चुका होता है। दिलीप कुमार...दोनों के बीच एक सघनता स्थापित हो चुकी है जिससे प्रेम सम्बन्ध का भी आभास होता है। दिलीप कुमार नरगिस की जान बचाता है (नरगिस के घोड़े के बेकाबू हो जाने पर) और नरगिस उसकी ऋणी हो निछावर भी हो जाती है। ये सम्बन्ध बढ़ते ही जाते हैं और दिलीप कुमार आश्वस्त हो जाता है कि नरगिस उससे प्यार करने लगती है खासतौर पर उसकी सहेली कुक्कु का यह नृत्यगीत सुनने के बाद 'डरना ना मुहब्बत कर ले।' वह 'डरना' छोड़ देती है और मोहब्बत करना शुरू कर देती है और तभी राजकपूर वापस आ जाता है और दोनों के बीच यह सघनता देखकर क्रोध तथा विद्वेष से पागल हो जाता है और एक दिन भारी फ्रेम में जड़े हुए 'रैकेट' से दिलीप कुमार को लगभग अधमरा कर देता है। पर अस्पताल में घायल पड़े दिलीप कुमार का प्रेम पागलपन तक की सीमा तक और बढ़ जाता है। उधर राजकपूर और नरगिस के सम्बन्धों में दुराव और दूरी बेहद बढ़ जाती है। नरगिस उसे बर्दाश्त नहीं कर पाती और अपने पतिप्रेम को प्रमाणित करने के लिए दिलीप कुमार को गोलियों से छलनी कर हत्या कर देती है। फिल्म में उसे आधुनिक जीवन की विडम्बना के रूप में प्रस्तुत किया गया है। पर जैनेन्द्र ऐसा कुछ नहीं करते। न 'सुनीता' करती है। वह हरिप्रसन्न के प्रति अपने आकर्षण को ही नहीं, बल्कि अपने सतीत्व तथा दाम्पत्य की सुरक्षा के लिए एक अनोखा तरीका अपनाती है जो तब हिन्दी उपन्यास में एक 'क्लैसिक' किन्तु 'स्यादवादी' उदाहरण बन गया है : "हरिप्रसन्न ने 'घर' नहीं देखा और सुनीता ने 'बाहर' नहीं देखा। दोनों के बीच अपरिचय का आकर्षण है, जो सम्बन्धों में 'रोमेंटिकता' को जन्म देता है। हरिप्रसन्न प्रारम्भ में एक 'रोमेंटिक' विद्रोही के रूप में सामने आता है। उसकी क्रान्ति तथा स्वन्त्रता की कल्पना अमूर्त है। उसका रोमेंटिक स्वप्न है : आज और कल के बीच हम बन्दी नहीं रहेंगे। हम शाश्वत को भी छुवेंगे। सनातन तथा अनन्त को भी हम चखेंगे।" यही सुदूर भाव उसके मन में स्त्रियों को लेकर भी है : उसका स्त्रियों से कुछ दूर से ही वास्ता पड़ा है।

वह उनसे कुछ डरता सा है। स्त्रियों के प्रति यह सुदूर भाव सुनीता के प्रति उसके दृष्टिकोण को भी रोमेंटिक बनाता है। पुरुष के प्रति लगभग यही स्थिति सुनीता की भी है—पति के अलावा जीवित विश्व का कोई सम्पर्क उसे नहीं मिला। अतः हरिप्रसन्न की उपस्थिति मात्र ही उसके लिए रोमांच तथा रोमांस उत्पन्न करने वाली है। सुनीता ने चोटी ठीक की, माथे पर बिन्दी बैठा ली। चेहरे को एक निगाह देखकर पास कर दिया। फिर याद आया, अभी उसे स्डडी रूम में भी जाना है जहाँ हरिप्रसन्न है...फिर कुछ सोचकर उसने पान लगाया और पान लेकर गयी, लीजिए पान लीजिए। वह अभी आते होंगे। आज सिनेमा जाना है। आप भी चलेंगे न? सुनीता की ओर से इस रोमेंटिकता में भी वही परम्परागत 'पति' और 'प्रेमी' वाला द्वन्द्व है। पुरुष संसार में रहकर भी पुरुष सम्पर्क से हीन पत्नी लगातार 'पुरुष संसार' के आकर्षण से लड़ती रहती है। सन् 20 और तीस का भारत विशेष रूप से घर की स्त्री के लिए चुनौती का वातावरण प्रस्तुत कर रहा था। एक ओर राजनैतिक तथा सामाजिक क्षेत्र में स्त्री का व्यापक रूप से प्रवेश और दूसरी ओर उस परिवेश से अछूती स्त्रियों की गृह-सीमित दुनिया। यदा-कदा कोई पुरुष उसके गृह-सीमित संसार में अपरिचित आकर्षण लेकर आता है तो उसका द्वन्द्व दूना हो जाता है।

सुनीता, शेली, कीट्स, बायरन पढ़ चुकी है (सभी रोमेंटिक कवि): वायलिन तार सितार बजाना जानती है। लेकिन गृहस्थी की दुनिया में इस सबका कोई उपयोग नहीं। किसी अपरिचित के सामने शेली, कीट्स तथा बायरन द्वारा निर्मित रोमेंटिक प्रेम के ज्वार को लेकर वह रोमेंटिक द्वन्द्व का अनुभव ही कर सकती है।

उस द्वन्द्व का पहला अनुभव उसे 'राजरानी मीरा' फिल्म देखकर हुआ। सुनीता फिल्म देखकर पति के प्रति पीड़ा ग्रस्त हो गई। वह मीरा को समझना चाहती है। पति की ओर से मीरा को भर्त्सना भी देना चाहती है, फिर भी उसे पूरी तरह समझना भी चाहती है। मीरा तो 'पतिव्रता' नहीं थी फिर भी क्योंकि उसकी श्रद्धा भाजन बन जाती है। वह तो चाहती है कि मीरा को खंडिता और लांक्षित ठहरा दे। पर भीतर ही भीतर मीरा के प्रति स्नेह और वेदना ही उमड़ी आती है। मीरा के प्रति वह दो बूँद आँसू डालकर पूछना चाहती है कि तुमने कौन सा प्रेम पाया जिसने तुम्हें इतनी कठिनता दी कि पति के हृदय की पीड़ा को तू बिना पिघले सह गयी? अरी तू किस 'भयंकर' प्रेम की दुनिया को जिये जा रही है? जो अपने पति के प्रेम को तोड़ता है, उसको हटते देखकर भी वह प्रेम प्रेम ही रहता है, अरी मीरा, तू अपने प्रेम की बिथा मुझे पाने दे।''

यह बिथा पाने की ललक सुविधाओं की एकरसता से ऊबे हुए मन की रोमेंटिक रुझान ही है। लेकिन इस द्वन्द्व को सुनीता कहीं गहरे स्तर पर झेल रही

है। वह मीरा और राणा दोनों होना चाहती है : मैं तो राणा के साथ रो ही सकती हूँ पर मीरा के साथ भी मुझे इजाजत दे दो कि मैं रोना चाह लूँ।" मीरा का उदाहरण उसे हरिप्रसन्न के प्रति अधिक उन्मुक्त बनाता है। वह कहती है, "देखो हरि बाबू तुम बड़े हो। लेकिन हम लोग स्त्री हैं। हमारा काम है कि हम पुरुष को आगे भगाएँ। जब वह भागता है तो हम पीछे-पीछे, जब वह पीठ की ओर भागना चाहे तब हम सामने हो आती हैं।" वह हरिप्रसन्न को बाँधना चाहती है और यह बाँधना केवल पति के निर्देश पर नहीं है : जैनेन्द्र प्रेम की प्रक्रिया का गहन (जिसे मनोवैज्ञानिक भी कह सकते हैं) अध्ययन करने वाले हिन्दी के पहले उपन्यासकार हैं : अगर अन्तिम नहीं तो) ठीक उसी तरह जैसे स्टैंडल फ्रेंच उपन्यास में प्रेम की प्रक्रिया का अध्ययन करने वाला पहला उपन्यासकार था। स्टैण्डल इस प्रक्रिया को 'क्रिस्टलाइजेशन ऑफ लव' कहता है। यह मानसिक स्तर पर दो व्यक्तियों के बीच जिस विस्फोट की सृष्टि करता है, उसे जैनेन्द्र ने बड़ी फुरसत तथा सूक्ष्मता से अंकित किया है। प्रेम को लेकर इतनी फुरसत या समझ भी जैनेन्द्र से पूर्व किसी हिन्दी उपन्यासकार को नहीं रही है।

जैनेन्द्र का 'प्रेम' हमेशा एकान्त बना लेता है। इसके अलावा जैनेन्द्र प्रेम को हमेशा सामाजिक मान्यताओं के विरोध में ही निर्मित करते हैं। लेकिन यद्यपि उनकी सहानुभूति इस प्रेम के साथ ही होती है। अन्ततः उसे वे सामाजिक मान्यताओं से पराजित ही दिखलाते हैं या कोई समझौते वाला हल निकाल लेते हैं। उधर सुनीता के दुर्निवार आकर्षण के सम्बन्ध में ही हरि प्रसन्न सोचता है : 'वह सोचने लगा कि स्त्री क्या है? पुरुष क्या है? इस जीवन में आगे चलकर पहुँचना कहाँ है? किसे भागना है और किसकी ओर भागना है? नाते क्या हैं? और विवाह क्या है? और कमबख्त क्या चीज है जिसे प्रेम का नाम देकर चाहा कि बाँध दे। पर वह वैसे ही नहीं बाँध सका जैसे वृक्ष से आँधी नहीं बँध सकती। वह क्या है और कौन है? प्रेम में पड़ा हुआ व्यक्ति अपने को जीवन के मौलिक प्रश्नों के सम्मुख पाता है।

जैनेन्द्र ने सुनीता में प्रेम के चित्रण के लिए जो प्रविधि या विधि अपनाई है वह मनोविज्ञान मिश्रित गाँधीवादी नुस्खा है किन्तु वे उसे एक नुस्खे की तरह इस्तेमाल नहीं करते बल्कि उसे पिघलाकर कथा स्थितियों में बिखेर देते हैं।

'सुनीता' मूलतः एक रोमेंटिक उपन्यास है। गाँधीवादी रोमेंटिकता का प्रतिनिधि श्रीकान्त है और रोमेंटिक विद्रोह या क्रान्ति का प्रतिनिधि हरिप्रसन्न हैं। यद्यपि पूरे उपन्यास में श्रीकान्त प्रायः पृष्ठभूमियों में ही रहता है पर असली 'लड़ाई' श्रीकान्त और हरिप्रसन्न के बीच ही होती है। सुनीता माध्यम मात्र है। कई मामले में स्त्री एक माध्यम होते हुए भी निकष का काम करती है। 'सुनीता'

में यही होता है।

सुनीता सोचती है क्या इसीलिए पुरुषों को इस जगत में विधाता ने नहीं रचा है? नहीं तो हरिप्रसन्न यों ही खुला ही खुला, छूटा ही छूटा हो, यह कैसे रहने दिया जाएगा?

स्त्री सम्बन्धी मिथक यहाँ भी बरकरार है और इन पंक्तियों में दो तरह के छल स्पष्ट हैं। एक तो यह कि स्त्री पुरुष उपजीव्य बनकर जीने के लिए अभिशप्त हैं और जिसे सुनीता बिना किसी हिचक के स्वीकार करती दिखायी गयी है। यानी भूमिका के निर्वाह को ही वह अपनी सबसे बड़ी सार्थकता मानती है। दूसरा छल स्वयं सुनीता अपने साथ करती है। हरिप्रसन्न को अपने पास रखने का औचित्य सिद्ध करती हुई। लेकिन हरिप्रसन्न को लेकर हमेशा उसका पत्नित्व अपराध-बोध से घिर जाता है। हरिप्रसन्न के प्रति अपने आकर्षण को वह बिना किसी छल के स्वीकार करने की स्थिति में नहीं है। पर सुनीता के इस छल का आवरण हर जगह खंडित होता है? वर्षों बाद उसे हरिप्रसन्न के सानिध्य से ही यह पता चलता है कि वह सुन्दरी है। युवती है। श्रीकान्त के साथ निरन्तर साहचर्य में उसके भीतर यह बोध ही मर गया था। उसे फिर से जगाने के लिए किसी तीसरे की उपस्थिति अनिवार्य थी। हरिप्रसन्न के द्वारा जगाया गया यह 'बोध' उसके पत्नित्व के छल को खंडित कर देता है। दरअसल, हरिप्रसन्न तथा सुनीता के सम्बन्धों में जो छल है, वह अपने पुरुष और अपने स्त्री होने को छिपाने का छल है। हरिप्रसन्न अपने 'पुरुष' को इसलिए छिपाता है कि सुनीता उसके मित्र की पत्नी है और इसलिए भी कि एक क्रान्तिकारी के लिए स्त्री और परिवार वर्जित हैं। सुनीता का 'छल' इसलिए प्रगाढ़ है कि वह 'स्त्री' है। फलस्वरूप श्रीकान्त का घर प्रेम के इस नाटक का रंगमंच बन जाता है। जैनेन्द्र इस नाटक के अस्तित्व से इंकार नहीं करते। जैनेन्द्र इसे जानते हैं पर उनके लिए यह छल पुरुष-स्त्री के साथ रहने पर फिर भी दूर रहने की अनिवार्य विडम्बना है। वे लिखते हैं 'हमने हरिप्रसन्न और सुनीता नाम दिये हैं। वे झूठ नहीं हैं। पर वे नाम भर हैं। सुनीता स्त्री है, हरिप्रसन्न पुरुष है (यही वास्तविकता है) इन नामों के नीचे, बहुत नीचे एक केवल स्त्री रह जाती है और दूसरा केवल पुरुष। प्रथमत: वे महज पुरुष और स्त्री रह जाते हैं। कुटुम्ब, परिवार, नाते-रिश्ते, नाम, गोत्र, वर्ग, सम्प्रदाय सब पीछे आते हैं।

....'सभ्यता' का इतिहास द्विविध नैसर्गिक प्राथमिकता को निरन्तर ढँकने और उससे इंकार करने का इतिहास है। सारा तनाव और उससे उत्पन्न 'पैथॉस' या कभी-कभी हिंसक उत्पात इसी अस्वाभाविक प्रयास के कारण है। पुरुष अपने पुरुष को सामने लाने से डरता है और बिना सामने लाये रह भी नहीं सकता। स्त्री अपने को पत्नी आदि आरोपित विशेषणों से ढँकती चलती है। किन्तु अन्ततः

कोई विस्फोटक प्रक्रिया इस 'दमन' को व्यक्त ही कर देती है। इसी अर्थ में जैनेन्द्र हिन्दी के पहले मनोवैज्ञानिक उपन्यासकार हैं पर बिना 'पुस्तकीय' हुए।

सुनीता के लिए यह नाटक ज्यादा तनावपूर्ण तथा रोमांचक दोनों है। श्रीकान्त को बीच में रखकर वह दो विरोधी उद्देश्यों की सिद्धि चाहती है। वह हरिप्रसन्न को आगे बढ़ने से रोकना भी चाहती है और श्रीकान्त को पीछे रखकर वह हरिप्रसन्न को बचाना भी चाहती है। उसके भीतर की स्त्री पारिवारिक तथा सामाजिक अवस्था को चीरकर बाहर आना चाहती है पर अपनी 'स्त्री' के द्वारा इन विस्फोटक प्रयत्नों से आतंकित भी है। पुरुष और स्त्री सम्बन्धों का ऐसा तनावपूर्ण रोमांचकारी नाटक हिन्दी उपन्यास में पहले नहीं खेला गया। कहने की आवश्यकता नहीं कि यह तनावपूर्ण नाटकीयता मुख्यतः भारत में स्त्री की सामाजिक स्थिति के कारण है जो पुरुष के साथ सम्बन्धों को रहस्यपूर्ण, रोमांचक किन्तु तकलीफ देह नाटक में बदल देती है। हरिप्रसन्न जानता है कि उसका 'पुरुष' इस परिवार के लिए बहुत हितकर नहीं है। स्त्री के सानिध्य से वंचित यह पुरुष दमन की क्रिया के कारण अधिक हिंसक होता जाता है। उसका 'पुरुष' जितना हिंसक होता जाता है, हरिप्रसन्न उतनी ही तीव्रता से उसे भीषण और विषैला मानकर कुचलने की कोशिश करता है : 'मानो कुछ भीषण उसके भीतर बन्द है, कुछ कुत्सित, कुछ कुटिल। क्या उसे खोलकर उन रेंगते रूपों को बाहर फेंक देना होगा? इससे तो वह बाहर भी अपना विष फैलाएगा। छिः छिः उन जन्तुओं के भीतर ही बन्द रहने में कुशल है।

किन्तु एक सीमा के बाद इस दमन का छल व्यक्त हो जाता है। सुनीता, हरिप्रसन्न, श्रीकान्त—तीनों एक दूसरे के सामने अनावृत्त हैं। लेकिन श्रीकान्त एक विशेष मकसद से हरिप्रसन्न को घर ले आया है। इसलिए वह दोनों को अकेला छोड़कर कुछ दिनों के लिए बाहर जाने की बात करता है। इससे सुनीता अपने आपसे ही भयभीत हो जाती है। वह श्रीकान्त से कहती है, 'क्या बाहर जाना रुक नहीं सकता? तब मेरा विश्वास मुझे देते जाओ। वह मुझसे खिसका जा रहा है। क्या विवाह महज लोकनीति ही है? क्या वह आदमी के मनोभाव पर ही निर्भर है? क्या वह केवल सुभीते की ही चीज है? क्या वह इन सबसे पवित्र नहीं है? अरे मेरा विश्वास तो मुझे दे दो। ईश्वर की पूजा छोड़कर उस ईश्वर की नाप-जोख करने की वृत्ति मुझमें क्यों होती है?'

इन पंक्तियों में सुनीता की सारी द्वन्द्व प्रवृत्ति के आगे हजारों वर्षों से परत-दर-परत जमे पत्नीत्व के संस्कारों के टूटने की आशंका व्यक्त हो गयी है। वह क्या है जो जो प्रकृति के स्वाभाविक ज्वार के सामने उसे रोक सकता है : शायद विश्वास। 'पति परमेश्वर' के प्रति शर्तहीन, शंकाहीन, विश्वास। लेकिन यह

विश्वास ही टूट रहा है। मध्ययुग और आधुनिक युग के बीच पड़ी हुई नारी का यह सबसे बड़ा द्वन्द्व है। विवाह नामक संस्था और उसके ईश्वर पति की सार्थकता ही संदिग्ध हो गयी है। स्त्री क्यों वही और उतनी होकर रहे? क्या उसके बाहर का व्यापक विश्व उसके लिए व्यर्थ है? यही द्वन्द्व हरिप्रसन्न के भीतर भी है। वह इस घर से भाग जाना चाहता है, पर सुनीता उसे 'भागने' नहीं देती। हरिप्रसन्न के जाते ही अपने होने का एहसास एक प्रश्न की दीप्ति जो उसके अस्तित्व को अर्थ सी देती जान पड़ती है वह छिन्न-भिन्न हो जाएगा। फिर वही अर्थहीनता और एकरसता का गहरा गह्वर, वह उसमें डूब जाएगी। यह हरिप्रसन्न ही है जो उसे उसके होने को जीवित करा रहा है। इसके लिए हरिप्रसन्न उसकी अग्निपरीक्षा है। हरिप्रसन्न ही उसे पुनर्जीवित करा रहा है और हरिप्रसन्न के माध्यम से ही वह अपने पत्नीत्व के गौरव को पुनः स्थापित करना चाहती है। ये दोनों परस्पर विरोधी स्थितियाँ हैं और इन दोनों के तनावों के बीच ही यह नाटक खेला जाता है : वह सोचती है 'जाओ, पर वह कौन सी जगह है जहाँ 'हम लोग' नहीं हैं। तुम ही तुम हो। तुम्हारा हृदय तक वह जगह नहीं है जानते हो? इसलिए हरिप्रसन्न मत जाओ। भागना तो नरक से भी ठीक नहीं है। इसलिए आओ, हरिप्रसन्न हम दोनों परमात्मा का विश्वास पाएँ।'

इस प्रकार जैनेन्द्र बाहर के इस आक्रमण से घर के और प्रवृत्ति के ज्वार के सामने पत्नीत्व को टूटने नहीं देना चाहते। यह ठेठ प्रवृत्तिजन्य व्यक्तिगत समस्या का धार्मिक समाधान है। कहीं-कहीं ऐसी समस्याओं का समाधान टॉलस्टॉय भी धर्म में ही ढूँढ़ते हैं। जब वे अन्ना केरनिना की 'आत्महत्या' में यह समाधान दिखाते हैं तो बाद में उन्हें एहसास होता है कि यह एक गलत तथा निषेधात्मक समाधान है, इसलिए वे 'रिजरक्शन' में प्रायश्चित दिखलाते हैं और एक प्रकार का धार्मिक विश्वास! 'घर बाहर' में टैगोर ऐसा कुछ नहीं करते हैं। वे 'बाहर' को भगा देते हैं पर 'घर' फिर भी जुड़ नहीं पाता। जैनेन्द्र एक तीसरा रास्ता अपनाते हैं। पति का निरीह और अडिग विश्वास घर और 'पत्नित्व' को टूटने नहीं देता। उन्होंने पहले से तय कर रखा है कि वे सुनीता को बचाएँगे। वे बचा लेते हैं पर कैसे? श्रीकान्त की अनुपस्थिति में सुनीता लगातार प्रार्थना करती रहती है। पर अपने भीतर के दुर्दान्त पशु-प्रवृत्ति से उसका लगातार युद्ध चलता रहता है। ऐसा ही द्वन्द्व हरिप्रसन्न के भीतर भी है, पर वह उससे लड़ता नहीं, उसके आगे घुटने टेक देता है। उसका अचेतन सुनीता को पाने के लिए एक कौशल का जाल बुनता है। वह उससे कहता है, 'तुमसे चाहता हूँ कि तुम आर्त्त की पुकार..हो, उस पुकार की तरफ बढ़ सकती हो...कुछ लोग हैं जो नये हैं, अनुभवहीन हैं कि उन्हें एक प्रतिभा चाहिए। एक माँ, सहचरी, नारी जो उन्हें स्नेह दे। एक नारी,

एक चिरन्तन मायामूर्ति, जहाँ से वे स्फूर्ति लें। जिसके समक्ष वे शपथ लेकर आगे बढ़ें। तुम क्यों वह नहीं हो सकतीं? मैं देखता हूँ, तुम्हीं वह हो।"

इन पंक्तियों में दुहरा 'छल' लिपटा हुआ है। एक ओर वह अमानवीयता की हद तक नारी को देवी बनाकर उसका उपयोग करना चाहता है और दूसरी ओर अपनी यौन भावना को बौद्धिक रूप देकर सुनीता को अपने जाल में फँसाना चाहता है। इस तरह की रोमेंटिक अभिव्यक्ति सीधे मूल कथन से बचती है। हम इससे यह भी निष्कर्ष निकाल सकते हैं कि 'रोमेंटिसाइज' करने के पीछे न केवल पलायन की भावना होती है बल्कि एक ऐसी भावना भी घिरी रहती है जो सामाजिक दृष्टि से अपराध होती है। अतः प्रेम सम्बन्धी रोमेंटिकता का जन्म नैतिक वर्जनाओं के बीच ही होता है। हरिप्रसन्न चूँकि धर्म में विश्वास नहीं करता है इसलिए वह उसे एक पाखंडपूर्ण जामा पहना देता है। यह 'रोमेंटिसिज्म' उसकी आत्म-प्रवंचना (सेल्फ डिसेप्सन है)।

लेकिन सुनीता चूँकि धर्म में विश्वास करती है इसलिए अपने डिगते विश्वास को वापस पाने के लिए 'धर्म' (प्रार्थना, पूजा, ईश्वर) की शरण में ही जाती है। यह आकस्मिक नहीं है कि 'रोमेंटिक युग' तब आया, जब ईश्वर आता जा रहा था। लेकिन रोमेंटिसिज्म असली विज्ञान में भी विश्वास नहीं करता इसलिए वह अपने लिए एक वायवी बौद्धिक तर्क गढ़ लेता है। वह नारी का 'देवी' रूप गढ़कर उसे देवी, माँ, सहचरी, और प्राण तो कहता है किन्तु प्रच्छन्न रूप से इसके पीछे यौन भावना ही छिपी रहती है।

लेकिन सुनीता का धार्मिक विश्वास बार-बार खंडित होता है। हरिप्रसन्न द्वारा यह 'आमंत्रण' उसे एक अँधेरी गुफा का द्वार लगता है। उसमें उस गुफा में प्रवेश का साहस नहीं है पर जैसे कोई पुकार उससे कह रही है, रुको नहीं 'आ जाओ'। यह पुकार जितनी भयभीत करने वाली है, उतनी ही लुभावनी भी है। उधर स्वयं श्रीकान्त उसे बढ़ावा देता है 'तुम उसकी बैरागी वृत्ति को किसी तरह कम कर सको, उसमें कहीं बँधकर बैठने की चाह अपना सको तो शुभ है।'

श्रीकान्त की अनुपस्थिति में वे दोनों कई बार आमने-सामने होते हैं। प्रायः प्रतीक्षा की मुद्रा में सुनीता उसके सामने होती है पर हरिप्रसन्न में इतना साहस भी नहीं है कि वह पहल करे। इसलिए वह दूसरा रास्ता निकालता है। एक बार सुनीता उसका रिवाल्वर देखना चाहती है (यह भी एक छल है)। जानना चाहती है कि वह कैसे चलता है। तब हरिप्रसन्न उसकी नली अपनी कनपटी से सटाकर सुनीता का हाथ अपने बायें हाथ में लेकर कहता है, 'चलाकर बताऊँ भाभी?...मैं मरना नहीं चाहता किन्तु कहो तो चलाकर बताऊँ? मेरे जीने में रस ही क्या है, अर्थ ही क्या है?'

यह स्वार्थ सिद्धि का क्षुद्रतम तरीका है। दूसरे की भावना को उकसा कर अपने लिए सहानुभूति (कह लें स्नेह) एकत्र करना और उसे इस्तेमाल करना। लेकिन हरिप्रसन्न का असली व्यक्तित्व मूलतः रोमेंटिक है (जो अपने मूल में एक पाखंड है)। एक ओर देश प्रेम, स्वतन्त्रता-संग्राम, मानव-कल्याण जैसे भारी भरकम शब्द और दूसरी ओर इस आदर्शवादिता के पीछे मित्र पत्नी को 'सेड्यूस' करने के नये-नये तरीके। 'रोमेंटिक व्यक्ति' हर जगह नकली होता है।

यहाँ सुनीता का विश्वास या श्रीकान्त का बल उसकी रक्षा नहीं करता बल्कि हरिप्रसन्न की कायरता ही उसकी और सुनीता दोनों की रक्षा करती है। उसके बाद दोनों जहाँ के तहाँ रह गये। सुनीता नीचे देख रही थी। हरिप्रसन्न की आँखें उसकी झुकी हुई दृष्टि पर थीं। उसके बाद हरिप्रसन्न की कायरता को उसका संयम भी कहा जा सकता है पर वर्तमान सन्दर्भ में उसे कायरता ही कहा जा सकता है? जिस छल से वह सुनीता को अपनी तरफ खींचता है। उस प्रक्रिया में यह कायरता ही है, विवेक नहीं।

इसके बाद भी सुनीता को पाने को जो दुर्दमनीय आकांक्षा उसके भीतर जाग गयी है, उसकी पूर्ति के लिए वह एक दूसरी युक्ति अपनाता है। वह सुनीता को क्रान्तिकारियों को प्रेरणा देने के लिए शहर से बाहर जंगल में चलने के लिए आमन्त्रित करता है। कहीं न कहीं सुनीता भी जानती है कि यह आमन्त्रण क्रान्तिकारियों के लिए नहीं, स्वयं हरिप्रसन्न के लिए है। इस सच का सामना वह नहीं करना चाहती, क्योंकि इससे अपने सामने वह नंगी हो जाती है। लेकिन नंगी वह अपने सामने नहीं होती, हरिप्रसन्न के सामने होती है।

सुनीता जानती है कि वह रानीमाता या देवी चौधरानी नहीं है बल्कि वह हरिप्रसन्न के कायरतापूर्ण छल का शिकार बन रही है। किन्तु सुनीता को उस रोमांचक छल में भी रस मिलता है।...एक खतरनाक खेल का रस जो वह एक कदम आगे बढ़ाकर और एक कदम पीछे हटाकर खेलती है। वर्जनाओं से घिरे उस प्रेम का यह चरम क्षण है।...उन दोनों की मनःस्थितियों का इस सन्दर्भ में विश्लेषण किया जा सकता है। जंगल में मृत्यु के आतंक को साक्षी बनाकर या उसकी आड़ लेकर वह पहली बार सुनीता के प्रति अपना प्रेम व्यक्त करता है। एकाएक झुककर सुनीता की ठोड़ी उठाकर वह बोला, 'प्रेम आदमी को निर्बल बना देता है।' एक क्षण के लिए सुनीता सबकुछ भूल गयी, मृत्यु का आतंक, प्रकृति और गहन अंधकार के आदिम परिवेश में सुनीता हरिप्रसन्न के सान्निध्य तथा पौरुष की उष्णता का तीव्रता से अनुभव करती है। उसने अनुभव किया कि एक आतंक सिर पर मँडरा रहा है। उसने देखा कि अब हरिप्रसन्न में संकोच नहीं है। सुनीता उसकी बाहुओं में घिरी है अनुग्रहीता की भाँति। मानो, इससे जीवन की कृतार्थता ही अनुभव

हुई।'' सुनीता को अपने बाहुओं के घेरे में लेकर चलता हुआ हरिप्रसन्न कहता है, 'श्रीकान्त तुम्हारा पति है, मेरा मित्र है। पति एक होता है, मित्र भी शायद एक ही होता है। मेरे लिए तो वह एक ही है। लेकिन मौत से बड़ी क्या चीज है? अगर प्रभु है, ईश्वर है तो मैं उसे 'मृत्यु' में ही देखता हूँ। सुनीता मैं और मौत आमने-सामने हैं। मैं उससे आँख मिचौली नहीं खेलूँगा। उस महाशक्ति के सामने मैं कहता हूँ कि मैं तुमसे प्रेम करता हूँ। लेकिन प्रेम? वह क्या होता है यह मैं भी नहीं जानता।' इसका मनोवांक्षित प्रभाव होता है। सुनीता का मन इस व्यक्ति के लिए पीड़ा से भर गया। वह अपने आप को सह न सकी। यह उसके लिए अप्रत्याशित थी।... अतिशय विस्मयकारी, अतिशय भयकारी।''

लेकिन सुनीता का समर्पण पूर्ण नहीं होता क्योंकि हरिप्रसन्न इस निर्णायक क्षण को खो देता है? उसकी 'कायरता' अन्तिम क्षण तक पहल करने का साहस नहीं जुटा पाती। वह कहता है, ''तुम आराम करो सुनीता (सुनीता वहाँ करने यही गयी थी।) अगर खतरा नहीं होता तो मैं अभी तुम्हें घर पहुँचा देता। मैं चला जा रहा हूँ। जब लौटने का वक्त होगा तो आ जाऊँगा।'' यह कहकर हरिप्रसन्न चलने को हुआ। सुनीता गुमसुम बैठी रही। चलते-चलते हरिप्रसन्न ने कहा, 'जाऊँ?' सुनीता कुछ नहीं बोली। हरिप्रसन्न चला गया।

जब वह पुनः सन्नद्ध होकर लौटा तो 'परिवर्तन' का 'एक युग' बीत चुका था। इस बीच सुनीता एक निर्णय ले चुकी थी। यह उसके अचेतन का निर्णय था। जैनेन्द्र के यहाँ अवदमन के भार से दबी हुई स्त्रियाँ प्रायः ऐसा निर्णय लेती हैं (प्रायः सर्जिकल) या शायद सुनीता इस आँख मिचौनी से ऊब चुकी थी। उसका यह निर्णय एक साथ हरिप्रसन्न, सुनीता और श्रीकान्त सबकी रक्षा कर लेता है। जैनेन्द्र भी 'सतीत्व' की रक्षा कर लेते हैं (जो उनका मकसद था)।

उपन्यास के अन्त में सुनीता ने जो अप्रत्याशित निर्णय लिया वह हिन्दी उपन्यास साहित्य में अब इतिहास बन चुका है और 'सुनीता' एक क्लैसिक कृति। दरअसल सुनीता से वह कहकर भी जाता नहीं, थोड़ी देर में लौट आता है। इस बार सुनीता उससे पूछती है, 'तुम क्या चाहते हो हरिबाबू?' वह कहता है, 'क्या चाहता हूँ? तो सुनो, मैं तुमको चाहता हूँ। समूची तुमको चाहता हूँ।...उसके बाद।' सुनीता का उत्तर साफ-सुथरा लेकिन अद्‌भुत है, 'तो मैं हूँ, तुम्हारे सामने। ले क्यों नहीं लेते हो!' हरिप्रसन्न हाथ घुमाता-घुमाता सुनीता की बाहु पर रुक गया। वहीं पर रुका रहा। उसने कहा, 'उठो भाभी।' पर सुनीता कहती है, 'तुम्हें काहे की झिझक है। बोलो, मैंने कभी मना किया था। मैं तुम्हारे सामने हूँ। कब इंकार करती हूँ? लेकिन अपने को मारो मत। हरिबाबू, मारो मत। कर्म करो। मुझे चाहते हो, तो मुझे ले लो।'' हरिप्रसन्न का हाथ वहीं रुका रहा। सुनीता ने फिर कहा,

"मुझे चाहते हो हरिबाबू, खूब सोच लो।"

"तुम्हें ही चाहता हूँ।" हरिप्रसन्न ने कहा। सुनीता उठ बैठी, "मुझे चाहते हो, मैं यह हूँ। मैं यह हूँ।" कहकर सुनीता ने अपने वस्त्र उतारने शुरू कर दिये। हरिप्रसन्न ने अचकचा कर कहा, 'भाभी।' सुनीता ने शान्त चित्त से उत्तर दिया, "मुझे चाहते हो न, मुझे लो। यह साड़ी तो मैं नहीं हूँ।" सुनीता ने साड़ी अलग कर दी, ब्लाउज़ अलग कर दिया और अंगिया फाड़कर फेंक दी। हरिप्रसन्न घबरा कर बोला, "भाभी, भाभी।" सुनीता ने मुस्करा कर कहा, "यह जो बन्धन है हरिबाबू, उसके रहते मुझे कैसे पाओगे।" हरिप्रसन्न ने घबराकार आँखें ढँक ली। सुनीता जब निर्वस्त्र प्रस्तुत होकर आयी तो वह पराभूत होकर लज्जा से गड़ गया। थोड़ी देर बाद वह सुनीता को उसके घर पहुँचा आया। और वह लौटने लगा तो सुनीता ने पूछा, 'कब आएँगे?' हरिप्रसन्न ने कहा, "भाग्य जानता है, पता नहीं।"

हरिप्रसन्न फिर नहीं आया। सुनीता ने घर लौटकर श्रीकान्त से कहा, "अब कभी मुझे छोड़कर मत जाना।"

यहाँ दिलचस्प बात यह है कि लौटते हुए हरिप्रसन्न के पैरों को सुनीता ने झुक कर उसकी धूलि ले ली। प्रश्न उठता है उसने ऐसा क्यों किया? उसके मन में तो वितृष्णा होनी चाहिए थी हरिप्रसन्न के प्रति। दरअसल वह हरिप्रसन्न की कृतज्ञ थी क्योंकि उसने उसके 'सतीत्व' को बचा लिया। जैनेन्द्र यही चाहते थे। उन्होंने इसको नाटकीय प्रसंग और इस युक्ति (डिवाइस) की रचना ही इसीलिए की थी। मैं नहीं जानता कि इसका फ्रायडियन विश्लेषण कैसे करेंगे किन्तु जैनेन्द्र ने यहाँ अद्‌भुत कला-कौशल ही नहीं एक अपूर्व रचनात्मक क्षमता का परिचय दिया है। जैनेन्द्र ने सुनीता के द्वारा हिन्दी उपन्यास की धारा बदल दी। यह एक संयोग था कि प्रेमचन्द का 'गोदान' और 'सुनीता' प्रायः आसपास ही प्रकाशित हुए थे। हिन्दी समीक्षकों ने गोदान को महान बताया और सुनीता को विचित्र किन्तु हिन्दी में एक नितान्त नया उपन्यास! यह भी संयोग था कि लगभग उन्हीं दिनों भारत में प्रगतिशील लेखक संघ की स्थापना हुई थी और प्रेमचन्द ने उसकी अध्यक्षता की थी। जैनेन्द्र अपने को 'प्रगतिशील' नहीं मानते थे—उन्होंने कभी नहीं माना। इसकी सज़ा उन्हें भुगतनी पड़ी। हिन्दी साहित्य के इतिहास में उन्हें व्यक्तिवादी और अन्तरमुखी उपन्यासकार मानकर प्रायः स्थापित कर दिया। किन्तु सुनीता के बाद जैनेन्द्र एक और क्लासिक उपन्यास लिखकर हिन्दी जगत को चौंकाने वाले थे जिससे समीक्षक तथा पाठक दोनों स्तब्ध और भौंचक्के रह गये थे और वह उपन्यास था 'त्यागपत्र'। कई दृष्टियों से 'त्यागपत्र' सुनीता से बहुत आगे का उपन्यास था—आगे का और अलग भी। उसमें जैनेन्द्र ने अपने अन्तर में जड़ जमाये हुए 'सतीत्व' की झिझक को तोड़ दिया था। लेकिन वह भी उतना

ही विचित्र उपन्यास था जितना 'सुनीता' बल्कि उससे कहीं ज्यादा! उससे उन्होंने सीधे-सीधे दुश्चरित्रता या 'पुंश्चली' स्त्री के प्रश्न पर विचार किया, 'त्यागपत्र' के माध्यम से जैनेन्द्र ने एक नयी नैतिकता की अवधारणा स्थापित की है क्योंकि जब चरित्र की बात आती है तो हम सीधे-सीधे दो भागों में बाँटकर उसे परिभाषित कर देते हैं और उसी के आधार पर किसी व्यक्ति के बारे में अपनी धारणा बनाते हैं और नैतिकता का प्रश्न मुख्यत: प्रेम सम्बन्धों तथा यौन सम्बन्धों से जुड़ा रहता है, जो व्यक्ति प्रेम और विवाह में एकनिष्ठ होता है उसे हम चरित्रवान और जो एकनिष्ठ नहीं होता उसे दुश्चरित्र कहते हैं। हमारे आज के पितृसत्ताक समाज में यह निकष स्त्रियों पर ही अधिक लागू होता है और इसकी पहचान और परख के लिए मॉडल के तौर पर एक स्त्री 'मृणाल' की कल्पना की गयी है। मृणाल की कहानी कहने के लिए जैनेन्द्र ने एक अनोखी प्रविधि का प्रयोग किया है : पूरी कहानी न्यायधीश के माध्यम से बयान की गयी है जो इस स्थापित सामाजिक प्रश्न पर ही अपने पद से त्यागपत्र देता है कि वह निर्णय नहीं कर पाता कि उसकी बुआ यानी मृणाल एक दुश्चरित्र या पापिस्ठा स्त्री थी या नहीं। यहाँ ध्यान देने की बात है कि जैनेन्द्र ने जानबूझकर और कौशल से इस कहानी को बयान करने के लिए 'न्यायाधीश' की परिकल्पना की है क्योंकि वह ही सच और झूठ का निर्णायक माना जाता है। यहाँ वह जज जस्टिस दयाल नाम के व्यक्ति हैं जिनकी बुआ मृणाल थी। यहाँ वह 'जज' खुद ही निर्णय नहीं कर पाया कि सामाजिक मानदंडों के आधार पर वह निर्णय ले सके। या निर्णय दे सके कि उसकी बुआ मानी मृणाल एक दुश्चरित्र स्त्री थी या नहीं। उपन्यास की शुरुआत ही होती है, ''नहीं भाई, पाप-पुण्य की समीक्षा मुझसे न होगी। जज हूँ, कानून के तराजू की मर्यादा जानता हूँ। पर उस तराजू की जरूरत को भी जानता हूँ।...मेरी बुआ पापिष्ठा थी या नहीं, यह भी कहने वाला मैं कौन हूँ...आज दिन है कि ख़बर आयी है कि वह मर गयी...बुआ तुम गयीं। अब सुनो, मैं जजी छोड़ता हूँ।''

अत: एक न्यायाधीश ने इसलिए अपने पद से 'त्यागपत्र' दे दिया कि वह स्वयं निर्णय नहीं कर पाया कि उसकी बुआ दुश्चरित्र थीं या नहीं।

लेकिन उनकी बुआ यानी मृणाल को दुश्चरित्र माना ही क्यों गया, इसको जानने के लिए मृणाल की कहानी जाननी होगी। जैनेन्द्र प्रेम तथा नारी को समाज के रूढ़ किन्तु दुहरे मूल्यों तथा मानदंडों के विरुद्ध खड़ी होते दिखाना चाहते हैं, वह नारी मृणाल है। कहानी की शुरुआत में हम देखते हैं कि मृणाल एक मध्यमवर्गीय परिवार की किशोरी है। इसी किशोरवय में उसने एक युवक से प्रेम किया। प्रेम करते ही उसमें मुक्त रहने की आकांक्षा जागती है वह कहती है : ''मैं चिड़िया होना चाहती हूँ। पंख छोटे होने पर भी वह आसमान में जिधर

चाहे उड़ जाती है। मैं चिड़िया होना चाहती हूँ।" किन्तु पितृसत्तात्मक समाज में स्त्री को चिड़िया नहीं होने दिया जाता। उसके पंख कतर कर पिंजड़े में बन्द कर दिया जाता है। लेकिन वह पिंजरा तोड़कर बाहर आ जाती है। पर परिणाम क्या होता है? और समाज के दुहरे मूल्य क्या हैं? मृणाल को एहसास कराया जाता है कि "अपनी पसन्द की सखी से मिलना तो ठीक है किन्तु अपने पसन्द के सखा से मिलना गलत है।" और उस गलती को छिपाने के लिए झूठ बोलना जरूरी है। अर्थात सामाजिक नियमों के निर्वाह के लिए ढोंगी होना जरूरी है। लेकिन समाज की ये दुहरी मान्यताएँ मृणाल के गले नहीं उतरतीं। पर बलात उसका विवाह किसी और से कर दिया जाता है लेकिन चूँकि मृणाल 'झूठ' नहीं बोल सकती, इसलिए वह पति से अपने विवाह पूर्व प्रेम की बात बता देती है। फलस्वरूप उसकी नाटकीय यन्त्रणाओं की शुरुआत होती है ('सच' बोलने की सज़ा)। इसके अलावा मृणाल में शुरू से आत्मघाती प्रवृत्ति (डेथ इंस्टिंक्ट) रही है। विवाह के बाद वह प्रमोद से (जो बाद में जस्टिस दयाल बनता है) से अपने प्रेमी की बहन शीला से कहलाती है कि जाकर शीला से कह देना कि मैं मर जाऊँगी। इसके बाद मृणाल की जिन्दगी एकक्रमिक मृत्यु ही है। लेकिन मृणाल की मृत्यु अपने प्रेम की असफलता से होती है या समाज के दुहरे मूल्यों और पाखंड से निरन्तर लड़ते रहने के कारण, यह देखना होगा! जैनेन्द्र नाटकीय तथा अप्रत्याशित निर्णयों के कथाकार हैं। उनके निर्णय अकसर चौंकाने वाले होते हैं पर उनके पीछे उनके अपने तर्क तथा अपनी अवधारणा होती है। उन्हीं के अनुसार उनके मस्तिक में पहले आइडिया आता है—एक विचार या अवधारणा, कहानी बाद में आती है जिससे वे उस विचार या अवधारणा को साबित करने के लिए या उस विचार का विश्लेषण करने के लिए कहानी और उसके चरित्रों की कल्पना कर लेते हैं। 'त्यागपत्र' में भी ऐसा ही होता। 'त्यागपत्र' अप्रत्याशित निर्णयों की कहानी है किन्तु साथ ही वह एक स्त्री रिबेल या विद्रोही की कहानी भी है। जरूर ध्यान रखना चाहिए कि जैनेन्द्र आज के शब्दों में नारी विमर्श के पहले कथाकार हैं : पति से अपने पूर्व प्रेम को उद्घाटित करने के बाद या फलस्वरूप वह पति-प्रतारणा का शिकार होती रहती है : प्रेम के सम्बन्ध में उसे अनुभव होता है या पता चलता है, इस समाज में 'प्रेम' अपराध है और इस 'अपराध' के लिए दंड भुगतना होता है (जो आज भी हो रहा है—'ऑनर किलिंग' के रूप में)। यही अनुभव मृणाल को पिता के घर में भी होता है और पतिगृह में भी। वैसे जैनेन्द्र हमेशा यह मानते रहे हैं—प्रेमचन्द की तरह कि विवाह एक समझौता है और प्रेम को विवाह पर बलिदान हो जाना चाहिए। विवाह एक ऐसी गाँठ है जो एक बार बँधी तो फिर खुल नहीं सकती। और 'टूटना' कब श्रेयस्कर

होता है।

लेकिन मृणाल के सम्बन्ध में यह गाँठ टूटती है और जैसाकि जैनेन्द्र मानते हैं 'टूटना' कभी श्रेयस्कर नहीं होता और इसीकारण यह 'टूटना' मृणाल के मन में एक 'ग्रंथि' बन जाता है—एक आत्मघाती ग्रंथि। एक पूरे समाज तथा सामाजिक मान्यताओं के प्रति विद्रोह आसान नहीं होता। उसकी कीमत चुकानी पड़ती है। कभी आत्मघाती या आत्मपीड़क बनकर और कभी प्रताड़ना का शिकार होकर! लेकिन यहाँ सवाल यह उत्पन्न होता है कि आखिर मृणाल पतिगृह छोड़कर एक 'कोयलेवाले' के यहाँ क्यों जा बैठती है। यह निकृष्ट निर्णय वह क्यों लेती है? पहली बात तो यह कि यह एक प्रतिशोधात्मक निर्णय है और दूसरी बात यह कि यह एक आत्मपीड़क निर्णय है? पर इसके बारे में भी मृणाल के अपने तर्क हैं (यानी जैनेन्द्र के) वह कहती है, "पति को मैंने नहीं छोड़ा। उन्होंने ही मुझे छोड़ा है। मैं स्त्री धर्म को पतिव्रत धर्म ही समझती हूँ। लेकिन क्या पतिव्रता को यह चाहिए कि पति नहीं चाहता तब भी अपना भार उस पर डाले रहे? उन्होंने कहा कि मैं तेरा पति नहीं हूँ। तब मैं किस अधिकार से अपने को उनपर डाले रहती? यह पतिव्रता का धर्म नहीं है।"

दरअसल 'त्यागपत्र' बेहद ट्रेजिक उपन्यास है : भारत में एक सामान्य स्त्री का जीवन एक त्रिशंकु जीवन है : माता-पिता तो उससे मुक्ति चाहते ही हैं, क्योंकि सैकड़ों हजारों वर्षों के संस्कारों ने उनके मन में यह बात बैठा दी है कि स्त्री का घर उसका घर उसका पिता का स्थान नहीं बल्कि वह है जहाँ उसे सात फेरे लगवाकर भेज दिया जाता है : यह परम्परा तो कम से कम शकुन्तला के समय से चली आ रही है : 'शकुन्तला' पूरे विश्व में स्त्री की इस नियति की सबसे करुण गाथा है : उसके पिता विश्वामित्र ने तो उसे त्याग दिया ही है, माँ मेनका भी देवताओं का मकसद पूरा कर उसे बेरहमी से त्याग कर देवलोक जाती है। महर्षि कण्व के आश्रम में उसे आश्रय मिलता है पर दुश्यन्त से मिलने के बाद आश्रम भी उसका नहीं रहता—और जैसे यह पर्याप्त न हो। शकुन्तला को गर्भवती बनाकर और उसे पत्नी बनाने का वचन देने के बाद वाग्दत्ता स्वरूप उसे अपनी अँगूठी देने के बाद भी वे भरे दरबार में उसे पत्नी तो क्या पहचानने से भी इंकार कर देते हैं। यानी शुकन्तला का घर न तो कण्व ऋषि का आश्रम है और न दुश्यन्त का राजमहल। दुश्यन्त द्वारा गर्भवती बना दी गयी शकुन्तला वन-वन भटकती हुई और त्रिशंकु जीवन जीती हुई अन्ततः मृत्यु के आश्रय में ही शरण पाती है। लगभग यही नियति सीता की भी होती है। वह भी गर्भवती रूप में ही राम के द्वारा परित्यक्ता होकर अन्ततः धरती में ही शरण पाती है। भारत के ही नहीं संसार के ये दोनों महान महाकाव्यों में क्या कारण है कि स्त्री की हजारों वर्षों

बाद भी मृणाल नाम की स्त्री की नियति और परिणति एक-सी होती है? स्त्री हर जगह और हमेशा परित्यक्ता है : मृणाल को प्रेम करने और फिर पाखंडपूर्ण जीवन जीने से इंकार करने तथा सच बोलने की सजा मिलती है : पति की प्रताड़ना से पीड़ित होकर वह पिता के घर लौट आती है और प्रमोद (यानी जस्टिस दयाल) से कहती है कि मैं तुझे बेंत से मारकर बताना चाहती हूँ कि बेंत से पीटे जाने पर क्या अनुभव होता है। प्रमोद आश्चर्य से पूछता है कि क्या फूफा तुम्हें बेंत से मारते हैं? मृणाल कहती है मुझे बेंत खाना अच्छा नहीं लगता है न यहाँ अच्छा लगता है और न वहाँ अच्छा लगता है।

यानी अपने घर में भी मृणाल पीटी जाती थी और पतिगृह में भी। अन्त में पति उस पर दुश्चरित्रता का आरोप लगाकर घर से निकाल देता है और उसे एक कोयलेवाला अपने घर में (यदि उस अन्धकूप जैसी कोठरी को घर कहा जा सके तो) आश्रय देता है, अपनी रक्षिता बनाकर। फिर वह वहाँ से भी निष्कासित कर दी जाती है और फिर शहर के किसी सबसे दरिद्र इलाके में पड़ी-पड़ी मर जाती है।

यह सारी कहानी प्रमोद ऊर्फ जस्टिस दयाल के द्वारा बयान की जाती है। लेकिन बचपन से लेकर मृणाल की मृत्यु तक वह 'जज' होकर भी निर्णय नहीं ले पाता है कि उसकी 'बुआ' दुश्चरित्र थी या नहीं। लेकिन एक जज को तो निर्णय लेना होता है और अन्ततः वह भी निर्णय लेता है कि उसे त्यागपत्र दे देना चाहिए। उपन्यास का शीर्षक इसीलिए त्यागपत्र है। लेकिन यह 'त्यागपत्र' शब्द बहुत अर्थगर्भित है, अत्यन्त प्रतीकात्मक भी। एक पाखंडी दुहरे मूल्यों वाले भयानक निष्ठुर और क्रूर समाज की मान्यताओं, मूल्यों और सदियों से स्त्री को पीड़ित, प्रताड़ित तथा निरन्तर नष्ट करने वाले समाज से ही त्यागपत्र! इसलिए यह केवल एक नौकरी से त्यागपत्र नहीं है! स्वयं जस्टिस दयाल लगभग वानप्रस्थ जीवन जीते हुए नगर से दूर किसी निर्जन स्थान में ही आजीवन रहे और अन्त में 'मृणाल' की कहानी की पांडुलिपि छोड़कर। जैनेन्द्र की कल्पना ने इस कल्पित पांडुलिपि से मृणाल की परिकल्पना की और उसे रचनात्मक रूप दिया। यह भी कथा लेखन की एक अनोखी युक्ति या प्रविधि थी जिसका आगे चलकर आचार्य हजारी प्रसाद द्विवेदी ने भी अपने क्लासिक उपन्यास 'वाणभट्ट की आत्मकथा' में अपने ढंग से बड़ा सार्थक उपयोग किया।

अकसर लोग जैनेन्द्र के उपन्यासों की 'ग्लेशियर' वाली संरचना को समझ नहीं पाते जो ऊपर बहुत कम होती है और नीचे बहुत ज्यादा, जो अलक्षित रहता है। इस अलक्षित को लक्षित न कर पाने के कारण अधिकांश समीक्षक उन्हें प्रारम्भ से ही उन्हें व्यक्तिवादी, अन्तर्मुखी तथा अधिक मनोवैज्ञानिक कथाकार घोषित

करके अपनी अज्ञानता ही प्रदर्शित करते रहे हैं। सतह के नीचे जो अन्तर्धारा प्रवाहित होती रहती है और ध्यान देने पर जिसमें अपने समय की राजनीति, पारिवारिक संरचना, स्त्री-पुरुष सम्बन्ध, सामाजिक मूल्यों का परीक्षण आदि अनेक व्यापक प्रश्नों का विश्लेण होता है, उसे लोग नहीं देखते या देख पाते। 'कल्याणी' भी उनका ऐसा ही उपन्यास है जिसमें उन्होंने सम्भवतः हिन्दी में पहली बार आधुनिक कामकाजी स्त्रियों की स्थिति पर सूक्ष्मता से विचार किया है और उससे सम्बद्ध समस्याओं का भी विश्लेषण किया है।

जैसाकि विख्यात फ्रेंच लेखिका सिमोन द बोउआ ने अपनी विश्वप्रसिद्ध पुस्तक 'द सेकेंड सेक्स' में लिखा है कि वर्किंग वुमन की समस्याएँ और यन्त्रणाएँ भी दुहरी हो जाती हैं। घर से बाहर निकलकर वह मुक्त हो जाती हो या मुक्ति का अनुभव करती हो, ऐसा प्रायः नहीं होता और उसकी यातनाओं में वृद्धि ही होती है। कल्याणी में भी ऐसा ही होता है : कल्याणी असरानी दम्पत्ति की कहानी है। दोनों डॉक्टर हैं : कल्याणी वास्तविक अर्थ में आधुनिक है। वह विदेश से डॉक्टर बनकर आयी है और कई अर्थों में पति असरानी से अधिक सफल डॉक्टर ही नहीं, समाज में भी अधिक लोकप्रिय तथा लोक-कल्याण में रुचि लेने वाली महिला है। इसके अतिरिक्त उसके मन में कवियत्री बनने की महत्त्वाकांक्षा है। पति भी उसकी यह महत्त्वाकांक्षापूर्ति में सहायता ही करता है। यद्यपि ऊपर से सबकुछ सामान्य और सुखद है किन्तु भीतर कहीं कोई असंगति है जो पति-पत्नी में आंतरिक एक सूत्रता स्थापित नहीं होने देती।

'प्रेम और विवाह' को यह सर्वथा नये परिवेश तथा 'परिप्रेक्ष्य में देखने की कोशिश है : प्रेम और विवाह प्रारम्भ से ही जैनेन्द्र का प्रिय विषय रहा है, पर यह 'विवाह' कुछ अनोखा ही है जो अनेक मनोवैज्ञानिक तथा सामाजिक गुत्थियों से घिरा हुआ है, कल्याणी एक आधुनिक युवती है, पेशे से डॉक्टर है यानी ऊपर से उसकी छवि एक मुक्त औरत की बनती है किन्तु वह न केवल मुक्त नहीं है बल्कि उसकी शिक्षा-दीक्षा और एक कमाऊ औरत होना ही गुनाह हो गया है जो उसे मुक्ति की जगह तरह-तरह की ग्रंथियों का शिकार बना देता है। आमतौर पर मान लिया जाता है कि वास्तविक मुक्ति 'आर्थिक मुक्ति' है : गोदान की मिस मालती एक मुक्त स्त्री है क्योंकि वे आर्थिक रूप से मुक्त हैं। एक हद तक प्रसाद की तितली भी जो हिन्दी उपन्यास में पहली बार घोषणा करती है कि असली मुक्ति आर्थिक मुक्ति है।

लेकिन जैनेन्द्र की कल्याणी इस झिझक को तोड़ती और झुठलाती है। यह नहीं कि वे स्त्री की आर्थिक मुक्ति के समर्थक नहीं हैं लेकिन वे उस तथाकथित आर्थिक मुक्ति से जुड़ी नयी विडम्बनाओं को सामने लाते हैं। भारत जैसे

पितृसत्तात्मक समाज में स्त्री की मुक्ति आसान नहीं है। भारत का आधुनिक पुरुष स्त्री मुक्ति का समर्थक होते हुए भी उसे सहज रूप से स्वीकार नहीं कर पाता। वह अपनी कमाऊ पत्नी को एक दुधारू गाय के रूप में देखता है जो अपनी कमाई से घर को भर दे पर हमेशा घर की चहारदीवारी के खूँटे से बँधी रहे।

जैनेन्द्र कल्याणी की शुरुआत इसी दृष्टि से करते हैं : यहाँ स्त्री की आर्थिक मुक्ति समस्या का समाधान नहीं, समस्या की शुरुआत है। कल्याणी का वैवाहिक जीवन एक दबे हुए ज्वालामुखी की तरह है जिससे कभी-कभी लावा फूटता रहता है। अपने पारिवारिक मित्र तथा वर्णनकर्ता (जिसे स्वयं लेखक मान सकते हैं) जो एक वकील हैं उनसे वह कहती है : ''विवाह से स्त्री पत्नी बनती है। पत्नी यानी गृहणी। विवाह से पूर्व स्त्री कुछ नहीं होती, निरी कन्या। पर मैं कुछ थी। मैं डॉक्टर थी। अब सवाल है कि मेरी शादी और मेरी डाक्टरी, मेरा पत्नीत्व और मेरा निजत्व ये परम्परा कैसे निभे!''

कल्याणी के पति डॉ. असरानी न केवल असफल डॉक्टर हैं बल्कि एक असफल पति भी हैं। कल्याणी एक सफल डॉक्टर भी है और सार्वजनिक जीवन में एक लोकप्रिय सामाजिक महिला भी। पहले ही स्त्री का अपना कोई व्यक्तित्व नहीं होता था। वह पति को ही सर्वस्व और परमेश्वर मानकर समर्पित रहती थी। कल्याणी इसके लिए भी प्रयत्न करती है : 'मैंने कहा, मैं आपके मन की गृहलक्ष्मी बनकर रहना चाहती हूँ, पर तभी रह सकती हूँ जब डॉक्टर न रहूँ। डॉक्टर होकर अन्त:पुर की शोभा मुझसे नहीं होगी।...स्वामी से यह स्पष्टता से कहकर मैं घर के अन्दर ही रहने लगी। चौके में जाने लगी और दवाखाने का काम मैंने छोड़ दिया। पर मालूम हुआ कि उससे कुछ ही दिनों में काम बहुत गिर गया। आमदनी एकदम टूटने लगी। तब डॉ. साहब को चिन्ता हुई और उन्होंने मुझे समझाया। मैंने कहा दोनों में से एक चुनकर मुझे दे दो। पतिव्रता या डॉक्टरी।''

मूलत: भारत में परिवेश तो बदल गया है यानी वह आधुनिक हो गया है, पर यहाँ का पुरुष आधुनिकता तथा स्त्री शिक्षा आदि का समर्थक होते हुए भी संस्कारों में न केवल रुढ़ियों का समर्थक है बल्कि स्त्री को वह हीन तथा गुलाम ही समझता है। जैसे आज भी उच्चवर्गीय पुरुष समाज ऊपर से दलित समर्थक होते हुए भी दलित को हीन ही समझता है। उस अर्थ में आज भी दलित तथा स्त्री में विभिन्न समानता तथा समान्तरता बढ़ी हुई है। मि. असरानी अपनी पत्नी कल्याणी की आर्थिक क्षमता का उपयोग भी करना चाहते हैं और एक पुरुष के रूप में उसपर अपना आधिपत्य भी सुरक्षित रखना चाहते हैं। अपनी स्वयं की अक्षमता उसमें वृद्धि ही करती है और वे कुंठाग्रस्त होकर एक परपीड़क (सैडिस्ट) पति बन जाते हैं। वो कल्याणी को अश्लील साबित करते हुए उसे अकसर मारते

पीटते हैं और कई-कई दिनों तक घर में कैद रखते हैं। क्योंकि जैनेन्द्र यहाँ आज के तथाकथित आधुनिक पुरुष के वास्तविकता का उद्घाटन कर रहे होते हैं (आज भी उस स्थिति में कोई मूलभूत परिवर्तन नहीं हुआ है)। कल्याणी इन दुहरे दबावों के बीच टूट जाती है, साथ ही ऊपर से शारीरिक यन्त्रणाएँ! अतः वह भी मानसिक ग्रन्थियों का शिकार होकर एक मनोरोगी बनती है। वह अपने को अपराधिनी और दुश्चरित्र स्त्री ही मान लेती है। पूछती हूँ, दुराचारिणी स्त्री को मर क्यों नहीं जाना चाहिए। स्त्री स्वातन्त्र्य और कुछ नहीं, मातृत्व बनने की चाह है। लेकिन वो भूलती है कि वह अगर अपने प्रेयसी रूप पर मुग्ध है...सती को यह सोचने का अधिकार नहीं है कि उसका पति सदोष हो सकता है। अपंग से विकलांग हो, जैसा भी हो पति, पति है, पति देवता है।

इन पंक्तियों में अन्तर्निहित व्यंग्य और व्यंजना स्पष्ट है। जो लोग जैनेन्द्र को प्राय: परम्परावादी और एक हद तक प्रतिक्रियावादी मानते हैं, वहाँ उनको ऐसी पंक्तियों पर गौर करना चाहिए। पहले भी कहा जा चुका है कि जैनेन्द्र का कथाकार एक अईसबर्ग की तरह है। वह सतह पर बहुत कम होता या दीखता है। उनकी कमजोरी यह है कि वे अपने कथाकार पर विश्वास नहीं करते और जो अत्यन्त कलात्मक कौशल से व्यक्त करते हैं। उसे पाठक की समझ पर न छोड़कर उसकी व्याख्या और विवेचन करने लगते हैं। जैनेन्द्र में यह प्रवृत्ति बढ़ती गयी है और जो अन्ततः उनके 'कथाकार' के 'क्षरण' के कारण हैं।

...उपरोक्त पंक्तियों में जो व्यंजना है, उसे कोई नजरअन्दाज नहीं कर सकता और वह सामान्य स्थिति की अभिव्यक्ति भी नहीं है जो धीरे-धीरे बढ़ता हुआ कल्याणी को एक आत्मपीड़क (मैसोचिस्ट) व्यक्तित्व में बदल देता है। इस आत्मयन्त्रणा का एक पक्ष तो यह है धार्मिक उन्माद। वह पूरे दिन में एक बार खाती है, चार बार स्नान करती है। इसका दूसरा पक्ष है वह पैरानोपिया और हैलुसिनेशन (विभ्रम) का शिकार हो जाती है। वह अपने पारिवारिक मित्र वकील साहब से कहती है, हमारे घर के गुसलखाने में एक युवती की हत्या हुई है। मैंने खुद देखा कि उसे गला घोंटकर मारा गया था। कोई एक महीने से गुसलखाने में से सिसकी की आवाज उसे सुनायी पड़ती थी। जैसे कोई मुँह दाबकर रोता हो। रोज सांझ का अँधेरा होते ही यह आवाज शुरू हो जाती है।'' कहने की जरूरत नहीं है कि यह युवती कल्याणी स्वयं है। असामान्य मनोविश्लेषण के अन्तर्गत ऐसे मामलों के अनेक इतिहास (केस हिस्ट्री) मिलते हैं। कल्याणी की त्रासदी प्रेम और विश्वास के अभाव की त्रासदी है। पति (असरानी) उसे घर में तो यन्त्रणा देते ही हैं, कई अवसरों पर खुलेआम सड़कों पर लोगों के सामने जूतों से पीटते हैं और प्रचार करते हैं कि वह दुराचारिणी है, इसलिए उससे ऐसा

ही सलूक किया जाना चाहिए। अन्त में वह बिल्कुल टूट जाती है। वह कहती है कि "कोई तो मुझमें विश्वास करता कि मुझमें आत्मा है!" कल्याणी की समस्या केवल वैयक्तिक नहीं है, वह एक स्तर पर आज की पूरी सभ्यतावादी समस्या है। मनोवैज्ञानिक दृष्टि से आज की पूरी सभ्यता प्रेम के अभाव से पीड़ित है और परिणाम स्वरूप यौन विकृति, उन्माद, विक्षिप्तता तथा सामूहिक रूप से घृणा का शिकार है। इस स्थिति के बारे में प्रख्यात मनोवैज्ञानिक एरिक फ्रॉम ने लिखा है : "द रिजल्ट इज़ द डेवलपमेंट ऑफ इनटेंस ऐनेग्जाइटी, ए फीलिंग ऑफ नॉट बिईंग फर्मली ग्राउन्डेड इन द वर्ल्ड दैट लीड्स टू मैसोचिस्टिक टेंडेंसी...।"

इसके अलावा अहिंसावादी और गाँधीवादी जैनेन्द्र नहीं चाहते कि कल्याणी अपने पति के प्रति क्रूर हो। इसलिए वे कल्याणी को आत्मपीड़क बना देते हैं। इसके बावजूद आधुनिक तथा शिक्षित होने के कारण वह समाज के मूल्यों और मान्यताओं को ज्यों का त्यों स्वीकार नहीं करती। वह त्यागपत्र की मृणाल की तरह विद्रोह करती है लेकिन जैनेन्द्र इस विद्रोह को हद से बाहर नहीं जाने देते। विवाह नाम की संस्था में उनका अगाध विश्वास है। वे इन पारिवारिक विडम्बनाओं और विसंगतियों को जानते समझते हुए भी विद्रोहिणी को आत्मपीड़क बना देते हैं (वे अपने समस्त स्त्री पात्रों के साथ ऐसा ही करते हैं।) और इस आत्मपीड़क का अन्त एक क्रमिक आत्महत्या में होता है।

अन्त में प्रसव पीड़ा से उसकी मृत्यु हो जाती है। कल्याणी को वास्तविक नारी-विमर्श की शुरुआत करने वाला उपन्यास माना जा सकता है।

प्रेमचन्द के लगभग उत्तराधिकारी माने जाने वाले जैनेन्द्र कई मामलों में प्रेमचन्द के विलोम हैं : प्रेमचन्द के अधिकांश उपन्यासों में जहाँ पात्रों की भीड़ लगी रहती है, वहीं जैनेन्द्र जैसा कि वे स्वयं कहते हैं कि तीन-चार पात्रों से ही उनका काम चल जाता है। इसी तरह प्रेमचन्द में जहाँ भयानक वाग्-विस्फार है—यानी कोई पात्र अगर बोलना शुरू करता है तो बोलता ही चला जाता है, वहीं जैनेन्द्र के पात्र अत्यन्त मितभाषी है। हिन्दी उपन्यास में उन्होंने मित् कथन की कला को जन्म दिया है। उन्होंने हिन्दी उपन्यास को एक नयी 'कथा-भाषा' दी है जो जितनी अनगढ़ प्रतीत होती है, उतनी ही कलात्मक है। कहीं-कहीं कलात्मकता काव्य की सीमा छू लेती है। प्रेमचन्द के उपन्यासों का क्षेत्र जितना व्यापक और विस्तृत है, जैनेन्द्र के उपन्यासों का क्षेत्र फलक उतना ही सीमित है। यह सीमित होना जहाँ एक सीमा तक उपन्यासों में गहराई तथा गहन विश्लेषणात्मकता उत्पन्न करता है और एक चमत्कृत करने वाली मौलिकता भी, वहीं उनका सीमित संसार जिसमें विषय विस्तार भी नहीं है, धीरे धीरे एकरसता तथा पुनरावृत्ति भी पैदा कर देता है। कल्याणी के बाद के उनके 'सुखदा', 'विवर्त',

'व्यतीत' आदि उपन्यास ऐसे ही हैं। कुछ और बाद में 'जयवर्धन' जैसे उपन्यासों में उससे उबरने की कोशिश में वे अपने समय की राजनीति और राजनेताओं का विवेचन करने लगते हैं, जिसमें वे पूर्णता असफल सिद्ध होते हैं। वे गाँधीवादी या गाँधी की राजनीति को तो जानते थे, उसका उन्हें अनुभव भी था, किन्तु स्वतन्त्रता के बाद की राजनीति को समझना और उसका विवेचन करना उनके बस की बात नहीं रही। जयवर्धन, मुक्तिबोध, अनामस्वामी और दशार्क (1989) तक आते-आते उनकी कथा प्रतिभा प्राय: नि:शेष हो चुकी थी। उनकी चिन्तन प्रक्रिया में वह धार नहीं रही, वह भी क्रमश: कुंद हो चली। उनके चिन्तन पर 'विचारात्मक गद्य' प्रकरण में पृथक से विचार किया जाएगा। अत: जैनेन्द्र हिन्दी उपन्यास साहित्य में अत्यन्त प्रखर प्रतिभा के पैथेटिक अन्त के अन्यतम उदाहरण हैं।

इलाचन्द्र जोशी (1902–1982)

प्रेमचन्द के बाद उपन्यासों की नयी धारा विकसित हुई। उसे समीक्षकों ने मनोवैज्ञानिक उपन्यासों की धारा कहा जो एक हद तक सही है क्योंकि चौथे दशक का अन्त होते-होते विश्व भर के उपन्यासों में मनोवैज्ञानिक तथा मनोविश्लेषणवादी उपन्यासों की बाढ़-सी आ गयी थी और हिन्दी उपन्यास उससे अछूता न रहा। इसकी शुरुआत करने वाले जैनेन्द्र कुमार माने जा सकते हैं। किन्तु उनके उपन्यासों की विशेषता थी कि उनमें मनोविज्ञान पिघलकर रचनात्मकता का अंग बन गया था। किन्तु लगभग उनके समकालीन उपन्यासकार इलाचन्द्र जोशी (उनका पहला उपन्यास 'लज्जा' 1929 में प्रकाशित हुआ था, जैनेन्द्र के पहले उपन्यास 'परख' के आसपास) पर बाकायदा मनोवैज्ञानिक उपन्यासकार का ठप्पा इसलिए लगा दिया गया था कि उनके उपन्यास लगभग रीतिवादी मनोवैज्ञानिक उपन्यासों की तरह लिखे गये थे : फ्रायड, एडलर और युंग आदि के मनोविश्लेषणवादी सिद्धान्तों को प्रमाणित करते हुए या उन्हें उदाहरण स्वरूप सामने रखकर लिखे गये। किन्तु वह हिन्दी उपन्यासों में मनोवैज्ञानिकता का प्राय: शास्त्रीय प्रारम्भ था। अत: उनका विश्लेषण भी इसी आधार पर करना चाहिए : जोशी जी को तो मनोविज्ञान की प्रयोगशाला का उपन्यासकार माना जा सकता है।

जैनेन्द्र के पात्र जहाँ आत्मपीड़क (मैसोचिस्टिक) हैं, वहीं इलाचन्द्र जोशी के पात्र मुख्य: परपीड़क हैं (सौडिस्ट)। जैनेन्द्र ने चूँकि अपना मनोविज्ञान किताबों के आधार पर नहीं गढ़ा था, इसलिए व यह नहीं बताते या व्याख्या करने की कोशिश करते कि वे आत्मपीड़क क्यों हैं, किन्तु जोशी जी के 'परपीड़क' या सैडिस्ट पात्र बाकायदे फ्रायड के मनोविश्लेषणशास्त्र पर आधारित हैं। फ्रायड

सैडिज्म के बारे में लिखते हैं, ''यू नो दैट वी यूज द वर्ड सैडिज्म व्हेन सैक्सुअल सैटिस्फैक्शन डिपेंड्स अपोन सेक्सुअल ऑबजेक्ट सफरिंग पेन, इल ट्रीटमेंट एंड ह्यूमिलेशन (फ्रॉयड : न्यू इन्ट्रोक्टरी लेक्चर्स, 135, फोर्थइम्प्रेशन)।

जोशी जी के एक चर्चित उपन्यास 'प्रेत और छाया' में यह परपीड़क रूप विशेष रूप से मुखर होकर सामने आया है : 'प्रेत और छाया' के नायक पारसनाथ के जीवन में क्रमशः चार स्त्रियाँ आती हैं और चारों से वह एक जैसा हिंसक व्यवहार करता है : सभी उसके परपीड़न का शिकार होती हैं। अपनी पहली प्रेमिका काँची के साथ लम्बे अरसे तक रोमांस करने के बाद वह उसे असहाय और निराश्रित छोड़कर भाग जाता है। उसकी दूसरी स्त्री विवाहिता है—उसके साथ लम्बे अरसे तक रोमांस करने के बाद वह उसका अपहरण करता है और उसे वेश्या का जीवन बिताने के लिए छोड़ जाता है। तीसरी प्रेमिका मंजरी के साथ भयानक हृदयहीनता का परिचय देते हुए वह नंदिनी के साथ पलायित हो जाता है। लेकिन बाद में वह उसे भी सद्यजात शिशु के साथ परम विपन्नता में छोड़कर भाग जाता है। जोशी जी इन परपीड़क प्रवृत्तियों के पीछे भी मनोवैज्ञानिक ग्रंथियों को देखते हैं। पर ये ग्रंथियाँ बनती कैसे हैं? इसकी भी जोशी जी ने फ्रायडियन व्याख्या की है : पारसनाथ का पिता एक लम्पट, त्रिलासी किन्तु सफल व्यापारी है, उसमें भी परपीड़न की भावना ही भरी है। उसी से प्रेरित होकर वह बचपन में ही पारनाथ को बताता है कि वह उसका पुत्र नहीं है बल्कि उसकी दुराचारिणी माँ के अवैध सम्बन्ध से उसकी उत्पत्ति हुई है। पारसनाथ के मन पर इस रहस्योद्‌घाटन से गहरा आघात लगता है और उसके मन में एक प्रतिशोध की ग्रन्थि बन जाती है। पहले तो उसके मन में आता है कि गोली मारकर आत्महत्या कर ले पर फिर सारी स्त्री जाति से प्रतिशोध लेने की विकृत प्रतिहिंसा जाग जाती है और उसी के परिणामस्वरूप, अपनी प्रेमिकाओं से जो परपीड़क व्यवहार करता है, उसका जिक्र ऊपर किया जा चुका है। बाद में जब उसका पिता मरणासन्न हो जाता है तो मरते वक्त वह पारसनाथ को बताता है कि परपीड़क प्रवृत्ति से प्रेरित होकर ही उसने कहा था कि वह उसका अपना बेटा नहीं है। यह एक घृणित झूठ था और उसकी माँ पूर्णतः पतिव्रता स्त्री है। इस उद्‌घाटन से पारसनाथ ग्रंथि मुक्त हो जाता है और एक से विवाह करके स्वाभाविक जीवन जीने लगता है। यह एक अस्वाभाविक और कृत्रिम प्रकृति का अन्त है। पर जोशी जी करते क्या? उन्हें उपन्यास का अन्त करना ही था, इसीलिए अचानक कहानी की दिशा बदलकर उस पर विराम लगा दिया।

पहले ही बताया जा चुका है कि फ्रायड के अनुसार यह प्रवृत्ति मनुष्य की दो मूल प्रवृत्तियों (इंस्टिक्ट्स) रचनात्मक और विध्वांसत्मक के बीच असन्तुलन

का परिणाम है जो एक असन्तुलित समाज में विशेष प्रबल हो जाती है। परपीड़क के बारे में दूसरी महत्त्वपूर्ण बात यह है कि यह यद्यपि मुख्य रूप से यौन सम्बन्धों तथा शारीरिक क्रियाओं से सम्बन्धित है और उसका मुख्य लक्ष्य परपीड़न के द्वारा यौन तुष्टि पाना है। किन्तु इसकी अभिव्यक्ति अन्य सामाजिक क्रियाओं तथा व्यवहारों के द्वारा भी होती है। यह असन्तुलन भी मूलतः आत्मदमन (रिप्रेशन) के कारण होता है। ऐसा व्यक्ति विभिन्न प्रकार के विध्वंसात्मक कार्यों तथा सामाजिक अपराधों में भी लिप्त हो जाता है।

जोशी जी ने फ्रायड के इस परपीड़क सिद्धान्त को उसके शिष्य किन्तु मनोविश्लेषण की एक दूसरी धारा को जन्म देनेवाले मनोवैज्ञानिक एडलर के सिद्धान्तों से भी जोड़ा है जो अहं (ईगो) की भावना को ही मनुष्य की सबसे प्रबल मूल प्रवृत्ति मानता है। यद्यपि अहं के इस सिद्धान्त के बीज भी फ्रायड के मूल सिद्धान्तों में मिलते हैं। फ्रायड ने भी परपीड़क प्रवृत्ति को अहं की मूल प्रवृत्ति से जोड़कर देखा है : जिन व्यक्तियों में परपीड़क प्रवृत्ति होती है, उनका अहं भी बहुत विकसित होता है। फ्रायड के अनुसार ऐसे अधिकांश व्यक्ति अचेतन के धरातल पर एक प्रकार के अपराधबोध से ग्रस्त होते हैं जो अपने इस दबे हुए अपराधबोध की सज़ा दूसरों को पीड़ित करके देते हैं। (यही अपराध और दंड (क्राइम ऐंड पनिशमेंट) का सम्बन्ध भी है) आन्तरिक रूप से प्रबल अहं का व्यक्ति अनेक कुंठाओं और विकृतियों का शिकार हो जाता है। (फ्रायड : न्यू इंट्रोडक्टरी लेक्चर्स : पृ. 143)

जोशी के एक अन्य चर्चित उपन्यास 'संन्यासी' की नायिका जयन्ती अपने पति से कहती है : "आपका अहं भाव हद दर्जे तक बढ़ा हुआ है।" इसीलिए जिस स्त्री से उसका सम्बन्ध होता है, वह उसे पूर्णतः दासी बनाकर रखना चाहता है। 'संन्यासी' का नायक नंदकिशोर दो स्त्रियों के सम्पर्क में आता है और दोनों को अपने अहं भाव से पीड़ित कर नष्ट करने का प्रयास करता है किन्तु अपने अस्तित्व की निरपेक्षता का शिकार होकर रह जाता है। नंदकिशोर न तो जयंती से प्रेम करता है और न शांति से जयंती के प्रति उसका तथाकथित आकर्षण कुछ विशेष परिस्थितियों का परिणाम है और शांति के प्रति वह अपनी कायरता, क्रूरता और अन्याय को जिस तरह स्वयं भूले रहा है, जयंती उसका उपचार बनकर आती है पर वह उसे भी नष्ट कर देता है।

इलाचन्द्र जोशी मुख्यतः असाधारण मनोविज्ञान के (एबनॉरमल साइकालोजी) के कथाकार हैं और उन्होंने उसका विधिवत अध्ययन तथा विश्लेषण किया है किन्तु एक हद तक ही। वे पश्चिमी मनोविज्ञान से प्रेरित तथा प्रभावित होते हुए भी उसे अपने बद्धमूल भारतीय संस्कारों के कारण न केवल उसका

सरलीकरण करते हैं बल्कि उसे लगभग भारतीय आध्यात्मिकता में बदलने की कोशिश करते हैं। कथाकार के रूप में यह एक मूलभूत रचनात्मक असफलता का द्योतक है। इसीलिए एक उपन्यासकार के रूप में उन्हें वह अपेक्षित सफलता नहीं मिली जिसके वे अधिकारी थे। उनके उपन्यास एक टेक्निकल उपन्यास बनकर रह गये। उनकी अपेक्षित असफलता का कारण मुख्यतया यह था कि उनके पास कोई निजी कथा भाषा नहीं थी। भाषा ही नहीं है। वह प्राय: निबन्धात्मक और सीधी सपाट शैली अपनाते हैं। जब तक उनके पात्रों की 'साइकी' तथा कथा की अन्तर्वस्तु को न समझा जाए, तब तक उनमें तल्लीन होना मुमकिन नहीं होता। वे कथा के सरस ब्योरों में भी नहीं जाते। अत: वह थोड़ी रूखी और ठस प्रतीत होती है। इसके अलावा वे असमान्यता के कथाकार हैं। यदि हम उनके 'संन्यासी', 'प्रेत और छाया' जैसे उपन्यासों को पढ़ें तो इस तथ्य की वास्तविकता को समझा जा सकता है। यद्यपि उन्होंने फ्रायड और एडलर के मनोवैज्ञानिक उपन्यासों के आधार पर उपन्यास लिखे हैं किन्तु अन्तत: वे पश्चिमी मनोविश्लेषण शास्त्र का अतिक्रमण करते हुए दिखायी देते हैं क्योंकि अन्त में वे एक तर्कातीत रहस्यलोक की सृष्टि करते हैं। उनके निबन्धों से भी पता चलता है कि वे मनुष्य की प्रवृत्ति के सम्बन्ध में एक विशेष प्रकार के रहस्यवाद में विश्वास करते हैं।

यदि उनके 'जहाज का पंछी' जैसे उपन्यास को छोड़ दें जिसे अपेक्षाकृत अधिक लोकप्रियता प्राप्त हुई थी, तो पाएँगे कि उनके उपन्यासों का क्षेत्र अत्यन्त सीमित है। वे मूलत: एक सीमित क्षेत्र और समस्या को लेकर उपन्यास लिखते हैं। उनके उपन्यास बहुत 'फोक्स्ड' उपन्यास हैं। एक विशेष प्रकार के कथावृत्त पर ही वे कई कोणों से प्रकाश फेंकते हैं। इसलिए वहाँ पुनरावृत्तियाँ मिलती हैं।

उनके उपन्यासों के केन्द्र में हमेशा एक 'शैतान' या 'डेविल' रहता है जो अपने अपराधों की शुरुआत अभियोग से करता है जिसकी परिणति प्राय: विनाश या आत्मविनाश में होती है। उनके इस डेविल को अपने शातिर मस्तिष्क के विनाशकारी कृत्यों की प्राय: चेतना नहीं होती। उनके उपन्यास 'संन्यासी' का नायक कहता है, 'मैंने जैसा जीवन बिताया, यह सोचकर मैं स्तब्ध रह गया और रीढ़ से होकर एक आतंक की लहर दौड़ गई।' अवचेतन से प्रेरित उनके क्रूर कृत्य पाठक को भी स्तम्भित तथा चकित करते हैं।

दरअसल उनके चरित्र अपने युग या समाज के विरोधाभासों की प्रतिकृतियाँ हैं। उनका नायक न तो प्रेमी बन पाता है, न गृहस्थ, न नेता और न सही अर्थों में 'संन्यासी' ही।

जोशी जी अपने ही एक अन्य समकालीन उपन्यासकार भगवतीचरण वर्मा की तरह नियतिवादी नहीं हैं। वे मनोवैज्ञानिक ग्रन्थियों का चित्रण करते हैं जिनके

कारण उनके अनेक चरित्रों की नियति अभिशप्त होने की होती है।

'संन्यासी' की नायिका जिस तरह आत्मदाह करती है वह हिन्दी के अनेक समीक्षकों के जुगुप्सोत्पादक तथा वीभत्स प्रतीत हुआ था। किन्तु विचारणीय है कि वह जिन परिस्थितियों में आत्मदाह करती है (जलते हुए चूल्हे पर बैठकर) यातना और यन्त्रणा की चरम स्थिति की परिणति है। जोशी जी ने आत्मदाह का विदारक दृश्य जानबूझकर निर्मित किया था। वे बतलाना चाहते थे कि जिस मानसिक यंत्रणा की स्थिति से वह गुजर रही थी, उसकी चरम अभिव्यक्ति कुछ इसी रूप में हो सकती थी। धधकते हुए चूल्हे पर बैठी 'जयंती' का चित्रण जोशी जी ने इतने 'ग्रैफिक' ढंग से किया है, वह भले ही कुछ वैष्णव मानसिकता के लोगों को वीभत्स प्रतीत हो, पर पाठक के मन पर यह रोमांचक दृश्य अमिट रूप से अंकित हो जाता है। दास्तोवस्की के अमर उपन्यास 'द पोजेस्ड' का एक पात्र आत्महत्या और उससे होने वाली पीड़ा के बारे में कहता है, 'क्या आत्महत्या में पीड़ा और उसका भय क्या सचमुच बहुत महत्त्वपूर्ण होता है? आत्म हत्याएँ दो प्रकार की होती हैं : एक तो वे लोग होते हैं जो गहरे अवसाद या आक्रोश के कारण आत्महत्या करते हैं या वे जो अत्यन्त विक्षुब्ध होते हैं। वे पीड़ा के बारे में कुछ नहीं सोचते। वे अचानक ऐसा कर लेते हैं और फिर सबकुछ समाप्त हो जाता है। पर जो जीने और मरने के बारे में बहुत सोचते हैं, वही मृत्यु और उससे होने वाली पीड़ा के बारे में भी बहुत चिन्ता करते हैं। दरअसल जीवन ही भय और पीड़ा है। मृत्यु पीड़ा और भय से मुक्ति है।'

'संन्यासी' की जयंती इसी पीड़ा और भय से मुक्ति चाहती है। इसीलिए उसके लिए आत्मदाह की पद्धति और पीड़ा निरर्थक हो जाते हैं।

जोशी जी असामान्य के उपन्यासकार जरूर हैं किन्तु वे विकृति या कुत्सा के कथाकार नहीं हैं जो हिन्दी के कुछ उपन्यासों में एक नयी कथा-प्रवृत्ति बनकर उभर रही है।

भगवती चरण वर्मा (1903-1981)

इलाचन्द्र जोशी के ही समकालीन कथाकार भगवती चरण वर्मा उनसे कहीं अधिक लोकप्रिय सिद्ध हुए। इसका एक कारण तो यह था कि उनके उपन्यासों का क्षेत्रफल अधिक व्यापक और विशाल था और उन्होंने विभिन्न क्षेत्रों पर आधारित अनेक उपन्यासों की रचना की थी। उनकी भाषा भी अधिक सरल, सुगम और स्वाभाविक थी। इसके अलावा उन्होंने विभिन्न विषयों पर आधारित डेढ़ दर्जन से अधिक उपन्यासों की रचना की थी। अँग्रेज़ी में जिसे प्रोलेकिक राइटर कहा जाता है, उसके वे मूर्तिमान रूप थे। इसलिए भी कि उन्हें जितनी ख्याति एक उपन्यासकार

के रूप में मिली, उससे कुछ ही कम ख्याति एक कवि के रूप में मिली। इसके अतिरिक्त उन्होंने कुछ बेहद दिलचस्प तथा व्यंग्य प्रधान कहानियाँ भी लिखीं। उनके एकांकी नाटक भी उस दौर में पर्याप्त चर्चित हुए थे। उनका साहित्य विपुल और विशाल है। हिन्दी साहित्य के इतिहासकारों ने उन्हें व्यक्तिवादी उपन्यास की श्रेणी में रखकर उन पर वैसे ही लिखा है जैसा शुक्ल जी के बाद अधिकांश इतिहासकारों ने लिखा है—सतही और सरसरी ढंग से। भगवती बाबू उससे अधिक चर्चा तथा विवेचन के हकदार हैं। यदि उनके सबसे लोकप्रिय उपन्यास 'चित्रलेखा' (1934) को छोड़ दें तो क्या 'टेढ़े मेढ़े रास्ते', 'भूले बिसरे चित्र', 'सीधी सच्ची बातें', 'प्रश्न और मरीचिका' आदि उपन्यासों को 'व्यक्तिवादी' कहेंगे? एक तो यह सामाजिक, व्यक्तिवादी, मनोवैज्ञानिक आदि विशेषण और वर्गीकरण ही इतने घिसे-पिटे तथा अध्यापकीय हो चुके हैं कि उन्हें 'निरर्थक' के अलावा कुछ नहीं कहा जा सकता।

उनका पहला उपन्यास 'पतन' 1927 में प्रकाशित हुआ था। वह लखनऊ या अवध के सबसे चर्चित नवाब वज़िद अली शाह के जीवन पर आधारित था। एक उपन्यास के रूप में वह सामान्य और सतही था। किन्तु उनके दूसरे उपन्यास 'चित्रलेखा' को अप्रत्याशित लोकप्रियता प्राप्त हुई। जितनी उस समय के सर्वश्रेष्ठ (और आज भी) उपन्यासकार ('उपन्यास सम्राट') प्रेमचन्द की भी किसी कृति को नहीं प्राप्त हुई और न आज तक (गुलशन नन्दा आदि) के उपन्यासों को छोड़कर) किसी भी हिन्दी उपन्यास को प्राप्त हुई—'गुनाहों का देवता' को भी नहीं। उस दौर में 'चित्रलेखा' की इस आश्चर्यजनक सफलता का रहस्य क्या था? उसमें ऐसी कौन सी अद्वितीयता थी जिसने तब के पाठकों को (आज 'चित्रलेखा' की चर्चा शायद ही कोई करता हो) इतना लुभाया? यह किंचित विश्लेषण की माँग करता है क्योंकि किसी 'कृति' की लोकप्रियता तथा महत्ता का सम्बन्ध बहुत दूर तक अपने समय और समाज से होता है : 'चित्रलेखा' का सम्बन्ध समाज से दूर-दूर तक नहीं है—वह पूर्णतः काल्पनिक, ऐतिहासिक रोमांस कथा है।

'चित्रलेखा' एक लम्बी जिरह का उपन्यास है जिसे भगवती चरण वर्मा ने एक प्रखर वकील की तरह प्रस्तुत किया है: वैसे तो पाप-पुण्य, नैतिकता-अनैतिकता आदि प्रश्नों को जैनेन्द्र ने 'त्यागपत्र' में भी सूक्ष्म स्तर पर प्रस्तुत किया था (जो लगभग उसी वर्ष प्रकाशित हुआ था)—अत्यन्त जटिलता तथा गहरी विश्लेषणात्मकता के साथ। लेकिन ऐसे ही प्रश्नों को वर्मा जी ने एक सार्वजनिक अदालत में जनता के सम्मुख अपने ढंग से प्रस्तुत किया और एक कानूनविद (क्योंकि वह थे पेशे से वकील) की तरह उत्तेजक विवादों के माध्यम से, उसके

पात्रों को प्राय: रंगमंच पर अभिनय करते हुए दिखाकर। 'चित्रलेखा' को पढ़ते हुए इसीलिए 'श्रव्य' तथा 'चाक्षुष' दोनों के सम्मिलित प्रभाव पड़ते हैं : प्रसंगान्तर के रूप में (और प्रमाण के रूप में भी) मैं बतला दूँ कि विश्वविद्यालय में मेरे वायलिन के शिक्षक—जो एक मराठी भाषी थे—उन्हें जब पता चला कि मेरे पास 'चित्रलेखा' है तो उन्होंने विशेष अनुरोध करके पूरा उपन्यास मुझसे पढ़वाकर सुना (जो तीन चार बैठकों में ही या शायद कम में ही) पूरा हो गया क्योंकि 'चित्रलेखा' मुख्यत: एक लम्बी कहानी ही है। 'चित्रलेखा' गहरे अर्थों में कोई दार्शनिक उपन्यास नहीं है किन्तु उसकी भाषा प्रचलित दार्शनिक प्रश्नों और शब्दों से भरी हुई है। उसके कथोपकथन तथा संवादों में दार्शनिक स्तर पर 'शास्त्रार्थ' होता हुआ दिखायी देता है। सामान्य भारतीय पाठकों में परम्परा से ही उसमें दिलचस्पी रही है—उनके माध्यम से उन्हें शंकराचार्य और मंडन मिश्र आदि याद आते हैं। वे उनकी आध्यात्मिक जिज्ञासाओं को भी तृप्त करते हैं (भारत का प्राय: हर व्यक्ति कहीं न कहीं दार्शनिक होता है। वे अपने को बौद्धिक स्तर पर ऊँचा (एलिवेंटेड) उठा हुआ अनुभव करते हैं।

'चित्रलेखा' के इसी नाटकीय गुण ने फिल्म निर्माताओं का ध्यान उसकी ओर आकृष्ट किया था। फिल्म निर्माता-निर्देशक केदार शर्मा ने उस पर फिल्म बनाई थी। एक बार 1944 में और दूसरी बार 1964 में। दोनों ही फिल्मों को पर्याप्त सफलता प्राप्त हुई थी।

'चित्रलेखा' मूलत: 'पतन' (फॉल) की कथा है। 'चित्रलेखा' में एक 'योगी' (कुमार गिरि) के पतन और एक भोगी (बीजगुप्त) की उत्थान की कथा कही गयी है और सिद्ध किया गया है कि तथाकथित तपस्या और 'योग' की भूमि कितनी भुरभुरी होती है जो 'परीक्षा' का एक आघात भी नहीं सहन कर सकती क्योंकि 'तप' मूलत: अवदमन पर आधारित होता है और स्वाभाविक मूल प्रवृत्तियों को दमन की प्रतिक्रिया अन्तत: व्यक्ति को ही नष्ट कर डालती है। जबकि समाज में भोगी और पतित समझा जाने वाला व्यक्ति कभी-कभी कुछ स्थलों पर अत्यन्त कृतसंकल्प वाला तथा निष्ठावान सिद्ध होता है। बीजगुप्त ऐसा ही व्यक्ति है। यद्यपि 'चित्रलेखा' की कथा पूरी तरह अवधारणात्मक है, किन्तु बड़ी कुशलता से नाटकीय घटनाओं द्वारा प्रस्तुत किया गया है। उस समय हिन्दी के कुछ समीक्षकों ने 'चित्रलेखा' पर प्रख्यात फ्रेंच उपन्यासकार अनातोले फ्रांस के 'थाया' नामक उपन्यास का असर देखा था क्योंकि वह भी ईसाई पादरी के यौन पतन की कहानी है। इसी तरह सॉमरसेट मॉम की एक लम्बी कहानी 'द रेनस' भी एक पादरी के पतन की कहानी है जो बाद में अपने आपको यन्त्रणा देकर प्रायश्चित करता है। जो भी हो, लेकिन 'चित्रलेखा' का कथानक और परिवेश

भारतीय संस्कृति से इतना जुड़ा हुआ है कि उसे अनुकरण नहीं कहा जा सकता। लेकिन दिलचस्प बात यह है कि 'चित्रलेखा' में भी घुमा-फिराकर भारतीय आध्यात्म की ओर ही लौटा गया है : बीजगुप्त सामंत का पद त्यागकर 'चित्रलेखा' के साथ वानप्रस्थ ग्रहण कर लेता है। लेकिन 'चित्रलेखा' में छायावादी अशरीरी सम्बन्धों के विपरीत शरीर सम्बन्धों का खुलकर चित्रण किया गया है। स्वयं प्रसिद्ध कवि होने के कारण भगवतीचरण वर्मा ने उत्तरछायावादी काव्य प्रवृत्ति तथाकथित 'छायावाद' का ही 'चित्रलेखा' में कथात्मक रूपान्तर प्रस्तुत किया था। इसी तरह उन्होंने स्वयं अपनी कविता में भी मुक्ताचरण को ही अभिव्यक्ति दी थी। उनकी एक प्रसिद्ध कविता की पंक्तियाँ थीं : ''मस्ती का आलम साथ चला हम धूल उड़ाते जहाँ चले।'' 'चित्रलेखा' ने इस रूप में छायावादी भावबोध की जकड़ से निकलने का भी काम किया था। विजयदेव नारायण साही ने 'चित्रलेखा' को इसीलिए उत्तर छायावादी युग का प्रतिनिधि उपन्यास माना था। थोड़े समय के लिए ही 'चित्रलेखा' ने परम्परागत मूल्यों के भंजन कार्य का भी आरम्भ किया था।

भगवती चरण वर्मा का तीसरा उपन्यास 'टेढ़े मेढ़े रास्ते' (1946) 'चित्रलेखा' से बिलकुल भिन्न प्रकृति का उपन्यास है। वह एक राजनैतिक उपन्यास है जिसका न केवल कथानक 'चित्रलेखा' से भिन्न है, बल्कि भाषा और वर्णन शैली भी 'चित्रलेखा' से सर्वथा भिन्न है। इसमें विभिन्न आधुनिक विचारधाराओं की टकराहट दिखायी गयी है जिनमें गाँधीवाद आतंकवाद और साम्यवाद प्रमुख हैं। दिलचस्प यह है कि इसमें एक ही परिवार के तीन भाई इन तीन विचारधाराओं का प्रतिनिधित्व करते हैं और पाठक पाता है कि ये तीनों विचारधाराएँ 'लक्ष्य' तक पहुँचाने में असमर्थ हैं, यानी विचारधाराओं के माध्यम से किसी सार्थक लक्ष्य तक नहीं पहुँचा जा सकता। पहले ही बताया जा चुका है कि भगवती बाबू मनुष्य को परिस्थितियों तथा नियति के हाथ का खिलौना मानते हैं। उनके अनुसार मनुष्य के हाथ में कुछ नहीं है। बल्कि परिस्थितियाँ उसे जहाँ बहाकर ले जाती है, वह बहता जाता है। उनका यह दृढ़ विश्वास उनके सभी उपन्यासों में व्यक्त हुआ है। चूँकि वे एक अच्छे किस्सागो हैं, इसलिए उनकी यह किस्सागोई 'टेढ़े मेढ़े रास्ते' में काफी प्रभावशाली ढंग से व्यक्त हुई हैं। राजनीति के रास्ते बड़े टेढ़े-मेढ़े हैं, हम चाहते कुछ हैं, पर हो कुछ जाता है। लेकिन लेखक के कुछ विश्वास और पूर्वग्रह हैं जिन पर वह अन्त तक अटल रहता है। इन तीनों के पिता पं. रमानाथ सामन्त वर्ग के प्रतिनिधि हैं और उनका दबंग सामन्तवादी व्यक्तित्व अन्त तक उपन्यास पर हावी रहता है। वर्मा जी की सहानुभूति अपेक्षाकृत गाँधीवाद के प्रति रहती है किन्तु वे साम्यवाद के घनघोर विरोधी हैं और 'आतंकवाद' तो

एक आत्मघाती विचारधारा और पथ है ही। उपन्यास में सन् 1930 के आसपास का राजनैतिक परिवेश है जिसमें हम पाते हैं कि अन्त में ये सारी विचारधाराएँ टकराकर चकनाचूर हो जाती हैं : जिस स्वतन्त्रता के लिए ये संघर्ष करते हैं, वह और दूर से दूरतर होती जाती है।

साम्यवाद के समर्थक वर्मा जी के कनिष्ठ कथाकार रांगेय राघव ने उनके दृष्टिकोण की आलोचना करने और उसे गलत सिद्ध करने के लिए एक भारी-भरकम उपन्यास 'सीधे सादे रास्ते' लिखा था जो कुछ लेखन की हड़बड़ी और कुछ लेखक की अपरिपक्व दृष्टि के कारण न तो 'टेढ़े-मेढ़े रास्ते' का प्रतिवाद कर पाया और न एक सफल उपन्यास सिद्ध हुआ।

लेकिन 'टेढ़े मेढ़े रास्ते' में और भी बहुत कुछ है, जो विचारणीय है। उसमें जीवन के कुछ मूलभूत प्रश्नों पर अपने ढंग से प्रश्न उठाये गये हैं जो यद्यपि बहुत गहन स्तर तथा जटिल स्तर पर नहीं उठाये गये हैं, किन्तु उनमें कुछ बुनियादी जिज्ञासाएँ जरूर हैं : मसलन कि क्या जो दिया हुआ जीवन है, उसमें ऐसा कुछ मूलभूत परिवर्तन लाया जा सकता है जो मनुष्य को सुखी बना सके? या क्या हम आज भी विकास के स्तर पर आदिम मानव की मूलप्रवित्तियों से प्रेरित व्यवहार से आगे नहीं बढ़ सके हैं? क्या आज भी हिंसा मनुष्य की सबसे सशक्त मूल प्रवृत्ति नहीं है? चाहे गाँधीवाद हो, साम्यवाद-समाजवाद या क्रान्तिकारी आतंकवाद हो, वे कोई मूलभूत परिवर्तन ला सके हैं या ला सकते हैं। 1917 में हुई महान रूसी क्रान्ति के बाद भी। सभी जानते हैं कि महान कथाकार टॉलस्टॉय की क्रान्ति में आस्था नहीं थी किन्तु वे परिवर्तन में विश्वास करते थे और उसके लिए उनके कुछ नुस्खे थे जो मूलतः उनके आध्यात्मिक विचारों पर आधारित थे (परम्परागत रूढ़िवादी गिरिजाघरों वाली आध्यात्मकिता पर नहीं)। लेकिन भगवती बाबू का न तो इन रास्तों पर विश्वास है और न उनके पास अपना कोई विचार या विचारधारा है। इसीलिए वे सबकुछ को परिस्थितियों और नियति पर छोड़कर निश्चिन्त हो जाते हैं।

...वे गाँधीवादी पार्टी (यानी कांग्रेस) को पूंजीपतियों तथा व्यापारियों की पार्टी मानते थे।

अपने बाद के राजनैतिक उपन्यासों की शृंखला में उन्होंने स्वतन्त्रता के बाद की कांग्रेसी सरकार और उसकी सदृश्य समाजवादी व्यवस्था पर इसी दृष्टि से विचार किया है। यद्यपि नितान्त असफल ढंग से। उस पर विचार आगे।

'टेढ़े मेढ़े रास्ते' के बाद भगवती चरण वर्मा का अपेक्षाकृत चर्चित उपन्यास 'भूले बिसरे चित्र' था। उसमें लगभग सामन्तवादी परिवार की चार पीढ़ियों की कथा कही गयी है: इसमें लगभग पचास वर्षों के सामाजिक राजनैतिक तथा मूल्य

परिवर्तनों की कथा कही गयी है (विचार कम किया गया है) चूँकि भगवती बाबू अच्छे किस्सागो हैं इसलिए 'भूले बिसरे चित्र' की कथा आकर्षक किन्तु स्केची है।

भगवती चरण वर्मा के बाद के उपन्यासों में न केवल यह स्केचीपन बढ़ता गया है बल्कि अपने उपन्यासों का 'बाजार' बनाने के लिए उन्होंने ज्यादातर अस्वाभाविक स्थितियाँ गढ़ी हैं।

उनके एक अन्य चर्चित 'भूले-बिसरे चित्र' उपन्यास में एक परिवार की चार पीढ़ियों की कहानी कही गयी है : इन चारों पीढ़ियों के प्रतिनिधि अलग व्यवसाय अपनाते हैं : कोई अर्जीनवीस है तो कोई तहसीलदार तो कोई डिप्टी कलक्टर है। अंतिम पीढ़ी का प्रतिनिधि नवल किशोर स्वतन्त्रता संग्राम में भाग लेनेवाला युवक है। करीब पचास वर्षों के इस राजनैतिक समायोजन परिवर्तन के इतिहास के माध्यम से भगवती बाबू ने मूलत: मूल्य परिवर्तन तथा जीवन दृष्टि में होनेवाले परिवर्तनों की कहानी कही है : ऐसा प्रतीत होता है कि भगवती चरण वर्मा के मन में सामन्तवाद के प्रति एक अतीव मोह (नास्टेलिजिया) जरूर है। इसीलिए उपन्यास में जैसे-जैसे समाज सामन्तवाद से पूँजीवाद की ओर बढ़ता है, वैसे-वैसे मूल्यों में ह्रास होता गया है और आभास होता है कि पुराना जमाना ही बेहतर था।

बाद में भगवती चरण वर्मा की दिलचस्पी भारतीय राजनीति में होने वाले परिवर्तनों में अधिक हो जाती है और उसे परखने और पहचानने के लिए उन्होंने राजनैतिक उपन्यासों की शृंखला लिखी जिसका नाम क्रमश : 'सीधी सच्ची बातें', 'सबहिं नचावत राम, गोसाईं', 'प्रश्न और मरीचिका' है। इस शृंखला में एक से प्रतीत होने वाले किन्तु अनेक पात्रों के माध्यम से 1919 से लेकर 1965 तक राजनैतिक परिवर्तनों के इतिहास का चित्रण किया गया है। इन परिवर्तनों में भ्रष्टाचार, अवसरवादिता, और नैतिक चारित्रिक पतन के अलावा और कुछ नहीं मिलता। लोकतन्त्र के नाम पर मिलने वाला शासनतन्त्र किसी भी प्रकार का विकास लाने में असमर्थ रहा है। लेकिन एक बात जो महत्त्वपूर्ण है कि इन परिवर्तनों में वह है कि स्त्रियों की भूमिका महत्त्वपूर्ण रही है लेकिन वे सब की सब भ्रष्ट तथा चारित्रिक दृष्टि से गिरी हुई स्त्रियाँ हैं। लेकिन वास्तविकता यह है कि स्वयं भगवती बाबू के औपन्यासिक लेखन में क्रमश: गिरावट आयी है। और पूरी शृंखला में सारी स्थितियाँ लगभग एक सी हैं और सम्भवत: सस्ती लोकप्रियता प्राप्त करने के प्रलोभन से यौन सम्बन्धों तथा प्रकरणों की भरमार है। भगवती बाबू ने इतिहास तथा परिवर्तनों का कहीं भी गहराई से विश्लेषण नहीं किया है और महज रति प्रकरणों की भरमार इसलिए कर दी है कि इन उपन्यासों को इस कारण बाज़ार अधिक मिले। यह शृंखला स्वयं भगवती बाबू के 'पतन' का इतिहास है।

भगवती चरण वर्मा ने जब लिखना शुरू किया था तब तक हिन्दी में नयी भाषा वाले प्रविधि प्रधान उपन्यासों का आरम्भ नहीं हुआ था। स्वयं भगवती चरण वर्मा के उपन्यास प्रविधि तथा भाषा शैली की दृष्टि से परम्परागत ही कहे जाएँगे। न उन्होंने भाषा की कोई जमीन तोड़ी और न प्रविधि की दृष्टि से ही कोई विशेष प्रयोग किया। उनके चित्रण और वर्णन की शैली भी प्रेमचन्द वाली ही रही। उनके उपन्यास मध्यवर्गीय ही कहे जाएँगे। उन्होंने कुछ ऐसे पात्रों का चित्रण भी नहीं किया जिन्हें महत्वपूर्ण कहा जाएगा। उनके पात्र नये नये धनी बने लोग थे या उच्चपदों पर पहुँचने वाले वे लोग जिनमें प्रदर्शन प्रियता ही अधिक थी। हिन्दी में मौलिक कथा भाषा और प्रविधि प्रयोग की दृष्टि से तथा बहुत हद तक भावबोध परिवर्तन की दृष्टि से भी हिन्दी में 'नये उपन्यास' (न्यू नॉवेल) का आरम्भ करने वाले पहले उपन्यासकार जैनेन्द्र कुमार ही माने जाएँगे।

सम्भवतः इन्हीं कारणों से भगवती बाबू के उपन्यास प्रेमचन्द और जैनेन्द्र कुमार के उपन्यासों के बीच ही कहीं दबकर रह गये।

उपेन्द्रनाथ अश्क (1910-1996)

उपेन्द्रनाथ अश्क भी भगवती चरण वर्मा के समकालीन थे। उन्होंने लेखन की शुरुआत सम्भवतः उर्दू से की थी इसलिए वे हमेशा उर्दू के विख्यात कथाकार कृशन चन्दर, राजेन्द्र सिंह वेदी, सआदत हसन मंटो आदि को ही अपना समकालीन तथा समकक्ष मानते रहे। हिन्दी में उनका उपन्यास 'सितारों के खेल' 1940 में प्रकाशित हुआ था। वह मूलतः एक प्रेम कहानी है जिसमें प्रेम की असफलताओं का ही अधिक उल्लेख है। उनका अपेक्षाकृत अधिक चर्चित उपन्यास 'गर्म राख' भी प्रेम और प्रेम की असफलताओं का उपन्यास है। 'बड़ी-बड़ी आँखें' में यद्यपि नेहरूयुग के आदर्शों के ध्वस्त होने की कहानी है किन्तु वह भी मूलतः एक प्रेम कहानी ही है।

अश्क जी के इन सभी उपन्यासों में भावुकतापूर्ण रोमानी प्रेम ही प्रधान है। रोमानी प्रेम की कहानियों में वे रंग भरने में माहिर थे।

लेकिन उनके सर्वश्रेष्ठ उपन्यास 'गिरती दीवारें' से कथावस्तु और भावबोध में भी महत्त्वपूर्ण परिवर्तन होता है और ने यथार्थवादी कही जाने वाली नयी कथा प्रवृत्ति की ओर मुड़ जाते हैं। इस उपन्यास का नायक 'चेतन' है (जो उनके बाद के उपन्यासों का नायक बना रहता है। 'गिरती दीवारें' की चर्चा हिन्दी जगत में पर्याप्त हुई। इसका मुख्य कारण था कि हिन्दी में निम्न मध्यम वर्ग और उसके जीवन का चित्रण करनेवाला हिन्दी का अत्यन्त प्राभाविक उपन्यास था। अश्क जी निम्न मध्यमवर्गीय जीवन के सूक्ष्म ब्योरों का चित्रण करने में माहिर हैं। 'गिरती

दीवारें' में निम्न मध्यमवर्ग के निरन्तर धँसते जाते हुए प्रायः करुण जीवन का विस्तृत चित्रण है : निम्न मध्यम वर्ग और मध्यमवर्ग जो पूँजीवादी व्यवस्था की देन है, उच्च वर्ग और निम्नवर्ग के बीच 'सैंडविच्ड' वर्ग है जो न इधर का रहता है और न उधर का। उसकी आकांक्षाएँ अपार हैं पर सम्पन्नता तथा क्षमता अत्यन्त सीमित। अश्क जी ने पहली बार इसका निकट से अध्ययन करके 'गिरती दीवारें' में पूरी प्रामाणिकता के साथ विस्तार से लिखा है।

लेकिन दुर्भाग्य से अश्क जी के बाद के उपन्यासों का वही हश्र हुआ जो भगवती चरण वर्मा के उपन्यासों का हुआ था। उनमें पृष्ठपेषण शुष्कता आती गयी : यद्यपि वे भी भगवती चरण वर्मा के बाद के उपन्यासों की तरह वृहद से वृहत्तर होते गये किन्तु उनकी कथा मूल्य वही रहता है। कोरे बड़े-बड़े शुष्क वर्णनों के कारण ये उपन्यास अपठनीय से होते गये। 'शहर में घूमता आईना', 'एक नन्ही-सी किन्दील' और 'बाँधो न नाव इस ठाँव' आदि उपन्यास पृष्ठपेषण तथा नीरस ब्योरों की भरमार से बोझिल उपन्यास हैं जो अश्क जी की औपन्यासिक अक्षमता की मिसाल हैं। दरअसल हिन्दी के अनेक उपन्यासकारों की तरह वह वैसे ही उपन्यासकार सिद्ध होते हैं जिनकी लेखन प्रतिभा में निरन्तर ह्रास होता गया है, जिन्हें इतिहास शायद जल्दी ही विस्मृत कर देगा। ये केवल साहित्य के इतिहास की पुस्तकों में सूचीपत्र के लेखक बनकर रह जाएँगे। दरअसल, भगवतीचरण वर्मा, उपेनद्रनाथ अश्क और भगवती प्रसाद वाजपेयी में किसी गहन जीवन दृष्टि का भी अभाव है जो किसी नयी औपन्यासिक प्रवृत्ति को जन्म देता है। उसके अतिरिक्त उनमें न नया उन्मेष है और न किसी नये 'पथ की खोज'।

भगवती प्रसाद वाजपेयी (1899-1973)

भगवती प्रसाद वाजपेयी हिन्दी के सबसे 'प्रोलेफिक' उपन्यासकारों में से एक रहे हैं। किशोरी दास वाजपेयी के बाद शायद ही किसी साहित्यिक उपन्यासकार ने इतने उपन्यासों की रचना की हो : उनके उपन्यासों की संख्या 44 है। इनमें से कुछ के नाम हैं : प्रेमपथ (1926), मीठी चुटकी (1928), अनाथपत्नी (1928), मुस्कान (1929), प्रेमनिर्वाह (1934), पतिता की साधना (1936) पिपासा (1937) दो बहनें (1940) मनुष्य और देवता (1954) भूदान (1955), यथार्थ से आगे (1955), एक प्रश्न (1956), दरार और धुँआ (1960), दूखन लागे नैन (1962) आदि।

इनमें से 'पतिव्रता की साधना' और 'चलते-चलते' को पर्याप्त ख्याति प्राप्त हुई थी। वाजपेयी जी के अधिकांश उपन्यास 'चलते-चलते' ही लिखे प्रतीत होते हैं : वे भावुक और रोमैंटिक भी नहीं, रोमानी हैं। उन्होंने स्त्री

पुरुष सम्बन्धों पर विशेष ध्यान दिया है और यौन सम्बन्धों पर भी विचार किया है। लेकिन वे इलाचन्द्र जोशी की तरह मनोविश्लेषण करने वाले उपन्यासकार नहीं हैं जैसा कि हिन्दी के कुछ समीक्षकों ने उन्हें कहा है। उस समय के अधिकांश हिन्दी उपन्यासकारों की तरह (जिनसे जैनेन्द्र भी अछूते न रहे) उन पर भी शरतचन्द्र का पर्याप्त प्रभाव है, पर वैसी प्रभावात्मकता नहीं है और न भावात्मक स्तर की झकझोर देने वाली औपन्यासिक कला। उनकी कला भाषा भी इलाचन्द्र जोशी और उपेन्द्रनाथ अश्क आदि की तरह सपाट है—कलात्मक दृष्टि का तो अभाव है ही।

इनके अलावा इस दौर में उषादेवी मित्रा, मन्मथनाथ गुप्त आदि उपन्यासकारों ने भी कई उपन्यासों की रचना की थी। अज्ञेय और यशपाल की तरह ही उनका सम्बन्ध भी क्रान्तिकारी दल से था इसलिए उनके उपन्यासों में राजनैतिक स्वर प्रधान है पर उन्होंने यौन शास्त्र का भी विश्लेषण किया है। उन्होंने भी धड़ाधड़ अनेक उपन्यास लिखे थे जिनका महत्त्व औसत से ज्यादा नहीं है। ऐसे ही उनके कुछ उपन्यास हैं : अवसान, जययात्री, गृहयुद्ध, सुधार, शरीर और सपेरे, अँधेरनगरी ख़याल अच्छा है, काजल की कोठरी, दिन दहाड़े। इनमें ज्यादातर सुधारवादी हैं। विचारधारा की दृष्टि से ये मार्क्सवाद से प्रभावित थे किन्तु उनके उपन्यासों में यशपाल के उपन्यासों की तरह मार्क्सवादी स्वर उतना मुखर नहीं है, भाषा इनकी भी सपाट और प्रायः नीरस है।

नागार्जुन (1910–1998)

प्रसिद्ध प्रगतिशील कवि नागार्जुन ने भी अनेक उपन्यास लिखे हैं जिनमें प्रमुख हैं : रतिनाथ की चाची (1948), बलचनमा (1952) बाबा बटेसरनाथ (1954), वरुण के बेटे (1957) दुखमोचन (1957) और उग्रतारा आदि।

नागार्जुन के उपन्यासों में यद्यपि विशेष कला और कौशल नहीं है, पर उनमें एक अनुभूत प्रामाणिकता, ग्राम्य जीवन का गहन अनुभव और कुछ उपन्यासों में एक गहरी राजनैतिक चेतना भी है। दरअसल वे हिन्दी के पहले आँचलिक उपन्यासकार माने जाएँगे जिसके लिए आगे चलकर फणीश्वरनाथ रेणु विख्यात माने जाते हैं। रेणु में अद्‌भुत औपन्यासिक प्रतिभा थी और उन्होंने नितान्त मौलिक आंचलिक 'आंचलिक भाषा' रची थी। आगे चलकर उनके उपन्यासों का विस्तार से विवेचन किया जाएगा।

नागार्जुन में इन सबका अभाव था। उनके प्रायः सभी लघुकाय उपन्यास काफी जल्दबाजी में लिखे गये लगते हैं जिनसे पता लग जाता है कि उपन्यास लेखन उनका प्रकृत पथ नहीं था। फिर भी उन्होंने कुछ बेहद सरल किन्तु

स्वाभाविक अन्तर्दृष्टि से सम्पन्न उपन्यास लिखे हैं जिनमें से कुछ में प्राविधिक प्रयोगात्मकता भी दीखती है। उन पर भी कहीं-कहीं शरतचन्द्र का प्रभाव स्पष्ट दीखता है। जैसे रतिनाथ की चाची में। बाबा बटेसरनाथ उनका प्रयोगात्मक उपन्यास है।

किन्तु 'बलचनमा' उनका एक अत्यन्त महत्त्वपूर्ण तथा सर्वश्रेष्ठ उपन्यास है। यह उपन्यास कई दृष्टियों से विशेष विवेचन की माँग करता है। वैसे तो उनके सभी उपन्यासों में सही अर्थों में गाँवों के गरीब किसानों के शोषण और करुण जीवन की कहानी कही गयी है। किन्तु 'बलचनमा' में उनके 'शोषण' ही नहीं संघर्ष की कहानी भी बड़ी प्रामाणिकता के साथ प्रस्तुत की गयी है। बलचनमा पूर्णिया जिले के एक छोटे से गाँव का रहने वाला किशोर है। वह मजदूर है। इस किशोर मजदूर का शोषण दो तरह से होता है : उसकी छोटी मलिकाइन की दुलारी खवासिन और मंझले मालिक दोनों के शोषण का तरीका भिन्न-भिन्न है। खवासिन अभी तक पुरुष संसर्ग से वंचित और यौन कुंठा ग्रस्त युवती है। उसे बचलनमा की किशोर अछूती देह आकृष्ट करती है। वह उसकी देह से परितृप्त होने की कोशिश करती है पर बलचनमा को वह फूहड़ और छिछोरी लगती है। असफल तथा कुंठाग्रस्त खवासिन उसे तरह तरह से पीड़ित कर उसका प्रतिशोध लेती है। उधर उसके मंझले मालिक तरह-तरह से उसकी सेवाएँ लेते हैं लेकिन जब उसकी दादी मरने लगती है और वह उनसे सहायता माँगता है तो उनके यहाँ से बमुश्किल पाव-डेढ़ पाव चावल ही मिल पाता है। यानी बलचनमा को जिन्दगी का बोध ही केवल एक बंधुआ मजदूर के रूप में होता है। जीवन उसे लगातार तरह-तरह के शोषण का ही प्रतिरूप लगता है : एक ओर उसके श्रम का शोषण होता है और दूसरी ओर मंझले मालिक उसकी देह का शोषण करना चाहते हैं और छोटे मालिक उसकी छोटी बहन देवती का। लेकिन बलचनमा और उसके परिवार के लोग अपने श्रम का शोषण तो बर्दास्त कर लेते हैं लेकिन अपनी माँ-बहनों के शरीर का शोषण नहीं।

नागार्जुन की 'दृष्टि' मार्क्सवादी है, इसलिए वे बलचनमा को एक मजदूर विद्रोही के रूप में प्रस्तुत करते हैं जैसे वे सन्देश देना चाहते हैं कि भारत में भी वैसा ही मजदूर विद्रोह हो जैसा सोवियत रूस में हुआ था (भले ही वह कालान्तर में असफल हो गया हो)। 'बलचनमा' अपने ग्राम्य विवेक तथा बुद्धि से इस शोषण का विरोध करने के लिए शहर जाकर अपने 'कामरेड' के रूप में दो ऐसे व्यक्तियों को तलाश लेता है। फूल बाबू और राधा बाबू! फूल बाबू के सम्पर्क से उसे पहली बार पता चला कि वह जीवित है और जी सकता है। वह उनके बारे में सोचता है कि 'गरीब गुरुबा का गला रेत-रेतकर जमीन जत्था जोत वाले

के बाप के घर ऐसा देवता कैसे पैदा हो गया!

किन्तु किशोर बलचनमा का फूल बाबू के प्रति यह वीर पूजाभाव जल्दी ही समाप्त हो गया। जल्दी ही पता चला कि फूल बाबू सारी सुविधाएँ छोड़कर गाँधीवादी जरूर बन गये हैं लेकिन उनका यह 'त्याग' केवल प्रदर्शन और ढोंग है। जिस गाँव के वे रहने वाले हैं उस गाँव की समस्याओं से बहुत दूर चले गये हैं। उनका यह त्यागप्रदर्शन और कई तरह की अधिक चमकदार सुविधाएँ पाने का माध्यम मात्र है। अपने श्रद्धा पात्र फूल बाबू से यह मोहभंग केवल व्यक्ति फूल बाबू से भी नहीं है बल्कि गाँधीवादी जीवन दृष्टि और व्यवस्था से भी है।

बलचनमा में संघर्ष का जो चित्र अंकित किया गया है, उसका स्वर बहुत आशावादी नहीं है क्योंकि नागार्जुन किसी यूटोपिया में रहने वाले कथाकार नहीं है। वे जान गये थे कि उस व्यवस्था का जाल इतना विशाल, खूनी और क्रूर है कि बेचारा बलचनमा उसमें उलझकर रह जाता है। लेकिन आखिरी क्षण तक वह लड़ता है : ''मैं बँधा था और उस 'जाल' में (प्रतीकात्मक उपयोग) ऐसे सभी अंग उलझे हुए थे। हाँ, दाँतों से मैं एक कलाई को चाँपे था (उस बन्धन से मुक्त होने के लिए)।

'बलचनमा' में इस संघर्ष तथा प्रेम का चित्रण समानान्तर चलता है। बच्ची का गोल हंसता चेहरा सामने नाचने लगा। सुगनी की खिलखिलाहट कान में गूँज उठी। माँ की खुरदरी हथेलियाँ गालों पर फिरने लगीं।

...यह संघर्ष अधूरा है, आज तक अधूरा है क्योंकि जिन्दगी अधूरी है। बलचनमा का संघर्ष...सरल किन्तु इसी नितान्त क्रूर वास्तविकता तक पहुँचता है।

यशपाल (1903–1976)

'बलचनमा' के संघर्ष में बरबस एक ज्यादा मुखर तथा वैचारिक उपन्यासकार यशपाल की याद इसलिए आती है कि वे भी गाँधीवाद विरोधी थे और मार्क्सवाद के प्रबल पक्षधर। वे न बाकायदे 'विपल्व' चाहते थे बल्कि उनकी प्रकाशन संस्था का नाम भी 'विपल्व' प्रकाशन था। पर उनके उपन्यास कितने विपल्वकारी और मार्क्सवादी थे, उसे देखने–परखने की जरूरत है।

इसीलिए यहाँ नागार्जुन के बाद यशपाल के उपन्यासों का जिक्र और विवेचन आगे किया जा रहा है (एतिहासिक क्रम को तोड़कर)। कोई कथाकार व्यक्तिवादी (तथाकथित और सामाजिक या समाजवादी क्यों होता है?) पहली बात तो यह कि विभाजन और वर्गीकरण ही निरर्थक है क्योंकि कोई कथाकार न तो पूरी तरह 'व्यक्तिवादी' होता है और न सामाजिक। पश्चिम में कई लोगों ने लिखा है कि 'नायक' की मृत्यु हो चुकी है ('ईश्वर की मृत्यु' की तरह) 'डैथ ऑफ द हीरो'

पर आज भी सभी उपन्यासों में एक नायक होता है और 'नायक' के प्रवेश के साथ ही उपन्यास में व्यक्ति का प्रवेश हो जाता है—चाहे वह तथाकथित सामाजिक उपन्यास हो या व्यक्तिवादी। उसी तरह कोई उपन्यास या उपन्यासकार पूरी तरह व्यक्तिवादी हो ही नहीं सकता क्योंकि व्यक्ति जहाँ भी उपन्यास में होगा वहाँ उसका एक परिवेश भी होगा और वह परिवेश पेड़ों या जंगलों से भरा नहीं होगा बल्कि मनुष्यों का होगा जो 'समाज' कहलाता है और किसी उपन्यास की कहानी नायक नाम के उस व्यक्ति की कहानी नहीं होगी, परिवार, परिवेश और समाज की भी कहानी होगी ही। यानी व्यक्ति के साथ परिवेश हमेशा लिपटा रहता है। इसी तरह सामाजिक या समाज प्रधान कहे जाने वाले उपन्यास अन्ततः कुछ व्यक्तियों से ही निर्मित होते हैं। हाँ, यह हो सकता या होता है किसी उपन्यास में पात्रों के रूप में ज्यादा व्यक्ति हों (जैसे प्रेमचन्द के उपन्यासों में) और कुछ उपन्यासों में कम व्यक्ति पात्र हों (जैसे जैनेन्द्र या अज्ञेय के उपन्यासों में) बल्कि व्यक्तियों या पात्रों पर केन्द्रित करके लिखने से उपन्यास में गहनता तो आती ही है व्यक्ति और समाज के बारे में लेखक की विश्लेषणात्मक दृष्टि का अधिक पता चलता है। यहाँ इसके दो उदाहरण फिलहाल लिये जा सकते हैं : यशपाल का उपन्यास 'दादा कामरेड' और अज्ञेय का उपन्यास 'शेखर'। ये दोनों उपन्यास इन लेखकों की पहली औपन्यासिक कृतियाँ हैं और संयोग से एक ही वर्ष प्रकाशित भी हुई थीं (1941)। तब इनके शीर्षक देखें तो दोनों ही शीर्षक व्यक्ति केन्द्रित हैं यानी व्यक्ति परक : 'दादा कामरेड' भी एक व्यक्ति पर विशेष केन्द्रित है और 'शेखर' तो शेखर है ही। इसके अलावा वह उपन्यास के रूप में घोषित रूप से 'एक जीवनी' है (यद्यपि लेखक के अनुसार वह किसी व्यक्ति विशेष की जीवनी नहीं है अपेक्षाकृत एक रचनात्मक कृति है)। जबकि यशपाल को सामाजिक तथा अज्ञेय को व्यक्तिवादी, उपन्यासकार माना जाता है। हाँ, यदि मार्क्सवाद के अनुवाद के रूप में कहें तो यशपाल समाजवादी जरूर हैं। पर दिलचस्प बात यह है कि दादा कामरेड समाजवादी उपन्यास नहीं है बल्कि वह भी 'क्रान्ति' की कहानी है या क्रान्तिकारियों की, वैसी ही जैसे शेखर एक 'क्रान्तिकारी' की कहानी है। फर्क यह है कि शेखर का नायक एक क्रान्तिकारी है और दादा कामरेड में कई क्रान्तिकारी हैं। बहरहाल पहले यशपाल के 'दादा कामरेड' की क्रान्तिकथा का विवेचन किया जाय। स्वयं यशपाल ने 'दादा कामरेड' को हिन्दी का 'पहला राजनैतिक रोमांस' कहा है। हिन्दी के प्रगतिशीलों ने यशपाल को सामाजिक यथार्थ का उपन्यासकार कहा है। सच क्या है? यह तो 'दादा कामरेड' की कथा के विश्लेषण से ही पता चलेगा : 'दादा कामरेड' में यशपाल के दो उद्देश्य हैं, एक तो कला कला के लिए वाली धारणा का विरोध करना

और दूसरा वर्तमान समाज में प्रचलित नैतिक धारणा तथा व्यवहार में घटित होने वाली नैतिक क्रियाओं में जो वैषम्य है, उसे उद्‌घाटित करना। इस प्रयास में यशपाल ने जिस धारणा को प्रतिष्ठित किया है, वह समाजवादी यथार्थ की धारणा न होकर फ्रायडियन प्रवृत्तिवादी धारणा है। उससे यह स्पष्ट होता है कि जहाँ तक पुरुष-स्त्री सम्बन्ध का सवाल है, समाजवादी यथार्थ इन पर एक निर्मित अवधारणा का आरोपण करता है।

वस्तुतः यशपाल रोमैंटिक भी नहीं, बल्कि देहवादी यथार्थ के उपन्यासकार हैं। अतः यह सच है कि उन्होंने बहुत सी रोमैंटिक अवधारणाओं का औपन्यासिक स्तर पर खंडन किया है और देहवादी यथार्थ की स्थापना की है।

'दादा कामरेड' में भारत में स्वतन्त्रता संग्राम की ही एक शाखा क्रान्तिकारी विचारधारा की कथा कही गयी है: मानो यशपाल यह बताना चाहते हों कि आखिर क्रान्तिकारी भी मनुष्य होते हैं, उनकी भी मूल प्रवृत्तिजन्य आवश्यकताएँ होती हैं और उन पर आरोपण का अंकुश नहीं लगाया जा सकता। इस तरह वे क्रान्तिकारियों के डिक्टेटरशिप का भी विरोध करते हैं और गाँधीवादी क्षुद्रतावाद का भी। उनकी दृष्टि में ये दोनों बराबर हैं। इसलिए क्रान्तिकारी 'व्यक्ति' पर जिस तरह के संयम का अंकुश लगाना चाहते थे, वह न तो व्यावहारिक था और न मानवीय। दरअसल 'दादा कामरेड' इस प्रकार की क्रान्तिकारी पद्धति या विचारधारा का विरोध भी साबित करता है।

यह गड़बड़झाला मूलतः 'यथार्थ' की अवधारणा को लेकर है। साहित्य में 'यथार्थ' की अवधारणा कभी स्पष्ट नहीं हो सकी। प्रत्येक युग ने अपनी अवधारणा के अनुसार उसका उपयोग किया। मानवतावाद, रोमैंटिक भावबोध, भावुकतावाद आदि सूत्रों ने अपनी प्रामाणिकता सिद्ध करने के लिए 'यथार्थ' को ही तलवार और ढाल, दोनों बनाया। सारे रोमैंटिक भी एक अकेले व्यक्ति को अपने यथार्थ-बोध के नाम पर ही पूरे समाज के विरुद्ध प्रतिष्ठित करना चाहते थे। इस सम्बन्ध में प्रसिद्ध समीक्षक अर्न्स्ट फिशर ने लिखा है, "द कॉन्सेप्ट ऑफ रियलिज्म इन आर्ट इज़ अननेचुरली इलास्टिक एंड वेग..रोमैंटिसिज्म एंड रियलिज्म आर बाइ नो मीन्स म्युचुअली अपोजिट्स, रोमैंटिसिज्म इज़ रादर अर्ली फेज़ ऑफ क्रिटिकल रियलिज्म...लायर्स मोस्ट इम्पॉरटेन्ट वर्क, द अनफिनिस्ड डॉन जुआन कम्बाइन्स ए रोमैंटिक प्रोटेस्ट विद रियलिस्टिक सोशल क्रिटिसिज्म।" (नेसेसिटी ऑफ आर्ट, पृ. 103-4)।

यशपाल के अधिकांश उपन्यासों में इसी प्रकार का यथार्थवाद और रोमैंटिकता घुली-मिली है। 'दादा कामरेड' को तो उन्होंने स्वयं राजनैतिक रोमांस कहा है। उसकी तथाकथित परिवर्तित नैतिकता मूलतः 'रोमैंटिक यथार्थवाद' पर आधारित

है। दरअसल, सामाजिक यथार्थ की प्रतिष्ठा रोमैंटिकता के विरोध के बिना नहीं हो सकती। दोनों में मौलिक अन्तर होता है जिसे भुलाकर प्रचलित या परम्परागत मान्यताओं का विरोध करने वाली प्रत्येक धारणा या क्रिया को यथार्थवादी धारणा मान लिया जाता है। वास्तविक समाजवादी यथार्थवादी वस्तुतः आलोचनात्मक यथार्थवादी (क्रिटिकल) भी होता है।

यशपाल जैनेन्द्र के विरोध में अपनी परिवर्तित नैतिकता की अवधारणा की प्रतिष्ठा शैल नाम की युवती के माध्यम से करते हैं। शैल नारी सम्बन्धी सारे रूढ़िवादी मिथक, तोड़ देती है : उसे न तो पुरानी सामाजिक व्यवस्था स्वीकार है और न नैतिक व्यवस्था। उसके अनुसार औरत को किसी (एक) की स्त्री (पत्नी) बनकर ही रहना है तो उसकी स्वतन्त्रता का अर्थ ही क्या हुआ? जैसे ही स्त्री एक बार अपना मालिक (पति) चुन लेती है, तभी यह तय हो जाता है कि उसे 'गुलाम' जरूर बनना है।

इस मामले में 'शैल' जैनेन्द्र की सुनीता से भिन्न जरूर लगती है किन्तु क्या वह सचमुच 'भिन्न' रह पाती है और कितनी भिन्न है? यहीं यशपाल अपनी ही इस धारणा के विरोधाभासों का शिकार हो जाते हैं क्योंकि अन्ततः शैल की भी सुनीता की तरह सार्थकता पुरुष की प्रेरणा बनने में ही है। उसका भी लक्ष्य अपनी करुणा, त्याग तथा शरीरदान द्वारा पुरुष को प्रेरणा देना है। फर्क केवल यह है कि 'सुनीता' ऐसा नहीं करती या कर पाती और शैल कर पाती है। पर लक्ष्य और सार्थकता भी एक ही है। यशपाल ने शैल से भी आगे बढ़कर अमरनाथ की पत्नी यशोदा को निर्मित किया है जो करुणा से प्रेरित होकर शरीर दान करती है और शैल प्रवृत्तियों से प्रेरित होकर। शैल विवाह को ही व्यर्थ और बन्धन मानती है "कि स्त्री की पूर्ण स्वतन्त्रता का अर्थ है कि विवाह की प्रथा को ही दूर कर देना।...विवाह का बन्धन दूर कर देने से ही स्त्री पुरुष अपनी स्वाभाविक अवस्था में रहेंगे।"

यही वस्तुतः यशपाल की विद्रोही नयी नैतिक अवधारणा है जिसके आधार पर वे जैनेन्द्र की तथाकथित नयी नैतिकता (उनकी दृष्टि में) का विरोध करते हैं। यशपाल की दृष्टि में विवाह एक विवशता है, 'वरण' नहीं है। यद्यपि यह केवल भारत के बारे में सच है और वह भी आज के भारत में कम होता जा रहा है। इसका उदाहरण वे एक कांग्रेसी दम्पत्ति अमरनाथ और उनकी पत्नी यशोदा से देते हैं। यशोदा अपने पति से सामाजिक स्वतन्त्रता प्राप्त करने के लिए संघर्ष करती है। वह पूछती है : "आप पहले कांग्रेस में काम करने वाली स्त्रियों की प्रशंसा करते थे।...लेकिन अब आप समझते हो कि स्त्रियाँ इस विश्वास के योग्य नहीं कि वे घर से बाहर निकल सकें, तो घर में ही उनका क्या विश्वास है"...उधर

अमरनाथ सोच रहे थे कि क्या यशोदा केवल मात्र उनकी 'वस्तु' मात्र रहकर नहीं रह गयी थी?...उन्हें लगा कि अब वे 'मालिक' न रहकर एक साधारण और मामूली व्यक्ति बनकर रह गये हैं।

...यहाँ ऐसा लगता है कि नारी मुक्ति या मुक्त नारी पुरुष के लिए अपने आधिपत्य और एकाधिकार के लिए खतरा बन गयी है। यह बात केवल विवाहिता स्त्री के पति के लिए लागू नहीं होती, 'मुक्त स्त्री' के प्रेमी के लिए भी लागू होती है। एक 'मुक्त स्त्री (?) के रूप में शैल सोचती है, "प्रेम के द्वारा मैं अपने जीवन का विस्तार चाहती थी पर वह मुझ पर बन्धन लगाकर मेरे जीवन को जीवन तक संकुचित कर देना चाहता था।...देखो तो यह चौदह पन्द्रह वर्ष का लड़का भी मुझे अपनी सम्पत्ति समझता था?...उसके बाद मैं उससे बोली ही नहीं। हमारा प्रेम समाप्त हो गया।"

इससे आभास होता है कि स्त्री के लिए न 'विवाह' मुक्ति है और न प्रेम। फिर यशपाल कहना क्या चाहते हैं? वे 'विवाह' के पूर्णतः विरोधी नहीं हैं। वे चाहते हैं कि विवाह प्रेम पर आधारित होना चाहिए और प्रेम पूर्ण सामंजस्य पर। किन्तु प्रेम और विवाह दोनों स्थाई सम्बन्ध नहीं हो सकते। यह सामंजस्य कभी भी टूट सकता है और 'विवाह' तथा दोनों कभी भी समाप्त हो सकते हैं।

यह धारणा अधिक व्यावहारिक तथा वास्तविकता के निकट है : ऐसा प्रायः होता भी है और इसे इसी रूप में स्वीकार करना चाहिए। किन्तु स्वयं यशपाल 'कथा' में उसे समुचित सन्दर्भ में क्रियान्वित नहीं कर पाते।

शैल भी हरीश के सम्मुख सुनीता की तरह ही नंगी होती है लेकिन जहाँ सुनीता की दुविधा उसे अपने शरीर की रक्षा के लिए सन्नद्ध रखती है, वहीं शैल को 'शरीर' की चिन्ता बिल्कुल नहीं है। पर दोनों ही स्थितियों में स्त्री का लक्ष्य पुरुष के लक्ष्य में सहायक होता है। लगभग मरणासन्न हरीश को अपना शरीर इसलिए समर्पित कर देती है कि वह सोचती है, "मृत्यु के मुँह में पड़ा हुआ यह लड़का जो बात कहता है, उसकी उपेक्षा कैसे की जाय?

और हरीश का रोमैंटिक मानस उसकी नंगी देह देखने मात्र से पूर्णता (तृप्ति) पा लेता है और कहता है कि "देखो शैल, मुझे ऐसा अनुभव हो रहा है जैसे मैंने बहुत कुछ पा लिया है...और इसी भरोसे मैं अपने बीहड़ मार्ग पर बढ़ता जाऊँगा।"

लेकिन शैल कहती है, "तुम देखना चाहते हो, केवल शासन में क्रान्ति, पर इस 'समाज' व्यवस्था के बन्धन में व्यक्ति के अवरुद्ध प्राण कैसे छटपटाते हैं, इसे तुमने जाना? क्या व्यक्ति को जीवन में कामनापूर्ति का अधिकार नहीं चाहिए? मैं तो सबके समीप यही बन्धन अनुभव करती हूँ। इसके बाद वह अपना

शरीर हरीश को अर्पित कर देती है। यहाँ कहना मुश्किल है कि हरीश को वह देह अर्पण 'करुणा' से प्रेरित होकर करती है अथवा अतृप्त तथा अवदमित कामना की पूर्ति के लिए। जो भी हो यशपाल के लिए स्त्री देह और 'यौन तृप्ति' बहुत महत्त्वपूर्ण हैं। आगे हम देखेंगे कि अपने सर्वश्रेष्ठ माने जाने वाले विशालकाय उपन्यास में वे जयदेवपुरी और कनक के बीच इसीलिए विवाह-विच्छेद करा देते हैं कि जयदेव पुरी कनक की 'कामनापूर्ति' यानी यौन तृप्ति करने में असमर्थ है हालाँकि उन दोनों का प्रेम विवाह है और उस विवाह के लिए उन्हें लम्बा संघर्ष करना पड़ता है। बहरहाल उसका विश्लेषण हम 'झूठा सच' के विश्लेषण में करेंगे।

लेकिन 'दादा कामरेड' किसी भी दृष्टि से क्रान्तिकारी उपन्यास नहीं है। अपनी स्वतन्त्र देहवादी दृष्टि के बावजूद वह न कोई सामाजिक क्रान्ति का उपन्यास है और न राजनैतिक। 'दादा कामरेड' की क्रान्तिकारी पद्धति को तो वह लगभग अमानवीय मानते हैं और 'मार्क्सवाद' तो उसमें कहीं है नहीं।

इसीलिए उस उपन्यास का अन्त अत्यन्त परम्परागत ही नहीं, पुराणपन्थी है : हरीश से विलग होने के बाद शैल पाती है कि वह गर्भवती है और उसके गर्भ में हरीश का भ्रूण शिशु पल रहा है और वह आदर्श भारतीय स्त्री की तरह घोषणा करती है कि "मैं कहीं भी चली जाऊँगी...उसे बड़ा करूँगी। यह हरीश का नाम चलाएगा।"

अत: अन्त में 'दादा कामरेड' एक परम्परागत उपन्यास ही साबित होता है जो हिन्दी उपन्यास को जैनेन्द्र के उपन्यासों से बहुत आगे नहीं ले जाता (हालाँकि वह जैनेन्द्र की सुनीता की प्रतिक्रिया में लिखा गया उपन्यास है)।

इसके बाद यशपाल के दो उपन्यास 'देश द्रोही' और 'मनुष्य के रूप' बहुत महत्त्वपूर्ण माने जाते हैं, किन्तु इन दोनों में भी समझौतावादी भावुकता ही प्रदर्शित की गयी है। देशद्रोही में भी एक व्यक्ति को दुख के भँवर-जाल में फँसाकर प्रेम की पीड़ा को चरमस्थिति में पहुँचाकर उसका अत्यन्त भावुकतापूर्ण अन्त किया गया है। चन्दा का प्रेमी भगवानदास खन्ना चन्दा से विलग होकर अर्धमूर्च्छित अवस्था में सड़क के किनारे पड़ा है और वह अपने क्रूर पति के द्वारा उससे विलग कर दी गयी है। समाजवादी यथार्थ के नाम पर उपन्यास का यथार्थ इसी भावुकतापूर्ण 'रोमैंटिक एगोनी' तक पहुँचता है? यही उसके भी राजनीतिक रोमांस का अन्त है।

'मनुष्य के रूप' उपन्यास में भी यशपाल की मान्यता है कि जब तक सामाजिक व्यवस्था (और शायद राजनैतिक व्यवस्था भी) रहेगी, तब तक मानवीय सम्बन्धों का 'दुखान्तक' अन्त ही होता रहेगा। इस उपन्यास में स्त्रियाँ 'मुक्ति' के लिए घर से भागती या भगाई जाती हैं और इस भ्रम से ग्रस्त रहती हैं कि

वे मुक्तिमार्ग पर आगे बढ़ रही हैं, पर दरअसल, वे एक छोटे पिंजड़े से निकलकर बड़े पिंजड़े की ओर बढ़ रही होती हैं और अन्त में अनुभव करती हैं कि "नारी के लिए प्रेम का परिणाम है पुरुष के द्वारा ठोकर मारकर निकाल दिया जाना...यही उसका भाग्य है और यही उसका गौरव भी।" किन्तु उसके लिए यह 'गौरव' कैसे है?

दरअसल, इस उपन्यास के सारे पात्र 'ऐडेवेंचरिस्ट' हैं और 'ऐडवेंचर' हमेशा असफल होने के लिए अभिशप्त होता है। अतः इसके पुरुष पात्र (जिन्हें उसका नायक भी कहा जा सकता है) उतने धोखेबाज नहीं है जितने असफल ऐडवेंचरिस्ट हैं। 'मनुष्य के रूप' विद्रोह का नहीं, 'ऐडवेंचर' का उपन्यास है।

झूठा सच : इस महाकाय उपन्यास में मानवीय सम्बन्धों का जंगल है जिसके माध्यम से पहले तो विभाजन की परिस्थितियों का चित्रण किया गया है और बाद में विभाजन की त्रासदियों तथा उन तमाम क्रूर अमानवीय स्थितियों का विस्तृत वर्णन, जिनसे विभाजन के शिकार एक बहुत बड़े समुदाय को गुजरना पड़ा। इसके बाद देश की बागडोर जिस व्यवस्था और उसके रहनुमाओं ने सँभाली है, उनकी जमकर आलोचना की गयी है। लेकिन फिर भी 'झूठा सच' पूर्णतः राजनैतिक उपन्यास न होकर पुरुष-स्त्री सम्बन्धों के विश्लेषण का ही उपन्यास बनकर रह गया है। वे मूलतः इन्द्रियानुभववादी हैं और उनका 'द्वन्द्वात्मक भौतिकवाद' महज मुलम्मा बनकर रह जाता है। 'झूठा सच' के प्रमुख स्त्री पात्र कनक, तारा, बंती आदि इसी फ्रायडियन मनोवृत्ति के प्रतिनिधि बनाए गये हैं और यशपाल के अन्य उपन्यासों की भान्ति उनका 'विद्रोह' महज यौन-विद्रोह बनकर रह जाता है। उनके एक पूर्ववर्ती तथाकथित ऐतिहासिक उपन्यास 'दिव्या' जो बौद्धकालीन समय की पृष्ठभूमि में लिखा गया है, दिव्या अपने यौन दुःसाहस तथा 'औदार्य' के कारण ही दिव्या है और उसके सूत्रधार आचार्य मारीश मानो 'कामसूत्र' के वात्स्यापन के ही प्रतिरूप हैं। यशपाल के उपन्यासों में मार्क्सवाद तथा फ्रायडवाद का गठबन्धन उलझन में डालने वाला है और वे मूलतः अपनी हाइपर सेक्सुएलिटी को मार्क्सवाद के आवरण में ढँकने का प्रयास करते हैं।

वस्तुतः यशपाल 'तार्किक' तो हैं किन्तु चिन्तक नहीं हैं। उनके तर्क 'चिंतन' के स्तर तक नहीं पहुँच पाते। उनकी 'गाँधीवादी' तथा 'मार्क्सवादी' दोनों की व्याख्याएँ सतही प्रतीत होती हैं। उन्होंने अपनी पुस्तक 'गाँधीवाद की शवपरीक्षा' करते हुए जो अनावश्यक आक्रमण किये हैं, वे पूर्वग्रह ग्रस्त तो हैं ही, उनमें गाँधी वाद की समझ का भी अभाव है। सम्भवतः फ्रायड के विचारों का उनका अध्ययन भी अधकचरा है। यदि उन्होंने फ्रायड की पुस्तक 'टोटम ऐंड टैबू' का विधिवत अध्ययन किया होता और उसके न्यू इन्ट्रोडक्टरी लेक्चर्स को भी समझा होता

तो वे उसकी लिबिडो अवधारणा को मात्र यौनभावना का पर्याय नहीं मान लेते। उनके उपन्यासों में कहीं यौन भावना का उन्नयन (सब्लीमेशन) नहीं दीखता जिसे फ्रायड रचनात्मकता (क्रिएटिविटी) का आधार मानता है।

अतः उनके उपन्यास अपनी सैद्धांतिक अवधारणाओं पर ही खरे नहीं उतरते। दूसरी ओर उनमें गहरी रचनात्मकता का भी अभाव है। उन्होंने जैनेन्द्र या अज्ञेय की भाँति अपनी कोई निजी मौलिक 'कथाभाषा' (डिक्सन ऑफ फिक्सन) भी निर्मित नहीं की। वे शिल्प के स्तर पर भी कोई प्रयोग नहीं कर पाते और उनके उपन्यास सपाट वर्णनात्मकता से आगे नहीं बढ़ते। उनके उपन्यासों में न तो कोई सघन रचनात्मक द्वन्द्व है, और न कोई अप्रतिम चरित्र उभरकर आता है (सुनीता या मृणाल की तरह)। वहाँ शेखर की तरह संघर्षशील तथा गहरे आत्ममंथन से गुजरने वाला पात्र भी नहीं है। उनके 'दादा कामरेड' जैसे पात्र ढुलमुल क्रान्तिकारी ही बने रहते हैं। वे मनुष्य के अनेक रूप तो दिखाते हैं पर वे इतने सतही तथा साधारण किस्म के हैं कि 'फिल्मी' प्रतीत होते हैं। उनका कोई भी क्रान्तिकारी पात्र शरतचन्द्र के सव्यसांची (पथेर, रावी) और टैगोर के 'चार अध्याय' के नायक तक भी नहीं पहुँच पाता। 'झूठा सच' में उन्होंने विभाजन से पहले और विभाजन के बाद के तथ्यों का विश्लेषण किया है किन्तु उन तथ्यों में घटनाओं का हुजूम है उनके सूत्रसंचालन में वे अक्सर लड़खड़ा जाते हैं। और बाद में उन्हें बड़े यान्त्रिक ढंग से समेटने लगते हैं। अन्त में केवल दो बातें ही उभरकर आती हैं कि स्त्री को यौन स्वतन्त्रता ही नहीं, यौन सन्तुष्टि भी मिलनी चाहिए। और इसके अभाव में वह अपने प्रेमी का ही नहीं, अपने पति का भी परित्याग कर सकती है। दूसरी बात विचारधारात्मक है। यशपाल विभाजन के बाद की राजनैतिक व्यवस्था से सन्तुष्ट नहीं हैं। वे 'झूठा-सच' के माध्यम से कांग्रेसी सरकार का 'क्रिटीक' प्रस्तुत करना चाहते हैं। किन्तु यहाँ भी गाँधी की हत्या के बाद विशाल जनमानस की जिस करुण प्रतिक्रिया का मखौल उड़ाया है, वह बेहद अमानवीय तो है ही, उपन्यास के प्रसंग में नितान्त अनावश्यक भी है।

यशपाल 'रेशनैलिटी' को बहुत महत्त्व देते हैं, किन्तु जैसा पहले कहा चुका है, वे तार्किक तो हैं पर चिन्तक नहीं हैं और इसी कारण उन्हें उच्चकोटि का बौद्धिक (इंटलेक्चुअल) भी नहीं कहा जा सकता। कोई भी रचनाकार 'यथार्थ' को केवल यह मानकर प्रस्तुत नहीं करता, बल्कि वह चयन और आकलन (इवैलुएशन) के द्वारा उसे विश्लेषित कर प्रस्तुत करता है। ऐसा नहीं है कि यशपाल विश्लेषण नहीं करते, पर उनकी विश्लेषण-पद्धति इतनी सरलीकृत तथा सामान्यीकृत होती है कि उससे 'क्रूड' तथा स्थूल निष्कर्षों तक ही पहुँचा जा सकता है : मसलन कनक अपने पति देवराजपुरी से अलग होने का निर्णय लेती

है तब तक वे विवाहित जीवन के अनेक वर्ष साथ बिता चुके होते हैं। यही नहीं विवाह से पूर्व वे भागकर लम्बे समय तक साथ रह चुके होते हैं। अतः इतने वर्षों बाद कनक का यह कहना कि चूँकि वह उसे यौन सन्तुष्टि नहीं दे पा रहा है, इसलिए वह उससे अलग होने का निर्णय ले रही है, 'कंविसिंग' नहीं प्रतीत होता। दरअसल, यशपाल का उद्देश्य यह दिखाना था कि स्वतन्त्रता के बाद देवराज राजनेता बनकर भ्रष्ट हो चुका है और उसका पारिवारिक जीवन भी नष्ट हो रहा है। यदि इस बिना पर कनक उससे अलग होने का निर्णय लेती तो ये कारण ही उसके लिए पर्याप्त होते। इसके अतिरिक्त वास्तविकता यह है कि हजारों दम्पत्ति ऐसे हैं जो यौन रूप से सन्तुष्ट न होने पर भी यदि उनमें प्रगाढ़ प्रेम है, तो उनका सम्बन्ध महज यौन सन्तुष्टि का मोहताज नहीं होता। ज्यॉ पॉल सार्त्र की विख्यात फ्रेंच कहानी 'इन्टीमेसी' में दिखलाया गया है कि उसकी नायिका का पति नपुंसक है। अपनी एक सखी के सलाह पर वह उसे छोड़कर एक अन्य पुरुष से सम्बन्ध बनाती है किन्तु शीघ्र ही उसे एहसास हो जाता है कि तथाकथित यौन सन्तुष्टि महज एक क्षणिक सुख की अनुभूति है और उसमें प्रायः मानवीय स्नेह की ऊष्मा का अभाव होता है। अतः उसे निरन्तर अपने नपुंसक और प्रायः अपंग पति की याद आती रहती है और अन्ततः वह अपने पति के पास लौट आती है—यही वास्तविक 'इंटीमेसी' है। लेकिन यशपाल महज 'यौन सन्तुष्टि' को सबसे महत्त्वपूर्ण मानकर विवाह-विच्छेद करा देते हैं। यह एक लीगल कारण हो सकता है, लेकिन यह मानवीय प्रेम सम्बन्ध का निषेध करता है। इसीलिए उनके तर्कों तथा विश्लेषण क्षमता को स्थूल कहा गया है वरना वे यह बताते कि विधायक बनने के बाद देवराज का पतन हो जाता है और 'सत्ता' मनुष्य को किस तरह भ्रष्ट तथा पतित बनाती है। यह दूरगामी विश्लेषण 'झूठा-सच' को सचमुच एक महत्त्वपूर्ण उपन्यास बनाता। इसी कारण 'झूठा-सच' वास्तविक तथ्यों तथा उस दौर की ऐतिहासिक घटनाओं का प्रामाणिक तथा विस्तृत विवरण तो प्रस्तुत करता है किन्तु उसमें रचनात्मक घनत्व और गहराई नहीं है।

अमृतलाल नागर (1916-1990)

यशपाल के बाद अवध क्षेत्र को ही अपने उपन्यासों का केन्द्र बनाकर अमृतलाल नागर ने अनेक उपन्यास लिखे और काफी ख्याति अर्जित की। वे भी मूलतः किस्सागो हैं लेकिन उनके पास अपनी एक कथा-भाषा है जो काफी दिलचस्प है। लेकिन वे भी प्रेमचन्द, भगवतीचरण वर्मा और यशपाल की तरह ही मूलतः विमर्शवादी उपन्यासकार ही हैं। वे किसी खास विचारधारा के प्रवक्ता नहीं हैं किन्तु कुछ मानवीय मूल्यों की प्रतिष्ठा जरूर करना चाहते हैं।

नागर जी के दो सर्वाधिक प्रसिद्ध उपन्यास 'महाकाल' (1946) में तथा 'बूँद और समुद्र' (1956) में ही प्रकाशित हो गये थे और अधिकांश समीक्षक तथा पाठक उन्हें 'बूँद और समुद्र' के द्वारा ही अधिक जानते हैं और महत्त्व देते हैं। किन्तु उनके ज्यादातर उपन्यास सन 60 के बाद ही प्रकाशित हुए। इस मामले में वे साठोत्तरी उपन्यासकार ही माने जाएँगे। कई साठोत्तरी कथाकार भी उनसे उसी दौर में प्रभावित हुए (मसलन मनोहर श्याम जोशी)।

वैसे 1956 में प्रकाशित उनका विशालकाय उपन्यास 'बूँद और समुद्र' ही उनका सर्वश्रेष्ठ उपन्यास माना जाएगा। अनेक दृष्टियों से वह विस्तृत विवेचन की अपेक्षा भी रखता है, चूँकि इस दौर में अधिकांश उपन्यासकारों ने नारी स्वतन्त्रता, प्रेम-विवाह, विवाहिता-प्रेम तथा यौन-सम्बन्धों पर ही अधिक विचार किया था और बदलते समाज के मूल्यों और मान्यताओं को इन्हीं प्रश्नों तक सीमित कर दिया था, इसलिए नागर जी का बहुचर्चित उपन्यास 'बूँद और समुद्र' इसका अपवाद नहीं है। 'बूँद और समुद्र' का भी मुख्य विषय यही है। इसमें इन्हीं प्रश्नों को पुनर्परिभाषित करने की कोशिश की गयी है। इन प्रश्नों का उत्तर देने के लिए प्रेमियों के कई जोड़ों को उपन्यास के रंगमंच पर उतारा गया है : सज्जन और चित्रा, सज्जन और कन्या, महिपाल और डॉ. शीला, महिपाल और उसकी पत्नी आदि।

महिपाल विवाहित है किन्तु उसकी पत्नी अशिक्षित है, इसलिए वह डॉ. शीला के प्रति आकर्षित होता है। लेकिन वह इस सम्बन्ध को लेकर अपराध बोध से ग्रस्त रहता है। लेकिन अपने इस विचलन की जिम्मेदारी वह प्रचलित सामाजिक व्यवस्था और अपने माता-पिता पर डालना चाहता है, "मेरी शादी असफल हो गयी जैसी माता-पिता द्वारा तय की गयी अधिकांश शादियाँ होती हैं। नतीजा यह होता है कि कहीं पति, कहीं पत्नी और कहीं पति-पत्नी दोनों एक दूसरे के पीछे व्यभिचार करते हैं।" लेकिन यह तर्क अपर्याप्त है और उसे नागर जी भी समझ जाते हैं, इसलिए वे आगे लिखते हैं, "मैं अनुभव से जानता हूँ कि स्त्री-पुरुष का सेक्सिया रिश्ता, स्त्री-पुरुष के सम्पूर्ण जीवन का एक अंग मात्र है। दरअसल हममें से हरेक एक ऐसा अपोजिट सेक्स वाला साथी ढूँढ़ता है जिसके साथ उसके बहुत से विचारों, कामनाओं और आदर्शों की पटरी बैठ जाय। दुख, दर्द, हारी-बीमारी तथा आध्यात्मिक धरातल तक वह उस जीवन साथी के सहारे उठ सके।"

जाहिर है यह तर्क भी अपर्याप्त है क्योंकि अनेक माता-पिता द्वारा आयोजित विवाह सामान्य अर्थ में सफल सिद्ध होते हैं और बहुत से 'प्रेम-विवाह' देर-सबेर असफल हो जाते हैं, कभी-कभी तो अपेक्षा से बहुत जल्दी। अब तो पश्चिम

में ही नहीं, भारत में भी चट मँगनी, पट ब्याह वाले प्रेम-विवाह भी चन्द दिनों में ही टूट जाते हैं। दरअसल, आदमी (यानी पुरुष और स्त्री दोनों) इतना सोच समझकर विवाह या प्रेम नहीं करते और न उनकी इतनी अपेक्षाएँ होती हैं जिनकी ऊपर चर्चा की गयी है। यही हाल विवाह में किसी को 'जीवन-साथी' बनाने पर होता है। 'जीवन-साथी' शब्द भी परम्परागत तथा प्रचलित शब्दों की तरह ही एक गढ़ा हुआ रोमैंटिक शब्द है। अक्सर हम किसी के साथ पूरा जीवन गुजार देते हैं, पर हमें उसके साथी होने का अनुभव नहीं होता। ऐसा ही प्रेम-विवाह या मुक्त प्रेम सम्बन्धों में भी होता है। ऐसे सम्बन्ध भी अक्सर बोझ लगने लगते हैं। पर हम जीवन भर उन्हें ढोते रहते हैं। अतः प्रेम और विवाह दोनों में से ऐसी 'हाई साउंडिंग' अपेक्षाओं (जिनकी ऊपर अपेक्षा की गयी है) वे ध्यान में रखकर न तो विवाह किया जाता है और न प्रेम। ये सब ज्यादातर संयोग आश्रित होती (कैजुएलिटी डिपेंडेंट) हैं। रहा पत्नी के अशिक्षिता होने या एक बेकार का शब्द 'गँवार' होने का प्रश्न, तो यह भी उतना ही निरर्थक तथा अर्थगर्भित शब्द है जो पुरुष को केवल श्रेष्ठ तथा पत्नी के प्रति जुगुप्सा उत्पन्न करने के लिए गढ़ा गया है, जो व्यवहार में उलटा भी उतर सकता है। मसलन जैनेन्द्र कुमार की एक अत्यन्त प्रसिद्ध कहानी 'पत्नी' है जिसमें शिक्षित ही नहीं बौद्धिक तथा प्रखर मेधा वाले पति और उसके मित्र देर रात तक अपने तर्क-वितर्क में यह भी भूल जाते हैं कि जिस घर में वे निर्लिप्त बहस में लीन हैं, उस घर में एक निरीह और शायद अशिक्षित पत्नी भी है जो घंटों ऐसी प्रत्याशा में दरवाजे की ओट में खड़ी रहती है कि पता नहीं कि उसके पति और उसके मित्रों को कब किस चीज की आवश्यकता पड़ जाय। जैनेन्द्र ने इसे बेहद करुण मार्मिकता के साथ व्यक्त किया है। इसके विपरीत बहुत शिक्षिता तथा बौद्धिक किस्म की पत्नियाँ महज पति पर हावी होने के लिए अपने ज्ञान का प्रदर्शन करती हैं। अतः 'विवाह' में शिक्षा-अशिक्षा का प्रश्न एक हद तक ही व्यवहार में खरा उतरता है। जिन बातों की प्रेम या विवाह में ऊपर अपेक्षाएँ की गयी हैं, उनकी पूर्ति तो कोई पुरुष मित्र भी कर देता है या कर सकता है। अतः कम से कम स्त्री के साथ 'प्रेम' या विवाहेतर प्रेम निश्चित रूप से 'यौन आकांक्षा' (जो कभी-कभी महज लिप्सा मात्र ही होती है) केन्द्र में होती है।

यशपाल ने उसे बेहतर तरीके से समझा था किन्तु वे इसे इस अतिरेक तक खींच ले गये मानो यौन-आकांक्षा और यौन-तृप्ति ही सबकुछ हो। यहाँ नागर जी ठीक कहते हैं कि यौन-सम्बन्ध या यौन-क्रिया जीवन का एक अंग मात्र है, सम्पूर्ण जीवन नहीं।

बहरहाल, आगे देखें कि 'बूँद और समुद्र' में क्या होता है। सज्जन की

प्रेमिका डॉ. शीला से कहती है : "ये लोग प्रेम के पीछे नहीं, शारीरिक शौक के पीछे दीवाने हो रहे हैं।" "इसमें बुराई क्या है?" शीला ने दबी जुबान से पूछा? कन्या ने जरा उत्तेजित होकर कहा, "पूछती है, बुराई क्या है? मैंने इस शौक को राक्षसी भूख बनकर अपने घर में ले जाते हुए देखा है। इसी कारण विवाह से पूर्व सज्जन को अपना शरीर नहीं सौंपती।" नागर जी के लिए स्त्री-पुरुष सम्बन्ध का अंतिम रूप पत्नी होना है। हम देख आये हैं कि जैनेन्द्र स्त्री की असली सार्थकता केवल पत्नी होने से नहीं, मातृत्व में देखते हैं। नागर जी भी स्त्री की पूर्णता माँ होने में देखते हैं। पर यशपाल की शैल विवाह को बन्धन मानती हैं और वह मुक्त स्त्री होने के लिए विवाह नामक संस्था का ही विरोध करती है। यही धारणा यशपाल की ही 'दिव्या' की भी है। किन्तु नागर जी विवाह को अनिवार्य मानते हैं और विवाहपूर्व शरीर सम्बन्ध को भोग। लेकिन यहाँ वे विवाह के बाद भी सज्जन और कन्या के सम्बन्धों के बीच एक-एक बड़ा विरोधाभास देखते हैं : कन्या मार्क्सवादी है यानी पूँजी और पूँजीपतियों का विरोध करने वाली, जबकि सज्जन लखपति है—एक पूंजीपति, फिर कन्या उससे विवाह क्यों करती है—यह जानते हुए भी? नागर जी उसका उत्तर नहीं देते पर ऐसे विरोधाभासी विवाह में एक सामंजस्य जरूर स्थापित करा देते हैं। यहाँ वे सज्जन को लगभग गाँधीवादी बना देते हैं। वह अपनी आधी सम्पत्ति का एक ट्रस्ट बना देता है। यही नहीं, नागर जी विचारधारा (खासतौर पर मार्क्सवादी विचारधारा) विरोधी भी ज़ान पड़ते हैं क्योंकि वे कहते हैं, विचार सम्प्रदाय वाले लोग जालसाज़ होते हैं। स्पष्टत: यह यशपाल सरीखे मार्क्सवादी लोगों के विरोध में प्रतिक्रिया है। नागर जी 'विवेक' को विचारधारा से बड़ा मानते हैं। अपने विचारों के अनुमोदन में वे वैदिक युग से लेकर आज तक के स्त्री-पुरुष सम्बन्धों और प्रेम का विवेचन कर डालते हैं। वे लिखते हैं कि वैदिक युग में यद्यपि लड़की का विवाह माता-पिता की मरजी से होता था, किन्तु उसमें लड़की की अनुमति जरूरी होती थी (यहाँ वे 'स्वयंवर' प्रथा का भी उल्लेख कर सकते थे) उनके अनुसार यह तो स्मृतिकारों ने (मनुस्मृति आदि) स्त्री को पुरुष के हाथों में पूरी तरह सौंप दिया। इस तरह हम देखते हैं कि नागर जी बाकायदे पुनरोत्थानवादी हिन्दू परम्परा के पक्षधर हैं—वे वेदों में तो विश्वास करते हैं, पर स्मृतियों में नहीं। इस मामले में नागर जी के विचार हिन्दी उपन्यास को पीछे लौटानेवाले हैं, लेकिन वे इसे लेकर अपने आधुनिक पात्रों में द्वन्द्व जरूर उत्पन्न करते हैं, जैसे एक पात्र महिपाल में उन्होंने एक विरोधाभासी मनोवैज्ञानिक चेतना भी उत्पन्न कर दी है। उसकी विडम्बना है कि वह जिन चीजों, जिनमें स्त्री भी शामिल है, से नफरत करता है, उन्हीं से प्यार भी करता है। उसका यह 'द्वन्द्व' इतना बढ़ जाता है कि अन्त

में वह आत्महत्या कर लेता है।

अमृतलाल नागर में नया कुछ नहीं है, इस पर तुर्रा यह कि वे किसी विचारधारा में विश्वास नहीं करते और सबकुछ 'विवेक' पर छोड़ देते हैं। लेकिन 'विवेक' परिभाषित करना और प्रमाणित करना बहुत मुश्किल है : हरेक का अपना-अपना विवेक हो सकता है यानी जो उसे पसन्द हो और जिसे वह सच मानता हो, उसी को प्रमाणित करने में लग जाता है। अत: ये 'विवेकवादी' ज्यादातर रूढ़िवादी होते हैं। अत: जिस विवेक के आधार पर नागर जी ने मानवीय सम्बन्धों से सम्बन्धित समस्याओं का हल प्रस्तुत किया है, वे समस्याएँ ब्रजभूमि की वीथयों में भटकने के बाद पुनः उन्हीं विरोधाभासों में घिर जाती हैं।

'बूँद और समुद्र' के बाद नागर जी ने अनेक उपन्यास लिखे और बाद में उन्हीं की चर्चा ज्यादा हुई। सन् 60 तक आते-आते अमृतलाल नागर इतिहास की ओर अधिक मुड़ गये। सन् 60 में प्रकाशित उनका उपन्यास उसी 'स्त्रीवाद' की ओर फिर चला गया जिसमें पुरुषों की निन्दा और स्त्री को गौरवमय बनाने की वही रोमैंटिक परम्परा थी जिसे शरतचन्द्र ने अपनी प्रभावशाली मगर नितान्त भावात्मक प्रवृत्ति से हिन्दी उपन्यासकारों को सौंपा था और हिन्दी के अधिकांश उपन्यासकार कई दशकों तक उसी का राग अलापते रहे। यशपाल की 'दिव्या' की तरह ही सन् 60 में प्रकाशित उनका उपन्यास 'सुहाग के नुपूर' भी बौद्धकालीन वेश्या माधवी की कहानी है जो स्त्रियों के उस पुनरुत्थानवादी युग में हिन्दी उपन्यासकारों का प्रिय विषय बन गया था। इसी अनुरूप वह पुरुषों के प्रति विषवमन करती हुई कहती है, 'पुरुष जाति के स्वार्थ और दम्भभरी मूर्खता से ही सारे पापों का उदय होता है।...एकांगी दृष्टिकोण से सोचने वाला पुरुष न तो स्त्री को सती बनाकर सुखी कर सका और न वेश्या बनाकर?' जो तर्क पद्धति अपनायी गयी है, वह यशपाल के अपेक्षाकृत अधिक बौद्धिक तर्कों से भी अधिक सरलीकृत है। इसी तरह 'अमृत और विष' में यशपाल की तरह ही अँग्रेज़ों से हस्तान्तरित स्वतन्त्र शासन व्यवस्था को कोसा गया है—नितान्त स्थूल तथा सरलीकृत तर्कों के द्वारा।

मेहतरों तथा जमादारों के जीवन पर आधारित उपन्यास 'नाच्यो बहुत गोपाल' अपेक्षाकृत बेहतर उपन्यास इसलिए है कि उसमें पहली बार इस निम्नतर वर्ग के दयनीय तथा समाज में तिरस्कृत जीवन का अधिक प्रामाणिक वर्णन किया गया है। 'बिखरे तिनके' तथा 'अग्निगर्भा' आदि उपन्यासों में भी गतानुगतिक पद्धति से ही राजनीति और सामाजिक व्यवस्था की आलोचना की गयी है।

नागर जी एक अच्छे किस्सागो हैं और एक अमूर्त किस्म का मानवतावादी दृष्टिकोण अपनाकर उन्होंने अपने को चतुरसेन शास्त्री आदि उपन्यासकारों से पृथक

रखा। दूसरी ओर मार्क्सवाद से भी अपने को अलग रखते हुए उन्होंने एक 'प्रगतिशील' मुद्रा अपनाये रखी। साठोत्तरी दौर में उनके उपन्यासों की चर्चा कुछ ज्यादा ही की गई। लेकिन इसका प्रमुख कारण था इस दौर में किसी अन्य अपेक्षाकृत महत्त्वपूर्ण उपन्यासकार का न उभरना।

इसे तनिक अधिक विवेचित करें तो तब वह दौर था जब कुछ समीक्षक मार्क्सवाद आधारित प्रगतिशील किस्म के उपन्यासों को तो बढ़ावा दे रहे थे, किन्तु वे न तो परम्परागत रूढ़िवादी उपन्यासकारों (जिन्हें वे प्रतिक्रियावादी कहते थे) को महत्त्व देने के पक्ष में थे और न अभी-अभी भारतीय तथा हिन्दी-साहित्य में प्रवेश करने वाले आधुनिकतावादी उपन्यासकारों को। सन् 60 से सन् 70 तक उपहास, व्यंग्य और तिरस्कार ही विषय था प्रगतिवादियों तथा परम्परागत पुराणपन्थियों, दोनों के लिए। ऐसे में अमृतलाल नागर जैसे 'मानवतावादी' कथाकार ही समीक्षकों तथा पाठकों द्वारा अधिक स्वीकृत तथा मान्य हुए।

दरअसल सन् 40 से लेकर मोटे तौर पर सन् 50 तक का दशक हिन्दी उपन्यासों की दृष्टि से सबसे बेरौनक तथा एकरस दशक था। सन् 30 और 40 के बीच जैनेन्द्र ने प्रेमचन्द से पृथक उपन्यासों की एक नयी जमीन तोड़ी थी और हिन्दी उपन्यास को एक सर्वथा नयी दिशा दी थी, लेकिन 40 तक आते-आते वह भी रूढिबद्ध हो गयी। सबसे पहले स्वयं जैनेन्द्र उसके शिकार हुए। उनके 'परख', 'सुनीता', 'त्यागपत्र' और 'कल्याणी' के बाद के उपन्यास श्रीहीन तथा रेटारिकल बन गये। बाद के उपन्यासकारों ने या तो जैनेन्द्र द्वारा विवाह, प्रेम, मुक्त प्रेम, नैतिकता आदि प्रश्नों के ही इर्द-गिर्द अपने उपन्यासों को बुना या प्रेमचन्द की तथाकथित परम्परा को निभाते हुए सामाजिक-राजनैतिक विषयों पर लिखते रहे। उनके पास न तो नये विषय बचे थे और न रचनात्मक प्रतिभा। इसका प्रत्यक्ष लाभ यशपाल ने उठाया और फिर अमृतलाल नागर ने।

यशपाल को तो प्रगतिशील अभियानों के उस दौर में 'प्रेमचन्द की वसीयत' सौंप दी गयी जबकि यशपाल ने तथाकथित मार्क्सवाद और तथाकथित मनोविज्ञान के मिश्रण से एक नया नुस्खा तैयार करने की कोशिश की जो 'तत्काल' बेहद सफल सिद्ध हुई, जबकि यशपाल के उपन्यासों में न तो फ्रायड के सिद्धान्तों का समुचित उपयोग है और न मार्क्स के सिद्धान्तों का। यशपाल को इनकी पर्याप्त जानकारी भी नहीं थी—यह जानकारी उस समय के प्रमुख सिद्धान्तकारों को भी नहीं थी।

रांगेय राघव (1923–1962)

यह दशक हिन्दी उपन्यास के लिए संकट (संक्रमण नहीं) का काल था। लेकिन फिर भी इस दौर में कथाकार अवश्य दिखायी पड़ते हैं जिनमें रांगेय राघव प्रमुख थे (1923–1963)। रांगेय राघव ने थोड़े समय में ही बहुत से उपन्यास लिखे। वे बड़ी त्वरा से लिखने वाले उपन्यासकार थे। उनका अल्पआयु (महज 39 वर्ष की उम्र में देहान्त हो गया) सम्भवत: उन्हें आभास था कि उनके पास समय कम है। इसीलिए उनके कई उपन्यास बड़ी जल्दबाजी में लिखे गये प्रतीत होते हैं। यदि उन्होंने अधिक एकाग्र होकर लिखा होता तो उनके उपन्यास केवल 'ऐतिहासिक महत्त्व' के नहीं रह जाते। लेकिन उन्हें इस बात का श्रेय जरूर दिया जाना चाहिए कि जब 'हिन्दी उपन्यास' प्रेम, विवाह, मुक्त प्रेम, नैतिकता, अनैतिकता आदि घिसे-पिटे शब्दों और समस्याओं के ही इर्द-गिर्द कोल्हू के बैल की तरह घूम रहे थे, तब रांगेय राघव ने भी यद्यपि शुरुआत इन्हीं प्रश्नों और विषयों से की थी, किन्तु क्रमश: उनके उपन्यासों का दायरा बहुत विस्तृत होता गया। वे एक अच्छे अध्येता भी थे और उनकी इतिहास दृष्टि भी बहुत दूर तक जाने वाली थी। लेकिन जैसा कहा गया, उनके लेखन में उतावली मिलती है। इसलिए वे कोई प्रथमश्रेणी का उपन्यास नहीं लिख पाये। फिर भी उनके कुछ उपन्यासों को महत्त्वपूर्ण अवश्य माना जा सकता है? उन्होंने 39 वर्ष की अल्पायु में ही प्राय: तीन दर्जन उपन्यासों की रचना की थी। उनका पहला उपन्यास 'घरौंदा' था जो कई दृष्टियों से महत्त्वपूर्ण है : यह मूलत: एक प्रेम उपन्यास है, पर इसकी विशेषता यह है कि यह पहली बार एक कॉलेज को केन्द्र बनाकर छात्रों, छात्राओं और अध्यापकों के बीच प्रेम के नाम पर पनपते एक नये व्यभिचार के केन्द्र का उद्‌घाटन करता है।

यह नहीं कि रांगेय राघव स्वच्छन्द प्रेम में विश्वास करते थे। (वे मुख्यत: प्रगतिशील विचारों के लेखक हैं।) क्योंकि उन्हें लगता है कि पाखंड और ढोंग पर आधारित यह व्यवस्था स्वच्छन्द प्रेम के नाम पर केवल व्याभिचार को बढ़ावा देती है। यह व्यभिचार सर्वत्र है। एक पात्र भगवती की माँ अवैध सम्बन्धों के द्वारा एक जमींदार से उत्पन्न पुत्र (जाहिर है, यह सम्बन्ध भी जमींदार के आतंक से ही बना होगा) भगवती को जमींदार का पुत्र नहीं कह सकती क्योंकि उस स्थिति में समाज न केवल उसका बहिष्कार कर देगा, बल्कि उसकी हत्या भी कर देगा। इसलिए वह पाखंडपूर्ण जीवन जीने के लिए अभिशप्त है। इसीलिए रांगेय राघव सहशिक्षा के भी हिमायती नहीं हैं क्योंकि वहाँ भी कुल मिलाकर छात्र-छात्राओं के बीच ही नहीं, अध्यापकों और छात्राओं के बीच भी यौन सम्बन्ध स्थापित होते हैं जिन्हें 'यौन शोषण' कहना अधिक उपयुक्त होगा।

'घरौंदा' की कथा का केन्द्रीय क्षेत्र एक मिशिनरी कॉलेज है जो चूँकि आधुनिक शिक्षा केन्द्र है, जहाँ सहशिक्षा ही नहीं, छात्र-छात्राओं के आपस में ही नहीं, अध्यापकों से मिलने-जुलने की पूरी आजादी है। पर इस पाखंडपूर्ण समाज में अभी आधुनिक जीवन पद्धति के लिए भी अवकाश नहीं है। इसीलिए वहाँ के एक प्रो. मिश्र के लिए प्रेम एक सौदा है। वे लड़कियों के मादा शरीर का इस्तेमाल करते हैं और बदले में उन्हें प्रथम श्रेणी में पास कराने और शानदार डिग्रियाँ देने का वादा करते हैं और आगे उनका कैरियर बनाने में भी मदद करते हैं (यद्यपि आज यह कोई नयी सूचना या सनसनी खेज उद्‌घाटन नहीं है, बल्कि प्रचलित क्रिया व्यापार हैं जो प्राय: सर्व स्वीकृत तथा सर्व प्रचलित हैं। प्रेम की आड़ में यह वैसा ही सौदा है जैसे यह मुहावरा कि "तुम मुझे खून दो, मैं तुम्हें आजादी दूँगा।" पर यह आजादी नहीं, आजीवन कैद का ऐसा सिलसिला है जिससे विशेष रूप से युवा स्त्रियाँ कभी मुक्त नहीं हो पातीं (आज का स्टिंग ऑपरेशन भी इस मामले में कुछ विशेष नहीं कर पाता)।

उपन्यास की मुख्य स्त्री पात्र लीला अपने रूढ़िवादी भगवती पर 'आसक्त' है (हाँ उसे आसक्ति ही कहेंगे)। किन्तु अपनी माँ का अवैध पुत्र भगवती अपनी वास्तविकता को जानता है : लीला एक धनाढ्य पिता की पुत्री है। कॉलेज में कार से आती है और अपनी अतृप्त वासना का शिकार भगवती को बनाना चाहती है। लेकिन भगवती उससे कहता है कि "तुम्हें सब कुछ प्राप्त है। केवल तुम्हारी यौन वासनाएँ अतृप्त हैं। विवाह होने पर वह भी नहीं रहेंगी। लीला तुमने कभी इस भूख के बारे में सोचा है? पुरुष का सुख धन है और स्त्री का सुख एक धनी पुरुष प्राप्त करना। सारा प्रेम यहीं समाप्त हो गया।" यह पूँजीवादी पुरुष-प्रधान समाज में प्रेम की अच्छी व्याख्या है। इस विश्लेषण की विशेषता यह है कि यहाँ सारा दोष पुरुष पर ही नहीं डाला गया है, बल्कि इस व्यवस्था में ऐसे व्यभिचार के लिए स्त्री भी उतनी ही जिम्मेवार है। इसी अर्थ में वह सहभागी ही नहीं, सहचरी भी है।

रांगेय राघव उन दिनों प्रचलित स्त्रीवादी धारणा को या प्रगतिशीलता के प्रतीक माने जाने वाले स्त्रीवादी अभियान के मिथक को भी तोड़ते हैं (जो आज अपने चरम पर है)।

'घरौंदा' के भगवती का मोहभंग हो चुका है। वह जानता है, इस व्यवस्था में प्रेम के नाम पर होनेवाली यौन क्षुधा पूर्ति करना एक और भगवती को जन्म देना है—एक और नाजायज सन्तान को जन्म देना है जो वही पीड़ा, भर्त्सना और तिरस्कार का जीवन भर शिकार होता रहेगा जिसका शिकार होकर वह यह अभिशप्त जीवन जी रहा है।

लेकिन रांगेय राघव यहीं नहीं रुकते। वह उस विडम्बना को भी सामने रखते हैं जो एक व्यवस्था विरोधी को भी अपने मकड़जाल में जकड़ लेती है। उसके 'ऑक्टोपसी' जाल इतने विशाल हैं कि अन्ततः भगवती भी उसके शिकंजे में जकड़ा जाता है। प्रलुब्ध होकर वह विदेशी छात्रवृत्ति स्वीकार करता है कि वहाँ से लौटकर वह किसी ऊँचे ओहदे पर आसीन होकर व्यवस्था का अनुगामी हो जाय और वही जीवन जिए तथा वही सब कृत्य सम्पन्न करे, जिसके विरोध का संकल्प लेकर वह कभी एक विद्रोही बना था—एक नये समाज के निर्माण का सपना लेकर। पर यह सपना चकनाचूर हो जाता है बालू के घरौंदे की तरह।

यह उपन्यास इसी अर्थ में अपने समाज के अन्य अधिकांश उपन्यासों से अलग और विशिष्ट है। हालाँकि उसकी इस 'विशिष्टता' को न तो तबके और न आज के समीक्षकों ने लक्ष्य किया है। इस मामले में यह अपने समय से आगे का उपन्यास था क्योंकि आज ठीक यही प्रक्रिया और परिणति तीव्र से तीव्रतर होकर अपने चरमपतन के शिखर पर बैठी हुई है।

यह भी विडम्बना ही है कि अपने पहले ही उपन्यास में आज की इतनी बड़ी वास्तविकता को सामने लाने वाले प्रखर प्रतिभा के धनी रांगेय राघव अपना कोई अन्य उपन्यास इतने अवधान एकाग्रता तथा गहन विश्लेषण के साथ नहीं लिख सके। लेकिन आज शायद 'घरौंदा' की ओर ध्यान जाना चाहिए क्योंकि वह पहला उपन्यास था जिसने आज के अन्देशों की ओर बड़ी रचनात्मकता के साथ संकेत ही नहीं किया था, बल्कि उसकी त्रासदी भी दिखाई थी। सबसे बड़ी त्रासदी तो यह है कि एक सदी के पूर्वाह्न में लिखे गये उस उपन्यास का सच एक दूसरी सदी की शुरुआत में आकर इतना विकराल रूप धारण कर चुका है। आज हम संगोष्ठियों में व्यवस्था और सत्ता की शक्तियों और साजिशों पर आक्रामक ढंग से विचार कर रहे हैं और आज आदमी कितनी तेजी से 'ऐनसरिंग मशीन' मैं तब्दील होता जा रहा है...व्यवस्था कितने तरह के प्रलोभनों तथा पद्धतियों से आदमी को खरीद ही नहीं रहीं अपने विरोध में होने वाले अभियानों को निगल जा रही है—इस पर कहानियाँ और उपन्यास लिखे जा रहे हैं। इन सब साजिशों और तन्त्र के तरकशों से बिद्ध आदमी को रांगेय राघव ने बहुत पहले पहचान लिया था। अतः 'घरौंदा' की गणना पिछली सदी के महत्त्वपूर्ण उपन्यासों में होनी चाहिए। इस मक्कार मकड़ जाल को यशपाल जैसे क्रान्तिकारी कथाकार भी नहीं पहचान सके थे।

यहाँ थोड़ा पीछे लौटकर इस तथ्य का उल्लेख कर देना आवश्यक है कि भारत में सन् 35 में स्थापित प्रगतिशील लेखक संघ ने क्रमशः ही सही भारतीय कथा साहित्य का स्वरूप पूरी तरह बदल दिया था। यह आकस्मिक नहीं था कि

उसके प्रथम अधिवेशन का अध्यक्ष प्रेमचन्द को बनाया गया था। प्रेमचन्द हिन्दी और उर्दू के बीच एक विशाल सेतु थे। उन्होंने अनजाने ही पुनर्जागरण या नवजागरण काल से ही चली आ रही दोनों भाषाओं के बीच की दीवार को ढहाकर लुप्त कर दिया था। इसके अलावा बहुत सारे साम्प्रदायिक सवाल और पूर्वग्रह जो हिन्दी नवजागरण कहे जाने वाले उन्नायकों के मन में बसे हुए थे और जिनके कारण उस काल की खोजबीन करने वाले अनेक शोधार्थी समीक्षकों को वह हिन्दी नवजागरण नहीं, बल्कि हिन्दू नवजागरण युग लगता है, उन्हें प्रगतिशील लेखक संघ के पहले ही अधिवेशन में प्रेमचन्द की उपस्थिति ने ही नहीं, उनका साहित्य बहुत पहले लुप्त कर चुका था। उस ऐतिहासिक अधिवेशन में बहुत बड़ी संख्या में हिन्दी और उर्दू के शीर्षस्थ लेखकों ने सम्मिलित होकर भाषा और देश की साझा समस्याओं पर एक होकर विचार व्यक्त किये थे। इस सम्मेलन का जो सबसे सफल और प्रभावशाली परिणाम निकला वह 'गोदान' था। अत: 'गोदान' कई अर्थों तथा कई दृष्टियों से एक कालजयी कृति है।

लेकिन कुछ समस्याएँ जो छूट गयी थीं और जिनपर प्रेमचन्द और उनके बाद के भी उपन्यासकारों का ध्यान नहीं गया था, उनके मूल में यह वास्तविकता थी कि व्यवस्था या सत्ता वह चाहे विदेशी हो या देशी, उसकी कार्य पद्धति एक ही होती है—भले ही उसे लोकतन्त्र कहा जाय या सामन्तवादी अथवा पूँजीवादी व्यवस्था, उसका पहला लक्ष्य होता है अपना वर्चस्व और अस्तित्व बनाये रखना और वह इसके लिए नये-नये हथकंडे अपनाती है। जो तरह-तरह की पद्धतियों का प्रयोग करते हुए विरोधी शक्तियों या व्यक्तियों को इस्तेमाल कर जाती है। 'घरौंदा' में पहली बार सत्ता या व्यवस्था के इस नये चेहरे का उद्घाटन किया गया था।

...रांगेय राघव ने इसके बाद जैसा कि बताया जा चुका है, दो दर्जन से अधिक उपन्यास लिखे जिनके माध्यम से कुछ और नये तथ्य तथा कथा क्षेत्र के नये आयाम सामने आये किन्तु अपनी अनपेक्षित त्वरा तथा उतावली के कारण रचनात्मक स्तर पर वे सामान्य ही सिद्ध हुए। मसलन उन्होंने सिन्धु घाटी की सभ्यता का कथात्मक उत्खनन तो किया ही (मुर्दों का टीला 1948) प्रागऐतिहासिक युग के जीवन की एक नयी व्यवस्था की (अँधेरा रास्ता) और बौद्धकालीन भारत पर भी लिखा ('चीवा' 1951) आदि। इनमें 'कब तक पुकारूँ' (1957) में घुमन्तु जनजातियों के जीवन पर भी बड़े प्रामाणिक ढंग से लिखा— जिस पर कुछ वर्षों पूर्व एक सुन्दर धारावाहिक का भी निर्माण किया गया था।

इस प्रसंग में यह बताना जरूरी लग रहा है कि यद्यपि प्रगतिशील लेखक संघ या उससे जुड़े मार्क्सवादी अभियानों और संस्थाओं ने हिन्दी साहित्य के लिए

एक नयी दिशा तथा नया द्वार खोला जरूर, किन्तु दुर्भाग्य से उसके प्रभाव में आये लेखकों की जमात कोई बहुत प्रतिभाशाली और प्रभावशाली नहीं सिद्ध हुई। इसमें यशपाल को भी सम्मिलित किया जा सकता है। इनमें रांगेय राघव के उपन्यास ही अपनी सारी कमियों के बावजूद अधिक रचनात्मक प्रतिभा से सम्पन्न थे। लगभग इसी समय लिख रहे अधिक मुखर और एक हद तक कहें—प्रगतिवादी उपन्यासकार भैरव प्रसाद गुप्त तथा अमृत राय आदि उपन्यासकार औसत दर्जे से ऊपर नहीं उठ सके। प्रगतिवादी दृष्टि ने कुछ महत्त्वपूर्ण तथा हिन्दी के कुछ सर्वश्रेष्ठ समीक्षक जरूर उत्पन्न किये जिनमें मुक्तिबोध, राम विलास शर्मा और डॉ. नामवर सिंह प्रमुख थे। इन समीक्षकों और उनकी समीक्षा पर आगे 'समीक्षक' वाले प्रकरण पर विस्तार से विचार किया जाएगा।

लेकिन यहाँ इतना जरूर कह देना चाहिए कि भारत में 'प्रगतिशील लेखक संघ' की भूमिका बहुत महत्त्वपूर्ण रही है (और आज भी है)। किन्तु प्रगतिशील लेखक संघ के प्रभावों तथा कार्य पद्धति का पूरा आकलन अभी होना है क्योंकि उसके प्रभाव ऋणात्मक धनात्मक दोनों रहे हैं। इस आकलन और मूल्यांकन का भी अलग से इतिहास लिखा जाना चाहिए। पूरे विश्व में आज उसका नये सिरे से आकलन और मूल्यांकन हो रहा है। हिन्दी साहित्य के इतिहास में—यानी आधुनिक इतिहास में इसके प्रभावों का समुचित सन्दर्भ में मूल्यांकन होना अभी शेष है, खासतौर पर गद्य साहित्य के सन्दर्भ थे।

यहाँ भी हम आगे उपन्यासों का मूल्यांकन करने के साथ-साथ प्रगतिशीलता तथा प्रगतिशील लेखक संघ द्वारा परिभाषित प्रगतिशीलता का समय-समय पर जिक्र करते चलेंगे। प्रगतिशीलता से सम्बन्धित बहुत से प्रश्न हैं जो अभी अनुत्तरित हैं, मसलन क्या कारण है कि प्रगतिशील कहे या माने जाने वाले उपन्यासकारों ने कोई भी कालजयी तो, क्या बहुत महत्त्वपूर्ण उपन्यास भी नहीं लिखा, सिवा फणीश्वरनाथ रेणु के जिन्हें विधिवत प्रगतिशील माना भी नहीं गया (इसका विवेचन हम उनके उपन्यास 'परती परिकथा' के प्रसंग में करेंगे।) इसके अलावा किस आधार या निकष पर हम जैनेन्द्र तथा अज्ञेय जैसे हिन्दी के अत्यन्त महत्त्वपूर्ण कथाकारों को व्यक्तिवादी और शायद प्रतिक्रियावादी मानेंगे? ऐसे अनेक और प्रश्न हैं जिन पर हम तो विचार करेंगे ही, उम्मीद करते हैं, स्वयं प्रगतिशील विचारक और समीक्षक भी (पता नहीं किन कारणों से जिनमें से अनेक हिन्दी के सर्वाधिक महत्त्वपूर्ण विचारक हैं) विचार करेंगे।

अब देखें, हिन्दी में कौन-कौन से प्रगतिशील कहे और माने जाने उपन्यासकार आये : यशपाल, मन्मथनाथ गुप्त, नागार्जुन तथा रांगेय राघव की चर्चा की जा चुकी है—इनमें यशपाल और रांगेय राघव अपेक्षाकृत प्रतिभाशाली

उपन्यासकार थे। यशपाल अपने बहुचर्चित उपन्यास 'झूठा-सच' के बावजूद बहुत महत्त्वपूर्ण उपन्यासकार थे या नहीं इस बारे में हिन्दी के कई स्वयं प्रगतिशील और अत्यन्त गम्भीर विचारक सन्देह में हैं। हिन्दी के एक अत्यन्त विचारवान तथा गम्भीर समीक्षक नेमिचन्द्र जैन का 'झूठा-सच' के बारे में उसका विस्तृत विवेचन करने के बाद मत है, ''उपन्यासकार यशपाल की सबसे बड़ी दुर्बलता है कि वह अपने पूर्व चिन्तित और सरलीकृत निष्कर्षों से अपने जीवन के दर्शन के पर्यवेक्षण को प्रभावित होने देते हैं जो उनकी दृष्टि की गहराई को आयाम में सीमित बनाती है, धुँधली भी और सतही भी...अपनी विचारधारा को (बड़ा लेखक) कलात्मक रूप में ही स्थापित कर पाता है... 'झूठा सच' इस कसौटी पर हलका उतरता है।...उनके इस कथन में ही उस साधारणीकरण के बीज हैं जो यशपाल को सत्य की जटिलता को देखने से रोकता है, जो उनके सच को अन्ततः सीमित, एकांगी, जमाया हुआ, दूसरे शब्दों में झूठ बना देता है...पूरे उपन्यास में स्त्री-पुरुषों के विचारों की भरमार है और स्त्री के प्रति यह असन्तुलित दृष्टि भी बड़ी स्थूल है और शरीर तथा सेक्स के प्रति ही अधिक है। यशपाल के सभी उपन्यासों में सेक्स के प्रति एक प्रकार का असन्तुलित विकृत दृष्टिकोण उनके कृतित्व के स्तर को नीचे गिराता रहा है। भावना का छिछलापन सर्जनात्मक कृति के रूप में 'झूठा सच' को किसी सार्थक स्तर तक उठने नहीं देता। 'झूठा सच' की नितान्त वर्णनात्मक, रंगहीन सपाट-सी भाषा जिसमें व्यंजनात्मकता बहुत कम है और बिम्बात्मकता तो नहीं के बराबर है, जो चित्र या बिम्ब हैं वे बहुत चालू किस्म के हैं। हिन्दी उपन्यास में सबसे महत्त्वपूर्ण कृति होने पर भी 'झूठा-सच' अन्ततः किसी अत्यधिक सार्थक उपलब्धि के स्तर को छूने में असफल ही रह जाता है।''

उपरोक्त पंक्तियों में हिन्दी के तत्कालीन एक अत्यन्त महत्त्वपूर्ण प्रगतिशील समीक्षक द्वारा 'झूठा सच' के इस आकलन से बेहतर आकलन और कुछ हो नहीं सकता था ('झूठा सच' के सम्बन्ध में लगातार ऐसी ही प्रतिक्रिया मैं भी व्यक्त करता आया हूँ)।

लेकिन महत्त्वपूर्ण यह है कि यह तथ्य उस दौर के सबसे महत्त्वपूर्ण तथा प्रायः महान माने जाने वाले महाकाय उपन्यास यशपाल के 'झूठा सच' पर ही लागू नहीं होता बल्कि सन् 40 से लेकर 50 तक के बीच प्रकाशित अधिकांश हिन्दी उपन्यासों का भी कमोवेश यही हाल है। नेमिजी ने इनमें दृष्टिहीनता और जटिलता का अभाव तथा सरलीकरण तो पाया ही है, भाषा के स्तर पर भी वही सपाटता, रंगहीनता, स्थूलवर्णनात्मकता ही पाई है। कहने का तात्पर्य यह कि इस पूरे दशक में सामान्यतः औसत दर्जे के उपन्यास लिखे गये और 'झूठा सच' भी उसका अपवाद नहीं बन पाया।

किन्तु आश्चर्यजनक ढंग से इन सभी अभावों का (दृष्टिहीनता, विश्लेषणात्मकता तथा जटिलता का अभाव, निजी तथा रचनात्मक उपर्जित भाषालिपि जो इसके पूर्व जैनेन्द्र ने काफी हद तक अर्जित किया था) इसी दौर में प्रकाशित दो कृतियों ने इसका निराकरण ही नहीं किया, हिन्दी उपन्यास में एकदम नयी दिशा तथा भावबोध का निर्माण कर हिन्दी उपन्यास को एक छलाँग में लगभग विश्वस्तर की कृतियों के समकक्ष पहुँचा दिया। ये दो उपन्यास थे आचार्य हजारी प्रसाद द्विवेदी का 'बाणभट्ट की आत्मकथा' और अज्ञेय का 'शेखर : एक जीवनी'। यद्यपि इन दोनों कृतियों के प्रकाशन काल में पर्याप्त अन्तर था (शेखर–भाग एक 1941 में प्रकाशित हुआ था और बाणभट्ट की आत्मकथा 1947 में। इसके अलावा शेखर पूर्णतः समकालीन स्थितियों पर आधारित उपन्यास है जबकि 'बाणभट्ट की आत्मकथा' हर्षकालीन भारत पर आधारित एक ऐतिहासिक उपन्यास है।) किन्तु दोनों उपन्यासों में कुछ अद्भुत समानताएँ हैं : पहली समानता तो यह कि दोनों आत्मकथात्मक शैली में लिखी गयी हैं लेकिन जहाँ अज्ञेय शेखर को 'आत्मकथा' न कहकर 'जीवनी' कहते हैं, वहीं द्विवेदी जी बाणभट्ट की प्रायः काल्पनिक जीवनी को आत्मकथा कहते हैं। किन्तु दोनों उपन्यासों में एक ऐसे व्यक्ति की कथा है जो एक बनजारा या जिप्सी जीवन जीता है। लेकिन जहाँ शेखर की भटकन एक निश्चित उद्देश्य या लक्ष्य को लेकर है, वहीं बाणभट्ट का बनजारा जीवन महज एक जगह टिक न पाने की उसकी आन्तरिक मनोवृत्ति का परिणाम है। उसके पूरे व्यक्तित्व में एक उद्विग्नता, बेचैनी, एक ऐसा असन्तोष है जो उसे कहीं एक जगह टिकने ही नहीं देता। उसमें एक अद्भुत रचनात्मक प्रतिभा भी है जो उसे शीघ्र ही एक कृतिकार के रूप में प्रख्यात बना देती है। जबकि शेखर एक आत्मविश्लेषण और मनोविश्लेषण करने वाला व्यक्ति है जो प्रत्येक वस्तु, व्यक्ति और स्थिति का तह तक विश्लेषण करके समझना चाहता है : एक किशोर के रूप में उसमें अपार जिज्ञासा है—मसलन एक म्यूजियम में एक भुस भरे हुए नकली शेर को देखकर पहले तो डर जाता है पर बाद में उसके पिता उसका डर दूर करने के लिए एक वैसा ही नकली शेर खरीदकर उसे दे देते हैं तो वह उसके चिथड़े चिथड़े करके उसके अन्दर भरे हुए भूसे को बिखेर डालता है और अन्ततः इस निष्कर्ष पर पहुँचता है कि ज्यादातर डराने वाली चीजें नकली होती हैं और उनसे डरना व्यर्थ है। इस तरह वह अपने डर पर विजय प्राप्त करता है। शेखर की कथा की शुरुआत उस आत्म विश्लेषण और जिज्ञासा द्वारा भय पर विजय से होती है। उसकी इस जीवनी (या आत्मकथा) का विस्तार से विश्लेषण हम आगे करेंगे।

इन दोनों उपन्यासों में एक और समानता भाषा के स्तर पर है। यद्यपि दोनों

उपन्यासों की कथा-भाषा भी दो छोरों पर स्थित है : बाणभट्ट में द्विवेदी जी ने भी एक नयी कथा-भाषा रची है जो संस्कृत के अनेकानेक प्रख्यात तथा महान कथा और काव्य कृतियों से ग्रहण करके एक नितान्त मौलिक कथा-भाषा निर्मित की गयी है, जो सदियों की संस्कृति, परम्परा को पारदर्शी बनाकर रची गयी है। उसका विवेचन भी 'बाणभट्ट' का पृथक से विश्लेषण करते हुए करेंगे।

लेकिन पहले शेखर के जीवन या आत्मकथा होने के प्रश्न पर विचार कर लें : तत्कालीन समीक्षकों ने अज्ञेय पर झूठा आरोप लगाते हुए कहा था कि अज्ञेय में अपने बारे में 'सच' बोलने का साहस नहीं है। इसीलिए उन्होंने अपनी 'आत्मकथा' को काल्पनिकता का जामा पहनाकर प्रस्तुत किया है। पहली बात तो यह कि अज्ञेय को अपनी जीवनी या आत्मकथा काल्पनिक कहकर प्रस्तुत करने की क्या जरूरत थी? क्या इसलिए कि उसके अनेक पात्र तब तक जीवित होंगे और उनके बारे में लिखना जोखिम का काम होगा या इसलिए कि पात्रों की तरह उसकी घटनाएँ भी उनके सच-झूठ (या झूठा सच!) को उजागर कर देंगी?

...लेकिन जिन लोगों ने शेखर की भूमिका को गौर से पढ़ा होगा—जोकि अत्यन्त महत्त्वपूर्ण है, उन्होंने उन पंक्तियों पर भी गौर किया होगा। अज्ञेय ने टी.एस. एलियट की प्रख्यात पंक्तियों को उद्धृत करते हुए लिखा है। वे पंक्तियाँ हैं कि भोगनेवाले (यानी भोक्ता) व्यक्ति तथा रचने वाले कलाकार में अन्तर होता है और जितना ही बड़ा यह अन्तर होगा, उतना बड़ा कलाकार और कला मानी जाएगी।...ध्यान देने की बात है कि अज्ञेय ने ये पंक्तियाँ अकारण उद्धृत नहीं की हैं न अपना ज्ञान बघारने के लिए या अपना झूठ छिपाने के लिए! परम्परा और वैयक्तिक प्रतिभा (ट्रेडिशन एंड इंडीविजुअल टैलेंट) नाम के जिस विश्वविख्यात निबन्ध से ये पंक्तियाँ ली गयी हैं, उन्हें अगर ऐसे लोगों ने गौर से पढ़ा होगा तो उनकी समझ में आ जाना चाहिए था कि यहाँ भोगने वाला व्यक्ति यानी भोक्ता और रचने वाला कलाकार दो व्यक्ति नहीं है। बल्कि एक ही व्यक्ति है और एलियट के कहने का तात्पर्य यह है कि जब तक व्यक्ति अपने जीवन की वास्तविक घटनाएँ, परिस्थितियों तथा सम्बन्धों से सर्वथा पृथक तथा तटस्थ होकर न लिखे कि स्वयं उसे वे किसी और के अनुभव न लगने लगें, तब तक उन्हें किसी कलाकृति के रूप में डालने में समर्थ नहीं होता और यह दूरी जितनी बढ़ती जाती है, उतने ही तटस्थ भाव से वह उन्हें रचना में ढालकर उनका तटस्थ विश्लेण भी कर सकेगा और एक बड़ी तथा महत्त्वपूर्ण कलाकृति रच सकेगा।

यहाँ अज्ञेय के भी कहने का तात्पर्य यही है। इसीलिए उन्होंने यहाँ यह इंकार नहीं किया है कि शेखर की कहानी से उनके जीवन का कोई सम्बन्ध नहीं है और वह किसी व्यक्ति की जीवनी है। इसके अलावा यह कहना कि यह 'मेरी

कहानी' नहीं है, कोई औपन्यासिक डिवाइस या कौशल भी नहीं है (जैसा कि बाणभट्ट की कथा है) बल्कि एक रचना या कला होने—और उसके बनने की अनिवार्य शर्त है। और इस प्रक्रिया में वह कितना सफल या असफल होता है, इसका आकलन करना समीक्षकों का कार्य है, न कि यह तय करना कि यह 'असली' कहानी है या नकली, सच्ची कहानी है या झूठी कहानी! ऐसे फालतू सवाल, बहस या विवाद करना न केवल अवान्तर या अप्रासंगिक हैं, बल्कि अपने अज्ञान का परिचय देना है—यह किसी रचना के मूल्यांकन का निकष बनता ही नहीं।

अत: हमें यानी समीक्षक का कार्य यह देखना है कि एक उपन्यास के रूप में शेखर कैसा बन पड़ा है : शेखर का पहला भाग 1940 में प्रकाशित हुआ था। इसे संयोग ही कहेंगे कि यशपाल का भी पहला उपन्यास 'दादा कामरेड' 1940 में प्रकाशित हुआ था। यह भी संयोग ही कहा जायेगा कि यशपाल और अज्ञेय दोनों अँग्रेज़ी सरकार विरोधी क्रान्तिकारी संगठन के सदस्य थे। 'दादा कामरेड' नाम से ही स्पष्ट हो जाता है कि यह एक मार्क्सवादी उपन्यास होना चाहिए, जबकि यशपाल ने इसे एक राजनैतिक रोमांस कहा है जो कि यह है भी, क्योंकि इसमें 'क्रान्ति-कथा' नाम मात्र की है, 'प्रेम-कथा' अधिक है। स्त्री-पुरुष सम्बन्धों तथा मुक्त प्रेम आदि यौन-सम्बन्धों में यशपाल की दिलचस्पी कितनी अधिक थी, इसे हम प्रगतिशील समीक्षक नेमिचन्द्र जैन द्वारा किये गये यशपाल के उपन्यासों के विश्लेषण में देख ही चुके हैं। यह भी कि 'दादा कामरेड' मुख्यत: और मूलत: जैनेन्द्र कुमार द्वारा स्थापित पुरुष-स्त्री सम्बन्धों तथा नैतिक अवधारणाओं के विरुद्ध और उसकी प्रतिक्रिया में लिखा गया था। स्वयं उस पुस्तक में 'दादा कामरेड' का अलग से विश्लेषण किया जा चुका है। अत: 'दादा कामरेड' का मुख्य विषय क्रान्ति नहीं है, केवल उसके कुछ मुख्य पात्र क्रान्तिकारी संगठन के सदस्य जरूर हैं किन्तु इसमें क्रान्ति की सफलता या विफलता अथवा सार्थकता का शायद ही कहीं विश्लेषण किया गया हो। जबकि शेखर की भूमिका में ही लेखक द्वारा कह दिया गया है कि यह एक क्रान्तिकारी के निर्माण प्रक्रिया की कथा है, उसकी मानसिकता का मनोवैज्ञानिक विश्लेषण है। फिर भी जैसा लोग जानते हैं कि इतनी समानताओं के बावजूद 'दादा कामरेड' को हिन्दी के कई प्रगतिशीलों तथा मार्क्सवादी समीक्षकों ने लगभग मार्क्सवादी उपन्यास मानते हुए हाथोंहाथ लिया था जबकि उन्हीं प्रगतिशील ने शेखर को व्यक्तिवादी और अहं केन्द्रित उपन्यास मानकर उसकी उपेक्षा तो नहीं की, किन्तु उस पर लगाये गये आरोपों का अम्बार लगा दिया था। किन्तु इन सबके बावजूद शेखर प्रकाशित होते ही उस वक्त हिन्दी का सर्वाधिक चर्चित उपन्यास बन गया था। वास्तविकता

यह है कि शेखर भी नाम के अनुरूप एक व्यक्ति की कहानी है जरूर, किन्तु उसका उद्देश्य उस व्यक्ति के माध्यम से एक विद्रोही या क्रान्तिकारी के व्यक्तित्व का विश्लेषण है।

यहाँ यह जानना भी महत्त्वपूर्ण है कि यद्यपि अज्ञेय ने उसे (शेखर को) क्रान्तिकारी कहा है, किन्तु वह 'क्रान्तिकारी' एक हद तक ही है, वह 'मूलतः विद्रोही' है। 'विद्रोही' और 'क्रान्तिकारी' में जो फर्क होता है, उसे न समझ पाने के कारण ही अज्ञेय द्वारा ऐसा कहा गया है। विश्वप्रसिद्ध कथाकार तथा चिन्तक अलबेयर कामू ने अपनी विख्यात पुस्तक 'द रिबेल' में दोनों का अन्तर स्पष्ट करते हुए लिखा है कि 'रिबेलियन इज बाई नेचर लिमिटेड इन स्कोप। रिबेलियन इज आलवेज वैड ऑफ फ्रुटलेस स्ट्रगल विद फैक्ट्स बट रिवोल्यूशन इज ऐन अटेम्पट टू आइडिअलाइज टू फिट द वर्ल्ड इन टू ए थियूरेटिकल फ्रेम।'

विद्रोही और क्रान्तिकारी के इस अन्तर को ध्यान में रखें तो स्पष्ट हो जाता है कि शेखर मूलतः विद्रोही ही है। उसका क्रान्तिकारी संगठन में होना मूलतः उसके 'विद्रोह' का ही एक पक्ष है। वह प्रारम्भ से ही, प्रत्येक दी गयी 'स्थिति' और समाज द्वारा निर्मित की गयी आचार-संहिता के प्रति विद्रोह करता है। माता की आज्ञाओं के प्रति, शिक्षा व्यवस्था के प्रति, समाज द्वारा निर्मित तथा आरोपित तमाम शर्तों और विधि विधानों के प्रति। किन्तु उसका यह 'विद्रोह' एक क्रुद्ध फुत्कार बन कर रह जाता है। वह एक निष्फल (फ्रूटलेस) संघर्ष है—एक अकेले कंठ की पुकार। इस संघर्ष में वह पराजित होने के लिए अभिशप्त है। किन्तु शेखर की महत्ता इस जय-पराजय में नहीं है बल्कि उस संघर्ष की प्रखरता, संकल्प और अकेले निरन्तर लड़ते जाने में है जिसमें वह क्रमशः अकेला और अकेला पड़ता जाता है और अन्ततः एक करुण नियति को प्राप्त होता है। पर हेमिंग्वे के शब्दों में कहा जाय तो वह काफी हद तक 'डिस्ट्रायड' (विनष्ट) तो होता है किन्तु 'डिफीटेड' नहीं होता। 'मैन कैन बी डिस्ट्रायड बट नॉट डिफीटेड'। इसके अतिरिक्त उस पर हेमिंग्वे का ही यह कथन भी लागू होता है कि 'आदमी जहाँ चोट खाता है, वहीं सबसे मजबूत भी होता है।' शेखर ऐसा ही चोट खाया हुआ किन्तु नयी ऊर्जा लेकर फिर उठ खड़ा होनेवाला विद्रोही व्यक्ति है। हमें उसके विद्रोही व्यक्तित्व का विश्लेषण करना है जो यद्यपि प्रारम्भ से लगातार आहत होता रहता है, पर टूटता नहीं।

हिन्दी समीक्षकों ने ज्यादातर शेखर के इसी व्यक्ति पर ही ध्यान केन्द्रित कर उपन्यास का आकलन किया है लेकिन वास्तविकता यह है कि यद्यपि कहानी 'शेखर' नाम के इस व्यक्ति की ही है, किन्तु यह नहीं भूलना चाहिए कि 'शेखर' मूलतः एक उपन्यास है, इसलिए उसका आकलन एक उपन्यास के रूप में ही

होना चाहिए। हम देख आये हैं कि सन् 1940 तक हिन्दी उपन्यास कहाँ तक पहुँचा था और उसका स्वरूप क्या था! यशपाल जो 'अज्ञेय' के समकालीन ही थे, उनका विश्लेषण कर हमने देखा कि भाषा, प्रविधि और भावबोध इन सभी दृष्टियों से हिन्दी उपन्यास विश्व के विभिन्न देशों से काफी पिछड़ा हुआ था, यदि प्रेमचन्द को छोड़ दें जो अपनी तमाम महत्ताओं के बावजूद इन दृष्टियों से उन्नीसवीं सदी के यूरोपियन उपन्यासों से आगे नहीं जा सके थे। यद्यपि पहली बार सन् 30 और 40 के बीच जैनेन्द्र कुमार के 'त्यागपत्र', 'सुनीता' तथा 'कल्याणी' जैसे उपन्यासों में भाषा तथा प्रविधि के स्तर पर आधुनिकता की झलक जरूर दिखायी पड़ी थी किन्तु भावबोध के स्तर पर वे घूम-फिर कर परम्परावादी ही नजर आते हैं।

अतः यदि गौर करें तो पहली बार शेखर में ही एक सर्वथा नयी 'कथा-भाषा' (डिक्सन ऑफ फिक्शन) और सर्वाधिक नयी तथा आधुनिक प्रविधि प्राप्त होती है जिसने हिन्दी पाठकों तथा समीक्षकों, दोनों को चौंका दिया था और आने वाले कई दशकों तक शेखर का यह नव्यतम कथा स्वरूप उनके गले के नीचे नहीं उतर सका था (विशेषकर समीक्षकों के)।

'शेखर' का यह सर्वथा नया कथा स्वरूप क्या था? शेखर यद्यपि 'प्रयोगवादी' उपन्यास नहीं, किन्तु प्रयोगधर्मी उपन्यास अवश्य था। शेखर को यदि हिन्दी नवजागरण या भारतीय पुनर्जागरण के परिप्रेक्ष्य में रखकर देखें तो उसमें कुछ विशेषताएँ मिलती हैं, मसलन वैयक्तिक स्वतन्त्रता तथा स्त्री की मुक्ति का प्रयास? हिन्दी का 'छायावाद' पश्चिमी रोमैंटिसिज्म के कुछ तत्वों से युक्त होते हुए भी पूरी तरह पश्चिमी रोमैंटिक भावबोध का 'आन्दोलन' नहीं था जिसके इस पृथक तथा स्वतन्त्र स्वरूप की ओर आचार्य रामचन्द्र शुक्ल का भी ध्यान नहीं गया था। छायावाद की एक विशेष भावबोध तथा जीवन दृष्टि थी जिसकी अभिव्यक्ति तत्कालीन 'गद्य' और 'पद्य' दोनों में हुई। दुर्भाग्य से समीक्षक उसे केवल कविता में ही ढूँढ़ते रहे। किसी युगविशेष के भावबोध की अभिव्यक्ति उस युग की सभी ज्ञान विधाओं तथा रचना विधाओं में प्रायः समान रूप से होती है। 'छायावाद' के प्रभाव को उसी रूप में देखना चाहिए। इन सभी दृष्टियों से छायावाद हिंदी में सबसे प्रभावशाली साहित्यिक आन्दोलन था।

इस दृष्टि से देखें तो जहाँ तक शेखर के भावबोध का सवाल है, वह मूलतः छायावादी रोमैंटिक भाव-बोध का ही उपन्यास है जिसमें 'आधुनिक भावबोध' के बीज यत्र-तत्र बिखरे हुए हैं। वह हिन्दी का पहला ऐसा संक्रमणकालीन उपन्यास है जिससे होकर या जिसके माध्यम से हिन्दी उपन्यास सही अर्थों में आधुनिक युग में प्रवेश करता है। आज जब 'कबीर' को भी आधुनिक सिद्ध करने

का 'द्रविण प्राणायाम' किया जा रहा है, यह जानना चाहिए कि 'आधुनिकता' एक विशेष पारिभाषिक शब्द है जो आधुनिक अनेक अन्वेषणों, अवधारणाओं तथा उपलब्धियों से मिलकर बना है। यूरोप में भी वैज्ञानिक प्रबोधनकाल से पूर्व आधुनिकता की कल्पना नहीं की जा सकती थी जिसमें अनेक वैज्ञानिक अन्वेषणों तथा बाद में मनोवैज्ञानिक उद्घाटनों की भूमिका और उसके तत्व तो थे ही, दार्शनिक विमर्शों तथा उनके आधारभूत तत्व भी शामिल थे। वैसे भी प्रत्येक साहित्यिक भावबोध के पीछे आधार रूप में कोई न कोई सैद्धान्तिक आधार होता है। यूरोप की आधुनिकता तथा आधुनिक बोध के पीछे गैलेलियो, न्यूटन तथा बाद में आइंस्टीन आदि के वैज्ञानिक अन्वेषण तो थे ही अनेक दार्शनिक सैद्धान्तिक धाराएँ भी थीं—जैसे बुद्धिवाद, इन्द्रियानुभाववाद (लाइब्लीज, ह्यूम, कांट, हीगेल तथा बाद में मार्क्सवादी तथा अस्तित्ववादी विचारधारा आदि) आधुनिक या आधुनिकता शब्द या जीवन दृष्टि इन सबसे मिलकर बनी है अत: सोचने और जानने की बात है कि इस आधुनिकता को रामानन्द, बल्लभाचार्य शंकराचार्य, निम्बार्काचार्य आदि के दार्शनिक सिद्धान्तों तथा उनसे प्रेरित मध्यकालीन साहित्य पर कैसे आरोपित करेंगे और फिर उस पर पुनर्मूल्यांकन के नाम पर उसे आधुनिकता के चौखट में भी फिट करना चाहेंगे? और क्यों? आज जहाँ एक ओर स्वयं आधुनिकता को लेकर ही अनेक शंकाएँ और सवाल उठाये जा रहे हैं वहीं कोई 'कबीर' या किसी मध्यकालीन साहित्य या साहित्य-प्रवृत्ति को आधुनिक सिद्ध करने का प्रयास क्यों करे या यह साबित करके कौन सा तीर मार लेंगे? दरअसल इसकी तह में जाकर देखें तो यह एक नवउपनिवेशवादी प्रवृत्ति ही पायी जाएगी। लेकिन जहाँ आधुनिकता या कोई नयी साहित्य प्रवृत्ति प्रवेश करती है तो उसे जानना, उसका विश्लेषण (उसके अच्छे-बुरे अनुसंगों के साथ) जरूरी है। शेखर का विश्लेषण इसी रूप में और इसी आधार पर किया जाना चाहिए। हमने यहाँ यही प्रयास किया है। 'शेखर' इस अर्थ में भी संक्रमणकालीन उपन्यास है कि सन् 40 तक आते-आते पश्चिम के साहित्य में आधुनिकता, 'आधुनिकतावाद' के रूप में प्रतिष्ठित हो चुकी थी। यह आधुनिकतावाद क्या है? जब भी हम किसी शब्दविशेष अथवा प्रवृत्तिविशेष को 'वाद' के साथ जोड़कर प्रयुक्त करने लगते हैं तो हम उसे भावबोध या जीवन-पद्धति ही नहीं, एक 'विचारधारा' मान लेते हैं। पश्चिम में 'आधुनिकता' 'आधुनिकतावाद' के रूप में तब प्रतिष्ठित होने लगी या उसे प्रतिष्ठित किया जाने लगा जब उसे रोमैंटिसिज्म से पृथक एक 'भावबोध' ही नहीं, विचारधारा के रूप में देखा जाने लगा। कम से कम साहित्य में आधुनिकता की प्रतिष्ठा के लिए सबसे पहले 'रोमैंटिसिज्म' को ध्वस्त करना जरूरी था। पश्चिम में यह काम तो बहुत पहले शुरू हो चुका था किन्तु रचना तथा सिद्धान्त

दोनों स्तरों पर सर्वाधिक प्रभावशाली ढंग से बीसवीं सदी के सबसे बड़े माने जाने वाले कवि समीक्षक टी.एस. एलियट ने किया। उन्होंने रोमैंटिक साहित्य और उसमें अन्तर्निहित भावबोध को ही ध्वस्त किया तथा वर्ड्सवर्थ तथा शैली आदि की रचनाओं को 'कल्पना प्रधान' काव्य के श्रेष्ठ साहित्य के रूप में महत्ता पर ही प्रश्नचिह्न लगाकर उसे वायवीय (इथीरियल) साहित्य सिद्ध किया। इसके लिए उन्होंने पुराने 'मेटाफिजिकल' तथा 'क्लैसिक' कवियों का सहारा लिया। उन्होंने क्लैसिज्म तथा 'रोमैंटिसिज्म' पर कई निबन्ध भी लिखे। और अनेक प्राचीन कवियों वर्जिल, दान्ते आदि को 'पुनर्प्रतिष्ठित भी किया। इस प्रक्रिया में वे दरअसल रोमैंटिसिज्म' को ही ध्वस्त कर रहे थे और अन्तनिर्हित रूप से आधुनिकता की ही प्रतिष्ठा कर रहे थे। इसके लिए उन्हें पहले से ही प्रारम्भ किये गये रोमैंटिकता विरोधी अभियान, प्रतीकवाद, बिम्बवाद तथा सुरियलिज्म आदि आन्दोलनों का सहारा लेना पड़ा। इन सभी अभियानों से जुड़ी विचारधाराएँ भी थीं जिनसे संयुक्त होकर साहित्य में आधुनिकता आधुनिकतावाद में स्थापित होने लगी।

अज्ञेय पश्चिम के इन सभी वादों और विवादों से सुपरिचित और सुसज्जित थे (जबकि तत्कालीन अन्य हिन्दी साहित्यकार नहीं थे)। उनकी विशेषता यह थी कि इन सभी प्रयोग विधियों तथा प्रविधियों का उपयोग उन्होंने 'शेखर' में पहली बार (यानी हिन्दी में) किया और उन्हें रचनात्मक कृति में ढाला। अतः अज्ञेय की पहली विशेषता तो यह थी कि उन्होंने हिन्दी के अनेक पूर्ववर्ती उपन्यासकारों के विपरीत ऐसा उपन्यास नहीं लिखा जिनमें 'रचना' अलग-थलग थी और सिद्धान्त अलग-थलग रूप में उस पर आरोपित किये गये थे। शेखर में सिद्धान्त, प्रविधियाँ और कथा-भाषा, ये सभी एक दूसरे में घुल-मिल गये थे, जो एक महत्त्वपूर्ण कृति की पहली शर्त होती है।

किन्तु शेखर पर यह आधुनिकता या आधुनिक भावबोध पूर्णतः या अक्षरशः लागू नहीं होता, हो भी नहीं सकता। क्योंकि कोई भी 'भावबोध' अपना केंचुल छोड़ते-छोड़ते ही छोड़ पाता है—किसी लेखक के द्वारा निर्णय लेने मात्र से कि वह चूँकि उस भावबोध, भाषा तथा जीवन दृष्टि की निरर्थकता तथा वर्तमान सन्दर्भ में उसकी व्यर्थतता को समझ चुका है और अपने साहित्य या 'रचना' में उससे सर्वथा पृथक भावबोध तथा विचारधारा वाली कृति की स्थापना करेगा। इस निर्णय या संकल्प के बावजूद जरूरी नहीं कि वह किसी सर्वथा नयी और पृथक कृति की रचना कर सके। यशपाल के उपन्यासों के प्रसंग में हम यह देख चुके हैं और आगे कुछ अन्य उपन्यासकारों के सन्दर्भ में भी उसकी चर्चा करेंगे।

अज्ञेय का 'शेखर' इसका पूरी तरह अपवाद प्रस्तुत करने वाला उपन्यास था, हिन्दी में वह एक पृथक तथा अनेक दृष्टियों से एक 'नये' तथा आधुनिक

भावबोध की मुक्त 'रचना' अवश्य था किन्तु उसका सूक्ष्म विश्लेषण करते हुए यह जान लेना जरूरी है कि वह छायावादी प्रभावों को अपने ऊपर से एक 'केंचुल' की तरह उतार जरूर रहा था। किन्तु जैसे केंचुल उतारना एक तकलीफ देह प्रक्रिया है, उसी तरह छायावाद जैसे एक प्रभावशाली साहित्य प्रवृत्ति से पूरी तरह मुक्त हो पाना प्रायः असम्भव था। वैसे भी किसी साहित्यिक भावबोध या विचारधारा से पूरी तरह मुक्त होने की प्रक्रिया क्रमशः ही घटती है—यही बात राजनैतिक विचारधाराओं पर भी लागू होती है। कोई घोषित करने मात्र से रातोंरात उस विचारधारा का प्रवक्ता भले ही बन जाए, पर कम से कम साहित्य में अपनी किसी कृति में उस विचारधारा या भावबोध को पूरी तरह घटित करके एक सफल तथा महत्त्वपूर्ण कृति की रचना कर पाना एक क्रमिक प्रक्रिया होती है जो कभी-कभी अन्त तक पूरी तरह सफल नहीं हो पाती जैसे हिन्दी में लिखे गये प्रायः सभी उपन्यासकार कर पाने में असफल रहे।

कहने का तात्पर्य यह कि अपनी आधुनिक दृष्टि और भावबोध ग्रहण के बावजूद 'शेखर' में भाषा तथा भावबोध दोनों स्तरों पर 'छायावादी' प्रभाव और उसके अवयव दूर तक लिपटे चले आये हैं जिनके उदाहरण हम आगे प्रस्तुत करेंगे। लेकिन इसी के साथ यह भी कह देना जरूरी है कि इन सबके बावजूद शेखर हिन्दी में एक अत्यन्त प्रभावशाली नयी औपन्यासिक प्रवृत्ति की शुरुआत ही नहीं, उपन्यास के क्षेत्र में मील का पत्थर, एक युगप्रर्वतक 'कालसिद्ध' उपन्यास माना जाएगा—जोकि वह बन चुका है।

प्रविधि की दृष्टि से एक सर्वथा आधुनिक उपन्यास होते हुए भी आखिर वे कौन से छायावादी अवयव या अवशेष हैं जो उसकी भाषा और भावबोध से लिपटे हुए हैं और जिन्हें अज्ञेय बीच में तोड़ने या उनसे मुक्त होने की कोशिश करते रहते हैं—इस प्रक्रिया को जानना इसलिए भी महत्त्वपूर्ण है कि कैसे एक साहित्यिक युग दूसरे साहित्यिक युग में प्रवेश करता है। किसी कृतिकार के भावबोध का विकास या रूपान्तरण क्रमशः क्रमिक रूप में ही होता है और इसे जड़ीभूत या 'क्रिस्टलाइज़' करके नहीं देखना चाहिए। लेकिन हिन्दी के अधिकांश समीक्षक भावबोध परिवर्तन की इस प्रक्रिया को समझने में प्रायः असमर्थ रहे हैं और इसी कारण वे किसी महत्त्वपूर्ण कृति को इस खाने या उस खाने में डालकर उसकी जकड़बन्दी कर देते हैं। दरअसल कोई कृतिकार अपने संकल्पों और निर्णयों में किसी विशेष विचारधारा या भावबोध का चयन कर लेता है किन्तु उसको कृति या रचना के स्तर पर लाने में समय लगता है या इस प्रयास में वह कभी सफल नहीं भी हो सकता। लेकिन शेखर ने इस प्रयास में सफलता की कई मंजिलें तय की हैं। छायावादी भावबोध के अवशेष का एक उदाहरण तो उसकी भूमिका में

ही मिल जाता है और उपन्यास का वह बीज बिन्दु है जिसके आधारभूत ढाँचे पर पूरा उपन्यास खड़ा किया गया है : प्रारम्भ में ही वे उपन्यास के मूल प्रेरणास्त्रोत की घोषणा करते हुए लिखते हैं, "वेदना में एक शक्ति होती है जो दृष्टि देती है, जो यातना में है, वह 'द्रष्टा' हो सकता है।" अब यदि जयशंकर प्रसाद के काव्य 'आँसू' की प्रेरक पंक्तियों को इस वाक्य के समानान्तर रखकर देखें तो समानता स्पष्ट हो जाती है, "जो घनीभूत पीड़ा थी मस्तक में स्मृति सी छाई। दुर्दिन में आंसू बनकर वह आज बरसने आयी।" इन दोनों रचनाओं की इन प्रेरक पंक्तियों की तुलना करके देखें तो उनमें अन्तर नहीं दिखायी देता। दोनों कृतियाँ यद्यपि एक गद्य कृति हें और दूसरी काव्य कृति, का आरम्भ स्मृति से होता है, दोनों के मूल में 'स्मृति' है जो ढलकर या ढुलककर इन कृतियों को गढ़ती है। इसको अब देखें तो अज्ञेय शेखर की स्मृति में सबसे पहले कृति के प्रस्थान बिन्दु पर कौन आता है, सबसे पहले तुम 'शशि' (शशि यानी स्त्री)। अज्ञेय आगे लिखते हैं, मेरा होना तुम्हारे होने को लेकर है, तुम वह सान रही हो जिस पर चढ़ाया जाकर मेरा जीवन हमेशा तेज (धारदार) होता रहा है। 'स्त्री' को प्रेरणास्त्रोत और 'उपास्य' मानना छायावादी भावबोध का ही द्योतक है। प्रसाद की 'कामायनी' में उनकी प्रेरणास्त्रोत 'श्रद्धा' है जिसके बारे में वे लिखते हैं, 'नारी तुम केवल श्रद्धा हो?' अत: यह अनावश्यक नहीं है कि कवि समीक्षक विजयदेव नारायण साही ने शेखर में मनु की 'छाया' भी देखी है। उनके अनुसार शेखर के प्रारम्भिक संस्करणों के मुखपृष्ठ पर चिन्तन मुद्रा में बैठा बलिष्ठ पुरुष 'कामायनी' की पौरुष की दृढ़ माँसपेशियों वाला हिमगिरि के उतुंग 'शिखर' पर बैठा पुरुष मनु के रूप में 'शेखर' का ही प्रतिरूप हैं या 'शेखर' उसका प्रतिरूप है। हालाँकि यह समानता यहीं तक सीमित है, किन्तु महत्त्वपूर्ण है।

इसके अलावा जगह-जगह दी गयी आधुनिक उक्तियों और सूक्तियों के बावजूद शेखर की औपन्यासिक भाषा मूल रूप से छायावादी गद्य का ही विकसित रूप है। यहाँ तक कि उसमें जो अँग्रेज़ी कविताओं की पंक्तियाँ उद्धृत की गयी हैं, वे सब रोमैंटिक कवियों की ही हैं। शेखर का अत्यधिक आत्मकेन्द्रित या आत्मसीमित व्यक्तित्व भी रोमेंटिक विशेषताओं में से ही एक है। यहाँ तक कि 'समाज' के प्रति विद्रोही होना भी रोमेंटिक प्रवृत्ति ही है। अँग्रेज़ी के रोमैंटिक कवि शैली में और बायरन में विद्रोह बहुत है। शैली की प्रसिद्ध कविता 'रिवोल्ट ऑफ इस्लाम' और बायरन की अन्तिम तथा सर्वाधिक महत्त्वपूर्ण किन्तु असमाप्त कविता 'डॉन जुआन' भी मुख्यत: विद्रोह की ही कविताएँ हैं। यहाँ तक कि समीक्षकों ने रोमैंटिसिज्म की शुरुआत ही 'फ्रेंच रिवोल्यूशन' से मानी थी और रूसो उसका प्रथम उद्घोषक था। इसीलिए हमने पहले ही 'विद्रोह' और 'क्रान्ति'

में फर्क स्पष्ट कर दिया था।

किन्तु यह 'शेखर' की असफलता या दुर्बलता का द्योतक नहीं है बल्कि उसी परिवर्तन की प्रक्रिया का अंकन है जिसका जिक्र ऊपर किया गया है। उसके माध्यम से हिन्दी उपन्यास आधुनिक युग में प्रवेश करता है, उसके छायावादी अवशेषों के बावजूद।

जैनेन्द्र ने हिन्दी उपन्यास में बहुत बड़ा विक्षोभ उत्पन्न किया था। किन्तु 'शेखर' हिन्दी उपन्यासों में बहुत बड़ी छलाँग है। उसमें लगातार रोमेंटिकता या ज्यादा उपयुक्त यह कहना होगा कि छायावादी तत्वों को उलीचते रहने का प्रयास है। आधुनिकता की एक विशेषता उसकी 'वस्तुनिष्ठता' (छायावादी आत्मनिष्ठता—सब्जेक्टिविटी के विरुद्ध) है और शेखर की वस्तुनिष्ठता चीजों और घटनाओं को मनोवैज्ञानिक ढंग से देखने और विश्लेषित करने में हैं। यहाँ तक कि वह अपना 'विश्लेषण' भी मनोवैज्ञानिक वस्तुनिष्ठता से साफ करने की कोशिश करता है। आगे इसके अनेक उदाहरण मिलेंगे। माँ, पिता, भाई, बहन सबको वह बाहर रखकर उनके साथ अपने सम्बन्धों को यथासम्भव 'वस्तुनिष्ठता' के साथ विश्लेषित करने की कोशिश करता है। 'शशि' जो उसकी मौसेरी बहन है, उसके साथ भी अपने सम्बन्धों को वह मनोवैज्ञानिक ढंग से, उसमें अन्तर्निहित शारीरिकता और प्रच्छन्न यौन भावना का विश्लेषण वह सांकेतिक ढंग से इसी स्तर पर करता है। उसे वह नैतिक वर्जनाओं से मुक्त रखते हुए भी उसके साथ रहने की विवशता को विकल्पहीन स्थिति के रूप में ही स्वीकार करता है। वे बाद में (शशि और शेखर) सामाजिक रूप से बहिष्कृत जीवन जीने के लिए अभिशप्त हो जाते हैं, किन्तु इस दायित्व का वह पूरी निष्ठा के साथ निर्वाह करता है—यह भी एक सामाजिक 'विद्रोह' ही है।

इसके अतिरिक्त अपनी सगी बड़ी बहन 'सरस्वती' के प्रति उसके मन में जो दुर्निवार आकर्षण है, उसे भी वह बड़ी तटस्थता के साथ व्यक्त करता है।

इसी तरह शारदा जो उसके किशोर काल की सहेली है, उसके साथ भी अपने सम्बन्धों का बड़ी सूक्ष्मता तथा ऐन्द्रिकता के साथ चित्रण करता है।

हिन्दी समीक्षकों ने 'शेखर' का विश्लेषण शीर्षक के अनुरूप पूरे उपन्यास का विश्लेषण व्यक्ति 'शेखर' के रूप में ही किया है और उसे कुंठाग्रस्त, अहं केन्द्रित और पता नहीं क्या-क्या कहा गया है। किन्तु एक 'कथाकृति' के रूप में उसका विश्लेषण नहीं किया गया है।

अतः यहाँ हम उसे एक कथा कृति के रूप में देखने तथा विश्लेषित करने की कोशिश करेंगे। हम उपन्यास के प्रारम्भ में ही देखते हैं कि अज्ञेय ने उसे (मुख्य रूप से पहले भाग को) विच्छिन्न प्रवाह शैली में लिखा है जिसे 'फ्री

एसोशिएसंस ऑफ आइडिआज़' की शैली भी कहा जाता है। इस शैली के अन्तर्गत कथा की घटनाएँ और स्थितियाँ क्रमश: असम्बद्ध से दीखने वाले दृश्यों के रूप में स्मृति पटल पर आती जाती हैं। जो अधिक तथा घनीभूत दृश्य हैं, वे पहले आते हैं और उसी क्रम में स्मृतियाँ सामने आती जाती हैं। पश्चिम में भी यह प्रविधि एक नूतन प्रयोग के रूप में आयी थी जिसका अज्ञेय ने बड़ी कुशलता से इस उपन्यास में निर्वाह किया है। एक व्यक्ति पर केन्द्रित होने के बावजूद यह कथा भारत में बौद्धिक मनुष्य के निर्माण और विकास की कथा बन गयी है। यह कथा 'डिस्कवरी ऑफ सेल्फ' है।

कैमू ने अपनी पुस्तक 'द रिबेल' (जिसका जिक्र ऊपर भी किया जा चुका है) के प्रारम्भ में ही लिखा है कि 'विद्रोही वह है जो कहता है 'नो' (हू से 'नो')। शेखर की शुरुआत ही इस 'नकार' या निषेध से होती है। बचपन से ही उसके मन में जिज्ञासाओं का ज्वार है—नकली शेर में भरे हुए भूसे को बिखेर कर उसके नकलीपन का उद्घाटन कर देता है। उसकी यह क्रिया बड़ी प्रतीकात्मक है। वह जीवन भर समाज के पाखंड और रुढ़ियों के नकलीपन का उद्घाटन करता रहता है। हालाँकि इस कार्य में उसे अनेक आघात लगते हैं और वह आत्महत्या करने की स्थिति में पहुँच जाता है किन्तु उसका यह संघर्ष आद्योपांत जारी रहता है।

प्रेम और यौन भावना के विकास के विश्लेषण में अज्ञेय ने प्राय: 'फ्रायडियन' पद्धति अपनाई है। किशोर शेखर-शारदा के सम्बन्धों का विवरण प्रस्तुत करते हुए यही पद्धति अपनाई गयी है : पहली बार जब वह प्रबल आवेग से ग्रस्त होकर उसको अपनी भुजाओं में बाँध लेता है तो वह सोचता है 'शारदा का शरीर तनता क्यों है। काँपता क्यों है?' बाद में युवा शेखर की मुलाकात जब शारदा से मद्रास में होती है तो वह किशोर काल के इस प्रेम को पुनर्जीवित करना चाहता है पर शारदा का परिवार इसमें बाधक बनता है। स्वयं शारदा के भीतर किशोर काल की वे स्मृतियाँ मर चुकी हैं। उसमें अब शेखर के प्रति वह आवेग या उत्ताप नहीं रह गया है। अत: वह 'शेखर' की उपेक्षा कर उससे विमुख हो जाती है। प्रेम के इस पहले आघात से शेखर एक लम्बे अरसे तक उबर नहीं पाता। किन्तु बाद में वह अपनी हताशा और पराजय पर काबू पा लेता है और अनेक सामाजिक कार्यों में अपने को लीन कर लेता है। इन कार्यों में भी वह सामान्य से अपने को पृथक तथा 'असाधारण' दिखाना और साबित करना चाहता है। इसी प्रवृत्ति के कारण समीक्षकों ने उसे एक अहंकारी व्यक्ति के रूप में विश्लेषित किया है—बाद में स्वयं शेखर ने अपनी इस प्रवृत्ति को बड़ी तटस्थता से विश्लेषित करने की कोशिश की है। वह सोचता है कि 'उसका व्यक्तित्व एक घोंघे की तरह

है जो केवल चारे की तलाश में या कामेच्छा से प्रेरित होकर ही अपने खोल से बाहर निकलता है।' इसी प्रकार वह अपने को एक 'विभाजित व्यक्तित्व' के रूप में भी देखता है (डिवाइडेड पर्सनैलिटी)। उसके भीतर मानो दो व्यक्ति हों जो एक दूसरे के विलोम हों। यद्यपि यह व्यक्ति डॉ. जैकिल और मि. हाइड की तरह नहीं है किन्तु वह आत्मनिर्वासन (सेल्फ एलियेनेशन) का नमूना जरूर है।

अपने नये कथा शिल्प की तरह ही अज्ञेय ने हिन्दी उपन्यास की कथा भाषा में भी छायावादी अवशेषों के बावजूद अनेक नये प्रयोग किये हैं। शेखर की कथा भाषा में एक साथ चित्रात्मकता, संगीतात्मकता और स्थापत्य के अवयवों का अद्‌भुत संयोजन है। यहाँ दिये गये दो उदाहरणों से यह बात स्पष्ट हो जाएगी। 'जेहलम का गंदला पानी पार किया जा चुका है। अब तो झील की निर्मलता, आकाश की नीलाभ अनभ्रता को प्रतिबिम्बित कर रही है और झील के भीतर उगी लम्बी-लम्बी घास सूर्य की ज्योति को प्रतिबिम्बित करती हुई अनेक रंगों में चमक रही है, कहीं सुनहरी, कहीं लाल, कहीं प्रोज्वल हरापन लिये हुए। उनके हरेपन को चीरकर कभी-कभी कोई किरण तल पर पड़े किसी पत्थर को चमका देती है।' अथवा यह दूसरा उदाहरण, ''जाड़ों की एक और प्रभात, कहीं धूसर ताम्र लोहित, लाल और फिर सफेद होने वाली प्रात:कालीन धुन्ध, फिर दिशाहीन आलोक, फिर अलसाई सी पहली किरण।''

यहाँ सुबह होने वाले दृश्यात्मक परिवर्तनों का ऐसा अद्‌भुत चित्रात्मक परिवर्तनों का शाब्दिक चित्रण किया गया है जो हिन्दी कथा में विरल है। इसके अतिरिक्त हिन्दी उपन्यास में अनुभूतियों की भाषा लिखने वाले अज्ञेय पहले कथाकार हैं। इसमें थोड़ी काव्यात्मकता तो है, पर वह छायावादी काव्यात्मकता से भिन्न है जो भावात्मक आवेग से भरा हुआ ढीला-ढाला (लूज) कल्पना की कुहा से ढँका हुआ होता था। ऊपर के उद्धरण इस बात के द्योतक हैं कि अज्ञेय ने दृश्य तथा अनुभूति की प्रत्येक सिलवट को अत्यन्त सटीक ढंग से व्यक्त करने वाले शब्दों का निर्माण भी किया।

अज्ञेय के भाषा तथा शिल्पगत प्रयोगों के पीछे छायावादियों तथा पश्चिमी रोमेंटिकों की भाषा से पृथक फ्रेंच प्रतीकवादियों का प्रभाव था (यह संयोग नहीं कि अज्ञेय द्वारा सम्पादित प्रसिद्ध पत्रिका का नाम 'प्रतीक' था) फ्रेंच प्रतीकवादी आन्दोलन मूलत: भाषा में 'टेक्सचर' तथा शिल्प का आन्दोलन था। उस गद्य भाषा में संगीत तथा काव्य दोनों के तत्व संयुक्त कर दिये गये थे। भाषा को संगीत की सरहदों तक पहुँचा देनेवाली विशेषता प्रतीकवादियों की देन थी। प्रसिद्ध समीक्षक एडमंड विल्सन ने अपनी पुस्तक 'Axel's castle' में लिखा है, ''टू-

फाइंड टू इन्वेंट द स्पेशल लैंग्वेज व्हिच विल बी एलोन केपेबल ऑफ एक्सपरेसिंग हिज पर्सनैलिटी ऐंड फिलींग्स...द सिम्बॉलिक्स वेयर फुल ऑफ प्रोड्यूसिंग विद पोयटिक फैक्ट्स लाइक दोज़ ऑफ म्यूजिक।''

अज्ञेय की कथा-भाषा में प्रतीकवादी भाषा के ये उपकरण अविकल रूप में मिलते हैं। इसके अतिरिक्त उनकी इस भाषा में विभिन्न इन्द्रियों के संश्लेषण से युक्त ऐसे चित्र हैं, जो भाषा के माध्यम से अपने सम्पूर्ण को सम्प्रेषित कर देते हैं। जैसे संगीत में आवृत्तिमूलक स्वर होते हैं, 'शेखर' में ऐसी आवृत्ति मूलकता अनेक स्थलों पर मिलती है, मसलन एक सन्दर्भ-विशेष में यह दृश्य चित्रित किया जाता है, ''मेघाछन्न आकाश, उड़ते-उड़ते अचानक पंख टूट जाने से गिरता हुआ पक्षी जो गिरता है, गिरता ही जाता है।'' इन्हीं पंक्तियों की दूसरे सन्दर्भ में लेकिन उसी भावना को व्यक्त करने वाली पुनरावृत्ति की जाती है जो उसके प्रभाव को अधिक तीव्रता से अभिव्यक्त करती है।

इस प्रकार हम देखते हैं कि अन्तर्वस्तु, भावबोध, शिल्प तथा भाषा, सभी स्तरों पर 'शेखर' हिन्दी उपन्यास में एक सर्वथा नवीन उपस्थिति के साथ प्रवेश करता है। उसकी सबसे बड़ी विशेषता है। ऊपरलिखित सभी अवयवों में परस्पर संयोजन है वह जो किसी सर्जनात्मक कृति की बहुत बड़ी उपलब्धि है। शेखर के बाद के उपन्यासों में इन तत्वों के बीच सघन संयोजन क्रमशः क्षीण होता गया है। उनमें भाषा तथा वर्णन प्रणाली या तो प्रेमचन्द की परम्परा के नाम पर 'रेटारिकल' बयानबाजी बन गयी थी या इसके विपरीत अनुभूतियों के चित्रण के नाम पर अमूर्त स्थितियों का अम्बार। आगे चलकर केवल फणीश्वरनाथ रेणु और कुछ हद तक निर्मल वर्मा की कृतियों में इनके बीच एक सम्बन्ध दिखायी पड़ता है। लेकिन निर्मल वर्मा अपनी भाषा का अमूर्तीकरण करते हुए उसे एक रहस्यलोक में ले जाते हैं जो एक सीमा के बाद रचना का आध्यात्मीकरण करने लगती है। इसके अलावा न तो फणीश्वरनाथ रेणु में और न निर्मल वर्मा में वह 'विजन' है जो शेखर में है। प्रसंग आने पर इन दोनों उपन्यासकारों के सम्बन्ध में इसका विस्तार से विवेचन किया जाएगा।

किन्तु 'शेखर' की सीमाएँ भी स्पष्ट हैं, एक तो हिन्दी में तब (1935-40 में) मनोविश्लेषण प्रणाली का किशोर काल ही चल रहा था और शेखर में भी अज्ञेय ने किशोर शेखर का पुस्तकीय या एकेडमिक ढंग से विश्लेषण किया है जो अनेक स्थलों पर बेहद 'क्रूड' प्रतीत होता है—कम से कम शेखर भाग एक में उसका प्रयोग उसी रूप में हुआ है। वहाँ कुल मिलाकर शेखर किशोर तथा तरुण पाठक को ही सम्बोधित उपन्यास लगता है और इस रूप में उसे अभूतपूर्व सफलता प्राप्त होती है, लेकिन उसका दायरा सीमित हो जाता है।

'शेखर' की दूसरी अक्षमता चरित्र चित्रण के स्तर पर लक्षित होती है : लेखक द्वारा शेखर को हमेशा आत्मविश्लेषण करता हुआ दिखाया गया है। पर ऐसा हमेशा नहीं हो पाता। अक्सर लेखक 'शेखर' के बाहर आकर हस्तक्षेप करता है और उसके कृत्यों का औचित्य सिद्ध करने लगता है। वस्तुतः लेखक या तो चरित्र के भीतर होता है या बाहर। जैसा कि हेमिंग्वे के उपन्यासों में होता है। हेमिंग्वे चरित्र विश्लेषण की शैली में अपने चरित्रों के व्यवहार तथा उनके कार्यों का चित्रण करता है। पाठक केवल चरित्रों के व्यवहार से ही उन चरित्रों को जानता है। इसके विपरीत अगर कोई विश्लेषण की शैली अपनाता है तो उसे चरित्रों के भीतर होना चाहिए। जैसा कि हेमिंग्वे ने बाद के सुविख्यात उपन्यासकार सॉल वैलो ने यही किया है। इसी प्रसंग में ये ज्याँ पॉल सार्त्र ने मॉरयाक के प्रसिद्ध उपन्यास 'थायस' की आलोचना करते हुए लिखा है, "द नावेलिस्ट मस्ट वी इदर इन साइड ऑर आउट।" किन्तु शेखर में अज्ञेय दोनों भूमिका में एक साथ नजर आते हैं। इसलिए वे न तो 'शेखर' में घटनाओं के पूरी तरह साक्षी रह जाते हैं और न पूरी तरह उसके पैरोकार। इस तरह वे लेखक के रूप में पूरी तटस्थता नहीं बरत पाते।

दरअसल अज्ञेय मुख्यतः अवधारणाओं के उपन्यासकार हैं : उनके तीनों उपन्यासों का विकास मुख्यतः तीन अवधारणाओं के आधार पर हुआ है, शेखर के केन्द्र में मुख्यतः 'घृणा' है जिसे वह खुद स्वीकार करता है—केवल शशि इसका अपवाद हैं जो अन्त तक आते-आते शेखर को विद्रोही से अधिक एक प्रेमी बना देता है। अज्ञेय का अगला उपन्यास 'प्रेम की पीड़ा' का उपन्यास है। अज्ञेय का अंतिम उपन्यास 'करुणा' की अवधारणा का उपन्यास है। आगे चलकर हम इन अवधारणाओं का विवेचन करेंगे।

'शेखर' की शुरुआत वेदना द्वारा विज़न या दृष्टि पाने से होती है और 'नदी के द्वीप' की शुरुआत दुख द्वारा माँजे जाने से होती है। यह मँजना या माँजा जाना भी 'दृष्टि' पाना ही है। किन्तु 'नदी के द्वीप' में यह उपलब्ध दृष्टि भिन्न है—यहाँ करुणा का पात्र 'नदी के दीप' का नायक भुवन स्वयं है। इस तरह हम देखते हैं कि अज्ञेय अपने सभी उपन्यासों में कोई न कोई दर्शन गढ़ने की कोशिश करते हैं—दर्शन और दृष्टि एक है, दृष्टि के द्वारा ही 'दर्शन' उत्पन्न होता है। शेखर में अज्ञेय ने स्वयं उसे एक यातना का (दर्शन) कहा है। किन्तु दर्शन गढ़ना दार्शनिक होना नहीं है। यह एक नाजुक प्रक्रिया है। मसलन शेखर में तो यातना या पीड़ा का वस्तुगत आधार है। जेल में आसन्न मृत्यु (फाँसी) का आतंक किन्तु देखने की जरूरत है कि क्या 'नदी के द्वीप' में दुख द्वारा माँजे जाने का भी कोई 'वस्तुगत आधार' है?

नदी के द्वीप : अज्ञेय 'विरलता' में ही नहीं, अद्वितीयता में विश्वास करते हैं किन्तु विश्वास करने से ही जिस चीज में आप विश्वास करते हैं, वह क्रियान्वन में विरल या—अद्वितीय नहीं हो जाती। 'शेखर' हिन्दी का विरल उपन्यास तो है ही, भाषा, संवेदना, कलात्मकता और दृष्टि, इन सबमें रचाव के कारण सचमुच, अद्वितीय हो जाता है। यह हिन्दी उपन्यासों में सभी दृष्टियों से एक सर्वथा नूतन परम्परा का सूत्रपात करता है। किन्तु अज्ञेय यह भी नहीं चाहते कि वे कोई नयी परम्परा बनाये, वे अपनी कृति को इस हद तक निःशेष कर देते थे कि उसे निचोड़ कर आगे कोई परम्परा बन ही नहीं सकती। इसीलिए शेखर की अभी तक कोई परम्परा नहीं बनी न कोई अनुकृति हो सकी। उनका अगला उपन्यास भी कई दृष्टियों से विरल है, पर अद्वितीय नहीं। अद्वितीय इसलिए नहीं कि उसने अद्वितीयता के प्रतिमान का ऐसा शिखर निर्मित कर दिया हो जहाँ तक कोई पहुँच सके बल्कि इसलिए कि उसमें वह कलात्मक रचाव नहीं है जो शेखर में है और मुख्यतः इसलिए कि उसके द्वारा घोषित या संकल्पित प्रतिज्ञाओं का कोई वस्तुगत आधार निर्मित नहीं हो पाया है। उसकी प्रारम्भ में ही घोषित प्रतिज्ञा है कि दुख सबको माँजता है और वह मुक्ति का माध्यम भी है। पहला प्रश्न तो उठता है 'नदी के दीप' में कौन-सा 'दुख' है? और उस दुख का वस्तुतः आधार क्या है? शेखर का लक्ष्य तो स्वतन्त्रता प्राप्त करना है। और इसीलिए उसे क्रान्तिकारी कहा गया है और उस वक्त के सन्दर्भ में क्रान्ति का मतलब देश को स्वतन्त्रता दिलाना है। शेखर का लक्ष्य दुहरा है, देश को स्वतन्त्रता दिलाना और स्वयं एक व्यक्ति के रूप में स्वतन्त्र होना जिसे अस्तित्ववादी शब्दावली में कहें तो 'वरण की स्वतन्त्रता' प्रण करना, यानी उस बात के लिए स्वतन्त्र होना कि हम जैसा चाहें वैसा जीवन जी सकें। लेकिन 'नदी के द्वीप' में अज्ञेय का लक्ष्य है दुख के द्वारा मांजा जाकर मुक्ति पाना। एक तो उस उपन्यास में 'दुख' का स्वरूप ही स्पष्ट नहीं हो पाता और दूसरे कि किस बात की या किससे मुक्ति? स्वतन्त्रता (लिबर्टी) वैश्विक स्तर पर एक सामाजिक तथा राजनैतिक अवधारणा है, यानी यह राजनैतिक स्तर पर अपने देश को स्वतन्त्रता दिलाना और उसके लिए प्रयत्न करना है। लेकिन मुक्ति एक अपेक्षाकृत अमूर्त शब्द है। भारतीय आध्यात्मिक अवधारणा के अनुसार—इसका अर्थ संसार से मुक्ति प्राप्त करना है। तो क्या 'नदी के द्वीप' का या उसके किसी पात्र का लक्ष्य संसार से मुक्ति पाना है? दरअसल 'नदी के द्वीप' में मुक्ति को कहीं स्पष्ट ही नहीं किया गया है। अतः अज्ञेय की पीड़ा और मुक्ति की अवधारणा क्या है और उसे उपन्यास में किस तरह चरितार्थ किया गया है या वह चरितार्थ हो भी सका है या नहीं, यह जानने के लिए उसकी कथा का विश्लेषण करना होगा। पूरी कथा में मुक्ति की बात शुद्ध

मिथ्या है, क्योंकि 'नदी के द्वीप' में (नाम के अनुरूप) संसार ही नहीं, और जो संसार है वह भोग का संसार है—वह भगवतशरण उपाध्याय ने अकारण जगह-जगह कालिदास के कुमार सम्भव, और अभिज्ञान शाकुन्तलम के कुछ भोग-स्थानों से उसकी तुलना नहीं की है और उसे कोक या कोक शास्त्र का प्रच्छन्न रूप से नया संस्करण नहीं माना है। वह कुछ भोगी, कामुक किन्तु सभ्य-शिष्ट व्यक्तियों के व्यभिचार पर गढ़कर पर बड़ी कुशलता तथा चतुराई से उठाया गया दार्शनिक आवरण है। उसके सारे चरित्र भोगी और कामुक हैं—कोई कम कोई ज्यादा, परस्पर दी गयी है एक मर्यादा। रेखा तो स्वयं अपने को चरित्रहीन कहती है किन्तु चरित्रहीनता का पुँजीभूत रूप तो स्वयं भुवन है जो बार-बार पत्रकार तथा मार्क्सवादी चन्द्र माधव को चरित्रहीन कहने की अनवरत चेष्टा करता रहता है। उससे उसके या स्वयं लेखक के दो उद्देश्य सिद्ध होते हैं। एक तो अपने को शुद्ध, सात्विक तथा बेदाग सिद्ध करना और दूसरे चन्द्रमाधव के बहाने मार्क्सवाद और मार्क्सवादी सिद्धान्तों की खिल्ली उड़ाना। हालाँकि यह काम अज्ञेय किसी दूसरे माध्यम से भी कर सकते थे जिसके द्वारा वे अपनी तर्कता शक्ति से तथा अपनी सत्य की खोज के द्वारा मार्क्सवादी सिद्धान्तों की धज्जियाँ उड़ा सकते थे। उसके व्यावहारिक तथा सैद्धान्तिक दोनों रूपों की। किन्तु यहाँ चन्द्रमाधव के खलनायक रूप का उद्‌घाटन ही उनका मूल उद्देश्य है। यह पूरा प्रकरण उपन्यास का सबसे कमजोर पक्ष है जो उपन्यास पर डाले गये या आरोपित किये गये दार्शनिक आवरण को तार-तार कर डालता है। अत: 'नदी के द्वीप' का सबसे बड़ा आकर्षण और उपलब्धि उसकी भाषा उसका नितान्त नवीन और बारीक किरणों से बुनी हुई अत्यन्त आकर्षक बिम्बात्मक भाषा है। हालाँकि उसमें भी ऐन्द्रिकता और कामुकता ही प्रधान है। 'नदी के द्वीप' का सबसे अच्छा विश्लेषण डॉ. भगवत शरण उपाध्याय ने किया है। किन्तु उन्होंने उसका विवेचन दार्शनिक और सैद्धान्तिक स्तर पर ही अधिक किया है, व्यावहारिक स्तर पर कम। लेकिन उसके मूल व्यावहारिक स्तर और रूप को वह पहचानते जरूर हैं इसलिए अन्त में उन्हें भी यही लिखना पड़ता है, "एकान्त का विलास उपन्यास में इतना व्यापक हो उठा है कि लगता है कि यत्र-तत्र लौकिक विवेचना भी उसी की पुष्टि, उसी के बचाव के लिए है। अमित खुले विलास का विस्तार पुस्तक में आद्योपान्त है...अमर्यादित होकर वह विषय और व्यसन बन गया है, आदि से अन्त तक यह विलास ही उपन्यास में व्याप्त है...अश्लील होते भी उसमें देर नहीं लगती।"

'...नदी के द्वीप' अश्लील न भी हो तो भी उसमें कामक्रीड़ा की भरमार है और निश्चित रूप से भुवन उसका उत्तरदायी है। वह कामक्रीड़ा के लिए एकान्त स्थलों की तलाश में रेखा को भरमाता हुआ कुदेसिया बाग, भीमताल, नौकुछिया,

नैनीताल, सप्तताल आदि अनेक स्थलों पर ले जाता है और अन्त में भुवन उसे विकल छोड़कर वहाँ से चला जाता है। उसे वह निर्जन में छोड़कर चला जाता है। यह एक विलास प्रिय व्यक्ति की विशेषता है जो किसी भी 'एक' से जल्दी ही ऊब जाता है। उसे 'एक-के बाद एक' चाहिए, इसीलिए भुवन रेखा के बाद गौरा को रिझाने में लग जाता है, और उसमें भी सफल होता है। क्योंकि अज्ञेय की भाषा में कहें तो उसमें साँप की सी आँखों वाला तुषार सम्मोहन है, लुभानेवाली मोहक भाषा है, करुणा और सहानुभूति उत्पन्न करने वाली भावविह्वल वाणी है। इसलिए भगवत शरण उपाध्याय की यह धारणा ठीक ही लगती है कि विलास और वागविलास ही भुवन में प्रधान है, बाकी दर्शन-वरसन तो महज मुलम्मा है। फिर भी देखें कि यह वर्णन है क्या? शेखर का लक्ष्य स्वतन्त्रता है जबकि 'नदी के द्वीप' का लक्ष्य मुक्ति (सालवेशन) है। यही एक सामाजिक लक्ष्य का अमूर्तन कर उसे तात्विक (मेटाफिजिकल) लक्ष्य बना कर एक अमूर्त लक्ष्य में बदल दिया गया है। अत: शेखर के दर्शन में तो फिर भी कुछ हाड़ मांस है। किन्तु 'नदी के द्वीप' का पीड़ावादी द्वीप तो पूर्णत: अमूर्तन की 'स्रोतस्विनी' में तैरता रहता है। उसके अतिरिक्त 'नदी के द्वीप' की मुक्ति का एक तार जैनेन्द्र की प्रसिद्ध लम्बी कहानी 'एक रात' से भी जुड़ा रहता है जहाँ अपने 'प्रियतम' के प्रति पूर्ण समर्पण के बाद चरम तृप्ति के क्षण में ही सम्पूर्ण जीवन को समेट लिया गया है। इस चरम तृप्ति के रूप के बाद तो मानो पूरा जीवन अकारथ है और वह रहे या न रहे, कोई फर्क नहीं पड़ता। वहीं क्षण मुक्ति का क्षण भी है। रेखा को भी जैनेन्द्र की कहानी की नायिका की तरह वह चरम रूप ही मुक्ति है, जैसे वह कैवल्य या निर्वाण प्राप्त कर लेती है।

लेकिन अज्ञेय का यह 'क्षणवाद' बौद्ध क्षणवाद नहीं है और न वह प्रवाह है जिसमें से यदि एक चुल्लूभर पानी निकाल लिया जाय और दुबारा उससे हाथ डालकर पानी निकालें तो वह वही जल नहीं रहता क्योंकि उस प्रवाह में न जाने कितने जल कण विलीन हो चुके होते हैं। किन्तु नदी के द्वीप का यह क्षणवादी प्रवाह वह नहीं है, अज्ञेय ने भुवन को यदि वैज्ञानिक बनाया है तो उसे कहीं न कहीं प्रमाणिक तो करना ही होगा। उनका क्षण दरअसल वैज्ञानिक परमाणु है जिसके समुच्चय से हमारा शरीर ही नहीं पूरा ब्रह्माड निर्मित है। सारे परमाणु यद्यपि पृथक-पृथक हैं उनसे निर्मित आकार यहाँ पृथक-पृथक होते हैं जिससे प्रत्येक परमाणु की पृथक इयत्ता या महत्ता है। अज्ञेय का क्षणवाद इसी परमाणुवाद पर आधारित है।

पहले ही कहा जा चुका है कि 'नदी के द्वीप' की प्रमुख उपलब्धि उसकी भाषा है और इस रूप में उसे एक महत्त्वपूर्ण कथाकृति नहीं, एक सुन्दर कलाकृति

कहना चाहिए क्योंकि एक कथाकृति रूप में वह न केवल असफल है बल्कि कृत्रिम तथा नितान्त अविश्वसनीय द्वीप है, इसके अलावा उसे महत्त्वपूर्ण कथाकृति मानने से उसमें अन्तर्निहित सिद्धान्त लिपटे हुए चले आएँगे, जिनकी अविश्वसनीयता हम पहले ही स्वीकार कर चुके हैं...भुवन महान फिल्मकार पोलेंस्की की तरह है जो आज तक इस अपराध से मुक्त नहीं हो पाया है कि उसने एक अल्पवय की किशोरी को फुसलाकर उसके कौमार्य का अपहरण किया था। लेकिन एक फिल्म निर्देशक तथा फिल्म निर्माता के रूप में वह महान है। 'नदी के दीप' एक अपूर्व भाषा में निर्मित या एक तराशी हुई सुन्दर शिल्प वाली कलाकृति है किन्तु महत्त्वपूर्ण कथाकृति नहीं। 'नदी के द्वीप' की भाषा अपनी कलात्मकता में 'शेखर' से भी अधिक विकसित है। शेखर की भाषा में अनुभूतियों और स्थितियों के उनकी स्वाभाविक तथा सटीक गतिमयता में व्यक्त किया गया है। अधिक सूक्ष्म तथा सटीक ढंग से यहाँ वाक्यों की अनावश्यक काव्यमयता झर गयी है और एक माईक्रोस्कोपिक गद्य सामने आता है। 'नदी के द्वीप' भाषा के माध्यम से हिन्दी उपन्यास में आधुनिक गद्य का बहुत निखरा हुआ रूप सामने आता है। इसे स्पष्ट करने के लिए यहाँ दो उद्धरण पर्याप्त होंगे। 'रेखा एक ओर शून्य के एक छोटे से वृत्त के बीचोंबीच कुर्सी पर बैठी थी। अत: उसका माथा और आँखें अँधेरे में थीं, बाकी चेहरे पर प्रकाश पड़ रहा था जिससे नाक, ओठ और ठोढ़ी की आकार रेखा सुनहरी होकर उभर आयी थी। इस स्वर्णिम निश्चलता पर भुवन का कौतूहल आकर टिक गया था...वह कुछ क्षणों की तन्द्रा मानो रेखा को उस कमरे से कहीं दूर ले गयी थी। वहाँ ओठों का कसाव मानो बिना तनिक सा काँपे भी जैसे अनजाने कुछ नरम पड़ गया था। मुँह के आसपास की असंख्य शिराओं का तनाव भी ढीला हो गया था।'' दूसरा उद्धरण...''भुवन का स्वर जो पहले असम था, धीरे-धीरे रुँधा हुआ होने लगा और उसी अनुपात में निर्वैयक्ति रागमुक्त, असम्पृक्त मानो गौरा के आगे एक सजीव व्यक्ति नहीं, शब्दों का झरना हो जो अजस्र भाव से बहता जा रहा हो, कौन पास है, कौन उसके झर-झर बहते अभिप्रायों को सुनता है या नहीं सुनता, उससे सर्वथा असंलग्न और कमरे में चीड़ के आग की आलोक शिखा नाचती रही...आग लपकती और गिरती कभी-कभी अधजली लकड़ी बीच में टूट जाती और फिर फुरफुर कर एक छोटी सी शिखा कमरे में उमग आती...उसी प्रकार भुवन का स्वर कभी मद्धिम पड़ जाता, कभी उसकी वाणी क्षणभर अटककर कई द्रुत चिनगारियाँ फेंक देती। उस महताबी की तरह जिसके भीतर से अंगारे बूँद-बूँद टपकते हैं, पिघले हुए आँसुओं की तरह हवा में भी झरते हैं, पानी के नीचे भी झरते हैं, चुपचाप झरते ही जाते हैं।''

इन दोनों विशेष उद्धरणों को जानबूझकर चुना गया है : पहले में एक स्थिर

दृश्य है, एक फोटोग्राफ या पेंटिंग की तरह। एक मुद्रा विशेष की एक-एक सिलवट तथा रेखाओं का सूक्ष्म अंश अन्धकार प्रकाश और छाया से युक्त एक भंगिमा का दृश्यांकन, फिर भी इस स्थिरता में भी उसमें अन्तर्निहित एक सूक्ष्म गतिमयता है जो केवल पेंटिंग में या किसी फोटोग्राफ में ही सम्भव है किन्तु उसे जिस तरह शब्द-संयोजन से सम्भव बनाया गया है, वही इस भाषा की अद्वितीयता का प्रमाण है।

दूसरे उद्धरण में जो दृश्य है, वह बहुत स्थिर नहीं है : वह एक साथ श्रव्य, चाक्षुस, तथा भावाद्वेलित शाब्दिक अभिव्यक्ति है : फायर प्लेस में जलती आग की लपटों तथा भुवन के स्वराघातों के बीच जो स्पंदित लयात्यकता स्थापित की गयी है, वह भी भाषा का अपूर्व उदाहरण है। भुवन के मानसिक उद्वेलन तथा अपराधग्रस्त आत्मस्वीकृति की अभिव्यक्ति करने के लिए इससे प्रभावपूर्ण प्रविधि हो ही नहीं सकती थी। बल्कि उसके बिना यह पूरा कथन आत्मऔचित्य सिद्ध करने का छद्‌म वाग्जाल ही प्रतीत होता।

'नदी के द्वीप' 1951 में प्रकाशित हुआ था और मुझे नहीं मालूम कि किसी अन्य कृति की भाषा में ऐसी रागदीप्त भाष्करता के साथ व्यक्ति मानस की ऐसी अभिव्यक्ति की गयी हो।

किन्तु इसी भाषा का वह पक्ष जो संवादों के रूप में प्रयुक्त किया गया है वह उसके सबसे कृत्रिम अंश हैं। यह विचित्र प्रतीत होता है कि अज्ञेय सीधी मौखिक अभिव्यक्ति तथा सम्बोधन से बचते रहते हैं। ऊपर के दोनों उद्धरणों में दृश्य विशेष का मुद्रा विशेष में पर्यवेक्षण है अथवा एकालाप है, 'संवाद' नहीं हैं। इस हिचक या असमता का उत्तर तो लेखक की मूल संवेदना में ही ढूँढ़ना पड़ेगा। सम्भवतः यह उनके अभिजात संस्कारों में पले-बढ़े व्यक्ति के 'कपड़ों की क्रीज़' भी खराब नहीं हो, उसी तरह उसकी भाषा की 'क्रीज़' भी हमेशा बनी रहती है। उनकी बातचीत की भाषा भी हमेशा कलफदार होती है। ऐसी कथा के संवाद उसके क्रिया व्यापार से अलग हो जाते हैं। सामान्यतः दो व्यक्तियों के बीच प्रेषणीयता अभिव्यक्ति तथा मुखर आदान-प्रदान के द्वारा होती है और वे कथा की गति तथा विकास के अंग बन जाते हैं लेकिन 'नदी के द्वीप' में विचारों के आदान-प्रदान मुख्यतः एकालाप अथवा पत्रों, डायरी तथा पुर्जों या चिटों के आदान-प्रदान से होते हैं। अभिव्यक्ति के लिए उधार लिये गये उद्धरणों की भरमार है। 'नदी के द्वीप' की यह प्रवृत्ति उसमें मूक चरित्रों को निर्मित करती है। 'मूक चरित्रों' (म्यूट कैरेक्टर्स) द्वारा निर्मित परिवेश स्थिर तथा गतिहीन होता है। अतः अज्ञेय परिवेश नहीं, 'लोकशन' चुनते हैं। ये लोकेशन बड़े सुनिश्चित ढंग से चुने जाते हैं। इससे उपन्यास का पूरा तथाकथित परिवेश एक सुरुचि सम्पन्न व्यक्ति

के 'ड्राइंगरूम' जैसा हो गया है। यह लोकेशन चुनने की योजना आज की फिल्मों जैसी है जहाँ उन्हें आकर्षक तथा हिट बनाने के लिए पर्वतीय पर्यटन स्थलों को चुना जाता है। 'नदी के द्वीप' में भी कश्मीर से लेकर नौकुछिया, भीमताल तथा मसूरी आदि पर्वतीय पयर्टन स्थल ही उसके तथाकथित परिवेश हैं।

इसी कारण 'नदी के द्वीप' अपनी अत्यन्त श्रेष्ठ भाषा तथा शिल्प सम्पन्नता के बावजूद महत्त्वपूर्ण उपन्यास नहीं बन पाया है। उसकी कथा में गतिशीलता भी इतनी कम है कि वह केवल 'अन्तरालों' का उपन्यास ही बना रहता है। उपन्यास का पूरा परिवेश एक 'प्रदर्शनी' बनकर रह जाता है। उसके प्रभावशाली दृश्य काव्य बिम्बों की तरह अलग से चमकते जरूर हैं किन्तु वे मूल कथा से विच्छिन्न प्रतीत होते हैं। उनका सौन्दर्य सूक्ष्म किन्तु स्थिर दृश्यांकन ही बना रहता है। वे कथा में घुल-मिलकर उसके अविच्छिन्न अंग नहीं बन पाते हैं। उपन्यासों की इसी प्रवृत्ति को लक्ष्य कर फ्रेंच समीक्षक मार्टिन टर्नर ने फ्लावेयर के उपन्यासों के बारे में लिखा था, "हिज़ ओरिजिनैलिटी रिएपियर्स इन रादर सडेन ग्लिम्पसेज इन टू मियर सिम्पलीफिकेशन ऑफ ए पर्सन ऑर प्लेस"। अज्ञेय की सीमा भी यही है। वे जंगल के एक स्थान पर केवल एक पेड़ और पेड़ के स्थान पर डाल भी नहीं केवल एक पत्ती चुनकर उसी पर ध्यान केन्द्रित करते हैं। इसी प्रवृत्ति को लक्ष्य कर मार्टिन टर्नर ने आगे लिखा है : "आई थिंक दैट वी मस्ट गो ऑन टू से दैट हिज (फ्लावेयर की) सेंसिबिलिटी वाज नाट लिमिटेड ऐंड इंटरमिटेड बट आइडली डिफेक्टइव।"

अतः टर्नर इस प्रवृत्ति को 'विकृत' था दूषित संवेदना की देन मानता है। और दूषित संवेदना दूषित नैतिक दृष्टि को जन्म देती है। स्वयं अज्ञेय ने संवेदना को नैतिक बोध का पर्याय माना है (देखें 'शिक्षायतन' कलकत्ता में किया गया उनका भाषण)। 'नदी के द्वीप' में प्रेम को सामान्य जीवन प्रक्रिया से पृथक एक अतिरिक्त मूल्य के रूप में देखा गया है—गोया 'प्रेम' जीवन से बाहर जाकर भी पाया जा सकता है, और फिर इस प्रेम के माध्यम से किसी परोक्ष या उच्चतर जीवन को प्राप्त किया जा सकता है। ध्यान देने की बात है कि इस प्रेम को भी चरम यौन परितृप्ति के क्षण का ही पर्याप्त माना गया है, यही नहीं, यही 'चरम सुख या परितृप्ति' को जीवन की सबसे बड़ी उपलब्धि भी माना गया है—मानो उसके बाद सम्पूर्ण जीवन निस्सार है। यही वह दूषित नैतिक दृष्टि या जीवन है जिसे मार्टिन टर्नर ने दूषित और विकृत जीवन दृष्टि कहा है। मूलतः यह जीवन विरोधी दृष्टि है जिसकी स्थापना का प्रयास 'नदी के द्वीप' में किया गया है। अँग्रेज़ी समीक्षक कालिन विल्सन ने हेमिंग्वे के विख्यात उपन्यास 'फेयरवेल टू आर्म्स के बारे में लिखा है, 'द फ्लो ऑफ फेयरवेल टू आर्म्स इज ऑफ लवस्टोरी,

वट लवस्टोरी एंडस लाइफ गोज़ ऑन द हिरोज़ बिह्वलरमेंट इज़ ऑफ ए मैन हू थॉट दैट मीनिंग ऑफ लाइफ इज़ ले इ लव, बट फाइंडस फार फोसर्ड टू लिव विदाउट इट।' (द लन्दन मैगज़ीन–अगस्त 1956)।

लेकिन 'नदी के द्वीप' के भुवन का प्रेम के बारे में ऐसा कोई मोहभंग नहीं होता। वह उसी को उपलब्धि मानकर गौरवान्वित करता रहता है और उसी को अपना जीवन दर्शन बना लेता है। वस्तुतः यह रुग्ण रोमैंटिक भावबोध है। हेमिंग्वे के नायक हेनरी के साथ ऐसा नहीं होता और वह उसके आधार पर ऐसी कोई पीड़ा का दर्शन नहीं गढ़ता। किन्तु 'नदी के द्वीप' की इस प्रक्रिया में एक छद्‌म है, इसलिए अपनी तमाम भव्यता और पच्चीकारी के बावजूद वह एक कृत्रिम उपन्यास बना रहता है। वह आद्योपान्त रोमैंटिक पीड़ावाद (एग़ोनी) तथा उससे भिन्न नयी नैतिकता गढ़ने की कोशिश के बीच 'त्रिशंकु' की तरह लटका रहता है।

पहले ही कहा जा चुका है कि उपन्यास में एक पात्र चन्द्रमाधव भी है जिसे प्रायः खलनायक के रूप में प्रस्तुत किया गया है पर आश्चर्यजनक रूप से हम पाते हैं कि वह भुवन से अधिक आधुनिक तथा ठोस और वास्तविक चरित्र है। यद्यपि उपन्यास में उसे 'भोगवाद' का प्रतिनिधि बनाया गया है। पर असली 'भोगवादी प्रवृत्ति पर एक छद्‌म दर्शन की 'रामनामी' डाल रखी है। चन्द्रमाधव इस आडम्बर से मुक्त है इसलिए वह वास्तविक आधुनिकतावादी है, पर उसे एक 'निगेटिव' चरित्र के रूप में प्रस्तुत किया गया है। चन्द्रमाधव का चरित्र और स्वभाव एक आधुनिक शहरी युवक का स्वभाव है और उसमें वे सारी दुर्बलताएँ हैं जो मध्यवर्गीय सामान्य युवक में होती हैं। वह रोमैंटिक छद्‌म भावबोध से मुक्त है। उसकी तथाकथित चरित्रहीनता, फ्लर्ट करने की प्रवृत्ति, पत्नी तथा परिवार से अपने को जोड़ न पाने की असमर्थता और एक मूलहीन (रूटलेस) जीवन जीने की विवशता आदि आधुनिक जीवन की सतह पर जीने वाली प्रवृत्तियाँ हैं जो रोमैंटिक भावबोध के पाखंडपूर्ण मूल्यबोध से 'मोहभंग' के परिचायक हैं। आधुनिक व्यक्ति केवल सतह पर जीता है या सतही जीवन जीने के लिए 'अभिशप्त' होता है। दरअसल भुवन और उसके बीच 'रेखा' तथा गौरा को लेकर 'रकाबत' है। उसी के कारण लेखक ने एक पक्षपातपूर्ण रवैया अपनाते हुए उसे यह रूप दे दिया है। उसके अलावा चूँकि चन्द्रमाधव कम्युनिस्ट है, इसलिए भी लेखक ने उसके माध्यम से कम्युनिस्ट का मखौल उड़ाने के लिए उसे उस रूप में रचा है। लेकिन चन्द्रमाधव भुवन की तरह समाजविरोधी नहीं है—वह उसकी तरह सीपी में बँधा 'घोंघा' नहीं है। लेकिन 'नदी के द्वीप' की विशेषता यह है कि अज्ञेय ने उसे 'सामाजिक उपन्यास' बनाने की कोशिश भी नहीं की है और न भुवन को सामाजिक प्राणी—वह नदी का द्वीप है, अपने आपमें स्वतः सम्पूर्ण।

यह तो शायद अज्ञेय को बाद में सूझा कि कोई भी द्वीप अपने आप में स्वतः सम्पूर्ण नहीं हो सकता—क्योंकि वह नहीं चाहता कि उसे छोड़कर स्रोतस्विनी बह जाए—वह है, तभी द्वीप भी है किन्तु यहाँ अज्ञेय का आत्मलीन अहंदीप्त व्यक्तित्व जैसा कि पहले कहा गया जंगल या पेड़ का चित्रण नहीं महज एक 'पत्ती' के माइक्रोस्कोपिक व विश्लेषण से पूरे जंगल को जानता और समझता है (एक जगह उन्होंने इसे घोषित रूप से स्वीकार भी किया है)। किन्तु कुल मिलाकर 'नदी के द्वीप' अपने को 'अद्वितीय' (भले ही कृत्रिम रूप से) बनाने में सफल हुआ है और जैसाकि पहले कहा गया, वह एक कलाकृति तो बन ही सका है, भले ही एक सफल और महत्त्वपूर्ण कथाकृति नहीं बन सका हो। अज्ञेय का तीसरा (और अन्तिम) उपन्यास 'अपने-अपने अजनबी' में 'अवधारणाओं' के आधार पर कथा में परिवर्तन करने की प्रवृत्ति बढ़ जाती है। पहले ही कहा जा चुका है कि 'शेखर' के बाद वे 'अमूर्त' अवधारणाओं की ओर बढ़ने लगे थे। 'अपने-अपने अजनबी' में यह प्रवृत्ति अपने चरम पर पहुँच गयी है, यानी 'अवधारणा' पहले और घटनाएँ तथा पात्र बाद में, बल्कि अवधारणा के आधार पर ही घटनाएँ और पात्र गढ़ जाते हैं। 'अपने-अपने अजनबी' मूलतः अस्तित्ववादी अवधारणों का उपन्यास है। उसे हिन्दी का पहला अस्तित्ववादी उपन्यास कहा जा सकता है। लेकिन उसमें जिस तरह अस्तित्ववादी परिभाषिक शब्दावली (टर्म्स) तथा स्थितियों का निर्माण किया गया है, वह 'अनुवाद'-सा प्रतीत होता है। बल्कि पूरा उपन्यास ही एक अनूदित उपन्यास प्रतीत होता है। यह इसलिए भी कि उसकी 'कथा' ही नहीं, पात्र और परिवेश भी विदेशी हैं (जापानी)। उपन्यास के अन्त में अज्ञेय ने बड़े कृत्रिम ढंग से कुछ भारतीय अवधारणाओं को इसके बरक्स प्रस्तुत किया है जो पूरे उपन्यास पर 'कफन' की तरह उढ़ाया हुआ प्रतीत होता है। उपन्यास में एक अनास्थावादी पात्र 'योके को' निगेटिव चरित्र के रूप में गढ़ा है और अन्त में उसकी 'आत्महत्या' भी एक अनास्थावादी चरित्र की 'हराकीरी मृत्यु' को चुनने वाला साबित किया गया है। 'शेखर' और 'नदी के द्वीप' की अपेक्षा उसकी कथा संक्षिप्त ही नहीं 'सांकेतिक' भी है। उसकी संक्षिप्तता के बारे में जरूर कहा जा सकता है कि वह पहले की अपेक्षा अधिक 'कंडेस्ड' होकर आता है। अज्ञेय की चतुराई यह है कि व्याप्त अस्तित्ववादी शब्दावली और दार्शनिक अवधारणाओं का उपयोग करके और पूरीकथा को उसी के आधार पर बुनने के बावजूद उसे एक आध्यात्मिक उपन्यास का रूप देने की कोशिश की गयी है। मानो यह पश्चिमी अनास्थावादी अस्तित्ववाद (पश्चिम में भी दो प्रकार के अस्तित्ववाद हैं : अस्थावादी और अनास्थावादी) का भारतीय आस्थावादी प्रत्युत्तर है। पश्चिम में डेनिश दार्शनिक क्रिकेगार्द तथा जास्पर्स आदि

आस्तिक तथा सार्त्र, हाइडेगर और कैमू आदि नास्तिक अस्तित्ववादी माने जाते हैं। अत: अपने-अपने अजनबी में वस्तुत भारतीय नहीं यास्पर्स वाली आस्तिक अस्तित्ववादी विचारधारा का ही समर्थन किया गया है। अज्ञेय अपनी यात्रा वृत्तान्त वाली पुस्तक 'एक बूँद सहसा उछली' में यास्पर्स का जिक्र भी कर चुके हैं।

'अपने-अपने अजनबी' की संरचना और गठन रंगमंच की तरह है : उसमें अलग-अलग दृश्य क्रमश: खुलते हैं जिन्हें तीन अंकों में विभाजित किया गया है जिनमें प्रत्यक्षत: एकसूत्रता या तारतम्य नहीं है। उपन्यास का आरम्भ नाटकीय आकस्मिकता से होता है : "दूर-दूर तक अछूती क्वारी बर्फ और उससे ढँका हुआ छोटा सा घर और उसमें कैद दो प्राणी दो स्त्रियाँ सेल्मा और योके (यह स्थान विशेष कैद कर दिये जाने की विवशता बहुत दूर तक सार्त्र के विख्यात नाटक 'नो एग्ज़िट' की याद दिलाती है। 'अपने अपने अजनबी' इसी विदेशी परिवेश तथा अजनबी पात्रों से शुरू होता है। सेल्मा वृद्ध है, योके युवती है। दोनों उस घर में सहसा कैद हो गयी हैं। यह आकस्मिकता भी महज संयोग नहीं है। इसे बड़े सुनियोजित ढंग से रचा गया है क्योंकि यही पूरे उपन्यास की आधारशिला है, इस 'कैद' में ये तब तक रहने के अभिशप्त हैं जब तक बर्फ पिघल नहीं जाती। या वे इसी में घुट-घुट कर मर नहीं जाते। वैसे भी सेल्मा कैंसर की मरीज है।

उपन्यास का पहला 'अंक' (उसे अंक ही कहना उचित है) जो योके के वर्तमान से सम्बन्धित है वहीं दूसरा अंक सेलमा के अतीत से सम्बन्धित है और तीसरा अंक योके के भविष्य से। काल का अतीत, वर्तमान और भविष्य से विभाजन भी अत्यन्त सुनियोजित है : 'काल' तो एक अजस्र प्रवाह है क्या उसे अतीत, वर्तमान और भविष्य में विभाजित किया जा सकता है? दरअसल वे तीनों एक दूसरे में गुँथे हुए रहते हैं। इस सम्बन्ध में विख्यात कवि टी.एस. एलियट की पंक्तियाँ हैं, "टाइम प्रजेंट ऐंड टाइम पास्ट बोथ आर परहैप्स प्रेजेंट इन टाइम फ्यूचर।" समय या काल के विभाग की यही अवधारणा या पद्धति अज्ञेय ने 'अपने-अपने अजनबी' में अपनाई है।

इसके अलावा अज्ञेय ने शुरू से अस्तित्ववादी 'वरण' या 'चयन' की अवधारणा को नकारना शुरू कर दिया है। इन दोनों स्त्रियों का उस घर में कैद होना उनका वरण नहीं, बाद्धयता है। वैसे गौर करें, सार्त्र के नाटक 'नो एग्ज़िट' में भी उसके पात्र आकस्मिक ढंग से ही एक कमरे में कैद कर दिये गये हैं जहाँ वे एक-दूसरे के साथ रहने के लिए अभिशप्त हैं। किन्तु मुक्त होते ही वे अपना-अपना रास्ता चुन लेते हैं। सार्त्र ने अपने 'वरण' और 'आकस्मिकता' के सिद्धान्त को एक दूसरी तरह से जोड़ा है। सम्भवत: अज्ञेय का ध्यान सार्त्र के अन्तिम तथा

सर्वाधिक सफल माने जाने वाले नाटक 'प्रिजनर ऑफ ऐलटोना' की ओर नहीं गया है जिसका नायक अपने को एक कमरे में कैद कर लेता है और बीस वर्षों तक उसी में बन्द रहता है जहाँ वह अन्त में 'आत्महत्या' कर लेता है। किन्तु एक टेपरेकार्डर में वह आज की दुनिया का विश्लेषण करता हुआ विश्व के नाम सन्देश छोड़ जाता है और बताता है कि वह क्यों 'आत्महत्या' कर रहा है। यदि अज्ञेय 'वरण' के सिद्धान्त के इस पक्ष को जानते होते या उसकी ओर उनका ध्यान गया होता तो वे उपन्यास के अन्त में योके की आत्महत्या के वरण को 'हरामी मौत चुनना' नहीं कहते।

लेकिन फिर भी 'अपने-अपने अजनबी' का आरम्भ सम्भावित मृत्यु की आशंका से ही होता है—लगभग 'शेखर' की तरह। अत: 'मृत्युबोध' या सम्भावित मृत्यु की आशंका ही 'अपने-अपने अजनबी' की कथावस्तु है। सार्त्र के नाटक 'नो एग्ज़िट' या 'इनकैमरा' में भी उसके तीन पात्र लगातार बहस करते रहते हैं और अन्त में इस निष्कर्ष पर पहुँचते हैं कि जीवन में साथ रहने की बाध्यता ही नरक है। 'हेल इज़ अदर पिपुल।' सेल्मा और योके भी साथ रहने की इसी 'बाध्यता' के कारण अभिशप्त हैं। यहाँ कहा जाता है 'जिस बाध्यता के कारण वे साथ रहने के लिए अभिशप्त हैं, उसकी 'पीड़ा' मृत्युभय से भी बड़ी है यही बाध्यता ही सबसे बड़ा सच है।'' हम 'चुन' नहीं सकते, कुछ भी किसी के बस का नहीं है। एक ही बात हमारे बस में है, इस बात (सच) को पहचान लेना। साथ रहने के बावजूद वे दोनों दो अलग-अलग दुनियाओं में रह रही हैं।

सेल्मा को 'मृत्यु का बोध' हो चुका है इसलिए वह मृत्यु की आशंका से भयभीत नहीं है। योके को निरन्तर मृत्यु का भय सताता रहता है। लेकिन 'सेल्मा' को इस मृत्यु का बोध कैसे हुआ?

उपन्यास का दूसरा प्रकरण या दृश्य उसी बोध प्रक्रिया की प्राप्ति को प्रस्तुत करने के लिए नियोजित किया गया है, 'अपने-अपने अजनबी' का नियोजन 'नदी के दीप' से भिन्न है। यहाँ पर नियोजन अधिक अर्थगर्भित तथा उद्देश्यपूर्ण है, हालाँकि 'शेखर' की तरह आसन्न मृत्यु का भय यहाँ भी है। पहले खंड में जहाँ 'बर्फ की कब्र' है, वहीं दूसरे खंड में प्रयलंकर विनाश के बीच जल में 'बेतुका सा खड़ा रह गया, तीन खम्भों पर टिका हुआ टूटे पुल का एक हिस्सा है। उसके ऊपर तीन चार दुकानें और तीन चार लोग हैं। उन्हीं व्यक्तियों में 'सेल्मा' नाम की एक युवती और 'यान' नाम का एक युवक भी है। यहाँ 'सेल्मा' की मन:स्थिति प्रथम खंड के योर्क जैसी है और यान प्रथम खंड की सेल्मा की तरह बोध प्राप्त व्यक्ति की तरह है। यहाँ प्रथम खंड की सेल्मा की तरह सोचती है, 'दुनिया का मतलब मैं और बाकी सब जो है, उसके साथ केवल विरोध का सम्बन्ध है।''

यह भी टिपिकल अस्तित्ववादी बल्कि सार्त्रवादी उक्ति है जिसके अनुसार एक व्यक्ति और दूसरे व्यक्ति के बीच केवल आई (एनसोई) और अदर (परसोई) का सम्बन्ध है और एक दूसरे के प्रति विद्वेष पर आधारित है। यहाँ भी अज्ञेय सार्त्रवाली इस धारणा का प्रतिपक्ष प्रस्तुत करते हुए मृत्यु से साक्षात्कार से प्राप्त पीड़ा और उस पीड़ा से प्राप्त दृष्टि वाली अपनी स्थापना ही दुहराते हैं। यह मृत्युबोध सार्त्र की धारणा के विपरीत यह स्थापित करता है कि एक दूसरे के साथ होना 'नरक' होने के लिए अभिशप्त नहीं, बल्कि मुक्ति है। हालाँकि यह धारणा भी अस्तित्ववादी यास्पर्स की उस धारणा का समर्थन है जिसके अनुसार टु बी मीन्स, टु बी विद अदर्स।' यहाँ 'सेल्मा' को मृत्यु भय या मृत्यु के साक्षात्कार से जो दृष्टि मिलती है, वही उसे पहले खंड में उसे भयमुक्त रखती है, वहाँ यह यद्यपि दुहरी 'मृत्यु' जी रही है, 'कैंसर' और बर्फ की कब्र बनी आसन्न मृत्यु का। जबकि योके वहाँ के अपने अनुभव से बता रही है कि 'यही प्रत्यय है जो नये सिरे से जिया जाता है और जब जिया जाता है तब मरा नहीं जाता, जो प्रकाश पर टिका है और जिसमें अकेलापन नहीं है।'

किन्तु विडम्बना यह है कि योके उस प्रत्यय को प्राप्त नहीं कर पाती : उसे न प्रकाश मिलता है और न उसका अकेलापन दूर होता है। 'सेल्मा' अपने मृत्यु बोध से प्राप्त दृष्टि के कारण 'नि:संग' भाव से मर जाती है किन्तु योके इस 'गुफा' से निकलकर दूसरी 'गुफाओं' में भटकती रहती है और अन्त में उसके अकेलेपन को उसकी 'ठठरी' ही दुहराती रह जाती है। सेल्मा मर कर भी यह सन्देश दे जाती है कि यद्यपि 'वरण' की 'स्वतन्त्रता' नहीं है फिर भी रचना सम्भव है और उसी में मुक्ति है। यहाँ हमें 'नदी के द्वीप' वाली 'मुक्ति' का सन्दर्भ तथा अर्थ प्राप्त हो जाता है यानी 'रचना' में ही मुक्ति है।

लेकिन यहाँ फिर एक विडम्बना सामने आती है कि यद्यपि अज्ञेय सार्त्र वाली अस्तित्ववादी अवधारणा का विरोध करते हुए भी (कि मैन इज कंडेम्ड टु बी फ्री, और हम 'वरण' करने के लिए अभिशप्त हैं) उसी की स्थापना के 'निष्कर्ष' पर पहुँच जाते हैं : सार्त्र अपने पहले उपन्यास 'नॉसिया' में तथा तीन खंडों में विभाजित अपने अगले उपन्यास 'रोड्स टू फ्रीडर्म' के अन्त में रचना द्वारा ही मुक्ति की बात करता है। अत: अज्ञेय का यह विरोध निष्फल हो जाता है पर इस विडम्बना तथा अन्तर्विरोध को न समझते हुए वे अन्त में आत्महत्या करती हुई 'योके' से कहलाते हैं, 'हाँ मैंने चुन लिया, 'एक हरामी मौत', 'यानी अज्ञेय यह कहना चाहते हैं कि वरण की स्वतन्त्रता या चुनने की स्वतन्त्रता केवल एक आत्मघाती अवधारणा हो सकती है। सार्त्र की चुनने वाली स्वतन्त्रता अवधारणा एक लम्बी तथा तकलीफदेह निर्णय से जुड़ी जटिल प्रक्रिया है। अज्ञेय या तो

उससे परिचित नहीं हैं या उसकी अनदेखी कर जाते हैं। सार्त्र कहता है कि जब हम नहीं चुनते तब भी कुछ न कुछ 'चुनते' ही हैं यानी हम चुनने के लिए अभिशप्त है। अत: अज्ञेय द्वारा 'योके' के आत्मघात को चुनना कोई तर्क संगत परिणति या निर्णय नहीं है (अज्ञेय ने उसे बिना किसी वास्तुविक आधार के केवल सार्त्र के 'चुनने' की अवधारणा की खिल्ली उड़ाने के लिए प्रयुक्त किया है। फिर वहाँ सहसा अन्त में किसी भारतीय 'जगन्नाथन' (या ऐसा ही कोई) का आ जाना तथा योके का उसके चरणों में मरना स्वयं उपन्यास का आत्मघात है मानो अज्ञेय समझ न पा रहे हों कि उपन्यास का अन्त किस तरह किया जाय। अत: उसका अन्त आत्मघाती ही नहीं अत्यन्त कृत्रिम तथा यांत्रिक है। उपन्यास को अज्ञेय आगे बढ़ाकर किसी तर्कसंगत 'रचनात्मक परिणति' तक ले जा सकते थे जो उन्होंने नहीं किया है या उनसे नहीं हो सका है।

अज्ञेय की मृत्यु के पश्चात उनके दो अधूरे या अधूरे भी नहीं केवल प्रारम्भ किये गये उपन्यास 'छाया मेखल' तथा 'बीनू भगत' सन् 2000 में प्रकाशित हुए थे जिनसे पता चलता है कि अन्त में वे हमेशा की तरह एक नयी शैली और भाषा की तलाश करते थे, किन्तु यह पता नहीं चल पाता कि क्या वे किसी नये भावबोध की भी तलाश कर रहे थे या नहीं। किन्तु बातचीत या संवादों में एक अतिरिक्त औपचारिकता जो अज्ञेय के उपन्यासों में हमेशा रही है, यहाँ भी है। 'छाया मेखल' का आरम्भ एक नाटकीय सस्पेंस के साथ होता है जो धीरे-धीरे खत्म हो जाता है, पर यदि वह बना रहता तो बेहतर होता और तब शायद यह एक नये ढंग का उपन्यास बन पाता। किन्तु यह उपन्यास अपने भ्रूण रूप में जितना है, उससे कुछ पता नहीं चल पाता।

'बीनू भगत' को अज्ञेय का अंतिम उपन्यास इस रूप में भी माना जाना चाहिए कि यह एक पात्र के मुँह से ही कहा गया एक कॉनफेशनल उपन्यास है। वह पात्र (बेनसन) बचपन में मम्स हो जाने जाने के कारण नपुंसक हो गया है, पर फिर भी विवाह करता है किन्तु फिर भी उसका वैवाहिक जीवन सुखद है : वह और लेखक या वर्णनकर्ता एक नाटक देखते हैं जिसमें पत्नी अपने अधीन काम करने वाले एक कर्मचारी से गर्भ धारण करती है और जैसा कि कहा जाता है, शायद 'नियोग' द्वारा सन्तान उत्पन्न करती है। बेनसन भी विवाहित है पर पुंसत्वहीन है, उसे क्या करना चाहिए? इस प्रश्न का उत्तर देने के लिए स्वयं अज्ञेय यानी लेखक नहीं रहता। यह अंतिम उपन्यास क्या संकेत करता है और आगे क्या होता है? यह 'प्रश्न' अनुत्तरित ही रह जाता है और साथ ही और भी बहुत सी शंकाएँ भी।

अज्ञेय का उपन्यास साहित्य निस्सन्देह हिन्दी उपन्यास को समृद्धतर करता

है। अज्ञेय के बाद के हिन्दी उपन्यास का विकास आगे देखा जाएगा तो उसमें अज्ञेय के उपन्यासों का सन्दर्भ अनिवार्य रूप से होगा।

भीष्म साहनी (1915-2003)

भीष्म साहनी यद्यपि 'नयी कहानी' दौर के कथाकार माने जाते हैं किन्तु उन्होंने नयी कहानी की सभी सीमाओं का अतिक्रमण करते हुए अनेक कहानियाँ, नाटक और उपन्यास लिखे : उनके नाटकों और कहानियों की चर्चा हम उन विधाओं पर लिखते हुए विस्तार से करेंगे, किन्तु यहाँ उनके उपन्यासों पर भी गौर करना जरूरी है। भीष्म साहनी एक अत्यन्त अनुशासनबद्ध रचनाकार हैं (थे)। लेखन के प्रति उनकी निष्ठा अटूट थी। लेखन को प्राय: कर्तव्य मानकर नियमित रूप से लिखते थे। लेकिन निष्ठा तथा लेखन के प्रति प्रतिबद्धता के बावजूद उनका समस्त लेखन (जो संख्या में पर्याप्त है) औसत से कुछ ही अधिक श्रेणी का है। केवल 'तमस' और 'मैय्यादास की माड़ी' अपेक्षाकृत उच्चतर श्रेणी के उपन्यास माने जाएँगे।

उन्होंने कुल सात उपन्यास लिखे हैं। झरोखे (1967) कड़ियाँ (1970) तमस (1973) बसंती (1980) मैय्यादास की माड़ी (1988), कुंती (1993) नीलू नीलिमा और नीलोफर (2000)। 'तमस' इनका सर्वाधिक चर्चित उपन्यास है और यद्यपि विभाजन के ठीक पूर्व 1947 में हुए भीषण दंगों की 'विभीषिका, क्रूरता तथा अमानवीयता को बड़े मार्मिक ढंग से प्रस्तुत किया गया है। यह यशपाल के 'झूठा सच' के बाद विभाजन पर लिखा गया हिन्दी का सर्वाधिक महत्त्वपूर्ण उपन्यास है। यद्यपि यह कुल पाँच दिनों की कहानी है किन्तु उन पाँच दिनों में ही दंगों के पीछे के प्रेरणा स्रोत और स्वार्थपरक सूत्रों को ढूँढ़कर सूक्ष्मता से विश्लेषित किया गया है। अधिकांश दंगे होते नहीं कराये जाते हैं कुछ निश्चित स्वार्थवाले साम्प्रदायिक दलों द्वारा। मसलन इसमें इन्हीं स्वार्थ प्रेरित शक्तियों द्वारा एक सूअर को मारकर मुसलमानों के इलाके (सम्भवत: मसज़िद) में फेंक दिया जाता है और फिर दंगे भड़क उठते हैं और उसके बाद के कुल पाँच दिनों में जो भीषण संघर्ष तथा क्रूरकृत्य होता है, वह दहला देने वाला तथा लोमहर्षक है। तत्कालीन अँग्रेज़ी सरकार उन दंगों को रोकने का कोई विशेष प्रयास नहीं करती है, बल्कि वहाँ का गवर्नर उनका अँग्रेज़ी सरकार के हित में लाभ उठाने की कोशिश करता है। बाद के दिनों में होने वाले दंगे और नर संहार उन्हीं पाँच दिनों के नर संहार का विस्तार हैं और अन्त में होने वाला 'विभाजन' उन्हीं की परिणति। भीष्म साहनी ने दंगों को या नरसंहार तथा हिंसा को मनुष्य के अन्तरंग की तामसिक वृत्ति का परिणाम माना है—इसलिए वे पार्टीजन तो नहीं हैं किन्तु

यह सामाजिक तथा राजनैतिक हिंसाओं तथा अत्याचारों के 'सरलीकरण' हैं। 'तमस' क्रमशः सरलीकृत होता गया है। वस्तुतः भीष्म साहनी के पास एक विचार दृष्टि तो है, पर अन्तदृष्टि नहीं है। महत्त्वपूर्ण कथाकार के पासवैचारिक दृष्टि ही नहीं, अन्तर्दृष्टि होना भी अनिवार्य है—यही फर्क टॉलस्टॉय को महान बनाता है और गोर्की को एक अच्छा कथाकार जिसके पास एक वैचारिक दृष्टि तो है किन्तु वह अर्न्तदृष्टि नहीं जो टॉलस्टॉय और दास्तोवस्की को महान बनाती है। भीष्म साहनी के पूर्ववर्ती तथा परवर्ती अनेक उपन्यासकारों के साथ यही घटित हुआ है जिनका उल्लेख और विवेचन आगे किया जायेगा।

'मैय्यादास की माड़ी' कई दृष्टिकोण से महत्त्वपूर्ण उपन्यास है यद्यपि उसकी चर्चा 'तमस' की अपेक्षा कम हुई। 'मैय्यादास की माड़ी' एक हवेली है और उपन्यास की कथा इसी हवेली से जुड़ी है और उसके लगभग सौ वर्षों का इतिहास है। आखिर कौन-कौन और कैसे-कैसे लोग इसमें रहे? दरअसल यह सामन्ती परिवार की कहानी है। भीष्म साहनी की दृष्टि मूलतः मार्क्सवादी है और उसी दृष्टि से 'मय्यादास की माड़ी' से जुड़ी कहानी का विवेचन किया गया है। इसमें रहने वाले सभी पीढ़ियों के प्रतिनिधि क्रमशः ब्रिटिश हूकुमत के वफ़ादार और चाटुकार हैं। उपन्यास की कथा 'सामन्तवाद' से लेकर पूँजीवाद तक की कहानी है। इसकी तीसरी पीढ़ी का प्रतिनिधि हुकूमत राय अँग्रेज़ी राज में उनसे उपकृत होकर उनकी खुशामद तो करते ही हैं उससे पूरा लाभ भी उठाना चाहते हैं। हुकूमत राय ऐसा ही व्यक्ति है। वह रायबहादुर भी बनना चाहता है और 'स्वतन्त्रता आन्दोलन' का विरोधी है। वह 'मय्यादास की माड़ी' का आधुनिकीकरण करना चाहता है किन्तु समय के बहाव में खुद बह जाता है। भीष्म साहनी के अन्य उपन्यास सामान्य हैं। भीष्म साहनी की विचारधारा यद्यपि मार्क्सवादी है किन्तु उनका दृष्टिकोण मानवतावादी हैं। मार्क्सवाद की उग्रता उनमें नहीं है : यह उनकी विशेषता भी है और दुर्बलता भी, क्योंकि अपनी मानवता के चलते वे अपने पात्रों और मानवता विरोधी गतियों को 'हर्ट' करने से बचते हैं। वे आक्रामक नहीं हैं, इसीलिए किसी के प्रति कड़ा रुख अपनाने से कतराते हैं। इसलिए उनके उपन्यास सामान्य स्तर पर ही बने रहते हैं। उनकी भाषा-शैली में भी न तो कोई विशेष प्रयोग है। वह सहज-सरल तो बनी रहती है किन्तु उसमें कोई पैनापन नहीं है।

जैसाकि बीसवीं सदी में मार्क्सवादी विचारधारा ने एक दर्शन के रूप में और एक वैकल्पिक व्यवस्था के रूप में भी एक अत्यन्त प्रभावशाली तथा शक्तिशाली आन्दोलन बनकर दुनिया के प्रायः सभी देशों को प्रभावित किया। रूस की महान क्रान्ति के बाद तो उसने केवल शासकों तक सीमित न रहकर अत्यन्त प्रखर तथा मेधावी बुद्धिजीवियों को जन्म दिया। अतः एक विचारधारा के रूप में आज भी

उसका कोई जवाब या विकल्प नहीं है। इसके प्रकांड बुद्धिजीवियों और चिन्तकों ने पूरी दुनिया, समाज और इतिहास के देखने तथा विश्लेषित करने का एक नजरिया दिया जिसने ज्ञान की सभी विधाओं का पूरा स्वरूप ही बदल दिया। मार्क्सवाद ने एक नये इतिहास, समाजशास्त्र, दर्शनशास्त्र, नृतत्व शास्त्र, मनोविज्ञान आदि के अतिरिक्त एक अनूठे साहित्य चिन्तन की पद्धति को भी जन्म दिया जिसने साहित्य को देखने–परखने विश्लेषित करने की नयी पद्धति विकसित की। एक समय आया जब बीसवीं सदी के प्रायः सभी प्रभावशाली बुद्धिजीवी इसके पक्षधर तथा प्रवक्ता बने।

मार्क्सवाद का साहित्य पर भी प्रभाव पड़ा और वहाँ के अनेक साहित्यकारों ने प्रेरित होकर कई महान कृतियाँ लिखीं। इनमें जर्मन नाटककार और कवि ब्रेश्ट तथा लतिनी अमेरिकी कवि पाब्लो नेरुदा प्रमुख थे। रूस के ही नहीं, पूरे विश्व के सर्वश्रेष्ठ उपन्यासकार माने जाने वाले टॉलस्टॉय यद्यपि मुखर रूप में मार्क्सवादी नहीं थे, बल्कि विचारों में क्रान्ति विरोधी थे, किन्तु वे घनघोर सामन्तवाद विरोधी थे और उनकी रचनाओ में अन्तर्निहित सामन्तवाद विरोध को लक्ष्य करके ही रूसी 'क्रान्ति' के जन्मदाता लेनिन उनके प्रशंसक थे और उन्होंने उनकी प्रशंसा में लिखा भी था।

किन्तु यहाँ इस अन्तर्विरोध और विडम्बना की ओर ध्यान जाना जरूरी है कि हिन्दी में यद्यपि अनेक महत्त्वपूर्ण मार्क्सवादी समीक्षक तथा चिन्तक हुए (और आज भी हैं), किन्तु कोई भी प्रथम श्रेणी का उपन्यासकार नहीं हुआ—कुछ सीमा तक यशपाल उसके अपवाद माने जा सकते हैं किन्तु हम उनके उपन्यासों का अध्ययन करके देख चुके हैं कि न तो उनके उपन्यास साहित्यिक कसौटी पर कुछ विशेष महत्त्वपूर्ण सिद्ध होते हैं और न वैचारिक कसौटी पर, बल्कि उनमें मार्क्सवाद तथा फ्रायड का विचित्र मिश्रण है और उनके प्रायः सभी उपन्यास यौन भावना से आक्रान्त हैं। स्वयं अनेक श्रेष्ठ मार्क्सवादी समीक्षकों (नेमिचन्द्र जैन आदि) ने इस ओर ध्यान आकृष्ट कराया है। रही प्रेमचन्द की बात तो उन्हें मार्क्सवादी समझना या मानना उनके साथ अन्याय करना है। उनके पास अद्‌भुत अर्न्तदृष्टि तथा कथात्मकता थी किन्तु उन्हें मार्क्सवादी चौखटे में किसी भी तरह फिट नहीं किया जा सकता। यद्यपि हिन्दी के कुछ जिद्‌दी तथा कट्‌टर मार्क्सवादियों ने यह भी सिद्ध करने की चेष्टा की है। प्रतिभाशाली और एक हद तक वामपंथी उपन्यासकार रांगेय राघव की सीमा हम देख चुके हैं और वामपंथ से सहानुभूति रखने वाले अपेक्षाकृत बेहतर कथाकार भीष्म साहनी के उपन्यासों का विश्लेषण हम अभी–अभी कर आये हैं। आगे देखने की कोशिश करेंगे कि मार्क्सवादी कहे या माने जाने वाले अन्य उपन्यासकार कौन हैं और कैसे हैं।

भैरवप्रसाद गुप्त (1918–1995)

भैरव प्रसाद गुप्त न केवल प्रतिबद्ध मार्क्सवादी उपन्यासकार थे, बल्कि उसके अत्यन्त मुखर प्रवक्ता तथा प्रचारक भी थे। हालाँकि उन्हें मार्क्सवाद का 'आडियोलॉग' नहीं कहा जा सकता क्योंकि उन्होंने न तो (ऐसा प्रतीत होता है) मार्क्सवादी सिद्धान्तों का अध्ययन किया था, न उसकी मूलभूत दार्शनिक मान्यताओं से विशेष परिचित थे। लेकिन मार्क्सवाद के प्रति उनकी निष्ठा, ईमानदारी तथा प्रतिबद्धता में सन्देह नहीं किया जा सकता है। पर जैसा पश्चिम के विचारकों ने यह लगभग सिद्ध कर दिया है कि रचना महज सिंसीयेरिटी और उसकी आथेंटिसिटी से ही नहीं सिद्ध की जा सकती है।

भैरव जी के उपन्यासों में सिंसियेरिटी तथा आथेंटिसिटी दोनों मिल सकती हैं किन्तु वे न तो बौद्धिक स्तर पर और न रचनात्मक स्तर पर किसी बहुत महत्त्वपूर्ण उपन्यास की रचना कर सके। उन्होंने कोई पंद्रह उपन्यास लिखे होंगे, पर उनमें उपरोक्त सारे गुण होने के बावजूद किसी कदर कथात्मकता तो है पर 'रचनात्मकता नहीं। एक तो वे कई अन्य उपन्यासकारों की तरह बेहद जल्दबाज उपन्यासकार थे और दूसरे उनके व्यक्तित्व की तरह ही उनमें 'क्रूडिटी' तथा सतही स्थूलता थी।

उनके उपन्यासों में 'गंगा मैया' और 'सत्ती मैया का चौरा' काफी चर्चित उपन्यास रहे हैं। 'गंगा मैया' को कुछ हद तक महत्त्वपूर्ण उपन्यास माना जा सकता है। सन् 1952 में प्रकाशित 'गंगा मैया' को नागार्जुन तथा फणीश्वरनाथ रेणु के ग्रामीण उपन्यासों का पूववर्ती भी माना जा सकता है—किसी हद तक प्रामाणिक भी। उसमें सहजता तथा प्रामाणिकता भी है, किन्तु कथा तथा उसका ट्रीटमेंट इतना सपाट है कि हिन्दी के सम्भवतः फ्रेंच में अनूदित होने वाले पहले हिन्दी उपन्यास (कुछ लोगों के द्वारा प्रचारित) होने के बावजूद वह एक साफ सुथरा सामान्य उपन्यास बनकर ही रह जाता है। उनकी 'सती मैया का चौरा' भी लगभग ऐसी ही कृति है। सिंसियेरिटी और आथेंटिसिटी के बावजूद रचनात्मक असफलता के उनके उपन्यास प्रायः अद्वितीय उदाहरण हैं।

अमृतराय (1921–1996)

प्रगतिवाद के अत्यन्त प्रखर प्रवक्ता तथा विचारक। इन्होंने कई उपन्यास लिखे : 'बीज' (1952) 'नागफनी का देश' (1953), 'हाथी के दाँत', 'सुख-दुख' (1969) 'मटियाली' (1969) 'जंगल' (1969) और 'धुँआ'। यद्यपि इनके बृददकाय उपन्यास 'बीज' की काफी चर्चा हुई, किन्तु यह कोई आकर्षक तथा

प्रभावपूर्ण उपन्यास नहीं है। इसका क्षेत्र व्यापक है और इसमें दूसरा महायुद्ध से लेकर स्वतन्त्रता तथा स्वान्त्रयोत्तर भारत का चित्रण किया गया है। पर जैसा कि कहा गया है, यह नितान्त वर्णनात्मक और निष्प्राण उपन्यास है। इनके अन्य उपन्यासों में केवल 'धुआँ' ठीक-ठाक है।

फणीश्वरनाथ रेणु (1921-1977)

प्रेमचन्द के बाद जैनेन्द्र ने हिन्दी उपन्यास को नयी दिशा दी। उसे अज्ञेय और यशपाल दो छोरों पर ले गये। 'शेखर' और 'दादा कामरेड' दो ध्रुवान्तों पर स्थित हैं। इसी बीच फणीश्वरनाथ रेणु का 'मैला आंचल' हिन्दी उपन्यास में धूमकेतु की तरह प्रकट हुआ। 'रेणु' अज्ञेय और यशपाल के बीच एक मध्यममार्ग का अनुसरण करते हैं। अज्ञेय की तरह वह वे वैक्तिकता को तो सम्मान देते हैं किन्तु वे व्यक्तिकेन्द्रित नहीं हैं और न वे यशपाल की तरह किसी विचारधारा की पूँछ पकड़कर समाज की वैतरिणी को पार करने की कोशिश करते हैं। 'मैला आँचल' एक अंचल का गान और गाथा तो है, किन्तु उसके अन्तर में उसकी एक विषादगाथा भी छिपी हुई है।

महत्त्वपूर्ण उपन्यासों की कहानियाँ जब अन्त की ओर बढ़ती हैं तो पीछे की कहानियाँ आगे आकर मँडराने लगती हैं, अतीत कभी पीछा नहीं छोड़ता। ऐसे उपन्यासों में अतीत हमेशा वर्तमान बना रहता है। 'मैला आँचल' का जब अन्त होता है तो उसके सर्वाधिक महत्त्वपूर्ण पात्र वामन महाराज मानो बामन अवतार लेकर सामने आ जाते हैं और उनका अन्त केवल उनका अन्त नहीं है। एक कमजोर दुर्बल काया विभाजित भारत तथा पाकिस्तान के बीच अवैध व्यापार को रोकने के लिए एक बीचोंबीच खड़ी हो जाती है और तस्करी करनेवाली बैलगाड़ियाँ उसे रौंदती हुई आगे बढ़ जाती हैं। कहीं प्रेमचन्द के सूरदास की तरह रेणु के बामन महराज की कथा में गाँधी की आत्मा तो नहीं छिपी हुई है। 'मैला आँचल' स्वतन्त्रता के बाद विभाजन की पहली विषादगाथा है।

1954 में प्रकाशित 'मैला आँचल' की कथा, बिहार के सुदूर पूर्व में स्थित एक गाँव 'मेरीगंज' की कहानी है जिसके एक ओर नेपाल तथा दूसरी ओर विभाजित भारत का पूर्वी बंगाल (पाकिस्तान) है। 'मैला आँचल' के प्रकाशन ने हिन्दी के साहित्य जगत को चौंका दिया था। उसका गाँव प्रेमचन्द के गाँव से सर्वथा भिन्न है। यानी गाँवों में सन् 1946 तथा 1954 के बीच जो परिवर्तन आ चुका था, वह उस गाँव की कहानी है। गाँव का यह चित्रण भी प्रेमचन्द की भाषा और शैली से बिलकुल भिन्न पद्धति तथा प्रविधि में किया गया है। 'मैला आँचल' की यह प्रविधि तथा संरचना रेणु का अपना आविष्कार है और

वही उसकी सर्वाधिक महत्त्वपूर्ण उपलब्धि है।

किन्तु उसका तात्पर्य यह नहीं कि उसका 'कथ्य' कम महत्त्वपूर्ण है बल्कि उसमें यथार्थ का एक सर्वथा नया आयाम सामने आता है। यानी मानने वाले उसे एक मार्मिक तथा काव्यात्मक प्रेमकथा भी मान सकते हैं और दूसरी ओर स्वतन्त्र भारत के तत्काल बाद हुए राजनैतिक परिवर्तनों की गाथा भी।

'मैला आँचल' की संरचना संगीतात्मक है—काव्यात्मक नहीं। वह आम गीतों से गुँथी हुई कहानी है। किन्तु उसमें केवल श्यामा चिरैया, जोगीड़ा, बीजक तथा विभिन्न अवसरों पर गाये जाने वाले लोकगीत की नहीं हैं! उनके पीछे 'मैला आँचल' में लिपटा हुआ एक दीनदरिद्र समाज है जो ईर्ष्या, द्वेष, एक दूसरे के प्रति रची जाने वाली छोटी-छोटी साजिशों तथा हवा के पंखों पर उड़नेवाली अफवाहों से जर्जर है। वहाँ की हवा और पानी में केवल मलेरिया के कीटाणु नहीं घुले हैं बल्कि साजिशों का ज़हर भी घुला हुआ है। वह गहरे अर्थों में एक राजनैतिक उपन्यास है। उसकी प्रेम कहानी में रोमैंटिकता तो है किन्तु उसकी राजनैतिक कथा में एक क्रूर, करुण तथा ठोस वास्तविकता है। उपन्यास के प्रारम्भ में ही गाँव के अपेक्षाकृत प्रबुद्ध सोच समझ वाले चरित्र बालदेव को रस्सी में बाँधकर लाया जा रहा है। हालाँकि अपने शुभेच्छुओं के कारण उसे शीघ्र ही मुक्त कर दिया जाता है किन्तु हम देखते हैं कि उसकी कहानी में राजनीति के बीज प्रारम्भ में ही बो दिये जाते हैं।

लेकिन 'मैला आँचल' एक स्तरीय उपन्यास नहीं है। उसकी अनुसंगी कथाओं में मलेरिया द्वारा प्रदूषित पानी की कहानी भी है। और सामाजिक रूप से सक्रिय उन महिलाओं की कहानी भी जिन्हें दुराचारिणी माना जाता है। उसके अलावा नाबालिग बालिकाओं का बलात्कार, ग्रामवासियों और आदिवासियों की संघर्ष-कथा आदि भी चलती रहती है। उसमें डॉक्टर तथा कमली के बीच की कहानी तो चलती ही रहती है, साथ एक महन्थ के तथाकथित आश्रम में रहने वाली लक्ष्मी कोठारिन की करुण कथा समानान्तर रूप से चलती है। किन्तु 'मैला आँचल' की कथा घूम-फिरकर स्वतन्त्रता के बाद की ग्रामीण राजनीति पर आ जाती है।

'मैला आँचल' का विद्रोही पात्र वामन महाराज है। वह विद्रोही है, इसीलिए वह ट्रेजिक चरित्र है। अपने संघर्ष में वह अकेला पड़ जाता है और टैगोर की कविता पंक्ति की तरह वह 'एकला चलो रे' की भूमिका निभाता है। इस अकेली संघर्ष यात्रा में वह अन्ततः मारा जाता है। रेणु ने उसकी इस ट्रैजिक नियति का इतना मार्मिक चित्रण किया है कि वह अन्त में मंटो की कहानी का 'टोबाटेक सिंह' बन जाता है, लेकिन वह टोबाटेक सिंह की तरह पागल नहीं है। पर मरने

पर उसके शव को न तो भारत अपनाना चाहता है न पाकिस्तान! सीमावर्ती वृक्ष पर वह एक चिथड़े की तरह लटका हुआ है। 'कलीमुद्दीनघाट पर किसी ने मन्नत करके एक चिथड़ा लटका दिया है।' यह चिथड़ा ही तो वामन महराज है! यह चिथड़ा स्वयं विभाजित भारत भी हो सकता है। सीमा पार करके तस्करी करती बैलगाड़ियाँ बीच रास्ते पर खड़े वामनमहाराज के शरीर का चिथड़ा बना देती हैं।

इसके साथ ही यह भी ध्यान देने योग्य है कि 'मैला आँचल' के लेखक में अद्‍भुत हास्यबोध है। रेणु से पहले हिन्दी उपन्यासों में हास्यबोध नहीं के बराबर है। प्रेमचन्द के उपन्यासों में कहीं कहीं हास्य के छींटे अवश्य हैं किन्तु कुल मिलाकर उनकी 'कथाभाषा' बहुत गम्भीर नहीं तो सपाट जरूर है। जैनेन्द्र, अज्ञेय और यशपाल में तो हास्यबोध का नामोनिशान नहीं है। 'मैला आँचल' की एक बड़ी उपलब्धि यह है कि उसने हिन्दी उपन्यास को अति गम्भीरता के बोझ से मुक्त कर दिया है। उसने इस वास्तविकता का भी उद्‍घाटन किया है कि भारत का किसान घनघोर गरीबी, दुख और यातना में भी एक नैसर्गिक हास्य से भरपूर रहता है। रेणु ने एक जगह लिखा भी है कि संथाली औरतें यातना के क्षणों में भी किस तरह अपने सफेद चमकते दाँतों से खिलखिलाती रहती हैं। यहाँ तक कि एक औरत का जब ऑपरेशन होता है तो वह दर्द से चीखने के बजाय हँसती रहती है जिसे देखकर डॉक्टर भी हैरान हो जाते हैं। गाँवों की बोलचाल की भाषा में भी जो तोड़-मरोड़ की जाती है उसमें से भी हँसी के फौव्वारे निकलते रहते हैं। हास्यबोध मनुष्य के निश्छल, निर्दोष, कुंठाहीन मानसिकता को दर्शाता है।

परती परिकथा (1957)

हिन्दी के अनेक आलोचकों ने रेणु के दूसरे महत्त्वपूर्ण उपन्यास 'परती कथा' को 'मैला आँचल' की दुर्बल पुनरावृत्ति कहा है। देखने की जरूरत है कि क्या सचमुच बात यही है? दरअसल सरच्चाई यह है कि 'मैला आँचल' से आगे का उपन्यास है यह। 'मैला आँचल' की कथा मेरीगंज (फारबिसगंज) को केन्द्र बनाकर लिखी गयी है जबकि 'परती परिकथा' की कथा परानपुर नामक गाँव को केन्द्र में रखकर लिखी गयी है। परानपुर क्या है...दूर-दूर तक फैले धूसर वीरान, अन्तहीन परती जमीन के बीच बसा हुआ एक गाँव। कैमरे के 'लाँगशाट' से देखने पर वह ऐसा गाँव लगेगा कि वह एक जनविहीन वीरान सा गाँव है जहाँ जीवन की कोई गतिविधि नहीं दिखायी देती। लेकिन यही कैमरा जब इस गाँव के बीचोबीच जाकर घूमता हुआ उसे चित्रित करता है तो यही गाँव इतना जीवन्त और गुंजान लगता है कि हम भूल जाते हैं कि किसी धूसरवीरान गाँव में हैं। रेणु ने अपनी

कलम से इस बलुहे वीरान गाँव को रंगारंग वैविध्यवाले चरित्रों से भर दिया है। लेकिन महज चरित्रों की भीड़ लगा देने से ही चरित्र नहीं बनते। उसमें जीवन और जीवंतता भरकर प्राण फूँकने की कला न होने पर वे कठपुतली मात्र बनकर रह जाते हैं। 'परती परिकथा' के भिझलपाया, सामबत्तीपीसी और लुत्तो (घर-घर घूमकर 'लुत्ती' लगाने वाली औरत) आदि जैसे चरित्र गाँव को अपनी हरकतों से गुंजायमान रखते हैं।

किन्तु केवल चरित्र-चित्रण 'परती परिकथा' का उद्देश्य नहीं है। उसका उद्देश्य कुछ और है, जिसे आगे बताया जाएगा। इस उपन्यास में अगर नायक ढूँढ़ा जाए तो वे गाँव के सम्पन्न जमींदार जितनबाबू हैं जो गाँव के अनेक लोगों की दृष्टि में एक ऐय्यास और शराबी व्यक्ति हैं। जितनबाबू एक पढ़े-लिखे बौद्धिक किस्म के व्यक्ति हैं जो हर शाम शराब तो पीते ही हैं, किन्तु साथ ही टी.एस. एलियट की कविता पंक्तियाँ भी उद्धृत करते रहते हैं। चूँकि 'परती परिकथा' मैला आँचल से आगे की कथा है, जब जवाहरलाल नेहरू अपनी पंचवर्षीय योजनाओं से भारत के विकास का सपना देख रहे थे। कोसी प्रोजेक्ट, भूदान आन्दोलन, इस्पात के कारखाने तथा भारी-भरकम बाँधों के निर्माण की योजनाएँ लगातार बन रही थीं। तब तक 'नेहरू युग' से 'मोहभंग' का दौर नहीं आया था। भारत-चीन युद्ध नहीं हुआ था। उस दौर में कोई ऐसा आदमी नहीं था जिसके अपने सपने नहीं थे। जितनबाबू के भी अपने सपने थे। वे परानपुर की परती में प्राण फूँक देना चाहते थे। वे परानपुर की रेगिस्तानी धरती को लहराते नखलिस्तान में परिवर्तित कर देना चाहते हैं। संक्षेप में उपन्यास की मुख्य कथा यही है किन्तु 'मैला आँचल' की तरह ही अनेक अनुसंगी कथाएँ हैं। साथ ही एक कोमल तन्तुओं से बनी हुई प्रेमकथा भी चलती रहती है। ध्यान देने की बात है कि यह केवल कथा नहीं है। परिकथा है जो केवल एक स्थान पर स्थित नहीं रहती। किन्तु रेणु उन्हें 'मैला आँचल' की अनुसंगी कथाओं की तरह पुरलुत्फ और जीवन्त नहीं बना पाये हैं। इसलिए कथा का प्रवाह बीच-बीच में शिथिल हो जाता है। इसके अलावा यहाँ रेणु का दृष्टिकोण 'मैला आँचल' की तरह निर्वैक्तिक न रहकर भावनाग्रस्त हो जाता है, जिसका मुख्य कारण स्त्री के प्रति शरतचन्द्रीय दृष्टिकोण है। उपन्यास की ताजमनी और इरावती ऐसी ही स्त्रियाँ हैं। किन्तु अपने दृढ़ संकल्प तथा संघर्ष शक्ति के कारण जितनबाबू यहाँ भी अपने को बचाते जाते हैं।

यह नहीं कि परानपुर बहुत पिछड़ा हुआ गाँव है। बल्कि यहाँ अनेक पढ़े-लिखे युवक और युवतियाँ हैं। गाँव के लोगों में राजनैतिक चेतना है और वहाँ के युवक अनेक राजनैतिक पार्टियों के सक्रिय कार्यकर्ता हैं। किन्तु इन सबके बावजूद 'जमींदारी उन्मूलन' होने के बाद भी सम्पन्न जमींदारों के पास हजारों

एकड़ जमीन है। जितनबाबू के पिता शिवेन्द्र मिश्र दबंग तथा कठोर स्वभाव के व्यक्ति थे। उनका आतंक पूरे गाँव पर व्याप्त रहता था। किन्तु जितनबाबू आधुनिक युग के पढ़े लिखे संवेदनशील युवक हैं। वे गाँव का विकास चाहते हैं। इसीलिए जब सरकारी अधिकारियों का एक दल गाँव के विकास की योजना लेकर जाता है और वहाँ कैम्प लगाकर काम शुरू करना चाहता है तो गाँव के लोग सशंकित हो जाते हैं। वे इसके पीछे कोई षडयंत्र देखते हैं। उन्हें लगता है कि इस कोसी विकास परियोजना के कारण पूरा गाँव पानी में डूब जाएगा। अत: वे क्रुद्ध होकर विकास कार्य करने आये लोगों पर आक्रमण कर देते हैं। स्वयं जितन बाबू जो उन लोगों को बचाने आये थे, घायल हो जाते हैं। मगर वे गाँववालों का डटकर मुकाबला करते हैं और गाँववालों को बताते हैं कि सरकार द्वारा यह योजना सचमुच गाँव के विकास के लिए बनाई गयी है और उससे चारों ओर फैली हजारों एकड़ की परती जमीन हरी-भरी हो जाएगी। अन्त में गाँववालों की समझ में यह बात आ जाती है। जितन बाबू का सपना सच हो जाता है।

अत: 'परती परिकथा' को एक आदर्शवादी उपन्यास कहा जा सकता है। इसकी कहानी बहुत जटिल नहीं है। किन्तु रेणु इस सरल-सी कहानी को अपनी चित्रण की कुशलता से इसे एक संगीतात्मक पैटर्न बना देते हैं जिसके बारे में निर्मल वर्मा ने लिखा है कि "ऐसा लगता है कि हम किसी गाँव का अद्‌भुत कार्निवाल देख आये हैं। अनेकानेक रंगों, गन्धों, सुरों की हहराती धारा हमारे बीच बहकर आगे बढ़ गयी है। अनेक व्यक्तियों की असंगतियों, सुख-दुख, हास-विलास से हमने अपने को सम्पृक्त कर लिया है। किन्तु ये चेहरे, रंग और सुर अपने में महत्त्वपूर्ण नहीं हैं—महत्त्वपूर्ण हैं इस कार्निवाल की गतिमयता, अविरल प्रवाह की कलकल, हवा में उड़ते रंगों की माया, एक मायावी लय जो समस्त व्यक्तियों और घटनाओं के बीच से गुजरती हुई हमारे मस्तिष्क और हृदय को आलोड़ित कर देती है।" मोहाविष्ट कर लेने की यह कला ही 'परती परिकथा' की सबसे बड़ी विशेषता है। उसकी कथा में जो बिखराव है, वह चित्रकला के 'कोलाज' का बिखराव है जो एक दूसरे स्तर पर जाकर सम्पूर्ण चित्र का आकर ग्रहण कर लेता है। किन्तु यह सच है कि 'परती परिकथा' में 'मैला आँचल' वाली स्वत: स्फूर्त गतिमयता और प्रवाह नहीं है। यह एक योजनाबद्ध उपन्यास है। ऐसा प्रतीत होता है कि रेणु नेहरू की पंचवर्षीय योजनाओं को एक तार्किक आधार दे रहे हों। किन्तु फिर भी जैसा कहा गया, यह अपने चमत्कारिक शिल्प कौशल के कारण हिन्दी का एक महत्त्वपूर्ण उपन्यास है।

'परती परिकथा' के बाद रेणु ने और भी कई उपन्यास लिखे— 'पल्टूबाबू रोड', 'जुलूस' और 'दीर्घतपा' आदि। इसमें 'जुलूस' (1965) एक उल्लेखनीय

उपन्यास है। यह सन् 47 के विभाजन के बाद पूर्वी बंगाल से भारत आये विस्थापित बंगाली हिन्दू शरणार्थियों की कहानी है। 'जुलूस' का आकार प्रकार बहुत बड़ा नहीं है और न उसका फलक ही बहुत विस्तृत है। इसमें मुख्य रूप से स्त्री-पुरुष सम्बन्धों का चित्रण किया गया है। किन्तु इस विस्थापन व्यापार को रेणु एक भिन्न दृष्टिकोण से देखते हैं।

इसकी कहानी भी, पूर्णिया जिले की है जहाँ के नबीनगर में इन शरणार्थियों को बसाया गया है। पहले ये शरणार्थी अनेक जगहों के अनेक कैम्पों में रहते थे। वहाँ से नबीनगर तक आने में उन्हें पूरे चौदह वर्ष लग गये। ये कैम्प जर्मनी के 'यातना शिविर' से कम नहीं है। नबीनगर आने पर भी वे शरणार्थी निरन्तर असुरक्षा की भावना से ग्रस्त रहते हैं। गाँव के पुराने वासी उन्हें अपना नहीं पाते हैं। वे लगातार शंका और सन्देह की दृष्टि से देखे जाते हैं।

इन्हीं शरणार्थियों में 'पवित्रा' नाम की एक युवती भी है जिसे उपन्यास की नायिका कहा जा सकता है। उसे लोग प्यार से 'ठकुराइन दीदी' कहते हैं। गाँव के जमींदार का बेटा कादिर पवित्रा पर फिदा है। किन्तु पवित्रा पहले से ही विनोद नाम के युवक की वागदत्ता है। कादिर क्रूर और आपराधिक स्वभाववाला व्यक्ति है। वह दंगों के हंगामे में विनोद की हत्या कर देता है। अब पवित्रा जीवन से विरक्त होकर एक नौकरानी के रूप में नबीनगर में रह रही है। गाँववाले पवित्रा का बहुत सम्मान करते हैं। उसे कॉलोनी की कमेटी का सदस्य भी बना दिया जाता है। इसके बाद की कथा एक नाटकीय मोड़ ले लेती है। मसलन 'इंकलाब' अखबार के प्रतिनिधि नरेश वर्मा को देखते ही पवित्रा को अपने स्वर्गीय मंगेतर विनोद की याद आ जाती है। वह हू-ब-हू वैसा ही लगता है। वह उस पर न्योछावर हो जाती है। फलस्वरूप जिस गाँव में वह एक आदर्श महिला के रूप में मानी जाती थी, वहीं अचानक एक बदनाम और भ्रष्ट महिला के रूप में जानी जाने लगती है। यद्यपि नरेश वर्मा से सम्बन्ध उसके सार्वजनिक कार्यों में बाधक नहीं बनते, पर गाँव वाले उसे गाँव से बाहर निकालने पर तुल जाते हैं।

अब पवित्रा अत्यन्त अकेली और असुरक्षित है। इसी बीच एक भयानक चक्रवात में पूरा गाँव तहस-नहस हो जाता है। सैकड़ों लोग घायल हो जाते हैं। सहायता के लिए गाँव में 'रिलीफ' दल आता है, चन्दा उगाह कर भूखे लोगों के लिए अनाज की व्यवस्था करने की कोशिश की जाती है। पर कोई चन्दा नहीं देता। गाँव में एक छोटनबाबू हैं जो पवित्रा को बेटी की तरह मानते हैं, उनके आगे पवित्रा आँचल पसारकर खड़ी हो जाती है। वे पिघल जाते हैं और पवित्रा के आँचल में पाँच हजार रुपये डाल देते हैं।

उधर नरेश वर्मा गाँव के पीड़ितों की सहायता के लिए सांस्कृतिक कार्यक्रम

आयोजन करता है। पवित्रा उसमें शामिल हो जाती है।

जीवन भर सक्रिय राजनीति से जुड़े रहने वाले बदलते भारत से निराश हैं। वे लिखते हैं, 'बी.डी.ओ. स्पेशल ऑर्गनाइजर, एम.पी. ओ. आदि बहुत सारे 'ओ' शब्दों का समूह एकत्र हो गया है। कुछ नौजवान 'शार्टकट' से ही सफलता पाने की आकांक्षा से राजनीति में ही अपनी सफलता की कुंजी देखते हैं। खादी धारण किये और गाँधी टोपी लगाये हुए तमाम लोगों का हुजूम भ्रष्टाचार तथा धन कमाने का सबसे सुगम माध्यम बन गया है।''

'परती परिकथा' के 'कथाकार' को 'जुलूस' में नेहरू की तमाम योजनाएँ फेल होती दिखायी देती हैं। ठेकेदार देश को लूट रहे हैं। केवल नेहरू ईमानदार हैं पर वे अब अकेले और असहाय हो गये हैं (वैसे ही जैसे सन् 47 में गाँधी अकेले और असहाय हो गये थे)। लेकिन रेणु 'जुलूस' को आदर्शवादी बनाना चाहते हैं। वे स्वयं निराश हैं पर पवित्रा के हाथ में आशा और उमीद की मशाल थमा देते हैं। दरअसल, हताश व्यक्ति आशा और उम्मीद का छल कैसे रच सकता है? अतः उपन्यास का अन्त इसीलिए कृत्रिम और गढ़ा हुआ हो गया है।

एक व्यक्ति के रूप में रेणु मानते थे कि मनुष्य को अन्त तक निराश नहीं होना चाहिए। वे अपने जीवन के अन्त में जे० पी० के सम्पूर्ण क्रान्तिवाले आन्दोलन में कूद पड़े थे। निरन्तर 'संघर्ष' में विश्वास करने वाले रेणु का यह अन्तिम संघर्ष था। जेल में बन्द रेणु का शरीर क्षत-विक्षत हो चुका था और जेल से मुक्त होने बाद वे कुछ ही दिनों में दिवंगत हो गये। आजादी के बाद किसी भी हिन्दी लेखक के इस तरह संघर्ष करते हुए आत्माहुति का ऐसा उदाहरण नहीं मिलता, बल्कि इसके विपरीत हिन्दी लेखक क्रमशः सुविधा भोगी, मौकापरस्त तथा चाटुकार होते गये। सरकार उनके लिए वरदान बन गयी और वे सरकारी सम्मान, पुरस्कार तथा अनुदान आदि पाने की चूहादौड़ में शामिल होते गये!

नरेश मेहता (1921-2000)

नरेश मेहता ने सात उपन्यास लिखे थे—डूबते मस्तूल (1054) धूमकेतु : एक श्रुति (1962) यह पथ बंधु था (1962) उत्तर कथा (दो भाग-1970 1970) दो एकान्त (1964) नदी यशस्वी है (1967) और प्रथम फाल्गुन (1968)।

इनमें निश्चित रूप से 'यह पथ बन्धु था' एक महत्त्वपूर्ण उपन्यास था जिस पर तनिक विस्तार से विचार करना जरूरी है। क्योंकि यह गहरे अर्थों में मनुष्य द्वारा जीवन के अर्थ तथा उद्देश्य की तलाश की गाथा है। इस रूप में इसका नायक 'राहों का अन्वेषी' है। उसे उस 'पन्थ' की तलाश है जो उसे अन्तिम लक्ष्य तक पहुँचा सके। किन्तु इस मनुष्य को यह नहीं पता है कि उसका अन्तिम

लक्ष्य क्या है? इसे जानने के लिए उपन्यास की कथा में कुछ दूर तक उतरना होगा। कहानी का नायक श्रीधर गाँव के एक सरकारी स्कूल का अध्यापक है जो एक साधारण सा पारिवारिक जीवन जीने वाला व्यक्ति है। आगे आने वाली उसकी यह 'तलाशयात्रा' इसलिए महत्त्वपूर्ण है कि वह कोई बौद्धिक या दार्शनिक किस्म का व्यक्ति नहीं है। समीक्षक नेमिचन्द्र जैन ने ठीक ही लिखा है कि 'इसे साधारणता की प्रतिष्ठा करने वाला उपन्यास कहा जा सकता है।' यह स्कूल मास्टर तमाम छोटे स्कूल मास्टरों की तरह झोला लेकर बाजार से साग-सब्जी ले आने वाला साधारण आदमी है। उसकी दिनचर्या से तनिक भी सन्देह नहीं होता कि वह अचानक जीवन के गहन तथा विराट प्रश्नों से उलझने वाला व्यक्ति बन जाएगा! दरअसल गाँव में घटित होने वाली एक घटना उसके जीवन की दिशा बदल देती है। इतिहास का यह मास्टर अपने राज्य का एक छोटा सा इतिहास लिखता है जिससे लोगों का ध्यान उसकी ओर आकृष्ट होता है। लेकिन राज्य की सरकार पुस्तक में दिये गये तथ्यों को अपने अनुकूल नहीं पाती और उससे पुस्तक में संशोधन करने के लिए कहा जाता है जिसके लिए श्रीधर इनकार कर देता है। उस पर कुछ कल्पित आरोप लगाकर उसे स्कूल से निकाल दिया जाता है—इस प्रसंग में कवि मुक्तिबोध के साथ घटी एक ऐसी ही घटना का स्मरण हो आना स्वाभाविक है, ऐसा लगता है यह उपन्यास कहीं न कहीं उसी से प्रेरित है। श्रीधर अचानक एक रात घर छोड़कर निकल पड़ता है अपने पथ की खोज में।

उपन्यास की मूल कथा यहीं से शुरू होती है। वह पहले इंदौर पहुँचता है। फिर कहीं और, फिर कहीं और। श्रीधर अज्ञेय के शेखर की तरह विद्रोही नहीं है। किन्तु वह मिसफिट जरूर है। वह घनघोर रूप से ईमानदार है और यही ईमानदारी उसे कहीं टिकने नहीं देती (यहाँ एक प्रछन्न व्यंग्य है)! समाज केवल ईमानदारी नहीं चाहता। केवल चालू व्यक्ति ही उसमें 'चल' सकते हैं। अपनी इस अनवरत यात्रा में श्रीधर अनेक राजनैतिक विचारधाराओं के सम्पर्क में आता है किन्तु वहाँ भी वह नाकाम और निकम्मा ही सिद्ध होता है। आतंकवादी संगठनों से जुड़ने के कारण उसे जेल भी जाना पड़ता है। जेल में उसे असह्य यातनाओं से गुजरना पड़ता है। जेल से छूटकर वह 'शंखनाद' नाम का साप्ताहिक निकालता है। यहाँ भी वह असफल सिद्ध होता है। इसका एक कारण तो यह हो सकता है, कि उसमें कोई प्रतिभा है ही नहीं, केवल एक जिद और संकल्प है जो उसका संबल है। शायद उसमें सन्नद्ध ढंग से किसी कार्य में लगे रहने की क्षमता का भी अभाव है। वह कहता भी है कि 'मैं नितान्त अनुपयोगी हूँ और कोई काम करने में असमर्थ हूँ।' अन्ततः वह पच्चीस वर्षों बाद घर लौट आता है और फिर

'लिखना' शुरू करता है—पूरी मनुष्यता का इतिहास। शायद लेखक कहना चाहता है कि लेखन (या कला?) से ही मुक्ति सम्भव है। लेखन भी एक तलाश है। अनवरत तथा आजीवन।

राही मासूम रजा (1927–1992)

राही मासूम रजा उन मुसलिम उपन्यासकारों में सर्वश्रेष्ठ हैं जिन्होंने अपने अनेक उपन्यासों से हिन्दी के कथासाहित्य को समृद्ध किया। उन्होंने हिन्दी फिल्मों की पटकथाएँ भी लिखीं किन्तु जितनी परिनिष्ठित तथा प्रभावशाली भाषा-शैली में उन्होंने 'महाभारत' की कथा पर आधारित सीरियल 'महाभारत' की पटकथा लिखी, वैसी और उतनी प्रभावशाली पौराणिक कथाओं पर आधारित कोई धारावाहिक की पटकथा नहीं लिखी गयी। उसमें उन्होंने 'महाभारत' के एक-एक चरित्र का मानसिक तथा मनोवैज्ञानिक विश्लेषण करते हुए और प्रत्येक चारित्रिक विशेषताओं का उद्घाटन करते हुए युगानुरूप जिस भाषा का प्रयोग किया, वह उसी के समान्तर बने तथा अत्यन्त लोकप्रिय धारावाहिक 'रामायण' पर भी भारी पड़ा। राही मासूम रजा ने आठ उपन्यास भी लिखे। आधा गाँव (1966) टोपी शुक्ला (1969) हिम्मत जौनपुरी (1969) ओस की बूँद (1970) दिल एक सादा कागज (1973) सीन 75 (1977) कटरा बी आरजू (1978) और असन्तोष के दिन (1986)।

एक उपन्यासकार के रूप में उनकी ख्याति मुख्यतया उनके पहले उपन्यास 'आधागाँव ' पर ही आधारित है। इसे आँचलिक उपन्यास कहा जा सकता है जिसमें उन्होंने जनपदीय शब्दावली का भरपूर उपयोग किया है। यह हिन्दी का सम्भवत: पहला उपन्यास है जिसमें स्लैंग्स की भाषा का इस सीमा तक उपयोग किया गया है कि उसकी ठेठ गँवारू शब्दावली पर शुद्धतावादी हिन्दी और हिन्दुओं ने उसके विरुद्ध लगभग अभियान-सा छेड़ दिया था जिससे यह उपन्यास विवादास्पद तो बना, किन्तु बेहद लोकप्रिय भी हुआ।

इसका शीर्षक 'आधा गाँव' इसलिए है कि इसमें भोजपुरी क्षेत्र के एक गाँव गंगौली के आधे भाग में रहने वाले सैयद मुसलमानों का जीवन चित्रित किया गया है। इस उपन्यास में राही मासूम रज़ा में बेहद बेबाक भाषा-शैली अपनायी है और उपरोक्त सम्प्रदाय के मुख्यत: सामन्ती जीवन जीनेवाले लोगों के पाखंडपूर्ण तथा लगभग कुत्सित कृत्यों का पर्दाफाश किया है। आजादी के बाद भारत में रहने वाले (जिनकी देश के विभाजन में अपने निश्चित स्वार्थों की महत्त्वपूर्ण भूमिका थी) इस 'आधे-गाँव' में रहने वाले ये तथाकथित भद्र तथा शिक्षित समुदाय के लोगों का आन्तरिक जीवन कितना घृणित तथा स्वार्थपूर्ण है, उसे राही मासूम रजा

ने बड़ी प्रामाणिक कथा शैली में प्रस्तुत किया है।

अपनी विषय-वस्तु और जीवन के एक चयन में यह उपन्यास जितना नवीन है, संरचना में उतना नहीं है। उपन्यास की संरचना परम्परागत तथा मूलतः उन्नीसवीं सदी के पश्चिमी उपन्यासों वाली ही है।

कुछ मामलों में यह अपनी आँचलिकता के बावजूद यशपाल के 'झूठा-सच' के अति यथार्थवादी प्रसंगों के निकट है। जैसे 'झूठा सच' में जहाँ शीलो अपने ही प्रेमी के पुत्र की माँ बनती है, पर जब उसका विवाह किसी और से कर दिया जाता है तो पहले तो कहती है कि यह उसके पति का ही है पर बाद में सच्चाई स्वीकार कर उससे अलग हो जाती है। 'आधा गाँव' में भी सैयद हम्माद मियाँ एक मेहरुनिसा नाम की नाइन से लम्बे समय से सम्बन्ध रखे हुए हैं पर जब उनका बेटा (जो मेहरुनिसा से ही है) मेहरुनिसा की बिटिया के साथ खुलकर खेलने लगता है तो उनकी इज्जत दाँव पर चढ़ जाती है। यही नहीं, मेहरुनिसा बतलाती है कि उसकी बेटी सैफुनिया भी उन्हीं से पैदा हुई है। लेकिन तब तक उनका बेटा सैफुनिया से शादी करके (यानी अपनी ही बहन से) अलग रहने लगा था। उसे सैफुनिया से दो बच्चे भी होते हैं। लेकिन जब सैफुनिया को पता चलता है कि उसका पति दरअसल उसका भाई है, तो वह आत्महत्या कर लेती है। राही मासूम रजा ने यह पूरा प्रसंग किसी ग्रीक-ट्रैजडी की तरह प्रस्तुत किया है। यहाँ आत्महत्या करके माँ-बाप के इस कृत्य का बेटी प्रायश्चित भी कर लेती है। इस तरह यह संयमहीनता (भूमिका में लेखक द्वारा उपन्यास को संयमहीन कहा गया है) संस्कारबद्ध ही बनी रहती है।

यशपाल के 'झूठा-सच' में अन्य कमियों के बावजूद ज्यादा बेबाकी है। वहाँ तारा अपने प्रेमी डॉक्टरनाथ को स्पष्ट बता देती है कि दंगों के दौरान दंगाइयों ने उसके साथ बलात्कार किया था, उसी के कारण वह यौनाव्याधियों से पीड़ित है। इस तरह हम देखते हैं कि 'आधा गाँव' में न तो लेखक द्वारा घोषित संयमहीनता है और न 'झूठा सच' वाली बेबाकी।

इसी तरह एक दूसरे प्रसंग में सुलेमान या झंझटिया को अपनी रखैल बनाये हुए है, लेकिन उसके हाथ का बनाया हुआ खाना नहीं खाते। राही मासूम रज़ा का मुख्य उद्देश्य एक मुसलमान सम्प्रदाय में व्याप्त पाखंड का उद्घाटन करना है। लेकिन ऐसा लगता है कि 'आधा गाँव' का लेखक अनेक रूढ़ियों की रक्षा ही करता है, न कि उसकी कोई तीखी भर्त्सना करता है। उसमें हत्याओं और आत्महत्याओं की भरमार है जो एक विकृत सम्प्रदाय या समाज की देन है। लेखक ने उस सम्प्रदाय विशेष का निकट से अध्ययन कर उन्हें कथा रूप में सफलता से ढाला है। राही में कथा कहने की क्षमता जरूर है किन्तु उपन्यास में भाषा

और शिल्प का कोई नया प्रयोग नहीं है।

राही मासूम रजा के अन्य उपन्यास सामान्य कोटि के हैं और उनका उल्लेख या विवेचन आवश्यक नहीं है।

गुलशेर खाँ 'शानी' (1933–1995)

शानी जी ने अपेक्षाकृत कम लिखा है, किन्तु उनका एक उपन्यास 'काला जल' अपनी कई विशेषताओं के कारण हिन्दी का एक प्राय: कालजयी उपन्यास बन गया है। खासतौर पर उसमें जिस औपन्यासिक शिल्प का प्रयोग किया गया है वह अपने में अत्यन्त अभिनव प्रयोग है। हालाँकि इस उपन्यास में भी एक अंचल की कहानी है जिसे बड़े रचनात्मक कौशल के साथ लिखा गया है। इसमें भी भारत के एक अल्पसंख्यक समुदाय का बड़ी सघनता तथा संश्लिष्टता के साथ चित्रण किया गया है।

'आधा गाँव' के विपरीत 'काला जल' किसी सामाजिक यथार्थ के चित्रण का दावा नहीं करता, बल्कि वह एक पारिवारिक कहानी है जिसका परिवेश अत्यन्त ग्रामीण और आँचलिक है—गरीबी और पिछड़ेपन की तो इसमें इंतिहा है। हालाँकि यह भी एक पतनशील परिवार की ही कथा है पर यह अत्यन्त सधे हुए शिल्प के साथ लिखा हुआ उपन्यास है। उपन्यास की शुरुआत परिवार के एक बुजुर्ग की मृत्यु का 'फातिहा' पढ़ने से होती है और 'फतिहा' पढ़ते हुए ही (या उसी को एक रचनात्मक डिवाइस बनाकर) एक-एक करके पितरों का पिंडदान होता रहता है और उपन्यास की अन्तर्कथा उसी में गुंथी हुई चलती रहती है। और इस तरह उपन्यास का आरम्भ भी फातिहा पढ़ते हुए होता है और उसी क्रम में अन्त भी फातिहा पढ़ने की क्रिया के 'स्वाहा' के साथ होता है। इस तरह उपन्यास के आरम्भ और अन्त के बीच ऐसा रचनात्मक वृत्त बन जाता है जो एक सर्वथा नवीन औपन्यासिक शिल्प की सृष्टि करता जिसके अन्तर्गत पाठक अनेक बहुरंगी दृश्य बिम्बों से गुजरता रहता है। भाषा और शिल्प की इस महारत के कारण 'काला जल' एक कालजयी कृति बन गया है।

पिण्डदान किये जाने वाले इस जल का रंग काला इसलिए भी है कि तीन पीढ़ियों की इस कथा में कहीं आनन्द, उछाह या उमंग नहीं है, बल्कि एक पीढ़ी से दूसरी पीढ़ी में स्थानान्तरित होती हुई अभिशाप की काली छाया है जो उसके चारों ओर के परिवेश को भी अभिशाप-ग्रस्त रखती है। किन्तु यह निर्मल वर्मा के उपन्यासों की तरह कोई काल्पनिक भुतैली छाया नहीं है, बल्कि विकृत सामाजिक क्षरण की काली छाया है जो पतनोन्मुख और जर्जर सामन्ती परिवेश के अवशेष के रूप में मँडराती रहती है। 'काला जल' की एक विशेषता यह भी

है कि इसमें सामाजिक क्षरण की कथा कहने के लिए अनेकों परिवारों का जत्था जमा करने की जरूरत नहीं पड़ी, बल्कि एक ही परिवार को 'मॉडल' बनाकर उसकी सामन्ती सड़ाँध को उजागर कर दिया गया है। इस कथा की प्रतीकात्मक व्यंजना यह भी है कि 'पिण्डदान' या फातिहा भी इस अभिशापग्रस्त परिवार को उसकी 'प्रेतयोनि' से मुक्त नहीं करा पाता और जैसा कि यह महज किसी एक परिवार की नहीं बल्कि एक पूरी सामाजिक व्यवस्था की अनिवार्य नियति है।

औपन्यासिक दृष्टि से 'काला जल' की कथा इतनी 'क्लोज़िनिट' तथा संश्लिष्ट है कि वह कालेजल के छोटे से वृत्त में ही बहुस्तरीयता उत्पन्न करके इस 'वृत्त' को बहुस्तरीय करके क्रमश: वृहत्तर करता हुआ उसमें अनेकार्थी तरंगे उठाता चलता है।

'कालाजल' की एक विशेषता उसकी बुनावट का रचनात्मक विरोधाभास भी है। उसमें जहाँ एक ओर 'बस्तर' का नितान्त पिछड़ा हुआ दरिद्र और अभावग्रस्त वनवासी परिवेश है जिसकी शुरुआत ही होती है 'चिमगादड़ों से भरी हुई एक शाम, धूल भरी सड़क, रिरियाती आवाजें और उनके बीच सही साबित खंडहर की तरह खड़े मकानों की कतार थी, लेकिन उनके बाहर प्रकृति का उन्मुक्त सौन्दर्य, जहाँ स्वच्छन्द विचरण करते हुए निर्भीक जीव-जन्तु तथा पशु-पक्षी प्रकृति तथा मानवीय जीवन के इस विरोधाभास भरे परिवेश के बीच जो सेतु रहा होगा, उसे मनुष्यों ने जाने कब का तोड़ डाला होगा। यहाँ वर्डसवर्थ की वह विख्यात पंक्ति याद आती है, 'व्हाट मैन हैज मेड आफ मैन''। स्वयं मनुष्य अपने को और दूसरे मनुष्यों को क्या से क्या बनाता जा रहा है जिसका कहीं ओर-छोर नहीं दीखता। 'कालाजल' इसी अर्थ में महज एक परिवार की नहीं, पूरे समाज की मानवीय त्रासदी की कहानी है।

1967-68 में प्रकाशित इस उपन्यास से हिन्दी उपन्यास के विकास का एक वृत्त भी पूरा हो जाता है। भारत का यह आधा समाज अभी तक इतनी पूर्णता के साथ किसी उपन्यास में नहीं व्यक्त हुआ था और उसके अन्तरंग की कथा को कोई उपन्यास इतनी प्रामाणिकता के साथ व्यक्त नहीं कर सका था।

यहाँ 'आधा गाँव' और 'काला जल' को पूरक मानकर यह कह देना जरूरी लगता है कि इन दोनों उपन्यासों के माध्यम से यह आधा समाज हिन्दी उपन्यास-परिवार का अभिन्न अंग बनकर अभी तक सामने नहीं आया था। ये दोनों उपन्यास अपने माध्यम से भारत में बसने का निर्णय लेने वाले अल्पसंख्यक किन्तु वस्तुत: आधे समाज को अत्यन्त अन्तरंगता तथा रचनात्मकता के साथ हिन्दी उपन्यास में एक नयी दिशा का द्वार खोलते हुए सामने आते हैं, बल्कि यही नहीं, आगे आने वाले अनेकों मुसलमान हिन्दी उपन्यासकारों ने भी इस उपलब्ध दिशा में पहल

करते हुए कई श्रेष्ठ उपन्यास लिखे, जिनकी चर्चा आगे की जाएगी।

उदयशंकर भट्ट (1898–1966)

उदयशंकर भट्ट मुख्यत: अपने नाटकों के लिए विशेष चर्चित हुए थे किन्तु उन्होंने कई उपन्यास भी लिखे थे, जिनमें प्रमुख हैं नये मोड़ (1954) सागर, लहरें और मनुष्य (1956), लोक-परलोक (1958)। किन्तु यहाँ उनका उल्लेख उनके उपन्यास, 'सागर, लहरें और मनुष्य' के लिए विशेष रूप से किया जा रहा है। यह उपन्यास प्रचलित अर्थ में आँचलिक ही कहा जाएगा, लेकिन हिन्दी में लोग आँचलिक शब्द का अर्थ केवल ग्राम अंचल ही समझते हैं, जबकि यह उपन्यास मुम्बई जैसे महानगर के सागर तट पर रहने वाले मछुआरों के जीवन की कहानी है। 'सागर, लहरें और मनुष्य' उन दिनों की दृष्टि से एक प्रयोगात्मक शीर्षक था। शीर्षक प्राय: एक शब्दों के होते थे। वह भी किसी व्यक्ति विशेष या स्थान विशेष के नाम पर। पर यह शीर्षक अपने अनोखेपन से ही आकृष्ट कर लेता है। इसकी कथा समुद्र तट पर स्थित बरसोवा में रहने वाले मछुआरों की है। मछुआरों के जाल की तरह उपन्यास उनके जीवन को समेटता और फैलाता रहता है। उपन्यास के अधिकांश संवाद प्राय: उनकी अपनी 'बोली' में लिखे गये हैं। यह हिन्दी उपन्यास में एक अभिनव प्रयोग था। ('मैला आँचल' के संवाद भी पूर्णत: आंचालिक बोली का स्लैंग्स में नहीं लिखे गये थे) हाँ, राहुल सांकृत्यायन ने किसी जमाने में ठेठ भोजपुरी में एक किताब (जो उपन्यास नहीं थी) 'भागो नहीं दुनिया को बदलो जरूर लिखी थी। लेकिन केवल भाषा के ऊपरी ढाँचे से, जिन्दगी नहीं पकड़ी जा सकती, जैसे मछलियाँ मुट्ठियों में नहीं फँसतीं। उसके लिए एक मजबूत जाल और फेंकने, फैलाने और समेटने का कौशल होना चाहिए। इसके अलावा अलग-अलग किस्म की मछलियों की पहचान तो होनी ही चाहिए। उदयशंकर भट्ट ने यही किया है। इसके लिए उन्होंने 'बरसोवा' समुद्र तट पर रहने वाले कुछ परिवारों को लिया है जिसके केन्द्र में हैं बिट्ठल, बंसी-रतना कोली परिवार। यद्यपि उपन्यास की वर्णन पद्धति परम्परागत कथा-शैली वाली ही है, पर उसकी दृष्टि और विश्लेषण इस प्रकार का है जिसके लिए यथार्थवादी जैसा घिसा-पिटा विशेषण पर्याप्त नहीं है। लेकिन यह उपन्यास उनकी जिन्दगी के कोने-अन्तरों को कसकर जिस तरह उसे उपन्यास में उलीचता रहता है वह बिना किसी वर्ग विशेष की जिन्दगी को पूरी तरह समझे बिना सम्भव नहीं होता—लेखक ने यही किया है।

'समझ, जानकारी' और ज्ञान का एकाकार होना भी प्राय: सम्भव नहीं होता। इस उपन्यास में ये सभी एकाकार हो गये हैं।

एक परिवार को केन्द्र में रखकर उपन्यासकार कथा की तरंगों का दायरा बढ़ाता हुआ क्रमशः उसमें यशवंत, जागला, माणिक, सोमा, पार्वती, हीरा, गूँगी सारिका, डॉक्टर पांडुरंग आदि अनेक पात्रों का जमघट एकत्र कर देता है। इन सबके बीच रिश्ते कायम करने और कथा का तानाबाना रचने के लिए लेखक ने इतने रचनात्मक कौशल से काम लिया है कि उसको अधिक बनी-बनाई रुढ़ियों को उपयोग नहीं करना पड़ा है। उपन्यास में सबसे महत्त्वपूर्ण बरसोवा के कोली मछुवारों की खौलती, खिलती और बजबजाती जिन्दगी को रू-ब-रू कर देने वाली लेखक की क्षमता है। जैसे एक जगह लिखा जाता है 'बिट्ठल इधर-उधर देखकर कमरे की आलमारी में रखी शराब की बोतल उठा लाया और सीधे बोतल से ही थोड़ी-थोड़ी पीने लगा...जब उठा तो पैर डगमगाने लगे। वह आँगन में गिर पड़ा। बंसी ने लौटकर देखा तो गोमांस और शेवड़ी मछलियाँ लाकर उसके सामने रख दीं और बची हुई शराब पीकर खाने लगी।'

संक्षेप में बरसोवा के मछुवारों के जीवन का यह एक नमूना है। उनका आपसी प्रेम, मारपीट, उत्सव गृह-कलह और इन सबसे जुड़ा हुआ उनका अभिन्न संगी बरसोवा का समुद्र। मानो वे समुद्र के बाहर होकर भी समुद्र के ही निवासी हैं। चूँकि यह सब कुछ एक महानगर के साये में ही घटित होता रहता है, इसलिए उन पर लदे हुए महानगर की परछाई भी लगातार उनके जीवन पर पड़ती रहती है। बिट्ठल और बंशी की एकमात्र सन्तान रत्ना को यह जीवन पसन्द नहीं। वह पड़ोस के महानगर बम्बई की चकाचौंध, शानोशौकत और तड़क-भड़क वाली जिन्दगी पर फिदा है।

धीरे-धीरे रत्ना उपन्यास का केन्द्रीय चरित्र बन जाती है, इसलिए बम्बई को लेकर उसका मोह एक व्यापक तनावपूर्ण द्वन्द्व में बदल जाता है। उसके माध्यम से बरसोवा और बम्बई के बीच की यह विरोधी जीवन पद्धति, ऐश्वर्य और दरिद्रता के बीच का विरोधाभास ही सागर, लहरों और मनुष्य की असली कहानी है।

उपन्यास की भाषा आँचलिक तथा स्थानीय बोलियों से गुँथी हुई रहने के बावजूद, मूलतः छायावादी भाषा से ही अलंकृत है। इसीलिए उसका 'यथार्थ रोमांस के नुस्खों की पुड़िया में बन्द हो गया है।

वैसे अपने व्यापक अर्थ में 'सागर, लहरें और मनुष्य' एक 'समाजशास्त्रीय' उपन्यास हैं, जिसमें जाति-विशेष या समुदाय विशेष को अपने अध्ययन के दायरे में रखकर उनकी जीवन पद्धति, बोलचाल, रीति रिवाज, आर्थिक तन्त्र आदि को रचनात्मक रूप देकर उनका अध्ययन तो किया गया है, पर विश्लेषण नहीं। मसलन यह तो बताया गया है कोली मछुवारों का समाज मुख्यतः स्त्री प्रधान है और आर्थिक दृष्टि से सम्पन्न मछुवारा भी दूसरे छोटे मछुवारों को अपना 'दास' बनाकर

रखता है और इसी आधार पर उनके सामाजिक और पारिवारिक सम्बन्ध भी निर्धारित होते हैं, किन्तु उपन्यास की यह केन्द्रीय वस्तु के लेखन में समाजशास्त्रीय अध्ययन की चेतना तो है किन्तु दुर्भाग्य से समाजशास्त्रीय अध्ययन की क्षमता तथा उपकरण नहीं है। किन्तु यह अभाव उपन्यास की दुर्बलता नहीं बनता क्योंकि यदि वह समाजशास्त्रीय अध्ययन दिशा में अधिक सक्रिय रहता तो उपन्यास अपनी कथात्मकता को खो देता। इन सभी दृष्टियों से यह एक समुदाय विशेष के जीवन को केन्द्र बनाकर लिखा गया महत्त्वपूर्ण उपन्यास माना जाएगा।

विनोद कुमार शुक्ल

विनोद कुमार शुक्ल के उपन्यास 'नौकर की कमीज' और मनोहर श्याम जोशी के उपन्यास 'कुरु कुरु स्वाहा' ने नौवें दशक में हिंदी उपन्यास का पूरा परिदृश्य और तस्वीर ही बदल दी। कुछ समीक्षक इसे हिन्दी उपन्यास की तस्वीर को सीधा करना कहते हैं और कुछ समीक्षक उलटा करना। मेरी समझ में कभी-कभी चीजें उलटी करके ही सीधी की जा सकती हैं। एक समीक्षक 'नौकर की कमीज' तथा विनोद कुमार शुक्ल के अन्य दो उपन्यासों 'खिलेगा तो देखेंगे' और 'दीवार में खिड़की रहती थी' आदि उपन्यासों के बारे में लिखते हैं कि ''यह अकारण नहीं है कि विनोद कुमार शुक्ल के उपन्यासों में समाज पूरी तरह निर्वासित है।''

पहली बात तो यह कि खासतौर पर 'नौकर की कमीज' और 'खिलेगा तो देखेंगे' में समाज पूरी तरह निर्वासित नहीं है, यह तो किसी भी समाज की अवधारणा और समझ पर निर्भर करता है—पर चूँकि सभी कलाविधाएँ अपने मूल में एक होती हैं, इसलिए उदाहरण के तौर पर मैं कहना चाहूँगा कि फिल्म माध्यम से अपने को व्यक्त करने वाले सत्यजित रे को प्राय: कलावादी और दूसरे महत्त्वपूर्ण फिल्म निर्देशक मृणाल सेन को सामाजिक फिल्में बनानेवाला निर्माता कह दिया जाता रहा है, पर क्या सत्यजित रे कलावादी या सौन्दर्यवादी तथा कलावादी हैं? क्या 'पथेर पांचाली' या 'असनि संकेत' कलावादी फिल्में हैं? अगर ऐसा होता तो आज फिल्म संसार के इतिहास में सत्यजित रे भारत के ही नहीं, संसार के महानतम फिल्म निर्देशकों में नहीं माने जाते। दरअसल ऐसे आलोचक या समीक्षक उच्चेश्रवा (ऊँचा सुनने वाले या बधिर) होते हैं। उनके लिए जब तक चिल्लाकर न बताया जाए कि मैं सामाजिक उपन्यास लिख रहा हूँ या उपन्यास स्वयं चीख-चीखकर अपने को सामाजिक उपन्यास न बता रहा हो, तब तक वे किसी उपन्यासकार को सामाजिक तो क्या, उपन्यासकार मानने को ही तैयार नहीं होते। उपन्यास एक रचनात्मक कला विधा है। उसे यदि केवल कोई विचारात्मक या

विचाराधात्मक विधा के रूप में देखेगा तो यही होगा। ऐसे समीक्षकों को न तो समाज की समझ होती है और न साहित्य की।

अत: देखें कि 'नौकर की कमीज' यदि हिन्दी उपन्यास में एक 'नयी ज़मीन' निर्मित करता है या उन माननीय समीक्षक महोदय की दृष्टि में हिन्दी उपन्यास के सन्नाटे को तोड़ता है (मनोहर श्याम जोशी के साथ) तो किस अर्थ में और किस प्रकार?

प्राय: पन्द्रह वर्ष पहले मैंने जब अपने निबन्धों में और बाद में अपनी पुस्तक 'हिन्दी साहित्य बीसवीं शताब्दी' (2005) में इस ओर ध्यान आकृष्ट किया था कि मनोहर श्याम जोशी के 'कुरु-कुरु स्वाहा' तथा विनोदकुमार शुक्ल के उपन्यास 'नौकर की कमीज' को हिन्दी उपन्यास का सन्नाटा तो नहीं (क्योंकि हिन्दी उपन्यास में सन्नाटा कभी था ही नहीं) बल्कि किंचित शिथिलता को तोड़ने वाला उपन्यास बताया था तो यद्यपि उसे अब सर्वस्वीकृति मिल गयी है। किन्तु ज्यादातर समीक्षक उन्हें लेकर कुछ 'उलझन' में हैं इसलिए कि वे उलझे हुए हैं। यद्यपि 'नौकर की कमीज' ने लोगों को चौंकाया और लोगों को लगा था कि हिन्दी में अचानक एक नये ढंग के उपन्यास का आविर्भाव हुआ है, किन्तु वास्तविकता तो यह है कि तब किसी ने उसे समझा नहीं था, (समझा तो वह आज भी नहीं जा सका है) ऊपरी तौर पर उसमें दफ्तर और घर परिवार की कथा चलती रहती है। यह एक 'लोअर डिविजन क्लर्क' की कहानी है पर वह मूलत: उसकी अथाह गरीबी की कहानी है जिसमें उसका नायक डूब-उतरा रहा है। नौकर की कमीज एक प्रतीक की तरह है जो किसी पर फिट नहीं बैठती। बेचारे नौकर के आकार-प्रकार से वह इतनी बड़ी है कि वह हर जगह लगभग जोकर बना रहता है लेकिन यह जोकर चार्ली चैप्लिन की फिल्मों के जोकर की तरह है जिसे उसके त्रासद जीवन के आवरण में जोकर बना दिया जाता है। 'नौकर की कमीज' को एक मजाकिया शैली में लिखा गया है लेकिन जिस तरह 'नौकर की कमीज' में दरिद्रता पूरे उपन्यास में बूँद-बूँद टपकती रहती है, जो सहृदय पाठक से छिपी नहीं रहती जहाँ उपन्यास के प्रत्येक दृश्य को एक हास्य उपन्यास की तरह प्रस्तुत किया गया है चाहे वह घर का दृश्य हो या दफ्तर का या बॉस के घर का। एक नौकर जब एक बार नौकर बन जाता तो सबका नौकर बन जाता है। एक लोअर डिविजन क्लर्क भी नौकरशाही के इस युग में सबका नौकर ही बना रहता है। उपन्यास का सबसे दिलचस्प उपाख्यान कटहल प्रकरण है जिसमें बताया जाता है कि दफ्तर के परिसर में एक कटहल का पेड़ है जिससे (आम कटहल के पेड़ों की तरह) एक विशाल कटहल उसकी जड़ों के पास लटका हुआ है लेकिन यह कटहल दफ्तर वालों के लिए सबसे डरावनी चीज बन जाती है क्योंकि बिना बॉस की

अनुमति के कोई उसे तोड़ नहीं सकता और अगर टूटेगा भी तो बॉस के घर जाएगा। उपन्यास में इस कटहल और कमीज के बीच एक अद्‌भुत रिश्ता बन जाता है। दोनों आकार में बड़े हैं, पर कहीं भी फिट नहीं हो सकते। लेकिन एक दिन वह कटहल तोड़ लिया जाता है। उसके बाद जो कुछ घटित होता है, उपन्यास उसी को रेखांकित करता है। वैसे भी सब्जियों में कटहल प्राय: हर घर में विशेष अवसर पर तो जरूर बनता है। वह हँसी मजाक का एक मुहावरा भी बन गया है। गाँवों में अकसर मजाक में कहा जाता है, "क्या खाओगे कटहल?"

'नौकर की कमीज' में उसकी सबसे बड़ी विशेषता उसका बयान करने का अन्दाज या तर्जे बयाँ है लेकिन एक बहुत पुराने अँग्रेज़ी मुहावरों में कहा जाता है कि स्टाइल इज़ मैन हिमसेल्फ! अत: यह तर्जे बयाँ केवल तर्जे बयाँ नहीं है, वह निम्नमध्यमवर्गीय जीवन की करुण गाथा है जिसे करुण की जगह प्राय: हास्य कथा के रूप में बयान किया गया है। अत: पूरी कथा को जिस तरह 'इंवेंट' किया गया है वह हिन्दी उपन्यास में एक ऐसी नयी शुरुआत है जो लोगों को चौंकाती है और चकित भी करती है कि आखिर यह है क्या?

'नौकर की कमीज' से अधिक विनोद कुमार शुक्ल का दूसरा उपन्यास 'खिलेगा तो देखेंगे' चकित ही नहीं करता बल्कि सामान्यत: लोग उसे स्थूल अर्थ में एक प्राय: ऐबसर्ड उपन्यास मानकर उसे अपाठ्य तथा अपठनीय घोषित कर देते हैं। किन्तु क्या वह दरअसल ऐसा है? उसे जानने के लिए उसकी पहेलिका जैसी कथा और भाषा के भीतर मध्य प्रदेश के जंगल जीवन को पहचानना होगा जिसकी कथा यह उपन्यास कहता है। यह एक वन्य कथा है, ऐसा 'वन्य जीवन' जहाँ सभ्यता और विकास की आहटें सुनाई पड़ने लगी हैं। इस विकास को खिलना है और यदि यह खिल गया तो क्या होगा? (यानी सभ्य जीवन जैसा बन जाएगा)। उपन्यास इसी पूर्वाभास की कहानी है और अगर यह पूरी तरह खिल गया तो जो देखने की बात है कि तब यह जीवन कैसा रहेगा?

फिलहाल यह जीवन है क्या? एक अधखिला विकास? 'खिलेगा तो देखेंगे' कोई दार्शनिक किस्म का उपन्यास नहीं है, न चिन्तन प्रधान उपन्यास है। वह एक अर्थ में आंचलिक उपन्यास है। किन्तु उसकी आंचलिकता 'मैला आँचल' से बहुत भिन्न है, संवेदना, भाषा तथा शैली प्रत्येक अर्थ में। 'मैला आँचल' की रोमानियत इसमें बिलकुल मर गयी है। यह केवल दृश्य है, लेखक का हस्तक्षेपहीन उपन्यास। पहली बार लिखा गया। पर वह है क्या यह प्रश्न तो शेष ही रह गया। 'खिलेगा तो देखेंगे' के शिल्प में कला फिल्मों जैसा अमूर्तन तथा असंगत प्रतीत होती ऐसी काव्यात्मक भाषा है जो 'ऐबसर्डिटी' की सीमा तक पहुँच जाती है, किन्तु आश्चर्यजनक रूप से इस असंगत सी प्रतीत होती काव्यात्मक भाषा के

बावजूद वह पूर्णत: यथार्थवादी उपन्यास है। उसके अनावश्यक से प्रतीत होते ब्योरों का अर्थ दूसरे स्तरों पर खुलता है। यह उपन्यास अपने पाठक से तन्मयता, चौकन्ने दिमाग और कला की सूक्ष्म समझ की माँग करता है (मसलन कुरोसवा, ब्रेसां और फेलिनी आदि की फिल्मों की समझ वाली कलात्मक दृष्टि की)।

यह उपन्यास प्रारम्भ से ही पाठक को आकर्षित करने या लुभाने के बजाय उसे पढ़ने से विरत करता चलता है। उसकी भाषा में ऐसे शब्द समूह आते हैं और चले जाते हैं कि पाठक को प्रतीत होता है कि उसे अनर्गल शब्द जाल में उलझाया जा रहा हो। यहाँ एक ऐसा उदाहरण देना आवश्यक है। ''गुरुजी मर गये। गुरुजी मरते नहीं। जो मरते हैं वे गुरुजी नहीं होते। वे केवल होते हैं गुरुजी पुलिस की गोली से नहीं मरे। गोली बन्दूक से नहीं निकली थी। गोली काँच की थी वह मुन्ना की उँगलियों से निकली थी। जिरावन रेडियो बन्द करना नहीं जानता था। जिरावन को गाय बाँधना भी नहीं आता था। जिरावन के पास घड़ी थी। घड़ी बन्द नहीं होती थी। रेडियो बन्द हो जाता था।'' इत्यादि। ऐसे वाक्यों के बाद ज्यादा सम्भावना तो यही है कि पाठक उपन्यास पढ़ना ही 'बन्द' कर देगा। शायद विनोद कुमार शुक्ल यह चाहते भी नहीं कि पाठक इसे एक 'उपन्यास' की तरह पढ़े बल्कि वह इस तरह पढ़े जैसे 'कला फिल्में' देखता है। या जैसे ब्राक, पिकासो या हुसैन की पेटिंग्स देखता है, ऐसे पढ़े।

'खिलेगा...' हिन्दी उपन्यास परम्परा को विध्वंस कर देता है। किन्तु अपने इस भाषा शिल्प के बावजूद जेम्स ज्वायस का यूलिसिस नहीं है और न सैमुअल बैकेट के नाटक और उपन्यास। उस अर्थ में यह बिलकुल आधुनिक नहीं है। लेकिन असली सवाल वह यह उठाता है कि जब पिकासो की पेंटिग्स और जेम्स ज्वायस की महत्ता को समझने वाले गुणग्राहक हैं और वे उन्हें संसार की सर्वश्रेष्ठ कलाकृतियों में मानते हैं, तो 'खिलेगा तो देखेंगे' को समझने और सराहने वाले लोग क्यों नहीं हो सकते। ऐसा कौन सा निकष है या न्यायालय है जो ऐसी फिल्मों और पेंटिग्स को, जैसी वे हैं, वैसी होने की इज़ाजत देता है पर उपन्यास को प्रेमचन्द की परम्परा में ही कैद रखना चाहता है? लगभग ऐसे ही खनन के बाद 'शेखर' और 'मैला आँचल' ने अपनी मान्यता प्राप्त करवा ली थी। यह अच्छा है कि अब क्रमश: 'खिलेगा...' को भी मान्यता मिलने लगी है।

अब देखने की जरूरत है कि उसका यथार्थ कहाँ है और क्या है? उसकी यह यथार्थवादी आँचलिकता देखकर समझने वाली चीज़ है क्योंकि विनोद कुमार के उपन्यास विमर्शवादी उपन्यासों के विरुद्ध एक विद्रोह हैं। वे एक कोलाज बनाते हैं और छोड़ देते हैं, पाठकों पर कि पहले तो वह उस 'कोलाज' को व्यवस्थित आकार दे और फिर उसके मर्म तक पहुँच सके, यदि पहुँच सके तो। इसीलिए

खिलेगा...के यथार्थ को समझने के लिए पहले उस 'कोलाज' को तोड़कर समझ में आने योग्य होने का अवसर दे सकें। मुझे 'खिलेगा...' को पढ़ते हुए सुप्रसिद्ध मलयानी फिल्म निर्देशक जी. अरविंदन) अब स्वर्गीय) की एक फिल्म की याद आयी। उसमें भी एक आदिवासी बस्ती है जिसमें विकास कार्य चल रहा है। पहले बिजली के खम्भे गाड़े जाते हैं, फिर उनमें बिजली के तार लगाये जाते हैं और फिर उनमें बिजली दौड़ाई जाती है। फिर रेलवे लाइन बिछाई जाती है, बसें चलने लगती हैं, सड़कें बनती हैं। इन सबसे वहाँ आदिवासी रोजगार तो पाते हैं, पर 'बेघर' कर दिये जाते हैं, उनके 'जंगल' छीन लिये जाते हैं और शहरी दरिन्दे इंजीनियर, ठेकेदार, ओवर सियर आदि उनकी बहू-बेटियों से बलात्कार करते हैं, उन्हें अगवा कर लेते हैं और इस तरह वह पूरा इलाका भ्रष्टाचार का अड्डा बन जाता है। अपने यथार्थ के कोलाज में 'खिलेगा...' भी प्रायः यही प्रदर्शित करता है। उसका आँचलिक परिवेश भी प्रायः वैसा ही है। यहाँ भी पुलिस, थानेदार, स्कूल मास्टर आदि की भूमिका भी प्रायः वैसी ही है। केवल वे अलग-अलग दृश्यों में हमारे सामने आते हैं और हम उन दृश्यों का सन्दर्भ नहीं समझ पाते हैं जैसे कि आखिर में एक पिस्तौल की नली से बच्चे के गुलेल की गोली निकलती है? पर इसमें पिस्तौल, बन्दूक, रेलवे स्टेशन, थाना, स्कूल आदि के विकास को मोटिफ के रूप में प्रस्तुत किया गया है। यहाँ भी मूल आदिवासियों के साथ ऐसा ही व्यवहार होता है।

'खिलेगा...' की मूल विशेषता यह है कि अपनी काव्यात्मक संरचना, ऐबसर्ड सी प्रतीत 'सुरिलिस्टिक' भाषा के माध्यम से वह जो व्यक्त करता है, वह एक बहुत बड़ी आधुनिक त्रासदी है। यह विकास खिलता है तो क्या-क्या गुल खिलाता है। हालाँकि यह सब कुछ इतना सूक्ष्म और प्रच्छन्न है कि जल्दी समझ में नहीं आता है। कभी थाना स्कूल बन जाता है तो कभी स्कूल थाना। लेकिन जैसा मैंने कहा कि यदि हम कुरुसोवा, ब्रेसां, गोदार, फेलिनी तथा पिकासो, मातीस, हुसैन आदि को सार्वकालिक क्लासिक का दर्जा दे सकते हैं और ऐसी फिल्मों को ऑस्कर आदि दे सकते हैं तो 'खिलेगा...' को क्यों नहीं।

मैंने अन्यत्र भी ऐसे ही प्रसंगों में पिकासो की महान पेटिंग्स 'गुएर्निका' की चर्चा की है। जब वह दूसरे महायुद्ध के दिन पेरिस के बेसमेंट में छिपा हुआ पेटिंग कर रहा था तो वहाँ अपने भारी बूटों से काठ की उस फर्श को हिलाते हुए जर्मन सैनिक दाखिल हो गये और उन्होंने कोने में रखी गुएर्निका की विशाल पेटिंग्स को देखकर धमकाने वाली आवाज में पिकासो से पूछा कि 'यू डिड इट?' पिकासो ने शान्त स्वर में जवाब दिया, 'नो, यू डिड इट।' यानी गुएर्निका में चित्रित क्षत-विक्षत, मानव तथा जन्तुओं के अंग-प्रत्यंग जो एक दूसरे में गुँथे हुए हैं, प्रायः

लोथड़े के रूप में दिखाये गये हैं, वे मूलतः नाजियों, फासियों और स्पेनिश तानशाहों के कृत्य हैं जो उसमें चित्रित किये गये हैं।

'खिलेगा...' आज विकास के नाम होनेवाले (जिसे आप नन्दीग्राम भी कह सकते हैं) ऐसे ही कृत्यों की कृति है।

विनोद कुमार शुक्ल का तीसरा (और अब तक का अन्तिम) उपन्यास है 'दीवार में खिड़की रहती थी' (1997)। यह 'खिलेगा...' से नितान्त भिन्न उपन्यास है। विश्व विख्यात कथाकार विचारक और नाटककार अल्बेयर कामू ने लिखा है कि उपन्यास मूलतः बिम्बों की एक श्रृंखला है : 'दीवार में एक खिड़की रहती थी' ऐसे ही बिम्बों की श्रृंखला है, जो है तो मुख्यतः एक 'दाम्पत्य कथा', जो 'कालीदासीय प्रेम प्रसंगों' की तरह श्रृंगार रस से तो उतनी नहीं, जितनी स्नेह रस से लबालब है। उपन्यास का नायक एक छोटे से कस्बे में स्कूल मास्टर है जो रोज साइकिल से स्कूल आता जाता रहता है। घर में वह अपनी नवोढ़ा पत्नी के साथ रहता है। कहानी उसी नवदम्पत्ति की कहानी है जो उपन्यास में अद्योपान्त अपनी निम्नवर्गीय गरीबी का उत्सव मानते रहते हैं। कभी कभी उस स्कूल मास्टर को आने-जाने की सवारी के लिए एक हाथी और हाथीवाला मिल जाता है। यह हाथी उपन्यास में महत्त्वपूर्ण है। उपन्यास में दीवार और खिड़की महज चौंकाने वाले शब्द नहीं हैं। नैसर्गिक प्रकृति और मानव निर्मित जीवन पद्धति के बीच एक दीवार है (जो सभी जानते हैं।)। पर इस उपन्यास ने उस दीवार में एक छोटी खिड़की बना ली है। यह खिड़की ही शायद सबसे महत्त्वपूर्ण है। उसने निर्मित दीवार से निजात पाने के लिए (भले ही कुछ देर के लिए) यह खिड़की बना ली है, जिससे वह इस 'दुनिया' से उस दुनिया में आता जाता है। पूरा उपन्यास इस आवागमन की सूक्ष्म कथा है जो अत्यन्त कोमल तन्तुओं से ही बुनी गयी है।

उपन्यास में ऐसा कोई सुनिश्चित कथा-वृत्तान्त नहीं है जो कहीं से शुरू होता हो और कहीं खत्म। बस एक कस्बाई परिवेश में एक प्राइमरी स्कूल मास्टर की दिनचर्या के कुछ चित्र हैं (जैसा कि उनके पहले दोनों उपन्यासों में भी हैं) जिन्हें नितान्त आवरणहीन और संक्षिप्त भाषा में लिखा गया है। स्कूल मास्टर किराये की एक कोठरी में रहता है। वह रोज स्कूल जाता है और रोज लौटता है। कभी ऑटो पर, कभी साइकिल पर, कभी एक हाथी पर क्योंकि हाथीवाला उसका दोस्त है।

किन्तु कथा उसके स्कूल जाने की और लौटने की नहीं है, वह घरेलू है, उसमें 'घरेलू ऊष्मा' ही प्रधान है। नवोढ़ा पत्नी, माँ, पिता और छोटा भाई। इसके अतिरिक्त कुछ दिलचस्प अनुसंगी पात्र स्कूल के प्रधानाचार्य, हाथी की सवारी,

घर से भागकर पेड़ पर छिपकर बैठकर बीड़ी पीने वाला एक दरिद्र बालक, उसका पिता और घर के पीछे के तालाब के किनारे कुटिया बनाकर रहने वाली एक बुढ़िया। उपन्यास में यद्यपि इन सबके अलग-अलग चित्र हैं। कभी उनके बीच निगूढ़-सा कभी लक्षित और कभी अलग सम्बन्ध है जो कथा में धीरे-धीरे खुलता है। इस तरह देखें तो उपन्यास में कुछ भी होता नहीं, बस कुछ लोग हैं जो महज होते हैं। न कोई घटना, न कोई दुर्घटना। एक सपाट सी एक मौखिक दिनचर्या है।

उपन्यास की शुरुआत है, 'आज की सुबह थी। सूर्योदय पूर्व की दिशा में था। दिशा वही रही आयी थी। कभी बदलती नहीं थी। रघुवर प्रसाद का रंग काला था।' और उपन्यास का अन्त है, 'सुबह कोई आठ बजे विभागाध्यक्ष स्कूल से रघुवर प्रसाद के घर के सामने से गुजरे। उन्होंने साइकिल रघुवर प्रसाद के घर खड़ी देखी।'' बस...कह सकते हैं यह उपन्यास एक सुबह से दूसरी सुबह की कहानी है, जिसके बीच कुछ भी बदलता नहीं, न घटित होता है सिवा इसके कि पहली सुबह रघुवर प्रसाद के घर के सामने साइकिल नहीं थी और आखिरी सुबह यहाँ साइकिल है। यानी साइकिल के होने और न होने की कहानी है।....पर यह केवल साइकिल की कहानी नहीं है।

यह एक ऐंद्रिक उपन्यास भी है, दाम्पत्य से भरपूर लगभग 'कालिदासीय लालित्य' प्रसंगों वाले प्रकरणों की तरह। विनोद कुमार शुक्ल के किसी भी उपन्यास में दाम्पत्य तो है किन्तु ऐंद्रिकता नहीं। इस उपन्यास में भरपूर ऐंद्रिकता है, किन्तु मर्यादित और अत्यन्त मोह रस से सराबोर (शृंगार रस से नहीं)। उपन्यासकार ने उनकी अभिव्यक्ति के लिए एक अत्यन्त मौलिक पद्धति निर्मित की है जो इतनी प्रगाढ़, सूक्ष्म और घनीभूत है कि अलक्षित भी रह जा सकती है। यह निर्लज्जता से फाँकती हुई नग्न ऐंद्रिकता नहीं है। छन्द, कवित्व और देह के उत्सव से लबरेज ऐंद्रिकता है। जहाँ शरीर उत्ताप 'ममत्व के दुलार' के साथ घुलमिल गया है। यह बहुत कुछ 'दया, माया, ममता तथा अगाध विश्वास' वाली ऐंद्रिकता है, इसीलिए उसमें शब्द और वाणी की भूमिका न्यूनतम है। इस ऐंद्रिक उत्सव में पूरा परिवेश, प्रकृति, जल, पृथ्वी और आकाश सभी सम्मिलित हैं। यह दाम्पत्य-प्रेम का सामूहिक समारोह है। ''तालाब में एक पत्थर के ऊपर पत्नी जाकर खड़ी हो गयी...स्थिर जल में केवल स्तनों का कम्पन था या जल में कम्पन था, पता नहीं चल रहा था। जब उसने साड़ी को जाँध तक खोंसा तो लगा कि पत्थर चन्द्रमा का होगा या वृहस्पति का। पत्नी को पकड़े हुए वह पास की सूखी जगह पर आ गया। वहाँ सफेद मिट्टी से रंगोली डाली गयी थी। जहाँ पत्नी का सिर था, वहाँ स्वस्तिक था। जहाँ दोनों हाथ थे, वहाँ चक्र था। जहाँ पैर थे वहाँ शंख बना था।

कमल के फूल का अल्पना पत्नी के लेटने से छुप गया था। थोड़ी दूर पर एक मछली बनी थी। पत्नी की दृष्टि जब सामने सूर्य पर से फिसल गयी तो उसकी आँखों में आँसू आ गये। जब उसने दुबारा आँखें खोलीं तो दष्टि के जल से बुझकर सूर्य चन्द्रमा हो गया था।...वे तालाब में घुसकर नहाने चले गये। नहाने की हलचल से पास के खिले कमल उनके आसपास एकत्र हो गये। लगता था, उनके नहाने से तालाब के कमलों की संख्या अधिक हो गयी थी। ''रंगोली बिगाड़ दी किसी ने।'' गुड्डी ने कहा, 'सोनाली इधर आओ, इनकी तालाब के पास वाली रंगोली किसी ने बिगाड़ दी है।' 'मैंने नहीं बिगाड़ी है।' सोनाली ने कहा। जो एक लाल रंग का फटा लहंगा और हरे रंग का पोलका पहने थी। रघुवीर प्रसाद ने कहा, ''बूढ़ी अम्मा ने बिगाड़ी होगी।'' सोनाली ने कहा, 'मैं फिर से बना लूँगी।' 'हम फिर बिगाड़ देंगे।' रघुवर प्रसाद ने धीरे से पत्नी से कहा।

ऐसे सुकुमार मनोहर और संगीतमय स्पन्दन से युक्त 'केलि चित्र' शायद ही हिन्दी के उपन्यास में रचे गये होंगे।....यद्यपि ऐसा नहीं कि उपन्यास में ऐसे चित्रों की बहुतायत हो। वे बाकी अनेक जीवन-छवियों से एकात्म हैं, उन्हीं के अनुसंग रूप में। यानी यह उपन्यास कोई 'केलिकथा' नहीं है। और न कोई, प्रेम प्रसंग कथा।

उपन्यास में सबसे महत्त्वपूर्ण भूमिका कमरे की पिछली दीवार में बनी खिड़की की है। वह एक अद्भुत प्रतीक है। सामने की दुनिया को पीछे की दुनिया से जोड़ती हुई या अलग करती हुई। परन्तु यह एक सांगोपांग 'विश्व दृष्टि' जरूर निर्मित करती है। यह खिड़की एक 'आँख' है जो दूसरी तरफ एक सर्वथा पृथक विश्व है। उसकी छवियाँ उपन्यास बीच-बीच में दिखाता रहता है। यह भी कह सकते हैं कि खिड़की एक सेतु है जिसके दोनों तरफ दो विश्व हैं, एक निरा रोजमर्रा का कामकाजी विश्व-मनुष्यों द्वारा निर्मित विश्व! और दूसरा खिड़की के उस पार का कहीं अधिक यथार्थ पर किसी स्वप्निल, निराविल प्रकृति विश्व। उस विश्व में जाने के लिए उस 'खिड़की' के अतिरिक्त और कोई रास्ता नहीं है। और वहाँ 'सब लोग' नहीं जा सकते। न हाथी, न हाथीवान, न साइकिल और न विभागाध्यक्ष। वह लगभग ओद्रेज़ीद के उपन्यास 'स्ट्रेट इज द गेट' की तरह है या कबीर की उस 'सांकरी गली' की तरह 'जा में दो न समाय।' वहाँ केवल 'मास्टर दम्पति' जा सकते हैं। बल्कि वे शायद खिड़की के विश्व में ही रहते हैं। आगे का विश्व उनके लिए अयथार्थ है। उस विश्व में तालाब, जंगल, चिड़िया बन्दर और गिलहरियों के अलावा 'बूढ़ी अम्मा रहती है—अचानक प्रकट और अचानक ओझल हो जाने वाली बूढ़ी अम्मा' अपने अहेतुक ममत्व के साथ। या फिर थोड़े से वनपाखी और वनवासी, बाकी वहाँ सूर्य है, चन्द्रमा है। खिड़की

इन दो विश्वों के बीच आवाजाही का माध्यम है, जैसे उस पार यदि एक उपासना और सृजन क्षेत्र है और एक अछोर-सा वनेला विस्तार है, तो इस तरफ जीने-खाने और दुनियादारी से जुड़ी वस्तुओं का जमघट है। लेकिन खिड़की के उस पार का विश्व ठीक वैसा नहीं है जैसा दीखता है। वहाँ केवल प्रकृति नहीं है, बल्कि सामानान्तर जीवन है जिसमें आपा-धापी, मोह मस्तर नहीं है। वहाँ सबकुछ सहज और मंथर-मंथर है। वह खिड़की के उस पार का प्रति संसार है। यहाँ के वासी भी सभ्यता के शिकार नहीं हैं, चाहे वह हाथी का स्वामी साधु हो, स्कूल के विभागाध्यक्ष हों, स्कूटर, रिक्शेवाले हों या स्कूल में पढ़ने वाले एक सौ पच्चीस बच्चे हों जो हमेशा मुँह पर चुप्पी की उँगली रखकर इधर-उधर डोलते रहते हैं। वस्तुतः इस उपन्यास में कुछ भी कुत्सित या कलुष नहीं है। जैसे वह सब यहाँ से झाड़-पोंछ कर बाहर फेंक दिया गया हो और एक समानान्तर संसार रचा गया हो। जो जरूरी नहीं कि लेखक द्वारा रचित संसार हो। मुमकिन है, वह वैसा हो ही, अभी भी सुदूर वन-प्रान्तर के कोने में बचा रह गया अबोध संसार, जिसे लेखक रखना चाहता हो (पर वह बचा रहेगा नहीं क्योंकि—यानी वैसा ही, आनेवाले वर्षों यहाँ एक नंदीग्राम और उसका संग्राम रचा जाने वाला है।)

उपन्यास इसी समानान्तर संसार की कथा है। अत्यन्त मितभाषी, वाचालता या बड़बोलेपन से रहित मौन का संसार है। यहाँ ज्यादातर संकेत ही संवाद हैं क्योंकि यहाँ सभी स्वतः एक दूसरे की भाषा-भाव और जरूरत को समझते हैं। यहाँ तक कि यहाँ भाषा में गद्य तथा पद्य पृथक विधाएँ नहीं हैं जो आधुनिकता द्वारा ऊपर से पैबन्द की तरह लगा दिये गये हैं (यह जानने और खोजने की आवश्यकता है कि गद्य और पद्य पृथक-पृथक विधाएँ कब बनीं?) जबकि... खिड़की बिना किसी प्रयास या यत्न के एक काव्यात्मक कथा भाषा ही नहीं, एक काव्यमय परिवेश भी निर्मित करती है जो निश्चित रूप से उपन्यास के भीतर से ही गद्य और पद्य की फाँक भरता हुआ अपनी विधा स्वयं निर्मित करता है। पहले भी कहा जा चुका है, विनोद कुमार शुक्ल अपने किसी उपन्यास को उपन्यास कही जाने वाली विधा या कथा के रूप में नहीं लिखने वाले हैं और उन्होंने भरसक उस उपन्यास में भी ऐसा किया नहीं है।

यदि इस उपन्यास में उपन्यासत्व कहीं है तो वह मानवीय सम्बन्धों में है जहाँ अत्यन्त आत्मीय ऊष्मा है। यह पति-पत्नी से इतर के सम्बन्धों में भी देखा जा सकता है। इसका एक मधुर उदाहरण सास-बहू सम्बन्धों में (टेलीविजन वाले सास-बहू वाले 'सास भी कभी बहू थी' जैसे धारावाहिकों की तरह नहीं)। सास-बहू के कुख्यात 'तू-तू-मैं-मैं' के विपरीत यहाँ इसकी झलक उनके बीच होने

वाले संकेतों में देखी जा सकती है। यद्यपि सास, बहू-बेटे के साथ नहीं रहती, किन्तु जब भी वह अपने पति-स्कूल मास्टर के पिता के साथ चन्द दिनों के लिए वहाँ आती है तो उनके बीच परस्पर होनेवाले मितकथन वाले संवाद कुछ ऐसे होते हैं, 'अम्मा सो गयी?' 'नहीं, तेरे को नींद आ रही हो तो सो जा। मेरा तो बात करने को जी कर रहा है।' 'अम्मा जब तुम्हारी शादी हुई थी, तो कितने बरस की थी?' 'ग्यारह बरस की। रघुवर से बड़ी एक और बेटी थी। बड़ीमाता से वह मर गयी...परागा दुख से बीमार पड़ गयी थी।'' परागा कौन अम्मा? वही मेरी बेटी। अम्मा चुप हो गयीं। सोनाली से नहीं रहा गया। वह पूछ बैठी, 'अम्मा तुमने बेटी किसको कहा था?' 'हाँ बेटी, तुम दोनों को।' अम्मा ने फिर कहा। उस बार अम्मा जी हँसीं।

यहाँ सास-बहू के बीच इस तरह की बातचीत अकसर होती रहती है। उस बातचीत में गहरा माधुर्य और वात्सल्य है।

यद्यपि उपन्यास के केन्द्र में दाम्पत्य कथा ही है। अनगिन तारों से निकलकर एक तारा, अनगिन से निकलकर एक संगिनी। जीवन भर। किन्तु इसके अलावा उपन्यास में हाथी और साइकिल का दिलचस्प रिश्ता है। जब साइकिल नहीं थी तो हाथी था। पर संगिनी, गाँव जाकर बस के ऊपर रखकर एक साइकिल ले आती है। उपन्यास में शुरू से उसी साइकिल की तलाश है। उपन्यास के अन्त में वही साइकिल मास्टर की कोठरी के बाहर दीवार से लगी खड़ी है। अब साइकिल भी जीवन भर की संगिनी बन गयी है। अब हाथी नहीं है। हाथी पर राजे-महाराजे चलते हैं। साइकिल पर अब स्कूल मास्टर चलेगा, सामने दोनों हैंडिलों के बीच संगिनी को बैठाकर।...इस प्रकार यह पूरा उपन्यास एक प्रेमगीत है—पर ऐसा प्रेमगीत जो दीवार के पीछे की खिड़की के तालाब में भीगता हुआ गाया जाता है।

सुरेन्द्र वर्मा (1941)

विनोद कुमार शुक्ल के तत्काल बाद सुरेन्द्र वर्मा का जिक्र करना इसलिए आवश्यक लगता है क्योंकि उन्हीं के समकालीन उपन्यासकार सुरेन्द्र वर्मा ने जो मुख्यत: नाटककार के रूप में विख्यात हैं, ने अपने तीन उपन्यासों (मुख्यत: 'मुझे चाँद चाहिए', 'अँधेरे से परे' तथा 'दो मुर्दों के लिए गुलदस्ता') के द्वारा हिन्दी उपन्यास को बिलकुल दूसरी दिशा में मोड़ दिया है। 'अँधेरे से परे' और 'दो मुर्दों के लिए गुलदस्ता' अपेक्षाकृत सामान्य उपन्यास हैं, किन्तु 'मुझे चाँद चाहिए' की चर्चा किंचित विस्तार से करनी होगी क्योंकि उसमें भी भाषा की दृष्टि से कुछ

अभिनव प्रयोग पाये गये हैं। किन्तु ये प्रयोग बिलकुल विपरीत दिशा में किये गये हैं। विनोद कुमार शुक्ल जहाँ परम्परागत उपन्यास की संरचना तथा भाषा में तोड़फोड़ करके एक नया कोलाज बनाते हुए हिन्दी उपन्यास को सही अर्थों में नया उपन्यास (न्यू नॉवेल) देते हैं और जिसकी छाप अब क्रमशः बिलकुल नये उपन्यासकारों पर देखी जा सकती है, वहीं सुरेन्द्र वर्मा का उपन्यास 'मुझे चाँद चाहिए' परम्परागत उपन्यास की परम्परा को ही आगे बढ़ाते हुए रचा गया है, उसे आज के परिवेश में एक आधुनिक उपन्यास के रूप में रचा जाता है। आधुनिकता और परम्परा का यह मेल परम्परा की निरन्तरता को ही प्रमाणित करता है। यह उपन्यास प्रकाशित होते ही तत्काल सफल और चर्चित इसलिए भी हो गया कि यह उपन्यास पुराने (परम्परागत) उपन्यास की कथा पद्धति, संरचना और भाषा में बिना कोई नया प्रयोग किये ठेठ परम्परागत ढंग से लिखा गया है। लेकिन इसकी असली विशेषता यह है कि एक तो इसकी विषय वस्तु नयी है, दूसरी यह कि पुरानी औपचारिक भाषा को ही नया संस्कार देते हुए और उसमें नया अर्थ भरते हुए संस्कृत नाटकों (मूलतः कालिदासीय) की तत्सम भाषा को परिमार्जित करता हुआ उसमें एक नयी ऊर्जा तथा काव्यात्मकता से एक विद्युत संचार सा कर देता है। बहुत कुछ गिरीश कार्नाड के नाटकों और उनकी 'मृच्छकटिक' पर आधारित विख्यात फिल्म 'उत्सव' की तरह। हम परम्परा पर अतीत में वापस नहीं जा सकते, किन्तु अतीत तथा आधुनिक भावबोध के संयोग से एक नयी कलम उगा जरूर सकते हैं। सुरेन्द्र वर्मा ने ठीक यही किया। इस कलमी उत्पाद को जानने-समझने के लिए उसके कलेवर को विश्लेषित करना होगा।

इस उपन्यास की पहली और बड़ी विशेषता तो इसकी रसमयता है। जितना रस लेकर उपन्यासकार ने उसे लिखा होगा, पाठक भी उसे उतना ही रस लेकर पढ़ सकता है। बहुत दिनों बाद मुझे उस लगभग सात सौ पृष्ठों को पढ़ने में इतना रस मिला। पढ़ते समय इस उपन्यास में हम जो यात्रा करते हैं, उसमें उपन्यास का पूरा जीवन्त रचना संसार हमें इतना तन्मय और तल्लीन कर लेता है कि इस यात्रा के खत्म होने पर हमारे भीतर एक सूनापन भर जाता है। बार-बार वे पात्र, मनःस्थितियाँ, उसमें गूँजती आवाजें कई दिनों तक हमारा पीछा करती रहती हैं।

इधर के अधिकांश हिन्दी उपन्यास पठनीयता की दृष्टि से इतने ऊसर और उबाऊ लगने लगे थे कि लगने लगा था कि 'अब वे बासर बीत गये'। लेकिन 'मुझे चाँद चाहिए' ने यह भरम तोड़ दिया।

ऐसा लगता है कि इस उपन्यास पर विख्यात फ्रेंच उपन्यासकार और नाटककार अलबेयर कामू के नाटक कैलिगुला का यद्यपि प्रभाव तो नहीं है, किन्तु

यह कहीं उससे प्रेरित अवश्य है। यह प्रारम्भ में ही स्पष्ट हो जाता है कि उपन्यास के पूर्व कथन में कैलिगुला की पंक्तियाँ उद्‌धृत करते हुए उपन्यास को प्रायः उसे समर्पित किया गया है। यह केवल कैलिगुला की असीम महत्त्वाकांक्षा और उसके जीवन की त्रासदी से प्रेरित है। सबसे पहले तो यह जानना ज़रूरी है कि उपन्यास में 'चाँद' इस लोक प्रचलित अर्थ वाला चाँद नहीं है जिसकी ओर बच्चा लपकता है और जिसके लिए यह पद लिखा गया कि 'मैया मैं तो चन्द्र खिलौना लइहों।' हिन्दी के एक कथाकार समीक्षक ने उसको किसी स्थूल अर्थ में ग्रहण कर बचकाने ढंग से लिख दिया है कि 'अच्छा तो तुम्हें चाँद चाहिए।' यह उपन्यास का विकृत अर्थ ग्रहण है।

जब आप कैलिगुला के चाँद वाले अर्थ में इस उपन्यास को देखते और पढ़ते हैं, तो आपके सामने प्रत्येक प्रतिभाशाली, महत्त्वाकांक्षी और सक्षम किन्तु अत्यन्त असफल व्यक्ति का चरित्र आ जाता है जो आज की दुनिया में प्रायः देखने और सुनने को मिल जाते हैं। दुनिया हमेशा तराशा हुआ हीरा चाहती है। बिना तराशा हुआ हीरा नहीं, वह असली फूल नहीं कागज के फूल चाहती है। असली फूल खिलाने वाले प्रायः 'कागज के फूल' (गुरुदत्त की फिल्म नाम) की नियति को ही प्राप्त होते हैं। उपन्यास की मूल कहानी ऐसे ही एक प्रतिभावान और महत्त्वाकांक्षी युवक की है जो ऐसी ही अभिशप्त नियति को प्राप्त करता है। लेकिन उपन्यास की कथा इस युवक को केन्द्र में रखती हुई भी खिसककर एक दूसरी महत्त्वाकांक्षी युवती की है, जो अपना नाम बदलकर वर्षा वशिष्ठ रख लेती है और शाहजहाँपुर जैसे कस्बे से फलाँगती हुई दिल्ली, बम्बई और अन्ततः हालीवुड पहुँच जाती है। सम्भवतः उपन्यास की कथा में यह एक समानान्तर विश्लेषण के लिये रची गयी है। पर कथा है क्या?

कथा के मूल मन्तव्य में कोई और है और कथा में कोई और। वह है अपना नाम बदलकर स्वयं अपना एक पृथक नाम रखने वाली साँवली सलोनी कालिदास के शब्दों में तन्वी, श्यामा, शिखर, दशना।...एक अत्यन्त आधुनिक सन्दर्भ तथा परिवेश में उस तन्वी, श्यामा, शिखर दशना को प्रतिष्ठित करते हुए पूरा उपन्यास और उसका रचना प्रसार कैलिगुला से निकला है, किन्तु कालिदास की कृतियों और सूक्तियों से वैसे ही लबालब है जैसे सावन में जल से भरे मेघ। अभिज्ञान शाकुन्तलम, रघुवंश, ऋतुसंहार, मेघदूत, कुमार सम्भव आदि के उद्धरण ही इस उपन्यास की कथा-भाषा के अभिन्न अंग हैं और उसी रचनात्मक रसायन से घिरी उपन्यास में एक नयी कथा-भाषा ही नहीं, एक नये कथा-कौशल का आविष्कार भी सम्भव हुआ है! क्लैसिकल साहित्य माध्यम से अतीत के साथ निरन्तर आदान प्रदान और उसमें विचरण। लेकिन इसे महज भाषाई उपलब्धि नहीं मानना चाहिए,

यह केवल भाषा को ही नयी दीप्ति नहीं देता, बल्कि उसके आधुनिक दीखने वाले चरित्र अपनी सांस्कृतिक सम्पदा और विरासत से इतनी गहराई के साथ जुड़े हुए हैं कि उनकी 'भारतीयता' स्वत: आलोकित होती रहती है। वह केवल अपने नाटकीय आसंग के कारण महत्त्वपूर्ण नहीं है, बल्कि एक जीवित परम्पराबोध उसमें स्पंदित है, 'मेरी अपनी साँसें मुझे जीवित रखने के लिए काफी नहीं हैं।' उसने अपनी उदास स्थिति से सोचा, "अपने चकवे से बिछड़ी चकवी के समान रहने वाली और कम बोलने वाली उस सुंदरी को देखकर ही तुम समझ लोगे कि वह मेरा दूसरा प्राण है। विरह के कठोर दिन बिताते हुए उसका रूप इतना बदल गया होगा कि तुम्हें धोखा भी हो सकता है कि वह वही है या पाले से मारी हुई कमलिनी।" उसे मेघदूत याद आई।" उपन्यास के केन्द्रीय पात्र हर्षवर्धन के बम्बई जाने पर यह वर्षा वशिष्ठ की मानसिकता का चित्रण और पूरे उपन्यास में यहाँ-वहाँ फैली हुई ऐसी अनेक युक्तियाँ पाठक को भी काल के आर-पार झंकृत करती रहती हैं।

उपन्यास के पहले अध्याय का ही शीर्षक है। विषवृक्ष—जो कालिदास का ही शब्द है (और विख्यात बांग्ला उपन्यासकार बंकिमचन्द्र के एक उपन्यास का शीर्षक भी है)। विषवृक्ष के वीजारोपण की शुरुआत शाहजहाँपुर के घर नं. 54 से वर्षा वशिष्ठ की यात्रा से प्रारम्भ होती है, उसमें कालिदास की पंक्तियाँ अन्तर्धारा के रूप में साथ-साथ चलती रहती हैं। 'सिलबिल' का वर्षा वशिष्ठ के रूप में रूपान्तरण भी कालिदास के 'ऋतुसंहार' की प्रेरणा से होता है। वर्षा वशिष्ठ की इस यात्रा के तीन मुकाम हैं। 54 सुल्तानगंज, नेशनल स्कूल ऑफ ड्रामा और बम्बई उर्फ बालीवुड का जगमगाता फिल्मी जगत। अत: कह सकते हैं कि हर्षवर्धन के विपरीत वर्षा वशिष्ठ यह यात्रा 'जर्रे' के आसमान छूने की यात्रा है। लेकिन अचरज की बात यह है कि इतनी लम्बी यात्रा के दरम्यान संघर्ष कहीं नहीं है। पूरे उपन्यास में वह लाल कालीनवाली कथा बनी रहती है। जैसे ही कोई समस्या आती है कोई न कोई उद्धार कर्ता तत्काल अवतरित हो जाता है। उपन्यास का प्रारम्भ ही इस देवदूती अवतरण से होता है। "अगर मिस दिव्या कत्याल उसके जीवन में न आतीं तो वह या तो आत्महत्या कर चुकी होती या चार पाँच बच्चों को सँभालती किसी क्लर्क की कर्कश बीवी और जीवन संगिनी होती।"

वर्षा की इस सफलता सोपान-यात्रा में कदम-कदम पर दिव्य वर्षा होती रहती है और अभिशप्त सौम्यभद्रा वाली फ्रेंड फिलॉसफर, गाईड दिव्या वर्षा की कला संगिनी ही नहीं, एक गहरे अर्थ में जीवन संगिनी भी बन जाती है...वर्षा जीवन में 'कला' का वरण करने का संकल्प करती है। लेकिन कौन सी कला?...उसके लिए उसकी सफलता के सोपानों को जानना जरूरी है। शाहजहाँपुर

की दरो-दीवारों पर हसरत नजर करते हुए जब वह पहली बार राष्ट्रीय नाट्य विद्यालय में प्रवेश के लिए पहुँचती है तो वह भी डॉ. सिंहल के बिना सम्भव नहीं होता। उसके बाद वह एक के बाद एक विलक्षण सफलता का कीर्तिमान निर्मित करती जाती है—जिसे कहते हैं फिर पीछे मुड़कर न देखना, उसका साक्षात उदाहरण बन जाती है। पहले तो ट्रेजडी क्वीन का सिंहावरोहण और उसके बाद एकेदमी अवार्ड यानी लेखक के अनुसार उसमें लम्बे धावक के रूप में दौड़ने की क्षमता है। पहले तो दिल्ली के नाटकीय परिवेश में रहकर संक्षिप्त सा संघर्ष और बम्बई में जलती जमीन का 'लीडिंग रोल और फिर दर्द का रिश्ता से सफलता के सोपानों का अन्तहीन क्रम जो फिल्म पुरस्कार और पद्मश्री के साथ भी समाप्त नहीं होता बल्कि हॉलीवुड तक जाता है और फिर भी देखिये आगे-आगे होता है क्या?

उपन्यास में वर्षा और हर्ष के सम्बन्धों और विसंगतियों को जिस रूप में रखा गया है, उसका विश्लेषण क्या हो सकता है? पहली बात तो यह कि आखिर हर्ष और केलिगुला की त्रासदी कितनी दूर तक जाती है और जिन्हें केलिगुला के सन्दर्भ का पता न हो, वे हर्ष की त्रासदी को कैसे समझेंगे। केलिगुला की उद्धृत पंक्तियों के अनुसार तो चाँद हर्ष को ही चाहिए? जबकि उसके करीब पहुँच जाती है ट्रेजडी क्वीन! वर्षा ट्रेजडी क्वीन केवल फिल्मों में अपनी भूमिकाओं तक सीमित है, जबकि हर्ष के जीवन और मर्मान्तक मृत्यु सचमुच एक दहलाने वाली ट्रेजडी है। एक का जीवन सहज, सरल, चन्द्रोदय और दूसरे के चाँद का असमय अवसान। उपन्यास की विफलता यही कही जाएगी कि वह उपन्यास के प्रारम्भिक उद्धरण के नायक के पास गया ही कम है और पाठकों के सामने हर्ष की जटिल नियति को ठीक-ठीक विश्लेषित नहीं कर पाया है। आखिर क्यों वर्षा से कई गुना प्रतिभाशाली और आरम्भ में फिल्मी दुनिया में भी हाथों-हाथ लिये जाने वाला एक 'ट्रेजिक हीरो' बनकर मरता है और वर्षा सफलता के शिखर तक पहुँच जाती है। उपन्यास में इसे दूर तक विधिवत विश्लेषित नहीं किया जा सका है। यहाँ लम्बे धावक की दौड़ में साँस टूट जाती है। इसीलिए वह सहज, सरल और प्राय: सपाट सफलता का ही विकल्प अपनाता है। यही इस कई दृष्टियों से महत्त्वपूर्ण, अत्यन्त पठनीय, वास्तविक अर्थों में आधुनिक उपन्यास की अपनी ट्रेजडी है। अत: उपन्यास में यात्रा तो है, पर तलाश नहीं है। केलिगुला दो कुत्तों के बीच कुत्ते की मौत मरा था और हर्ष? उसके ज़र्द चेहरे पर मक्खियाँ भिनभिना रही थीं...वह चौपाल की धूल भरी फर्श पर सूखी विष्ठा के बीच मरा पड़ा था। किन्तु केलिगुला तो एक अत्यन्त क्रूर और नृशंस शासक था। उसकी यह अभिशप्त नियति तो सम्भावित थी, किन्तु हर्ष को इस वीभत्स नियति की सजा क्यों मिली?

उपन्यास इसे विवेचित नहीं कर सका है। हालाँकि इसकी ऐसी मृत्यु अस्वाभाविक नहीं है। अनेक फिल्मी हस्तियों (केवल भारत में ही नहीं) की मृत्यु लगभग ऐसी ही होती रही है।

किन्तु उपन्यास में हर्ष और वर्षा के आख्यान के अलावा भी बहुत कुछ है, उसकी जानकारी होनी चाहिए। अपना-अपना नरक, जीने वाली अनेक युवतियों की दास्तान भी इसमें है, इस रूप में उपन्यास आज के सांस्कृतिक, मुख्यतः नाटकों की दुनिया और फिल्मी जगत का बहुत प्रामाणिक, मुक्कमिल तथा सघन चित्र प्रस्तुत कर सका है।

यहाँ एक दिलचस्प प्रतिक्रिया यह होती है कि वर्षा तथा कुछ अन्य स्त्रियों के अन्तरंग का उद्‌घाटन इतने सजीव तथा चित्रात्मक (ग्रैफिक) ढंग से किया गया है कि ऐसा भ्रम होने लगता है जैसे यह उपन्यास किसी स्त्री ने ही लिखा हो। यह उपन्यास की एक विशिष्टता तथा सफलता भी है। लेकिन इसके विपरीत हर्ष सहित अन्य पुरुष चरित्रों के अन्तरंग का उद्‌घाटन इतने प्रमाण पुष्ट ढंग से नहीं किया जा सका है।

तीन खंडों में विभाजित इस उपन्यास में नाटकीय दृश्यों को भी नाटकीय शैली और संवादों की तरह लिखा गया है। (सम्भवतः यह लेखक के स्वयं नाटककार होने के कारण भी।)

उपन्यास के स्त्री चरित्रों के बीच संवाद प्रायः संस्कृत नाटकों की स्त्री पात्रों के बीच के सखी भाव की याद दिलाता है, उनके बीच की बातचीत भी प्रायः वैसे ही संवादों के रूप में होती है। कहीं-कहीं लेस्बियन सम्बन्धों का भी आभास होता है।

उपन्यास में शारीरिक सम्बन्धों के प्रति नीतिमुक्त खुला दृष्टिकोण भी दिखाई देता है। परिरम्भन-चुम्बन आदि स्तरों तक पहुँचने में कोई हिचक भी दिखाई नहीं देती। इस मामले भी उपन्यास अत्यन्त आधुनिक या शायद उत्तर आधुनिक है।

यदि कथा झीनी या इकहरी हो और आद्योपान्त एक भावविह्वलता भी हो, और कोई विशेष दृष्टि न भी हो तो भी भाषा पर कालसिद्ध अधिकार से एक मोहक रचना संसार रचा जा सकता है। 'मुझे चाँद चाहिए' इसका एक विरल उदाहरण है।

शिवप्रसाद सिंह (1929-1998)

नयी कहानी के दौर के कुछ कथाकारों ने अपनी कहानियों में तो कुछ प्रयोग किये—कभी भाषा के और कभी प्रविधि के स्तर पर किन्तु इनमें मोहन राकेश और निर्मल वर्मा के अतिरिक्त कोई भी ऐसा नहीं था जिसका भावबोध सचमुच

नया या कुछ पृथक ढंग से निर्मित हुआ हो। शिवप्रसाद सिंह भी ऐसे उपन्यासकारों में प्रमुख हैं। नयी कहानी के दौर का होते हुए भी उनमें नयेपन का कोई संस्पर्श न हो। शायद वे नयी कहानी के सम्प्रदाय में सम्मिलित भी नहीं होना चाहते थे। उन्होंने नवलेखन का एक अलग अभियान चलाने की कोशिश की थी—मूलतः उसका अगुआ बनने के लिए वैसे ही जैसे नयी कहानी के कथाकार कमलेश्वर ने 'सारिका' पत्रिका के माध्यम से समान्तर कहानी के नाम से एक नया सम्प्रदाय बनाने का अभियान शुरू किया था, किन्तु जिसमें सम्मिलित हुए या सम्मिलित किये गये अधिकांश कथाकारों का आज कहीं अता-पता नहीं है, न उनका कोई नामलेवा है।

बहरहाल, बात शिवप्रसाद सिंह के उपन्यासों की चल रही थी। शिवप्रसाद सिंह ने अपने कई भारी-भरकम उपन्यासों में आंचलिकता, समकालीनता और ऐतिहासिकता, इन सभी दिशाओं में हाथ-पाँव मारे थे, जिनको प्रायोजित स्तर पर तो पर्याप्त सफलता मिली, किन्तु औपन्यासिक निकष पर वे नितान्त औसत सिद्ध होते हैं। उनकी लेखन-पद्धति तथा भाषा नितान्त परम्परागत है और वे कृत्रिम किस्म के श्रम-साध्य उपन्यास हैं। एक मेधावी और परिश्रमी छात्र शिवप्रसाद ने जिस तरह से अपने उपन्यासों की रचना की है, जिन्हें पढ़ना प्रायः दुस्साहस हो जाता है। उनका पहला आकार-प्रकार में भारी-भरकम उपन्यास 'अलग-अलग वैतरिणी' (1967) स्वतन्त्रता के बाद के बदलते गाँवों का चित्र है जिनके सभी पात्र नितान्त टाइप्ड किस्म के हैं—मसलन कोई आदर्शवादी पुराने मूल्यों की रक्षा का प्रयत्न करने वाला, कोई लम्पट और अवसरवादी, कोई शोषक-शोषित, ज्यादातर शहर की ओर जाने वाले भगोड़े आदि। उपन्यास में कई तथ्य गलत हैं और उसमें व्यक्त हुई वास्तविकता भी। पर जो नहीं है, वह है औपन्यासिकता। वैसे वह न भी होती, कोई हर्ज नहीं होता। किन्तु लेखक ने परम्परागत औपन्यासिक संरचना तथा प्रविधि अपनाते हुए उस स्तर पर भी कोई अभिभूत कर देने वाली रचनात्मक सफलता प्राप्त नहीं की है। इसीलिए यह उपन्यास निर्जीव और निष्प्राण बनकर रह जाता है।

अपनी कई दिशाओं में हाथ-पाँव मारनेवाली प्रवृत्ति के कारण शिवप्रसाद सिंह ने नये विषय और वस्तु की तलाश में नटों के कबीले पर केन्द्रित उपन्यास (शैलष) लिखा जो पुनः उसी नियति का शिकार होता है और रांगेय राघव के अपेक्षाकृत चर्चित उपन्यास 'कब तक प्रकाश' (प्रायः ऐसे ही विषय पर लिखा गया) के निकट भी नहीं पहुँच पाता। यह भी शोध छात्र के कठिन परिश्रम की ही परिणति का ही उपन्यास है।

शिवप्रसाद सिंह अपने अनुभव के जीवन पर केन्द्रित उपन्यास 'गली आगे

मुड़ती है', लिखते हैं। नितान्त समकालीन और नवजीवन या नयी पीढ़ी के साथ होने की कोशिश में 'गली आगे मुड़ती है' (1974) बनारस विश्वविद्यालय में हुए एक कभी उत्तेजक छात्र आन्दोलन पर केन्द्रित उपन्यास है जिसमें शिवप्रसाद जी ने काफी बड़े बोल अपनाते हुए 'छात्र आन्दोलन का साथ देने की कोशिश की है, किन्तु चूँकि उनका स्वयं का भावबोध और जीवन दृष्टि अत्यन्त दकियानूसी और रूढ़िवादी है, और रूढ़िवादी हमेशा आदर्शवादी भी होता है इसलिए उपन्यास का अंत यह सन्देश देता है कि कोई गली कहीं बन्द नहीं है बल्कि हर गली आगे खुली और आगे भी 'पथ' है।

शिवप्रसाद सिंह का सबसे सफल (अपेक्षाकृत) उपन्यास 'नीला चाँद' (1988) है जिसे सफलता भी मिली और पर्याप्त पारितोषिक भी। यह एक ऐतिहासिक उपन्यास है जिसमें उत्तर प्रदेश और मध्यप्रदेश के एक हिस्से में पनपनेवाले गीहड़वाल राजवंशों के विकास और अवसान की कथा प्रस्तुत की गयी है। उस अर्थ में यह उनका स्ववंशी स्वजातीय उपन्यास है। संयोग से इस उपन्यास में कथात्मकता अधिक है और चित्रण की सघनता भी, किन्तु उपन्यासकार तो वे मध्यमकोटि के हैं। इस उपन्यास में उनकी रूढ़िवादी दृष्टि अधिक मुखर होकर उभरी है जिसके कारण वह वहाँ तक भी नहीं पहुँच पायी जहाँ चतुरसेन शास्त्री की 'वैशाली की नगरवधू' और 'गोली' जैसे उपन्यास पहुँच पाते हैं क्योंकि वे बेहतर गद्यकार तथा कथाकार हैं। उसके विपरीत शिवप्रसाद सिंह न तो बेहतर गद्यकार हैं और न बेहतर कथाकार बन पाये हैं।

उनके उपन्यास यह सोचने के लिए सामग्री देते हैं कि क्यों कोई परिश्रमी और खोजी लेखक अच्छा या महत्त्वपूर्ण उपन्यासकार या रचनाकार नहीं बन पाता। शिवप्रसाद सिंह में जयशंकर प्रसाद या हजारी प्रसाद द्विवेदी के उपन्यासों की तरह कोई विश्व विडम्बनात्मक दृष्टि नहीं है जो अपने विकट पांडित्य के बावजूद रचनात्मक स्तर पर काल के रथ के घूमते हुए पहिये को देख सके। काश उनमें द्विवेदी के आसपास रहने वाला विद्युतीय परिनिष्ठित गद्य ही होता। नयी कहानी और छायावादी कथा-पद्धति के बीच वे काल के पहिये के द्वारा रौंद दिये जाते हैं। उनके सम्पूर्ण लेखन में एक अहंकारयुक्त कृत्रिमता है जो जानलेवा है।

यह कथाकार बस हिन्दी के उस विचित्र गद्य लेखन, मुख्यतः कथात्मक गद्य का लेखक है जो न जाने कितनी गलियों के मोड़ों से गुजरता रहा है।

श्रीलाल शुक्ल (1925-2008)

सम्भवतः इसीलिए आज के प्रतिष्ठित कथाकार श्रीलाल शुक्ल के उपन्यास एक कॉमिकल रिलीफ देते हैं जिसका वे पर्याप्त परिपूर्णता से निर्वाह करते हैं। उनका

सबसे प्रसिद्ध उपन्यास 'राग दरबारी' है (1968) जो पिछले चार दशकों में हिन्दी का सबसे प्रसिद्ध और सबसे अधिक बिकने वाला उपन्यास है। लेकिन यह जानना जरूरी है कि प्रकाशन के तत्काल बाद इसकी प्रतिकूल समीक्षाएँ ही अधिक प्रकाशित हुई थीं। नेमिचन्द्र जैन तथा श्रीपत राय जैसे गम्भीर समीक्षकों ने इसे प्रायः खारिज कर दिया था, लेकिन धीरे-धीरे यह बीसवीं सदी के उत्तरार्द्ध का सर्वाधिक चर्चित उपन्यास बन गया और आज भी हिन्दी के सर्वाधिक चर्चित उपन्यासों में इसकी गणना की जाती है। व्यक्तिगत रूप से मैं भी इसे बहुत महत्त्वपूर्ण उपन्यास नहीं मानता। इसका उत्तरार्द्ध तो सचमुच बोरिंग और उबाऊ है।

लेकिन इसकी सफलता का शायद एक रहस्य तो इसके प्रारम्भिक हिस्से में है जिसमें व्यंग्यात्मक कॉमिकल रिलीफ वाली शैली है, जो राजनैतिक स्तर तक उठती हुई स्वतन्त्रता के बाद के आशावादी अति उत्साह पर पानी फेर देती है। हालाँकि तब सन 1962 का चीनयुद्ध हो चुका था और धूमिल जैसे तेजस्वी युवा कवि नेहरू युग के नारों और बड़बोलेपन वाली योजनाओं की धज्जियाँ उड़ा चुके थे। चीन तो भारत के हथियारों और शस्त्रों को, कारखाने में बनने वाले जूतों को नेहरू और उनकी सरकार के मुँह पर फेंककर उन्हें काला कर चुका था।

यानी 'राग दरबारी' को हल चलाकर हमवार कर दी गयी उर्वर भूमि स्वतः प्राप्त हो गयी थी। 'राग दरबारी' ने बस उस भूमि पर कुछ बीज भर छिड़कने का काम किया जो आनेवाले कुछ वर्षों में लहलहाती खेती में बदला और 'राग दरबारी' को अच्छी फसल और बाजार ने उसे अच्छी कीमत भी दी—इसलिए उन्हें प्रसिद्धि क्रमशः और अपेक्षाकृत मंथर गति से प्राप्त हुई, पर एक बार ख्याति प्राप्त होते ही यह उपन्यास हिन्दी के प्रथम श्रेणी के उपन्यासों में गिना जाने लगा। अब यह देखने की जरूरत है कि उस उपन्यास में 'क्या' और कैसे कहा गया है।

दरअसल, 'राग दरबारी' में न कोई गहरा व्यंग्य और न व्यवस्था का विद्रूप है। जैसा मैंने कहा कि हिन्दी उपन्यास की 'गोदान' और 'शेखर' से चली आयी गम्भीर परम्परा में एक कॉमिकल रिलीफ है जिसे श्रीलाल शुक्ल जीवन के कई स्तरों पर लागू करते हैं— जैसे हर व्यक्ति, स्थिति और घटना का मखौल उनका प्रिय खिलवाड़ बन गया है। इसीलिए उसमें 'चरित्र' नहीं खड़ा होता। उसमें कोई जिंजर मैन (एक उपन्यास) भी नहीं आता जो भले ही 'सिनिकल' स्तर पर आज की व्यवस्था पर ही नहीं, पूरी जीवन-पद्धति की तेज-तर्रार बखिया उधेड़ सके। वे इन सब पर कमेंट या टिप्पणी अच्छी कर लेते हैं। एक चुभती हुई हँसी के फौव्वारे छोड़ती 'उक्ति' जो 'सड़क' पर चलने वाले हर व्यक्ति का मजाक उड़ाती है। पर 'राग दरबारी' में ऐसी कोई दृष्टि भी नहीं है जो रेणु के 'मैला आँचल'

में है। श्रीलाल शुक्ल में ऐसा कोई व्यापक अनुभव भी नहीं है। 'राग दरबारी' का एक मुख्य पात्र भी कोई चरित्र नहीं है, महज कथा को सँभालने वाला सूत्रधार है। अत: एक सीमा के बाद 'राग दरबारी' की पूरी कथा बिखर जाती है और बाद की वर्णनात्मकता तो सचमुच बेहद उबाऊ है। पूरे उपन्यास में निरंकुशता और हर पात्र को मजाक का पात्र बना देनेवाली प्रवृत्ति है जो मुड़कर भी अपनी ओर नहीं देखती। यहाँ लेखक में एक किस्म का अभिजात्य अहंकार भी झलकता है।

कहीं-कहीं 'राग दरबारी' मनोहर श्याम जोशी के उपन्यासों की तरह नजर आता है (या मनोहर श्याम जोशी के कुछ उपन्यास 'राग दरबारी' की तरह नजर आते हैं जिसमें जो कुत्सित और जुगुप्सोत्पादकता है, उसे लेखक जेब में लिये फिरता है) जैसे श्रीलाल शुक्ल भी उपन्यास में निष्ठा के अनेक पर्याय देते हुए (रही दिशा, मैदान, जंगल में जहाँ भी जगह मिल जाय वहाँ 'झाडा' कर दो। उनके अनुसार ज्यादातर मनुष्यों की सामान्य समस्या यही है।

'राग दरबारी' की ग्राम दृष्टि इतनी अमानवीय और दृष्टिहीन है कि लेखक की इस मायोपिया पर तरस ही नहीं, गुस्सा भी आता है जब हम पूरे उपन्यास के 'कांटेम्पट' से देखने लग जाते हैं। जिस मेले-ठेले का वर्णन रेणु ने अपनी मार्मिक मानवीय कहानी 'लाल पान की बेगम' में किया है, उसके बारे में 'राग दरबारी' का कथन है : 'वे मेला घूमने जा रही थीं। और गले की आवाज में वे चीख रही थीं और ऐसी चिंचिया निकाल रही थीं जिसे शहराती विद्वान और रेडियो वाले ग्राम गीत कहते हैं। ग्राम जीवन पर यह 'कमेंट' नहीं उसके प्रति घनघोर 'कांटेम्पट' है। यद्यपि श्रीलाल शुक्ल अपने को भारतीय ग्राम जीवन?? का दस्तावेज मानते हैं किन्तु सच तो यह है कि उनको भारतीय ग्राम समाज की न तो समझ है और न पन्त की ग्राम्या की तरह उन्होंने उसे झरोखे से भी देखा है। 'आलोचक' वीरेन्द्र यादव ने ठीक ही लिखा है कि श्रीलाल शुक्ल ने भारतीय समाज-विशेष रूप से ग्राम समाज के बारे में वी एस नॉपपॉल की किताब 'ऐन एरिया ऑफ डार्कनेस' की तरह लिखा है। लेकिन 'राग दरबारी' में यदि प्रेमचन्द के 'गोदान' के होरी, धनिया, गोबर, घीसू, माधव आदि नहीं हैं तो यह इसलिए कि वे अब आज के गाँवों भी नापैद हो गये हैं—उनका उत्पीड़न या विषाद समाप्त नहीं हुआ है पर अब उन्हें सरकारी ग्रांट और कर्जे का खजाना मिल गया है। गाँवों में भी अब खूब एजेंट बनने लगे हैं जो गाँव और शहर के बीच बिचौलिए का काम करने लगे हैं और सरकारी पैसे के द्वारा सरकारी पैसे के लिए जीने लगे है, 'राग दरबारी' और 'गोदान' में तुलना करना व्यर्थ ही नहीं हास्यापद है। 'राग दरबारी' ने बदलते गाँवों के व्यसन और विस्तार को तो देखा है पर उसकी अन्तर्निहित व्यथा को नहीं पहचाना है। उनका बदलता गाँव एक वास्तविकता है

पर उस प्रत्यक्ष वास्तविकता के पीछे या उसके नीचे भी एक ज्यादा गहरी वास्तविकता है जहाँ 'राग दरबारी' की दृष्टि नहीं गयी है और न इसकी कोई कोशिश की गयी है। 'राग दरबारी' में प्रायः सारे किसान, मजदूर आदि मक्कार हो गये हैं पर उन्हें अपने गाँवों में कोई भी आत्महत्या (जो आज एक भ्रूण हत्या की तरह प्रचलित सूचना संसार का समाचार मात्र बनकर रह गयी है) करने वाला कोई किसान नहीं दिखा। तब तक गाँवों में कोई ऐसा किसान नहीं था। जबकि प्रेमचन्द के उपन्यास में उससे वर्षों पहले भी 'प्रेमाश्रम' का एक किसान आत्महत्या कर चुका था। दरअसल, 'राग दरबारी' के करमधन का जीवनकाल सीमित रखना चाहिए था किन्तु गाँवों में प्रवेश करते श्रीलाल शुक्ल एक गहरी नदी में फिसल जाते हैं जैसे वे उसके बाद के एक अपेक्षाकृत महत्त्वपूर्ण उपन्यास 'विश्रामपुर का सन्त' के अन्त में नदी में फिसलकर जीवन का अन्त कर लेते हैं। किन्तु 'विश्रामपुर का सन्त' की कहानी पूरी तरह पृथक है।

'विश्रामपुर का सन्त' श्रीलाल शुक्ल का सर्वश्रेष्ठ उपन्यास है। इस उपन्यास से पहले तक लोग श्रीलाल शुक्ल को मुख्यतः एक व्यंग्यकार या व्यंग्य कथाकार के रूप में जानते थे। 'राग दरबारी' से पहले ही उनकी पहली पुस्तक 'अंगद का पाँव' यही सिद्ध कर चुकी है। 'राग दरबारी' का यथार्थ भी त्वचा के नीचे तक जाकर रुक जाता है।

वैसे विश्रामपुर का आरम्भ भी पाठक को इस आशंका से ग्रस्त कर देता है क्योंकि उसके नायक जयन्तीप्रसाद सिंह जो अस्सी साल की उम्र में राज्य के गवर्नर बना दिये गये हैं, उनका चरित्र और मानसिकता लगभग यही सिद्ध करना शुरू कर देती है। उनकी अस्वस्थता (या उसका अभिनय) चिकित्सा और चिकित्सक, अखबारों में उसके अतिरंजित प्रसार-प्रसार आदि। इन सबका वर्णन श्रीलाल शुक्ल अपने सुपरिचित अन्दाज में ही करते हैं। लेकिन यह सबकुछ उपन्यास में कुछ दूर तक ही मिलता है। लेकिन उपन्यास में अचानक एक गम्भीर रचनात्मक मोड़ आता है और एक तनाव उत्पन्न होता है और वह विश्रामपुर से बेतवा तट तक जाते-जाते एक लम्बी और जटिल रचनात्मक यात्रा तय कर लेता है।

यह उपन्यास भी ('राग दरबारी' की तरह ही) किसी प्रयोगात्मक शिल्प और शैली में नहीं लिखा गया है। इसकी प्रविधि तथा वर्णन-पद्धति उन्नीसवीं सदी के चरित्र-प्रधान औपन्यासिक उपन्यासों की परम्परा का ही विस्तार है। वैसी ही सटीक वर्णन शैली में इसमें विस्तार किया गया है। वैसे ही उपन्यासों की तरह इसमें नाटकीय तत्त्व प्रचुर मात्रा में उपस्थित हैं। उसी सुपरिचित शैली में वर्तमान से अतीत में, अतीत से वर्तमान ये आना-जाना रहता है। और इस तरह उसकी कथा 'भविष्य' की ओर बढ़ती है।

उपन्यास के मुख्य पात्र की प्रारम्भिक छवि ऐसी बनती या बनाई जाती है कि ऐसा प्रतीत होता है कि लेखक कोई राजनैतिक उपन्यास (गर्वनर तो वह है ही) लिखने जा रहा हो जिसमें स्वतन्त्रता प्राप्ति के बाद का मध्यवर्ग का राजनैतिक परिवेश तथा परिवर्तन उद्घटित होने जा रहा हो। राजभवन के रख-रखाव, फर्नीचर्स, परदे, डाक्टर, एडीसी आदि का वर्णन और तभी वहाँ अचानक मुख्यमन्त्री का आगमन आदि यही संकेत करते हैं। लेकिन इसके बाद लेखक अपना इरादा बदल देता है। शुरू के 30-40 पृष्ठों का उपयोग केवल एक कर्टेन रेजर के रूप में हुआ है क्योंकि इसके बाद ही (जिनमें मुख्यमन्त्री ही नहीं, प्रधानमन्त्री आदि भी आ जाते हैं) उपन्यास की कथा को एक सर्वथा अलग ही दिशा में विस्तार दिया जाता है और वह एक अत्यन्त जटिल स्थिति और मन:स्थिति का विश्लेषण करने लगती है। उसे यों भी कहा जा सकता है कि सेवानिवृत्त कुँवर जयन्तीप्रसाद सिंह का राजनैतिक भविष्य तमसावृत्त होने लगता है तो वे निराश होकर 'विश्रामपुर का सन्त' होने का चोंगा धारण कर लेते हैं, पर यह निर्णय भी बहुत आसान सिद्ध नहीं होता है।

जयन्ती प्रसाद सिंह मुख्यत: भोगवादी और सुखवादी व्यक्ति हैं। उनकी जीवन शैली भी इसी के अनुरूप रही है। लेकिन इसमें एक गहरा नैतिक द्वन्द्व तब उत्पन्न होता है, जब और जहाँ से उपन्यासकार उनके इस आत्मछल का आईना उनके सामने रखता हुआ आगे आता है, लेकिन यह 'आत्मछल' की कथा नहीं है। आत्मछल से ग्रस्त व्यक्ति को पता नहीं होता कि वह स्वयं के साथ कोई छल कर रहा है, बल्कि उसके लिए वही सच तथा वास्तविकता होती है। अत: उसे 'पाखंड' कहना ही अधिक उपयुक्त होगा। कहीं यह पाखंड, तो कहीं शुद्ध रूप से स्त्री देह भोगने की लिप्सा। चाहे वह 'जयश्री' हो या 'सुन्दरी', दोनों के प्रति उनका मूल आकर्षण दैहिक ही है। जयश्री को तो वे एक घोर दुराचारी की तरह प्राप्त भी कर लेते हैं जबकि जयश्री के लिए घर में अतिथि युवक के प्रति मौन आकर्षण ही प्रमुख है। इस सम्बन्ध का अन्त अतृप्तियों में ही होता है किन्तु यही अतृप्ति जयन्ती प्रसाद सिंह को अत्यन्त कामातुर बनाये रखती है और वर्षों बाद जब वे घर में भूदान सेविका सुन्दरी को देखते हैं, तो वह उन्हें जयश्री का प्रतिरूप प्रतीत होती है। वे उसे प्राप्त करने के लिए अपने चौथेपन में ही कामान्ध हो जाते हैं। यहीं से उपन्यास में 'जाटव' प्रकरण प्रारम्भ होता है। अपनी कामान्धता में 'भय और लज्जा' का परित्याग करके वे एकाधिक बार उसकी शारीरिक निकटता का उत्तेजक अनुभव प्राप्त भी कर लेते हैं जो हमेशा उनका स्वप्न बना रहता है। अस्सी वर्ष के 'महामहिम' स्वप्न देख रहे हैं। "आज के सपने में वह उनकी बाहों में नहीं थी, वे खुद उसकी बाहों में थे...वह शायद

सुन्दरी भी हो सकती थी या जयश्री भी...उसकी सुडौल चिकनी देह सिर से पाँव तक उनके अंग-अंग पिघला रही थी। उसके पथरीले कठोर स्तन उनकी छाती में विस्फोटक ऊष्मा की तरह गड़ रहे थे।'' लेकिन इन्हीं दिनों अचानक सुन्दरी की मृत्यु की सूचना पाकर वे विश्रामपुर जाकर रहने का निर्णय लेते हैं, पर उसकी पृष्ठभूमि में इस स्वप्न की भूमिका प्रमुख रहती है। यहाँ से कथा की 'बेतवा' एक मोड़ लेकर भूदान आन्दोलन और पूर्वी उत्तर प्रदेश के किसानों और उनकी जमीनों की करुण कथा, माफिया सरगनाओं के उदय तथा प्रशासनिक प्रपंच कथाओं से जुड़ जाते हैं।

यहीं से उपन्यासकार एक दुहरा दायित्व निभाना शुरू करता है और यहीं से कथा भी जटिल से जटिलतर होने लगती है। एक ओर तो लेखक को ठाकुर जयंतीप्रसाद की व्यक्तिगत कथा जारी रखनी थी और दूसरी ओर सामाजिक राजनैतिक परिवर्तनों की पड़ताल भी करनी थी, इसलिए अपना दायित्व बाँटने के लिए नये चरित्र को कथा में ले आते हैं जो स्वयं उनका पुत्र है, जो आधुनिक बुद्धिजीवी, समाजशास्त्री, शिक्षाविद, प्रोफेसर है। विवेक के माध्यम से ही लेखक ने इस दुहरे दायित्व का बड़े कौशल से निर्वाह किया है।

भूदान आन्दोलन या अभियान के बारे में लेखक की अपनी एक 'थीसिस' और धारणा है। आचार्यजी या आन्दोलन एक दुधारी तलवार है। 'एक ओर से वह साम्यवाद को काटती है और दूसरी ओर से गाँधीवाद को।' यहीं विवेक के माध्यम से भूदान आन्दोलन की भूमिका पूरी हो जाती है। इसके बाद जयन्ती प्रसाद जी की अन्तर्कथा के साथ-साथ उस दौर के अन्य भूमि सम्बन्धित आन्दोलनों, सामाजिक आन्दोलनों की कथा को रचनात्मक ढंग से संयोजित किया है, यही उसकी उपलब्धि है। इसके साथ ही जयन्ती प्रसाद जी की अन्तर्कथा भी चलती रहती है क्योंकि वही उसका 'मेरुदंड' है। जयन्तीप्रसाद जी का नैतिक अन्तर्द्वन्द्व यहीं प्रायः टाल्सटाइयन' द्वन्द्व का रूप ग्रहण कर लेता है, ''भीतर ही भीतर वे इस निष्कर्ष पर पहुँच गये थे कि 'अच्छाई' का अभिनय एक अच्छी चीज है क्योंकि धीरें-धीरे अभिनय समाप्त हो जाता है, सिर्फ अच्छाई ही बच जाती है। लेकिन यह मानसिक विलासिता उनके देहान्त के साथ छूटती है। वे स्वेच्छा से (इच्छामृत्यु) देहत्याग करते हैं, मानो धीरे-धीरे उन्हें भान होने लगता है कि हो गयी है अब बलाएँ सब तमाम, एक मर्गे नागहानी और है...(ग़ालिब)। लेकिन उन्हें इसका एहसास सचमुच रचना के स्तर पर कराया गया होता तो उपन्यास महत्तर बन जाता क्योंकि यह एहसास प्रायः प्रत्येक व्यक्ति के भीतर निरन्तर चलता रहता है जो उसे जीवन की मूलभूत अर्थहीनता का बोध तो कराता ही रहता है, उसके भीतर वह बोध भी करा देता है कि ''अधिकार सुख, कितना

मादक और सारहीन होता है'' ('स्कन्दगुप्त' की प्रारम्भिक पंक्तियाँ : जयशंकर प्रसाद) लेकिन उपन्यासकार ने उसके लिए भी एक और नाटकीय मोड़ दिया है जो रोचक, रोमांचक तथा उद्घाटक तो है, किन्तु अस्तित्व के अर्थ के उस गहनतर स्तर तक नहीं पहुँच पाता जो जीवन के अर्थ का अन्वेषण करनेवाली कथा में होना चाहिए। यह अन्तर्कथा है उपन्यास के अन्तिम पृष्ठों में इस नाटकीय रहस्य का उद्घाटन जो जयन्तीप्रसाद जीवन के सारे सन्दर्भों का सहसा अन्त कर देता है। सुन्दरी के साथ भूदान आन्दोलन में काम करनेवाली एक और स्त्रीपात्र है, सुशीला। यही सुशीला जयन्तीप्रसाद जी के मत्यु का कारण बनती है (एक रहस्य कथा की तरह)।

सुशीला सुन्दरी की मृत्यु के बाद जयंतीप्रसाद जी से मिलने विश्रामपुर आती है। सुशीला से उनकी मुलाकात नाटकीय ढंग से हुई (क्योंकि उसे नाटकीय बनना था), पर उसकी नाटकीयता का एहसास अकेले उन्हीं को हो सकता था। यह नाटकीय प्रसंग है सुन्दरी के द्वारा भेजा गया वह पत्र जिसमें उनके लिए एक विस्फोटक तथ्य उद्घाटित किया गया था कि जिन दिनों वे सुन्दरी का सान्निध्य प्राप्त करने के कामुक प्रत्यनों में लीन थे, उन्हीं दिनों उनका पुत्र सुन्दरी से सचमुच प्रेम करने लगा था और उससे विवाह का प्रस्ताव भी रख चुका था। सुन्दरी उन्हीं दिनों उस प्रस्ताव को स्वीकार कर भी लेती यदि जयंती प्रसाद स्वयं उससे विवाह का प्रस्ताव न कर देते। इस तरह विवेक और सुन्दरी एक दूसरे को खो देते हैं। सुन्दरी भी शायद इसीलिए अपने जीवन का अन्त कर लेती है (यह उपन्यास में बताया नहीं गया है)। जयन्ती प्रसाद जी का अपराध विद्ध मन अपराध बोध की चरम सीमा पर पहुँच जाता है और वे जलसमाधि ले लेते हैं।

किन्तु यह अन्त स्वाभाविक लगने के बावजूद बेहतर तरीके से हो सकता था यदि केवल इस नाटकीय आघात को उसका कारण न बनाया जाता। फिर भी 'विश्रामपुर का सन्त' एक बेहतर उपन्यास है, सचमुच देहगाथा से देहान्तगाथा तक पहुँचता हुआ (स्वयं टॉलस्टाय के जीवन की तरह)।

मोहन राकेश (1925-1972)

मोहन राकेश मुख्यत: कहानीकार और नाटककार के रूप में विख्यात हैं। नाटककार के रूप में उन्हें खूब सफलता मिली थी। लेकिन उन्होंने तीन उपन्यास भी लिखे थे, 'अँधेरे बन्द कमरे' (1961) 'न आनेवाला कल' (1968) और 'अन्तराल' (1972)। इनमें 'अँधेरे बन्द कमरे' ही चर्चा के योग्य है, बाकी दोनों उपन्यास सामान्य हैं। 'अँधेरे बन्द कमरे' की कहानी भी बिखरी-बिखरी है और काफी जल्दबाजी में लिखी गयी प्रतीत होती है। लेकिन उसमें कुछ विशेषताएँ ऐसी हैं

जो उसे सही अर्थों में आधुनिक युग और आधुनिक जीवन का उपन्यास बनाती हैं। अज्ञेय का कालसिद्ध उपन्यास 'शेखर' हिन्दी में 'आधुनिक उपन्यास' की शुरुआत जरूर करता है, किन्तु वह आधुनिक जीवन का उपन्यास नहीं है। 'अँधेरे बन्द कमरे' आधुनिक मनुष्य के जीवन, जीवन-पद्धति और आधुनिकता से उत्पन्न आधुनिक मनुष्य का आख्यान है। उपन्यास में दो कथाएँ समानान्तर चलती हैं। एक तो अपने जीवन का 'अर्थ' तलाशता हुआ पत्रकार और लेखक मधुसूदन की कहानी और दूसरी इसके मित्र हरवंश और नीलिमा के दाम्पत्य जीवन की कहानी। दोनों में कुछ समान्तरताएँ हैं। दोनों भटकते हुए अपने जीवन की सार्थकता तलाश रहे हैं। और सफल होने के रास्ते भी। यह एक अर्थ में यह अस्तित्ववादी उपन्यास है पर पूरी तरह नहीं क्योंकि बीच-बीच में इसका रोमैंटिक भावबोध उभर आता है।

यह उपन्यास अस्तित्ववादी इस अर्थ में है कि इसके दोनों मुख्य पात्र मधुसूदन और हरिवंश निर्वासन (एलियेनेशन) या आत्मनिर्वासन के शिकार हैं। आत्मनिर्वासन इसलिए कि वे दोनों अस्मिता और अर्थ की तलाश में यही नहीं जान पाते कि आखिर वे चाहते क्या हैं? हरिवंश अपने मित्र मधुसूदन से कहता है, 'समझ में नहीं आता कि क्या चाहता हूँ। बहुत कुछ ऐसा होता है कि मैं शिद्दत से महसूस करता हूँ...एक अजब बेबसी सी महसूस करता हूँ। मेरा मन जैसे शिकंजे में फँसा है जो मेरी किसी भी कोशिश से टूट नहीं पाता। मेरी समझ में ही नहीं आता कि लिखना ही चाहता हूँ कि कुछ और करना चाहता हूँ।'

'अँधेरे बन्द कमरे' के सभी पात्र किसी न किसी रूप में आत्मनिर्वासन के शिकार हैं। इसी ने हरिवंश को अपनी पत्नी नीलिमा से अलग कर दिया है। मधुसूदन हरिवंश की बहन से प्रेम करता है पर वह उसे उस शिद्दत के साथ महसूस नहीं करता कि वह उसे किसी प्रस्ताव के रूप में व्यक्त कर सके। क्या कोई सचमुच किसी से प्रेम करता है? 'मैं भीगता रहा और सोचता रहा कि मैं क्या सोच रहा हूँ। क्या मुझे किसी चीज़ की जरूरत महसूस हो रही थी। एक भरी-पूरी दुनिया ठसाठस मेरे सामने से गुजर रही थी और मैं अपने अन्दर एक अभाव, एक शून्य का अनुभव कर रहा था। मैं शायद सोच रहा था कि अभाव क्या है और शून्य क्या है?...मैं लोगों के सामने एक खोल उठाये हुए था, झूठी हँसी हँस रहा था। अन्दर झूठी उदासीनता भी प्रकट कर रहा था।'

हरिवंश और मधुसूदन दोनों क्यों अन्दर एक शून्य का अनुभव कर रहे हैं? उस शून्य को भरने के लिए कई रास्ते हैं—यह भी वे दोनों जानते हैं। भौतिक सफलता की सीढ़ियाँ आसानी से कोशिश करके पायी जा सकती हैं या फिर इस शून्य को प्रेम भर सकता है। प्रेम है क्या? सचमुच कोई प्रेम होता भी है क्या?

अगर होता तो हरिवंश और नीलिमा क्यों नहीं एक-दूसरे के बगैर रह सकते हैं और एक-दूसरे को 'सह' भी नहीं सकते हैं। शायद यही प्रेम है। एक दुविधा, एक द्वन्द्व, एक जटिल मनःस्थिति, जिसमें वह कभी अचानक एक-दूसरे को शिद्दत से प्यार करने लगते हैं यानी महसूस करते हैं या फिर आज तक एक-दूसरे से असह्य घृणा, एक-दूसरे की उपस्थिति भी असह्य हो जाती है। यही उनकी आधुनिकता, पश्चिम का द्वन्द्व है जहाँ हमेशा पति-पत्नी या प्रेमी-प्रेमिका 'कैट ऑन द रूफ' रहते हैं। हरिवंश और नीलिमा की स्थिति लगभग यही है। वे दोनों अपने भीतर एक अभाव का, शून्य का अनुभव करते हैं। सम्भवतः प्रेम इस अभाव और शून्य को भर सकता था, पर दोनों प्रेम करने में असमर्थ हैं। आखिर यह 'आत्मनिर्वासन' क्या है और क्यों है, जिसने दोनों को पक्षाघात से पीड़ित कर रखा है। लेकिन यह आत्मनिर्वासन (सेल्फ एलिएनेशन) आकस्मिक या अकारण नहीं है। दरअसल, ये सभी पात्र आधुनिक महानगरों की उत्पाद हैं। महानगर उस अमानवीय प्रक्रिया के नासूर हैं, जहाँ अलग और अमानवीय प्रक्रिया अपनी तीव्रतम स्थिति में है। यह मनुष्य को मनुष्य से अलग करता ही है, अपने आपसे भी अलग कर देता है। हरिवंश जब अपनी पत्नी को छोड़कर विदेश चला जाता है, विदेश में रहकर ही उसे अपनी पत्नी के प्रति प्यार की अनुभूति होती है यानी दूरी प्रेम पैदा करता है और साहचर्य विरक्ति या घृणा। यह कैसी जैविक स्थिति है? प्रेम तो साहचर्य चाहता है, निकटता चाहता है, किन्तु आधुनिकता ने सारे मानव सम्बन्धों में उलट फेर कर दिया है। विदेश से लम्बे-लम्बे पत्र लिखकर हरिवंश उससे अनुनय-विनय करके उसे अपने पास बुलाता है और वह आ जाती है तो वह उससे अलग हो जाता है। दोनों एक दूसरे पर आरोप प्रत्यारोप करना शुरू कर देते हैं।

नीलिमा कहती है, 'मैं जानती हूँ कि हरिवंश मेरे बिना रह नहीं सकता लेकिन केवल उसी तरह जैसे वह दोनों वक्त खाना खाये बगैर रह नहीं सकता। उसके लिए यह भूख का सवाल है और कुछ नहीं। पर मैं सिर्फ उसके भूख का सामान बनकर नहीं रह सकती।' दोनों यह फैसला कई बार करते हैं (अलग रहने का)।

दोनों न एक दूसरे के बगैर रह सकते हैं। न एक दूसरे को सह सकते हैं। वे लगातार एक दूसरे के प्रति प्रेम और घृणा दोनों एक साथ उगलते हुए केवल प्रेम की यन्त्रणा भोगते हैं। हरिवंश समझता है कि वह नीलिमा की वजह से बड़ा लेखक नहीं बन सका और नीलिमा हरिवंश की वजह से अच्छी या प्रसिद्ध नर्तकी नहीं बन सकी।

बाद में हरिवंश विदेश से नीलिमा को लिखता है कि मेरे ऊपर हर समय

जड़ता सी क्यों छायी रहती है! मैं अपने को किसी काम में नहीं लगा पाता। अतीत, वर्तमान और भविष्य इन सबके ऊपर मेरा अपना अकेलापन (लोनली नेस) है जो मेरे ऊपर बाघ की तरह झपटते रहते हैं। तुम्हारे बिना और तुम्हारे साथ दोनों ही तरह जिन्दगी असम्भव सी लगती है।

यह आज के टिपिकल मनुष्य की मानसिकता का विश्लेषण है जो मोहन राकेश के इस उपन्यास से पहले शायद ही किसी हिन्दी उपन्यास में किया गया हो। लेकिन यूरोप में महान रूसी उपन्यासकार टॉलस्टॉय ने उन्नीसवीं सदी में ही आधुनिक मनुष्य के जीवन की इस विडम्बना को समझना शुरू कर दिया था। और रूसी कथाकार एंटेंन चेखव ने अपने लघु उपन्यास 'तीन वर्ष' में भी कुछ ऐसा ही लिखा था कि प्रेम चला जाता है, केवल आदत बची रह जाती है। हम केवल प्रतीक्षा कर सकते हैं। आधुनिक मनुष्य अनुभव करता है कि प्रेम के सम्बन्ध में सारी प्रचलित मान्यताएँ मिथक हैं, सच्चाई केवल यही है।

आधुनिक मनुष्य की अत्यधिक स्वचेतना ने (सेल्फ कांससनेस) ही इस मानसिकता को जन्म दिया है। यह सेल्फ कांससनेस आधुनिक भावबोध का प्रमुख अवयव या उपकरण है, और अलग विवेचन का विषय है, आधुनिक मनुष्य अपने सम्बन्धों का खासतौर पर प्रेम का भोक्ता तथा द्रष्टा दोनों बन जाता है। अपने को प्रेम करते हुए देखना प्रेम को नष्ट कर देना है। यह अतिरिक्त स्वचेतना आत्मनिर्वासन का ही परिणाम है। प्रेम और घृणा का यह तकलीफदेह तनावपूर्ण स्थिति निरन्तर चलती रहती है, जिसमें कोई फैसला हुए वगैर ही पूरी जिन्दगी बीत जाती है।

उपन्यास की इस कथा के समानान्तर पत्रकार हरिवंश की कथा की तरह ही महत्वाकांक्षी मधुसूदन की कथा है जो कहीं से आकर दिल्ली की एक गंदी गली के गंदे मकान में कमरा लेकर रहता है। ऐसा प्रतीत होता है कि मधुसूदन केवल परिवार के स्तर पर महत्त्वाकांक्षी नहीं, बल्कि स्वभाव से कामुक और वासना प्रिय जीव है। इसीलिए वह अपनी गरीब मकान मालकिन तथा उसकी किशोरी बेटी दोनों के प्रति एक कामान्ध की तरह व्यवहार करता है, पर जब मौका मिलता है तो इस सीलन भरी अँधी गली से निकलकर वह दिल्ली के चकाचौंध भरे जगमगाते संसार में आ जाता है और पत्रकार बनकर बेहतर जीवन जीने लगता है। एक रिपोर्टर होने के नाते उसे तरह-तरह के अनुभव होते हैं। रिपोर्टर होने के नाते ही वह अपने अनुभवों की उपन्यास में रिपोर्टिंग करता चलता है। देखना चाहिए कि उसे क्या और किस प्रकार के अनुभव होते हैं और उनके प्रति वह किस प्रकार की प्रतिक्रिया करता है। मधुसूदन बम्बई में भी रह चुका है और अनेक वर्षों के बाद दिल्ली लौट आता है। दिल्ली की गरीब बस्तियों में रहने

के बाद वह रिपोर्टर बनकर दिल्ली की बेहतर कॉलोनी में रहने लगता है। रिपोर्टर होने के नाते वह यहाँ साहित्य और सांस्कृतिक जगत के भी सम्पर्क में आता है। यहाँ उसे दूसरी तरह की निर्थकता, खोखलेपन, बड़बोली बहसों और नाटकीय बुद्धिजीवियों का सानिध्य प्राप्त होता है, जिसकी सड़ांध दिल्ली की गन्दी बस्तियों और गलियों से भी बदतर है। वह इन सबसे बेतरह ऊब जाता है। ऊब इस उपन्यास का केन्द्रीय विषय है। मधुसूदन पाता है कि यहाँ का बौद्धिक सांस्कृतिक और कलाजगत अत्यन्त खोखला और पाखंडपूर्ण है। मधुसूदन जैसा भी है, पाखंडी नहीं है और न किसी चतुर चक्रों में चलने वाला व्यक्ति है। इसीलिए जब एक स्मार्ट युवती सुषमा उसे कुछ रंगीन और चकमक जीवन की ओर घसीटना चाहती है तो उसका निश्छल मन उससे विरक्त हो जाता है। (पता नहीं यह निश्छलता स्वाभाविक है या लेखक द्वारा उसे निर्दोष साबित करने के लिए आरोपित, क्योंकि मधुसूदन में कहीं-कहीं लेखक की झलक मिलती रहती है)। मोहन राकेश की अधिकांश कहानियों और उपन्यासों में लेखक की उपस्थिति साफ दीखती है जो नयी कहानी के दौर के कथाकारों की एक सामान्य प्रवृत्ति थी। वे अपने कृत्यों को तो काफी ईमानदारी से प्रस्तुत करते हैं, पर उनके अँधेरे पक्षों का बचाव करते हुए आत्म-औचित्य भी सिद्ध करते चलते हैं। 'अँधेरे बन्द कमरे' भी इस आत्म-औचित्य सिद्ध करने की प्रवृत्ति से मुक्त नहीं है और इसके माध्यम से वह अन्तत: अपने को गौरवान्वित भी करता चलता है। मधुसूदन का स्वभाव (चरित्र नहीं) और उपन्यास का अन्त भी यही सिद्ध करता है। मधुसूदन ठीक-ठीक औपन्यासिक चरित्र नहीं बन पाता और उपन्यास का अन्त तो अत्यन्त निराशाजनक तथा मनगढ़न्त है। लेखक के द्वारा अपने चरित्र को उदार तथा किताबी अर्थ में प्रगतिशील सिद्ध करने की कोशिश है।

उपन्यासकार ने कुछ मसखरे किस्म के चरित्रों की भी सृष्टि की है जो दरअसल बिकाऊ बुद्धिजीवियों की अवसरवादिता की शुरुआत है। लेखक अगर उपन्यास के इस पक्ष को आगे बढ़ाने की कोशिश करता तो यह उपन्यास बेहतर बन सकता था। किन्तु जैसा कहा गया कि उपन्यास अपने अन्त की ओर बढ़ता हुआ बेहद जल्दबाज हो जाता है। इस वृहदकाय उपन्यास में फैले 'कथाजाल' को समेटने की कोशिश में अन्त में ऊपर उठने की बजाय औंधे मुँह गिर जाता है।

दरअसल, मधुसूदन स्वयं एक संक्रमण के दौर से गुजर रहा है। उसकी (और उपन्यास की भी) विडम्बना यह है कि उसे उस संक्रमण के संकट का बोध नहीं है। वह कोई चरित्र नहीं है। उसके निर्णय भी सरलीकृत और प्राय: सतही होते हैं। यह इसलिए है कि मधुसूदन में यह संकट बोध नहीं है, लेकिन

उसके भावबोध में या स्वभाव में है। यानी व्यक्ति या लेखक बुद्धि के स्तर पर एक निर्णय लेता है लेकिन रचना के स्तर पर उसे उतार नहीं पाता यानी वह उसकी बुद्धि या तर्क बुद्धि का अंग तो बन जाता है, पर रचना (इसी कारण) कोरे भावबोध का अंग नहीं बन पाती। मधुसूदन निर्णय तो सरलीकृत लेता है, सोचता भी ऐसा ही है, पर उसे जीवन में उतारने में वह कहीं चूक जाता है। कुछ लोग ऐसे महत्त्वाकांक्षी होते हैं कि उन्हें विश्वास होता है कि वे जो भी बनने या होने का निर्णय लेंगे उसे प्राप्त करने में सक्षम हैं और वे उसे प्राप्त भी कर लेते हैं। पर उसे प्राप्त करते ही उन्हें शीघ्र ही पता चल जाता है कि अधिकार सुख कितना मादक और सारहीन होता है (जयशंकर प्रसाद) और एक घनीभूत ऊब उन्हें जकड़ लेती है। वे एक छटपटाहट वे साथ उससे मुक्त होना चाहते हैं। मधुसूदन कुछ ऐसा ही है (स्वयं लेखक की तरह)। किन्तु दूसरी तरह के कुछ लोग ऐसे होते हैं जिनकी 'पदलिप्सा' (उसे महत्त्वाकांक्षा नहीं कहेंगे) ऐसी होती है कि वे निरन्तर कुछ और ऊपर पाने की लिप्सा तथा मनोदशा जिसे एक प्रकार की न्यूरोसिस ही माना जाएगा, से निरन्तर ग्रस्त रहते हुए अन्ततः ऊपर चले जाते हैं—जो सारे मनुष्यों की नियति है। यह सबसे विकट और अटूट किस्म की आत्म प्रवंचना होती है। संयोग से मधुसूदन ऐसा नहीं है, क्योंकि वह सौभाग्य से निरन्तर ऊब, एकरसता और अर्थहीनता की अनुभूति का शिकार है। इस मामले में मधुसूदन हिन्दी उपन्यास का पहला ऐसा चरित्र है पर अब वह आज का चरित्र नहीं रह जाता है। वह महत्त्वाकांक्षा को ही निष्ठुरता का मोती मानता हुआ आगे बढ़ रहा है। उसका हश्र क्या होता है, इसका किसी और प्रसंग में विचार किया जाएगा।

मधुसूदन की प्रकृति ऐसी ही है, उसके स्वभाव और मनःस्थितियों में स्थिरता नहीं है। अपने जीवन में कुछ समय के लिए एक चरित्र सुषमा का न तो लेखक विकास कर पाता है और न उसे मधुसूदन के जीवन में अधिक दिन ठहरने देता है, जबकि वह नीलिमा की अपेक्षाकृत अधिक भावनापूर्ण चरित्र है, वह एक स्मार्ट और चतुर सुजान आधुनिक युवती है जो विकास के और सफलता प्राप्त करने के सारे हथकंडे जानती है और दिल्ली में रहने वाले व्यक्ति का कैसे उपयोग किया जा सकता है, उसे खुद जानती है, लेकिन जैसा कि आजकल अत्यन्त सफल मॉडलों, फिल्मी नायिकाओं के साथ होता है (जैसे कि परवीन बॉबी), उसके जीवन में भी एक शून्य और खालीपन है जिसे भरने के लिए वह एक चटक-मटक चरित्र का आवरण धारण किये रहती है। लोगों को, खासतौर पर कुछ आकर्षक और बौद्धिक किस्म के लोगों को लुभाना और रंगीन सपने दिखाना उसका प्रिय खिलवाड़ है। लेकिन लगता है कि उपन्यास को 'वाइंडअप' करने की जल्दबाजी में उपन्यासकार ने उसे उसी रूप में ही छोड़ दिया है।

यह तो स्पष्ट है कि लेखक ने ज्याँ पॉल सार्त्र के प्रसिद्ध नाटक 'नो एग्जिट' से प्रभावित होकर उपन्यास का शीर्षक 'अँधेरे बन्द कमरे' रखा है, किन्तु उपन्यास अँधेरे बन्द कमरे में रहने वालों की कहानी नहीं जान पाया है। 'नो एग्ज़िट' में कुछलोग जबर्दस्ती या अचानक ऐसे कमरे में बंद कर दिये गये हैं जो अन्दर से नहीं खुल सकता, केवल बाहर से खुल सकता है और उससे लोग (चार लोग) यह अनुभव करने लगने लगते हैं कि नरक अगर कहीं है तो वह अनचाहे लोगों के साथ रहने की बाध्यता है। 'हेल इज अदर पिपुल'। अदर पिपुल की तरह-तरह की व्याख्याएँ की गयी हैं। किन्तु वहाँ सार्त्र का तात्पर्य सामान्य जन से नहीं है। वह अमानवीय लेखक नहीं है। बल्कि अनचाहे लोगों के साथ रहने की बाध्यता है जो साथ रहने को अभिशप्त हैं। 'अँधेरे बन्द कमरे' में ऐसा कुछ नहीं है। कुछ हद तक ऐसा हरिवंश और नीलिमा के साथ पति-पत्नी के रूप में जरूर है पर वे भी साथ न रहने के लिए स्वतन्त्र हैं, वे जब भी चाहें, यह चुन सकते हैं कि वे चाहें तो साथ न रहें, पर चूँकि वे शुद्ध भारतीय परिवेश के पात्र हैं, अत: उन्हें ऐसा निर्णय लेने की बाध्यताएँ सामाजिक और व्यक्तिगत दोनों हैं—जिसे हर प्रकार की कमजोरी और दूसरे पर निर्भर रहने का विवशता, दोनों कहा जाता है।

स्वयं मधुसूदन एक लुंज-पुंज चरित्र बना कर रह जाता है। और उसे अपने पैरों पर खड़ा करके एक निर्णय लेनेवाला चरित्र बनाने के लिए लेखक ने उसे इस अँधेरे बंद कमरे से बाहर निकलने का एक रास्ता ढूँढ लिया है और अन्त में उसे उस जगमगाती चकमक करती दुनिया को सहसा छोड़कर ठकुराइन की फिर उसी अँधेरी सीलन भरी गली में वापस जाने का निर्णय लेते दिखाया गया है। वह ठकुराइन की बेटी से विवाह करने का निर्णय लेता है—यह उसका मानवीयता, उदारमना सर्वहारा निर्णय तो है किन्तु उपन्यास ने अन्त में ऐसे निर्णय का आ जाना न तो स्वाभाविक है, न उपन्यास की कोई क्रमिक परिणति। उपन्यास का यह अन्त उपन्यास का सबसे कमजोर हिस्सा है। सभी जानते हैं कि किसी भी कथा का अन्त ही उसकी रचनात्मक परिणति का सबसे बड़ा निकष होता है। 'अँधेरे बन्द कमरे' उस कसौटी पर खरा नहीं उतरता है।

एक तो उसकी बिखरी-बिखरी झोल भरी ढीली-ढाली संरचना और दूसरा उसका वह अन्त उसे एक सम्भवनापूर्ण आधुनिक उपन्यास तो बनाते हैं, और हिन्दी उपन्यास के इतिहास में उसके लिए एक जगह भी सुरक्षित कर देते हैं (जिसकी ओर अधिकांश आधुनिक कहे जाने वाले इतिहासकारों ने ध्यान नहीं दिया है) पर कुल मिलाकर उसका यह स्थान एक सम्भावनापूर्ण महत्त्वपूर्ण कृति होते-होते रह जाने वाले उपन्यास रूप में ही होगा।

राजेन्द्र यादव (1926-2013)

मोहन राकेश के ही समकालीन और प्रचारित 'नयी कहानी' युग की चर्चित तिकड़ी के दूसरे सदस्य जो मोहन राकेश की अपेक्षा काफी कम प्रतिभावान पर परिश्रमी कथाकार राजेन्द्र यादव ने 'प्रेत बोलते हैं' (1951), 'उखड़े हुए लोग' (1956), 'कुलटा' (1958), 'शह और मात' (1959), 'एक इंच मुस्कान' (1963), 'अनदेखे अनजाने पुल (1963) आदि उपन्यास लिखे हैं, किन्तु इनमें आश्चर्यजनक ढंग से 'सारा आकाश' ('प्रेत बोलते हैं का संशोधित संस्करण, 1959') को ही सफलता मिली जो अत्यन्त सरल रोमैंटिक उपन्यास है। शायद उसकी विशेषता है कि यह राजेन्द्र यादव का एकमात्र स्वाभाविक उपन्यास है। उनके बाकी सभी उपन्यास अत्यन्त लेबर्ड और कृत्रिम रूप से लिखे गये उपन्यास हैं—वे बाद में 'ट्रेंडी उपन्यास' लिखते रहे जिनमें कोई बात बनती नहीं दिखती।

उनके नितान्त औसत किस्म के उपन्यासों में केवल उनके सामान्य थोड़े बेहतर (महत्त्वपूर्ण नहीं) 'उखड़े हुए लोग' की चर्चा तनिक विस्तार से की जा सकती है। 'उखड़े हुए लोग' भी काफी श्रमसाध्य उपन्यास है। उसके बारे में यादव जी का कहना है कि "इसे 1954-55 के दो वर्षों में प्रतिदिन लिखा और सँवारा गया है।" यह मुख्यत: शरद और जया नाम के दो प्रेमियों की कथा है जिसके बीच-बीच में काफी लम्बे-लम्बे विचार-विमर्श भी होते रहते हैं, जिनकी इस प्रेमकथा में कोई प्रासंगिकता नहीं बनती। इसके अलावा उपन्यासकार को चूँकि यह भी साबित करना है कि वह विद्वान और बहुपठित है, इसलिए इसमें मार्क्सवाद, गाँधीवाद आदि सब पर विस्तृत चर्चा की गयी है। और आजादी के बाद के मात्र दस वर्षों में कांग्रेस सरकार के नेतृत्व में देश की क्या दुगर्ति हुई। इस पर भी चिन्ता व्यक्त करते हुए कुछ नेताओं की जीवन-चर्चा और कारगुजारी का विवरण देते हुए कांग्रेस के पतन की कहानी भी है, जो शायद अधिक वास्तविक और प्रासंगिक है।

लेकिन लेखक के तथ्यों और मुख्यत: ऐतिहासिक जानकारी के बारे में स्व० ओमप्रकाश दीपक ने बड़े रोचक हास्यास्पद प्रसंगों का उदाहरण दिया है। मसलन जया वाले प्रेमप्रसंग की एक स्थिति पर दीपक जी ने एक लघु उपन्यास का यह कथन उद्धृत किया है, 'आप सोच सकते हैं जया की स्थिति? अर्जुन की गोद में पड़ी हुई रुक्मिणी की स्थिति?' दीपक जी कहते हैं कि अर्जुन सुभद्रा को भगाकर ले गये थे, यह तो सबको मालूम है लेकिन लेखक ने यहाँ सुभद्रा को रुक्मिणी बना दिया है। दरअसल आप सोच सकते हैं बिचारे कृष्ण की स्थिति? और यह तो पौराणिक प्रसंग हुआ, लेकिन इस बहुपठित उपन्यासकार को प्रसिद्ध आधुनिक उपन्यासकार डी.एच लारेंस के बारे में कितनी जानकारी है, यह भी

देखिये, ''लेकिन सच पूछो तो हम आज भी मानसिक रूप से वहीं खड़े हैं जहाँ आज से सौ साल पहले डी.एच लारेंस खड़ा था और आज भी वैसी ही बातें कर रहे हैं जैसे 'लेडी चैटरलीज़ लवर' में बातें होती थीं। सौ साल पहले यानी 1855 के आसपास। किन्तु लारेंस तो पैदा ही 1855 में हुआ था और 1930 में उसकी मृत्यु हुई थी।' अत: यह उस लेखक का वैचारिक स्तर है जिसने उपन्यास में दर्जनों विदेशी विद्वानों और लेखकों की नेम ड्रापिंग की है। अत: उपन्यास का वैचारिक स्तर दयनीय है।

अब उसकी प्रेमकथा का अवलोकन कर लिया जाय। जया एक मध्यवर्गीय युवती है और अध्यापिका है। शरद उसका मित्र है जो उसको 'सम्मिलित जीवन' बिताने का प्रस्ताव रखता है। शरद और जया 'सम्मिलित रूप से जीवन में (सम्मिलित जीवन में) सुख की नहीं, सन्तोष की तलाश करते हैं। लेखक उस सम्मिलित जीवन को बड़ा क्रान्तिकारी कार्य मानते हैं क्योंकि यहाँ जया बिना किसी वैवाहिक रस्मअदायगी के ही शरद के साथ रहने लगती है। यहाँ लगता है, यादव जी के दिमाग में सार्त्र और सीमोन दी बोउमा के विवाहमुक्त सम्बन्धों की कथा (भले ही सुनी-सुनाई) रही होगी और उन्हें ही मॉडल मानकर उन्होंने जया और शरद के सम्बन्धों की कल्पना की होगी। बहरहाल यहाँ इस प्रेम प्रसंग को अपने ढंग से चित्रित किया गया है।

उपन्यास में एक दूसरी प्रेमकथा है जो प्राय: एक तरफा है : सूरज नाम का वह युवक प्रेम में असफल होता है। पर वह शरद और जया का सफल प्रेम देखकर प्रेरणा प्राप्त करता है, पर वह निम्नकुल जाति में जन्मा है, अनाथ है। किसी प्रकार पढ़-लिखकर वह पत्रकार बन गया है और व्यवस्था के प्रति एक क्रान्तिकारी रुख अख्तियार कर लेता है। उसे यह देखकर घृणा होती है कि इस समाज के अधिकांश लोग पाखंडी हैं। यहाँ तक कि मायादेवी नामक एक महिला पात्र एक धोखेबाज प्रेमी के चक्कर में पड़कर सबकुछ गँवा बैठती है। उस व्यक्ति की हत्या हो जाती है। उस हत्या में मायादेवी की भी भूमिका है, उनका जीवन एक चरित्रहीन स्त्री का बन जाता है। वह फिर देशबन्धु नाम के व्यक्ति के पास जाती है जो एक पाखंडी, दुराचारी और तथाकथित राजनेता है। वह मायादेवी का हर प्रकार से शोषण करता ही रहता है। उसकी पुत्री पद्मा पर भी उसकी कुदृष्टि है और एक रात नशे में धुत वह उससे बलात्कार करने की कोशिश करता है। वह किसी प्रकार उसके चंगुल से छूटकर आत्महत्या कर लेती है।

लेकिन उपन्यास का दिलचस्प पात्र सूरज ही है। उसकी कहानी अनेक मोड़ों से गुजरती है। उसका जीवन एक जेबकतरे के रूप में गुजरता है पर वह मेहनती और लगनवाला किशोर है, जो कई छोटे-मोटे काम करते हुए पत्रकार बन जाता

है। किन्तु अपने चारों ओर के वातावरण से वह अत्यन्त क्षुब्ध है। पत्रकार बनने से पहले वह जो आवारगी, जेब काटने का पेशा करता रहा है, वह उसे जेल में पहुँचा देता है। वहाँ वह क्रान्तिकारियों के सम्पर्क में रहता है और बाहर आकर वह अपने विद्रोह की आग उगलने के लिए पत्रकार बन जाता है।

यादव जी की दिक्कत यह है कि कथा कहने की क्षमता तो उनमें है और आगे चलकर भी वे कथा में अनेक प्रकार के प्रयोग करते हैं, किन्तु उन्हें भ्रम है कि वे एक गम्भीर विचारक भी हैं जो कि वे नहीं हैं। उनमें गम्भीर विश्लेषण करने की क्षमता ही नहीं है और उसपर तुर्रा यह कि वो अपने को मार्क्सवादी विचारक मानते हैं जिसकी उन्हें कोई जानकारी नहीं है। नतीजन 'उखड़े हुए लोग' की कथा तो रोचक है और उसका क्षेत्रफलक भी व्यापक है, किन्तु उसमें जगह-कुजगह घुसेड़े गये अनावश्यक और प्राय: सतह पर ही उछलने वाले विचार उपन्यास के दिलचस्प कथा-प्रसंगों की भी हत्या कर देते हैं। इसीलिए कुल मिलाकर यह एक महत्त्वपूर्ण उपन्यास बनते-बनते रह गया है।

यादव जी के अन्य उपन्यास सामान्य हैं। इन सबमें उन्होंने प्रेम को ही कई पहलुओं से देखने की कोशिश की है किन्तु अपनी विश्लेषणात्मक क्षमता के अभाव के कारण वे उनमें न तो कोई गहराई ला पाये हैं और न व्यापकता। इनमें 'एक इंच मुस्कान' ही अपेक्षाकृत अधिक विश्लेषणात्मक उपन्यास है जिसमें एक गहरा द्वन्द्व भी दिखाई देता है चुनने और न चुनने का, किन्तु उसे भी कथा में विकसित और विश्लेषित नहीं किया जा सका है।

राजेन्द्र यादव के उपन्यासों की सबसे बड़ी समस्या या कमजोरी उनकी कथा-भाषा है जिसे वे आम बनाने की कोशिश में न यहाँ का रहने देते हैं और न वहाँ का। यानी कहीं का नहीं। उसमें अतिरिक्त जो वर्णनात्मकता भी है, वह उसे कथा-भाषा नहीं रहने देती। इसके अतिरिक्त उसमें अँग्रेज़ी शब्दों की भरमार है जिनकी जगह उपलब्ध हिन्दी शब्दों का प्रयोग आसानी से किया जा सकता था।

इन सब कारणों से यादव जी के उपन्यास प्रथम श्रेणी में नहीं आ सकते।

कमलेश्वर (1932-2007)

कमलेश्वर राजेन्द्र यादव के समकालीन और समवर्ती ही नहीं, उसी कोटि के उपन्यासकार हैं। उनके उपन्यास भी ज्यादातर प्रेम केन्द्रित और पुरुष-स्त्री सम्बन्धों पर आधारित हैं। उनकी कथा-भाषा में अधिक रवानगी तथा कथात्मकता है, वह राजेन्द्र यादव की भाषा की तरह रूखी और शुष्क वर्णनात्मकता से लदी हुई नहीं है। वे तेज रफ्तार कथाकार हैं और उन्होंने प्राय: एक दर्जन उपन्यास और लगभग

इतनी ही (या सम्भवतः अधिक) फिल्मों के लिए कथाएँ लिखी हैं। उनके उपन्यास हैं—'एक सड़क सत्तावन गलियाँ' (1957), 'डाक बंगला' (1959), 'लौटे हुए मुसाफिर' (1961), 'समुद्र में खोया हुआ आदमी' (1967), 'वही बात' (1980), 'सुबह दोपहर शाम' (1981), 'रेगिस्तान' (1988) और एक वृहदकाय उपन्यास 'कितने पाकिस्तान' (2000)।

कुल मिलाकर देखें तो कमलेश्वर एक भावुक कथाकार ही सिद्ध होते हैं और उनके उपन्यासों में भावनात्मकता ही प्रधान है। उनके उपन्यासों की संरचना तथा कथा-शैली भी परम्परागत है। उनमें अपने समकालीन उपन्यासकार मोहन राकेश जैसी बौद्धिकता भी नहीं है (यद्यपि मोहन राकेश के उपन्यासों का अन्त भी भावात्मक ही होता है)। किन्तु कमलेश्वर को अपेक्षाकृत लोकप्रियता इसलिए मिली कि एक तो कथा कहने की कला में अपने अनेक समकालीनों की अपेक्षा अधिक सिद्धहस्त हैं, दूसरा साहित्येतर कारण यह रहा है कि वे प्रायः विभिन्न कथा पत्रिकाओं के सम्पादक भी रहे हैं और अपने सम्पादक होने का उन्होंने खूब लाभ उठाया है। और तीसरा यह कि उभरते हुए कथाकारों के प्रति उनमें विशेष सहानुभूति रही है और उन्हें प्रकाश में लाने का कार्य उन्होंने अत्यन्त उदार रूप से किया है और स्वाभाविक रूप से बाद में नये लेखकों ने उनके उपन्यासों के प्रचार-प्रसार में काफी योगदान किया है। मगर वैसे देखा जाए तो उनमें न तो कोई बौद्धिक प्रखरता रही है और न उनके उपन्यासों ने भाषा, शैली, शिल्प आदि किसी भी स्तर पर कोई नयी जमीन तोड़ी है। उनमें किसी प्रकार का गहन चिन्तन या विचार भी नहीं मिलते। अपने वक्तव्यों और उपन्यासों दोनों में वे जुमलेबाजी के उस्ताद रहे हैं और उपन्यासों में भावात्मक नाटकीयता उत्पन्न करने में भी वे पर्याप्त कुशल हैं। किन्तु यह सब अगर छिछले नहीं तो प्रायः सतही स्तर पर ही सम्पन्न होता है। उनकी यही विशेषता और ललक उन्हें फिल्मों की ओर ले गयी और उनके द्वारा लिखी गयी अनेक फिल्मों को पर्याप्त सफलता भी प्राप्त हुई।

उनके अन्तिम और महत्वाकांक्षापूर्ण वृहद उपन्यास 'कितने पाकिस्तान' में उठाये गये प्रश्न यद्यपि प्रासंगिक और ज्वलन्त हैं, किन्तु उन्होंने इतिहास-पुराणों वगैरह के बीहड़ वन में प्रवेश कर इतना बड़ा जोखिम उठाया है कि उस जंगल में वे भटक गये हैं। उनमें कुर्तुल ऐन हैदर के विख्यात उपन्यास 'आग का दरिया' जैसी रचनात्मकता और बौद्धिकता और कथात्मकता का सम्मिश्रण करने वाली क्षमता भी नहीं है कि इतना विशाल और विस्तृत कालखंड का बोझ वे उठा पाते या उसे सँभाल पाते। उसके अलावा उन्होंने इस उपन्यास में कथा कहने की जो तथाकथित प्रयोगात्मक शैली अपनाई है, वह इतनी बेढंगी, प्रायः बेतुकी और बिखरी बिखरी है कि उनका अपना ईमानदार मन्तव्य किसी गन्तव्य तक पहुँच

नहीं पाता। दुनिया हमेशा से परस्पर ईर्ष्या, द्वेष और व्यक्तिगत महत्त्वाकांक्षाओं से इतनी विषाक्त रही है कि वह हमेशा से विभिन्न महादेशों, देशों, राज्यों और छोटे-छोटे सम्प्रदायों में विभाजित होती रही है। जब तक यह मनोवृत्ति रहेगी द्वेष और कलह-कृत्य होते रहेंगे, दुनिया इसी तरह न जाने कितने पाकिस्तानों में बँटती जाएगी। मन्तव्य और मकसद नेक और महत्त्वाकांक्षापूर्ण है किन्तु काश कमलेश्वर में काल और इतिहास में प्रवेश करने और हजारों वर्षों के विस्तार को विश्लेषित करने की क्षमता भी होती। इसीलिए यह न तो सही अर्थों में उपन्यास बन सका है और न कोई चिन्तन-ग्रन्थ। अत: कमलेश्वर का यह अन्तिम महत्त्वाकांक्षापूर्ण प्रयास एक 'प्रहसन' बनकर रह गया है।

निर्मल वर्मा (1929-2005)

निर्मल वर्मा नयी कहानी युग के (यदि ऐसा कोई युग हुआ हो तो) अत्यन्त विशिष्ट कथाकार हैं। उनके उपन्यासों में विमर्श नहीं, चिन्तन है। विमर्श और चिन्तन में फर्क समझना आवश्यक है। विमर्शवादी उपन्यासों में दो पात्रों या कई पात्रों के बीच विचार विनिमय और वाद-विवाद की सी होती है। यहाँ दो पक्ष होते हैं और प्रत्येक पक्ष अपनी श्रेष्ठता या अपना सच साबित करने के लिए एड़ी चोटी का पसीना एक कर देता है। यह परम्परा उन्नीसवीं सदी के पश्चिमी उपन्यासों से आयी है और प्रेमचन्द के उपन्यासों की रीढ़ है। बांग्ला उपन्यासों और शरतचन्द्र के उपन्यासों में यह परम्परा बड़े सूक्ष्म तथा मार्मिक रूप में व्यक्त हुई है। इसके अतिरिक्त रवीन्द्रनाथ टैगोर के 'गोरा' में यह अपने सर्वोत्तम रूप में पायी जाती है। यह युग विमर्शवादी उपन्यासों के अन्त का युग है। फिर भी विमर्शवादी उपन्यास लिखे जा रहे हैं क्योंकि मनुष्य का स्वभाव चिन्तन का कम, बोलने का अधिक होता है और बोलकर ही मनुष्य अपने पक्ष का सत्य साबित करना चाहता है। चिन्तन अधिक कठिन कर्म है और उसके लिए गहरे मन्थन की आवश्यकता होती है (या शायद बेहतर मस्तिष्क भी)। अधिकांश हिन्दी समीक्षक इसे व्यक्तिवादी मनोविश्लेषण-वादी उपन्यास कहकर निम्नतर श्रेणी में डाल देते हैं। किन्तु अब हिन्दी पाठकों और कुछ समीक्षकों ने भी ऐसे खोखले वर्गीकरणों को बहिष्कृत करना शुरू कर दिया है।

चिन्तन प्रधान उपन्यास एक विशेष और पृथक प्रकृति वाली भाषा की माँग करते हैं। हिन्दी में ऐसे उपन्यासों की शुरुआत जैनेन्द्र से होती है और इसीलिए एक नयी औपन्यासिक भाषा की भी, जिसके कायल प्रेमचन्द भी हो गये थे। किन्तु जैनेन्द्र के साथ विडम्बना यह हुई कि चूँकि उनकी चिन्तन परिधि का विकास

या विस्तार नहीं हुआ, वे उसकी संकीर्ण परिधि में ही उलझते गये। उनका चिन्तन और उनके चिन्तनपरक उपन्यास प्राय: हास्य के उपादान बन गये, क्योंकि उनकी चिन्तन परिधि एक तो क्लिशेरिडेन होती थी और क्रमश: रहस्यवादी भी होती गयी।

जैनेन्द्र के बाद अज्ञेय के चिन्तनपरक उपन्यास अधिक रोशनल चिन्तन और उसी के अनुरूप सूक्ष्म विश्लेषणात्मक भाषा भी लेकर आये जो दुर्भाग्य से 'शेखर' के बाद जीर्ण होती गयी और 'अपने-अपने अजनबी' तक आते-आते वह प्राय: आध्यात्मिक हो गयी।

निर्मल वर्मा के साथ भी प्राय: यही हुआ। अपने अन्तिम उपन्यास 'अन्तिम अरण्य' तक आते-आते आध्यात्मिक ही नहीं, कर्मकांडी हो गये। एक प्रकार की रहस्यात्मकता तो उनके उपन्यासों में प्रारम्भ से रही है।

निर्मल वर्मा ने पाँच उपन्यास लिखे थे, 'वे दिन' (1964), 'लाल टीन की छत' (1974), 'एक चिथड़ा सुख' (1979), 'रात का रिपोर्टर' (1989) और 'अन्तिम अरण्य'।

उनका 'वे दिन' जैसा कि शीर्षक से ही स्पष्ट है, एक तो बेहद नास्टेलजिया ग्रस्त उपन्यास है और दूसरे महायुद्ध के बाद क्षत-विक्षत और आतंकग्रस्त असुरक्षा और अकेलेपन के आवरण में लिखा गया एक नितान्त भोगवादी उपन्यास है। बल्कि उसे सम्भोगवादी उपन्यास कहना ज्यादा ठीक होगा। उसके अलावा उसमें निर्मल वर्मा का सुखवादी स्वरूप ही प्रधान बना रहता है। यूरोप के एक छोटे से देश (चेकोस्लोवाकिया) के शहर (प्राग) में एक अर्द्ध बेरोजगार भारतीय युवक एक ऐसी यूरोपियन युवती से मिलता है जिसका अलग-अलग शहरों में घूमकर प्राय: एक बोहेमियन जीवन जीना ही हॉबी या स्वभाव है। उसके साथ-साथ बच्चा भी होता है जिसे वह प्राय: होटलों के कमरों में अकेला छोड़कर सैर और किसी संगी साथी की तलाश में निकल जाती है (वह अकेली नहीं रह सकती, उसे निरन्तर कोई ऐसा व्यक्ति चाहिए जिसके साथ वह सोकर और सैर कर अपना वक्त बिता सके। यह भारतीय युवक उसके लिए मनचाहा संगी सिद्ध होता है)।

'वे दिन' इन दोनों के साथ-साथ बिताये गये बोहेमियन और आवारा दिनों की स्मृति कथा है। निर्मल वर्मा इस बात के दावेदार तो हैं ही कि उन्होंने हिन्दी कथा-साहित्य को एक अत्यन्त मोहक कथा-भाषा दी है जिसका विवेचन आगे किया जाएगा और जिसकी अपनी सामर्थ्य और सीमाएँ हैं।

किन्तु मनोहर श्याम जोशी और श्रीलाल शुक्ल के उपन्यासों के ठीक विपरीत निर्मल वर्मा की यह कथा-भाषा और स्वयं कथाएँ भी हास्य-व्यंग्य रहित बिल्कुल अत्यन्त गुरु गम्भीर हैं। उनका आकर्षण उनकी बिम्ब निर्माण की क्षमता

है। वे हिन्दी के पहले तथा विशिष्ट उपन्यासकार हैं जिनकी गद्य भाषा काव्यात्मक बिम्बों तथा प्रतीकों से सराबोर और सिक्त है। इसके अलावा चरित्र, कथा और स्थितियों के अनुकूल वातावरण और परिवेश रचने में बेजोड़ है। इसी कारण उनके उपन्यासों का कथातत्व क्षीण होते हुए भी इन सबके बीच संयुक्त रूप से इतना भरा-भरा होता है कि पाठक केवल उसे पढ़ता नहीं, उनके बीच उपस्थित होता, उन्हें देखता, सुनता और प्राय: सहभोक्ता होता है। यह सब निर्मल वर्मा अपनी वर्णन क्षमता (जिसे महज वर्णन नहीं कहा जा सकता) के जादुई स्पर्श से सम्पन्न कर देते हैं। वे एक ऐसा रहस्यमय वातावरण रचते हैं, जिसमें पाठक प्राय: मन्त्र-बिद्ध बँधा रहता है। कवि कुँवर नारायण ने यशपाल के उपन्यासों, मुख्यत: 'झूठा सच' के बारे में लिखा है कि उसमें काव्यात्मकता का अभाव है जो प्रेमचन्द के बारे में भी सच है। निर्मल वर्मा पहली बार हिन्दी में ऐसा काव्यत्मक गद्य ले आते हैं जो हिन्दी के दूसरे सर्वश्रेष्ठ गद्यकार फणीश्वरनाथ रेणु के गद्य से सर्वथा भिन्न है। रेणु के गद्य की विशेषता है कि वह कदम-कदम पर हँसी की फुहारें छोड़ता हुआ व्यंग्यवाण भी चलाता रहता है और अचानक परिवेश परिवर्तित होते ही एक गीतात्मक (काव्यात्मक नहीं) गद्य का प्रिज्म देता है जिसमें से सतरंगी किरणें फूटकर बिखरने लगती हैं। निर्मल वर्मा का गद्य वैसा नहीं है। वह अत्यन्त काव्यात्मक गद्य है (जो अज्ञेय के गद्य के अधिक निकट रहता है) जबकि रेणु का ऐसा स्वयंभू गद्य है जो सामूहिक लोक कंठों से फूटकर एक आदिम सा कुछ-कुछ प्राकृतिक परिवेश रचता है।

बहरहाल, यहाँ निर्मल वर्मा के औपन्यासिक गद्य और कथा-भाषा की बात कर रहे थे। इस गद्य-भाषा की विशेषता और दुर्बलता दोनों यह है कि जितना समूर्तन करता है, उतना ही अमूर्तन भी करता चलता है। यह बात विरोधाभासपूर्ण लग सकती है, किन्तु इसे समझने के लिए डॉ. नामवर सिंह ने निर्मल वर्मा की कहानी 'परिन्दे' के बारे में जो लिखा था, उससे कुछ उदाहरण लिये जा सकते हैं। 'हर आकर्षण भटकाता है।' कैसे भटकता है और मूर्त को अमूर्त बना देता है, इसका उदाहरण उनकी विख्यात कहानी 'परिन्दे' का यह उदाहरण है। ''प्यानो का स्वर उँगलियों से फिसलता हुआ धीरे-धीरे छत के अँधेरे में घुलने लगा— मानो जल पर कोमल स्वप्निल उर्मियाँ भँवरों का झिलमिलाता जाल बुनती हुई किनारों की ओर फैलती जा रही हैं।'' यह अनोखा गद्य है, हिन्दी में इससे पहले किसी कथा में ऐसा भाषा चित्रण पाया नहीं गया था। इस गद्य में अद्‌भुत आकर्षण है। एक स्वप्निल आकर्षण, जिसमें बिंधा हुआ पाठक स्वयं एक स्वप्नलोक में चला जाता है—लेकिन जैसे किसी सिनेमाहाल से बाहर निकलते ही किसी सुन्दर स्वप्निल फिल्म का प्रभाव यथार्थ की दुनिया में ला पटकता है, निर्मल की यह

कथा भाषा ऐसा ही करती है, वह एक ऐसी भाषा रचती है जो सजीव और मूर्त होकर पाठक को अभिभूत कर देती है। उसमें उससे जुड़े हुए सपने जाग उठते हैं। पर आगे बढ़ते ही वह पूरा मायालोक बिखर जाता है और उसके बिखरते ही वह पूरा मायालोक नितान्त अमूर्त ही नहीं, अस्वाभाविक भी लगने लगता है।

दरअसल, निर्मल वर्मा कला और साहित्य को एक रहस्य मानते हैं जिसकी तलाश या चित्रण उनके उपन्यासों में है लेकिन वे इस रहस्य के मर्म को खोलने की कोशिश नहीं करते, क्योंकि यदि वह खुल जाएगा तो वह दृश्य ही नहीं रहेगा और निर्मल वर्मा जानते हैं कि यह दृश्य ही उनकी कथा-कला का रहस्य और आकर्षण है, इसलिए भरसक उनकी चेष्टा पहले तो इस रहस्य को रचने की होती है, फिर उसे रहस्य ही बने रहने देने की होती है। उनका पहला उपन्यास 'लाल टीन की छत' सामान्यत: उनका सर्वश्रेष्ठ उपन्यास माना जाता है और उसकी इस श्रेष्ठता का रहस्य क्या है? उसे एक सफल उपन्यास भी कहा जा सकता है क्योंकि पहली बार हिन्दी में एक दु:साध्य और श्रमसाध्य किस्म के उपन्यास के चार-पाँच (या शायद ज्यादा) संस्करण हो ही चुके हैं।

इस उपन्यास के 'ब्लर्व' पर (जिसने भी लिखा हो) ठीक ही लिखा है कि यह उपन्यास एक भूलभुलैया है। निर्मल वर्मा इस भूलभुलैया को रचने के लिए पहाड़ों के घने निर्जन और अपने होने के कारण ही एक रहस्य और आतंक का वातावरण रच देते हैं और उसमें एक किशोरी लड़की को, जो स्वयं वय:-सन्धि की दहलीज़ पर खड़ी है और उस बीहड़वन में भटकती हुई कुछ तलाश रही है। यह तलाश क्या है? निर्मल वर्मा को अपना रहस्य रचने के लिए इस किशोरी लड़की से आदर्श पात्र और कोई नहीं मिल सकता था। वैसे भी उनकी एक प्रारम्भिक कहानी का नाम ही दहलीज है जो वय:-सन्धि की दहलीज़ पर खड़ी एक किशोरी की कहानी है। स्वयं निर्मल वर्मा ने अपने किशोरकाल की कहानियाँ अधिक लिखी हैं। हालाँकि 'लालटीन की छत' के बाद उपन्यासों में किशोरकाल से उनका पीछा छूट जाता है और अपने आखिरी उपन्यास में वे 'अन्तिम अरण्य' में भटकने लगते हैं।

इस किशोरी का नाम काया है। यह नाम आकस्मिक या अकारण नहीं है। काया का अर्थ सभी जानते हैं। यहाँ देखें तो निर्मल उस तलाश को उन्हीं की भाषा को विस्तार देकर तत्काल कोई निष्कर्ष निकाल सकते हैं। एक भारतीय दार्शनिक अर्थ में यहाँ यह 'काया' संसार रूपी इस बीहड़वन में आत्मा की तलाश करती हुई भटक रही है। किन्तु यह बहुत सरलीकृत व्याख्या हो जायेगी और उपन्यास का रहस्य मर जाएगा जो निर्मल नहीं चाहेंगे और यहाँ भी चाहते नहीं।

अतः इस रहस्य को घनीभूत करते हुए वे उपन्यास में एक समानान्तर अर्थ भरते हुए काया नाम की इस किशोरी के अन्तर्मन की मानसिकता को आधार बना देते हैं और इस अर्थ में यह कुछ मनोवैज्ञानिक-सा उपन्यास बन जाता है और यही उपन्यास का बेहद स्थूलपक्ष है जहाँ आकर उपन्यास के रहस्य की कलई धीरे-धीरे खुलने लगती है। उपन्यास में काया के अतिरिक्त एक पहाड़ी युवती भी है जिसका किशोरी काया के पिता से ठीक-ठीक क्या सम्बन्ध है, यह उपन्यास में स्पष्ट रूप से व्यक्त नहीं किया गया है, पर वह प्रायः स्पष्ट हो ही जाता है। उस पहाड़ी युवती में भी इस शायद काफी आकर्षक किशोरी की इस भटकन वाली मनोदशा में काफी दिलचस्पी है या कह लें उसे वह उसी कौतुक से देखती है जिसे उसने स्वयं कभी उस वयसंधि काल की स्थिति में रहते हुए अनुभव किया होगा। वह काया से पूछती है क्या तुम्हें खून आता है? इस प्रश्न में यह अभिप्राय भी निहित है कि क्या उस किशोरी में पिपासा भी आ गयी है। काया में वह पिपासा अभी जगी नहीं है पर उसकी पदचाप उसे सुनाई पड़ने लगी है और इसका माध्यम है बीरू, उसका चचेरा भाई है। (शायद) वह एक अलग जिन्दगी जीता है। उसका कमरा ही नहीं, उसकी दिनचर्या अलग है, पूरा व्यक्तित्व पृथक है सामान्य किशोरों से। वह शहर के सबसे पुराने अब खंडहर बन गये गिरिजाघर में जाता है। वह एक बार काया को भी वहाँ ले गया था। काया जल्दी ही वहाँ से भाग आयी थी क्योंकि वहाँ सबकुछ भुतैला था। काया उस औरत से भी मिली थी जो उसके पापा की प्रेमिका या रखैल रही होगी, वह भी उसे रहस्यमय लगती है। उपन्यास का प्रत्येक पात्र सामान्य है, किन्तु निर्मल वर्मा ने सबको रहस्यमय बना दिया है।

शायद उपन्यास का उद्देश्य ही यह बताना है कि प्रत्येक आदमी के भीतर एक 'रहस्य' बन्द रहता है जिसे वह कभी नहीं खोलता या चाहकर भी नहीं खोल पाता। बाहर से आदमी जो दीखता है, वह होता नहीं। बाहर सबकुछ सामान्य दीखता है। हर आदमी भी अपने को सामान्य और सतही रखना चाहता है पर वास्तविकता कुछ और होती है जिसे वह आदमी भी नहीं जानता।...काया जो इन सबसे अछूती और निस्पृह है, प्रायः कोरी, अभी अधबनी, उसे लेखक ने रहस्यमयी दुनिया में ढकेल दिया है, उसे देखने और जानने की अपार जिज्ञासा लिये हुए। पर वह भी क्या यह जान पाती है, यहाँ तक कि अपने भीतर भी छुपे हुए रहस्य को।

इस तरह 'लाल टीन की छत' एक रहस्य-कथा है जिसके लिए पहाड़ों को (यहाँ शिमला को) इसलिए चुना गया है, क्योंकि यदि आप यहाँ रहने के अभ्यस्त न हो पाये हों तो सचमुच सबकुछ रहस्यमय लगता है। जंगल से आती कोई आवाज, खासतौर पर शाम को, रात को, यहाँ तक कि उड़नेवाली लोमड़ी

का सर्र से एक पेड़ से दूसरे पेड़ पर तेजी से उड़कर जाना। चीड़ के विशाल वनों की आवाजें, भिलनियों की अनवरत आती घुँघरुओं सी झंकार और पता नहीं क्या कुछ। निर्मल वर्मा ने इस कथा को उसी विशाल वन-पर्वत-कथा में स्थित (सिचुएट) किया है, कथा को और घनीभूत रूप से रहस्य-कथा बनाने के लिए वरना पूरी कथा बेहद झीनी और सामान्य है। पहाड़ों के अधिकांश घरों की छतें लाल टीन की होती हैं। पर इस उपन्यास में 'लाल टीन की छत' पर जोर क्यों दिया गया है?...निश्चित रूप से निर्मल वर्मा को यहाँ जो भी दिखाई दे रहा है, उसे केवल दिखाया उसके बारे में बता नहीं रहे हैं, बल्कि पेंट भी कर रहे हैं, एक पेंटर की तरह। इसीलिए उपन्यास में रंगों की बहुतायत है। एक पीली छाया पूरे शहर पर उतर आती। न पूरा अँधेरा, न पूरा उजाला। एक कमजोर-सा रंग हवा में तैरता रहता....घास सफेद पड़ गयी थी। कहीं-कहीं भूरी सफेद झोंके दिखाई दे जाती थीं। पूरे उपन्यास में जहाँ आदमी नहीं हैं, वहाँ रंग और आवाजें मिल-जुलकर खेल रही हैं जो आदमियों से मिलकर उस रहस्य को और गहरा देती हैं।

निर्मल वर्मा के उपन्यास (और कहानियाँ) अचानक 'हिन्दी उपन्यास' को दो भागों में बाँट देते हैं एक उनसे पहले और एक उनके बाद का। दोनों में कोई सम्बन्ध नहीं है और जो है भी, वह बहुत मधुर नहीं है। वह एक 'दूसरी दुनिया' (निर्मल वर्मा की एक कृति) है। कुछ लोग इस दुनिया में जाकर खो से जाते हैं। सबकुछ उन्हें 'इन्द्रजाल' सा प्रतीत होता है। वह उसमें बँधे-बिंधे हुए कुछ देर तक भटकते रहते हैं—उपन्यास की काया की तरह। पर इन्द्रजाल हमेशा नहीं रहता। कोई चतुर से चतुर भी अपनी आकाश पर फेंकी रस्सी पर हमेशा टँगा नहीं रहता, उसे उतरना तो होता ही है ठोस धरती वाली दुनिया में। पर वे इस सुन्दर सपने को भूल नहीं पाते। कभी महज पाठक के रूप में, और कभी स्वयं कथाकार के रूप में (ज्यादातर महिला कथाकार)। वह इन्द्रजाल हमेशा उनका पीछा करता रहता है। यही निर्मल वर्मा की सफलता का रहस्य है। कुछ दूसरे लोग होते हैं, वे भी इस दुनिया में जाते हैं, पर वे बँधते और बिंधते नहीं, कुछ देर विचरण करने के बाद अपनी सामान्य दुनिया में लौट आते हैं, कुछ विरक्ति और वितृष्णा लेकर। वितृष्णा इसलिए कि कोई ऐसा लेखक भी है जिसे इस दुनिया से लेना-देना नहीं है। वह एक समानान्तर दुनिया रच रहा है। तन्मय और निर्लिप्त, निर्विकार। जबकि उस दुनिया में कितना हाहाकार है, उसे उसके कान सुन नहीं पाते। क्योंकि वह लेखक या वैसे लेखक कला में हमेशा सौन्दर्य की छायाएँ ही देखते रहते हैं।...लेकिन निर्मल वर्मा हमेशा उतने निर्लिप्त या निर्विकार नहीं रहते, यह हम उनके कुछ उपन्यासों के सन्दर्भ में बताएँगे।

उपन्यास में आदमी ही नहीं, घर का हर कोना रहस्यमय है। (उपन्यास की एक पंक्ति)। उपन्यास में एक अँग्रेज़ों के प्रति छिपा हुआ दुर्निवार आकर्षण है। कहाँ गये वे लोग?...वे यहीं तो रहते थे...अब खाली और उजड़े मकान...भुतैले खंडहर बने गिरिजाघर, कहाँ गये वे लोग?...मानो यह शहर यहाँ के आदिवासियों पहाड़ियों का न होकर, उन अँग्रेज़ों का था जिनके वे नौकर थे या जिन्हें उनका नौकर बना दिया गया था? इस तरह उपन्यास में एक दबी-छिपी औपनिवेशिक मानसिकता भी है जो उपन्यास और उपन्यासकार में है। यही उसकी जीवन पद्धति ही नहीं, जीवन दृष्टि भी है। यही लालटीन की छत है।

...उनकी पुरानी कहानी 'दहलीज' की तरह इस उपन्यास में भी 'लालटीन की छत' की पूरी कहानी एक किशोरी के युवती में बदल जाने की है। जब पहली बार उसे माहवारी होती है, उसी का अनुभव, उसी की अनुभूति, जिसे लेखक कहता है, 'पहली बार मैं ईश्वर के पास पहुँचकर उससे परे निकल गयी थी।' ये उपन्यास की आखिरी पंक्तियाँ हैं। क्या मतलब है इन पंक्तियों का और उपन्यास के उस अन्त का? निर्मल वर्मा उस रहस्य को रहस्य ही रहने देते हैं। यह प्राय: उनके प्रत्येक उपन्यास के साथ होता है।

निर्मल वर्मा उस दूसरी परम्परा के उपन्यासकार हैं जिनका इस धरती की वास्तविकता से कुछ खास लेना देना नहीं है। वे वास्तविकता रहित एक अमूर्त वास्तविकता गढ़ते हैं और उसी को बाद में भारतीयता भी मानने लगते हैं। यदि उनके अन्तिम उपन्यास 'अन्तिम अरण्य' की तुलना आचार्य हजारी प्रसाद द्विवेदी के उपन्यास 'बाणभट्ट की आत्मकथा' से करें तो यह बात स्पष्ट हो जाएगी। बाणभट्ट की चिन्ता उस भारतीयता की है जिसे वे बचाना चाहते हैं, न केवल विदेशियों और विदेशी आक्रमणों से, बल्कि भारत के ही विभिन्न सम्प्रदायों और धर्मों के बीच संघर्ष और विभक्तिवाद से भी। बाणभट्ट की भारतीयता यह है कि वे 'भट्टिनी' (यानी मनुष्य) को बचाने के लिए महावाराह की मूर्ति को पानी में फेंक देते हैं जबकि निर्मल वर्मा की भारतीयता 'पिंडदान' के कर्मकांड में है। वे भारतीयता में नहीं, पिंडदान जैसे भारतीय कर्मकांडों में विश्वास करते हैं। यही नहीं, वे पाखंडी पंडितों की भविष्यवाणियों में भी विश्वास करते हैं जो उपन्यास के अन्त में उनका पाखंडी रहस्य पुरुष करता है। वह कहता है, 'सरण पाई (सरया नदी) ने उससे तीन दिन पहले ही कह दिया था कि तीन दिन बाद कोई अन्त्येष्टि करने आएगा... मुझे पता था।' भारत में पंडे-पुरोहित अकसर ऐसी बातें करते हैं। यह 'पाखंडपुराण' वाली भारतीयता राम और गाँधी वाली भारतीयता है जिसे निर्मल वर्मा ने उन्हीं से ग्रहण भी किया है, वरना वे तो प्राग और लन्दन के बीच भ्रमण करने वाले प्रवासी भारतीय ही हैं (जैसा कि लोग उन्हें कहा करते थे)। उनकी

भारतीयता इक्कीसवीं सदी में भी चीख-चीख कर कहती है, लौटो, फिर से लौटो, कर्मकांड, पिंडदान, पीपल पर लटकाई गयी मिट्टी की हाँड़ियों, प्रेतात्माओं और मंत्र शक्तियों की ओर लौटो। या शायद यही उत्तर आधुनिकता है, जिसकी विडम्बना है कि वह भी पश्चिम से ही आयी है। अतः वास्तविक भारतीयता निर्मल वर्मा को फिर दगा दे जाती है और वे प्रवासी भारतीय बने रहते हैं। सबकुछ तर्कातीत रचने की रहस्य प्रवृत्ति उनके उपन्यासों में प्रारम्भ से ही रही है। उसी की तार्किक परिणति 'अन्तिम अरण्य' में होती है जहाँ सबकुछ तर्कातीत ही नहीं, लोकातीत और अलौकिक है।

अतः यह महज संयोग नहीं कि निर्मल वर्मा को साहित्य के अतिरिक्त आधुनिक चित्रकला तथा पश्चिमी संगीत विशेष प्रिय हैं। जिसे हम निर्मल वर्मा की कथा-भाषा कहते हैं, उसमें पश्चिमी संगीत और चित्रकला का अद्‌भुत उपयोग है, नामवर सिंह ने जिसे उनकी भाषा में संगीत का प्रभाव कहा है। किन्तु निर्मल वर्मा अपनी भाषा के आवास के लिए जिस परिवेश का निर्माण करते हैं, उसकी ध्वनियों पर गौर करें तो उसमें संगीत भी आधुनिक चित्रकला से ही अपने बिम्ब भी ग्रहण करता है। अपने गद्य में भारतीयता का ढिंढोरा पीटने वाले निर्मल वर्मा पश्चिमी संगीतज्ञ शोपा, बिथोवन, मोजार्ट आदि का जिक्र करते तो नहीं थकते, किन्तु उनके इस संगीत प्रेम में कहीं भी बड़े गुलाम अली खाँ, भीमसेन जोशी, अली अकबर खाँ, विलायत खाँ या निखिल बनर्जी आदि के संगीत की स्वर लहरियाँ नहीं सुनाई पड़तीं और न ही राग मालकोस, बागेश्वरी, जय जयवन्ती या हंसध्वनि की ध्वनि लहरियाँ। उनकी भारतीयता कितनी सतही और पाखंडपूर्ण है, यह हम स्पष्ट देख सकते हैं।

इसके अलावा रेणु की भाषा में जहाँ समूह का संगीत सुनाई पड़ता है, वहीं निर्मल वर्मा की भाषा का संगीत निर्जन, एकान्त, और 'अरण्य' का संगीत है, जिसकी चित्रात्मकता संगति में पीली, मटमैली, धुँध ढँके उनके कथा परिवेश में पतझड़ है, हाहाहूती हवा है, खंडहरों की टूटी मीनारें तथा मेहराब हैं। चमगादड़ों के पंखों की फड़फड़ाहट हैं और चौंकाने वाली अनाम अज्ञात ध्वनियाँ और आकृतियाँ हैं। उन्हीं सबसे वे उस रहस्य का वातावरण निर्मित करते हैं जो उनका प्रिय परिवेश है, और इन्हीं कारणों से भुतैला उनका प्रिय शब्द है (जो अब एक क्लिशे बन गया है), जो उनके उपन्यासों और कहानियों में न जाने कितनी बार प्रयुक्त हो चुका है। उनके उपन्यासों का संसार निरन्तर अवसाद-ग्रस्त रहने वाले प्राणियों का संसार है (न जाने क्यों?)। उन्हें यदि वास्तविक संसार भुतैला प्रतीत हो तो कोई आश्चर्य की बात नहीं है।

किन्तु इस पर किसी को आपत्ति नहीं होनी चाहिए, क्योंकि प्रत्येक रचनाकार

को यह अधिकार है कि वह चाहे जैसे प्राणियों का संसार रचे। किन्तु निर्मल वर्मा के इस संसार के साथ दिक्कत है कि इस संसार में वस्तुनिष्ठ सह सम्बन्धों (ऑब्जेक्टिव को-रिलेटिव) का अभाव है।

प्रश्न उठता है कि इस संसार के सारे प्राणी ऐसे क्यों हैं? जबकि उनके ऐसा होने का कोई कारण उपन्यासों में नहीं बताया जाता। उनके चरित्रों की मानसिकता उन घात-प्रतिघातों या घटनाओं की प्रतिकृति या निर्मित है, इसीलिए उनके पात्र अधर या शून्य में लटके हुए दीखते हैं—वे त्रिशंकु पात्र हैं। अत: यदि वे प्रेत प्रतीत होते हैं तो कोई आश्चर्य नहीं।

यद्यपि उनकी कुछ कहानियों में उनके चरित्रों की अवसादग्रस्तता समझ में आती है जैसे 'परिंदे' कहानी की लतिका यदि अवसादग्रस्त रहती है तो वह समझ में आता है क्योंकि वह अपने फौजी प्रेमी की अचानक मृत्यु के आघात से उबर नहीं पायी है। स्मृति उसे लगातार हांट करती रहती है। यहाँ उनकी कहानी का उदाहरण इसलिए देना पड़ा क्योंकि 'वे दिन' के बाद उनकी वस्तुनिष्ठ कहानी 'डेढ़ इंच ऊपर' में निरन्तर शराब में धुत रहने वाले बूढ़े का अवसाद समझा जा सकता है क्योंकि जर्मनी का यह बूढ़ा हिटलर की जर्मनी का आतंक भुगत चुका है, क्योंकि युद्ध के दिनों में हिटलर के गेस्टापों उसकी पत्नी को अचानक पकड़ ले जाते हैं और वह फिर कभी वापस नहीं लौटती। लेकिन भारत के आपातकाल के आतंक से ग्रस्त निर्मल वर्मा के उपन्यास 'रात का रिपोर्टर' में भी इस आतंक का कोई वस्तुगत आधार नहीं है सिवा इसके कि नायक एक मित्र को आपातकाल में गिरफ्तार कर लिया गया है। सभी जानते हैं कि आपातकाल में हजारों गिरफ्तार लोगों में तत्कालीन भारत के शीर्षस्थ नेता तथा छात्र, पत्रकार आदि सभी थे। किन्तु इन्दिरा गाँधी का आपातकाल हिटलर का गेस्टापों नहीं था न व्यापक रूप से सामूहिक नरसंहार। 'रात का रिपोर्टर' में निर्मल वर्मा ने उसे एक निरर्थक 'हौवा' बना दिया है, जबकि उपन्यास की मूल कथा घनघोर रोमानी है और उसमें आपातकाल महज एक मुल्लमा है—उसमें लड़कियाँ और उनसे रोमानी मुलाकातें ही छायी रहती हैं। आपातकाल में स्वयं निर्मल वर्मा की भूमिका भी शायद ही कुछ थी। वे आपातकाल में अपने साथियों कवि कमलेश या कवि पत्रकार गिरिधर राठी की तरह जेल नहीं गये थे, किन्तु जिन्होंने उस समय उसे भुगता-प्राध्यापक मुरली मनोहर प्रसाद सिंह आदि लोगों ने, उन्होंने कभी इसका वैसा (या कैसा भी) हाय तौबा नहीं मचाया जैसा निर्मल ने 'रिपोर्टर' में। उनके उपन्यासों की 'अर्मूत रहस्यात्मक कथा' कहीं कृत्रिमता छुपाने के लिए ही गढ़ी जाती है। इन उपन्यासों का सिंथेटिक रहस्य और परिवेश पाठक को शब्दों की जादूगरी से सम्मोहित करने के लिए ही रचा जाता है। वे उपन्यासों में जो 'कॉर्निवाल' और

तिलिस्म (यह भी उनका एक प्रिय शब्द है) रचते हैं, उसे अन्ततः टूटना ही होता है। सम्मोहन और उसका रहस्य बहुत देर तक नहीं बना रह सकता। इस प्रकार हम देखते हैं कि इन उपन्यासों में एक 'नकली' 'अभ्यन्तर' तो है, उसका कोई वास्तविक 'बाह्य' नहीं है।

वस्तुतः शताब्दी के उत्तरार्द्ध के हिन्दी उपन्यास अपनी तमाम नयी चेतना के बावजूद बाह्य के अभ्यिान्तरिककरण की रचनात्मक प्रक्रिया के अभाव में आठवें दशक तक एक प्रकार की स्टेगनेंसी का शिकार ही होते रहे। इसके अलावा वह बाह्य और अभ्यन्तर के बीच संयोजन के अभाव में अपने समय की 'वास्तविकता' का 'अधूरा साक्षातकार' ही बना रहा है। उसकी यह असफलता केवल हिन्दी उपन्यास की असफलता नहीं है, बल्कि पूरे विश्व में 'आधुनिकता' की भी असफलता का प्रमाण है। पश्चिम में आनेवाली युद्धोत्तर आधुनिकता अपने चरम शिखर पर पहुँचकर समाप्त होने लगी थी। काफ्का, फाकनर और हेमिंग्वे की पीढ़ी के बाद आने वाली पीढ़ी की आधुनिकता वस्तुतः पश्चिमी उपन्यास का केन्द्र नहीं रह गयी थी। फ्रान्स में अस्तित्ववादी आन्दोलन मर चुका था जिसका पश्चात प्रभाव (ऑफ्टर एफेक्ट) 'अँधेरे बन्द कमरे' और 'अपने-अपने अजनबी' पर देखा जा सकता है। फ्रान्स में 'न्यू नॉवेल' या 'एंटी नावेल' जैसे अल्पजीवी आन्दोलन भी अपनी मौत मर चुके थे और नाथालिया सारा और रॉबग्रिये के उपन्यास पढ़ने वाले नहीं रह गये थे। अतः पूरे पश्चिम में उपन्यास के पतन (फॉल) के दिन थे और उनका 'ग्रेट ट्रेडीशन' समाप्त हो चुका था।

अब उपन्यास का 'केन्द्र' या विकास पश्चिम के विकसित देश (अमेरिका, यूरोप, फ्रांस, जर्मनी आदि) रह ही नहीं गये थे बल्कि उनके विकास केन्द्र थे लैटिन अमेरिका जैसे तीसरी दुनिया के देश जिन तक अभी भारतीय या हिन्दी उपन्यास नहीं पहुँच सके थे। कोलम्बिया के उपन्यासकार मारखेंज के 'हंड्रेड इयर्स ऑफ सलिट्यूड' ने तो विश्व के उपन्यास की दिशा ही बदल दी थी। रक्तबीज की तरह उपन्यास पश्चिमी देशों में मरकर लैटिन अमेरिकी देशों और अफ्रीका के कुछ देशों में नया जन्म ले रहा था। और जैसा कि कहा गया भारत तक अभी यह प्रभाव नहीं पहुँचा था। इसी तरह स्त्रीवादी या तथाकथित 'ब्लैक कन्ट्रीज' की टोनी मॉरिस जैसी उपन्यासकारों ने उपन्यास में एक 'नयी संवेदना' भर दी थी।

हिन्दी उपन्यास में इन बदली हुई परिस्थितियों का प्रभाव आठवें दशक के बाद ही दिखाई पड़ा जिसकी चर्चा आगे की जाएगी। अभी तो हिन्दी के अपेक्षाकृत माईनर उपन्यासकारों के उपन्यासों का जिक्र कर लें।

धर्मवीर भारती (1926–1997)

धर्मवीर भारती निस्सन्देह एक प्रतिभाशाली लेखक थे जो मुख्यतः कवि थे और वह भी घनघोर रोमानी कवि। उनमें नाट्य-लेखन की भी क्षमता थी जिसका सर्वोत्तम उदाहरण 'अन्धायुग' बना जिसने अपनी रोमानियत और बीच-बीच में पड़ने वाले अस्तित्ववादी छींटों के बावजूद हिन्दी में एक नया और अत्यन्त सफल नाट्य-रूप को जन्म दिया।

उपन्यास उन्होंने दो ही लिखे 'गुनाहों का देवता' (1949) और 'सूरज का सातवाँ घोड़ा' (1952)। 'गुनाहों का देवता' ने हिन्दी में भावुकतापूर्ण प्रेम-कहानियों की परम्परा को फिर से जगा दिया और इस बार उसमें भी आधुनिकता के छींटे मारते हुए। इस फार्मूले को आशातीत सफलता प्राप्त हुई और शायद 'चित्रलेखा' के बाद हिन्दी में सर्वाधिक बिकने वाला उपन्यास बन गया। उपन्यास किशोर-किशोरियों की मानसिकता को ध्यान में रखकर लिखा गया था और जो शरतचन्द्रीय परम्परा से कथा को बढ़ाकर अश्रुपूरित उपन्यास था, जिसकी तुलना पश्चिम में लिखे जाने वाले (हालाँकि बाद में) सीगल के 'लव स्टोरी' जैसे उपन्यासों से की जा सकती है।

यह तत्कालीन विश्व विद्यालयी परिवेश में पनपने वाले प्रेम के स्वरूप और संवेदना का उपन्यास था जिस पर रांगेय राघव ने अपना 'घरौंदा' उपन्यास लिखा था, पर उसमें उस प्रेम के अतिरिक्त भी बहुत डाल दिया गया था। यह तब का विश्वविद्यालीय प्रेम था, जिसमें केवल रोमांस हो सकता था प्रेम नहीं। भारत में उस दौर में लड़के-लड़कियाँ गुरुकुल के परिवेश और परम्परा से निकलकर साथ-साथ पढ़ने और क्लासों में बैठने तो लगे थे, किन्तु ज्यादातर प्यार आँखों-आँखों में ही होता था। या चोरी-चोरी चुपके-चुपके चिट्ठियों के आदान-प्रदान के द्वारा। यही दौर हिन्दी फिल्मों के 'ट्रेजडी किंग' दिलीप कुमार जैसे नायक का भी था।

लेखक शायद स्वयं भी कहीं उसी मानसिकता और भावबोध से ग्रस्त था जो उसकी उन दिनों की कविताओं में खूब धमकती थी। 'ये उजले धुले कबूतरों से पाँव मेरी गोद में' या 'घाट किनारे तोड़-फोड़कर सीढ़ियों पर उग आयी वन तुलसी के बीच। सीढ़ियों पर लिखी गयी कविताओं में या जार्जेट के पल्ले सी लिपटी नवम्बर की धूप वाली कविताओं में, जिन्होंने अज्ञेय जैसे आधुनिकतावादी को भी खूब लुभाया था।

'गुनाहों का देवता' की सुधा और चन्दर का प्रेम कुछ ऐसा ही था। चूँकि पूरे उपन्यास में अद्भुत प्रेम-रस है, इसलिए वे हजारों किशोरों की डायरियों में और परस्पर प्रेम-प्रदान के पत्रों में अंकित हो गये। कुछ भी हो, 'गुनाहों का देवता'

अपने दौर के प्रेम का दस्तावेज था जिसे सचमुच दस्तावेज बनाने में लेखक को अद्‌भुत सफलता मिली है। अत: यह महत्त्वपूर्ण है कि लेखक ने अपने तत्कालीन भावबोध को रचना में रूपान्तरित किया है भले ही लोग स्वयं भारती ने उन गुनाहों को (अपने लेखकीय गुनाहों को) भूल गये हैं। क्योंकि भारती ने स्वयं उस भावभूमि से तत्काल निजात पा ली। द्विजेन्द्र नाथ मिश्र 'निर्गुण' की तरह जीवन भर उससे लिपटे नहीं रहे।

उनका अगला (और अन्तिम) उपन्यास 'सूरज का सातवाँ घोड़ा' उसी 'गुनाहों' के 'प्रायश्चित' के रूप में लिखा गया था। उसका केन्द्रीय चरित्र माणिक मुल्ला है जो कथावाचन की शैली में उपन्यास की कथा बयान करता है जो भावुकता पूर्ण प्रेम-कथा से सीधे यथार्थ के धरातल पर उतर आती है। वे कहते हैं, 'ये कहानियाँ प्रेम की नहीं बल्कि उस जिन्दगी की हैं जो आज का निम्नमध्यमवर्गीय जीवन है...आज का आर्थिक संघर्ष, नैतिक विश्रृंखलता, अनाचार, निराशा और कटुता तथा अँधेरा मध्यवर्ग पर आ गया है, आदि। माणिक मुल्ला यह वक्तव्य न भी देते, बल्कि न देते तो बेहतर था और कहानियों को स्वयं अपने से कहने देते। बहरहाल जो भी कहानियाँ हैं, वे पूरी जुड़ी हुई हैं। जिनमें मध्यमवर्गीय 'पाखंड' प्रधान है जहाँ नायिका जिस युवक से विवाह करना चाहती है, उससे कर नहीं पाती, पर प्रेम उसी से करती रहती है और जब भी ससुराल से लौटती है, उसी से शारीरिक सम्बन्ध बनाने की कोशिश करती है। उसका पति अधेड़ और दुश्चरित्र है और बाजारू औरतों से सम्बन्ध बनाया करता है। नायिका का पिता भी ऐसा ही पुरुष है। नायिका के जब कोई सन्तान नहीं होती तो वह बीच-बीच में किसी पीर या पुजारी की उपासना के लिए जाती रहती है। इस क्रम में उसका सम्बन्ध अपने तांगेवाले से हो जाता है और वह सन्तानवती हो जाती है।...जाहिर है सन्तान उसके पाखंडी पति की ही कहलाती है। उपन्यास का नायक अन्त में दूसरे प्लेटफार्म पर बैठी अपनी पुरानी प्रेमिका से मिलने के लिए अपने प्लेटफार्म से कूदकर उस प्लेटफार्म पर जाना चाहता है तो आती हुई ट्रेन से पाँव कट जाता है। अत: उपन्यास का यह अन्त नाटकीय रूप से दुखान्तक ही कहा जाएगा। अपने प्रयोगात्मक शिल्प के कारण इस उपन्यास की काफी चर्चा हुई थी और इस पर सुप्रसिद्ध फिल्म निर्देशक श्याम बनेगल ने एक सुन्दर फिल्म भी बनायी थी, पर कुल मिलाकर यह मध्यम कोटि का ही उपन्यास है। धर्मवीर भारती मध्यम कोटि के उपन्यासकार ही माने जाएँगे। उनकी कीर्ति (यदि कोई है) तो वह 'अन्धायुग' और 'कनुप्रिया' पर ही आधारित है। पत्रकारिता के क्षेत्र में जाकर वे कुछ वर्षों के लिए एक सफल सम्पादक तो बने, किन्तु उन्होंने अपनी रचनात्मक प्रतिभा का हमेशा के लिए वध कर दिया (अज्ञेय के विपरीत)।

कृष्ण बलदेव वैद (1927)

एक कथाकार के रूप में शायद इस सबसे बुजुर्ग उपन्यासकार की शुरुआत एक सफल तथा एक यथार्थवादी उपन्यासकार के रूप में हुई थी और उनका पहला लघु उपन्यास 'उसका बचपन' (1957) हिन्दी के श्रेष्ठ लघु उपन्यासों में माना जाएगा। उसमें बारीकी और वास्तविकता के साथ एक मध्यम परिवार के बच्चे की कहानी कही गयी है। उसी की आँखों और मानसिकता से उपन्यास के परिवेश को अंकित किया गया है।

किन्तु दुर्भाग्य से गुणवत्ता की दृष्टि से यह उनका पहला ही नहीं, अन्तिम उपन्यास सिद्ध हुआ। उसके बाद उन्होंने उपन्यास तो अनेक लिखे और आज भी लिख रहे हैं, किन्तु एक शिक्षक के रूप में उनके लम्बे अमेरिकी प्रवास ने उनकी रचनात्मक प्रतिभा का अपहरण कर लिया। प्राय: तीस वर्षों तक अमेरिका प्रवास ने उनकी जीवन-दृष्टि और भावबोध में अत्यन्त चिन्तनशील परिवर्तन पैदा कर दिये। वे उन आधुनिकतावादी उपन्यासकारों में माने जाएँगे जो 'कथा' नहीं कहते, बल्कि कथाकाल कोलाज बनाते हैं। 'उसका बचपन' के बाद उनकी 'विमल उर्फ जाएँ तो जाएँ कहाँ' (1974), 'दूसरा न कोई' (1978), 'दर्द ला दवा' (1983), 'गुजरा हुआ जमाना' (1989), 'काला कोलाज' (1989), 'नर नारी' (1996), 'मायालोक' (1999), 'एक नौकरानी की डायरी' (2000) आदि अनेक उपन्यास और संस्मरणात्मक कृतियाँ प्रकाशित हुई हैं पर ऐसा लगता है कि इतनी उच्चस्तरीय पढ़ाई-लिखाई के बावजूद उन्होंने जो भावबोध अर्जित किया है, वह अत्यन्त छिछोरा ही नहीं, विकृत (पर्वट) भी है। यहाँ तक कि भाषा के स्तर पर नवीनता के नाम पर चमत्कारिक तुकबन्दियाँ ही हैं। उसके माध्यम से जो मायालोक वह रचना चाहते थे, उसमें निर्मल वर्मा के ठीक विपरीत घनघोर असफलता ही हाथ लगी है। उनके उपन्यास क्रमश: दु:सपाठ्य से अपाठ्य होते गये हैं। वहाँ तक कि यह समझ पाना भी असम्भव हो गया है कि वे कहना क्या चाहते हैं। भाषा उनकी मुख्यत: उर्दू है जिसे हिन्दी बनाने की चेष्टा में वे केवल अपनी कथा-भाषा की दुर्गति ही कर पाते हैं।

यौन विकृति का आलम यह है कि उनके उपन्यास चौरासी आसनों की मुद्राएँ बनते गये हैं जिनमें मुख मैथुन, गुदा मैथुन, आदि शब्दों की भरमार है। उनका न तो कोई कथा-सन्दर्भ है और न प्रासंगिकता। कृष्ण बलदेव ने अपने इन विकृत कथा-प्रयोगों का कोई रेशनेल भी बनाने या बताने की जहमत नहीं उठाई है। चूँकि उन्होंने सेमुअल बैकेट आदि आधुनिक ऐबसर्ड नाटककारों का अनुवाद भी किया है, इसलिए कुछ लोग उनपर बेकर, जेम्स ज्वायस और हेनरी

मिलर आदि का प्रभाव देखते हैं किन्तु जिन्होंने इन कृतिकारों को पढ़ा है, वे तो कहीं भी कृष्णबलदेव के उपन्यासों पर उनके प्रभाव का नामोनिशान नहीं देख पाते। यहाँ तक हेनरी मिलर के विख्यात और कभी बेहद बदनाम (और बहुत दिनों तक अमेरिका में प्रतिबंधित) उपन्यास 'ट्रापिक ऑफ कैंसर' अपनी एकदम नयी भाषा-सम्पदा और पतनशील अमेरिका के अत्यन्त सशक्त चित्रण के कारण अब लगभग क्लैसिक माने जाने वाले उपन्यास में भी कृष्ण बलदेव जैसा छिछोरापन और 'यौन विकृतियाँ' नहीं हैं (यौन प्रधान होने के बावजूद) और जेम्स ज्वायस के यूलिसिस या सैमुअल बैकट का कालजयी नाटक 'वेटिंग फॉर गोदो' या 'एंड गेम' के प्रभाव का प्रश्न ही नहीं उठता। वे अत्यन्त गहरे दार्शनिक स्तर पर अस्तित्व के प्रश्नों से जूझने और उन्हें अपने अनूठे शिल्प के साथ प्रस्तुत करने वाले नाटक हैं। जेम्स ज्वायस का यूलिसिस तो होमर की महान ग्रीक कृति यूलिसिस का एक आधुनिक रूपक है जिसे महज बारह दिनों की कथा में अद्‌भुत शिल्प संयोजन के साथ लिखा गया है। कृष्ण बलदेव वैद के उपन्यासों के साथ ऐसे कथाकारों का नाम जोड़ना अत्यन्त हास्यास्पद तो है ही, अपनी अज्ञानता का प्रदर्शन भी है।

किन्तु अस्सी वर्ष की उम्र से ज्यादा की उम्र होने के बावजूद वैद साहब आज भी निरन्तर सक्रिय हैं, इस बात के लिए उनकी सराहना अवश्य की जानी चाहिए।

राजकमल चौधरी (1931-1967)

राजकमल चौधरी एक विरल प्रतिभा के लेखक थे और मुख्यत: कवि होने के बावजूद उन्होंने बड़ी संख्या में उपन्यास और कहानियाँ लिखी थीं जिनमें यद्यपि कोई प्रथम कोटि की नहीं मानी जाएगी, किन्तु उनमें उनकी रचनात्मक प्रतिभा के प्रमाण प्रत्यक्ष प्रदर्शित होते हैं। राजकमल एक स्वयंभू लेखक थे लेकिन उनके साथ दुर्घटना यह हुई कि अपने लेखन के प्रारम्भिक दिनों में वे गिन्सबर्ग आदि हिप्पी साहित्यकारों के सम्पर्क में आ गये और उन्होंने उनकी लेखन दृष्टि और पद्धति को ही नहीं प्रभावित किया, बल्कि जीवन पद्धति पर भी गहरी छाप छोड़ी। चूँकि भारत में केवल हिन्दी के ही अनेक लेखक हिप्पी संस्कृति से प्रभावित नहीं हुए बल्कि बांग्ला आदि अनेक भारतीय भाषाओं के कवि-लेखक भी उन्हीं की दृष्टि से जीवन को देखने और दिखाने लगे। ये साठोत्तरी वर्षों के वे दिन थे जब भारतीय साहित्य पर एक ओर अस्तित्ववाद का प्रभाव पड़ रहा था और दूसरी ओर हिप्पियों की जीवन तथा लेखन-पद्धति का। जहाँ तक जीवन पद्धति का सवाल है, हिप्पियों और अस्तित्ववादियों में बहुत क्षीण-सा अन्तर है, किन्तु जहाँ

अस्तित्ववाद एक गम्भीर दर्शनशास्त्र बनकर पारम्परिक दर्शनशास्त्रों और दार्शनिकों को लगभग उसी तरह चुनौती दे रहा था जिस तरह एक अधिक व्यापक इतिहास दर्शन बनकर मार्क्सवाद मनुष्य मात्र को एक स्वतन्त्र बेड़ियों से मुक्त बेहतर जीवन जीने और बेहतर व्यवस्था बनाने का आंदोलन बनकर एक विश्वस्तरीय सर्वहारा अभियान चला रहा था। लेकिन विडम्बना यह थी कि हिप्पी समुदाय न तो मार्क्सवादी दर्शन में विश्वास करता था और न अस्तित्ववादी दर्शन में। वह महायुद्धोत्तर ड्राप आउट युवकों का एक ऐसा समुदाय था जो न केवल 'नकारवादी' था बल्कि समाज व्यवस्था और राजनीति, किसी में विश्वास नहीं करता था। वह केवल मुक्त स्वेच्छा चारी स्वैराचार में विश्वास करता था और वैसा ही जीवन जीता भी था। अत: वह एक हिप्पीवादी संस्कृति बनकर विश्वभर में फैल रहा था जिसके अवशेष ही नहीं, बल्कि व्यापक प्रभाव आज भी दुनिया के कई समुदायों में सक्रिय हैं। मसलन, न्यूड संस्कृति और गे लोगों (होमोसेक्सुअल) का बढ़ता प्रभाव जो अब कानूनी वैधता भी प्राप्त कर चुका है, उसी हिप्पी संस्कृति की देन है। लेकिन अपने अन्तिम रूप में यह एक विकृत तथा प्राय: आत्मघाती आन्दोलन और अभियान था। अमरीकी उपन्यासकार नार्मन मेलर अपने अत्यन्त चर्चित निबन्ध 'द व्हाइट नीग्रो' में व्यापक विश्लेषण किया है। चूँकि हिप्पी लोग 'ड्रग्स' के प्रभाव में ही जीने को स्वाभाविक जीवन मानते हैं, इसलिए उन वर्षों में भारत उसके लिए उर्वर और नशीले पदार्थों के लिए सहज सुलभ देश था। इन पंक्तियों के लेखक ने संयोग से वाराणसी में हिप्पियों के 'मसीहा' गिन्सबर्ग से एक मुलाकात में जब पूछा कि वे नशे का सेवन (विविध रूपों में) क्यों करते हैं? तो वे अत्यन्त उत्तेजित होकर अपनी आलमारी से रंगीन तारों से बना एक खिलौना उठा लाये और उन्होंने कहा कि यह खिलौना देखते हो? यह उँगलियों से दबाने पर विभिन्न प्रकार के आकार ग्रहण कर लेता है। नशीले पदार्थ भी यही करते हैं, सामान्य मनुष्य जो समान्य जीवन जीता है, उससे उसका मस्तिष्क एक विशेष कोण पर स्थित होकर प्राय: जड़ हो जाता है और वह दुनिया को केवल उसी जड़ मस्तिष्क से उसके एक ही रूप को देख पाता है, जबकि दुनिया के अनेक रूप, अनेक पक्ष और अनेक आयाम हैं। विभिन्न प्रकार के नशीले पदार्थों का सेवन हमें दुनिया के उन छुपे हुए (हिडेन) आयामों को दिखाता है और हमारे सामने हर रोज एक नयी दुनिया जन्म लेती रहती है जो उतनी ही वास्तविक है जितनी वह दुनिया जिसे हम अपने सिखाये गये मस्तिष्क से वास्तविक दुनिया मानते हैं। और कलाकारों का काम इसी छिपी हुई दुनिया का उद्घाटन करना है और उसमें नशीले पदार्थों का सेवन हमें अद्भुत रूप से हमारी सहायता करता है।

ऐसा प्रतीत होता है कि राजकमल चौधरी के मन में शायद यही बात घर

कर गयी थी और प्राय: ऐसे ही नशीले पदार्थों के सेवन के प्रभाव में वे लिखने लगे थे जिनसे उनका लेखन तो क्षतिग्रस्त हुआ ही, युवावस्था में ही उनका शरीर जर्जर हो गया और हिन्दी का अत्यन्त प्रतिभाशाली कथाकार महज छत्तीस वर्ष की अल्पायु में दिवंगत हो गया। वे बहुत कुछ नाटककार कहानीकार तथा महान प्रतिभाशाली लेखक भुवनेश्वर की परम्परा के लेखक थे। उनमें मुक्त यौन-जीवन जीने की प्रवृत्ति भी शामिल हो गयी थी। उनके अधिकांश उपन्यास इसीलिए प्राय: यौन-सम्बन्धों पर ही केन्द्रित हैं और कई तो अधूरे से हैं।

उन्होंने अनेक उपन्यास लिखे थे। उनमें 'नदी बहती थी' (1962), 'मछली मरी हुई' (1966), 'शहर वहाँ नहीं था' (1966), 'देहगाथा', 'ताश के पत्तों का शहर', 'बीस रानियों के बाइस्कोप' (1979), 'अग्नि स्नान' (1978) आदि हैं। इनमें से कई उपन्यास उनके मरने के बाद प्रकाशित हुए थे। उनके उपन्यासों में यौन सम्बन्धों और विकृतियों का चित्रण किया गया है। पर उन्हें गौरवान्वित नहीं किया गया है। यदि पुरानी भाषा में कहें तो वे एक प्रकृतिवादी उपन्यासकार थे जिनके पास एक सधी हुई खुली भाषा थी और वे बड़ी आसानी से कहानियाँ गढ़ लेते थे। वे अत्यधिक त्वरा से लिखने वाले लेखक थे और अपनी नसेड़ी आदतों के बावजूद उनके बारे में कहावत बन गयी थी कि यदि उनके सिरहाने रात को एक दस्ता कागज रख दिये जाए तो वे सबके सब सुबह लिखकर भरे हुए पाये जाएँगे। गिन्सबर्ग और बीटपीढ़ी के साहित्यकारों के प्रभावों के बावजूद वे विलियम बरोज के नेकेडलंच आदि उपन्यासों की तरह भाषा-शिल्प में अत्यधिक प्रयोगात्मक और ऐबसर्ड-से प्रतीत होने वाले नहीं है। उनका उपन्यास 'मछली मरी हुई' शायद इनका सबसे महत्त्वपूर्ण उपन्यास है जिसमें यौन समस्याओं का मनोवैज्ञानिक विश्लेषण है।

मनोहर श्याम जोशी (1933-2006)

मनोहर श्याम जोशी ने उपन्यास लिखना बहुत देर से शुरू किया था किन्तु उनके पहले ही उपन्यास 'कुरु कुरु स्वाहा' (1980) ने हिन्दी उपन्यास में प्राय: दो दशकों से व्याप्त यदि जड़ता नहीं, तो एकरसता को एक धमाके के साथ न केवल ध्वस्त कर दिया, बल्कि उसके शिल्प, भाषा और कथा-दिशा में एक नया द्वार खोल दिया। इस उपन्यास ने हिन्दी पाठक वर्ग को इस तरह झकझोर दिया कि हिन्दी उपन्यास जो अब तक उन्नीसवीं सदी के अँग्रेज़ी उपन्यासों के आसपास ही मँडरा रहा था, सहसा छलाँग लगाकर इक्कीसवीं सदी में पहुँचता दिखाई देने लगा। यहाँ तक कि समीक्षकों की समझ में नहीं आ रहा था कि इस उपन्यास

का विश्लेषण किस प्रकार किया जाय?

दरअसल बीसवीं सदी के अन्तिम दशकों में स्वयं पश्चिम के उपन्यासों में भी एक जड़ता सी व्याप्त हो गयी थी। उसने सबसे पहले तो इंग्लैंड की महान परम्परा (द ग्रेट ट्रेडीशन-एफ. आर. लीविस) को एक मीडिआकर परम्परा में तब्दील कर दिया था। फिर उपन्यास का केन्द्र (काफका, टॉमसमान, मार्शल प्रूस्त आदि) इंग्लैंड से खिसककर जर्मनी (काफका, मार्शल प्रूस्तथॉमसनमान तथा फ्लावेयर आदि) और फ्रांस में पहुँचा और उन्नीसवीं सदी का अन्त होते-होते रूस में (तुर्गनेव, दॉस्तोवस्की तथा टॉलस्टॉय आदि) आ गया। फिर अमेरिका में जाकर कुछ वर्षों तक फॉकनर हेंग्मिवे आदि पर टिका रहा और बीसवीं सदी समाप्त होते-होते तीसरी दुनिया के लैटिन अमेरिकी देशों में प्रायः अपना कायाकल्प करता हुआ बोर्खेस और मार्खेज आदि के देशों में एक नया जादुई यथार्थ रचने लगा था।

मनोहर श्याम जोशी के 'कुरु-कुरु स्वाहा' में बहुत कुछ इस जादुई यथार्थवाली नयी खोज से ही ग्रहण किया गया है। देखने की जरूरत है कि इस 'कुरु-कुरु स्वाहा' में ऐसा क्या था? स्वयं मनोहर श्याम जोशी ने इस उपन्यास को एक बहुमंजिली इमारत वाला उपन्यास कहा।

बम्बई को केन्द्र में रखकर पहले वे इसी कथा का कोलाज सा बनाते हैं। चूँकि वे अपने चरित्रों के सहज, बोलने-बतियाने के मैनरिज्म को बड़ी बारीकी से पकड़ते हैं, इसलिए एक दृष्टि में उनका यह उपन्यास जिन्दगी का कैरिकेचर सा लगता है—यहाँ वे अपने एक गुरु अमृतलाल स्तर के अधिक निकट लगते हैं जो अपने बाद के उपन्यास में गम्भीरता लाने की कोशिश में भक्तिकाल में चले जाते हैं। 'सेठ बाँकेमल' जैसे उपन्यासों में वे स्थानीय प्रचलित भाषा को यथावत प्रस्तुत करते हैं। मनोहर श्याम जोशी भी अपने पात्रों के जीवन में ऐसा ही कुछ करते रहे हैं और बम्बई के विभिन्न वर्गों के जीवन को उन्होंने उसी तरह प्रस्तुत किया है, लेकिन 'कुरु-कुरु स्वाहा' में उन्होंने अमृतलाल नागर के अतिरिक्त आचार्य हजारी प्रसाद द्विवेदी को अपना दूसरा कथागुरु मानने के प्रभाव के कारण कुछ सांस्कृतिक विश्लेषण भी किया है (जो उनके अगले उपन्यास 'कसप' में अधिक प्रभावी होकर उभरता है।)। 'कुरु-कुरु...' में वे उसके बाद जादुई यथार्थ की छौंक लगाने के लिए भारतीय परम्परा को चुनते हैं जिसमें नैतिक चरित्रहीनता को गौरवान्वित तो नहीं किया जाता, पर प्रायः उसे हास्य-व्यंग्य उपादान ही बना दिया गया है। पर वहाँ भी वे एक रहस्याकृत वातावरण ही रचते हैं।

इस प्रकार हिन्दी उपन्यास में उन्होंने जो चमत्कारिक परिवर्तन उपस्थित किया, वह काफी मसालों के मिश्रण के साथ बम्बइया भेलपुरी जैसा ही बनाया

गया है।

जीवन की वास्तविकता जब हमारे समय से बाहर चली जाती है तो हम या तो उसे तंजिया अन्दाज में बयान करते हैं या उसे रहस्यावृत्त कर देते हैं। मनोहर श्याम जोशी ये दोनों काम बड़ी सफलता से सम्पन्न करते हैं। वे मूलत: शैलीकार हैं और अपने हर नये उपन्यास में एक नयी शैली रचते हैं जो सतह पर तो सच के निकट पहुँची लगती है किन्तु अपनी किमियागिरी में वह सच से दूर बहुत दूर चली जाती है। दरअसल शताब्दी के अन्तिम दशकों का हिन्दी उपन्यास शैली और शिल्प की तलाश करता ही अधिक लगता है।

ऊपर हम बता आये हैं कि मनोहर श्याम जोशी अपने इस उपन्यास को 'तिमंजिले शिल्प' का उपन्यास कहते हैं। आखिर यहाँ 'तिमंजिला शिल्प है क्या? यह उपन्यास पत्रकारिता के स्तर पर भी चलता है और उसकी प्रविधि फिल्म की प्रविधि को भी बीच-बीच में अपनाती चलती है और उनकी वर्णनात्मकता तथा चित्रांकन 'मिथकीय' रूप भी ग्रहण करता है। जैसे 'कुरु-कुरु स्वाहा' की नायिका को इस रूप में प्रस्तुत किया है कि मानो वह है भी और नहीं भी है। वह छाया प्रक्रिया और मृगमरीचिका की तरह कभी पूर्णत: पकड़ में नहीं आती। वैसे पूरे उपन्यास में वह आमनीप्रजेंट है। वह अचानक कहीं भी कभी भी प्रकट हो सकती है और लुप्त हो सकती है। आचार्य हजारी प्रसाद द्विवेदी की 'सिद्धयोगिनियों या मैरवियो' की तरह। यद्यपि उनकी तरह वह 'गगनचारी' नहीं है। किन्तु उसका प्रकट होना और लुप्त हो जाना प्राय: उन्हीं की तरह है—एक सर्वथा भिन्न परिवेश और लिबास में लिपटा हुआ है। उपन्यास के अन्त में भी उसे जहाँ होना होता है, वहीं वह नहीं होती है। वह प्रारम्भ से ही एक 'इन्द्रजाल' रचती है। वह महानगर (बम्बई) में एक मामूली 'कॉलर्गल' भी है और उसे सामान्य दलाल से होकर अभिजात्य कुलीन पुरुष तक जानते हैं। उसमें एक मृतप्राय क्रान्तिकारी के लिए अपार सहानुभूति ही नहीं, अपार उपासना भाव भी है। वह द्विवेदी जी की 'दैविक गुणों से युक्त' स्वैरिणी तथा 'दुराचारिणी' भी है। वह आधी मन्त्र में है (कुरु-कुरु स्वाहा), आधी पछाड़ खाती समुद्री लहरों के तटवर्ती चट्टानों के पीछे। वह सम्भोग लिप्त अपने 'शय्यापुरुष' की असमर्थता पर खिलखिलाती उससे अधिकाधिक स्नेह व्यक्त करती हुई अपार करुणायुक्त स्त्री भी है।

उपन्यास का ईश्वर (लेखक) इन विभिन्न विधियों के साथ 'रचना लीला' करता हुआ उसी के शब्दों में एक 'प्लॉटलेस' उपन्यास रचता है जिसमें चरित्र तो अनेक हैं, किन्तु 'प्लाट' गायब है। 'मिथक' तथा 'प्लॉट' शायद विरोधी शब्द भी हैं। द्विवेदी जी का 'चारुचन्द्र लेख' भी, शायद एक 'प्लॉटलेस' उपन्यास है—

नामवर जी ने उसे सम्भवतः इसीलिए 'एंटीनॉवेल' कहा है। मनोहर श्याम जोशी की परम्परा एक दूसरी दृष्टि से (प्रविधियों के मिश्रण की दृष्टि से) शायद 'शेखर' से ही शुरू हो गयी थी, किन्तु शेखर 'आत्मविभाजित' का उपन्यास नहीं है (जैसा कि कुछ समीक्षक मानते हैं।)। 'कुरु-कुरु स्वाहा' का 'तिमंजिला' नायक 'आत्मविभाजित' व्यक्ति लग सकता है। अपने आत्मविश्लेषण में भी वह छदम विश्वासों का शिकार लगता है लेकिन लेखक की रचनात्मक मिथकीय चेतना उसे एक मोजेक बनाकर भी एक प्रस्तर (पलस्तर) के द्वारा अखंडित रखती है। इसका 'भटकाव' गर्व नहीं है किन्तु गैर जरूरी भी नहीं है। मनोहर श्याम जोशी के चरित्र अत्यन्त आत्मसजग (सेल्फ) व्यक्ति हैं। अत्यन्त आत्मसजगता एक सीमा के बाद एक रुग्ण मनोवृत्ति बन जाती है। अतः लेखक अपनी ओर से उनके क्रियाकलापों को 'रेशनलाइज' करने लगता है। अतः मैं उसे रुग्णमनोवृत्ति ही कहूँगा जो अत्यधिक आधुनिकता की देन है। बौद्धिक स्तर पर प्रत्येक कृत्य का जस्टीफिकेशन भी रेशनलाइजेशन ही है। आज की राजनीति इसका सबसे कुत्सित उदाहरण पेश करती है।

'कसप' 'नदी के द्वीप' के बाद हिन्दी का दूसरा उपन्यास है जिसे पूर्णतः आधुनिक प्रेम उपन्यास कहा जा सकता है। लेकिन इन दोनों उपन्यासों में जो दूरी है उसे नज़रअन्दाज नहीं किया जा सकता। प्रेम उपन्यासों की परम्परा हिन्दी उपन्यास के विकास को समझने की दृष्टि से महत्त्वपूर्ण है। इन दोनों उपन्यासों में जो अन्तर है वहीं 'कसप' के सन्दर्भ में 'नदी के द्वीप' की स्मृति जगाता है।

इन दोनों उपन्यासों ने एक विशेष प्रकार के औपन्यासिक गद्य (अपने-अपने ढंग से) का निर्माण किया है। अतः यह प्रेम ही नहीं, प्रेम की भाषा भी है जो पाठकों की अलग-अलग पीढ़ियों को अलग-अलग ढंग से आप्लावित करती रही है। 'नदी के द्वीप' का गद्य एक अत्यन्त नोक पलक दुरुस्त स्थितियों के सटीक चित्रण का गद्य है। किन्तु उसमें उद्धृत काव्य पंक्तियाँ उसे हिन्दी की गोल्डन ट्रेजडी बना देती हैं, जिनमें गहन शारीरिकता और यौनउत्ताप है। 'नदी के द्वीप' में प्रेम की प्रौढ़ता है किन्तु उसके भीतर एक शिशु तथा मैनफ्राइडे भी है जो अपने निजी लोक में नितान्त अकेला है।

'कसप' इस मामले में भिन्न प्रकृति का उपन्यास है जिसकी भाषा गढ़ी हुई न होकर लोकजीवन और प्रारम्भ में एक जनपदीय भाषा है जो इस रूप में प्रेम का एकान्त या प्रेम के उपयुक्त 'एकान्त' नहीं रहने देती। लेखक उसे ऐलानिया नायक-नायिका वाली प्रेम-कहानी कहता है लेकिन लोक-जीवन से जुड़ा इसका सामाजिक पक्ष इसे महज प्रेम-कहानी नहीं रहने देता। इस तरह केवल भाषा के स्तर पर ही नहीं, सम्बन्धों के स्तर पर भी 'कसप' पूर्व के प्रेम-उपन्यासों से भिन्न है।

लेकिन लेखक का आग्रह है कि इसे सामान्य प्रेम कहानी से भिन्न न माना जाय। उपन्यास की शुरुआत भी वह नैनीताल के पहाड़ी परिवेश (प्रेम के लिए आदर्श स्थान) से कराता है जहाँ नायक-नायिका एक विवाहोत्सव में पहली बार मिलते हैं और सभी जानते हैं कि ऐसे अवसर प्रेम के 'बीजवपन' के लिए सर्वथा उपयुक्त होते हैं। लेकिन अपनी घोषणा के बावजूद लेखक ध्यान रखता है कि यह प्रेम प्रचलित प्रेम-पद्धति से न पनपे और उसकी यह अक्लमन्दी पूरे उपन्यास में बरकरार रहे कि वह कुछ नया करने जा रहा है। यह पहले ही कह देना चाहिए कि उपन्यास इस प्रकार की सतर्क योजनाओं के साथ लिखा गया है।

'प्रचलन' से पृथक जाने का एक तरीका तो यह अपनाया गया है कि नायक-नायिका की पहली मुलाकात किसी फुलवाड़ी या उपवन में नहीं होती, बल्कि एक बेहद अटपटी जगह 'शौचालय' में होती है। यह रसाभास भी जानबूझकर है। वैसे भी विकृति का इस उपन्यास में विशेष स्थान है। भदेस से परहेज न करने का प्रण ही इस विकृति का मूल कारण है या उपन्यासकार की प्रकृति से, यह कहना मुश्किल है क्योंकि मनोहर श्याम जोशी के उपन्यासों में यह प्रवृत्ति क्रमशः बढ़ती गयी है और 'हमजाद' में अपनी चरम सीमा पर पहुँच गयी है। भदेस और रोमानियत का उपन्यास में अद्‌भुत समन्वय है। इस भदेसी मुलाकात वे अलग दूसरी मुलाकात यहाँ-वहाँ पर होती है। एक ऐसी ही मुलाकात में चाय छलक जाती है और नायिका के पैर का अँगूठा जल जाता है, हाथ की उँगली नहीं। और वहाँ निकल आता है एक नन्हा सा फफोला। यहाँ अद्‌भुत रोमानी दृश्य है। फफोले को जीभ से छूकर जलन शान्त करने के लिए नायक नायिका के पैरों पर झुका हुआ है। यह दृश्य दर्शनीय और स्मरणीय है। कुछ होने की प्रतीक्षा में प्रफुल्ल चेहरा, हँसता हुआ खुला मुँह, चकित किन्तु उपकृत चित्त बिना आग की धौंकनी से श्वासाहत उठते-गिरते उरोज़, साड़ी के उठ जाने से अधनंगी गोरी टांगें और नायक सोचता है, यह नन्हा सा फफोला मेरा दिया हुआ है, मेरा है।

ऐसे चटपटे दृश्य उपन्यास में अनेक हैं। उसकी बुनावट उन्हीं के तन्तुओं से हुई है। यह समिश्रण उपन्यास के अनुरूप उपन्यास में पर्याप्त पठनीयता पैदा करता है। सिनेमाई अन्दाज में घोषित रूप से शुरू होकर अन्त तक छाया रहता है। अगर वह प्रारम्भ होता है वृहदारण्यक उपनिषद के एक श्लोक से, तो उसकी भाषा चुस्त-दुरुस्त अमेरीकी जुमलों का भी कम इस्तेमाल नहीं करती। इसी प्रकार कब वह बंगाली उपन्यासों की भावुकता से रंग जाएगी और कब आचार्य हजारी प्रसाद द्विवेदी के ललित गप्प से, यह कह पाना मुश्किल है। उसकी कथा भी कहीं औघड़ कादम्बरी है तो बाकायदे मुकम्मिल फिल्मी सिनेरियो भी। उसकी

नायिका भी यदि पहली नजर में विदेशी अभिनेत्री जीन सिप्यंस का क्रमापुनी संस्करण लगेगी तो अपने हाव भाव और अल्हड़, चपल और मासूमियत, उद्दंडता में केदारशर्मा की फिल्म 'सुहागरात' और 'बावरे नैन' की गीताबाली। उपन्यास में जगह-जगह गीताबाली का जिक्र भी किया गया है। इस प्रकार पहाड़ी परिवेश की यह कहानी बम्बई और अमेरिका तक घूम आती है। उसका प्रेम हिन्दी फिल्म 'कादम्बरी' की शान्ताआप्टे वाला है किन्तु द्विवेदी जी की बाणभट्ट वाली नायिका का नहीं। कहानी यदि भारतीय पुराकथाओं के करीब आती भी है तो अनेक बंगाली उपन्यास लेखिका मैत्रेयी देवी के उपन्यास 'नह्यते' का स्मरण भी हो सकता है जो ऐसे ही एक श्लोक से आरम्भ होकर पुराकथाओं को सन्दर्भित करता हुआ एक बंगाली युवती और एक विदेशी युवक की असफल प्रेम-कथा व्यक्त करता है। उसमें भी वर्षों बाद बुढ़ापे में उनका क्षणिक पुनर्मिलन होता है।

महेन्द्र भल्ला (1933)

महेन्द्र भल्ला उन वरिष्ठ साठोत्तरी कथाकारों में है जिन्होंने हिन्दी कहानी और उपन्यास को एक सर्वथा नयी भाषा दी। उनकी प्रारम्भिक लम्बी कहानी 'एक पति के नोट्स' जो बाद में एक लघुउपन्यास के रूप में प्रकाशित हुई, उनकी सर्वश्रेष्ठ औपन्यासिक कृति है। उसमें स्त्रियों के प्रति एक लम्पट किस्म का यौन आकर्षण, उनसे सहवास की एक उद्दाम लालसा और अन्ततः लालसा और लिप्सा की निरर्थकता को बड़ी बारीकी से चित्रित किया गया है। उसकी भाषा इतनी ताजी और सटीक विशेषणों से भरी हुई है, जैसी हिन्दी कथा-भाषा में कभी देखी न गयी, जैसे—'गर्म कॉफी पेट में धीरे धीरे बन्द मुट्ठी की तरह खुलने लगी।' और यौन-चित्रण का आलम यह है कि जब नायक अपनी पत्नी के यौन सम्बन्धों की एकरसता से विरत होकर पड़ोसी की पत्नी से यौन-सम्बन्ध बनाने की कोशिश करता है तो उसकी योनि उसे आँखों के किनारों की लालिमा जैसी दीखती है। जैसे वह एक खुली हुई आँख का गह्वर हो। यह पूरा दृश्य ही उसे गहरी वितृष्णा से भर देता है। उपन्यास के अन्त में वह न केवल यौन सम्बन्धों की निरर्थकता का बोध कराता है, बल्कि मात्र देह-सम्बन्धों की 'फ्यूटिलिटी' का भी एक ऐसा अन्तर्बोध देता है जिससे एक दूसरे स्तर पर उससे जीवन के प्रति एक नयी अन्तर्दृष्टि प्राप्त होती है।

लेकिन महेन्द्र भल्ला अपने अगले प्रयासों में इस अन्तर्दृष्टि का कोई उपयोग न करके रंगभेद इत्यादि के ऐसे मसलों में उलझ जाते हैं जिनके विशेषण के लिए एक अलग प्रकार की समाजशास्त्रीय दृष्टि चाहिए जो उनमें नहीं है। मसलन अपने अगले उपन्यास 'दूसरी तरफ' यानी भारत के बाहर संसार के दूसरे देशों में मूलतः

लन्दन में वे गोरे लोगों द्वारा भारतीयों या काले लोगों के प्रति जो भेदभाव और प्राय: हिंसक प्रवृत्ति देखते हैं, उसका चित्रण करके उसे विश्लेषित भी करते हैं जो न केवल एकांगी और अधूरा है, बल्कि महज अपने अनुभवों पर आधारित पूर्वग्रह ग्रस्त चित्रण है जो उपन्यास को कुछ उबाऊ और बोझिल भी बना देता है। महेन्द्र भल्ला की यही पूर्वग्रह ग्रस्त और संकीर्ण दृष्टि उन्हें हिन्दी साहित्य के प्रति भी पूर्वग्रह ग्रस्त और कुछ-कुछ हिन्दी साहित्य के बारे में उनके अज्ञान को भी प्रदर्शित करती है। 'उड़ने से पेश्तर' एक बेहतर उपन्यास है उसमें लंदन प्रवास के एक दूसरे पक्ष का खूबसूरती और दिलचस्प तरीके से चित्रण किया गया है। उपन्यास का शीर्षक 'उड़ने से पेशतर' ग़ालिब के शेर की उस पंक्ति पर आधारित है जो कुछ इस प्रकार है, ''उड़ने से पेश्तर भी, मेरा रंग ज़र्द था।''

महेन्द्र भल्ला ने 'एक पति के नोट्स' (1967) 'दूसरी तरफ' (1976) 'उड़ने से पेश्तर' और 'दो देश' और 'तीसरी उदासी' (1997) ये चार उपन्यास लिखे हैं।

रवीन्द्र वर्मा (1936)

महेन्द्र भल्ला के ही समकालीन कथाकार रवीन्द्र वर्मा ने प्राय: आधा दर्जन से अधिक उपन्यास लिखे हैं: 'किस्सा सिर्फ तोता' (1977), 'गाथा शेख चिल्ली' (1981), 'जवाहर नगर' (1995), 'पत्थर ऊपर पानी' (2000), 'मैं अपनी झाँसी नहीं दूँगा' (2004), 'दस बरस का भंवर (2008) तथा 'पचास वर्ष का बेकार आदमी' (2010)। रवीन्द्र वर्मा मूलत: प्रयोगधर्मी उपन्यासकार हैं। उनके पहले उपन्यास 'गाथा शेखचिल्ली' और 'माँ और अश्वस्थामा' के शीर्षक ही इस प्रयोगधर्मिता के प्रमाण हैं। 'माँ और अश्वस्थामा' में पौराणिक अश्वस्थामा का इस्तेमाल आज के सन्दर्भ में प्रतीक रूप में ही किया गया है। पौराणिक अश्वस्थामा जिस तरह अन्यायपूर्ण ढंग से पांडवों द्वारा पिता की हत्या और कौरवों के पराजय से व्यथित तथा विक्षिप्त होकर पांडवों के शिविर में आग लगाकर उनके नवजात शिशुओं की हत्या कर देता है, वैसे ही आज का एक शिक्षित नौकरीपेशा किन्तु अत्यन्त महत्त्वाकांक्षी युवक अपनी कम्पनी के मालिकों का साथ देकर अपने एक सहयोगी की हत्या के षड्यन्त्र में सम्मिलित हो जाता है। किन्तु पौराणिक अश्वस्थामा के साथ आज के इस युवक की समानता दिखलानेवाली 'ऐनेलॉजी' बहुत सटीक नहीं है। अत: उपन्यास में प्रयोगधर्मिता का आग्रह अधिक है प्रमाणिकता कम। इसी तरह उनके 'जवाहरनगर', 'निन्यानवे' और 'पत्थर (पाथर) ऊपर पानी' आदि उपन्यासों में नगर-केन्द्रित पद्धति में उत्तरोत्तर बढ़ती अमानवीयता को कई पहलुओं से चित्रित किया गया है। 'दस बरस का भँवर' और 'मैं अपनी

झाँसी नहीं दूँगा'। आदि उपन्यासों से लेखक अपने शहर झाँसी को केन्द्र बनाकर और वहाँ के किले को आजादी की पहली लड़ाई का प्रतीक मानकर कथा को इतिहास और वर्तमान के बीच भ्रमण कराता रहता है। ऐसा लगता है कि इन उपन्यासों में कुछ पुराने दस्तावेजों का उपयोग कर कथा में ढाला गया है, कहीं इसमें सफलता मिली है और कहीं नहीं। पर कुल मिलाकर ये उपन्यास पठनीय हैं।

रवीन्द्र वर्मा की दिक्कत यह है कि उनके पास भी अपनी कथा-भाषा का अभाव है जिसकी पूर्ति वे तरह-तरह के प्रयोगधर्मी खिलंदड़े, शब्द प्रयोगों और चुस्त (स्मार्ट) मुहावरों के द्वारा करने का प्रयास करते हैं। इस प्रयास में उनकी कथा-भाषा प्राय: कृत्रिम और गढ़ी हुई प्रतीत होने लगती है। कहीं वे फंतासी रचने की कोशिश करते हैं और कहीं अपने नितान्त निजी और गोपनीय प्रसंगों का उल्लेख कर अपनी बोल्डनेस का दिखावा करते दिखाई पड़ते हैं। इस प्रयास में अपनी इन तमाम व्यंग्यात्मक तथा हँसोड़ किस्म की वक्रोक्तियों के बावजूद उनकी भाषा ही नहीं, गढ़े हुए प्रसंग भी निर्जीव और निष्प्राण ही बने रहते हैं।

किन्तु वे अत्यन्त परिश्रमी तथा अपने मोर्चे पर डटे रहने वाले उपन्यासकार हैं। इस मामले में उनकी तुलना वयोवृद्ध उपन्यासकार कृष्ण बलदेव वैद से की जा सकती है जो लगातार अपने प्राय: दर्जनभर उपन्यासों की असफलता के बावजूद लगभग 85 वर्ष की आयु में भी रचनारत हैं। सम्भवत: रवीन्द्र वर्मा भी जिस दिन अपनी स्वाभाविक अभिव्यक्ति पद्धति प्राप्त कर लें उस दिन किसी महत्त्वपूर्ण उपन्यास की रचना करने में सफल हो जाएँ। किन्तु उनके पास अनुभवों और आज की व्यापक जानकारियों का अभाव दीखता है इसीलिए उनके उपन्यास एक अपेक्षाकृत छोटे दायरे की घेरेबन्दी में कैद उसी सीमा में तरह-तरह की युक्तियों और तरकीबों को तलाशते हुए चक्कर लगाते रहते हैं।

गिरिराज किशोर (1936)

रवीन्द्र वर्मा की तरह ही गिरिराज किशोर साठोत्तरी पीढ़ी के कथाकार हैं किन्तु उनकी भाषा, भावबोध और विषयवस्तु सभी साठोत्तरी पीढ़ी के कथाकारों से बिल्कुल अलग है और वे अपनी पूर्ववर्ती पीढ़ी के उपन्यासकारों से अधिक जुड़े हुए लगते हैं, मसलन भगवती चरण वर्मा आदि से। वे पक्के किस्सागो हैं। भाषा और शिल्प के मामले में वे बिलकुल प्रयोगधर्मी नहीं हैं और वे आम फहम सहज भाषा का ही इस्तेमाल करते हैं। उन्होंने प्राय: डेढ़ दर्जन उपन्यास लिखे हैं जिनमें कई पर्याप्त चर्चित हुए हैं। उनका पहला उपन्यास 'लोग' (1966) था जिसे हिन्दी में काफी सराहा गया था। लेकिन उनका सर्वाधिक महत्वपूर्ण उपन्यास 'जुगलबन्दी'

(1973) है जिसमें अवध के जमींदारों-ताल्लुकेदारों और अँग्रेज़ों के बीच के सम्बन्धों का विस्तार से चित्रण हुआ है। साथ ही तत्कालीन राजनीति का भी व्यापक चित्रण किया गया है। उपन्यास के अन्त में उसके नायक और अँग्रेज़ों के वफादार जमींदार अँग्रेज़ों की दोमुँही नीति से दुखी होकर आत्महत्या कर लेते हैं। विस्तृत फलक पर लिखा गया यह उपन्यास किस्सागोई का भी श्रेष्ठ उदाहरण है।

इसके बाद 'परिशिष्ट' (1984) उनका दूसरा महत्त्वपूर्ण उपन्यास है जो सम्भवत: स्वयं अपने अनुभवों पर आधारित है। आई.आई.टी. जैसी तकनीकी शिक्षा देनेवाली विशिष्ट संस्थाएँ मानी जाती हैं किन्तु उनका अंदरूनी वातावरण कितना अमानवीय, क्रूर तथा यातनाप्रद होता है, इसी का एक अत्यन्त प्रामाणिक चित्रण इस उपन्यास में प्रस्तुत किया गया है। यहाँ आने वाले अधिकांश विद्यार्थी मानो स्वयं तकनीकी यन्त्रों में परिवर्तित हो जाते हैं। उनमें अपने को उच्चतर समझनेवाली भावना तो आ ही जाती है। इसके अलावा चूँकि यहाँ अधिकतर अभिजात वर्ग से आनेवाले विद्यार्थी होते हैं, उनमें निम्नस्तरों और निम्नवर्ग की जातियों (मुख्यत:) के विद्यार्थियों के प्रति घोर घृणा होती है, उन्हें तरह-तरह की यन्त्रणाएँ दी जाती हैं और ऐसा केवल विद्यार्थी ही नहीं, उनके प्राध्यापक और अधिकारी भी करते हैं। इसलिए यह महज संयोग नहीं है कि आई.आई.टी. के छात्रों द्वारा आत्महत्याएँ करने की घटनाएँ आये दिन अखबारों में पढ़ने को मिलती हैं। इन अभिजात अहं से चूर विद्यार्थियों में राष्ट्रभाषा हिन्दी के प्रति भी घोर घृणा होती है।

इन्हीं सबको समेटकर उपन्यास की कथा बुनी गयी है और लेखक को पर्याप्त सफलता मिलती है। अन्त में 'परिशिष्ट' के रूप में ही शायद अनुकूल नाम के विद्यार्थी द्वारा विद्रोह स्वर उठाया गया है, और एक नये अभियान का आरम्भ किया गया है। किन्तु इन सबसे आज भी आई.आई.टी. जैसी संस्थाओं के वातावरण और मानसिकता में कोई अन्तर आया हो, यह भी नहीं लगता क्योंकि प्राय: इन संस्थाओं से आत्महत्या करने या विक्षिप्त मानसिकता से ग्रस्त हो जानेवाले विद्यार्थियों के बारे में खबरें छपती रहती हैं।

योगेश गुप्त (1931-2006)

योगेश गुप्त ने निम्न मध्यम वर्ग को अपने उपन्यासों का विषय बनाया है और उसे बड़े कारुणिक ढंग से प्रस्तुत किया है। उनका सबसे उल्लेखनीय उपन्यास 'उसका फैसला' (1977) है। 'उसका फैसला' की सरिता आर्थिक तंगी और पति के असहिष्णु स्वभाव से त्रस्त होकर आत्महत्या कर लेती है। आर्थिक तंगी किस प्रकार व्यक्ति को कुंठित और सिनिकल बना देती है, योगेश गुप्त के उपन्यास

मुख्य रूप से इसी को अपने उपन्यासों का केन्द्र बनाते हैं। उनके अन्य उपन्यास 'अकारण' (1980), 'उपसंहार' (1980) आदि भी इन्हीं विषयों पर आधारित हैं। उनके उपन्यासों का फलक अधिक व्यापक नहीं है और दृष्टि भी सीमित है। पर उन्हें प्रस्तुत करने का अन्दाज बहुत विश्वसनीय और अनोखा है।

दूधनाथ सिंह (1936)

साठोत्तरी कहानी के महत्त्वपूर्ण कहानीकार। इन्होंने दो उपन्यास लिखे हैं 'नमो अन्धकारम' और 'आखिरी कलाम'। पहले उपन्यास में कुछ व्यक्तिगत तथा निजी सम्बन्धों पर तीखी और मारक टिप्पणियाँ हैं। दूसरा उपन्यास 'आखिरी कलाम' इस दौर का महत्त्वपूर्ण और महत्त्वाकांक्षा पूर्ण उपन्यास है। इसमें 'बाबरी मसजिद' का विध्वंस और गोधराकांड को संयुक्त करके उनका विश्लेषण किया गया है। एक सिनीकल से किन्तु अत्यन्त ऊँचे पाये के वृद्ध दार्शनिक प्रोफेसर इसके प्रमुख पात्र हैं जो बाबरी मसज़िद के विध्वंस के बाद अपने एक शिष्य के साथ अयोध्या का दौरा करने जाते हैं जहाँ बाबरी मसजिद का विध्वंस करने वाली उन्मत्त और उन्मादग्रस्त भीड़ उन्हें भी कुचल देती है। एक वर्ग विशेष के सम्प्रदाय वाली भीड़ किस तरह से उन्मादग्रस्त होकर पैशाचिक और पाशविक कृत्य करती है, इसे विशद तथा सूक्ष्म ब्योरों के साथ उपन्यास में वर्णित किया गया है। बाद में यही पागल भीड़ जब एक ट्रेन से लौटती हुई रास्ते में पड़ने वाले गाँवों को भी लगभग उजाड़ती हुई गोधरा पहुँचती है, तो उनके उत्पात से उग्र होकर गाँवों के लोग कैसे ट्रेन को आगे बढ़ने से रोक देते हैं, इसका भी उपन्यास के उत्तरार्द्ध में व्यापक विवरण है यानी गोधरा में जो कुछ भी हुआ वह ट्रेन के पागलखाने में बैठे उन्हीं विक्षप्त प्राणियों की अपनी करनी का परिणाम था, न कि दूसरे सम्प्रदाय के लोगों द्वारा प्रतिशोध का। उपन्यास में यह सब एक ऐतिहासिक दस्तावेज की तरह प्रस्तुत किया गया है। एक तात्कालिक घटना को एक रचनात्मक दस्तावेज के रूप में प्रस्तुत करने वाला यह उपन्यास कई ऐसे उपन्यासों की शुरुआत करता है जो बाद के वर्षों में लिखे गये।

रमेश चन्द्र शाह (1937)

रमेश चन्द्र शाह ने पाँच उपन्यास लिखे हैं। 'गोबर गणेश' (1978), 'किस्सा गुलाम' (1986), 'पूर्वापर' (1990), 'आखिरी दिन' (1992) और 'पुनर्वास'

(1995)। इन सभी उपन्यासों में केवल 'गोबर गणेश' ही कुछ उल्लेखनीय उपन्यास है। बाकी उपन्यास प्रभावहीन और कृत्रिम हैं। 'गोबर गणेश' शीर्षक शायद दास्तोवस्की के विख्यात उपन्यास 'द इडीयट' से प्रभावित होकर रखा गया है। यह प्राय: आत्मकथात्मक प्रेमकथा है जिसमें निर्धन नायक और धनवान तथा समर्थ नायिका का पिता दोनों के बीच दीवार बन जाता है। यह एक नजर में हिन्दी फिल्मों की उन अगणित प्रेम कथाओं का उल्था लग सकता है जिसे किंचित 'बौद्धिक' बनाकर प्रस्तुत किया गया है। उपन्यास में अनुसंगी कथा के रूप में एक बेकार और गरीब पात्र जगन काका की कहानी भी चलती रहती है।

गोविन्द मिश्र (1939)

गोविन्द मिश्र ने अनेक उपन्यास लिखे हैं जिनके नाम हैं 'वह अपना चेहरा' (1970), 'उतरती हुई धूप' (1971), 'लाल पीली जमीन' (1976), 'हुजूर दरबार' (1981), 'तुम्हारी रोशनी में' (1983), 'धीर सभी' (1988), 'पाँच आँगनोंवाला घर' (1995), 'फूल, इमारतें और बन्दर' (2000), 'कुहरे में कैद रंग' (2004), 'धूल पौंधो पर' (2008)।

गोविन्द मिश्र परिश्रमी उपन्यासकार हैं। वे प्राय: अपने अनुभवों को ही अपने उपन्यासों में ढालने की कोशिश करते हैं। कभी इसमें अपेक्षाकृत सफल होते हैं और कभी असफल। उनकी अपनी कोई कथा-भाषा नहीं है और न कोई विशेष शिल्प उनके पास है। वे सबकुछ तथ्यात्मक ढंग से ही लिखते हैं। किन्तु उनकी विशेषता यह है कि जैसे-जैसे उनके अनुभवों का दायरा विस्तृत होता गया है, वे उसी क्रम में अनुसरण करते हुए अपने उपन्यासों का दायरा भी विस्तृत करते गये हैं। यह 'वह अपना चेहरा' से लेकर 'फूल, इमारतें और बन्दर' तक में देखा जा सकता है।

मणि मधुकर (1942-1995)

मणि मधुकर ने तीन उपन्यास लिखे थे, 'सफेद मेमने' (1977), 'पत्तों की विरादरी' (1979) और 'पिंजरे में पन्ना' (1981)। किन्तु उनका पहला उपन्यास 'सफेद मेमने' ही उल्लेखनीय है। 'सफेद मेमने' आँचलिक परिवेश के परिप्रेक्ष्य में लिखा गया आधुनिक उपन्यास है। धूसर, उजाड़, अन्तहीन रेतीले रेगिस्तान के बीच एक गाँव में फँसे कुछ आधुनिक युवक। इनके माध्यम से लेखक ने आधुनिक बोध की सभी विशेषताओं और मन:स्थितियों को इस उपन्यास में पिरो दिया है। वे ऊबे हुए भयभीत लोग हैं जिन्हें तरह-तरह के विभ्रम होते रहते

हैं। लेखक ने रेत, रेगिस्तान और वहाँ की मनहूस ध्वनियों को प्राय: आज के जीवन के प्रतीक के रूप में प्रस्तुत किया है। बाकी दोनों उपन्यास अत्यन्त सामान्य हैं।

पंकज बिष्ट

पंकज बिष्ट ने यद्यपि अभी तक केवल दो उपन्यास, 'लेकिन दरवाजा' (1982) और 'उस चिड़िया का नाम' (1989) लिखा है। लेकिन ये दोनों उपन्यास ही अपने दौर के अत्यन्त चर्चित उपन्यास रहे हैं। 'लेकिन दरवाजा' और 'उस चिड़िया का नाम' दोनों सर्वथा विपरीत परिवेश के उपन्यास हैं। 'लेकिन दरवाजा' अत्यन्त आधुनिक परिवेश का उपन्यास है, बल्कि वह आधुनिक परिवेश का चित्रण करने के लिए ही लिखा गया है। यह मुख्यत: दिल्ली के सांस्कृतिक परिवेश को चित्रित करता है। उसमें व्याप्त, निराशा, हताशा, डीजेनरेशन और फ्रस्ट्रेशन को। अधिक महत्त्वाकांक्षी व्यक्ति अकसर फ्रस्ट्रेशन का शिकार होता है, खासतौर पर तब जब उसमें उस महत्वाकांक्षा के लक्ष्य तक पहुँचाने वाली क्षमता, अनुशासन और धीरज का अभाव हो। इस उपन्यास का मुख्य पात्र ऐसा ही युवक है। एक बात और कि फ्रस्ट्रेशन से ग्रस्त लोग कभी-कभी दूसरे माध्यमों और मार्गों से उसकी क्षतिपूर्ति करने की कोशिश करते हैं और एक खोखली, नकली और बनावटी जिन्दगी जीने लगते हैं। यहाँ भी यही होता है। मुख्य पात्र की एक घनिष्ठ मित्र इस पूरी प्रक्रिया की निकट से साक्षी है जिसे अन्तत: इन सबसे (अपने मित्र से भी) घोर विरक्ति हो जाती है।

इसके ठीक विपरीत 'उस चिड़िया का नाम' नागरी परिवेश से दूर एक पिछड़े हुए पर्वतीय परिवार की कहानी कहती है। हरीश और रमा (भाई बहन) अपने पहाड़ी गाँव से बहुत दूर बम्बई में नौकरी करते हैं। रमा डॉक्टर है। हरीश किसी कम्पनी में नौकरी करता है। दोनों को अचानक सूचना मिलती है कि उसके वृद्ध पिता गाँव में गम्भीर रूप से बीमार हैं। गाँव आकर वे देखते हैं कि पिता मरणासन्न हैं। वे बचते नहीं, उनका निधन हो जाता है। उपन्यास की असली कहानी यहीं से शुरू होती है। हरीश को अचानक पता चलता है कि उसके वृद्ध पिता की परिचर्या करने वाली युवती पार्वती गर्भिणी है। स्पष्टत: उसे यह गर्भ इन दोनों भाई बहनों के मृत पिता से है। अनुशासन, संयम, नियम, धर्म की हमेशा बातें करनेवाले और उसे शिक्षा देने वाले दिवंगत पिता का यह रूप देखकर हरीश अवसन्न रह जाता है। वैसे वह शुरू से अपने पिता से नफरत करता रहा है और यह लगभग एक ग्रंथि बन चुकी है। इस घटना को पहाड़ों में पीड़ित और शोषित नारी का उदाहरण मानकर और उसके माध्यम से (या इसी बहाने) लेखक पूरे

परिवेश का विस्तृत चित्रण करता है। वहाँ के इतिहास, रीति-रिवाज, अन्धविश्वासों और रुढ़ियों का चित्रण। उपन्यास में यह नहीं बताया गया है और न ही संकेत किया गया है कि उन सबमें परिवर्तन तथा विकास कैसे लाया जा सकता है। केवल 'पार्वती' को 'उस चिड़िया' का प्रतीक मानकर उपन्यास की एक प्रतीकात्मक 'कथा जंगल' में भटककर लौट आती है।

मंजूर एहतेशाम

मंजूर एहतेशाम ने चार उपन्यास लिखे हैं। 'कुछ दिन और' (1976), 'सूखा बरगद' (1986), 'दास्ताने लापता' (1995) तथा 'बशारत मंजिल' (2004)।

मंजूर एहतेशाम 'राही' और 'शानी' की परम्परा के उल्लेखनीय उपन्यासकार हैं। उन्हीं की तरह इन्होंने भी पतनशील मुस्लिम सामन्ती-समाज का चित्रण किया है। 'कुछ दिन और' अपेक्षाकृत छोटा, किन्तु अत्यन्त 'संवेदनशील' उपन्यास है। इसमें टूटने-बिखरने की कगार पर खड़े एक दम्पत्ति का चित्रण किया गया है। 'दास्ताने लापता' में भोपाल शहर को केन्द्र बनाकर हिन्दू-मुस्लिम सम्बन्धों पर विचार किया गया है। उपन्यास की कथा में नाटकीयता अधिक है। 'सूखा बरगद' शानी के 'कालाजल' की तरह ही एक प्रतीक है : पाकिस्तान न जाकर भारत में ही बसने का संकल्प करने वाले एक मुस्लिम परिवार की गाथा। उपन्यास के मुख्य पात्र 'अब्बू' का यह संकल्प महँगा पड़ता है। धार्मिक संकीर्णता से दूर उदारमना और मानवीय अब्बू अपने ही समाज से अछूत से कर दिए जाते हैं, इस उदार मानवीयता के कारण संकीर्ण और साम्प्रदायिक मानसिकता वाला मुस्लिम समाज उन्हें अकेला कर देता है। किन्तु दृढ़ निश्चय वाले 'अब्बू' उसका जमकर मुकाबला करते हैं। वे 'पराजित' हो जाते हैं, पर झुकते नहीं। यही 'सूखा बरगद' की कथा है।

'बशारत मंजिल' तक आते-आते मंजूर एहतशाम अधिक मेच्योर हो गये हैं। उनकी दृष्टि तथा विश्लेषण क्षमता भी अधिक परिपक्व हो गयी है। इसमें एक ढहते हुए ऐसे सामन्ती परिवार की कहानी है जो दो शहरों (भोपाल और दिल्ली) में रहता है। प्रारम्भ में भोपाल तथा भोपाल में रहने वाले परिवार की कहानी 1857 से शुरू होकर आज तक आती है।

बाद में उपन्यास की कहानी पुरानी दिल्ली में बने बशारत मंजिल पर आकर केन्द्रित हो जाती है। प्रारम्भिक हिस्से में कहानी विवरणों और ब्योरों से भरी हुई है। किन्तु बशारत मंजिल में आकर कहानी उसके भीतर रहने वालों के जीवन पर केन्द्रित हो जाती है। यह उपन्यास का सबसे सूक्ष्म तथा संवेदनशील अंश है जिसमें मक्कारी, अमानवीयता और नृशंसता—सबकुछ को गूँथकर एक भयानक

'जलते सत्य' को सामने लाया गया है जहाँ एक 'औरत' प्रेम में ईर्ष्या दग्ध होकर अपनी बहन तथा पिता दोनों की निर्ममता से हत्या कर देती है। अन्त में इस बशारत मंजिल में वास करने वाली दो बहनें एक आधुनिक वेश्या का सा जीवन जीते हुए उस व्यक्ति को अपने माया जाल में फँसा कर प्रेम का पाखंड करती हुई शहर के नामी-गिरामी लोगों तक अपनी पहुँच बना लेती है और बशारत मंजिल के बाहर एक सामाजिक कार्यकर्ता (सोशल वर्कर) होने का मुखौटा लगाकर घूमती है। इस तरह 'बशारत मंजिल' एक लम्बी यात्रा तय करता हुआ एक 'इतिहास गाथा' भी बन जाता है। यही इस उपन्यास की महत्ता है—'परिवार' से 'परिवेश' तक का विस्तार कुल मिलाकर यह एक विमर्शवादी उपन्यास है।

भगवान सिंह (1931)

भगवान सिंह ने चार उपन्यास लिखे हैं 'अपने-अपने राम' (1992), 'उन्माद' (1999), 'शुभ्रा' (2000) और 'महाभिषग'। इनमें 'अपने-अपने राम' काफी चर्चित हुआ था। 'राम' की कथा ऐतिहासिक नहीं, पौराणिक है। किन्तु इस उपन्यास में इसे ऐतिहासिक मानकर उसे पुनर्विश्लेषित करने का प्रयास किया गया है। 'पौराणिक' कथाओं के साथ मनमानी करने की पर्याप्त सुविधा होती है। इस उपन्यास में ऐसा ही किया गया है और राम-रावण, सीता, बाल्मीकि वशिष्ठ आदि को आधुनिक मनुष्यों की तरह प्रस्तुत किया गया है। सीताहरण प्रकरण को एक जासूसी-कथा की तरह प्रस्तुत किया गया है और इसमें भेदियों की भूमिका प्रमुख मानी गयी है, और इस पर उस तरह की 'जासूसी' की गयी है जैसे आजकल के सी.आई.ए. और के.जी.बी. वाले करते हैं। एक बेहत अच्छी भाषा सम्पदा के बावजूद यह पूरा पुनर्विश्लेषण एक हास्यास्पद प्रयास बनकर रह गया है। बाकी उपन्यास सामान्य हैं।

रमाकान्त

प्रगतिशील रचनाकार रमाकांत के अनेक उपन्यास प्रकाशित हुए हैं। 'तीसरा देश', 'छोटे-छोटे महायुद्ध', 'प्यादा', 'फर्जी अर्दब', 'खोई हुई आवाज', 'दरवाजे पर आग', 'उपसंस्कार', 'समाधान', 'टूटते जुड़ते स्वर', 'जुलूस वाला आदमी' आदि।

इन सभी उपन्यासों में भ्रष्ट नौकरशाही और पाप पंक में धंसी हुई राजनीति, घूस लेने वाले क्लर्क से लेकर मन्त्री तक की कहानियाँ वर्णित हैं। यानी कुल मिलाकर ये उपन्यास आज की व्यवस्था की सड़ांध को चित्रित करते हैं, जैसे किसी ने गन्दे और सड़े पानी वाले नाले के ऊपर से ढक्कन हटा दिया हो।

अपने अन्तिम उपन्यास 'जुलूस वाला आदमी' में रमाकान्त ने देश में कम्युनिस्ट आन्दोलनों की विफलता और पतन के कारणों की खोज की है और इस निष्कर्ष पर पहुँचे हैं कि आम जनता से दूर अधिकांश विदेश पलट इसके बड़े नेता अपने ज्ञान के गर्व में डूबे रहे हैं और उन्होंने कभी भी देश की दरिद्र जनता के दुख-दर्द को समझने की कोशिश नहीं की और उनके निकट कभी नहीं गये। रमाकान्त की अपेक्षाकृत कम आयु में मृत्यु हो गयी, वरना निश्चित रूप से कोई अधिक महत्त्वपूर्ण उपन्यास हिन्दी साहित्य को दे पाते।

रवीन्द्र कालिया (1939)

साठोत्तरी कहानी के ख्याति प्राप्त कहानीकार रवीन्द्र कालिया ने कई उपन्यास लिखे हैं जिनमें उनका विशालकाय दो खंडों में विभाजित उपन्यास 'खुदा सही सलामत है' और ताजा प्रकाशित '17 रानाडे रोड' महत्त्वपूर्ण हैं। 'खुदा सही सलामत है' में गली कूँचों और कोठों पर रहने और नाचने-गाने वाली वेश्या कही जाने वाली अभिशप्त स्त्रियों से लेकर आज की राजनीति तथा व्यक्तिगत महत्त्वाकांक्षाओं से ग्रस्त युवकों, संवेदनशील किन्तु हताश और निराश व्यक्तियों, सबकी कहानी को समेटकर एक मोहक भाषा में प्रस्तुत किया गया है। पता नहीं क्यों, इस महत्त्वपूर्ण और महत्त्वाकांक्षापूर्ण उपन्यास की ओर लोगों का ध्यान अधिक नहीं गया, सम्भवत: दूसरे खंड की कथा में शिथिलता आ जाने के कारण।

'17 रानाडे रोड', बम्बई (या मुम्बई) महानगर में सफलता के लिए संघर्ष करने वाले कुछ युवकों की कहानी है जिनका सपना फिल्म निर्माण करना है किन्तु यह दुनिया ऊपर से जितनी चमक-दमक वाली जगमगाती दुनिया है अन्दर से उतनी ही खोखली और गलीज है। यहाँ वैभव और ऐश्वर्य का संसार है, तो बिकते, बेचने और खरीदने वाले लोगों की लम्बी कतार भी है जिसे प्रसिद्ध शायर साहिर लुधियानवी ने गुरुदत्त की 'प्यासा' फिल्म के इस गीत में वर्णित किया है कि 'ये दुनिया अगर मिल भी जाये तो क्या है....' लेकिन फिर भी युवकों-युवतियों का अन्तहीन हुजूम यहाँ दीए पर मर मिटने वाले पतंगों की तरह वर्षों से चला आता रहा है। सम्भवत: रवीन्द्र कालिया का यह उपन्यास स्वानुभवों पर आधारित है, इसीलिए उसमें एक गहरी आत्मीयता, ऊष्मा और प्रामाणिकता है। इसी के अनुरूप लेखक के पास ऐसी उत्फुल्ल तथा जीवन्त भाषा है जो पाठक को पल भर भी विश्राम नहीं करने देती। अपनी रवानगी में बहाती लिये चली जाती है। इस भाषा में हास्य के वर्कों में लिपटी हुई गहरी वेदना और त्रासदी है। हास्य, चुहलबाजी और चुटकुलों में लिपटी वेदना की अभिव्यक्ति करने में रवीन्द्र कालिया बेजोड़ हैं। व्यक्तियों, वर्गों तथा समुद्र-तट पर रहने वाले मछुआरों, सबकी जिन्दगी के कगारों

को स्पर्श करती उसकी कहानी बम्बई महानगर और उसको चारों ओर से घेरने वाले महासमुद्र की भी है।

असगर वज़ाहत (1946)

हिन्दी में लिखने वाले मुसलमान उपन्यासकारों में मंजूर एहतेशाम और अब्दुल बिस्मिल्लाह की तरह असगर वजाहत भी विभिन्न विधाओं में लिखने वाले उपन्यासकार हैं। इनके दो उपन्यास 'सात आसमान' और 'कैसी आगी लगाई' पर्याप्त चर्चित हुए हैं। सात आसमान में एक मुसलमान परिवार के चार सौ वर्षों के विकास, विनाश और परिवर्तन की कथा कही गयी है। राही मासूम रजा और शानी की तरह असगर वजाहत भी अपने जातीय इतिहास में बेहद दिलचस्पी रखते हैं और उसकी अनेक परतों में लिपटी इतिहास गाथा के पन्नों को खोलकर अतीत से वर्तमान में विचरण करते हैं।

'कैसी आगी लगाई' में अलीगढ़ विश्वविद्यालय के कैम्पस की (यानी कैम्पस में पढ़ने वाले विद्यार्थियों की) कहानी विस्तार से बयान की गयी है। इसे तीन खंडों में लिखने की योजना है। अभी तक एक खंड ही प्रकाशित हुआ है।

कमलाकान्त त्रिपाठी

त्रिपाठी जी ने अब तक दो उपन्यास ही लिखे हैं। 'पाही घर' (1991) और 'बेदखल' (1997)। 'पाही घर' 1957 के सिपाही विद्रोह पर केन्द्रित उपन्यास है। पिछले कुछ वर्षों से हिन्दी जगत में (और शायद अँग्रेज़ी में भी) 1857 के विद्रोह को लेकर एक लम्बी बहस छिड़ गयी है। पंडित सुन्दरलाल का पुराना ग्रन्थ 'सिपाही विद्रोह इस मामले में सबसे पुराना प्रामाणिक ग्रन्थ माना जाता था, पर अब उसकी कुछ स्थापनायें भी विवादास्पद हो गयी हैं। खासतौर पर अँग्रेज़ इतिहासकार विलियम डैलरिम्पल की किताब 'द लॉस्ट मुगल' में इस बारे में विस्तार से विचार किया गया है और अनेक तथ्यों के आधार यह बताया गया है कि यह विद्रोह अव्वल तो सारे भारतीय सिपाहियों का नहीं था, और दूसरे उसमें समाज के सारे वर्गों तथा जाति के लोगों ने हिस्सा नहीं लिया था। यहाँ तक कि सारे सामन्तों, रजवाड़ों और नवाबों ने भी नहीं। विद्रोह के शिरोमणि और सूत्रधार कहे जाने वाले आखिरी मुगल बादशाह बहादुरशाह ज़फ़र को मजबूरी में ही सिपाहियों को पनाह और सहायता देनी पड़ी। रानी झाँसी को भी ऐसी ही मजबूरी में अन्ततः विद्रोह का बिगुल बजाते हुए कहना पड़ा कि 'मैं अपनी झाँसी नहीं दूँगी'। बहरहाल कमलाकान्त त्रिपाठी का इन बातों से कोई ताल्लुक

नहीं है और न इस पचड़े में वे पड़े हैं। एक सच्चे देशभक्त होने के नाते उन्होंने 'पाही घर' में इस विद्रोह को समाज के सभी वर्गों का सम्मिलित विद्रोह माना है जिसमें केवल सिपाही ही नहीं, किसान, छोटे जमींदारों, मालगुजार, ताल्लुकेदार, राजा, देश की सामान्य जनता, सभी ने हिस्सा लिया था। लेकिन चूँकि 'पाहीघर' में अवध के एक गाँव बंसौली के पाही घर को केन्द्र बनाकर केवल उस लड़ाई को लखनऊ और अवध के कुछ इलाकों तक ही सीमित रखा गया है, इसलिए वहाँ के बारे में उनकी धारणाएँ सच भी हो सकती हैं। उपन्यास में एक प्रेम कहानी भी चलती है जिस पर श्याम बेनेगल की मशहूर फिल्म 'जुनून' और लेखक रस्कन बांड का प्रभाव परिलक्षित होता है।

'बेदखल' में 1918 में बाबा रामचन्द्र के नेतृत्व में होने वाले किसान आन्दोलन को कथा का आधार बनाया गया है कि किस प्रकार पंडित जवाहरलाल नेहरू आदि कांग्रेसी नेताओं का सहयोग न मिलने के कारण यह आन्दोलन विफल हो गया था (प्रेमचन्द ने भी अपने उपन्यास 'प्रेमाश्रम' में इस आन्दोलन का वर्णन किया है, पर वहाँ उसे व्यापक किसान आन्दोलन के रूप में न देखकर एक 'जमींदार परिवार' की कहानी बना दिया गया है। उसमें बाबा रामचन्द्र और नेहरू आदि कांग्रेसी नेताओं की भूमिका का भी कोई जिक्र नहीं है। कमलाकान्त त्रिपाठी के ये दोनों उपन्यास एक प्रदेश के निकट का इतिहास बयान करने की दृष्टि से उल्लेखनीय हैं जिसे पर्याप्त प्रामाणिकता के साथ प्रस्तुत किया गया है।

मिथिलेश्वर (1950)

मिथिलेश्वर बिहार के उपन्यासकार हैं और उन्होंने भी बिहार के गाँवों की और वहाँ की जनता की दशा को ही अपने उपन्यासों में चित्रित किया है। इनके उपन्यास हैं 'झुनियाँ' (1980), 'युद्धस्थल' (1981), 'प्रेम न बाड़ी उपजै' (1995), 'यह अन्त नहीं' (2000), 'सुरंग में सुबह' (2003) और 'माटी कहै कुम्हार से' (2006)।

मिथिलेश्वर प्रगतिशील उपन्यासकार हैं और इस रूप में प्रतिबद्ध उपन्यासकार भी हैं। इसीलिए उनके उपन्यासों में किसानों, जमींदारों, सरपंचों तथा गाँव से जुड़े अन्य वर्गों के लोगों की कहानी जिस रूप से भी कही गयी है, उसमें वर्गचेतना, वर्ग संघर्ष, शोषण और उसके प्रति विद्रोह को ही केन्द्र में रखा गया है। विस्तार से और बड़े फलक पर कथा कहने की क्षमता रखते हुए भी मिथिलेश्वर सामान्य श्रेणी के उपन्यासकार भी नहीं सिद्ध होते हैं, क्योंकि उनमें रेणु तो दूर, अपने ही समकालीन उपन्यासकार मधुकर सिंह वाली कथा-दृष्टि भी नहीं है। न कोई निजी कथा भाषा या शिल्प है। वे लम्बे-लम्बे वर्णनों और विशद

ब्योरों के उपन्यासकार हैं जो अक्सर उबाऊ और थकाने वाले हो जाते हैं। इससे साबित होता है कि केवल 'विचारधारा' और अपनी विषय वस्तु का ज्ञान या जानकारी होने पर भी महत्त्वपूर्ण उपन्यासकार नहीं बना जा सका।

विभूति नारायण राय (1950)

इनके पाँच उपन्यास प्रकाशित हैं, 'घर' (1982), 'शहर में कर्फ्यू' (1986), 'किस्सा लोकतन्त्र' (1995), 'तबादला' (2001) तथा 'प्रेम की भूत कथा' (2010) प्रकाशित हैं।

एक वरिष्ठ पुलिस अधिकारी के रूप में राय जी ने अपने उपन्यासों में अपने कार्य क्षेत्र और कर्मभूमि को ही कथा का आधार बनाया है और उसे 'रचना' का रूप देते हुए बड़ी प्रामाणिकता के साथ चित्रित किया है। 'प्रामाणिकता' शब्द शायद यहाँ वांक्षित नहीं है, क्योंकि उन्होंने जिन विषय वस्तुओं, घटनाओं तथा स्थितियों को चित्रित किया है वे—प्रामाणिक के अतिरिक्त कुछ हो भी नहीं सकती थीं। 'शहर में कर्फ्यू' उनका श्रेष्ठ उपन्यास है और पर्याप्त चर्चित भी हुआ है। 'प्रेम की भूत कथा' में इतिहास, रोमांस और फैंटेंसी को अद्भुत रचनात्मकता के साथ कथा में गूँथकर प्रस्तुत किया गया है। यह एक अत्यन्त दिलचस्प 'भूत कथा' है जो अगाथा क्रिस्टी आदि के जासूसी उपन्यासों की याद दिलाती है। श्री विभूति नारायण राय से आगे भी काफी अपेक्षाएँ हैं।

ज्ञान चतुर्वेदी (1952)

मुख्यत: व्यंग्यकार माने जाते हैं और व्यंग्यात्मकता इनकी रचनाओं में प्रचुर मात्रा में है भी, किन्तु उन्होंने तीन गम्भीर तथा प्रभावपूर्ण उपन्यास भी लिखे हैं। 'नरक यात्रा' (1994), 'बारामासी' (1999) तथा 'मरीचिका' (2004)।

पेशे से डॉक्टर होने के कारण इन्होंने 'नरकयात्रा' में सरकारी अस्पतालों का वर्णन किया है जो उनके अपने अनुभवों के अनुसार नरककुंड है, जिसमें मरीज इलाज कराने आकर भस्म हो जाते हैं। अस्पतालों के वातावरण में दवाओं की नहीं, सड़ांधयुक्त पीब, मवाद और उनसे लिसड़ी पट्टियों की सड़ांध है। ये अस्पताल गंदगी के आगार और सड़ी हुई वस्तुओं, मरहम पट्टियों, टूटे सिरिंज, शीशियों, जूठे-सड़े खाने-पीने की वस्तुओं के कूड़ेदान हैं। इन सबके ऊपर है मास्टर का बोलबाला जो डाक्टरों से लेकर क्लर्कों और चपरासियों तक में व्याप्त है। पैसों के बगैर कोई टस-से-मस नहीं होता, न कोई किसी से मिलता और मिलाता है। अस्पताल में मरीजों को दिया जाने वाला भोजन न केवल दूषित होता

है, बल्कि विषैला और बासी होता है। इस उपन्यास को पढ़ना सचमुच नरक की यात्रा करना है।

'बारामासी' वास्तविक अर्थों में एक व्यंग्यप्रधान श्रेष्ठ रचना है जिसमें सारे पात्र मानो एक दूसरे को 'मुँह बिराने' के लिए ही रचे गये हैं। इसमें एक मोहक प्रेम-कथा भी है जो त्रासदी में बदल जाती है। श्री ज्ञान चतुर्वेदी श्रीलाल शुक्ल की व्यंग्य परम्परा तथा औपन्यासिक सम्पदा को आगे बढ़ाने वाले उपन्यासकार हैं।

वीरेन्द्र जैन (1955)

इनके उपन्यास हैं, 'सुरेखा पर्व' (1978), 'अनातीत' (1983), 'प्रतीक : एक जीवनी' (1983), 'शब्द वध' (1983), 'सबसे बड़ा सिपहिया' (1988), 'डूब' (1991), 'पार' (1994) और 'पंचनामा' (1996)।

'डूब' इनका सबसे चर्चित उपन्यास है जो इनके सुपरिचित विषय बाँध निर्माण परियोजना पर लिखा गया है जिसका उपन्यास में 'लड़ैया गाँव' को केन्द्र बनाकर जिक्र किया गया है। हमेशा की तरह यह गाँव भी बाँध क्षेत्र के अन्तर्गत डूब जाता है। पूरा गाँव खाली कर लिया जाता है तथा परियोजना शिलान्यास तक सीमित रह जाती है, ऊपर से कहर यह कि पास का राजघाट बाँध टूट जाता है और पूरा क्षेत्र जलमग्न हो जाता है। अन्त में पूरा गाँव जो पहले ही खाली करा लिया गया था, बाद में जल सूख जाने पर पूरे क्षेत्र को 'अभयारण्य' बनाने की योजना में शामिल कर लिया जाता है। 'अभयारण्य' कितना बड़ा व्यंग्यात्मक प्रतीक है! आज का हर गाँव एक बंजर गाँव (डेजर्टेड विलेज) है जिसमें जो लोग बचे हैं, वे भी भयभीत हैं। अभय तो यहाँ कोई नहीं है। और अरण्य भी अब कहाँ रहे? जैन के बाकी उपन्यास भी ऐसे ही व्यंग्य और त्रासदी के उपन्यास हैं। इनमें कथानक भरपूर हैं किन्तु कथा क्षीण और मुख्यत: वर्णनात्मक है जिसमें कथा रस का भी अभाव है।

हिन्दी के ऐतिहासिक उपन्यास

हिन्दी गद्य साहित्य के विकास-क्रम में ऐतिहासिक उपन्यासों को एक पृथक वर्गीकरण के अन्तर्गत रखने की आवश्यकता न थी, न मेरी इच्छा थी किन्तु महान विचारक तथा समीक्षक जॉर्ज लूकाच की अत्यन्त महत्त्वपूर्ण पुस्तक हिस्टारिकल नॉवेल पढ़ने के बाद मुझे अवधारणा की विचार दृष्टि का पता चला जो वैसे तो सदियों से है, लेकिन जो विशेष रूप से बीसवीं सदी के कुछ प्रमुख उपन्यासकारों को 'ऐतिहासिक उपन्यास' लिखने के लिए बाध्य करती रही है। अतः मुझे लगा कि हिन्दी के ऐतिहासिक उपन्यास और उपन्यासकार भी एक पृथक श्रेणी तथा विश्लेषण की माँग करते हैं। इसलिए यहाँ मैंने कुछ महत्त्वपूर्ण उपन्यासों के उल्लेख तथा विश्लेषण के लिए एक पृथक अध्याय रखना जरूरी समझा। लेकिन उससे पहले ऐतिहासिक उपन्यासों की अवधारणा तथा उनके पीछे छिपे या निर्मित विचार और जीवन दृष्टि को भी समझना जरूरी लगा। कुछ समीक्षक तथा विचारक ऐतिहासिक उपन्यासों को अतीत की ओर पलायन के रूप में देखते हैं, लगभग एक 'नास्टेलजिया' के रूप में और इस तरह उसे रोमैंटिक भावबोध के ही विस्तार के रूप में देखते हैं। अतीत की ओर पलायन रोमैंटिक पलायनों में प्रमुख है। हिन्दी साहित्य में स्वच्छन्दतावादी आन्दोलन ने स्वतन्त्रता आन्दोलन के साथ मिलकर अपनी परम्परा तलाशने और अनेकों ने उसे गौरवान्वित करने के लिए अपने उपन्यासों को अतीत की ओर उन्मुख किया। उन्होंने अपनी परम्परा और इतिहास को गौरवान्वित करने के लिए इतिहास की ओर रुख किया। ऐसे बहुत कम उपन्यासकार हुए जिन्होंने लगभग एक नृतत्वशास्त्री की तरह अतीत के मानव समूह और सामाजिक संरचना को समझने के लिए ऐतिहासिक उपन्यास लिखे। बल्कि कुछ ने तो अतीत पर अपनी विचारधारा लादते हुए महज अपने अनुमोदन लिए प्रमाण के रूप में अतीत को उदाहरणस्वरूप सामने रखा। यह प्रायः उनका गढ़ा हुआ काल्पनिक अतीत था जिसे महज ऐतिहासिक रोमांस कहेंगे। हिन्दी में नृतत्वशास्त्री की तरह तटस्थता बरतने वाले उपन्यास बहुत कम लिखे गये। वे अधिकांशतः शौर्यगाथा प्रेमगाथा लिखने के लिए अतीत की ओर गये। सुप्रसिद्ध

ऐतिहासिक उपन्यासकार वृंदावन लाल वर्मा इनमें प्रमुख हैं।

इन ऐतिहासिक उपन्यासों में स्त्री तथा ऐश्वर्य को ही अपनी कथा का मुख्य लक्ष्य बनाया गया और उन्हें प्राप्त करने के लिए हुए शौर्य संघर्षों की ही गाथा प्रस्तुत की गयी। कुछ में स्वतन्त्रता की संग्राम पृष्ठभूमि को ध्यान में रखते हुए देशभक्ति की ही कथाएँ खूब कही गयीं। खासतौर पर मध्ययुग को केन्द्र बनाकर लिखे गये उपन्यासों विदेशी आक्रमणों और मुख्य रूप से इस्लामी आक्रमणों तथा शासकों के विरुद्ध संघर्ष कथाओं के रूप में।

इतिहास के प्रति दृष्टिकोण को लेकर ये उपन्यासकार दो वर्गों में बँटे हुए थे। एक ओर वे उपन्यासकार जो वर्तमान व्यवस्था से असन्तुष्ट थे उन्होंने अतीत के प्रति अपने दिवास्वप्नों को अपने उपन्यासों में आधार बनाया। दूसरी ओर वे उपन्यासकार थे जिन्होंने अतीत को गौरवान्वित करने के बजाय उसमें मनमाना संशोधन करके उसे प्रस्तुत किया। उन्होंने अपने उपन्यासों के माध्यम से सामन्तवादी व्यवस्था की आलोचना कर और परम्परागत मान्यताओं को इतिहास का साक्षी बनाकर प्रस्तुत किया। किन्तु उनके विश्लेषण से पूर्व उनके कतिपय अन्य चरित्र लक्षणों को समझना जरूरी है। इतिहास के प्रति अतीत मोह के रूप में आकृष्ट होने के अतिरिक्त विश्वव्यापी स्तर पर अतीत के विश्लेषण द्वारा जब एक इतिहास बोध विकसित होने लगा तब ऐतिहासिक उपन्यासों की एक दूसरी परम्परा विकसित होने लगी जिसमें पूरे इतिहास को एक सामूहिक अनुभव (मॉस एक्सपीरिएंस) के रूप में व्यक्त करना शुरू किया गया। फ्रांस की क्रान्ति और मार्क्सवादी विचारधारा के प्रसार के बाद विकसित एक नये यथार्थवाद (नियोरिएलिज्म) का इस विशेष धारणा के निर्माण में विशेष योगदान था।

इस इतिहास-बोध के मूल में यह चेतना काम कर रही थी कि व्यक्ति का निर्माण वर्तमान ही नहीं, पूरा इतिहास (अतीत) करता है। इतिहास इस रूप में मनुष्य के जीवन और क्रियाकलापों को भी प्रभावित तथा रूपायित करता रहता है। इतिहास को इस ठोस तथा जीवन्त, अस्तित्व के रूप में अनुभव करने के इस बोध ने इतिहास को देखने की एक सर्वथा नयी दृष्टि दी। इतिहास को इस रूप से देखने तथा विश्लेषित करने के पीछे नये विकसित मनोविश्लेषण-शास्त्र की भी भूमिका थी, खासतौर पर 'युग' की सामूहिक अवचेतना (कलेक्टिव अनकासंस) की अवधारणा।

हिन्दी के कुछ उपन्यास निश्चित रूप से इस नये इतिहास बोध से प्रभावित दीखते हैं। वस्तुतः साहित्य में जब कोई अवधारणा बदलती है तो वह सीधे उस विचारधारणा के तात्कालिक प्रभाव से नहीं बदलती (और यदि तत्काल उसके प्रभाव से कुछ लिखा जाता है तो वह रचनात्मक स्तर पर कच्चा और कमजोर

होता है)। बल्कि इन प्रभावों के कारण जब सामान्य जनता में भी चीजों को देखने-परखने की प्रक्रिया में क्रमशः परिवर्तन आता है तो साहित्य उस बदलती, किन्तु बिखरी हुई धारणा ही नहीं, पूरी जीवन पद्धति को संगठित रूप देता है। अतः इतिहास की इस परिवर्तित धारणा का क्या प्रभाव पड़ा और उसने ऐतिहासिक सम्बन्धों में जो बदलाव उत्पन्न किया, उसे उसी सन्दर्भ में देखना चाहिए।

इतिहास की इस परिवर्तित धारणा की शुरुआत प्रगति (प्रोग्रेस) के प्रति भी परिवर्तित दृष्टिकोण की शुरुआत है। इतिहास के प्रति रोमैंटिक अवधारणा से पृथक होने की शुरुआत भी यहीं से होती है। रोमैंटिक उपन्यासकारों के अधिकांश उपन्यासों में आंतरिक विरोधाभास का कारण भी यही है। 'प्रगति' की उनकी अवधारणा ही 'अन्तर्विरोधों' से भरी हुई थी और उसका प्रभाव मानवीय सम्बन्धों की उनकी अवधारणा पर भी पड़ा था। उनकी प्रगति या विकास सम्बन्धी अवधारणा इतिहास को इतिहास न मानकर कालातीत दैविक क्रमिकता मानती थी और इसी रूप में इतिहास को भी संयोगाश्रित शक्तियों का निष्कृय पुंज मानती थी। इस धारणा में पहला परिवर्तन तब आया जब ऐतिहासिक विकास को प्राकृतिक चुनाव (डारविन) पर आधारित माना गया। लेकिन इतिहास के प्रति इसी दृष्टिकोण ने इतिहास की संहारक शक्तियों को भी प्रश्रय दिया जो आगे चलकर नाजीवाद और फासीवाद के रूप में फलीभूत हुईं।

लेकिन डार्विन के स्पेसिज के संघर्षों (ओरिजिन ऑफ स्पेसिज) से पृथक जब जातियों के संघर्ष का विश्लेषण किया गया तो इतिहास के सन्दर्भ तथा स्वरूप के सम्बन्ध में भी एक नया 'तथ्य' सामने आया जो जातियों का संघर्ष ही आगे चलकर वर्ग संघर्ष के रूप में विकसित हुआ।

विकास तथा इतिहास के प्रति इस नयी यथार्थपूर्ण धारणा की शुरुआत विख्यात दार्शनिक हीगेल के साथ होती है और मार्क्सवादी विचारधारा के रूप में इसका चरम उत्कर्ष परिलक्षित होता है। इस अवधारणा के अन्तर्गत कोई रहस्यपूर्ण अतीत का गट्ठर नहीं रह जाता। इस धारणा और तथ्यों ने इतिहास निर्मित करने वाली वास्तविक शक्तियों की खोज की। लेकिन यह प्रश्न अभी भी सामने था कि इतिहास में वस्तुगत यथार्थ को देखने वाली दृष्टि किसकी होती है? उन्हीं दिनों इतिहास पर एक वैयक्तिक पूर्वग्रह और अतीत के प्रति भावनात्मक दृष्टिकोण का आरोपण किया गया और उसे आधुनिक दृष्टिकोण यानी वस्तुगत दृष्टिकोण मानने का आग्रह किया गया।

लेकिन इतिहास के वस्तुगत यथार्थ को देखने के लिए उसे निर्मित करनेवाली शक्तियों के विश्लेषण में जिस निर्लिप्त दृष्टि की आवश्यकता है, उसका शायद अभी भी अभाव है।

आगे हम इन सभी सन्दर्भों तथा दृष्टिकोणों का विश्लेषण करते हुए हिन्दी उपन्यासों के वर्तमान ऐतिहासिक स्वरूप का विश्लेषण करेंगे।

राहुल सांस्कृत्यायन (1893–1963)

जययोधेय (1944) : जययोधेय उनके सभी ऐतिहासिक उपन्यासों में विशेष महत्त्वपूर्ण है। यह एक जीवनीपरक उपन्यास है। यद्यपि इसका केन्द्र अधिकांश नायक प्रधान उपन्यासों की तरह एक व्यक्ति है, किन्तु उससे एक काल विशेष का पूरा समूह जुड़ा हुआ है। लेकिन जीवनीपरक उपन्यासों की यह विडम्बना है कि जिस व्यक्ति को निकटता से देखने के लिए यह पद्धति अपनायी जाती है, वह व्यक्ति इसमें पूरी तरह प्रस्तुत ही नहीं किया जा सका। इसके दो मुख्य कारण हैं। एक तो यह कि एक व्यक्ति को केन्द्र बनाने के कारण उपन्यास मुख्यतः सबजेक्टिव हो जाता है और उसके माध्यम से वस्तुगत यथार्थ को देखा नहीं जा सकता। या तो उस व्यक्ति को हम सिर्फ बाहर से देख सकते हैं या स्वयं उस व्यक्ति के अन्तर से बाहर को। चूँकि यह व्यक्ति, व्यक्ति के रूप में स्वयं द्वारा देखी गयी घटनाओं और वस्तुओं द्वारा ही निर्मित होता है जबकि उसको निर्मित करनेवाली शक्तियाँ आर्थिक और सामाजिक होती हैं। एक व्यक्ति के द्वारा सामूहिक अनुभव को व्यक्त नहीं किया जा सकता। सामूहिक अनुभव को व्यक्त करने या समझने के लिए वैज्ञानिक शैली की आवश्यकता होती है। 'वाणभट्ट की आत्मकथा' में भी इसी पद्धति को अपनाने के कारण उसमें भी सामूहिक अनुभव नहीं आ पाया है। 'जययोधेय' में भी यद्यपि इतिहास के समूह अनुभव की कोशिश है, पर यहाँ भी वही विडम्बना ऐसा सम्भव नहीं करने देती। इस उपन्यास में गुप्तकालीन भारत को समझने का प्रयास किया गया है और यह कार्य उस समय के अपेक्षाकृत कम प्रसिद्ध पात्र 'जययोधेय' को केन्द्र बनाकर किया गया है। हिन्दी उपन्यास में पहली बार एक मुक्त समाज और मुक्त प्रेम की बात पर्याप्त तटस्थता के साथ उठाई गयी है और उसकी तर्कसंगत परिणतियों पर विचार किया गया है। लेकिन मुक्त समाज की बात करनेवाला यह समाज स्वयं अन्तर्विरोधों से मुक्त नहीं है। क्योंकि उसमें समानान्तर रूप से बौद्ध दर्शन तथा उसके सम्प्रदायों की व्याख्याएँ भी चलती रहती है। लेकिन बौद्ध-दर्शन की कुछ असामाजिक तथा गृहस्थ-धर्म विरोधी प्रवृत्तियों को भी यह उपन्यास अपनी सामाजिक दृष्टि के अन्तर्गत समाहित करने की कोशिश करता चलता है जो स्वाभाविक नहीं प्रतीत होता।

उपन्यास के प्रारम्भ में जययोधेय समुद्र गुप्त के अन्तःपुर में फैले भ्रष्टाचार की भर्त्सना करता है। इसके लिए वह स्त्रियों को दोषी नहीं मानता जो सम्राट

के अन्तःपुर में हजारों की संख्या में रखी गयी हैं, वह इसके लिए पुरुष प्रधान सामन्ती व्यवस्था को दोषी ठहराता है। उसके अनुसार हजारों स्त्रियों को परिचारिका बनाकर रखना वैभव (धन, पूँजी) के कारण है। जब तक एक आदमी के हाथ में इतना धन-वैभव है और दूसरों के पास कुछ नहीं है, तब तक नर-नारी बिकते ही रहेंगे। दास-दासियों से भरी यह सामन्ती व्यवस्था स्वाभाविक रूप से स्त्रियों को भी व्यभिचार के लिए ही प्रेरित करेगी।

लेकिन जययोधेय इस विलास वातावरण में कमलपत्र पर टिके हुए जल बिन्दु की तरह है। वह संयम और विवेक की मूर्ति है। उसे व्यभिचार के कीचड़ में लिप्त वातावरण में मानव प्रेम असम्भव लगता है। वह इस अनैतिक तथा भ्रष्ट वातावरण में दुहरे मूल्यों पर टिके पाखंड को नापसन्द करता है। ढोंग उसे बिलकुल सहन नहीं। लेकिन दुहरे आचरण और मूल्यों पर टिकी हुई व्यवस्था में मानव प्रेम और मानवता के लिए कोई स्थान नहीं। उसे अन्तःपुर का विलास, जर्जर वातावरण पसन्द नहीं किन्तु उसे साकेत प्रदेश की मुक्त नैतिकता प्रिय प्रतीत होती है जहाँ अतिथि सत्कार के लिए भोजनपान आदि के साथ ही कुमारी कन्याओं और बहुओं को भी अतिथि सत्कार के लिए अर्पित कर दिया जाता है। (!) वह शरीर बेचना बुरा समझता है किन्तु शरीर अर्पित कर देना बुरा नहीं समझता। इसके बाद लेखक शाक्यों की उत्पत्ति के बारे में बतलाते हैं कि तब अनेक पिता अपने पुत्रों तथा पुत्रियों को वन में भेज देते थे जहाँ वे स्वच्छन्द जीवन जीते हुए 'वर्णशंकर' होने के भय से भाई-बहन आपस में ही यौन सम्बन्ध स्थापित करके वंश वृद्धि करते थे।

यह तर्क कितना भार वहन करता है, यह बतलाने की आवश्यकता नहीं। क्या पाखंड नारी को पण्य बनाकर गुलाम के रूप में रखना आदि व्यभिचार पर आधारित जघन्य यौन-सम्बन्धों का विकल्प नहीं है? क्या यही मुक्त जीवन है? यह जीवन पाशविक तो जरूर हो सकता है (पशु-पक्षी ठीक ऐसा ही जीवन जीते हैं। उनमें भाई-बहन तो क्या माता-पिता आदि में भी यौन सम्बन्ध स्वाभाविक और प्राकृतिक ही होता है) क्या यही मानव-विकास या विकास का वास्तविक रूप है?

यह एक अवदमित समाज में रहने वाले के लिए मुक्त प्रेम का दिवास्वप्न है जो ऐसा ही स्वतन्त्र तथा मुक्त समाज चाहता है। आज भी विकसित समाज में जहाँ घनघोर व्यभिचार और यौनाचार है—उसमें भी विकसित तथा सुचिंतित मनुष्य-समाज में यह 'मुक्त जीवन' विकृत जीवन ही प्रतीत होता है। जययोधेय या राहुल जी की यह जीवन दृष्टि भी न केवल विकृत प्रतीत होती है, बल्कि विवाह, प्रेम और परिवार की अवधारणा को ही असंभव बना देती है। इस सम्बन्ध

में पता नहीं राहुल जी ने ऐंजिल की परिवार, प्रेम और समाज की उत्पत्ति वाली पुस्तक पढ़ी होगी या नहीं। उसमें सामन्ती समाज व्यवस्था की भर्त्सना करते हुए भी ऐसे मुक्त समाज की कल्पना नहीं की गयी है। शायद राहुल जी भी इस अवधारणा और समाज व्यवस्था के अन्तर्विरोध को बाद में समझने लगे हैं। जययोधेय अन्ततः परम्परा अनुमोदित व्यवस्था के अनुरूप ही विवाह करता है, यौन-सम्बन्ध स्थापित करता है। इस प्रकार वह दुहरे आचरण का विरोध करते हुए भी पालन इसी दुहरी समाज-व्यवस्था के नियमों का करता है। अतः जययोधेय यह भी कहता है कि "मैं नहीं चाहता कि हमने जो ज्ञान अर्जित किया है, जो कला सीखी है, उसे भूल जाएँ, मूर्ति, भित्ति चित्र, काव्य आदि जितनी कलाएँ हैं, उनका तिरस्कार करें। यह तो मनुष्य को अबोध और असहाय बनाना है और मैं इस अबोध असहाय अवस्था को कभी पसन्द नहीं करता। मैं जीवन के मधुर अंग को पसन्द करता हूँ...कोई बड़ा नहीं, कोई छोटा नहीं। सब एक परिवार के अंग हैं।" यह बात उसके पूर्व की धारणा और बात को खंडित करती हुई तो जरूर प्रतीत होती है, किन्तु यह भी एक अबोध और असहाय कल्पना है। समाज न जाने कितने हजार वर्षों के प्रयत्न तथा साम्यवादी क्रान्तियों के बाद भी कितना असमान है, इसे हम नित्य न केवल देख रहे हैं, बल्कि भुगत भी रहे हैं।

जययोधेय 'चार्वाक दर्शन को मानता है किन्तु राज्याश्रित बौद्ध भिक्षु बनने में उसे कोई आपत्ति नहीं। भिक्षु बनने के बाद 'भिक्षु जीवन जीने में उसे कोई आस्था नहीं। भिक्षु जीवन वह कुछ विशेष अनुभवों का आस्वाद लेने के लिए स्वीकार करता है।

यानी कुल मिलाकर वह मुक्त प्रेम और जीवन का हिमायती हो
मुक्त जीवन नहीं जीता, भिक्षु बनकर भी योग और वैराग्य में उसकी
नहीं। इस प्रकार जययोधेय मुक्त प्रेम में तो विश्वास करता है, प
मुक्त प्रेम के लिए मुक्त समाज चाहिए। और वर्तमान समाज
है। मुक्त प्रेम के सम्बन्ध में ये वही तर्क हैं जिन्हें जययो
अन्तःपुर के सम्बन्ध में व्यक्त कर चुका है।

ऐसे सभी उपन्यासकार अपनी प्रगतिशील धा
तो कर लेते हैं, पर वह उनके गले नहीं उतरता।
की रस्सी से बँधने लगते हैं जिन्हें वे तोड़ना च
जहाँ से चले थे। इस उपन्यास में भी यही होता
स्वीकार कर लें तो कुछ इस प्रकार के गोल
तब तक सम्भव नहीं है, जब तक मुक्त

नहीं बतलाते कि 'मुक्त समाज बनाने के लिए क्या करना चाहिए और यह भी स्पष्ट नहीं हो पाता कि मुक्त समाज की उनकी अवधारणा क्या है। जययोधेय अपनी मातृभूमि अग्रोदक में वह अपनी कल्पना का मुक्त समाज बनाना चाहता है और चन्द्रगुप्त के आक्रमणों से उसकी रक्षा करना चाहता है अर्थात एक प्रतिरक्षात्मक संगठन जो आक्रमणकारी संगठन का प्रतिरूप हो। यहाँ उसकी 'मुक्त समाज' की धारणा अपने आपमें व्यर्थ हो जाती है। वह बसुनन्दा नाम की एक युवती से तथाकथित मुक्त प्रेम भी करता है जो उसके प्रेम विवाह की तरह ही सुनियोजित तथा समाज अनुमोदित है। इसके बाद उपन्यास में कालिदास भी आते हैं जो कहते हैं, 'मैंने प्रेम को इस असीम जलराशि में गोते लगाने के लिए छोड़ दिया, और अनेकों वर्षों बाद जब उसके रूप को निखारकर देखा तो उसकी क्रान्ति क्षीण हो गयी थी। उसका माधुर्य फीका पड़ गया था और अब वह मादक मदिरा क्षणिक उत्तेजना वाले पेय जैसा साधारण बन गया था।''

दरअसल लेखक समाजवाद और बौद्ध दर्शन के संयोग से जिस मुक्त समाज का निर्माण करना चाहता है, वह उस कालविशेष के इतिहास पर कृत्रिम आरोपण है जो महज उसका अपना यूटोपिया है। इस प्रकार का समन्वयवादी यूटोपिया अन्तत: प्रतिक्रियावादी ही सिद्ध होता है। इस प्रकार राहुल जी की इतिहास दृष्टि और उसका औपन्यासिक रूप हिन्दी के अन्य ऐतिहासिक उपन्यासकारों से भिन्न तो हैं किन्तु इस दृष्टि के द्वारा इतिहास के समाज का वास्तविक और वास्तुनिष्ठ विश्लेषण करने में असमर्थ हैं जो उसका लक्ष्य है। वह वैज्ञानिक इतिहास दृष्टि नहीं है और वह न तो मार्क्सवादी ऐतिहासिक दृष्टि है और न बौद्धदर्शन की ...माजिक कल्पना के अनुरूप है।

... 'दिव्या'

...शपाल के उपन्यासों का विश्लेषण कर चुके हैं लेकिन उन्होंने
...क बहुचर्चित ऐतिहासिक उपन्यास भी लिखा था। उसमें भी
...समाज की एक अवधारणा निर्मित की गयी है और उसमें
...के उदाहरण के रूप में रखा गया है जिसे एक प्रकार
... गया है, इसलिए ऐतिहासिक उपन्यासों के सन्दर्भ
...ने की आवश्यकता है।

...ालीन सामाजिक परिवेश है। कौन सी सामाजिक
... स्त्री पुरुष स्वतन्त्र हैं? लेकिन विडम्बना यह
...रुष-प्रधान है। उसके लिए स्त्री जीवन भी
...के लिए एक साधन मात्र है। उससे मुक्त

होने की तथाकथित प्रजातान्त्रिक व्यवस्थाएँ प्रतिक्रियावादी समाज को ही जन्म देती हैं। इस सम्बन्ध में जॉर्ज लूकाच अपनी पुस्तक 'द हिस्टारिकल नॉवेल' में लिखते हैं, In all sphers of life, there also existed a petty period democratic opposition to imperialism to its antidemocratic tendencies as an ideology which wishes to retrun from the period of monopoly, capitatism to that of free trades its like any desire to turn back the wheel of history (is) necessassarily Reactionary. (p.253)

इतिहास को पीछे ले जाना या इतिहास पर वर्तमान को लादने की यह प्रवृत्ति जिस तरह राहुल सांस्कृत्यायन के ऐतिहासिक उपन्यासों में है, लगभग उसी तरह यशपाल की 'दिव्या' में भी है। 'दिव्या' का सागल गणराज्य अपेक्षाकृत 'मुक्त समाज' है, लेकिन उन विडम्बनाओं से नहीं जिनके कारण जययोधेय का तथाकथित गणराज्य है। 'दिव्या' की समस्याएँ भी उसी प्रकार के गणतन्त्र से शुरू होती हैं, ब्राह्मण, शूद्र, द्विज तथा श्रेणियों की यह सम्मिलित राज्य व्यवस्था पारस्परिक ईर्ष्या, द्वेष तथा वैयक्तिक संकीर्ण महत्वाकांक्षाओं से जर्जर है। यद्यपि स्त्री पुरुष को मिलने-जुलने की स्वतन्त्रता है, अपेक्षाकृत सामाजिक उन्मुक्तता भी है, लेकिन 'स्त्री का स्थान वही है जो प्रत्येक सामाजिक व्यवस्था में रहता आया है। भोग, हरण और शोषण से जुड़ा हुआ तथाकथित मुक्त समाज का यह आखिरी मिथक है। मसलन उपन्यास की नायिका दिव्या को यह स्वतन्त्रता है कि वह निम्न कुल के पृथुसेन से प्रेम करे। पृथुसेन को भी यह स्वतन्त्रता है कि वह दिव्या से वरण का प्रस्ताव करे। शरीर से जुड़ा कोई यौन टैबू यहाँ नहीं है। 'दिव्या' भी अपना शरीर पृथुसेन को अर्पित करती है। (दादा कामरेड की तरह) लेकिन इस तथाकथित मुक्त समाज का मुक्त प्रेम भी स्त्री की विडम्बनाओं को और बढ़ा देता है, उन्हें और जटिल तथा त्रासद बना देता है और दिव्या भी जीवन भर मुक्त प्रेम की त्रासदियों को भुगतती रहती है। इस व्यवस्था में भी पुरुष विजेता है। वह राज्य तथा स्त्री पर अपने आधिपत्य का विस्तार चाहता है। सामर्थ्यवान सफल पुरुष अनेक स्त्रियों को प्राप्त कर सकता है, परन्तु सफलता के अवसर हमेशा नहीं आते हैं। कुल मिलाकर संसार में बल या शक्ति ही प्रधान है, धन-बल और जन-बल।

प्रसाद जी ने लिखा है कि 'महत्त्वाकांक्षा का मोती निष्ठुरता की सीपी में रहता है।'' अत: स्पष्ट है कि महत्त्वाकांक्षी व्यक्ति के मार्ग में प्रेम सबसे बड़ी बाधा है। अत: पृथुसेन भी अपनी महत्त्वाकांक्षा के मार्ग से दिव्या को हटाकर महत की पिंगल...सुन्दरी...को प्रतिष्ठित कर देता है। अत: यहाँ भी प्रमाणित हो जा है कि प्रेम पुरुष के लिए 'भोग' और 'उपभोग' है और स्त्री के लिए भय, अ तथा आतंक। प्रेम में आवेगों (इमोशंस) को आधार बना कर शरीर अर्पि

वाली दिव्या इसी निष्कर्ष पर पहुँचती है। फिर उपाय क्या है। भय कहाँ नहीं है और किससे नहीं है? दिव्या ने उपन्यास के एक पात्र पाताल वृक से भय किया था और पृथुसेन से नहीं किया था। परिणाम क्या निकला, आखिर नारी है क्या? शायद पाताल वृक ठीक ही कहता था, कठोर, रुद्रधीर और कोमल पृथुसेन, अभद्र मरिटा और पाताल वृक। नारी के लिए सब बराबर हैं और इन सभी पुरुषों के लिए सभी नारियाँ बराबर हैं जो भोग्या बनने के लिए उत्पन्न हुई हैं, उनको कहीं शरण नहीं है। उसे सब भोगेंगे ही। भय किससे नहीं है? क्या तात से नहीं हैं महामृतव्य से नहीं है? वे मुझे आर्य रुद्रधीर को देना चाहते थे। पर मैंने स्वेच्छा से पृथुसेन को समर्पित किया।....उसका फल यह है। उपाय क्या है?'' स्त्री के समक्ष यह प्रश्न आज भी अपने अविकल रूप में उपस्थित है। तथाकथित वरण की स्वतन्त्रता भी अन्ततः यहीं पहुँचाती है। नारी हर जगह एक है चाहे कुमारी कन्या दिव्या के रूप में या खरीदी बेची जाने वाली दारा के रूप में। वह किसी रूप में स्वेच्छा से बौद्ध बिहार में प्रवेश भी नहीं कर सकती क्योंकि संघ भी किसी पुरुष के सन्दर्भ में ही उसे स्वीकार कर सकता है। अपना स्वधर्म चुनने के लिए भी वह स्वतन्त्र नहीं है। प्रेम और धर्म दोनों उसे अस्वीकार कर देते हैं। 'प्रणय' शब्द ही दिव्या के लिए त्रास और आशंका का पर्याय हो गया था।

फिर स्त्री के लिए स्वतन्त्रता का क्या अर्थ है? स्वतन्त्र कौन नारी है? कुलनारी के लिए स्वतन्त्रता शब्द बेमानी है। क्या केवल 'वेश्या' स्वतन्त्र है? इन शब्दों और उनके अर्थों के द्वन्द्व के तूफानों से टकराती हुई वह 'वेश्या' के पास ही उछाल दी जाती है।

यहाँ यशपाल अपनी मुक्त प्रेम की धारणा या दृष्टि को समझाने के लिए उसे 'वेश्या' के समीप ले जाते हैं कि क्या इस सामाजिक व्यवस्था में केवल वेश्या ही स्वतन्त्र है। लेकिन इस सम्बन्ध में स्वयं वेश्या क्या सोचती है, 'दिव्या को आश्रय देने वाली नर्तकी रत्नप्रभा सोचती है। 'यही है वेश्या जीवन का विद्रूप', यही है उसकी सफलता, समृद्धि और आत्म निर्भरता। वेश्या देती है अपना शरीर और पाती है द्रव्य। किन्तु पराश्रिता कुलवधू अपने समर्पण के मूल्य में पुरुष को ही पा लेती है। उस पर अधिकार कर लेती है। स्त्री के सामने न केवल स्वतन्त्रता का प्रश्न है बल्कि सार्थकता का भी प्रश्न है। एक वेश्या को एक सीमा तक स्वतन्त्रता अवश्य प्राप्त होती है किन्तु रत्नप्रभा को अपना जीवन निरर्थक प्रतीत होता है। नर्तकी अंशुमाला बनकर 'दिव्या' को भी यही अनुभव होने लगता है। ...ी मनःस्थिति में वह मारीश और रुद्र दोनों के प्रेम प्रस्तावों को अस्वीकार कर ... है।

...से में मारीश उसे स्त्री जीवन की सार्थकता के सम्बध में बतलाता है।

वह कहता है : 'भद्र नारी सृष्टि का साधन है। वह सृष्टि की आदि शक्ति है। समाज और कुल का केन्द्र है। पुरुष उसके चारों ओर घूमता रहता है जैसे कोल्हू का बैल।' किन्तु नर्तकी अंशुमाला उत्तर देती है कि यह सब नारी जीवन को सार्थक अवश्य बनाते हैं पर यह 'सार्थकता' वह पाती है पुरुष की 'भोग्या' बनकर। अत: दूसरे के लिए भोग की वस्तु बनकर कोई क्या सार्थकता पाएगा। पर मारीश हार नहीं मानता। वह कहता है 'नारी प्रकृति के विधान से नहीं, समाज के विधान से भोग्या बनाई गयी है। प्रकृति के विधान के अनुसार स्त्री और पुरुष अन्योन्याश्रित हैं। दोनों को एक दूसरे की आवश्यकता है, इसलिए दोनों एक दूसरे पर आश्रित हैं। एक वेश्या को जनपद कल्याणी बनकर कौन सी सार्थकता मिलती है? यदि कुलवधू एक पुरुष की भोग्या है तो जनपद कल्याणी सम्पूर्ण जनपद के लिए भोग का साधन है, वह सबकी भोग्या है। वह केवल वंचना पाती है।

नारी की अनिवार्य नियति है सृष्टि का संचालन जिसके लिए पुरुष का साहचर्य आवश्यक है। जो समाज व्यवस्था और जो पुरुष उसे कम से कम शर्तों पर अपने भोग का साधन बनाये, वही उसके लिए वरेण्य है।

यशपाल के ये तर्क लगभग वहीं हैं जो राहुल सांस्कृत्यायन अपने ऐतिहासिक उपन्यासों में देते हैं। दोनों मार्क्सवादी विचारधारा से प्रभावित हैं और अतीत की सामन्तवादी व्यवस्था तथा वर्तमान की पूँजीवादी व्यवस्था को बदलना चाहते हैं और नारी की 'मुक्ति' के लिए 'व्याकुल' हैं। किन्तु उनकी इस व्याकुलता का कोई परिणाम निकलता नहीं दीखता, बल्कि आज की नारी कहीं अधिक भोग की वस्तु है, चाहे वह समाजवादी-व्यवस्था हो या पूँजीवादी व्यवस्था। हाँ, आज वह स्वतन्त्रता के लिए अधिक सजग और उग्र हो गयी है किन्तु बहुराष्ट्रीय व्यापार-उद्योग स्त्री पर कितना निर्भर है, यह सभी जानते हैं। वही उद्योग अधिक फूलता-फलता है जो नारी शक्ति का सर्वाधिक सफल उपयोग कर पाता है। आज उद्योग तथा राजनीति संसार की सबसे बड़ी शक्तियाँ हैं और दोनों पूरक या संयुक्त होकर स्त्रियों का कितना अधिक शोषण कर रही हैं, यह कोई बतलाने या दिखलाने की चीज़ नहीं है। कभी नारी मॉडल बनकर (किस चीज़ का मॉडल) और कभी सौन्दर्य प्रतियोगिताओं में विश्व सुन्दरी बनकर किन लोगों के उपयोग (या उपभोग) का साधन बन रही है? आज की ये सौन्दर्य प्रतियोगिताएँ वैसी ही हैं जैसे राहुल या यशपाल के ऐतिहासिक उपन्यासों में नगर वधू या जनपद कल्याणी बनने के लिए आयोजित की गयी प्रतियोगिता। अत: 'प्रश्न' वहीं का वहीं खड़ा रहता है—ज्यों का त्यों और जैसे का तैसा! यशपाल अपने ऐतिहासिक उपन्यासों में ही नहीं, अपने 'क्रान्तिकारी' (?) सामाजिक उपन्यासों में भी नारी को 'पण्य' या समर्पिता (दादा कामरेड) बनाकर दिखला पाते हैं।

जहाँ तक दिव्या का सवाल है, वह अन्ततः मारीश को ही वरणीय पाती है। जिस सामाजिक व्यवस्था द्वारा वह तिरस्कृत है, उसमें वह स्वत्वहीन होकर ही पुनः प्रवेश पा सकती है। दूसरी तरफ भिक्षु पृथुसेन उसे संघ की शरण में लेना चाहता है किन्तु वह जानती है कि भिक्षु धर्म में नारी त्याज्य है। केवल मारीश है जो सामाजिक समृद्धि का प्रलोभन और धार्मिक निर्वाण का मिथ्या सुख देने का दावा नहीं करता, वह उसे 'पुरुष और स्वाभाविक सम्बन्धों के आधार पर उसे ग्रहण करना चाहता है। सारे धार्मिक तथा सामाजिक आडम्बरों से उसे बाहर निकालकर वह मारीश उसे देवी के राजप्रासाद में 'महादेवी' का आसन अर्पण नहीं कर सकता। वह संसार में जिस सुख-दुख का अनुभव करता है—उस मार्ग पर वह उस देवी के नारीत्व को अपना पुरुषत्व अर्पित करता है। वह इस नश्वर ज़ीवन में सन्तोष की अनुभूति दे सकता है। सन्तान की परम्परा के रूप में वह उसे मानव की परम्परा दे सकता है।

दिव्या इस 'प्रस्ताव' को ही स्वीकार करती है क्योंकि वह सभी प्रलोभनों तथा भ्रमों से मुक्त है। इसमें न कोई शुद्धतावाद है और न रोमैंटिक मरीचिका है।

अतः यशपाल 'दिव्या' के माध्यम से पुरुष-स्त्री के स्वाभाविक सम्बन्ध क्या हो सकते हैं या क्या होने चाहिए, इसके बारे में अपनी धारणा और प्रस्ताव प्रस्तुत करते हैं और 'दिव्या' के इतिहास को एक कालखंड विशेष में 'स्थित' कर उसके माध्यम से यह सिद्ध करना चाहते हैं कि यह सब सामन्तवादी विकृत व्यवस्थाओं की देन है और स्त्री को उससे मुक्त मारीश जैसे व्यक्ति ही कर सकते हैं। लेकिन जैसा कि कहा गया, सामन्ती व्यवस्था का ठीक-ठाक विकल्प क्या है, यह यशपाल नहीं बतलाते—हालाँकि प्रच्छन्न रूप से वे इसके विकल्प के रूप से शायद समाजवादी यानी साम्यवादी व्यवस्था की प्रतिष्ठा करना चाहते हैं—पर यह उपन्यास में स्पष्ट नहीं किया गया है। अतः उपन्यास दिव्या और मारीश की प्रेमकहानी बनकर ही रह गया है : किन्तु यशपाल की यह प्रेम कहानी भी इतनी नियोजित तथा गणितीय बनकर रह गयी है कि उसके प्रेम जैसी कोमल भावना का लेशमात्र भी आभास नहीं मिलता।

ऐसा लगता है कि विचारधाराओं पर आधारित या कुछ विशेष विचारधाराओं के फ्रेम में लिखे गये उपन्यासों (मुख्यतः ऐतिहासिक) में विचारधाराओं में जकड़े हुए 'वृत्तान्त' तो हैं, पर 'कथाएँ' या रचनाएँ नहीं हैं—वे प्रायः रचनात्मकता से शून्य हैं। 'दिव्या' में यशपाल इतिहास में जाकर सामन्ती व्यवस्था की विकृतियाँ दिखने के साथ-साथ एक मुक्त प्रेम की अवधारणा भी प्रस्तुत करना चाहते हैं, किन्तु मुक्त प्रेम के नाम पर केवल मुक्त प्रेम के लिए कुछ सुझाव तथा सूत्र तो यहाँ हैं—पर प्रेम-कथा जैसी कृति यह नहीं बन पायी है। इसके अतिरिक्त दिव्या

की अत्यन्त कृत्रिम गढ़ी हुई भाषा (जो निश्चित रूप से संस्कृत शब्दकोशों के सहारे गढ़ी गयी है) उसे न तो एक स्वाभाविक प्रेम-कथा बनने देती है, और न एक सन्देशवाहक कृति।

ऐसा प्रतीत होता है कि ऐतिहासिक उपन्यास को उपन्यास तथा एक रचनात्मक कृति बनने के लिए अन्ततः ऐतिहासिक रोमांस ही बनना पड़ता है—शायद यही उसकी नियति है। इसी कारण वृंदावन लाल वर्मा की 'विराटा की पद्मिनी' और 'गढ़कुंडार' जैसे ऐतिहासिक रोमांस इस दृष्टि से अधिक सफल उपन्यास बन जाते हैं। आगे उनकी चर्चा भी की जाएगी।

वृन्दावन लाल वर्मा (1854–1969)

वृन्दावनलाल वर्मा सही अर्थों में ऐतिहासिक रोमांस लिखने वाले उपन्यासकार हैं। उनके उपन्यासों में एक प्रकार की आँचलिकता भी है। उनके सभी उपन्यास बुन्देलखंड की जमीन के आसपास घूमते रहते हैं और वे अपनी इस भूमि के अतीत में जाकर प्रायः एक उत्खनक की तरह कुछ कल्पना और कुछ ऐतिहासिक दस्तावेजों के सहारे दोनों के संयोग से बड़ी आकर्षक शौर्य और प्रेम की कथाएँ बुनते हैं जिनमें अतीत के नायक-नायिकाओं का गौरवगान भी होता है और प्रेम की मोहक सुगन्ध भी (इस दृष्टि से 'विराटा की पद्मिनी' उनका सर्वश्रेष्ठ उपन्यास है जिसका हम आगे विस्तार से वर्णन करेंगे।)।

वर्मा जी के प्रमुख उपन्यास हैं: गढ़कुंडार (1928), विराटा की पदि्मनी (1936) झाँसी की रानी (1946) मृगनयनी (1950) कचनार (1955)। उसके अतिरिक्त उन्होंने टूटे काँटे, अहिल्याबाई, भुवन विक्रम, माधवजी सिंधिया, रामगढ़ की महारानी दुर्गावती आदि अनेक उपन्यास भी लिखे थे। उनके कुल उपन्यासों की संख्या लगभग डेढ़ दर्जन है।

उनके उपन्यासों की विशेषता है, अपने अंचल के ऐतिहासिक अवशेष जैसे खंडहर, गढ़ और उनसे जुड़ी रोमानी किंवदंतियाँ प्रायः उसकी रचनात्मक कल्पना को जगाती हैं और उन्हें लिखने की प्रेरणा देती हैं। विराटा की पद्मिनी ऐसा ही एक उपन्यास है जो निश्चित रूप से किसी प्रसिद्ध किवदंती पर आधारित प्रेमकहानी है।

'विराटा की पदि्मनी' उपन्यास में तलवारों की छाया में घिरे एक मधुर प्रेम का वर्णन है। धार्मिक तथा सामाजिक रूढ़ियाँ कितने अमानवीय तरीके से मानवीय प्रेम को कुचलने के कुचक्रों की रचना करती हैं उस उपन्यास में इसी नृशंस अमानवीय कृत्य की कथा कहीं गयी है। रूढ़ियों और वर्जनाओं के बीच प्रेम अमानवीय होने के लिए विवश है। उपन्यास के प्रमुख पात्र कुंजर सिंह और

विराटा की पद्मिनी अर्थात कुमुद के बीच की प्रेमकथा को बड़े मार्मिक ढंग से वर्णित किया गया है। सामन्ती व्यवस्था में धर्म (चर्च) समाज संचालन में प्रमुख भूमिका निभाता है। सामन्ती व्यवस्था को सुरक्षित रखने के लिए धर्म अनेक चमत्कारों तथा आडम्बरों की सृष्टि करता है जिन्हें अत्यन्त मनोवैज्ञानिक सूक्ष्मता के साथ जनमानस में अनेक अन्धविश्वासों के रूप में उतारा जाता है।

इन धार्मिक रूढ़ियों का सबसे अधिक शिकार समाज का पिछड़ा तथा निम्न वर्ग होता है। उपन्यास की नायिका कुमुद ऐसे ही विपन्न वर्ग की युवती है जिसे प्रकृति ने अपार सौन्दर्य प्रदान किया है : उसके इस सौन्दर्य का इस्तेमाल करने के लिए समाज के धार्मिक ठेकेदारों ने उसे मानवी न मानकर 'देवी' का दर्जा दे दिया है जिसे सामान्य मनुष्य की तरह जीने का अधिकार नहीं है। यानी उसे मनुष्य की सहज आकांक्षाओं और प्राकृतिक प्रवित्तियों से वंचित कर दिया जाता है। मनोविज्ञान का एक पुराना सूत्र है कि हम अपने आपको वैसा नहीं देखते जैसे होते हैं बल्कि उस दृष्टि से देखते हैं जिस दृष्टि से दूसरे हमें देखना चाहते हैं। यानी व्यक्ति प्रायः दूसरों की धारणाओं में जीता है। अतः धार्मिकरूढ़ियों आडम्बरों से घिरी हुई कुमुद उन धारणाओं के अनुरूप ही जीने का प्रयास करती है—कहीं न कहीं उसके मन में भी क्रमशः यह बैठ जाता है कि सचमुच वह सामान्य स्त्री न होकर देवी है।

कुमुद और कुंजर सिंह के प्रेम की शुरुआत 'प्रथम दर्शन' (लव एट फर्स्ट साइट) में ही हो जाता है। कुंजर सिंह एक योद्धा है और उसके लिए जीवन का तात्पर्य युद्ध और युद्ध क्षेत्र ही है। उसे कुमुद के रूप की पहली झलक ही उसके प्रति अनुरक्त बना देने के लिए पर्याप्त है। प्रारम्भ से ही वर्मा जी ने यह दिखलाना चाहा है कि उनके प्रेम में ऐंद्रिकता या कामुकता नहीं बल्कि कोमलता और समर्पण है।

निरन्तर घोड़े की रकाब में पैर डाले रहने वाले सामान्य सैनिकों के लिए जीवन के भौतिक उपकरण ही सबसे बड़े लक्ष्य थे जिसमें स्त्री तथा राज्य प्रधान थे। मध्ययुग में प्रायः युद्ध इन्हीं दोनों को लेकर होते थे। लेकिन यहीं धर्म भी बीच में आ जाता था जो स्त्री को एक ओर देवि और उपासना की वस्तु तथा दूसरी ओर भोग की वस्तु बना देता था।

कुंजर सिंह का कुमुद के प्रति प्रेम में उपासना भाव ही अधिक था। उसके संस्कारपूर्ण व्यक्तित्व को कुमुद की कोमलता, कमनीयता ही अधिक आकर्षक लगी। वह उसे अत्यन्त, रहस्यावृत्त व्यक्ति के रूप में भयानक भी लगी। कुमुद के प्रति अपनी इन दो भावनाओं में से एक की तो वह घोषणा कर सकता है किन्तु दूसरी को एक अतृप्त कसक के रूप में केवल अनुभव ही कर सकता है।

मध्ययुगीन संस्कारों से निर्मित कुंजर सिंह का मन कुमुद पर सबकुछ न्योछावर तथा अर्पित कर देने के लिए आतुर हो जाता है। ऐसे प्रेम में प्राय: ऐसी अतीन्द्रिय नाटकीयता होती है जो दु:खान्तक परिणतियों तक पहुँचने के लिए अभिशप्त होती है।

कुंजर सिंह शेक्सपियर के हैमलेट तथा कुछ अन्य ट्रैजिक नायकों की तरह है जो अपने कर्म और लक्ष्य के प्रति कोई निर्णय लेने के घनघोर द्वन्द्व में फँसे रहते हैं। कुंजर सिंह के सामने दो लक्ष्य हैं दिलीप नगर का राज्य प्राप्त करना और कुमुद को अपना लेना। लेकिन दोनों को प्राप्त करने योग्य क्षमता तथा सक्रियता उसके व्यक्तित्व में नहीं है। जब वह दिलीप नगर का राजा देवी सिंह हो जाता है तो सोचता है, 'मुसावली पहुँचकर वहाँ की स्थिति का निरीक्षण और विराटा के सरदारों से मिलकर अपने को पुन: स्थापित करना। और यदि यह सम्भव न हुआ तो किसी अदृश्य स्थान में भगवती दुर्गा (कुमुद के स्वरूप का स्मरण करते हुए) अपने जीवन का उत्सर्ग कर देना।'

पूरी सक्रियता तथा अवधान के साथ लक्ष्य की ओर उन्मुख हो पाने की क्षमता का अभाव ही अन्तत: कुँवरसिंह को अपने दोनों लक्ष्यों से वंचित कर देता है। कुमुद पर अपना प्रेम वह तब प्रकट कर पाता है, जब वह दोनों लड़ाइयाँ हार चुका है।... एक ट्रैजिक हीरो की तरह वह एक हारे हुए योद्धा के रूप में कुमुद के प्रति पहली बार अपने प्रेम को व्यक्त कर देने के बाद उसकी रक्षा करते हुए अपने प्राणों का उत्सर्ग कर देता है। इस प्रकार हम देखते हैं कि वर्मा जी ने कुंजर सिंह को एक टिपिकल रोमैंटिक और ट्रैजिक नायक के रूप में निर्मित किया है।

किन्तु इस प्रेमकथा में कुमुद के प्रेम का द्वन्द्व कुंजर सिंह से कहीं अधिक जटिल है। अन्धविश्वासों तथा धार्मिक रूढ़ियों ने उसका जो इमेज निर्मित कर दिया है, उसकी उसे हर कीमत पर रक्षा करनी है—अपनी सारी स्वाभाविक मानवीय प्रवृत्तियों और आकांक्षाओं को अवदमित कर उसे यह करना ही है। यह आत्मघाती धारणा उसके भीतर बद्धमूल है। पर कुंजर सिंह के प्रति उमड़ती हुई उसकी अदम्य भावनाएँ इतनी दुर्निवार और प्रबल हैं कि उन्हें दबा पाना उसे असम्भव लगता है। अत: इस बीहड़ द्वन्द्व का विकल्प क्या है?

एक विडम्बना यह भी है कि कुमुद अत्यन्त रूपवती भी है। विजेता शासक सम्प्रदाय के लोग उसे हस्तगत करने के लिए कटिबद्ध हैं। अत: अपनी नियति वह साफ देख रही है। कुमुद का जीवन इस दुहरे दुर्भाग्य से पीड़ित है। कुमुद की यन्त्रणा असह्य हो जाती है। कुंजर सिंह द्वारा अन्तत: अपना प्रेम प्रकट कर देन के बाद तो वह घनीभूत यातना की प्रतिमूर्ति बन जाती है, लेकिन इस प्रणय की अभिव्यक्ति जिस परिवेश तथा जिस विनाश के क्षणों में सामने आती है उसमें

अनुकूल परिणाम होने की कोई सम्भावना नहीं है।

कुमुद के लिए अब कोई विकल्प नहीं है जिसे वह अंतिम क्षणों में अपनाती। वर्मा जी ने प्रेम की इस परिणति के द्वारा मध्ययुगीन मानसिकता तथा भावबोध का भी उद्‌घाटन किया है। उपन्यास जहाँ कुंजरसिंह सारी लड़ाइयाँ हार रहा है, कुमुद का उसके प्रति समर्पण अपनी अतीन्द्रिय उदात्तता के बाद एक वास्तविकता बन जाता है। प्रेम की पूर्ण अभिव्यक्ति के लिए तुमुल युद्ध जो अपनी परिणति तथा पराकाष्ठा पर पहुँच रहा है, उससे बढ़कर चरमक्षण और क्या हो सकता है! युद्ध न केवल धार्मिक रूढ़ियों से निर्मित मन्दिर के कंगूरों को ध्वस्त कर देता है बल्कि कुंजर सिंह तथा कुमुद के भीतर स्थापित वर्जनाओं के दुर्ग को भी ढहा देता है। यहीं पूरे उपन्यास में पहली तथा अन्तिम बार प्रेम की अभिव्यक्ति का आदान-प्रदान होता है। इसी क्षण में कुंजर सिंह उत्तेजित होकर कहता है, "मोह? मोह न था। अब मरने का समय आ रहा है, इसलिए मुक्त होकर कह डालूँगा कि आप..." आगे उससे बोला न गया। कुमुद उसकी ओर देखने लगी। तब कुछ क्षण बाद कुंजर ने कहा, "तुम मेरे हृदय की अधिष्ठात्री हो, मालूम है? कुमुद का सिर न मालूम कैसे जरा सा हिल गया और आँखें तरल हो गयीं। तुम मेरी हो? आवेश के स्वर में कुंजर सिंह ने प्रश्न किया। कुमुद ने कुछ उत्तर न दिया। कुंजर सिंह ने फिर उसी स्वर में प्रश्न किया, "मैं तुम्हारा हूँ?" कुमुद सिर नीचा किये खड़ी रही। कुंजर ने बड़े कोमल स्वर में प्रस्ताव किया। कुमुद एक बार कह दो कि तुम मेरी हो और मैं तुम्हारा हूँ।....सम्पूर्ण विश्व मेरा हो जाएगा, देखना कितने हर्ष के साथ मैं प्राण विसर्जन कर दूँगा।

नीचा सिर किये हुए कुमुद ने कुंजर सिंह की ओर देखा। आँखों से आँसुओं की धार बह निकली। कम्पित स्वर में कुंजर सिंह ने पूछा, "भुला सकोगी?" कुमुद के ओठ कुछ कहने के लिए हिले। आँखों से और भी वेग से प्रवाह उमड़ा।

ऊपर गोले साँय-साँय करते गुजर रहे थे। तोपचियों ने कुंजर सिंह को पुकारा। कुंजर सिंह ने एक हाथ कुमुद की पीठ पर रखा और उसे हृदय से लगा लिया। कुमुद ने अपना सिर कुंजर के कन्धे पर रख दिया।

मैं उस ओर जाऊँगी जिस ओर कोई न मिलेगा। "कुमुद दृढ़ता से बोली, "आप उस ओर जाएँ जहाँ जौहर हुआ है। हम लोग अन्त में फिर मिलेंगे।" और अपने आँचल के छोर में बँधी हुई जंगली फूलों की माला कुंजर सिंह के गले में डाल दी। माला के फूल अधखिले और सूखे थे। कुंजर ने कुमुद को एक बार फिर छाती से लगा लिया। कुमुद तुरन्त उससे अलग होकर बोली, "मेरा खंजर ले जाओ, अब मेरे पास कुछ नहीं है।"

'विराटा की पद्मिनी' के प्रेम में यही, अभिव्यक्ति चरम और परम है। यह

अतीन्द्रिय होते हुए भी उसे एक वास्तविकता का रूप दे देती है। इसमें वापसी या पलायनवादिता नहीं है और न यशपाल की भाँति मृत्यु की आड़ लेकर प्रेमिका के समपर्ण का भोगवादी इस्तेमाल। अपने सीमित बोध में यह प्रेम तत्कालीन वस्तुस्थितियों की स्वाभाविक परिणति है। ऐसी स्थितियों में वास्तविक प्रेम स्वत: सघन और घनीभूत होकर ऐन्द्रिकता से ऊपर उठ जाता है।

यदि मध्ययुगीन धार्मिक रूढ़ियाँ और अन्धविश्वास कुमुद के प्रेम की त्रासदी के लिए उत्तरदायी हैं तो उसी परिवेश में निर्मित राजनैतिक षड्यन्त्रों और प्रपंचों ने भी मानवीयता तथा मानवीय सम्बन्धों का घोर अवमूल्यन कर दिया था। इसका उदाहरण है राजा देवी सिंह तथा गोमती का प्रेम। गोमती देवी सिंह की पत्नी है जो देवी सिंह को प्राप्त करने के लिए अमानवीयता की सीमा तक चली जाती है पर इसी प्रक्रिया में वह रामदयाल जैसे नृशंस व्यक्ति के शोषण का शिकार हो जाती है। अत: अन्त में जब उसका पति राजा के रूप में उसके सामने आता है तो उसे पहचानने से भी इंकार कर देता है। गोमती द्वारा स्वयं रची हुई प्रवंचना का यह अन्तिम आघात है जिसे वह झेल नहीं पाती। अधिकतर सुख और भौतिक महत्त्वाकांक्षाएँ हमेशा प्रेम की दुश्मन होती हैं।

मध्ययुगीन धार्मिक तथा राजनैतिक प्रपंचों ने सम्मिलित रूप से मानवीयता और मानवीय प्रेम को असम्भव बना दिया था, 'विराटा की पद्मिनी' उसका अत्यन्त मर्मस्पर्शी उदाहरण है...जिसे वर्मा ने अपने रोमैंटिक भाव-बोध के बावजूद अत्यन्त सघन रचनात्मकता तथा एक हद तक वस्तुगत तटस्थता के साथ चित्रित किया है।

मृगनयनी

वृन्दावनलाल वर्मा का यह उपन्यास यद्यपि उनके अन्य उपन्यासों की भाँति एक ऐतिहासिक रोमांस ही है किन्तु यह इस अर्थ में किंचित भिन्न है कि मध्ययुगीन इतिहास में विख्यात राजामान सिंह के जीवन का एक नया पक्ष उद्‌घाटित करता है जो 'झाँसी की रानी' की तरह विख्यात नहीं है। राजामानसिंह संगीत प्रेमी थे और ऐसा माना जाता है कि महान गायक तानसेन मूलत: उन्हीं के दरबार के रत्न थे जिन्हें बाद में बादशाह अकबर ने अपने दरबार के नौ रत्नों में सम्मिलित किया।

लेकिन राजा मानसिंह के जीवन का दूसरा पक्ष यह है कि उन्होंने एक गूजर वीरांगना युवती से प्रेम विवाह किया और उसे अपने रंगमहल अथवा अन्त:पुर में सर्वाधिक मान्यता दी। यदि इस गूजर युवती को आज के शब्दों में दलित श्रेणी में रखें तो राजा मानसिंह द्वारा दी गयी मान्यता उसे हिन्दी उपन्यासों में किसी दलित युवती को दी गयी महत्ता, यदि पहली नहीं तो सामन्तो द्वारा किये गये कुछ श्रेष्ठ कृत्यों में मानी जाएगी। यहाँ यह ध्यान में रखना चाहिए कि यह गूजर

युवती (जो बाद में मृगनयनी नाम से जानी गयी) सामन्ती परम्परा के अनुसार अन्तःपुर की सैकड़ों या हजारों दासियों या रखैलों की तरह नहीं थी बल्कि मानसिंह के राजमहल की अत्यन्त विशिष्ट महारानी थी।

मानसिंह का यह प्रेम जो एक जंगली गाँव के शौर्यपूर्ण शिकार से शुरू होता है—क्रमशः संगीत, साहित्य और तत्कालीन कला-विधाओं के लिए एक इतिहास रचने वाला सिद्ध होता है। यह महज संयोगाश्रित प्रेम-कथा है जिसमें एक स्वभाव और संवेदना के दो व्यक्ति मिल जाते हैं और उनका यह मिलना फिर स्थायी प्रेम-बन्धन में बदल जाता है।

इतिहास ने अवशेषों तथा निजंधरी कथाओं से निर्मित यह प्रेमकथा अपने समस्त उपकरणों के साथ उस युग विशेष के एक मार्मिक प्रसंग के प्रति पाठक को मोहाविष्ट कर लेती है। किले, राजमहल, भव्यकक्ष, कलात्मक भित्ति-चित्रों से अलंकृत दीवारें, मूर्तिकला के अद्‌भुत नमूने, मध्ययुगीन राग-रागनियों, वाद्ययंत्रों तथा काव्य साहित्य के माध्यम से अतीत के साथ साहचर्य स्थापित करने का यह रचनात्मक प्रयास एक ऐतिहासिक मायालोक निर्मित कर देता है।

निजंधरी कथाओं के माध्यम से प्राप्त उपकरणों से संगति बैठाते हुए वर्मा जी ने इस प्रेम के विकास का एक-एक चरण चिह्न चित्रित किया है। परिणाम स्वरूप एक ऐसी कथा सामने आती है जो अपने सीमित क्षेत्र में ही स्त्री सम्बन्धी कुछ प्रचलित मान्यताओं को खंडित भी करती है। इसमें प्रेम में आँसू, उन्माद, विरह-व्यथा आदि रीतिबद्ध प्रेम के उपकरण कहीं नहीं हैं। स्वयं मृगनयनी स्त्रीत्व सम्बन्धी प्रचलित तथा परम्परा स्वीकृत बिम्बों को भी खंडित करती चलती है। उसका शौर्य, स्पष्टवादिता, दृढ़ता, प्रगल्भता तथा बौद्धिक तीक्ष्णता आदि स्त्रीत्व की बनी-बनाई धारणाओं के सर्वथा विपरीत पड़ते हैं।

इस रूप में यह प्रेम दरबारी संस्कृति तथा जीवन शैली का अंग होकर भी उससे बाहर निकलकर अपनी अलग और नयी परम्परा निर्मित करता है। इसमें बनावटी विनम्रता, चाटुकारिता तथा बासी शिष्टता नहीं है। यह पौरुष, विवेक, संकल्प तथा दृढ़ता के तंतुओं से निर्मित प्रेम है। यद्यपि वर्माजी ने अन्ततः मध्ययुगीन सामन्ती संरचना के भीतर विकसित राजसी ठाटवाले प्रेम का ही औचित्य सिद्ध किया है लेकिन उसकी कथा-संरचना इससे सीमा बद्ध घेरे के बाहर निकलकर अपना अस्तित्व प्रमाणित करने में स्वयं समर्थ है।

इस कथा की विशिष्टता यह है कि यह स्वयं अपने लेखक के विरोध में जाती है। क्योंकि वर्मा जी का लक्ष्य परम्परा विरोध नहीं है। सुधारवादी मान्यताओं की आड़ में उन्होंने प्रेम की कुछ परम्पराओं को सुरक्षित रखा है। पर मृगनयनी और उसकी सखी दोनों जौहर की परम्परा को स्वीकार नहीं करतीं, वे पुरुषों की

भाँति लड़ते-लड़ते मरना चाहती हैं। प्रेम में मृगनयनी, पुरुष का विश्राम स्थल नहीं बनना चाहती और न उसे सान्त्वना तथा सहारा देने वाली संगिनी। मानसिंह जब उससे कहता है कि मैं जब दिन भर की लड़ाई से श्लथ होकर तुम्हारे कक्ष में आऊँ तो तुम्हारी मृदु मुस्कान और मीठे स्वरों के लालित्व को अपने भीतर भरकर फिर ज्यों का त्यों सबल और तरोताजा हो जाऊँ। तब उत्तर मृगनयनी देती है, "लेकिन हमारे चलाये गये तीरों की सनसनाहट क्या आपकी भुजाओं को कम फड़काएगी। राज का भवन खड़ा हो गया होता तो वह भी हमसे यही कहता कि हमारे भीतर रहकर लड़ो और हमारे बाहर रहकर भी लड़ो।" यह सम्भवत: हिन्दी उपन्यास में कही गयी पहली 'स्त्रीवादी' (अपने शब्दों में) घोषणा है।

वर्मा जी के मानसिंह तथा मृगनयनी के सामने यह समस्या नहीं है कि वे अपने प्रेम को अपने जीवन में स्थायी कैसे बनाएँ बल्कि यह है कि उसे इतिहास कैसे बनाएँ? अत: उसके लिए यह प्रेम इतिहास निर्माण का एक साधन है। एक सामन्त ही ऐसा सपना देख सकता है(ताजमहल की तरह)। मानसिंह कहता भी है, "तुम्हारी एक मुस्कान, भिन्न भिन्न समय पर दिखायी पड़ने वाला सलोनापन, तुम्हारी एक-एक छवि को ऐसा मूर्त कर देना चाहता हूँ, इतना साकार कि जीवन के अन्त तक वह प्रेम का अचल प्रतिबिम्ब बना रहकर दिखायी पड़ता रहे।"

चूँकि वर्मा जी के पास कोई अपनी स्पष्ट विचारधारा नहीं है, केवल धारणाएँ और विश्वास है जिनसे उनका रचनात्मक भावबोध निर्मित होता है, उनकी अपनी ये धारणाएँ और विश्वास उपन्यास में बिना किसी आरोप के अभिव्यक्ति हुए हैं, और वे प्रचलित सुधारवादी मान्यताओं के साथ कुछ सपाट किस्म की मान्यताओं के साथ गूँथकर अभिव्यक्त हुए हैं। अत: अन्तत: ध्वनित होता है कि वे कुछ हिन्दुवादी मान्यताओं के साथ मिलकर बनी हैं। पर वे विचारधारा वाले उपन्यासों की तरह अपने को इतिहास पर आरोपित नहीं करतीं।

चतुरसेन शास्त्री

यद्यपि वैद्य चतुरसेन शास्त्री ने अनेक ऐतिहासिक उपन्यास लिखे हैं किन्तु सर्वाधिक चर्चित उपन्यास 'वैशाली की नगरवधू' है।

शीर्षक के अनुरूप आम्रपाली वैशाली गणतन्त्र की नगरवधू है। यह उपन्यास आम्रपाली को केन्द्र बनाकर लिखा गया है। नगरवधू की परम्परा बहुत पुरानी है और तथाकथित गौरवपूर्ण परम्परा में नगर वधुएँ मूलत: गणिकाएँ ही होती थीं। आम्रपाली प्राचीन गणतन्त्र वैशाली की नगरवधू है। इतिहास में उसका नाम अनेक कृतियों में आया है। इस विख्यात नगरवधू की त्रासद कथा ही उस उपन्यास में

वर्णित की गयी है। वह आम्रवृक्ष के नीचे फेंक दी गयी एक सन्तान है जिसे आगे चलकर अपने अप्रतिम सौन्दर्य के कारण वैशाली गणतन्त्र की वैधानिक परम्परा के अनुसार 'नगरवधू' चुना जाता है। शास्त्री जी ने इस विकृत परम्परा की अमानवीय क्रूरताओं को ही इस उपन्यास में उद्‌घाटित किया है।

'विराट की पद्‌मिनी' का सौन्दर्य धार्मिक रूढ़ियों की बलि चढ़ जाता है किन्तु आम्रपाली का विकास इस अमानवीय परम्परा के प्रति एक प्रतिरोधक व्यक्तित्व के रूप में होता है। आम्रपाली का व्यक्तित्व व्यवस्था और व्यक्ति के संघर्ष का रंगमंच है।

उपन्यास में एक स्थल पर आम्रपाली कहती है, ''जब मैं अपनी रुचि और पसन्द के व्यक्ति से प्रेम नहीं कर सकती, उसे अपनी देह तथा हृदय अर्पित नहीं कर सकती तब मैं अपनी यह अधम देह लेकर वैशाली की हाट में ऊँचे से ऊँचे दाम में बेचने के लिए ही बैठूँगी।''

इस व्यवस्था के चलाने वालों का उत्तर है, ''सोचो तो इस समय वैशाली का जनपद किस प्रकार चारों ओर संकट से घिरा हुआ है। शत्रु उसे ध्वस्त करने के मौके की तलाश में हैं और ऐसे में तुम ऐसी 'शक्ति' (!) बन सकती हो जिसके संकेत पर वैशाली जनपद के श्रेष्ठ पुत्रों और सामन्त पुत्रों की शक्ति तम्हारे ऊपर पल्लवित होगी। तुम्हीं उनमें आशा, उत्साह और उमंग भर सकोगी। तुम्हीं उन तरुणों को एक सूत्र में बाँध सकती हो। वैशाली के तरुण तुम्हारे एक ही संकेत तथा तीक्ष्ण कटाक्ष से वह कर्य कर सकेंगे जो अष्टकुल का गणतन्त्र तथा संघ के सम्पूर्ण राजपुरुष मिलकर नहीं कर सकते।

व्यक्ति का (मुख्यत: स्त्री का) इस्तेमाल करने के लिए रोमैंटिक आदर्शों के अन्त में दिये जाने वाले इस या ऐसे तर्कों से अब सब परिचित हो चुके हैं।

दरअसल, आम्रपाली एक सामन्त से प्रेम करती है—लेकिन वैशाली का विकृत कानून उसे इस सहज मानवीय अधिकार से भी वंचित कर देता है। फलत: उसका प्रतिशोधक व्यक्तित्व राजनैतिक कुचक्रों का केन्द्र बन जाता है। शास्त्री जी ने यद्यपि उसके इस प्रतिक्रियात्मक व्यक्तित्व का सुधारवादी मान्यताओं के आधार पर औचित्य सिद्ध किया है—लेकिन उनका यह प्रयत्न उसके विद्रोही व्यक्तित्व को दुर्बल बना देने वाला है। अन्यथा आम्रपाली में विद्रोह के बीज बहुत गहराई तक स्थित हैं। अत: उसने सोचा कि जब कानून की मर्यादा का ही पालन करना है तो जीवन के वैभव के शिखर पर पहुँचना और अधिकार भी प्राप्त करना होगा। वैशाली के जिस जनपद ने उसे इस कीचड़ में रहने के लिए बाध्य किया है, उसे अपने समर्थ चरणों से रौंद-रौंदकर दलित कर दूँगी। मैं वैशाली के इन स्त्रैण पुरुषों से प्रतिशोध लूँगी। मैं अपने स्त्रीत्व का पूरा सौदा करूँगी। मैं आत्मा

का हनन करूँगी और इन लोथ-लोलुप गिद्धों की प्रतिष्ठा और मर्यादा को बेचकर रहूँगी।"

नगरवधू बनने के बाद भी वह दो व्यक्तियों से प्रेम करती है। पर एक वेश्या के रूप में उच्च वर्ग से प्रतिशोध लेने के क्रम में वह अपने नारीत्व से हारती जाती है। उसके द्वारा दो व्यक्तियों का चयन भी रोमैंटिक भावबोध का ही परिचायक है, उसके दो प्रेमियों में से एक है भारतीय ऐतिहासिक आख्यानों का प्रसिद्ध रोमैंटिक नायक वत्सराज उदयन। वह अपनी वीणा और वीरता दोनों से आम्रपाली को मुग्ध करके उसे अपने प्रेमपास में बाँध लेता है। आम्बपाली का दूसरा प्रेमी है मगध सम्राट बिम्बसार जिसके पास आम्रपाली वैशाली के विनाश का प्रस्ताव लेकर जाती है और एक सुनियोजित प्रेम प्रपंच में उलझ जाती है। किन्तु अपने सभी प्रयत्नों से निराश और हताश होकर वह भगवान बुद्ध से दीक्षा ग्रहण कर लेती है। यानी स्त्री अन्ततः स्त्री होती है। वह षडयन्त्रों के दुर्ग निर्मित तो कर सकती है, किन्तु अपने इस स्वनिर्मित दुर्ग में वह स्वयं बन्दी हो जाती है। आम्रपाली अपनी वासना की ज्वाला से वैशाली को भस्म कर देना चाहती है। लेकिन ललित कलाओं में पारंगत वत्सराज उसे प्रेम की दीक्षा देता है। जब आम्रपाली उससे कहती है कि "प्रिय, क्या भोग ही प्रेम का पुरस्कार नहीं है?" तो वत्सराज कहता है, "नहीं प्रिये भोग तो वासना का यत्किंचित प्रतिकार है।"

आम्रपाली कहती है "और वासना? क्या वासना प्रेम का पुण्य नहीं है?" वत्सराज फिर कहता है, "नहीं प्रिये क्षुद्र इन्द्रियों का नगण्य विकार है। यह वासना तो विश्व का ही भोग है। जब विश्व की सम्पदायें भोग और वासना को अर्पित कर दी गयीं तब प्रेम के लिए क्या रह गया?" आम्रपाली पूछती है, "क्यों आनन्द?" "कौन सा आनन्द प्रिये? आनन्द तो इन्द्रियों के भोगों से पृथक, मन और वासना से दूर है जिसमें आकांक्षा भी नहीं है और उसकी पूर्ति का प्रयास भी नहीं है। पूर्ति न होने पर विरक्ति भी नहीं है जैसी भोग और वासना में है।"

तब आम्रपाली कहती है, "किन्तु शरीर तो वासना ही वासना है और भोग ही उसे सार्थक करते हैं।"

"उसी से तो प्रेम शैशव में ही शरीर भोगों में व्यय हो जाता है, प्रेम का स्वाद उसे मिल कहाँ पाता है। प्रेम के विकसित होने का समय ही कहाँ मिलता है। प्रिये, यह मानवता का परम दुर्भाग्य है कि प्रेम तो विश्व के प्राणियों से ही उसे प्राप्त हो पाता है। भोग और वासना तो पशु-पक्षियों में भी पायी जाती है पर तब मनुष्य पशु भाव से तनिक भी आगे नहीं बढ़ पाता है।"

आम्रपाली "तब तो प्रिय, यौवन और सौन्दर्य कुछ रहे ही नहीं। मनुष्य का सौन्दर्य ही तो समस्त कलाओं का उद्गम है और यौवन और सौन्दर्य ही

कलाओं के मूलधार हैं। इसी से कोई समर्थ पुरुष यौवन और सौन्दर्य को वासना से बचा सके और भोगों की लपटों में उसे झुलसने से निकाल सके, तभी प्रेम का रस चखने को मिल सकता है। देवी आम्रपाली यही रस अमोद्य है।''

आम्रपाली ने दोनों मृणाल भुज उसके कंठ में डालकर कहा, ''प्रियतम, मैंने उसे पा लिया।''

अतः आम्रपाली जो विनाश और वासना की देवी बनना चाहती थी, अन्त में प्रेम, त्याग, बलिदान और वैराग्य की देवी बन जाती है। वह आजन्म कुमारी आर्यामातंगी की पुत्री है, सोमदत्त भी आर्या मातंगी से ही उत्पन्न हुआ है और सम्राट बिम्बसार का जारज पुत्र है। इस प्रकार सम्बन्धों की यह शृंखला समाज की विकृत रूढ़िगत नैतिकता की कैसी विडम्बना को जन्म देती है! मसलन इस प्रकार आम्रपाली जिस सम्राट बिम्बसार की प्रेमिका हो जाती है, वह उसकी माता मातंगी का प्रेमी है यानी प्रकारान्तर से वह तो आम्रपाली का पिता है और सोमदत्त उसका भाई है। उपन्यास की ये विम्बनात्मक त्रासदियाँ ग्रीक त्रासदियों की याद दिलाती हैं। खासतौर पर इडिपस की त्रासदी जो एक ऐसी ही विडम्बनाओं और आडम्बरों के चलते अपनी माँ से ही विवाह कर बैठता है।

यहाँ भी ऐसी ही विडम्बनात्मक त्रासदी प्रस्तुत की गयी है किन्तु जिसे ग्रीक साहित्य में 'आयरनी ऑफ द फेट' अर्थात भाग्य की विडम्बना कहा गया है, वह मूलतः विकृत और बीमार सामाजिक व्यवस्था की देन है भाग्य की नहीं। भाग्य की अवधारणा को भी छिपाने के लिए गढ़ा गया है।

ऐतिहासिक उपन्यास ऐसे ही निरुत्तर प्रश्नों को उठाते हैं जिनका आज भी कोई उत्तर नहीं दिया जा सकता है क्योंकि 'सामाजिक व्यवस्था' को आज भी निकट से देखें तो उसमें कोई आधारभूत परिवर्तन नहीं दिखायी पड़ता है। यह व्यवस्था मानवीयता या मानवीय जीवन का कोढ़ है। समाज कितना विकसित हुआ है? मनुष्य कितना बदला? क्या विकास की अवधारणा पर पुनर्विचार ही नहीं पुनःकार्यान्वयन की आवश्यकता है?

ऐतिहासिक उपन्यास ऐसी अनेक चुनौतियाँ देते हैं और इतिहास के हर मोड़ पर एक नये कोण से नये प्रश्न उपस्थित करते हैं। इसीलिए समकालीन समाज और साहित्य में भी इतिहास पर पुनर्विचार का सिलसिला रुका नहीं है। आगे उनपर विचार किया जाएगा।

आचार्य हजारी प्रसाद द्विवेदी (1907–1979)

द्विवेदी जी ने चार उपन्यास लिखे हैं : बाणभट्ट की आत्मकथा (1947) चारुचन्द्र लेख (1963) पुनर्नवा (1973) तथा अनामदास का पोथा (1976)।

'बाणभट्ट की आत्मकथा' एक कालजयी कृति है किन्तु अभी तक उसका वास्तविक और विधिवत आकलन नहीं हुआ है। सामान्यत: समीक्षक उसे एक ऐतिहासिक उपन्यास मानकर उसे ऐतिहासिक उपन्यासों की श्रेणी में डाल देते हैं या अधिक से अधिक उसे एक मध्यकालीन सांस्कृतिक कृति मानकर तत्कालीन भारतीय संस्कृति के सन्दर्भ में उसका विवेचन करते हैं। वस्तुत: 'बाणभट्ट की आत्मकथा' यद्यपि यह एतिहासिक उपन्यास है पर इससे इतर वह और कुछ है और यह और कुछ ही उसे हिन्दी उपन्यास को एक बिल्कुल नयी दिशा देता है, लगभग उसी तरह जैसे उससे पूर्व में 'शेखर एक जीवनी' ने दिया था। किन्तु इन उपन्यासों की नयी दिशाएँ बिल्कुल विपरीत प्रकृति की नयी दिशाएँ हैं। यदि कहें कि शेखर की भाँति ही बाणभट्ट ने अतीत के विश्लेषण की एक नयी पद्धति का निर्माण किया बल्कि पश्चिम विमुख एक भारतीय उपन्यास की अवधारणा को जन्म दिया। इस अर्थ में उसने पहली बार एक विशुद्ध भारतीय उपन्यास की भी सृष्टि की। इसके अलावा बाणभट्ट ने एक नवीन औपन्यासिक प्रविधि का भी लगभग आविष्कार किया जो ऊपरी तौर पर प्राय: अलक्षित रहती है, किन्तु गहरे स्तर पर उसका विश्लेषण करने पर ही इस चमत्कारी प्रविधि का पता चलता है जिसे हम आगे विश्लेषित करने का प्रयास करेंगे। शेखर के साथ उसका उल्लेख करने से कुछ लोग शायद चौकेंगे क्योंकि दोनों की विषयवस्तु, प्रविधि तथा भाषा सब नितान्त भिन्न हैं। पर पहले कुछ समानताओं पर गौर करें जो नितान्त विपरीत प्रतीत होंगी और यह विपरीतता ही उनकी समानता है। पहली बात तो यह कि 'शेखर' सचमुच एक आत्मकथा होते हुए भी उसे 'आत्मकथा' होने से इन्कार किया गया है जबकि बाणभट्ट जो उसकी 'आत्मकथा' नहीं है। केवल उससे सम्बन्धित तथ्यों के आधार पर एक स्वतन्त्र मौलिक कृति है जिसके बारे में कहा गया है कि उसकी मूल पांडुलिपि किसी विदेशी महिला लेखक की है जिसे उन्होंने यथावत प्रस्तुत कर दिया है। सबसे पहले तो यही उसकी अनोखी प्राविधिक विशेषता है जिसे आत्मकथा न होते हुए भी 'आत्मकथा' प्रमाणित करने की घोषणा की गयी है। इसी अर्थ में वह विपरीत होते हुए भी 'शेखर' के समान है।

अब उस बहुत कुछ को समझने तथा विश्लेषित करने का प्रयास किया जाएगा जो बाणभट्ट को एक बहुस्तरीय तथा बहुआयामी उपन्यास और कालजयी कृति बनाता है। सबसे पहले तो जानना महत्त्वपूर्ण है कि वे ऐसा क्यों चाहते हैं कि उसे 'आत्मकथा' माना जाय? यद्यपि अन्त में वे इस प्रविधि का रहस्य भी खोल देते हैं। इसका एक उद्देश्य तो यह है कि वे इसे इतनी सघन प्रामाणिकता के साथ प्रस्तुत करें कि सामान्य पाठक यह महसूस करे कि वह किसी प्राचीन पांडुलिपि के रूप में एक ऐतिहासिक दस्तावेज ही पढ़ रहा है। विश्वसनीयता

तथा प्रामाणिकता का भ्रम उत्पन्न कर पाना अपने आप में एक बहुत रचनात्मक उपलब्धि है। एक रचनाकार किस तरह स्वनिर्मित संसार रचकर पाठक को किसी 'टाइममशीन' से अतीत के एक विशेष कालखंड में ट्रान्सपोर्ट कर सकता है। इसका 'बाणभट्ट की आत्मकथा' शायद किसी भी भारतीय भाषा में एकमात्र उदाहरण है।

अत: 'बाणभट्ट की आत्मकथा' भले ही आत्मकथा न हो (जोकि वह नहीं है) लेकिन क्या वह एक विशेष अर्थ में सचमुच एक आत्मकथात्मक उपन्यास नहीं है? बल्कि एक अर्थ में वह 'बाणभट्ट' से अधिक आचार्य हजारी प्रसाद द्विवेदी की आत्मकथा है प्रच्छन्न और अलक्षित! बल्कि इसी अर्थ में उसकी रचनात्मक उत्कृष्टता निहित है। अज्ञेय शेखर में प्रयत्नपूर्वक अपनी सारी युक्तियों के बावजूद उसके आत्मकथात्मक तथ्यों को छिपा नहीं पाये हैं, जबकि द्विवेदी जी इसका उलटा रास्ता अख्तियार करते हैं और इसमें उन्हें पूरी सफलता प्राप्त हुई है। वे इसमें इतने प्रामाणिक ऐतिहासिक तथ्यों को एकत्र करते हैं कि हम उन तथ्यों में ही नहीं, उसमें घटित घटनाओं की वास्तविकता में भी विश्वास करने लगते हैं। द्विवेदी जी ने इतनी कलावतन्ता के साथ अपने 'व्यक्ति' को एक अन्य व्यक्ति की ओट में रखा है कि हम उस व्यक्ति को ही 'भोक्ता' मान लेते हैं और इसमें स्वयं लेखक का 'भोक्ता' कितना है, इसे लक्ष्य नहीं कर पाते। इस तरह अज्ञेय द्वारा शेखर में उद्धृत टी.एस. एलियट का यह कथन कि भोगनेवाले व्यक्ति और रचने वाले व्यक्ति में अन्तर होता है और यह अन्तर जितना अधिक होता है उतना ही बड़ा वह लेखक या रचनाकार होता है। इसका पालन अज्ञेय ने उतना नहीं किया है। बाणभट्ट तथा राज्यसत्ता के बीच संघर्ष और समझौते में जो तनाव और आत्मयातना है, उसे स्वयं द्विवेदी जी ने कितना भुगता होगा और किस हद तक किन दबावों के तले उससे समझौता किया होगा, उसे हम बाणभट्ट के रूप में ही देखते हैं, लेखक के अपने संघर्ष के रूप में नहीं। द्विवेदी जी का मकसद भी यही था और यह उपन्यास में पूरी तरह पूरा होता है।

उसके अतिरिक्त 'बाणभट्ट' की एक बहुत बड़ी विशेषता है कि वह जितना 'ऐतिहासिक' है, उतना ही समकालीन भी है। समकालीन को इतिहास में और इतिहास को समकालीन में रूपान्तरित कर दिया गया है। इसी को टी.एस. एलियट ने अतीत की समकालीनता (प्रेजेंटनेस ऑफ दी पास्ट) कहा है। इसका एक अभिप्राय यह भी है कि मनुष्य के मूलभूत सरोकार और संघर्ष कालबद्ध न रहकर सार्वकालिक होते हैं। उनसे हमारा हर बार नये सिरे से सामना होता है और हर बार नये सिरे से उनका समाधान ढूँढ़ना पड़ता है।

ये सरोकार और संघर्ष क्या हैं, इसे समझने के लिए हमें बाणभट्ट को अधिक

निकटता से देखना होगा। सत्ता या व्यवस्था से कलाकार का क्या सम्बन्ध होता है। यह प्रश्न शायद राज्य (स्टेट) की उत्पत्ति के साथ ही शुरू हो गया था। पश्चिमी गैलिलियो इसका ज्वलन्त उदाहरण है और भारत में कवि गंग की कथा। यह भी विचारणीय है कि रचनाकारों ने अपने को हमेशा चर्च (धर्म संस्थान) तथा राज्य (स्टेट) के विरुद्ध पाया है। यह भी कि प्रायः उनके विचार तथा अभिव्यक्तियाँ स्टेट तथा चर्च अपने अनुकूल नहीं पाते। यहीं से उनके बीच द्वन्द्व और संघर्ष शुरू हो जाता है। आधुनिक भारत में जैसे-जैसे स्वतन्त्रता के लिए संघर्ष तीव्र होता गया, वैसे-वैसे साहित्य की स्वतन्त्रता तथा स्वायत्तता का प्रश्न भी व्यापक स्तर पर उठाया जाने लगा। आजादी के बाद तो यह 'स्वतन्त्रता' स्थानान्तरित होकर लेखक की इंट्रीग्रिटी की 'कसौटी' बन गया। क्या देश के स्वतन्त्र हो जाने के बाद लेखक को भी स्वतन्त्रता मिल गयी यानी अभिव्यक्ति की पूरी स्वतन्त्रता मिल गयी। साथ ही यह प्रश्न भी उठने लगा कि रचनाकार को किस हद तक राज्याश्रय चाहिए। चाहिए भी या नहीं? क्या इस प्रकार का 'प्रक्षेप' या 'एसाइनमेंट' उसकी 'इन्टीग्रिटी' तथा प्रतिभा के क्षरण का कारण बन सकता है? सरकार का पक्षधर या प्रवक्ता होना क्या कलाकार की स्वतन्त्रता और प्रतिभा अपहरण कर लेता है? क्या 'सत्ता' का पक्षधर होना 'सच' का गला घोंट देना है?

इसे विडम्बना ही कहेंगे कि आजादी के बाद 'कला' को प्रोत्साहित करने के नाम पर राज्याश्रय से जुड़े प्रलोभनों का जाल सा बिछ गया। इस मनलुभावन तथा मनरिझावन जाल से आज कलाकार का बच पाना असम्भव-सा हो गया।

'बाणभट्ट की आत्मकथा' हिन्दी का पहला उपन्यास है जो इन प्रश्नों तथा इनसे जुड़े अनेक प्रश्नों को इतिहास के ढाँचे में ढालकर या ढँककर इतने प्रखर ढंग से उठाता है, बल्कि 'बाणभट्ट की आत्मकथा' का केन्द्रबिन्दु यही है। अन्त तक आते-आते स्वयं 'बाणभट्ट' इस द्वन्द्व, संघर्ष और समझौते की यातनापूर्ण प्रतिकृति बन जाता है। लेकिन बाणभट्ट में केवल इतने या ऐसे ही प्रश्न नहीं उठाये गये हैं। आगे हम क्रमशः ऐसे अधिकांश प्रश्नों पर विचार करेंगे क्योंकि बाणभट्ट इतना बहुस्तरीय उपन्यास है कि उसका विधिवतापूर्ण विश्लेषण करने के लिए स्वतन्त्र पुस्तक की आवश्यकता है।

सबसे पहले तो हम जान लें कि 'बाणभट्ट की आत्मकथा' का नाभिकीय या केन्द्रीय सूत्र क्या है। सत्य कहने के लिए किसी से भी नहीं डरना, गुरु से भी नहीं, वेद से भी नहीं, राजा से भी नहीं। यह सूत्र मानो कलाकर्म का पर्याय बन गया है। द्विवेदी जी ने मानो इस सूत्र के माध्यम से रचनाकर्म का 'संविधान' रच दिया है। किन्तु क्या स्वयं बाणभट्ट इसका पूरी तरह निर्वाह कर सका है।

(यहाँ प्रच्छन्न रूप से यह भी निहित है कि क्या स्वयं लेखक (व्यक्ति) इसका निर्वाह कर सका है?)

इसीलिए 'बाणभट्ट की आत्मकथा' का परिवेश यद्यपि मध्यकालीन है किन्तु वह अपनी रचनात्मक प्रच्छन्नता में पूर्णतः समकालीन उपन्यास है। इस प्राविधिक विशेषता के कारण इसका महत्त्व कई गुना बढ़ जाता है। 'बाणभट्ट' के रूप में द्विवेदी जी ने एक घुम्मकड़ बोहेमियन तथा प्रायः निरंकुश किन्तु अत्यन्त प्रतिभाशाली रचनाकार की सृष्टि की है जो अपने घुम्मकड़ रोमानी स्वभाव के कारण जहाँ स्त्रियों में अत्यन्त लोकप्रिय है, वहीं सम्भ्रान्त लोगों में वह 'आदमी अच्छा है पर बदनाम बहुत है (गालिब) ही माना जाता है। उसकी खासियत यह है कि वह कहीं एक जगह टिकता नहीं। पर जब वह उज्जयिनी पहुँचता है और राजा के सामने लाया जाता है तो स्वयं विद्वान और कलामर्मज्ञ राजा उसकी प्रतिभा को पहचान जाता है और उसे राज्याश्रय में रहने का प्रस्ताव रखता है। बाणभट्ट की मूलकथा यहीं से प्रारम्भ होती है और अनेकों पेचोखम से गुजरती हुई यहीं समाप्त भी होती है। इन्हीं पेचोखम के माध्यम से द्विवेदी जी ने तत्कालीन मध्यदेश का सांस्कृतिक राजनैतिक परिवेश बड़ी सूक्ष्मता से प्रस्तुत किया है। बाणभट्ट की इस रूप में निर्मिति अकारण या आकस्मिक नहीं है। इसके पीछे द्विवेदी जी की गहरी अन्तर्दृष्टि तथा विशेष प्रयोजन है। प्रकारान्तर से द्विवेदी जी ने यहाँ सांकेतिक रूप से स्वयं अपने मन के संशय, संघर्ष तथा द्वन्द्व को भी व्यक्त कर दिया है। यह एक विडम्बना ही है कि प्रायः बोहेमियन्न किस्म के विद्रोही व्यक्ति सत्ता के सबसे अनोखे तथा सुस्वादु शिकार होते हैं। कैमू ने अपनी विख्यात पुस्तक 'द रिबेल' में इसका व्यापक रूप से विश्लेषण किया है कि किस प्रकार एक विद्रोही की परिणति प्रायः सत्ता द्वारा क्रीत 'कैरियरिस्ट' के रूप में होती है। 'बाणभट्ट' में भी प्रायः यही होता है। किन्तु उन्होंने इसे एक सरलीकृत नुस्खे के रूप में प्रस्तुत न कर अत्यन्त रचनात्मक संश्लिष्टता के साथ रखा है। यह पूरी कथा की विडम्बना और त्रासदी दोनों है। बाणभट्ट संघर्ष करता है, प्रतिरोध करता है—अपनी पूरी क्षमता के साथ किन्तु अन्त में पराजित होता है। बाणभट्ट की रचना का एक उद्देश्य और है। ध्यान देने की बात है कि द्विवेदी जी ने बाणभट्ट को ही केन्द्र में रखकर इस उपन्यास की रचना क्यों की? यह सर्वविदित ऐतिहासिक तथ्य है कि इतिहास के जाने माने कृतिकार बाणभट्ट ने ही भारत के पहले उपन्यास 'कादम्बरी' की रचना की थी। अतः कदाचित द्विवेदी जी का एक उद्देश्य यह भी है कि उपन्यास जो सामान्यतः पश्चिम से आयी हुई साहित्यिक विधा माना जाता है, इस धारणा के समानान्तर वे उपन्यास की एक भारतीय अवधारणा या उदाहरण प्रस्तुत करना चाहते थे। स्वयं उनका 'बाणभट्ट' भी उस धारणा को चुनौती

देता है। यह पश्चिम का प्रत्युत्तर नहीं है किन्तु इतिहासकार द्विवेदी जी भारत में उपन्यास की परम्परा के स्रोतों का बाणभट्ट के माध्यम से उत्खनन कर रहे हैं। यहाँ यह भी ध्यान दिलाना जरूरी है कि द्विवेदी जी ने एक डिवाइस के रूप में इस कथा की अधूरी पाण्डुलिपि की खोज एक विदेशी महिला द्वारा कराई है, यानी सम्भवत: कि भारत की ही नहीं विश्व की पहली औपन्यासिक कृति की खोज एक विदेशी महिला के द्वारा। दिलचस्प यह जानना भी है कि उपन्यास में यह महिला स्वयं अनुपस्थित रहती है पर एक अत्यन्त महत्त्वपूर्ण भूमिका निभाती है। हिन्दी के जिन 'आधुनिकतावादी' लेखकों को बाणभट्ट की भाषा अरुचिकर ही नहीं, अपाठ्य भी प्रतीत होती है, उन्हें इसकी पूरी संरचना, प्रविधि तथा प्रयोजन पर विचार कर अपनी 'सुरुचि' तथा समझ पर भी पुनर्विचार करना चाहिए। इस दृष्टि से देखने पर पश्चिमोन्मुख साहित्यकारों को यह भाषा विरत करने वाली नहीं, बल्कि विस्मय विमुग्ध करने वाली लगेगी। चूँकि द्विवेदी जी ने यह 'युक्ति' भ्रम उत्पन्न करने के लिए अपनाई है कि पाठकों को सचमुच लगे कि यह आत्मकथा मध्ययुगीन रचनाकार बाणभट्ट की है इसलिए द्विवेदी जी ने ऐसी कोई खोट नहीं रहने दी है कि यह आथ्मकथा तो मध्ययुगीन व्यक्ति की है किन्तु भाषा आधुनिक है तब तो यह 'आत्मकथा' नकली ही नहीं हास्यास्पद हो जाती।

पहले ही कहा जा चुका है कि यह 'आत्मकथा' केवल 'कला' और 'सत्ता' के प्रतिपक्ष में रखकर नहीं लिखी गयी है बल्कि लेखक के सामने एक विशाल मध्ययुगीन समाज है जो विभिन्न वर्गों, वर्णों, धर्मों तथा उनसे जुड़े बाह्यआडम्बरों से घिरा हुआ है। उनके पारस्परिक द्वेष तथा ईर्ष्याग्नि में ''राजा जल रहा है, प्रजा जल रही है और इसी कारण एक समय ऐसा आएगा, जब समूचा आर्यावर्त अपने तरुणों, बालकों और वृद्धों सहित जलकर भष्म हो जाएगा। 'बाणभट्ट के अन्तिम अंशों में यह साम्प्रदायिक संघर्ष तीव्रतर होता जाता है और द्विवेदी जी इस संघर्ष को ही कथा के केन्द्र में ला देते हैं। यह संघर्ष विशेष रूप से वैष्णवों, बौद्धों तथा शैवों के बीच है और द्विवेदी जी ने जिस रूप में उसका चित्रण किया है, उससे इस संघर्ष का अत्यन्त कुत्सित रूप सामने आता है। द्विवेदी जी उसका विश्लेषण कर यह दिखाना चाहते हैं कि धार्मिक तथा साम्प्रदायिक उन्माद हमेशा विकृति तथा विखंडन को जन्म देते हैं और देश क्रमश: दुर्बल तथा जर्जर होता जाता है। द्विवेदी जी यह भी स्पष्ट कर देना चाहते हैं कि उस युग में भी भारत के पराभव का मुख्य कारण धार्मिक उन्माद तथा धर्मान्धिता ही थी। स्पष्टत: राजनेता तथा स्वामी समुदाय उससे अछूता नहीं था। वह भी उसमें लिप्त था और उसके परिणामों को भुगत रहा था। फलस्वरूप भारत को अपनी स्वतन्त्रता की बलि देनी पड़ी और उससे उबरने में उसे एक हजार वर्ष लग गये। पर क्या वह सचमुच

उससे उभर पाया?

आज के सन्दर्भ में (यानी समकालीन सन्दर्भ में) बाणभट्ट का यह पक्ष विशेष रूप से उल्लेखनीय तथा प्रासंगिक प्रतीत होता है। एक बार फिर भारत साम्प्रदायिक शक्तियों का तांडव प्रांगण बन रहा है जिससे यह अशुभ संकेत मिलता है कि क्या भारत एक बार फिर मध्ययुग की ओर प्रत्यावर्तन कर रहा है? भले ही किसी और रूप में? बल्कि उससे भी विकट तथा विनाशकारी होकर? क्या खंड-खंड पाखंड से पूर्ण यह देश फिर महाशक्तियों का उपनिवेश बनता जा रहा है? क्या द्विवेदी जी के मस्तिष्क का 'एंटिना' उसी समय सशंकित हो गया था जब एक ओर यह देश-विदेशी शक्तियों से मुक्त हो रहा था जो रवीन्द्रनाथ का एक ओर 'स्वर्णिम स्वप्न' था और दूसरी वह विभाजन तथा उससे उपजी विभीषिका में धू-धू कर जल रहा था। ध्यान देने की बात है कि बाणभट्ट उसी दौर में लिखा गया था। जनगणमन अधिनायक का स्वप्न देखने वाले रवीन्द्रनाथ के उसी 'शांतिनिकेतन' में बैठे हुए द्विवेदी जी तभी यह 'दुःस्वप्न' देख रहे थे! यह देखकर विस्मय विमुग्ध होना पड़ता है कि द्विवेदी जी की पारदर्शी प्रतिभा अतीत और वर्तमान को पार कर आसन्न भविष्य को कितनी पारदर्शिता के साथ देख पा रही थी। ज्योतिषाचार्य की भविष्यवाणी आज किस तरह फलित हो रही है! उन सभी सन्दर्भों में 'बाणभट्ट की आत्मकथा' का अभी वास्तविक और विशद विश्लेषण होना शेष है।

'बाणभट्ट की आत्मकथा' अत्यन्त गूढ़, जटिल तथा बहुआयामी उपन्यास है। हिन्दी के तथाकथित आधुनिकतावादी उपन्यास न केवल इकहरे और एक सतही हैं बल्कि 'पश्चिम' से ही लेकर पश्चिम को ही लौटानेवाले उपन्यास हैं।

'बाणभट्ट की आत्मकथा' के अन्त में द्विवेदी जी ने उपसंहार के रूप में कई बातें अन्ततः स्पष्ट कर दी हैं जिन्हें वे अब तक प्रच्छन्न रखते आये थे (शायद हिन्दी पाठकों तथा समीक्षकों की समझदारी के बारे में सशंकित होकर वरना इसकी कोई जरूरत नहीं थी)। उन्होंने इस उपसंहार में उसका स्वयं एक विश्लेषण भी प्रस्तुत कर दिया है—एक लेखक द्वारा स्वयं उसकी समीक्षा यानी वे अन्त में स्वयं यह स्पष्ट कर देना चाहते हैं कि बाणभट्ट सचमुच एक आत्मकथा नहीं है। 'रत्नावली', 'कादम्बरी' तथा अनेक ऐसी कृतियों की भाषा को आत्मसात कर यह एक मौलिक रचना बनी है। अतः अन्त में वे आत्मकथा से 'कथा' की भिन्नता को ब्योरेवार दिखलाते हैं कि संगृहीत तथा ग्रहीत होने के बावजूद यह एक 'मौलिक कृति' है। उनकी इस औपन्यासिक कृति की युक्ति (डिवाइस) को सचमुच एक आत्मकथा न मान लिया जाए, इसलिए वे चलते-चलते उस विदेशी दीदी द्वारा स्पष्ट करा देते हैं कि 'बाणभट्ट की आत्मकथा' आटो बायोग्राफी नहीं

है। वे कथा-साहित्य में इसे एक 'अभिनव प्रयोग' कहती हैं (जोकि यह है—और इसीलिए शेखर के सन्दर्भ में इसका पहले ही उल्लेख कर दिया गया था।) द्विवेदी जी के इस अभिनव प्रयोग को कोई अभी तक दुहरा नहीं सका। कवि विष्णुचन्द्र शर्मा ने मुक्तिबोध की आत्मकथा के रूप में एक प्रयास अवश्य किया।

यहाँ बतला देना जरूरी है कि उपन्यास में नारी पात्रों, विशेषकर भट्टिनी तथा निपुणिका का यहाँ उल्लेख या निवेचन नहीं किया जा सका है—वह किसी अन्य प्रसंग में किया जायेगा।

चारुचन्द्र लेख

'चारुचन्द्र लेख' द्विवेदी जी का अपेक्षाकृत वृहदकाय उपन्यास है और उसकी संरचना भी शिथिल है। और सम्भवतः इसी कारण समीक्षक देवी शंकर उसे 'टूटा दर्पण' कहते हैं। पहले तो देखने की जरूरत है कि ऐसा वे क्यों कहते हैं? द्विवेदी के अन्य उपन्यासों की तरह इस उपन्यास का काल भी मध्यकाल है यानी बारहवीं-तेरहवीं शताब्दी और स्थल है उत्तरी भारत और उस समय के तमाम धार्मिक सम्प्रदाय, मसलन तांत्रिक बौद्ध साधना, सिद्धों के चमत्कारिक कार्य-गोरखनाथ सम्प्रदाय की योग साधना आदि। लेकिन अपने अन्य उपन्यास की तरह ही इन सबको समकालीन की पृष्ठभूमि प्रदान की गयी है : देश की अधोगति दिखलाने के लिए उसकी गिरती हुई आर्थिक व्यवस्था, जैसे मुद्रास्फीति आदि का चित्रण भी किया है और इन सबको आज की प्रजातान्त्रिक व्यवस्था की कसौटी पर कसा गया है और विदेशी आक्रमण, विशेषकर इस्लाम के आगमन (आक्रमण) का एक तरह से स्वागत किया गया जो देश को पतन से बचा सकता है। सब कुछ मानो 'त्रिकाल व्यापी' है जो लेखक की अद्‌भुत कल्पनाशक्ति का परिचायक है। किन्तु अवस्थी जी के अनुसार इन सबको गड्डमड्ड कर दिया गया है और लेखक जो कुछ कहना चाहता है, वह प्रसंगानुकूल नहीं बन पड़ा है और व्यर्थ की गयी तिब्बत की यात्राएँ मुख्य कथा से जुड़ नहीं पातीं, यानी कुल मिलाकर कथावस्तु और कथा का विस्तार अधकचरा बनकर रह गया है और सबसे बड़ी बात तो यह कि इसके तथ्य अरूप हैं और घटनाओं तथा स्थितियों के साथ उनका ऑब्जेक्टिव कोरिलेटिव नहीं बन पाया है। समीक्षक का आरोप है कि लेखक को शिल्प के द्वारा कथा सामग्री या विषय वस्तु की जो परिचर्चा करनी थी, वह नहीं कर सका है बल्कि उपन्यास पर सबसे बड़ा आरोप तो यह है कि यह उपन्यास उपन्यास न होकर तथ्यों और घटनाओं की विचारक की तरह व्याख्या है यानी उपन्यास में रचनात्मकता का अभाव है। उपन्यास में अतीत पर वर्तमान का प्रक्षेपण है आदि। कुल मिलाकर यह उपन्यास के बारे में देवीशंकर अवस्थी का आकलन

है। किन्तु कुछ प्रमुख समीक्षकों (सम्भवतः नामवर सिंह ने) इसे हिन्दी का पहला नया उपन्यास (न्यू नॉवेल) कहा है।

अब इन दोनों दृष्टियों से उपन्यास का विश्लेषण करें तो क्या प्रतीत होता है? वास्तविकता क्या है? जहाँ तक संरचना का सवाल है, इसकी संरचना शिथिल अवश्य है और कथा शैली वर्णनात्मक अधिक है। रचनात्मक यानी तथ्यों को पिघलाकर प्रस्तुत करने वाली नहीं है।

मुख्य पात्र सतवाहन है जो मूलतः अ–नायक है। वह नायक की परम्परागत परिकल्पना से बाहर है। उसका नायकत्व बिखरा हुआ है। चारु चन्द्र में कोई नायक नहीं है, सभी अधूरे और श्रीहत हैं। प्रसाद जी की 'कामायनी' के विपरीत द्विवेदी जी का अमोधवज्र कहता है, "इच्छा शक्ति और क्रिया शक्ति की संगति पर चलने के कारण मनुष्य मोहपांश में बँध जाता है। उसकी स्वतन्त्रता जाती रहती है। ऐसे जीव को पुराणों के लोग पशु कहते हैं।

उपन्यास में द्विवेदी जी ने ऐसी अनेकानेक व्याख्याएँ की हैं। वह मध्यकालीन इतिहास का पुनर्विश्लेषण है। जहाँ तक प्रविधि और 'पूर्वापर सम्बन्ध को लेकर उसे 'टूटा दर्पण' कहा गया है, उस सम्बन्ध में उपन्यासकार सॉल बेलो का यह कथन महत्त्वपूर्ण है, "तकनीकी रूप से किसी उपन्यास को अपटूडेट मानना किसी कथाकार की सबसे कमजोर प्रशंसा है।" और जो लोग इसी आधार पर इस उपन्यास में कोई पूर्वापर सम्बन्ध नहीं देखते, उनके बारे में स्वयं द्विवेदी जी उसी उपन्यास में कहते हैं, "भविष्य का मनुष्य अगर पूर्वापर सम्बन्ध को बहुत महत्त्व देने लगेगा तो वह 'अखंडकाल' की वास्तविकता को ही भूल जाएगा। वस्तुतः 'काल' तो अखंड होता है, यह द्विवेदी जी भी मानते हैं और महान कवि टी.एस. एलियट भी लिखता है, "टाइम प्रेजेंट ऐंड टाइम पास्ट बोथ प्रेजेंट इन टाइम फ्यूचर" समीक्षकों (सम्भवतः डॉ. नामवर सिंह ने) इसे हिन्दी का पहला नया उपन्यास (न्यू नॉवेल) कहा है।

जो मुख्य पात्र है, मूलतः अनायक है। वह नायक की परम्परागत परिकल्पना से बाहर है। उसका नायकत्व बिखरा हुआ है। चारु चन्द्र में कोई नायक नहीं है, सभी अधूरे और श्रीहीन हैं।

उपन्यास में द्विवेदी जी ने ऐसी अनेकानेक व्याखाएँ की हैं। वह मध्यकालीन इतिहास का पुनर्विश्लेषण है।

द्विवेदी जी भी 'अतीत' और वर्तमान दोनों में एक साथ होते हैं। उनके यहाँ भी दोनों अविच्छिन्न हैं। उनके यहाँ दोनों में निरन्तर आवागमन चलता रहता है। जो मूलतः पूर्वापर क्रम में होता ही नहीं। उनका मनुष्य अखंड काल में रहता है। पूर्वापर काल के इतिहास का खंड विभाजन करता है। 'अखंड काल बोध'

ही मनुष्य को अखंडित रहने के लिए तत्पर करता है। इसी कारण वह देश को भी अखंडित रखना चाहता है। द्विवेदी जी को 'मानवतावादी' कहा जाता है। किन्तु यह मानववादी है क्या! ऊपर उन्होंने विभिन्न धार्मिक सम्प्रदायों का उल्लेख करते हुए कहा है कि वे परस्पर संघर्ष ही नहीं करते, बल्कि वे निरन्तर देश और 'काल' को भी विभाजित करते रहते हैं। इसके विपरीत सामान्य मनुष्य क्या करता है? राजा के मन्त्री विद्याधर इस सम्बन्ध में कहते हैं, "बेटा, तुम्हें पता नहीं कि साधारण घर के ये छोकरे और छोकरियों ने कैसे अद्‌भुत कार्य किये हैं। भैंस चराने वाले बालकों ने, अज्ञात कुलशील पत्थर तोड़ने वाले श्रमिकों ने, हल चलाने वाले, भीख माँगने वाले, पथभ्रष्ट झुंड साधुओं ने, नाच-गान करने वाली नर्तकियों ने, नट-नटिनियों ने अद्‌भुत देश भक्ति का परिचय दिया है। मध्यकाल में ही नहीं, आज भी संगठित होकर प्रतिरोध किया। 'सामान्य मनुष्य' का ऐसा 'स्वच्छ दर्पण कहाँ मिलेगा जिसे आज यथार्थ का टूटा दर्पण कहा जा रहा है। 'चारुचंद्र' में लोकमानस की प्रतिष्ठाएँ हैं, इसलिए कई मामलों में वह 'बाणभट्ट' से आगे का उपन्यास है। उसमें 'शास्त्र' और 'लोक' के बीच-शास्त्रार्थ चलता रहता है और दोनों एक दूसरे को मान्यता देते हुए चलते रहते हैं। 'चारुचंद्र' के चमत्कारिक कार्यों के बारे में बहुत कुछ कहा गया है, पर द्विवेदी जी ने क्या केवल चमत्कार दिखाने के लिए प्रदर्शित किया है? इस पर भी विचार करने की जरूरत है। उसके मनुष्य धरती, आकाश, लोक और मन्त्र, अतीत और वर्तमान सबके बीच अद्‌भुत तन्तुजाल बुनते हुए चलते हैं। वे इन सभी पटरियों पर एक साथ चलते हैं, पर अपना गन्तव्य जानते हुए। 'भारतीय उपन्यास की परिकल्पना के बीज इसी में कहीं निहित हैं। गंतव्य और मंतव्य के रूप में उसके एक महत्त्वपूर्ण पात्र आचार्य मिसिलपाद कहते हैं, "सिद्धियाँ मनुष्य को संबल नहीं देतीं। एक साधारण किसान जिसमें दया-माया है, सच-झूठ का विवेक है, वह बाहर-भीतर एकाकार है, वह बड़े से भी बड़े सिद्ध से भी बड़ा है।" गोरखनाथ को द्विवेदी जी ने विशेष महत्त्व दिया है। वे तुलसीदास के इस कथन से सहमत नहीं दीखते कि "गोरख जगायो जोग भगित भगायो लोग।" दरअसल गोरखनाथ का उद्देश्य 'जोग' और भक्ति से परे मनुष्य को जगाना था। गोरखनाथ महज निष्क्रय 'साधना' के विरुद्ध थे। द्विवेदी जी लिखते हैं, "गोरखनाथ ने इस निर्वीर्य साधना की निरर्थकता को बहुत पहले समझ लिया था। पर किसी ने उनकी नहीं सुनी।"

मध्ययुग में भारत के पतन का मुख्य कारण उसकी यही अलौकिकता की उपासना, धार्मिक उन्माद तथा साम्प्रदायिकता थी (और सम्भवतः आज भी है जिसके कारण सम्प्रदाय विशेष के लोग गरीबी, आदि विपन्नता, शिक्षा-सामाजिक उत्थान, विकास के भौतिक उपकरणों का निर्माण परस्पर सद्‌भावना की चेतना

आदि की अपेक्षा 'राममंदिर' का निर्माण कर उसी परम्परा की ओर लौटना चाहते हैं जो द्विवेदी जी द्वारा उल्लिखित भारत के पराभव का कारण बना था)। इन्हीं सब तथ्यों के उल्लेख तथा रेखांकन के कारण मध्ययुग पर आधारित चारुचन्द्र लेख भी उतना ही समकालीन है, जितना 'बाणभट्ट की आत्मकथा'। यहाँ द्विवेदी जी अपना मंतव्य स्पष्ट कर देते हैं, "आज क्या सम्प्रदायवाद को बहुमत देकर परस्पर विच्छिन्न कर देने की जरूरत है? गृहस्थ भीतर से हतबुद्धि है, वेतनभोगी कर्तव्य भ्रष्ट हो गये हैं, धार्मिक धर्महीन बन चुके हैं।"

गोरखनाथ या 'गोरसनाथ' की यह वाणी सार्वकालिक है।

'चारु चन्द्र लेख' मुख्यत: मध्ययुग ही नहीं, पूरे देश के पतन के प्रारम्भ की गाथा है लेकिन वह केवल मध्ययुग के भारत के पतन की गाथा नहीं है बल्कि उसमें आज की पतन-गाथा है। यहाँ आकर द्विवेदी जी की भाषा में ऐसा आक्रोश का स्वर मिलता है जो सम्भवत: उनके भोगे हुए अनुभव का चीत्कार है, "कायरों और भगोड़ों को अपना नेता समझने वाली जाति की जो दशा होनी चाहिए, वही आज इस जनसमूह की होगी (हो रही है)।"

कहने की जरूरत नहीं है कि आज यह उक्ति कहीं अधिक प्रासंगिक तथा सार्थक उपन्यास की आकाशचारी है चन्द्रलेख जब धरती पर आती है तो इसी वास्तविकता का साक्षात करती है। चारुचन्द्र लेख के आकाशचारी पात्र धरती के इसी निरपेक्ष सर्वेक्षण के निर्मित किये गये हैं। चारुचन्द्र लेख, जहाँ एक ओर मध्ययुगकालीन भारत का राजनैतिक-सांस्कृतिक विश्लेषण है, उतना ही समकालीन भारत पर प्रमुख और मार्मिक टिप्पणी है।

द्विवेदी जी का औपन्यासिक भाषा-शिल्प और विचार विलक्षण हैं। आगे हम देखेंगे कि उनकी समीक्षात्मक और विचारात्मक भाषा कितनी रचनात्मक है। उस पर विचार आगे।

द्विवेदी जी के तीसरे उपन्यास 'पुनर्नवा' का प्रकाशन 1973 में हुआ था। अपनी सुपरिचित पद्धति के अनुरूप 'पुनर्नवा' में भी द्विवेदी ऐतिहासिक आवरण में समकालीनता को एक नयी दृष्टि से देखने की चेष्टा करते हैं। इस उपन्यास का कथा-काल गुप्तकालीन भारत है यानी पहले इस उपन्यास में मध्यकाल से बहुत पीछे जाकर प्राचीन भारत के स्वर्ण युग कहे जाने वाले युग को अपना कथा क्षेत्र बनाते हैं। यहाँ यह न भूलना चाहिए कि यह गुप्त साम्राज्य के संस्थापक समुद्रगुप्त का काल ही था, बल्कि प्रचलित धारणा के अनुसार यह महाकवि कालिदास का काल भी था। किन्तु आश्चर्यजनक रूप से द्विवेदी जी ने कालिदास को कथा केन्द्र में नहीं रखा है यद्यपि वे उपन्यास के एक पात्र चंद्रमौलि के रूप में उपस्थित अवश्य हैं। कथा के अनेक सूत्र हैं। एक सूत्र शुद्रक के मृच्छकटिक

और वसन्तसेना तथा चारुदत्त की ओर जाता है, दूसरा छोर उपन्यास के देवराज, गोपाल अनेक, मंजुला मृणाल, चंद्रा आदि की ओर जाता है। इन दो प्रभावी कथा सूत्रों के संयोजन से उपन्यास की कथा बुनी गयी है। रोचकता की दृष्टि से यह द्विवेदी जी का सबसे पठनीय उपन्यास है। केन्द्रीय कथा प्रेम के 'त्रिकोण' की है जो गोपाल आर्यक, उनकी पत्नी मृणाल और प्रेमिका चन्द्रा के बीच घटित होती है जिसे द्विवेदी जी ने बड़े मोहक ढंग से प्रस्तुत किया है। इस उपन्यास में द्विवेदी जी का पांडित्य कथा पर हावी नहीं हुआ है और इसी कारण इसकी भाषा भी बहुत अधिक संस्कृतनिष्ठ नहीं है—कथा में प्रवाह और रोचकता है। इसका कारण है कि यह ऐतिहासिक उपन्यास की अवधारणा के अनुरूप युद्ध-कथा और प्रेमकथा के संगुफन से रचा गया है। समुद्र गुप्त का प्रधान सेनापति गोपाल आर्यक महावीर और युद्ध कला में प्रवीण योद्धा है। वह गुप्त साम्राज्य के विस्तार का प्रमुख नायक है जो हलद्वीप, उज्जयिनी और लिच्छिवियों को पराजित करके उन्हें गुप्तसाम्राज्य का अंग बनता है। ऐतिहासिक रोमांस के अनुरूप गोपाल आर्यक एक ओर तो महान योद्धा है, दूसरी ओर प्रेम के प्रति भी प्रतिबद्ध है। वह आचार्य देवराज जी पालिता पुत्री चन्द्रा का प्रेमी है जिसका पति-नपुंसक है। यहाँ हम देखते हैं कि प्रसाद जी की 'ध्रुवस्वामिनी' की तरह ही गोपाल अनेक रूढ़िगत परम्पराओं को तोड़कर चन्द्रा को अपनी परिणीता बनाता है। इसी तरह कुछ अन्य प्रेमी युगलों को भी हम प्रेम और विवाह की रूढ़ियाँ तोड़ते हुए देखते हैं मसलन श्यामस्वरूप और माँदी की प्रेमकथा, वसन्त सेना और चारुदत्त की प्रेमकथा आदि। अत: कुल मिलाकर 'पुनर्नवा' एक प्रेम-उपन्यास है किन्तु उसके माध्यम से द्विवेदी जी ने कुछ और भी सम्प्रेषित तथा स्थापित किया है, उन्हें देखने की जरूरत है : उपन्यास के आचार्य देवराज अनेक शास्त्रों के ज्ञाता तथा भगवत भक्त हैं किन्तु वे शास्त्रों में निश्चित मूल स्थापनाओं के अनुरूप उनकी रूढ़ि-मुक्त नवीन व्यवस्था करते हैं। 'पुनर्नवा' में रूढ़िमुक्त नवीनता का यह अर्थ भी निहित है। देवराज अनुभववादी हैं और पंथ अपने स्वतन्त्र ज्ञान तथा अनुभव के आधार पर चुनते हैं। जिस प्रकार 'बाणभट्ट की आत्मकथा' में यह स्थापित किया गया है कि तथाकथित दुराचारिणी समझी जाने वाली स्त्रियों में एक दैविक अत्यन्त मानवीय प्रवृत्ति होती है, उसी प्रकार इस उपन्यास में देवराज नगरवधू बना दी गई 'मंजुला' को इसी रूप में देखते हैं। वे उससे कहते हैं, "देवि, तुम्हारे भीतर देवता का निवास है। तुम जो पाप जीवन जी रही हो, वह विकृत व्यवस्था की देन है।" यहाँ विकृत व्यवस्था का उल्लेख आज की विकृत व्यवस्था के सन्दर्भ में भी किया गया है। यहाँ परम्परा समकालीन हो जाती है और अतीत पारदर्शी। अर्थात अतीत की व्यवस्था में जो विकृत तथा पतनशील तत्त्व थे, वे विकास तथा परिवर्तन के सैकड़ों वर्षों बाद आज

की व्यवस्था में भी मौजूद हैं। अतः महत्त्वपूर्ण यह जानना है कि विकृत व्यवस्था केवल आज की देन नहीं है। वह अतीत की 'सामन्ती व्यवस्था बदल जाने के बाद आज की पूँजीवादी और किसी न किसी रूप में 'प्रजातान्त्रिक व्यवस्था में भी रूपान्तरित होकर उपस्थित है। 'पुनर्नवा' ऐसे ही मनुष्यों की कथा है, ''लोकापवाद झूठ पर आधारित प्रपंच है। लोक स्तुति उससे भी बड़ा धोखा है।' द्विवेदी जी ऐसे मनुष्य गढ़ते हैं जो प्रपंचो के चक्रव्यूह में घिरे होने पर भी निकल सके थे। उनके केवल पाप और प्रपंचों के बारे में सोचना और कुछ न करने की जुगत न करना भी पाप है। ''अपने पुरुषार्थ से ही मनुष्य यशस्वी होता है।'' इसी तरह एक जगह वे कहते हैं, ''एकान्त का तप, तप नहीं होता। संसार में कितना कष्ट है, रोग हैं, दरिद्रता है, कुसंस्कार हैं। लोग दुख से व्याकुल हैं, उनमें जानना चाहिए, उनके दुख का भागी बनकर, उनका कष्ट दूर करने का प्रयत्न करो। यही वास्तविकता है।'' यह कथन उनके सभी उपन्यासों में किसी न किसी रूप में व्याप्त है। ''मनुष्य सुसंस्कृत हो, इसके लिए आवश्यक नहीं कि वह सुशिक्षित भी हो। सुशिक्षित होना अच्छी बात है, पर वास्तविक तप तो सुसंस्कृत होना है।'' इस प्रकार हम देखते हैं कि द्विवेदी जी ने 'शिक्षा' से ज्यादा महत्त्व संस्कृति को दिया है।

इस प्रकार वे 'तप', शिक्षा और संस्कृति से बढ़कर लोक-संस्कृति तथा लोक-जीवन को सर्वाधिक महत्त्वपूर्ण मानते हैं। जिजीविषा रहेगी तो जीवन रहेगा और उसे निरन्तर अकुंठ भाव से गतिमान रखने के लिए एक समानान्तर जीवन-दृष्टि, जीवन-दर्शन भी वे निर्मित करते चलते हैं। मनुष्य होने का अर्थ तत्वज्ञानी से उतरकर भौतिक मनुष्य होना है।

हिन्दी साहित्य में (गद्य और पद्य दोनों में) जयशंकर प्रसाद के बाद एक समानान्तर जीवन-दर्शन किसी अन्य साहित्यकार ने नहीं दिया है, जो कथाकार या उपन्यासकार मात्र का अन्तिम लक्ष्य ही नहीं, अन्तिम उपलब्धि है। द्विवेदी के बाद यह कार्य एक सीमा तक केवल मुक्तिबोध ही कर सके जिनके गद्य साहित्य पर विचार करते हुए उसका विश्लेषण किया जाएगा।

इस समानान्तर जीवन की पूर्णाहुति उनके अन्तिम उपन्यास 'अनामदास का पोथा' (1973) में होती है जिस पर हम आगे विचार करेंगे।

उनके सभी उपन्यासों में एकसूत्रता है, केवल अन्तर्धारा के रूप में नहीं बल्कि एक स्पष्ट जीवन धारा के रूप में, जो उनके 'जीवनदर्शन' को चरितार्थ करती हैं। इस रूप में उनके कथात्मक तथा काल व्याप्ति में विविधता है किन्तु उनका लक्ष्य एक ही है। अतीत और वर्तमान को जोड़ते हुए या उन्हें एक मानते हुए वे एक ही एकाग्र जीवनदृष्टि पर दृढ़ और अचल रहते हैं। उनका जीवनदर्शन

न तो किसी सम्प्रदाय से जुड़ा है, न किसी विशेष विचारधारा से, वह उनकी निजी जीवन दृष्टि की उपलब्धि है—वह जीवन जो उन्होंने जिया, भुगता और अपने चतुर्दिक व्याप्त वास्तविकता से ग्रहण कर निर्मित किया।

उनके उपन्यासों का मनुष्य न तो संघर्ष विमुख है, न करुणा और दान से। अपने को निरन्तर दूसरे के लिए उलीचते रहना उनका लक्ष्य है। इसीलिए मनुष्य के बारे में उनका केन्द्रीय सूत्र है, "अपने को दलित द्राक्षा के समान निचोड़ देना।" यही जीवन की सार्थकता है। इसमें उनके सम्पूर्ण भारतीय जीवन की अवधारणा की छवि तो झाँक ही रही है, मनुष्य के तपकृच्छ व्यक्तित्व को लोप कर इस लोक में ही विलीन कर देना है। वे जानने के बाद कि 'आधुनिकता' से त्रस्त मनुष्य भी अन्ततः वहीं जाएँगे, लेकिन तब जप-तप और मन्त्र आदि के विकृत और पाखंडपूर्ण क्रिया-कलापों के द्वारा उन्होंने अपने उपन्यासों के प्रारम्भ में ही जप, तप, धर्म, रूढ़ियाँ और धार्मिक सम्प्रदायों के कुत्सित कृत्यों का उद्‌घाटन कर दिया है और लोक से परलोक की ओर नहीं, 'लोक' से लोकजीवन की ओर बढ़ते हैं, जिसमें प्रेम, दाम्पत्य और गृहस्थ-जीवन के लिए भी उतना ही या शायद उससे भी ज्यादा अवकाश और स्थान है। उनका जीवन-दर्शन या कह लें, निजी धार्मिक दृष्टि अन्य साम्प्रदायिक दर्शनों की तरह अमूर्त और केवल सिद्धान्तों में विचरण करनेवाली नहीं है—भौतिक जगत में ही मनुष्य को स्थित कर वे उसके कर्मों का निर्धारण करते हैं।

द्विवेदी जी का अन्तिम उपन्यास 'अनामदास का पोथा' उनका अत्यधिक लोकप्रिय उपन्यास है और आज भी उसकी प्रासंगिकता बनी हुई है। यद्यपि इस उपन्यास में उन्होंने गुप्तकाल से भी पीछे उपनिषदों के कालखंड विशेष को अपने कथानक का आधार बनाया है। मुख्य रूप से उनकी यह कथा कठोपनिषद पर आधारित है। इस तरह वे इतिहास काल से भी परे जाकर प्रायः वैदिक युग में प्रवेश कर जाते हैं। वैसे भी उनके उपन्यास उस अर्थ में ऐतिहासिक नहीं रहे जिस अर्थ में वृन्दावन लाल वर्मा, राहुल सांकृत्यायन और रांगेय राघव आदि के उपन्यास रहे हैं या फिर गुजराती के विख्यात ऐतिहासिक उपन्यासकार कन्हैयालाल माणिक लाल मुंशी के उपन्यास। वे अपने उपन्यासों के आरम्भ में एक काल्पनिक-सी कहानी दे देते हैं जो 'अनामदास का पोथा' में भी दर्शाई गयी है। प्रायः उस काल्पनिक सी कहानी से एक ऐतिहासिक इन्द्रजाल-सा रचते हैं जहाँ इतिहास जैसे गौण हो जाता है। इसलिए उसके उपन्यासों में इतिहास नहीं, बल्कि एक इतिहास रुचि होती है जिसकी चर्चा ऊपर की जा चुकी है। उनमें एक क्रीड़ा और कौतुक वृत्ति भी होती है। अनामदास इन दोनों प्रवृत्तियों का अपूर्व संयोग है। वे अपने आख्यान में इतिहास से लड़ते-झगड़ते, गिरते-पड़ते मनुष्य की

विकास-यात्रा को चित्रित करते हैं—उसके बीच से उभरती विडम्बनाओं और त्रासदियों को भी। इसके कारण हम इतिहास के 'सच' से अधिक इस प्रदीर्घ पथ पर चलने वाले मनुष्य के सच को जानते हैं। यही दृष्टि किसी कृति को क्लैसिक का दर्जा देती है। पुरुष-स्त्री सम्बन्धों को लेकर भी द्विवेदी जी के उपन्यासों में उनकी कुछ विशेष मान्यताएँ रही हैं जो 'अनामदास पोथा' में भी हैं। कहीं-कहीं उनमें 'पुरुष-प्रभुत्व' के बावजूद स्त्री में प्राप्त बांग्ला उपन्यासों की तरह उपासना-भाव भी दिखाई देता है।

'अनामदास का पोथा' अर्थात रैक्वआख्यान उनके पूर्ववर्ती उपन्यासों से बहुत अलग तो नहीं, किन्तु किंचित इकहरा जरूर है। छांदोग्य उपनिषद से ली गयी इस कथा को उन्होंने मूलतः एक प्रेम कथा के रूप में ही प्रस्तुत किया है, किन्तु हमेशा की तरह उनका मकसद या उद्देश्य कुछ और भी है। उपन्यास के अन्त में एक शास्त्रीय टिप्पणी दी गयी है जिसमें उन्होंने अपना उद्देश्य स्पष्ट करने की कोशिश की है। इस टिप्पणी से ऐसा प्रतीत होता है कि उपन्यास समाप्त करने के बाद द्विवेदी जी को लगा होगा कि उनका असली मकसद इस उपन्यास में नहीं आ पाया है। उपन्यास की कथा जिस तरह सरल और तरल बनकर रह गयी है, वह निश्चित रूप से उसका असली मकसद नहीं है, बल्कि जिन्दगी और मनुष्य के बारे में जो उनकी गहरी आस्था रही है, उसे व्यक्त करना है। यही धारणा और आस्था उन्हें अपनी समीक्षाओं में कबीर के निकट ले जाती है, उपन्यास में ऐसे मनुष्यों की रचना कराती है जिनमें चमत्कृत कर देने वाली बौद्धिक प्रखरता के साथ एक निरीह सरलता, अद्भुत मनमौजीपन, फक्कड़पन, घुम्मकड़ वृत्ति तथा तथा अपार मानवीय करुणा भरी रहती है। उपन्यास की कथा के लिए उन्होंने छांदोग्य उपनिषद इसीलिए चुना है। अपनी टिप्पणी में वे कहते हैं, "छान्दोग्य में एक से एक फक्कड़ और अक्खड़ विचारक मिलते हैं जो रुढ़ियों के बिलकुल कायल नहीं।" वे छांदोग्य के उपस्ति चाक्रायण का जिक्र भी करते हैं कि "उनमें अकड़पन भी है और फक्कड़पन वाली प्रवृत्ति भी है। उनके विचार चौंका देने वाले हैं।"

जाहिर है उपन्यास का असली मकसद यही है या होना चाहिए था। किन्तु यह इस रचना में नहीं आ पाया है। उपन्यास के मुख्य पात्र रैक्व में भोलापन, मासूमियत और सरलता तो है लेकिन न तो फक्कड़पन है और न मस्ती। अक्खड़पन तो कहीं है ही नहीं। वह स्त्रियों से भी ज्यादा स्त्रैण और शिशुओं से भी ज्यादा शिशु है। उसमें एक प्रवृत्ति अवश्य है जो द्विवेदी जी के मकसद से गहरे रूप में जुड़ी हुई है और वह है, ज्ञान और दर्शन, शास्त्रों और रुढ़ियों के बीहड़, अर्मूत वन से बाहर निकलकर अनुभव और संवेदना के अछूते ताजे

सन्दर्भों से जुड़ने की निश्छल चेष्टा। रैक्व उस शुद्ध संवेदना का मूर्त रूप है जिसके आगे-पीछे अनुभव और ज्ञान का कोई संस्कार नहीं है। इस मामले में वह ज्ञान और अनुभव से शून्य है। इस रूप में वह मानो सृष्टि का पहला मनुष्य है जिसने पहले किसी पीठिका के बिना मानो पहली बार जिन्दगी देखी, हवा जल और जमीन देखी। अपने से आगे आदमी और स्त्री को देखा। वह ज्ञान शून्य है किन्तु उसका जो तथाकथित ज्ञान है, वह व्याकरण की पुस्तकों और रटाई गयी भाषा की संधियों या सन्धि-विच्छेदों से है। इसीलिए जब वह जाबाला (स्त्री) को देखता है तो वह उसके लिए विचित्र प्राणी लगती है। इस निरे और कोरे मनुष्य को लेकर निश्चित रूप से कोई विराट जटिल परिकल्पना द्विवेदी जी के मन में रही होगी जिसका उन्होंने उतना ही भव्य नृतत्वशास्त्रीय सन्दर्भ निर्मित करना चाहा होगा, जिसका कोई रचनात्मक रूप उपन्यास में आ सका होता तो वह निश्चित रूप से हरमन हेस का सिद्धार्थ तो बन ही सका होता। लेकिन उपन्यास में इसके आभास ही मिल पाते हैं और उन्हें उपन्यास के रचना रूप में अनमने और ऊबे हुए तथा स्फुट ढंग से ही प्रस्तुत किया जा सका है, क्योंकि उपन्यास में एक ओर तो विख्यात औपनिषदिक प्रश्नों, जिज्ञासाओं को प्रायः प्रसंगहीन व्याख्याओं के रूप में रखा गया है, लेकिन दूसरी ओर रैक्व और जाबाला की प्रेम-कथा को भावाकुल रुचिपरक औपन्यासिक स्थितियों से पृथक तन्तुओं से नहीं बुना गया है। उन्हें प्रेम की रीतिपरक विरह स्थितियों के अन्तर्गत ही रखा गया है। रैक्व की पीठ पर जाबाला की उपस्थिति की 'चुनचुनी' अज्ञेय के 'नदी के दीप' की 'चुनचनी' और रेणु के 'तीसरी कसम' की पीठ की खुजली से बहुत पृथक नहीं है। पर इसे भी वे मनुष्य के निजी तथा नितान्त मौलिक संवेदात्मक अनुभव से जोड़ने के लिए करते हैं। रैक्व भी ज्ञान-विज्ञान के बीहड़ वन में भटकने के बाद इसी निष्कर्ष पर पहुँचता है कि मनुष्य के मानव-प्रेम की सत्ता ही सबसे ऊपर है और सबसे बड़ा सच है। वे चैतन्य की उस विख्यात उक्ति के उपासक और व्याख्याता हैं कि मनुष्य ही सबसे बड़ा सच है।

यह सच है कि वे 'बाणभट्ट' में बाणभट्ट द्वारा भट्टिनी की रक्षा के लिए 'महाबाराह' की मूर्ति को जल में फेंक देने के प्रकरण से ही प्रमाणित करना प्रारम्भ कर देते हैं। वे यह भी मानते हैं कि अविकल-अनाविल 'प्रेम' ही मनुष्य जीवन की सबसे बड़ी सार्थकता है। रैक्व जाबाला के माध्यम से ही 'पद' और 'पदार्थ' का फर्क समझता है, यानी 'आइडिया' और रिएलिटी के अन्तर तथा उनके एकत्व को भी समझता है और प्रसाद जी की 'ज्ञान' और क्रिया के सम्बन्ध को भी। पद बिना पदार्थ के नहीं बनता, रैक्व कहता है, पद का मुझे ज्ञान है पर पदार्थ का मुझे ठीक-ठीक ज्ञान नहीं है। यानी भाषा आदमी को आदमी तक पहुँचाने

का माध्यम है, उससे परे उसका कोई अस्तित्व नहीं। जाबाला भी ज्ञानी है—रैक्व से अधिक, और वह पद से पदार्थ का सम्बन्ध जानती है। वह कहती है, जिसे तुम वायु (हवा) कहते हो, वह क्या सचमुच 'वायु' है? वह महज एक प्रत्यय है, प्रतीति है। 'पद' और पदार्थ को 'प्रत्यय' ही जोड़ता है। यहाँ द्विवेदी जी भाषा के व्याकरण को भी उसकी शुद्ध अमूर्तता से निकालते हुए उसके द्वारा निर्मित भाषा को भी मनुष्य को मनुष्य से जोड़ने का माध्यम बनाते हैं। स्वयं रैक्व और 'जाबाला' का प्रेम भी पद और पदार्थ से जोड़ने या जुड़ने की व्याख्या है।

मगर द्विवेदी जी का यहाँ एक उद्देश्य यह भी है (प्रच्छन्न रूप में) कि मनुष्य की मूलभूत यौनशक्ति क्रमश: कैसे सारी अर्गलाओं को ढहाती हुई सर्वोपरि हो जाती है। द्विवेदी जी बिना उल्लेख किये और उसे किताबी रूप दिये उसके अदम्य वेग को केन्द्रीय ऊर्जा (लिबिडो) के रूप में प्रतिष्ठित करना चाहते थे किन्तु उपन्यास में उसका रेशनेलाइजेशन तो हो गया है किन्तु रचनात्मक रूप से रियलाइजेशन नहीं हो पाया है।

द्विवेदी जी चूँकि 'काल' को 'अखंड' मानते हैं और एक अजश्र प्रवाह के रूप में देखते हैं, इसलिए 'बाणभट्ट' और 'चारुचन्द्र लेख' की तरह वे यहाँ भी यह दिखलाते हैं कि मन्दिर, मूर्ति की उपासना तथा जटिल किन्तु अमूर्त दार्शनिक प्रश्नों के जंगल से बाहर जो विशाल सामाजिक क्षेत्र है, जहाँ असंख्य भूखे नंगे और वस्त्रहीन लोग हैं, मनुष्य का असली कार्य क्षेत्र वही है। वह कार्यजगत ज्ञान जगत से अधिक महत्त्वपूर्ण है।

मानव के प्रति यह केन्द्रीय आस्था और प्रतिबद्धता उनके उपन्यासों में सर्वत्र मूल सूत्र के रूप में व्याप्त है। यह उनके उपन्यासों को आधुनिक सन्दर्भ तथा एक विशिष्ट ऐतिहासिक चेतना भी प्रदान करता है। किन्तु यहाँ एक हल्की झंकार भी होती है कि क्या परोक्ष रूप से कहीं हिन्दू धर्म हिन्दू दर्शन और हिन्दू जीवन दृष्टि में ही केवल आधुनिक तत्वों की तलाश तो नहीं कर रहे है। हो सकता है, महज मेरा भ्रम या पूर्वग्रह हो, किन्तु मुझे उनके उपन्यासों में पुनर्जागरणकालीन कुछ आर्यसमाजी तत्व जरूर नजर आते हैं।

हालांकि पश्चिमी आधुनिकता और संक्रमणकालीन अवधारणा का अतिक्रमण करने की सर्वाधिक विकलता भी मुझे द्विवेदी के उपन्यासों में ही दिखाई देती है और सबसे बड़ी बात तो यह कि एक परम्परा तथा संस्कृति अन्वेषी के रूप में द्विवेदी जी ने इस प्रचलित धारणा तथा प्रचार को निर्मूल सिद्ध कर दिया है कि एक साहित्य विधा के रूप में उपन्यास पूर्णत: पश्चिम की देन है। इसलिए अपने उपन्यासों के कथा प्रसंगों में यथास्थान 'कादम्बरी', 'रत्नावली', 'वृहद कथासागर', 'पंचतन्त्र' आदि अनेकानेक गद्य कथाओं में भारतीय उपन्यास के बीज

ही नहीं, भारतीय उपन्यास का विकसित तथा विस्तृत रूप भी प्रदर्शित करते चलते हैं। लेकिन इसके लिए पश्चिम से पूर्णत: विमुख होने के बजाय (क्योंकि उसके प्रभावों का तिरस्कार न तो किया जा सकता है और न करना चाहिए) उसे रचनात्मक रूप से आत्मसात करके भारतीय कथा परम्परा के अन्तर्गत एक नये भारतीय उपन्यास रूप का विकास भी सम्भव है और यदि यह क्रमश: पूर्णतया चरितार्थ हो सका तो भारत में ही नहीं, पूरे विश्व में एक नये 'उपन्यास रूप' के समान बनाया जा सकता है।

क्योंकि खासतौर पर आज जबकि पूरे विश्व में ऐसा प्रतीत हो रहा है कि उपन्यास विधा अपनी सभी सम्भावनाओं को खंगालकर प्राय: नि:शेष हो चुकी है, द्विवेदी जी के उपन्यास एक दिशा निर्देश सिद्ध हो सकते हैं। आवश्यक नहीं कि उनका ठीक ही रूप हो (बल्कि नहीं होना चाहिए) बल्कि उसे आधार बनाकर भारत या हिन्दी में एक नये उपन्यास की परिकल्पना सम्भव है। वह रूप क्या होगा, यह तो रचनाकार ही बता और बना सकते हैं। किन्तु मैं इसे द्विवेदी जी के माध्यम से एक प्रस्ताव के रूप में प्रस्तुत कर रहा हूँ जिसकी सम्भावना हिन्दी उपन्यास-यात्रा के क्रम में या उसके सर्वेक्षण में मुझे सूझ रही है।

राहुल सांकृत्यायन (1893-1963)

राहुल जी का लेखन विशाल, विविधतापूर्ण तथा बहुआयामी है। अनुमानत: उन्होंने लगभग 150 यानी डेढ़ सौ पुस्तकों की रचना की थी जिनमें उपन्यास, कहानी, यात्रा, नाटक, विदेश-यात्रा, जीवनी, संस्मरण, धर्म और दर्शन, इतिहास, राजनीति, आलोचना, व्याकरण, कोश निर्माण, संस्कृत तथा बौद्ध ग्रन्थों का अनुवाद, व्याख्या एवं सम्पादन, तथा हिन्दी साहित्य का वृहद इतिहास आदि हैं।

राहुल जी मूलत: शोधार्थी एवं अन्वेषक थे। उनका साहित्य या तो अतीतोन्मुख है या भविष्योन्मुख। वर्तमान सम्भवत: उनके साहित्य का मुख्य विषय नहीं था। रूढ़ अर्थ में वे रचनाकार भी नहीं थे। लिखने की गति उनकी विलक्षण थी। अत्यन्त त्वरा के साथ वे विभिन्न विषयों पर लिख-लिखा सकते थे। जिस तरह वे दसों दिशाओं पर दृष्टिपात कर सकते थे, वह विस्मयकारी है। उनकी प्रखर मेधा और प्रतिभा आज तक साहित्यकारों को ही नहीं, विविध विधाओं के विद्वानों को चकित तथा चमत्कृत करती है। लेकिन सम्भवत: वे मुख्य रूप से भाषा शास्त्री तथा एक यायावर साहित्यकार थे। उनकी यह यायावरी देश, काल दोनों में समानान्तर रूप से चलती थी। इस दष्टि से हिन्दी के गद्य-साहित्य के विकास में उनका योगदान अप्रतिम है। उन्होंने गद्य विधाओं के प्राय: सभी रूपों में लिखा था। उन्होंने ग्रन्थों तथा विलुप्त प्राचीन विविध ज्ञान सम्बन्धी पांडुलिपियों

को जिस श्रम, साहस तथा अपनी अनथक सुदूर देशों की यात्राओं के द्वारा पुनर्प्राप्ति कराया है, उस उपलब्धि से हिन्दी का गद्य साहित्य कितना समृद्ध हुआ है कि इसका अनुमान लगाना कठिन है। आगे उनकी इन उपलब्धियों तथा मौलिक लेखन पर सम्बन्धित प्रसंगों में विचार किया जाएगा।

यहाँ केवल उनके उपन्यासों की चर्चा की जाएगी जो संख्या में बहुत अधिक नहीं हैं और मुख्यत: ऐतिहासिक हैं। वहाँ भी विचारधारा की दृष्टि से मार्क्सवादी होने के कारण उन्होंने सम्बन्धित इतिहास पर इसी विचारधारा की दष्टि से विचार किया है जिसे उनके उपन्यासों की कोई बहुत बड़ी विशेषता नहीं माना जा सकता क्योंकि उन्होंने इतिहास पर वर्तमान का जो आरोपण किया है वह बहुत स्वाभाविक नहीं प्रतीत होता। उन्होंने जिन उपन्यासों की रचना की थी, वे हैं : जीने के लिए (1940) 'सिंह सेनापति' (1944), 'जय यौधेय' (1944), 'मधुर स्वप्न' (1949), 'विस्मृत यात्री' (1954), 'दिनोदास' (1960)। इनमें 'जययोधेय' तथा 'सिंह सेनापति' विशेष चर्चित हुए। यहाँ उन्हीं पर विचार किया जाएगा।

'सिंह सेनापति' (1944) : राहुलजी ने अपने ऐतिहासिक उपन्यास सामान्यत: यह साबित करने के लिए लिखे हैं कि प्राचीन भारत में भी गणतन्त्र थे और उनमें एक तरह की गणतान्त्रिक व्यवस्था थी। 'सिंह सेनापति' में भी लिच्छिवी गणतन्त्र की कहानी कही गयी है। 'सिंह सेनापति' ही इस उपन्यास का नायक है। एक समाजवादी चिन्तक की हैसियत से और मार्क्सवादी विचारधारा से प्रभावित राहुल जी अपने देश में भी, यानी भारत में गणतन्त्र यानी प्रजातन्त्र की तलाश करते रहे हैं। प्रकारात्तर से वे सिद्ध करना चाहते हैं कि 'प्रजातान्त्रिक व्यवस्था' कोई पश्चिम की अकेली खोज नहीं है बल्कि प्राचीन भारत में बहुत पहले से इस तरह के प्रयोग किये जा चुके हैं। वे राजतन्त्र को बिलकुल पसन्द नहीं करते और वे उसे मनुष्यों के लिए कैदखाना मानते हैं। वे लिखते हैं, 'राजतन्त्र नर-नारियों के बन्दीगृह है जहाँ राजा के सामने किसी मनुष्य का कोई महत्त्व नहीं। गणतन्त्र में सभी व्यक्ति स्वतन्त्र हैं, सम्पत्ति पर सभी का समान अधिकार है। नारी स्वतन्त्र है। श्रम की महत्ता है।'

महिला उपन्यासकार

उषा देवी मित्रा : वे हिन्दी की यदि सबसे पहली नहीं तो कतिपय महिला हिन्दी उपन्यासकारों में पहली थीं और एक दौर में पर्याप्त चर्चित भी हुई थीं। वे इस दृष्टि से भी उल्लेखनीय हैं कि वे पहली महिला उपन्यासकार थीं जिन्होंने महिलाओं की समस्याओं और उनके जीवन पर खूब लिखा था। विधवा, वेश्या, परित्यक्ता आदि स्त्रियों पर ही उनके उपन्यास मुख्य रूप से केन्द्रित थे। उनके प्रमुख उपन्यास में 'वचन का मोल' (1936) 'पिया' (1937), 'जीवन की मुस्कान' (1939), 'पंथकारी' (1940), 'आवाज' (1946), 'नष्टनीड़' (1955) आदि। वैसे वे औसत दर्जे की उपन्यासकार ही मानी जाएँगी।

चूँकि हिन्दी उपन्यासों की एक प्रारम्भिक उपन्यासकार का उल्लेख हो चुका है, इसलिए ऐसा प्रतीत होता है कि इस क्रम में हिन्दी की कुछ महिला उपन्यासकारों की प्रमुख कृतियों पर पृथक से विचार कर लेना चाहिए। इसलिए भी कि हिन्दी की महिला उपन्यासकारों ने हिन्दी के पुरुष उपन्यासकारों से किंचित पृथक ढंग से अपना और हिन्दी उपन्यास का विकास किया और हिन्दी के पुरुष उपन्यासकारों से पृथक अपनी इयत्ता और स्वायत्तता प्रमाणित करने की घोषणा करने लगी हैं। कुछ अतिशयोक्तियों के बावजूद उनकी बातों और अक्सर आक्रोश पूर्ण वक्तव्यों में कुछ दम प्रतीत होता है।

इस दृष्टि से (हालाँकि उन्होंने कभी अपने को महिला या महिलावादी उपन्यासकार होने की घोषणा नहीं की और न उनसे सम्बन्धी विषयों में भाग लिया। कृष्णा सोबती हिन्दी की सर्वश्रेष्ठ महिला उपन्यासकार तो मानी ही जाएँगी। कई दृष्टियों से उनका योगदान अप्रतिम माना जाएगा।

कृष्णा सोबती (1925)

मैंने पहले भी कहा है कि किसी भी कथाकार की पहली (यदि सबसे बड़ी नहीं तो) विशेषता तथा विशिष्टता उसकी अपनी निजी उपार्जित 'कथा-भाषा' होती है। इस दृष्टि से कृष्णा सोबती, रेणु, निर्मल वर्मा तथा विनोद कुमार शुक्ल आदि

ऐसे विशिष्ट कथाकारों से भी पहले की ऐसी कथाकार हैं, जिन्होंने अपनी विशिष्ट कथा-भाषा ही नहीं, अत्यन्त विशिष्ट कथाशैली भी निर्मित की जिसमें आँचलिकता के साथ एक खास किस्म की काव्यात्मक लयात्मकता होने के बावजूद एक खुरदुरापन और स्लैंग्स का अपूर्व संयोग है। उनकी वर्णनशैली तथा कथा-शैली तो विशिष्ट है ही।

कृष्णा सोबती हिन्दी की वरिष्ठतम उपन्यासकार हैं जो आज तक निरन्तर लिख रही हैं। उनका पहला उपन्यास 'डार से बिछड़ी' था। और दूसरा 'मित्रो मरजानी'। इन दोनों उपन्यासों में उन्होंने नारीवादी होने की घोषणा किये बिना नारी अस्मिता को ही प्रमुखता दी है। इन उपन्यासों में पंजाब के ग्रामीण क्षेत्र में स्त्री की क्या स्थिति है, इसका बेहद मार्मिक वर्णन किया गया है। कृष्णा सोबती की प्रारम्भिक ख्याति इन्हीं उपन्यासों पर आधारित थी किन्तु वे हिन्दी के उन थोड़े से उपन्यासकारों में से हैं, जिनके लेखन में उत्तरोत्तर विकास होता रहा है और उनके उपन्यासों का क्षेत्र फलक भी व्यापक है। उनका अगला उपन्यास 'सूरजमुखी अँधेरे के' एक शुद्ध मनोवैज्ञानिक उपन्यास है, बल्कि एक स्त्री की केस हिस्ट्री है जिसके साथ बचपन में बलात्कार किया जाता है और वह बाद में मनोवैज्ञानिक अर्थ में फ्रिजिड स्त्री के रूप में बदल जाती है। स्त्री नाम की इस औरत पर जीवन में बलात्कार का यह असर होता है कि वह हमेशा के लिए न केवल 'फ्रिजिड' हो जाती है, बल्कि अत्यन्त असहिष्णु और क्रूर औरत बन जाती है। किन्तु अन्त में वह दिवाकर नाम के एक ऐसे पुरुष के सम्पर्क में आती है जो अपनी मानवीयता, कोमलता तथा स्नेह से स्त्री को पुनः एक सामान्य स्त्री में बदल देता है। उसकी बचपन की कुंठा (कॉम्प्लेक्स) पिघल जाती है और वह उसे समर्पित कर देती है। उसकी यौनविकृति दूर हो जाती है। इस उपन्यास में सोबती जी ने परम्परा से हटकर बड़े साहसिक या बेबाक ढंग से पुरुष-स्त्री सम्बन्धों का चित्रण किया है।

किन्तु सोबती जी की कीर्ति मुख्यतः उनके पहले के लघुकाय उपन्यासों के विपरीत उनके अपेक्षाकृत विशाल काय प्रायः महाकाव्यात्मक उपन्यास 'जिन्दगीनामा' पर आधारित है जिसे घोषणा के अनुसार दो भागों में प्रकाशित होना था किन्तु उसका अभी तक एक ही भाग प्रकाशित हुआ है। इसे एक आँचलिक या ऐतिहासिक उपन्यास, दोनों कहा जा सकता है। इसमें पंजाबी ग्रामीण जीवन की संस्कृति, रीति रिवाज, पारस्परिक ईर्ष्या, द्वेष और वैयनस्य तो है ही, पंजाब की पिछली सदी का इतिहास और सिख कौम के शौर्य को भी बड़ी प्रामाणिकता के साथ प्रस्तुत किया गया है। इस तरह 'जिन्दगीनामा' किसी व्यक्ति या व्यक्तियों का वृत्तांत नहीं है। वह एक पूरे जातीय समूह का कथागान है। मैं

उसे कथागान इसलिए भी कह रहा हूँ, क्योंकि यह उपन्यासों की रीतिबद्ध कथा-आख्यानों में विभक्त न होकर छोटे-छोटे ऐसे दृश्य खंडों में विभाजित है जो ऊपर से असम्बद्ध दीखते हैं, किन्तु पूरे उपन्यास की संरचना में एक आन्तरिक एकसूत्रता है जो प्राय: एक समूहगान के रूप में ही प्रस्तुत किया गया है। और जो एक म्यूजिकल पैटर्न बनाता है। यद्यपि यह समूहगान एक 'जाति विशेष' एक निश्चित भौगोलिक परिवेश तथा काल खंड में स्थित है लेकिन यह उस अर्थ में आँचलिक उपन्यास नहीं है जिस अर्थ में रेणु का 'मैला आँचल' है।

इस अर्थ में 'जिन्दगीनामा' हिन्दी उपन्यास की सीमाओं को बहुत विस्तृत करता है। उसमें पंजाबी की ऐसी छौंक भर नहीं है जिससे भाषा अधिक जायकेदार हो जाती है, बल्कि वह स्थान और परिवेश विशेष की जीवन पद्धति और रोजमर्रा की जीवन-चर्या का अविभाज्य अंग है। किन्तु इस उपन्यास की विशेषता केवल उसकी भाषा तथा वर्णन पद्धति तक सीमित नहीं है।

इस उपन्यास के पीछे जो जीवन-परिधि है, वह बहुत व्यापक है। इस रचनात्मक व्यापकता की पहचान करना ही मेरा उद्देश्य है। वैसे तो यह एक ग्राम कथा है। इस ग्रामकथा के अनेक उपखंड है जिसके केन्द्र में इसके नायक शाहजी का समृद्ध तथा शक्तिशाली संयुक्त परिवार है। यह परिवार केवल आर्थिक स्तर पर ही नहीं, नैतिक तथा व्यक्तिगत स्तरों पर भी पूरे परिवेश को नियन्त्रित करता है। इस 'परिवार' के प्रति लेखिका का दृष्टिकोण ही पूरे उपन्यास को समझने की कुंजी है। शाह परिवार के प्रति लेखिका का किंचित रागात्मक लगाव दीखता है। यह जानने की कोशिश भी कि एक सामन्त का सामान्य जन से क्या सम्बन्ध हो सकता है। यदि हम उपन्यास में चित्रित ब्योरों को देखें तो कई अर्थ स्तर और कई आयाम खुलते दीखते हैं। प्रश्न उठ सकता है कि जिस उपन्यास का शिल्प श्रुतिपरक और दृश्य परक (ऑडियो विजुअल) है और भाषा भी उतनी ही जीवन्त है कि पाठक उसे केवल पढ़ता ही नहीं, बल्कि निरन्तर देखता और अनुभव करता चलता है, उसकी भाषिक संरचना और उपन्यास की वैचारिक परिणतियों के बीच इतना अन्तराल क्यों है? इस प्रकार के अन्तराल कुछ मौलिक शंकाओं को जन्म देते हैं। जैसे क्या रचनाकार का इस सामन्ती व्यवस्था से अतिरिक्त लगाव है जो मूलत: अपने अन्तर्विरोधों में जीती हुई निम्नवर्ग के शोषण पर टिकी हुई है? शाह परिवार के प्रति एक वीरपूजा का-सा भाव अन्त तक बना रहता है। किन्तु किसी रचना की विशिष्टता उसके वैचारिक पक्ष तक सीमित नहीं रहती और न ऐसा होना चाहिए।

'जिन्दगीनामा' अपनी इन वैचारिक सीमाओं का अतिक्रमण करता हुआ एक महत्त्वपूर्ण उपन्यास बनता है तो अपनी कलात्मक तथा रचनात्मक उपलब्धियों के

कारण।

'जिन्दगीनामा' का विवरण फलक जितना विस्तृत है, उतना कथाफलक नहीं। कुल मिलाकर उपन्यास की कहानी तीन परिवारों तक घूमती रहती है। लेकिन अचानक उसकी कथा इस सीमित दायरे को तोड़कर इतिहास की ओर मुड़ जाती है जो इसे जिन्दगीनामा बनाता है। किन्तु उपन्यास में इतिहास के साथ-साथ समकालीनता की प्रासंगिकता पूरी तरह स्थापित नहीं हो पाती। इस खंड में कथा सिक्खों के साथ मुगलों के सम्बन्धों की व्याख्या बन जाती है। दरअसल यहाँ यह स्थापित करने का प्रयत्न किया जाता है कि दो जातियों के बीच का संघर्ष धीरे-धीरे आगे चलकर समन्वय बन जाता है।

उपन्यास में मूल कथा के साथ-साथ एक प्रेमकहानी भी चलती रहती है। जिसमें रोमैंटिक शौर्य और पराक्रम अधिक है। लेकिन 'जिन्दगीनामा' का एक अन्य पक्ष भी है जो अत्यन्त महत्त्वपूर्ण है। वह यह है कि एक लेखक (जोकि एक व्यक्ति भी है) जो एक राष्ट्र के किसी प्रदेश का प्रतिनिधि भी है, अपने राष्ट्र के साथ और आज के प्रदेश का उसका क्या रिश्ता कायम हो सकता है? यानी राष्ट्र का वह नागरिक है तो अपने प्रदेश का भी एक लेखक के रूप में प्रतिनिधि है, जिसमें उसकी सामाजिक-सांस्कृतिक जड़ें स्थित हैं। ऐसे में एक द्वन्द्वात्मक स्थिति उत्पन्न हो जाती है। इस सन्दर्भ में उपन्यास कई अर्थों में कई जटिल तथा नाजुक सम्बन्ध-संकेतों की ओर ले जाता है।

उसकी इतिहास-कथा भी अपनी जाति की विशिष्टता तथा उसके साथ ही पृथकता भी प्रदर्शित करती हुई प्रतीत होती है। कथा का इतिहास इन्हीं संकेतों की ओर ले जाता है। सिक्खों के दसवें गुरु और सता के प्रति 'कलम' और तलवार दोनों उठाने वाले गुरु गोविन्द सिंह की ये पंक्तियाँ इसी विशेष अर्थ को ध्वनित करती हैं कि जब दूसरे सभी रास्ते कारगर न हो सकें तो जुल्म के खिलाफ तलवार उठा लेना ही जायज है किन्तु उनकी पूरी व्याख्या और प्रतिफलन उपन्यास के इस भाग में नहीं हो पाया है (सम्भवत: दूसरे भाग में हो—यदि वह शेखर भाग 3 की तरह अनलिखा न रह जाए)। उपन्यास की इन प्रारम्भिक पंक्तियों की अर्थ ध्वनियों को देखें तो वे एक विशेष प्रकार की मानसिकता के लिए तैयार जरूर कर देती हैं। इन पंक्तियों के समानान्तर 'मैला आँचल' के समर्पण की प्रारम्भिक पंक्तियों को देखें। भारतमाता ग्राम वासिनी/धरती के खेतों पर फैला है, धूल भरा मैला आँचल। कहने की जरूरत नहीं कि दोनों में क्या फर्क है। रेणु की पंक्तियों में कोई दृढ़ संकल्प निहित नहीं है, बल्कि देश के प्रधान तथा मुख्य क्षेत्र कषि और किसान जीवन की ओर एक करुण संकेत हैं, जबकि 'जिन्दगीनामा' की इन पंक्तियों में एक उग्र संकल्प नुकीली धार की तरह उठा हुआ है। उपन्यास के

अंत में भी उसके केन्द्रीय पात्र यही संकल्प दुहराते हैं। यहाँ कथा का एक वृत्त पूरा हो जाता है और शाहजी की ओर देखने का एक नया नजरिया भी सामने आता है।

शुरुआत और अन्त की यह वृत्त बनती संरचना केवल कथा में एकसूत्रता ही कायम नहीं रखती, बल्कि उपन्यास को एक नया आयाम भी दे देती है।

नाटकीय संवाद और काव्यात्मक आरम्भ के बाद संघर्ष गाथा उपन्यास को एक नयी दिशा देती है। पूर्व के भ्रमजाल को तोड़ता हुआ उपन्यास किसी और दिशा की ओर मुड़ जाता है। प्रारम्भ में कथा के शान्त जल में तरंगे उठाता हुआ दायरा क्रमशः वृहत्तर होता हुआ अनेक वृत्तों की रचना करता है और सम्पूर्ण जल में उत्ताल तरंगे उठाता हुआ उद्वेलक बन जाता है।

अतः यह संयोग नहीं है कि उपन्यासकार कथावाचक (यह भी उसके अनोखे शिल्प की ही सृष्टि है) बड्डेलाला बच्चों को सृष्टि के प्रारम्भ की जो कथा सुनाते हैं, वह न जाने कितने संस्करणों में बदलती रहती है—सृष्टि के रचना की कोई निश्चित और स्थिर व्याख्या हो ही नहीं सकती। सृष्टि एक है उसके प्रारम्भ की कथाएँ अनेक हैं। रुख वही रहता है, उसके रखवाले बदलते रहते हैं।

यहाँ उपन्यास सृष्टि की ही नहीं, रचना मात्र के स्वरूप और 'सच' की ओर एक सार्थक संकेत करता है। सृष्टि की यह व्याख्या प्रत्येक रचना के बारे में सच है। एक ही रचना के अनेक पाठ तथा विश्लेषण हो सकते हैं। सबका अपना-अपना सच होता है। इस तरह बच्चों को सुनाई गयी सृष्टि के आरम्भ की कथाएँ प्रकारान्तर से 'रचना' मात्र की व्याख्याएँ हैं। कोई भी चित्रात्मक कल्पना झूठ नहीं होती है। जीवन मात्र जितना बहुरंगी है, उसकी व्याख्याएँ भी उतनी ही बहुरंगी तथा विविधतापूर्ण होती हैं। किन्तु उपन्यासकार ने इसे उपन्यास पर किसी दार्शनिक की तरह आरोपित नहीं किया है। यदि ऐसा होता तो स्वयं उसकी रचनात्मकता ही बाधित होती।

उपन्यास के अन्त में गुरुगोविन्द सिंह की पंक्तियाँ फिर दुहराई गयी हैं। यह पुनरावृत्ति उपन्यास के रचनात्मक वृत्त को ही पूरी नहीं करती बल्कि स्वयं इतिहास की पुनर्वृत्तात्मकता की ओर भी संकेत करती है, यानी जो मध्ययुग में सत्ता और जनता के बीच घटित हुआ था वह वर्तमान में भी घटित हो सकता है (या हो रहा है)। इतिहास जो नहीं है और इतिहास जो है, वह जनमानस में अपने प्रत्याख्यान तथा संकल्प के साथ हमेशा जीवित रहता है।

यह बहुस्तरीयता और बहुआयामिता ही 'जिन्दगीनामा' को प्रायः एक कालसिद्ध उपन्यास बनाती है। उपन्यास में जितनी संगीतमयता है, उतना ही संघर्षात्मक संकल्प भी। यह 'संगीत' और संघर्ष दोनों का 'जिन्दगीनामा' है।

'दिलोदानिश' (1993) : 'जिन्दगीनामा' के ग्रामीण सामन्ती परिवेश के विपरीत दिलोदानिश शुद्ध महानगरी कथा है। हालाँकि इसका परिवेश और कथा भी सामन्ती ही है। यह दिल्ली के एक रईस वकील कृपाशंकर और नृत्यांगना तथा गायिका नसीम बानो के प्रेम की कहानी है। हालाँकि वकील साहब विवाहित हैं और अपनी पत्नी कुतुब प्यारी से उनके तीन बच्चे हैं, किन्तु पुरानी सामन्ती परम्परा के अनुरूप उन्होंने नसीम बानो को बतौर रक्षिता और लगभग अपनी दूसरी पत्नी की तरह स्वीकार कर रखा है। किन्तु बाद में अनबन हो जाने के कारण वे उससे विरत हो जाते हैं। पर वे जब लगभग मरणासन्न हैं तब उनकी बेटी की शादी के अवसर पर नसीम बानो उनके द्वारा दिये गये तमाम जेवर-जेवरातों के साथ सजी-धजी आती है और बतौर नजराने के वह सब उसे सौंपकर चली जाती है। वकील साहब को एहसास होता है कि इस मुकदमे में नसीम बानो ने उन्हें पराजित कर दिया है।

अपने सभी उपन्यासों के मूल स्वर के अनुरूप सोबती जी ने इस उपन्यास में भी स्त्री की अस्मिता को वरीयता दी है और पुरुष के सम्मुख उसे एक तनी हुई मुद्रा में प्रस्तुत किया है—भले ही वह रक्षिता ही क्यों न हो।

इस उपन्यास की भाषा भी 'जिन्दगीनामा' के सर्वथा विपरीत है। 'जिन्दगीनामा' के आँचलिक पंजाबी स्लैंग्स से लदी हुई हिन्दी के विपरीत इस उपन्यास की भाषा पुरानी दिल्ली के कायस्थ रईसों और अदब और तहजीब का नमूना प्रस्तुत करनेवाली नृत्यांगनाओं के अनुरूप बेहद तराशी हुई उर्दू मिश्रित हिन्दी है, जिसे सोबती जी ने बेहद नक्काशीदार आकर्षक भाषा के रूप में उपन्यास में प्रयुक्त किया है, जो 'जिन्दगीनामा' के ठेठ पंजाबीपन से बोझिल हिन्दी से घबराये हुए पाठकों को चकित करता है, किन्तु उससे सोबती जी की विषय वस्तु विस्तार क्षमता ही नहीं, उनके बहुरंगे शब्द भंडार के प्रति भी चकित होना पड़ता है—इस उपन्यास की नफासत और नज़ाकत वाली भाषा में 'जिन्दगीनामा' की ग्रामीण रूढ़ता का नामोनिशान भी नहीं है।

किन्तु जैसा कहा गया, इन दोनों उपन्यासों का परिवेश मूलतः सामन्ती है और ये दोनों आधुनिक भावबोध के उपन्यास नहीं हैं।

सम्भवतः इसी को लक्षित करके सोबती जी ने अपने नवीनतम उपन्यास 'जैनी मेहरबान सिंह' में भारत के महानगरों की नहीं, विदेश के आत्याधुनिक परिवेश की कथा को विकसित होने वाले भारत के ग्रामीण परिवेश के साथ नत्थी कर अपने अनोखे अंदाज में प्रस्तुत किया है।

सोबती जी की 'भूमिका' के अनुसार यह उपन्यास दरअसल एक प्रस्तावित फिल्म की 'पटकथा' के रूप में लिखा गया था किन्तु किन्ही कारणों से (सम्भवतः

लेखिका और फिल्म निर्माताओं के बीच कुछ असहमतियों के कारण) फिल्म नहीं बन सकी और थोड़े हेर-फेर के बाद इसे प्राय: उसी रूप में प्रकाशित किया गया है। अत: इसे उसी रूप में पढ़ा जाना चाहिए। जो लोग आज की हिन्दी फिल्में देखते होंगे। उन्हें लग जाएगा कि यह पटकथा आज बनती हिन्दी फिल्मों की सारी शर्तें पूरी करती है। मसलन फिल्म की शुरुआत विदेश के किसी शहर से और पूरी नाटकीयता के साथ होनी चाहिए। सोबती जी ने ठीक यही किया है। कनाडा के एक अत्याधुनिक शहर में सरदार मेहरबान सिंह की बेटी जैनी का जन्मदिन बड़े धूमधाम से मनाया जा रहा है। फिल्मी पार्टियों की तरह ही शोर शराबा, नृत्य संगीत आदि के साथ। यह एक दृश्य है। पर दूसरे दृश्य में कैमरे की आँख एकदम से हवाई जहाज में जैनी के साथ उड़ती हुई पंजाब के एक ठेठ गाँव में आकर टिक जाती है। जैनी ऊर्फ जैनी मेहरबान सिंह अब अपने पिता के पुश्तैनी पिछड़े हुए गाँव में रहकर उसका 'उद्धार' करेगी। यह 'फिल्मी पटकथा' इसके बाद एक के बाद एक घटित घटनाओं से 'ठसाठस' लगातार चलती रहती है (ताकि फिल्म की गति भी धीमी और उबाऊ न हो) ये घटनाएँ भी फिल्मी नुस्खों वाली ही हैं। इन कारणों से और जो हो, इसकी पठनीयता (फिल्मोंवाली) बेजोड़ है। हमेशा की तरह सोबती जी के पास एक चुलबुली, उछलती हुई अपने ही मुहावरों से बुनी हुई भाषा और ऐसा शिल्प वहाँ है कि इसे एक लम्बी कहानी की तरह एक बैठक में ही पढ़ा जा सकता है। पंजाब से सोबती जी का जन्मजात नाता है और उसकी 'सरजमीं' पर उतरते ही उनकी लेखनी को मानो पर लग जाते हैं।

जिन्दगी के अधिकांश वर्ष दिल्ली में गुजारनेवाली लेखिका में पंजाब की मिट्टी के लिये अभी भी जो ललक और उमंग है, उसकी खुशबू मौका मिलते ही उमड़ पड़ती है। पंजाब के खेत, खलिहान, गलियाँ और चौबारे ही नहीं, मेले, ठेले सबकुछ इस पटकथा में चलचित्र की तरह ही सामने आ जाते हैं। एक ऐसा चलचित्र जिसमें आवाजें और दृश्य ही नहीं, गन्ध, स्वाद, स्पर्श सभी कुछ अपनी दृश्यमान मोहकता से पाठक को आविष्ट कर लेते हैं। हम उन्हें देखते और सुनते ही नहीं, उनके बीच होते हैं। पंजाबी खड़ी बोली का ऐसा रवानगी भरा प्रयोग शायद ही कहीं और मिले। ''मैं चली तो अपने मेहरबान अभी अपने घोड़े पर विराजा न था। और तेरी भाभी का बस चले तो खटिया तोड़ अपने भाई को तेरा दूल्हा बना दे'' आदि।

इस उपन्यास के 'पुरातन' और आधुनिकता की कसौटी पर कसा न जाना चाहिए। न यह मानकर चलना चाहिए कि इसमें 'वास्तविक'-सी दीखने वाली घटनाएँ वास्तविक हैं। बल्कि यहाँ सबकुछ अवास्तविक और अतिरंजित है। इसकी

नायिका जैनी मेहरबान सिंह का चरित्र भी उतना ही अवास्तविक और अस्वाभाविक है जितना हिन्दी फिल्मों की नायिकाओं का। जैसे जैनी घुड़सवारी ही नहीं कर सकती है, वह ट्रैक्टर भी चला सकती है, स्वीमिंग कॉस्ट्यूम में खुलेआम तैर सकती है, यही नहीं, वह अकेले डाकुओं के समूह का मुकाबला कर सकती है। सोबती जी ने उसे एक सुपर वुमन के रूप में चित्रित किया है। पुरानी हिन्दी स्टंट फिल्मों की नायिका नाडिया की तरह वह कोई भी करिश्मा कर सकती है। हम कह सकते थे कि यह एक नये किस्म का स्त्रीवादी उपन्यास होता। जैनी हिन्दी फिल्म नायिकाओं की तरह 'सुपरहिरोइन' न होती।

हिन्दी फिल्मों की तरह ही उपन्यास में नाटकीय 'क्लाईमेक्स' भी है। जो युवक जैनी से विवाह करना चाहता है, जैनी उससे विवाह नहीं करना चाहती। और वह जिस युवक से विवाह करना चाहती है, उसमें पौरुष है, पराक्रम है, और जैनी के प्रति उसमें मानवीय सहृदयता है। उस युवक की माँ उसके पिता की पूर्व प्रेमिका है, जिसका विवाह बलात किसी और से कर दिया जाता है। उपन्यास के अन्त में जैनी से परिणय का आकांक्षी युवक जब जैनी से विवाह करने के लिए आता है तो अक्समात जैनी एक तस्वीर उसके पिता को दिखलाती है और कहती है, "अंकल, यह देखिये रेशल की गोद में इकी का बेटा और आपका पोता।" इस उद्घाटन के बाद जैनी के साथ उसके प्रेमी जोरावरसिंह का ब्याह सम्पन्न हो जाता है। जो काम उसके पिता नहीं कर सके वह जैनी कर दिखाती है।

यही नहीं, उपन्यास में एक और फिल्मी फार्मूला है। गाँव में हिप्पियों का आना जाना लगा रहता है जो जैनी के मित्र हैं। पूरा गाँव उनके स्वैराचार और मुक्त यौन-सम्बन्धों को लेकर स्तब्ध तथा उत्तेजित है, पर जैनी पर उसका कोई प्रभाव नहीं पड़ता। यह प्रसंग उपन्यास में अवान्तर-सा लग सकता है, पर यह जैनी के सम्पूर्ण विद्रोह को दिखाने के लिए रचा गया है।

कुछ लोग चकित हो सकते हैं कि सोबती जी ने यह फिल्मी लटके-झटके से भरा उपन्यास क्यों लिखा? और यदि किसी फिल्मी समझौते के तहत लिखा भी तो उसे प्रकाशित कराना क्यों जरूरी समझा? दरअसल, उस उपन्यास को आज की हिन्दी फिल्मों का कैरीकेचर मान सकते हैं। उन लोगों की संवेदना और बाजारूपन का उद्घाटन जो उनकी अत्यन्त महत्त्वपूर्ण कृति 'मित्रो मरजानी' को कॉस्टीयूम पहनाकर तैराना चाहते थे। सोबती ने बस मित्रो मरजानी को जैनी में बदल दिया है।

यह उपन्यास कृष्णा सोबती ही नहीं, हिन्दी उपन्यास में एक नया आयाम है। इस अर्थ में भी कि उपन्यास में ऐसी छेड़छाड़ भी की जा सकती है।

हिन्दी की लेखिकाओं में ही नहीं, लेखकों में भी सम्भवत: कोई अन्य उपन्यासकार ऐसा नहीं है जो उम्र के नवें दशक में केवल निरन्तर सक्रिय ही नहीं, निरन्तर विकाशसील है।

उषा प्रियंवदा (1931)

जिन दिनों हिन्दी में कतिपय महिला लेखिकाएँ थीं और जिन्होंने अपनी आधुनिक संवेदना से हिन्दी कथा-साहित्य को परिचित कराया था, उनमें उषा प्रियंवदा प्रमुख हैं। यद्यपि कृष्ण सोबती उनसे वरिष्ठ तो हैं ही, गुणवत्ता और परिमाण में भी उन्होंने ऊषा प्रियंवदा की अपेक्षा अधिक लिखा है किन्तु उन्हें उस अर्थ में आधुनिक नहीं कहा जा सकता और उनकी एक कृति और दूसरी कृति के बीच प्राय: लम्बा अन्तराल रहा है। फिर भी उन्होंने पाँच उपन्यास लिखे हैं : 'पचपन खम्भे लाल दीवारें' (1961) 'रुकोगी नहीं राधिका' (1967) 'शेष यात्रा' (1984) 'अन्तर्वशी' (2000) और 'भये कबीर उदास' (2007)। उनके उपन्यासों में रोमेंटिकता तो है, पर उन पर 'अस्तित्ववाद' का भी गहरा प्रभाव दीखता है। उनके उपन्यास उस नारी की मानसिकता की अभिव्यक्ति करते हैं जो जीना तो आधुनिक जीवन चाहती है, पर परम्परागत जीवन पद्धति और मूल्यों से संघर्ष नहीं कर पाती। इसीलिए वह अपने को अलग-थलग और अकेली पाती है। इन्हीं कारणों से उसमें आक्रोश तो है, पर वह उसकी अभिव्यक्ति नहीं कर पाती। उनका अकेलापन या अजनबीपन इसी कारण है कि भारतीय समाज में वह अपने को मिसफिट पाती है। वह एक 'प्रामाणिक (आथेंटिक) जीवन जीना चाहती है पर भारतीय समाज इसके लिए न तो अनुमति देता है और न छूट। शायद यही कारण है अपने जीवन में भी ऊषा जी ने भारत छोड़कर पश्चिम (अमेरिका) में रहना पसन्द किया।

कुल मिलाकर ऊषा प्रियंवदा के उपन्यासों का क्षेत्र सीमित है और वह उनके निजी तथा व्यक्तिगत जीवन के आसपास ही मँडराता रहता है।

मन्नू भंडारी : मन्नू भंडारी ने केवल दो उपन्यास ही लिखे हैं और उनकी कीर्ति उन्हीं पर आधारित है— 'आपका बंटी' और 'महाभोज'। किन्तु उनके ये दोनों उपन्यास बेहद लोकप्रिय हुए। इसका कारण उनकी सहजता तथा एक प्रकार की सरलता भी है जो पाठक को अपनी स्वाभाविक कथन शैली से आकृष्ट कर लेता है। दूसरा कारण यह है कि मन्नू जी में आधुनिकता का कोई वैसा पाखंड या प्रदर्शन नहीं है जो दुर्भाग्य से उनकी कुछ समकालीन और आगे आनेवाली कुछ अन्य महिला उपन्यासकारों में दिखाई पड़ता है। इसी कारण जहाँ मन्नू जी के उपन्यास और कहानियों, दोनों को भारतीय जनमानस ने सहजता से स्वीकार

कर लिया। वहीं तथाकथित उन महिला उपन्यासकारों के उपन्यासों को सामान्य पाठकों ने शायद इसलिए भी उतना ग्राह्य नहीं पाया, क्योंकि हिन्दी का पाठक समाज अभी भी कुछ अधिक बेबाक और कहीं-कहीं उनकी ओढ़ी हुई आधुनिकता को स्वीकार नहीं कर पाता। मन्नू जी की रचनाओं में एक शालीनता और गरिमा भी है। इस कारण भी वे पाठकों और लेखकों, दोनों के बीच समादृत हैं। उनके उपन्यासों में भाषा और शिल्प के प्रयोग नहीं हैं किन्तु उनकी निश्छल स्वाभाविकता पाठकों को तत्काल आकृष्ट कर लेती है। वे उपन्यासकार से अधिक अपनी कहानियों के कारण जानी जाती हैं, जिन पर कहानी प्रकरण में विचार किया जाएगा। मन्नू भंडारी के उपन्यासों तथा कथा-साहित्य की एक बड़ी विशेषता यह भी रही है कि जहाँ उनकी पीढ़ी, जिसे नयी कहानी की पीढ़ी के कथाकार कहा जा सकता है—एक कृत्रिम भावबोध के शिकार थे जिसका प्रभाव उनके लेखन पर भी पड़ रहा था—केवल कुछ अपवादों को छोड़कर। फणीश्वरनाथ रेणु (यदि उन्हें भी नयी कहानी के पीढ़ी का कथाकार माना जाय तो और अमरकान्त तथा शेखर जोशी तथा कुछ कम चर्चित उपन्यासकारों को छोड़कर नयी कहानी के कथाकार और उपन्यासकार माने जाने वाले प्रायः सभी उपन्यासकार कृत्रिम भावबोध तथा गढ़ी हुई छद्म संवेदना वाली रचनाएँ लिख रहे थे वहीं कृष्णा सोबती के अतिरिक्त मन्नू भंडारी अकेली उपन्यासकार और कथाकार थीं इस प्रायोजित अभियान से पृथक तथा उससे सर्वथा निरपेक्ष रहकर अपने उपन्यास और कहानियाँ लिख रही थीं।

मंजुल भगत (1936-1998)

मन्नू भंडारी के बाद की पीढ़ी की उपन्यासकार मंजुल भगत भी इस अर्थ में उन्हीं की परम्परा की उन कतिपय उपन्यासकारों में थीं जिन्होंने अपनी स्वाभाविक संवेदना तथा पर्यवेक्षण के आधार पर अपने उपन्यास लिखे थे, उन्होंने 'अनारो' (1977) 'बेगाने घर में' (1975) 'खातुल' (1983), 'तिरछी बौछार गंजी' (1995) आदि कई उपन्यास लिखे थे लेकिन उनकी ख्याति, बल्कि उपलब्धि उनके पहले उपन्यास 'अनारो' पर आधारित है।

'अनारो' इस दष्टि से महत्त्वपूर्ण उपन्यास माना जाएगा कि जहाँ हिन्दी के प्रायः सभी उपन्यासकारों का ध्यान या तो आत्यांतिक वैयक्तिकता पर केन्द्रित था, या आयतित पश्चिमी आधुनिकता पर, उषा प्रियंवदा आदि जैसी कुछ महिला उपन्यासकार काम-काजी महिलाओं पर भी अपने ढंग से लिखने लगी थीं, वहीं मंजुल भगत ने शायद पहली बार मध्यमवर्ग और उच्चमध्यमवर्ग के लोगों के घरों में काम करने वाली बाईयों या नौकरानियों के जीवन पर (उनका बड़ी सघनता

तथा निकटता से अध्ययन कर) एक ऐसा उपन्यास लिखा जो केवल इसलिए नहीं लिखा गया था कि वे उन पर करुणा और सहानुभूति बरसाना चाहती थीं, बल्कि इस उपन्यास में एक गहरी आत्मीयता तो है ही, उनके यातनाप्रद जीवन और दिनचर्या की बड़ी मार्मिक कथा कही गयी है। 'अनारो' हिन्दी का अपने ढंग का अकेला उपन्यास माना जाएगा।

दुर्भाग्य से मंजुल भगत के अन्य उपन्यासों में वह गहनता और स्वाभाविकता नहीं पायी गयी। इस प्रतिभा सम्पन्न उपन्यासकार का अपेक्षाकृत अल्पायु में ही निधन हो गया था।

मृदुला गर्ग (1938)

मृदुला गर्ग को पूरी तरह नागर जीवन का उपन्यासकार माना जा सकता है। वे उषा प्रियंवदा से भी आगे बढ़कर मुक्त स्त्री और मुक्त प्रेम की समर्थक तथा प्रवक्ता हैं। उन्हें हिन्दी उपन्यास में स्त्री-विमर्श को आरम्भ करने वाली लेखिका माना जा सकता है। हिन्दी उपन्यास के विकास में हम देखते हैं कि रोमैंटिकता तथा रोमैंटिक-भावबोध का प्रभाव क्रमश: कम होता गया है, किन्तु विकल्प के रूप में जो 'आधुनिकता' आयी है, वह प्राय: भावनाशून्य स्वार्थ आधारित सम्बन्धों पर अधिक आधारित है। मृदुला गर्ग के उपन्यासों में एक प्रकार की बौद्धिकता तथा तर्क-वितर्क है जो अब तक की हिन्दी की नारी उपन्यासकारों में दिखा नहीं। उनके अब तक सात उपन्यास प्रकाशित हुए हैं : 'उसके हिस्से की धूप' (1975), 'वंशज' (1976), 'चितकोबरा' (1979), 'अनित्य' (1980), 'मैं और मैं' (1984) कठगुलाब (1996) और सद्य: प्रकाशित उपन्यास 'मिलजुल मन' (2009)।

मृदुला गर्ग के उपन्यासों में व्यक्ति-मन की व्यथाएँ, व्यर्थताएँ तो हैं हीं, ज्यादातर स्थलों पर आत्म औचित्य सिद्ध करने का प्रयास है यानी जिसे सेल्फ जस्टीफिकेशन कहा जाता है। क्रमश: उनकी कथा-भूमि का विस्तार तो हुआ है किन्तु उनमें कुल मिलाकर पुरुष-स्त्री सम्बन्ध ही केन्द्र में रहे हैं, वे इस मामले में अपेक्षाकृत बोल्ड उपन्यासकार मानी जाएँगी। वे मूलत: अभिजात्य वर्ग की लेखिका हैं जिनमें उस तरह का जमीनी सरोकार नहीं रहा है जैसा कृष्णा सोबती का है। किन्तु उनमें कथा बुनने की क्षमता है और ऐसी कथा-भाषा भी है जो क्रमश: विकसित होती नहीं लगे किन्तु परिवर्तित होती अवश्य रहती है। अपनी बोल्डनेस के कारण उनका उपन्यास 'चितकोबरा' पर्याप्त चर्चित तथा विवादास्पद दोनों रहा है।

उनका उपन्यास 'अनित्य' उनका पहला और अन्तिम (आज तक का)

राजनैतिक उपन्यास कहा जा सकता है। इसमें भारतीय स्वतन्त्रता संग्राम और उसके परिणामों का विश्लेषण किया गया है। इसमें उन्होंने उस संग्राम की गाँधावादी पद्धति तथा भगतसिंह और चन्द्रशेखर आजाद आदि की पद्धति को आमने-सामने रखा है। इसमें वे गाँधीवाद का तीखा विरोध करती हुई दीखती हैं और 'क्रान्तिकारियों को खुला समर्थन देती हैं। लेकिन उन्हें क्रान्तिकारियों के बारे में और उनकी कार्य पद्धति की वैसी प्रामाणिक तथा विस्तृत जानकारी नहीं है जैसी यशपाल के उपन्यासों में मिलती है, और न उनमें विशेष विशलेषण क्षमता है। क्रान्तिकारियों तथा उनकी शूरवीरता के प्रति उनका साक्षात भावात्मक ही अधिक प्रतीत होता है, क्योंकि यद्यपि भगतसिंह चन्द्रशेखर आजाद आदि की एकनिष्ठ समर्पित स्वतन्त्रता तथा देश-प्रेम के सम्बन्ध में कोई सन्देह नहीं है और भारत के एक बड़े जनसमूह की उनके प्रति आज भी असंदिग्ध आस्था है, वहीं गहन तथा तथ्यपरक व्यापक विश्लेषण के आधार पर आज भी यह सम्यक नहीं लगता कि अत्यन्त सीमित साधनों, उपकरणों और काफी हद तक आन्तरिक अन्तर्विरोधों (जिनकी ओर यशपाल के उपन्यासों में विस्तार से लिखा गया है) के साथ या उनके रहते तबके विशाल एवं महानतम शक्ति ब्रिटिश साम्राज्य का मुकाबला किया जा सकता था, बल्कि यह बात (भगतसिंह तथा चन्द्रशेखर आदि के प्रति आन्तरिक अनुरक्ति के बावजूद) आज, किंचित बचकानी भी प्रतीत होती है। इसी अर्थ में विद्रोही (रिबेल) क्रान्तिकारी (रिवोल्यूशनरी) से भिन्न होता है। गाँधी जी क्रान्तिकारी नहीं थे किन्तु उनकी संगठन क्षमता अद्‌भुत थी जिसे आज भी गाँधी की आँधी कहा जाता है। उन्होंने कौशल तथा व्यावहारिक पद्धति से न केवल पूरे भारत को क्रान्ति के लिए प्रस्तुत किया, बल्कि दूसरे महायुद्ध के बाद जर्जर हो गये ब्रिटिश साम्राज्य के प्रति उग्रतर तथा तीव्रतर आक्रमण के लिए भी देश को आमन्त्रित किया (अँग्रेज़ों भारत छोड़ो)। अत: भारतीय क्रान्तिकारियों (?) की विफलता के बीज उसके भीतर ही निहित थे—वे विफल होने के लिए अभिशप्त थे। मृदुला जी उसे नहीं समझ सकी हैं। कम-से-कम 'अनित्य' में नहीं। उनका दृष्टिकोण तथा विश्लेषण पद्धति पूर्वग्रह ग्रस्त तो है ही, अधूरी और एकांगी है। एक रचना के रूप में भी 'अनित्य' कोई महत्त्वपूर्ण कृति नहीं बन पाई है।

किन्तु मृदुला गर्ग का अंतिम आत्मकथात्मक उपन्यास 'मिलजुल मन' में उन्होंने बड़े दिलचस्प अन्दाज में अपनी आत्मकथा का रचनात्मक रूपान्तर किया है। इसमें हिन्दी के उन लेखकों के लिए सन्देश भी निहित है—जो अपनी कहानी लिखने का लोभ संवरण नहीं कर सकते, कि यदि आत्मकथा लिखनी हो तो उसे बेहद उबाऊ, अनावश्यक विवरणों से बोझिल और आत्म स्तुति परक ढंग

से लिखने की जगह यदि उसका कुछ ऐसा रचनात्मक रूपान्तरण करके प्रस्तुत कर सकें तो बेहतर है। वरना मेरी समझ में यदि कोई महत्वपूर्ण तथा ऐसा विख्यात व्यक्ति या पब्लिक फिगर न हो तो उसे ऐसा भ्रम न होना चाहिए कि देश और दुनिया को उनके बारे में जानने की उत्सुकता या दिलचस्पी होगी।

मृदुला जी की इस आत्मकथा की एकमात्र कमजोरी यह है कि यह हिन्दी लिपि में होकर भी भाषा की दृष्टि से उर्दू उपन्यास लग सकता है जो लेखिका ने अपना उर्दू भाषा पर भी अबाध ज्ञान प्रदर्शित करने के लिए प्रयुक्त किया है वरना इसकी भाषा अत्यन्त नफीश, लज़ीज और तराशी हुई है। यद्यपि अक्सर बेहद मुश्किल होने के बावजूद उपन्यास में एक आकर्षण है। 'मिलजुलपन' एक अत्यन्त पठनीय (भाषा के बावजूद) किताब है जिसे आत्मकथा ही कहना चाहिए क्योंकि एक उपन्यास के रूप में यह बहुत महत्त्वपूर्ण रचना नहीं है। मृदुला गर्ग कृष्णा सोबती की तरह ही आज भी सक्रिय हैं और उनसे और अपेक्षाएँ की जा सकती हैं।

ममता कालिया (1940)

ममता कालिया के पास भी मन्नू भंडारी की तरह एक स्वाभाविक लेखन प्रतिभा है और वे कई अन्य महिला उपन्यासकारों की तरह बहुत महत्वाकांक्षापूर्ण किन्तु कृत्रिम और आरोपित किस्म के उपन्यास नहीं लिखतीं। उन्होंने करीब आधा दर्जन उपन्यास लिखे हैं : 'बेघर' (1971), 'नरक दर नरक' (1975), 'प्रेम कहानी' (1980) तथा सद्यः प्रकाशित 'दुक्खम-सुक्खम' (2009) आदि।

अपने पहले ही उपन्यास 'बेघर' में उन्होंने बिना किसी अतिरिक्त साहसिकता का प्रदर्शन किये हुए परम्परागत तथा प्रचलित इस धारणा को तोड़ा है कि विवाहित जीवन में स्त्री का 'कुमारी' होना आवश्यक है। उन्होंने कौमार्य के इस मिथक को तोड़ा है। उनके बाकी उपन्यासों के विषय निरन्तर बदलते रहे हैं। कथावस्तु और परिवेश दोनों स्तरों पर। उनके उपन्यासों का दायरा भी पति-पत्नी तथा पुरुष-स्त्री सम्बन्धों तक सीमित न रहकर व्यापक होता रहा है। उनके उपन्यास उनके अपने अनुभवों पर आधारित हैं पर चूँकि अधिकांश स्त्री लेखिकाओं की तरह वह कभी किसी स्थान विशेष में टिककर (नौकरी या व्यवसाय के रूप में या महज गृहणी बनकर) कभी नहीं रहीं और उसी के अनुसार न जाने कितने शहरों में कितनी बार रहती आयी हैं। इसलिए उनके अनुभवों में तो हमेशा विस्तार होता ही रहा है, वे जहाँ भी रही हैं, वहाँ से प्राप्त अनुभवों को और परिवेश को हमेशा एक पर्यवेक्षक के रूप में अपनी रचनाओं में रूपान्तरित करती रही हैं इसलिए अपने निजी तथा नितान्त व्यक्तिगत जीवन के अलावा और स्थान विशेष के चरित्र तथा

जीवन से ही अपनी कृतियों को बुनती रही हैं। इसका ताजा उदाहरण उनका सद्य प्रकाशित उपन्यास, 'दुक्खम-सुक्खम' है जिसमें ब्रजभूमि के केन्द्र मथुरा शहर की मिठास तथा खटास दोनों को उद्‍घाटित किया गया है। उनके उपन्यास उनके संघर्षशील व्यक्तित्व के प्रतिबिम्ब हैं। किन्तु उनका संघर्ष अनावश्यक रूप से उग्र तथा तिलमिलाकर हुआ नहीं है न उसमें किसी कुंठित प्रतिरोध की अभिव्यक्ति है, जैसा इधर कुछ महिला उपन्यासकारों में दिखाई पड़ता है।

उन्हें साठोत्तरी कथाकार और उपन्यासकार माना जा सकता है, किन्तु अनेक साठोत्तरी कथाकारों की फैशनपरस्ती, आत्ममुग्धता और पश्चिमी साहित्यिक आंदोलनों की प्रतिध्वनि या प्रतिबिम्ब उनकी कहानी में नजर नहीं आता। वे निखालिस भारतीय लेखिका हैं और उनकी औपन्यासिक कृतियाँ परिवर्तित होते हुए स्वतन्त्र भारत में नारी की स्वतन्त्रता को परिभाषित करती हैं। यानी उनके यहाँ स्वतन्त्रता का अर्थ उच्छृंखलता, मुक्त यौन-सम्बन्ध और स्वैराचार नहीं है। उनके उपन्यासों के नारी-पात्र निरीह या निरी महिलाएँ नहीं हैं, वे बौद्धिक रूप से जागरूक हैं, किन्तु वे अपनी बौद्धिकता और बहुज्ञता को अपने उपन्यासों में किसी क्लशे के रूप में प्रस्तुत नहीं करतीं बल्कि रचनात्मक स्तर पर उसे ओट में ही रखती हैं। मेरे ख्याल में यही निखालिस भारतीय जीवन-दृष्टि है जो न तो प्रदर्शन प्रिय है और न आत्म-प्रचार करती हुई। अपनी महत्ता को प्रमाणित करने की चेष्टा भी नहीं करती बस, योजनाबद्ध ढंग से सक्रिय रहती है।

लेकिन ऐसा प्रतीत होता है कि ममता जी ने अपनी रचनात्मक प्रतिभा का समुचित उपयोग नहीं किया है और हमेशा ऐसा लगता रहता है कि अभी कुछ और है, जो कहा नहीं गया। चूँकि वे आज भी सक्रिय और समझने-जानने के लिए सुलभ हैं, इसलिए यह प्रत्याशा की जा सकती है कि उनकी किसी औपन्यासिक कृति में यह जो कहा नहीं गया, वह भी कहा हुआ बनकर उनके किसी उपन्यास में अधिक सशक्त ढंग से अभिव्यक्त हो सकेगा।

'आजादी' के बाद असली आजादी भारतीय स्त्री को मिली है (यद्यपि समाज के सभी तबके को नहीं, मूलतः लेखिकाओं को ही)। पुरुष और पुरुष लेखक तो और क्षेत्रों में मुख्यतः नैतिक-भौतिक क्षेत्रों में, पहले से ही आज़ाद थे किन्तु भारतीय लेखिकाओं को सहसा एक मुक्त आकाश मिला, जिसकी परिधि और व्यास वे खुले पंखों से (भारहीन मुक्त डैनों से) नाप रही हैं। अब वे खाचेर पाखी से बनेर पाखी (टैगोर) बन गयी अपने डैने समेटकर (शायद किंचित श्लथ होकर भी) धरती पर उतरने लगी हैं। देखने की जरूरत है कि वे किस ठौर को अपना ठिकाना बना रही हैं? कुछ ऊँचे कंगूरों पर कुछ हरे-भरे वृक्षों पर और कुछ शायद घूरे के ढेरों पर भी। इस दृष्टि से सन् 60 का विशेष रूप से महिला

लेखन अत्यन्त महत्त्वपूर्ण है। यह आकस्मिक या महज संयोग नहीं है कि सन् 60 के बाद हिन्दी में महिला उपन्यासकारों की (खासतौर पर) बाढ़ सी आ गयी है। जहाँ 'नयी कहानी' के दौर तक तक इक्की-दुक्की महिला उपन्यासकार नजर आयी थीं, वहीं साठोत्तरी लेखन के साथ लेखिकाएँ ही लेखिकाएँ नजर आने लगी हैं। यह एक सामाजिक स्थिति है और उसे हल्के स्तर पर जानना और जाँचना हो तो सामयिक प्रशंसा के सूचीपत्र से जाना जा सकता है।

उस सम्बन्ध और प्रसंग में हम आगे की महिला उपन्यासकारों की चर्चा तो करेंगे ही, यह भी जानने की कोशिश करेंगे कि आखिर यह क्रान्तिकारी परिवर्तन या विद्रोह अचानक कैसे और क्यों सफल हुआ।

यहाँ यह इसलिए कहा जा रहा है कि इसी के आसपास महिला उपन्यासकारों ने कुछ अधिक क्रान्तिकारी और उग्रवादी तेवर अख्तियार कर लिये। लेकिन उस दरम्यान उन्होंने जो उपन्यास लिखे उनका मूल्यांकन होना अभी बाकी है।

चित्रा मुद्गल (1944)

चित्रा मुद्गल बीसवीं शताब्दी के अन्त की उपन्यासकार हैं और उनके तीन उपन्यास अभी तक प्रकाशित हुए हैं। 'एक जमीन अपनी', 'आँवा' और 'गिलीगडु'। इन तीनों उपन्यासों में एक अन्तर्निहित त्रासदी है। स्पष्टतः यह त्रासदी स्त्री की है और यह भी ध्यान देने योग्य है कि इस त्रासदी के जिस पक्ष को उन्होंने उपन्यासों का आधार बनाया है, वह बीसवीं सदी के उत्तरार्द्ध से सहसा स्त्री की स्थिति में जो परिवर्तन आया, उसके बीच अपनी जमीन तलाशती स्त्री की है। यह स्त्री स्थिर नहीं है। गतिशील है, सक्रिय है और संघर्षशील है। हर संघर्ष के साथ एक संकट जुड़ा होता है और इस स्त्री का संघर्षमय जीवन भी हमेशा संकटों से घिरा रहता है। चित्रा मुद्गल के पहले उपन्यास 'एक जमीन अपनी' (1990) की संघर्ष करती स्त्री जो अपने लिए एक जमीन, एक धरती, एक खड़े होने की जगह माँग रही है। आज का विकसित आधुनिक कहा जाने वाला समय उसे वह सब कुछ देने को तैयार नहीं है क्योंकि आधुनिक समाज के विकास के बावजूद पुरुष की मूलभूत मानसिकता में कोई परिवर्तन नहीं आया है। चित्रा मुद्गल के पहले उपन्यास 'एक जमीन अपनी' की एक विशेषता यह है कि उस उपन्यास में वे बिलकुल आज और अभी की स्त्री को चित्रित करती हैं जो अपने लिए जो जमीन तलाश रही है, वह बिलकुल नयी है और अभी गीली और पोली है। आश्चर्यजनक ढंग से चित्रा जी ने इसमें विज्ञापन जगत की स्त्री को चुना है जो आज बहुत व्यापक रूप और मनुष्य के सम्पूर्ण जीवन को अपनी परिधि में

घेरने वाला व्यापार बन चुका है, किन्तु इसकी विडम्बना है कि यद्यपि इसके केन्द्र में स्त्री है और लग सकता है (जैसाकि कुछ लोगों को लगने लगा है) कि आज की स्त्री इतनी विकसित, सक्रिय और सशक्त हो चुकी है कि वह पुरुष को पछाड़ रही है। किन्तु क्या सचमुच वास्तविकता यही है?

'एक जमीन अपनी' उसी वास्तविकता को सामने लाती है। वास्तविकता यह है कि विज्ञापन जगत ने आज की नयी नारी के लिए त्रासदियों की एक 'नयी शृंखला' (चाहें तो उसे नयी शृंखला की कड़ियाँ कह सकते हैं) की शुरुआत की है जो नयी सदी (इक्कीसवीं सदी) में नये-नये रूपों में सामने आ रही है। क्या हम रोज देखते-सुनते और पढ़ते नहीं हैं कि विज्ञापनों की स्त्रियाँ, मॉडल तथा यहाँ तक कि अभिनेत्रियाँ आत्महत्याएँ कर रही हैं या विक्षिप्त होकर सड़कों पर घूम रही हैं? 'एक जमीन अपनी' की कहानी इसी नयी स्त्री की है जिसे चित्रा मुद्‌गल ने आज से बीस वर्ष पूर्व ही समझना, देखना और दिखाना शुरू कर दिया था। पता नहीं इस महत्त्वपूर्ण तथ्य की ओर कितने समीक्षकों और पाठकों का ध्यान गया है। उपन्यास की कहानी ही 'ऑब्जर्वेशन एडवरटाइजिंग' नाम की एक विज्ञापन संस्था से होती है जो स्त्रियों के शोषण, भोग और शिकार बनाने वाली विज्ञापन संस्था है, जिसकी सफलता ही इन्हीं क्रिया-कलापों पर टिकी है और अन्त में जैसा कि होना चाहिए वहाँ कार्यरत एक अत्यन्त समर्थ तथा प्रतिभाशाली स्त्री को इस तरह के समझौते न करने के लिए नौकरी से हाथ धोना पड़ता है। किन्तु हर प्रकार समझौते को प्रस्तुत और सफलता के लिए आतुर दूसरी विज्ञापन-कला में निपुण स्त्री को अन्ततः आत्महत्या करनी पड़ती है। यह उपन्यास सम्भवतः पहली बार उस नयी दुनिया की ओर औपन्यासिक स्तर पर पहल करता है। इस लिहाज से चित्रा जी का यह उपन्यास बीसवीं सदी के अन्त का पहला उपन्यास है। । उपन्यास की कथा-शैली सीधी सरल है और उसमें कोई जटिलता या पेचोखम नहीं है, पर नयी नयी शुरुआत कुछ डगमगाते हुए ही होती है। फिर भी 'एक जमीन अपनी' पर शायद अधिक विस्तार से लिखा जाना चाहिए।

चित्रा मुद्‌गल का दूसरा महत्त्वाकांक्षी उपन्यास 'आँवा' (1999) में प्रकाशित हुआ था और प्रकाशित होते ही बीसवीं सदी के अन्तिम दशक का सर्वाधिक चर्चित उपन्यास बन गया था। 'आँवा' की चर्चा तनिक विस्तार से अपेक्षित है क्योंकि इसमें फिर चित्रा जी ने एक नया और तब तक लगभग अछूता विषय लिया है : मजदूर आंदोलन और ट्रेड यूनियन पर वैसे तो यशपाल के उपन्यासों से लेकर आज तक कई उपन्यास लिखे जा चुके हैं, किन्तु 'आवाँ' में चित्रा जी ने उसके ऐसे अछूते और अँधेरे पक्ष को लिया है जो उनसे मोहभंग तो कराता ही है, इस तथ्य को सामने लाता है कि भारत में वामपंथ तथा मार्क्सवादी विचारधारा पर

आधारित और उनसे संचालित मजदूर और ट्रेड यूनियन के आन्दोलन विफल होते आये हैं (और आज तो वे सर्वाधिक विफल और लाभप्रद आन्दोलन बन गये हैं) उनकी इस विफलता की शुरुआत कहाँ से और क्यों होती है, इसकी प्रक्रिया को चित्रा मुद्गल ने उसके उद्गम स्रोत से ही पकड़ा है। इस कथा के केन्द्र में भी स्त्री और स्त्री होने की त्रासदी ही है। इस सम्बन्ध में चित्रा मुद्गल का अनुभव फलक भी विशाल है। यह केवल मजदूरों के ट्रेड यूनियन, मजदूरों की जिन्दगी और उनके आन्दोलन पर आधारित उपन्यास नहीं है, यह स्त्री से जुड़े कई जलते सवालों को सामने रखने वाला उपन्यास है। इसकी नायिका 'नमिता' केवल मजदूर आन्दोलन से ही नहीं जुड़ी है, वह उद्योग जगत से भी जुड़ी है— जो दोनों दो ध्रुवान्त हैं। इसलिए वह दोनों पक्षों के सच को जानती ही नहीं, भुगतती भी है।

अन्ना साहब, विमला ताई, पवार, किशोरी वान और स्वयं उपन्यास की नायिका नमिता के पक्षाघात पीड़ित पिता (जो कभी मजदूर आन्दोलन के सर्वोच्च नेता अन्ना साहब के 'दाहिने हाथ' कहे जाते थे?) सभी मजदूर और आन्दोलन के सक्रिय और संघर्ष शील पात्र हैं किन्तु इस उपन्यास की कथा महज इतनी सी नहीं है किन्तु उसकी फर्श के नीचे उतरती सीढ़ियों से जाकर देखें तो उनमें अनेक तलघर बने हुए हैं जिनकी अन्तर्कथाओं में उपन्यास की असली महत्ता तथा वास्तविकता निहित है।

उपन्यास में मजदूर वर्ग है, निम्न मध्यमवर्गीय परिवार है, और आज की कामकाजी (वर्किंग) औरतें हैं तथा बीच में कहीं से उभरता हुआ नमिता तथा संजय के सम्बन्धों का स्फटिक परिवेश सब अलग-अलग कहानी कहते हैं। लेकिन इन सबको लेखिका ने बड़े कौशल से एकसूत्रता में पिरो दिया है और यह एक जुझारू औरत की दास्तान है जो जितनी जुझारू है, उतनी 'डरी हुई औरत' भी है। यही आधुनिक समाज तथा उसके परिवेश में स्त्री की स्थिति है। उसका संघर्ष, उसका शोषण, उसकी यन्त्रणा और अन्त में सरेआम उसे उत्पीड़ित करके उसका वध। आज की स्त्री उसी आँवा या भट्ठी में लगातार धधक रही है, एक गहरे अर्थ में (क्रूड या अन्य अनेक उपन्यासों की तरह नहीं) यह एक साफिस्टिकेटेड स्त्रीवादी उपन्यास है।

पहले देखें कि कथा की केन्द्र नमिता की क्या स्थिति है। घर में एक कर्कशा, क्रूर और बाहर एक लोलुफ पुरुष परिवेश का नमिता नाम के अनुकूल कभी सबल प्रतिरोध नहीं कर पाती। इसी का नतीजा है कि पूरे मजदूर आन्दोलन के कीर्तिध्वज पितातुल्य अन्ना साहब उसे अपनी विकृत यौन-क्रियाओं का शिकार बनाते हैं और वह तत्काल कोई प्रतिरोध नहीं कर पाती। पर वह उससे ही नहीं, उस पूरे परिवेश

से मुक्त होना चाहती है। पर मुक्ति की यह चाह उसे किस राह पर ले जाती है? एक अपरिचित महिला मैडम जो उस पर अपरिमित रूप से मेहरबान है, उसे एक युवा उद्योगपति संजय के आरामगाह में पहुँचा देती हैं।

नमिता को लेखिका ने भटकी हुई युवती के रूप में चित्रित किया है जो नहीं जानती कि ठीक और सही क्या है, लेकिन वह निरन्तर रास्तों की तलाश में है। वह कहती है कि उसे कोई मार्गदर्शक मिले जो उसे सही दिशा दिखाये, किन्तु उसे मार्गदर्शक तो कम मिलते हैं, मार्ग भटकाने वाले ही अधिक मिलते हैं।

नमिता के पक्षाघात पिता ही उसके एक मार्गदर्शक हैं। हर जगह से पीड़ित और प्रताड़ित होकर वह उन्हीं की शरण में जाती है। पक्षाघात से पीड़ित होने के कारण वे बोल नहीं पाते और केवल स्लेट पर कुछ सान्त्वना के शब्द या निर्देश दे देते हैं या यह भी कि ऐसी स्थिति में उसे क्या करना चाहिए। इस अपंग पिता की भूमिका ही अनायास उपन्यास के पुरुष चरित्रों में प्रमुख हो जाती है। सहसा वह उपन्यास में एक महत्त्वपूर्ण प्रतीकात्मक, उपस्थिति बन जाता है। पूरी कथा के केन्द्र में पक्षाघात, मजदूर आन्दोलनों, उनके अन्तर्विरोध, परस्पर कलह, ईर्ष्या, द्वेष, आपराधिक संगठनों का उनके साथ गठबन्धन। व्यक्तिगत महत्त्वाकांक्षाओं से पीड़ित उनकी कुंठित मानसिकता। यह सब मानो मजदूर आन्दोलनों का एक व्यापक पक्षघात है जो उनके प्रयत्नों को अपंग बना देता है। यही नहीं, पूरे आधुनिक जीवन के इस सर्वग्रासी पक्षाघात का क्या निराकरण हो सकता है।

किन्तु उपन्यास में कुछ अनुसंगी, उपकथाएँ भी जो कम महत्त्वपूर्ण नहीं हैं। हर्षा, पवार, गौतमी, किशोरी ताई, सुनन्दा, सोहिनी, किरपुर दुसाध ये सभी अनुषंगी पात्र अपने आपसे महत्त्वपूर्ण और प्रासंगिक हैं। वे कथा को भी निरन्तर गतिमान रखते हैं। दलित हैं। उनका दलित होना भी अत्यन्त सारगर्भित तथा सांकेतिक है। इन पात्रों में दलित पवार एक विशेष चरित्र है। वह कटु, तिक्त और मुँहफट और बेवाक है, किन्तु नमिता उसे ही अपने सर्वाधिक निकट पाती है। उसकी बेबाक बातें ही नहीं उसकी खुरदरी प्रस्वेदयुक्त श्रमसिक्त बलिष्ठ माँसल भुजाएँ और उसका मलिन वस्त्रों वाला शक्तिशाली शरीर और उसकी वनैलीकाया इन सबके प्रति नमिता में एक उद्दाम अनुरक्ति है जिन्हें वह प्रकटत: अनभिव्यक्त ही रखती है किन्तु अलक्षित नहीं रहता। नमिता और पवार का यह ठिठका हुआ सम्बन्ध अन्त तक निलम्बित सा रहता है। वह उपन्यास का बेहद दिलचस्प, 'रस्टिक कैरेक्टर' है। वह सॉफिस्टिकेटेड, सुकुमार, समृद्ध संजय का भी काउंटर पार्ट यानी विलोम है किन्तु जो नमिता को अपनी अंकशायिनी बनाने में सफल रहता है। यदि नमिता पवार को साथी के रूप में चुन पाती तो उपन्यास

का यह क्रान्तिकारी कदम ही नहीं बहुत बड़ा विकल्प भी होता किन्तु लेखिका ने उस दिशा में कोई पहल नहीं की है। या तो उसका इस दिशा में ध्यान ही नहीं गया है या शायद नमिता से जुड़ी कुछ और त्रासद स्थितियों को सामने लाना चाहती थी। नमिता को अभी जिन्दगी के कई और मोड़ों से गुजरना है। एक निम्नमध्यमवर्ग की दब्बू और दलित युवती से लेकर मजदूर संगठन की कार्यकर्ता, एक मॉडल, एक धनाढ्य उद्योगति की प्रिया और न जाने क्या उसे होना है—शायद इसीलिए कथा में नमिता पवार प्रसंग यहीं स्थगित कर दिया जाता है। किन्तु इन सभी रूपों में नमिता आज की स्त्री की एक शोषित जिन्दगी जीने के लिए अभिशप्त है। अत: आखिर किस प्रकार वह पुरानी स्त्री से पृथक, स्वतन्त्र अथवा सुरक्षित है, यह कहना कठिन है इसीलिए उपन्यास की कथा एक निरन्तर तथा 'क्रमिक मृत्यु' कथा है। यही वह आँवा है जिसमें तप कर या पककर अधिकांश स्त्रियाँ सुगढ़ होकर नहीं निकलती, उस 'तंदूर' में भस्म हो जाती हैं।

अत: इस उपन्यास में लेखिका ने कथा सूत्रों की अनेक दिशाएँ खोल दी हैं और प्रत्येक सूत्र एक नये पथ के अन्वेषण में जाता हुआ दिखाई देता है। विद्रूप, ग़लाज़त, विकृति, सड़ांध आदि के तलछट के साथ-साथ उसमें अत्यन्त तरल, मोहक, कोमल और मानवीय तन्तुओं को भी उसकी पूरी संरचना में इस तरह विन्यस्त कर लिया गया है कि यह एक प्राय: अपने समय का मुकम्मिल उपन्यास बन गया है।

नमिता के व्यक्तित्व का सबसे चौंकाने वाला पक्ष उसका संजय के प्रति लगभग तत्काल समर्पण है। एक ओर यदि वह कामगरों के संघर्ष और संगठनों में शामिल है और संजय जैसे उद्योगपतियों के शोषणतन्त्र से पूरी तरह वाक़िफ़ है, तब भी उसे संजय जैसे धनाढ्य व्यापारी की अंकशायिनी बनने में तनिक भी असुविधा नहीं होती, न अपराधबोध होता है। यहाँ वह सुविधाओं की सीढ़ियाँ चढ़ने और ऐश्वर्य का उपयोग करने के मामले में एक अतिसामान्य युवती की तरह ही आचरण करती है। उनके व्यक्तित्व के इस विरोधाभासी पक्ष की ओर लेखिका ने कहीं आलोचनात्मक ढंग से विचार नहीं किया है।

किन्तु एक सीमा के बाद इस अन्तर्विरोध का अनुभव होता है और तब वह एक रचनात्मक डिवाइस से उसका परिहार कर लेती है। किसी भी उपन्यास का अन्त उसकी सबसे बड़ी कसौटी और परीक्षा दोनों होता है। उपन्यास के अन्त में वह इन अन्तर्विरोधी सूत्रों को तोड़ती हुई कथा को ऐसे बिन्दु पर ले जाती है जिसके कारण नमिता तो बच ही जाती है, उपन्यास की कथा भी अपनी मूल प्रतिज्ञा के विचलन से उबर जाती है। होता यह है कि नमिता संजय के गर्भस्थ शिशु की बनने वाली माँ है। संजय विवाहित है और उसकी कोई सन्तान नहीं

है। उसे सन्तान चाहिए। पर नमिता ऐसा नहीं चाहती। यहाँ भी एक नाटकीय डिवाइस के द्वारा उसे इस संकट से उबार लिया जाता है। वह कुल मिलाकर संजय के लिए एक अदर वुमन या प्रकारान्तर से उसकी रक्षिता है किन्तु इतने सारे संकटों से वह इस 'डिवाइस' के द्वारा अचानक मुक्त कर दी जाती है। अचानक पवार उसे टेलीफोन पर सूचना देता है कि अन्ना साहब की निर्मम हत्या कर दी गयी है। इस सूचना के आघात से नमिता का गर्भपात हो जाता है। हालाँकि यह स्वाभाविक नहीं प्रतीत होता क्योंकि ये वही अन्ना साहब हैं जिन्होंने उसे अपनी विकृत यौन-आकांक्षा की तृप्ति का साधन बनाया था। यह घटना नमिता को संजय के अनचाहे शिशु से निजात तो दिलाती ही है, कथा को भी एक बड़े बोझ से मुक्त कर देती है। नमिता उस ऐश्वर्य भवन से लौटकर फिर अपने सुपरिचित परिवेश में लौट आयी है। यह लौटना उसका प्रायश्चित तो है किन्तु कथा को आशावादी बनाने और नमिता की क्रान्तिकारी धर्मिता सिद्ध करने का एक कमजोर कौशल है। यह उसका पुनि जहाज पे आवे वाला लौटना (मजदूर बस्ती में अपनी सौतेली माँ और मजदूर किशोरी बाई के पास) संघर्ष का एक नया मोर्चा खोलना है। यद्यपि यह उपन्यास का स्वाभाविक अन्त नहीं है पर अधिकांश उपन्यासों की नियति (अन्त) ऐसी ही होती है।

चित्रा मुद्‌गल का अभी तक का अन्तिम उपन्यास 'गिलिगडु' (2002) एक अपेक्षाकृत संक्षिप्त काय किन्तु भावुकतापूर्ण शब्दों में कहें तो बेहद मार्मिक उपन्यास है। इसमें लेखिका ने फिर अपने समय के साथ चलते हुए 'वृद्ध' व्यक्तियों की स्थिति पर विचार किया है। यह उपन्यास भी नाटकीय है, किन्तु उसकी नाटकीयता जितनी बड़ी त्रासदी है, उतनी ही मानवीयता से भरपूर। कहानी बस इतनी सी है कि दो सेवानिवृत्त व्यक्ति यदि वे सेवाएँ रही हों) आज के अधिकांश वृद्ध जनों की तरह साथ साथ प्रातः भ्रमण के लिए जाते हैं। उनमें से एक बुजुर्ग साथी लगातार अपने पुत्र परिवार का रोना रोता रहता है कि किस प्रकार उसके साथ अपमानजनक दुर्व्यवहार होता रहता है (जबकि उसके पास एक दूसरे शहर में अच्छा खासा मकान है और कोई आर्थिक असुविधा भी नहीं है। पर वह वहाँ रहना नहीं चाहता—पता नहीं क्यों? जबकि दूसरे बुजुर्ग जिन्दादिली से भरपूर खुशमिजाज व्यक्ति हैं और बताते रहते हैं कि वे भी अपने पुत्र के परिवार के साथ रहते हैं जिसके दो प्यारे-प्यारे बच्चे हैं जिनका नाम 'गिलीगडु' है—वे उन्हें बेहद प्यार करते हैं और इनकी बहू तो ऐसी गृहलक्ष्मी है जो उन्हें किसी प्रकार की असुविधा नहीं देती और रोज़-रोज़ तरह-तरह के व्यंजन बनाकर उन्हें खिलाती रहती है। इसे प्रमाणित करने के लिए वे अपने दूसरे प्रातः भ्रमण-साथी के जलपान के लिए अनेक सुस्वादु व्यंजन लाते रहते हैं। पहले बुजुर्ग अपने उस साथी के

सौभाग्य पर ईर्ष्या करते हैं कि उन्हें कैसी सुलक्षिणी बहू और दादाजी का मनोरंजन करने वाले शिशु मिले हैं। किन्तु जब अचानक वे पाते हैं कि उनके प्रिय सहचर कई हफ्तों तक प्रातः भ्रमण के लिए नहीं आए तो वे चिन्तित होकर पूछते-पूछते उनके ठिकाने पर पहुँचते हैं और पाते हैं कि वहाँ ताला ठुका है। पड़ोसियों से पूछने पर पता चलता है कि उनका तो काफी पहले हार्ट अटैक से देहान्त हो गया और वे निपट अकेले रहते थे। उनका पुत्र तथा पुत्र-परिवार किसी दूरस्थ शहर में रहता था और शायद ही यहाँ कभी आता हो। यह सुनकर उनके सहचर सहयात्री स्तब्ध रह जाते हैं और सोचते हैं कितना छोटा है उनका यह तथाकथित असुविधाजनक जीवन और कितना दिलेर था उनका साथी! शायद अकेले रहने के लिए बल तो चाहिए। शायद अकेलापन ही स्वतन्त्र-जीवन के लिए एकमात्र विकल्प है। वे निर्णय लेते हैं कि वे अपने पुराने शहर के खाली पड़े घर में लौट जाएँगे।

अर्थात 'गिली-गुडु' कोई और कहीं नहीं है। पर अपने भीतर गिली-गुडु पाने के लिए या अपने के गिली-गुडु बनाने के लिए एक नितान्त निजी और स्वतन्त्र जीवन चाहिए। कितने लोग यह नितान्त स्वतन्त्र और निजी जीवन जीने का साहस रखते हैं।

क्या है इस उपन्यास का सन्देश (यदि कोई हो तो) शायद यह कि व्यक्तिगत स्वतन्त्रता नितान्त जरूरी है, चाहे जिस उम्र में या स्थिति में। और यदि यह सम्भव न हो और 'अकेले' (पर स्वतन्त्र) रहने का साहस न हो तो उपन्यास के पहले पात्र का जीवन जीना चाहिए और यदि हो तो दूसरे पात्र का अनुसरण नहीं करना चाहिए।

'गिलीगडु' उपन्यास अपनी संक्षिप्तता में भी अत्यन्त सार्थक उपन्यास है-- शायद उन वृद्ध व्यक्तियों के लिए (जिनमें से अनेक ओल्ड मैन हाउस की शरण लेते हैं) ही जो 'मरना' या अपनी 'मृत्यु' चुनना चाहते हों। यदि उस 'चुनाव' से पहले ही वे नहीं मर गये, क्योंकि 'मत्यु' ही एक ऐसी चीज है जिसका 'चुनाव' हम नहीं कर सकते।

प्रभा खेतान

प्रभा खेतान बीसवी शताब्दी के अन्तिम दशक की चित्रा मुद्‌गल की तरह ही एक अपेक्षाकृत अच्छी उपन्यास लेखिका थीं। जहाँ तक शिक्षा (एकेडेमिक) का सवाल है, वह हिन्दी में सर्वाधिक पढ़ी-लिखी (ऊषा प्रियंवदा के अतिरिक्त) कथाकार हैं और चूँकि उनका विषय दर्शनशास्त्र और उस विषय में उन्होंने विशेषता भी प्राप्त की है। इसके अलावा उन्होंने फ्रेंच महिला कथाकार सीमोन दी बोउआ की विश्व

प्रसिद्ध 'द सेकेंड सेक्स' का हिन्दी में अनुवाद भी किया है और सीमोन द वोउआ के जीवन सहचर विश्व विख्यात अस्तित्ववादी दार्शनिक ज्यॉपॉल सार्त्र पर भी पुस्तक लिखी है, किन्तु उनके उपन्यासों पर न तो दर्शनशास्त्र का प्रत्यक्ष प्रभाव परिलक्षित होता है और न अस्तित्ववाद का। यह एक तरह से अच्छी बात है क्योंकि रचना पर ज्ञान का बोझ नहीं होना चाहिए और उसे रचना में अन्तर्निहित तथा अन्तर्धान होकर ही आना चाहिए। किन्तु जो बात प्रभा खेतान के उपन्यासों को दुर्बल बनाती है, वह है नारी को लेकर 'बिसुरती' हुई भावनात्मक मनोवृत्ति। अमेरिकी जीवन पर और वहाँ की नारी की स्थिति पर आधारित उनका पहला उपन्यास 'आओ पेपे घर चलें' में वे लिखती हैं "नारी कहाँ नहीं रोती और जितनी रोती है, उतनी ही और औरत होती जाती है।" इसी तरह 'अपने-अपने चेहरे' की रमा भी बिसूरती हुई कहती है, "मेरा परिचय क्या है? किसकी पत्नी? किसकी माँ? किस घर की बहू? मैं न सधवा हूँ, न विधवा?" सीमोन वोउआ के सेकेंड सेक्स का अनुवाद करने वाली लेखिका में नारी का ऐसा दुर्बल विलाप करना आश्चर्यजनक लगता है हालाँकि सीमोन द वोउआ भी 'सेकेंड सेक्स' में नारी की स्थिति का ऐतिहासिक सर्वेक्षण करके इन्हीं निष्कर्षों पर पहुँचती हैं, किन्तु उस पुस्तक में संघर्ष की दृढ़ता तथा विद्रोह का स्वर है वह प्रभा खेतान के उपन्यासों में थोड़ा दबा-दबा ही दीखता है। 'छिन्न मस्ता' में जरूर प्रत्येक स्तर पर नारी-पुरुष के आधिपत्य से मुक्त होना चाहती है।

'ताला बन्दी' उपन्यास सम्भवतः अपने अत्यन्त निजी अनुभवों पर आधारित उपन्यास है, उनकी अन्तिम कृति जो दुर्भाग्य से उनके जीवन की अन्तिम कृति साबित हुई। उनकी आत्मकथा से पता चलता है कि वे स्वयं जीवन भर संघर्षशील रही हैं। सम्पन्न और समृद्धि मारवाड़ी परिवार की कन्या होने के बावजूद उन्हें अपने घुटन, रूढ़ियों और आडम्बरों से भरे हुए परिवार से उपेक्षा और तिरस्कार ही मिला। उससे विद्रोह कर उन्होंने अपनी एक स्वतन्त्र अस्मिता स्थापित की बल्कि अपने अकेले दम पर एक उद्योग भी खड़ा कर लिया था जिसका विस्तार अन्तरराष्ट्रीय सीमाओं तक फैला हुआ था। 'तालाबन्दी' में उसी उद्योग जगत की कहानी है। अपेक्षाकृत छोटे-छोटे उद्योग-धन्धे लुप्त होते जा रहे हैं और बड़े उद्योगपति बनते जा रहे हैं। यूनियन लीडर या तो बिक चुके हैं या वे भी उद्योगपतियों से ब्लैकमेल करके लगातार लाभान्वित होना चाहते हैं। सरकारी नीतियों (खासतौर पर वामपंथी सरकार वाले प्रदेशों में) और यूनियन लीडरों के दबाव के नीचे पिसकर छोटी-छोटी फैक्ट्रियाँ बन्द होती जा रही हैं। किन्तु 'तालाबन्दी' उपन्यास में प्रभा खेतान की मार्क्सवादी विचारधारा के प्रति आस्था में कमी नहीं आती क्योंकि उसी यूनियन के एक नेता शेखर बाबू एक सच्चे

मार्क्सवादी मजदूर आन्दोलन में जान फूँकने का कार्य करते हैं और पूँजीवादी उद्योगपतियों के विरुद्ध संघर्ष की प्रेरणा देते हैं।

प्रभा खेतान के उपन्यासों का विषय क्षेत्र व्यापक है लेकिन सबमें या तो स्त्री के शोषण की कथा है या संघर्ष की। इसके अलावा इन सभी उपन्यासों में आत्मकथा एक तत्त्व प्रधान हैं। खासतौर पर उनके उपन्यास 'अपने चेहरे' को पढ़कर ऐसा लगता है कि पात्रों तथा स्थितियों के हेरफेर से हम उनकी स्वयं की आत्मकथा ही पढ़ रहे हों, बाद में प्रकाशित उनकी आत्मकथा पढ़ने के बाद इस धारणा की पुष्टि हो जाती है। शायद सीमोन द वोउआ को अपना आदर्श मानने वाली प्रभा खेतान ने भी जीवन भर विवाह नहीं किया और एक सफल किन्तु विवाहित तथा पारिवारिक जीवन जीने वाले डॉक्टर के साथ उनका आजीवन मुक्त प्रेम वाला सम्बन्ध बना रहा। इस उपन्यास में भी ऐसे ही प्रेमी और परिवार की कहानी है। 1996 में प्रकाशित उनका उपन्यास 'पीली आँधी' उनका अपेक्षाकृत अधिक चर्चित उपन्यास है। यह उनका अकेला उपन्यास है जिसमें सामाजिक परिवेश और उसके विकास के साथ-साथ व्यक्तिगत प्रेम की कथा भी चलती रहती है और दोनों एक दूसरे से विच्छिन्न नहीं प्रतीत होते। सम्भवतः इसी उपन्यास से कल्यू (संकेत) लेकर अगली पीढ़ी की उपन्यास लेखिका अलका सराबगी ने अपना प्रसिद्ध उपन्यास 'बाइपास' लिखा। यह भी एक आत्मकथात्मक उपन्यास ही लगता है जिसमें मारवाड़ी समाज का इतिहास विकास और विकृति इन सबका चित्रण किया गया है। प्रचलित कहावत के अनुसार ऊसर, बंजर और सामन्ती राजाओं के उत्पीड़न से त्रस्त मारवाड़ का निम्नवर्गीय समाज महज लोटा डोर लेकर कभी कलकत्ता आया था और क्रमशः वहाँ के विभिन्न उद्योगों पर काबिज होते हुए वहाँ का सबसे सफल और समृद्ध वर्ग बन गया था। किन्तु मूल निवासियों (बंगालियों) के लिए वह घृणा, ईर्ष्या और अलग-थलग पड़ा वर्ग ही बना रहा। किन्तु प्रभा खेतान ने अपनी विवेकपूर्ण विश्लेषण क्षमता से उसकी यानी अपनी (वे स्वयं मारवाड़ी समाज की ही सदस्य थीं) विकृतियों, रूढ़ियों तथा स्वार्थपूर्ण मक्कारिता का ही इस उपन्यास में उद्घाटन किया है, खासतौर पर इस तथ्य को ध्यान में रखकर कि स्त्री को इस समाज में सर्वाधिक पीड़ित किया गया है और उन्हें जानबूझकर भरसक अशिक्षित तथा पर्दानशी बनाकर रखा गया है। उसकी कहानी एक ऐसे ही मारवाड़ी परिवार की कहानी है किन्तु एक व्यापक उदार और मुक्त विचारधारा के उसी संकीर्ण और सड़ांध भरे परिवेश से एक ऐसी विद्रोही स्त्री को ढूँढ़ निकाला है जो उस समाज की सारी अँधेरी सीलन भरी दीवारों को ढ़हाकर चुनौती देती हुई और ललकारती हुई बाहर निकल आती है। विद्रोह वहीं जन्म लेता है जहाँ सर्वाधिक दमन होता है। इस उपन्यास की एक पात्र सोमा उसी वर्ग की एक ऐसी ही

विद्रोहिणी स्त्री है जो अपने पति से नहीं अपने प्रेमी सुजीत से प्यार करती है और उससे स्वेच्छापूर्वक गर्भ भी धारण करके अपने पति से कहती है, "मैंने तुमसे कभी प्यार नहीं किया...मेरे भीतर कोई स्मृति नहीं है। मैं सुजीत से प्यार करती हूँ क्योंकि खुलकर जीना चाहती हूँ। तुम्हारे इस घर में साँस तो लेती हूँ किन्तु जीती नहीं।" नारी द्वारा प्रतिवाद का ही नहीं, सक्रिय विद्रोह की घोषणा करने वाला यह उपन्यास अन्त में प्रभा खेतान की भावनात्मक प्रवृत्तियों से बाहर आ जाता है। यह उनका सर्वश्रेष्ठ उपन्यास है। उनके पाँच उपन्यास प्रकाशित हैं और भाषा और भावबोध (कुछ सीमाओं और स्वभाव के बावजूद) की दृष्टि से किसी नारी उपन्यासकार के द्वारा लिखे जाने वाले प्रत्येक अर्थ में आधुनिक उपन्यास हैं। उनकी भाषा बाहर चुस्त और अभिजात वर्ग के अनुरूप स्मार्ट है और उसके प्रत्येक स्थल पर खुली बेबाकी तो है, पर खुरदरी दक्षता और गुस्सैल तेवर नहीं है। उसमें वह 'झगड़ालू' अशिष्टता भी नहीं है जो इधर कई महिला उपन्यासकारों में आ गयी है।

चूँकि प्रभा खेतान हिन्दी के कुछ अन्य उपन्यासकारों की तरह प्रचार प्रिय और आत्ममुग्ध नहीं थीं और न इसके लिए साहित्येतर स्तरों पर प्रयत्नशील थीं, इसीलिए सम्भवतः हिन्दी उपन्यास में उन्हें वह स्थान नहीं मिल पाया जिसकी वे हकदार थीं।

हिन्दी में इधर पुरुष लेखकों की देखादेखी (कि वे यहाँ भी क्यों पीछे रहें।) अपने को भी 'शिखर' होना घोषित कर दिया है—भले ही उनमें से कोई शेखर (हिन्दी का एक कालजयी उपन्यास) न बन पाया हो। प्रभा खेतान इस सबसे पृथक किस्म की उपन्यासकार थीं।

अलका सरावगी

अलका सरावगी उन महिला उपन्यासकारों में हैं जिन्हें इक्कीसवीं सदी का उपन्यासकार कहा जा सकता है, हालाँकि उनका पहला उपन्यास 'कलिकथा : वाया बाईपास' 1998 में ही प्रकाशित हो गया था, उसमें कई प्रवृत्तियाँ दिखाई पड़ीं थी और उसकी लेखन प्रविधि ऐसी थी जो हिन्दी उपन्यास में पहले कभी परिलक्षित नहीं हुई थी। कलिकथा के अतिरिक्त उनके अब तक तीन उपन्यास और प्रकाशित हो चुके हैं 'शेष कादम्बरी' (2001), 'कोई बात नहीं' (2004) और 'ब्रेक के बाद' (2008)।

लेकिन इन सभी उपन्यासों में 'कलिकथा : वाया बाईपास' ही उनका सर्वाधिक चर्चित और महत्त्वपूर्ण उपन्यास हैं। इसकी प्रविधि ऐसी है कि यह कथा अन्त तक वर्तमान से अतीत में और अतीत से वर्तमान तक आती जाती रहती है। इस आवागमन के लिए अलका सरावगी ने एक नयी फ्लैश बैक पद्धति ईजाद

की हैं। उसके केन्द्रीय पात्र किशोरी बाबू की बाईपास सर्जरी होती है और उसके तत्काल बाद एक दुर्घटना से उनके सिर में गहरी चोट लगती है और उनकी स्मृति गायब तो नहीं होती, किन्तु उसके तन्तुओं में कई ऐसे उलझाव आ जाते हैं कि वे वर्तमान और अतीत में एक साथ भ्रमण करने लगते हैं। कथा कहने की प्रविधि निश्चित रूप से अनोखी है। इसके अतिरिक्त इसके शीर्षक में बाईपास शब्द को भी बड़े श्लिष्ट अर्थ में प्रयुक्त किया गया है। वह अर्थ में तो हृदय की शल्य चिकित्सा की एक विशेष पद्धति है ही, सामान्य अर्थ में भी जब मुख्य मार्ग (सड़क) पर कोई प्रतिरोध हो जाता है तो उसके पास से एक अस्थाई मार्ग आवा-जाही के लिए निर्मित कर दिया जाता है। इस तरह लेखिका ने सत्य कथा की धमनियों में अनेक कथा सूत्रों को प्रतिरोपित कर दिया है मसलन किशोरी बाबू का अतीत में जाना एक विशेष हृदय से प्रतिरोपित है और वह है मारवाड़ियों का अठारहवीं सदी से ही क्रमशः आना और यहाँ आकर अपनी उद्योगपतियों के रूप में फलना-फूलना किन्तु लेखिका स्वयं मारवाड़ी होने के अलावा इतिहासज्ञ भी है और इस रूप में जब यह पूर्वजों के इस आगमन के इतिहास को टटोलती हैं तो उसे कुछ ऐसे तथ्य प्राप्त होते हैं जो उसमें गहरा अपराधबोध भर देते हैं और वह तथ्य यह है कि क्या उसके पूर्वज गद्दार थे और उन्होंने अँग्रेज़ों तथा बंगाल के नवाब के बीच हुए निर्णायक युद्ध में बड़ी कुटिलता से अँग्रेज़ों का साथ देकर अपना स्वार्थ सिद्ध किया था और बाद में उनके फलने-फूलने का एक रहस्य यह भी था? उपन्यास की कहानी में इस तथ्य का विश्लेषण भी किया गया है। कलिकथा...प्रविधि की दृष्टि से हिन्दी का नया उपन्यास जरूर कहा जा सकता है किन्तु कथ्य की दृष्टि से नहीं। दरअसल हिन्दी के इधर के उपन्यासों की विडम्बना भी यही रही है वे प्रायः योजनाबद्ध ढंग से एक नयी प्रविधि की तलाश जरूर कर लेते हैं किन्तु भावबोध की परम्परागतता के कारण उनका कथ्य पुराना ही रह जाता है और इस प्रकार प्रविधि और कथ्य में एक फाँक बनी रह जाती है। कलिकथा...में भी यही हुआ है इसी कारण एक अच्छा उपन्यास होने के बावजूद वह अन्त में जाकर क्षतिग्रस्त हो जाता है। और लेखिका की परम्परागत रूढ़ि बह जीवन दृष्टि सहसा सामने आ जाती है। आगे हम इसे देखेंगे

लेकिन उसका महत्त्वपूर्ण पक्ष उसकी ऐतिहासिक दृष्टि है। उसमें इतिहास और वर्तमान के सन्दर्भ में देखने की जरूरत है। उसमें प्रारम्भ से रहने वाले कलकत्ते के बंगालियों और मारवाड़ियों के सम्बन्धों का विश्लेषण तो है ही, बंगाल पर अँग्रेज़ों के आक्रमण से मारवाड़ियों की भूमिका का भी (जिसका जिक्र ऊपर किया जा चुका है) विश्लेषण है। इस सम्बन्ध में लेखिका की चिन्ता और तलाश पर्याप्त आँकड़ों पर आधारित है और उपन्यास की केन्द्रीय विशेषता भी यही है। किन्तु

उपन्यास की अवधारणाएँ पूर्व निर्धारित (रिजोल्व्ड) हैं। उसके चरित्र परम्परागत मॉडल चरित्र हैं। उसके नारी चरित्रों पर शरतचन्द्र के नारी चरित्रों का स्पष्ट प्रभाव है। बांगला उपन्यासों की तरह ही उसका आतंरिक संसार भावुकता विगलित है मसलन एक पुरुष पात्र की पत्नी अपने पति की परदेश यात्रा के लिए पाथेय के रूप में जब पूरियाँ गूँथती है, तो आटा मानो पानी नहीं, आँसुओं से गूँथा जा रहा हो—ऐसी भावुकता ग्रस्त पंक्तियाँ सुदामा चरित्र की याद दिलाती हैं जहाँ सुदामा जब कृष्ण के राजमहल में पहुँचते हैं और कृष्ण भावविह्वल होकर परात में उनके पाँव रखकर धोने लगते हैं तो कहा जाता है, "पानी परात को हाथ गहियो नहीं, अंसुअन के जल से पग धोयें।" उपन्यास में ऐसे अनेक स्थल हैं जिनका लक्ष्य मुख्यतः पाठक को भावविह्वल बनाना ही है। ऐसे स्थल उपन्यास के अपने बौद्धिक विश्लेषण क्षमता के बावजूद उपन्यास को भावुकता से सराबोर कर देते हैं।

यों तो अलका सरावगी मानती हैं कि "कहानी सिद्ध स्थितियों (पूर्वनिधारित स्थितियों) से नहीं बनती, लिखने की प्रक्रिया में ही बनती है या संयोगों के रसायन से।" किन्तु कलिकथा....संयोगों के रसायन से नहीं बनती है, उसमें सब कुछ पूर्व निर्धारित तथा पूर्व नियोजित है। इसीलिए उपन्यास के अन्त (जो जानबूझकर पूर्व निर्धारित है, चौंकाने के लिए निर्मित किया गया है) में अमोलक को किसी जादुई यथार्थ के तहत इस तरह जीवित दिखाया गया है कि पाठक उसे जीवित/मृत दोनों मान सके। अठारहवीं सदी के उत्तरार्द्ध से शुरू हुई उपन्यास की कहानी के अंत में आजादी के बाद की स्थितियों पर एक झटपट नतीजों पर पहुँचने के लिए जिस तरह तीन मित्रों (अमोलक, शांतुनु और किशोरी बाबू) को विक्टोरिया मेमोरियल जिसे सुनियोजित ढंग से प्रतीकात्मक स्थल के रूप में चुना गया है, मिलाया गया है और उनकी परस्पर बातचीत के जो निष्कर्ष निकाले गये हैं, वे घनघोर प्रतिक्रियावादी तो हैं ही, अत्यन्त सरलीकृत और सतही हैं। यानी उपन्यास में इतना सबकुछ घटित हो जाने के बाद भी अंत में आकस्मिक ढंग से ये अनमोल निष्कर्ष निकाले गये हैं। "अपने देश के स्रोतों को बाईपास (यहाँ बाईपास का असली अर्थ खुलता है) करके विदेशी फंड से तुम कुछ नहीं कर सकते (कितनी मौलिक और अनोखी बात कही जा रही है) जो कुछ करना होगा, अपने बलबूते पर ही।" यहाँ पूरे उपन्यास का ताम-झाम ताश के पत्तों की तरह ढेर हो जाता है। और पता नहीं उपन्यास के मुख्य पात्र किशोरी बाबू के उस कथन की ओर लोगों का ध्यान गया है या नहीं कि "सारे हिजड़े पाकिस्तान आबद करने जा रहे हैं।" ये हिजड़े कौन हैं, देश का विभाजना दुखद और त्रासद था लेकिन क्या जो लोग वहाँ गये वे सबके सब हिजड़े थे? यह आपत्तिजनक ही नहीं, अवैध सन्देश वाक्य है। उससे लेखिका की जीवन-दृष्टि और मानसिकता भी सामने आ

जाती है। बाबरी मस्जिद विध्वंस के बाद लिखा जाने वाला यह वाक्य क्या सिद्ध कर रहा है? एक लेखिका के रूप में अलका सरावगी कहाँ खड़ी हैं? उस सन्दर्भ में मुक्तिबोध का वह प्रसिद्ध कथन याद आ रहा है कि "पार्टनर पहले यह बताओ तुम्हारी पॉलिटिक्स क्या है?" साहित्य में हम पॉलिटिक्स की चाहे लाख अवहेलना करें (मैंने भी किया है) या उसके हस्तक्षेप को अनावश्यक मानें, पर ऐसे कथनों के सन्दर्भ में वह अनिवार्य बनकर सामने आ जाता है। अन्त के उस वाक्य के बाद पाठक की उपन्यास और उपन्यास लेखिका के बारे में क्या अवधारणा बनेगी? यह वाक्य स्पष्टीकरण माँगता है, जो लेखिका को करना चाहिए।

इस उपन्यास के बाद अलका सरावगी ने 'शेष कादम्बरी' (2001) 'कोई बात नहीं' (2004), ब्रेक के बाद, (2008) आदि उपन्यास लिखे, किन्तु इनमें से कोई विशेष उल्लेखनीय नहीं है।

गीतांजलिश्री (1957)

इन अपेक्षाकृत युवतर उपन्यास लेखिकाओं में गीतांजलि श्री के उपन्यास ध्यान देने योग्य है और वे सम्भवतः बहुत अधिक चर्चित इसलिए नहीं हो पाये क्योंकि वे किन्हीं अर्थों में प्रयोगधर्मी हैं—कुछ अस्पष्ट और 'अमूर्त' भी। यद्यपि उतने अभूर्त भी नहीं क्योंकि उन सबका एक गहरा मनोवैज्ञानिक और सामाजिक आधार है। उनके अब तक चार उपन्यास प्रकाशित हुए हैं 'माई', 'हमारा शहर उस बरस', 'तिरोहित' और 'खाली जगह'। ये सभी उपन्यास अपने-अपने ढंग से उल्लेखनीय हैं। गीतांजलि श्री के उपन्यास लेखन का विकास क्रमिक रूप से हुआ है, यानी सहजता से जटिलता की ओर। उनका पहला उपन्यास 'माई' एक पारिवारिक उपन्यास है जिसमें माँ से आत्मीय सम्बन्धों का चित्रण है। उसकी भाषा भी विषय के अनुरूप सहज और साफ-सुथरी है। उनका दूसरा उपन्यास सूरत के दंगों पर आधारित है जिसके शीर्षक से ही यह पता चल जाता है। —'हमारा शहर उस बरस'। इस उपन्यास में साम्प्रदायिक दंगों से बिन्धे और भयावह बन गये शहर में व्याप्त आतंक और अमानवीय बर्बरता का प्रायः स्वानुभूत तथा संवेदनशील वर्णन किया गया है। यह उपन्यास भी यद्यपि सहज भाषा में लिखा गया है किन्तु उसकी संरचना 'माई' की अपेक्षा जटिल है। किन्तु तीसरे उपन्यास 'तिरोहित' में गीतांजलिश्री ने औपन्यासिक शिल्प का अद्‌भुत प्रयोग किया है। उसमें उन्होंने उपन्यास के परम्परागत ढाँचे से पृथक अभिनव प्रयोग किया है किन्तु उनकी यह कोशिश कोई प्रति उपन्यास (एंटी नॉवेल) रचने की नहीं है और उसमें किसी मनोवैज्ञानिक पद्धति का उपयोग नहीं किया गया है। उसकी नवीनता केवल यह है कि इसमें कोई क्रमबद्धता या पूर्वापर सम्बन्ध नहीं है, पर उसकी प्रयोगात्मकता

इस बात में है कि घटनाओं और स्थितियों को दृश्यात्मक ढंग से चाक्षुश रूप में प्रस्तुत किया गया है—यानी वे जो हो रहा है, उसे दिखाती चलती हैं बिना किसी विशेष विश्लेषण और व्याख्या के। किन्तु यह दिखाना भी बहुत प्रत्यक्ष ढंग से नहीं होता। कहना चाहें तो यह जरूर कह सकते हैं कि यह उपन्यास खंडित दृश्यों का कोलाज है जिसे स्मृतियों के सहारे निर्मित किया गया है। स्मृतियों का अपना तर्क होता है। वे बहुत क्रमबद्ध ढंग से मस्तिष्क में नहीं आतीं। कभी, प्रखर तीव्र और कभी धुँधली और अस्पष्ट। इतनी धुँधली कि मुश्किल से नजर आयें या समझ में आयें और लेखिका उन्हें जिस रूप से देखती या जितना देखती है, उसी रूप में अंकित करती जाती है। इससे पाठक थोड़ा उलझन में पड़ सकता है और उसे कथा के अर्थ को समझने में असुविधा हो सकती है। किन्तु ऐसा कोई रहस्य निर्मित करने के लिए नहीं किया जाता (जैसा निर्मल वर्मा प्राय: अपने उपन्यासों में करते हैं) उसकी कथा केवल स्मृतियों के अपने 'पैटर्न' के अनुरूप ही कथा को यथावत चलने देती है। वैसे उपन्यास की मूल कथा में एक व्यापक त्रासदी है जिसे दो महिलाओं के माध्यम से प्रस्तुत किया गया है—बिना कोई हाय-तौबा मचाते हुए और कोई शोकगीत गाते हुए। वैसे उसे स्थूल और सपाट स्तर पर लाकर कहें तो उसे हमारे समाज में स्त्री होने की अवसाद कथा भी कह सकते हैं। 'तिरोहित' में यही प्रयास है।

गीतांजलि श्री का कुछ ही वर्षों पहले प्रकाशित उपन्यास 'खाली जगह' कई दृष्टियों से महत्त्वपूर्ण है। गीतांजलि श्री का अभी तक प्रकाशित यह आखिरी उपन्यास है और 'खाली जगह' उनका ही नहीं, हिन्दी का शायद सबसे जटिल उपन्यास है, कुछ लोगों के लिए शायद अपठनीय भी। इसकी 'शैली' विनोद कुमार शुक्ल और कृष्ण बलदेव वैद के उपन्यासों के बीच की सी है किन्तु इसकी कथा इतनी ठोस है कि अमूर्त सी दिखती इस जटिल शैली 'क्वैल' (गुंजलक) को अगर धैर्य के साथ खोजते जाएँ तो आज के जीवन की कठोर और कटु वास्तविकता तो सामने आती ही है, एक 'खाली जगह' के भरने की सम्भावना हमेशा बनी रहती है। खाली जगह शब्द का प्रयोग कई जगह कई अर्थों में हुआ है। 'खाली जगह' हिन्दी का अद्यतन अप-टू-डेट उपन्यास है किन्तु उसकी कथा के गुंजलक को खोल पाना आसान काम नहीं है। कुछ लोगों को इसके इसकी भाषा और 'बयानबाजी' पहेली सी भी लग सकती है, जैसे हिन्दी भाषा में लिखी गयी यह किसी और 'ग्रह' की कथा हो। पूरी कथा 'सुरियलिस्टिक शैली' में लिखी गयी है। 'ऐबसर्ड' सुरियलिज्म और 'ऐबसर्ड' में फर्क है। (इस फर्क को बताने या उसका बखान करने का यहाँ अवसर नहीं है—दुर्भाग्य से) क्योंकि कथा अन्तधारा में चलती एक साधारण सी कथा है। साधारण इस अर्थ में कि आजकल

जहाँ-तहाँ, हर जगह और कभी भी कहीं भी बम विस्फोट तो होते ही रहते हैं, कुछ लोग या बहुत से लोग मर जाते हैं और बहुत से लोग बच जाते हैं। किन्तु बम विस्फोट से मरना साधारण नहीं होता। अकसर यहाँ मनुष्य के शरीर की लोथें भी नहीं होतीं, चिन्दियाँ भी नहीं होतीं—बस महज भस्म रह जाता है, या राख—पर फिर भी कुछ बच जाता है। किसी खाली जगह के कोने में कोई बच्चा (वह तीन साल का भी हो सकता है) जो सचमुच गोल मटोल प्यारा सा बच्चा भी हो सकता है या महज भविष्य का एक सुन्दर सपना जो बम विस्फोट में बोरी में भरा महज राख रह गया है, उसका स्थानापन्न! यह कहानी उसी बचे हुए या बच गये स्थानापन्न बच्चे की कहानी है—पर फिर भी एक खाली जगह बची ही रह जाती है, वह कभी भी नहीं भरती।

चूँकि मैं यहाँ इतिहास लिख रहा हूँ। या मान रहा हूँ कि इतिहास लिख रहा हूँ इसलिए यदि इस उपन्यास की प्रयोगात्मकता के तार कहीं से जोड़े जा सकते हैं तो वह 'शेखर' से शुरू होकर 'कुरु-कुरु स्वाहा' से होते हुए विनोद कुमार शुक्ल के 'खिलेगा तो देखेंगे' से जुड़ते हैं। भाषा से खिलवाड़ और शब्दों की गद्यात्मक तुकबन्दी के बावजूद थोड़ी समान-सी दीखती उस उपन्यास की 'कथा' कहीं भी कृष्ण बलदेव जैसे एबसर्ड प्रयोगवादियों से नहीं जुड़ती।

अतः कथा के उस उलझे हुए तार की गुंजलक को खोलना होगा। क्योंकि यह खुल सकता है। पूरी कहानी में कैफे हर जगह है, अन्त तक जहाँ उपन्यास के शुरू में बम विस्फोट हुआ था। यह कैफे जगह है, क्यों है और किस तथ्य या सत्य की ओर संकेत करता है, यह जानना जरा मुश्किल काम है, लेखिका जानती है कि (उसकी समझ में) उलटबाँसी में जीवन चलता है।....इस 'जीवन' में एक अठारह बरस के लड़के (जो बम ब्लास्ट में मर गया है) और एक तीन बरस के लड़के (जो बच गया है) की कहानी है जो उलटबाँसियों से चलती है। लेखिका कहती है कि उस कहानी को सरल और समझ में आने वाले ढंग से नहीं कह सकती (क्यों नहीं कह सकती)। इस सम्बन्ध में उपन्यास में ही कहा जाता है, 'बात उलझाने का शौक नहीं है पर कहूँ भी तो कैसे कहूँ?...अमूमन लोग चाहते हैं, कहानी आसान हो। खुद-ब-खुद प्रकट होती चले। पर अलग ज़माने की अलग ज़िद खुद हो सकती है। हर जाहिर के पीछे कुछ छिपा रह जाय। यह जिद। तो उपन्यास की यह अनबूझ कथन शैली उसकी उलटबाँसियों वाली लेखन पद्धति स्वयं लेखिका की ज़िद के कारण नहीं, जमाने की 'जिद' के कारण है! लेकिन 'जमाना' ऐसी जिद क्यों करेगा? क्या जेम्स ज्वायस का महान माना जाने वाला उपन्यास 'यूलिसिस' जमाने की जिद के कारण लिखा गया था? मेरा खयाल यह है कि किसी (अच्छे या बुरे) उपन्यास की भाषा लेखक

के अपने सोचने की भाषा के द्वारा निर्धारित होती है और शैली उसकी अपनी दिमागी बनावट या बुनावट के कारण, अथवा किसी ऐसी सूक्ष्म डिवाइस के रूप में जिसके द्वारा लेखक यह सोचता है कि वह अपनी बात अधिक प्रभावशाली ढंग से संप्रेषित कर सकता है। 'यूलिसस' में यही किया गया है। प्रसिद्ध अमेरिकी समीक्षक एडमंड विल्सन ने अपनी पुस्तक 'एंग्जिल्स कैसल यूलिसस' पर लिखते हुए उसे एक रूपक के रूप में होमर के महान काव्य यूलिसस से जोड़ा है और बताया है कि यहाँ भी (यानी 'यूलिसस' उपन्यास में एक यूलिसस (होमरवाला) की कहानी प्रच्छन्न रूप से चल रही है जिसे लेखक की अपनी सोचने की पद्धति और दिमागी बुनावट के कारण एक अबूझ सी असम्बद्ध कथा के रूप में लिखा गया है। क्या 'खाली जगह' में भी कुछ ऐसा ही है, देखने की जरूरत है! उपन्यास में एक यूनिवर्सिटी के कैफे में बम विस्फोट हुआ (जो कथा का केन्द्रीय स्थल और स्थिति दोनों है)। उपन्यास की कथा में यह बम क्रमशः एक प्रतीक बनता गया है। कैफे में हुए बम विस्फोट में सारी चीजों के परखच्चे उड़ जाते हैं। कुर्सियाँ, मेज, प्याले, तश्तरियाँ, मनुष्य के शरीर, उनके अंग-प्रत्यंग, सब लोथों के ढेर में तब्दील हो जाते हैं। चारों ओर बस धुँआ ही धुँआ है और बारूद की तीखी दमघोट गन्ध। अतः ऐसा लगता है कि उपन्यास का पैटर्न इन लोथों के परखच्चों से बुना गया है और एक दृश्य पूरे उपन्यास में चलता रहता है परखचों के रूप में चिंदी-चिंदी होकर उड़ते मनुष्य-शरीर के लोथों के रूप में। और यह सब कुछ बयान किया जाता है कैफे के एक छोटे से संकरे से कोने में जिंदा बच गये एक 'तीन साल' के लड़के द्वारा जिसकी जबान (आवाज) उस आघात तथा दमघोंट धुएँ के प्रभाव से सिल गयी है और जिसे एक परिवार ने उस विस्फोट में मारे गये अपने अठारह साल के लड़के के बदले (शायद) अपना लिया है। पूरी कहानी एक तीन साल के जिन्दा बच्चे और अठारह साल के मृत लड़के के इर्द-गिर्द घूमती है जिसे बयान कर रहा है एक तीन साल का जिन्दा बचा बच्चा जो जैसे-जैसे बड़ा हो रहा है, वैसे-वैसे उसके बयान करने का अन्दाज भी बदलता जा रहा है। लेखिका ने भरसक उस तीन साल के बच्चे की अनुभूति, सोच तथा उसके भीतर अन्तर्भूत हो गये इस भयावह अनुभव की भाषा और अनुभूति के पैटर्न को उपन्यास में यथावत उतारने की चेष्टा की है इसीलिए (शायद) वह कहती है कि "बात उलझाने का शौक नहीं है, पर कहूँ तो कैसे कहूँ?" अतः धीरे-धीरे लेखन का पैटर्न तो बदलता ही है, उसकी अर्न्तवस्तु भी बदलती जाती है और लेखिका वहाँ ऐसी दुर्घटनाओं के बाद होने वाली औपचारिकताओं, यान्त्रिक क्रियाओं, खोजबीन की पुलिसिया और सरकारी प्रक्रियाओं को क्रमशः एक तंजिया अन्दाज में बयान करती जाती है (लेकिन वह यह कभी नहीं भूलती कि यह

एक तीन वर्ष के बच्चे को आँखों से देखा-सुना गया है और उसके अन्तर्मन में हमेशा के लिए स्वयं एक जीवित 'बम' बनकर स्थिर हो गया है) वह भरसक इन आगे होने वाले खोजी कारनामों पर टिप्पणी नहीं करना चाहती। इसीलिए उपन्यास का पैटर्न और निगूढ़ और दुर्बोध होता गया है। सबसे बड़ी समस्या है कि इस तीन वर्ष के बचे हुए बच्चे को एक सामान्य बच्चा, एक बढ़ता, विकसित होता मनुष्य कैसे बनाया जाय? नहीं, वह नहीं बन सकता। उसे बनना भी नहीं चाहिए—बल्कि उस विस्फोट और ऐसे विस्फोटों के बाद सारी दुनिया के मनुष्यों को उस बच्चे की तरह बन जाना चाहिए-जो बोल नहीं सकता, जिसकी जबान हमेशा के लिए 'तालू' से चिपक गयी है, वह कुछ खा नहीं सकता, उसे भूख नहीं लगती ('तुम्हें भूख नहीं लगती' उसकी बन गयी माँ उससे आजिज आकर पूछती है) वह जड़ित हो गया है। काश, यह सारी दुनिया भी उस ऐसी व और तमाम रोज-ब-रोज होने वाली नियोजित दुर्घटनाओं के बाद वैसे ही विजड़ित हो जाती। तब शायद कोई ऐसी दुर्घटना फिर नहीं होती, फिर नहीं उड़ते मनुष्य के परखच्चे, फिर नहीं होते उनके जिन्दा मांसल फड़कती जिस्म की चिंदियाँ, पर क्या फिर भी वह 'खाली जगह' भरी जा सकती है जो वह हमेशा के लिए खाली हो गयी हैं। यह महज मेरी खामख्याली है, शायद उस उपन्यास का मकसद यह न हो, शायद उस रूप में उसकी लेखिका ने सोचा भी न हो। पर शायद उस उपन्यास की विशेषता भी यही है कि यह पढ़ने के बाद (अगर आप उसे पूरा पढ़ लें): हमेशा एक खाली जगह छोड़ देती है जिसमें कुछ भी भरा जा सकता है।

पूरे उपन्यास में लेखिका महज तस्वीरवाला कैमरा मैन है। वह जो देखती है उसे उतारती जरूर है, ज्यों का त्यों। पर क्या सभी कुछ ज्यों का त्यों उतर सकता है? देखते हैं, अगर उपन्यास ऐसा होता जो मैं चाहता हूँ तो बेहतर होता (यानी ऐसा मैं चाहता हूँ), पर उपन्यास में ऐसा नहीं हुआ। शायद लेखिका की सोच (या संवेदना भी) बदल गयी। उसके बाद उपन्यास और वह तीन वर्ष का बच्चा भी शायद बड़ा हो गया।

मैत्रेयी पुष्पा

मैत्रेयी पुष्पा खांटी देशज उपन्यासकार मानी जा सकती हैं। उन्होंने हिन्दी की आधुनिक महिला उपन्यासकारों के बरक्स ग्रामीण क्षेत्रों को अपना कथा-क्षेत्र चुना है और उसमें भी मुख्य रूप से दलित वर्ग को अपने उपन्यासों के कथा के केन्द्र में रखा है। यही नहीं, इन दलितों में भी विशेष रूप से उन जनजातियों की कथा लिखी है जिन्हें ब्रिटिश जमाने से ही आपराधिक जनजाति घोषित किया जा चुका

है। बीसवीं शताब्दी के अन्तिम दशक में लिखना शुरू करने वाली मैत्रेयी पुष्पा ने दस वर्ष के भीतर ही न केवल आधा दर्जन उपन्यास लिख डाले, बल्कि बीसवीं शताब्दी के अन्त तक आते-आते हिन्दी की अत्यन्त लोकप्रिय उपन्यासकार बन गयीं। इन दस वर्षों में उन्होंने 'स्मृतिदंश' (1990), 'बेतवा बहती रही' (1993), 'इदन्नमम' (1994) 'चाक' (1997) 'झूला नट' (1999) और 'अल्मा कबूतरी' (2000) आदि आधा दर्जन उपन्यास लिख डाले। इन सभी उपन्यासों को समीक्षकों ने तो सराहा ही, पाठकों में भी वे बेहद विख्यात हुईं।

अपने उपन्यासों की लोकप्रियता, आदिम जनजीवन के भीतर घुसकर अत्यन्त पिछड़ी जातियों का चित्रण करने और मुख्य रूप से स्त्री का शोषण करने वाले पुरुष समुदाय के प्रति जुझारू संघर्ष करनेवाली स्त्रियों की अत्यन्त प्रमाणिक कथा जो स्वयं उनके अनुभूत तथा प्रत्यक्षदर्शी पर्यवेक्षण से उपजी है, जिसे उन्होंने बड़ी बेबाकी और सहजता से लिखा है, उन्हें बंगला की महाश्वेता देवी के निकट ला देता है। वे भी उन्हीं विशेषताओं और गुणों के कारण जानी जाती हैं, जिनके लिए महाश्वेता जी विख्यात हैं। फर्क यह है कि महाश्वेता जी जहाँ एक एक्टीविस्ट तथा सार्वजनिक क्षेत्रों के मंचों पर भी प्रखर रूप से मुखर रहनेवाली लेखिका हैं, वहीं मैत्रेयी पुष्पा का ध्यान दुर्भाग्य पूर्ण ढंग से अपने को प्रचारित, प्रसारित तथा अत्यन्त दबंग रूप से अपने को महत्त्वपूर्ण सिद्ध करने की ओर अधिक रहा है।

फिर भी वे बीसवीं शताब्दी के अन्तिम दशक की सर्वाधिक प्रभावशाली तथा लोकप्रिय उपन्यासकार मानी जाएँगी। लेकिन इक्कीसवीं सदी के प्रारम्भ में प्रकाशित उनके अब तक के उपन्यासों में एक क्रमिक क्षरण स्पष्ट लक्षित किया जा सकता है। ऐसा प्रतीत होता है कि उनके पास जो कथा की कच्ची सामग्री का 'जखीरा' था, वह चुकता नजर आ रहा है। इसीलिए वे आत्मकथात्मक और संस्मरणात्मक—जो प्राय: किंचित लेखन की मर्यादा की सीमा तोड़कर, रचनात्मकता से रिक्त पुस्तकें ही अधिक लिख रही हैं जिसका सबसे ज्वलन्त उदाहरण उनकी सद्य: प्रकाशित आत्मकथा है। बहरहाल चर्चा यहाँ उनके अन्तिम दशक के उपन्यासों की ही की जानी चाहिए।

सामान्यत: उनके उपन्यास 'चाक' (1997) को अधिक सराहा गया और उनका सर्वश्रेष्ठ उपन्यास माना जाता है। किन्तु मेरी दृष्टि से उनका उपन्यास 'अल्माकबूतरी' सर्वोत्तम उपन्यास है—जिसकी चर्चा आगे की जाएगी। 'चाक' में बुन्देलखंड के ग्रामीण अंचल के एक पिछड़े हुए गाँव की कहानी है जिसमें रहने वाले ज्यादातर जाट हैं। जैसाकि ज्यादातर पिछड़े हुए गाँवों में होता है और आज तक हो रहा है, उस गाँव में भी पिछड़ेपन और परिवर्तन की संघर्ष कथा है और इस कथा की केन्द्र सारंग नाम की एक पढ़ी-लिखी ही नहीं, एक विदुषी

युवती है जिसका विवाह तो किसी अन्य से हुआ है किन्तु प्रेम वह किसी अन्य पुरुष से करती है, जिनका नाम श्रीधर मास्टर है और जो सारंग के लिए आदर्श पुरुष है। अनेक पारिवारिक तथा परिवेशगत कठिनाइयों से लड़ती हुई सारंग को वे ही संघर्ष की प्रेरणा देते रहते हैं। इस 'पाठप्रक्रिया' में जो प्रेम पाठ में परिवर्तित हो चुका है, कई बार उनकी जान पर भी बन आती है, पर वे अडिग रहते हैं। उधर सारंग भी अपने संघर्ष में अडिग ही नहीं रहती, उत्तीर्ण भी होती है और ग्राम प्रधान बनकर गाँव का कायापलट कर देती है। यह आशावादी और उत्साहवर्धक उपन्यास यद्यपि रोचक तथा पठनीय है, किन्तु गौर करने की उसकी सरलीकृत कथा स्पष्ट हो जाती है। इसमें स्त्री के शौर्य, संघर्ष और रोमांस का अद्भुत चित्रण है। उसके 'सरलीकृत' होने का नमूना तो इसका शीर्षक ही है 'चाक' यानी कुम्हार का चाक जिस पर वह कच्ची मिट्टी से गढ़कर सुडौल आकृतियाँ (बर्तन आदि) निर्मित करता है। इस उपन्यास में यह चाक श्रीधर मास्टर हैं जिनके द्वारा गढ़ी जाकर सारंग सारंग बनती है। यहाँ ध्यान चित्रा मुद्गल के चर्चित उपन्यास 'आँवा' की ओर स्वतः चला जाता है क्योंकि एक तो दोनों के शीर्षकों का ताल्लुक कुम्हार गिरी से है, पर जहाँ स्त्री धधकते हुए आँवा में पककर संघर्षशील और जुझारू होकर निकलती है, उसी चाक में वह उस पुरुष के द्वारा गढ़ी जाकर ही स्त्री बनती है जो पुरुष या पुरुष वर्ग उसकी (स्त्री की) व्यथा, यातना, यन्त्रणा और अन्ततः उसके विनाश का कारण है। यदि छूट को छोड़ भी दें तो 'चाक' उपन्यास में जो सरलीकृत रोमांस है, जिसमें अन्ततः स्त्री का पिघलना ही प्रधान है, वह अन्त में उपन्यास की कहानी को चाक-चाक कर देता है।

'अल्मा कबूतरी' कबूतर जन जाति की एक युवती अल्मा की कहानी है। इस जनजाति को ब्रिटिश काल से ही आपराधिक जनजाति घोषित कर दिया गया था। और आज भी इन्हें इसी दृष्टि से देखा जाता है। इस कहानी की अल्मा यद्यपि एक अध्यापक की बेटी है और स्वयं भी पढ़ी-लिखी है, किन्तु अपनी जाति की अधिकांश स्त्रियों की तरह डाकुओं और राजनेताओं के चंगुल में फँस जाती है, पर बाद में स्वयं राजनीति में प्रवेश कर जाती है। उपन्यास की कथा बहुत तेजी से भागती है। यह बेहद घटना संकुल उपनयास है और यही इसकी विशेषता भी है, क्योंकि इसमें घटित होने वाली घटनाएँ न केवल स्वाभाविक हैं, बल्कि आज भी रोज-रोज घटित होती ऐसी घटनाओं की एक कड़ी और उनका दस्तावेज हैं। लेखिका ने उन्हें बड़े सन्तुलित ढंग से प्रस्तुत भी किया है। अधिकांश घटना बहुल उपन्यास लड़खड़ा जाते हैं और उन्हें अस्वाभाविक नाटकीय स्थितियों के सहारे उठाना पड़ता है। 'अल्मा कबूतरी' में ऐसा बहुत कम हुआ है। केवल समापन की ओर बढ़ती हुई उसकी कथा किंचित भावात्मक और अतिरंजित हो गयी है।

मैत्रेयी पुष्पा के उपन्यासों की एक विशेषता यह भी है कि उनके उपन्यासों में एक प्रकार की प्रति आधुनिकता के बीज मिलते हैं, खासतौर पर ऐसे समय में जब हिन्दी की अधिकांश महिला उपन्यासकार आधुनिकता की दौड़ में पुरुष उपन्यासकारों से प्रत्येक अर्थ में आगे निकल जाना चाहती हैं। वे न केवल आधुनिक परिवार से, बल्कि आधुनिक भावबोध से भी अपने को पृथक रखे हैं। वे खूब पिछड़े गाँवों और परिवेश में जाती हैं और वे वहाँ अन्य ग्रामीण परिवेश पर लिखने वाले उपन्यासकारों की तरह 'आधुनिकता का प्रत्यारोपण' करने के बजाय वहाँ की वस्तुस्थिति को यथावत् बयान करती हैं, यानी वे पिछड़े गाँव और वहाँ के पिछड़े लोग आज भी अपनी जीवन पद्धति में जितने पिछड़े हुए हैं, वहीं विकसित शिक्षित तथा सक्रिय होने वाले लोगों के द्वारा शिकार होते रहते हैं, उनकी त्रासद कथा लिखने में मैत्रेयी पुष्पा को महारत हासिल है। परन्तु 'पुरुष वर्ग' के प्रति उनका विरोध ही नहीं, प्रायः चीत्कार करता हुआ प्रतिशोध अक्सर अतिरंजित तथा अतिवादी हो जाता है, और वह इस हद तक उनका ऑब्सेशन बन चुका है कि एक सीमा के बाद वह कुंठित मानसिकता की उपज प्रतीत होने लगता है—यह निश्चित रूप से उनके शैशव तथा किशोर वय के आहत अनुभवों से उत्पन्न हुआ होगा जो उनकी बाद की आत्मकथात्मक कृतियों में परिलक्षित भी होता है।

मैंने पहले भी लिखा है कि मैत्रेयी पुष्पा के पास अनुभवों के कच्चेमाल का जखीरा है जिसे रचनात्मक रूप में बदलने की एक स्वाभाविक कला भी उनमें है, किन्तु अनुभवों की स्वाभाविकता तथा प्रामाणिकता के साथ-साथ यदि परिपक्व बौद्धिक विवेक न हो तो (जीवन में तो होता ही है) एक तरह की मुँहफट बौखलाहट और एब्यूसिवनेस भी आ जाती है। मैत्रेयी पुष्पा के उपन्यासों में यह स्वर आता गया है। यह उनकी रचनाशीलता के लिए एलार्मिंग है।

फिर भी उनकी सराहना इसलिए करनी चाहिए कि वे आज भी अपनी प्रति आधुनिकता की जमीन पर अडिग खड़ी हैं जिनमें उनके पात्र, परिवेश और उनके आचार-विचार प्रचलित आधुनिक जीवन शैली से बहुत पृथक हैं। वे इन सबके बरक्स एक ठेठ 'देहाती दुनिया' रचती हैं जिसमें एक प्रकार का अनगढ़पन और ऊबड़-खाबड़ कथा विस्तार भी दिखाई पड़ता है। इन सबके बावजूद और इन सबके साथ वे अधिकांश हिन्दी उपन्यासकारों से (केवल महिला उपन्यासकारों से नहीं) बिलकुल अलग नजर आती हैं।

अनामिका (1961)

इक्कीसवीं शताब्दी के पहले दशक के अन्त में यानी बिलकुल इधर उभरकर आने वाले (केवल आनेवाली नहीं) उपन्यासकारों में मुख्यतः कवियत्री अनामिका प्रमुख

हैं। एक ही वर्ष यानी 2008 में ही उनके दो उपन्यास प्रकाशित हुए हैं। 'दस द्वारे का पिंजरा' और 'तिनका तिनके पास'। ये दोनों उपन्यास कई कारणों से उल्लेखनीय हैं। 'दस द्वारे का पिंजरा' उपन्यास अनेक दृश्यों में विभाजित करके लिखा गया है किन्तु विडम्बना यह है कि इसमें सही अर्थों में दृश्य हैं ही नहीं। कथा के भागते हुए प्रवाह में दृश्य अदृश्य हो गये हैं। यदि ये दृश्य सचमुच चाक्षुस रूप में अंकित किये गये होते तो यह उपन्यास अप्रतिम हो सकता था। दृश्य का अर्थ ही है कि जो दिखाई पड़े किन्तु उपन्यास मुख्यत: वर्णनात्मक तो है ही, व्याख्याओं और विश्लेषणों से भरा हुआ है और यह पांडित्य प्रदर्शन का ऐसा भंडार है कि प्रारम्भ में तो ऐसा लगता है कि यह उपन्यास न होकर दर्शन शास्त्र की कोई पुस्तक है। मसलन इसके कुछ आरम्भिक अंश देखें जो मदुरै मन्दिर के प्रांगण में दिग्गज पंडित अनन्त शास्त्री द्वारा शास्त्रीय तथा दार्शनिक शब्दों की व्याख्याओं के रूप में प्रस्तुत किये गये हैं किन्तु यहाँ व्याख्याओं की भूमिका उनकी दुहिता प्रस्तुत करेगी। यह भूमिका प्रश्नोत्तर के रूप में प्रारम्भ होती है, देवी शष्टनिजस धातु दिव से बना है उसका अर्थ क्या है? एक बूढ़े वैयाकरण ने पूछा। दुहिता द्वारा उत्तर दिया जाता है। दिव्य धातु के अर्थ अनेक हैं—क्रीड़ा, विलक्षण प्रति (महिमा) स्तुति, कान्ति और गति। एक दूसरे को जीतने की होड़ का नाम विजिगिक्षण है...ये सब भाव जिस महाभाव में विलीन हो जाते हैं वही बिन्दु है देवी। दूसरा प्रश्न, 'सुख-दुख क्या हैं?' 'सु' और 'दु' ये विशेषण मात्र हैं, जिसके ये विशेषण हैं वह है 'ख'। 'ख' आकाश को कहते हैं। एक महान आकाश और एक दहर (लघु) इनमें जो छोटा-दहराकाश है वह सारे प्राणियों के हृदय में रहता है। यदि वह सुन्दर है तो सुख है और दूषित है तो दुख।'' प्रश्न : ऋक क्या है और साम क्या है? संसार की कोई भी वस्तु जहाँ से बननी शुरू होती है उस आरम्भिक अवस्था का नाम ऋक है। वह जहाँ तक जाएगी, उस सीमा का नाम साम है, बीच का सारा पदार्थ यजु है। यजु शब्द यत और जु दो शब्दों के मेल से बना है। यत का अर्थ गतिशील और जु का स्थिरशील संसार गति और स्थित का समतोल है और इसका मूल है अथर्व या पदार्थ...ऊर्जा के जितने भी रूप हैं वो ही 'आद्या शक्ति' और वह देवी है आदि।

यह प्रकरण लम्बा चलता है। इसका उद्देश्य है उपन्यास की आधारशिला रखना यानी प्राचीनकाल से ही स्त्री तेजस्विनी तथा विदुषी रही है और प्राचीन काल से ही पुरुष वर्ग द्वारा उसे पीड़ित और प्रताड़ित किया गया है। इस सघन स्त्रीवादी उपन्यास की यह शुरुआत जिस विदुषी रमाबाई से की गयी है वे उपन्यास में महत्त्वपूर्ण भूमिका निभाती हैं। किन्तु उपन्यास का यह पूरा प्रकरण केवल रमाबाई पर केन्द्रित नहीं है। वह यहाँ मुख्यत: उसके पिता अनन्तशास्त्री पर केन्द्रित है।

वे प्रकांड पंडित तो हैं ही, सामाजिक रूढ़ियों, पूर्व निर्मित विधि-विधान में उनका विश्वास नहीं है। इसी क्रम में उपन्यास के शीर्षक 'दस द्वारे का पिंजरा' की व्याख्या की जाती है, ''यह शरीर एक महल है। इसके दस द्वार हैं और कमरे छह। दस इन्द्रियाँ दस द्वार हैं और सूक्ष्म शरीर यानी छह कमरे बाहर वाली बैठकी स्थूल शरीर और एक दूसरे में खुलती कोठरियाँ—सूक्ष्म शरीर, कारण शरीर महाकारण शरीर हंस शरीर, परमहंस शरीर और अन्त में कैवल्य परमानन्द शरीर। सब कोठरियाँ उपारित (यानी बन्द) हुई हैं। बहुत दिनों से बन्द-बन्द जकड़ भी गयी हैं कुछ। हरेक पर एक चक्राकार छिटकिनी है। कुंडलिनी के मुँह में दबे संचित पुण्यों के प्रकाश का तीव्र दबाव ही यह जकड़न तोड़कर दरवाजा खोल सकता है। यह ज्ञान प्रदर्शन काफी आगे तक जाता है। भारतीय शास्त्रों तथा विभिन्न धार्मिक दर्शन सम्प्रदायों ने इस शरीर की भी विभिन्न व्याख्याएँ की हैं किन्तु इस कथा में सम्प्रदाय विशेष द्वारा की गयी इन व्याख्याएँ की कोई प्रासंगिकता नहीं दीखती। लेखिका को इन्हें इतने विस्तार से वर्णित करने की आवश्यकता क्यों पड़ी? पाठक यह पूछ सकता है। अतः यह पूरा ज्ञान प्रसंग उन्हें हास्यास्पद भी लग सकता है।

ज्ञान प्रदर्शन की इसी प्रक्रिया में वररूचि और बराहमिहिर भी आते हैं। रमाबाई की कहानी का यह ज्ञानकांड सम्भवतः प्राचीन भारत में स्त्री के वैदुष्य को प्रमाणित करने के लिए किया गया है किन्तु यह कथा बिना इसके भी कही जा सकती थी। बहरहाल।

इसके बाद रमाबाई की कहानी सीधे प्राचीन काल से पुनर्जागरण काल में आ जाती है और लेखिका यह बताना चाहती है कि जिसे पुनर्जागरणकाल कहकर आज के इतिहासकारों तथा प्रायः विद्वानों और विचारकों द्वारा इतना गौरवान्वित किया गया है, उसकी वास्तविकता क्या थी और वह कितना गौरवान्वित करने योग्य था और भारतीय आधुनिकता के विकास में उसका क्या तथा कितना योगदान था?

असली अर्थों में उपन्यास की कहानी यहीं से शुरू होती है और होनी भी यहीं से चाहिए थी। लेखिका यहाँ बताती है कि पुनर्जागरण के पुरोधाओं तथा शीर्षस्थ अग्रदूतों के मस्तिष्क में ही नहीं, मानसिकता में भी स्त्री का क्या स्वरूप और स्थान था। उपन्यास का वास्तविक स्त्री विमर्श यहीं से शुरू होता है। इस विश्लेषण प्रसंग लिए यह उपन्यास एक महत्त्वपूर्ण और सार्थक बहस की शुरूआत भी करता है। रमाबाई अपनी स्त्री मुक्ति का अभियान लेकर जब कलकत्ता पहुँचती हैं तो अब एक विख्यात वक्ता भी बन चुकी हैं। वे पाती हैं कि उनकी सभा के श्रोताओं में 'नवजागरण' के प्रमुख नेता और स्वयं एक प्रखर वक्ता केशवचन्द्र

सेन भी थे। रमाबाई नवजागरण को खोलने की शुरुआत यहीं से करती हैं। केशवचन्द्र सेन उन्हें निराश करते हैं क्योंकि बाल विवाह के विरोध में इतने भाषण देने के बावजूद उन्होंने कच्ची उम्र वाली बेटी का विवाह कूच बिहार के ही राजा से कर दिया था। यही नहीं, स्त्री या भारतीय स्त्री के प्रति उनके विचार रमाबाई का मोहभंग कर देने वाले थे। इसी तरह अमेरिका में एक उदार बुद्धिजीवी के घर उन्हें ठहराया गया किन्तु उन्होंने स्त्रियों के विषय में जो कुछ लिखा, वह चौंकाने वाला था। मसलन वे स्त्रियों के मेडीसिन पढ़ने के पक्ष में नहीं थे और यहाँ तक कि वे स्त्रियों को बहुत उच्च शिक्षा देने के पक्ष में भी नहीं थे क्योंकि उससे स्त्रियों की कोमल कमनीयता छिन जाएगी। ये सज्जन ब्रह्म समाज के प्रमुख और प्रधान थे।

इसी तरह स्वामी दयानन्द की प्रशंसिका होने के बावजूद जब रमाबाई को पता चला कि वे न तो स्त्रियों से मिलते हैं और न स्त्रियों की उन तक पहुँच होती है तो वे उससे खिन्न हुईं। इस पर भी उन्हें यह जरूर लगा कि कितने अलग थे वे पुरुषों की लम्पट सेना से।

कुछ पुरुषों ने उन्हें यह भी समझाया कि नारी नदी की तरह है, नदी में नकार नहीं है और कोई तुम्हें जँचता है और तुम्हें लगता है कि तुम्हारी गोद उसके मन को सुख देगी तो नदी बन जाओ। रमाबाई मुक्त विचारोंवाली महिला हैं किन्तु वे कहती हैं, "यह एक निष्ठुर सच है कि प्रेम धीरे-धीरे अपनी इंटेसिटी खो देता है।" यही नहीं, उनके प्रेम और देह के विषय में विचार हैं कि 'देह एक ऐसी निजी थाली है जिसे मैं प्रसाद की तरह भी वितरित नहीं करना चाहूँगी।' उस तरह रमाबाई के माध्यम से उपन्यास में प्रेम और विवाह आदि पर भी विस्तार से विचार किया गया है। इस पूरे प्रकरण में भारतीय पुनर्जागरण काल के अन्तर्विरोध तथा उसके पुरोधाओं के दुहरे आचरण और विचारों के द्वैत को ही उजागर किया गया है। किन्तु दयानन्द के ये विचार रमाबाई के मन में घर कर गये कि "अन्याय-शोषण का प्रतिरोध ही धर्म है।"

लेकिन लेखिका ने न केवल पुनर्जागरण के अन्तर्विरोधों को उजागर किया है, बल्कि नारी के प्रति भी उसके नेताओं का दृष्टिकोण जो रूढ़िवादी ही था, उसे भी वे जगह-जगह रेखांकित और उद्घाटित करती गयी हैं। स्वयं ब्राह्मण होते हुए उन्होंने एक दलित युवक सदाव्रत से विवाह किया था। लेखिका ने रमाबाई को ही इस समय की वास्तविक विद्रोहिणी नारी ही नहीं, बल्कि पुनर्जागरण काल की वास्तविक क्रान्ति की प्रतीक के रूप में प्रस्तुत किया है। उन्हें ब्राह्मणों से घोर नफरत थी और वे उन्हें 'ज्यादातर ब्राह्मण महालोभी, महाक्रोधी और स्वार्थी लगते थे।' चूँकि उपन्यास मूलतः रमाबाई का जीवन चरित्र लगता है, इसलिए इसमें

मुख्यतः रमाबाई के ही तेजस्वी और विद्रोही व्यक्तित्व का ही चित्रण है। उस समय के प्रमुख महाराष्ट्रियन समाज सुधारक नेता ज्योतिबाफुले के मानसपुत्र सदाव्रत से रमाबाई ने विवाह तो कर लिया था, पर सदाव्रत की सुधार विरोधी सम्प्रदायों ने हत्या कर दी। रमाबाई पर विपत्तियों का पहाड़ टूट पड़ा था। किन्तु सदाव्रत की मृत्यु ने रमाबाई के लिए संघर्ष की अनेक दिशाएँ खोल दी थीं। ज्योति बा फुले उन्हें बम्बई ले जाना चाहते थे जहाँ विख्यात समाज सुधारक नेता जस्टिस रानाडे भी उन्हें समाज सुधारकों के अभियान में आने के लिए लगातार आमन्त्रित कर रहे थे।

लेखिका ने कथा को प्रामाणिक बनाने के लिए तिथियों का विशेष ध्यान रखा है और प्रत्येक महत्त्वपूर्ण घटना की तिथियों, महीनों और घटित होने वाले वर्ष का उल्लेख करना नहीं भूली है। मसलन वे लिखती हैं कि "17 मई 1883 को मिशनरियों के सौजन्य से रमाबाई सचमुच ही इंगलैंड गयीं।" भारत में उनके ईसाइयों से जुड़ जाने की कड़ी निन्दा की गयी। चूँकि तब तक रमाबाई एक जानी-मानी सार्वजनिक जीवन वाली महिला बन चुकी थीं, इसलिए उनका इसाइयों और क्रिश्चियन धर्म से जुड़ना एक महत्वपूर्ण घटना थी जिसकी लोकमान्य गंगाधर तिलक और विवेकानन्द जैसे व्यक्तियों ने निंदा की। चूँकि रमाबाई विदुषी ही नहीं, प्रकांड पंडित थीं, उन्होंने चुन-चुनकर अपने विरोधियों को जवाब दिया। उन्होंने क्रिश्चियन धर्म के पक्ष में कहा कि यह भी बुद्ध और महावीर के धर्म की तरह करुणा और मानवता का धर्म है। हिन्दू धर्म में प्रारम्भ से ही अन्तर्विरोध ही अन्तर्विरोध हैं, पर एक बात में सब सहमत हैं कि "स्त्रियाँ और नीची जाति के लोग हर तरह से अधम हैं। उनकी 'मुक्ति' का मार्ग बस एक है, वह है लात-जूते खाते हुए भी 'स्वामी सेवा' करते रहना। स्त्रियाँ और शूद्र वेद नहीं पढ़ सकते।"

इस तरह उपन्यास में वेदों के काल से लेकर आज तक भारतीय समाज में स्त्रियों के प्रति उपेक्षा का भाव ही नहीं बल्कि 'भक्षण' का भी भाव निहित रहा है और वे केवल भोग तथा भुगतने के लिए बनी हैं।

अतः भारत का पुरुष तथा प्रभु समाज सदा से नारी का दमन करता आया है और उसे दास तथा दासता की श्रेणी में ही रखता आया है। अतः उपन्यास के अनुसार रमाबाई पहली ऐसी महिला थीं जिन्होंने प्रखर तथा प्रचंड स्वरों में भारतीय पुरुष समाज और समस्त भारतीय परम्परा का प्रतिरोध तथा विरोध किया था। अतः लेखिका के अनुसार असली 'स्त्री विमर्श' तथा स्त्री शक्ति का अभियान रमाबाई से शुरू होता है। उसे प्रमाणित करने के लिए जमीन-आसमान के कुलाबे एक कर दिये गये हैं।

ऊपर के उद्धरण तनिक विस्तार से इसीलिए दिये गये है कि उपन्यास का असली उद्देश्य और केन्द्र ठीक से समझा जा सके। अतः यह उपन्यास और उसकी संरचना कहीं दर्शनशास्त्र की है तो कहीं इतिहास की—बाद में यह इतिहास ग्रंथ ज्यादा होता गया है।

रमाबाई की यह जीवन-कथा जारी रखते हुए लेखिका बताती है कि "एक बार वे मैक्समूलर से भी मिलीं जो ऑक्सफोर्ड के कैम्पस में ही सपरिवार रह रहे थे। उन्होंने कहा कि "यहाँ के चर्च के पादरी भी मुझसे नाखुश हैं। मैं ईसू से प्रभावित होकर ईसाई धर्म से जुड़ी हूँ, पादरियों के प्रभाव से नहीं। मेरे साथ भारत से कुछ विधवा और बेसहारा लड़कियाँ भी आयी हैं, उन्हें जबर्दस्ती ईसाई बनाने की कोशिश की जा रही है। यह तो आत्मिक बलात्कार है।" इस तरह रूढ़िवादी ईसाई धर्म से भी उनका मोहभंग हुआ और वे अमेरिका के ऐंग्लिकन चर्च की ओर झुकीं। बाद में भारत लौटकर उन्होंने अब विख्यात ऐतिहासिक शारदा सदन की स्थापना की।

उपन्यास का यह प्रकरण उल्लेखनीय इसलिए है कि इसमें रमाबाई के जीवन की इस गहरी द्वन्द्वात्मकता तथा बिम्बडना का त्रासद ढंग से विवेचन किया गया है।

"चर्च डर रहा था कि इस झक्की औरत का क्या भरोसा! उसने जैसे हिन्दुत्व की टोकरी पटकी, ईसाइयत की भी पटकर आगे बढ़ जाएगी। रमाबाई सेंट पॉल की भी घनघोर आलोचना वैसे ही करती थीं जैसे हिन्दुत्व और भारतीय धर्मशास्त्रों की।"

रमाबाई के मोहभंग का अन्त नहीं। उन्होंने पढ़ा कि 'इंग्लैंड में संसद में (काफी लोगों द्वारा) हर पढ़ी-लिखी औरत 'डायन' करार कर दी गयी। यहाँ भी वही, फिर जाएँ तो जाएँ कहाँ?"

उपन्यास के पूर्वाद्ध में रमाबाई की कथा है। पुनर्जागरण काल की वह प्रथम स्त्री सुधारिका थीं। उन्होंने ईसाई धर्म ग्रहण करके भी भारत की हिन्दू तथा अन्त्यज स्त्रियों के उद्धार के लिए पुरुष समुदाय तथा पुनर्जागरण के शीर्षस्थ नेताओं से लगभग संघर्ष करते हुए आर्थिक रूप में सद्यः प्राप्त स्त्री-मुक्ति के मॉडल पर भारत में शारदा सदन की स्थापना की। बाद में मुक्ति के इस संघर्ष के सिद्धान्त के स्वरूप को दयानन्द विवेकानन्द केशवचन्द्र सेन तथा तिलक तक ने स्वीकार किया। उनके अन्तर्विरोध तथा विचार और क्रिया का द्वैत अन्त तक बना रहा। अतः उपन्यास के अनुसार भारत में वास्तविक पुनर्जागरण ले आने वाली वास्तविक अग्रदूत एक स्त्री ही थी। पुरुष समुदाय नहीं।

यह सिद्ध करने के बाद उपन्यास का उत्तरार्द्ध अचानक वर्तमान में आकर

भोजपुरी के एक अत्यन्त लोकप्रिय रेडियो नाटक बाबू लोहासिंह पर टिक जाता है जिसके नाटककार प्रो. रामेश्वर सिंह थे। किन्तु इस उत्तरार्द्ध का केन्द्र भी नाटक में बाबू लोहासिंह की पत्नी अर्थात खदेरन की माँ को ही है। अचानक उपन्यास का रुख बाबू लोहासिंह की ओर क्यों मुड़ गया, यह जानने की जरूरत है। दरअसल लोहासिंह की कथा की शुरुआत भी खुदीराम बोस के बम कांड से की गयी है जिसमें निर्दोष दो अँग्रेज़ युवतियाँ मारी गयी थीं। इस उत्तरार्द्ध की कहानी यहीं से शुरू होती है, पर टिक जाती है जन कवि महेन्द्र मिसिर की प्रिय शिष्या ढ़ेलाबाई पर, और यहाँ से कहानी 1857 के गदर की ओर मुड़ जाती है फिर भारत को स्वतन्त्र कराने का प्रयत्न कराने वाले क्रान्तिकारियों और आतंकवादियों पर। उस समय के क्रान्तिकारी भोजपुरी प्रदेश के महेन्द्र मिसिर थे जिनकी प्रिय शिष्या ढेलाबाई कथा में मुख्य पात्र के रूप में उभरती हैं। लोहासिंह का जिक्र क्यों आता है, यह स्वयं उपन्यास बताता है। एक रिटायर्ड फौजी गाँव में कैसे अपना दिन बिताता है, कैसे हर बात पर खुंदक खाता है और बात-बात पर तिनक जाने वाली अपनी पत्नी को 'खदेरन की मदर' (खदेरन की माँ) कहकर पुकारता है। नाटक संवाद तथा कथा के माध्यम से नेहरू युग में देखे गये सपने गाँव-गाँव में अँखुआने के बाद भी एक-एक करके (कैसे) मुरझा जाते हैं, उसका हृदय विदारक (किन्तु हास्य रूपक के रूप में) वर्णन जिस तरह लोहा सिंह (लोहा सिंह रेडियो नाटक) में किया गया है, उसे जिसने सुना नहीं वो जन्मा ही नहीं।

इस तरह प्रसंगान्तर करके उपन्यास में बाबू लोहा सिंह रेडियो नाटक को लगभग घुसेड़ा गया है। यह प्रसंगान्तर नितान्त निरर्थक है। किन्तु चूँकि वे स्वयं रिटायर होने के बाद जोगिनिया कोठी में आ जाते हैं और जो कुछ बयान करते हैं, वह 'हरि अन्तत हरि कथा अनन्ता', की तरह है। यहीं लेखिका बतलाती है कि "यही सुलझा समीकरण है कि वियोगदग्ध ढेलाबाई कहाँ मिली रमाबाई से और कैसे उनके मुक्तिमिशन की सदस्य हुई? इतिहास बदलने में इन दोनों सखियों की क्या उसमें भूमिका थी। यही है हमारी कहानी (यानी उपन्यास की कहानी)।"

उपन्यास की मूल कथा फिर भी पुनर्जागरण काल के आसपास ही भटकती रहती है। बंगाल और महाराष्ट्र के बाद उत्तरार्द्ध में बिहार के पुनर्जागरण पर आ जाती है।

"बिहार के पुनर्जागरण का इतिहास सूचीपत्र की पाण्डुलिपियों-सा इधर-उधर छितराया हुआ है। मुझे वह लोहासिंह से मिला और उनकी ही नाटकीय प्रस्तुति में ज्यों का त्यों सामने है।" यह नाटकीय प्रस्तुति क्या है? वह है मुजफ्फरपुर जोगिनिया कोठी का ढेला संग्रहालय (नाम से स्पष्ट है कि यह ढेलाबाई से सम्बन्धित दस्तावेजों, जीवन-कथा और उनके कार्यविवरणों का

संग्रहालय होगा)। बीसवीं सदी के उत्तरार्द्ध में अन्य 'क्रान्तिकारियों' के लिए महेन्द्र मिसिर ने चोरी-चुपके रुपये छापने की मशीन लगायी थी। यह रुपया क्रान्तिकारियों की सहायता के लिये था। यह बीसवीं सदी का दूसरा दशक था। महेन्द्र मिसिर के इस नोट छापने वाली मशीन पर पुलिस का छापा पड़ा। उन्हें चालीस वर्ष की सजा हुई पर सात वर्ष बाद वे रिहा हो गये। अत्यन्त प्रसिद्ध लोक कवि और गायक महेन्दर मिसिर ने फिर से लोक में अलख जगाना शुरू किया। पर एक दिन वे अपने हारमोनियम पर ही लुढ़क गये। यह तो हुई महेन्द्र मिसिर की कथा, पर ढेलाबाई का क्या हुआ? अत: उपन्यास के उत्तरार्द्ध की यह कथा मूलत: महेन्द्र मिसिर और ढेलाबाई की कथा है। महेन्दर मिसिर की मृत्यु के बाद वे दर-दर भटकने के बाद शान्तिनिकेतन और फिल्मों से जुड़ गयीं। उन्होंने अभिनेत्री के रूप में रमाबाई की भूमिका भी निभाई होगी। उनकी कहानी भी सुनाई होगी। इसके बाद उपन्यास ढेलाबाई के अतीत की कहानी सुनाने लगता है। छोटे-छोटे दृश्यों में यह कहानी या तो वेश्याओं और गानेवालों की है या बिहार के विद्रोहियों की और अव्यवस्थित सी यह कहानी फिर महेन्दर मिसिर पर लौट आती है। पता नहीं कैसे? महेन्दर मिसिर पर ही नहीं, कहानी बार-बार पुनर्जागरण पर भी लौटती रहती है।

उपन्यास के उत्तरार्द्ध की कथा बिहार के पुनर्जागरण की कथा के नाम पर मुख्यत: महेन्दर मिसिर और ढेलाबाई की प्रेमकथा के आसपास ही घूमती रहती है और यह कथा भी बहुत सन्तुलित ढंग से नहीं सुनाई गयी है (बाबू लोहा सिंह के द्वारा)। उसमें अनेक विसंगतियाँ हैं। महेन्दर मिसिर के मर जाने के बाद अचानक उनकी और ढेलाबाई की जीवन कथा और प्रेम कथा सुनाई गयी है— यहाँ तथ्यों और तिथियों का बेहद विपर्यय है। उपन्यास यहाँ थक सा गया है और उसी कारण वह थके हुए ढलान की कथा बनकर रह गया है।

यह पूर्णत: विमर्शवादी उपन्यास है। मुख्यत: स्त्री विमर्श-कथा। किन्तु उसमें विमर्श अधिक है औपन्यासिकता कम। ऐतिहासिक घटनाएँ तथा तिथियाँ और इन सबका अतिव्यापक कथा फलक। लेखिका इन सबको सँभाल नहीं पायी है। इसलिए यह अन्त में असंगतियों और विसंगतियों का ब्योरा बन गया है और यह सब सिलसिला शिल्प और प्रविधि के अन्तर्गत नहीं, महज शिथिल शिल्प और संरचना के कारण। यहाँ न दर्शन सँभला है, न इतिहास और न कथा-शिल्प। यद्यपि उसे एक नाटकीय या नाट्य दृश्यों का शिल्प देने की चेष्टा की गयी है जिसके सूत्रधार बाद में नाटक लोहा सिंह के नाटककार रामेश्वर सिंह कश्यप बनाये गये हैं। पर दृश्यांकन भी व्यवस्थित रूप से प्रस्तुत नहीं किया जा सका है।

फिर भी इक्कीसवीं सदी के पहले दशक के यह सर्वाधिक महत्त्वपूर्ण

उपन्यासों में है। आनेवाले दशकों की सम्भावनाओं से भरपूर।

'तिनका तिनके पास' : यह अनामिका का तीसरा उपन्यास है (2008) और यह न केवल उसी वर्ष प्रकाशित हुआ था जिस वर्ष 'दस द्वारे का पिंजरा' प्रकाशित हुआ था बल्कि कई मामलों में उसी का स्वीकल प्रतीत होता है। यद्यपि इसमें रमाबाई नहीं है पर इसकी कथा भी स्त्री की मुक्ति (लिबरेसन) ही है और लोकेल भी मुजफ्फरपुर की जोगिनिया कोठी ही है (यानी वहीं से शुरू होती हुई कहाँ-कहाँ नहीं घूमती। मुजफ्फरपुर, दिल्ली, अमेरिका, इंगलैंड आदि देशों तक)। इसमें भी भारत का स्वतन्त्रता संघर्ष द्वितीय महायुद्ध आदि से होता हुआ भारत की संस्कृति संस्था इप्टा और आज के बिहार की रणवीर सेना सबको समेटने की कोशिश करता है।

लेकिन इसकी मुख्य कथा तारा नाम की कॉल गर्ल से जुड़ी है जिसे उसकी वेश्या माँ ने उसे इस जघन्य पेशे से अलग रखने के लिए हॉस्टल में रखकर पढ़ाया लेकिन माँ के मरते ही तारा को भी अपनी पढ़ाई जारी रखने के लिए कॉल गर्ल का ही पेशा अपनाना पड़ता है।

इसके अलावा लेखिका ने हिन्दी के लेखकों को भी नहीं बख्सा है जिनकी दारू पार्टियों में चर्चा का मुख्य विषय स्त्रियाँ—मुख्यत: हिन्दी की लेखिकाएँ होती हैं और हर लेखक दावा करता है कि हिन्दी की अधिकांश लेखिकायें उसी के 'शयनकक्ष' में दीक्षित होने के बाद ही बाहर निकलकर लेखिकाएँ बनी हैं। 'दस द्वारे का पिंजरा' की तरह ही इस उपन्यास में भी पुरुष समुदाय के प्रति विटरनेस और कटुता का ज़हर भरा है। इस उपन्यास की मुख्य कमजोरी इसका यहाँ से वहाँ तक छलाँग भरना है। वरना वह अपने मुख्य और केन्द्रीय पात्र तारा और साहिल के प्रेम सम्बन्धों तक ही सीमित रहता तो संरचना शैली और प्रभाववत्ता की दृष्टि से बेहतर उपन्यास हो सकता था। उसके अलावा 'दस द्वारे का पिंजरा' की तरह ही इसमें भी ज्ञान का अनावश्यक प्रदर्शन है।

उपन्यास की कथा तारा से शुरू होती है जो मुजफ्फरपुर (बिहार) के सदर अस्पताल में जच्चा बच्चे वाले वार्ड में पड़ी है। अधिकांश सरकारी और सदर अस्पतालों की तरह ही वह वार्ड भी नरक का पयार्य है जिसे लेखिका ने बड़े विस्तार से चित्रित किया है।

"सब गद्दियों के मोमजामे फटे हुए हैं। उन पर बिछी चादरें कभी सफेद रही होंगी।...रक्त के धब्बोंवाली चादरों की 'गोरी त्वचा पर उतनी ही झाईंयाँ, छिद्रादि से भरपूर वैसा ही मैलापन उतर आया है जैसा खूब मेकअप करने वाली औरतों की त्वचा पर उतर आता है।

यह घनघोर स्त्रीवादी तथा दलितवादी उपन्यास यशपाल के प्रसिद्ध

ऐतिहासिक उपन्यास 'दिव्या' में विवाह और मुक्त प्रेम के सम्बन्ध में दिये गये तर्कों की परम्परा में विवाह के बारे में कहता है, "एक तरह की कॉल गर्ल होती है हर ब्याहता औरत, गृहस्थिन भी। कॉल गर्ल को तो छूट भी होती है कि हर कॉल पर वह प्रस्तुत न हो, पर गृस्थिन की क्या मज़ाल। अजब होता है वह दृश्य जब पिटी हुई पत्नी को समझा-बुझाकर या धर-पकड़कर माएँ या सासें पति-परमेश्वर के कमरे में भेजती हैं कि पति से माफी माँगे, कि शाम को काम से थकाहारा चिड़चिड़ा प्राणी हो गये मर्द बच्चा को औरत की छाँह चाहिए...दिल से बुरा तो नहीं बिचारा।"

लेकिन अब इस परम्परागत तथा रूढ़िगत बन गये तर्क (अब घिस-पिट गये तर्क) के बाद उपन्यास में 'आज की स्त्री' (शायद अब प्रचलित हो गयी पद्धति के रूप में) ने जो नयी प्रयोग पद्धति ईज़ाद की है, उसके बारे में लेखिका बताती है, "एक व्याहता के रूप में इस देह का उपयोग मैंने ट्रैप की तरह किया।"

उपन्यास में एक स्त्री लेखिका द्वारा उस 'ट्रैप' का विश्लेषण (या आत्म-स्वीकृति) महत्त्वपूर्ण है। वे आगे लिखती हैं, "सार्वजनिक क्षेत्र में देह का यह उपयोग शायद ही कभी किया हो। (किन्तु अब शायद वह अपवाद नहीं रह गया है।) घृणित इस्तेमाल, फंदों से बचने के लिए मैंने लगातार कोशिश की, हालाँकि स्त्री-देह की खातिर लपलपाते लोगों को दुरदुरा देना इतना आसान नहीं है। शुरू-शुरू में लाज-लिहाज के कारण कुछ गिंजन भोगना पड़ा उन लोगों के प्रति (या सच) जिनके लिए मेरे मन में आदर था। पर सबसे मुश्किल तो ऐसे लोगों से निबटना होता है जिनका आप आदर तो करती हैं पर दैहिक सामीप्य नहीं चाहतीं जैसा कि वे चाहते हैं।"

यद्यपि यह उपन्यास भी 'स्त्रीवादी उपन्यास' ही कहा जाएगा, किन्तु उपरोक्त उद्धरण बहुत बड़ी स्वीकारोक्ति है क्योंकि इसमें विवाह और प्रेम को लेकर कोई शुद्धतावादी दृष्टिकोण नहीं अपनाया गया है, बल्कि मुक्त-प्रेम की एक अपेक्षाकृत अनुशासित व्याख्या की गयी है। स्त्री को पुरुष कई रूपों में अच्छा लग सकता है पर आवश्यक नहीं कि वह उससे शरीर सम्बन्ध भी बनाना चाहे। किन्तु यहाँ लेखिका ने इस सम्बन्ध में एक दिलचस्प मुश्किल का जिक्र किया है, वह यह है कि शारीरिक आकर्षण न होने पर भी वह कई कारणों से ऐसे पुरुषों को ना भी नहीं कर सकती। इस तरह के शारीरिक सम्बन्धों को 'रेजिस्ट' न कर पाने की 'अक्षमता' पर विचार करने की जरूरत है। क्या ऐसी स्त्री को 'स्वैरिणी' या दुराचारिणी कहेंगे? क्योंकि इस तरह के आचरण वाली महिला या युवती को इस आधार पर एकाधिक पुरुषों के प्रति समर्पित होना पड़ेगा। स्त्री विमर्श पर विचार करने वाले लेखकों और लेखिकाओं को इस प्रश्न पर भी विचार

करना चाहिए। जहाँ तक पति के प्रति अनिच्छापूर्ण तथा वितिष्णा के बावजूद समर्पित हो जाने का प्रश्न है, यह भी स्त्री की प्रकृति, सहिष्णुता, असहिष्णुता पर निर्भर करता है। यदि कवि रघुवीर सहाय की इन पंक्तियों की तरह लपककर-झपककर अन्त में चित है वाली पत्नी है, तब तो उसे लात-घूँसे खाकर भी पत्नी धर्म का निर्वाह करना ही पड़ेगा। लेकिन आज के स्त्रीशक्ति के समय में पत्नी से यह अपेक्षा नहीं करनी चाहिए। उसे जैनेन्द्र की कल्याणी से आगे बढ़ना पड़ेगा, क्योंकि वह तो शुद्ध 'मैसोचिज्म' है। स्त्री की यह विवशता या दुर्बलता यहाँ समझ में नहीं आती। कामनाकार या कामांध व्यक्ति के प्रति करुणा भाव से समर्पण स्त्री की दुर्बलता का द्योतक है, साहस और शक्ति का नहीं। यह 'करुणाभाव' त्यागपत्र के मृणाल में तो हो सकता है, जो महज करुणाभाव से कोयले वाले के प्रति भी समर्पित हो जाती है। यह इस उपन्यास का विरोधाभास या अन्तर्विरोध भी समझा जा सकता है जो स्त्री शक्ति के प्रदर्शन के लिए लिखा जा रहा है, न कि उसकी करुणा विह्वल कातरता दिखाने के लिए।

सम्भवत: इसी का एहसास कर लेखिका आगे स्पन्दन का जिक्र करते हुए लिखती है, "स्पन्दन को मेरे ये ढुलमुलपन बिलकुल पसन्द नहीं हैं। उसे इसके बदले में मिले उपहार भी इसीलिए पसन्द नहीं थे...उपहार समर्पण का प्रतीक हैं—लीपापोती के लिए उसका उपयोग एक तरह की 'चरित्रहीनता' है।" आज के सन्दर्भ में ऐसे उपहार और समर्पण के बारे में भी विचार करने की जरूरत है, क्योंकि यह केवल पुरुष को आरोपी नहीं बनाता। लेखिका द्वारा उठाया गया यह सवाल भी विचारणीय है।

सम्भवत: इसीलिए तारा साहिल के द्वारा दिये गये उपहार गर्भस्थ शिशु को अपने गर्भ में ही रखती है—उसकी भ्रूण हत्या नहीं कराती। यही तारा का साहस है जिसकी अपेक्षा इस उपन्यास में की जाती है।

यहाँ उपन्यास फिर एक अवान्तर छलांग लगाता है और हिन्दी बुद्धिजीवियों और लेखकों को लेखिका अपने तरकस के दूसरे तीर से बींधने के लिए उन्हें अपना लक्ष्य बनाती है जो अक्सर दारू पार्टियों में ये लेखक कहते हैं, "हिन्दी जगत की सभी लेखिकाएँ मेरी..मेरी बनाई हुई हैं। मैंने उन्हें 'आवाँ' पर (?) गढ़ा है....एक-एक पंक्ति सुधारी है, दस-दस ड्राफ्ट बनवाये हैं...पाठिकाएँ भी प्रेम में पगी हुई आयी (मेरे पास) थीं। मुग्ध। उनमें भी लिखने की तमीज मैंने भरी थी। मेरी लाईब्रेरी उन सबका शयनकक्ष, और वो उस खेमे में चली गयी, पटा लिया। उसका पति उसको कोड़ों से पीटता था...अब वह हाथ उठाकर कविता पढ़ती है...कोई उसकी सही उम्र नहीं जानता...वो तो इतनी मीठी है कि बिन माँगे मोती उँडेल जाती है...हर लड़की तीसरे गर्भपात के बाद धर्मशाला हो जाती

है।

अरे उसकी नियुक्ति न होती तो किसकी होती। अकादमियों के चक्कर, पुरस्कार, मारवाड़ी मिठाइयाँ, सोने की थाली में और सोना...मैं दुनिया का सबसे अच्छा आदमी हूँ। पूरा हिन्दी जगत मेरे पीछे पड़ा है...वहाँ तक पहुँचने की दौड़। वह मुझे देखते ही भागी, उसने मुझे मासिक धर्म की बात बताई, फिर कहा पेट दुख रहा है....दरअसल वह अपने बूढ़े बॉस के साथ थी। मुझे देखकर रास्ता बदल दिया।...पच्चीस दिन में दुनिया की सबसे मशहूर औरत होने का नुस्खा उसके पास है...हाय क्या आवाज है उसकी, जिस दिन बुलाऊँगा आ जायेगी। कामना...कामिनी, कनक छड़ी सी कामिनी।'' आदि।

उपरोक्त उद्धरण लगता है किसी रोजनामचे से निकालकर उपन्यास में चस्पा कर दिया गया है। लेकिन 'ऑबजर्वेशन' सटीक है। जो पाठक आज की लेखिकाओं के 'परिवार' से परिचित हैं, वे जानते हैं कि पार्टियों या वैसे भी लेखकों की अनौपचारिक बैठकों में बातें यही होती हैं। यहाँ महत्त्वपूर्ण यह है कि एक लेखिका के रूप में उपन्यास लेखिका इस सम्बन्ध में दोनों ओर की सच्चाइयाँ जानती है और इसीलिए उन्होंने 'औरतों की महीन चालाकियाँ' और 'मशहूर होने के नुस्खे' की बात लिखी है। इस मामले में यहाँ केवल पुरुष लेखक समुदाय पर ही नहीं, आज के पूरे लेखक समुदाय पर एक सटीक और प्राय: यथावत टिप्पणी की गई है। किन्तु यदि इसे 'उत्तर आधुनिक' समीक्षक पढ़ेगा तो कहेगा कि इसमें बुरा क्या है? यह एक रूढ़िवादी दृष्टि से की गई टिप्पणी है। आज एक विश्व है जिसमें ये बातें नगण्य और तुच्छ हैं। स्त्री-पुरुष सम्बन्ध ऐसे ही होते हैं। प्रेम जैसी चीज और क्या होती है एक दूसरे का उपयोग करने के अलावा? यह एक रूढ़िवादी दृष्टि है। इस पर हाय-तौबा क्या? लेकिन दिक्कत यह भी है कि इस 'उत्तर आधुनिक युग' में और उसका नगाड़ा पीटने के बाद भी, नारीवादी आन्दोलन अपने सुरक्षा कवच में लिपटकर उसी का नगाड़ा पीट रहे हैं। आज भी अक्षतयौवना होना नारीत्व का निकष बना हुआ है।

ऐसा लगता है कि उपन्यास यहाँ इस मिथक को तोड़ रहा है और शायद इस मामले में हिन्दी की अधिकांश महिला लेखिकाओं के उपन्यासों से पृथक है। लेकिन एक उपन्यास के रूप में इस उपन्यास का यह ताना-बाना बिखर गया है और वह कुल मिलाकर इस बैड फेथ का शिकार लगता है कि ऐसे मुक्ति संकेत देने के बाद भी अपनी 'शुद्धता अक्षुण' रखना चाहता है, तारा और साहिल का प्रेम प्रसंग यहीं प्रदर्शित करता है। यानी अन्ततः कुछ 'पवित्र' और 'पावन' है जिसे सुरक्षित और अक्षुण रहना और रखना चाहिए।

शायद यह इस कारण है कि लेखिका इस उलझन में है कि वह इस वस्तुगत

सत्य को स्वीकार करे या उसके अन्तर्विरोधों को ढूँढकर तंजिया अन्दाज में उसका उपहास करे या उसका मर्सिया पढ़े। मर्सिया इस मामले में कि यदि उपन्यास का यह सन्देश है (यदि है तो) कि औरत चाहे जहाँ भी और जैसी हो, अन्ततः वह कॉल गर्ल होने के लिए अभिशप्त है, तो पुरुष वर्ग अभिशप्त भी कुछ कम नहीं है, क्योंकि उपन्यास में कहीं यह तथ्य भी छिपा हुआ है कि 'चालाक औरत' यह भी जानती है कि पुरुष का उपयोग कैसे किया जाय और कार्य सिद्ध होने पर कैसे उसे 'हॉटपोटैटो' की तरह पटक दिया जाय। और कैसे पच्चीस दिनों में दुनिया की मशहूर औरत बना जाए, यह नुस्खा उसके पास है।

अतः मेरे पास ऐसा कोई निकष या तोलने का तराजू नहीं है जिससे तौला जा सके कि आज किसका पलड़ा भारी है। पर उपन्यास से ही यह संकेत मिलता है कि एक प्रवंचना और वंचना दोनों ओर है। कोई 'छलावा' है जिसके जाल में आज स्त्री-पुरुष दोनों फँसे हुए हैं। अतः असली वंचना का दुर्ग यह है कि कहीं 'होलियर दैन दाउ' सिद्ध करने का अभियान इस अभी अधपके (हाफ बेकड) भारतीय समाज और साहित्य दोनों में बना हुआ है।

अतः इस दृष्टि से वह उपन्यास (भले ही आनजाने) कई तरह के सवाल उठाता है और उनके समाधान के लिए कई तरह की चुनौतियाँ भी फेंकता है। पर विडम्बना यह भी है कि 'तिनका' तिनके (जो यह चाहता है) के पास कभी नहीं पहुँच पाता।

लेकिन लेखिका अवान्तर प्रसंगों तथा कथा को पटरी से उतारकर अनर्गल किन्तु विद्वता प्रदर्शित करने वाले विवरणों से भरने में माहिर है। ऐसा क्यों किया जाता है? क्या अपने पढ़ाकूपन या बहुज्ञता प्रदर्शन करने के लिए या उपन्यास में प्रायोगिक शिल्प का इस्तेमाल करने के लिए? मसलन साहिल और तारा की कथा चलते-चलते अकारण तथा आकस्मिक रूप से कथा झुग्गियों के अपुर संसार में चली जाती है और वहाँ से अचानक इंग्लैंड के कथाकार डिकेंस, ओ. हेनरी, फिल्डिंग और गोर्की आदि के उपन्यासों में घुस जाती है और अगले ही अध्याय में भारतीय राजनीति के स्वतन्त्रता संघर्ष के प्रसंगों का 'क्रिटीक' प्रस्तुत करने लगती है। फिर 'इंडिया इन्टरनेशनल' की याद आती है तो कहानी साहिल को लेकर वहाँ के सबसे नियमित बैठकबाज रामचन्द्र गाँधी से मिलने चली जाती है (कहाँ डिकेंस गोर्की आदि और वहाँ रामचन्द्र गाँधी! उन्हीं के माध्यम से वहाँ महर्षि अरविन्द, रमण महर्षि, रामकृष्ण परमहंस और विवेकानन्द भी इकट्ठा हो जाते हैं और तभी अचानक 'क्वांटम फिजिक्स' का नाम आ जाता है (बस नाम भर आता—वह भी क्यों आता है, पता नहीं।) फिर घनघोर फक्कड़ और 'दर्शनशास्त्र' की ऐसी तैसी करने वाले गाँधी के इस पोते की बातों में कोई तारतम्य नहीं होता

और शायद उन्हीं से प्रेरणा लेकर उपन्यास की अच्छी-खासी कथा को अनमेल प्रसंगों का पोथा बना दिया गया है। बहरहाल।

इससे पहले वाले उपन्यास की तरह इस उपन्यास में भी स्त्री आन्दोलन को दलित आन्दोलन से जोड़ते हुए (दोनों को प्रायः एक तथा दूसरे का पर्याय रखते हुए) कहा गया है कि "दलित आन्दोलन को स्त्री आन्दोलन की शरणस्थली बनना चाहिए।"

उपन्यास के उत्तरार्द्ध के अंशों को यदि लेखिका के रोजनामचा के रूप में पढ़ा जाये तो उसकी असंगतियों, विसंगतियों और शाखामृग-प्रवृत्ति को कोई अर्थ दिया जा सकता है। हर डायरी ऐसी ही होती है। पर तब उसे उपन्यास नहीं कहना चाहिए। डायरी अपने आप में एक बेहद सुन्दर विधा है। अपने मन के चिन्तन की स्मृतियों के असंख्य कड़ीहीन विचारों को व्यक्त करने के लिए। उपन्यास के उत्तरार्द्ध में यही किया गया है। किन्तु उसमें व्यक्त विचार कितने महत्त्वपूर्ण हैं? मसलन अंसारी साहब की ड्राईंग रूम वार्ताएँ, अध्याय में जे.एन.यू. के छात्र संघ में चुनाव की चर्चा, उसका वर्णन तथा लगभग ललचाते हुए जे.एन.यू. (जवाहरलाल यूनिवर्सिटी) के वातावरण का वर्णन और यह लिखना कि 'हूक उठी मन में कि काश और पढ़ने का मौका मिलता तो नौकरी चाकरी छोड़कर पी.एच.डी. पूरी कर लेती।'

जे.एन.यू. से होता हुआ उपन्यास आजादी पूर्व और आजादी के बाद की राजनीति के विश्लेषण में चला जाता है और राउंड टेबिल कांफ्रेंस, गाँधी इरविनपैक्ट, सीट रिजर्वेशन आदि सभी मसलों पर ज्ञान बघारता हुआ अचानक फिर छलाँग लगाता हुआ बेगम अख्तर पर आ जाता है और फिर तत्काल स्व. गोरख पांडे की कविता पढ़ने लगता है।

इसके बाद की कथा 'चिट्ठी चक्र' के रूप में लिखी गयी है—खालिद की चिट्ठियाँ, तारा की चिट्ठियाँ, इन चिट्ठियों के बारे में कहा गया है कि चिट्ठियों का यह बंडल मुज्जफरपुर की जोगिनिया कोठी में मिला था। और इस तरह यह चिट्ठीचक्र चल निकला...इनको ही जोड़-तोड़ कर इतिहास बनता है।

उपन्यास का अंत कच्चा चिट्ठा है जो कुछ तो चिट्ठियों के माध्यम से कहा गया है और कुछ इन्हीं चिट्ठियों में बयान किये गये हिन्दू मुसलमानों के सम्बन्धों की 'ऐतिहासिक सच्चाईयों का। ये सब तथ्य भी प्रायः 'इतिहास ज्ञान बघारने के लिए ही बयान किये गये हैं, उपन्यास में वर्णित मुस्लिम पुरुष स्त्री पात्रों की चारित्रिक विशेषताओं को व्यक्त करने के लिए नहीं।

कुल मिलाकर उपन्यास भानुमति का पिटारा है जिसे न तो प्रयोगात्मक कोलाज के रूप में लिखा गया है और न परम्परागत कथा-शैली में—कथा में

दोनों की मिली-जुली गलबहियाँ चलती रहती हैं जो मिली-जुली न होकर, यहाँ वहाँ से नोच-नोचकर लाये गये तथ्यों के लोथड़े हैं। इसी कारण यह उपन्यास बिखरा-बिखरा-सा ही रहता है। पर अनामिका के इन दोनों सामग्रीसम्पन्न उपन्यासों में बहुत कुछ है जो लेखिका में बौद्धिकता तथा रचनात्मकता के समन्वय का अपूर्व उदाहरण बन सकता था यदि लेखिका ने उनमें सबकुछ उड़ेल कर 'कंडेस्ड मिल्क' न बनाया होता, क्योंकि इनमें एक नहीं, अनेक उपन्यासों के अँखुए फूटते हुए दीखते हैं जिन पर पूरी तरह पूरे अवधान के साथ ध्यान न देने के कारण लेखिका ने जल्दबाजी या हड़बड़ी में यदि मर्दों के विरुद्ध अपने भीतर जमा पीव के बहाने की ही कोशिश न की होती और अपने अंतर में अन्तर्निहित इस पीबं को इस रूप में बहाकर यह नहीं कहती कि, "एक छोटा सा क्रिमिनल एक छोटा सा आतंकवादी हर पुरुष में बैठा है।"

ऐसा 'छोटापन' या छोटी जीवन दृष्टि किसी बड़ी कृति को जन्म नहीं दे सकती।

अनामिका के ये उपन्यास 1908 में प्रकाशित हुए थे, यानी ये हिन्दी में महिला उपन्यास लेखन की प्रायः अद्यतन स्थिति बयान करते हैं। इनका सामूहिक आकलन और विश्लेषण इस अध्याय और स्त्री कथा-लेखन के विवरण के बाद अन्त में किया जायेगा।

हिन्दी की अन्य महिला उपन्यासकारों में शिवानी (1923-2003), दीप्ति खाण्डेवाल (1930) राजी सेठ (1935), मेहरुनिसा परवेज, सूर्यबाला (1944), मृणाल पांडे (1946), नासिरा शर्मा, निरूपमा सेवती, शशिप्रभा शास्त्री, चन्द्रकान्ता, कमल कुमार, कुसुम कुमार, मधु कांकरिया आदि अनेक उपन्यास लेखिकाओं ने पर्याप्त महत्वपूर्ण उपन्यास लिखे हैं और लिख रही हैं इनमें सबसे कम उम्र की सम्भावनाओं से भरी हुई युवा महिला उपन्यासकार नीलाक्षी सिंह हैं, जिनका यद्यपि अभी तक एक ही उपन्यास प्रकाशित हुआ है किन्तु यह उनकी शिल्प-क्षमता तथा नवीन दृष्टि का परिचायक है।

अब अगर हिन्दी की प्रायः सभी उपन्यास लेखिकाओं के उपन्यासों पर विचार किया जाये तो कई बातें सामने आती हैं, जो उनकी विशेषता तो निर्धारित करती ही हैं, पुरुष उपन्यासकारों से भिन्न उनकी स्वतंत्र अस्मिता का मानचित्र भी उपस्थित करती हैं (यद्यपि यह वर्गीकरण व्यावहारिक उपयोगिता के लिए किया गया है) वरना प्रत्येक रचना या उपन्यास मूलतः रचना होती है, उसकी श्रेष्ठता उसकी रचनात्मक उपलब्धियों के आधार पर ही निर्धारित की जा सकती है।

क्या इन सभी उपन्यास लेखिकाओं में कोई सामान्य तत्व है जो अधिक

और प्राय: हमेशा 'ऑब्सेस्ड' किये रहता है या जो उन पर हमेशा हावी रहता है? मुझे सोचना पड़ेगा। इनमें शायद सबसे पहला तत्त्व उनके लगातार और हमेशा 'स्त्री होने का बोध' कि वे पुरुष से पृथक ही नहीं हैं, निरन्तर उनसे पीड़ित भी हैं और उनके द्वारा प्राप्त प्रताड़ना (चाहे जिस रूप में हो) उसका प्रतिशोध और आक्रोश उनके मन में हमेशा बना रहता है—केवल इसका अपवाद तभी दीखता है जब वे शरतचन्द्र के उपन्यासों की तरह 'करुणा' या ममता की मूर्ति बन जाती हैं। इसके अलावा उनका यह प्रतिशोध बहुत दिनों तक उग्र प्रतिक्रिया के रूप में न होकर जैनेन्द्र की मृणाल या कल्याणी की तरह आत्मपीड़क में व्यक्त होता है—या इलाचन्द्र जोशी के 'संन्यासी' की नायिका के आत्मदहन के रूप में।

कहने का तात्पर्य यह कि काफी अरसे तक स्त्री लेखिकाओं के उपन्यास पुरुष उपन्यासकारों से प्रभावित रहे हैं। पर जब उनके उपन्यासों का दूसरा युग शुरू हुआ तो वे घड़ी के पेंडुलम की तरह एकदम दूसरे छोर पर खड़ी नजर आती हैं। उनका मुख्य लक्ष्य है पुरुष प्रभुत्व से मुक्ति। किन्तु इन मुक्ति-प्रयासों के स्वरूप को उनके उपन्यासों में देखकर अचरज तो होता ही है, केवल स्त्री मात्र की नहीं, मानव प्रकृति पर पुनर्विचार करने की जरूरत भी होती है। हिन्दी महिला उपन्यासकारों के उपन्यासों में हत्यारी (पुरुषों की) और सामाजिक स्तर पर विद्रोही स्त्रियाँ कम नजर आती हैं। वे पुरुष से प्रतिशोध के लिए या तो आत्मपीड़क हो जाती हैं या वेश्या या कॉल गर्ल, क्योंकि उनका होना या आत्मस्वीकृति यही रहती है कि स्त्री हमेशा कॉल गर्ल रहती है चाहे पत्नी रूप में या वेश्या रूप में। यही कारण है कि स्त्री उपन्यासकारों के उपन्यासों में वेश्याएँ बहुत अधिक हैं और जब वे परम्परागत अर्थ में वेश्याएँ नहीं होतीं, तो कॉल गर्ल या कॉल बेल बनते ही हाजिर हो जाने वाली बॉस की प्राइवेट सेक्रेटरी आदि हो जाती हैं। स्त्री कथा लेखन का यह मूल द्वन्द्व या त्रासदी है, जिससे वे आज तक मुक्त नहीं हो पायीं। "उसी से मुहब्बत उसी से लड़ाई।" करें तो क्या करें? यह समस्या अनामिका जैसी अद्यतन लेखिकाओं के भी उपन्यासों का केन्द्रीय विषय बना रहता है पर पुरुष वर्ग के प्रति यहाँ भी विषवमन ही है।

इक्कीसवीं शताब्दी का पहला दशक

दुनिया को आधुनिकता तथा विकास के चरम शिखर पर पहुँचाने वाली बीसवीं शताब्दी जिसने उसे दो महायुद्धों और असंख्य लोगों की मृत्यु का उपहार भी दिया, कब चुपचाप सरककर इक्कीसवीं शताब्दी में तब्दील हो गयी, इसका बहुत लोगों को पता भी नहीं चला। प्रत्येक पुराने वर्ष का अन्त और नये वर्ष की शुरुआत को बड़े जश्न के साथ मनाया जाता है, पर एक पूरी की पूरी शताब्दी कब बीत गयी और इतिहास में एक नयी शताब्दी कब दबे पाँव प्रवेश कर गयी, इसका पता बहुतों को तब चला जब चिट्ठियों, चेकों और फाइलों पर तिथि, मास लिखने के बाद 2001 लिखना पड़ा। किन्तु इक्कीसवीं सदी ने अपने पर्दापण की सूचना 9/11 को ही दे दी थी जब बीसवीं सदी ने जाते-जाते अमरीका के गर्व और गगनचुम्बी दो जुड़वें शिखरों को देखते-देखते भूमिसात कर दिया। तभी लगा कि 'कैलेंडर' बदलने से पहले ही 'युग' बदल गया।

साहित्य में भी इस परिवर्तन की सूचना मिली। अन्य विधाओं की बात छोड़ भी दें तो कम से कम उपन्यास में इस परिवर्तन की पदचाप बड़े स्पष्ट रूप में सुनाई पड़ी और लगा कि हिन्दी में एक नया उपन्यास जन्म ले रहा है। किन्तु यह बीसवीं सदी के उत्तरार्द्ध का 'उत्तर आधुनिक' उपन्यास नहीं था, और न प्रेम-कथा आन्दोलन वाला (रॉब ग्रिये और नथालिया साराँ वाला) नया उपन्यास। बल्कि उसने उन दोनों के भी ध्वंस पर जन्म लिया। इस नये उपन्यास ने अपने समय और उसमें होने वाले परिवर्तनों को अपनी दृष्टि से देखना और परखना शुरू किया। इस नये समय की अपनी सुविधाएँ, समस्याएँ और सूचनाएँ थीं जिसे केवल 'ग्लोबल विलेज' कहकर या मानकर नहीं समझा जा सकता था। यह तो बीसवीं शताब्दी का अन्त होने से पहले ही मान लिया गया था कि 'विश्व' एक नये विश्व में परिवर्तित होने जा रहा है। विश्वग्राम की परिकल्पना और इसके स्वरूप का रेखाचित्र तो मार्शल मैक्लुहान ने बहुत पहले प्रस्तुत कर दिया था। यह भी कि उस नये विश्व के सारे देश परस्पर गुँथे हुए नजर आएँगे— प्राय: सभी स्तरों पर।

पर अब जब कि यह नया विश्व बनकर उभरता हुआ दिखाई देने लगा

है, तब पता चल रहा है कि उसका असली स्वरूप क्या है? 'विश्व ग्राम' एक सामान्यीकृत 'शब्द' है। दरअसल दुनिया के सारे देश जितने परस्पर गुंथे हुए नजर आ रहे हैं, उतने ही पृथक और परस्पर विरोधी भी हैं। इसलिए उनमें परस्पर युद्ध की सम्भावनाएँ (या आशंकाएँ) जितनी आज बढ़ती दिखाई दे रही हैं उतनी पहले कभी नहीं थीं। अत: इस सन्दर्भ में 'विश्व ग्राम' शब्द एक मिसनोमर (एक आरोपित मिथ्या नाम) बनकर रह गया है। केवल बर्गर, हॉली डे इन और उपभोग में आनेवाले 'इलेक्ट्रानिक उपकरणों का साझा बाजार 'विश्व ग्राम' नहीं बनाता। इस 'विश्व ग्राम' में जो नये समीकरण बनते दिखाई दे रहे हैं, आज का नया उपन्यास उन्हीं समीकरणों को विश्लेषित करने की कोशिश कर रहा है। ये 'नये समीकरण' क्या हैं? ये नये समीकरण भी इस साझा बाजार की ही देन हैं। पड़ोसियों के स्म्बन्धों में दरार आने की आशंकाएँ तब बढ़ जाती हैं, जब उनके बीच 'कटोरियों' और 'तश्तरियों' के आदान-प्रदान की संख्या बढ़ने लगती है। 'साझा' (या सांझा) शब्द सुनने में बड़ा मोहक और लुभावना लगता है, पर यहीं सम्बन्धों के भी नये समीकरण बनने लगते हैं। अनेक देशों और महादेशों में 'साम्यवाद' के पतन के साथ ही ये नये समीकरण बनने लगे थे जिसमें अब भारत की व्यवस्था या 'अर्थव्यवस्था' शामिल होकर अपना एक नया 'साझा बाजार' बना रही है। इसका प्रभाव व्यक्तिगत सम्बन्धों, पारिवारिक सम्बन्धों और औद्योगिक तथा राजनैतिक सम्बन्धों—सब पर पड़ रहा है। आज का अंकुरित उपन्यास इसी परिवर्तन की प्रक्रिया को अनुक्षण लक्ष्य करता हुआ अपने रचनाकर्म के स्क्रीन पर उसके उठते-गिरते 'ग्राफ' को अंकित कर रहा है। इस विश्लेषण को आगे न बढ़ाकर संक्षेप में संकेत कर देना चाहता हूँ कि इक्कीसवीं सदी के पहले दशक में उसे लक्षित और अंकित कर देने वाले अनेक उपन्यास प्रकाशित हुए हैं। संयोग से वे अपने अधिकांश रचनाकारों के पहले उपन्यास हैं या प्रारम्भिक उपन्यास हैं। राजू शर्मा का उपन्यास 'विसर्जन' (2009) एक ऐसा ही उपन्यास है। इसमें पहली बार भारतीय गुप्तचर विभाग की कार्यप्रणाली और उसके अन्तर्विरोधों को अंदरूनी प्रामाणिक जानकारियों के साथ प्रस्तुत किया गया है। इसके तार किस तरह राष्ट्रीय और अन्तर्राष्ट्रीय स्तरों पर न जाने कहाँ-कहाँ से जुड़े हुए हैं और यह अतिसंवेदनशील सरकारी संस्थान और उसके लोग जोखिम उठाकर भीतरी बाहरी शत्रुओं से जूझ रहे हैं, उसका प्राय: ऐसे रहस्योद्घाटन कर रहे हैं जिनकी हम आज से पहले के उपन्यासों में कल्पना भी नहीं कर सकते थे।

इक्कीसवीं शताब्दी के पहले दशक में प्रकाशित कुछ अन्य उपन्यास भी उदाहरण हैं। सामान्यत: तत्कालिक विषयों पर लिखना किसी भी उपन्यासकार के लिए सबसे बड़ी चुनौती होती है क्योंकि विषय की तात्कालिकता के कारण

उन्हें तद्विषयक तथ्य, आंकड़े और सूचनाएँ तो सहज उपलब्ध हो जाती हैं जिनसे अखबारों वाली 'स्टोरी' तो बन सकती हैं, किन्तु उन्हें किसी रचनात्मक कृति के रूप में ढालना एक चुनौतीपूर्ण कार्य है और इस पिच्छल भूमि पर बड़े-बड़े दिग्गज कथाकार भी धराशाई हो जाते हैं। टॉल्सटॉय जैसे महान उपन्यासकार भी जेल में कैदियों और अपराधियों के सुधार की समस्या पर आधारित उपन्यास रिजरकशन (पुनर्जन्म) को 'अन्ना केरेनिना' का दर्जा नहीं दिला सके हैं। यहाँ तक कि अपने महान उपन्यास 'वार एंड पीस' के अन्तिम हिस्सों को उन्होंने इतिहास के पुनर्विश्लेषण, नेपोलियन द्वार रूस पर आक्रमण आदि सम्बन्धी रुखे आँकड़ों से इस कदर भर दिया है कि वे प्रायः अपाठ्य हो गये हैं। इसी तरह हिन्दी के शीर्षस्थ कथाकार जैनेन्द्र कुमार ने अपने वृहदकार्य उपन्यास 'मुक्तिबोध' को तत्कालीन राजनीति तथा राजनेता सम्बन्धी तथ्यों से इस तरह बोझिल बना दिया है कि उपन्यास नीरस ब्योरों और वर्णनों के कारण रचनात्मक रूप नहीं धारण कर सका है।

इधर के कुछ नये और युवा कथाकारों ने यह जोखिम उठाकर भी कुछ ऐसे उपन्यास लिखे हैं जिन्हें अपेक्षाकृत सफल कहा जा सकता है। युवा कथाकार कुणाल सिंह ने ताजातरीन 'नंदीग्राम' की घटनाओं पर आधारित अपने उपन्यास 'आदिग्राम उपाख्यान' में कुछ ऐसा ही किया है और उनका ऐसा नाटकीय रूपान्तरण प्रस्तुत किया है जो बहुत हद तक रचनात्मक स्तर पर भी सफल हो सका है।

इसी तरह प्रायः उनके समवयस्क और समकालीन कथाकार पंकज सुबीर ने अपने उपन्यास 'ये वो शहर तो नहीं' में 1857 और 1957 के राजनैतिक परिवेश की तुलना करते हुए बतलाने की कोशिश की है कि 1857 में जिस नृशंसता और क्रूरता से अँग्रेज़ों की कम्पनी सरकार ने विद्रोह को कुचला था, आजाद भारत की सरकारें भी क्रूरता और नृशंसता में उनसे कम नहीं हैं। इस प्रक्रिया में उन्होंने एक स्थान विशेष को केन्द्र बनाकर आजाद भारत के राजनैतिक, प्रशासकीय तथा संचार माध्यमों की एक मुकम्मल तस्वीर पेश की है।

एक तीसरे युवा कथाकार मनोज तिवारी ने दो पत्रकारों के माध्यमों से खोजी पत्रकारिता का ऐसा उदाहरण प्रस्तुत किया है जिसमें बतलाया गया है कि आज विकसित संचार माध्यमों, उद्योग घरानों और राजनीति तथा राजनीतिज्ञों के बीच एक ऐसा समीकरण बन गया है जो विदेशों से उच्च तकनीकी शिक्षा प्राप्त करके उन प्रविधियों का स्वदेश में उपयोग करने के लिए वापस आनेवाली प्रतिभाओं को ऊँचे-ऊँचे ख्वाब दिखाकर उनका उपयोग तो कर लेता है, पर बाद में उनके आधिपत्य और प्रभुत्व से आतंकित होकर उन्हें दूध की मक्खी की तरह फेंक

देता है। उपन्यास में एक ऐसी ही महान प्रतिभा का चित्रण किया गया है जो अपना पारिवारिक जीवन, स्वास्थ्य तथा अपना स्र्वस्व अर्पित करके एक ढहती हुई कम्पनी को शीर्ष पर प्रतिष्ठित कर देता है, पर बाद में कम्पनी के मालिकान उसे अनुपयोगी मानकर उसे पहले तो हाशिये पर खड़ा कर देते हैं और बाद में उसे अपमानित करके बहिष्कृत भी कर देते हैं। यह आज घटित होनेवाली ऐसी सुनियोजित षड्यन्त्र-कथा शृंखला की महज एक कड़ी है जिसकी महज एक झलक उस उपन्यास में दिखाई गयी है, किन्तु यह इतनी प्रासंगिक और ज्वलन्त है कि इसमें आज के उपन्यास के दायित्व की एक 'नयी दिशा' नजर आती है। इस 'नयी दिशा' की खोज करने वाले उपन्यासों के और भी अनेक उदाहरण दिये जा सकते हैं।

कहने का तात्पर्य यह है कि हिन्दी उपन्यास अपने प्रायः सवा सौ वर्षों की कथा-यात्रा में आज जिस मुकाम पर पहुँच चुका है, वह केवल समय परिवर्तन और उसके बीतने या बीत जाने की कहानी नहीं कह रहा है। बल्कि उससे पता चलता है कि लाला श्रीनिवास दास के 'परीक्षा गुरु' से शुरू होकर उसने कितने अलंघ्य उच्च शिखरों को पार किया है। हिन्दी उपन्यास की इस लम्बी कथा-यात्रा को ऊपर के पृष्ठों में रेखांकित (ऐसे परिवर्तनों और विकास को) करते हुए विस्तार तथा क्रमिक रूप से बताया जा चुका है, उसे यहाँ दुहराने की जरूरत नहीं है।

कहानी

यहाँ जब आधुनिक हिन्दी कहानी के विकास की बात करते हैं तो 'राजाभोज का सपना' या 'रानी केतकी की कहानी' को आधुनिक कहानी नहीं मान सकते। स्वयं आचार्य रामचन्द्र शुक्ल ने भी लिखा है कि 'राजा भोज का सपना' और 'रानी केतकी की कहानी' को आधुनिक कहानी नहीं माना जा सकता। किन्तु शुक्ल जी ने जिन पाँच कहानियों से आधुनिक हिन्दी कहानी की शुरुआत माना है, उन्हें भी क्या आधुनिक माना जा सकता है? उनकी नजर में आधुनिक मानी जानेवाली ये पाँच कहानियाँ हैं—'इन्दुमती' (किशोरीलाल गोस्वामी), 'गुलबहार' (किशोरी लाल गोस्वामी), 'प्रेम की चुड़ैल' (मास्टर भगवान दास), 'ग्यारह वर्ष का समय (रामचन्द्र शुक्ल), 'पंडित और पंडितानी' (गिरिजादत्त वाजपेयी), 'दुलाई वाली' (बंगमहिला)। इनमें भी 'इन्दुमति', 'ग्यारह वर्ष का समय' और 'दुलाई वाली' को उन्होंने हिन्दी की मौलिक (आधुनिक) कहानियाँ माना है। शुक्ल जी की कसौटी यह है कि मौलिक हिन्दी कहानी वह है, जिस पर बांग्ला प्रभाव की छाया न हो। लेकिन शायद 'आधुनिक' होने की भी कसौटी यही है क्योंकि इसके पहले ही वे 'राजभोज का सपना' और 'रानी केतकी कहानी' को 'आधुनिक' मानने से इन्कार कर चुके थे। अतः उन्हीं की कसौटी पर खरी और मौलिक हिन्दी कहानियाँ यही तीन कहानियाँ हैं। ज़ाहिर है कि वे 'मौलिक' हैं तो 'आधुनिक' भी होंगी। किन्तु ये कहानियाँ भी आधुनिक नहीं है। वैसे भी भाषा, शिल्प और संवेदना की दृष्टि से उन्हीं दिनों प्रकाशित माधवराव सप्रे की कुछ कहानियों को इस दृष्टि से आधुनिक मान सकते हैं। माधवराव सप्रे की कहानियों की ओर शायद शुक्ल जी का ध्यान नहीं गया था। सप्रे जी ने सन् 1900 में ही पाँच हिन्दी कहानियाँ लिखी थीं। इनमें 'एक पथिक का स्वप्न' को हम इसलिए भी आधुनिक मान सकते हैं कि आधुनिकता की अवधारणा स्वतन्त्रता की अवधारणा के साथ-साथ ही विकसित हुई थी और 'एक पथिक का स्वप्न' में आधुनिक सन्दर्भ में पहली बार स्वतन्त्रता शब्द का प्रयोग किया गया था। स्वतन्त्रता मनुष्य मात्र को ईश्वर के यहाँ से मिली है। उसे मोल लेने की मेरी इच्छा नहीं है।' यहाँ स्वतन्त्रता

को उसी प्रकार मनुष्य का नैसर्गिक अधिकार माना गया है। जिस प्रकार बाल गंगाधर तिलक की उस ऐतिहासिक घोषणा को कि 'स्वतन्त्रता हमारा जन्म सिद्ध अधिकार है।'

यहाँ इस महत्त्वपूर्ण तथ्य की ओर ध्यान दिलाना जरूरी है कि न तो माधवराव सप्रे मूलतः हिन्दी भाषी थे और न दुलाईवाली की बंगमहिला। यानी प्रारम्भ से ही हिन्दी कहानी में एक उदार, व्यापक तथा भाषा निरपेक्ष सांस्कृतिक समग्रता के बीज निहित थे जिसका व्यापक रूप क्रमशः विकसित होकर सामने आया। वैसे भी बांग्ला साहित्य ने हिन्दी साहित्य को प्रभावित और प्रेरित ही नहीं किया बल्कि अनेक मराठी तथा बंगाली साहित्य प्रेमियों ने हिन्दी-कहानी को व्यापक और लोकप्रिय बनाने के लिए महत्त्वपूर्ण कार्य किये। इनमें 'मित्रबन्धु' (मित्रबन्धु का ही नाम अत्यन्त उल्लेखनीय है) जिन्होंने कालान्तर में इलाहाबाद में 'मित्र प्रकाशन' की स्थापना करके हिन्दी कथासाहित्य के विकास में महत्त्वपूर्ण योगदान दिया, खासतौर उनके द्वारा प्रकाशित होने वाली पत्रिकाओं 'माया' और 'मनोहर कहानियाँ' ने। 'माया' ने न केवल लगातार नये हिन्दी कहानीकारों की कहानियाँ प्रकाशित कीं, बल्कि अनेक विश्वविख्यात विदेशी कहानीकारों के अनुवाद भी प्रकाशित किये। 'माया' के माध्यम से ही अनेक हिन्दी पाठकों ने चेखव, गोर्की, स्टीफन ज्वाइंग, मोपांसा, ओ. हेनरी आदि की कहानियों को हिन्दी में पढ़ा। इसके अलावा उसमें मराठी, बांग्ला, गुजराती तथा पंजाबी कहानीकारों की कहानियों के हिन्दी अनुवाद प्रकाशित हुए। बहरहाल, इस 'प्रसंगान्तर' से हिन्दी की प्रारम्भिक कहानियों की ओर लौटें तो पता चलता है कि कम-से-कम शिल्प की दृष्टि से हिन्दी की पहली आधुनिक कहानी चंद्रधर शर्मा गुलेरी की 'उसने कहा था' थी जो 1915 में 'सरस्वती' में प्रकाशित हुई थी। इसका शिल्प विस्मित करनेवाला है। भाषा और प्रविधि की दृष्टि से यह उस समय की सारी साहित्यिक विधाओं को पीछे छोड़ देती है। कहानी का शीर्षक ही पूरी कहानी में मँडराता रहता है। शिल्प की दृष्टि से इसमें जिस 'पूर्वदीप्ति (फ्लैशबैक) और चेतना का प्रवाह (स्ट्रीम ऑफ कांससनेस) पद्धति का प्रयोग किया है, हिन्दी में उस समय तक उसका नाम भी नहीं सुना गया था। विदेशी भाषाओं में भी तब तक वर्जिनिया वुल्फ आदि का प्रवेश नहीं हुआ था जिन्होंने पहली बार इस पद्धति का प्रयोग किया था और इसकी व्याख्या की थी। प्रथम महायुद्ध इस कहानी का रचना क्षेत्र है। तब तक उस महायुद्ध पर भी कोई कहानी नहीं लिखी गयी थी (शायद बाद में भी नहीं लिखी गयी)।

'युद्ध' और 'प्रेम' को विषय बनाकर लिखी गयी यह कहानी रोमेंटिक भाव-बोध की भी पहली कहानी है। 1915 तक तो हिन्दी में छायावाद का भी

प्रवेश नहीं हुआ था। तो क्या यह माने कि रोमैंटिक भावबोध छायावादी कविता से पहले ही इस "कहानी" में व्यक्त हुआ था। यानी 'गद्य' में रोमैंटिक या स्वच्छन्दतावादी भावबोध पहले आया, कविता में बाद में? यह विचारणीय प्रश्न है। कुल मिलाकर कहा जाय तो हिन्दी में इस कहानी का प्रकाशन एक चमत्कारिक विस्फोट था।

माधव राव सप्रे का जिक्र पहले किया जा चुका है। इस प्रकार माधव राव सप्रे ही विधिवत हिन्दी के पहले कहानीकार सिद्ध होते हैं और 'उसने कहा था' हिन्दी की पहली आधुनिक कहानी।

कहने का तात्पर्य यह कि हिन्दी कहानी के मूल चरित्र और उसकी विशेषताओं को फिर से समझने और उन्हें रेखांकित करने की आवश्यकता है। इसी प्रकार सामान्यतः प्रेमचन्द को ग्रामजीवन और कृषि केन्द्रित समाज का पहला और सबसे महत्त्वपूर्ण कहानीकार माना जाता है और वे तो हैं भी। किन्तु यहाँ इस तथ्य की ओर भी ध्यान जाना जरूरी है कि 1910 में प्रकाशित प्रसाद जी की पहली कहानी का शीर्षक ही 'ग्राम' है और वह स्वयं उनकी पत्रिका 'इन्दु' में प्रकाशित हुई थी। उस आंचलिक कहानी में ग्राम जीवन का तो अत्यन्त निकट से अध्ययन किया ही गया है, जमींदारों और सामन्तों की जीवन पद्धति पर भी गहरा व्यंग्य किया गया है। पता नहीं तब तक प्रेमचन्द ने ग्राम जीवन पर केन्द्रित कोई कहानी लिखी थी या नहीं।

यहाँ यह भी ध्यान देने योग्य तथ्य है कि हिन्दी में किसानों और मजदूरों के जीवन पर जितनी कहानियाँ पहले दो दशकों में लिखी गयीं उतनी फिर कभी नहीं लिखी गयीं। उस दौर में साहित्य, पत्रकारिता तथा राजनीति के बीच ऐसी पारस्परिकता थी, जिसका मुख्य लक्ष्य किसान और मजदूरों का जीवन था। किसान राजनीति में बाबा रामचन्द्र, पत्रकारिता में गणेश शंकर विद्यार्थी, महावीर प्रसाद द्विवेदी, माधवराव सप्रे आदि ने सीधे अपना ध्यान किसानों और मजदूरों पर केन्द्रित कर रखा था। इस प्रसंग में माधव राव सप्रे की 1901 में प्रकाशित कहानी 'टोकरी भर मिट्टी' विशेष रूप से उल्लेखनीय है।

वह सुधारवादी कहानियों का दौर था और मुख्यतः सुधारवादी कहानियाँ ही लिखी जा रही थीं। ज्यादातर कहानियाँ माज की कुरीतियों पर प्रहार करने वाली या उनका पर्दाफाश करनेवाली होती थीं। इस दौर के प्रमुख कहानीकार थे—भगवती प्रसाद वाजपेयी, शिवपूजन सहाय, बेचन शर्मा उग्र, पं. सुदर्शन, विश्वम्भरनाथ शर्मा कौशिक, चंडी प्रसाद हृदयेश, जी.जी. श्रीवास्तव, गोपालदास गहमरी, राजा राधिका रमणप्रसाद सिंह, सूर्यकान्त त्रिपाठी निराला आदि।

प्रेमचन्द और प्रसाद की कहानियों का विस्तार से विवेचन आगे किया

जाएगा। पहले इस दौर की कुछ चर्चित तथा लोकप्रिय कहानियों का जिक्र कर लिया जाय। इस दौर में जैसी लोकप्रियता पंडित सुदर्शन की कहानी 'हार की जीत' को मिली, वैसी किसी को नहीं मिली। यह कहानी 'माधुरी' में 1924 में प्रकाशित हुई थी। उसे 'आदर्शवादी' कहानी कह सकते हैं किन्तु जितनी सहज नाटकीयता से उसे लिखा गया है, वह अप्रतिम है। एक लम्बे अरसे तक यह कहानी हिन्दी की प्रायः प्रत्येक पाठ्य पुस्तक में जरूर होती थी। कहानी के मुख्य पात्र बाबा भारती और खड्गसिंह हैं। यह कहानी 'माधुरी' में चार चित्रों के साथ प्रकाशित हुई थी जो कहानी की विभिन्न घटनाओं से सम्बन्धित हैं। हिन्दी-कहानी में यह अपने ढंग का अनूठा प्रयोग था। बहुत बाद में हिन्दी के एक नये कहानीकार उदय प्रकाश ने अपनी 'वारेन हेस्टिंग्स का सांड़' में भी यही प्रयोग किया जिसे हिन्दी में अज्ञानतावश पहला और अद्‌भुत प्रयोग माना। कहानी का खड़्गसिंह डाकू है और बाबा भारती एक सन्त पुरुष हैं। खड़्गसिंह छलपूर्वक घोड़ा चुराकर जब जाने लगता है तो बाबा भारती उसे रोककर कहते हैं कि इस घटना का जिक्र किसी से मत करना वरना लोग किसी गरीब का विश्वास करना छोड़ देंगे। इस कथन से प्रभावित होकर खड़्गसिंह का मन पश्चात्ताप से भर जाता है और वह वापस आकर घोड़े को यथास्थान बाँध कर चला जाता है। यह हृदय-परिवर्तन की कहानी भी कही जा सकती है। लेकिन कहानी की सफलता का रहस्य इसकी नाटकीयता में तो है ही, इसकी नुकीले संवादों से भरी भाषा की रवानगी में भी है। प्रेमचन्द की तरह ही पंडित सुदर्शन ने पहले की कहानियों वाली अलंकृत भाषा को छोड़कर आम कथ्य और सहज-सरल भाषा का उपयोग किया जो उसकी नाटकीयता से मिलकर अद्‌भुत प्रभाव उत्पन्न करती थी। इसी कारण सुदर्शन प्रेमचन्द के बाद हिन्दी के सबसे लोकप्रिय कहानीकार बने। उनकी लोकप्रियता से प्रभावित होकर उन्हें फिल्मों की कथा लिखने के लिए बुलाया गया और वहाँ भी उन्होंने पर्याप्त यश और अर्थ अर्जित किया। उन्होंने अनेक ऐतिहासिक फिल्मों की कहानियाँ भी लिखीं और बाद में कुछ दक्षिण भारतीय हिन्दी-फिल्मों की कहानियाँ भी लिखीं। फिल्म में वे लम्बे अरसे तक (अन्त तक) बने रहे।

लेकिन यहाँ उस दौर की ही नहीं, आज भी अपने तल्ख कथ्य के लिए प्रासंगिक बनी हुई कहानी का उल्लेख अत्यन्त आवश्यक है। वह कहानी है बिहार के कथाकार, समीक्षक और पत्रकार श्री शिवपूजन सहाय की कहानी 'कहानी का प्लाट', यह कहानी 1928 मे लिखी गयी थी। तब तक प्रेमचन्द की अनेक श्रेष्ठ कहानियाँ आ चुकी थीं, किन्तु वे भी अन्त तक (यानी 'कफन' तक) ऐसे भयावह यथार्थ को चित्रित नहीं कर सके, जैसा इस कहानी में किया गया है। यह कहानी उस समय की भाव-विह्वल सुधारवादी कहानियों से सर्वथा भिन्न, एकदम दूसरे

ध्रुवान्त पर स्थित है। शायद यह 'उसने कहा था' के बाद सबसे अधिक विस्मित करनेवाली (हालाँकि उससे नितान्त भिन्न) कालजयी कहानी है। इसकी भाषा और मुहावरे यदि प्रेमचन्द की भाषा को भी मात देने वाले नहीं तो उससे कमतर भी नहीं हैं।

खास बात तो यह है कहानी में ही शिव पूजन सहाय उसे कहानी नहीं, महज 'कहानी का प्लाट' मानते हैं जिस पर आगे चलकर अन्य कहानीकार भव्यभवन निर्मित कर सकें। किन्तु यह महज लेखक की विनम्रता तथा सहज संकोच मात्र है। लेकिन कहानी के 'मर्म' तक पहुँचने से पहले इसकी भाषा की छटा और बानगी देख लेनी चाहिए।'' वे गाँजे में बढ़िया से बढ़िया इत्तर मिलाकर पीते थे—चिलम कभी ठूँठी नहीं होती थी। एक जून बत्तीस बटेर और चौदह चपातियाँ उड़ा जाते थे।...थानेदार की कमाई और फूस का तापना दोनों बराबर है।'' ''शायद किस्मत की चादर का कोई रफूगर नहीं है।'' आदि। यहाँ ध्यान देने की बात है कि चाहे 'उसने कहा था' हो या माधवराव सप्रे की 'टोकरी भर मिट्टी' या प्रखर व्यंग्यकार तथा उस समय के अत्यन्त चर्चित कहानीकार बेचन शर्मा उग्र की कहानी 'ध्रुवधारणा', इन सब कहानियों का अन्त 'भावविगलित' करनेवाला है, किन्तु 'कहानी का प्लाट' का अन्त क्षुब्ध कर देनेवाला है। ऐसा प्रखर यथार्थबोध तब तो अकल्पनीय था ही, आज भी किसी कहानी में नहीं मिलता। बहरहाल, 'कहानी का प्लाट' यह है कि इत्र-फुलेल रसे-बसे गाँजे का दम लगानेवाले और 'बत्तीस बटेर' चट कर जाने वाले थानेदार साहब बुढ़ापे में दर-दर फिरने वाले और 'माँग मधुकरी' खाने वाले बन जाते हैं और अन्त में अपनी एकमात्र 'टुअर' बेटी 'भगजोगनी' का विवाह विधुर बूढ़े से कर देने के लिए विवश हो जाते हैं। भगजोगिनी का बूढ़ा पति शीघ्र ही स्वर्ग सिधार जाता है। लेकिन 'भगजोगनी' वैधव्य दुख भोगने के बजाय दूसरा विवाह कर लेती है। और कहानी की अन्तिम पंक्ति है, ''...उसका दूसरा पति है—उसका 'सौतेला बेटा!' कहानी इस विस्फोटक वाक्य के साथ समाप्त होती है।

शिवपूजन सहाय ने कुल सोलह कहानियाँ लिखीं। वे उनके एकमात्र कहानी संग्रह 'विभूति' में संग्रहीत हैं।

उस दौर के दूसरे चर्चित कहानीकार थे भगवती प्रसाद वाजपेयी जो अपने को जैनेन्द्र के समकक्ष मानते थे। वैसे उन्होंने सन 1917 से ही लिखना शुरू कर दिया था। इनकी पहली कहानी 'यमुना' 1922 में श्री शारदा पत्रिका में प्रकाशित हुई थी। वे इतिवृत्तात्मकता से पृथक हिन्दी में 'विश्लेषणात्मक कहानी' की शुरुआत करनेवाले पहले कहानीकार माने जाएँगे। 1926 की 'सरस्वती' में प्रकाशित उनकी कहानी 'झरना' का नायक एक विक्षिप्त व्यक्ति है। इसमें बड़ी सूक्ष्मता से विक्षिप्त

व्यक्ति की मानसिकता और मनोदशा का विश्लेषण किया गया है। सन 30 के आसपास वाजपेयी जी ने एक नये दौर की शुरुआत की जिसे कहानी में आधुनिकता की शुरुआत भी कह सकते हैं। इस दौर में प्रकाशित उनकी कहानी 'मिठाईवाला' को लोगों ने विशेष रूप से सराहा जो 1933 में 'हंस' पत्रिका में प्रकाशित हुई थी।

गणेश शंकर विद्यार्थी (1890–1931)

ये मुख्यतः पत्रकार और स्वतन्त्रता सेनानी थे। लेकिन साहित्य में भी इनकी गति और रुचि कम न थी। इन्होंने फ्रेंच उपन्यासकार अलेग्जेंडर ड्यूमा और विक्टर ह्यूगो के उपन्यासों का अनुवाद करके हिन्दी पाठकों को पहली बार उनसे परिचित कराया था। ये 'प्रताप' जैसे यशस्वी अखबार के सम्पादक थे। ये कई बार जेल गये थे। जेल में ही इन्होंने अपनी चर्चित किन्तु एकमात्र कहानी 'हाथी की फाँसी' लिखी थी।

विख्यात कवि सूर्यकान्त त्रिपाठी निराला ने भी प्रायः दो दर्जन कहानियाँ लिखी थीं। इनकी पहली कहानी 'प्रेमपूर्ण तरंग' 1923 में प्रकाशित हुई थी। इनकी ये कहानियाँ 'सुधा', 'माधुरी', 'सरस्वती' आदि पत्रिकाओं में प्रकाशित हुई थीं।

इस दौर के अन्य कहानीकार थे : शिलीमुख जनार्दन झा 'द्विज', आनन्दि प्रसाद श्रीवास्तव, कलिका प्रसाद श्रीवास्तव, विनोद शंकर व्यास, सियाराम शरण गुप्त, राय कृष्ण दास और राजा राधिका रमण प्रसाद सिंह आदि।

राजा राधिकारमण प्रसाद सिंह की कहानी 'कानों में कंगना' उस दौर में विशेष चर्चित हुई थी।

शुक्ल जी ने इसे हिन्दी की प्रारम्भिक कहानियों में से एक माना है।

प्रेमचन्द (1880–1936)

1907 से लेकर 1936 तक प्रेमचन्द लगातार कहानियाँ लिखते रहे। 1936 में लिखी गयी कहानी 'कफन' उनकी अन्तिम कहानी थी जो उनकी सर्वश्रेष्ठ कहानी भी मानी जाती है। वे पहले उर्दू में लिखते थे, किन्तु अपनी पुस्तक 'सोज़ेवतन' को सरकार द्वारा जब्त कर लिये जाने के बाद वे हिन्दी में लिखने लगे। इसी पुस्तक के कारण उन्हें स्कूल इंस्पेक्टरी का पद भी छोड़ना पड़ा था। उन्होंने प्रायः तीन सौ कहानियाँ लिखीं थी जो 'मानसरोवर' नाम से 8 खंडों में प्रकाशित हैं। वे हिन्दी और उर्दू दोनों के सर्वश्रेष्ठ कहानीकार तो थे ही, सम्भवतः भारत के भी सर्वश्रेष्ठ कहानीकार थे—यद्यपि अज्ञेय ने रवीन्द्रनाथ टैगोर को भारत का सर्वश्रेष्ठ कहानीकार माना है।

अपने उपन्यासों की तरह ही प्रेमचन्द की कहानियों का ग्राफ भी समतल से शुरू होकर उत्तरोत्तर विकसित होता हुआ नये शिखरों की ओर बढ़ता जाता है। सम्भवतः वे उपन्यासकार से अधिक महत्त्वपूर्ण तथा श्रेष्ठ कहानीकार थे। मोटे तौर पर इनकी कहानियों को तीन श्रेणियों में विभाजित किया जा सकता है। पहले दौर में वे कहानियाँ आती हैं जो सुधार भावना से प्रेरित तथा अपेक्षाकृत सरल और किंचित भावुकतापूर्ण हैं। 'बड़े घर की बेटी', 'पंचपरमेश्वर', 'बड़े भाई साहब', 'बूढ़ी काकी', 'नमक का दरोगा' आदि इसी दौर की कहानियाँ हैं। दूसरे दौर में 'ईदगाह', 'सुजान भगत', 'मुक्ति मार्ग', 'महातीर्थ सारंधा' और 'अग्नि समाधि' आदि हैं।

दूसरे दौर में 'ठाकुर का कुँआ', 'सवा सेर गेहूँ' आदि कहानियाँ आती हैं। इसी दौर में उन्होंने 'दो कब्रें' जैसी कहानी भी लिखी जिसका किंचित विस्तार से जिक्र आगे किया जाएगा। अन्त में इसकी चरम परिणति 'कफन' जैसी 'कालजयी' कहानी में हुई। 'कथ्य' और शिल्प दोनों दृष्टियों से वे 'सरलता' से 'जटिलता' की ओर बढ़ते हैं। किन्तु जैसी निर्भय यथार्थवादिता उन्होंने 'कफन' कहानी में प्रदर्शित की, वैसी अपने उपन्यासों में नहीं कर सके। केवल 'गोदान' में कहीं-कहीं उसकी झलक दिखाई पड़ जाती है (जैसे चमारों द्वारा मातादीन के मुँह में गाय की हड्डी डालने वाले दृश्य में)। वैसे कहानियों में भी एक उदार मानवीयता हर जगह दिखाई देती है और इसी के कारण वे अधिक लोकप्रिय भी हुए। उस वक्त के पाठक ऐसी ही कहानियों की अपेक्षा भी करते थे। वस्तुतः 'सामान्य पाठक' ऐसे ही लुभावने आदर्शों की ओर ज्यादा आकृष्ट होता रहा है। प्रेमचन्द प्रारम्भ में ऐसी ही 'लोकरंजक' कहानियों को लेकर आये थे। लेकिन प्रेमचन्द बेहद चौंकन्ने कहानीकार थे। सामाजिक सन्दर्भों में क्रमशः उन्होंने अपनी कहानियों की परिधि का विस्तार किया। अपने समय की पत्रकारिता से उनका गहरा सम्बन्ध था और उनसे प्राप्त सूचनाओं तथा घटनाओं से भी वे अपनी कहानियों के लिए अनूठी विषय-वस्तु निकाल लिया करते थे, किन्तु उन कहानियों में यह 'पत्रकारिता' कहीं झलकती नहीं थी। वे सिद्धहस्त कहानीकार थे, इसलिए ऐसी सूचनाओं तथा घटनाओं को नाटकीय मोड़ देने में भी वे अत्यन्त कुशल थे। ऐतिहासिक सन्दर्भ में लिखी गयी उनकी कहानी 'शतरंज के खिलाड़ी' ऐसी ही नाटकीयता से भरी हुई कहानी है, किन्तु उसमें भी वे अन्त में वे सूत्रात्मक निष्कर्ष निकालकर कहानी को सरलीकृत कर देते हैं। शायद यह भी समय की माँग थी।

प्रेमचन्द की कहानियाँ 'वर्ग विशेष' तक सीमित नहीं थीं जैसाकि सामान्यतः मान लिया जाता है। वे कृषक, मजदूर और निम्नवर्ग केन्द्रित कहानीकार नहीं थे। वे 'जिन्दगी' के कहानीकार थे और जिन्दगी से स्लाइसें काट-काटकर वे क्रमशः

सम्पूर्ण जीवन को अपनी परिधि में ले लेते हैं। यह कहानी-कला उन्होंने पश्चिम के कहानीकारों से सीखी थी। उसे वे स्वयं स्वीकार करते हैं। गोर्की, चेखव, टॉलस्टॉय, मोपांसा आदि से उन्होंने बहुत कुछ सीखा था। वे जीवन को उसके सम्पूर्ण 'व्यास' और 'बहुरंगेपन' में देखना चाहते थे। इस प्रक्रिया में वे उत्तरोत्तर गतिशील थे। यदि 'कफन' लिखने के कुछ ही दिनों बाद उनका निधन नहीं हो गया होता तो सम्भवतः उनका अगला मुकाम कुछ और होता। और निश्चित रूप से वह अधिक 'व्यापक' और विस्फोटक होता! यदि उनकी कहानियों के बहुरंगेपन को देखना हो तो उनके पात्रों की विशाल वाहिनी को देखना चाहिए। उनमें जितने किसान और मजदूर हैं, उतने ही जमींदार, जागीरदार, बाबू, भिखारी, बड़े घरों की बेटियाँ, विधवाएँ, परित्यक्ताएँ, मातृहीन बालक, जिज्ञासु किशोर, बूढ़ी स्त्रियाँ और बूढ़े आदमी हैं। उनके पात्रों को 'टाइप के रूप में नहीं देखा जा सकता। 'ईदगाह', कहानी का बच्चा, 'गृहदाह' का किशोर 'बड़े भाई साहब' के किशोर से अलग है।

लेकिन उनकी प्रायः सभी कहानियाँ सूत्रों से भरी हुई हैं। सूत्रों की बैसाखियों के बिना वे नहीं चलतीं। प्रेमचन्द की कहानियों की यह सूत्र बहुलता खटकती भी हैं, किन्तु ये सूत्र बड़े स्वाभाविक है और जनमानस के अनुकूल पड़नेवाले हैं। स्वयं प्रेमचन्द 'गृहदाह' कहानी में लिखते हैं, 'सत्यप्रकाश अपने सूत्रों की व्याख्या करके मजदूरों को मुग्ध कर देता है।' इसी प्रकार प्रेमचन्द भी अपने सूत्रों से मुग्ध कर देने वाले कहानीकार हैं।

प्रेमचन्द की अपेक्षाकृत कम चर्चित कहानी 'दो कब्रें' हमारे समाज की विडम्बनात्मक स्थिति को स्पष्ट कर देती है। वह स्वयं प्रेमचन्द के समझौतावादी तथा सुधारवादी पहले वाले रूप को तार-तार कर देती है। कहानी के मुख्य पात्र अध्यापक रमेन्द्र भावुकतावश अपनी सामाजिक क्रान्तिकारिता का परिचय देते हुए एक वेश्या की पुत्री 'सुलोचना' से विवाह कर लेते हैं, किन्तु जब उनकी पुत्री के जन्मोत्सव में कोई कुल वधू नहीं पहुँचती और केवल वेश्याओं का एक समूह बधावा लेकर पहुँचता है, तो वे इस अपमान से बौखला उठते हैं। इसके बाद वे जिस गहरे 'आत्मद्वन्द्व' से गुजरते हैं, उसकी अभिव्यक्ति कहानी-कला के सर्वोत्तम उदाहरणों मं से एक है। भारतीय परिवेश में अजनबीपन (एलिएनेस) का अद्वितीय उदाहरण है।

प्रेमचन्द ने अपने समय के लगभग सभी चुनौती भरे सवालों का गहरी रचनात्मकता के साथ साक्षात्कार किया था।

आज हम जिस शोषण तन्त्र की बात करते हैं, प्रेमचन्द ने उसे उसके पूरे सन्दर्भ में समझा था। इसलिए उनके यहाँ 'शोषक' और 'शोषित' के बीच केवल

वर्गीय आधार पर स्थूल विभाजन नहीं है। वहाँ शोषकों के अनेक छोटे-बड़े गिरोह हैं। किसानों और मजदूरों का केवल जमींदार-साहूकार शोषण नहीं करते। शोषक वर्ग के लोग भी एक दूसरे का शोषण करते हैं। इसका परिचय हमें प्रेमचन्द की एक दूसरी कम चर्चित कहानी 'मृतक भोज' में मिलता है जिसमें सेठों का एक समुदाय दूसरे सेठ की विधवा और बच्चों का जिस नृशंसता से शोषण करता है, वह धन-पिशाचों के बीच पारस्परिक शोषण का अप्रतिम उदाहरण है।

सामान्यतः प्रेमचन्द व्यंग्य, विनोद और उत्फुल्लता के कहानीकार माने जाते हैं जो तत्कालीन छायावादी वेदना, पीड़ा और अमूर्त दुख आदि का गान करने वाली रचनाओं के विपरीत जीवन के प्रति एक विधेयात्मक प्रभाव उत्पन्न करता है। इसीलिए प्रगतिशीलों द्वारा उसकी सराहना भी की गयी। किन्तु पहले ही कहा जा चुका है कि प्रेमचन्द एक सर्वांगीण और सम्पूर्ण जीवन के कहानीकार थे, इसीलिए उनकी कुछ कहानियों में समाज के क्रूरतम कृत्यों के इतने दहला देनेवाले दृश्य भी मिलते हैं कि हम उनका वह 'बिम्ब' भूल जाते हैं जो पाठ्य पुस्तकों की कहानियों द्वारा हमारे मन पर अंकित कर दिया गया है। उनकी ऐसी कहानियों में इतनी हत्याएँ, आत्महत्याएँ और अकाल मौतें हैं कि उस पहलू से देखने पर उनका एक सर्वथा नया रूप सामने आता है जो हमें झकझोर कर अनेक नंगे सवालों के सामने खड़ा कर देता है। आखिर यह कौन सी सामाजिक व्यवस्था है जिसमें बच्चे मिठाई या खिलौना न खरीदकर लोहे का चिमटा खरीदने पर मजबूर होते हैं (ईदगाह)? युवती होने से पूर्व ही किशोरियाँ आत्महत्याएँ कर लेती हैं? (मृतक भोज) और मित्र द्वारा किये गये ग़बन का प्रायश्चित उसके मित्र को आत्महत्या के द्वारा चुकाना पड़ता है (प्रायश्चित) जहाँ ईर्ष्या की अग्नि में जलकर जघन्य से जघन्य अपराध करने वालों का हुजूम है और जहाँ 'अहा ग्राम्यजीवन भी क्या है', कहीं नहीं है। स्वयं मनुष्य द्वारा निर्मित समाज का सबसे भीषण रूप वहाँ उपस्थित है जो उसमें अन्तर्निहित किसी गहरी सड़ांध, 'बजबजाहट' और विकृति को व्यक्त करता है। समाज की प्रत्येक इकाई का व्यक्ति इसका शिकार है। प्रेमचन्द ने जिस रचनात्मकता के साथ इस व्यापक विकृति को पहचानकर उसे अर्द्धसामन्ती और अर्द्धपूँजीवादी व्यवस्था से जोड़ते हुए व्यक्त किया है, वह आज कहीं ज्यादा प्रासंगिक हो गया है। प्रेमचन्द की अधिकांश कहानियाँ एक दूसरे से गुँथी हुई हैं और उनमें ऐसी आन्तरिक एकसूत्रता है कि उस समय का पूरा सामाजिक इतिहास उसमें पढ़ा जा सकता है। जैसे 'कफन' कहानी का सूत्र 'सवा सेर गेहूँ' में मिलता है जिसमें वे लिखते हैं 'विप्रजी विप्र से महाजन हुए, शंकर किसान से मजदूर हो गया है।' यही सूत्र गोदान उपन्यास में जाकर अत्यन्त व्यापक फलक पर महाकाव्यात्मक रूप धारण कर लेता है। 'सवा सेर गेहूँ' में जब विप्रजी का ऋण

चुकाए नहीं चुकता और इस सुरसा का मुँह बढ़ता ही जाता है तो वे लिखते हैं 'शंकर उदास और निराश हो गया, पहले तम्बाकू पिया करता था, अब गाँजे और चरस का चस्का लगा लिया। उसे अब रुपये चुकाने की चिन्ता न थी। मानो उसके ऊपर किसी का एक पैसा भी नहीं आता।' यहीं शंकर के भीतर से माधव और घीसू जन्म लेते है। आज 'कफन' कहानी की ऊटपटाँग व्याख्या और 'दलित' सन्दर्भ में उसकी निन्दा करने वालों को उसकी इस 'आधारशिला' को भी देख लेना चाहिए।

प्रेमचन्द की परम्परा में सन् 30 के आसपास लिखनेवालों में भगवतीचरण वर्मा प्रमुख थे। उन्होंने 'दो बाँके', 'मुगलों ने सल्तनत बख्श दी' और 'काली बिल्ली' जैसी सामाजिक व्यंग्य की कहानियों की उस परम्परा की शुरुआत की जिसका विकास आगे चलकर हरिशंकर पारसाईं और श्रीलाल शुक्ल आदि की रचनाओं में हुआ। 'दो बाँके' कहानी बतलाती है कि लखनऊ की नवाबी संस्कृति में 'शतरंज के खिलाड़ी' ही नहीं जन्म लेते, बल्कि 'दो बाँके' जैसे 'वीर' भी जन्म लेते हैं। 'युद्ध' जैसे लखनऊ की संस्कृति में ही नहीं है। 'मुगलों ने सल्तनत बख्श दी' मुगलों की पतनोन्मुख कायर प्रवृत्ति पर करारा प्रहार है और 'काली बिल्ली' हमारी अन्धविश्वास की सामाजिक रूढियों पर।

यह नहीं भूलना चाहिए कि उपरोक्त कहानीकार अपनी कहानियों से हिन्दी साहित्य को समृद्ध कर रहे थे, उन्हीं दिनों बीसवीं सदी का सर्वाधिक महत्त्वपूर्ण साहित्यिक आन्दोलन 'छायावाद' भी फल-फूल रहा था। अपने जन्म के साथ ही छायावाद को जिस तरह अँग्रेज़ी के 'रोमेंटिसिज्म' से नत्थी कर दिया गया (जिसका श्रेय मुख्यत: आचार्य रामचन्द्र शुक्ल को है), उससे 'छायावाद' को रोमेंटिसिज्म का यथार्थ मानने की परम्परा चल पड़ी (जो आज भी यथावत बरकरार है) जिसने छायावाद के सम्बन्ध में ऐसी भ्रान्तियों को जन्म दिया जिसका परिहार आज भी नहीं हो सका है। उन भ्रान्तियों में से एक यह भी है कि छायावाद केवल एक काव्य आन्दोलन था। लेकिन रोमेंटिसिज्म की तरह (इस मामले में जरूर दोनों में समानता देखी जा सकती है) छायावाद भी मूलत: छायावाद के एक विशेष प्रकार के भावबोध (सेंसिबिलिटी) का जो कविता और कथा साहित्य दोनों में प्राय: समान रूप से व्यक्त हुआ। लेकिन किसी कहानीकार को उस प्रकार छायावादी कहानीकार नहीं कहा गया, जिस तरह प्रसाद, पन्त और निराला आदि को छायावादी कवि कहा जाता है। लेकिन यदि निकट से अध्ययन करें तो छायावाद ने अपने समाज के 'गद्य' की भाषा और 'भावबोध' दोनों को समान रूप से प्रभावित किया। किन्तु हिन्दी के कथा-साहित्य को उससे 'बाहर और परे' ही रखा गया। जबकि उस समय के अनेक कहानीकार छायावादी भाषा और भाव-

बोध वाली कहानियाँ लिख रहे थे। कवि जयशंकर प्रसाद मुख्यतः छायावादी भाव-बोध के ही कहानीकार थे। एक प्रकार की वायवीयता, सुदूरपन और स्थूलता का विरोध आदि जो छायावाद की मुख्य विशेषताएँ मानी जाती हैं, उस समय की अनेक कहानियों में (उपन्यासों में भी) देखी जा सकती हैं। यथार्थवादी कहे जाने वाले प्रेमचन्द भी अपनी कहानियों और उपन्यासों में भी शारीरिक सम्बन्धों का चित्रण करने से बचते ही रहे। याद रखना चाहिए कि स्थूल शारीरिक सम्बन्धों से दूरी और दुराव छायावादी दृष्टिकोण की ही विशेषता है जो सम्बन्धों में देह को ले आना उसकी पवित्रता नष्ट कर देना मानता है (इस मामले में यहाँ उदाहरण देना जरूरी नहीं है)। इस वर्जना और निषेध की अर्गला आगे चलकर जैनेन्द्र की कहानी 'एक रात' और उपन्यास 'त्यागपत्र' में ही आकर टूटी। छायावाद को कविता से इस सीमा तक जोड़ दिया गया कि आज कहानी में 'काव्यतत्व' का होना ही निषिद्ध माना जाने लगा है। यद्यपि अज्ञेय ने बहुत पहले ही इस धारणा को निर्मूल सिद्ध कर दिया था। फिर भी आज काव्य विरोधी कथाकार समीक्षक कम नहीं हैं। जबकि अज्ञेय ही नहीं, आज के शीर्षस्थ कहानीकार निर्मल वर्मा और रेणु आदि की कहानियों की सम्पन्नता और समृद्धि उनमें निहित काव्य तत्व के कारण ही बनी हुई है जिसे काव्यात्मकता या गीतितत्त्व कहते हैं, उसे कथा-साहित्य से बहिष्कृत नहीं किया जा सकता। लेकिन यहीं हम जिस समय की छायावादी भाषा की बात कर रहे हैं, अलंकरण का जो अतिरेक था उसने कथा-भाषा को बोझिल ही नहीं, सम्प्रेषण के लिए भी प्रायः असम्भव बना दिया था, जैसे कवि सुमित्रानन्दन पन्त की कथा-नाटिका 'ज्योत्सना' की भाषा।

जयशंकर प्रसाद (1889-1937)

बीसवीं सदी के हिन्दी साहित्यकारों में यदि किसी को वास्तविक अर्थ में बहुमुखी प्रतिभा का धनी कहा जा सकता है तो वे जयशंकर प्रसाद थे। इस मामले में उनकी तुलना केवल रवीन्द्रनाथ ठाकुर से की जा सकती है।

जबकि वास्तविकता तो यह है कि जयशंकर प्रसाद का निधन महज सैंतालीस (47) वर्ष की आयु में हो गया था (1937) जबकि रवीन्द्रनाथ टैगोर 1941 में 80 वर्ष की दीर्घायु प्राप्त कर दिवंगत हुए। इसलिए जहाँ तक साहित्य की विपुलता का प्रश्न है, रवीन्द्रनाथ का साहित्य मात्रा में प्रसाद जी से बहुत अधिक है और वे महान संस्कृतिकर्मी, शिक्षाविद, चित्रकार आदि बहुत कुछ हैं, किन्तु प्रसाद जी महज अड़तालिस वर्ष की आयु में कविता, कहानी, उपन्यास तथा नाटक के क्षेत्र में जैसा और जितना साहित्य देकर गये, वह चमत्कृत करने वाला है।

'कामायनी' जैसा कालजयी महाकाव्य केवल प्रसाद जी ही लिख सकते थे और उनके 'चन्द्रगुप्त', 'स्कन्दगुप्त', 'ध्रुवस्वामिनी' तथा 'अजातशत्रु' जैसे नाटक तो आज भी अप्रतिम हैं। इसके बाद केवल अज्ञेय में ही ऐसी सर्वतोमुखी प्रतिभा लक्षित की जा सकी। किन्तु अज्ञेय ने कोई 'कामायनी' नहीं लिखी।

कहानी के क्षेत्र में प्रसाद जी की महत्ता को इसी आधार पर समझा जा सकता है कि उनके जीवन काल में ही समीक्षकों ने कहानी को दो मुख्य धाराओं में विभाजित करके एक को 'प्रेमचन्द स्कूल' और दूसरी को 'प्रसाद स्कूल' नाम दिया। यद्यपि यह नितान्त निरर्थक किस्म का विभाजन था, किन्तु उससे कहानी में प्रसाद के अवदान के महत्त्व को समझा जा सकता है। यद्यपि प्रसाद जी ने प्रेमचन्द की तरह कोई ढाई-तीन सौ कहानियाँ नहीं लिखीं, उन्होंने कुल 75 कहानियाँ ही लिखीं किन्तु गुणवत्ता में वे प्रेमचन्द की कहानियों से कमतर नहीं सिद्ध होतीं।

यहाँ यह भी ध्यान देने की बात है कि भाषा-शैली और विषय-वस्तु की दृष्टि से प्रेमचन्द और प्रसाद दो ध्रुवों पर खड़े दिखाई देते हैं। प्रेमचन्द की भाषा हिन्दी उर्दू मिश्रित वह भाषा थी जिसे हिन्दुस्तानी कहा जाता है, उनके मुहावरे भी वैसे ही हैं, किन्तु प्रसाद की भाषा संस्कृतनिष्ठ और तत्सम है। उनकी कहानियों के अधिकांश विषय भी प्रेमचन्द की तरह तत्कालीन समसामयिक जीवन से नहीं लिये गये हैं। वे या तो इतिहास या अतीत से लिये गये हैं या प्रसाद जी की अपनी रचनात्मक कल्पना की उपज हैं। वस्तुतः प्रसाद जी ने हिन्दी के कथा-क्षितिज को जो विस्तार दिया, उसे हिन्दी के बहुत लोगों ने नहीं समझा बल्कि कुछ लोगों ने उन्हें साम्प्रदायिक तथा प्रतिक्रियावादी भी करार देने की कोशिश की।

जहाँ तक केवल भाषा का प्रश्न है, प्रसाद जी की संस्कृतनिष्ठ भाषा पंडिताऊ और जड़भाषा नहीं है, बल्कि उन्होंने संस्कृत के पुराने तथा लुप्तप्राय शब्दों को ऐसा संस्कार दिया कि उनमें एक नयी ऊर्जावान रचनात्मक दीप्ति उत्पन्न हो गयी। ऐसा ही उन्होंने अपनी कविताओं और नाटकों के माध्यम से भी किया। वे पुरानी भारतीय संस्कृति के उद्धारक या पुनर्प्रतिष्ठित करने वाले लोगों में नहीं थे। बल्कि वे इतिहास और संस्कृति के अन्वेषी थे। वे अतीत और परम्परा के आलोक में वर्तमान को समकक्ष चाहते थे। उनके नाटकों की लम्बी-लम्बी विश्लेषणपरक भूमिकाओं को देखें तो उसे सहज ही समझा जा सकता है। प्रसाद जी ने अपनी कहानियों में वस्तु और शिल्प सम्बन्धी जितने प्रयोग किये, उतने शायद आगे चलकर अज्ञेय ने भी नहीं किये होंगे। 'स्वर्ग के खंडहर', 'सुनहरा साँप', 'बिसाती', 'आँधी', 'चित्र लिखे पत्थर' आदि कहानियों में उन्होंने शिल्प सम्बन्धी

जो प्रयोग किये। वे हिन्दी कहानी में बहुत आगे की चीज़ थी। उनकी कालजयी कहानी 'आकाश दीप' तो भाषा, शिल्प और वस्तु सभी दृष्टियों से हिन्दी की अप्रतिम कहानी है। उसके शिल्प में कहानी तथा नाट्य शिल्प दोनों का अद्‌भुत समन्वय है। संवादों से कहानी की शुरुआत की हिन्दी में वह पहली कहानी थी। अपनी पूरी संरचना में यह नाट्यशिल्प को जिस तरह समाहित कर लेती है, वह अपने आप में अपूर्व है। इससे कथा-प्रविधि का एक नया रूप सामने आता है। इसके अलावा बिना रूक्ष और नीरस सपाट विवरणात्मक हुए यह कहानी भारतीय संस्कृति की जड़ों में जिस सरस प्रेमाख्यान के माध्यम से प्रवेश करती है उससे यह ऐतिहासिक तथ्य सामने आता है कि प्राचीन भारत के अन्वेषक पर्यटक किस प्रकार समुद्र मार्ग से सुदूर के द्वीपों और उपद्वीपों का अन्वेषण कर वहाँ एक नये जीवन और नयी संस्कृति की स्थापना करते थे। भारतीय नाविक और व्यापारी लोगों ने किस तरह नये-नये द्वीपों जावा, सुमात्रा और बोर्नियो आदि की खोज की होगी, यह कहानी उसका रचनात्मक रूपान्तरण है। नितान्त अन्तरंग और मानवीय सम्बन्धों के कोमल तन्तुओं से बुनी हुई यह कहानी अपनी परिधि का विस्तार करती हुई एक ऐतिहासिक, सांस्कृतिक कहानी बन जाती है।

किन्तु यह कहानी केवल इतनी नहीं है। ऊपर के सारे छिलकों और परतों को उतारकर देखें तो यह अत्यन्त मर्मस्पर्शी प्रेमाख्यान में परिवर्तित हो जाती है। कहानी की नायिका पाती है कि न जाने कैसे अचानक अनजाने वह अपने व्यापारी पिता के हत्यारे एक जलदस्यु से प्यार करने लगी है। वह उसकी हत्या करना चाहती है किन्तु कहती है, 'अंधेर है, जलदस्यु, मैं तुमसे प्यार करती हूँ।' यह मर्मभेदी नाटकीय वाक्य ग्रीक-त्रासदियों की याद दिला देता है जहाँ अधिकांश घटनाएँ नियति की विडम्बनाओं (आइरनी ऑफ फेट) से निर्धारित होती हैं। किन्तु प्रसाद जी ग्रीक त्रासदियों का अनुसरण नहीं करते। वे कहानी का अन्त उसे अपने रंग में रंगकर ही करते हैं। वह उनका अपना रंग क्या है? प्रसाद जी का यह अपना 'रंग' उनका 'विज़न' है जो उनकी कहानियों में ही नहीं उनकी सभी रचनाओं में देखा जा सकता है। समृद्धि, ऐश्वर्य और पद लिप्सा आदि के प्रति उनके मन में नैसर्गिक विरक्ति है। कह सकते हैं कि उनमें एक 'वैराग्य' भाव है जो उनके सभी मुख्य चरित्रों में भी देखा जा सकता है। 'स्कन्दगुप्त' नाटक के प्रारम्भ की पहली ही पंक्ति है, "अधिकार सुख कितना मादक और सारहीन होता है" और 'ममता' कहानी में जब 'ममता' का पिता रोहताशगढ़ किले का किलेदार शेरशाह की तरफ से ममता के लिए उपहार स्वरूप स्वर्ण मुद्राओं से भरा हुआ थाल ले आता है तो वह कहती है, 'इतना स्वर्ण? इसे लेकर मैं क्या करूँगीं?' और वह चुपचाप किले से गायब हो जाती है। ठीक उसी प्रकार 'आकाश द्वीप'

कहानी की नायिका भी उसे नये अन्वेषित द्वीप पर ग्रामीण वासियों के बीच सन्यासिन बनकर रहना पसन्द करती है पर अपने जलदस्यु प्रेमी की रानी बनकर उस द्वीप पर राज करना नहीं चाहती। निराश और हताश प्रेमी अपने साथियों के साथ द्वीप छोड़कर वापस स्वदेश लौट जाता है और अन्त में वह द्वीप के तट पर एक स्तम्भ बनवाकर वहाँ एक आकाशदीप स्थापित कर देती है ताकि उसकी रोशनी में भटके हुए जहाज अपना रास्ता खोज सकें।

उनकी रचनाओं में साम्प्रदायिकता को सूँघने वाले लोगों को उनकी विख्यात कहानी 'स्वर्ग के खंडहर में' के उन तमाम मुस्लिम पात्रों को देखना चाहिए जो समान रूप से एक 'तानाशाह' की कैद में हैं और वह तानाशाह कौन है (या कौन था?) उसे समझने में भूल नहीं करनी चाहिए। 'स्वर्ग के खंडहर' में हिन्दी की पहली फैंटेसी है। इसी तरह उनकी विख्यात कहानी 'गुंडा' तो सीधे-सीधे सत्ता और अपहरण के विरोध की कहानी है। उनकी 'पुरस्कार' कहानी भी सत्ता द्वारा भूमि अपहरण (या 'भूमि अधिग्रहण) के विरोध की कहानी है जो आज के 'भूमि अधिग्रहण' के सन्दर्भ में अधिक मानीखेज और प्रासंगिक हो जाती है।

प्रसाद जी ने कुछ ऐसी यथार्थपरक (यथार्थवादी नहीं) कहानियाँ भी लिखी थीं जिन्हें प्रेमचन्द की कहानियों के समानान्तर रखकर (समकक्ष नहीं) देखा जा सकता है। उनकी 'मधुआ', 'नन्हा जादूगर' और 'विराम चिह्न' आदि कहानियाँ ऐसी ही हैं। 'नन्हा जादूगर' के बालक नायक में जो जिजिविषा है, वह 'ईदगाह' कहानी के बालक में नहीं है। उसके अन्त में तो प्रेमचन्द प्रसाद से कहीं अधिक भावुकताग्रस्त नजर आते हैं।

आज बहुत से लोग प्रसाद की कहानियों की संस्कृतिनिष्ठ शब्दावली से ही बिदकते हैं। उन्हें उनमें प्रयुक्त अलिन्द, कुन्दन, ताम्रवर्णी तरंग, समुद्र सन्तरण द्राक्षा मंडप, वन्य कुसुम की झालरें, चाँदी निर्मित रंगमंच आदि शब्द हास्य के उपादान प्रतीत होते हैं, किन्तु वे यह समझने में असमर्थ हैं कि उन कहानियों के सन्दर्भ-विशेष में वे कितने सार्थक और रचनात्मक 'शब्द बिम्ब' निर्मित करते हैं। अपनी सभी रचनात्मक कृतियों में प्रसाद अपने 'बिम्ब विधान' के कारण अप्रतिम और अद्वितीय हैं। उनके ये शब्द बिम्ब एक नयी अर्थवत्ता से युक्त होकर दमक उठते हैं। दरअसल अपनी सांस्कृतिक सम्पदा के रूप में प्राप्त इन शब्दों की उपेक्षा, अवहेलना या उपहास दरअसल उपनिवेशवादी प्रवृत्ति है। इसी का परिणाम है कि आज प्राय: सभी गद्य विधाओं को अनुवाद की भाषा में लिखा जाने लगा है। बाद के कथाकारों में हजारी प्रसाद द्विवेदी और अज्ञेय जैसे कथाकारों ने इसके महत्त्व को समझा था तथा अपनी रचनाओं में इनका अत्यन्त सार्थक उपयोग किया था। 'वाणभट्ट की आत्मकथा' और अज्ञेय का 'शेखर' जैसी कालजयी

कृतियाँ, इसी का उदाहरण हैं।

प्रसाद की भाषा में जो सांस्कृतिक अनुगूँज है, उसी के अभाव में आज विपन्न और निर्जीव भाषा में कहानियाँ लिखी जा रही हैं। इसी कारण आज भाषा में 'व्यंजना' के अभाव में 'व्यंग्य' से ही अधिक काम लिया जा रहा है। आज की कहानी में 'व्यंग्य' और 'तंजिया अन्दाजों की भरमार है, क्योंकि भाषा को जीवन्त बनाने के लिए और कोई विकल्प नहीं रह गया है। प्रसाद की 'कथा भाषा' को कुछ आलोचक अति अलंकृत और विशेषण बहुल मानते हैं जो सामान्य पाठक तक सम्प्रेषित नहीं हो पाती। किन्तु यह बात उनकी सभी कहानियों पर लागू नहीं होती। उदाहरण के लिए उनकी विख्यात कहानी 'गुंडा' की भाषा को देखें तो वह ठेठ बनारसी ठाठ से भरपूर है, उसमें बनारस की लोक-भाषा का भरपूर उपयोग है। इसी तरह धीसू, मधुआ, छोटा जादूगर, विराम चिह्न आदि की भाषा में शुद्ध देशज शब्द और मुहावरे मिलते हैं। हाँ, जो कहानियाँ ऐतिहासिक तथा सांस्कृतिक पृष्ठभूमि में लिखी गयी हैं, उनकी भाषा परिस्थिति तथा परिवेश के अनुरोध से उसी काल का अनुसरण करती है। इस सन्दर्भ में उनकी सम्प्रेषण क्षमता अत्यन्त प्रखर होकर सामने आयी है।

प्रसाद पृथक-पृथक परिवेश वाली कहानियों में भाषा के ऐसे अनोखे प्रयोग करते हैं कि हम चकित रह जाते हैं। मसलन 'दिव्या' कहानी में वे लिखते हैं, 'आकाश में बादल थे, उनके बीच गोल रुपये के समान चन्द्रमा निकलना चाहता था।' आगे चलकर प्रयोगवादियों ने ऐसे ही प्रयोगों द्वारा भाषा पर नये मुल्लमे चढ़ाने की कोशिश की थी, जबकि प्रसाद जी यह 'मुल्लमा' वर्षों पहले ही चढ़ा चुके थे (यहाँ वे प्रयोगवादियों को भी पीछे छोड़ देते हैं।)।

प्रसाद जी की कथा भाषा इतनी विपुल थी कि उसका अलग भाषा-कोश बनाने की आवश्यकता पड़ी थी। जबकि प्रेमचन्द की कथा-भाषा के बारे में ऐसा नहीं कहा जा सकता। किसी भी साहित्यकार की महत्ता का बहुत बड़ा प्रमाण उसकी भाषा-सम्पदा होती है। इससे वह पुनरावृत्ति-दोष से तो बचता ही है, उसकी भाषा की 'खनक' कभी गायब नहीं होती, न उसके प्रतीकों के देवता कभी कूच कर जाते हैं। यहाँ प्रसाद के महज एक शब्द का उदाहरण देना ही काफी होगा। एक जगह उन्होंने बौद्ध धर्म में प्रयुक्त होनेवाले शब्द-स्तूप का प्रयोग करके उसमें ऐसा प्रतीकार्थ भर दिया है जो अन्यत्र शायद ही कहीं मिले।

प्रसाद की सम्पूर्ण साहित्य विधाओं में (कविता, कहानी, नाटक सभी में) ऐसी परस्पर अनुस्यूतता तथा अन्तःसूत्रता मिलती है, जिससे उनकी सम्पूर्ण जीवन-दृष्टि या मुक्तिबोध के शब्दों में कहें तो उनकी विश्व-दृष्टि का पता चलता है। सम्भवतः अनेक विधाओं में लिखने वाले किसी अन्य हिन्दी साहित्यकार के विषय

में ऐसा नहीं कहा जा सकता। जैसे भगवती चरण वर्मा ने उपन्यास, कहानी, नाटक कविता आदि सभी विधाओं में प्रचुर साहित्य रचना की थी, किन्तु एक सम्पूर्ण जीवन-दर्शन के अभाव में उनमें ऐसी अन्त: एकसूत्रता नहीं मिलती। यही बात शायद अज्ञेय के बारे में भी कही जा सकती है जो अपनी प्रत्येक साहित्य विधा में एक जीवन-दर्शन देने की कोशिश करते हैं, पर प्रत्येक रचना में वे एक पृथक जीवन दर्शन गढ़ने की कोशिश करते हैं, इसीलिए वह कृत्रिम प्रतीत होती है। उनके उपन्यासों के सन्दर्भ में हम यह बात लक्षित कर आये हैं। वस्तुत: प्रसाद के पास एक स्वतन्त्र निजी विज़न या लाइफ विज़न था जिसकी किरणें उनकी प्रत्येक कृति में प्रतिफलित और प्रतिविम्बित होती दिखाई पड़ती हैं। इसी कारण उनकी रचनाओं में एक निरन्तर विकासमान 'कांसिसटेंसी' है जो कई दिशाओं से आकर एक ही लक्ष्य की ओर बढ़ती है। वहाँ प्रत्यक्ष या स्थूल और भौतिक की निस्सारता का बोध तो है ही, एक सीमा के बाद, मनुष्यमात्र की असहायता का बोध भी है (चढ़कर मेरे जीवन रथ पर प्रलय चल रहा अपने पथ पर मैंने निज दुर्बल पदबल से उससे हारी होड़ लगाई')। मनुष्य हमेशा एक हारी होड़ ही लगाता रहा है। पर सिसफस की तरह वह उस चट्टान को लेकर पर्वत शिखर तक पहुँचने का साहस कभी नहीं हारता। मनुष्य की नियति का ऐसा तीव्र और तीक्ष्ण दंश बीसवीं सदी के किसी अन्य हिन्दी साहित्यकार में नहीं मिलता। इसी कारण प्रसाद की कहानियों में एक ट्रैजिक विज़न है, जिसे 'आकाशद्वीप', और 'ममता' से लेकर 'गुंडा' कहानी तक में देखा जा सकता है।

जैनेन्द्र कुमार (1905-1988)

उपन्यासों की तरह ही हिन्दी कहानी में जैनेन्द्र का प्रवेश लगभग एक धूमकेतु की तरह हुआ। यद्यपि जैनेन्द्र की पहचान प्रेमचन्द के उत्तराधिकारी के रूप में बनी और स्वयं प्रेमचन्द ने उन्हें एक उदीयमान नक्षत्र के रूप में प्रस्तुत किया, किन्तु ध्यान देने की बात यह है कि जैनेन्द्र ने हिन्दी कहानी को जो नयी दिशा दी, वह प्रेमचन्द से बिलकुल पृथक पथ की ओर जाती थी। प्रेमचन्द की तरह जैनेन्द्र सतह के यथार्थ के कहानीकार नहीं थे। वे घटनाओं और दृश्यों के नीचे जो प्राय: अलक्षित वास्तविकता होती है, उसका उद्घाटन करते हैं। वे 'यथार्थ' के नहीं, 'वास्तविकता' के कहानीकार हैं। उनका कथा-शिल्प और 'कथा-भाषा' दोनों प्रेमचन्द से भिन्न है। प्रेमचन्द कथा-शिल्प की ओर बहुत अधिक ध्यान नहीं देते, किन्तु जैनेन्द्र शिल्प सजग कहानीकार हैं। कथाशिल्प की दृष्टि से अन्यतम उनकी कहानी 'जाह्नवी'' पर आगे तनिक विस्तार से विचार किया जाएगा।

जैनेन्द्र ने संख्या में प्रेमचन्द के बराबर तो कहानियाँ नहीं लिखीं, किन्तु फिर भी उन्होंने डेढ़ सौ (150) से अधिक कहानियाँ लिखीं जो उनके दस कहानी संग्रहों—'फाँसी', 'अपना-अपना भाग्य', 'नीलम देश की राज्य कन्या', 'जाह्नवी', 'ध्रुवयात्रा', 'साधु की हठ', 'तिरबेनी तथा अन्य कहानियाँ', 'अभागे लोग', 'दो सहेलियाँ' और 'महामहिम' नाम के संग्रहों में संग्रहीत हैं।

उनके पहले कहानी संग्रह 'फाँसी' में सर्वाधिक महत्त्वपूर्ण कहानी 'एक कैदी' है। यह जैनेन्द्र के प्रारम्भिक राजनैतिक जीवन और सम्भवतः जेल के अनुभवों पर आधारित कहानी है। इस कहानी का कथानक मूलतः एक उपन्यास की माँग करता है, जिसे कहानी के कलेवर में सीमित कर दिया गया है। इस कहानी को पढ़कर टॉलस्टॉय के एक संस्मरण की याद आती है जिसमें उन्होंने देखा कि नशे में धुत्त एक औरत नाली के कीचड़ में लिथड़ी हुई पड़ी है और उसका भूख से व्याकुल बच्चा उसके स्तनों को टटोलता हुआ चीख रहा है। टॉलस्टॉय के प्रेमी जैनेन्द्र का ध्यान भी निश्चित रूप से उनके इस कथन की ओर गया होगा और उन्होंने उससे प्रेरणा लेकर यह अद्‌भुत रचना रच दी है। लेकिन उस कहानी में केवल इतना ही नहीं और भी बहुत कुछ है। कहानी इस प्रकार है। कहानी का 'कैदी' एक गढ़वाली सिपाही है जो सिपाहियों की गोली से मरते उस आदमी को देखकर इतना मर्माहत है कि वह अपने अफसर द्वारा गोली चलाने की आज्ञा को अनसुनी करके गोली चलाने से इन्कार कर देता है। यह मार्मिक दृश्य से बच्चे का अब्बा अपलक देख रहा है कि उसका बच्चा उसके सीने निकलते लाल खून के फौव्वारे से खेलता हुआ खुशी से किलकारी ले रहा है। अपने बच्चे की यह मासूम निश्च्छल खुशी देखकर उसका पिता मरते हुए भी परम तुष्ट और प्रसन्न है। गढ़वाली सिपाही का यही जुर्म है और उसी कारण वह अपने अफसर की आज्ञा की अवज्ञा कर देता है। इसीलिए वह 'कैदी' है।

सन् 30 में वस्तुतः कुछ सिपाहियों ने अपने अफसरों की आज्ञा मानने से इंकार कर दिया था। कहानी का दूसरा प्रेरणा स्रोत यह वास्तविक घटना भी है। इस कहानी का 'कैदी' एक विलक्षण पहाड़ी युवक है, जो अपने अफसर की आज्ञा मानने से ही नहीं, बल्कि अपनी गलती मानकर माफी माँगने से भी इंकार कर देता है।

लेकिन जैनेन्द्र ने ज्यादातर कहानियाँ वास्तविक व्यक्तियों को आधार बनाकर नहीं लिखी हैं। उन्हीं के अनुसार पहले उनके मन में कोई विचार या अवधारणा जन्म लेती है, फिर उसी को चरितार्थ करने के लिए वे घटनाओं और चरित्रों की रचना कर लेते हैं, कुछ ऐसा ही वे अपने उपन्यासों में भी करते हैं। किन्तु एक क्षीण-सा ही सही, उदाहरण के लिए कोई वास्तविक व्यक्ति उनके सामने जरूर

होता है।

जैनेन्द्र की जिस एक कहानी ने हिन्दी कहानी में एक सर्वथा नयी प्रविधि का आविष्कार किया, वह उनकी 'जाह्नवी' कहानी थी जो आज भी अपने ढंग की अकेली कहानी है। यह कहानी एक दृश्य से शुरू होती है, लगभग कैमरे की आँख से देखे गये हाथ से। कहानी का 'वाचक' स्वयं लेखक है जो एक दिन अपने घर की खिड़की से देखता है कि सामने की छत पर एक लड़की आती है जिसके हाथ में कुछ रोटियाँ हैं, जिन्हें हवा में हिला-हिलाकर वह चिल्लाती हुई कह रही है— कौवों-कौवों आओ कौवों आओ और न जाने कहाँ से ढेर सारे कौवे आकर पंख फड़फड़ाते हुए उसे घेर लेते हैं और वह रोटियों के टुकड़े उनकी ओर उछालती हुई गा रही है। "कागा सब तन खाइओ, चुन-चुन खइयो माँस, दो नैन मत खाइओ पिया मिलन की आस..." काले-काले बदसूरत कौवों से घिरी हुई वह लकड़ी कहीं खो-सी जाती है। रोटियाँ जब खत्म हो जाती हैं, कौए चले जाते हैं तो वह छत से उतरकर चली जाती है (लेखक को यह पूरा दृश्य अजीब तौर पर आकृष्ट करता है, उसे जिज्ञासा होती है, कौन है यह लड़की? इस तरह की विचित्र हरकत क्यों करती है? क्या वह कुछ विक्षिप्त है? वह पाता है कि यह क्रम लगभग रोज दुहराया जाता है।

बाद में अपने घर में सुनता है कि पड़ोस की एक लड़की जाह्नवी से उसके भतीजे के विवाह की चर्चा चल रही थी। पर वह शायद किसी और से प्रेम करती है और उसने भतीजे को एक चिट्ठी लिखी है। उसने लिखा है कि यदि उसका विवाह उससे होता है तो वह पता नहीं क्या करेगी, लेकिन यदि वह उसे इस बन्धन से मुक्त कर दे तो वह आजीवन उसकी कृतज्ञ रहेगी। कहानी बस इतनी सी है, इसमें कोई घटना नहीं है और न कोई नाटकीय मोड़ है। किन्तु कहानी अपने पीछे ढेर सारे सवाल छोड़ जाती है। लेखक के मन में सवाल उठता है कि क्या रोज-रोज छत पर कौवों को रोटियाँ खिलाने वाली लड़की ही जाह्नवी है। पर लेखक यह नहीं बताता कि वह लड़की जाह्नवी है या नहीं? वह उस लड़की और भतीजे के विवाह के लिए प्रस्तावित लड़की में कोई सम्बन्ध-सूत्र भी नहीं जोड़ता। ये दोनों बातें अलग-अलग ही घटित होती हैं। किन्तु बिना जोड़े ही ये बातें स्वत: एक दूसरे से जुड़ जाती हैं और हमारी सामाजिक व्यवस्था पर ही कई सवाल उठा देती हैं। हमारे यहाँ लड़कियाँ किसी भी व्यक्ति से ब्याह दी जाती हैं, भले ही उनका स्नेह-सम्बन्ध किसी और से हो। यदि वे किसी भी रूप में इसका प्रतिरोध करती हैं (जैसा कि इस कहानी में होता है) तो उन्हें दुश्चरित्र या चरित्रहीन घोषित कर दिया जाता है। यही नहीं, ऐसी लड़की एक प्रकार की मानसिक विक्षिप्तता का शिकार भी हो जाती है और वह ऐसी ही हरकतें

करती है, जैसा कि इस कहानी में छत वाली लड़की करती है। किन्तु यह मानसिक विक्षिप्तता भी बड़ी मानी खेज है। वह कौवों से यह तो कहती है कि वे उसके सारे शरीर का माँस नोच-नोच कर (चुन-चुनकर) खा जाएँ, पर उसकी आँखों को छोड़ दें जिनमें उसने अपने प्रियतम से मिलने की आस लगा रखी है। अब सवाल यह उठता है कि ये कौवे कौन हैं? क्या किसी प्रतीक विशेष के रूप में उनका इस्तेमाल किया गया है? क्या ये हमारे समाज के व्यक्ति तो नहीं हैं जो लगातार स्त्री, युवती और कन्याओं के साथ ऐसा ही सलूक कर रहे हैं? आज के सन्दर्भ में देखें तो यह कहानी और भी प्रासंगिक हो जाती है जहाँ रोज-बरोज 'ऑनर किलिंग' (इज्जत के लिए हत्या) के नाम पर उन कन्याओं या प्रेमियों की हत्या कर दी जाती है जो अपना जीवन-साथी स्वयं चुनना चाहते हैं? इस सामान्य-सी दीखने वाली कहानी के अनेक अर्थ-स्तर खुलते जाते हैं और शायद इस कहानी की व्याख्या और दूर तक अनेक रूपों में की जा सकती है। जहाँ तक कौवों की प्रतीकात्मकता का प्रश्न है, अधिक आधुनिक और समकालीन कहानीकार निर्मल वर्मा ने अपनी एक चर्चित कहानी 'कौवे और कालापानी' में भी कौवों का प्रतीक रूप में प्रयोग किया है, किन्तु उनकी प्रतीकात्मकता अलग किस्म की है, वे किसी आध्यात्मिक अर्थ में रूढ़ कर दिये गये हैं, अधिक अमूर्तन के साथ जो भी हो, निश्चित रूप से 'जाह्नवी' एक अद्वितीय तथा 'कालजयी' कहानी है।

किन्तु जैनेन्द्र की वास्तविक अर्थों में क्रान्तिकारी कहानी 'एक रात' है जिसमें जैनेन्द्र ने एक 'नयी नैतिकता' तथा 'नयी नारी' की अपनी अवधारणा को चरितार्थ किया है। हिन्दी कहानी में पहली बार इसमें 'शरीर सम्बन्ध' को स्पष्ट रूप से चिन्हित ही नहीं किया गया है, बल्कि उसे खुली स्वीकृति भी दी गयी है। कुछ लोगों को यह देहवादी तथा 'भोगवादी' कहानी भी लग सकती है, किन्तु जैनेन्द्र ने शिल्प की जिस 'युक्ति' से इस कहानी को बुना है यदि उसके 'मर्म' को समझा जाएगा तो शायद ऐसा नहीं लगेगा। यद्यपि जैनेन्द्र अपने को कथा-शिल्पी नहीं मानते, किन्तु उन्होंने कहानी के शिल्प पर पर्याप्त लिखा है। एक जगह अपनी रचना-प्रक्रिया के बारे में वे लिखते हैं, 'मैंने जगह-जगह कहानी के तार की कड़ियाँ तोड़ दी हैं। वहाँ पाठक को थोड़ा कूदना पड़ता है....कहीं एक साधारण से भाव के वर्णन से फुला दिया है और कहीं-कहीं लम्बी (गैप) छोड़ दी गयी है, कहीं बारीकी से बुना गया है तो कहीं तीक्ष्ण और भागती हुई गति से। यह सब चित्र में खूबी और असलियत लाने के लिए जरूरी जान पड़ता है।' वे यह भी मानते हैं कि कथा का शिल्प और उसका भावबोध, दोनों एक दूसरे से संयुक्त होकर साथ-साथ चलते हैं, 'कथा का आत्म-निर्माण अर्थात आन्तरिक भावबोध

और कथा का बाह्य कलेवर, दोनों युगपत साथ चलते हैं। इसमें आगे पीछे चलने से उलझन हो जाती है।'

'एक रात' की कथा-वस्तु दरअसल, बड़े कलेवर की माँग करती है। किन्तु जैनेन्द्र ने कहानी को बिखरने की आशंका से कथा को कम्प्रेस कर दिया है जिससे कहानी में एक विशेष प्रकार का आन्तरिक तनाव उत्पन्न हो गया है, यानी कहानी का तीन चौथाई हिस्सा अतीत में दबा दिया गया है और उसे केवल संकेतों से ही सामने लाया गया है। उसका एक चौथाई हिस्सा ही सामने है और वही कहानी है। कहानी एक युवा नेता की है जिसे उसकी पार्टी के कुछ कार्यकर्ता समीप के ही अपने गाँव में भाषण देने के लिए आमन्त्रित करने आये हैं। गाँव का नाम सुनते ही कुछ झंकृत होता है। यहाँ भी संकेतों के द्वारा ही यह बताया जाता है कि कभी वहीं से (शायद इसी गाँव से) उसके लिए विवाह के लिए प्रस्ताव आया था और शायद तय भी हो गया था, किन्तु अपने को देश के लिए अर्पित कर देने के कारण उसने अस्वीकार कर दिया था। वह तत्काल अपना निर्णय सुना देता है कि वह उस गाँव में नहीं जाएगा, उसे और भी कई जरूरी काम हैं, वह अति व्यस्त है आदि, पर साथ ही वह यह भी कह देता है कि देखिये यदि सम्भव होगा तो मैं स्वयं ही आ जाऊँगा, पर मेरी प्रतीक्षा करने की जरूरत नहीं है।

लेकिन काफी उधेड़-बुन के बाद वह उस गाँव में आयोजित सभा में अचानक पहुँच जाता है और लोग बड़े उत्साह के साथ उसका स्वागत-सत्कार करते हैं। एक सुन्दर युवती उसे माला पहनाती है और एक फ्रेम में मढ़ा हुआ सम्मानपत्र भेट करके उसका अभिनन्दन करती है। उधर युवा नेता विचलित है, उसके मन में गहरा अन्तर्द्वन्द्व चल रहा है। वह अन्तर्द्वन्द्व क्या है, उसे नहीं बताया जाता, वह केवल कहानी में आगे वर्णित स्थितियों से ही व्यक्त हो पाता है। सभा समाप्त होते ही युवा नेता कहता है कि उसे रात की ट्रेन से ही लौट जाना है और वह अकेला ही स्टेशन की ओर चल दता है।

उसके बाद कहानी में युवती के घर का दृश्य दिखाया जाता है। वह विवाहिता है पर अचानक वह उस रात अपने पति से कहती है कि वह 'पतिव्रता' नहीं है, उसने पति के साथ धोखा किया है, उसने कभी पूर्णत: उन्हें अपने को समर्पित नहीं किया। वह चोर है, वह घर से निकाल दिये जाने योग्य है। इसके बाद वह पति के पैर छूकर घर से बाहर निकल जाती है। बाहर तूफानी रात है, बारिश हो रही है, ओले पड़ रहे हैं। तभी उसे रास्ते में युवा नेता (जयराज) मिल जाता है, वह उसके साथ हो लेती है। जयराज भी कुछ नहीं पूछता कि वह कौन है (क्या वह जानता है कि वह कौन है?)...उस रात वह सूने प्लेटफार्म की बेंच पर जयराज के प्रति समर्पित हो जाती है। यह पूरा 'संभोग दृश्य' बड़े

कवित्वपूर्ण ऐंद्रिकता के साथ चित्रित किया जाता है, किन्तु इसमें किसी प्रकार की अश्लीलता नहीं है।

यहाँ भी जैनेन्द्र 'जाह्नवी' वाला कथा शिल्प ही इस्तेमाल करते हैं। वे कहीं यह नहीं बताते कि यही औरत सुदर्शना जयराज की पूर्व मंगेतर थी जिससे सगाई स्वयं जयराज ने तोड़ दी थी और जयराज उस गाँव—हरीपुर का नाम सुनते ही जान जाता है कि यह वही गाँव है, जहाँ उसकी सगाई हुई थी। यही नहीं जब सुदर्शन उसका स्वागत करती हुई उसके गले में माला डालकर स्वागत गान गाती है, तब ही वह पहचान जाता है कि यह 'सुदर्शना' कौन है, इसलिए वह जल्दी से जल्दी वहाँ से भाग जाना चाहता है, पर होना कुछ और था। उधर जयराज को देखते ही सुदर्शन भी जान जाती है कि उसका वास्तविक आराध्य तो यही है जिसके प्रति वह 'मनसा' पूर्णतः समर्पित हो चुकी थी और आज भी है। उसी कारण अपना विवाह उसे झूठा लगता है। उसे यह भी लगता है कि अब उसे पति के सम्मुख स्वीकार कर लेना चाहिए कि वह उसकी 'अनुगता' है, पर समर्पिता नहीं है और वह एक झटके से उस झूठे वैवाहिक बन्धन को तोड़कर चल देती है।

इस प्रकार हम देखते हैं कि जैनेन्द्र इस कहानी के द्वारा 'विवाह' और 'नैतिकता' के परम्परागत और रूढ़िबद्ध ढाँचे को भी तोड़ डालते हैं। उसे वे विवाहेत्तर प्रेम भी नहीं, बल्कि इसी को वास्तविक विवाह मानते हैं। इसी कारण जयराज से उसका शारीरिक सम्बन्ध दिखलाना उन्हें अभीष्ट था क्योंकि बिना शरीर के वह विवाह-सम्बन्ध पूर्ण नहीं होता। पर अन्त में जैनेन्द्र कहानी में फिर एक मोड़ उत्पन्न करते हैं। शायद वे यह भी नहीं मानते कि विवाह में साथ रहना अनिवार्य है या शायद वह नहीं चाहते कि जयराज अपने देश की सेवा के व्रत से विरत होकर सामान्य दाम्पत्य-जीवन व्यतीत करे। इसीलिए वे यह दिखाकर कि सुदर्शन का 'समर्पण' यहाँ पूर्ण हो जाता है और इस रात के बाद सुबह होते ही वह जयराज को प्रणाम कर एक अनजाने रास्ते की ओर अकेली ही चल पड़ती है।

जैनेन्द्र ऐसे ही अनोखे 'कथा-पथ' के अन्वेषक हैं। कह सकते हैं कि यह उनका अपना जीवन-दर्शन है जिसे वे अपनी कहानियों के माध्यम से व्यक्त करते हैं, यानी कहानी के पात्र और स्थितियाँ महज उस 'जीवन दर्शन' पहरावे या ढाँचा मात्र हैं, उस चौखटे के भीतर वे वही तस्वीर बनाते हैं जो एक अवधारणा के रूप में उनके मन से पहले से ही अवस्थित थी।

'एक रात' कहानी से बिलकुल भिन्न जैनेन्द्र की एक कहानी 'पत्नी' है जो उनकी सबसे सहज, आत्मीय और अनायास ऐसी कहानी बन गयी है जिसमें भारतीय पत्नी का परम्परागत किन्तु सहज, स्वाभाविक अर्द्धांगिनी-सा रूप सामने

आता है। यह मर्मस्पर्शी कहानी है जिसमें पत्नी एक सीधी, सुन्दरी 'गृहणी' मात्र है, वह विदुषी नहीं है, बौद्धिक भी नहीं है। वह पति के प्रति समर्पित और अनुगता है। वह जानती है कि पति एक प्रखर राजनेता और विचारक है, उसकी बुद्धि की पहुँच वहाँ तक नहीं है, किन्तु वह एक साये की तरह उनके साथ रहना चाहती है क्योंकि एक पत्नी के रूप में वह उनसे अविच्छिन्न है। आज कुछ लोगों को यह कहानी पुरुष-प्रधान समाज में उसके वर्चस्व का ही एक उदाहरण लगेगी जहाँ पत्नी हमेशा पति के पीछे-पीछे चलने वाली सहचरी न होकर, अनुचरी लगे। किन्तु इस कहानी में पत्नी की मानसिकता को इतनी मार्मिक स्वाभाविकता के साथ प्रस्तुत किया गया है कि न उसे छद्म माना जा सकता है, न कोई आडम्बर या महज ओढ़ाया हुआ आवरण। कहानी इस प्रकार है, कहानी कालिन्दी नामक युवक और उसकी पत्नी सुनंदा के बारे में है। सामान्य मध्यवर्गीय भारतीय परिवार की गृहणियों की तरह सुनंदा भी कम पढ़ी-लिखी, भली और भोली युवती है। उसका एकमात्र बच्चा शैशव काल में ही अकाल काल-कवलित हो गया था, पति ज्यादातर बाहर रहते थे। अकेले में उसका मन घुटता था, दिन काटे नहीं कटते थे। कहानी उसकी इसी मनःस्थिति से शुरू होती है। रात बहुत हो गयी है। वह चूल्हा जलाकर देर से बैठी है कि पति आयें तो गरम-गरम रोटियाँ सेंककर उन्हें दे। सुबह के गये हैं, भूखे होंगे, लेकिन जब बहुत देर हो जाती है और पति नहीं आते तो वह हारकर तवा चूल्हे पर रख देती है। तभी सीढ़ियों पर आहट होती है। पता चलता है पति अपने तीन और मित्रों के साथ आये हैं। पति आकर कहते हैं कि सबके लिए खाना चाहिए, बन सकेगा? वह कुछ नहीं बोलती। मुँह फेर कर बैठ जाती है। जब वह कुछ नहीं बोलती तो वे झल्लाकर बाहर चले जाते हैं और मित्रों से कहते हैं कि पत्नी की तबीयत कुछ खराब है। घर में खाना नहीं है, कहीं बाहर चलकर खाएँ। तभी पत्नी एक बड़े थाल में चार लोगों के लिए खाना लेकर आती है और चार गिलासों में पानी। पति और अधिक नाराज होते हैं, पर वह फिर भी कुछ नहीं बोलती। दरअसल, उसे इस बात का मलाल है कि पति उससे बेगानों की तरह क्यों बात कर रहे हैं, अधिकारपूर्वक कहते क्यों नहीं कि खाना बना दो, चार लोग हैं, सभी खाएँगे। बाद में सभी खाने और बहस करने में तल्लीन हो जाते हैं। थोड़ी देर में पति फिर आकर पूछते हैं, कुछ और है? वह फिर कुछ नहीं बोलती। वह पूछते हैं अचार है? वह अचार दे देती है। वे सभी फिर खाने और बहस करने में लीन हो जाते हैं। पत्नी ने अभी तक खुद कुछ नहीं खाया है। पर वह दरवाजे के पीछे खड़ी रहती है कि शायद पति कुछ माँगे।

कहानी यहीं खत्म हो जाती है। किन्तु वह भारतीय पत्नी की मानसिकता,

पति के प्रति समर्पण भाव, उनका प्रेम, सानिध्य पाने की चाह, उनका दुख-सुख बाँटने की अभिलाषा और शिक्षा-दीक्षा में उनके बराबर न हो पाने का मलाल आदि जटिल मनोभावनाओं को कहानी के एक छोटे से 'दृश्य' में ही जिस तरह पिरोकर प्रस्तुत कर दिया गया है, उसकी एक झलक मात्र में ही भारतीय पत्नी की पूरी तस्वीर सामने आ जाती है। कहानी की यह सहज मार्मिकता ही उसे एक बेजोड़ कहानी बना देती है।

सामान्यत: जैनेन्द्र की कहानियों में जो एक बौद्धिकता, जटिलता और ऊहापोह होता है, वह इस काहनी में कहीं नहीं है। इसमें न तो कोई कहानी बनाने का प्रयत्न है और न किसी अवधारणा और सिद्धान्त को स्थापित करने की कोशिश।

प्रेमचन्द के विपरीत जैनेन्द्र ने घटनात्मक सत्य और सतह के नीचे जाकर जो एक मनोजगत होता है और जिसका विस्तार और गहराई (व्यापकता और गहराई) बाहरी जगत के विस्तार से कम नहीं होती बल्कि अधिक ही होती है, अथाह तथा अन्तहीन, जैनेन्द्र उसी अथाह और अन्तहीन जगत के कहानीकार हैं। उनमें एक प्रकार की मनोवैज्ञानिकता जरूर है किन्तु वह किताबी और 'एकेडमिक' किस्म की मनोवैज्ञानिकता नहीं है, जैसीकि इलाचन्द्र जोशी आदि की रचनाओं में मिलती है, बल्कि स्वयं जैनेन्द्र के अपने विश्लेषण तथा 'मंथन' से उपजी मनोवैज्ञानिकता है। इसी तरह जैनेन्द्र ने हिन्दी में सबसे पहले 'प्लाटलेस' या 'कथानक विहीन' कहानियाँ लिखने की शुरुआत की। इसके लिए जैनेन्द्र ने जो भाषा प्रयुक्त की वह कहीं-कहीं थोड़ी उलझी हुई जरूर है, और उसका वाक्यविन्यास भी अटपटा सा है किन्तु इसके लिए जैनेन्द्र ने कहीं भी संस्कृतनिष्ठ शब्दावली (प्रसाद की तरह) या मुहावरे दार भाषा (प्रेमचन्द की तरह) का प्रक्षेप नहीं किया, बल्कि एक सहज बोल-चाल की ऐसी भाषाप्रयुक्त की जिसमें संस्कृत की तो क्या, उर्दू का भी शायद ही कोई शब्द मिले। वह कहीं-कहीं बौद्धिक जरूर हो गयी है पर वह केवल विचार के स्तर पर, भाषा और शब्द-स्तर पर नहीं। इस प्रकार जैनेन्द्र ने एक नयी 'कथा-भाषा' भी दी और नया कथा-शिल्प भी।

अज्ञेय (1911-1987)

अज्ञेय के नौ कहानी संग्रह प्रकाशित हैं। 'विपथगा' (1937), 'परम्परा' (1944), 'कोठरी की बात' (1945), 'शरणार्थी' (1948), 'जयदोल', 'अमरवल्लरी और अन्य कहानियाँ' (1954) 'कड़ियाँ और अन्य कहानियाँ' तथा 'ये तेरे प्रतिरूप' (1961)।

उनकी पहली कहानी 'जिज्ञासा' थी जो 1935 में प्रकाशित हुई थी। अन्तिम कहानी थी 'हजामत का साबुन' जो 1959 में लिखी गयी थी। इसके बाद अज्ञेय ने सम्भवतः कोई कहानी नहीं लिखी और उन्होंने प्रायः घोषणा करके कहानी को अलविदा कह दिया।

चूँकि अज्ञेय उन लेखकों में से हैं जो अपनी रचनाओं के बारे में सोचते हैं और अपना मन्तव्य तथा सिद्धान्त स्पष्ट करते चलते हैं। इसलिए पहले यह जानना जरूरी है कि कहानी के बारे में अज्ञेय क्या सोचते हैं यानी वे कहानी को क्या समझते हैं। उसी के आलोक में उनकी कहानियों पर विचार किया जा सकेगा, भले ही उनसे हमेशा सहमत न हुआ जा सके।

कहानी को वे 'एक क्षण का चित्र' कहते हैं लेकिन क्षण की उनकी व्याख्या बड़ी व्यापक है। वह एक काल-खंड भी हो सकता है। एक घटना भी, एक प्रभावी संवाद या डॉयलाग भी, एक मनोदशा भी, वाह्य या अभ्यान्तर की झाँकी भी, एक आकस्मिक उन्मेष, तनाव, सन्त्रास, प्रक्रिया, प्रतिक्रिया कुछ भी। इस प्रकार अज्ञेय ने कहानी को कहा तो 'क्षण-चित्र' है, किन्तु इस क्षण की व्याप्ति असीम है, यानी इस 'बूँद' में ही पूरा 'समुद्र' समाहित है। 'क्षण' और 'बूँद' को लेकर अज्ञेय का अपना जीवनदर्शन है जो उनकी कविताओं, कहानियों और उपन्यासों, सबमें व्याप्त है। इस तरह प्रसाद जी की तरह ही अज्ञेय की भी समस्त रचनाओं में उनका 'जीवन दर्शन' समाहित है और जो उन्हें परस्पर अनुस्यूत करता है, उनमें एक अन्तः एकसूत्रता है। यहाँ अज्ञेय ने 'क्षण' के बहाने या क्षण के माध्यम से कहानी के जितने रूप या चित्र बताये हैं, उनकी कहानियों में प्रायः वे सभी देखे जा सकते हैं। आगे हम उनकी प्रतिनिधि कहानियों के विश्लेषण में उनकी इस अनेकरूपता को देखेंगे।

अपने एक कहानी-संग्रह 'जयदोल' की 'भूमिका' में अज्ञेय ने कहानी को एक दौड़ती लहर का गतिचित्र कहा है। यह शायद कहानी की ज्यादा सम्यक परिभाषा है—'लहर' यानी 'नदी' या 'समुद्र' की एक लहर। पूरा समुद्र या पूरी 'नदी' नहीं। फिर भी 'नदी' और 'समुद्र' दोनों उसमें शामिल हैं क्योंकि यह लहर उन्हीं की है, उन्हीं में से उठी है। पश्चिम के लोगों ने कहानी को 'स्लाइस ऑफ लाइफ' कहा है यानी पूरे जीवन से निकाला गया एक 'अंश', पूरा जीवन नहीं।

यह तो हुई कहानी की परिभाषा, यानी कहानी होती क्या है। अब सवाल उठता है कि कहानी करती क्या है? यानी वह जीवन को या उसके एक अंश को किस रूप में प्रस्तुत करती है। यानी कहानी का कार्य क्या है? इस प्रश्न को लेकर अज्ञेय काफी 'बहस' की मुद्रा में हैं, क्योंकि प्रेमचन्द के समय से ही स्वयं

प्रेमचन्द ने और उससे अधिक हिन्दी के प्रगतिशील समीक्षकों ने केवल कहानी का ही नहीं, पूरे साहित्यमात्र का उद्देश्य यथार्थ का चित्रण या जीवन की 'वास्तविकता' की अभिव्यक्ति मानना शुरू कर दिया था। हालाँकि यहाँ भी 'यथार्थ' और 'वास्तविकता' को एक नहीं मानना चाहिए। बहरहाल यहाँ यथार्थ को लेकर ही अज्ञेय का मतभेद है। उनके लिए यथार्थ कुछ और है तथा उनकी यथार्थ की परिभाषा भी कुछ और है। हालाँकि इसकी चर्चा 'आलोचना' वाले प्रकरण में करनी चाहिए पर चूँकि इसका सीधा सम्बन्ध उनकी कहानियों से है, इसलिए उनकी बात पर गौर करना जरूरी है। वे लिखते हैं, 'यथार्थ=यथा+अर्थ। जो अर्थ है उसे यथावत प्रस्तुत करना (देखना, पहचानना, सम्प्रेषित करना आदि).... यथास्थिति जानते हैं? क्या घटनाओं के कोई अर्थ भी होते हैं? या अर्थ हम देते हैं? 'हम कौन हैं?' अगर हम उसे अर्थ देते हैं तो वह 'बाहर' से दिया हुआ अर्थ हुआ? वह तब यथार्थ कैसे हुआ? आदि।

अतः अज्ञेय के अनुसार यथार्थ हमेशा अर्थहीन होता है। अपनी यथार्थ की इस परिभाषा को अज्ञेय स्वयं अपनी एक बहुचर्चित कहानी 'पठार का धीरज' के माध्यम से स्पष्ट करते हैं। यहाँ हम भी यथार्थ की इस परिभाषा के माध्यम से या बहाने से इस कहानी की चर्चा करेंगे।

कहानी के प्रारम्भ में वे कुछ दृश्य दिखाते हैं। खंडहर हरियाली, बिखरे पत्थर, इमारतों की बत्तियाँ, और कहते हैं कि ये सब यथार्थ हैं। फिर कहते हैं कि यह पठार का धीरज भरा फैलाव, सन्नाटा, तेज हवा, बादल तीतरों की पुकार... ये सब भी यथार्थ हैं। फिर वे लिखते हैं कि लेकिन यथार्थता (यानी यथार्थ) के कई स्तर हैं। स्थूल वास्तव, सूक्ष्म वास्तव जिसमें हमारे भाव का भी आरोप हो। और क्या और भी कोटियाँ नहीं हैं...।

यह पूरी कहानी 'यथार्थ' की इसी अनेक स्तरीयता को प्रमाणित करने के लिए ही लिखी गयी है। कहानी का कथानक भी जैसे यही प्रमाणित करने के लिए चुना गया है कि केवल स्थूल आँखों से देखा गया 'यथार्थ' ही 'यथार्थ' नहीं होता, बल्कि हमारा जीवन कई स्तरों पर चलता है, हम कई स्तरों पर जीते हैं और ये सभी स्तर अपने आपमें यथार्थ होते हैं। यहाँ तक कि 'भ्रम' या 'विभ्रम' (हैलुसिनेशन) का भी अपना यथार्थ होता है क्योंकि उसके माध्यम से भी जीवन के कई नये अर्थ सामने आते हैं। कहानी 'भ्रम' के इसी यथार्थ को सामने लाती है। कहानी की कथा को सरलीकृत करके कहें तो चाँदनी रात में एक विशाल पठार का दृश्य जिसमें आसपास अनेक ऐतिहासिक खंडहर हैं और बीच में जलकुंड है (सरोवर) और वहाँ आये हुए हैं प्रेमी युग्म किशोर और प्रमिला और अभी जब चाँद निकलेगा तो उसकी रोशनी में उस टूटी हुई 'मेहराब' का आकार 'प्र'

जैसा बन जाएगा। प्रमिला हँसकर कहती है कि अभी दूर जब मोर पुकारेगा तो सुनाई पड़ेगा। वह कह रहा है। किशोर-किशोर और अचानक वहाँ से जुड़ी हुई एक ऐतिहासिक कहानी उसे याद आती है और वह कहती है कि इसी तरह कुँवर राजकुमारी से प्यार करता होगा और रोज़ उससे मिलने कुंड के किनारे आता होगा। तभी एक स्त्री की आवाज आती है। वह कहती है, "नहीं राजकुमार राजकुमारी से प्यार नहीं करता था।" दोनों अचकचाकर पूछते हैं कि तब किससे करता था? स्त्री स्वर कहता है कि अपनी छाया को। छाया को? हाँ, नहीं मानते हो तो स्वयं राजकुमार से पूछ लो। दोनों देखते हैं कि हाथी के आकार की एक विशाल छाया कुंड की ओर बढ़ रही है और उस पर पुरुष के आकार की एक छाया बैठी है। वह राजकुमारी का नाम पुकारती है, 'राजकुमारी हेमा?'

यहाँ यथार्थ के 'स्थूल स्तर' से कूटकर एक दूसरी कहानी—सूक्ष्म स्तर के यथार्थ की चलने लगती है। एक काल्पनिक दृश्य कथा के रूप में राजकुमार और राजकुमारी दोनों साथ-साथ कुंड में तैरने लगते हैं। बातों-बातों में पता चलता है कि राजकुमारी की सगाई हो गयी है। एक दूसरे राजकुमार से। लेकिन मैं तुमसे मिलने फिर भी रोज आती रहूँगी। राजकुमार कहता है कि "नहीं, उस तरह रोज आने-जाने वाली चाँदनी की तरह नहीं, मैं तुम्हें अपनी छाया की 'छाया' की तरह चाहता हूँ।" उसके बाद वह स्त्री स्वर बतलाता है कि मैं तब से रोज़ आती हूँ पर राजकुमार फिर कभी नहीं आया। उसने शायद बाद में उस राज्य पर आक्रमण कर दिया था जिसके राजकुमार से राजकुमारी की शादी होनेवाली थी। किशोर पूछता है कि प्यार तो वह तुमसे ही करता था। स्त्री स्वर कहता है कि करता था, पर मुझसे नहीं, अपनी 'छाया' से। तभी तो वह फिर कभी नहीं आया। फिर वह कहती है कि "प्यार में अधैर्य होता है, वह प्रिय के आसपास एक छायाकृति गढ़ लेता है और उसी को प्यार करने लगता है। मैं खंडहर की जमी हुई चाँदनी हूँ, कुंड की एक विजड़ित लहर हूँ।"

किशोर पूछता है कि "क्या तुम वास्तव नहीं हो?" आवाज कहती है कि 'वास्तव तो मैं हूँ, शायद सभी कुछ वास्तव है लेकिन वास्तविकता के स्तर हैं। धीरज हमें एक साथ ही अनेक स्तरों की चेतना देता है, अधैर्य चेतना का धुँआ है जिससे चेतना का एक-एक स्तर मिटता जाता है, हमारी आँखें कड़वा जाती हैं, हमें कुछ दीखता नहीं।' फिर वह आवाज कहती है कि "कभी पठार के तीतर और मोर कोई और नाम पुकारते थे और अब कोई और..."

फिर हवा का एक झोंका आता है और वे देखते हैं कि वहाँ कोई नहीं है, केवल पठार का सन्नाटा।

और अन्त में कहानी कहती है कि पठार की अपनी वास्तविकता है और

उनकी अपनी वास्तविकता है। दोनों समानान्तर हैं, सहजीवी हैं, संयुक्त हैं, यह बिल्कुल आवश्यक नहीं है कि वास्तविकता के स्तर कहीं भी एक दूसरे को काटें...।''

इसी का अन्त है कि (किशोर और प्रेमिका) दोनों वास्तव में आमने-सामने हैं, छाया किसी के आसपास नहीं है।

इस तरह 'पठार का धीरज' कहानी दो प्रेमकहानियों के माध्यम से 'यथार्थ' या वास्तविकता की व्याख्या करती है। इसमें से एक प्रेम कहानी 'ठोस' या स्थूल स्तर पर वास्तविक है और दूसरी काल्पनिक या महज एक ऐतिहासिक किंवदन्ती मात्र। मगर लेखक बतलाना चाहता है कि दोनों अपनी-अपनी जगह यथार्थ हैं, वास्तविक हैं: दूसरी प्रेम कहानी (काल्पनिक) इस वास्तविकता को साबित करने के लिए लायी गयी है कि 'प्रेम धीरज धैर्य माँगता है,। जहाँ अधैर्य होता है वहाँ प्रेम लुप्त हो जाता है, महज छाया रह जाती है जो वास्तविक नहीं है। राजकुमार में धीरज नहीं, वह वास्तविक राजकुमारी को छोड़कर उस राज्य से लड़ने चला जाता है जहाँ का राजकुमार राजकुमारी को उससे छीनने वाला था। इस प्रकार वह वास्तविक को छोड़कर छाया के पीछे भागा था। इसीलिए राजकुमारी कहती है कि वह मुझे नहीं, अपनी छाया को प्यार करता थां।

यह जटिल कहानी स्वयं कई स्तरों पर चलती है। अज्ञेय इसमें कई तरह के प्रयोग कर डालते हैं। मूल उद्देश्य वास्तविकता या यथार्थ की व्याख्या है पर समानान्तर उद्देश्य है वास्तविक प्रेम की व्याख्या भी, जहाँ कोई छाया नहीं हो, केवल प्रेमी आमने-सामने हों।

इसके अलावा यहाँ पहली बार दुहरे कथानक का प्रयोग किया गया है। दो समानान्तर कथानक पर एक ही उद्देश्य को प्रमाणित करने के लिए।

इस कहानी को एक तरह की 'फैटेंसी' भी कह सकते हैं पर फैटेंसी भी इसी यथार्थ को प्रमाणित करने के लिए ही लायी गयी है। अब तो सभी जानते हैं कि कथा में फैंटेसी का प्रयोग अधिक सार्थक तथा घनीभूत ढंग से यथार्थ को अभिव्यक्ति करने के लिए ही हुआ था। कहानी की यह फैंटेसी भी यही करती है।

निश्चित रूप से अज्ञेय की यह कहानी, हिन्दी को अधिक समृद्ध करती हुई, उसके विकासमार्ग में एक नये 'मील के पत्थर' की स्थापना करती है। इस दृष्टि से यह जैनेन्द्र की 'कहानी' से भी आगे की कहानी है।

पर अज्ञेय की दूसरी कहानी 'रोज़' या 'गैंग्रीन' यथार्थ शायद स्थूल स्तर की कहानी है पर वह कई दृष्टियों से एक सामाजिक चेतना (केवल चेतना नहीं, केवल चेतना अमूर्त होती है) से जुड़कर अधिक मार्मिक तथा एक ट्रेज़िक विडम्बना की ओर संकेत करती है। 'पठार का धीरज' एक 'तात्विक' बोध की कहानी

है, पर 'रोज' कहानी एक सामाजिक बोध की कहानी है। सामान्य जीवन के लिए तात्विक बोध से शायद सामाजिक बोध ज्यादा जरूरी है। 'रोज' कहानी हमारी सामाजिक संरचना की सबसे उपयोगी इकाई 'परिवार' की किसी गहरी विसंगति की ओर बिना किसी घटनात्मक नाटकीयता के बड़े सूक्ष्म ढंग से संकेत मात्र करती है किन्तु यह हल्का सा संकेत एक व्यापक और करुण सच को सामने लाता है खासतौर पर मध्यमवर्गीय पारिवारिक इकाई के सन्दर्भ में।

कहानी इस प्रकार है। कहानी का नायक एक छोटे से पहाड़ी कस्बे में अपनी विवाहिता चचेरी बहन से मिलने जाता है जो उसकी बालसखा भी रही है। घर में घुसते ही उसे महसूस होता है, जैसे वहाँ उदासी और मनहूसियत की छाया मँडरा रही है। छोटा-सा वह घर बिलकुल खाली लग रहा है। उसकी बहन उसे देखकर विस्मय से भर उठती है, वह उससे बैठने को कहती है। उसका एक छोटा सा बच्चा भी है जो दूसरे कमरे में सो रहा है। अचानक उसके रोने की आवाज आती है तो वह जाकर उसे उठा लाती है। भाई पूछता है कि क्यों रो रहा है तो वह विरस भाव से उत्तर देती है कि रोता ही रहता है, रोज ऐसा ही होता है। कहानी में यह 'रोज' शब्द बार-बार दुहराया जाता है। भाई पूछता है कि तुम्हारे पति कब आएँगे तो वह उत्तर देती है आएँगे कोई एक-डेढ़ बजे। वह पूछता है जाते कब हैं तो वह बताती है कि सुबह उठते ही चले जाते हैं, 'रोज़' ऐसा ही होता है, कभी आता है और कभी नहीं। तभी दूर दोपहर के एक बजने की आवाज सुनाई देती है तो वह गहरी साँस लेकर कहती है, एक बज गया। जब भी घड़ी एक घंटा या दो घंटा बीत जाने की सूचना देती है तो वह हमेशा एक गहरे निःश्वास के साथ यही दुहराती है, दो बज गये, तीन बज गये, चार बज गये..." मानो एक-एक पल बड़ी मुश्किल से बीत रहा हो और अभी पहाड़ जैसा पूरा जीवन पड़ा है। उसके पति आते हैं, वे लोग खाना खाते हैं। उनके खाने के बाद वह भी खाती है, तब तक तीन बज चुके हैं। फिर शाम को नल में पानी आता है तो वह बरतन माँजने बैठ जाती है। देर तक बरतनों की घिस-घिस आवाज आती रहती है। फिर उसके पति जो वहाँ सरकारी अस्पताल में डॉक्टर हैं, गैंग्रीन के एक मरीज का ऑपरेशन करने चले जाते हैं। बाद में पता चलता है कि उसकी टाँग ही काट देनी पड़ी। फिर शाम होती है। फिर खाना खाया जाता है। इस बीच बच्चे के रोने की आवाज भी आती रहती है। एक बार वह नींद में पलंग से नीचे भी गिर पड़ता है और जोर से चिल्लाकर रोने लगता है तो भाई घबराकर उसे उठा लेता है और देखने लगता है कि कहीं ज्यादा चोट तो नहीं लगी। पर उसकी माँ कहती है रोज ही गिर पड़ता है।

...कहानी बस इतनी-सी ही है। घटनाविहीन, नीरस-सी, महज एक

दिनचर्या। किन्तु इसके भीतर से ही अनेक सवालों के बड़े-बड़े दायरे बनने लगते हैं। भाई सोचता है, किसी समय की यह अत्यन्त चंचल, शरारती किशोरी असमय ही कितनी थकी-बीमार और भावशून्य युवती में बदल गयी है। मानो वह भी घड़ी की तरह ही एक साथ मशीन बन गयी है जो हर वक्त यही बताती रहती है कि बारह बज गये, एक बज गये, दो बज गये या हर बात पर यही जवाब कि रोज यही होता है।

कथा नायक सोचता है कि क्या यही दाम्पत्य जीवन है। यही परिवार और विवाह नाम की संस्था है जो जीवन को एक मशीन या यन्त्र में बदल देती है? क्या यह कोई जीवन है? जैसे यह पूरा जीवन ही किसी गैंग्रीन में बदल गया हो जिसका कोई इलाज नहीं सिवा इसके कि किसी अंग को ही काट कर फेंक दिया जाय।

पहले यह कहानी 'रोज़' नाम से छपी थी, जो उस युवती का तकियाकलाम बन गया है और जो उस घर की 'एकरसता' तथा घनीभूत ऊब को व्यक्त करता है। बाद में एक दूसरे संग्रह (पठार का धीरज) में आने के बाद इसका शीर्षक 'गैंग्रीन' कर दिया गया जो इसे ऐसा प्रतीक बना देता है कि मानो यह भी समाज में हो जानेवाली गैंग्रीन जैसा नासूर है जिसका इलाज केवल इस अंग-विशेष को ही काट देता है। यहाँ सवाल यह भी उठता है कि लेखक इसे 'गैंग्रीन' बताकर कहना क्या चाहता है? क्या यह कि यह एक बीमारी है जिसका इलाज केवल विवाह बन्धन को तोड़ देना है? विवाहिता युवती को एक वृहत्तर, बेहतर और सार्थक जीवन जीने के लिए इस कैद से छुटकारा दे देना है। मेरा खयाल है कि लेखक इसे 'इतनी डेस्परेट' परिणति तक नहीं पहुँचाना चाहता। केवल निम्न मध्यमवर्गीय पारिवारिक जीवन की विरसता और एकरसता को व्यक्त करना चाहता है। तब शायद 'ग्रैग्रीन' शीर्षक उतना सार्थक नहीं है, बल्कि 'रोज' शीर्षक ही अधिक उपयुक्त है।

जो भी हो, हिन्दी में तब यह दाम्पत्य जीवन की एकरसता और 'ऊब' पर लिखी गयी पहली कहानी रही थी और इसे यह बड़े सहज ढंग से व्यक्त भी कर पाती है। हम देखते हैं कि यह कहानी 'पठार का धीरज' कहानी से बिलकुल दूसरे छोर पर स्थित कहानी हैं, यानी अज्ञेय जितने अमूर्त तथा तात्विक प्रश्नों पर विचार करने वाले कहानीकार हैं, उतने ही ठोस और गहरे सामाजिक सवालों और समस्याओं पर लिखने वाले कहानीकार भी। उनकी कहानियों का क्षेत्रफलक विस्तृत तथा अत्यन्त व्यापक है। उस विविधता पर हम आगे कुछ अन्य कहानियों के सन्दर्भ में विचार करेंगे। हिन्दी के अनेक आलोचकों ने अज्ञेय को मनोवैज्ञानिक कथाकार कहा है। वैसे तो कइयों ने जैनेन्द्र को भी मनोवैज्ञानिक

कथाकार ही माना है, पर प्रेमचन्द या प्रसाद को किसी ने मनोवैज्ञानिक कथाकार नहीं कहा है। सवाल यह है कि यह 'मनोवैज्ञानिक' क्या होता है? दरअसल, मनोविज्ञान तो मन का विज्ञान या शास्त्र है जिसे अँग्रेज़ी में साइकॉलोजी कहा जाता है और जो मानव मन का अध्ययन करनेवाला शास्त्र है। किन्तु साहित्य क्या शास्त्र है? वस्तुत: साहित्य तो मुख्यत: रचनात्मक साहित्य तो 'शास्त्र' का 'निषेध' ही करता है। रचना में यदि शास्त्र आ गया तो वह 'रचना' कैसे हुई? अत: किसी कथाकार को मनोवैज्ञानिक कहना उसकी रचनात्मकता की अवमानना करना है, क्योंकि इसका मतलब होगा कि उसने किसी 'शास्त्र' का अनुसरण करते हुए साहित्य-रचना की है—वह रीतिबद्ध साहित्यकार है। वैसे हिन्दी में ऐसे भी कथाकार हुए हैं जिन्होंने फ्रायड, युंग या एडलर की मनोवैज्ञानिक विश्लेषण पद्धति और उनके सिद्धान्तों का उपयोग करते हुए कहानियाँ या उपन्यास लिखे हैं। इलाचन्द्र जोशी को शायद ऐसा कथाकार कहा जा सकता है। किन्तु जहाँ तक अज्ञेय का प्रश्न है, उन्होंने उस रूप में मनोविज्ञान का उपयोग नहीं किया है। हाँ, उनके विख्यात उपन्यास 'शेखर' के पहले भाग में उन्होंने किशोर 'शेखर' के मन का जो विश्लेषण किया है, उसे मनोवैज्ञानिक विश्लेषण जरूर कहा जा सकता है। किन्तु उनकी कहानियों में मनोविज्ञान का ऐसा सीधा या प्रत्यक्ष उपयोग शायद ही कहीं पाया जाय। वैसे तो हर कथाकार को मानव मन का एक सीमा तक ज्ञान होना ही चाहिए क्योंकि वह व्यापक अर्थ में मानव मन का ही चितेरा होता है और तब प्रेमचन्द और प्रसाद को भी मनोवैज्ञानिक कथाकार कहना चाहिए, खासतौर पर उनकी कहानी में साँप को जिस प्रतीकात्मक अर्थ में प्रयुक्त किया गया है, वह फ्रायडियन मनोविज्ञान की ओर ले जानेवाला है। वैसे अज्ञेय की भी एक कहानी 'साँप' है और उसे देखने वाले एक प्रेमी युगल (युवक-युवती) हैं। लेकिन उसमें महज साँप का सौन्दर्यवर्णन है, एक अत्यन्त काव्यात्मक सौन्दर्य चित्रण। यह बतलाने के लिए कि यह जहरीला, विषैला तथा खतरनाक माना जानेवाला जीव इतना कोमल सुन्दर-रंगीन चमकदार त्वचावाला लयात्मक गति से चलनेवाला प्राणी कितना सुन्दर और आकर्षक होता है। अत: उससे डरकर या डराकर उसकी हत्या कर देना अत्यन्त अमानवीय कार्य है। अत: कहानी में कहीं एक यौन प्रतीक के रूप में उसका उपयोग नहीं मिलता, जबकि प्रसाद जी की कहानी में स्पष्ट रूप से इसकी ओर संकेत है।

अत: कहने का तात्पर्य यह है कि अज्ञेय की कुछ कहानियों में अत्यन्त सूक्ष्मता तथा कलात्मकता के साथ मानव-मन का विश्लेषण किया गया है, किन्तु उनमें किसी मनोवैज्ञानिक सिद्धान्त या पद्धति का अनुसरण नहीं किया गया है। ऐसी ही उनकी एक कहानी है : 'हीलीबोन की बत्तखें।'

अपने शीर्षक से यह कहानी विदेशी प्रतीत होती है क्योंकि 'हीलीबोन' नाम भारतीय नहीं प्रतीत होता। अपनी भाषा, शिल्प और वर्णनशैली में भी यह कहानी इतनी चुस्त-दुरुस्त तथा इतनी सुगठित संरचना वाली कहानी है कि इसे हिन्दी की सुपरिचित कथा-परम्परा से कहीं जोड़कर नहीं देखा जा सकता।

कहानी में 'हीलीबोन' नाम की एक पहाड़ी (असमिया) युवती की मानसिकता-मनोदशा का एक विशेष घटना के माध्यम से जो चित्रण किया गया है वह सचमुच बहुत सूक्ष्म तथा गूढ़ मनोविश्लेषणात्मक दृष्टि का परिचायक है, किन्तु उसे इस रूप में कोई मनोवैज्ञानिक नहीं, बल्कि एक अत्यन्त सजग तथा समर्थ रचनाकार ही देख और पहचान सकता है। 'कहानी' के इस 'सच' को समझने के लिए उसके 'मर्म' तक पहुँचना होगा। संक्षेप में कहानी इस प्रकार है: हीलीबोन नाम की एक पहाड़ी युवती गाँव के अपने छोटे से घर में अकेली रहती है। अपनी जीविका के लिए उसने कुछ बत्तखें पाल रखी हैं जिनके अंडे बेचकर वह अपना भरण-पोषण करती है। कहानी शुरू होती है इस दृश्य से कि एक सुबह जब वह अपने पिछवाड़े बत्तखों के बाड़े में जाती है तो पाती है कि वहाँ कुछ बत्तखों के नुचे हुए पंख बिखरे हैं और फर्श पर गाढ़े-काले जमे हुए खून के थक्के हैं। यह देखकर उसके मुँह से एक चीख निकल जाती है जिसे पास की पहाड़ी पर चढ़ता हुआ एक फौजी अफसर सुनता है और किसी अनहोनी की आशंका से वह अनायास इस अपरिचित घर में घुस जाता है। जब उसे पता चलता है कि कोई भेड़िया अकसर बाड़े में घुसकर दो-एक बत्तखों को मारकर खा जाता है तो वह हीलीबोन से कहता है कि यदि वे इजाजत दें तो वह रात को आकर यहीं रुक जाएगा और घात लगाकर भेड़िये को मार डालेगा। हीलीबोन खुश होकर स्वीकृति दे देती है। रात के तीसरे पहर बन्दूक की आवाज सुनकर उसकी नींद खुल जाती है और वह उठकर देखती है कि पिछले रास्ते पर खून के निशान हैं और फौजी उन निशानों का पीछा करते हुए जा रहा है। वह भी उसके साथ चलने लगती है। कुछ दूर एक माँद में घायल भेड़िया पड़ा हुआ है और मादा भेड़िया उसके जख्मों को चाटकर साफ कर रही है। उसके पास ही दो-तीन छोटे-छोटे बच्चे कुनमुना रहे थे। वह चुपचाप कुछ देर यह दृश्य देखती रहती है। फिर चुपचाप घर लौटकर हँसिए से एक-एक करके सभी बत्तखों के सिर काट देती है। फौजी अफसर जब लौटकर यह दृश्य देखता है तो उसके कन्धे पर हाथ रखकर पूछता है कि आपने यह क्या किया? 'हीलीबोन' तेज थर्राती हुई आवाज में कहती है कि 'दूर हो जाओ हत्यारे!'

...कहानी का यह अन्त चकित और विमूढ़ कर देनेवाला है। अप्रत्याशित तो है ही। किन्तु अन्त इस कहानी को हिन्दी की विरल तथा ऐतिहासिक महत्त्व

की कहानी बना देता है। पाठक के मन में प्रश्न उठ सकता है कि हीलीबोन ने ऐसा क्यों किया? उसने स्वयं भेड़िये को मार डालने के लिए फौजी अफसर से कहा था तब फिर उसके मारे जाने पर वह ऐसी अप्रत्याशित प्रतिक्रिया क्यों करती है?

...उसके इस 'मनोविज्ञान' को समझने के लिए कहानी के उन कुछ विवरणों में जाना होगा कि जिनके माध्यम से लेखक कुछ संकेत-सूत्र बीच-बीच में छोड़ता आया है। एक जगह लिखा जाता है, "लोग कहते थे हीली सुन्दर है, पर स्त्री नहीं है। वह बाँबी क्या जिसमें साँप नहीं बसता?...बिना साँप की बाँबी—अपरूप, अनर्थक मिट्टी का ढूह! यद्यपि वह याद रखना चाहती तो याद करने को बहुत कुछ थे। प्यार उसने पाया था और सोचा भी था कि..."

इस कि...के आगे कुछ नहीं बताया जाता, लेकिन संकेत के रूप में 'हीलीबोन' के बारे में बहुत कुछ कह दिया जाता है। मसलन हीलीबोन सुन्दर है किन्तु स्त्री इसलिए नहीं है कि वह नितान्त एकाकी पुरुष विहीन अविवाहित जीवन व्यतीत कर रही है। यह हीलीबोन के बारे में लोगों की धारणा है। लेकिन हीलीबोन जानती है कि कभी उसने प्यार किया था और एक सामान्य गृहस्थ जीवन जीने को भी सोचा होगा लेकिन..." कहानी में यहाँ भी इस लेकिन के बाद सबकुछ अनुत्तरित छोड़ दिया जाता है। यहाँ केवल कल्पना की जा सकती है कि कोई अनहोनी घटना या दुर्घटना घटी होगी और उसके बाद वह इस प्रकार का अभिशप्त एकाकी जीवन जीने को बाध्य हो गयी होगी। उसके भीतर प्यार का स्त्रीत्व का स्रोत ही मानो सूख गया होगा। अब केवल ये बत्तखें हैं जो उसकी सहेलियाँ हैं। सन्ततियाँ हैं और जीवन-यापन की साधन हैं, उनके अंडों से उसे चार-पाँच रुपये रोज मिल जाते हैं और उसका काम चल जाता है। लेकिन उन्हीं बत्तखों की वह हत्या कर देती है। आखिर क्यों? कहानी यहीं एक अत्यन्त जटिल और गहरी मनोवैज्ञानिक दृष्टि का परिचय देती है। हीलीबोन मातृत्व से वंचित जरूर है, किन्तु मातृव्य का स्रोत उसके भीतर से सूखा नहीं है। कहानी हीलीबोन की बत्तखों की नहीं, स्वयं 'हीलीबोन' की है। फौजी अफसर के साथ भेड़िये की माँद में जाकर देखती है कि उसकी 'बत्तखों' के कारण मृत नर-भड़िये का छोटा सा सुखी परिवार अनाथ और निराश्रित हो गया है, उसके छोटे-छोटे 'दुधमुँहे' बच्चे निराश्रित हो गये हैं तो उसके भीतर मातृत्व और स्त्रीत्व का मानो स्रोत उमड़ पड़ता है। यह उसने क्या किया? और तत्काल प्रतिक्रिया यह होती है कि यह सब उन अभागी बत्तखों के कारण है, न रहेगा बाँस न बजेगी बाँसुरी और वह अपनी उन बत्तखों की हत्या कर देती है तथा फौजी अफसर को 'हत्यारा' कहकर दूर भगा देती है। यहीं 'हीलीबोन' की जटिल मानसिकता का उद्घाटन

होता है। जिसने स्वयं कभी घर-परिवार जाना ही नहीं, उसे एक पशु परिवार की हत्या का इतना गहरा, तीव्र पश्चाताप तथा प्रतिक्रिया में ऐसा चरम प्रतिशोध। बत्तखों की हत्या करके यह प्रतिशोध तो अपने आप से ही लिया जाता है, अपनी ही जीविका के साधनों का विनाश कर दिया जाता है। जबकि हत्यारा फौजी अफसर नहीं 'हत्यारी' तो स्वयं वह है। इस तरह वह दो-दो हत्याओं के लिए जिम्मेदार है।

हीलीबोन के रूप में अज्ञेय ने एक अनोखे चरित्र का निर्माण किया है। हिन्दी कहानी में ऐसा कोई दूसरा चरित्र शायद ही मिले। इस एक अकेली कहानी से शायद सही अर्थों में कहानी में वास्तविक आधुनिकता की शुरुआत होती है। यह केवल इसकी जटिल मनोवैज्ञानिकता के कारण ही नहीं, बल्कि इसमें अज्ञेय ने पहली बार अपनी निजी 'कथाभाषा' का निर्माण भी किया है। इसके पहले अज्ञेय की 'कथाभाषा' तथा शब्द प्रयोगों पर छायावादी भाषा का प्रभाव था। मुख्य रूप से प्रसाद की कथा भाषा का। 'पठार का धीरज' कहानी में एक जगह तो संवाद शैली बिलकुल प्रसाद की ही है। "हेमा...तुम आज उदास क्यों हो? तुम्हारा अंगचालन शिथिल क्यों है?" "नहीं, नहीं, मैं तो बहुत प्रसन्न हूँ। मेरी तो आज सगाई हो गयी है।" "क्या राजकुमारी हेमा—क्या कहती हो तुम?" आदि...यह पूरी संवाद शब्द योजना प्रसाद के नाटकों और कहानियों वाली है।

अज्ञेय ने कुछ कहानियाँ अपने युद्ध के दिनों के अनुभवों पर लिखी हैं (द्वितीय महायुद्ध के दिनों में वे कुछ दिनों के लिए ब्रिटिश फौज में अधिकारी थे) उन कहानियों पर महायुद्ध के दिनों में लिखी जाने वाली अँग्रेज़ी कहानियों और उपन्यासों का प्रभाव है, किन्तु वह प्रभाव केवल वर्णन शैली पर है, 'विषय वस्तु' पर नहीं। केवल 'मेजर चौधरी की वापसी' एक ऐसी कहानी है जिसकी वर्णनशैली ही पश्चिमी कहानियों से प्रभावित नहीं है, बल्कि विषय वस्तु भी डी.एच. लारेंस के विख्यात उपन्यास 'लेडी चैटलीज लवर' की विषयवस्तु से आन्तरिक रूप से प्रभावित है। मेजर चौधरी भी उस उपन्यास के नायक की तरह युद्ध में घायल होकर कमर के नीचे अपंग और नपुंसक हो गया है किन्तु उसे भी कहानी में बड़ी कलात्मक सांकेतिकता के साथ प्रस्तुत किया गया है।

अज्ञेय ने कुछ ठेठ सामाजिक समस्या मूलक कहानियाँ भी लिखी हैं। इन्हीं में से एक कहानी है 'रमन्ते तत्र देवता'। इस कहानी में अज्ञेय ने अत्यन्त व्यंग्यपूर्ण वितृष्णा से हिन्दुओं की इस पाखंडपूर्ण उक्ति पर प्रहार किये हैं कि वे यद्यपि अपने धर्मग्रन्थों में इस बात का प्रचार करते हैं कि जहाँ स्त्रियों की पूजा होती है, वहीं देवता का वास होता है, किन्तु उनका आचरण इसके सर्वथा विपरीत होता है। कहानी में एक हिन्दू युवती दंगों में अपने पति से बिछड़कर एक रात किसी गुरुद्वारे में गुजराती है और दूसरे दिन पनाह देनेवाले सरदार जी के साथ अपने घर पहुँचती

है तो उसका पति उसे घर में यह कहकर घुसने नहीं देता कि वह सारी रात न जाने किसके साथ कहाँ गुजार आयी है। कहानी में एक गहरा सामाजिक व्यंग्य है। सतह के यथार्थ में विश्वास न करने के बावजूद अज्ञेय सामाजिक सच्चाइयों और समस्याओं की अनदेखी नहीं करते।

हिन्दी में यद्यपि देश के विभाजन की त्रासदी से सम्बन्धित बहुत कम कहानियाँ लिखी गयी हैं, किन्तु अज्ञेय ने इस पर कई महत्त्वपूर्ण तथा मार्मिक कहानियाँ लिखी हैं जिनमें सबसे चर्चित कहानी 'शरणदाता' है। इसमें एक सरदार जी अपने मुसलमान मित्र के अनुरोध और आग्रह पर मुहल्ले से सारे हिन्दुओं के चले जाने के बाद भी अकेले छिपकर रह जाने पर अपने घर चले जाएँगे, किन्तु बाद में अपने मुसलमान मित्र को आपदा से बचाने के लिए उनके दूसरे मुसलमान मित्र के एक खाली कमरे में रहने चले जाते हैं जहाँ उन्हें एक दिन पता चलता है कि उन्हें जो खाना दिया गया है, उसमें जहर है, यह बात भी उसी मुसलमान शरणदाता की पुत्री ही रोटी में छिपाकर रखी गयी चिट्ठी में लिखकर उन्हें बता देती है। इस प्रकार उनकी जान बच जाती है और वे किसी प्रकार वहाँ से भाग आते हैं। अज्ञेय मानते हैं कि केवल अपने समय की सीमा में सीमित विषयों पर लिखी गयी कहानियाँ जल्दी ही पुरानी तथा बासी पड़ जाती हैं—वे 'डेटेड' हो जाती हैं इसलिए वे समाज की पहचान से अधिक और आगे बढ़कर 'मानव की पहचान' करानेवाली कहानियाँ लिखना चाहते हैं। जिन्हें वे इन्टरसब्जेक्टिव या अन्तर विषयी कहानियाँ कहते हैं। वे बाह्य यथार्थ के संसार से आगे जो सम्भवतः अधिक विशाल 'आभ्यन्तर-संसार' है, उसको समझने की कोशिश करते हैं जो किसी काल विशेष या समय की सीमा में आबद्ध नहीं होता।

अज्ञेय की 'कथा-भाषा' तथा दृष्टि में एक काव्यात्मकता निहित है, यानी वह निरी गद्यभाषा नहीं है जो उन्होंने समझ-बूझकर उपार्जित की है क्योंकि वे यह भी मानते हैं कि अन्य गुणों से सम्पन्न कहानीकार में 'कवि' दृष्टि भी होनी चाहिए, तभी वह अधिक महत्त्वपूर्ण कहानीकार हो सकता है। यह 'कवित्व' या कविदृष्टि कहानी में अधिक दीर्घायु होने की सम्भावना भरता है। संसार के अनेक महान कहानीकार महान कवि भी रहे हैं, जैसे रवीन्द्रनाथ ठाकुर। कहानी में कवित्व का होना इसलिए भी आवश्यक है क्योंकि यथार्थ इकहरा न होकर बहुस्तरीय, जटिल तथा गुथीला होता है। उसका साक्षात्कार निदर्शन तथा निर्वचन भी एक सूक्ष्मतया जटिल दृष्टि की माँग करता है और कवि दृष्टि ही उसके अन्तर्मन में पहुँचकर ऐसा साक्षात कर सकती है। कवि दृष्टि से देखा गया यथार्थ अधिक गहरे अर्थ में प्रत्यक्ष होता है। कवि-दृष्टि ही यथार्थ की आग से तमतमाई हुई कोर तक पहुँच सकी है।

अज्ञेय मानते हैं कि कला और साहित्य में यथार्थवादी दृष्टि के बाद आधुनिकतावादी दृष्टि आयी। यानी यथार्थवादी दृष्टि आधुनिक नहीं है बल्कि आधुनिकतापूर्व अपेक्षाकृत पुरातन दृष्टि है। अज्ञेय की इस धारणा या स्थापना पर विवाद हो सकता है और विचार किया जा सकता है। बहरहाल यह उनकी धारणा है तथा वे मानते हैं कि कहानी ही नहीं, सारी कलाओं में यथार्थ की नहीं, 'अस्ति' (शायद अस्तित्व) की पहचान की कोशिश की जाती है।

तात्पर्य यह कि उन्होंने अपनी इन्हीं धारणाओं और स्थापनाओं के आधार पर कहानियाँ लिखी हैं जिनका विकास धीरे-धीरे हुआ है। अपनी कथा-विकास यात्रा को स्वयं अज्ञेय ने चार सोपानों में विभाजित किया है। जिसे वे 'खेप' कहते हैं। उनकी पहली खेप की कहानियाँ उनके क्रान्तिकारी जीवन के अनुभवों पर आधारित हैं, उनमें क्रान्तिकारियों की मनोरचना या मानसिकता का विश्लेषण तथा चित्रण किया गया है।

अज्ञेय अपने को मनोवैज्ञानिक यथार्थ का कहानीकार मानते हैं, यानी सबकुछ के बावजूद वे यथार्थ को तो आधार मानते ही हैं पर वह 'मनोजगत' का यथार्थ है। इस पहले खेप की कहानियों में एक आतंकवादी या क्रान्तिकारी के रूप में चार-पाँच वर्षों के बन्दी जीवन के अनुभवों की अभिव्यक्तियाँ हैं।

'दूसरे खेप' की कहानियों में कारागार से बाहर के खुले समाज और उस समाज से मिलने वाले सम्मान और उस 'सम्मान' से होनेवाले मोहभंग का चित्रण किया गया है। अज्ञेय की अधिकांश कहानियाँ इसी दौर की हैं जिनमें अज्ञेय के ही शब्दों में एक व्यंग्य मिश्रित आक्रोश है। इनमें क्रान्तिकारी आन्दोलन का तटस्थ विश्लेषण है तथा हिंसा की उपयोगिता पर प्रश्न उठाये गये हैं। किन्तु इनमें यशपाल की कहानियाँ तथा उपन्यासों की तरह अपने कुछ भूतपूर्व क्रान्तिकारी सहयोगियों का 'पर्दाफाश' नहीं किया गया है, क्योंकि ऐसा करना अज्ञेय को हमेशा 'अश्लील' लगता रहा है। किन्तु क्रान्तिकारी की 'पदच्युति' का वर्णन कुछ कहानियों में अवश्य किया गया है।

जेल के बाहर निकलकर अज्ञेय कुछ दिनों बाद द्वितीय महायुद्ध के दिनों में ब्रिटिश फौज में एक उच्च अधिकारी के रूप में शामिल हो गये थे जो अपने आप में एक विडम्बना थी क्योंकि यह प्रश्न उठता है और उठा भी था कि ब्रिटिश हुकूमत के खिलाफ लड़नेवाला क्रान्तिकारी ब्रिटिश सेना में कैसे शामिल हो गया? इस प्रश्न का उत्तर भी अज्ञेय ने छपाया था (कि वे बाहरी शत्रु से देश की रक्षा करना अपना कर्त्तव्य समझते थे) जो भी हो, इस दौर में अज्ञेय ने अपनी कुछ अत्यन्त महत्त्वपूर्ण कहानियाँ लिखीं, 'हीलीबोन की बत्तखें', 'मेजर चौधरी की वापसी', 'नगा पर्वत की एक घटना' तथा 'जयदोल' आदि। इनमें अज्ञेय ने एक

अत्याधुनिक निजी 'कथा भाषा' भी निर्मित की और एक अत्यन्त चुस्त-दुरुस्त तराशे हुए ऐसे शिल्प का प्रयोग किया जिस पर महायुद्ध के दिनों में लिखी जा रही पश्चिमी कहानियों का अप्रत्यक्ष प्रभाव था। ये सभी कहानियाँ उनके कहानी संग्रह 'जयदोल' में संग्रहीत हैं और अज्ञेय की प्रौढ़तम कहानियाँ हैं (जिनमें) जिनपर से छायावादी 'केंचुल' पूरी तरह उतर चुका है।

'चौथे खेप' में भारत-विभाजन के बाद की कहानियाँ आती हैं जिनमें से कुछ का सम्बन्ध सीधे भारतविभाजन से है, जिनका जिक्र ऊपर किया जा चुका है।

देश के लिए यह संक्रमणकालीन दौर था। एक ओर स्वतन्त्रता का उत्साह और आलोक तथा दूसरी ओर विभाजन की त्रासदी, व्यापक नरसंहार, अमानवीयता और पशुता का क्रूरतम तांडवनृत्य। अज्ञेय के कहानीकार के लिए यह बहुत बड़ी चुनौती तथा स्वयं पंजाबी होने के कारण एक निजी पीड़ा भी थी। इस दौर में लिखी गयी कहानियों को उन्होंने 'आहत मानवीय संवेदना' की कहानियाँ कहा है जिनमें उन्होंने एक विधेयक (पॉजिटिव) रुख अपनाते हुए 'मानवमूल्यों के आग्रह की कहानियाँ' लिखीं। इसे वे मानववाद तथा अपना आदर्शवाद कहते हैं। वे नहीं मानते कि हम (या कोई) पूर्णतः मूल्यरहित समाज में जीते या जी सकते हैं। इसीलिए इन कहानियों में मूल्यरक्षा का प्रयत्न भी है, क्योंकि उनके अनुसार ऐसे दौर में 'मानवता' कलुष के नीचे दबी हुई स्थगित सी होती है, यानी यह नहीं कि मानवता का पूर्णतः विनाश हो चुका होता है और पशुता का साम्राज्य स्थापित हो जाता है।

इस दौर की कहानियों को अज्ञेय की कहानियों का अन्तिम दौर कहा जा सकता है, क्योंकि इसके बाद उन्होंने बहुत कम कहानियाँ लिखीं। 'ये तेरे प्रतिरूप' उनका अन्तिम कहानी संग्रह था और 'हजामत का साबुन' उनकी अन्तिम कहानी थी जो 1959 में लिखी गयी थी।

अज्ञेय स्वयं अपनी कहानी-कला तथा कथासिद्धान्त के बारे में इतने विस्तार, बेबाकी तथा ईमानदारी के साथ लिखते हैं कि इसीलिए ऊपर सामान्यतः उन्हीं के 'कथन' के सन्दर्भ तथा साक्ष्य में उनकी कहानियों का वर्गीकरण तथा विवेचन किया गया है, किन्तु उन पर पड़े प्रभावों (भाषा तथा शिल्प दोनों पर) तथा प्रयोगों का विश्लेषण अलग से करने की आवश्यकता पड़ी तथा उनकी कुछ कहानियों की कलात्मक बारीकियों को भी समझने-समझाने का प्रयास किया गया है। जिनके द्वारा वे हिन्दी कहानी को प्रेमचन्द, प्रसाद तथा जैनेन्द्र से भी कहीं बहुत आगे नहीं तो भी एक बिलकुल 'नयी दिशा' में ले जाते हैं।

इस 'नयी दिशा' को भाषा तथा संवेदना, दोनों स्तरों पर देख सकते हैं। अज्ञेय ने पहली बार हिन्दी कथा-साहित्य में एक विशेष प्रकार के 'कवित्वपूर्ण

गद्य (पोयटिक प्रोज़) का निर्माण किया जिसमें कविता, मनोविज्ञान और वैज्ञानिक पदावली, सबका एक सम्पृक्त रूप प्राप्त होता है। लेकिन भाषा में यह 'परिवर्तन' केवल भाषा का परिवर्तन नहीं होता, बल्कि वह साहित्य सम्बन्धित सम्पूर्ण दृष्टिकोण (आउटलुक) और पूरे भावबोध में परिवर्तन का द्योतक होता है। अज्ञेय इस भाषा के माध्यम से यही परिवर्तन ले आये। हिन्दी आधुनिकतावादी आन्दोलन में इस 'परिवर्तन' की विशेष भूमिका रही है। यही नहीं इस भाषा के द्वारा पहली बार हिन्दी गद्य में अनुभूति की भाषा का प्रवेश होता है। प्रेमचन्द की भाषा घटनाओं की भाषा थी और जैनेन्द्र की भाषा, चिन्तन की भाषा थी। अज्ञेय ने चिन्तन को पिघलाकर उसे अनुभूति की भाषा में परिवर्तितत कर दिया। अनुभूति की इस भाषा में विश्लेषण भी है और बिम्ब-निर्माण क्षमता भी, जिसे हम अज्ञेय के उपन्यासों की भाषा के रूप में देख आये हैं। रोमैंटिक या छायावादी आन्दोलन ने व्यक्ति को केन्द्र बनाया और मनोविज्ञान या मनोविश्लेषण ने व्यक्ति की 'अन्तश्चेतना' को। अज्ञेय यहीं छायावादी भावबोध से निकलकर आधुनिकता की ओर बढ़ते हैं। उनकी अधिकांश कहानियाँ आधुनिकता की ओर बढ़नेवाली कहानियाँ हैं। पूरी तरह आधुनिक नहीं। इसलिए मैंने उन्हें अन्यत्र छायावादी भावबोध और आधुनिक भावबोध के बीच एक 'सेतु' कहा है—स्वयं अज्ञेय ने भी कविता में कहा है कि 'मैं सेतु हूँ'।

संक्षेप में कहें तो अज्ञेय की प्रारम्भिक कहानियाँ किसी भावुक कवि के अवकाश क्षणों की कृतियाँ थीं। 'परम्परा' और 'कोठरी की बात' की अधिकांश कहानियाँ ऐसी ही हैं किन्तु अनुभव के वृत्त तथा व्यक्तित्व विकास के साथ-साथ क्रमशः उनकी कहानियों की रेखाएँ कठोर होती गयीं और भावुक तरलता सूखती गयी। उनके कहानी-संग्रह 'जयदोल' में उनका चरम विकास परिलक्षित होता है जिसकी कुछ कहानियों पर हम ऊपर चर्चा कर आये हैं।

अज्ञेय की कहानियाँ स्थूल अर्थ में सामाजिक से अधिक 'सांस्कृतिक' हैं। उन्होंने स्वयं लिखा भी है कि "साहित्य के प्रश्न को मैं साहित्य या साहित्यालोचन के संकुचित घेरे से बाहर निकालकर उसे एक सांस्कृति विभूति के रूप में दिखाना चाहता हूँ।" इस क्रम में उनकी कुछ कहानियाँ 'पेरेबल्स' और 'फैंटेसी' का रूप भी धारण कर लेती हैं। परम्परा की कहानियों में 'पेरेबल्स' अधिक हैं जबकि 'जयदोल' और 'पठार का धीरज' की कहानियाँ फैंटेसी के अधिक निकट हैं। उनकी प्रारम्भिक कहानियाँ 'शेखर' की ही टुकड़ों-टुकड़ों में लिखी गयी 'कड़ियाँ' (उनके संग्रह का नाम) लगती हैं। उनकी शैली अक्सर वैयक्तिक निबन्धों के निकट आ जाती है।

अज्ञेय की कहानियाँ दो दिशाओं में समानान्तर चलती हैं। एक दिशा की

कहानियों में 'प्रतीक सत्य' और 'काव्यसत्य' की खोज और स्थापना है। 'दूसरी दिशा', 'वस्तुसत्य' और 'सामाजिक सत्य' की ओर जाती है। इन दोनों प्रवृत्तियों का भी चरम रूप 'जयदोल' में प्राप्त होता है। एक ओर 'पठार का धीरज' है तो दूसरी ओर 'रोज' और 'हीलीबोन की बत्तखें'।

इस तरह अज्ञेय अपनी कहानियों में निरन्तर नये-नये शिल्पों तथा कथा प्रविधियों का प्रयोग करते हैं : प्रविधियों का ऐसा विविध प्रयोग हिन्दी के अन्य किसी कथाकार में दिखाई नहीं पड़ता, न आगे आनेवाली 'नयी कहानी' के कहानीकारों में और न साठोत्तरी तथा आज के कहानीकारों में।

यशपाल (1903-1976)

अज्ञेय के आसपास ही उनके क्रान्तिकारी दिनों के सहयोगी यशपाल ने भी कथा-साहित्य में प्रवेश किया था। संख्या की दृष्टि से शायद प्रेमचन्द के बाद सम्भवतः यशपाल ने ही सर्वाधिक कहानियों की रचना की। उनके पन्द्रह कहानी संग्रह हैं : 'पिंजरे की उड़ान' (1939), 'ज्ञानदान' (1943), 'अभिशप्त' (1943), 'तर्क़ का तूफान' (1944), 'भस्मावृत चिनगारी' (1946), 'वो दुनियाँ' (1948), 'फूलों का कुर्ता' (1949), 'धर्मयुद्ध' (1950), 'उत्तराधिकारी' (1951), 'चित्र का शीर्षक' (1951), 'उत्तमी की माँ' (1955), 'तुमने क्यों कहा था मैं सुन्दर हूँ' (1954), 'सच बोलने की भूल' (1962), 'खच्चर और आदमी' (1965) और 'भूख के तीन दिन' (1968)।

यशपाल की पहली कहानी 'भ्रमर' (1924) में प्रकाशित हुई थी और उनका पहला कहानी-संग्रह था—'पिंजड़े की उड़ान'। कुछ लोग उन्हें प्रेमचन्द की परम्परा का सबसे महत्त्वपूर्ण कहानीकार मानते हैं। इसका कारण सम्भवतः उनकी प्रगतिशील चेतना थी और उन्हें प्रगतिशील साहित्य संगठन का संरक्षण प्राप्त था। किन्तु प्रेमचन्द के विपरीत उन्होंने मार्क्सवादी विचारधारा का सीधे-सीधे अपनी कहानियों पर आरोपण किया था। इसके साथ ही उन्होंने परम्परागत रूढ़ियों पर बहुत तीखे तथा व्यंग्यपूर्ण प्रहार किये थे। अपने दौर में वे हिन्दी के सबसे लोकप्रिय कहानीकार थे। किन्तु उन्होंने जैनेन्द्र तथा मुख्यतः अज्ञेय की तरह भाषा तथा शिल्प के कोई विशेष प्रयोग नहीं किये हैं। उनकी अधिकांश कहानियाँ सपाट तथा वर्णनात्मक हैं और उनकी भाषा भी आम फहम और बोलचाल की भाषा है जिसमें कुछ कटु-तिक्त व्यंग्योक्तियाँ जरूर हैं, लेकिन उसमें कोई खास धार नहीं है, और न वे शब्द-प्रयोग के प्रति विशेष सजग और सतर्क हैं।

वस्तुतः यशपाल ने कहानी लेखन का बड़ा 'सरल नुस्खा' प्राप्त कर लिया था जिसका उन्होंने भरपूर उपयोग किया। उन्हें घोषित रूप से मार्क्सवादी होने

का भी भरपूर लाभ मिला। पाँचवे और छठे दशक में लगभग पूरे विश्व में (अमेरिका को छोड़कर) मार्क्सवादी विचारधारा तथा प्रगतिशील साहित्य-संगठनों का प्रभुत्व था जो सोवियत रूस जैसी तब की समानान्तर महाशक्ति के संरक्षण में फलफूल रहा था। दूसरे महायुद्ध के बाद विचारधारा तथा सत्ता के स्तर पर जो ध्रुवीकरण हो रहा था, यशपाल को उसका भी लाभ मिला। जहाँ एक ओर प्रगतिशीलों ने अज्ञेय को अमेरिकी सी.आई.ए. का एजेंट मान लिया था, वहीं यशपाल को क्रान्तिकारी तथा प्रगतिशील शक्तियों को बढ़ावा देनेवाला सशक्त कथाकार।

लेकिन वास्तविकता क्या थी और यशपाल किस कोटि के कथाकार थे, यह उनकी कुछ प्रतिनिधि तथा प्रसिद्ध कहानियों का विश्लेषण करके ही जाना जा सकता है। यशपाल जहाँ एक ओर मार्क्सवाद के प्रबल समर्थक थे तो दूसरी ओर गाँधीवाद के प्रखर विरोधी। उन्होंने 'गाँधीवाद की शवपरीक्षा' नामक पुस्तक भी लिखी थी जिसमें गाँधीवाद का भौंडा तथा थोथा मखौल है। अपनी एक प्रसिद्ध कहानी 'धर्मयुद्ध' में भी उन्होंने गाँधीवादी अहिंसा और अनशनवाली प्रकृति का मखौल ही उड़ाया है। कहानी के नायक का परिचय लेखक श्री कन्हैयालाल कहकर देता है, इसमें 'श्री' विशेषण इस बात का द्योतक है कि इन्हें आगे चलकर व्यंग्यबाणों से बींधा जानेवाला है। उनके बारे में बताया जाता है कि उनका वेतन तो सौ-सवा सौ ही है, किन्तु उनके रहन-सहन में बेहद शाहखर्ची है। वे जिस चपरासी से पान-सिगरेट आदि मँगाते हैं, उसे 'टिप' देना कभी नहीं भूलते। अपने घर आनेवालों का वे चाय, शर्बत तथा जलपान आदि से स्वागत करते हैं। बाद में यह भी बताया जाता है कि कुछ खास मेहमानों का स्वागत वे 'ए डैश ऑफ ह्विस्की' से भी करते हैं। इसके अलावा उनकी बैठक में दिनोंदिन सोफों, मेजों पर्दों तथा कालीनों की वृद्धि होती रहती है (यानी कहानी में पहले से ही इन ब्योरों के द्वारा संकेत किया जाता है कि आखिर इन सबके लिए पैसे आते कहाँ से होंगे, यह पाठक सहज ही जान लें।) कहानी का चरम दृश्य वह है जब श्री कन्हैयालाल के यहाँ एक ऐतिहासिक 'शराब की दावत' होती है जिस पर उनकी माँ को आपत्ति होती है और वह अतिथियों को कुछ भलाबुरा भी कह देती है। इसकी प्रतिक्रिया में श्री कन्हैयालाल अपने अतिथियों के अपमान का बदला चुकाने के लिए धर्मयुद्ध छेड़ देते हैं यानी हड़ताल कर देते हैं। कहानी का यह अन्त हड़ताल पर थोथा व्यंग्य है। यह कहानी को भी कमजोर कर देता है। इसके बदले में यशपाल यही उद्घाटित कर देते कि सौ-सवा सौ रुपये वेतन पानेवाले 'बाबू' के पास 'शानो शौकत के लिए पैसे आते कहाँ से हैं—जैसा कि मोहन राकेश ने अपनी एक श्रेष्ठ कहानी 'घर का आखिरी सामान' में किया है,

तो 'धर्मयुद्ध' भी एक महत्त्वपूर्ण कहानी बन सकी होती, पर यशपाल को तो महज गाँधीवादी धर्मयुद्ध पर व्यंग्य करना था, उनका ध्यान कहानी और 'कथ्य' पर कहाँ था? अत: 'धर्मयुद्ध' एक कमजोर कहानी ही सिद्ध होती है।

दरअसल यशपाल अपने मन में कहानी के आरम्भ और अन्त का एक खास खाका पहले से ही बना लेते थे, यानी तय कर लेते थे कि कहानी को क्या और कैसी होना है और 'कहानी' उसी बनी बनाई बिछी हुई पटटी पर यन्त्रवत दौड़ती हुई अपने गन्तव्य तक पहुँच जाती थी। यानी यशपाल पहले से ही 'रिजाल्व्ड' कहानियाँ लिखते थे। अत: कहानी में रचनात्मकता के लिए कोई 'अवकाश' या स्थान ही नहीं बचता था। किसी रचना का पूरा रूप पहले से ही लेखक के मस्तिष्क में बना बनाया हो तो उसमें न तो कल्पना के लिए कोई जगह बच जाती है और न वह उत्कृष्ट रचना बन पाती है। अत: यशपाल को लोकप्रियता चाहे जितनी मिली हो, उनकी अधिकांश कहानियों को बहुत उत्कृष्ट नहीं कहा जा सकता। वे उतावली में कहानियों की रचना प्रक्रिया पर भी बहुत ध्यान नहीं देते थे, बस अपने तीखे व्यंग्यों और चौंकानेवाले चमत्कारपूर्ण नाटकीय अन्त के कारण ही उनकी कहानियाँ तत्काल हिट हो जाती थीं। उनकी अन्य प्रसिद्ध कहानियाँ 'एक सिगरेट', 'महाराजा का इलाज', 'तुमने क्यों कहा था कि मैं सुन्दर हूँ' और 'फूलो का कुर्ता' आदि भी ऐसी ही कहानियाँ हैं।

यशपाल ने दरअसल तथाकथित मार्क्सवाद और तथाकथित मनोविश्लेषण शास्त्र का सहारा लेकर उनकी 'ब्लेडिंग' से यौन-प्रवृत्तियों तथा यौन-सम्बन्धों से भरपूर कहानियाँ लिखी हैं, जिन्हें नैतिकता के पाखंड का उद्घाटन कहा गया है। अपने पहले उपन्यास 'दादा कामरेड' की भूमिका में स्वयं यशपाल ने इस पर विस्तार से चर्चा की है। जबकि सच्चाई शायद यह है कि उनका मार्क्सवाद उनके स्थूल यौन-चित्रण को ढँकने के लिए था और उसका औचित्य सिद्ध करने के लिए छद्म आवरण का काम करता है।

लेकिन इस सबके बावजूद हिन्दी कहानी के विकास में यशपाल का महत्त्वपूर्ण योगदान है। यह भी सच है कि उनकी कहानियों की परिधि और विस्तार चकित करने वाला है। उन्होंने व्यक्ति, समाज, राजनीति, मनोविज्ञान, पारिवारिक सम्बन्ध, पाखंड और सामाजिक रूढ़ियों आदि से सम्बन्धित जितनी कहानियाँ लिखी हैं, हिन्दी में उतनी और वैसी कहानियाँ, प्रेमचन्द के अतिरिक्त किसी कहानीकार ने नहीं लिखीं। किन्तु परिमाण तथा संख्या बढ़ाने की त्वरा में यशपाल की अनेक कहानियाँ झीनी तथा इकहरी रह गयी हैं। उनमें व्यापकता और विस्तार है, किन्तु कलात्मक सघनता नहीं आ पाई है। फिर भी हिन्दी कहानी में यशपाल एक महत्त्वपूर्ण उपस्थिति हैं।

इलाचन्द्र जोशी (1902–1980)

मनोविश्लेषण शास्त्र की दृष्टि से सम्भवत: इलाचन्द्र जोशी एकमात्र ऐसे कथाकार हैं जिन्होंने मनुष्य के 'अवचेतन' को अपने कथा संसार का आधार बनाया। मनोविश्लेषण शास्त्र के संस्थापक सिगमंड फ्रायड ने मनुष्य के मन को तीन भागों में विभाजित किया है। 1. चेतन, 2. उपचेतन और 3. अवचेतन या अचेतन। उनका मानना है कि मनुष्य के क्रियाकलाप, व्यवहार तथा व्यक्तित्व निर्धारण में उसका अवचेतन ही प्रधान तथा सर्वाधिक महत्त्वपूर्ण भूमिका निभाता है क्योंकि मनुष्य का मन जल से भरे हुए उस सरोवर की तरह है जिसके बीच में गड़े हुए खम्भे का सिर्फ चौथाई भाग ऊपर नजर आता है, बाकी तीन चौथाई हिस्सा जल के भीतर अदृश्य ही रहता है। मनुष्य का चेतनमन भी दिखाई पड़ने वाले 'चौथाई' हिस्से की तरह है, बाकी तीन चौथाई उपचेतन और अवचेतन में अलक्षित रहता है और यह छिपा रहने वाला अवचेतन ही उसके चरित्र तथा व्यवहार की सभी भूमिकाएँ निर्धारित करता है। मनुष्य भ्रमवश या इस तथ्य को न जानने के कारण यह मानकर चलता है कि अपने कार्यों का निर्धारक वह यानी उसका 'चेतनमन' है। उसके इस अवचेतन मन का निर्माण भी धीरे-धीरे और क्रमश: होता है। उनके अनुसार जिन इच्छाओं, प्रवृत्तियों तथा मनोवृत्तियों को हम नैतिक या सामाजिक कारणों से अवदमित कर देते हैं, वे अवचेतन में जाकर संचित हो जाती हैं (कभी-कभी 'ग्रन्थियों' के रूप में) और वहीं से वे चेतनमन के अनजाने ही मनुष्य के समस्त कार्यों का सूत्र संचालन करती रहती हैं।

इलाचन्द्र जोशी का कथा-साहित्य—उपन्यास तथा कहानियाँ दोनों, मनोविज्ञान की इसी प्रयोगशाला में रखकर या रहकर लिखा गया है। इनमें उन्होंने ज्यादातर मनोवैज्ञानिक-ग्रन्थियों का ही अध्ययन और विश्लेषण किया है लेकिन वे फ्रायड के अनुसार निर्धारित किये गये सिद्धान्त यौनभाव या लिबिडो को मनुष्य के कार्यों का केन्द्र नहीं मानते, बल्कि फ्रायड के एक कनिष्ठ सहयोगी एडलर के द्वारा निर्धारित किये गये इस सिद्धान्त को अपनाते हुए प्रतीत होते हैं कि उनकी कहानियों में इसी अहम भाव से प्रेरित प्रेम, अपराध, ईर्ष्या-द्वेष तथा अन्य मनोविकृतियों का चित्रण किया गया है। वे सामान्य के नहीं, असामान्य प्रवृत्तियों के चित्रण के कहानीकार हैं। अज्ञेय भी प्राय: असाधारण चरित्रों की या घटनाओं की रचना करते हैं, पर वे असामान्य (एबनॉरमल) कभी नहीं होते। पर जोशी जी ज्यादातर ऐबनारमल चरित्रों तथा घटनाओं की ही सृष्टि करते हैं।

जोशी जी के कहानी संग्रह है : 'धूपरेखा' (1938), 'दीवाली और होली' (1942), 'रोमांटिक छाया' (1943), 'आहुति' (1945), 'खंडहर की आत्माएँ' (1948), 'डायरी के नीरस पृष्ठ' (1951) और 'कँटीले फूल लजीले काँटे' (1957)।

उपेन्द्रनाथ अश्क (1910–1996)

प्रेमचन्द की भाँति अश्क जी भी पहले उर्दू में कहानियाँ लिखते थे, हिन्दी में बाद में आये। इनके कहानी संग्रह हैं : 'छींटे' (1949), 'सत्तर श्रेष्ठ कहानियाँ', 'पलंग' (1961) और 'आकाशचारी' (1966)। ये यशपाल की भाँति प्रतिबद्ध मार्क्सवादी कथाकार नहीं है किन्तु इन्होंने मध्यमवर्ग तथा निम्नमध्यम वर्ग से सम्बन्धित बहुत यथार्थपूर्ण कहानियाँ लिखी हैं। उर्दू से आने के कारण इनकी कहानियों की भाषा उर्दू भाषा की रवानगी और मुहावरों से भरपूर है, साथ ही उनमें पंजाबी लोक परम्परा की भी छाप है। जीवन की छोटी-छोटी घटनाओं को ये कहानियों में ढाल देने में सिद्धहस्त हैं। इनकी कहानियाँ व्यंग्य-विनोद से भी भरपूर होती हैं। 'डाची', 'पिंजरा', 'गोखुरु' तथा 'नासूर' आदि इनकी चर्चित कहानियाँ हैं। इन पर प्रेमचन्द का प्रभाव तो है किन्तु इनकी कहानियों में व्यक्त जीवन प्रेमचन्द से आगे का है। साथ ही उनमें कहीं कहीं मनोवैज्ञानिक विश्लेषण पद्धति भी अपनाई गयी है।

जैनेन्द्र, अज्ञेय, यशपाल तथा उपेन्द्रनाथ अश्क के अलावा सन् 30 और 50 के आसपास आनेवाली पीढ़ी के अन्य प्रमुख कहानीकार हैं—भगवती चरण वर्मा, भगवती प्रसाद वाजपेयी, विष्णु प्रभाकर, अमृतलाल नागर और द्विजेन्द्रनाथ मिश्र निर्गुण आदि। इनमें विष्णु प्रभाकर द्विजेन्द्रनाथ मिश्र निर्गुण तथा अमृतलाल नागर पाँचवे और छठे दशक तक कहानियाँ लिखते रहे हैं। निर्गुण पर बांग्ला कहानी, मुख्यरूप से शरतचन्द्र के कथा-साहित्य और संवेदना का स्पष्ट प्रभाव था। विष्णु प्रभाकर की कहानियों में भी भावोद्रेक ही प्रधान बना रहता है। इस दृष्टि से इनकी कहानी 'धरती अब भी घूम रही है' विशेष रूप से चर्चित रही है। किन्तु भाषा-शैली और शिल्प की दृष्टि से इनमें से किसी कहानीकार का कोई विशेष योगदान नहीं रहा है।

इसी दौर में कुछ महिला कहानीकारों ने भी घरेलू तथा पारिवारिक जीवन से सम्बन्धित कुछ अत्यन्त मार्मिक तथा आत्मीय ऊष्मा से भरी हुई कहानियाँ लिखीं। इनमें उषादेवी मित्रा (1897-1966), होमवती देवी (1906-50), सत्यवती मलिक तथा कमला चौधरी आदि प्रमुख हैं।

स्वतन्त्रता और उसके बाद

सन् 40 से '50 तक का दशक सामाजिक तथा राजनैतिक स्तर पर हलचलों से भरपूर था। यह घटनाओं, दुर्घटनाओं तथा पूरे विश्व के स्तर पर तेजी से होनेवाले परिवर्तनों का दौर था। इसी बीच दूसरा महायुद्ध शुरू और समाप्त हुआ, अनेक उपनिवेश स्वतन्त्र हुए। भारत को भी स्वतन्त्रता मिली पर साथ ही उसे विभाजन का अभिशाप भी झेलना पड़ा। अतः कह सकते हैं कि भारत को इस 'संक्रान्तिकाल' के दुहरे दबाव को झेलना पड़ा। द्वितीय महायुद्ध का जो व्यापक प्रभाव वैश्विक स्तर पर प्रायः सभी देशों को झेलना पड़ा, उससे भारत भी अछूता न था। लेकिन घरेलू स्तर पर विभाजन और उसकी विभीषिका के रूप में जो नृशंस नरसंहार हुआ, वह अपने आप में किसी 'महायुद्ध' से कम न था, बल्कि इस अर्थ में और भी बदतर कि यह कोई घोषित युद्ध न था। इसलिए इस पर किसी युद्ध के नियम भी लागू नहीं होते थे और इसीलिए इसकी निर्ममता, नृशंसता की कल्पना करना भी असम्भव है। जाहिर है इन दुहरे-तिहरे दबावों का सर्वाधिक प्रभाव कथा-साहित्य तथा मुख्य रूप से तात्कालिक प्रभाव कहानी पर सर्वाधिक पड़ा। यही नहीं, 'युद्ध' और विभाजन से सम्बन्धित हिन्दी में अधिक कहानियाँ लिखी गयीं, बल्कि विभाजन से सम्बन्धित जितना और जैसा कथा-साहित्य (केवल कहानी ही नहीं) उर्दू में लिखा गया, वैसा और इस परिमाण में हिन्दी में नहीं लिखा गया। इसी प्रकार महायुद्ध का चूँकि कोई प्रत्यक्ष प्रभाव भारत पर नहीं पड़ा था, इसलिए भारतीय भाषाओं और हिन्दी में वैसा और उतना कथा-साहित्य नहीं लिखा गया जैसा और जितना पश्चिम में लिखा गया। परन्तु इन सबका घनीभूत प्रभाव छनकर (फिल्टर होकर) जिस रूप में कथा साहित्य और मुख्य रूप से कहानी पर पड़ा, उसका एक प्रभावशाली उदाहरण हम अज्ञेय की कुछ कहानियों में देख आये हैं। विभाजन का प्रभाव मुख्य रूप से यशपाल के कथा-साहित्य पर देखा जा सकता है।

अतः चौथे दशक में जहाँ मुख्यतः स्वतन्त्रता संघर्ष का साहित्य लिखा जा रहा था, वहीं सन 46 वें बाद के साहित्य में क्रमशः स्वातन्त्र्योत्तर भारत का स्वरूप

सामने आने लगा। इस स्वरूप के अनेक आयाम और स्तर थे जिसे कहानी ने ही सर्वाधिक अंकित किया।

सन् 50 तक आते-आते देश में एक प्रकार की स्थिरता आने लगी थी। इस दौर को नेहरूयुग कहा गया। नेहरू अत्यन्त महत्त्वाकांक्षी रोमेंटिक विजनरी थे। वे भारत को एशिया की महाशक्ति के रूप में देखना चाहते थे और स्वयं को एशिया के सर्वाधिक प्रभावशाली नेता के रूप में स्थापित करना चाहते थे। लेकिन उनकी महत्त्वाकांक्षा एशिया तक ही सीमित नहीं थी। उन्होंने देखा कि विश्व में दो महाशक्तियाँ-अमेरिका और सोवियत रूस आमने-सामने खड़े थे। उनमें प्रत्येक स्तर पर स्पर्धा थी और वे निरन्तर शक्तिपरीक्षण के लिए तत्पर रहते थे। नेहरू अपने युवाकाल से ही इंग्लैंड के 'फेवियन सोसाइटी' के निकट रहने के कारण एक उदार समाजवादी थे। किन्तु वे किसी विशेष 'गुट' के साथ सम्बद्ध नहीं होना चाहते थे। उन्होंने तीसरा विश्व कहलाने वाले देशों के साथ मिलकर गुट निरपेक्ष देशों का संगठन बनाया और पंचशील नामक पाँच सिद्धान्तों की आचार संहिता तैयार की। इसके लिए उन्होंने यूगोस्लाविया और अभी-अभी स्वतन्त्र हुए अनेक अफ्रीकी देशों के राज्यप्रमुखों से मित्रता स्थापित की। इन देशों के बीच नियमित सम्मेलन होने लगे। बुद्ध के मध्यम मार्गों के अनुयायी होने के कारण वे अमरीका और रूस दोनों देशों (साम्राज्यवादी और साम्यवादी) से पृथक एक 'स्वतन्त्र अस्तित्व' की स्थापना करना चाहते थे। किन्तु व्यावहारिक स्तर पर यह एक असम्भव परिकल्पना थी। नेहरू चूँकि एक रोमेंटिक स्वप्नदर्शी थे, इसलिए वे जिस 'स्वतन्त्र अस्तित्व' का स्वप्न देख रहे थे, वह तब तक सम्भव नहीं था जब तक एक 'शक्तिशाली देश' न बन जाय। स्वतन्त्रता तथा शक्ति दोनों साथ-साथ चलते हैं, लेकिन स्वतन्त्र होने मात्र से शक्ति नहीं प्राप्त हो जाती। नेहरू आंशिक रूप से इस तथ्य को जानते थे, इसलिए बिना खुलेआम घोषणा किये हुए उन्होंने सोवियत रूस से निकट सम्बन्ध बनाये रखा। देश के विकास के लिए बनी पहली पंचवर्षीय योजना में उन्होंने रूस की भरपूर सहायता ली। अनेक बड़े-बड़े कल-कारखाने, नये उद्योग रूस की सहायता से स्थापित किये गये और कई विशालकाय बाँधों का निर्माण भी उसके सहयोग से शुरू किया गया। साथ ही वैज्ञानिक तथा तकनीकी विकास कार्यों के लिए एक ओर परमाणु तथा सौर ऊर्जा केन्द्रों की स्थापना की गयी तो दूसरी ओर इंजीनियरिंग तथा आई-आई टी. कॉलेज भी तेजी से खुलने लगे।

इन सभी मामलों में नेहरू का रोल मॉडल रूस ही था। अत: इन सभी कार्यों की पूरी परिकल्पना, सार्थकता रूस में हुए विकास कार्यों के अनुरूप और प्राय: उसका अनुकरण करते हुए ही बनाई गयी थी। इन सबको संचालित करने के

लिए प्लैनिंग कमीशन की स्थापना की गयी तथा नेहरू स्वयं उसके अध्यक्ष बने।

ऊपर 'नेहरू युग' का संक्षिप्त तथा सरलीकृत खाका इसलिए प्रस्तुत किया गया कि इस 'नये युग' के सन्दर्भ में रचे जाने वाले नये साहित्य के स्वरूप को समझा जा सके। ऐसा माना जाता है कि सन् 50 के आसपास जो साहित्य रचा जा रहा था, उसे कहीं 'नयी कविता' नाम दिया गया तो कहीं 'नयी कहानी'। चूँकि हम यहाँ कहानी की बात कर रहे हैं, इसलिए इस 'नयी कहानी' को समझना जरूरी है। देखें तो एक प्रकार के नये साहित्य की शुरुआत 1936 में प्रगतिशील लेखक-संघ की स्थापना के साथ ही शुरू हो गयी थी और कवियों तथा कहानीकारों का एक बहुत बड़ा वर्ग उसके साथ जुड़ गया था—प्रेमचन्द उसके अगुआ थे या बना दिये गये थे। किन्तु प्रगतिशील कहे जाने वाले लेखन की शुरू से यह विडम्बना रही है कि इसके साथ जितने और जितने बड़े समीक्षक उद्घोषक, प्रवक्ता तथा व्याख्याता रहे हैं, उतने और उतने बड़े रचनाकार यह संघ और आन्दोलन कभी नहीं उत्पन्न या निर्मित कर पाया। किन्तु विचार तथा विचार धारा के स्तर पर यह आन्दोलन तब भी और आज भी एक 'केन्द्रीय उपस्थिति' बना हुआ है। इस आन्दोलन ने हिन्दी-साहित्य के रचना क्षेत्र को विस्तृत तथा व्यापक बनाया, साथ ही उसको एक उदार मानवतावादी धर्मनिरपेक्ष स्वरूप भी प्रदान किया।

नयी कहानी पहले प्रगति के इसी पथ को अपना कर चली। किसी भी नये साहित्य-सृजन का मंच पत्र-पत्रिकाएँ ही तैयार करती हैं। हिन्दी के सन्दर्भ में हम ऐसा ही भारतेन्दुकाल से देखते आ रहे हैं। स्वयं भारतेन्दु अनेक पत्रिकाओं के सम्पादक थे। हिन्दी के 'नये साहित्य' का प्रकाशन प्रेमचन्द द्वारा संस्थापित पत्रिका 'हंस' पहले से ही कर रही थी। कहानी को केन्द्र बनाकर श्रीपत राय ने 1938 में 'कहानी' पत्रिका का प्रकाशन शुरू किया किन्तु वह 1942 में बन्द कर दी गयी। किन्तु जब 1954 में उसका पुर्नप्रकाशन हुआ तो उसे बाकायदे 'नयी कहानी' की पत्रिका मान लिया गया। जैसा कि पहले कहा गया, शुरू में 'नयी कहानी' प्रगतिवादी पंथ का ही अनुसरण कर रही थी और इसका प्रमाण यह था कि 1954 में जब 'कहानी' का दुबारा प्रकाशन प्रारम्भ हुआ तो जानेमाने प्रगतिवादी ही नहीं, वामपंथ के प्रति पूर्णतः प्रतिबद्ध साहित्यकार भैरव प्रसाद गुप्त उसके सम्पादक बने। इसके बाद तो 1960 से 'नयी कहानियाँ' नाम की पत्रिका ही शुरू कर दी गयी और इसके सम्पादक भी भैरवप्रसाद गुप्त ही बने। प्रसिद्ध प्रगतिशील समीक्षक डॉ. नामवर सिंह जो 'कहानी' के दिनों से ही 'नयी कहानी' के प्रवक्ता बने हुए थे, 'नयी कहानियाँ' में भी 'हाशिये पर' नामक अपने स्तम्भ में कहानी और 'नयी कहानी' के बीच का अन्तर स्पष्ट करते हुए उस बीच प्रकाशित कुछ

कहानियों का विश्लेषण करने लगे। इस अन्तर को रेखांकित करते हुए उन्होंने नयी कहानी कही जानेवाली कहानियों के लिए जिस निकष का निर्माण किया गया, उसे अमान्य करार करते हुए स्वयं 'नयी कहानी' के कुछ झंडाबरदारों ने अस्वीकार कर दिया। यहीं से 'नयी कहानी' और प्रगतिवादी पंथ के बीच एक दरार पड़नी शुरू हुई जो क्रमश: बढ़ती गयी और उसके प्रगतिशील सम्पादक भैरवप्रसाद गुप्त उससे अलग हो गये तथा मोहन राकेश, कमलेश्वर तथा भीष्म साहनी जैसे 'नये कहानीकार' ही स्वयं उसके सम्पादक बनने लगे।

देखने की जरूरत है कि इस 'नयी कहानी' में नया क्या था? पहली बात तो यह दावा ही गलत था कि सन् 50 के बाद हिन्दी-कहानी में कोई गुणात्मक परिवर्तन आने लगा, जैसा कि 'कहानी' पत्रिका के पुनर्प्रकाशन के साथ उसके प्रारम्भिक वक्तव्य में कहा गया कि 'आज की कहानी पिछले बारह वर्षों की कहानी से आगे की कहानी है। इस 'आगे' को परिभाषित तथा व्याख्यायित करते हुए कुछ स्वयंभू 'नये कहानीकारों' ने जो वक्तव्य दिये, उनके कुछ उद्धरण और उदाहरण लेकर देखें तो स्पष्ट हो जाएगा कि उनका 'आगे' और 'नया' होने का यह दावा कितना खोखला तथा ग़लत था। इन नयी कहानियों के एक सम्पादित संग्रह 'एक दुनिया समानान्तर' की अपनी लम्बी भूमिका में इसके सम्पादक तथा स्वयं एक चर्चित कहानीकार राजेन्द्र यादव ने दावा किया..."...अगर पारिवारिक सम्बन्ध बिखर रहे हैं, अगर व्यक्ति हार और टूट रहा है और अगर आदमी क्षुद्र और ओछा है और ऊपर सामने कोई रास्ता नहीं है, तो वही सही है। उसे (कहानीकार को) वही स्वीकार है, वही उसकी रचनाओं में उभरे, उसकी कूची और कलम से आये, लेकिन आये बिना लाग लपेट, निर्मम तटस्थता के साथ... वास्तविकता और पूरी प्रामाणिकता के साथ..." आदि। यानी जो है, जो दीख रहा है तथा जो जैसा घटित हो रहा है, उसकी यथावत प्रस्तुति ही इस 'नयी कहानी' का स्वरूप तथा लक्ष्य है। यही उसकी यथार्थ और वास्तविकता की परिभाषा भी है। यथार्थ और 'वास्तविकता' पर हम अज्ञेय की कहानियों के सन्दर्भ में ऊपर विचार कर आये हैं। अत: अभी जो कहा गया अगर वह यथार्थ और यथार्थवाद है तो प्रकृतिवाद (नेचुरलइज्म) क्या है? जाहिर है, यथार्थ की इस परिभाषा से प्रगतिशील लोग भी सहमत नहीं होंगे या हुए होंगे? इसके अलावा उस दौर में लिखी जाने वाली 'नयी कहानियाँ' स्वयं इस परिभाषा को स्वीकार करके लिखी गयीं या इसी संकलन में संकलित कितनी कहानियाँ...उसका पालन कर सकीं? यानी 'यथार्थ-चित्रण' जो सन् 30 से ही साहित्य का लक्ष्य माना जा रहा था, यथार्थ की यह परिभाषा उसे भी कितना विकृत करके प्रस्तुत कर रही है। यानी 'नयी कहानी' के इस प्रवक्ता ने यथार्थ की जो परिभाषा दी, उसका

बिसमिल्लाह ही गलत हुआ।

इसके ठीक विपरीत एक दूसरे नये कहानीकार ने अपनी कहानी और कहानी के लक्ष्य के सम्बन्ध में लिखा है, 'मनुष्य और उसकी जिन्दगी के प्रति मुझे मोह है जो अपने अस्तित्व को उबारने के लिए विविध प्रकार के क्षेत्रों में विरोधी शक्तियों से जूझ रहा है...जो अपने सामाजिक और वैयक्तिक हक के लिए लड़ता है, हँसता है, रोता है, बार-बार गिर कर भी अपने लक्ष्य से मुँह नहीं मोड़ता। वह मनुष्य तमाम शारीरिक कमजोरियों और मानसिक दुर्बलताओं के बावजूद महान है।'

नयी कहानी के इन दोनों प्रवक्ताओं की कहानी सम्बन्धी मान्यताओं में जो विरोधाभास है, वह तो स्पष्ट है ही, आज के व्यक्ति तथा समाज के बारे में उनकी धारणाएँ भी अलग-अलग हैं। इन दोनों धारणाओं के बीच यथार्थ और वास्तविकता कहाँ है? अब एक तीसरे 'नयी कहानी' के प्रवक्ता का वक्तव्य भी देख लें। कहानीकार कमलेश्वर 'नयी कहानी' के बारे में लिखते हैं, 'नयी कहानी आग्रहों की कहानी नहीं है। प्रवृत्तियों की हो सकती है। उसका मूल स्रोत है जीवन का यथार्थबोध और इस यथार्थ को लेकर चलनेवाला वह मध्यवर्ग और निम्नमध्यवर्ग जो अपनी जीवनशक्ति से आज के दुर्दान्त-संकट को जाने-अनजाने झेल रहा है...।' यानी 'नयी कहानी' के केन्द्र में व्यक्ति का यथार्थबोध है, हालाँकि व्यक्ति और यथार्थ की धारणाएँ तीनों की अलग-अलग हैं। बहरहाल यह तो वक्तव्य हुए, आगे हम अलग-अलग नये कहानीकारों की कहानियों का अध्ययन करते हुए देखेंगे कि अपनी कहानियों में ये किस 'व्यक्ति' और कौन से 'यथार्थ' का कैसा चित्रण कर रहे थे।

यहाँ हम 'पुनरावृत्तिदोष' का जोखिम उठाते हुए भी यह याद दिला दें कि जहाँ तक व्यक्ति, समाज और सामाजिक यथार्थ की बात है तो प्रेमचन्द ने भी व्यापक पैमाने पर उसी का चित्रण अपनी कहानियों में किया है और हम देख आये हैं कि उनकी कहानियों में समाज के सभी वर्गों के व्यक्तियों का चित्रण कितने गहरे तथा सूक्ष्म यथार्थ बोध के साथ किया गया है। लेकिन जैसा सभी जानते हैं, 'समाज' एक स्थिर इकाई नहीं है, वह निरन्तर विकसित तथा परिवर्तित होता रहता है। सन् 30 का भारतीय समाज सन् 50 (आजादी और देश के विभाजन के बाद का भारत) तक आते-आते बहुत बदल चुका था, उसका यथार्थ भी कुछ और हो चुका था। आगे हम देखेंगे कि 'नयी कहानी' का दावा करने वाले कहानीकारों की कहानियों में इस बदले हुए 'नये समाज' और व्यक्ति का कितना यथार्थपूर्ण चित्रण किया गया है।

कहानी भी साहित्य की एक अपेक्षाकृत नयी और सूक्ष्म कलाविधा है। साहित्य में वस्तु तथा अन्तर्वस्तु के अलावा उसका रूप तत्व (फॉर्म) भी होता

है जिसके अन्तर्गत शिल्प, प्रविधि और भाषा आदि आते हैं। प्रेमचन्द के तत्काल बाद आने वाले कहानीकारों जैनेन्द्र, अज्ञेय और यशपाल आदि ने इस बदली हुई अन्तर्वस्तु को व्यक्त करने के लिए नये शिल्प प्रविधि तथा नयी भाषा निर्मित की। पहले भी कहा जा चुका है कि कोई कथाकार जब तक अपनी निजी कथा भाषा निर्मित नहीं कर लेता, तब तक वह न तो बड़ा कथाकार होता है और न 'नया कथाकार' कहलाने का अधिकारी। इस नयी कथा प्रविधि का प्रयोग सबसे पहले तथा अत्यन्त सूक्ष्मता के साथ प्रयोग जैनेन्द्र ने अपनी कहानियों 'जाह्नवी' और 'एक रात' आदि में किया। 'एक रात' कहानी में जैनेन्द्र ने नैतिकता की परम्परागत रूढ़िबद्ध धारणा में भी क्रान्तिकारी परिवर्तन किया और इस प्रकार कहानी की अन्तर्वस्तु भी बदल डाली।

अज्ञेय ने अपनी कहानियों 'हीलीबोन की बत्तखें', 'रोज़' तथा 'पठार का धीरज' आदि में कहानी की काया बदल डाली। हिन्दी कहानी में एक सर्वथा नयी प्रविधि तथा नयी कथा-भाषा दिखाई पड़ी जिसने उसे विश्व की श्रेष्ठ कहानियों के स्तर तक पहुँचा दिया। इन कहानियों में समाज के सतह के यथार्थ से नीचे उतरकर मनोजगत का जो विराट जटिल संसार है, पहली बार हम उसका साक्षात्कार करते हैं जो हिन्दी कहानी के लिए अभी तक अनदेखा, अनजाना और अलक्षित था। इससे इन कहानियों के माध्यम से ही हिन्दी कहानी में आधुनिकता का प्रवेश हुआ। इसे ही सही मामले में आगे की 'नयी कहानी' कह सकते हैं।

अतः इसी सन्दर्भ में हम देखेंगे कि तथाकथित 'नयी कहानी' ने इससे आगे क्या कुछ नया किया।

वैसे नयी पुरानी के पचड़े में न पड़कर आधुनिकता की दृष्टि से देखें तो भाषा, भावबोध और वस्तुतत्त्व के स्तर पर मेरी दृष्टि में 1937 में, हंस पत्रिका में प्रकाशित भुवनेश्वर की कहानी 'भेड़िये' हिन्दी की पहली आधुनिक कहानी मानी जाएगी। हो सकता है इस कहानी पर पश्चिमी आधुनिक कहानी का प्रभाव हो, किन्तु पूरी कहानी में जो गहरी तथा सूक्ष्म 'प्रतीकात्मकता' है, वह हिन्दी कहानी में पहले कभी नहीं दिखाई पड़ी थी और बाद में हम पाते हैं कि हिन्दी कहानियों में प्रतीकों की इतनी बाढ़ आ गयी कि प्रायः प्रत्येक वस्तु को प्रतीक बनाया जाने लगा। किन्तु इससे एक बात जरूर साबित होती है कि केवल प्रतीकों की दृष्टि से नहीं, भाषा और शिल्प के स्तर पर भी यह कहानी 'ट्रेड सेटर' सिद्ध हुई। इसकी भाषा में जो चुस्ती, सुघड़ता तथा टटकापन है, वह जैनेन्द्र की कहानियों की भाषा के निकट पड़ता हुआ भी उससे अलग और आगे की चीज है। उसी दौर में भुवनेश्वर ने और भी अनेक ऐसी कहानियाँ लिखी थीं। अतः भुवनेश्वर ने हिन्दी में केवल 'नये नाटक' की शुरुआत नहीं की, बल्कि उन्होंने ही वास्तविक

'नयी तथा आधुनिक हिन्दी कहानी' की शुरुआत की।

मोहन राकेश (1925–1972)

फिर भी सन् 50 के बाद हिन्दी में जिसे 'नयी कहानी' माना गया, उसके पहले और तब के सबसे लोकप्रिय कहानीकार मोहन राकेश थे। इनके पाँच कहानी संग्रह हैं। 'इंसान के खंडहर' (1950), 'नये बादल' (1957), 'जानवर और जानवर' (1958), 'एक और जिन्दगी' (1961), 'फौलाद का आकाश' (1966)।

'मलबे का मालिक' उनकी पहली और ऐसी कहानी थी जिसने उन्हें अत्यन्त लोकप्रिय कहानीकार बना दिया। इससे पहले मोहन राकेश उर्दू कहानियों के अन्दाज में बेहद भावुकतापूर्ण कहानियाँ लिखते थे। लेकिन 'मलबे का मालिक' में एक गहरी सामाजिक चेतना, विभाजन के बाद का दर्द और दंश दोनों उपस्थित हैं। इसके बाद मोहन राकेश की उस दौर की कहानियों में इस सामाजिक चेतना का उत्तरोत्तर विस्तार तथा विकास होता रहा। 'मवाली', 'परमात्मा का कुत्ता', 'मिस पॉल', 'सुहागिनें' और 'घर का आखिरी सामान' आदि ऐसी ही कहानियाँ थीं। तब मोहन राकेश की कहानियों का दायरा बहुत विस्तृत था। एक ओर जहाँ समुद्र तट पर भटकने वाले गरीब बच्चे की कहानी कही गयी है और उसके माध्यम से अपने आपको सम्भ्रान्त कहे जानेवाले लोगों पर पैना व्यंग्य किया गया है, वहीं 'मिस पॉल' में मर्दाना डील-डौल वाली प्रायः बदसूरत—और इसी कारण उपहास का पात्र स्त्री की मनोदशा को गहरी मानवीय सहानुभूति और सूक्ष्म मनोवैज्ञानिकता के साथ उद्घाटित किया गया है। इसी तरह 'उसकी रोटी' में एक ड्राइवर की पत्नी का ऐसा मार्मिक चित्रण किया गया है कि मानव-मन के भीतर राकेश की पहुँच तथा पैठ पर आश्चर्य होता है।

यहाँ आकर इस बात की ओर ध्यान जाता है कि सामान्यतः मोहन राकेश की कहानियों में भाषा प्रविधि तथा वस्तु के स्तर पर कोई असाधारणता नहीं दिखाई देती। इस रूप में उनसे पहले जैनेन्द्र तथा अज्ञेय (मुख्य रूप से अज्ञेय) आदि अनेक प्रयोग तथा परिवर्तन कर चुके थे। अतः हिन्दी कहानी के इस मोड़ पर राकेश ने जो विशेष छाप छोड़ी तो उसका कारण कुछ और था। हिन्दी कहानी को तब दो परस्पर विरोधी छोरों पर स्थित मान लिया गया था (मुख्य रूप से अध्यापकों तथा पेशेवर आलोचकों द्वारा)। व्यक्तिपरक कहानियाँ और सामाजिक चेतना की कहानियाँ। इसी वर्गीकरण के आधार पर उन्हें प्रचलित तथा प्रसारित किया जाता था। मोहन राकेशे की कहानियों के साथ कहानी को एक सामान्य तथा उभयनिष्ठ धरातल पर ले आने वाली परम्परा की शुरुआत होती है (हालाँकि स्वयं राकेश बहुत दिनों तक इस परम्परा का निर्वाह नहीं कर सके) राकेश में

इन दोनों छोरों के बीच अधिक सहज तथा सामान्य भूमि पर समीकरण दिखाई पड़ता है। यही कारण है कि उन्हें तत्काल नयी पहचान मिल गयी। हालांकि राकेश ने अज्ञेय की तरह कहानी के क्षेत्र में किसी पृथक तथा गम्भीर अवधारणा को लेकर प्रवेश नहीं किया। इस बारे में स्वयं मोहन राकेश कहते हैं, ''हम सब कॉफी हाऊस से लेकर साहित्य तक हर चीज को सिर्फ जुमलेबाजी का अखाड़ा मानते थे। उस साहित्य को बेकार समझते थे जिसमें जुमलेबाजी का चटखारा न हो। इसलिए अस्वाभाविक नहीं था कि अपने ढंग से हम भी अपनी कहानियों में जुमलेबाजी का अभ्यास करते।''

यह बेहद ईमानदार वक्तव्य है। राकेश की कहानियों में 'जुमलेबाजी' कम नहीं है, मसलन उनकी 'मि. भाटिया' की जुमलेबाजी देखें। 'शाम को जब मैं लौटकर आया तो भाटिया कॉलर टाई लगाये शान से चेकबुक में बड़ी-बड़ी रकमों के चेक काट रहा था...एक दस हजार का चेक मेरे नाम भी लिखकर उसने मेरी तरफ बढ़ा दिया...फिर भाटिया ठहाका मार कर हँसा और बोला चेक पर तारीख भी देखी है। मैंने देखा कि चेक पर पूरे पचास साल बाद की तारीख डाली गयी है।'

शुरू में राकेश ने हर रंग की कहानियाँ लिखीं जिन्हें भावबोध की दृष्टि से 'भावनात्मक मानवतावाद' की कहानियाँ कहा जा सकता है। 'काला रोजगार', 'आर्द्रा' और 'जानवर और जानवर' आदि ऐसी ही कहानियाँ हैं। 'काला रोजगार' की युवती साधना अपने शरीर का रोजगार करके अपने निकम्मे, बीमार तथा सनकी भाई का पोषण करती है। 'आर्द्रा' की माँ अपने दोनों बेटों के बीच बारी-बारी अपना स्नेह बाँटती रहती है और 'जानवर और जानवर' में अँग्रेज़ जाति के दम्भ तथा धार्मिक ढोंग को उद्घाटित किया गया है। अँग्रेज़ी स्कूल का अँग्रेज़ पादरी संचालक देसी कुत्ते और विलायती कुत्ते में फर्क करता है। विलायती कुत्ता दूध और दुलार पाता है तथा देसी कुत्ते को गोली मार दी जाती है। देसी कुत्ते का मालिक अध्यापक जब गिरजे में प्रार्थना के लिए शामिल न होकर विरोध व्यक्त करता है तो उसे बर्खास्त कर दिया जाता है।

कुल मिलाकर मोहन राकेश की ज्यादातर कहानियाँ परम्परागत कहानियों का ही सफल निर्वाह करती हैं। इस बारे में स्वयं अपना बचाव करते हुए राकेश लिखते हैं, 'किस अर्थ में 'नयी कहानी' पुरानी कहानी से अलग होती है? ऐसा कोई विषय या क्षेत्र नहीं जिसे लेकर पहले कहानियाँ नहीं लिखी जा चुकीं। आज की कहानी अपने मुख्य प्रवाह में यथार्थ की माँसल भूमि पर रहकर ही लिखी जा रही है। इस तरह पहले की परम्परा से उसका सम्बन्ध कटा नहीं है। सांकेतिक उपलब्धियों की दृष्टि से इस पीढ़ी के लेखकों का बहुत कुछ प्रयत्न उनका अपना है।' मिस्टर भाटिया (जो कहानी के मुख्य पात्र) में भाटिया साहब बैठकर लगातार

बड़ी रकमों के चेक काट रहे हैं। एक दस हजार का चेक कहानी के वर्णन कर्ता को भी मिलता है जिसे जब वह देखता है तो पाता है कि चेक पर पूरे पचास साल बाद की तारीख डाली गयी है। ऐसी जुमलेबाजी राकेश की कई कहानियों में है। लेकिन राकेश जानते थे कि सिर्फ जुमलेबाजी से कहानी नहीं बनती, इसलिए धीरे-धीरे उनकी कहानियों का रंग गाढ़ा और गम्भीर होता गया और 'जानवर और जानवर' जैसी कहानियाँ लिखी गयीं जिनमें जुमलेबाजी तथा चुहल पैने और तिक्त व्यंग्य तथा विडम्बनाबोध में बदल गयी। दरअसल, राकेश के पास एक वास्तविक संवेदना तथा भावबोध तो था ही एक प्रखर रचनात्मक क्षमता भी थी जो क्रमशः उभरकर परिपक्व होती गयी। वे सामाजिक स्थितियों के प्रति सजग होते गये और गहरे स्तरों पर उतरकर उनके सन्दर्भों की तलाश भी करते गये। किन्तु दुर्भाग्य से एक सीमा तक पहुँचकर उनकी यह तलाश रुक जाती है और उनकी कहानियों में एक 'विचलन' आता है। 'जानवर और जानवर' में भारत को उपनिवेश बनाकर रखनेवाली जाति के राज्य तथा पाखंड का जो उद्‌घाटन किया गया है, वह खंडित हो जाता है और उनकी कहानियों का परिवेश तथा दायरा सीमित हो जाता है। जहाँ तक उपलब्धियों का प्रश्न है, उसमें सांकेतिकता को कहानी की एक महत्त्वपूर्ण उपलब्धि माना जा सकता है।'' इस प्रकार राकेश 'सांकेतिकता' को ही 'नयी कहानी' की उपलब्धि मानते हैं और वे इस सांकेतिकता के 'कई स्तरों' की चर्चा करते हैं।

लेकिन राकेश की कहानियों को जो तत्काल या 'इंस्टैंट' लोकप्रियता मिली, उसका कारण समीक्षक नामवर सिंह तथा मोहन राकेश के मित्र सहयोगी कहानीकार राजेन्द्र यादव दोनों मानते हैं कि परम्परागत गतानुगतिता है। डॉ. नामवर सिंह राजेन्द्र यादव को उद्‌धृत करते हुए लिखते हैं, 'उसने नया शिल्प, नयी भाषा या नया कथ्य कम खोजा है। नये और पुराने के बीच समझौतावाद के कारण ही राकेश दो कथा पीढ़ियों में स्वीकृत हैं।'

यानी उन्होंने अपनी कहानियों में एक बीच का रास्ता अपनाया—लेकिन राकेश ने जब इस 'बीच का रास्ता' छोड़ने की कोशिश की तो वे व्यक्तिपरक अनुभूतियों पर आधारित 'प्रतीकात्मक' कहानियाँ लिखने लगे : 'सेफ्टीपिन', 'जख्म' और 'पाँचवे माले का फ्लैट' आदि। उनकी दृष्टि 'परमात्मा का कुत्ता', 'मवाली' और 'घर का आखिरी सामान' आदि की सामाजिकता से खिसककर व्यक्ति-केन्द्रित हो जाती है। लेकिन सन्दर्भ सामाजिक हो या वैयक्तिक, राकेश की रचनात्मक तलाश एक सीमा के बाद रुक जाती है। गहरे स्तरों पर उतरकर वे न तो सामाजिक सन्दर्भों की तलाश या छानबीन करते हैं, और न वैयक्तिक सन्दर्भों की। उनकी कहानियों का मुख्य स्वर सफल निर्वाहपूर्ण कहानियों का ही

बना रहता है। इस दृष्टि से उनकी प्रारम्भ की कहानियों में विषय विस्तार और विविधता मिलती है। शायद इसीलिए कभी आलोचक राकेश को 'डाक बंगले का कहानीकार' कहते थे। अपनी 'यात्रा' के हर पड़ाव को कहानी बना देने में वे कुशल थे। वही किसी छोटे रेलवे स्टेशन की शाम, ट्रेन का कम्पार्टमेंट, कोई बस स्टैंड, डाक बंगला समुद्र तट, होटलों के कमरे। सबके मिले-जुले बिम्ब सामने आने लगते हैं। लेकिन सामाजिक समस्याओं और मानवीय सम्बन्धों से मुक्त होते हुए क्रमशः वैयक्तिक ही नहीं, व्यक्तिगत समस्याओं और स्थितियों की ओर बढ़ने लगते हैं। उनका 'द्वन्द्व' और 'तनाव' परिवेश से कटे व्यक्ति की ऊब, तनाव और आतंक के रूप में व्यक्त होने लगा। एक 'ठहरा हुआ चाकू' तक आते-आते वे ठहर से गये। राकेश की परवर्ती कहानियों का अकेलापन, ऊब और सन्त्रास आदि बहुत कुछ केवल रोमानी स्तर पर ही घटित होता है तथा 'एक और जिन्दगी' जैसी कहानियों में आत्म-औचित्य सिद्ध करने की कोशिश ही प्रधान होने लगती है। 'जख्म' कहानी में जिस व्यक्ति की बोहेमियन दिनचर्या अंकित की गयी है, वह दरअसल एक ओढ़े हुए अकेलेपन का ही सिनिकल रूप है, किन्तु कहानी में इसे 'वीरपूजा' भाव से देखा गया है। यह दरअसल, आत्मऔचित्य सिद्ध करने की कोशिश ही है। 'एक और जिन्दगी' में भी यही होता है, उसमें विभिन्न स्त्रियों द्वारा छले जाने का स्वर ही प्रधान है, यानी 'छल' हमेशा स्त्री ही करती है और पुरुष (यहाँ लेखक) हमेशा ईमानदार और नेक बना रहता है। पुरुष यानी 'नायक' के अकेले और उजाड़ होने का 'श्रेय' केवल स्त्री को ही दिया जाता है। स्त्री चाहती तो उसके जीवन को भरा-पूरा—सदाबहार बना सकती थी वरना पुरुष उसके द्वारा छोड़ा जाकर वन-वन, पर्वत-पर्वत घूमता हुआ अपने ग़म को शीशे में उतारता फिरता रहता है। यह दृष्टिकोण स्त्री के प्रति पूर्वग्रहग्रस्त तो है ही, घनघोर रूप से रौमैंटिक दृष्टिकोण भी है। तथ्य चित्रण में तो राकेश आधुनिक युग और जीवन के कहानीकार लगते हैं, किन्तु भावबोध के स्तर पर जब वे मानवीय सम्बन्धों का चित्रण करते हैं तो उनका रोमैंटिक भावबोध खुलकर सामने आ जाता है। कुल मिलाकर मोहन राकेश की कहानियाँ पापुलर टाइप में ढलकर ही अपनी पूर्णता प्राप्त करती हैं।

अतः उनकी कहानियों में उत्तरोत्तर एक 'डीजेनरेशन' मिलता है। उनकी पहले की कहानियों में एक स्वतः स्फूर्त स्वाभाविकता मिलती है, एक ईमानदार मानवीयता भी। किन्तु क्रमशः वे आत्मकेन्द्रित होते हुए एक गढ़े हुए शिल्प की—यान्त्रिकता में फँस गये। शायद स्वयं राकेश भी उसे समझ रहे थे, किन्तु इससे निकलना उनके लिए आसान नहीं रह गया था। इसीलिए वे 'अभिव्यक्ति' के लिए नाटक की विधा की ओर मुड़ गये जो उनके लिए 'सार्थक' नहीं तो 'सफल'

भूमि तो साबित हुई ही।

राजेन्द्र यादव (1929–2013)

राजेन्द्र यादव के दस कहानी संग्रह प्रकाशित हैं। 'देवताओं की मूर्तियाँ' (1952), 'खेल खिलौने', (1954), 'जहाँ लक्ष्मी कैद है' (1957), 'अभिमन्यु की आत्महत्या' (1559), 'छोटे-छोटे ताजमहल' (1962), 'किनारे से किनारे तक' (1963), 'टूटना' (1966), 'अपने पार' (1968), 'ढोल और अन्य कहानियाँ', 'हासिल और अन्य कहानियाँ' (2006) तथा 'वहाँ तक पहुँचने की दौड़'।

जो शिकायत राजेन्द्र यादव को अपने सहयोगी मित्र मोहन राकेश की कहानियों से थी कि यद्यपि उन्होंने कोई नया विषय या शिल्प अपनी कहानियों में नहीं अपनाया] फिर भी वे अत्यन्त लोकप्रिय कहानीकार बन गये, उसकी क्षतिपूर्ति के लिए उन्होंने नये-नये विषयों की तो खोज की ही, शिल्प के स्तर पर भी तरह-तरह के प्रयोग किये(किन्तु जैसा कि कहा गया है 'क्या बने बात जब बात बनाये न बनें', राजेन्द्र यादव के दस कहानी संग्रहों में मुश्किल से आधा दर्जन कहानियाँ ऐसी मिलेंगी जिन्हें श्रेष्ठ कहानियाँ कहा जा सकता है। इस तथ्य को 'नयी कहानी' के पहले तथा सर्वश्रेष्ठ समीक्षक नामवर सिंह ने बहुत पहले ही लक्ष्य कर लिया था। उन्होंने राजेन्द्र यादव की कहानियों के बारे में लिखा था कि ''उनमें कुशल व्यावसायिक लेखन के सारे दोष-गुण मौजूद हैं।'' और राजेन्द्र यादव के एक दूसरे समकालीन सहयोगी कहानीकार मार्कण्डेय ने उनके बारे में लिखा था कि उनकी कहानियों में उलझन और चक्करदार असफल कथा-शिल्प दिखाई देता है जो पाठकों को उबा देता है...कथा-शिल्प एवं वस्तु शिल्प संयोजन की खामी राजेन्द्र यादव की एक अच्छी कहानी 'एक कमजोर लड़की की कहानी' में भी पाठक को चिढ़ाती चलती है। दरअसल, राजेन्द्र यादव की कहानियों के प्रयोग प्रयोग कम, पच्चीकारी ज्यादा हैं। वे 'डीटेल' सघन ब्योरे देने के क्रम में भाषा की इतनी रंगाई-पुताई करते हैं कि कहानी का सजा-सँवरा शरीर तो नजर आता है, किन्तु आत्मा निर्जीव और मृत पड़ी रहती है। इससे कहानियाँ कोई गहरा प्रभाव छोड़ने में असमर्थ रहती हैं। उनकी चर्चित कहानियों ''जहाँ लम्बी कैद है', 'पुराने नाले पर बना नया फ्लैट', 'बिना आँखोंवाली राजकुमारी' और 'किनारे से किनारे तक' आदि में यही दुर्बलता दिखाई पड़ती है। उनका 'सम्पूर्ण प्रभाव दिशाहीन' ही रहता है।

लेकिन राजेन्द्र यादव 'नयी कहानी' के सबसे बड़े प्रवक्ता तथा प्रचारक भी हैं—वे शायद इस बात में ज्यादा विश्वास नहीं करते कि 'बात बोलेगी, हम नहीं...' 'नयी कहानी' के बारे में और अपनी कहानियों के बारे में वे लिखते

हैं, 'हिन्दी कहानी की सम्पूर्ण यात्रा में 'नयी कहानी' पहला और वास्तविक अर्थों में अभी तक का अन्तिम आन्दोलन था...नये कहानीकार को अनजाने ही शायद लगा कि उसे ऐसे व्यक्तियों की कहानियाँ लिखनी चाहिए जो उतने असामाजिक न हों (कितने?) या ऐसे समय को चित्रित करना चाहिए जिसे बनाने वाले व्यक्ति उतने व्यक्तित्वहीन न हों। इसलिए '50 और '60 के बीच की कहानियों में हमें जीवित परिवेश में साँस लेते व्यक्ति और व्यक्तित्व को बनाने और ढालने वाले सूत्रों की खोज ही अधिक दिखाई देती है...इधर बीस-तीस वर्षों में शायद ही कोई कथाकार हो जिसने देश या काल के बहुविध विस्तारों में जाने की कोशिश की हो...अपने संकेतों, भाषा बिम्बों और प्रतीकों में ये कहानियाँ पहले की तरह इकहरी या सपाट नहीं, बल्कि अनेक-अनेक अर्थ एक साथ ही ध्वनित करती हैं...ये कहानियाँ निश्चय ही पहले की कहानियों से अधिक सार्थक तथा प्रभावशाली हैं।' नयी कहानी की ये कहानियाँ पहले की कहानी यानी जैनेन्द्र, अज्ञेय और यशपाल आदि की कहानियों से कितनी अधिक सार्थक तथा प्रभावशाली हैं, इसका परीक्षण हम 'नयी कहानी' का आकलन करते हुए आगे करेंगे।

कमलेश्वर (1932-2006)

ये 'नयी कहानी' के तीसरे प्रमुख प्रवक्ता तथा पुरोधा हैं। इनके कहानी संग्रह हैं : 'राजा निरबंसिया' (1959), 'कस्बे का आदमी' (1958), 'खोई हुई दिशाएँ' (1963), 'माँस का दरिया' (1966) और 'बयान' (1973)। जैसा कि उनके एक कथासंग्रह के शीर्षक से स्पष्ट है, इन्होंने न केवल 'कस्बे की कहानियाँ' नाम से एक नयी कथा धारा ही प्रवाहित कर दी और स्वयं उसके प्रवर्तक बन बैठे। लेकिन कमलेश्वर मूलत: एक 'प्रोटियन' चरित्र के कहानीकार हैं। हवा का रुख देखकर वे अनेक कथा धाराओं में शामिल होते रहे हैं। इस प्रक्रिया में इन्होंने ज्यादातर गढ़ी हुई और कृत्रिम कहानियाँ ही लिखी हैं, 'कस्बे', से 'महानगरों' में स्थानान्तरित होते ही यह 'कस्बे का आदमी', 'महानगर बोध' की कहानियाँ लिखने लगा। 'दिल्ली सिरीज' की अपनी कहानियों के रूप में इन्होंने 'दिल्ली में एक मौत', 'दिल्ली में एक और मौत' तथा 'खोई हुई दिशाएँ' आदि अनेक कहानियाँ लिखीं। इनमें 'खोई हुई दिशाएँ' पर्याप्त चर्चित हुई। इसमें लेखक ने यह दिखलाना चाहा है कि महानगर का आदमी अपनी-अपनी 'पहचान' (आईडेंटिटी) इस हद तक खो चुका है कि वह न केवल दूसरों को, बल्कि अपनी 'पत्नी' तक को नहीं पहचान पाता। यह एक अतिनाटकीय तथा अस्वाभाविक कहानी है।

कमलेश्वर की सबसे चर्चित कहानी 'राजा निरबंसिया' है जिसके बारे में दावा किया गया है कि हिन्दी में यह 'दुहरे कथानक' वाली पहली कहानी है। जबकि सच्चाई यह है कि अज्ञेय अपनी विख्यात कहानी 'पठार का धीरज' में इस शिल्प का अत्यन्त प्रभावशाली उपयोग कर चुके थे। इससे भी पहले उनकी एक प्रारम्भिक कहानी 'पगोडा वृक्ष' में भी हम ऐसे ही शिल्प का प्रयोग देखते हैं। 'भावबोध' की दृष्टि से भी 'राजा निरबंसिया' आधुनिक नहीं है बल्कि शरतचन्द्रीय भावुकता से लबरेज है।

दरअसल, कमलेश्वर की कहानियों को केवल दो श्रेणियों में विभाजित किया जा सकता है। बचकानी और बनावटी। बचकानी कहानियों की शुरुआत उनकी एक कहानी 'नागमणि' से ही हो जाती है। एक बार राजेन्द्र यादव ने कहीं लिखा था कि कमलेश्वर अपनी हर कहानी किसी दूसरी कहानी से प्रेरणा लेकर या उसकी प्रतिक्रिया में लिखते हैं। यह बात काफी हद तक सच है। कमलेश्वर ने अपनी ज्यादातर कहानियाँ राजेन्द्र सिंह बेदी, कृश्नचन्द्र, राकेश या रेणु की किसी कहानी से प्रेरणा लेकर ही लिखी हैं। 'नागमणि' कहानी में 'रेणु' की अनुगूँज साफ सुनी जा सकती है। यह प्रभाव केवल कथ्य तथा वर्णन-पद्धति तक सीमित नहीं है, बल्कि रेणु की तरह पक्षियों की चहचहाट और कलरव को भी इस कहानी में यथावत उतार दिया गया है...'तभी एक चील चीखी...फिर उसकी आवाज टूटकर आयी अ...आ...इ...ई... ?' यह एक व्यर्थ होते हुए भटकते जीवन की कहानी है जो अतीत की एक स्त्री-स्मृति से जुड़ी हुई है। कहानी पर बांग्ला कहानियों का गहरा प्रभाव है।

कुछ ऐसा ही हाल उनकी एक दूसरी कहानी 'या कुछ और' का भी है। 'नागमणि' में यदि रेणु की चील मँडराती रहती है तो इस कहानी में अज्ञेय के उपन्यास 'नदी के द्वीप' की 'चुनचुनी' पीछा नहीं छोड़ती।...'जहाँ शकुन्तला के पैर का नाखून ज़रा सा चुभ गया था, वहाँ चुनचुनी सी हो रही थी...।' कहानी में इस 'चुनचुनी' के अलावा और कुछ नहीं है। लेकिन कमलेश्वर यहीं नहीं रुकते, सदी के प्रारम्भ की घिसीपिटी शैली में लिखी गयी एक कहानी 'मेरी प्रेमिका' भी है जिसका 'नायक' (लेखक स्वयं!) इतना आत्ममुग्ध है कि यह बयान करते हुए थकता नहीं कि उसकी लोकप्रियता से आकृष्ट होकर तमाम स्त्रियाँ उसके आगे बिछी रहती हैं। कहानी में उसकी ऐसी ही एक पत्र-प्रेमिका अपना भग्न हृदय लेकर आत्महत्या कर लेती है, पर अन्त में वापस आकर अपनी एक 'झलक' दिखला भी जाती है। यह फिल्मी 'राजू-राजवंश' शैली की कहानी है। इस 'कहानी' का न केवल 'कथ्य' बचकाना है, बल्कि यह लिखी भी फिल्मी शैली में गयी है। इसी तरह उनकी एक कहानी 'बयान' पर तेंदुलकर के विख्यात नाटक

'खामोश अदालत जारी है' का गहरा प्रभाव है।

'बचकानी' कहानियों के बाद उनकी 'बनावटी' कहानियों पर भी एक नजर डाल ली जाय। जो 'दायित्वबोध', आत्मबोध आदि के साथ 'सही कहानी की तलाश' में लिखी गयी हैं, 'लाश', 'जोखिम', 'लड़ाई' आदि ऐसी ही कहानियाँ हैं। ऐसी कहानियों में कमलेश्वर ने एक ऐसी बनावटी भाषा भी गढ़ ली है जिसका 'स्वाभाविक हिन्दी' से कोई सम्बन्ध नहीं है और उनका 'कथ्य' भी कृत्रिम रहस्यमयता से भरा हुआ है। जैसे यह वाक्य देखें, 'उस रात वह मुझे बीच पर मिली थी और ताज्जुब की बात है कि दूसरी सुबह सूरज पश्चिम से निकला था।' इस 'चमत्कारिक' वाक्य का अर्थ आप समझते रहें। इस कहानी का आरम्भ और भी भौंचक्का कर देनेवाला है। खिड़कियाँ खिड़कियाँ, खिड़कियाँ...रोशनी के चौकोर टुकड़े, रोशनी के चौकोर टुकड़े, रोशनी के चौकोर टुकड़े...दूधिया धूल, दूधिया धूल, दूधिया धूल, दूधिया धूल...। पूरी कहानी यदि इन्हीं 'चौकोर टुकड़ों' में लिखी गयी होती तब भी जिज्ञासा होती कि कहानी में इस विशेष या विचित्र 'प्रयोग' का प्रयोजन क्या है, पर इसके तत्काल बाद भाषा रूमानियत का अम्बार लगाने लगती है। 'झीने-दुपट्टे की तरह उड़ती बारिश' जिससे धर्मवीर भारती की 'जार्जेट के पीले पल्ले सी उड़ती धूप यह नवम्बर की' कविता पंक्ति याद आ जाती है। यानी यह 'रूमानियत' भी अपनी और स्वाभाविक नहीं बनावटी और उधार की है। और कहानी का अन्त है। 'लहरें, लहरें, लहरें...चट्टानें चट्टानें, चट्टानें...।' यही कमलेश्वर हैं 'नयी कहानी' और 'सही कहानी' की तलाश में मशाल लिये हुए!

अतः आश्चर्य नहीं कि 'नयी कहानी' के इन पुरोधाओं के बारे में प्रसिद्ध प्रगतिशील समीक्षक शिवदान सिंह चौहान ने लिखा था, 'राकेश, राजेन्द्र यादव और कमलेश्वर ने जो 'अच्छी' कहानियाँ लिखी हैं वे 'नयी' से अधिक शुद्ध फार्मूलाबद्ध कहानियाँ हैं...।'

और हिन्दी कहानी के पहले प्रामाणिक समीक्षक डॉ. नामवर सिंह ने लिखा था, 'राजधानी में क्या चीज़ सुलभ नहीं है? खुल गया वहाँ 'नयी कहानियों का एक कारखाना और फिर देखिये हर महीने हाजिर है—नयी कहानियाँ मेड इन दिल्ली, नयी दिल्ली। उदाहरण के लिए कमलेश्वर इस नुस्खे की बदौलत अपनी पीढ़ी से एक कदम आगे निकलकर सहसा इस साठवाली पीढ़ी के नये कहानीकार हो गये हैं।'

अमरकान्त (1925)

अमरकान्त ने यद्यपि 'नयी कहानी' के दौर में ही लिखना शुरू कर दिया था,

किन्तु उन्हें 'नयी कहानी' की तथाकथित 'मुख्यधारा' का कहानीकार नहीं माना गया जो ठीक ही था। अमरकान्त ने राजेन्द्र यादव और कमलेश्वर आदि की तरह 'फार्मूलाबद्ध' कहानियाँ नहीं लिखीं। उनके सम्बन्ध में भी डॉ. नामवर सिंह ने ठीक ही लिखा था कि 'यह भी एक विडम्बना ही है कि जो कहानीकार सहसा 'नयी कहानी' के झंडाबरदार हो उठे हैं, वे दरअसल 'नयी कहानी' के हकदार ही नहीं रह गये हैं...उनका बाहरी नारा भीतरी खोखल को ढँकने का बहाना भर है।'

अमरकान्त को दरअसल 'नयी कहानी' में 'आँचलिकता' ले आने का श्रेय दिया जा सकता है। आँचलिक कहानियों के बारे में डॉ. नामवर सिंह का कहना है 'जिस प्रकार शेरवुड एंडरसन की 'बाइन्सवर्ग ओहियों की आँचलिक कहानियों ने अमेरिकी कहानियों के इतिहास को एक नया मोड़ दिया, उसी प्रकार हिन्दी की 'आँचलिक कहानियाँ' एक नये युग का सूत्रपात कर रही थीं। अमरकान्त की ओर लोगों का ध्यान उनकी कहानी 'डिप्टी कलक्टरी' से आकृष्ट हुआ था। यह कहानी आजादी के बाद बदलती हुई परिस्थितियों की दारुण दास्तान है। आजादी के बाद लोगों में नयी आशा का संचार हुआ, खासतौर पर जब नयी-नयी शिक्षण संस्थाएँ खुलने लगीं और रोजग़ार तथा नौकरी के लिए नये-नये दरवाजे खुलने लगे, तो लोगों में नयी उमींदें भी जगीं। दरअसल, 'नयी कहानी' की शुरुआत इसी जमीन से होनी चाहिए थी जो अमरकान्त ने अपनी 'डिप्टी कलक्टरी' कहानी से की। अत: 'नयी कहानी' के झंडाबरदारों द्वारा घोषित मुख्य धारा उनकी कहानियाँ नहीं थीं, बल्कि उन कहानीकारों की कहानियाँ थीं, जिन्हें उन्होंने हाशिये पर फेंकने की कोशिश की, किन्तु इतिहास ने इस कोशिश को नाकाम कर दिया। इसी सन्दर्भ में अमरकान्त की 'डिप्टी कलक्टरी' और 'दोपहर का भोजन' जैसी कहानियों को समझा जा सकता है। कहानी में सकलदीप बाबू डिप्टी कलक्टरी की लिस्ट में अपने बेटे का नाम न देखकर निराश तो होते हैं, पर हताश नहीं होते। उन्हें उमीद लगी रहती है कि शायद उसका नाम अगले साल की लिस्ट में आ जाय। नाउम्मीदी में उम्मीद की इस आशा ने ही वास्तविक 'नयी कहानी' को जन्म दिया, न कि महानगरों की 'खोई हुई दिशाओं' ने। तब भारत की अस्सी प्रतिशत जनता गाँवों में रहती थी। अत: इन अस्सी प्रतिशत लोगों की कहानी को ही नयी और प्रतिनिधि कहानी मानना चाहिए, न कि बीस प्रतिशत लोगों की कहानियों को। 'नयी कहानी' के झंडाबरदारों ने यही फ्यूटाइल कोशिश की थी। उस दौर की नयी कहानी 'एक समूह' की कहानियों को ही माना जाना चाहिए, न कि 'मेरा हमदम, मेरा दोस्त' के लोगों की कहानियों को।

इस तरह अमरकान्त दूर-दराज के एक कोने से 'हिन्दी कहानी' में एक नयी सम्भावना तथा नया आयाम लेकर आये। 'नयी कहानी' की तथाकथित

आधुनिकता से पृथक अमरकान्त की कहानियाँ वास्तविक अर्थों में 'भारतीय कहानियाँ' हैं। वे मध्यमवर्गीय भारतीय व्यक्ति के जीवन, संस्कार और भावनाओं को व्यक्त करती हैं, लेकिन उन्हीं से जुड़े हुए पाखंड, अन्धविश्वास और पाखंडों का उद्घाटन भी करती हैं। अमरकान्त उनकी भावनाओं को जितना समझते और सम्मान देते हैं, उनके अन्तर्विरोधों पर उतने ही तिक्त प्रहार भी करते हैं। उनकी सहानुभूति मुख्य रूप से निम्नवर्ग के साथ है जो उच्च वर्ग की अपेक्षा अधिक मानवीय, निरीह, साहसपूर्ण और सरल होते हैं। उनकी कुछ कहानियाँ कभी-कभी अतिनाटकीय हो जाती हैं किन्तु ऐसा वे उनके विडम्बनात्मक पक्ष को उद्घाटित करने के लिए करते हैं। आधुनिकता की बाढ़ वाले उस जमाने में भारतीयता की बात करना पिछड़ेपन का प्रतीक माना जाता था, किन्तु आज भारतीयता को नये सिरे से परिभाषित करना अधिक प्रासंगिक माना जा रहा है। 'नयी कहानी', 'साठोत्तरी कहानी', 'अ कहानी', 'सचेतन कहानी' और 'समानान्तर कहानी' जैसे आन्दोलन आते-जाते रहते हैं, उनसे जुड़े कहानीकार भी झाग और बुलबुलों की तरह गायब हो जाते हैं, किन्तु अमरकान्त जैसे कथाकर जो कभी किसी जययात्रा में शामिल नहीं हुए, उन्हें बन्द गलियों का मुँह नहीं देखना पड़ा। कहानियों के उस दौर में जब घृणा, अमानवीय क्रूरता, नृशंसता, विकृत यौन-सम्बन्ध आदि ही कहानी को चर्चित बना देने वाले गौरवपूर्ण गुण समझे जाते थे या आँसुओं की नदियाँ और 'माँस का दरिया' (कमलेश्वर) बहा दने वाली कहानियाँ ही नयी तथा आधुनिक मानी जाती थीं, अमरकान्त ने बड़े सहज ढंग से अपने समय की वास्तविकता को व्यक्त किया। उनमें एक गहरी मानवीय अन्तर्दृष्टि थी। उनकी 'गगनबिहारी', 'छिपकिली' तथा 'जिन्दगी और जोक' जैसी कहानियों को इसी सन्दर्भ में समझा जा सकता है।

भारत की जनसंख्या का एक बहुत बड़ा हिस्सा घोर अभाव और असफलताओं के बीच जीता हुआ कैसे हास्यास्पद 'दिवास्वप्नों' में जीने लगता है, उसका व्यक्तिगत और पारिवारिक जीवन कितनी भोंडी असंगतियों से भर जाता है, अमरकान्त इस विद्रूप भरी त्रासदी को भी करुणाभरी मानवीयता के साथ व्यक्त करते हैं।

अमरकान्त ने प्रारम्भ से ही 'कथा-शिल्प' पर अतिरिक्त रूप से ध्यान देने की जरूरत नहीं समझी। उन्होंने मुख्य रूप से दो कथाविधियाँ ही अपनायीं। आत्मालाप या आत्मकथ्य की पद्धति या रेखाचित्र और व्यक्तिचित्र अंकित करने वाली पद्धति। उनमें प्रच्छन्न रूप से व्यंग्य या आत्मव्यंग्य प्रधान रहता है। उनकी कहानियाँ अपने 'समय' की 'स्केचबुक' भी प्रतीत हो सकती हैं। उनकी भाषा में अनगढ़ देहाती शब्द और मुहावरे भरे रहते हैं। लेकिन कभी-कभी कहानी की

उस भाषा का स्वर इतनी बारीकी से बदलता है कि कहानी का पहला वाक्य ही घनघोर रूप से अत्यन्त मारक बन जाता है। मसलन उनकी कालजयी तथा सर्वश्रेष्ठ कहानी 'हत्यारे' की शुरुआत इस तरह होती है, 'क्वार की एक शाम को पान की एक दुकान पर दो युवक मिले। आकाश साफ नीला खुशनुमा था। हवा आनेवाले मौसम की स्मृति में चंचल थी।' इस चालू तथा घिसी-पिटी भाषा का प्रयोग यहाँ जानबूझकर अत्यन्त सतर्कतापूर्वक किया गया है—यह कहानी के पूरे टोन को निर्धारित करती है, क्योंकि पूरी कहानी अतिनाटकीय और अवास्तविक सी प्रतीत होती है क्योंकि 'हत्यारे' एक अवास्तविक तथा अतिनाटकीय जीवन ही जीते हैं। 'हत्या' अपने आपमें एक 'अतिनाटकीय क्रिया' है। जितनी 'आकस्मिकता' के साथ कहानी में वह घटती है, उसे नाटकीय के सिवा और क्या कहा जा सकता है? हर आकस्मिक क्रिया नाटकीय होती है। यदि गौर करें तो इन हत्यारों की भाषा आजादी के नारों और मुहावरों वाली है, जिसकी अन्तर्ध्वनि बहुत दूर तक जानेवाली है। इसके अलावा यहाँ 'हत्या' महज एक खिलवाड़ के रूप में घटित होती है। जिन्दगी से खेलनेवाली अमानवीयता की यह चरम परिणति है। अत: कहानी के माध्यम से केवल कुछ 'चरित्र' ही नहीं, पूरे जमाने और समय का 'चरित्र' हमारे सामने आ जाता है। 'हत्यारे' कहानी अमरकान्त का कहानी कला का चरम तथा विरल उन्मेष है।

मार्कण्डेय (1930–2010)

उस दौर में कहानी को लेकर गाँवों में जाने वाले या गाँवों को कहानी में ले आनेवाले कहानीकारों में मार्कण्डेय प्रमुख थे। फणीश्वरनाथ रेणु यद्यपि लिखना शुरू कर चुके थे, किन्तु सन् 52-53 तक उनकी कहानियाँ सामने नहीं आयी थीं। इसके बाद भी जब बहुत सी ग्रामीण कहानियाँ लिखी जाने लगीं, तब भी मार्कण्डेय की ग्रामकथाओं की अलग पहचान बनी रही। उनके बारे में नामवर सिंह ने लिखा था, 'गाँव की जिन्दगी पर पहले भी कहानियाँ लिखी जाती थीं, लेकिन जिस आत्मीयता के दर्शन मार्कण्डेय की कहानियों में होते हैं, वह अन्यत्र दुर्लभ है।' 'पानफूल' (1954), 'पत्थर और परछाइयाँ' (1956), 'महुए का पेड़' (1957), 'हँसा जाइ अकेला' (19576), 'भूदान' (1958), 'माही' (1962), 'बीच के लोग' (1975), 'सहज और शुभ' तथा 'हलयोग'।

मार्कण्डेय की ग्रामीण कहानियों के सम्बन्ध में धर्मवीर भारती ने लिखा है, 'बिलकुल अरुप अनुभावात्मक मनोविश्लेषणात्मक यथार्थ को लेकर चलने वाली नीरस और उबा देनेवाली कहानियों के लम्बे दौर के बाद जीते-जागते

वातावरण वाली ये कहानियाँ हिन्दी पाठक को एक ताजगी देती हैं और हिन्दी कहानियों की भाषा-तद्‌भव की प्रकृति को एक नया निखार देती हैं। 'गुलरा के बाबा', 'पानफूल', 'सात बच्चों की माँ', 'सेमल के फूल' तथा 'हलयोग' आदि इनकी चर्चित कहानियाँ हैं। इन कहानियों में किताबी मनोविज्ञान और तथाकथित सामाजिक यथार्थवाद का सहारा न लेकर मानव सम्बन्धों के रागात्मक पक्ष का मार्मिक चित्रण किया गया है। इनमें 'सामाजिकता' तथा वैयक्तिकता में कोई मूलभूत विरोध या वैषम्य न दिखाकर उनकी परस्पर पूरकता को ही उद्‌घाटित किया गया है।

शेखर जोशी (1932)

इनकी पहली कहानी 'दाज्यू' उपेन्द्रनाथ अश्क द्वारा सम्पादित संकलन 'संकेत' में 1955 में प्रकाशित हुई थी। इनके कहानी संग्रह हैं—'कोसी का घटवार' (1958), 'साथ के लोग' (1978) 'हलवाहा' (1981), 'मेरा पहाड़' (1989), 'नौ रंगी बीमार है' (1990) और 'डांगरीवाले' (1994)।

शेखर जोशी की जिस कहानी ने सबसे पहले लोगों का ध्यान उनकी ओर आकृष्ट किया था, वह थी 'कोसी का घटवार' जो 1957 में 'कल्पना' पत्रिका में प्रकाशित हुई थी। पहली नजर में शेखर जोशी की कहानियाँ बहुत सहज और सरल लगेंगी, किन्तु उनका 'संकेत' बहुत गहरे स्तरों तक जाता है। मसलन उनकी पहली ही कहानी 'दाज्यू' में 'वर्गभेद' को बड़ी करुण मार्मिकता के साथ व्यक्त किया गया है। इसी तरह उनकी सर्वाधिक चर्चित कहानी 'कोसी का घटवार' को देखा जा सकता है। सामान्यत: इसे पहाड़ी आँचलिकता की कहानी माना गया है, किन्तु उसमें आँचलिक कहानी का व्याकरण नहीं मिलेगा। बल्कि स्मृति को टटोला जाय तो उसमें कालजयी कहानी 'उसने कहा था' के अवशेष मिलेंगे। उसकी स्मृतियों की भावात्मकता में कुछ वैसा ही 'फौजीटच' मिलता है। यह कहानी घनघोर गरीबी के बीच भी गहरी मानवीयता की कहानी है। इसके मुख्य पात्र 'गुसांई' और 'लछमा' अनेक वर्षों के बाद मिलने पर भी स्मृतियों के सहारे अपने सम्बन्धों की ऊष्मा को जगाये हुए हैं। गुसांई के पास 'पनचक्की' है किन्तु लछमा आर्थिक चक्की में पिसकर चूरचूर हो चुकी है। और उनकी 'बदबू' कहानी तो बिना किसी नुस्खे या फार्मूले के ही मार्क्स के इस विश्वविख्यात कथन की व्याख्या कर देती है, जिसमें कहा गया है कि 'दुनिया के मजदूरों एक हो जाओ।' दुनिया के सारे मजदूर एक ही हैं क्योंकि सबकी हथेलियों से एक ही बदबू आ रही है जिसे चाहे जितना रगड़-रगड़ कर धोया जाए, वह मिट नहीं सकती।

'दाज्यू' यदि 'वर्गभेद' की कहानी है तो 'बदबू' एक अभिशप्त वर्गीय एकता की। ऐसी प्रतीकात्मक अर्थ छवियाँ पैदा करने की क्षमता शेखर जोशी में खूब है। मुमकिन है कि इस 'बदबू' में एक 'खुशबू' भी मिले। सारे मजदूर अगर जिन्दा और एक हैं तो इस 'बदबू' के कारण ही। मजदूर जब तक 'बदबू' का अनुभव कर रहा है, तभी तक जिन्दा है। बदबू के जाते ही वह 'मजदूर' न रहकर गुलाम हो जाता है। 'बदबू' की प्रतीकात्मक सांकेतिकता इसी ओर इशारा करती है। इसी स्तर पर शेखर जोशी ने आँचलिक कहानियों को केवल एक नयी भाषा ही नहीं नया भावबोध भी दिया है। वे 'किसान' और 'मजदूर' को एक साथ एक कतार में खड़ा कर देते हैं। यह विशेषता ही उन्हें अन्य ग्रामीण कहानीकारों से पृथक और उल्लेखनीय बनाती है।

शिवप्रसाद सिंह (1929–1998)

शिवप्रसाद सिंह भी ग्रामकथा की शुरुआत करनेवाले कहानीकार हैं और इसकी शुरुआत वे तथाकथित शहरी कहानी के विरोध से करते हैं, 'मुझे यह कहने में संकोच नहीं है कि हिन्दी में शहरी–कथा के नाम पर लिखे जानेवाले साहित्य का एक हिस्सा...हमारी जातीयता का सही प्रतिनिधित्व नहीं करता। उसे हम भारतीय साहित्य नहीं मानते।' वे शहरी–कथा और ग्राम–कथा के विभाजन को गलत मानते हुए भी जरूरी इसलिए मानते हैं कि शहरी–कथा लिखनेवालों ने 'ग्राम कथा' को अप्रतिष्ठित करने के लिए उसे कमबुद्धि वालों का लेखन कहना शुरू कर दिया है। शिवप्रसाद सिंह बाकायदे उसे सबल थीम का आन्दोलन मानते हुए इसकी शुरुआत स्वयं अपनी कहानियों द्वारा ही बताते हैं। "1950–51 के आसपास से 'ग्राम कथा' के आधुनिक रूप का आरम्भ हुआ...1951 के 'प्रतीक' में प्रकाशित मेरी कहानियों से इस प्रवृत्ति की शुरुआत हुई।" शिवप्रसाद सिंह की यह आत्मश्लाघा यहीं तक सीमित नहीं है। वे ग्रामकथा के संस्थापक होने के अलावा उसे आँचलिक कहानियों से भी पृथक कर देना चाहते हैं क्योंकि उसकी शुरुआत दूसरों ने की और वे उसे बहुत 'प्रामाणिक' नहीं मानते। 'ग्रामकथा' ज्यादा व्यापक और उपयुक्त शब्द है। आंचलिकता एक प्रवृत्ति मात्र है।...मैं अपनी कहानियों को आँचलिक कहना उचित नहीं समझता।...आँचलिकता केवल एक लोकल कलर ही है। इसके बाद वे फिर अपने शहरी कहानीकारों पर आक्रमण करने के लिए मुड़ जाते हैं। "इसकी शुरुआत वे कहानी में होनेवाले शैली–शिल्प प्रयोगों से करते हैं। कहानी में शैली–शिल्प को लेकर आज जितनी चर्चा हो रही है और उसके लपेट में जिस प्रकार अन्वेषण, प्रयोग, नयी संवेदना, सांकेतिकता, सम्प्रेषणीयता, जटिलता, दुरूहता बिम्ब, प्रतीक वगैरह की बात की जा रही है,

वह निस्सन्देह कहानी-लेखकों की शिल्प-जागरुकता का ही प्रमाण है किन्तु ये चर्चाएँ इतने उलझे हुए रूप में प्रस्तुत करने की जिम्मेदारी आलोचकों को भी जाती है।'' उनके अनुसार शिल्प के नाम पर सड़ा-गला कूड़ा बटोरकर इन 'अलभ्य', 'विरली चीजों से दुकान की पट्टी सजाने लगे हैं। राजेन्द्र यादव ऐसे ही शिल्प के पारखी हैं। उनकी दुकान में हर अजीबो-गरीब माल आसानी से मिल जाता है। इसके बाद वे दूसरे 'शिल्पी' कहानीकार कमलेश्वर की चर्चित कहानी, 'राजा निरबंसिया' के शिल्प की बखिया उधेड़ते हैं। ''दुहरी कहानी की शैली कोई नयी चीज नहीं है। यह उतनी ही पुरानी है जितनी फ्रांसिस विवेन की 'शी वाटेंड टू फॉल।''

यह सब पहले ही बता देने की जरूरत इसलिए पड़ी कि शिवप्रसाद सिंह ने अपने कथालेखन की शुरुआत ही सैद्धान्तिक खंडन-मंडन से की। यह प्राय: उस दौर के प्रत्येक 'नयी कहानी' के कहानीकारों की प्रवृत्ति थी। यहाँ यह भी बताना आवश्यक लगता है कि 'रचना' के बजाय रचना सिद्धान्तों पर अधिक जोर देना 'आत्मविश्वास' के अभाव का द्योतक तो है ही, यह भी सूचित करता है कि इन कहानीकारों में प्रारम्भ से ही एक हीनता की ग्रन्थि थी और स्वयं उन्हें ही अपनी लेखन प्रतिभा पर रत्ती भर भरोसा नहीं था। जैनेन्द्र अगर उन्हें अपने कंधों पर सिन्दबाद जहाजी के कन्धों पर सवार बूढ़े की तरह नजर आते थे तो उनकी लिखी जा रही अपनी कहानियाँ और उनका खोखलापन जाहिर कर रहा था कि 'बूढ़े' का वह शिकंजा कितना 'मजबूत' है और स्वयं उनकी अपनी कहानियाँ कितनी 'कमजोर'!

अब इस सन्दर्भ में शिवप्रसाद सिंह की कहानियों को देखा जा सकता है। उनके कहानी-संग्रह हैं : 'आर-पार की माला' (1955), 'कर्मनाशा की हार' (1958), 'इन्हें भी इन्तजार है' (1961), 'मुरदासराय', (1966), 'अँधेरा हँसता है' (1975), और 'भेड़िये' (1977)।

शिवप्रसाद सिंह भी यह स्वयं स्पष्ट कर देते हैं कि उनकी ग्रामकथाओं में कंजड़, नट, मुसहर, भिखारी, हिंजड़े, घुमन्तू नर्तक, भील और पिछड़ी जातियों का अध्ययन ही प्रमुख है क्योंकि यह समाज में होनेवाले परिवर्तन को समझने में विशेष रूप से सहायक है। इसमें कोई शक नहीं कि शिवप्रसाद सिंह ने समाज की पिछड़ी जातियों कंजड़, नट तथा घुमंतू (जिप्सी) जातियों पर कहानियाँ लिखी हैं किन्तु पहली बात तो यह कि इन पर लिखने वाले पहले कहानीकार नहीं हैं। (जबकि साबित वह यही करना चाहते हैं) छायावाद के संस्थापक तथा महान कहानीकार जयशंकर प्रसाद ने इसकी शुरुआत बीसवीं सदी के दूसरे और तीसरे दशक में ही कर दी थी। उनकी विख्यात कहानी 'आँधी', पता नहीं इससे पहले

किसी का ध्यान इस तथ्य की ओर गया या नहीं, समाज की तिरस्कृत और बहिष्कृत जातियों पर लिखी गयी सम्भवतः हिन्दी की पहली कहानी है। इसमें 'मुसहर' भी हैं और बनजोर भी। इस कहानी की शुरुआत में ही कहा जाता है, "वह रहट्ठों की बनी हुई मूसदानी-सी एक झोंपड़ी थी जिसके नीचे पहले साथिया 'मुसहरिन' का मोटा-सा काला लड़का पड़ा रहता था।" और इसी कहानी में आगे लिखा जाता है, "इन अद्‌भुत शिविरों की पाँत में यहाँ खानाबदोश बिना घरवालों (बनजारों) की बस्ती-सी बसी है...सृष्टि को आरम्भ हुए कितना समय बीत गया, किन्तु इन अभागों को न कोई पहाड़ की तलहटी या नदी की घाटी बसाने के लिए प्रस्तुत हुई और न घर बनाने की सुविधा ही मिली। बनजारों की इस अल्पकालिक बस्ती में रहने वाली युवती 'लैला' इस कहानी की नायिका है। प्रसाद जी ने बनजारों, नटों और बाजीगरों पर अनेक कहानियाँ लिखी हैं। उनकी एक दूसरी प्रसिद्ध कहानी 'इन्द्रजाल' भी इन्हीं पर केन्द्रित है। इसकी शुरुआत ही होती है, 'गाँव के बाहर एक छोटे से बंजर में कंजरों का एक दल पड़ा था।' पूरी कहानी कंजरों के इसके इस दल में रहनेवाले युवक-यवती पर लिखी गयी एक मार्मिक प्रेमकथा है। इतना ही नहीं, प्रसाद जी की एक अन्य कहानी का शीर्षक ही 'बंजारा' है। अतः कंजरों, बनजारों तथा मुसहरों आदि पर लिखकर शिवप्रसाद सिंह ने कोई बहुत बड़ा तीर नहीं मार लिया है। उनके पास वैसा कला-कौशल और अर्थगर्भित भाषा भी नहीं है, न वह हार्दिकता तथा आत्मीयता है जो प्रसाद की इन कहानियों में झलकती हैं। इसके अलावा शिवप्रसाद सिंह राजेन्द्र यादव के आयातित और गढ़े हुए शिल्प को चाहे जितना कोसें, स्वयं उनके पास न तो कोई निजी कथाभाषा है और न कोई विशेष शिल्प। उनकी सभी कहानियाँ परम्परागत शिल्प और भाषा में लिखी गयी हैं। इसके अलावा वे नितान्त भावुकता ग्रस्त कहानियाँ हैं। उनकी चर्चित कहानियाँ 'आरपार की माला', 'नन्हों', 'दादी माँ' और 'इन्हें भी इन्तजार है' जैसी कहानियाँ बेहद गलदश्रु कहानियाँ हैं और वे शरतचन्द्रीय भावुकता से भीगी हुई हैं। न उनकी भाषा नयी है और न भावबोध। दरअसल, शिवप्रसाद सिंह बड़ी मेहनत और मशक्कत से कहानियाँ लिख पाते हैं। उनकी कहानियों में 'ये' श्रमसीकर साफ झलकते हैं। वे भी राजेन्द्र यादव की तरह कहानी गढ़ने और तराशनेवाले कहानीकार हैं, पर जहाँ राजेन्द्र यादव बहुपठित होने के कारण न जाने कहाँ-कहाँ से बिम्ब, प्रतीक और संकेत-सूत्र ढूँढ़ ले आते हैं, वही शिवप्रसाद सिंह के पास ऐसी कोई पूँजी भी नहीं है। वे अपनी कहानियों में काल्पनिक पात्र न लाकर, जीवित तथा सदेह पात्र लाते जरूर हैं, पर वे उनकी कहानियों के कलेवर में उतरते ही निर्जीव और भुरभुरे हो जाते हैं और जिन्हें वे आँसुओं का दरिया बहाने के बाद भी पुनर्जीवन नहीं

दे पाते—क्या बने बात जहाँ बात बनाये न बने।

फणीश्वरनाथ रेणु (1921-1977)

ग्राम-कथा तथा आँचलिक कहानियों में यदि सचमुच स्पन्दित जीवन-रेखा है तो वह केवल रेणु जी की कहानियों में मिलती है। रेणु जी की कहानियों में ग्राम-कथा न केवल चरम उत्कर्ष पर पहुँच गयी, बल्कि शायद वह एक 'डेड एंड' तक भी पहुँच गयी। उनके पाँच कहानी-संग्रह हैं जिनमें दो उनके निधन के बाद प्रकाशित हुए। 'ठुमरी' (1959), 'आदिम रात्रि की महक' (1967), 'अग्निखोर' (1973), 'एक श्रावणी दोपहर की धूप' (1984) और 'अच्छे आदमी' (1986)। यानी कुल मिलाकर 80 कहानियाँ जो संख्या की दृष्टि से बहुत अधिक नहीं कही जा सकतीं। किन्तु रेणु ने शायद ही कोई कमजोर कहानी लिखी हो। उनकी कम से कम एक दर्जन कहानियों को तो विश्वस्तर की माना जा सकता है। रेणु की एक बहुत बड़ी विशेषता उनकी कांसिसटेंसी, यानी निरन्तरता और समरसता है। अधिकांश अन्य कहानीकारों की कहानियों में जो विषमता है, उनकी कहानियों का ग्राफ ऊपर-नीचे गिरता-उठता आगे बढ़ता है। एक कहानी अच्छी, तो तीन कामचलाऊ और पाँच प्रायः अपाठ्य। मोहन राकेश, राजेन्द्र यादव, कमलेश्वर की ही नहीं, अमरकान्त, मार्कण्डेय और शेखर जोशी की भी कहानियाँ ऐसे ही गिरती-पड़ती आगे बढ़ती हैं जबकि रेणु की प्रायः हर कहानी कभी हीरे, कभी पन्ने, कभी रूबी, और कभी मोती की तरह चमक बिखेरती सामने आती हैं। रेणु की कहानियों की इस चकाचौंध से चकित होते हुए शिवप्रसाद सिंह ने कहा था कि 'यह रेणु तो मानो किसी खान में घुस गया है। और वहाँ से जब भी बाहर निकलता है, तो इसके हाथ में एक नया 'नगीना' होता है।' यदि रेणु की तब एक के बाद एक प्रकाशित होती 'तीसरी कसम', 'ठुमरी', 'रसप्रिया', 'एक आदिम रात्रि की महक', 'विघटन के क्षण', 'लालपान की बेगम' और 'अग्निखोर' जैसी कहानियों को देखें तो यह कथन कोई विशेष अतिशयोक्तिपूर्ण नहीं लगेगा।

उन दिनों 'ग्राम-कथाओं' की धूम थी। जिसे देखो वही शहर में रहते हुए भी कहानियों में गाँव की ओर भागा जा रहा था। किन्तु अधिकांशतः ये कहानीकार 'नास्टेलजिया' या गृहमोह से ग्रस्त कहानियाँ लिख रहे थे। इसीलिए गाँवों की सामूहिक दशा या स्थिति पर केन्द्रित न होकर दादा, दादी, माँ, पिता और 'गुलरा के बाबा' या 'सेमल के फूल' पर केन्द्रित थीं। इन्हें अपने दादा-दादी और माँ के 'गोद की गर्मी' का अभाव खल रहा था। गाँवों से आये ये सुकुमार सपनीले युवक शहरों में आकर खोई हुई दिशाओं में ही भटक रहे थे। शहर उन्हें अमानवीय,

क्रूर और खूँखार दीख रहा था। वहाँ वे एक यातनापूर्ण तथा तिरस्कृत जीवन जी रहे थे। इसीलिए उस समय शहर और गाँव की कहानियों में एक 'द्वैत' दीखता है।

रेणु की कहानियों में न यह 'गृहमोह' है और न यह 'द्वैत'। गृहमोह इसलिए नहीं है कि रेणु गाँव से कभी पूरी तरह विलग नहीं हुए। बाद में जहाँ यह 'विलगाव' शुरू होता है, रेणु की कहानियों का स्वर बदल जाता है (आगे इस बदले हुए स्वर की चर्चा की जाएगी)। द्वैत इसलिए नहीं है कि शहरी कहानीकारों की तरह वे अकेलेपन, अजनबीपन सन्त्रास और यातना की कहानियाँ नहीं लिख रहे थे। उनकी कहानियों का मुख्य स्वर जीवन, जीवन्तता और जिजीविषा का है। वे मानव और मानव के भविष्य में विश्वास करते थे। वे मूलतः एक प्रगाढ़ मानवीयता के कहानीकार थे जिसे हम यहाँ उनकी एक विख्यात कहानी 'लाल पान की बेगम' के माध्यम से देखेंगे। 'लाल पान की बेगम', इस कहानी में लाल पान की बेगम है बिरजू की माँ। (सारा गाँव उसे इसी नाम से जानता है) उसकी पड़ोसन जंगी की बहू जो गला खोलकर उसे ताना देती है। "सरबे सेटलमेंट के हाकिम के बासा पर फूलछाप साड़ी पहनकर फूआ तू भी भांटा चढ़ाती तो तुम्हारे घर पर भी आज दस मन सोना बन्द पार होता और तू भी एक जोड़ा बैल खरीदती। गाँवों में पनघट पर पनिहारिनों के बीच ऐसी नोक-झोंक चलती रहती है। बिरजू की माँ इस ताने की गोली का जवाब अपनी गुलेल से देती हुई कहती है, 'गाँव में तो अब थेटर, बाइस्कोप का गीत गानेवाली पुतरिया-पतोहू सब आने लगी हैं। पर तभी पनघट से दनदनाती हुई एक और गोली आती है। चल दिदिया चल इस मुहल्ले में लाल पान की बेगम बसती है...।" थोड़ी देर बाद कहानी में बिरजू का बाप अपने परिवार को मेला घुमाने के लिए बैलगाड़ी लेकर आता है और पूरा परिवार जब बैलगाड़ी में बैठकर मेला देखने के लिए तैयार होता है तो कुछ दूर जाने के बाद बिरजू की माँ कहती है" जरा दाहिनी सड़क से गाड़ी हाँकना और जंगी से पूछना कि उसकी बहू नाच देखने चली गयी क्या?" लेकिन उस घर में रोना-धोना मचा था। जंगी की बहू बैठी रो रही थी क्योंकि वह मेले में नहीं जा सकी थी। बिरजू की माँ उसे पुचकार कर कहती है, "अरी टीसनवाली रोती काहे को है। जा फट से कपड़ा बदलकर आजा गाड़ी में, अभी बहुत जगह है।" तभी बगल के झोंपड़े से राधे की बेटी सुनरी ने कहा, "गाड़ी में काफी जगह है। मैं भी आ जाऊँ?" सब गाड़ी में बैठकर आगे बढ़े तो बिरजू के बाप ने घूँघट में झुकी दोनों पतोहुओं को देखा। उसे अपने खेतों की झुकी हुई धान की बालियाँ याद आ गयीं। उनके गौने की रंगीन साड़ी से कड़वे तेल और लठवा सिन्दूर की गन्ध आ रही थी...खेतों से धान के झरते फूलों की गन्ध आती है...बिरजू की माँ के मन में अब और कोई लालसा नहीं है, उसे नींद आ

रही है।'' यहाँ पनघट की लड़ाई और लालसा सब तिरोहित हो जाती है और बच जाती है 'एक मीठी नींद'। यही वह निश्छल मानवीयता है जो रेणु की प्रायः प्रत्येक कहानी के केन्द्र में है।

रेणु के जीवन के कुछ वर्ष सक्रिय राजनीति में भी बीते थे। उन्होंने जयप्रकाश नारायण और राममनोहर लोहिया के साथ नेपाल को राणाशाही से मुक्त कराने वाले अभियान में भी भाग लिया था और भारत में वामपंथी नेताओं के भी निकट सम्पर्क में रहे। किन्तु राजनीति का उनका अनुभव अच्छा नहीं था। क्रमशः उससे उनका मोहभंग होता चला गया। लेकिन इस मोहभंग से न तो वे टूटे, और न हताश हुए। उनकी कहानियों में एक अपार मानवीयता और 'हलीमी' के अलावा एक अदम्य 'जिजीविषा' मिलती है, जिसे उनकी कुछ 'राजनैतिक' कहानियों में देखा जा सकता है। ऐसी ही एक कहानी है 'आत्मसाक्षी'। इस कहानी में एक गाँव में स्थित कम्युनिस्ट पार्टी के दफ्तर का चित्रण किया गया है। इस दफ्तर का रखवाला एक पुराना कम्युनिस्ट कार्यकर्ता किसान गनपत है। गनपत को एक दिन अचानक पता चलता है कि पार्टी 'विभाजित' हो गयी और 'कामरेड बलराम' दफ्तर के सारे कागज़ात लेकर भाग जाते हैं। बिचारे कर्मठ तथा कर्तव्य परायण गनपत को लगता है कि 'चाँद-सूरज में भी दरार पड़ गयी है। दुनिया की हर चीज मानो दो भागों में बँट गयी है...हर आदमी के दो टुकड़े, दो मुखड़े और दरका हुआ दिल।'

दरअसल यह 'दरार' स्वयं रेणु के दिल और दिमाग में पड़ी थी। जो गहरा दर्द बनकर जीवन भर सालती रही और जिसे उनकी अनेक कहानियों और उपन्यासों में (मुख्यतः 'मैला आँचल' में) महसूस किया जा सकता है।

'आत्मसाक्षी' कहानी के गनपत को दफ्तर से चोरी का इल्जाम लगाकर निकाल दिया जाता है और दफ्तर पर विभाजित पार्टी के दूसरे धड़े का कब्जा हो जाता है। गनपत अपने छोटे से बेटे को कन्धे पर बैठाकर निकल जाता है। कहानी का अन्त है, ''जाते-जाते गनपत ने एक बार उलटकर देखा, पार्टी का झंडा बदरंग होकर भी फड़फड़ा रहा है हवा में। उसे लगा कि वह खुद पार्टी का अंग है जिसे कन्धे पर ढोकर 'शोभन' (अगली पीढ़ी) ले जा रहा है। इसी तरह मानवीयता में रेणु की अटूट आस्था का झंडा भी बदरंग होकर भी निरन्तर फड़फड़ाता रहा।

यह रेणु की कहानियों का एक पक्ष है। दूसरे पक्ष में रेणु ने गाँवों से युवकों तथा सम्पन्न लोगों के सामूहिक पलायन का अत्यन्त मार्मिक चित्रण किया। इस बहिर्गमन की करुण मार्मिकता को अपने सर्वोत्तम रूप में उनकी कहानी 'विघटन के क्षण' में देखा जा सकता है। कहानी की बड़ी माँ कहती है, ''पता नहीं शहर

के पानी में क्या है कि जो एक घूँट पी लेता है, उसे फिर गाँव का पानी हजम नहीं होता।...गोविन आया और अपने साथ पंचकोड़िया और सुगवा को ले गया..फिर बाभन टोले के बूढ़े अरजुन मिसिर और गेंदा झा गये।'' यहाँ तक कि ''रामेश्वर बाबू अब निझंझट हो गये हैं, खुदवारत हैं—जमीन है, पोखरा है, बाग-बगीचे हैं, जिस दिन कोई बड़ा ग्राहक आ जाए बेचकर छुट्टी। छुट्टी माने इस रानीडीह से अपनी जन्मभूमि से कोई लगाव नहीं रखना।'' पढ़ने वाले इन पंक्तियों में बहुत कुछ पढ़ सकते हैं। जिसे जन्मभूमि से लगाव नहीं, उसे देश या किसी से भी कोई लगाव क्यों हो?...यही 'बहिगर्मन' की प्रक्रिया का वह छोटा सा वृत्त है जो क्रमशः वृहत्तर होता हुआ विदेशगमन तक जा पहुँचता है। इसी तरह 'विघटन के क्षण' की आठ नौ साल की नन्ही-सी जान चुरमुनिया न जाने किस संकट की छाया देखकर डर गयी थी...वह रो-रो कर गाती रहती है। करुण स्वर में! शायद रेणु ही वह चुरमुनिया हैं जो न जाने किस संकट की छाया देखकर रो-रोकर गाते रहे आजीवन! ऐसा ही गीत उनकी कहानी 'रसप्रिया' में सुनाई पड़ता है।

रेणु की कहानियों की संरचना गीतात्मक (लिरिकल) थी—ऐसा कथा-गद्य पहले कभी देखा नहीं गया...अधिकांश अधूरे वाक्य एक लयबद्ध वृत्तचक्र में घूमते हुए, संगीत की ध्वनियों की रचनात्मक सिम्फनी! लेकिन यह गीत-गद्य सामने के यथार्थ को लगातार निकटतर लाता रहता है। हम उस दृश्य के यथार्थ के एकदम रू-ब-रू होते हैं। उसे छूते और सुनते हुए उसके साथ एकाकार होने लगते हैं। ऐसा कथागद्य पहले न कभी लिखा गया और न लिखा जाएगा। क्योंकि स्वयं रेणु उसी के तन्तुओं से बुने गये थे—जैसे वे स्वयं एक 'वाद्ययन्त्र' हों और शब्द रूपों में झंकृत हो रहे हों। रेणु की इस कथाभाषा पर एक लम्बा लेख लिखा जा सकता है। इस म्युजिकल पैटर्न का सर्वोत्तम उदाहरण उनकी विख्यात कहानी 'तीसरी कसम' है। यह पूरी कहानी ही गीतों से गुँथी हुई है। इसकी विषयवस्तु भी बिहार की प्रसिद्ध लोक नाट्य नौटंकी है। पूरी कहानी एक वृन्दगान की तरह है जिसमें अन्तर्धारा के रूप में एक अलक्षित-सी प्रेम-कथा भी चलती रहती है। रेणु की प्रेमकथाएँ घनघोर रूप से एंद्रिक होते हुए भी कभी माँसल या दैहिक नहीं होतीं। उनमें एक रोमेंटिक सुदूर भाव बना रहता है—प्रेम के कोमल तथा नाजुक तन्तुओं से बना हुआ।

रेणु संवेगों तथा आवेगों के कथाकार हैं और संवेगों की तीव्रता हमेशा बरकरार नहीं रहती, ज्ञान तथा अनुभव की परिपक्वता के साथ क्रमशः यह तीव्रता मध्यम और मुबहम होती जाती है। प्रसाद जी ने चन्द्रगुप्त नाटक में लिखा है, ''समझदारी आने पर यौवन चला जाता है...। रेणु की कहानियों में भी इसी तरह

समझदारी के साथ उनकी कहानियों में भावना की जगह 'विचार' लेने लगते हैं। इसके साथ ही छिन्नमूल होकर नगर में रहने के कारण भी उनकी कहानियों में एक शीतलता-सी आने लगी। स्वयं रणु को भी इसका बोध था और उनकी कहानियों में एक उद्विग्न विकलता-सी आने लगी। यद्यपि तब भी उनका एक पाँव गाँव में होता था और एक पाँव शहर में। अपनी खाद्य-सामग्री और कथा-सामग्री भी वे गाँव से ही लेकर लौटते थे। उन्होंने लिखा भी है, ''गाँव से कुछ न कुछ नया लेकर लौटता हूँ। हर बार कभी नया चूड़ा, नया चावल, नया गुड़ और कभी कुछ 'नये शब्द'। ''ये नये शब्द ही अन्त तक उनकी कहानियों के आधार बने रहे। किन्तु गाँव से विच्छिन्नता का यह बोध उन्हें हमेशा सालता रहा। अपनी कहानी 'एक अ कहानी' के छोटेलाल को शहर में गाँव और गाँव के शब्द ढूँढ़ने पड़ने लगे थे। इस कहानी में व्यंग्य भी है, और व्यथा भी। चाय, बिस्कुट और उबले हुए अंडे खिलाकर रचना की कथा है। बांकीपुर क्लब, पैलेस होटल और राजेन्द्र नगर का अपना फ्लैट क्रमश रेणु की कहानियों को भी फ्लैट करता जा रहा था। कभी रेणु के 'मैले आँचल' से उलीचे गये पानी से ही न जाने कितने आंचलिक कथाकार पैदा हो गये थे। लेकिन कहानी सुपात्र तक आते आते रेणु उस अकूतखजाने से दूर, बहुत दूर चले गये थे।

निर्मल वर्मा (1929-2005)

यद्यपि फणीश्वरनाथ रेणु और निर्मल वर्मा दो ध्रुवान्तों के कहानीकार हैं, लेकिन रेणु के ठीक बाद निर्मल वर्मा की कहानियों पर विचार करना इसलिए आवश्यक है कि रेणु ने ग्राम-कथाओं को उस छोर तक पहुँचाया जहाँ लगने लगा है कि 'इसके आगे राह नहीं है', वहीं निर्मल वर्मा ने आधुनिकतावादी 'नयी कहानी' को उसके चरम शिखर तक ले जाकर छोड़ा। निर्मल वर्मा के पहले कहानी संग्रह 'परिंदे' पर लिखते हुए डॉ. नामवर सिंह ने कहा था कि वे हिन्दी कहानी में एक नयी शुरुआत करते हैं। इस 'शुरुआत' पर हम आगे विचार करेंगे। निर्मल वर्मा के कहानी संग्रह हैं: 'परिन्दे' (1960), 'जलती झाड़ी' (1965), 'पिछली गर्मियों में' (1968), 'बीच बहस में' (1975), 'कौव्वे और काला पानी' (1983), 'सूखा और अन्य कहानियाँ' (1995)। स्वयं निर्मल वर्मा की कहानियों पर विचार करने से पहले निर्मल वर्मा ने कहानी, नयी कहानी और अपनी कहानी पर जो विचार व्यक्त किये हैं, उन्हें जान लेना जरूरी है—'बीसवीं शताब्दी की जो विधा सबसे पहले अपने अन्तिम छोर पर जाकर खत्म हो गयी, वह कहानी है। चेखव की कहानी कहानी का अन्त है। दूसरे शब्दों में अब कहानी वही नहीं रहेगी जिसे हम आज तक कहानी की संज्ञा देते आये हैं। आज प्रश्न चेखव की

परम्परा को आगे बढ़ाने का नहीं, उससे 'मुक्ति' पाने का है...सौभाग्यवश हिन्दी कहानी के सामने यह समस्या नहीं है, क्योंकि वह अभी चेखव से भी बहुत पीछे है।'' इन पंक्तियों से यह स्पष्ट है कि निर्मल वर्मा तब लिखी जा रही कहानियों को न तो 'आधुनिक' मानते थे और न 'नयी'। वे 'नयी कहानी' कहानी के बारे में कहते हैं, 'इसलिए जब हम 'नयी कहानी' की बात करते हैं तो हमें चर्चा कहानी की मृत्यु से करनी चाहिए...और, जिस भूमि पर नयी कहानी को जन्म लेना है वहाँ पुरानी कहानी का महत्त्व बहुत कम है और जिसे 'नयी कहानी' कहते आये हैं, उसका महत्त्व और भी कम।'' यहाँ यह जानना महत्त्वपूर्ण है कि निर्मल वर्मा तब लिखी जा रही 'नयी कहानियों' को 'नयी तो क्या, कहानी मानने से भी इंकार करते हैं, उसे एक विरोधाभासपूर्ण विशेषण मानते हैं। 'नयी कहानी' अपने आपमें ही एक विरोधाभास है। जिस हद तक वह कहानी है, उस हद तक नयी नहीं है और जिस सीमा तक वह नयी है, उस हद तक वह कहानी नहीं है, जैसाकि हम आज तक समझते हैं।...(असली) नयी कहानी का जन्म इसी दुकान में होगा—सिर्फ चिथड़ों और हड्डियों के अलावा वहाँ कुछ भी नहीं मिलेगा...(कहानी का यथार्थ) एक पक्षी की तरह झाड़ी में छिपा रहता है। उसे वहाँ से जीवित निकाल पाना उतना ही दुर्लभ है जितना उसके बारे में कुछ निश्चित जान पाना, जब तक वहाँ छिपा रहता है।...कहानीकार सिर्फ यही कर सकता है, उससे कुछ अधिक कर पाना असम्भव है...हम सिर्फ प्रतीक्षा कर सकते हैं।...एक शब्द अपनी कहानियों के बारे में मैं जो कुछ चाहता रहा हूँ, वह मेरी कहानियों में नहीं आ पाया है, उसे मैंने हमेशा दूसरों में पाया है। इसलिए मैंने जो कुछ ऊपर लिखा है, वह आनेवाली 'नयी कहानी' के बारे में, अपनी कहानी के बारे में नहीं।'' अत: निर्मल वर्मा यह मानते हैं कि हिन्दी में नयी कहानी अभी लिखी ही नहीं गयी और वे स्वयं अपनी कहानियों में भी उसकी अभी प्रतीक्षा ही कर रहे हैं।...अब इस सन्दर्भ में हम निर्मल वर्मा की कहानियों पर विचार करने के लिए आगे बढ़ सकते हैं। निर्मल वर्मा को अपनी जिस कहानी से तत्काल या 'इंस्टेंट' प्रसिद्ध प्राप्त हुई, वह उनकी लम्बी कहानी 'परिन्दे' थी। नामवर सिंह ने 'परिन्दे' कहानी पर विचार करते हुए 'प्रतीक्षा' शब्द को कहानी के केन्द्र में माना था। इस तरह हम देखते हैं कि निर्मल वर्मा भी प्रतीक्षा को ही कहानी मात्र का 'कर्म' मानते हैं और उनकी सर्वाधिक प्रसिद्ध कहानी का विवेचन करते हुए नामवर सिंह कहते हैं कि अब यह देखने की जरूरत है कि आखिर यह प्रतीक्षा है क्या और किसकी? 'परिंदे' कहानी में यह प्रतीक्षा की घड़ी तब आती है, जब पहाड़ी शहर के एक मिशनरी स्कूल की मास्टरनी लतिका—जो कहानी की नायिका है, और स्कूल के डॉक्टर दोनों स्कूल की पिकनिक से शाम को घर वापस

आ रहे हैं, तभी लतिका को याद आया, हर साल सर्दी की छुट्टियों से पहले ये परिंदे मैदानों की ओर उड़ते हैं, कुछ दिनों के लिए पहाड़ी स्टेशन पर बसेरा करते हैं। प्रतीक्षा करते हैं बर्फ के दिनों की जब वे अजनबी अनजाने देशों में उड़ जाएँगे।...क्या वे सब भी प्रतीक्षा कर रहे हैं? वह डाक्टर मुखर्जी, ह्यूबर्ट—लेकिन कहाँ के लिए?' डॉ. नामवर सिंह ने अपने 'परिंदे' पर लिखे लेख में इस 'प्रतीक्षा' की व्याख्या इस प्रकार की है 'हम कहाँ जाएँगे?' यह सिर्फ एक व्यक्ति का प्रश्न नहीं है, यह सबका प्रश्न है और मानव-नियति का यह विराट प्रश्न सारी कहानी पर छा जाता है। यानी नामवर सिंह यह कहना चाहते हैं कि यह पूरी मानव-नियति की प्रतीक्षा है, हमारे अस्तित्व मात्र की प्रतीक्षा कि हम 'कहाँ जाएँगे' और इसका कोई उत्तर नहीं मिलता। किन्तु इस कहानी के प्रारम्भ में ही कैथरीन मैन्सफील्ड का जो उद्धरण दिया गया है, उसमें इसका उत्तर मिल जाता है। उद्धरण इस प्रकार है, 'कैन वी डू नथिंग।' यानी जो लोग मर चुके हैं, उनको हम भूलने के अलावा कुछ नहीं कर सकते। कहानी का डॉक्टर भी यही कहता है, 'मरने वालों के संग खुद थोड़े ही मरा जाता है।' कहानी में यह जो प्रतीक्षा करने और मरने की बात की जा रही है, उसका सन्दर्भ यह है कि कुछ दिनों पहले 'लतिका' पास ही बसे कुमायूँ रेजीमेंट के एक कैप्टेन गिरीश नामक युवक से प्यार करती थी और अकसर उससे मिलने जाती थी। उसी बीच गिरीश को युद्ध के मोर्चे पर जाना पड़ा और वह वहाँ से वापस नहीं आता। किन्तु लतिका मानो अब भी उसकी प्रतीक्षा कर रही है। वह उसकी स्मृतियों से उबर नहीं पाती। पूरी कहानी अतीत के इन्हीं विगत-या यहाँ कह सकते हैं, दिवंगत स्मृतियों की कहानी है और अतीत की वे घड़ियाँ जिनके बारे में लतिका जानती है कि लौटकर नहीं आएँगी, फिर भी उनकी प्रतीक्षा करती रहती है। तो कहानी में इस प्रतीक्षा का मर्म यह है। यह मानव नियति की कहानी तो है, क्योंकि सभी जानते हैं कि मृत्यु मानव की नियति है किन्तु कहानी में इसे जिस तरह प्रस्तुत किया गया है वह निहायत रोमैंटिक है। पूरी कहानी में एक रोमैंटिक पैथोस बना रहता है और उसके गुंजलक में न केवल लतिका बन्द रहती है, बल्कि लेखक भी। यह जानने के बावजूद कि मरने वालों के लिए कुछ भी नहीं किया जा सकता, स्वयं भी बन्द रहता है और चाहता है कि पाठक भी सम्मोहन के इस दायरे में आ जाएँ। कहानी की सफलता इस बात में है। अन्त में उसका वांक्षित प्रभाव भी यही होता है—यही उसका समग्र प्रभाव या प्रभावान्विति (टोटल एफेक्ट) है। अतः अपने भावबोध में यह घनघोर रोमैंटिक कहानी है। नामवर जी ने इसे 'कालातीत दृष्टि' की कहानी कहा है तो उसे केवल इस रूप में स्वीकार किया जा सकता है कि हमेशा और हर युग में रोमैंटिक भावुक तथा अतीत में जीनेवाले

लोग होते हैं। कहानी इस रोमैंटिक, अवसाद (रोमैंटिक एगोनी) से अन्त तक मुक्त नहीं होती और न ऐसा कोई संकेत छोड़ती है। कहानी का अन्त है, 'लतिका ने वह नीला लिफाफा निकाला और धीरे से जूली के तकिये के नीचे दबाकर रख दिया।' यह लतिका की मानवीयता तथा सदाशयता का परिचायक है किन्तु कहानी का अन्तिम सन्देश यह है कि लतिका ने वह लिफाफा रखकर एक और लतिका को अपनी ही 'नियति' भुगतने के लिए जन्म दे दिया।

निर्मल वर्मा की प्रारम्भिक कहानियाँ अपनी तराश, ताजगी और घनी रचनात्मक बुनावट के बावजूद अत्यन्त भावुकताग्रस्त रोमैंटिक कहानियाँ हैं। 'पिक्चर पोस्टकार्ड', 'लवर्स', 'धागे', 'तीसरा गवाह' और 'सितम्बर की एक शाम' आदि सभी कहानियों का अन्त एक रोमैंटिक अवसाद (रोमैंटिक एगोनी) के रूप में दूर होता है। 'तीसरा गवाह' और 'सितम्बर की एक शाम' आदि सभी कहानियों का अन्त एक रोमैंटिक अवसाद (रोमैंटिक एगोनी) के रूप में ही होता है। 'तीसरा गवाह' कहानी में अन्तिम क्षण में विवाह महज इसलिए नहीं हो पाता कि कोर्ट में मजिस्ट्रेट के सामने तीसरा गवाह (जो जरूरी है) उपस्थित नहीं हो पाता और प्रेमी हमेशा के लिए 'जुदा' हो जाते हैं। यह जुदाई का ग़म निर्मल वर्मा की इस दौर की कहानियों में अक्सर बना रहता है। और अन्त में भी उनकी अन्तिम कहानी 'बुखार' में 'बुखार' बनकर लौट आता है। निर्मल वर्मा की कहानियों में 'बुखार' बहुत है और वे अन्त तक इस 'बुखार' से मुक्त नहीं हो पाते।

निर्मल वर्मा की कहानियों का बीज शब्द 'प्रतीक्षा' उनकी एक अन्य कहानी 'सितम्बर की एक शाम' में भी मौजूद है, किन्तु अलग ढंग से और अधिक रोमैंटिक रूप में। ''सितम्बर की एक शाम' सारी दुनिया उसकी 'प्रतीक्षा' कर रही है कि वह उसे अर्थ दे, उसकी बाट जो रही है साँस रोके। उसने आँखें उठाईं, सारी दुनिया सामने पड़ी थी और उसकी उम्र सत्ताइस वर्ष की थी।'' यह आत्मश्लाधा की पराकाष्ठा है या शायद इसे आत्म मुग्धता भी कहेंगे। एक सत्ताइस वर्ष का बेकार निरुद्देश्य भटकता हुआ युवक दिवास्वप्न देखता हुआ खयाली पुलाव पका रहा है कि सारी दुनिया उसकी प्रतीक्षा कर रही है कि वही उसे अर्थ देगा, यानी दूसरे शब्दों में कहें तो वही दुनिया को बदल सकता है। यह रूमानी दिवास्वप्न केवल एक शेखचिल्ली का हो सकता है। या किसी पागलखाने में बन्द विक्षिप्त व्यक्ति का जो हर आने जानेवाले व्यक्ति से चीख–चीखकर कह रहा है कि मुझे छोड़ दो, मैं पैगम्बर हूँ और दुनिया को बदलने आया हूँ। किन्तु निर्मल वर्मा विक्षिप्त तो नहीं हैं। वे अच्छी तरह जानते हैं कि कोई किसी की प्रतीक्षा नहीं करता, केवल हम ही प्रतीक्षा करते हैं कि एक दिन कुछ होगा, कोई आएगा और हमें

ज़र्रे से हीरे में बदल देगा। निर्मल वर्मा की इस दौर की कहानियों में या तो ऐसे ही स्वप्नजीवी युवक हैं या निरन्तर अवसादग्रस्त रहने वाले पात्र जैसे 'दहलीज' कहानी की किशोर कन्या जो अपनी बड़ी बहन से ईर्ष्यादग्ध होकर सोचती रहती है कि 'मैं मर गयी हूँ।'

लेकिन यह निरन्तर बनी रहने वाली अवसाद ग्रस्तता है क्या? इसका मर्म क्या है? कुछ और कहानियों के सन्दर्भ में उसे विश्लेषित करके देखा जा सकता है। इन अवसादग्रस्त प्राणियों की मानसिकता व्यक्त करने के लिए निर्मल वर्मा ने कुछ सूत्रशब्द बना रखे हैं। अँधेरा, अभिशाप और टेरर। जानना जरूरी है कि आखिर वह कौन सा अँधेरा, अभिशाप और टेरर है, जिसमें निर्मल वर्मा के शब्दों में आज का आदमी जी रहा है। और इसीलिए निर्मल वर्मा कहते हैं कि 'कहानी अँधेरे में एक चीख है।' वह किस चीज का आतंक या अभिशाप है जो अच्छे खासे हँसते-खेलते जिन्दा इन्सान को 'दिल की दुकान' में ले जाकर मुरदा चीथड़ों और हड्डियों में बदल देता है? दरअसल निर्मल वर्मा की इन कहानियों में प्रवेश करना एक प्रेतलोक में प्रवेश करना है जहाँ खुली धूप की जगह मैली, पीली चाँदनी है, सूखी पत्तियों के ढेर हैं। खामोश बेआवाज आँसू बहाते लोग हैं, दबी धीमी फुसफुसाहटें और डायरी के खेल हैं, क्या राज है इन अफसानों का? यहाँ आकर सचमुच ये कहानियाँ तिलस्मी, भुतैली और बनैली (ये स्वयं निर्मल वर्मा के प्रिय शब्द हैं।) हो जाती हैं।

दरअसल निर्मल वर्मा युद्धोत्तर मन:स्थितियों और संवेदना के कथाकार हैं। उनकी समस्या 'दो संस्कृतियों के बीच की स्थिति को समझने और उसमें अपने को स्थित (सिचुएट) करने की है। वो दरअसल, यूरोप की युद्धोत्तर संवेदना और मानसिकता को भारतीय मानसिकता के रूप में आरोपित करने तथा व्याख्यायित करने की कोशिश करते हैं। जबकि भारत पर महायुद्धों का प्रभाव ठीक उसी रूप में और वैसा ही नहीं पड़ा, न वह यूरोपीय देशों की तरह ध्वस्त होकर खंडहरों में तब्दील हुआ। और जो प्रभाव पड़ा, वह दूसरी तरह का था, उसका स्वरूप कुछ और था, जिसकी चर्चा हम आगे अन्य सन्दर्भों में करेंगे। निर्मल वर्मा की संवेदना दो संस्कृतियों के द्वन्द्व (जिसे वे दोगली संस्कृति कहते हैं) में फँसी उस 'ऐंग्लोइंडियन' व्यक्ति की संवेदना है, जो स्वयं एक आरोपित—और इसीलिए कृत्रिम, जीवन जीने के लिए अभिशप्त है। उनके पात्र इसलिए अभिशप्त हैं कि वे स्वयं अभिशप्त हैं।

अब उनकी कहानियों को ठीक से समझा जा सकता है। इसीलिए निर्मल वर्मा ज्यादातर अपनी कहानियों के लिए ऐसे ही व्यक्तियों को चुनते हैं, जो उन्हीं की तरह दो संस्कृतियों या 'दो दुनिया' की उपज हैं? दूसरे देशों में रहने वाले

प्रवासी भारतीय या अपने ही देश में प्रवासी जीवन जीने वाले 'निर्वासित' लोग। अपने परिचितों के छोटे से दायरे में भी वे एक दूसरे से इतने अजनबी तथा असम्प्रेषित हैं कि हर सम्बन्ध उन्हें नये सिरे से अकेला कर जाता है। वे अपनी नियति के आगे बिल्कुल अकेले हैं, विश्व और विश्व की सीमा पर वे अशरीरी छायाओं से घूमते हैं। किसी समाज, किसी दृष्टिकोण का पासपोर्ट उनके पास नहीं है। (सौंदर्य की छाया निबन्ध में) यहाँ निर्मल वर्मा ने स्वयं अपनी कहानियों के पात्रों की संवेदना तथा मानसिकता को परिभाषित कर दिया है। किन्तु इसके साथ ही यह भी जानना जरूरी है कि ये व्यक्ति वर्तमान में न जीकर अतीत-मोह (नास्टेस्लजिया) से ग्रस्त है। अतीत की भुतैली छाया हमेशा उन पर मँडराती रहती है। पब्लिक स्कूलों तथा विदेशी संस्थाओं की संस्कृति ऐसे ही 'अकेले' और मूलहीन (रूटलेस) इन्सानों को जन्म देती है जिसकी एक संतान स्वयं निर्मल वर्मा भी हैं।

इसे विडम्बना ही कहेंगे कि निर्मल वर्मा का 'ऐंग्लोइंडियन भावबोध' विदेशी परिवेश में ही ज्यादा 'ऐटईज़' महसूस करता है। सम्भवतः यही कारण है कि उनकी वे कहानियाँ जो विदेशी परिवेश और पात्रों से सम्बन्धित हैं, अधिक परिपक्व तथा श्रेष्ठ कहानियाँ हैं। इस श्रृंखला की पहली कहानी 'लन्दन की एक रात' थी जो उनकी एक अत्यन्त उत्कृष्ट कहानी है। पहली बार निर्मल वर्मा ने प्रिय शब्द आतंक को रहस्यमय अर्मूतता के अँधेरे से निकालकर व्यापक सामाजिक सन्दर्भ में प्रयुक्त किया है। यह कहानी मूलतः रंगभेद पर है। गोरे लोग किस तरह रंगीन (कलर्ड) लोगों से मुख्यतः एशियन और अफ्रीकन काले लोगों से नफरत करते हैं और मौका मिलने पर उनकी हत्या तक करने पर उतारू हो सकते हैं, यह कहानी इसी को लन्दन स्थित एक नाइट क्लब के माध्यम से सामने लाती है। शराबखोरी और 'नाचघर' के इस अड्डे में कुछ गोरे युवक नशे में किस तरह गुंडई पर उतारू हो जाते हैं। इसी माहौल में फँसा एक भारतीय युवक किसी तरह भागकर अपनी जान बचा पाता है। कहानी इसी आतंक को विवरणात्मक सूक्ष्मता के साथ व्यक्त करती है। कहानी के पूरे परिवेश में व्याप्त आतंक पाठक में भी भय की एक ठंडी फुरफुरी भर देता है। पहली बार इस कहानी में निर्मल वर्मा अपने व्यक्ति के कोटर से बाहर निकलकर एक व्यापक अन्तर्राष्ट्रीय सामाजिक समस्या को अत्यन्त रचनात्मकता के साथ अपनी किसी कहानी का विषय बनाते हैं। ऐसी ही एक कहानी है 'डेढ इंच ऊपर', इसमें महायुद्ध के बाद नाजी गेस्टापो शिकंजे से जीवित बचे एक बूढ़े की मार्मिक कहानी कही गयी है जिसकी पत्नी को गेस्टपो के सैनिक उठा ले गये थे और फिर वह कभी वापस नहीं लौटी। वह निरीह और जर्जर वृद्ध अपने उदास अकेलेपन को पड़ोस के एक बार में बैठकर

शराब में डुबोता रहता है।

लेकिन वह इतनी ही पीता है कि अपने आसपास से बेखबर होकर महज 'डेढ़ इंच ऊपर' उठ जाए। यह छोटी-सी पूरी कहानी आत्मालाप (मोनोलॉग) की अनूठी शैली में लिखी गयी है जो बूढ़े की व्यथा को तो बयान करती ही है, साथ ही महायुद्ध के दिनों में नाजियों की अमानुषिक नृशंस बर्बरता को भी पूरी तरह प्रतिबिम्बित करती है। कहानी में बिना किसी अतिनाटकीयता और अतिशयता के युद्धोत्तर यूरोप का क्षत-विक्षत रूप तो सामने आ ही जाता है, साथ ही कहानी का 'बूढ़ा' केवल एक बूढ़ा न होकर न जाने कितने अकेले बच गये बूढ़े-बूढ़ियों की कहानी बन जाती है जो अब भी युद्ध के दिनों में ही रहते हैं। इसमें पहली बार निर्मल वर्मा के दूसरे प्रिय शब्द प्रतीक्षा को भी एक ठोस, वस्तुगत सामाजिक आधार मिल गया है। इस प्रवास-परिवेश की शृंखला में निर्मल वर्मा ने 'जलती झाड़ी', 'अन्तर' और 'एक दिन का मेहमान' जैसी उत्कृष्ट कहानियाँ लिखी थीं।

किन्तु यहाँ भी निर्मल वर्मा एक दूसरी विडम्बना के शिकार हो गये। इन कहानियों को पढ़कर हिन्दी जगत के पाठकों के एक समूह ने उन्हें एक ऐसा प्रवासी भारतीय कथाकार कहना शुरू कर दिया, जिसका अपने देश के परिवेश, मनुष्यों तथा समस्याओं से कोई लेना-देना न हो। वह भारत लौटता भी है तो केवल 'वीक एंड' बिताने के लिए। लेकिन पाठकों की यह शिकायत एकदम निराधार नहीं थी। दरअसल बाद में निर्मल वर्मा 'स्टॉक सिचुएशंस' के कहानीकार बन गये और यह स्थितियों (लोकेल) के चयन तक सीमित नहीं रहा बल्कि निर्मल वर्मा ने अपनी जो एक अनूठी तथा निजी कथा-भाषा निर्मित की थी और उसके लिए जिन शब्द-बिम्बों का चयन किया था, वे धीरे-धीरे रूढ़ होने लगे। उनमें कोई परिवर्तन या विकास न होकर पुनरावृत्तियाँ होने लगीं। उसमें प्रयुक्त वस्तु तथा उपादान भी रूढ़ और ठस होते गये। मसलन, हर कहानी में डेनिश बीयर, फ्रेंच कोन्याक, इटैलियन चियांती, कुहासा, बर्फबारी, बारिश, पत्थर और सूखे पत्तों के ढेर लग गये। निर्मल वर्मा की कोई कहानी बिना इस अतिपरिचित और प्राप्त घिसे-पिटे शब्दों और दृश्यों के आगे बढ़ ही नहीं सकती थी।

इसके अतिरिक्त उनकी पहले की स्फूर्ति और ताजगी भरी हुई भाषा अति अलंकृत, विशेषण और सूत्रबहुल होने लगी। सूत्रों से लदी हुई यह भाषा व्याख्यात्मक भी होने लगी। मानो निर्मल वर्मा कहानीकार न होकर जीवन का मर्म और दर्शन समझने वाले व्याख्याता या कथावाचक हो गये। कोई भी कथाकार जब ऐसी मुद्रा अपनाने लगता है तो भाषा तो बासी लगने लगती ही है, उसकी रचना भी ठूँठ तथा ठस लगती है। निर्मल वर्मा के साथ यही हादसा हुआ। बाद

में उससे बचने के लिए उन्होंने जो दूसरी दिशा अपनाई उसके द्वारा वे पेंडुलम के दूसरे छोर पर पहुँच गये। प्रवासी भारतीय कहे जाने के आरोप से बचने के लिए उन्होंने सहसा अतिभारतीय मुद्रा अपना ली। वे भारतीय कर्मकांडों, रूढ़ियों तथा अन्धविश्वासों में विश्वास करने लगे। इस क्रम में उन्होंने महाकुम्भों की यात्राएँ कीं और वहाँ एकत्र साधु सन्यासियों के बारे में लम्बे-लम्बे रिपोर्ताज लिखे जिससे उनकी तथाकथित आध्यात्मिक अभिरूचियों का पता चलता है जो मूलतः रूढ़ियों तथा कर्मकांडों पर आधारित 'आध्यात्मिकता' थी।

भारतीयता कोई लबादा नहीं है जिसे ओढ़कर आप रातोंरात अपनी भारतीयता साबित कर दें। निर्मल वर्मा ने यही 'डेस्पेरेंट' कोशश की। वास्तविकता यह थी कि बचपन से उनके मन में भारतीय संस्कारों के बीज नहीं बोये गये थे। उन्होंने स्कूली शिक्षा कान्वेंटों में प्राप्त की और उच्च शिक्षा दिल्ली के सेंट स्टीफेन कॉलेज से। फिर कुछ ही वर्षों बाद अनेक वर्षों के लिए विदेश चले गये और फिर जीवन भर वहाँ आते-जाते रहे। जहाँ तक अध्ययन का प्रश्न है, इस बात का कोई प्रमाण नहीं मिलता कि उन्होंने भारतीय कालसिद्ध ग्रन्थों रामायण, महाभारत और कालिदास, तुलसीदास या सूरदास, कबीर आदि महाकवियों तथा दर्शन के क्षेत्र में शंकराचार्य के अद्वैत वेदान्त, सांख्य, योग और बौद्ध या जैन ग्रन्थों का अध्ययन किया हो। उनकी किसी रचना से कहानी, उपन्यास या वैचारिक ग्रन्थों से ऐसा कोई संकेत नहीं मिलता कि उन्हें भारतीय धर्म, दर्शन आदि के बारे में कुछ विशेष जानकारी हो। फिर वे किस आधार पर भारतीय धर्म, दर्शन आदि की आध्यात्मिकता के जानकार ही नहीं, प्रचारक बनने का भी दावा करने लगे? यह कायाकल्प रातोंरात सम्भव कैसे हुआ? स्पष्टतः यह एक छद्म, आडम्बर और प्रदर्शन था जिसका सर्वोत्तम रूप उनकी चर्चित कहानी 'कौवे और कालापानी' में सामने आया। यह दिलचस्प आडम्बर की कहानी है। छोटा भाई साधु बनकर पर्वत पर तपस्वी रूप में निवास करने वाले बड़े भाई के पास जाता भी है तो उसका अधिकांश समय पड़ोस में एक दूसरे व्यक्ति के यहाँ ह्विस्की पीने में ही गुजरता है। वहाँ से वह कौन सा रहस्यमय ज्ञान प्राप्त करके आता है, कहानी में यह भी रहस्य ही बना रहता है।

निर्मल वर्मा की इस कर्मकांडी आध्यात्मिकता की चर्चा उनके अन्तिम उपन्यास 'अन्तिम अरण्य' के सन्दर्भ में की जा चुकी है। यद्यपि यहाँ उनकी कहानियों का वैचारिक विश्लेषण ही किया गया है, किन्तु स्पष्टतः इस संवेदनात्मक क्षरण से उनकी रचनात्मकता भी क्षतिग्रस्त हुई है और क्रमशः उसमें ह्रास आता गया है। इसकी अन्तिम परिणति सम्भवतः उनकी अन्तिम कहानी 'बुखार' में होती है। पहले ही बताया जा चुका है कि 'बुखार' उनकी कहानियों और उपन्यासों

का प्रिय शब्द है। उनके पात्र अकसर किसी अनजाने बुखार से अकारण ग्रस्त रहते हैं। इस बुखार शब्द का बार-बार प्रयोग किसी प्रतीक विशेष के अर्थ में किया जाता हो, ऐसा कोई संकेत नहीं मिलता। सम्भवत: इसका कोई निजी सन्दर्भ हो। हाँ, उनकी अन्तिम कहानी 'बुखार' में यह बुखार किसी प्रतीक रूप में आया हुआ जरूर प्रतीत होता है। कहानी में नायक के माता-पिता उसे अपनी वधू का चयन करने के लिए भेजते हैं। वह उस लड़की से मिलता है या कह लें लड़की से विवाह करेगा। किन्तु लड़की को रेलवे स्टेशन पर विदा करते वक्त किसी चीज से टकराकर प्लेटफाम पर गिर जाता है और फिर हफ्तों बुखार में पड़ा रहता है। ठीक होने के बाद वह अब उस लड़की के बारे में पता करने जाता है तो मालूम होता है कि वह शहर छोड़कर 'देहरी ऑन सोन' चली गयी है। काफी अरसे बाद जब वह कलकत्ता जाते हुए ट्रेन से गुजर रहा होता है तो अचानक उसकी नजर एक प्लेटफार्म पर पड़ती है जिस पर लिखा हुआ होता है 'देहरी ऑन सोन' और उसकी ट्रेन वहाँ से गुजर जाती है। कहानी का यहीं अन्त है। यह एक निहायत परम्परागत ढंग से लिखी हुई प्रेमकथा है जिसमें सम्भवत: यह संकेत दिया गया है कि सारी चीजें अन्तत: और मूलत: संयोग या नियति निर्धारित से होती हैं। निर्मल वर्मा अन्तत: भारतीयता के नाम पर नियतिवाद को भी अपना लेते हैं। अर्थात नायक यदि बुखार में नहीं पड़ता तो इस प्रेमकथा का वियोगात्मक अन्त नहीं होता। इसीलिए प्रारम्भ से कहा गया कि निर्मल वर्मा की कहानियाँ 'बुखार' से 'बुखार' तक ही पहुँचती हैं।

भीष्म साहनी (1915-2003)

'नयी कहानी' दौर के सबसे वरिष्ठ कहानीकार जो 'नयी कहानी' आन्दोलन की लहर से बाहर और परे रहकर ही कहानियाँ लिखते रहे। यद्यपि इनकी ज्यादातर कहानियाँ नागर जीवन से ही सम्बन्धित हैं, किन्तु अपनी सहजता और सरलता में इनकी कहानियाँ अमरकान्त जैसे कहानीकार के अधिक निकट पड़ती हैं। इनके सात कहानी संग्रह हैं : 'भाग्यरेखा', 'पहला पाठ', 'भटकती राख', 'पटरियाँ', 'बाड्न्चू', 'शोभा यात्रा' और 'निशाचर'। इनकी सबसे चर्चित कहानी 'चीफ की दावत' है जिसके बारे में डॉ. नामवर सिंह ने लिखा है, 'अब घर का फालतू सामान आलमारियों के पीछे छिपाया जाने लगा। तभी शामनाथ के सामने एक अड़चन खड़ी हो गयी। माँ का क्या होगा? 'चीफ की दावत' में नायक की निरक्षर और बूढ़ी माँ ही समस्या बन गयी, जैसे घर का फालतू सामान। उसे यहाँ-वहाँ छिपाया जाने लगा। पर अन्त में वह चीफ के सामने पड़ ही गयी। चीफ स्वयं ही बड़े आदर के साथ माँ से मिले और उनकी दृष्टि में कहानी के नायक के

प्रति भी सम्मान का भाव जागा कि शहर में बड़े ओहदे पर रहते हुए भी वह अपनी गँवार माँ की उपेक्षा नहीं करता और अपने साथ ही रखता है।' नामवर सिंह ने आगे माँ को महज चरित्र नहीं 'प्राचीन का प्रतीक माना है। माँ चाहे प्राचीन का प्रतीक हो न हो लेकिन वह उस मानसिकता का प्रतीक अवश्य है जो अधिकांश पढ़े-लिखे ऊँचे ओहदों पर काम करनेवाले युवकों में माँ-बाप के प्रति उपेक्षापूर्ण व्यवहार को व्यंजित करती है। जिनकी गोद में पलकर और जिनकी उँगली पकड़कर बड़े बने शहरी चकाचौंध से चौंधियाते अधिकांश युवक माँ-बाप को घर का फालतू सामान ही समझते हैं और उनके झुर्रियाँ भरे बीमार तथा बूढ़े चेहरों को कलफ लगाये सफेद कॉलर वाले दोस्तों के सामने लाने में शर्म का अनुभव करते हैं। यह कहानी इसी मानसिकता को उजागर करती हुई उन पर व्यंग्य करती है। लेकिन एक अत्यन्त स्वाभाविक तथा प्रचलित मानसिकता पर व्यंग्य करने की जो शैली यहाँ चुनी गयी है, वह अतिनाटकीय तथा फार्मूलाबद्ध-सी है। जैसे सबकुछ पूर्व निर्धारित हो। कहानीकार पहले से ही जानता है कि कहानी की नाटकीय और चौंकानेवाली पंक्ति जैसे ही पाठक पढ़ेगा वह भी चौंककर सजग हो जाएगा और ऐसे नाकारे' नाशुक्रे तथा नालायक औलाद के प्रति उसका मन वितृष्णा से भर जाएगा। अत: कहानी में कुल मिलाकर यह पहली नाटकीय पंक्ति ही है जो पूरी कहानी को अन्त तक ढोकर ले जाती है। हम आगे ये देखेंगे कि भीष्म साहनी ने कई इससे अधिक महत्त्वपूर्ण, उल्लेखनीय तथा सार्थक कहानियाँ लिखी हैं। वैसे नामवरजी ने भीष्म साहनी की कहानियों का आकलन करते हुए ठीक ही लिखा है कि "द्वन्द्व अन्तर्विरोध, संक्रान्ति तथा संकटबोध आदि जो 'नयी कहानी' की विशेषता माने जाते हैं नये कहानीकारों में भीष्म साहनी की कहानियों में इन सबका सर्वोत्तम सामंजस्य मिलता है। एक ईकाई के रूप में भी उनकी कहानियाँ अत्यन्त गठित होती हैं...।" इसके अलावा भीष्म साहनी उस समय के उन थोड़े से (फणीश्वरनाथ रेणु और कुछ हद तक निर्मल वर्मा आदि) कहानीकारों में हैं जिनकी रचनाप्रक्रिया तथा रचनात्मकता का उत्तरोत्तर विकास होता गया है और जो उनके समकालीनों, मोहन राकेश, कमलेश्वर और राजेन्द्र यादव आदि 'नयी कहानी' के झंडाबरदार कहे जाने वाले कहानीकारों में नहीं मिलता।

भीष्म साहनी ने कई श्रेष्ठ कहानियाँ लिखी हैं, किन्तु उनकी सर्वश्रेष्ठ कहानी 'वाङ्चू' है। हिन्दी की यदि एक दर्जन सर्वश्रेष्ठ कहानियाँ चुनी जाएँ तो उसे उनमें अवश्य सम्मिलित किया जाएगा। 'वाङ्चू' को संस्मरण शैली में लिखा गया है और भीष्मजी की अपनी प्रकृति तथा उनकी अन्य कहानियों की तरह इस कहानी में न तो कोई नाटकीयता है और न चमत्कार, किन्तु इसमें एक ऐसे मर्मभेदी सत्य का साक्षात्कार कराया गया है जो इसे अन्तर्राष्ट्रीय स्तर पर प्रतिष्ठित करती है।

इस कहानी को निकट से जाने बगैर इसके मर्म को समझना मुश्किल है। कहानी में 'वाङ्चू' का परिचय इस प्रकार कराया जाता है— 'वाङ्चू कुछ वर्षों पहले वृद्ध प्रोफेसर तान शान के साथ भारत आया था। कुछ दिनों तक तो वह उन्हीं के साथ रहा और हिन्दी तथा अँग्रेज़ी भाषाओं का अध्ययन करता रहा, फिर प्रोफेसर शान चीन लौटे गये और वह यहीं बना रहा। और फिर किसी बौद्ध सोसायटी से अनुदान प्राप्त कर सारनाथ में आकर बैठ गया। भावुक, काव्यामयी प्रकृति का जीव जो प्राचीनता के मनमोहक वातावरण में विचरते रहना चाहता था, वह तथ्यों का संचय करने नहीं आया था। वह तो बोधिसत्व की मूर्तियों को देखकर गद्‌गद् होने आया था...वाङ्चू भारत में मतवाला बनकर घूम रहा था। वह महाप्राण के जन्म स्थान लुम्बिनी की पैदल यात्रा नंगे पाँव कर चुका था, सारा रास्ता हाथ जोड़े हुए...।' किन्तु यही काव्यात्मक भावुकता वाङ्चू को महँगी पड़ जाती है। उन दिनों चीन और भारत के सम्बन्ध अच्छे थे और हिन्दी-चीनी भाई-भाई थे। लेखक भी उससे कहता है—सुनो वाङ्चू, भारत और चीन के बीच बन्द दरवाजे अब खुल रहे हैं। अध्ययन का यही काम जो अभी तक तुम अलग-थलग करते रहे हो, वही अब अपने देश के मान्यप्रतिनिधि के रूप में कर सकते हो। तुम्हारी सरकार तुम्हारे लिए अनुदान का प्रबन्ध करेगी। उसने भी बताया कि कुछ दिन पहले जब वह बनारस गया था तो राह चलते लोग उससे गले मिल रहे थे।

...इसी बीच वाङ्चू कुछ दिनों के लिए अपने देश चीन चला गया...पर वहाँ भी वह अजनबियों की तरह दर्शक बना घूमता रहा। वह करीब दो वर्ष वहाँ रहा। इसी बीच भारत-चीन सम्बन्धों में तनाव आने लगा और उसे ग्राम प्रशासन के पुलिस दफ्तर में ले जाया गया और उससे पूछा गया कि भारत में कितने वर्षों तक रहा है और यह भी कि बौद्ध धर्म का भौतिक आधार क्या है? द्वन्द्वात्मक भौतिकवाद की दृष्टि से तुम बौद्ध दर्श का किस रूप में विश्लेषण कर सकते हो? आदि-आदि। विचारे भोले-भाले और महाप्राण के प्रति मन्त्रमुग्ध वाङ्चू की कुछ समझ में नहीं आया कि यह सब क्या और क्यों पूछा जा रहा है? वह वैसे ही आँखें मिचमिचाता बैठा रहता है। घंटो बाद जब वह दफ्तर से लौटा तो उसका सिर भन्ना रहा था। अपना देश उसे बेगाना लगने लगा था। उसे भारत की याद शिद्दत से आने लगी थी। वह भारत लौट जाना चाहता था। पर भारत लौटना आसान नहीं था। भारतीय दूतावास से तो उसे वीसा मिल गया पर चीन सरकार ने बहुत अडंगे डाले। किन्तु अन्त में उसे इजाजत मिल गयी। उसने निश्चय कर लिया कि शेष जीवन वह भारत में ही बौद्ध भिक्षु बनकर गुजारेगा। पर उधर अब भारत वही भारत नहीं रह गया था। भारत-चीन सम्बन्ध खराब होने लगे थे।..भारत में आते ही उसने देखा कि लोग अब उससे गले मिलने की जगह घूर-घूरकर

देखने लगे थे। एयरपोर्ट से बाहर आते ही उसे पुलिस दफ्तर ले जाया गया कि वह दो वर्ष पहले चीन क्यों गया था? उसने जवाब दिया कि वह लम्बे अरसे तक भारत में रहने के बाद कुछ दिनों के लिए अपने देश में रहना चाहता था। वहाँ उसे काम भी मिल गया था। तब उससे पूछा गया कि फिर वह अपने ही देश से भाग क्यों आया? भला वाङ्चू भारत के प्रति अपने असीम अनुराग को कैसे व्यक्त करता? कैसे प्रमाणित करता कि वह भारत क्यों लौट आया? फिर शुरू हो जाता है वाङ्चू की आपदाओं का अन्तहीन सिलसिला जो उसके देहान्त पर ही खत्म होता है। पहले उसकी अनुदान राशि बन्द कर दी जाती है, फिर वह किसी तरह बहाल होती है तो उसे बार-बार पुलिस थाने में बुलाकर नये सिरे से पूछताछ की जाती है, वही पुराने सवाल दुहराये जाते हैं। वह चीन क्यों गया था? गया था तो फिर लौट क्यों आया? वह शान्तिनिकेतन गया था तो सारनाथ क्यों आ गया? वगैरह। कोढ़ में खाज यह कि भारत-चीन में जंग छिड़ गयी और विना वजह वाङ्चू को पुलिस हिरासत में ले लिया गया जहाँ उसे लड़ाई बन्द हो जाने के बाद भी एक महीने तक रखा गया। वह प्रायः अधमरा होकर अपने कमरे में वापस पहुँचा तो पाया कि उसका ट्रंक जिसमें वर्षों के परिश्रम तथा अध्ययन से लिखे गये शोध-ग्रन्थ सम्बन्धी कागजात थे, उसे पुलिसवाले उठा ले गये थे। बहुत मुश्किल से ट्रंक वापस भी मिला तो अधिकांश आवश्यक पांडुलिपियाँ गायब थीं। उसे बताया गया कि उन्हें जाँच पड़ताल के लिए दिल्ली भेज दिया गया है। इस आघात से वाङ्चू गिर पड़ा और फिर ऊपर उठ नहीं पाया। कुछ दिनों बाद उसकी मृत्यु हो गयी।

वाङ्चू एक अत्यन्त अवसादग्रस्त कहानी है। वाङ्चू एक ऐसा प्राणी है जो वर्तमान में रहकर भी मानो अतीत में जी रहा है। उसे नहीं पता कि दुनिया कितनी बदल चुकी है। वह कितनी क्रूर, नृशंस तथा अमानवीय हो चुकी है। उसे न तो अपनी जन्मभूमि वाला देश अपनाने के लिए तैयार है, क्योंकि उसके लिए वाङ्चू शत्रु देशवासी है, इसलिए संदिग्ध तथा अविश्वसनीय व्यक्ति है। भोला-भाला और परिश्रमी वाङ्चू दो देशों के 2 पाटों के बीच पिस जाता है। यह ऐसी नीच ट्रेजडी की कहानी है।

निश्चित रूप से भीष्म साहनी उस दौर के अत्यन्त महत्त्वपूर्ण कहानीकार हैं जिन्होंने वास्तविक अर्थों में अपने भोगे हुए अनुभवों की कहानियाँ लिखी हैं। उनकी कहानियाँ अकृत्रिम तथा पश्चिमी फैशनेबल प्रभावों से मुक्त हैं। स्वयं बौद्धिक और विचारक होते हुए भी भीष्म जी ने कहीं भी अपनी बौद्धिकता का बोझ अपनी कहानियों पर नहीं डाला है। और न अपने व्यक्ति को उन पर हावी होने दिया है। अपने व्यक्ति को अलक्षित रखकर रचना करना ही सम्भवतः किसी

भी रचनाकार की सबसे बड़ी सफलता है। इस मामले में भीष्म जी उस दौर के अधिकांश कहानीकारों से भिन्न थे।

राजकमल चौधरी (1920-1967)

राजकमल चौधरी ने हिन्दी और मैथिली में 37 कहानियाँ लिखीं। यद्यपि उनकी पहली कहानी 1958 में छपी किन्तु मैथिली में वे बहुत पहले से लिखने लगे थे। राजकमल चौधरी की कहानियों को उर्दू के विख्यात कहानीकार सहादत हसन मंटो की परम्परा में रखकर देखा जा सकता है। जिस तरह मंटो ने एक जर्राह की तरह नश्तर लगाते हुए 'यथार्थ' की सतह पर उठे हुए पीब पर मवाद भरे फोड़ों में चीरा लगाया, उसी तरह राजकमल चौधरी भी लोएस्ट डेप्थ में जाकर समाज तथा जीवन के उन पक्षों का चित्रण करते हैं, जिन्हें हमेशा आवरण में रखा जाता है। राजकमल को आवरण और यथार्थ को पहनाई गयी कोई पोशाक पसन्द नहीं है। वे उस चित्रकार की तरह हैं जो तरह-तरह के न्यूड्स के चित्र बनाता है। किन्तु राजकमल चौधरी इसके लिए किसी मॉडल को सामने नहीं बैठाते। उनके मॉडल समाज की भीड़ में ही इधर-उधर बिखरे रहते हैं जिन्हें वे अपनी कहानियों के ही द्वारा खींचकर सामने ले आते हैं और उन्हें ठीक उसी रूप में प्रस्तुत करते हैं, जिस रूप में वे जी रहे होते हैं—बिना किसी लाग-लपेट और काट-छाँट के। इस प्रक्रिया में वे अत्यन्त निर्मम तथा तटस्थ बने रहते हैं। इसीलिए उनकी कहानियों में भावुकता या भावनात्मकता को लेस मात्र भी नहीं देखा जा सकता। उनकी 'जलते मकान में कुछ लोग', 'भूगोल का प्रारम्भिक ज्ञान', 'वेणी संहार' और 'एक आदमी गुस्से में' आदि ऐसी ही कहानियाँ हैं। 'जलते हुए मकान में कुछ लोग' में वेश्याओं के जीवन का केवल क्लोजअप नहीं है, बल्कि उसमें समाकर उसको भुगतते हुए उसका चित्रण किया गया है। कुल मिलाकर वह एक उबकाई (नॉसिया) की कहानी है। अत: आकस्मिक नहीं है कि कहानी के नायक को वेश्याओं के साथ एक तलघर में रात बिताने हुए लगातार उबकाई आती रहती है। यहाँ तलघर तथा उबकाई का बेहद प्रतीकात्मक प्रयोग किया गया है। इसी प्रकार 'वेणी संहार' कहानी में हिस्टीरिया से ग्रस्त स्त्री के सन्दर्भ में शुरू से अन्त तक जंगली बिल्ली को प्रतीक के रूप में प्रयुक्त किया गया है। 'भूगोल का प्रारम्भिक ज्ञान' कहानी में किशोर मानसिकता के विश्लेषण को उस सीमा तक पहुँचा दिया गया है जहाँ उसकी यौन भावनाओं को बिल्कुल निर्वस्त्र देखा जा सकता है। ध्यान देने की बात है, इस कहानी के केन्द्र में भी उबकाई (नॉसिया) है। यौन-उत्ताप अपनी अन्तिम परिणति के रूप में कोई तृप्ति नहीं देता क्योंकि वहाँ उसकी तृप्ति की प्रक्रिया स्वाभाविक या नैसर्गिक न होकर विकृत तथा कुत्सित

(मारबिड) होती है।

राजकमल चौधरी की कहानियों में मनोविश्लेषण शास्त्र में उल्लिखित यौन-प्रतीकों की भरमार है— साँप, मछली, जंगली बिल्ली आदि। राजकमल चौधरी मुख्यत: तलघर के कहानीकार हैं—चाहे वह मनुष्य के मन का तलघर हो या वेश्यालयों का। वेश्यालयों, हत्यारों, चोर-उच्चकों या विकृत यौन मनोवृत्तियों का।

उनकी कहानियों के शिल्प पर अतियथार्थवाद (सुरियलिज़्म) का कहीं-कहीं प्रभाव है, पर ज्यादातर कहानियाँ परम्परागत ढंग से लिखी गयी हैं। उनका भावबोध अमेरिकी बीट पीढ़ी की बोहिमयन मानसिकता तथा जीवनशैली से प्रभावित है। राजकमल चौधरी को रोमेंटिकता तथा रोमेंटिक भावबोध से नफरत है। वे अपने कुछ पात्रों को भावुकता और रूढ़िबद्ध नैतिकता से मुक्त कराने की चेष्टा करते हैं। उनकी एक कहानी 'खामोश घाटियों के साँप' में सगे भाई बहन दोनों एक साथ नाइट क्लब में जाते हैं और वहाँ अलग-अलग मर्द-औरतों के साथ डाँस और ड्रिंक करते हैं। लेकिन जैसा कि बोहेमियिन तथा ड्रापआउट्स के साथ होता है, वे मूलत: आत्मपीड़क और डेथ इंस्टीक्ट्स से ग्रस्त रहते हैं। राजकमल चौधरी की ज्यादातर कहानियों के पात्र असामान्य मनोविज्ञान (ऐबनॉरमल साइकोलॉजी) में वर्णित 'केस हिस्ट्री' वाले मनुष्य होते हैं। अत: वे प्रचलित अर्थ में सामान्य मनुष्य नहीं होते और सामान्य जिन्दगी नहीं जीते। यद्यपि राजकमल चौधरी जानते थे कि अनजान लोगों के अनजान बिस्तरों पर सोने वाले नैतिकता विरोधी बोहेमियन जिंदगी जीने वालों की अन्तिम परिणति अस्पताल तथा पागलखाने ही होते हैं, लेकिन न तो अपने ऐसे पात्रों को उनसे बचा पाते हैं और न अपने आपको। डॉ. नामवर सिंह ने ठीक ही लिखा था कि 'राजकमल चौधरी ने यह दिखा दिया कि वे वैसी ही जिन्दगी जी सकते हैं जैसी वे अपनी कहानियों में दिखाते आये हैं। राजकमल चौधरी की कहानियाँ 'नयी कहानी' की जमात से अलग एक किस्म की 'नयी कहानी' की शुरुआत करती हैं।

कृष्ण बलदेव वैद (1927)

कृष्ण बलदेव वैद न समझे जाने का जोखिम उठाकर भी लिखने वाले प्रयोगशील कथाकार हैं। उनकी कहानियाँ असम्बद्ध शिल्प का कोलाज बनानेवाली कहानियाँ हैं। दरअसल कृष्ण बलदेव वैद के कथा-साहित्य को स्पष्टत: दो हिस्सों में बाँटा जा सकता है। विदेश-प्रवास से पूर्व लिखी गयी कहानियाँ और विदेश-प्रवास के दौरान तथा वहाँ से लौटने पर लिखी गयी कहानियाँ। विदेश जाने से पूर्व लिखी गयी कृष्ण बलदेव वैद की कहानियों में मध्यमवर्ग का तथा निम्नमध्यमवर्ग के

जीवन का इतना सघन तथा प्रमाणिक चित्रण मिलता है कि 'नयी कहानी' के दौर में लिखी गयी उन कहानियों का शुमार उस समय लिखी गयी कुछ अत्यन्त श्रेष्ठ कहानियों में किया जा सकता है। 'बीच का दरवाजा', 'मेरा दुश्मन', 'एक बदबूदार गली', 'भाई की महिमा' और 'अजनबी' आदि कहानियाँ हैं, किन्तु उनके लम्बे विदेश प्रवास तथा उसके बाद लिखी गयी कहानियों में वे अपने देश की धरती के लिए सचमुच अजनबी बन गये। अनुभव के अभाव को उन्होंने शिल्प की जटिलता तथा पश्चिम की नवीनतम कथा प्रवृत्तियों के कथा प्रयोगों के आरोपण से ढँकने की कोशिश की जिसमें स्वभावतः सफल नहीं हो सके। हिन्दी में जेम्स ज्वायस, सैमुअल बकेट या हेनरी मिलर आदि की कलमों का आरोपण नहीं किया जा सकता। अतः स्वाभाविक रूप से इस कोशिश में उन्होंने ज्यादातर मुरझाई हुई बेरौनक कहानियाँ ही लिखीं जिनमें बेतुकी तुकबाजी और चमत्कारिक शब्दजाल ही अधिक दिखलाई पड़ता है। उन्होंने उस उत्तरकालीन कहानियों में सचमुच कोलाज ही बनाया है और वे असम्बद्ध शैली में लिखी गयी फ्री एसोशिएशन ऑफ आइडिया वाली कहानियाँ 'खामोशी' तथा 'आलाप' शीर्षक से दो खंडों में प्रकाशित हैं जिनमें शोर अधिक तथा संगीत कम है।

उनके अपेक्षाकृत नवीन कहानी संग्रह 'बदचलन बीवियों का द्वीप' की कहानियों में परम्परा का नवीनीकरण के नाम पर वृहत कथा-सरित्सागर की कहानियों को आधुनिकता का जामा पहनकर प्रस्तुत किया गया है जो केवल विचलन ही बन पाया है और परम्परा का नवीनीकरण नहीं हो पाया है।

डॉ. धर्मवीर भारती (1926-1997)

प्रकाशन तिथि की दृष्टि से देखें तो सम्भवतः धर्मवीर भारती 'नयी कहानी' के सबसे पहले कहानीकार माने जाएँगे। किन्तु उनकी कहानियों में नयी कहानी का कोई गुण-धर्म नहीं दिखाई देता। वे रोमानीभाव-बोध की परम्परागत शैली में लिखी गयी कहानियाँ हैं। उनके चार कहानी-संग्रह हैं— 'मुर्दों का गाँव' (1946), 'स्वर्ग और पृथ्वी' (1949), 'चाँद' और 'टूटे हुए लोग' (1955) और 'बन्द गली का आखिरी मकान'। उनकी सबसे चर्चित कहानियाँ, 'गुल की बन्नो' और 'बन्द गली का आखिरी मकान' है जो उनके कहानी-संग्रह 'बन्द गली का आखिरी मकान' में संग्रहीत है।

हिन्दी में आमतौर पर गली-बाजार, खेत-खलिहानों, किसान-मजदूरों, खोमचे वालों तथा तृतीय श्रेणी के कर्मचारियों आदि पर लिखने वाले कथाकारों को प्रगतिशील तथा यथार्थवादी माना जाता है, पर राजा-रजवाड़ों, जमींदारों, होटल, रेस्ट्राओं, बड़े-बड़े सरकारी अधिकारियों तथा व्यापारियों पर लिखनेवालों को

प्रतिक्रियावादी। कम लोगों ने उस दृष्टि तथा दृष्टिकोण को समझने की कोशिश की है जिससे प्रेरित होकर कहानियाँ लिखी जाती हैं। धर्मवीर भारती ने बड़े कौशल से इन दोनों प्रवृत्तियों को जोड़कर एक नया नुस्खा तैयार किया है जो उन्हें एक सफल कहानीकार बनाता है। भारती ने बहुत अधिक कहानियाँ नहीं लिखी हैं। मूलत: उनका कहानी संग्रह, 'बन्द गली का आखिरी मकान' ही अधिक चर्चित रहा है और उसमें संग्रहीत कहानियाँ ही उनकी कहानियों के स्वभाव तथा चरित्र को समझने का आधार रही हैं। 'गुल की बन्नो' की नायिका एक दरिद्र कुबड़ी बुढ़िया है जो एक दीन-हीन गली में जगह-जगह बैठकर साग-सब्जियाँ बेचती रहती है। उसकी दरिद्रता और दीनता को ही कहानी में बड़े भावनात्मक ढंग से व्यक्त किया गया है। 'बन्द गली का आखिरी मकान' एक बीमार और बूढ़े मुंशी जी की कहानी है जो पूरी कहानी में बिस्तर पर ही पड़े रहते हैं और वहीं दम तोड़ देते हैं।

इस संग्रह की सभी कहानियों में एक रुग्ण और बीमार परिवेश ही बना रहता है। 'बिस्तर पर बीमार पड़े-पड़े मुंशी जी के लिए संसार आवाजों का ही संसार हो गया था।'

'मैं सब देखती हूँ पर मुझमें कुछ व्यापता नहीं।...कमरे के अन्दर वही मैं, वही बीमार अँधेरा और टूटापन....।'

(सावित्री नम्बर दो)

'ऐसी सुबह सिर्फ उस गली में होती थी। सीलेघर, टूटे मन, अन्दर बाहर अँधेरा। हर चीज पर कुढ़न और खीज।''

('यह मेरे लिए नहीं')

बीमारी, सीलन, अँधेरा और हर जगह व्याप्त दरिद्रता—यही सब चीजें इन कहानियों का चरित्र गढ़ती हैं। यह बीमार परिवेश एक वास्तविकता और यथार्थ की प्रामाणिक अभिव्यक्ति हो सकता था, जिसे सम्भवत: धर्मवीर भारती ने स्वयं देखा और अनुभव किया होगा, किन्तु वास्तविकता यह है कि प्राय: प्रत्येक कहानी की एक खिड़की रोमानी, खुशबूदार और सदाबहार चमन की ओर खुलती है, जो किसी आशावाद का सन्देश देने के लिए नहीं, बल्कि एक रोमानी सपने का संसार रचने के लिए है, जिसका यथार्थ या वास्तविकता से कोई सम्बन्ध नहीं है। वहाँ हरसिंगार के फूलों की खुशबू, अगरबत्ती गीता भागवत आदि का चन्दन चर्चित परिवेश है। 'यह मेरे लिए नहीं' अपर्णा ने खिड़की खोल दी जिसमें से आकाश और खुलेपन की रोशनी झाँकती है और हरसिंगार की खुशबू...इस पृथ्वी से परे एक अनन्त आकाश में कहीं एक विराट सूर्य उग रहा है ताकि रोशनी का यह पंख उसके कमरे की सीलन भरी फर्श पर थाली में भरे गंगाजल-सा काँपे।''

यानी असली 'कथ्य' जीवन का कटु यथार्थ नहीं बल्कि पृथ्वी से परे अनन्त आकाश का वह विराट सूर्य है जो इस सीलन भरे अँधेरे में रोशनी फैलाता है। यह बल्वी प्रकाश और विराट सूर्य कैसे करिश्मे से अपनी जादू की कूँची फेरकर अँधेरा, गरीबी और गलाजत को सपने के संसार में तब्दील कर देता है, 'रोग' कहानी उसे बयान करने की जहमत न उठाकर केवल इस सपने के संसार की एक झलक दिखाकर लुप्त हो जाती है। रोमेंटिक भावबोध यही करता है, वास्तविकता तथा यथार्थ से उसका कोई लेना-देना नहीं होता। वह केवल सपने देखता और दिखाता है। इसीलिए वह गर्हित है। किन्तु 'बन्द गली का आखिरी मकान' तक (यानी 55 से 60 तक) आते-आते कुछ तो आधुनिक होना ही चाहिए। कभी धर्मवीर भारती ने साठोत्तरी कहानी के आन्दोलन को 'चिकनी सतहें' और 'बहते आन्दोलन' कहा था और उनके मित्र कमलेश्वर ने उसे 'ऐय्यास प्रेतों का विद्रोह' करार दिया था और उन कहानियों को 'देह का भूगोल' बखान करनेवाली कहानियाँ कहा था, किन्तु 'बन्द गली का आखिरी मकान' तक आते-आते स्वयं धर्मवीर भारती देह का भूगोल बताने लगते हैं। वह भी उसे एक मरते हुए बूढ़े के दिवास्वप्नों में डालकर। कहानी के मुंशी जी अपने आखिरी क्षणों में बरफीले हिम शिखरों का स्वप्न देखने लगते हैं तो दूसरी ओर उनके बारे में लिखा जाता है कि एक समय ऐसा आता है जब चीजों के नाम, रिश्ते सन्दर्भ सब गायब हो जाते हैं। सब चीजें एक चीज बन जाती है। अब वह सिर्फ कमर थी, कूल्हे की उभरी हड्डियाँ, कमर का कटाव। खामोश बेआवाज औरत का बदन। नाम चाहे जो भी हो? कहानी का यह अस्वाभाविक तथा अप्राकृतिक अन्त तो है ही, स्वयं कहानीकार के सठियाये हुए सपनों की भाषा भी। अतः आश्चर्य नहीं कि धर्मवीर भारती की कहानियों की ओर लोगों का ध्यान कम ही गया।

रामकुमार (1924)

रामकुमार वैसे तो मुख्यतः एक विख्यात आधुनिक चित्रकार है। फिर भी उन्होंने लगभग 60 कहानियाँ लिखीं और वे उनके 7 कहानी-संग्रहों में प्रकाशित हैं। उनके कहानी संग्रह हैं : 'हुस्ना बीवी' (1958), 'एक चेहरा' (1962), 'समुद्र' (1968), 'झींगुरों का स्वर' (1973), 'दीपक' (1978), 'एक लम्बा रास्ता' (1980), और 'शिलालेख' (1995) लेकिन यह एक दुर्भाग्यपूर्ण सच है कि सात कहानी संग्रहों तथा प्रायः साठ अत्यन्त महत्त्वपूर्ण कहानियाँ लिखने के बाद रामकुमार को न तो मुख्यधारा का कहानीकार माना गया और न उनकी पर्याप्त चर्चा ही हुई। इसका एक कारण तो शायद यह था कि लोगों ने उन्हें सिर्फ चित्रकार ही माना और उनकी कहानियों को 'बाई प्रोडक्ट' के रूप में देखा। लेकिन मुख्य

कारण यह था कि रामकुमार अनवरत और जय-यात्राओं से अलग चुपचाप खामोशी से लिखने वाले कहानीकार रहे हैं। उनकी कहानियों के पात्र भी प्राय: खामोश किस्म के लोग हैं, अत्यन्त मितभाषी तथा संकोचशील व्यक्ति। ऐसा ही उनकी कहानियों का मिजाज भी है। वे न तो घटनासंकुल हैं और न नाटकीय बड़बोलेपन की कहानियाँ हैं, वे खामोश तथा मंथर गति से बहने वाली नदी की तरह हैं, झरने की तरह शोर मचाती तथा वेगवती नहीं। वे 'फोनी' या 'लाउड' किस्म की कहानियाँ नहीं हैं और न जुमलों में चीखनेवाली कहानियाँ। इसके अलावा रामकुमार ने शायद ही कभी अपनी कहानियों के बारे में कुछ कहा या लिखा हो। रामकुमार ने जीवन को जिस रूप में देखा और कहानियों में व्यक्त किया, उसमें विकास या परिवर्तन बहुत धीमी गति से प्राय: अलक्षित रूप में ही होता है। उनकी कहानियाँ भी समगति से ही चलती हैं—उनमें कोई नाटकीय उतार-चढ़ाव नहीं लक्षित किया जा सकता। वे जीवन की नींव के कहानीकार हैं जिसमें उतरे वगैर झाँका नहीं जा सकता। उनकी कहानियों में सरलता का ऐसा आकाश है, जिनमें कोई शिल्प नहीं, न वर्णन पद्धति में। न वस्तुतत्व में, किन्तु यह महज सरलता का भ्रम है। उनकी कहानियों में प्राय: हमेशा उनकी 'डेक' (उनकी एक कहानी का शीर्षक) पर ही रहते हैं। उसके नीचे बड़ी केबिनों या लाउंज में नहीं प्रवेश करते, न इसकी जहमत उठाते हैं। इसीलिए हम उनकी कहानियों को कम ही समझ पाते हैं। वे उनके चित्रों की तरह धूसर रंगों से ही रची हुई रहती हैं। उनके लोग भी प्राय: निपट उदास और अकेले लोग हैं।

ये कहानियाँ कभी-कभी महज बातचीत या एक निर्लिप्त किस्म की दिनचर्या के वर्णन मात्र से बहुत कुछ व्यक्त कर देती हैं, जैसे 'पेरिस की एक शाम' कहानी में ऐसी ही एक बातचीत के बीच हेलेन द्वारा यह पूछे जाने पर कि क्या वह अमेरिका में बेजोड़ हैं (लंदन की एक रात, डेढ़ इंच ऊपर तथा अमेलिया आदि।)

वस्तुत: रामकुमार की कहानियाँ एक मूलभूत अकेलेपन की कहानियाँ हैं जो हर आदमी के भीतर होता है और कभी भी अचानक उभर आ सकता है। ये कहानियाँ आदमी के इसी मूलभूत अकेलेपन को पकड़ती हैं। इसलिए हम प्राय: हर कहानी में एक ही जैसे मनुष्यों से टकराते हैं। चाहे वे भारत के हों या पेरिस के। अत: ये कहानियाँ अपना एक निजी संसार निर्मित करती हैं जो परिचित होते हुए भी अपरिचित-सा लगता है। पर यहाँ यह भी जान लेना जरूरी है कि इस अकेलेपन का भी अपना ठोस सन्दर्भ है, निर्मल वर्मा की कहानियों का सन्दर्भहीन अमूर्त अकेलापन नहीं है। 'कितना समय', 'सर्दियों का आकाश' आदि कहानियों का अकेलापन ढहते हुए निम्न मध्यमवर्गीय व्यक्तियों का अकेलापन है, जो चुपचाप खत्म हो रहे हैं। एक करुण रिरियाती मृत्यु की ओर धीरे-धीरे बढ़ रहे

हैं। किन्तु ये कहानियाँ कहीं रुक जाती हैं। उसके आगे नहीं बढ़तीं। उनके ऐसे परिवारों के भीतर से ही एक नयी पीढ़ी, नया वर्ग जो प्रायः घृणित, छिछोरा पर सम्पन्न वर्ग है, उभर रहा है, ये कहानियाँ उसे नहीं छूतीं। वह उनके दायरे में आता ही नहीं। इन कहानियों का इतिहास वहीं खत्म हो जाता है। किन्तु जो कुछ इन कहानियों की परिधि में आता है, उसका वे अत्यन्त सहज, विश्वसनीय तथा प्रामाणिक चित्रण करती हैं। इन कहानियों में उदासी है, पर हताशा नहीं है। इसीलिए ये कहानियाँ किसी निश्चित निष्कर्ष तक नहीं पहुँचतीं। वे कहीं भी बीच में ही छोड़ दी जाती हैं। वे बीच की स्थिति की कहानियाँ हैं। क्योंकि निष्कर्ष शायद कभी निकलता नहीं। कुछ कथाकार उसे गढ़ जरूर लेते हैं, पर इसीलिए वे गढ़ी हुई कहानियाँ होती हैं। रामकुमार गढ़ी हुई कहानियों के कहानीकार नहीं हैं। वे दौड़ती लहर के इस चित्र को एक ही स्ट्रोक से अंकित कर वहीं छोड़ देते हैं। किन्तु यह जरूर जानना चाहिए कि रामकुमार निम्न मध्यमवर्ग से शुरु कर अभिजात वर्ग तक जाते हैं। उनमें एक क्रमिक विकास है।

मुक्तिबोध (1917–1964)

मुक्तिबोध मूलतः कवि थे। कवि के रूप में ही उनकी ख्याति अधिक है, किन्तु उन्होंने कहानियाँ भी कम नहीं लिखीं। उनकी प्रायः 50 कहानियाँ प्रकाशित हैं जिनमें 22 कहानियाँ अपूर्ण हैं। मुक्तिबोध की कहानियाँ सन् 36 से ही प्रकाशित होने लगी थीं। इस दृष्टि से वे अज्ञेय और यशपाल के प्रायः समकालीन ही कहे जाएँगे। किन्तु कविताओं की तरह ही लोगों ने उनकी कहानियों को पहचानना सन् 60 के बाद ही शुरू किया। लेकिन उनकी कहानियाँ न तो जैनेन्द्र, अज्ञेय के निकट पड़ती हैं और न बाद में आने वाले नये कहानीकारों के। उनकी कहानियों का व्यक्तित्व तथा स्वरूप भी अपने समकालीनों से सर्वथा भिन्न है। प्रत्यक्षतः वे कहानियों की भाषा या शिल्प में कोई प्रयोग नहीं करते और उनकी लेखन पद्धति भी निबन्धात्मक है, किन्तु इसके बावजूद उनकी कई कहानियाँ फैटेंसी-सी प्रतीत होती हैं (उनकी कविताओं की तरह) वे मूलतः मध्यमवर्ग के कहानीकार हैं। अपनी एक कहानी 'जिन्दगी की कतरनें' में वे लिखते हैं—"मध्यमवर्गीय समाज की साँवली गहराइयों की रूँधी हवा से मैं उसी तरह वाकिफ हूँ, जैसे मल्लाह समुद्र की नमकीन हवा से।"

उनकी कहानियों में घटनात्मकता प्रायः नहीं होती। वे वैचारिक विश्लेषण ही अधिक करते हैं, इसीलिए वे निबन्ध के अधिक निकट चली जाती हैं। वे उनके माध्यम से चीजों के आरपार देखते हैं, उन्हें पारदर्शी बनाते हुए। उनकी कहानियाँ मानवीय स्थिति तथा सामाजिक व्यवस्था में बहुत उलझाव भरा सम्बन्ध

दिखलाती हैं। 'सांवली गहराइयों' के ये पात्र पीले, बीमार और अभिशप्त छायाओं की तरह हैं। इनके पूरे परिवेश में एक 'भुतैली गन्ध' है जो किसी अमूर्त रहस्यात्मकता (निर्मल वर्मा की तरह) के कारण नहीं है, बल्कि उसका सीधा सम्बन्ध समाज की आर्थिक संरचना से जुड़ा हुआ है। इस व्यवस्था ने ही उनके अधिकांश पात्रों को जटिल, ग्रन्थित और शंकालु बना दिया है। प्रभान्विति की दृष्टि से देखें तो मुक्तिबोध की अधिकांश कहानियाँ अधूरी सी लगती हैं, उन्हें कहीं भी पहुँचाकर अचानक छोड़ दिया जाता है जो अटपटा लगता है, लेकिन मुक्तिबोध 'भूत का उपचार' कहानी में कहते हैं, 'कहानी बढ़ सकती है, बशर्ते मैं मूर्खता को कला समझूँ।' इस रूप में उनकी कहानियाँ एक मुखर आत्मालाप की तरह हैं—व्यक्ति, समाज और मानवीय स्थिति के बीच के जटिल सम्बन्धों को सुलझाने की कोशिश करता आत्मालाप जो इस स्वगत कथन में व्यक्त विचारों को यथावत पाठक के सामने प्रस्तुत करता जाता है।

इन्हें पढ़कर इनके पात्रों के प्रति उतनी करुणा नहीं उत्पन्न होती, जितनी इस व्यवस्था के प्रति गहरा आक्रोश तथा नफरत पैदा होती है। 'सतह से उठता आदमी' का कन्हैया अन्त में गटर में थूकता हुआ दिखाया जाता है क्योंकि वह समझौतों के सारे चेहरे देख चुका है, वह केवल इस पर थूक सकता है। 'समझौता' कहानी मुक्तिबोध की सर्वोत्तम कहानियों में से एक है। 'एक दाखिल दफ्तर साफ' भी इसी स्थिति का विडम्बनापूर्ण बोध कराती है। समझौता कहानी मैनेजमेंट की भूमिका तथा दाँव-पेंच तथा उसके राजनैतिक अर्थ को ऐसे रूपकबद्ध रूप में लिखी गयी हिन्दी की पहली कहानी है। कहानी के अन्त में कहा जाता है, 'यह भी तो सोचो कि वह कौन मैनेजर है जो हमको, तुमको, सबको रीछ, भालू, चीता और हाथी बनाये हुए है।' यह सही है कि मुक्तिबोध मार्क्सवादी हैं। किन्तु उनकी कहानियों में मार्क्सवाद वैसे लबादे की तरह नहीं ओढ़ा गया है जिस तरह कुछ अन्य मार्क्सवादी कथाकारों ने ओढ़ रखा है। मसलन जिस कहानी का उद्धरण ऊपर दिया गया है, वह फैंटेंसी नहीं है बल्कि पूँजी केवल श्रम को खरीदती या उपयोग ही नहीं करती बल्कि मनुष्य को 'पशु' में रूपान्तरित कर देती है। कहानी में इसी क्रूर सच को रूपक के रूप में प्रस्तुत किया गया है। इसी तरह 'मैत्री की माँग' कहानी में एक लोअर डिवीजन क्लर्क जब सोता है तो मुक्तिबोध लिखते हैं, 'दिन भर की अनुउत्पादनशील मेहनत की थकान से रामाराव जब बिस्तर पर लेटा, तो लेटते ही आँख लग गयी।' यह मार्क्सवादी शब्दावली में श्रम से निर्वासन या अलगाव (एलिएनेशन) है (1942)। मुक्तिबोध ने ज्यादातर मध्यमवर्ग को ही केन्द्र बनाकर कहानियाँ लिखी हैं किन्तु वे हमेशा मध्यमवर्ग के प्रति सहानुभूति ही नहीं व्यक्त करते हैं बल्कि उसके पाखंडपूर्ण अन्तर्विरोधों को भी उजागर करते

हैं। 'दाखिल दफ्तर' कहानी के मातहत अपने बॉस से जब पूछता है कि 'किन्तु आप तो प्रगतिवादी हैं?' तो वह जवाब देता है, प्रगतिवादी कहलाने से मैं डरता नहीं हूँ किन्तु दुर्भाग्य से अब मैं सरकारी नौकर हूँ। सरकारी नौकर की कोई विचारधारा नहीं होती। होती भी है तो उसके अनुसार काम करना मना है...मात्र वेश्यावृत्ति पर हम लोग जीवित हैं। किसी वेश्या को सुहागन कहना उसका अपमान है। वैसा ही अपमान तुम मेरा कर रहे हो।'' यह आत्मालोचन या आत्म स्वीकृति एक ट्रेजिक विडम्बना को तो सामने लाती है किन्तु इसमें एक आत्मछल और पाखंड भी छिपा हुआ है। कोई भी किसी विचारधारा के प्रति प्रतिबद्ध व्यक्ति इस प्रकार के समझौते नहीं करता। किन्तु पूरा मध्यमवर्ग ऐसे ही पाखंडपूर्ण समझौतों से भरा हुआ है। इसीलिए मुक्तिबोध उसे साँवली गहराइयों का यथार्थ कहते हैं।

मुक्तिबोध की बाद की कहानियों में एक बेचैन कर देने वाली अन्तर्राष्ट्रीयता आ रही थी जिससे पता चलता है कि मुक्तिबोध इस तथ्य को जानते थे कि हम आज केवल एक देश में ही नहीं, एक व्यापक विश्वग्राम में रह रहे हैं। इसे ही व्यक्त करने के लिए उन्होंने 'क्लाड इथरली' जैसा पात्र चुना है जो एक ऐसी अन्तर्आत्मा का प्रतीक है जो गहरे अपराधबोध से ग्रस्त होकर विक्षिप्त हो जाता है। इसी कहानी में मुक्तिबोध लिखते हैं, 'भारत के हर बड़े नगर में एक अमेरिका है।' यह एक नये उपनिवेशवाद की शुरुआत की ओर एक संकेत भी है। शीतयुद्ध काल में लिखी गयी मुक्तिबोध की कहानियाँ बताती हैं कि शीतयुद्ध में नरसंहार की प्रक्रिया और पद्धति कुछ और होती है तथा नयी उपनिवेशवादी पद्धति, संस्कृतियों को नष्ट करती हुई दूसरे देशों को अपना गुलाम बनाती जाती है।

एक बुद्धिजीवी के रूप में मुक्तिबोध के भीतर एक गहरा आत्ममंथन चल रहा था क्योंकि इस दुर्दशा के लिए वे काफी हदतक बुद्धिजीवी वर्ग को भी जिम्मेदार मान रहे थे। यह उनकी कहानी 'ब्रह्मराक्षस का शिष्य' और कविता 'ब्रह्मराक्षस' दोनों में विशेष रूप से परिलक्षित होता है। 'ज्ञान' और 'क्रिया' के द्वन्द्व में फँसा हुआ आज का बुद्धिजीवी मानो प्रेत योनि में रह रहा हो। ज्ञान और क्रिया का यह द्वन्द्व मुक्तिबोध को सबसे पहले प्रसाद की 'कामायनी' में दिखाई पड़ा था। महायुद्धों के विनाशकारी प्रलय से ध्वस्त तथा अँधेरे में भटकते एक दूसरे प्रलयकारी विनाशकारी परिणति की ओर बढ़ते संसार को रोकने के काम में बुद्धिजीवी की क्या भूमिका हो सकती है। वह किस प्रकार का हस्तक्षेप या प्रतिरोध कर सकता है। 'ब्रह्मराक्षस' कहानी में इस अभिशाप से मुक्ति का एक सार्थक विकल्प देने की कोशिश की गयी है।

'जलना' कहानी में नेहरु युग से स्वप्न भंग को चित्रित किया गया है। "अपने स्वभाव के अनुसार सुबह की रोशनी में उसके आँखों में सुनहरे भविष्य के सपने तैरने लगे। उसके बच्चे बड़े हो गये हैं। वे खूब मेहनती निकले हैं। वे बहुत होशियार हैं। यह ठीक है कि उनके कपड़े फटे हुए हैं। वे किसी सुनहरे भविष्य के लिए लड़ रहे हैं।" यह दर्दनाक व्यंग्य हैं। इस नीच ट्रेजडी का अनुभव मुक्तिबोध को व्यवस्था तथा बुद्धिजीवी दोनों के अर्द्धसत्य से होता है।

'मेरी आत्मा आधी क्लासिकी है और आधी रोमैंटिक।' भूत का उपचार कहानी में मुक्तिबोध कहते हैं। इसे एक काव्य स्वीकृति भी कहा जा सकता है। क्लासिकी संवेदना का व्यक्ति एक वयस्क आस्वादन से आश्वस्त रहता है। किन्तु रोमैंटिक व्यक्ति एक निरन्तर बेचैनी से ग्रस्त तथा व्यथित रहता है। इसीलिए स्वयं मुक्तिबोध एक हांटेड तथा आब्सेस्ड व्यक्ति हैं। बार-बार स्वप्न और दुःस्वप्न का दुरंगा परिवेश उनकी रचनाओं में मँडराता रहता है जो एक ठंडे यथार्थवादी या अभिजात वादी में नहीं रहता। उनकी संवेदना एक स्थिर चित्त रहने वाले व्यक्ति की होती है। मुक्तिबोध की अनेक कहानियों में रात का वातावरण रहता है (कविताओं में भी)। इसे प्रतीकात्मक भी मान सकते हैं। यह 'रात' ही है जो 'उपचेतन के अवरुद्ध द्वार को खोलती है और जलते फास्फोरसी रंग के भयानक चित्रों का साक्षातकार कराती है। जिन लोगों को छोटे शहरों या कस्बों के धुँधुवाते धुँधले तथा सुस्त रफ्तार जीवन के परिवेश में रहने का अभ्यास है, वे अचानक सुलग उठने वाली इन मनःस्थितियों का अनुमान कर सकते हैं।

मुक्तिबोध की कहानियों को समझने के लिए सामान्य शिक्षित मानसिकता से बड़ी और व्यापक मानसिकता चाहिए जो एक साथ शिक्षा, सौन्दर्य तथा दरिद्रता को पहचानने वाली हो। मुक्तिबोध की विश्लेषण, पद्धति सामान्य मनोविज्ञान साइकोलॉजी वाली नहीं है। वह अवचेतन की अँधेरी सुरंगों की सीढ़ियों में उतरती हुई उस तलघर तक पहुँचती है जहाँ से मनुष्य की चेतना विश्वदृष्टि, आचार-विचार आदि सभी परिचालित होते हैं। लेकिन मुक्तिबोध उन्हें वहीं नहीं छोड़ते, बल्कि 'सतह' पर लाकर उनका पुनःविश्लेषण करते हैं। यही उनकी 'बाह्य की ओर जाने वाली रचना प्रक्रिया है।'

इस तरह उनकी कहानियों का एक विश्लेषणचक्र पूरा हो जाता है। दो ध्रुवान्तों पर टँगी हुई बौद्धिक, सांस्कृतिक तथा मूलतः सामाजिक जड़ता का विश्लेषण चक्र। 'सतह से उठता हुआ आदमी' (1963-64) मक्तिबोध की आखिरी कहानियों में से हैं इसमें हम उनकी 'ज्ञानात्मक संवेदना' तथा 'संवेगात्मक ज्ञान' की अवधारणा को रचनात्मक स्तर पर घटित होते हुए देखते हैं। इसमें उन्होंने विचार (थॉट) और संवेग (इमोशन) दोनों के संयोग से निर्मित विश्लेषण पद्धति

अपनाते हुए मनुष्य का वर्गीय विश्लेषण किया है जो उनका मूल लक्ष्य है।

रघुवीर सहाय (1929-1990)

रघुवीर सहाय यद्यपि एक कवि के रूप में विशेष ख्यात हैं—'नयी कविता' के एक महत्त्वपूर्ण हस्ताक्षर] किन्तु उन्होंने कई कहानियाँ भी लिखी थीं जो उनके एकमात्र कहानी संग्रह 'रास्ता इधर से है' में संग्रहीत हैं। ये कहानियाँ अपने आप में इतनी पृथक किस्म की हैं कि अन्य हिन्दी कहानियों से उनकी तुलना नहीं की जा सकती। भाषा और संरचना में वे चकित कर देनेवाली हद तक अद्वितीय हैं। चीजों, मनुष्यों और घटनाओं को देखनेवाली अनूठी दृष्टि ही उनकी कहानियों की थीम रचती है और यही थीम प्रायः उनकी प्रत्येक कहानी में है। उनमें करुणा तो है किन्तु वे दया के विरुद्ध लिखी गयी कहानियाँ हैं। मेरा ध्यान उनकी ओर छठे दशक के मध्य में प्रकाशित कहानी 'एक जीता जागता व्यक्ति' से गया था। उस कहानी ने मुझे चौंका दिया था, उस जमाने में विसंगति, विडम्बना और मानवीय करुणा की कहानियाँ लिखी जा रही थीं और उन्हीं का गुणगान हो रहा था। 'राजा निरबंसिया', 'मलवे का मालिक', 'डिप्टी कलक्टरी', 'धरती अब भी धूप रही है', 'परिन्दे', 'सितम्बर की एक शाम' तथा 'पिक्चर पोस्टकार्डों की दुनिया में' अचानक यह 'जीता जागता व्यक्ति कहाँ से आ गया? हिन्दी कहानियों की इस दुनिया में यह एक विस्फोट था। लेकिन हिन्दी कहानी में इस नयी शुरुआत को शायद ही किसी ने समझा हो। इस कहानी में सड़क के पिघले हुए कोलतार में फँसी हुई एक गौरैया नुमा चिड़िया है, उसमें छटपटाती हुई और उससे छूटने की लगातार कोशिश करती हुई। उसकी इस मुक्ति की छटपटाहट को देखते हुए दो आदमी हैं। इस तरह 'चिड़िया' और उन दो आदमियों के बीच एक रिश्ता-सा बन जाता है। 'छुड़ा दूँ? मैंने सोचा। पर जब अपने आप कोशिश कर रही है तो अपने आप न करने दूँ। मैं समझ सकता हूँ कि खुद कोशिश करने का क्या अर्थ होता है। और सहानुभूति एक जगह अनादर भी बन जाती है। वह इस समय एक महत्त्वपूर्ण संघर्ष कर रही है, जैसे उसने जरूरी समझा है, उसे वैसा ही न करने दूँ? उसे अन्त तक न जाने दूँ? उसे यही सुखकर होगा पर फिर मैंने उससे कहा कि मैं तुम्हें छुड़ाने आ रहा हूँ। उसका शरीर दायें-बायें पागलों की तरह डोलने लगा। जैसे वह कह रही हो, नहीं, नहीं, नहीं। मैंने कहा, मैं तुझे आहिस्ता से छुड़ा दूँगा। उसने हाँफ कर चोंच बन्द की और फिर खोली, नहीं, मैं खुद छूटने के लिए बेकरार हूँ। फिर सम्मोहित सी होकर एक पल देखती रही...फिर उसने पंख खोल दिये और तान दिया। अब वह छूट गयी।'

यहाँ जैसे चिड़िया ही नहीं छूटती है, बल्कि एक सदी से कोलतार में फँसी हुई हिन्दी कहानी भी छूटकर मुक्त हो जाती है। जिजीविषा, दया और मुक्ति। रघुवीर सहाय बेहद बुनियादी स्तरों पर कहानी को जीवन के करीब ले आते हैं। जब वे कहानियाँ लिख रहे थे तो कहानी होने की बुनियादी बातों पर बहस भी कर रहे थे। जब वे 'कहानी कला' जैसी कहानी लिखते हैं तो बताना जरूरी समझते हैं कि उनके लिए कहानी क्या है। पर साथ ही यह भी बतलाते हैं कि जीवन में दया तथा सहानुभूति जैसे शब्द एक स्तर पर कितने अमानवीय लगने लगते हैं : "मैं कहानी को उस तरह क्यों कहूँ? क्या इसलिए कि आप मुझपर दया करें, तरस खायें कि देखो बिचारा किस मुसीबत में फँस गया है।...अच्छा शायद आप चाहते हैं कि मेरी भाषा कुछ चमत्कारिक हो, उसमें कुछ ऐसी जान हो कि नायक के प्रति आपका हृदय द्रवित हो जाए?" ये सवाल तब भी बहुत प्रासंगिक थे और आज भी हैं। यदि गौर करें तो उस समय हिन्दी कहानी से भावुकता तथा आर्द्र कर देनोली कहानियाँ के बहिष्कार की घोषणा की जा रही थी पर साथ ही साथ 'आर्द्रा', 'राजा निरबंसिया', 'गुल की बन्नो', 'नन्हो', 'परिन्दे', 'बादलों के घेरे', 'जहाँ लक्ष्मी कैद है' जैसी दर्जनों ऐसी कहानियाँ भी लिखी जा रही थीं जिनका उद्देश्य नायक या नायिका के प्रति हमारा हृदय द्रवित करना ही था। अत: रघुवीर सहाय हिन्दी कहानी के इस छद्म का उद्घाटन करने के लिए ही कहानियाँ लिख रहे थे।

यही नहीं, जब अनेक नये कवि 'कविता की रचना' प्रक्रिया पर विचार कर रहे थे तब रघुवीर सहाय ने 'कहानी की रचना प्रक्रिया' शीर्षक एक कहानी ही लिख दी। कहानी को आखिर जीवन के कितने करीब लाकर उसकी साँस और स्पन्दन को अनुभव किया जा सकता है। 'मेरे और नंगी औरत के बीच' इसी नैकट्य की ऊष्मा को व्यक्त करती है, 'वह बिल्कुल स्थिर थी, काँप नहीं रही थी, न आसन बदल रही थी। मुझे लगा कि उसके वस्त्र और उसकी पीठ मिलकर एक हो गये हैं, गहरे तक वह एक हो गयी है और रूपाकार भी। उसी की देह में मिलकर सम्पृक्त हो गया है।' रघुवीर सहाय कला, वस्तु और शिल्प को समझने की प्रक्रिया में ही मानवीय सम्बन्धों को समझने की प्रक्रिया भी जारी रखते हैं और उसी उपक्रम में बन जाती है रचना, यानी कहानी। 'तभी मैंने यह भी जाना कि जिस इच्छा से समस्त शरीर और सम्पूर्ण मन एकाकार हो गया है और जो मेरे जीवन के सम्पूर्ण अनुभवों में से सर्वोत्तम है, वह स्वयं अमर नहीं है।' 'वस्तु' और रूप के सम्बन्ध की इससे अद्भुत व्याख्या और क्या हो सकती है? यहाँ यह गौरतलब है कि इस कहानी में भी रघुवीर सहाय की मूल संवेदना दया के विरुद्ध वाली ही है। 'यह भी विचित्र है कि मुझे उसकी असाधारणता

को किसी भावना से देखने का अधिकार नहीं है, न दया से, न स्नेह से, न क्रोध से, न विरक्ति से। यह मेरी मानवीयता में शामिल नहीं है।' कहानी के अन्त के लिए दो विकल्प लेखक सामने रखता है। 'एक तो यह कि सड़क के किनारे एक छोटा सा स्टेशन आ गया था और वह औरत उतरकर किसी कस्बे की अँधेरी रात में खो गयी थी।' दूसरा यह कि 'जिस आदमी ने उसे कम्बल उढ़ाया था, उसका स्टेशन आ गया और उसने सोती हुई औरत से अपना कम्बल उतार लिया और चला गया। ठीक यहीं मैंने किया था।'

कहानी का यह अन्त स्पष्ट कर देता है कि उस आदमी ने सर्दी की रात में ठिठुरती औरत के ऊपर से अपना कम्बल ही नहीं उतारा था। गोया एक छिलके की तरह उसके ऊपर से अपनी दया खींच ली थी। उनकी उन्हीं दिनों लिखी गयी कहानी 'विजेता' आज भी आकृष्ट करती है। विजेता को वैसे तो सपाट स्तर पर समझाया जा सकता है, किन्तु उससे एक बात तो स्पष्ट हो जाती है कि कभी-कभार अमानवीयता कैसे मानवीयता पर हावी हो जाती है। कहानी महज इतनी सी है कि गर्भिणी पत्नी और उसका पति दोनों नहीं चाहते कि इतनी जल्दी उनके कोई सन्तान हो। दवाएँ दी जाती हैं, पर पत्नी स्वभावतः अपनी 'रचना' से वंचित होना नहीं चाहती। अन्ततः सारी दवाओं के बावजूद रचना अस्तित्व में आ जाती है—एक जीता जागता व्यक्ति। चूँकि सारे प्रयासों को विफल करता हुआ अपने होने की घोषणा करता हुआ संसार में आ गया है, इसलिए वह विजेता है। एक बेहद सुकुमार अबोध 'ऊर्जा' अमानवीयता के शिल्प खंडों को चूर-चूर कर अपना खिलखिलाता अस्तित्व धारण कर सामने आ जाती है। 'सौर का कमरा उस गंध से भरा था जो सुलगती हुई अजवाइन और कड़वे तेल के दीये से मिलकर बनती है। वह साफ पुराने कपड़ों में लिपटी हुई लेटी थी। अशोक ने एक पैर अन्दर कर अन्दर झाँका। सामने केवल सरसों के तेल का प्रकाश था और एक विशेष प्रकार की स्वच्छता थी। दोनों एक दूसरे से सम्पृक्त और जीवित। देखूँ-देखूँ अशोक का दिल बुरी तरह धड़कने लगा।...क्या उसने मुझे क्षमा कर दिया है? मुझे क्षमा कर दो और उसका चेहरा खिल उठा। लाल मुट्ठियाँ बन्द किये हुए और उसकी स्त्री का स्तन मुँह में लिये हुए वह अनायास अपना अधिकार भोग रहा था। न उस पर कोई निशान नहीं था, न खरोंच, न दाग। कुछ नहीं। यह एक जीता हुआ आदमी है।'

यही रघुवीर सहाय की रचनात्मकता और मानवीयता को एक करने की अद्‌भुत क्षमता है—'कला' और जीवन रस 'सम्पृक्त' और 'एकाकार'। रघुवीर सहाय की कहानियाँ प्रचलित परम्परा के बीच एक विशेष अर्थ में अकहानियाँ हैं। वे कोई एक चीज, वस्तु, सम्बन्ध और व्यक्ति को समझने की कोशिश से

शुरू होती हैं, पर धीरे-धीरे इर्द-गिर्द कुछ ऐसा सघन, गहन और अर्थवान बुन जाता है, जिससे हम स्वतः उसे कहानी मानने लगते हैं। उनमें अचानक एक स्पन्दित, चमकता हुआ सच निकल आता है जैसे धूल रेत के कणों के चक्करदार घेरों में धौंकनी की तरह फूँकने पर नन्हें आकार वाले कीट निकल आते हैं। वे बच्चों के खेल का अपना आविष्कार होते हैं। उनकी कहानियाँ, 'चालीस के बाद का प्रेम', 'सेब', 'सरकस कीर्तन' और 'प्रेमिका' जैसी सभी कहानियाँ इसी सच को सामने ले आयी है।

कुँवर नारायण (1927)

अपनी चिन्तनशीलता और साहित्य के प्रति अधिक बौद्धिक दृष्टिकोण रखने वाले कवि कुँवर नारायण की सभी कहानियाँ उनके एकमात्र कहानी संग्रह 'आकारों के आसपास' में संग्रहीत हैं। उनकी कहानियाँ में एक निरलंकृत शीतल गद्य है और वे प्रायः निबन्धात्मक शैली में लिखी गयी हैं। और कहीं-कहीं फैंटेसी की सीमा तक पहुँचने वाली ये कहानियाँ रूपक के रूप में लिखी गयी हैं। उनमें भी मुक्ति बोध की तरह कहानियों के अधबीच में छोड़ देने की प्रवृत्ति है। उन्हें अनावश्यक विस्तार से परहेज है। उनकी कहानियों में उत्तेजना शायद ही कहीं हो, क्योंकि उन्हीं के शब्दों में वे अनुत्तेजकता के कहानीकार हैं। वे कहानी के शिल्प में नहीं, बल्कि सुन्दरता में विश्वास करते हैं। इसलिए उनकी कहानियों में कोई चमत्कार या नाटकीयता नहीं मिलती। वे कहानी में जीवन के सच या एसेंस को प्रस्तुत करने में ही विश्वास करते हैं। इसीलिए वे 'संदिग्ध चेले' या 'आकारों के आसपास' जैसी कहानियों में बिना किसी घटाटोप और घटना चक्र के उन्हें शीघ्र ही निष्कर्षों तक पहुँचा देते हैं। उनकी 'गुड़िया का खेल' जैसी कहानी को पढ़ते हुए प्रसाद जी की कहानियों की याद आती है। वैसे ही बुनियादी प्रश्न और बिना किसी प्रत्यक्ष पूर्वापर सम्बन्ध के कहानी आगे बढ़ती हुई एक गहरे मनोविज्ञान से जुड़ी हुई है। बहुत-सी पागल अतार्किक इच्छाएँ, असम्बद्ध-सी दीखती क्रियाएँ! इस कहानी में पहली बार एक नाटकीय दृश्य बन्ध दीखता है। 'लीला' तथा 'सरकस' भी ऐसी ही कहानियाँ हैं। लेकिन 'सरकस' में कलाकारों की कलाबाजी का भंडाफोड़ नहीं किया गया है—उसे पर्दे में ही रहने दिया गया है। शायद लेखक यह बतलाना चाहता है कि धोखा या भ्रम भी वास्तविकता का एक आयाम हो सकता है। कुँवर नारायण की कहानियाँ ऐसे ही प्रसंगगर्भत्व की कहानियाँ हैं। उनमें लेखक कम-से-कम बोलता है, बात ही ज्यादा बोलती है।

श्रीकान्त वर्मा (1931–1986)

श्रीकान्त वर्मा वय की दृष्टि से उसी पीढ़ी के हैं, जिसके रघुवीर सहाय तथा कुँअर नारायण हैं। किन्तु उन्होंने अपनी अधिकांश कहानियाँ सन् 60 और उसके बाद लिखीं। श्रीकान्त वर्मा के कथा–गद्य की अपनी एक विशेषता है। वे रघुवीर सहाय से भी अधिक विरलंकृत विशेषण विहीन तथा ठोस हैं। उनकी नाटकीयता घटना या दृश्य के पीछे छिपी विडम्बनाओं में है। उनकी कहानियों का रचनाकाल सन् 60 से सन् 68 तक फैला हुआ है। अपनी कहानियों के बारे में उनका कहना है, 'सन् 60 के आसपास मेरे चारों ओर 'मृत्यु' थी, सिर्फ गरीबी, भुखमरी और अनाहार से उत्पन्न मृत्यु नहीं, बल्कि एक ऐसी मृत्यु जिसे सैकड़ों नामों से पुकारा जा सकता है। आत्मनिर्वासन, सामाजिक पलायन, प्रेम की विफलता। एक नितान्त मूल्यहीन संसार में जीने का एहसास, क्रूरता, करुणाविहीनता, चारों ओर मरो और मारो का शोर। इनके बीच एक निर्दोष बौद्धिक रचना करने के लिए मेरे चारों ओर की परिस्थितियाँ यही थीं।...मेरी प्रेम कहानियाँ प्रचलित अर्थ में प्रेम कहानियाँ नहीं हैं। उनमें वह आह्लाद नहीं है तथा वह त्रासदी नहीं है जो पाठक को भाव विह्वल करती है, उनमें एक तरह का द्वन्द्व है, शंका है, अविश्वास है और अस्तित्व के अपने प्रश्न हैं।...दूसरे शब्दों में मेरी प्रेम कहानियाँ एक प्रयोगशाला हैं जिनमें मैंने स्त्री–पुरुष सम्बन्धों को लेकर जो प्रयोग किये और जो परिणाम आये वे सामने हैं।'

लेकिन श्रीकान्त वर्मा की जो श्रेष्ठ कहानियाँ हैं, वे प्रेम कहानियाँ नहीं हैं। उनकी प्रेम कहानियों का संसार बहुत सीमित और सतही है। वे आधुनिक नहीं बल्कि 'आधुनिकतावादी' कहानियाँ हैं जिनका पश्चिमीकरण किया गया है। उनकी श्रेष्ठ कहानियाँ 'ठंड', 'घर' और 'शवयात्रा' हैं। वे एक बदले हुए भावबोध की कहानियाँ हैं और इस दृष्टि से वे साठोत्तरी कहानियों के अधिक निकट पड़ती हैं। श्रीकान्त वर्मा की कहानियों को मुख्यत: उनकी कथा–भाषा के लिए जाना जाएगा। सर्वथा कवित्वविहीन गद्य देखना हो तो वह श्रीकान्त वर्मा की कहानियों में मिलता है। हिन्दी कहानी में वे एक बेहद ठोस, तटस्थ तथा एक हद तक निर्मम गद्य लेकर आये। उनकी शीतलता और निस्पृहता विचलित कर देने वाली है। 'घर' कहानी में जिस तरह दाम्पत्य और घर की पुरानी अवधारणा को छिन्न–भिन्न कर दिया गया है, वह स्तब्ध कर देनेवाला है। उन्होंने हिन्दी में सबसे पहले 'एलिएनेशन' या निर्वासन पर कहानियाँ लिखीं। अपने मितकथन, सांकेतिकता और संक्षिप्तता में कहानियाँ हेमिंग्वे की कहानियों की याद दिलाती हैं। लगभग उसी समय प्रबोध कुमार और विजय चौहान भी ऐसी कहानियाँ लिख रहे थे।

सर्वेश्वर दयाल सक्सेना (1927–1983)

सर्वेश्वर दयाल सक्सेना श्रीकान्त वर्मा के ही समकालीन थे तथा नयी कविता के प्रमुख कवियों में एक थे। उन्होंने अनेक कहानियाँ लिखी थीं जो पर्याप्त चर्चित हुई थीं। अपनी भावचेतना में वे तरल संवेदना के कहानीकार थे और उनकी कहानियाँ सरल संरचना की कहानियाँ थीं। उनमें भावातिरेक ही प्रमुख होता था। उन्हें श्रीकान्त वर्मा का विलोम ही मानना चाहिए।

विष्णु प्रभाकर (1912–)

विष्णु प्रभाकर काफी पहले से लिख रहे थे, किन्तु उनकी कहानियाँ 'नयी कहानी' के दौर में ही विशेष चर्चित हुईं। 'साँचे और कला' (1962), 'पुल टूटने से पहले' (1977), 'मेरा वतन' (1980), 'खिलौने' (1981) और 'एक और कुन्ती' आदि उनके कहानी संग्रह हैं। 'नयी कहानी' के दौर में उनकी कहानी 'धरती अब भी घूम रही है' की काफी चर्चा हुई थी किन्तु उस पर मंटों की प्रसिद्ध कहानी 'खोल दो' का स्पष्ट प्रभाव है। ये भी तरल भावबोध के कहानीकार थे जिसे 'धरती अब भी घूम रही है' में स्पष्ट देखा जा सकता है।

द्विजेन्द्र नाथ मिश्र निर्गुण

निर्गुण जी भी इसी दौर में कहानियाँ लिख रहे थे। इन पर बांग्ला कहानी मुख्यत: शरतचन्द्र की संवेदना और शैली का प्रत्यक्ष प्रभाव था। इनकी अधिकांश कहानियाँ इलाहाबाद से निकलने वाली कहानी पत्रिका 'माया' में छपती थीं और तब खूब पढ़ी जाती थीं। ये भावोच्छ्वास तथा भावावेग के कहानीकार थे। और आधुनिक परिवर्तित भावबोध से उनका कोई तालमेल नहीं था। सम्भवत: इसीलिए वे हिन्दी कहानी में अप्रासंगिक हो गये।

इसी दौर में भैरव प्रसाद गुप्त, हरिशंकर परसाई, लक्ष्मी नारायण लाल, रामदरश मिश्र, और रांगेय राघव आदि भी कहानियाँ लिख रहे थे। रांगेय राघव की कहानी 'गदल' की उस दौर में खूब चर्चा हुई थी। पर रांगेय राघव उपन्यासकार के रूप में ही अधिक चर्चित हुए थे। उन पर उपन्यासों के प्रसंग में लिखा जा चुका है।

महिला कहानीकार

हिन्दी कहानी में महिला कहानीकारों का विकास अपेक्षाकृत मन्थर गति से हुआ। संख्या तथा गुणात्मक दृष्टि से भी वे हिन्दी कहानी की मुख्यधारा में अपेक्षाकृत देर से आयीं। इसके सामाजिक कारण थे, जिनका विवेचन यहाँ प्रासंगिक नहीं है। लेकिन यहाँ यह भी जानना महत्त्वपूर्ण है कि आचार्य रामचन्द्र शुक्ल ने जिन लोगों को हिन्दी कहानी की शुरुआत करने का श्रेय दिया है, उनमें दुलाईवाली कहानी की लेखिका बंग महिला भी थीं। फिर भी प्रेमचन्द के समय तक उषा देवी मित्रा, कमला चौधरी, सत्यवती मलिक, सुभद्रा कुमारी चौहान, चन्द्रकिरण सौनरिक्सा तथा होमवती देवी आदि चन्द महिलाएँ ही कहानी के क्षेत्र में सक्रिय थीं। यहाँ तक कि नयी कहानी के दौर में भी कृष्णा सोबती, उषा प्रियंवदा तथा मन्नू भंडारी आदि कुछ महिलाएँ ही नये भावबोध की कहानियाँ लिखकर चर्चा के केन्द्र में आ सकी थीं। वैसे उस समय तक कहानी के क्षेत्र में रजनी पन्निकर, कंचन लता सब्बरबाल, सोमावीरा, शान्ति मेहरोत्रा तथा प्रतिमा वर्मा भी पर्याप्त संख्या में कहानियाँ लिख रही थीं किन्तु उन्हें आधुनिक भावबोध की कहानियाँ नहीं कहा जा सकता।

कृष्णा सोबती (1925)

वस्तुतः नये भावबोध की कहानियाँ लिखने की शुरुआत का श्रेय जाता है कृष्णा सोबती को। कृष्णा सोबती को कई अर्थों में हिन्दी कहानी की पहली महिलावादी (फेमनिस्ट) कहानीकार भी माना जा सकता है। यद्यपि उन्होंने कभी अराजकतापूर्ण निरंकुश तथा बोल्डनेस के नाम पर अश्लीलता की हद तक पहुँचनेवाली कहानियाँ नहीं लिखीं। उनके स्त्री पात्रों में साहसिकता (बोल्डनेस) जरूर है, किन्तु वह 'सन्दर्भहीन' होकर सामने नहीं आती। पुरुष-प्रधान समाज की क्रूरता तथा नृशंसता से पीड़ित होकर वे उन नियमों, नैतिकता के कायदे-कानूनों से विद्रोह करती हैं जो केवल महिला-समाज पर ही लागू होते हैं और पुरुषों को खुलकर खेलने की आजादी देते हैं। इसी घनघोर यातना से मुक्त होकर वे बेड़ियाँ और जेल की

सलाखें तोड़ती हैं। उनकी लम्बी कहानी 'मित्रो मरजानी' की 'मित्रो' ऐसी ही स्त्री है।

कृष्णा सोबती सबसे पहले 'बादलों के घेरे' (1955) से चर्चित हुईं। हालाँकि 'बादलों के घेरे' मूलत: 'पीले' पात्रों और रोमेंटिक संवेदना की ही कहानी है। लेकिन सोबती जी अपनी कहानी 'सिक्का बदल गया' में एक तल्ख राजनैतिक रुख अख्तियार करती हैं जो उनकी कहानियों की परिधि को अधिक व्यापक बना देता है और उन्हें अपने 'परिवेश के यथार्थ' के प्रति अधिक सजग तथा सचेत दिखाता है। यही 'नयी चेतना', 'यारों के यार' तक आते-आते अधिक उग्र तथा बेबाक हो जाती है। 'यारों के यार' की स्लैंग्स वाली भदेस भाषा इतनी चौंकानेवाली है कि उस समय यह कहानी बहुत विवादास्पद हो गयी थी।

कृष्णा सोबती ने बहुत अधिक कहानियाँ नहीं लिखीं किन्तु सन 1989 में प्रकाशित उनकी लम्बी कहानी 'ऐ लड़की' ने महिला-लेखन ही नहीं, बल्कि पूरी हिन्दी कहानी को एक नयी दिशा दे दी थी। भाषा-प्रविधि की दृष्टि से भी यह कहानी हिन्दी कहानी में एक नयी संरचना और शैली की शुरुआत थी। पूरी कहानी संवाद, बल्कि मूलत: एकालाप शैली में लिखी गयी है। यह कहानी बीसवीं शताब्दी के अन्तिम दशकों में लिखी गयी कहानियों में सर्वोत्तम है। यह कहानी आठवें दशक में व्यापक रूप से आ गयी रचनात्मक जड़ता को भी तोड़ती है। कहानियों में विशेष रूप से आगे एकरसता, डलनेस तथा ऊसर को भी तोड़ती है और बिना किसी आरोपण के कहानी को दार्शनिक ऊँचाइयों तक ले जाती है।

मरणासन्न माँ और बेटी के इस काल्पनिक संवाद से जीवन तथा मृत्यु सम्बन्धी एक दर्शन स्वत: उभर कर सामने आ जाता है। 'वर्तमान साहित्य' के एक विशेषांक में प्रकाशित इस कहानी ने (और उसी में प्रकाशित कुछ और कहानियों ने) हिन्दी कहानी के अवरुद्ध कपाट खोल दिये थे। साठोत्तरी कहानी के बाद हिन्दी कहानी के उन वर्षों में सहसा एक सूखा-सा आ गया था जिसे निर्मल वर्मा ने अपनी कहानी 'सूखा' में बहुत अच्छी तरह व्यक्त किया था। 'ऐ लड़की' के प्रकाशन के आसपास ही जब 'हंस' पत्रिका का प्रकाशन शुरू हुआ तो उसके माध्यम से नये कहानीकारों की एक नयी जमात सामने आने लगी जिसने हिन्दी कहानी में एक 'पुनरोदय' का काम किया (जिसका जिक्र आगे यथास्थान किया जाएगा।)।

मन्नू भंडारी (1931)

कृष्णा सोबती के विपरीत मन्नू भंडारी की कहानियाँ अत्यन्त सहज शिल्प की कहानियाँ हैं। बिना किसी छद्म के उनकी कहानियाँ सीधे मन में प्रवेश कर जाती

हैं। उनकी कहानियों की 'सरलता का आकाश' अभिव्यंजना का अलग रूप रचता है। कहीं-कहीं वह मध्यमवर्गीय और निम्नमध्यमवर्गीय स्त्री की घुटती हुई जिन्दगी का भी एहसास कराता है। इसकी सर्वोत्तम अभिव्यक्ति उनकी कहानी 'ऐटवोनी आकाशनाई' में की गयी है।

'मैं हार गयी' (1957), 'यही सच' है (1966), 'एक प्लेट सैलाब' (1968), 'तीन निगाहों की एक तस्वीर' (1968) और 'त्रिशंकु' (1978) उनके कहानी संग्रह हैं। मन्नू भंडारी की पहली कहानी 'मैं हार गयी' 1956 में प्रकाशित हुई थी और अन्तिम कहानी 1996 में। चालीस वर्षों की उनकी यह कथायात्रा कई तथ्यों को सामने लाती है। 'नयी कहानी' के उस दौर की जमात से बिल्कुल अलग प्रायः निःशब्द एक पृथक किस्म का स्वर लेकर आयी जिमसें आधुनिकता बिलकुल दबे पाँव आती हुई दीखती है। बिना किसी आरोपण के। बल्कि उन्होंने अपनी कहानियों के माध्यम से अपने समय की प्रचलित छद्म आधुनिकता का उद्घाटन ही किया। आश्चर्यजनक ढंग से उनकी कहानियों को तत्काल (इंसटेंट) अप्रत्याशित सफलता और लोकप्रियता प्राप्त हुई। उनकी कहानी 'यही सच है' पर आठवें दशक में बासु चटर्जी ने बहुत सुन्दर फिल्म 'रजनीगन्धा' बनायी। 'यही सच है' ऊपरी तौर पर केवल प्रेम के द्वन्द्व की कहानी प्रतीत होती है जहाँ एक युवती अपने दो प्रेमियों के बीच 'चुनाव' न कर पाने की 'यातना' से जूझ रही है। किन्तु सूक्ष्म स्तर पर वह स्त्री की उसी आदिम मानसिकता की कहानी है जिसमें वह उसी पुरुष का वरण करती है जो दुस्साहस की सीमा तक जाकर उसका हरण भी कर सकता है। कहानी इस मूलप्रवृत्ति की अभिव्यक्ति है। कहानी में एक उत्ताप है, एक सुलगती हुई आकांक्षा कि जो उसे परितृप्त कर सकता है वह उसी की अकंशायिनी होगी। कहानी उसी सच को व्यक्त करती है।

मन्नू भंडारी कुछ अन्य महिला कहानीकारों के विपरीत बिना अशालीन और निरंकुश हुए स्त्री मानसिकता को बड़ी सहजता के साथ व्यक्त करती हैं। ऊपरी तौर पर उनकी कहानियाँ परम्परागत ढंग से लिखी गयी कहानियाँ ही प्रतीत होती हैं और उन्होंने कहानी की भाषा और शिल्प में भी कोई प्रयोग नहीं किया है, किन्तु गौर करने पर पता चलेगा कि उनकी कहानियों का 'सच' किसी वृहत्तर सच की ओर सकेत करता हुआ दिखाई पड़ेगा। उनकी यह विशेषता 'यही सच है', 'त्रिशंकु' से लेकर 'नायक, खलनयाक और विदूषक' तक में दिखाई पड़ती है। 'त्रिशंकु' तथाकथित आधुनिक मध्यमवर्गीय मानसिकता की कहानी है जिसके मनुष्य न तो पूरी तरह आधुनिक हो पाते हैं और न परम्परागत। यही मानसिकता मध्यमवर्गीय पाखंड को जन्म देती है। 'त्रिशंकु' कहानी में इसी पाखंड का उद्घाटन किया गया है।

'नायक, खलनायक और विदूषक' तक आते-आते उनकी भाषा-व्यंजना में एक सूक्ष्म-सा परिवर्तन परिलक्षित होता है। वह अधिक चुटीली तथा व्यंग्यात्मक हो गयी है। उनकी भाषा में ऐसी बेबाकी और खुलापन आ गया है जो पहले नहीं था। मसलन 'खुला खेल फरुखाबादी' जैसे मुँहफट मुहावरे उनकी भाषा में पहले नहीं थे। इसी तरह 'प्यार का शीरा टपकता उलाहना' जैसे मुहावरों में ऐसा तीखापन तथा दंश आता गया है जो भाषा में ही नहीं, भावबोध में भी परिवर्तन का द्योतक है।

जैसाकि पहले कहा गया, मन्नू भंडारी की कहानियाँ प्रचलित अर्थ में आधुनिक नहीं हैं। वे वैसा होना भी नहीं चाहतीं बल्कि वे आधुनिकता के क्षद्म का उद्घाटन करती हैं। 'एक प्लेट सैलाब' कहानी में वे पहले तो एक सजे सजाये आधुनिक रेस्त्राँ में होनेवाली बातचीत का जायजा लेती हैं— एक तल्खी और तुर्शी के साथ और बाद में जब उस बातचीत और व्यवहार की कृत्रिमता पर हल्ला बोलती बच्चों की भीड़ अचानक हमला कर देती है तो वे बड़े इतमिनान से कहती हैं, 'चलो, चलती हुई फिल्म की रील मानो बीच में ही टूट गयी।' यहाँ 'फिल्म' शब्द का प्रयोग यह जताने के लिए किया गया है कि वहाँ जो कुछ हो रहा था, वह वास्तविक नहीं, बनावटी था। तोड़फोड़ करती और उधम मचाती बच्चों की भीड़ के माध्यम से वे आधुनिकता के इस बनावटी वातावरण का 'तिलस्म' तोड़ देती हैं। यह कहानी महानगरों के वातानुकूलित वातावरण से निर्मित उस जीवन-शैली पर भी आघात करती है जहाँ 'ऊबी हुई सुखी गृहणियाँ किसी नये साथी का शिकार करने के लिए एकत्र होती हैं। वैसी छद्म आधुनिकता का उद्घाटन ही 'वास्तविक आधुनिकता' है। इस अर्थ में मन्नू भंडारी की कहानियाँ शायद कहीं अधिक आधुनिक कही जाएँगी।

उषा प्रियंवदा (1931)

उषा प्रियंवदा के कहानी संग्रह हैं 'जिन्दगी और गुलाब के फूल', 'फिर बसन्त आया' (1961), 'एक कोई दूसरा' (1966) और 'कितना बड़ा झूठ'। 'नयी कहानी' के दौर में इनकी एक कहानी 'वापसी' बेहद चर्चित हुई थी। यह कहानी इस अर्थ में महत्त्वपूर्ण थी कि वैसे तो यह आधुनिकता, अस्तित्ववादी शब्दों में कहें तो अकेलेपन और अलगाव (एलिएनेशन) की कहानी है किन्तु इसका परिवेश और भावभूमि ठेठ भारतीय मध्यमवर्गीय वास्तविकता से जुड़ा हुआ है। सेवा निवृत्त होकर गजाधर बाबू जब न जाने कितने वर्षों बाद अपने घर में वापस आते हैं तो उन्हें अपना ही घर नितान्त पराया और अजनबी लगता है। अपने बेटे-बेटियाँ और बहुएँ भी उन्हें अपरिचित तथा अजनबी लगती हैं। ठीक यही बोध घर के

लोगों को भी उन्हें देखकर होता है। ऐसे में गजाधर बाबू की मानसिकता की सहज ही कल्पना की जा सकती है। कहानी इसी विडम्बनात्मक त्रासदी को बड़े स्वाभाविक ढंग से बिना किसी अतिरिक्त भावात्मकता के प्रस्तुत करती है। डॉ. नामवर सिंह ने इस कहानी के बारे में ठीक ही लिखा था कि यह मूलत: भावुकता के विरोध की कहानी है जो बयान करती है कि ऐसी मार्मिक और भावाकूल बना दिये जानेवाली 'त्रासदी' को कैसे निरपेक्ष तथा तटस्थ रूप से प्रस्तुत किया जा सकता है।' यही सच्ची आधुनिकता है जो हिन्दी कहानी में आनेवाले परिवर्तन के बिना किसी प्रदर्शन के प्रस्तुत करती है। अमेरिकी कथाकार अर्नेस्ट हेमिंग्वे की विख्यात कहानी 'सोल्जर्स होम' में भी इसी अलगाव और अकेलेपन को दिखाया गया है।

राजी सेठ (1935)

इन्होंने विश्लेषणात्मक कहानियाँ लिखी हैं जिनमें स्त्री-मनोविज्ञान का गहरा चित्रण है, किन्तु इनकी कहानियों का दायरा सीमित है। वे घर-परिवार और स्त्री-पुरुष सम्बन्धों से आगे नहीं जातीं। 'अन्धे मोड़ से आगे' (1979), 'यात्रा मुक्त' (1987), 'दूसरे देश काल में' (1992), 'यह कहानी नहीं' (1998), 'ग़मे हयात ने मारा' (2006) आदि इनके कहानी संग्रह हैं। इन्होंने ज्यादातर पति-पत्नी के सम्बन्धों का ही विश्लेषण किया है। इनकी कहानियों की विशेषता यह है कि किसी स्त्री कहानीकार ने पहली बार बिना किसी लाग-लपेट के पति-पत्नी के सम्बन्धों के अन्तरंग को उद्घाटित किया है। पुरुष होने के कारण पति का अहंकार इतना प्रबल हो जाता है कि वह पत्नी से यदि अमानवीय व्यवहार भी करता है, तब भी उसकी क्रमिक उपेक्षा से पति-पत्नी के बीच ठंडी दूरी पैदा हो जाती है जो जीवन भर चलती है। सबकुछ यांत्रिक और 'निर्वाह' मात्र बनकर रह जाता है। इसके अलावा नौकरी पेशा औरतों के जीवन का भी इनकी कहानियों में मनोवैज्ञानिक विश्लेषण किया गया है। जैसाकि विख्यात नारीवादी लेखिका सीमोन दी बोउआ ने, जो नारीवादी आन्दोलनों की जनक मानी जाती हैं, अपनी विश्वविख्यात पुस्तक 'द सेकेंड सेक्स' में लिखा है कि नौकरी पेशा औरतों के प्राय: दो बॉस होते हैं। घर में पति और दफ्तर में व्यावसाइक स्तर पर बना बॉस! ऐसी औरतों के मन में एक द्वन्द्व तथा तनाव हमेशा बना रहता है कि किसके प्रति वह अपनी वफादारी का निर्वाह करे क्योंकि एक पुरुष के रूप में दोनों उससे पूरी वफादारी की अपेक्षा करते हैं। इस द्वन्द्व में फँसी औरत के लिए घरेलू जीवन और दफ्तरी जीवन के बीच सबकुछ गड्डमड्ड हो जाता है कभी कुछ विशेष परिस्थितियाँ के चलते यदि उसका झुकाव दफ्तरी बॉस के प्रति अधिक हो जाता

है तो ईर्ष्या-द्वेष के कारण पारिवारिक जीवन टूटने के कगार पर पहुँच जाता है। और यदि इस दुहरे दायित्व को निभाने के क्रम में वह अपने पति, बच्चों तथा यदि वही सास-ससुर भी हुए तो, उनका अधिक ख्याल करने लगती है तो बॉस की ओर से सुनना पड़ता है कि या तो तुम अपना घर सँभालो या नौकरी करो। दोनों नहीं चल सकते। आज जबकि अधिकाधिक संख्या में औरतें दिन और रात दोनों शिफ्टों में नौकरी करने लगी हैं, तब यह द्वन्द्व और तनाव अपने चरम पर पहुँच गया है। राजी सेठ यद्यपि इन समस्याओं की तह में दूर तक नहीं गयी हैं किन्तु उन्होंने इस पर ध्यान केन्द्रित करके जो संकेत किये हैं, वे महत्त्वपूर्ण हैं।

मंजुल भगत (1936-1998)

ये मध्यमवर्गीय जीवन की कहानीकार हैं और यद्यपि इन्होंने भी राजीसेठ की तरह कोई विशेष भाषा या शैली का निर्माण नहीं किया है, किन्तु सहज भाषा में मध्यमवर्गीय जीवन की विसंगतियों तथा आर्थिक दबावों का यथार्थपूर्ण चित्रण किया है। लेकिन इनका 'यथार्थ' सीमित और पारम्परिक ही है। विधवा स्त्री नपुंसक पति या पत्नी को पीड़ित करनेवाला पति या आधुनिक बनने की कोशिश में क्लबों तथा रेस्टोरेंटों की सैर करनेवाली तितली नुमा औरतें आदि ही ज्यादातर इनकी कहानियों की परिधि में आते हैं। लेकिन अपने लघु उपन्यास या लम्बी कहानी 'अनारो' में इन्होंने घर में काम करनेवाली बाइयों या महरियों के जीवन का इतना अन्तरंग तथा मार्मिक चित्रण किया है, जितना और जैसा न तो इसके पहले और न इसके बाद कोई महिला लेखिका कर सकी। एक कहानीकार के रूप में यह इनकी महत्त्वपूर्ण उपलब्धि है।

मृदुला गर्ग (1938)

इनके सात कहानी संग्रह प्रकाशित हैं। उनकी सभी कहानियाँ 'संगति-विसंगति' शीर्षक से दो खंडों में प्रकाशित हैं। इन्होंने सत्तर के दशक में कहानियाँ लिखना प्रारम्भ किया। अतः इस दृष्टि से इन्हें साठोत्तरी महिला कहानीकार ही माना जाएगा। इनको कथा-विषय तथा भावबोध की दृष्टि से भी महिला कहानीकारों में पहली मार्डन कहानीकार माना जाएगा। केवल आधुनिक कहने से अधिक इन्हें माडर्न कहना ही अधिक उपयुक्त होगा क्योंकि इनके पात्रों की जीवनशैली, रहन-सहन, उनकी बातचीत और विचारों से अभिजात माडर्निटी झलकती है। आधुनिकता सभी वर्गों के लोगों में अलग-अलग रूपों में व्यक्त होती है, लेकिन

मृदुला गर्ग की कहानियों की आधुनिकता वर्गविशेष के लोगों के द्वारा ही व्यक्त होती है, उनके मामले में विचलन कम ही दिखाई पड़ता है। हाँ, इनकी कहानियों में देशकाल की दृष्टि से काफी विस्तार है। वे देश-परदेश सबमें भ्रमण करती हैं। पुरुष-स्त्री सम्बन्धों पर शायद ही किसी अन्य महिला कहानीकार ने इनसे अधिक तथा इतने खुले रूप में लिखा हो। इनके स्त्री पात्रों में पीड़ा है, दंश है, बेबसी है किन्तु अस्वीकार तथा प्रतिरोध शायद ही कहीं है। इसीलिए उनमें पति के अलावा एक दूसरा प्रेमी जरूर मौजूद रहता है। इनकी अधिकांश कहानियों की शुरुआत तो परम्परागत ढंग से ही होती है, किन्तु अन्त अप्रत्याशित रूप में होता है।

इनकी कहानियों की एक विशेषता तो यह है कि पुरुष-स्त्री सम्बन्धों में सच या वास्तविकता को पुरुष और स्त्री दोनों पक्षों की दृष्टि से देखा गया है। इन कहानियों का मैं या वह पुरुष और स्त्री दोनों है, यानी कहीं कहानी का मुख्य पात्र वर्णन कर्ता पुरुष होता है और कहीं स्त्री। कहीं कहानी पुरुष की आँख से देखी जाकर लिखी जा रही है, तो कहीं स्त्री की आँख से। अतः इन कहानियों पर यह आरोप नहीं लगाया जा सकता कि ये स्त्रीवादी कहानियाँ हैं या वे हर जगह स्त्री की पक्षधर बनकर लिखी गयी हैं। कहीं भी उन पर 'स्त्री' का लेबिल लगाकर गौरवान्वित नहीं किया गया है। इनमें 'स्त्री' हमेशा सताई हुई स्त्री नहीं है। बल्कि अक्सर वह बेहद स्वतन्त्र और कहीं निरंकुश भी है।

'अवकाश', 'रुकावट', 'यह मैं हूँ', 'ग्लेशियर से', 'अगली सुबह' और 'डैफोडिल्स' आदि उनकी श्रेष्ठ कहानियाँ हैं।

ममता कालिया (1940)

ममता कालिया एक श्रेष्ठ साठोत्तरी कहानीकार हैं। इन्होंने भी मृदुला गर्ग की तरह ही चुस्त-दुरुस्त और स्मार्ट किस्म की कहानियाँ लिखी हैं। लेकिन इनकी कहानियों का दायरा अधिक विस्तृत है और इन्होंने प्रायः सभी वर्गों के लोगों को अपनी कहानियों की परिधि में रखा है। इनकी कहानियाँ मृदुला गर्ग की कहानियों की तरह बहुत अधिक बोल्डनेस दिखाने की कोशिश नहीं करतीं। 'छुटकारा' (1969), 'सीट नं 6' (1978), 'एक अदद औरत' (1979), 'प्रतिदिन' (1983), 'उसका यौवन' (1985), 'बोलनेवाली औरत' (2000) और 'मुखौटा' (2002) इनके कहानी संग्रह हैं।

चित्रा मुद्‌गल (1944)

चित्रा मुद्‌गल ने कहानियाँ लिखना अपेक्षाकृत देर से शुरू किया, किन्तु अब तक उनके नौ कहानी संग्रह प्रकाशित हो चुके हैं। इनके नाम हैं, 'जहर ठहरा हुआ' (1980), 'लाक्षागृह' (1982), 'अपनी वापसी' (1983), 'इस हमाम में' और 'ग्यारह कहानियाँ' (1987), 'जगदम्बा बाबू गाँव आ रहे हैं' (1992), 'जिनावर' (1996), 'भूख' (2001), 'लपटें' (2002) तथा 'तहखानों में बन्द अक्श' (साक्षात्कारों पर आधारित कहानियाँ) 2010। चित्रा मुद्‌गल इस मामले के अन्य महिला कहानीकारों से भिन्न हैं कि इनकी कहानियाँ इनके लम्बे समय तक विभिन्न महिला संगठनों में सक्रिय भूमिका निभाते हुए उनसे प्राप्त अनुभवों से निकली हुई हैं जिनका दायरा बहुत बड़ा है। उनमें मजदूर और मजदूर स्त्रियाँ हैं, घरों में काम करनेवाली बाइयाँ हैं, मुक्त प्रेम में लिप्त लोग और ताँगावाले हैं, मोटर ड्राइवर हैं, पत्रकार हैं, लड़कियों का धन्धा करनेवाले लोग हैं। अतः इस मामले में उनमें आँखों देखा तथा सही मामले में भोगा हुआ यथार्थ है। अपने पात्रों का जीवन इन्होंने केवल देखा ही नहीं है, उनके बीच सहभोक्ता के रूप में जिया है। अपने सद्यः प्रकाशित (2010) संग्रह 'तहखानों में बन्द अक्श' में संग्रहीत उनकी कहानियाँ घूम-घूम कर अनेक वर्गों की स्त्रियों से लिए गये 'अन्तरंग' साक्षात्कारों पर आधारित हैं जिनसे ऐसे त्रासद तथ्य उभरकर सामने आते हैं जिनसे पता चलता है कि आज भी औरत चाहे वह जिस वर्ग की हो, अत्यन्त यातनाप्रद जीवन ही जी रही है और 'स्त्रीवादी' लेखिकाओं द्वारा वर्णित उनका विद्रोह, बगावत तथा तलवार भाँजने वाला मुखौटा कितना नकली और खोखला है। वे जब भी और जितना विद्रोह करने का प्रयास करती हैं, उतनी नयी-नयी श्रृंखला की कड़ियों में जकड़ती जाती हैं।

इस मामले में चित्रा मुदगल नारीवादी लेखन की भुरभुरी तस्वीर का चित्र उपस्थित करनेवाली कहानियाँ हैं। चित्रा मुद्‌गल ने केवल गरीबी और भुखमरी को ही चित्रित नहीं किया है, बल्कि आज भी स्त्री कितनी ग़लाज़त और गन्दगी के दलदल में डूबी हुई उसकी 'भट्ठी' में लगातार धू-धू करके जल रही है। उसका ऊपरी जीवन महज दिखावा है जहाँ वह कभी तितली है और कभी तलवार है। कुल मिलाकर 'स्त्री' एक गहरे आत्मछल (बैडफेथ) का शिकार है जो उसे एक भ्रामक आत्मतोष मात्र देता है। चित्रा मुद्‌गल ने अपनी कहानियों में इसी तलघर का चित्रण किया है।

दीप्ति खण्डेवाल

'कड़वे सच' (1975), 'धूप के एहसास' (1976), 'वह तीसरा' (1976), 'सलीब पर' (1977), 'दो पल की छाँव' (1978), 'नारी मन' (1979) तथा 'औरत और बातें' (1980) इनके कहानी संग्रह हैं। आठवें दशक की चर्चित कहानीकार। इनकी अधिकांश कहानियाँ विविध पहलुओं से स्त्री की मानसिकता का ही विश्लेषण करती हैं।

मृणाल पांडे (1946)

यह भी आठवें दशक से ही निरनतर कहानियाँ लिख रही हैं। स्त्री की स्वतन्त्रता की विशेष पक्षधर किन्तु स्त्रीवादी कहानीकार नहीं। पहाड़ों के जीवन पर आधारित कुछ महत्त्वपूर्ण कहानियाँ लिखी हैं। किन्तु इनकी कहानियाँ अधूरी सी लगती हैं और अक्सर वे कहानी बनते-बनते रह जाती हैं। 'दरम्यान' (1977), 'शब्दवेधी' (1980), 'एकनीच ट्रेजडी' (1981), 'एक स्त्री का विदागीत' (1983) उनके कहानी संग्रह हैं। उनकी कहानियाँ बौद्धिकता से बोझिल हैं।

मेहरुन्निसा परवेज (1944)

आठवें दशक की लोकप्रिय कहानीकार। 'आदम और हव्वा' (1972), 'टहनियों पर धूप' (1977), 'फालगुनी' (1978), 'ग़लत पुरुष' (1978), 'अन्तिम चढ़ाई' (1982) 'अम्या' (1997) 'सफर' (1999) और 'लाल गुलाब' (2006) इनके कहानी संग्रह हैं। इनकी कहानियाँ भाव प्रवण होती हैं और इनकी संवेदना मूलतः रोमैंटिक है।

मालती जोशी (1934)

इन्होंने पारस्परिक तथा पारिवारिक जीवन पर आधारित कहानियाँ लिखी हैं जिनका जोर पारम्परिक जीवन पर ही अधिक है। 'मध्यान्तर' (1977), 'पटाक्षेप' (1948), 'पराजय' (1979), 'एक घर सपनों का' (1985), 'विश्वास गाथा तथा अन्य कहानियाँ' (1996), 'पियापीर न जानी' (1999) तथा 'औरत एक रात है' (2001) इनके कहानी संग्रह है। यह भी प्रायः भावुकता ग्रस्त कहानियाँ लिखती हैं।

सूर्यबाला (1944)

सूर्यबाला पारम्परिकता का निर्वाह करती हुई आधुनिक परिवेश की कहानियाँ लिखती हैं। अपनी सहजता के कारण इनकी कहानियाँ पर्याप्त लोकप्रिय हैं। 'एक इन्द्र धनुष जुबेदा के नाम' (1977), 'दिशाहीन में थाली पर चाँद' (1988), 'मुंडेर पर' (1990), 'साँझबाती' (1995), 'कात्यायनी संवाद' (1996) और 'मानुष गन्ध' (2005) इनके कहानी संग्रह हैं। इनकी कहानियों का क्षेत्रफलक बहुत व्यापक है और इन्होंने विभिन्न वर्गों के जीवन से सम्बन्धित कहानियाँ लिखी हैं। मेहरुन्निसा परवेज और मालती जोशी की तरह ही इन्होंने भी जीवन और मन के सतह से सम्बन्धित कहानियाँ ही अधिक लिखी हैं इसीलिए उनमें विश्लेषणात्मकता प्रायः नहीं है।

सुधा अरोड़ा (1946)

ये साठोत्तरी कहानीकार हैं और इनका भाव बोध भी आधुनिक है। 'बगैर तराशे हुए' (1968), 'युद्धविराम' (1977), 'महानगर की मैथिली' (1987) और 'काला शुक्रवार' (2004) इनके कहानी संग्रह हैं। सुधा अरोड़ा प्रारम्भ से ही स्त्री की स्वतन्त्रता को लेकर अत्यन्त सचेत रही हैं और उन्होंने अपनी कहानियों में उसी दिशा में संघर्ष करती स्त्रियों का चित्रण किया है और वे आज की सामाजिक व्यवस्था में आमूल परिवर्तन की पक्षधर हैं तथा इस क्रम में वे नक्सलवादी आन्दोलनों तक जाती हैं। हिन्दी की शायद ही कोई अन्य कहानी-लेखिका सामाजिक प्रश्नों को लेकर इतनी व्यग्र और बेचैन दिखाई पड़ती हो। सम्भवतः इसी व्यग्रता का परिणाम है कि वे क्रमशः कहानी लेखन से विमुख होकर स्त्री मुक्ति से जुड़े सामाजिक आन्दोलनों में सक्रिय भूमिका निभाने लगी हैं। अभी हाल में ही प्रकाशित पुस्तक 'यहीं था कहीं घर' (2010) में उन्होंने 6 घरों के बिखरने के कारणों को लेकर विश्लेषणात्मक दो मार्मिक लघु उपन्यास लिखे हैं।

मैत्रेयी पुष्पा

ये मुख्यतः उपन्यासकार हैं। इन्होंने 'इदन्नमम', 'चाक' तथा 'अल्मा कबूतरी' जैसे अत्यन्त महत्त्वपूर्ण उपन्यास लिखे हैं। ये भी स्त्री की स्वतन्त्रता तथा संघर्ष की प्रबल समर्थक हैं और इनके संघर्ष का स्वर क्रमशः उग्रतर होता हुआ 'पुरुष' विरोधी होता गया है तथा इन्होंने अत्यन्त बेबाक शैली में पुरुष के पाखंड तथा स्त्रियों के प्रति दमनचक्र का उद्‌घाटन किया है। 'चिन्हार' (1991),

'ललमनियाँ' (1996), 'गोमा हँसती है' (1998) इनके कहानी संग्रह हैं। इनकी कहानियों में लोक स्वर प्रधान है और इन्होंने मुख्यतः बुन्देलखंड के जन-जीवन का चित्रण किया है। इनकी भाषा भी लोकभाषा से उपजी भाषा है जिसमें एक तिलमिलाई हुई तल्बी और व्यंग्य है।

गीतांजलि श्री (1957)

'अनुगूँज' (1995) तथा 'वैराग्य' (1999) इनके दो कहानी-संग्रह हैं। ये भी मुख्यतः उपन्यासकार हैं। अपने उपन्यासों में इन्होंने अनेक प्राविधिक प्रयोग किये हैं, लेकिन इसकी कहानियाँ अपेक्षाकृत सरल तथा परम्परागत शैली में लिखी गयी हैं, लेकिन इनके विषय आधुनिक शिक्षित स्त्री की समस्याएँ ही हैं। स्त्री पुरुष सम्बन्धों पर इन्होंने खुलकर लिखा है और विवाहेतर सम्बन्धों के मनोविज्ञान का भी विस्तृत चित्रण किया है।

सारा राय

इनके दो कहानी संग्रह प्रकाशित हैं। 'अबाबील की उड़ान' (1997) और 'बियाबान' (2005)। इनकी कहानियों में एक गहरी उदासी और अवसाद है जो प्रायः अतीतमोह (नास्ट्रेलजिया) से उपजा है। इनका अतीत उन्हें हमेशा हांट करता है क्योंकि ये दी गयी जिन्दगी और वह जिन्दगी जो वे जीना चाहती थीं, के द्वन्द्व से ग्रस्त हैं। अवसाद मुख्यतः इसी कारण है इनकी कहानियों की भाषा तथा चित्रण-शैली पर निर्मल वर्मा का प्रभाव स्पष्टतः लक्षित किया जा सकता है। इससे मुक्त होकर ये अपनी कोमल अनुभूतियों तथा भावनाओं को बेहतर तरीके से व्यक्त कर सकती हैं।

नासिरा शर्मा (1948)

हिन्दी की महिला कहानीकारों में नासिरा शर्मा सर्वथा पृथक किस्म की कहानीकार हैं। एक तो प्रचार-प्रसार से दूर निरन्तर उन्होंने एकान्त-साधना करते हुए रचना की है, और दूसरी बात यह है कि उन्होंने जितना अध्ययन तथा पठन-पाठन किया है, शायद ही किसी अन्य महिला कहानीकार को विद्या अर्जन का ऐसा सुयोग प्राप्त हुआ हो। अँग्रेज़ी, हिन्दी, उर्दू, फारसी तथा पश्तो, सभी भाषाओं पर उन्हें समान रूप से अधिकार है। उनकी कहानियों का क्षेत्रफलक देश-विदेश तक फैला हुआ है। सही अर्थों में वे एक अन्तर्राष्ट्रीय कहानीकार हैं। वे कहती भी हैं कि मैं आधी दुनिया के लिए नहीं, पूरी दुनिया के लिए लिखती हूँ। मैं सरहदों को

नहीं पहचानती। उन्होंने अफगानिस्तान, ईरान तथा ईराक जैसों के बारे में भी विस्तार से लिखा है। यह बात बिलकुल सच है कि उनका साहित्य गंगा-जमुनी संस्कृति का दोआब है। इसी दोआब वाली संस्कृति से जीवन पर उन्होंने अनेक उत्कृष्ट कहानियाँ लिखी हैं। इलाहाबाद उनका परमप्रिय शहर है और वहीं के खोमचेवाले, मन्दिर मस्जिद, ताड़ी खाना, हमामघर, पुराने कुएँ, बोसीदा इमारतें, रिक्शा, इक्का आदि से सम्बन्धित उन्होंने अनेक कहानियाँ लिखी हैं, जहाँ कोई ऐसा नहीं है जो जिन्दगी से जूझ नहीं रहा हो।

निम्नवर्ग तथा मध्यमवर्गीय मुसलमानी जीवन तथा संस्कृति पर बहुत कम लिखा गया है। पर वही नासिरा शर्मा की कहानियों के केन्द्र में है। शोषण के प्रति, चाहे वह जिस वर्ग या जाति के द्वारा, जिस किसी वर्ग तथा जाति के लोगों का किया हो, उनकी कहानियों में गहरा आक्रोश है। उनकी अधिकांश कहानियों में उनका अतीत तथा बचपन मौजूद रहता है। नासिरा शर्मा उससे मुक्त नहीं हो पातीं क्योंकि वह उनके अस्तित्व और वजूद में जज्ब हो गया है। इलाहाबाद पर केन्द्रित कहानियों में अवधी और उर्दू का मिला-जुला रंग है। नासिरा शर्मा के नौ कहानी संग्रह हैं : 'शामी कागज', 'पत्थर गली' (1986), 'संगसार' (1993), 'इब्ने मरियम' (1994), 'रुबीना के चालीस चोर' (1997), 'खुराकी वापसी' (1998), 'इनसानी नस्ल' (2001), 'दूसरा ताजमहल' (2002) और 'गुल्लू'।

अलका सरावगी

प्रभा खेतान की तरह ही इनकी कहानियाँ भी धनाढ्य मारवाड़ी समाज तथा परिवार में स्त्रियों की दशा तथा दुर्दशा का चित्रण करती हैं जो मुख्यतः तो घर की चहारदीवारी में कैद घुटती रहती हैं, पर कभी-कभी उन दीवारों को तोड़ फुफकारती हुई बाहर निकल आती हैं।

इन सबके अतिरिक्त कुछ अच्छी तथा कुछ सामान्य कहानियाँ लिखने वाली दर्जनों महिला कहानीकार रचनारत हैं। इनमें प्रमुख हैं, ऋता शुक्ल, कमल कुमार, नमिता सिंह, उषाकिरण खान, चन्द्रकान्ता, कुसुम चतुर्वेदी, लवलीन, मधु कांकरिया, मुक्ता, ज्योत्सना मिलन, उर्मिला शिरीष, जया जादवानी, दूर्वा सहाय, क्षमा शर्मा आदि।

बिलकुल आज की नयी कहानीकार नीलाक्षी सिंह में कहानी लेखन की अपार सम्भावनाएँ हैं, वे सम्भवतः इस दौर की एकमात्र कहानीकार हैं जिन्होंने अपनी नितान्त निजी कथा भाषा तथा वर्णन शैली विकसित की है।

आकलन

जैसा कि ऊपर कहा गया, हिन्दी कहानी के प्रारम्भ में केवल दो-चार महिलाएँ कहानियाँ लिख रही थीं। उनकी संख्या गिनती की थी। किन्तु आज इतनी स्त्रियाँ कहानियाँ लिख रही हैं कि उनकी गिनती करना मुश्किल हो गया है। साथ ही यह भी नहीं भूलना चाहिए कि जिन दो तीन कहानीकारों ने हिन्दी कहानी की शुरुआत की थी, उनमें प्रमुख 'दुलाईवाली' की लेखिका बंगमहिला (उपनाम या छद्मनाम) ही थीं। एक तो महिला दूसरे बंग महिला यानी बंगाली महिला। यह तथ्य विशेष महत्त्वपूर्ण है: किसी भी अन्य महिला ने हिन्दी उपन्यास या हिन्दी आलोचना की शुरुआत नहीं की थी। यद्यपि नवजागरण काल में हिन्दीतर भाषाओं में अनेक महिलाएँ सामाजिक कार्यों के साथ-साथ लेखन में भी सक्रिय थीं (जिनका उल्लेख पुस्तक के प्रारम्भ में ही किया जा चुका है) यह विचारणीय तथा विश्लेषण का विषय है कि हिन्दी नवजागरण काल में हिन्दी-प्रदेशों में महिलाओं का ऐसा कोई नवजागरण क्यों नहीं हुआ?

अत: यह आश्चर्यजनक विषय है कि आज हिन्दी में जितनी लेखिकाएँ तथा कहानीकार हैं, उतनी (कम से कम संख्या में) अन्य भाषाओं में नहीं। इतनी अल्प अवधि में हिन्दी में महिला-लेखन तथा कथा-लेखन का यह विस्फोट कैसे सम्भव हुआ? यद्यपि गुणवत्ता की दृष्टि से बंगाल का महिला कथा-लेखन सम्भवत: हिन्दी के महिला कथा-लेखन की अपेक्षा श्रेष्ठ है पर उनमें अभी आधुनिक भावबोध का विकास नहीं हुआ है। इसका कारण प्रभाखेतान जैसी कथाकारों की आत्मकथाओं से पता चल जाता है।

यही नहीं, मराठी, कन्नड़, तमिल, तेलगू, असमियाँ, पंजाबी आदि भाषाओं में कितनी महिला कहानीकार हैं? इस मामले में उर्दू शायद एकमात्र अपवाद कही जाएगी, किन्तु वहाँ भी आज की तारीख में (तस्लीमा नसरीन न तो भारत की कथाकार हैं और न उर्दू की) सक्रिय तथा समर्थ महिला कहानीकार नहीं हैं।

जबकि हिन्दी में महिला कहानीकारों की एक बहुत बड़ी जमात (प्राय: एक फौज के रूप में) पुरुष कहानीकारों से न केवल होड़ ले रही है, बल्कि आगे बढ़ जाने का दावा भी कर रही है। आकलन की दृष्टि से महत्त्वपूर्ण तथ्य

यह है कि इन कहानीकारों की कहानियों में बोल्डनेस और बहादुरी जितनी है, उतना कथा कौशल नहीं है। वे आज भी परम्परागत कथा-शैली और भाषा में ही कहानियाँ लिख रही हैं। उनमें कोई शिल्पगत चातुर्य भी अभी नहीं आया है। अपने भावबोध में वे अभी भी रोमेंटिक ही हैं और उनकी कहानियाँ अभी भी भावोच्छवास पर ही अधिक टिकी हैं। शायद केवल 'ए लड़की' की कहानीकार कृष्ण सोबती तथा एकदम नावोकित कहानीकार 'परिंदगी जैसा कुछ' की कहानीकार नीलाक्षी सिंह आदि कुछ महिला कहानीकार ही इसका अपवाद हैं।

इसके अलावा अधिकांश महिला कहानीकारों ने जितने महत्त्वपूर्ण उपन्यास लिखे हैं, उतनी महत्त्वपूर्ण कहानियाँ नहीं लिखी हैं। सम्भवत: यहाँ भी कृष्णा सोबती की—अब प्राय: कालसिद्ध बन गयी, कहानी 'ऐ लड़की' ही अपवाद स्वरूप है। वरना मैत्रेयी पुष्पा, अलका सरावगी, चित्रा मुद्‌गल, मृदुला गर्ग तथा अनामिका आदि लेखिकाओं ने उत्कृष्ट उपन्यास ही अधिक लिखे हैं। इक्कीसवीं सदी के पहले दशक में वैसे भी कहानी की अपेक्षा उपन्यास अधिक लिखे गये हैं। इक्कीसवीं सदी के पहले दशक में वैसे भी कहानी की अपेक्षा उपन्यास ही विकास की दिशा में जाता हुआ अधिक दीख रहा है।

साठोत्तरी कहानी

'नयी कहानी' के प्रथम तथा सर्वाधिक महत्त्वपूर्ण समीक्षक को सन 65-66 तक आते-आते 'नयी कहानी' की सीमाएँ तथा कमजोरियाँ साफ दीखने लगीं। यह आकस्मिक नहीं है कि हिन्दी कहानी में सन् 60 के आसपास कहानीकारों की जो नयी पीढ़ी उभरकर सामने आयी, उसके मन में मोहन राकेश, राजेन्द्र यादव और कमलेश्वर द्वारा विज्ञापित 'नयी कहानी' के विरोध में इतना अधिक विद्रोह है कि वह इसी से स्पष्ट है कि इन्होंने कहानी मात्र को अस्वीकार कर हिन्दी में अ-कहानी की आवाज उठा दी।...रवीन्द्र कालिया का यह कहना है कि 'मुझे कहानी के उस स्वीकृत रूप से घोर घृणा है, जिस अर्थ में वह आज कहानी के नाम से जानी जाती है...।' इस क्षोभ से स्पष्ट है कि इधर 'नयी कहानी' के प्रति लेखकों में कितनी एकरसता आ गयी है। दूसरी ओर इन नवयुवक लेखकों की कहानियों से साफ झलकता है कि वे सामाजिक सतह से नीचे जाकर मानव की नियति और मानवस्थिति सम्बन्धी बुनियादी प्रश्न उठा रहे हैं। लगता है, यह युग नये सिरे से अपने आपसे भयावह प्रश्नों का साक्षात्कार कर रहा है...आज के मानवीय सम्बन्धों की अमानवीयता को बेधकर पहचानने की अद्‌भुत क्षमता इस दृष्टि में है। 'नयी कहानी' के चुक जाने और उससे पृथक एक नयी पीढ़ी के उभरने की ओर इस कथन में स्पष्ट संकेत हैं जो आगे चलकर 'साठोत्तरी कहानी' के नाम से जानी गयी और जिसकी पृथकता तथा विशेषता को सन् 66 में आरा से प्रकाशित सन् '60 के बाद की कहानियाँ संकलन ने रंखांकित करते हुए चौदह कहानीकारों की अठाइस कहानियों ने बाकायद सन् 60 के बाद की कहानियाँ स्पष्ट कर दिया। यहाँ यह बताने की अनिवार्यता प्रतीत हो रही है कि इस संग्रह में संकलित कहानियों का चयन और सम्पादन (तथा प्रकाशन भी) इन पंक्तियों के लेखन ने ही किया था।

बहरहाल डॉ. नामवर सिंह ने इसी लेख में नयी कहानी की सीमाओं को और उसकी कमजोरियों को ही नहीं, तथाकथित नयेपन का भी पर्दाफाश करते हुए लिखा था कि 'नयी कहानी' की घोषणा कुछ लेखकों के लिए सुविधाजनक

उपाधि बन गयी...साहित्य में 'नयी कहानी' की आवाज उठते ही कुछ पुराने भावबोध वाले लेखक सहसा नये कहानीकार हो गये। इसी प्रसंग में उन्होंने शिवदान सिंह चौहान का उद्धरण भी दिया : "मोहन राकेश, कमलेश्वर या राजेन्द्र यादव जो अच्छी कहानियाँ लिख रहे हैं वे नयी से अधिक शुद्ध फार्मूलाबद्ध कहानियाँ ही हैं जो मसनूई परिभाषा-सूत्रों के अनुसार लिखी गयी हैं।" आगे नामवर जी ने इसे और अधिक स्पष्ट करते हुए मुक्तिबोध की 'एक साहित्यकार की डायरी' से भी एक उद्धरण दिया, 'असल में नये और पुराने के प्रति पूरा अवसरवाद अपनाया गया है। दरअसल नये को रूपाकार देने की तलाश नहीं है...।' यही नहीं, इसके बाद नामवर जी ने नयी कहानी के ही एक प्रमुख हस्ताक्षर मार्कण्डेय के निर्मम आत्मपरीक्षण का उल्लेख करते हुए लिखा कि "उससे स्पष्ट हो जाता है कि इधर चार-पाँच वर्षों में कथा दशक का आरम्भ करनेवाली नयी पीढ़ी सृजन के नये सन्दर्भों से जुड़ने में असमर्थ प्रमाणित हुई है...खोट शुरू से इनकी बुनियादी रचनाधर्मिता में ही थी।"

नामवर सिंह द्वारा 'नयी कहानी' की बुनियादी रचनाधर्मिता पर प्रश्न उठाने तथा उसे शुद्ध फार्मूलाबद्ध कहानियाँ साबित करने के बाद उसी दौर के समर्थ कथा-समीक्षक देवीशंकर अवस्थी ने 'नयी कहानी' के खोखलेपन तथा छद्म का उद्घाटन करते हुए और साठोत्तरी कहानीकार महेन्द्र भल्ला की लम्बी कहानी 'एक पति के नोट्स' के हवाले से साठोत्तरी-पीढ़ी की कहानी को वास्तविक नयी पीढ़ी की नयी कहानी बताया। उन्होंने उसकी कतिपय प्रस्थान बिंदु वाली विशेषताओं को भी विश्लेषित किया। नयी संवेदना को ही पाखंडपूर्ण और पुरानी संवेदना का विस्तार बताया, जो शरतचन्द्रीय भावबोध व और संवेदना से आगे बढ़ी ही नहीं। 'राजेन्द्र यादव के 'छोटे-छोटे ताजमहल' के विजय और मीरा हों, रामकुमार की 'यात्रा' के वह और देवा हों, मोहन राकेश की 'एक और जिन्दगी', या कमलेश्वर की 'राजा निरबंसिया' के नायक-नायिका हों, सभी अपने आपमें सिमटे...राजेन्द्र यादव की कहानी 'छोटे-छोटे ताजमहल' को ही लीजिए... असाधारण प्रेमवाले नायक-नायिका की ट्रेजडी है जो ताजमहल की छाया में शुरू होती है (और वहीं खत्म भी हो जाती है।)। पूछें कि प्रेम की यही आधुनिक ट्रेजडी है क्या? क्या यही आधुनिक मानव है...और यह शरतचन्द्रीय स्थिति केवल राजेन्द्रयादव में ही नहीं है, औरों में भी है। निर्मल वर्मा की कहानी 'पिक्चर पोस्ट कार्ड' के परेश ने सोचा कि उसके कॉलर बोन के उस गढ़े को अपनी जुबान की नोक से स्पर्श करूँगा।' उषा प्रियंवदा की कहानी 'मोहबन्ध' की अचला सोचती कि इस मोहबन्ध को तोड़कर उसे जाना ही है, क्योंकि वे भीगी-भीगी आँखें उसकी अपनी हैं...पर 'डी रोमेंटिसाइजेशन' की जो प्रक्रिया अज्ञेय से शुरू

हुई थी...क्या उसे पूरा किया जा सका?...मुझे लगता है कि शरतचन्द्र के नायक-नायिका ही वेश बदलकर आ रहे हैं...सब मिलाकर स्थिति ज्यों की त्यों रहती है।'' तो यह 'नयी कही जानेवाली नयी कहानी' का वास्तविक आकलन है जो तब के सबसे बड़े कथा-समीक्षक नामवर सिंह और देवीशंकर अवस्थी ने किया था। साठोत्तरी कहानी के आगमन की आहट भी सबसे पहले उन्होंने ही सुनी थी। आगे देवीशंकर अवस्थी साठोत्तरी कहानीकार महेन्द्रभल्ला की लम्बी कहानी 'एक पति के नोट्स' का विश्लेषण करते हुए बतलाते हैं कि साठोत्तरी कहानी की वे कौन सी विशेषताएँ थीं जो उसे 'नयी कहानी' से ही नहीं, आधुनिक कही जानेवाली अन्य कहानियों से भी अलग करती हैं और यथार्थ तथा शिल्प, दोनों स्तरों पर एक नये भावबोध की शुरुआत करती हैं। देवीशंकर अवस्थी के विश्लेषण से स्पष्ट हो जाता है कि 'नयी कहानी' में कुछ भी नया नहीं था, असली नयेपन की शुरुआत साठोत्तरी कहानी से ही होती है। 'एक पति के नोट्स' का विश्लेषण करते हुए वे उसकी शुरुआत को उद्‌धृत करते हैं 'अगर वह मेरी पत्नी नहीं होती तो मैं उसे चूम लेता या चूमने की इच्छा को दबाता हुआ कड़वा सा मजा लेता' हिन्दी कहानी का अभ्यस्त पाठक इसे पढ़कर एक गहरे धक्के का अनुभव कर सकता है और विवेकी पाठक 'एक नये स्वर' की पहचान का। पिछले दशक (नयी कहानी का दशक) के कहानीकार इस तरह का संस्कारगत धक्का नहीं देते। 'एक पति के नोट्स' (1964) एक नये पाठक की भी माँग करती है, इसी वर्ष प्रकाशित धर्मवीर भारती की कहानी 'यह मेरे लिए नहीं' को पढ़ें तो उसके पुराने स्वर नये स्वर से अलगाये जा सकते हैं। भारती जहाँ नये और पुराने के द्वन्द्व को पाटने की कोशिश करते हैं, वहीं महेन्द्र भल्ला उस स्थिति का चित्रण करते हैं जो मूल्यहीनता के कारण व्यक्ति में उत्पन्न हो गया है। यथार्थ का यह नया बोध अधिक कलात्मक क्षमता भी माँगता है (जो 'एक पति के नोट्स' में है।)। महेन्द्र भल्ला उस यथार्थ की नब्ज पर हाथ रखते हैं जो आधुनिक जीवन की विडम्बना और नियति है, जबकि भारती का संसार उसी पुराने संसार का विस्तार है..। जबकि महेन्द्र भल्ला की कहानी का 'संसार' ही बदल गया है, इस कहानी को पुराना आदर्शवादी या परम्परावादी पाठक अनैतिकता, और अश्लीलता की कहानी कहेगा, किन्तु इसी स्तर पर यह कहानी पुरुष-स्त्री के बीच पड़े रोमेंटिक पर्दे को उतार फेंकती है और सीधे-सच का साक्षात्कार कराती है। कहानी परस्त्रीगमन जैसे दुष्कर्म की है जरूर, पर आज के मनुष्य के लिए सारे शब्द अर्थहीन और खोखले हो गये हैं तथा सीधी सच्चाई यह है कि यहाँ पुरुष यदि सम्बन्ध बना रहा है तो दूसरी ओर स्त्री भी विवाहेतर सम्बन्ध बना रही है। यह एक व्यापक सच्चाई है। ठीक वैसे ही जैसे इंग्लैंड की विवाहिता-प्रिंसेज डायना से टेलिविजन

पर पूछा गया कि क्या वह सचमुच पर पुरुषों से सम्बन्ध रख रही हैं? तो उसने बेहिचक जवाब दिया कि 'हम दोनों हरजाई हैं'। इसे 'एक पति के नोट्स' सन 64 में ही बेहिचक, बेलाग और बेबाक ढंग से व्यक्त करती है। इससे पूर्व हिन्दी कहानी में अब तक इस नंगे सच को दिखाने का साहस नहीं किया गया था और अपने नयेपन का दावा करने वाली नयी कहानी तो अब तक बहुत साहस करके 'राजा निरबंसिया' तक ही पहुँची थी—वह भी नैतिकता का गलदश्रु आवरण डाल कर। इसीलिए देवीशंकर अवस्थी ने ठीक ही लिखा है कि "स्वतन्त्रता के आरम्भ में नवलेखन में जो 'कल उगने' का आशावादी रोमेंटिक झोंका आया था, वह सन 60 तक पहुँचते-पहुँचते गुजर जाता है और एक अत्यन्त प्रबुद्ध जिज्ञासु मन गहरे तक पैठता हुआ बुराई और अनैतिकता आदि के 'सिग्नीफिकेंस' को स्पष्ट करता है। यही वह 'प्रामाणिक अनुभव' है जो केवल 'घोषणाओं में ही दिखाई देता है जिसका उस दौर के परम्परावादी पाठकों तथा रूढ़िवादी आलोचकों ने मजाक उड़ाया था। 'एक पति के नोट्स' में तल्खी है जो अनुभवों की प्रमाणिकता और भोगा हुआ यथार्थ से भी आगे निकल जाती है और बताती है कि एक सीमा के बाद सबकुछ निरर्थक है। भोग में कोई सुख नहीं है। इसीलिए मैंने कभी नायक की मानसिकता को एक 'धार्मिक अनुभव' कहा था।

देवीशंकर अवस्थी ने आगे कहा था कि इस कहानी की 'विशेषताओं को समझने के लिए उस संसार का विश्लेषण जरूरी है जिस बदले हुए संसार के सच की वास्तविकता को यह कहानी बयान करती है। जैसा कि अवस्थी जी ने कहा है, 'पहले की कहानियों में सामाजिक विसंगतियाँ मिलती हैं, पर उन विसंगतियों के चित्रण में सामाजिक एकीकरण की कल्पना बराबर बनी रहती है (क्योंकि विवाह एक पवित्र सामाजिक संस्था है) और जैसा स्वयं भारती की उपरोक्त कहानी में इस एकीकरण के प्रति आस्था व्यक्त की गयी है। जबकि 'एक पति के नोट्स' का नायक एक भयंकर विलगाव या अलगाव (एलिएनेशन) की भावना से पीड़ित है। व्यक्तिगत सम्बन्धों में नहीं, सामाजिक सम्बन्धों के प्रति भी शक, उदासी, अलगाव और उपेक्षा का भाव है। हम आगे देखेंगे कि साठोत्तरी कहानी के एक प्रमुख हस्ताक्षर ज्ञानरंजन ने इस अलगाव को विविध आयामों से अधिक विस्तार तथा गहराई देते हुए चित्रित किया है।

यह 'अलगाव' एक अकेलापन (लोनलीनेस) उत्पन्न करता है जैसा कि इस कहानी में कहा गया है। अकेलापन उसे अपने चारों ओर लिपटा हुआ दीखता है। 'अकेलेपन को मारने का सबसे बड़ा साधन प्रेम है। पर वह भी एक सीमा के बाद अपरिचय और अलगाव में बदल जाता है।' इस नये संसार के इस बदले हुए भावबोध की यही विशिष्टता अनेक स्तरों पर उस विडम्बना बोध का एहसास

भी है। अत: प्रेम सुख का नहीं, बल्कि अन्तत: एक गहरे अलगाव का एहसास बन जाता है, अधिक गहरा और त्रासदायक। यही कारण है कि 'त्रास' साठोत्तरी कहानियों की एक अन्य विशेषता के रूप में अनेक कहानियों में अलग-अलग व्यक्त होता है। रवीन्द्र कालिया की एक कहानी का शीर्षक ही 'त्रास' है।

इस बदले हुए यथार्थ और बदली हुई दुनिया की कहानियों के विपरीत 'नयी कहानी' के दौर के समर्थ कहानीकार धर्मवीर भारती की कहानी 'यह मेरे लिए नहीं' के बारे में देवीशंकर अवस्थी कहते हैं कि 'यह एक अत्यन्त भावुक संसार का निर्माण करती है जिसके नायक दीनू का सारा रुख कटे हुए रहने के बावजूद जुड़े रहने की आकांक्षा है। इसीलिए पुराने जीवन-मूल्यों के प्रति विद्रोह की रोमैंटिक मुद्रा अपनाते-अपनाते वह शहीद की मुद्रा अपना लेता है और बलिदान का यह भाव उसे जोड़ देता है और उसके अकेलेपन को समाप्त कर देता है। यहाँ न सामाजिक संस्थाओं का सम्पूर्ण इंकार है और न कोई त्रास की अनुमति। इसलिए कहानी 'जैसे उनके दिन फिरे' वैसे सबके फिरे वाले रोमेंटिक नोट पर समाप्त होती है।'

यह तो 'नयी कहानी' के दौर के दो समर्थ समीक्षकों के 'नयी कहानी' के बारे में विचार हुए जिन्होंने चलते-चलते साठोत्तरी-कहानी की विशेषताओं को बताते हुए उसके प्रस्थान-बिन्दुओं को भी स्पष्ट कर दिया। उसी दौर के एक अत्यन्त प्रतिभाशाली नयी कविता के कवि और कहानीकार श्रीकान्त वर्मा ने तो 'नयी कहानी' को एक सिरे से ही नकार दिया, 'हिन्दी की जिस कहानी को आज 'नयी कहानी' माना जा रही है, वह शोर कर रही है। वह असल में आपको नहीं, अपने आपको विश्वास दिलाना चाह रही रही है कि वह सचमुच नयी है।...सबसे पहले तो यह कि यह 'नयी कहानी' इसलिए नयी है कि वह पुरानी कहानी नहीं है। एक युवा कहानीकार ने तो उत्साह में आकर यहाँ तक कह दिया कि 'नयी कहानी' के लक्षणों से भी परिचित होने की जरूरत नहीं है।...मैं तो यह जानता हूँ कि प्रत्येक आन्दोलन अपने लक्षणों के साथ ही प्रकट होता है। ये लक्षण ही आगे चलकर उसके प्रतीक बन जाते हैं...और लक्षण भी प्रतीक में परिणत हो सकते हैं मगर लक्षण उपलब्धि नहीं हैं। 'नयी कहानी' के मुकदमे की सबसे असंगति या कमजोरी यह है कि आधुनिक हिन्दी कहानी की उपलब्धियों को 'नयी कहानी' का लक्षण मान लिया गया है। यही असंगति अपने असली रूप में 'नयी कहानी' की भावुकता की चर्चा को सामने लाती है। यह समझना कठिन है कि भावुकता का न होना ही कहानी की नवीनता का लक्षण कैसे है? भावुकता का न होना संयम का प्रतीक जरूर है, पर इससे इस नतीजे पर नहीं पहुँचा जा सकता कि हिन्दी कहानी नयी हो रही है। असल में कहानी

किसी चीज़ को छोड़कर नहीं, अपने सम्पूर्ण पूर्व निर्मित व्यक्तित्व को तोड़कर नयी होती है। जब मूल्यों में परिवर्तन होता है तो सबसे पहले उसके ढाँचों में परिवर्तन होता है।...अगर ऐसा न होता तो वैज्ञानिक कहानियाँ लिखने वाला कहानीकार ही सबसे अधिक नयी कहानी लिखने वाला माना जाता।...कहानी ज्ञानकोष नहीं है। कहानी का सम्बन्ध अनुभव से है। जिस भाषा या साहित्य की संवेदना मरने लगती है और उसके पास कुछ भी 'अनुभव' करने की शक्ति नहीं होती, उसके पास केवल इने-गिने चरित्र होते हैं जिन्हें वह फेर बदलकर बार-बार प्रस्तुत करता रहता है....अगर हिन्दी कहानी की भाषा बासी लगती है, तो उसका कारण यह है कि उसके चरित्र बासी हो गये हैं। उनमें कुछ भी अनुभव करने की क्षमता ही नहीं रह गयी है....जो कहानीकार 'ऐन्द्रिक प्रतिक्रियाओं को ही अनुभव और पात्र को ही चरित्र समझते हों, उनसे क्या अधिक आशा की जा सकती है...हिन्दी कहानी से मुझे यह शिकायत नहीं है कि वह नयी क्यों है, बल्कि यह है कि वह नयी क्यों नहीं है।'

अत: सन 62 तक आते-आते 'नयी कहानी' का व्यापक नकार होने लगा, उसकी बखिया उधेड़ी जाने लगी और उसके प्रबल समीक्षक ही उसका नकलीपन उजागर करने लगे। मगर वास्तविक साठोत्तरी की शुरुआत से बीच में विचलन के रूप में धीमे स्वरों में अ-कहानी की आवाज भी सुनाई पड़ी थी। नामवर सिंह ने रवीन्द्र कालिया आदि की शुरुआती कहानियों को 'अ-कहानी' मान लिया था और गंगा प्रसाद विमल जैसे कुछ कहानीकारों ने अपनी कहानियों को 'अ-कहानी' कहना शुरू कर दिया था। यह दूसरा बहुत बड़ा आत्मछल था। वस्तुत: साठोत्तरी कहानी के ढाँचे और वस्तुतत्त्व में जो परिवर्तन हो रहे थे, उन्हें स्पष्ट करते हुए मैंने तब भी लिखा था और अब भी उन्हें तथाकथित 'अ-कहानी' से अलग स्पष्ट कर देना चाहता हूँ। 'अ-कहानी' प्रतिक्रिया तथा आक्रोश में की गयी एक सिनिकल प्रवृत्ति थी जो उन्हीं दिनों नयी कविता की प्रतिक्रिया में उत्पन्न अमेरिका की बीट पीढ़ी तथा हिप्पी आन्दोलन के अनुकरण में चलाई गयी एक विकृत मनोवृत्ति की देन थी। दरअसल, भारत में या हिन्दी में 'अ-कहानी' लिखी ही नहीं जा सकती थी। पश्चिम में भी 'अ-कहानी' जैसा आन्दोलन कभी चला नहीं। यदि चला तो 'एन्टी नॉवेल' या 'न्यू नॉवेल' नाम की एक कथा-प्रवृत्ति का आन्दोलन जरूर चला (वह भी मुख्यत: फ्रांस में ही) जिसके प्रर्वतक रॉब ग्रिये तथा नाथालिया सारा आदि ही कुछ कथाकार थे। न्यू नॉवेल केवल फार्म और शिल्प का आन्दोलन नहीं था, वह एक निश्चित दृष्टिकोण और जीवन दर्शन का भी आन्दोलन था, इसलिए सवाल उस दृष्टिकोण के स्वीकार तथा अस्वीकार का भी था। रॉब ग्रिये के लिए वस्तुएँ केवल वही और उतनी ही होती हैं, जितनी नजर आती हैं। प्रत्यक्ष

तथा ठोस। वे सिनेमा के परदे पर चलती हुई व्याख्याहीन स्थितियाँ हैं। क्या तथाकथित 'अ-कहानी' इस अवधारणा के निकट पड़ती थी? क्या हम रॉब ग्रिये की तरह डेस्परेट होकर कह सकते थे कि 'कथा लेखक वह है जिसके पास कहने के लिए कुछ नहीं है। न हम नर्वस ब्रेक डाउन की उस स्थिति में पहुँचे थे कि सिर्फ कतरनें जमा करके कहानी या उपन्यास लिखें!' विलियम बरोज़ (अमेरिकी बीट पीढ़ी का कथाकार) कहता था कि जब तक कार्यकारण सम्बन्धों में विश्वास करते और जीते हैं, तब तक 'अ-कहानी' नहीं लिखी जा सकती। कुर्सी और कॉमे में भेद मिटाकर ही ऐसा किया जा सकता है। क्या हिन्दी कहानीकार ऐसी डेस्परेट स्थिति में पहुँच गया था? रॉव ग्रिये ट्रेजडी तथा मेटाफॉर में भी विश्वास नहीं करता। वह किसी भी तरह के मानवीकरण तथा मानवीय भावनाओं में भी विश्वास नहीं करता था। कोई भी मनोवैज्ञानिक सत्य, प्रेम, घृणा, ईर्ष्या आदि उसकी कथा के विषय नहीं हो सकते थे। जबकि साठोत्तरी कहानी के कहानीकार रवीन्द्र कालिया और महेन्द्र भल्ला आदि की कहानियाँ उन्हें एक भिन्न मानदंड से देखने की मांग करती थीं। वे एक निश्चित मनोवैज्ञानिक सत्य को व्यक्त करती थीं। वे एक निश्चित निष्कर्ष तक पहुँचती थीं—सांकेतिक तथा अर्थगर्भित। महेन्द्र भल्ला की कहानियों में मेटाफर का बहुत खूबसूरत उपयोग मिलता है। दरअसल हुआ यह था कि नयी कहानी के दौर से ही कहानीकार के वक्तव्यों तथा उनकी कहानियों में एक गहरा अन्तराल आ गया था। वे एक दूसरे के बिलकुल विपरीत पड़ने लगे थे। 'मूड' और मन:स्थिति पर जोर देने के कारण 'अ-कहानी' के कहानीकार रोमानियत की ओर लौटने लगे थे। गंगा प्रसाद विमल जैसे 'अ-कहानी' के प्रवक्ता कहते थे कि "कहानी जब एक से अधिक स्तरों का उद्घाटन करती है तो 'एंटीस्टोरी' या 'अ-कहानी' हो जाती है। "व्याख्या अपनी जगह बिलकुल सही है पर वे अनजाने ही 'अ-कहानी' की नहीं, साठोत्तरी कहानी की व्याख्या कर रहे थे। वस्तुतः सन 60 के बाद की कहानी कहानी के सटीक उपयोग की ओर बढ़ी थी। अनुभूति या क्षणबोध को वह रबर की तरह खींचकर बढ़ाने की प्रवृत्ति से भी अलग हुई थी। वह ऐंटीस्टोरी की तरह बिलकुल नंगा गद्य लिखनेवाली कहानी भी नहीं थी। वह 'नयी कहानी' की तरह कहानी में काव्यतत्व का पूर्णत: बहिष्कार करके नहीं लिख रहे थे—हालाँकि 'नयी कहानी' के लोगों के इस कथन में भी घोर विरोधाभास था। वे जब वक्तव्य देते थे तो अपनी कहानियों को भूल जाते थे और जब कहानियाँ लिखते थे तो उन्हें यह ध्यान नहीं रहता था कि उन्होंने वक्तव्य क्या दिया है। जबकि साठोत्तरी कहानीकार महेन्द्र भल्ला की कहानियों में अनुभूति की ऊष्मा से जुड़ी हुई एक रुक्षता भी है जो उनके कथा-गद्य को अत्यन्त काव्यात्मक स्त्रैणता से मुक्त करती है। रवीन्द्र कालिया की कहानियाँ भी

सतह के यथार्थ को अतिक्रान्त करके अधिक अर्थ-स्तरों को अपने बोधवृत्त में ले लेती हैं। साठोत्तरी कहानी इसी व्यापक तथा विशेष, दोनों से मिलकर बनती है। रवीन्द्र कालिया की कहानी 'इस बार नहीं', 'दफ्तर में' और श्रीकान्त वर्मा की 'कहानी की कहानी' ऐसी ही कहानियाँ हैं।

साठोत्तरी कहानी ने कहानी सम्बन्धी अवधारणा, और पाठ प्रक्रिया सबको बदल दिया है। फिर भी कहानी में आमूल परिवर्तन की बात निरर्थक तथा हास्यास्पद है। हरेक परिवर्तन प्रकारान्तर से परम्परा का ही विकास करता है—उसमें कुछ जोड़ता और कुछ छोड़ता हुआ। साठोत्तरी कहानी ने यही किया है। प्रत्येक परिवर्तन की प्रक्रिया ऐसी ही होती है। आगे हम प्रमुख साठोत्तरी कहानीकारों की कहानियों को विश्लेषित करते हुए देखेंगे।

महेन्द्र भल्ला (1933)

महेन्द्र भल्ला की बहुचर्चित कहानी 'एक पति के नोट्स' का विश्लेषण ऊपर किया जा चुका है। महेन्द्र भल्ला को मूलतः व्यवहारवादी शिल्प का कहानीकार कहा जा सकता है। कहानी से जुड़े भाषा, शिल्प और विषयवस्तु सम्बन्धी तमाम रूढ़िवादी परम्पराओं को महेन्द्र भल्ला ने अपनी कहानियों के माध्यम से तोड़ा है। साठोत्तरी कहानी में सामान्यतः एक गहरा द्वन्द्व था। यह द्वन्द्व मनोवैज्ञानिकता, सामाजिकता तथा वैयक्तिकता के बीच का द्वन्द्व था। लेकिन महेन्द्र भल्ला की कहानियों में कोई द्वन्द्व नहीं है। जैसे वे घने कुहरे से निकली हुई कहानियाँ हों जिनके सामने अपना रास्ता स्पष्ट था। वे नितान्त परिवर्तित संवेदना की कहानियाँ हैं। यह संवेदना गम्भीरता के विरुद्ध एक जेहाद-सा करती दिखाई देती है। वे मानकर चलती हैं कि जिन्दगी में ऐसा कुछ नहीं है जिसे लेकर गम्भीर या उदास हुआ जाय। इसके अलावा कि मनुष्य में ऐसा कुछ नहीं है जिसे उसकी बातों तथा व्यवहार से न जाना जा सके। उससे ऊपर या नीचे कुछ नहीं है। इस रूप में कहानियाँ मनोवैज्ञानिक विश्लेषण का निषेध करती हैं। गौर करें, इन दोनों बातों में गहरा सम्बन्ध है—चीजों को गम्भीरता से न लेने और सभी बातों को व्यवहार तक सीमित रखने में चीजें जब गम्भीर नहीं होतीं तो 'हास्यास्पद' या अर्थहीन होंगी। लेकिन महेन्द्र भल्ला के यहाँ यह अर्थहीनता मुकम्मिल नहीं है जैसे उनका व्यवहारवाद भी मुकम्मिल नहीं है। यही कारण है कि एक प्रक्षिप्त नैतिक द्वन्द्व उनकी कहानियों में बना रहता है। जो दीखता नहीं पर होता है। अतः उनकी कहानियाँ, नैतिक सवाल उठाने वाली कहानियाँ हैं। उनकी एक कहानी 'अक्षर रंडियों' में हम देखते हैं कि खूब पढ़ी-लिखी बौद्धिक किस्म की युवतियों का अक्षर रंडियों में तब्दील होना तिलमिला देता है। पूरी कहानी जिस अश्लील

वितृष्णा से भरी हुई है, वह अपने आप में एक आहत नैतिक रूढ़ि की अभिव्यक्ति है। यह मान लेने के बाद भी चीजें गम्भीर नहीं हैं, वे उन्हें परेशान करती हैं, इस हद तक कि वे उन अक्षर रंडियों को गाली देने पर मजबूर हो जाते हैं जैसा कि शीर्षक से ही स्पष्ट है। उनकी कहानियाँ नैतिकता और यौनमुक्ति के बीच छटपटाती रहती हैं। इसलिए वे अधिक अन्तरंग और निजीपन की कहानियाँ हैं। अपनी इस निजता पर उन्हें इतना अधिक विश्वास है और वे उसे इस हद तक सुरक्षित रखना चाहती हैं कि उसके दायरे में किसी अन्य (अदर) का प्रवेश या दखलन्दाजी उन्हें पसन्द नहीं है। इन कहानियों में अपने आसपास को खूब गौर से देखते हुए उन्हें अपनी अनुभूतियों के रंगों में घोलते जाने की प्रवृत्ति है। महेन्द्र भल्ला इसे देखने को तीखे तथा तल्ख जुमलों में गढ़ते जाते हैं। यह व्यंग्यात्मक जुमलेबाजी उनके यहाँ बहुत है। उनका यह प्रखर व्यंग्य अक्सर अपने प्रति भी इसी अन्दाज में व्यक्त होता है—ग़ालिब के कुछ शेरों की तरह। इन कहानियों को पढ़ते हुए यह भी लगता कि स्त्रियों के बारे में उनकी कुछ विशेष धारणाएँ हैं जिन्हें बहुत सम्मानजनक नहीं कहा जा सकता। उनकी नजर में कुछ स्त्रियाँ 'अक्षर रंडियाँ' होती हैं और वे अगर रंडियों की तरह नहीं दीखतीं और वे भोलीभाली सुकुमार युवतियाँ होतीं तो वे उन पर भूखे भेड़ियों की तरह टूट पड़ते। यानी वे (कहानी के युवक) अपनी कामना की तृप्ति के लिए भी एक वर्जिन ब्यूटी (कौमार्य) चाहते हैं। यह एक रूढ़िबद्ध नैतिकता से ग्रस्त दृष्टि या अपने ऊपर ही एक गहरा व्यंग्य है, यह कहना मुश्किल है।

महेन्द्र भल्ला की असली कोशिश यौन-सम्बन्धों या स्त्री-पुरुष-सम्बन्धों को जिन्दगी के बुनियादी सवालों से जोड़ने की रही है। उनके पास चीजों को देखने का एक ताजा अन्दाज है, जैसे 'एक शुरुआत' कहानी में वे लिखते हैं, 'वह हमेशा फूल सी दिखती थी। आज भारी लगी, अनोखी तरह से। जैसे अगर फूल को देखना और सूँघना छोड़कर सिर्फ उठाया जाय तो वह भारी लगता है। किसी भी चीज़ की तरह।' महेन्द्र भल्ला की 'कथा-भाषा' में ऐन्द्रिकता उत्पन्न करने की अद्‌भुत क्षमता है। पर जहाँ वे ऐन्द्रिक होते हैं, वहीं उससे बाहर भी निकल आते हैं। 'यह खेल' (उनकी ही एक कहानी) उनकी कहानियों में खूब चलता है। लेकिन बाद में यह अन्दाज भी 'बासी' पड़ जाता है, किसी 'फूल की तरह'। अगर महेन्द्र भल्ला की जिन्दगी के बुनियादी सवालों तक पहुँचने की तलाश 'जैनुइन' होती तो वे एक छोटा ही सही, निजी रास्ता चुनते। इसके विपरीत उनकी कहानियाँ अदूरदर्शिता का एक दायरा बना लेती हैं और उससे बाहर निकल नहीं पातीं। वे एक मायोपिया का शिकार हो जाती हैं।

यहाँ यह भी देखने की जरूरत है कि आखिर वे कौन से बुनियादी सवाल

हैं जिन्हें महेन्द्र भल्ला उठाना चाहते हैं। अपनी एक शुरुआती कहानी में ही वे ऐसा एक भ्रम पैदा जरूर करते हैं—प्रेम-सम्बन्धों में आ जाने वाले अलगाव (एलिएनेशन) को लेकर। किन्तु अन्त में यह पता चलता है कि यहाँ कोई शुरुआत ही नहीं है। अन्त है। एक पूरी तरह से चूसी और चबाई गयी स्थिति को पुनः निर्जीव ढंग से प्रस्तुत करने की निरर्थक कोशिश। एक रेस्ट्राँ में बैठे-बैठे उसे सहसा अनुभव हुआ कि वह उससे शादी नहीं करना चाहता, बल्कि सबकुछ अचानक बदल गया है। "अंजू, ये मुझे लग रहा है, सबकुछ खेल था, अब वह खत्म हो गया। तुमने जंगल में रहने की बात की थी न। मुझे यहीं जंगल में रहने का एहसास हो रहा है।" यानी अचानक प्यार, जिन्दगी, समाज सभी कुछ जंगल में तब्दील हो गया है। एकाएक बह उठा और क्लोक रूम में चला गया। वहाँ उसने आइने में अपने को देखा। आँखें, ओठ, नाक सभी कुछ जैसे उसके अपने न हों, किसी और के हों। कहानी का यही अलगाव है।

उनकी एक कहानी 'पुल की परछाईं' पारिवारिक-सी लगने वाली कहानी है, जिसमें एक किशोर की उगती और उफनाती हुई 'यौन-भावना' का चित्रण है लेकिन 'यौन-भावना' को व्यक्त करने के लिए एक अत्यन्त ठंडा और निस्पृह अन्दाज अपनाया गया है। कहानी में जाने-अनजाने आधुनिक कथालेखन का एक हिट फार्मूला है। 'मृत्यु' के समानान्तर 'यौन-प्रसंगों' का चित्रण। परिवार में एक विशिष्ट व्यक्ति की मृत्यु के बाद परिवार का एक किशोर मृत्यु के बाद की औपचारिकताओं को एक तीसरी आँख से देख रहा है। इस तीसरी आँख में मृत्यु के बाद के पाखंडपूर्ण कर्मकांड के प्रति एक प्रच्छन्न विरक्ति का भाव भी है। वह सुनता है स्त्रियों का रोना एक खास लय से बँधा हुआ है। यह उससे बर्दाश्त नहीं हुआ। उसे लगा, मृत्यु के बाद कुछ और ज्यादा भयानक घटित होने जा रहा है। इसके बाद कहानी में एक रिश्तेदार युवती प्रवेश करती है। 'विमल' उसने अपना नाम सुना। आवाज बहुत पास और अपरिचित थी। उसने देखा, नयी आयी हुई स्त्री गुसलखाने की दीवार से सटी हुई उसे देख रही थी...सीने से दुपट्टा उतारकर खूँटी पर लटका दिया। विमल की बाँहें उठीं और उसकी नंगी देह को ढाँपने की कोशिश करने लगीं। सीता की बाँहें सुडौल और गोरी थीं। उसकी आँखें भाभी की तरह काली थीं। मगर ओठों के ऊपर महीन भूरे बाल थे जो पानी पड़ने से इकट्ठे हो गये थे और साफ दिखाई पड़ रहे थे। धीरे-धीरे मुँह पोंछती हुई वह निरन्तर विमल को देख रही थी।" कहानी में मृत्यु की सिहरन के साथ यह मीठी सिहरन भी जुट जाती है जो 'पुल की परछाईं' तक जाती है। जहाँ किशोर उस युवती को अपनी साइकिल पर बैठाकर ले जाता है। साइकिल पर बैठाकर उसे ले जाते हुए वह सोचता है, 'सबकुछ ऐसे ही चलता है, धीमी

गति से लड़खड़ाकर चलता हुआ। यह किशोर की भावनाएँ नहीं हैं। यह लेखक है, बाहर से उस पर कृत्रिम ढंग से अपनी भावनाओं को लादता हुआ। क्या कोई किशोर इस तरह अपनी भावनाओं को फिलॉसिफाईड करता है या कर सकता है? महेन्द्र भल्ला की कहानियाँ इन्हीं सीमान्तों पर पहुँचकर समाप्त हो जाती हैं। वे कभी पुल के पार तो क्या पुल तक भी नहीं पहुँच पातीं, केवल पुल की परछाईं तक पहुँचती हैं। यह गढ़ा हुआ नकली 'आत्मविसर्जन' हास्यास्पद है।

महेन्द्र भल्ला दरअसल ऐसे ही अधकचरे अस्तित्ववादी जुमलों के कहानीकार बनकर रह जाते हैं। स्थिर और विकासहीन।

ज्ञानरंजन (1936)

महेन्द्र भल्ला की तरह ज्ञानरंजन भी मुख्यत: 'अलगाव' (एलिएनेशन) के कहानीकार हैं, किन्तु उनका अलगाव अधिक व्यापक है, वह यौन-प्रसंगों तक सीमित नहीं रहता। ज्ञानरंजन की कहानियों में एक 'क्रमिक विकास' स्पष्ट देखा जा सकता है जो 'सरलता' से जटिलता की ओर बढ़ता है। उनकी प्रारम्भिक चार कहानियाँ—'दिवास्वप्नी', 'कलह', 'खलनायिका और बारूद के फूल' तथा 'आत्महत्या' सरल किस्म की परम्परागत शिल्प में लिखी गई कहानियाँ हैं। तब तक ज्ञानरंजन ने अपनी कोई निजी कथा-भाषा भी नहीं अर्जित की थी। कहीं कहीं उन पर जैनेन्द्र की कथाभाषा का प्रभाव है।

ज्ञानरंजन की 'अपनी पहचान' उनकी 'सीमाएँ' कहानी से शुरू होती है। किसी भी रचनाकार के लिए केवल 'व्यंग्य और विडम्बनाबोध' ही पर्याप्त नहीं होता। बल्कि उसके साथ कहानी की आन्तरिक जटिलता का बोध तथा उसके रचनात्मक स्तर पर अभिव्यक्त करने की सामर्थ्य से भी जुड़ा होता है। 'सीमाएँ' कहानी में इसका धुँधला आभास होता है, "आज उनके सम्बन्ध में मुझे कोई अनुभव नहीं है। केवल एक लोभ है। उनके व्यक्तित्व में एक सुप्त क्षमता है जो धीरे-धीरे गतिहीन रूप में जाग रही है।" यहाँ धीरे-धीरे और गतिहीन शब्दों का साथ-साथ प्रयोग एक सूक्ष्म भाषिक क्षमता का परिचय देता है। कभी-कभी परस्पर विरोधी शब्दों का संयुक्त प्रयोग एक सर्वथा नये अर्थ को ध्वनित करता है। वर्णन करने की यह जटिल एक्योरिसी (सटीकता) इसी कहानी से शुरू होती है। अपने दुहरेपन में यह किसी स्थिति तथा अनुभव को रचनात्मक पूर्णता देने की कोशिश है। भाषा और संवेदना की एकसमता जो अनुभवों के दोनों ओर की स्थितियों को देखने में सक्षम है, धीरे-धीरे साठोत्तरी कहानियों की एक प्रमुख विशेषता बनती गयी है।

संवेदना में परिवर्तन का सबसे पहला प्रभाव सम्बन्धों के परिवर्तन पर पड़ता

है और ज्ञानरंजन मूलत: सम्बन्धों के कहानीकार हैं। उनकी कहानियों में सम्बन्धों के परिवर्तन के ग्राफ को स्पष्ट लक्षित किया जा सकता है। सम्बन्धों में इस परिवर्तन को उनकी कहानी 'शेष होते हुए' से सम्बन्ध तक क्रमिक विकास के रूप में देखा जा सकता है। 'शेष होते हुए' में एक भोला दर्द है, मध्यमवर्गीय परिवारों में आते परिवर्तन के कारण टूटने का दर्द। ''पिता से लेकर टीनू तक अर्थात भविष्य में आनेवाले परिणाम के लिए वर्तमान को झेल रहे हैं।'' किन्तु किशोरपन का यह विह्वल दर्द सम्बन्ध तक आते-आते समाप्त हो जाता है और उसकी जगह प्राय: एक प्रौढ़ तटस्थता ले लेती है : ''इन आत्महत्याओं के प्रति अब चुटकी भर फुसफुसाया हुआ दुख भर होता है—उतना ही दुख जितना एक समाचार पत्र दे जाता है। और आप जानते हैं कि दुख कितनी लचर चीज होती है।'' ('सम्बन्ध' कहानी) दुख के लचर मानने में यहाँ कोई क्रूरता नहीं लगती, केवल प्रौढ़ जानकारी का एहसास होता है। परिवर्तन यह हुआ है कि पहले (छायावादी जमाने से 'नयी कहानी' के दौर तक) जहाँ दुख को व्यक्तित्व को माँजकर निखारने का साधन समझा जाता था (दुख सबको माँजता है—अज्ञेय 'नदी के द्वीप') अब वह काफी ओछी तथा लचर अनुभूति लगने लगी है। कहानी के अन्त में जिस भाई को 'आत्महत्या' करने की आशंका की जाती है, वह लौट आता है—यहाँ दुख के लचर मानने वाला व्यंग्य स्पष्ट हो जाता है, गालिब के शेर की उस पंक्ति की तरह 'रोइये जार-जार क्या, कीजिये हाय-हाय क्यों?' अत: ज्ञानरंजन की कहानियों की ऐसी पंक्तियाँ महज स्टेटमेंट नहीं होतीं, वे कहानी के अनुभव के भीतर से निकली होती है।

इसके अलावा ज्ञानरंजन को उन कहानीकारों में शुमार नहीं किया जा सकता जिनकी संवेदना एक साथ कई तरह की संवेदनाओं में फँसी हुई झूलती-सी रहती है—उनमें किसी भावबोध की कांसीटेंसी नहीं होती। इसी कारण ज्ञानरंजन की संवेदना में दरारें नहीं मिलतीं और यह शक नहीं होता कि कहानी अपने आपमें झूठ हो रही है या कहानीकार ने महज एक मुद्रा ओढ़ रखी है।

यह सच है कि ज्ञानरंजन की कहानियों में विविधता कम है, एक ही व्यक्ति अपनी पूरी आन्तरिक ईमानदारी के साथ हर जगह है। वह बेहद स्वचेतन (सेल्फ कांसस) है। यह स्वचेतना ज्ञानरंजन की और प्राय: सभी साठोत्तरी कहानीकारों की (काशीनाथ सिंह को छोड़कर विशेषता रही है।)।

माँ, पिता, भाई, बहन से क्रमश: अलग होते मनुष्य की मानसिकता का रेशा-रेशा अलग करके ज्ञानरंजन ने उसे समझने की कोशिश की है। ध्यान देने की बात है कि केवल यह आदमी ही अपने माँ, बाप, और भाई बहन से अलगाव नहीं महसूस करता, बल्कि वे भी इस परिवर्तन के साथ अपने को अलग महसूस

करने लगते हैं। किसी यूरोपिय कथाकार के सम्बन्ध में 'आइटोनिक सिम्पैथी' की बात कही गई है लेकिन ज्ञानरंजन की कहानियों में 'आइटोनिक सिम्पैथी' नहीं केवल आइटोनी है, जो कभी-कभी क्रूरता की सीमा तक स्थितियों का रस लेती हुई उसे अतिरंजित करती है।

'घंटा' ज्ञानरंजन की सबसे महत्त्वपूर्ण कहानी तो है उसके साथ ही सन् 60 के बाद की कहानियों में आई परिवर्तन की यह प्रक्रिया का एक वृत्त पूरा हो जाता है। 'घंटा' कहानी आगे लिखी जानेवाली कहानियों के लिए 'प्रस्थान बिन्दु' का काम करती है। महानगरों के शराबघर और रेस्टोरेंट आदि अनेक सन् 60 के बाद की कहानियों में 'स्टॉक सिचुएशन' बन गये हैं। लेकिन 'घंटा' कहानी में वे इस तरह चित्रित किये गये हैं, जैसे किसी रचनाकार ने उनमें पहली बार प्रवेश किया हो। 'घंटा' कहानी का नायक रेस्टोरेंट में समय बिताने या अपना आभिजात्य प्रदर्शित करने नहीं जाता, बल्कि उसके माध्यम से एक पूरे वर्ग के शीशमहल को चूर-चूर करता हुआ उसकी धज्जियाँ उड़ा देता है। बिना किसी शोरगुल के वह बुर्जुआ विलास के 'इक्वेरियम' को तोड़कर बाहर आ जाता है। यहाँ अनायास 'रेस्टोरेंट' एक वर्ग विशेष का प्रतीक बन जाता है। 'घंटा' में आमने-सामने दो वर्ग हैं, सर्वथा विरोधी वर्गों के दो छोरों पर स्थित। एक छोर पर 'पेट्रोला' है और दूसरे छोर पर बुर्जुआ विलास का 'इक्वेरियम', 'पेट्रोला' एक तरह से ड्रापआउट्स या तथाकथित 'आउटसाइडर्स' का केन्द्र है। उसके बारे में कहानीकार कहता है "मेरे साथियों का बीवी-बच्चों, समाज और देश-दुनिया से कोई ताल्लुक नहीं रह गया था।" पर कहानी का मुख्य पात्र 'बीच का आदमी' है जो अपनी जिन्दगी के बारे में कोई फैसला नहीं कर पाया है। वह 'बुद्धिजीवी' है जो किसी के साथ नहीं है और हर किसी के साथ है। वह पेंडुलम के दो सिरों के बीच झूल रहा है। दूसरे सिरे पर वह आमोद-गृह है जिसका असल संसार से कोई वास्ता नहीं लगता था। वहाँ कोई व्यक्ति गुस्सैल, गम्भीर या दुखी नहीं नजर आ रहा था। सब स्वस्थतर और चिकने चेहरे थे। वहाँ के सभी आदमी यह समझ रहे थे कि (सामने मंच पर) गाती हुई औरत वेश्या है और उनकी पत्नियाँ वेश्यायें नहीं हैं।" वर्गीय विषमताओं के दो छोरों पर स्थित इन दो वर्गों का यह बेहद सटीक और रोचक रोचनामचा है। आज की व्यवस्था में यही सम्भव है क्योंकि 'समाज' (जो होना चाहिए) अभी बना नहीं है। इसका आदमी अभी भी किसी न किसी का 'घंटा' ही है।

ज्ञानरंजन की दूसरी महत्वपूर्ण कहानी 'बहिर्गमन' है। पिछले कुछ वर्षों में मध्यमवर्गीय पढ़े लिखे युवकों की मानसिकता में जो परिवर्तन हुआ है और सहसा महत्त्वाकांक्षी युवाओं का एक समूह जो पिछली शताब्दी के प्रारम्भ से अपने ग्रामीण

तथा कस्बाई परिवेश से पलायन करके महानगरों की ओर उन्मुख होने लगा था, वह पलायन-वृत्ति चित्रण तो अनेक कहानियों में मिलने लगा था किन्तु विश्वग्राम बनने की प्रक्रिया में इन युवकों की महत्त्वाकांक्षा में जो विस्तार हुआ और उसमें जो नये 'पर' लगने लगे, उसने इन्हें तेजी से विदेशोन्मुख बना दिया। इस नयी प्रक्रिया का सबसे पहला तथा प्रखर चित्रण विहिर्गमन कहानी में मिला। कहानीकार ने बड़े व्यंग्यात्मक अन्दाज में अपने व्यंग्यवाणों से इन युवकों की ओछी आकांक्षाओं को कहानी में बींध दिया है। ये वही दिन थे जब ज्ञान और विद्या के विभिन्न क्षेत्रों में 'ब्रेन ड्रेन' की बात चलना शुरू हुई थी। इस रूप में यह कहानी एक समाजशास्त्रीय दस्तावेज भी है।

लेकिन कहानीकार ज्ञानरंजन केवल साठोत्तरी कहानी नहीं पूरी हिन्दी कहानी की सबसे बड़ी दुर्घटना भी हैं। 'बहिर्गमन' के बाद ज्ञानरंजन की कहानियों में केवल ह्रास होना ही नहीं शुरू हुआ, बल्कि अचानक उनका कथा-लेखन भी 'पक्षाघात' ग्रस्त हो गया। साठोत्तरी कहानी की सबसे चर्चित 'प्रतिभा' का सहसा समापन हो गया। यह हिन्दी कहानी की बहुत बड़ी त्रासदी भी है।

दूधनाथ सिंह (1936)

दूधनाथ सिंह एक ऐसे कहानीकार हैं जिनके बारे में जल्दी से कोई निर्णय नहीं लिया जा सकता। उनके कहानीकार के अनेक रूप हैं जिन्हें समझना और परखना जरूरी है। वे अपनी प्रारम्भिक कहानियों से चर्चित तो उतने नहीं हुए थे, किन्तु स्वीकृत अवश्य हो गये थे। इसका कारण क्या था? इसका प्रमुख कारण तो यह था कि वे कहानियाँ प्रारम्भिक कहानी का एक सफल तथा निर्वाहपूर्ण विस्तार प्रतीत हुईं। सम्पादकों तथा पाठकों के एक समूह ने उन्हें सराहा। उनकी एक कहानी 'विस्तर' को सारिका कहानी पुरस्कार प्रतियोगिता में प्रथम (सम्भवतः) पुरस्कार प्राप्त हुआ। यह पुरस्कार क्या प्रमाणित करता था? पहली बात तो यह कि आप कहानी में कुछ नया नहीं कर रहे हैं—न सम्पादक न पाठक किसी को 'चौंका' नहीं रहे हैं। लेकिन दूसरी बात से यह साबित हुआ कि कहानीकार में कहानी लेखन की क्षमता है।

स्वयं इस बात को उन्होंने सबसे पहले लक्षित किया और जब उन्होंने अन्य साठोत्तरी कहानीकारों की कहानियाँ पढ़ीं तो उन्हें प्रतीत हुआ कि वास्तविक नयी कहानी की विकास दिशा कुछ और ही है। तब उन्होंने अचानक अत्यन्त चौंकाने वाली कहानियाँ लिखीं। इसका सर्वोत्तम उदाहरण उनकी कहानी 'रीछ' थी जिसने एक छोटे से साहित्यिक हलके में कुछ दिनों के लिए हलचल-सी पैदा कर दी

थी। यह उनके कहानी लेखन का दूसरा दौर था। पर यहाँ भी यह साबित हुआ कि उनमें कहानी लेखन की नैसर्गिक प्रतिभा है।

दूधनाथ सिंह ने अपने कथालेखन के दूसरे दौर में 'प्रतीकात्मक पद्धति' अपनाई। यह दौर उनकी कहानी 'प्रतिशोध' से शुरू हुआ और 'रीछ' तक चला। इसकी अपनी दुर्बलताएँ थीं। 'प्रतिशोध' में 'खटमलों' का 'प्रतीक' स्थूल रूप से चिपकाया हुआ लगता है। और उनसे बँधी हुई जिन्दगियों पर है और कहानी में कहा जाता है "वे चारों ओर फैले हुए हैं और दिखाई न भी दें तो भी वे सारी खबरें रखते हैं।" उठते ही उसके सिर टाँगों और बगलों के नीचे दुबके सैकड़ों खटमल द्रुतगति से भागकर नीचे गद्दे में सरकने लगे।" कहानी खत्म होती है 'समझौते' पर। वही समझौता जिस पर मुक्तिबोध ने अपनी चर्चित कहानी 'समझौता' लिखी थी। किन्तु यहाँ अत्यन्त स्थूल और योजनाबद्ध तरीके से इस ज्वलन्त प्रश्न को प्रतीकात्मक बनाकर प्रतिशोध तो दूर, खुद कहानी कला से समझौता कर लिया गया है। शायद यह 'प्रतीक-प्रयोग' भी मुक्तिबोध की कहानियों से लिया गया है, किन्तु प्रतीक का निर्वाह नहीं हो पाया है और न ट्रामों, बसों से झाँकते चेहरों और अपने चेहरे में साम्य दीखा। क्यू में खड़े आदमी को देखकर वह अनायास मुस्कुरा पड़ा। जवाब में वह आदमी भी मुस्कुरा पड़ा और दोनों साथ-साथ आगे सरकने लगे।" तो यह क्यू में शामिल होना ही समझौता है। चलो, यह भी ठीक रहता, पर यहाँ अचानक 'खटमल' कहाँ गायब हो गये? चिपकाई हुई चीजें इसी तरह उखड़कर गिर जाती हैं।

'रीछ' कहानी का रीछ भी बेहद स्थूल प्रतीक है। राजेन्द्र यादव की लम्बी कहानी 'कुलटा की कुतिया' की तरह। रीछ वीभत्सता, जुगुप्सा, पाशविकता तथा यौन-विकृतियों का प्रतीक है जिसे यथासम्भव कलात्मक बनाने की कोशिश की गई है और इसके लिए एक विशेष भाषा का भी प्रयोग किया गया है जो दूधनाथ सिंह की पहले वाली कथाभाषा से पृथक है। लेकिन यह रीछ की कमजोरी ही मानी जाएगी कि उसमें लेखक का गोपनीय 'पक्ष' प्रस्तुत किया गया है। इसीलिए उसमें प्रतीकात्मक स्थितियों तथा वास्तविक स्थितियों में सामंजस्य का अभाव है। कहानीकार जब रीछ की बातें करता है तो उसकी भाषा दूसरी होती है। फिर वही जब पत्नी से बातें करता है तो भाषा घरेलू कहलवाली हो जाती है और उसकी प्रतीकात्मकता छिन्न-भिन्न हो जाती है।

एक और महत्त्वाकांक्षापूर्ण कहानी 'सपाट चेहरे वाला आदमी' पर अज्ञेय की भाषा तथा शिल्प का प्रभाव है। शिल्प जिसके लिए वे कभी मोहन राकेश के पास जाते हैं, तो कभी अज्ञेय के पास और कभी पाश्चात्य कहानियों के प्रतीकों और फैंटेसी में।

सभी जानते हैं कि जिजीविषा अज्ञेय का प्रिय शब्द है और यह कहानी लगातार इसी शब्द से चिपकी रहती है। कहानी को जीवन के मूलभूत प्रश्नों से भी जोड़ने की कोशिश की गयी है।

''इस तरह जीवित रहने का अर्थ? कि मैं क्यों जिन्दा हूँ? उत्तर मुझे नहीं ही मिला। मुझे लगा, सब पलायन है, समाज, नीति से भागता है। कहानी के सपाट चेहरे वाले आदमी में जो जिजीविषा है, वह इस अन्तिम सवाल का जवाब हो सकता था। किन्तु दूधनाथ सिंह ने जिस नाटकीय बेतरतीबी से इस सवाल का जवाब ढूढ़ने की कोशिश की है और अन्त में सपाट चेहरे वाला आदमी के रूप में उसका बेहद 'सपाट जवाब' ढूँढ़ निकाला है, वह पूरी कहानी को एक 'खंडित शिल्प' वाली कहानी बनाकर छोड़ देता है। यही हाल 'सुखान्त' कहानी का होता है। वह फैंटेसी शिल्प की एक असफल कहानी है। इसके बाद अपने बाद के कहानी संग्रहों 'माई का शोक गीत' और 'धर्मक्षेत्रे कुरु क्षेत्रे' में उन्होंने 'आँचलिक' शब्दों का प्रयोग करते हुए कुछ कहानियाँ लिखी हैं जिनमें 'धर्मक्षेत्रे, कुरुक्षेत्रे' ही सफल कहानी बन पाई है किन्तु उस पर फणीश्वरनाथ रेणु का गहरा प्रभाव है। यद्यपि दूधनाथसिंह कथा-लेखन में अभी निरन्तर सक्रिय हैं लेकिन यह दुर्भाग्यपूर्ण है कि वे अभी तक अपनी कोई निजी कथाभाषा और 'शिल्प' प्राप्त नहीं कर पाये हैं। हालाँकि वे इस दिशा में सतत प्रयत्नशील हैं।

दूधनाथ सिंह के कहानी संग्रह हैं : 'सपाट चेहरे वाला आदमी', 'सुखान्त', 'प्रेमकथा का अन्त न कोई', 'माई का शोकगीत' और 'धर्मक्षेत्रे, कुरुक्षेत्रे'।

काशीनाथ सिंह (1936)

दूधनाथ सिंह की तरह ही काशीनाथ सिंह की कहानी कला ने धीरे-धीरे विकास किया है। किन्तु उन्होंने अन्ततः अपनी निजी कथा-भाषा प्राप्तकर ली है और मूलतः वही उनकी सबसे बड़ी उपलब्धि भी है। इस कथा-भाषा की चर्चा हम आगे करेंगे।

उनकी प्रारम्भिक कहानियों में अस्तित्ववादी प्रभाव से भीगी साठोत्तरी कहानियों पर बड़े अतिनाटकीय (मेलड्रामिटिक) ढंग से व्यंग्य किया गया है : 'चायघर में मृत्यु' ऐसी ही कहानी है। उनकी ऐसी कहानियों में एक क्रूर व्यंग्य है, लेकिन स्वयं उनकी कहानी 'आखिरी रात' में सम्बन्धों में आये 'अलगाव' को बड़े मानवीय स्तर पर प्रस्तुत किया गया है। किन्तु वे इसका निर्वाह नहीं कर पाये हैं और कहानी की मानवीयता भावुकतापूर्ण रूमानियत में बदल गयी है। इसके बाद लगता है कि उनकी कहानियों पर चेखव और गोर्गी, दोनों का एक साथ प्रभाव पड़ा जो व्यावहारिक नहीं प्रतीत होता क्योंकि गोर्गी जहाँ भावुक

और यथार्थवादी दोनों हैं तथा 'एक इन्सान का जन्म' और 'तटछट' जैसी रचनाओं के कथाकार हैं, जहाँ भावात्मकता का यथार्थ ही प्रमुख है, वहीं चेखव ने विश्व-कहानी में भावात्मकता तथा भावुकता के रेशे अलगा कर सूक्ष्म संकेतों वाली कहानियाँ लिखीं और पहली बार 'संक्षिप्तता का शिल्प' विकसित किया, जबकि गोर्गी इसके ठीक विपरीत हैं। गोर्गी लम्बी-लम्बी वर्णनात्मक तथा व्यौरों वाली कहानियाँ लिखते थे। इसीलिए काशीनाथ सिंह ने जहाँ एक ओर चेखव से प्रभावित होकर 'सुखान्त' जैसी अत्यन्त सफल कहानी लिखी जो आज तक उनकी सर्वोत्तम कहानियों में से एक है वहीं उसी दौर में 'संकट', 'लोग विस्तरों पर' और 'आदमी का आदमी' जैसी चुटकुलों से भरी कहानियाँ भी लिखीं जो कृत्रिम तथा गढ़ी हुई कहानियाँ लगती हैं। लेकिन इसमें कोई शक नहीं कि काशीनाथ सिंह नैसर्गिक किस्सागो है। वे बात-बात में कहानी गढ़ लेते हैं और उसे बेहद रोचक ढंग से बयान भी कर लेते हैं। और वह किस्सागो भी क्या जो अपनी कहानी में नमक-मिर्च न मिलाये और उसमें नाटकीय चमत्कारिकता न उत्पन्न करे। अत: काशीनाथ सिंह की प्राय: प्रत्येक कहानी में यह 'चमत्कार रस' मौजूद रहता है। 'सदी का सबसे बड़ा आदमी', 'सूचना', 'कहानी सराय मोहन की' और 'पांडे कौन कुमति तोहें लागी' आदि कहानियाँ इसका विशेष उदाहरण है। यही कारण है कि साठोत्तरी कहानीकारों में वे सबसे अधिक पढ़े जाते हैं। इसके अलावा अधिकांश साठोत्तरी कहानीकारों के विपरीत उनकी कहानियाँ भोगे हुए यथार्थ या 'अनुभव की प्रामाणिकता' के आधार पर नहीं लिखी जातीं, उनमें 'आत्मपरकता बहुत कम है : 'आखिरी रात' और 'कविता की नई तारीख' जैसी कुछ कहानियाँ ही इसका अपवाद हैं। यह और बात है कि 'कविता की नई तारीख' सम्भवत: उनकी सर्वोत्तम कहानी है। यह कहानी नौकरशाहों तथा बौद्धिकवर्ग के प्रतिनिधित्व के तौर पर एक अध्यापक को रू-ब-रू रखकर लिखी गई है : आजादी के बाद जिस तरह से प्रशासक समुदाय सम्पन्न और शक्तिशाली बना है, उस तेजी से बौद्धिक समुदाय नहीं। अत: एक दूसरे के प्रति एक प्रच्छन्न शत्रुता का भाव बना रहता है। बौद्धिक समुदाय हठी और अड़ियल समुदाय है। उसे अपनी बौद्धिक सम्पदा पर नाज है। यह कहानी इन्हीं दोनों समुदायों के दो प्रतिनिधियों के बीच एक द्वन्द्वयुद्ध (डुएल) की कहानी है। इस द्वन्द्वयुद्ध को कहानी में इतनी प्रखर नाटकीयता के साथ प्रस्तुत किया गया है कि वह पाठक को पल भर के लिए भी उसके अखाड़े से आँखें हटाने का मौका नहीं देती। वे साँस रोके हुए दोनों के बीच प्रहार-प्रतिप्रहार तथा घात-प्रतिघात को देखते रहते हैं। कहानी में दोनों पक्षों की प्रस्तुति समान रचनात्मक तटस्थता से की गई है। यह इस कहानी की सबसे बड़ी विशेषता है।

काशीनाथ सिंह ठेठ बनारसी ठाठ के कहानीकार हैं। उनकी कहानियों का

भदेसपन ही उन्हें अपनी पीढ़ी के अन्य कहानीकारों से पृथक करता है। यह महज संयोग ही नहीं है कि उनकी कहानियों में बनारस और बनारस का जनपद अपनी पूरी जीवन्तता के साथ उपस्थित है। 'सदी का सबसे बड़ा आदमी', 'कहानी सराय मोहन की' और 'पांडेकौन कुमति तोहें लागी' आदि इस प्रवृत्ति का प्रतिनिधित्व करने वाली कहानियाँ हैं। उनकी प्राय: सभी कहानियों में स्थानीयता तथा एक प्रकार की आँचलिकता है। वे अपनी पीढ़ी के अकेले आधुनिक कहानीकार हैं।

किसी भी कहानीकार की कथा प्रतिभा का एक निकष उसकी कथा-भाषा होती है। दूधनाथ सिंह आदि अनेक साठोत्तरी कहानीकारों से पृथक काशीनाथ सिंह ने अपनी एक नितान्त निजी कथा-भाषा निर्मित की है जो निखालिस देसी है। वह अँग्रेज़ी की अनुवाद वाली कथा-भाषा नहीं है। वह अक्खड़ बेबाक और प्राय: मुँहफट भाषा है जो बनारसी जनपदीय भाषा की विशेषता है। उसमें प्यार तथा स्नेह भी अकड़ तथा ऐंठ के साथ व्यक्त किया जाता है। वह धौल-धप्पा वाली भाषा है, लाग-लपेट से दूर सीधे दिल से निकलकर दिल तक पहुँचने वाली भाषा। स्लैंग्स से भरी हुई ऐसी भदेस भाषा से अपरिचित लोगों को यह चौंकाती है और कभी-कभी आहत भी कर सकती है। किन्तु पहचान और पकड़ में आ जाने के बाद वह आत्मीय ऊष्मा से भरपूर मिलेगी। इस भाषा में लिखी गई संवाद शैली भी नितान्त पृथक है। उसमें कहानीकार की ओर से जोड़ी गई नाटकीयता तो है, पर शब्दावली सीधे लोक और जनपद वाली है। काशीनाथ सिंह की कहानियों में एक निरन्तरता (कांसिसटेंसी) है। वह पल-पल परिवर्तित वेश धारण करने वाली कहानियाँ नहीं हैं।

रवीन्द्र कालिया (1939)

रवीन्द्र कालिया के कहानी संग्रह हैं : 'नौ साल छोटी पत्नी' (1969), 'काला रजिस्टर' (1972), 'गरीबी हटाओ' (1976), 'चकिया नीम' (1969), 'जरा सी रोशनी और गली' । रवीन्द्र कालिया ने यद्यपि अपेक्षाकृत कहानियाँ लिखना देर से शुरू किया—इनकी पहली कहानी 'सिर्फ एक दिन,' 1967 में प्रकाशित हुई थी। किन्तु वे साठोत्तरी कहानीकारों में पहले कहानीकार थे जिन्होंने 'नयी कहानी' के प्रति अपना विरोध प्रदर्शित किया था। 'नयी कहानी' के प्रथम समीक्षक डॉ. नामवर सिंह भी ऐसा ही मानते हैं और लिखते हैं कि "इन्होंने कहानी मात्र को अस्वीकार करके हिन्दी में 'अ-कहानी' की आवाज उठा दी थी।" दरअसल रवीन्द्र कालिया ने अपनी कहानियों को 'अ-कहानी' कहकर ही शुरुआत की थी। किन्तु जल्दी ही इन्हें और इनके पाठकों को पता चल गया कि उनकी कहानियाँ 'अ-कहानी' न होकर कहानी की प्रचलित मान्यता और अवधारणा का विस्तार

करके लिखी गयी नये भावबोध की कहानियाँ हैं। इसी कारण इन्हें तत्काल मान्यता भी मिल गयी और लोग इन्हें चाव से पढ़ने भी लगे। शुरू में इनकी कहानियाँ लगभग रोजनामचे की तरह लिखी गयी थीं। जिन्हें बड़े पुरलत्फ अन्दाज में बयान किया गया था जैसे 'सिर्फ एक दिन', 'इतवार नहीं', 'त्रास', 'अ-कहानी', 'कोजी कॉर्नर' आदि। लेकिन खास बात यह है कि दिनचर्या का आभास देती हुई ये कहानियाँ केवल दिनचर्या नहीं हैं। वे न तो व्यक्तिगत रहती हैं, न आत्मगत। यह बात सबसे अधिक उनकी कहानी 'बड़े शहर का आदमी' से स्पष्ट होती है। उससे पहले कालिया अपने जुमलों, फिकरे बाजी और चुहलबाजी की वजह से चर्चा का विषय बने थे, लेकिन बाद में उनके ये जुमले और फिकरे भी नया अर्थ खोलने लगे। यह बात उनकी 'नौ साल छोटी पत्नी' और 'एक डरी हुई औरत' में आकर प्रकट हुई कि दरअसल ये कहानियाँ 'गम्भीरता का विरोध' करती हुई उसे उतार फेंकती हैं। वे 'गम्भीरता के विरोध' की कहानियाँ हैं, क्योंकि तथाकथित 'गम्भीरता' की तह में अक्सर भावुकता और भावह्विलता छिपी रहती है और साठोत्तरी कहानी का नया भावबोध भावुकता को चीरकर ही उत्पन्न हुआ था। भावुकता कहानीकार की तटस्थता को तोड़कर उसे पार्टीजन या पक्षधर बना देती है, क्योंकि मानकर चला जाता है कि कहानीकार को किसी न किसी तरफ होना ही चाहिए। जबकि रचनाकार के रूप में कहानीकार 'दोनों तरफ के सच' को जानता है, इसलिए वह किसी का पक्षधर हो ही नहीं सकता। इसीलिए साठोत्तरी कहानी ने सबसे पहले खलनायक की उपस्थिति को ही समाप्त कर दिया। इसीलिए 'नौ साल छोटी पत्नी' का रकीब रकीब न होकर एक रुआँसा मजनू बना दिखाया गया है जिसकी इस बचकानी बिलखती मनोदशा का केवल मखौल उड़ाया जा सकता है। इसीलिए 'नौ साल छोटी पत्नी' आधुनिक हिन्दी कहानी में एक बिलकुल नया मोड़ है। इसी तरह 'एक डरी हुई औरत' का नायक अपनी युवा पत्नी को अकेली अपने युवा मित्र के साथ पिकनिक मनाने के लिए भेज देता है। यह कोई दुराचार नहीं है बल्कि अपने अकेले युवा मित्र के प्रति एक गहरी मानवीयता का भाव है कि शायद इससे उसका कुँवारा अकेलापन दूर हो सके। पर पत्नी वहाँ अपराधबोध ग्रस्त बनी रहती है और मित्र का अकेलापन दूर नहीं होता, क्योंकि वह अधिक गहरा और घनीभूत अकेलापन है। कहानी के अनेक अर्थ स्तर हैं जो खोलने पर ही खुलते हैं। कहानीकार उन्हें नहीं खोलता। रवीन्द्र कालिया की यह खास विशेषता है।

रवीन्द्र कालिया की एक कहानी है 'हथकड़ी' जो कई दृष्टियों से महत्त्वपूर्ण है। एक तो इसमें बेकार और बोहेमियन से कैरियरिस्ट होने तक की एक यात्रा या विकास दिखाया गया है। खास बात यह है कि यह यात्रा कर रहे युवक को

अपने इस विकास या पतन का एहसास बना रहता है। कहानी के अन्त में वह जैसे अपनी ही मृत्यु की घोषणा करते हुए लिखता है, 'इस बीच मेरा तबादला पश्चिम क्षेत्र के एक सुदूर जिले में हो गया। मगर आजकल मैं लखनऊ में था एक महत्त्वपूर्ण मन्त्रालय के संयुक्त सचिव के पद पर। इस बीच और भी कई महत्त्वपूर्ण परिवर्तन हुए थे। अब मैं तीन बरस के एक बच्चे का बाप था। रहने के लिए एक बड़ा बंगला था। नौकर-चाकर थे। मैं एक सन्तुष्ट शूकर जीवन व्यतीत कर रहा था।' अपने जीवन को वह 'सन्तुष्ट शूकर जीवन' कह कर आत्मभर्त्सना करता है। लेकिन वास्तविकता यही है कि अधिकांश ड्रापआउट्स या 'विद्रोही' युवकों की परिणति यही होती है। कहानी में कालिया ने अपनी पीढ़ी के कुछ युवकों (एंग्री यंगमैन) के मनोविज्ञान को पहचानकर उसकी नब्ज पर हाथ रख दिया है। यह किसी एक पीढ़ी के बहुसंख्यक युवकों के विकास का पुनरावलोकन है। कहानी में इस युवक के एक परम घनिष्ठ मित्र का नाम अदीब है। यह नाम अत्यन्त सांकेतिक तथा प्रतीकात्मक है। वह सचमुच अदीब है। और बोहेमियन है। कहानी के अन्त में वह अदीब को दी गयी घड़ी वापस करता है तो वह उसे तोड़ फेंकता है क्योंकि वह इस हथकड़ी-जीवन को स्वीकार नहीं करना चाहता। लेकिन कहानी का नायक उन बुद्धिजीवियों के समूह को प्रतिध्वनित करता है जो तेजी से नौकरशाही में घुलता हुआ सन्तुष्ट होकर जीवन व्यतीत कर रहा है।

रवीन्द्र कालिया की कहानियाँ एक व्यापक अर्थ में बुद्धिजीवियों की क्रमशः क्षीण होती जाती प्रतिरोधात्मकता की कहानियाँ हैं।

रामनारायण शुक्ल (1937-1968)

रामनारायण शुक्ल की कहानियाँ बेहद खामोश किस्म की कहानियाँ हैं। इस हद तक खामोश कि उन्हें आसानी से दरकिनार किया जा सकता है। उनमें भाषा या शिल्प का कोई विशेष प्रयोग नहीं है किन्तु एक गहरी प्रतीकात्मकता तथा रूपकात्मकता है जिसे गहरे तक पैठ कर ही पहचाना जा सकता है। इन कहानियों की सबसे बड़ी विशेषता यह है कि ये आजादी के बाद की मोहभंग की प्रक्रिया को बड़ी सूक्ष्मता से पहचानती हुई अंकित करती चलती हैं। उनकी एक कहानी 'फिर' में यह स्वप्नभंग शक असह्य समझौते के रूप में व्यक्त किया गया गया है। कहानी का नायक 15 अगस्त, 1947 को याद करते हुए कहता है, 'तब मैं बहुत छोटा था। गाँव के मदरसे में दरजा चार में पढ़ता था। गाँव के लोग कितने खुश थे। कितनी तरह की खुशियाँ मनाई गयी थीं। उस दिन की बहुत सारी बातें आज भी याद हैं। लेकिन बड़ा होकर वह पाता है कि उसके आसपास के लोग

बेकार और खस्ताहाल हैं। धन्धे के नाम पर केवल बेईमानी और चोरबाजारी चल सकती है। वह एक पिता को देखता है जो स्मगलिंग करता है, पर नहीं चाहता कि उसका बेटा भी यही धन्धा करे। किन्तु अन्त में मजबूर होकर उसे बेटे को भी उसी धन्धे में डालना पड़ता है। 'मैं सोचता था कि मेरा बेटा ऐसी जिन्दगी जिएगा जो मेरी जिन्दगी से बिलकुल अलग होगी।...पर मैं महीनों बीमार रहा, अब और ताकत नहीं बची है। आज से यही आया करेगा।'

मामूली स्तर पर यह एक मामूली और सामान्य सच है जिसे आज प्रायः सबने स्वीकार कर लिया है। पर व्यापक स्तर पर आजादी के बाद की सबसे बड़ी ट्रेजडी और विडम्बना की शुरुआत यहीं से होती है। आज का कहानीकार अगर जिन्दगी के इस सच को नहीं देखता या समझ पाता तो कुछ भी नहीं देखता। रामनारायण शुक्ल की मजबूरी थी कि वे जीवन भर उसी सच को देखते समझते और भुगतते रहे। ये वे दिन थे जब जिन्दगी की यह क्रूर वास्तविकता सिमटकर रामनारायण शुक्ल के सिर पर हथौड़े की तरह बरस रही थी। चूँकि उनकी प्रायः सभी कहानियाँ स्वप्नभंग की कहानियाँ हैं इसलिए उनपर एक छिपी हुई भावुकता का आरोप लगाया जा सकता है। छोटे-छोटे सुखों से सुखी होनेवाले युवक-युवती अच्छी-सी चाय, सिगरेट का एक बढ़िया सा कश, अच्छा-सा मौसम, किसी छूटे हुए शहर के एक दोस्त की याद-आमतौर पर उनके मन में चलने वाली यही चीजें हैं। लेकिन ये ऐसी छोटी चीजें हैं जिनके लिए वे तरस जाते हैं। रामनारायण शुक्ल इन्हीं छोटी चीजों के कहानीकार हैं। लेकिन अपने सुन्दर सपने के टूट जाने के बाद भारत के अधिकांश शिक्षित युवक को जीने की ये छोटी और बुनियादी चीजें भी मयस्सर नहीं हो रही थीं। इन कहानियों का पात्र प्रायः हर कहानी में एक ही युवक है—रवीन्द्र कालिया की कहानियों की तरह, किन्तु वह एक सामूहिक संवेदना तथा मानसिकता की उपज है। रामनारायण शुक्ल की कहानियों में यदि भावुकता के अवशेष हैं तो प्रायः उसी तरह के हैं, जिस तरह के हेमिंग्वे की कहानियों में अंडरस्टेटमेंट्स के रूप में भीतर डूबी एक गहरी सवेदनाशीलता जो शहरी शिक्षित युवकों को उस सामाजिक टूटन के बीच ऐंठा हुआ दिखाती है। एक ओर परिवार का बिखराता हुआ आर्थिक ढाँचा ओर दूसरी ओर भविष्य के रूप में एक भयानक शून्य। इस शून्य का आतंक इन कहानियों में किसी अस्तित्ववादी के रूप में नहीं आता बल्कि अस्तित्व की ठेठ जरूरतों से उत्पन्न हुआ ठोस आतंक है। इस आतंक का सबसे अच्छा उदाहरण 'महेन्द्र का भाई' कहानी है, 'उसे पास होने या अच्छे नम्बर पाने की कोई खुशी नहीं है क्योंकि इससे नौकरी पाने में कोई सहायता नहीं मिलेगी'। इसका आब्सेशन एक हास्यास्पद करुणा तक पहुँच गया है। वह शतरंज खेलता तो यह सोचकर कि जीत गया

तो नौकरी मिलेगी नहीं। उन दिनों उसके चेहरे पर ऐसा भाव रहता है जैसे युद्ध के बम गिरते देखते सैनिकों के चेहरों पर असुरक्षा का भाव यह आतंक या असहायता ओढ़ी हुई नहीं है, बल्कि जीवन की वास्तविकता द्वारा अपंग बनाये जाने का परिणाम है। इस आतंक की परिणति तक पहुँचाने वाला है उसका बड़ा भाई महेन्द्र 'आत्महत्या' के द्वार तक पहुँच चुका है। 'किसी शनिवार को' कहानी में इसी आतंक को एक दिवास्वप्न के रूप में प्रस्तुत किया गया है। बैंक की इमारत के सामने लेटा हुआ भूखा युवक एक खूबसूरत दिवास्वप्न देखता है—किसी चमत्कार के घटित होने का दिवास्वपन। हालाँकि वह जानता है कोई चमत्कार कभी घटित नहीं होता, वैसे ही जैसे वह जानता है कि ईश्वर नहीं है। ईश्वर में विश्वास न होना भावुकताहीन होना, असफल होना, ये कितनी भयानक बातें हैं। इस कहानी में बेतरह आर्थिक संकट से जूझते हुए व्यक्ति की मानसिकता को एक सहज फैंटेंसी के रूप में व्यक्त किया गया है।

रामनारायण शुक्ल ने कोई प्रेम कहानी नहीं लिखी। जबकि पत्रिकाएँ लगातार प्रेम कहानी विशेषांक निकाल रही थीं। उनकी कहानी 'उत्सव' का पात्र कहता है, 'मैंने बहुत पहले किसी से कहा था कि अंगड़ाइयाँ लेकर प्रेम के बारे में सोचना या उसकी बातें करना मरुस्थल की मृगमरीचिका में आसपास रसगुल्ले, बिरियानी के ढेर, तन्दूरी मुर्ग की टाँगे और शामी कबाब की कतारों को उड़ते हुए देखना है।' इसलिए रामनारायण शुक्ल की कहानियों के बारे में अकसर कहा जाता था कि उनमें एक ठंडी एकरसता मिलती है। यह एक हद तक सही भी है। उनमें ना तो टेकनीक के स्तर पर कोई प्रयोग है और न कथन शैली में कोई नाटकीयता, मानो सारी कहानियाँ एक ही लम्बी कहानी है जिसे अलग-अलग टुकड़ों में काट दिया गया हो। किन्तु उनकी कहानियों में एक निगूढ़ प्रतीकात्मकता मिलती है, जैसे 'सहारा' कहानी में कहानी का पात्र कहीं पढ़ चुका है कि सहारा एक रेगिस्तान है जहाँ लोग प्यास और भूख से तड़प-तड़प कर मर जाते हैं और यह सोचकर खुशी हुई कि मेरा जन्म सहारा में नहीं, हिन्दुस्तान में हुआ है। यहाँ सहारा नहीं है। यहाँ गंगा, जमुना सरयू और सरस्वती (लुप्त) जैसी नदियाँ हैं। यह विचार मुझे एक सुन्दर सपने तक पहुँच देता था। बस सपने तक, उसके आगे नहीं, क्योंकि उसके आगे कुछ नहीं है। इस कथन में कितना गहरा व्यंग्य और व्यथा है। क्योंकि बड़े होने पर उसको पता चलता है कि वस्तुतः वह एक सहारा में ही उत्पन्न हुआ है।

इसी तरह 'प्रचार' कहानी में भी बड़ी प्रतीकात्मक करुणा के साथ शोषण-तन्त्र के अमानुषिक हथकंडों को उद्‌घाटित किया गया है। एक कहानी में पहियों पर चलता हुआ एक बड़ा पिंजरा है जिसमें एक आदमी को बन्द

कर रखा गया है। पिंजरे में बन्द आदमी उस सँकरी जगह में न पूरी तरह बैठ सकता है, न खड़ा हो सकता है, वह अपने हाथ भी नहीं फैला सकता है। उसे बस इसी तरह किसी कम्पनी का प्रचार करते चलना है। आदमी को बेहद प्यास लगी है, पर वह पिंजरे से निकलकर ही पानी पी सकता है। पानी पिंजरे की कम्पनी के मालिक के ऑफिस में है। कहानी केवल प्रचार की न होकर आधुनिक मनुष्य की स्थिति तथा नियति की है जहाँ वह हमेशा साँसत में है। रामनारायण शुक्ल की कहानियाँ आजादी के प्राय: एक दशक बाद हुए व्यापक तथा वास्तविक मोहभंग की दारुण दस्तावेज हैं जो साठोत्तरी कहानी की मूलभूत संवेदना थी। उसकी फैशनपरस्त नकली संवेदना नहीं, जो कुछ शहरी पढ़ाकू कहानीकार हवा में लपक कर लिख रहे थे।

प्रयाग शुक्ल (1940)

प्रयाग शुक्ल चमत्कार विहीन उस गहरे मानवीय भावबोध के कहानीकार हैं, जिनमें साठोत्तरी कहानी का सिनिसिज्म बिलकुल नहीं मिलेगा। किन्तु आर्थिक विषमताओं का बोझ जो क्रमश: शिक्षित युवा पीढ़ी पर गहराता जा रहा था और जिससे दबा हुआ वह जिस गति से नष्ट हो रहा था, उसका मनोगत इतिहास जरूर मिलेगा।

प्रयाग शुक्ल मूलत: मन:स्थितियों के कहानीकार हैं। वे अलग-अलग मन:स्थितियों की लड़ी-सी पिरोते हुए समाज की आर्थिक दुर्गति को बयान करते हैं। रामनारायण शुक्ल की कहानियों की तरह ही उनकी कहानियाँ भी बहुत कम बोलती हैं, लेकिन उनकी चुप्पी के भीतर से ही बहुत कुछ बोलता है। इन कहानियों में घटनाएँ भी न्यूनतम हैं। पर उनमें घटना विहीन एक खामोश ट्रेजडी है, जिसके भीतर झाँकने पर तिल-तिल खत्म होती हुई एक पूरी युवा पीढ़ी दिखाई पड़ेगी। इस खामोश ट्रेजडी को आसानी से अनदेखा भी किया जा सकता है क्योंकि वे अँधेरे में चीखती नहीं हैं। यद्यपि ये कहानियाँ निम्नमध्यमवर्गीय आर्थिक चोटों की हैं, किन्तु उससे विलग कोई छटपटाहट यहाँ नहीं लगने वाली दिखाई पड़ती है। बल्कि उसके बदले उससे निरपेक्ष होकर उन्हें सहन करने वाली एक 'आत्मपीड़क' मनोदशा जरूर नजर आएगी। पात्रों का चुपचाप सहज या बर्दाश्त करनेवाला भाव कुछ लोगों को स्त्रैण भी लग सकता है क्योंकि उसे बहुत कोमल तन्तुओं से बुना गया है। इसी कारण उनमें अतिशय संवेदनशीलता है जो प्राय: निस्कृय-सी बनी रहती है। उसमें विकास नहीं होता। वे एक 'स्टिल लाइफ' की फोटोग्राफ बनकर रह जाती हैं। इसीलिए ज्यादातर कहानियाँ बीच में ही अचानक खत्म हो जाती हैं। किन्तु इस 'ब्रूडिंग' के बाहर कुछ भी घटित नहीं होता। कहानी किसी भी चीज या स्थिति के बारे में हो सकती है। आर्थिक भार,

एक चिड़िया, एक प्राकृतिक दृश्य या प्रेमिका का भ्रम करती हुई कोई लड़की। एक युवा मन:स्थिति में घुली हुई ये सारी चीजें 'कहानी' को अत्यन्त सहज तो बनाती हैं, लेकिन उसके आगे कुछ भी घटित नहीं होता।

उनकी अनेक कहानियों को पढ़ते हुए यह तो पता चलता है कि मनुष्य 'जीना' किस तरह शुरू करता है, किन्तु साथ ही यह भी पता चलता है कि मनुष्य का 'जीना' धीरे-धीरे कैसे बुझता जाता है। कुछ कहानियों में गाँव और शहर एक दूसरे से मिलते नजर आते हैं जो इन कहानियों को एक समाजशास्त्रीय सन्दर्भ प्रदान करता है। 'अजय का होना' में उसका नायक सोचता है, "साढ़े तीन रुपये रोज में वह शहर में अकेला है और माँ गाँव में अकेली है। भाई के साढ़े तीन बीघे खेत के साथ।" यानी एक विशेष वर्ग के व्यक्ति के लिए शहर और गाँव में लगभग एक सी स्थिति है।

अनुभूति और मन:स्थितियों की इन कहानियों के सभी पात्र अतिसंवेदनशील हैं और जीवन को लेकर अतिशय सचेतन भी। 'जन्म' कहानी में एक बच्चे की माँ सोचती है कि 'कोई भी सुख बहुत देर तक रह क्यों नहीं पाता?'...वह आलमारी में सजी हुई किताबें देखने लगी। पहले उन्हें पढ़ने का चाव था पर धीरे-धीरे वह मरता गया।...जीवन जीते हुए कई सारी चीजें उद्घाटित होती गयी थीं। लेकिन संवेदनशीलता का स्तर है जिसके नीचे ये कहानियाँ नहीं उतरतीं या उतर पातीं। इन कहानियों के पात्र जिन मन:स्थितियों में होते हैं या जहाँ वे होते हैं, वहाँ वे पूरी तरह उपस्थित नहीं होते। बातचीत या यूँ ही एक चुप्पी के बीच भी उनका अनमनामन उन्हें कहीं और उड़ा ले जाता है, खासतौर पर जब वे अपनी प्रेमिका के साथ होते हैं। प्रेम पूरी 'उपस्थिति' माँगता है न कि आधी। इसीलिए इनका प्रेम भी कभी पूरा नहीं होता। वे प्रेम के लिए पूरी तरह योग्य या प्रस्तुत नहीं होते। शायद यह आधुनिक मनुष्य की अभिशप्त नियति है। विभाजित (डिवाइडेड) और आत्मनिर्वासित (सेल्फ एलियेनेटेड)। कहानीकार इसे आर्थिक मार की परिणति मानता है। "जेब में बचे हुए आखिरी पैसे। नौकरी के लिए दी गयी बेशुमार अर्जियों का इन्तजार। आसपास अपने ही जैसे लोगों की अपार भीड़। उसे कहीं नहीं होने देती, न प्रेमिका के साथ, न किसी छोटे से सुकून के साथ। कभी वे चाय का एक गर्म प्याला अपार तसल्ली और उत्साह से भर देता है पर वहाँ भी चाय लेकर आने वाले छोटे से लड़के में भी वह अपनी तस्वीर देखने लगता है।" इन कहानियों के अर्थ-स्तर अत्यन्त व्यापक हैं। कहीं वे जीवन के बुनियादी सवालों के रू-ब-रू होती हैं और कहीं शुद्ध आर्थिक भार से पीड़ित।

प्रयाग शुक्ल की सीमा यह है कि उनमें विविधता नहीं है और इसीलिए विकास भी नहीं है। एक सीमा के बाद उनकी कहानियाँ रुक सी जाती हैं और एकरस लगने लगती हैं।

विजय चौहान (?)

विजय चौहान ने भी अन्य साठोत्तरी कहानीकारों महेन्द्र भल्ला, प्रबोध कुमार, अशोक सेक्सरिया आदि के साथ कहानियाँ लिखना शुरू किया था तथा सन् 60 और सत्तर के बीच काफी कहानियाँ लिखीं। इनकी कहानियों ने पहली बार कथ्य को रबर की तरह खींचकर बढ़ाने की बजाय उन तक पहुँचने वाली सीधी तथा सटीक दृष्टि मिलती है। लेकिन इनकी विडम्बना यह थी कि उन्होंने अपनी कहानियों के द्वारा देश की परिवर्तित होती हुई दृष्टि और यथार्थ को पहचाने की कोई क्रमिक कोशिश नहीं की और उसके बजाय इनकी कहानियाँ रचना की बारीकियों में उलझती हुई एक अमूर्त प्रतीकात्मकता में चली गयीं। रचनात्मक सम्भावनाओं से भरे कहानीकार के रूप में आने के बाद उनकी कहानियाँ एक शिथिलता तथा शीतलता का शिकार होती गयीं और दस वर्षों के भीतर ही ये एक व्यतीत के कहानीकार के रूप में याद किये जाने लगे।

निम्नवर्ग की वास्तविकता को अत्यन्त निमर्म ढंग से व्यक्त करने वाला यह कहानीकार अपनी कहानियों में 'रेशमी पैबन्द' लगाने लगा। विजय चौहान जो कभी बेहद धारदार शब्दों के द्वारा जटिल वास्तविकताओं के बीच छलाँग लगा देते थे, वे क्रमशः सरलीकरण और चुटकुले बाजी के शिकार हो गये। यह साठोत्तरी कहानी के 'डीजेनेरेशन' की जबर्दस्त मिसाल है।

विजय चौहान में शिल्प के प्रति एक अतिरिक्त सजगता शुरू से रही है। हिन्दी कहानी में जब 'फैंटेंसी' लिखने का चलन नहीं था, तब उन्होंने एक कहानी 'पथहारा' लिखी थी जो एक सार्थक फैंटेंसी थी। लेकिन बाद में विदेश जाकर वे विदेशी कहानियों के प्रभाव में फार्मूलाबद्ध फैंटेंसी लिखने लगे। इसके अलावा इनकी कहानियों पर हेमिंग्वे की कहानियों का स्पष्ट तथा स्थूल प्रभाव दीखने लगा। इनकी एक कहानी 'उबाल' की पंजे से खरोंचती बिल्ली हेमिंग्वे की बारिश में बिल्ली की याद दिलाती है, लेकिन इसमें यौन प्रतीकों का सरलीकरण हेमिंग्वे की कहानी की सूक्ष्म सांकेतिक प्रतीकात्मकता का सत्यानाश कर देता है। इस कहानी में जिस तरह भूखी बिल्ली पहले कमरे के अन्दर आने के लिए पंजा खरोंचने लगती है, उसी तरह वह भी पेट्रोशिया नाम की युवती पहले यौन आकांक्षाओं के अंगारों से जलती हुई युवक के पास आती है और फिर कामाकांक्षा की परितृप्ति होते ही अलग हो जाती है। वह विवाह नहीं चाहती, महज यौन परितृप्ति चाहती है। कहानी में पश्चिमी सभ्यता की आलोचना है, पर कहानी में यौन-प्रतीकों का सरलीकरण रचनात्मक स्तर पर प्रभावित नहीं कर पाता। बाद की उनकी कहानियों में चुस्ती तथा करारेपन के बावजूद स्थूल सरलीकरण उनकी

प्रभाववत्ता को क्षीण कर देता है। 'भीगी लड़की' कहानी में ऐसा ही प्रतीकात्मक निष्कर्ष निकाला गया है। जब बर्फ पिघल जाएगी तो पेड़ों में नयी कोंपले निकलेंगी, पर फिर पतझर होगा और उसके बाद चारों तरफ बर्फ की सफेद चादर बिछ जायेगी।'' विदेशी वातावरण के बीच यह 'यौनरूपक' कुछ खपता नहीं। यद्यपि हिन्दी कहानियों में दाम्पत्य जीवन को अनेक रूपों में चित्रित किया जा चुका है, फिर भी विजय चौहान की 'मिजराब', 'साथ', 'सुहागरात' जैसी कहानियों में एक प्रामाणिक सच्चाई और सहजता है। लेकिन ऐसी कहानियाँ अपवाद ही कही जाएँगी। क्योंकि विजय चौहान की बाद की कहानियों में भी विकास का कोई ग्राफ बनता हुआ दिखाई नहीं देता।

प्रबोध कुमार (1935)

प्रबोध कुमार ने यद्यपि सन् 50 से लेकर निरन्तर 'कृति', 'कल्पना', 'कहानी' तथा 'वसुधा' आदि हिन्दी की प्रमुख पत्रिकाओं में कहानियाँ लिखीं, किन्तु अब तक उनका कोई कहानी-संग्रह नहीं प्रकाशित हुआ है। वे सन् 60 के बाद के महत्त्वपूर्ण कहानीकारों में हैं। उन्होंने, 'गाँव', 'आखेट', तथा 'डायनासार का दिमाग' आदि अत्यन्त गठे हुए शिल्प की कहानियाँ लिखी थीं। उनकी कहानियों का शिल्प प्रतीकात्मक तथा सांकेतिक है और भाषा विशेषण विहीन छोटे-छोटे वाक्योंवाली अत्यन्त अर्थगर्भित।

गोविन्द मिश्र (1939)

यद्यपि गोविन्द मिश्र ने देर से कहानियाँ लिखनी शुरू कीं, किन्तु शीघ्र ही वे हिन्दी के चर्चित कहानी लेखकों में गिने जाने लगे। इन्होंने बहुत बड़ी संख्या में कहानियाँ लिखी हैं और इनके अबतक ग्यारह कहानी संग्रह प्रकाशित हैं। 'नये पुराने माँ-बाप' (1975), 'अन्त:पुर' (1976), 'रगड़ खाती आत्माएँ' (1978), 'धाँसू' (1978), 'अपाहिज' (1980), 'खुद के खिलाफ' (1981), 'खाक इतिहास' (1984), 'पगला बाबा' (1987), 'आसमान कितना नीला' (1992), 'हवाबाज' (1998) और 'मुझे बाहर निकालो' (2004)। गोविन्द मिश्र की कहानियों में विविधता है। वे सामान्यत: मध्यमवर्गीय पारिवारिक जीवन और दफ्तरी जीवन से सम्बन्धित हैं। अन्य साठोत्तरी कहानीकारों की तरह इन्होंने भी मानव-सम्बन्धों पर विशेष बल दिया है। लेकिन लेखन गति की त्वरा के कारण उनकी कहानियाँ किसी स्थिति, समस्या या सवाल पर बहुत गम्भीरता से विचार नहीं कर पातीं। उनकी भाषा भी उथली-उथली और लगातार भागती रहने वाली

है। इनके पास कोई विशेष कथा-शिल्प भी नहीं है और सबसे बड़ी बात कि इनके पास कोई रचनात्मक रचनादृष्टि नहीं है, न कोई अन्तर्दृष्टि है। इन सबके अभाव में इनकी कहानियाँ न तो सामान्य पाठक को विशेष आकृष्ट कर पाती हैं और न गम्भीर पाठक और समीक्षक को। इनमें पाठक को भावाकुल या भावविह्वल बनाने की क्षमता है। अत: वे आधुनिकता और परम्परा के बीच ही कहीं झूलती रह जाती हैं। कुल मिलाकर उनमें कहानी का अभाव ही बना रहता है।

कामतानाथ (1935)

कामतनाथ में अपेक्षाकृत गम्भीरता से सोचने की क्षमता तो है, किन्तु इस सोच को वे कहानी में पूरी तरह ढाल नहीं पाते। इनकी कहानियों में लम्बे-लम्बे विवरण होते हैं। ये भी मुख्यत: मानवीय सम्बन्धों के कहानीकार हैं। पति-पत्नी के रिश्ते, संयुक्त परिवार का विघटन, मध्यमवर्गीय आथिक विषमताएँ आदि प्रचलित समस्याएँ इनके विषय हैं। किन्तु इनकी कहानियाँ भी सामान्य स्तर से ऊपर नहीं आ पातीं।

हृदयेश (1930)

ये एक समर्थ कहानीकार हैं और इन्होंने कुछ महत्त्वपूर्ण कहानियाँ लिखी हैं। किन्तु अपनी विशेष शैली तथा भाषा-शिल्प के अभाव में इनकी कहानियों की ओर पाठकों तथा समीक्षकों का ध्यान कम ही गया है। इनके कहानी संग्रह हैं—'अँधेरी गली का रास्ता' (1977), 'इतिहास' (1981), 'उत्तराधिकारी' (1981), 'अमरकथा' (1984), 'नागरिक' (1992), 'रामलीला तथा अन्य कहानियाँ' (1995), 'सम्मान' (1996), 'सन उन्नीस सौ बीस' (1999), 'उसी जंगल समाज में' (2004)। किन्तु इनका भावबोध न तो 'नयी कहानी' का भावबोध है और न साठोत्तरी कहानी का। भाषा और शिल्प की दृष्टि से भी इनकी कहानियाँ परम्परागत ही कही जाएँगी। किन्तु इनमें कथा कहने की क्षमता है।

शालिग्राम शुक्ल

इनके दो कहानी संग्रह प्रकाशित हैं जिनमें 'काला हंस' ही विशेष चर्चित है। चूँकि ये प्रवासी भारतीय कहानीकार हैं, इसलिए इनकी अनेक कहानियों का परिवेश विदेशी है। हालाँकि इनके अधिकांश पात्रों के नाम भारतीय ही हैं, उनकी समस्याएँ विदेशों में बस गये मूलहीन (रूटलेस) मनुष्यों की ही हैं। इन्होंने विदेशी, मुख्यत:

अमेरिकी सभ्यता की 'भोगवादी' प्रवृत्ति की निर्मम तो नहीं, पर कभी-कभी अत्यन्त कारुणिक आलोचना की है, खासतौर पर मुक्त तथा असंयत यौन सम्बन्धों पर। इनकी एक कहानी में एक अमेरिकी परिवार में जब वृद्ध पिता को रात में अचानक हार्ट अटैक होता है तो माँ बेटे को डॉक्टर को बुलाने भेजती है। जब वह देर तक नहीं लौटता और न ही डॉक्टर का कहीं अता-पता है तो वह बाहर आकर देखती है। नौजवान बेटा गैरेज में खड़ी कार के भीतर एक युवती के साथ सम्भोगरत है। पिता की मृत्यु हो जाती है। कहानी यहीं खत्म हो जाती है किन्तु उसकी अर्थगर्भित प्रतिध्वनि बहुत दूर तक गूँजती रहती है। और कुछ बतलाने की जरूरत भी नहीं है।

इसी तरह एक अन्य कहानी 'क्रीत' में विदेश से सम्पन्न होकर आये परिवार की एक युवती के लिए एक संवेदनशील प्रतिभावान युवक को अपार सम्पत्ति देने का प्रलोभन देकर भारत लाया जाता है, पर उसके साथ गुलामों का सा सलूक किया जाता है जिससे पीड़ित तथा प्रताड़ित होकर वह युवक विवाह से ऐन पहले पेड़ से लटककर आत्महत्या कर लेता है। इसके बाद की कहानी कहानी का शीर्षक 'क्रीत' शब्द स्वयं बयान कर देता है। सम्भवत: केवल यही कहानी एक व्यापक सामाजिक सन्दर्भ में लिखी गयी है। बस श्री शुक्ल की अधिकांश कहानियाँ भोगवाद की विडम्बना से आगे नहीं जातीं।

मधुकर सिंह (?)

मधुकर सिंह मुख्यत: ग्रामीण जीवन के कहानीकार हैं, किन्तु इन्होंने अपनी कहानियों का भावबोध आधुनिक ही रखने की कोशिश की है। ये वैसे तो साठोत्तरी कहानी कार ही हैं, किन्तु इनकी आधुनिकता 'नागरी' नहीं है। उनमें आर्थिक स्तर पर संघर्ष करते युवकों की मानसिकता को व्यक्त किया गया है। इनके दो कहानी संग्रह हैं 'पूरा सन्नाटा' (1971) और 'पहला पाठ' (1979)।

इस दौर के अन्य कहानीकार हैं, रमेश गोस्वामी, अशोक सेक्सरिया जो गुणेन्द्र कम्पानी के नाम से कहानियाँ लिखते थे, महीप सिंह, गिरिराज किशोर, जगदीश चतुर्वेदी, तथा हिमांशु जोशी आदि।

आकलन

लेकिन कुल मिलाकर साठोत्तरी कहानी अल्पजीवी ही रही। हिन्दी कहानी में इसका प्रवेश एक उल्का पिंड की तरह हुआ जो सन् 1975 तक आते-आते बुझ गया। सबसे पहले उसके सबसे समर्थ कहानीकार ज्ञानरंजन की ज्योति ही क्षीण हुई। सन् 70 और 75 के बीच उन्होंने अपनी सबसे महत्त्वपूर्ण दो कहानियाँ लिखीं, 'बहिर्गमन' और 'घंटा' (जिनका विवेचन ऊपर किया जा चुका है)। इसके बाद इनकी जो छिटपुट कहानियाँ प्रकाशित हुईं, वे बेदम और बासी थीं। रवीन्द्र कालिया जो साठोत्तरी कहानी के सबसे पहले तथा सर्वाधिक चर्चित कहानीकार थे, उन्होंने 'काला रजिस्टर' के बाद शायद ही कोई महत्त्वपूर्ण कहानी लिखी हो। वे कहानी लेखन से उकताये हुए से लगे थे और वे संस्मरण तथा उपन्यास लेखन की ओर मुड़ गये। दूधनाथ सिंह ने यद्यपि कुछ महत्त्वपूर्ण कहानियाँ अवश्य लिखीं जो उनके 'सुखान्त' कहानी संग्रह में संग्रहीत थीं, किन्तु वे कृत्रिम तथा गढ़ी हुई थीं और उनका फैंटेंसी शिल्प भी बेअसर तथा बनावटी था। लेकिन उनकी सराहना की जानी चाहिए कि वे कहानी लेखन में आज तक सक्रिय हैं और साल दो साल में कुछ चमकदार कहानियाँ अवश्य लिख लेते हैं जो उनके कहानी संग्रह 'माई का शोकगीत' में संग्रहीत हैं। दूसरे कहानाकार काशीनाथ सिंह भी कहानी लेखन में अभी सक्रिय हैं, किन्तु 'कविता की पहली तारीख' तथा 'जंगल जातकम' के बाद उनका कोई उल्लेखनीय कहानी संग्रह नहीं आया है। 'अपना रास्ता लो बाबा' और 'सराय मोहन' के बाद उनकी कोई उल्लेखनीय कहानी नहीं प्रकाशित हुई है। ज्ञानरंजन की तरह कहानी लेखन के परिदृश्य से महेन्द्र भल्ला, प्रबोध कुमार, विजयचौहान आदि कहानीकार विलुप्त हो गये।

किन्तु यह जानने की जरूरत है कि सन् 60 के बाद आया यह तेजस्वी आन्दोलन धूमकेतु की तरह आया और गया क्यों हो गया? इस प्रश्न के उत्तर में कहानी सम्बन्धी अनेक प्रश्नों के उत्तर भी छिपे हुए हैं। कहानी को एक 'दौड़ती लहर का गीत चित्र' कहने वाले अज्ञेय भी क्रमशः कहानी-विधा को छोड़कर पहले उपन्यास और फिर काव्य की ओर एकोन्मुख हो गये थे। इसके कारण उन्होंने

विस्तार से बताये हैं जिन्हें जानना यहाँ प्रासंगिक होगा। 'मैंने कहानी लिखना धीरे-धीरे छोड़ क्यों दिया?...मैं अनुमान करता हूँ कि मनोवैज्ञानिक यथार्थ की ओर उन्मुख होने पर कहानी-विधा का यथेष्ट न जान पड़ना स्वाभाविक है...जो लोग भी इस पथ पर अग्रसर हुए, उन्हें भी कहानी नाकाफी जान पड़ी और उन्होंने उपन्यास में अधिक सम्भावनाएँ देखीं।...मैंने स्पष्ट और तीव्र अनुभव किया कि कहानी का व्यास काफी नहीं...कहानी इसलिए नाकाफी है कि उसमें मनोजगत की—मनोवैज्ञानिक यथार्थ की—कोई एक गाँठ, एक संधि, एक दरार तो एकाएक तीखे प्रकाश से आलोकित कर दी जा सकती थी, पर मनोदेश का कोई नक्शा नहीं प्रस्तुत किया जा सकता था....कहानी में भी एक आलोकित संधि स्थल के आसपास के प्रदेश की छायालोकित झाँकी दिखाई जा सकती है...पर अधिक दिखने से उसका फोकस बिखर जाता है।' तो यह एक समर्थ कहानीकार का क्रमशः उपन्यास और फिर काव्य की ओर उन्मुख होते जाने का कारण है या कारण बताया गया है। किन्तु यह अज्ञेय की निजी रचनात्मक समस्या थी जिसके समाधान के लिए वे क्रमशः उपन्यास और फिर काव्य की ओर बढ़ते गये। लेकिन गौर करने की बात है कि तब तक अज्ञेय प्रायः चार दशकों तक कहानियाँ लिखते हुए 'रोज', 'अमरवल्ली', 'कोठरी की बात', 'शरणदाता', 'पठार का धीरज', 'हीलीबोन की बत्तखें' आदि दर्जनों श्रेष्ठ कहानियाँ लिख चुके थे। किन्तु साठोत्तरी कहानीकारों के अल्पजीवी होकर चुक जाने का कारण सम्भवतः ये कारक नहीं थे। वे क्या थे, इस पर हम आगे विचार करेंगे।

अज्ञेय के अग्रज तथा प्रेमचन्द के बाद सबसे प्रभावी कहानीकार जैनेन्द्र भी चुके, पर प्रायः दो सौ कहानियाँ लिखने के बाद जिनमें, 'जाह्नवी', 'एक रात', 'एक कैदी', 'पाजेब', 'अपना-अपना भाग्य', 'पत्नी' जैसी दर्जनों प्रायः कालजयी कहानियाँ थीं। अतः उनके चुकने को चुकना नहीं कहेंगे। किन्तु साठोत्तरी कहानीकार तीन-चार कहानियों के कहानीकार होकर क्यों रह गये? जहाँ तक मैं सोच पाता हूँ, इसका पहला और प्रमुख कारण किसी निश्चित और गहन जीवन-दृष्टि तथा अन्तर्दृष्टि का अभाव था। केवल कहानीकार के लिए ही नहीं, बल्कि किसी भी रचनाकार में एक निश्चित जीवन-दृष्टि और गहरी अन्तर्दृष्टि, दोनों का होना अनिवार्य है। तभी वह एक बड़ा और क्रमशः विकसित होनेवाला रचनाकार हो पाता है। और यदि इन दोनों की तलाश उसमें है, तो 'अन्वेषण' की यह आकांक्षा उसे उत्तरोत्तर सक्रिय तथा विकासोन्मुख रखेगी। साठोत्तरी कहानीकारों में प्रारम्भ से ही उसकी प्रवृत्ति ही नहीं, इसके बीज भी नहीं थे। भोगा हुआ यथार्थ ने जहाँ उन्हें अनुभव की प्रामाणिकता प्रदान की थी, वहीं वह उनके विकास-पथ में सबसे बड़ी हथकड़ी भी बन गया। और इसका सबसे बड़ा कारण यह

था कि पहले तो उनके अनुभव का दायरा ही बहुत विस्तृत नहीं था, क्योंकि वह मूलतः आत्मपरक तथा व्यक्तिपरक था और एक निरे व्यक्ति का आत्म कितना विस्तृत हो ही सकता था। हाँ, तब यह अवश्य विकसित हो सकता था, जब उसमें गहरे तक आत्मान्वेषण करने वाली अन्तर्दृष्टि हो, जो उनके पास नहीं थी। दूसरे स्तर पर उसका व्यक्ति या व्यक्तित्व भी विकसित हो सकता था, जब उसमें पर्याप्त तथा व्यापक जीवन का अनुभव हो जो साठोत्तरी कहानीकारों को सुलभ नहीं हो सका। सुलभ या सम्भव वह इसलिए नहीं हो सका, क्योंकि एक तो इसके अधिकांश कहानीकार पूर्णकालिक लेखक नहीं थे (जयशंकर प्रसाद, प्रेमचन्द, निराला, जैनेन्द्र और एक सीमा तक अज्ञेय या निर्मल वर्मा की तरह।)। हालाँकि मैं इस 'एनालॉजी' को दूर तक नहीं खींचूँगा क्योंकि यह बहुत प्रभावशाली दलील नहीं है, और न बहुत महत्त्वपूर्ण कारण है, पर यह एक कारक है तो जरूर! साठोत्तरी कहानीकार या तो जीविका के लिए संघर्ष करते रहे और उसके अभाव में एक बोहिमियन जीवन जीते रहे और उसकी उपलब्धि होते ही वे रवीन्द्र कालिया के शब्दों में, एक सन्तुष्ट शूकर जीवन जीने लगे (यह बात कालिया ने कहानीकारों के लिए नहीं कही है।)। और यह बात तयशुदा है कि यह 'सन्तोष धन' आते ही रचनात्मक ऊर्जा बुझने लगती है और नया कुछ रचने की ललक समाप्त हो जाती है। और उस सन्दर्भ में कवि श्रीकान्त वर्मा जो परम सन्तुष्टि का जीवन जीने लगे थे, की यह उक्ति सार्थक प्रतीत होती है कि 'जो रचेगा, वह कैसे बचेगा?' साठोत्तरी कहानीकारों में बचने की यह प्रवृत्ति प्रधान होती गयी, इसलिए वे कहानीकार के रूप में नहीं बच पाये। हालाँकि यह स्थापना तथा विश्वास भी बहुत दूर तक नहीं जाता, किन्तु रचनाकार के न बच पाने का एक कारण अवश्य है।

और अन्त में यह मानना पड़ता है कि प्रतिभा का विकल्प कुछ और नहीं हो सकता। तो क्या साठोत्तरी कहानीकारों में प्रतिभा का अभाव था? शायद उतना नहीं, किन्तु उनमें एक प्रमाद और आलस्य अवश्य आ गया था। नया कुछ रचने की उत्कंठा तथा तत्परता का अभाव।

इसे मेरे अपने अनुभव का यथार्थ मान लिया जाय तो इन तर्कों की सीमा भी निर्धारित हो जाती है और मान लेना पड़ता है कि हमारी शुरुआत में ही हमारी समाप्ति के बीज छिपे रहते हैं। अतः प्रायः एक दशक में ही साठोत्तरी कहानी अभियान का अन्त हो गया।

आज की कहानी

'आज की कहानी' किसे कहेंगे? मैं आज की कहानी के दायरे को विस्तृत करके बीसवीं शताब्दी के आखिरी दशक तक ले जाना चाहूँगा और ऐसा क्यों चाहूँगा, यह मैं तनिक आगे चलकर बताऊँगा।

सन् 70 के बाद साठोत्तरी कहानी मंथर होते-होते क्रमश: गतिहीन हो गयी। अनेक साठोत्तरी कहानीकार तो कथा-लेखन से ही विरत हो गये। सबसे पहले तो साठोत्तरी कहानी के सबसे प्रतिभावान माने जानेवाले कहानीकार ज्ञानरंजन ही अपना 'कबाड़खाना' समेटकर चलते बने। उन्होंने सम्पादक बनने की दिशा में 'वामपंथी' कन्धों पर चढ़कर चलने की 'पहल' की, किन्तु 'पहल' न तो 'प्रतीक' बन सकी न 'हंस'। 'पहल' में न तो कभी कोई उत्कृष्ट समीक्षा प्रकाशित हुई और न कहानी। अत: वह क्रमश: पुरस्कारों की पत्रिका बनते-बनते अन्तत: बन्द हो गयी।

महेन्द्र भल्ला, प्रबोध कुमार, विजय चौहान आदि अनेक कहानीकारों ने कहानी लिखना ही बन्द कर दिया। दूधनाथ सिंह, रवीन्द्र कालिया तथा काशीनाथ सिंह आदि कहानीकारों ने कहानी लिखना तो जारी रखा, किन्तु उनकी कहानियों की धार कुन्द होने लगी। रवीन्द्र कालिया 'काला रजिस्टर' के बाद कहानी लेखन से उपन्यास तथा संस्मरण लेखन की दिशा में बढ़ गये। दूधनाथ सिंह लगातार जोर आजमाइश करते रहे, किन्तु प्रारम्भ से अपनी कोई निजी कथा-भाषा न होने के कारण वे अब भी नयी भाषा, नये विषय तथा नये शिल्प की तलाश कर रहे हैं। फिर भी इधर उन्होंने 'धर्मक्षेत्रे कुरु क्षेत्रे' तथा 'नपनी' जैसी श्रेष्ठ कहानियाँ लिखीं हैं । काशीनाथ सिंह के पास बनारसी जनपदीय भाषा का ज़खीरा है। किन्तु भूमंडलीकरण के वात्याचक्र या बवंडर में उसके मुहावरे बिखरते नजर आ रहे हैं।

कुल मिलाकर मोटे तौर पर सन् 70 से 85 तक का दौर केवल कहानी में ही नहीं, पूरे रचना परिदृश्य का ठिठका हुआ दौर है। इस दौर के बारे में कहा और लिखा जाने लगा है कि 'देखो-देखो आठवें दशक का उजाड़।' एक हद

तक यह एक वास्तविकता थी, न श्रेष्ठ कहानियाँ लिखी जा रही थीं, न उपन्यास और न कविताएँ। 'नयी कहानी' के सबसे उज्ज्वल नक्षत्र निर्मल वर्मा भी रचना के क्षेत्र में 'सूखा' का सामना कर रहे थे और अपने को 'कालापानी' (अंदमान) में कौए की तरह पा रहे थे।

लेकिन कम-से-कम कहानी के क्षेत्र में इस सूखे और उजाड़ को सबसे पहले बसाया 'नयी कहानी' के दौर की ही विशिष्ट महिला कहानीकार कृष्णा सोबती ने ही। उनकी ऐतिहासिक महत्त्व की कीर्तिमान स्थापित करनेवाली लम्बी कहानी 'ए लड़की' ने न केवल कहानी के शिल्प में एक 'नयी विधा' निर्मित की, बल्कि रचनात्मक स्तर पर अनजाने ही यह बता दिया कि 'कहानी' में 'दर्शन' को कैसे विन्यस्त किया जा सकता है। यह कहानी 'वर्तमान साहित्य' के विशाल विशेषांक में सन् 89 में प्रकाशित हुई थी।

उसी के आसपास नये सिरे से प्रेमचन्द की पत्रिका 'हंस' के पुनर्प्रकाशन ने 'कहानी' की नयी प्रतिभाओं के लिए एक नये मंच का निर्माण किया।

लेकिन जिसे मैंने आज की कहानी कहा, उसकी शुरुआत कहानीकार उदय प्रकाश के कहानी संग्रह 'दरियाई घोड़ा' से होती है। यह महज संयोग नहीं है कि 'दरियाई घोड़ा' जमीन पर नहीं रहता। उदय प्रकाश ने कहानी के लिए एक नयी जमीन तोड़ी और वह केवल 'दरियायी घोड़ा' की कहानियों के द्वारा नहीं बल्कि क्रमशः आगे आने वाले अपने अनेक कहानी-संग्रहों के द्वारा, जिसका सर्वोत्तम रूप उनके कहानी संग्रह 'पॉल गोमरा का स्कूटर' में परिलक्षित हुआ।

1982 में 'दरियाई घोड़ा' में प्रकाशित कहानी 'तिरिछ' और फिर 'और अन्त में प्रार्थना' आदि कहानियों से उदय प्रकाश के कहानीकार का उत्तरोत्तर ऐसा विकास दिखाई देता है, जो सन् 50 के बाद निर्मल वर्मा तथा रेणु के अतिरिक्त किसी हिन्दी कहानीकार में नहीं दिखाई देता।

लेकिन उदयप्रकाश की कहानियों की कौन सी ऐसी विशेषताएँ हैं जो उन्हें पिछली सदी के अवसान से लेकर आज तक की कहानी का वरिष्ठ ही नहीं, विशिष्ठ कहानीकार बनाती है?

...उदय प्रकाश की 'पॉल गोमरा...' से लेकर 'मोहनदास' तक की कथायात्रा बेहद महत्त्वपूर्ण है, इसलिए भी कि उसके साथ-साथ हम आज की हिन्दी कहानी की विकास-यात्रा को भी स्पष्ट रूप से देख पाते हैं। 'दरियाई घोड़ा' आदि कहानियों को वैसे तो बहुत समकालीन कहानियाँ नहीं कहा जा सकता है किन्तु 'तिरिछ' में जो प्रतीकात्मक तथा रूपात्मक संरचना निर्मित की गयी है, वह हिन्दी कहानी में सर्वथा नवीन 'कथा शिल्प' लेकर आती है। इसी तरह 'और अन्त में प्रार्थना' की विषयवस्तु यद्यपि इब्सन के विख्यात नाटक 'एनेमी ऑफ दी पिपुल'

की प्रतिकृति है, किन्तु कहानीकार ने जिस तरह उसे भारतीय परिवेश तथा परिस्थितियों में ढालकर प्रस्तुत किया है, उसे विकास या विस्तार ही कहा जाएगा, अनुकृति नहीं। इसी तरह 'पॉल गोमरा...' में व्यंग्य, तल्खी और मखौल का स्वर ही प्रधान है, किन्तु वह समरस तथा एकस्तरीय नहीं है। उसमें एक गहरी 'एम्बीग्युरी' (जटिलता) बनी रहती है जो किसी भी श्रेष्ठ रचना की कसौटी होती है।

चूँकि शिल्प के मामले में उदय प्रकाश घनघोर रूप से प्रयोगवादी हैं, इसलिए अपनी परम्परागत-सी दीख पड़ने वाली कहानियों को भी वे अन्त में एक ट्विस्ट देकर कोई न कोई नया नुक्ता मार देते हैं। किशोर यौन उत्ताप की कहानी 'छतरियाँ' में भी दो प्रकार के सम्भावित अन्त प्रस्तावित किये गये हैं और पाठक के लिए उसके दो छोर खुले रखे गये हैं कि वह जिसे चाहे कहानी के अन्त के रूप में स्वीकार कर ले।

बाद की कहानियों में उदयप्रकाश ने तथ्यात्मक आँकड़े इकट्ठा करके उनके आधार पर एक नयी कथा प्रविधि निर्मित की है जो हिन्दी में तो सम्भवतः नयी है किन्तु विदेशी भाषाओं में मुख्यतः लैटिन अमरीकी कहानियों के लिए नयी नहीं है और उदय प्रकाश ने सम्भवतः उसे वहीं से ग्रहण भी किया है। लोगों ने उन पर बोर्खेस तथा मार्क्वेज की कथा-प्रविधि का स्पष्ट प्रभाव परिलक्षित किया है। इस प्रविधि की चरम अभिव्यक्ति उनकी बहुचर्चित कहानी 'वारेन हेस्टिंग्स का साँड़' में हुई है। यह ऐतिहासिक तथा राजनैतिक परिदृश्य की एक मर्मस्पर्शी कथा है जिसे एक 'कथात्मक शोक गीत' भी कहा जा सकता है। किन्तु यह दोषरहित कहानी नहीं है। इसके बारे में कहानीकार ने कहा है कि 'इसमें इतिहास उतना ही है जितना दाल में नमक होता है। जरा सा कम या ज्यादा होते ही यह खाने का जायका पूरी तरह खराब कर सकता है।' 'वारेन हेस्टिंग्स..' में यही हुआ है। कहानीकार ने इसमें इतिहास के तोड़-मरोड़ की अति कर दी है और इस साँड़ को जिस तरह भारत से विदेश ले जाकर और अन्त में सैकड़ों साल बाद भारत लाकर 'मजनू के टीले' पर स्थापित कर दिया है, वह इसके 'जादुई यथार्थ' को विक्षिप्त प्रलाप में परिवर्तित कर देता है। कहानी में इतिहास और फैंटेंसी में विचित्र घालमेल किया गया है। ब्राह्मण राजा नन्दकुमार तथा चोखी का साँड़ और गाय के प्रतीक के रूप में इस्तेमाल और इनकी चर्बी से बने कारसूतों का 1857 के दिनों में इस्तेमाल कहानी को तिलस्मी कहानी में बदल देता है। सबसे बुरा हाल तो तब होता है, जब कहानीकार अपनी ओर से इनकी मनमानी व्याख्याएँ करने लगता है। किसी कथा-रचना का दिवालियापन ही इससे जाहिर होता है। उसकी अन्तिम तथा कई अर्थों में सर्वोत्तम कहानी 'मोहनदास' तक में

यही प्रवृत्ति पाई जाती है।

पहले ही कहा जा चुका है कि कहानी के क्षेत्र में आयी जड़ता सर्वप्रथम उदय प्रकाश की कहानियों से ही टूटती है। आधुनिक हिन्दी कहानी के प्रथम समीक्षक डॉ. नामवर सिंह भी यही मानते हैं, "सबसे पहले उदय प्रकाश की कहानियों में उस बदलाव को देखा जा सकता है। उदय ने कहानी के पुराने ढाँचे को तोड़कर जिस नये प्रयोग की शुरुआत की उसी का विस्तार नयी सदी के पहले दशक में हुआ और 'मोहनदास' तथा 'मैंगोसिल' जैसी कहानियाँ मानक बनीं।"

किन्तु साहित्य में यह बदलाव कब और कैसे आया, इस पर अलग-अलग मत व्यक्त किये गये। नामवर सिंह के ही अनुसार 'पिछली सदी में यह परिवर्तन 1990 के आसपास आया। यह वह समय था जब सोवियत संघ का विघटन हो गया था और दुनिया के साथ-साथ भारत की सत्ता पर भी पूँजीपतियों का शिकंजा कसने लगा था। उसी के साथ दुनिया भर में धार्मिक कट्टरता बढ़ी। बाबरी मस्जिद का ध्वंस हुआ। कश्मीर में बड़ी संख्या में पंडितों का विस्थापन और देश भर में अल्पसंख्यकों पर हमले हुए।' इस परिवर्तन के कारणों को गिनाते हुए डॉ. मैनेजर पांडेय भी इसी से मिलती-जुलती बातें कहते हैं, पर उनका जोर भूमंडलीकरण पर अधिक है। 'भारतीय समाज का पिछले दशक का समय पूँजीवाद के भूमंडीकरण का समय है जिसके परिणाम स्वरूप एक ओर आदिवासियों का जीवन तबाह हुआ और दूसरी ओर तीन लाख किसान आत्महत्या करने पर मजबूर हुए। बड़ी सामाजिक समझ वाले बुद्धिजीवी भी यह मानने लगे हैं कि भारतीय समाज में विषमता बहुत बढ़ी है।'

कवयित्री और कथाकार अनामिका इन परिवर्तनों के कारणों में कुछ जुमले और जोड़ देती हैं। "भूमंडलीकरण का परखनली शिशु है युवा साहित्य लेकिन पितृद्रोह के अंकुर भी हैं इसमें। पर्यावरण की समस्याओं से बेखबर एक ध्रुवीय विसंगतियों से आहत, आतंकवाद की विभीषिकाओं से चिन्तित यह पूरी युवा पीढ़ी इंटरनेट तथा मीडिया कीलित पीढ़ी है। स्वभावतः इसकी तकनीकों पर भी इसका असर है और अनवरत भेजे जाने वाले एस.एम.एस. सन्देशों से भी यह ब्लाग की टिप्पणियों से भरे बाजार लुकाठी लेकर खड़ा रहना सीख रही है।" अनामिका सोवियत संघ के विघटन तथा बाबरी मस्जिद के ध्वंस से आगे बढ़कर इंटरनेट और मीडिया कीलित युवा पीढ़ी की बात कर रही हैं और इस रूप में 'भारतीय ज्ञानपीठ' द्वारा प्रकाशित पुरस्कृत रचनाकारों की भूमिका को महत्त्वपूर्ण मान रही हैं।

बीसवीं सदी के अन्तिम दशक तथा इक्कीसवीं सदी के पहले दशक में आये परिवर्तनों के कारणों तथा कारकों को रेखांकित करनेवाले उपरोक्त उद्धरणों

से एक बात तो निश्चित रूप से स्पष्ट हुई है कि 'युवापीढ़ी' तथा युवा कथा-पीढ़ी समाज निरपेक्ष तथा सामाजिक परिवर्तनों के प्रति विमुख पीढ़ी नहीं है। वह अनुक्षण उनका तापमान अंकित और अभिव्यक्त करती रही है तथा भूमंडलीकरण का एक विधेयात्मक प्रभाव उसने यह ग्रहण किया है कि इस परिवर्तन को वह केवल देश के परिप्रेक्ष्य में नहीं, बल्कि पूरे विश्व के व्यापक परिप्रेक्ष्य में देखती, परखती और व्यक्त करती रही है। सबसे बड़ी बात तो यह कि इस क्रम में वह केवल सोवियत संघ के विघटन तथा बाबरी मस्जिद के ध्वंस से ही बँधी नहीं है, बल्कि आज जो 'यंत्रमानव' निर्मित हो रहा है, उसका भी व्यापक सन्दर्भ में अध्ययन और विश्लेषण करती रही है।

यह 'यंत्र मानव क्या है'? निश्चित रूप से यह केवल एक व्यक्ति नहीं है। संचार माध्यमों के विभिन्न उपकरणों ने मनुष्य को मनुष्य नहीं रहने दिया है, वह क्रमशः उसका मशीनीकरण करता गया है। आज की कहानी का नायक कम्प्यूटर में बदल चुका है, वह कम्प्यूटर में रेकार्डेड भाषा में ही बात कर सकता है। उसके दिमाग में सूचनाएँ और जानकारियाँ 'इंटरनेट' से प्राप्त आँकड़ों से ही भरी हुई हैं। अपना 'ज्ञान' वह वहीं से प्राप्त करता है। उसका भावबोध भी उसी से निर्मित है। इस 'कम्प्यूटरीकृत' मनुष्य पर इधर कुछ अच्छी कहानियाँ लिखी गयी हैं।

युग परिवर्तन के साथ भाषा और भावबोध में भी परिवर्तन होता है किन्तु वह अपेक्षाकृत धीमी गति से होता है। ऐसा होना भी चाहिए क्योंकि जब ऐसा नहीं होता और इंटरनेट तथा अखबारों से प्राप्त सूचनाओं को तत्काल कहानी में परिवर्तित किया जाने लगता है तो वह 'कहानी' न होकर अखबारोंवाली 'स्टोरी' बन जाती है। कुछ वर्षों पूर्व जब कहानी पर 'भूमंडलीकरण' की बात की जाने लगी थी तो ऐसा मान लिया गया था कि 'भूमंडलीकरण कोई पानी की विशाल टंकी है, जिसका नल खोलते ही रचना प्रवाहित होने लगेगी।' दरअसल, भूमंडलीकरण का प्रभाव अब परिलक्षित होने लगा है और इस तरह प्रभाव कई स्तरों पर पड़ा है। वह केवल खानपान, रहन-सहन तथा वस्त्राभरण आदि तक सीमित नहीं है। जो लोग आज वैश्विक व्यंजनों में केवल चाइनीज़ नुडल्स और स्वीट सॉर आदि सूप तथा फ्राइडराइस खा रहे हैं, उन्हीं की युवापीढ़ी अब मैक्सिकन, थाई, लेबनानी आदि विभिन्न देशों के व्यंजनों को भी अतिरिक्त चाव से खाने लगी है। यह जान लेना जरूरी है कि ये व्यंजन केवल पेट तक न जाकर, मस्तिष्क तक पहुँच रहे हैं और उनकी सोच, जीवन शैली, जीवन दृष्टि तथा जीवन मूल्यों को भी प्रभावित कर रहे हैं, अतः यहाँ भी मनुष्य वही नहीं रह गया है। वह तत्काल प्रभाव तथा परिणाम चाहने लगा है। इसका प्रभाव साहित्य पर भी

पड़ा है। आज का कहानीकार केवल कहानी लिखकर और प्रकाशित करवाकर ही सन्तुष्ट नहीं हो जाता। वह कहानी और कहानी संग्रहों का तत्काल प्रचार-प्रसार तथा पुरस्कार आदि पाने की प्रत्याशा करने लगा है। अतः कहानी आज बाकायदे साहित्य की अन्य विधाओं की तरह 'प्रोडक्ट' हो गयी है। उसे 'विज्ञापन' और 'बाजार' चाहिए। इस परिवर्तन का एक पक्ष यह भी है, जिसे ध्यान में रखना जरूरी है।

...पिछली सदी के अन्त में कुछ और कहानीकारों ने कहानी की भाषा और भावबोध पर रचनात्मक स्तर पर महत्त्वपूर्ण परिवर्तन किये। ऐसे कहानीकारों में अखिलेश विशेष रूप से उल्लेखनीय हैं। उन्होंने बहुत अधिक कहानियाँ नहीं लिखी हैं, किन्तु उनकी कुछ कहानियों ने स्थाई प्रभाव डाला है। उनकी कहानी 'चिट्ठी', 'अन्वेषण', 'अँधेरा शापग्रस्त' तथा 'हाल' में प्रकाशित लम्बी कहानी 'श्रृंखला' ऐतिहासिक महत्त्व की कहानियाँ हैं।

अखिलेश के अतिरिक्त संजय खाती एक ऐसे कहानीकार हैं जिन्होंने एक-एक कर बड़ी सुगुठित ढंग से समय के परिवर्तन को अंकित करनेवाली उल्लेखनीय कहानियाँ लिखी हैं। उनकी कहानी 'पिंटी का साबुन' और 'पटकथा' आदि ऐसी ही कहानियाँ हैं। 'पटकथा' कहानी में पहाड़ी क्षेत्रों के व्यावसायीकरण और शोषण की सिनेमाई टेकनीक में एक ऐसी 'पटकथा' प्रस्तुत की गयी है जो अपने संक्षिप्त कलेवर में ही बहुत कुछ कह देती है। इधर के कहानीकारों में संजय खाती कहानी में सांकेतिकता, प्रतीकात्मकता तथा संक्षिप्तता की प्रविधि के विशेषज्ञ कहे जा सकते हैं। इधर जबकि अतिरिक्त रूप से लम्बी कहानियाँ लिखने का चलन बढ़ता जा रहा है जो प्रायः रुमाली रोटी की तरह बेली जाकर अपनी प्रभाववत्ता खोने लगी हैं। संजय खाती की कहानियाँ एक विपरीत तथा विरल उदाहरण प्रस्तुत करती हैं।

यहाँ ध्यान देने की बात है कि अखिलेश तथा संजय खाती की कहानियाँ उदय प्रकाश की कहानियों की तरह कहानी की संरचना में कोई विशेष तोड़फोड़ नहीं करतीं न चमत्कारिक, अतिनाटकीयतापूर्ण कहानियाँ होती हैं, बल्कि सामान्यतः वे कहानी के सहज-सरल ढाँचे को सुरक्षित रखते हुए मानवीय स्तर पर गहरा प्रभाव डालती हैं।

'आज की कहानी' निश्चित रूप से क्रमशः ग्लोबल होती जा रही है, किन्तु 'ग्लोबल' होने का मतलब अपने परिवेश से बिलकुल अलग हो जाना नहीं है, न अपनी पहचान को किसी दूसरे की पहचान में लुप्त कर देना है। उदाहरण के लिए लैटिन अमेरिकन कथाकारों बोर्खेस मार्खेस तथा लोसा आदि कथाकारों ने अपनी देशज पहचान सुरक्षित रखते हुए अपने को 'ग्लोबल' बनाया है। लगभग

यही स्थिति ब्लैक राइटर्स कहे जाने वाले कथाकारों की है। आज के हिन्दी कहानीकारों में कुछ को इसमें सफलता मिली है और कुछ को नहीं मिली है।

अखिलेश के अलावा सृंजय भी ऐसे कहानीकार हैं जिन्होंने अपनी जातीय पहचान सुरक्षित रखते हुए शुद्ध देसी स्तर पर अपनी कहानियों की रचना की है। वे 1996 से कहानियाँ लिख रहे हैं। 'टोपी' आदि उनकी कुछ उल्लेखनीय कहानियाँ हैं। 'कामरेड का कोट' भी उनकी एक अत्यन्त चर्चित कहानी है। सृंजय ने इधर कम ही लिखा है।

लेकिन जिस कहानीकार ने अपनी कहानियों का उत्तरोत्तर विकास किया है, वे संजीव हैं। वे 1976 से लिख रहे हैं। 'अपराध', 'प्रेतमुक्ति', 'विशाल', 'मानपत्र', 'आरोहण', 'खोज' आदि उनकी उल्लेखनीय कहानियाँ हैं। कह सकते हैं कि उन्होंने हिन्दी कहानी में शोधपरक कहानी (रिचर्स स्टोरी) लिखने की अच्छी शुरुआत की। 'इंकाउंटर' उनकी महत्त्वपूर्ण कहानी है जिसमें पुलिस की अमानुषिकता, बर्बरता तथा फेक इंकाउंटर आदि का अत्यन्त मार्मिक चित्रण किया गया है। फेक इंकाउंटर आज पुलिस के नृशंस कृत्यों का पर्याय बन गया है। इसमें 'अपराधी' कम ही मारे जाते हैं और निरपराध लोग ही अधिक मारे जाते हैं। प्राय: ऐसी ही जमीन पर लिखने वाले कहानीकारों में रघुनंदन द्विवेदी प्रमुख हैं। 'स्मृति में पिता', 'कैरियर', 'चरित्र' आदि उनकी उल्लेखनीय कहानियाँ हैं। पारिवारिक जीवन तथा सम्बन्धों का चित्रण करने में उन्हें विशेष सफलता प्राप्त हुई है।

इसी दौर के कहानीकार चन्द्रकिशोर जायसवाल ने भी अनेक उल्लेखनीय कहानियाँ लिखी हैं जो राजनैतिक परिवेश, नौकरी, तरक्की, जातिगत भेदभाव आदि उनकी कहानियों के मुख्य विषय हैं। हृषीकेश बीसवी शताब्दी के अन्त तथा इक्कीसवी सदी की शुरुआत के दिनों के कहानीकार हैं। वे गाँवों के बदलने और इस क्रम में बरबाद होकर उजड़ने की दारुण दास्तान अपनी कई कहानियों में प्रस्तुत करते हैं।

इसी दौर में जयनन्दन ने भी कुछ उल्लेखनीय कहानियाँ लिखी थीं। 'विश्व बाजार का ऊँट' उनकी चर्चित कहानी है लेकिन 'घर फूँक तमाशा' उनकी सर्वाधिक महत्त्वपूर्ण कहानी है। वे ऐसे कहानीकार हैं जो विकास की अवधारणा पर ही प्रश्न उठाते हैं। औद्योगिक तथा तकनीकी विकास भले ही मनुष्य को कुछ अधिक (हालाँकि प्राय: अनावश्यक) सुविधाएँ मुहैया करा रहा हो और समाज के एक तबके को सम्पन्न बना रहा हो, किन्तु क्या वह मनुष्य को सुखी भी बना रहा है? जयनन्दन मूलभूत प्रश्नों पर विचार करने वाले 'विचारवान' कहानीकार हैं।

असगर वजाहत इसी दौर के अत्यन्त महत्त्वपूर्ण कहानीकार हैं और उनकी

कहानियों का दायरा बहुत विस्तृत है। उन्होंने भ्रष्टाचार और पाखंड की पोल खोलनेवाली कहानियाँ तो लिखी ही हैं। 'हौज पापा' जैसी व्यक्ति मानस में प्रवेश करनेवाली मनोवैज्ञानिक कहानियाँ भी लिखी हैं। उनकी कहानियों में प्रखर व्यंग्य की धार होती है। इसी दौर के कहानीकार शिवमूर्ति ने भी कुछ महत्त्वपूर्ण कहानियाँ लिखी हैं खासतौर पर उनकी कहानी 'भारतनाट्यम' एक उल्लेखनीय कहानी है।

इसी दौर के कहानीकार अरुण प्रकाश तथा स्वयं प्रकाश शायद सबसे महत्त्वपूर्ण कहानीकार हैं, इनकी कहानियों पर चर्चा कुछ आगे की जाएगी।

इधर की कहानियों में राजनैतिक स्तर प्रखर हुआ है किन्तु सतह के नीचे यथार्थ का अतिक्रमण कर गहरे बुनियादी सरोकारों, मानव नियति के सम्बन्ध में रचनात्मक अन्तर्दृष्टि 'ए लड़की' के बाद कम ही दिखाई पड़ती है। तस्वीर के इस रुख की अभिव्यक्ति अभी मुबहम ही है।

संचार माध्यमों के विकास का विनाशकारी प्रभाव इक्कीसवीं सदी के पहले दशक की कहानियों में ही अधिक दिखाई पड़ा।

बीसवीं शताब्दी के अन्त में कुछ पत्रिकाओं के कहानी विशेषांकों की भूमिका नयी प्रतिभाओं को सामने आने में महत्त्वपूर्ण रही है। 'वर्तमान साहित्य' के दो खंडो वाले महाविशेषांकों के अतिरिक्त 'हंस', 'उद्‌भावना' तथा 'वसुधा' आदि पत्रिकाओं में प्रकाशित अनेक कहानियाँ इसका प्रमाण हैं। राजेन्द्र यादव के सम्पादन में हिन्दी अकादमी दिल्ली द्वारा प्रकाशित अन्तिम दशक की कहानियों का महत्त्वपूर्ण संकलन है। व्यावसायिक कहानी पत्रिकाओं के बन्द होने से हिन्दी कहानी का न तो विकास अवरुद्ध हुआ है और न उसके प्रकाशन में कोई बाधा आयी है, बल्कि वह हजार हाथों द्वारा और भी पुष्पित, पल्लवित तथा विकसित हुई है।

बीसवीं सदी के अवसान का एक तथ्य यह भी है कि तेजी से कुलाँचे भरता हुआ बढ़ता नव धनाढ्य वर्ग, बहुराष्ट्रीय व्यापार और बाजार, बहुत बड़े पैमाने पर अपराधों का 'लेजिटीमाइजेशन' तथा राजनीति से उनका गठबन्धन, सांस्कृतिक क्रिया कलापों द्वारा संस्कृति के माफिया गिरोहों द्वारा अपहृत मूल्य मूढ़ता का जगमगाता घिनौना तथा घटिया संसार, औद्योगिक घरानों के बाहरी तथा भीतरी चक्रव्यूह आदि को छोटे बड़े परदों पर फूहड़ मन के कीचड़ में लिथड़ाकर लगातार परोसा जा रहा है। वह अभी पूरी तरह हमारी कहानी और साहित्यिक चेतना तथा संवेदना का अन्तरंग नहीं बन पाया था।

किन्तु इक्कीसवीं सदी के पहले दशक में लिखी जानेवाली कहानियों को दूसरी दृष्टि से परखना होगा। इस सदी के जिन युवा कहानीकारों ने भाषा, अन्तर्वस्तु तथा भावबोध में जो व्यापक परिवर्तन किये हैं, वे मुख्यतः सन 60 और 70 के

बाद उत्पन्न हुई पीढ़ी है। और उसे न तो विभाजन की विभीषिका की स्मृति है, न नेहरू युग के सपनों और उनसे मोहभंग की, और न भारत-चीन युद्ध की और न आपातकाल की। इसलिए न तो उसकी पीठ पर उसका बोझ है, न उसका कोई स्पष्ट प्रभाव। किन्तु उसे चौरासी के दंगों, बाबरी मस्जिद के विध्वंस और बम्बई, दिल्ली तथा अन्य शहरों में होने वाले आतंकवादी हमलों की, चरम सीमा पर पहुँचे भ्रष्टाचार आदि की न केवल स्पष्ट स्मृति है, बल्कि वे उसके दुःस्वप्न बन चुके हैं। इसके अतिरिक्त इनमें से अनेक कहानीकार जो गाँवों तथा कस्बों से आये हैं, जो समान रूप से उन स्थानों तथा महानगरों में होनेवाले परिवर्तनों को लक्ष्य कर रहे हैं, इसलिए इन दोनों परिवर्तनों की दशा और दिशा दोनों को अपनी कहानियों में अभिव्यक्त कर रहे हैं। इसके अतिरिक्त सरकारी, गैरसरकारी दफ्तरों तथा अखबार तथा टेलीविजन आदि विभिन्न संचार-माध्यमों से जुड़ी युवा लेखकों की अपनी एक पृथक निजी दास्तान है जो यद्यपि साठोत्तरी पीढ़ी के उन कहानीकारों से बहुत भिन्न नहीं है जो इसी प्रकार के दफ्तरों से जुड़े हुए थे। किन्तु इन सभी कार्यालयों और कार्यों का स्वरूप बहुत बदल चुका है और वहाँ काम करनेवाले हाथ भी केवल कलम बने हाथ नहीं रह गये हैं, बल्कि वे 'ऑपरेशन माउस' वाले हाथ बन चके हैं। इसके अलावा इन सारे उद्योग घरानों के मलिकानों की भी एक अत्यन्त महत्त्वाकांक्षी युवापीढ़ी पीठासीन हो चुकी है और उनकी कार्य संचालन पद्धति सर्वथा भिन्न है। उनमें से अधिकांश अमेरिका तथा यूरोप पलट एम.बी.ए. वाले स्मार्ट लोग हैं और उन्होंने सारे उपकरणों को कम्प्यूटरीकृत ही नहीं कर दिया है, बल्कि स्वयं कम्युटराइज होकर लौटे हैं। उनके पास कोई 'मिशन वाला मानस' नहीं है, बल्कि इस भूमंडलीकृत बाजार में जो 'गलाकाट' (कटथ्रोट) स्पर्धा है, उसकी चूहादौड़ (रैटरेस) में लगातार आगे निकलते जाना है। इसलिए उनके आराध्य अब ज्ञान और विद्या के देवता गणेश नहीं, बल्कि उनका वाहन चूहा हो गया है और वह कम्प्यूटर वाला चूहा है। 'कलमवाले' हाथों का चूहा अब जितना तेज दौड़ेगा, विकास का ग्राफ भी उतनी ही तेजी से बढ़ेगा। आज के कई कहानीकारों की कहानियाँ परिवर्तन के इसी पक्ष पर केन्द्रित हैं।

इसके अतिरिक्त कहानियों में एक नयी आंचलिकता आ गयी है जो वहाँ होनेवाले परिवर्तनों को एक नयी नज़र से देख रही है। वहाँ होनेवाले इन परिवर्तनों में जहाँ परिवर्तन पूर्व घनघोर गरीबी भुखमरी, जाति वर्ग तथा सम्प्रदायों के आधार पर होनेवाले शोषण तथा अन्धविश्वास आदि का चित्रण हो रहा है, वहीं कुछ कहानीकार वहाँ होनेवाले विकास कार्यों की विडम्बनाओं को भी देख पा रहे हैं। यह नयी आँचलिक दृष्टि मुख्यतः जंगलों तथा पर्वतों में होने वाले परिवर्तनों को

अंकित कर रही है। इन अंचलों में जहाँ एक ओर दलित चेतना जाग रही है और एक नयी नारी का उन्मेष हो रहा है, वहीं विकास के नाम पर कटते जंगलों तथा कथित विकास कार्यों के माध्यम से होनेवाले व्यावसायीकरण ने न केवल उनकी भाषा, संस्कृति, परम्परागत जीवन-पद्धति को नष्ट करके उनके हाथों में भी चूहा और 'मोबाइल' थमा दिया है। बल्कि इस 'मोबजेशन' की गति यह है कि सड़क बनते और रेलवे लाइनें बिछते ही उन पर चलनेवाली रेलें, बस तथा ट्रक ग्रामीण युवतियों, दुर्भिक्ष की मारी कन्याओं को भगाकर शहर में उन्हें बेचने के व्यवसाय-माध्यम भी बन रहे हैं। अत: केवल जंगलों की लकड़ियाँ ही अवैध तरीकों से शहरों के बाजार नहीं भर रही हैं, बल्कि वहाँ की 'लड़कियाँ' भी शहर में ले जाकर 'बाज़ार' बनाई जा रही हैं। 'विकास' की इन विडम्बनाओं के अनेक स्तर हैं जिन्हें ये कहानीकार अपने-अपने ढंग से अंकित कर रहे हैं।

हाल में ही वयोवृद्ध आधुनिक हिमाचली कवि श्रीनिवास श्रीकान्त ने पर्वती कहानीकारों द्वारा पर्वती जीवन पर लिखी गयी ऐसी कहानियों का एक विशाल संकलन सम्पादित किया है। यह संकलन न केवल ऐतिहासिक महत्त्व का है बल्कि इन क्षेत्रों के समाजशास्त्रीय अध्ययन का आधार भी प्रस्तुत करता है तथा इस बात की पहल करता है कि विभिन्न क्षेत्रों से ऐसे और भी सम्पादित संकलन आने चाहिए जो 'अतीत' और 'वर्तमान' की कथात्मक रचनात्मकता को समग्र रूप से सामने ला सकें।

कहने का तात्पर्य यह कि आज की कहानी जितनी 'शहराती' और 'नागरी' है, उतनी ही विभिन्न क्षेत्रों की सुदूर आँचलिक जीवन में भी पैठी और पसरी हुई है। आगे हम आज के कहानीकारों की कुछ विशेष कहानियों का विश्लेषण करते हुए उनकी इस जटिल रचनात्मकता को समझने की कोशिश करेंगे।

समीक्षक 'नयी कहानी' के दौर से ही मैदानी आँचलिकता की बात तो करते रहे हैं और इस क्रम में आँचलिकता के शिरोमणि कथाकार फणीश्वरनाथ रेणु ही नहीं, मार्कण्डेय, शिवप्रसाद सिंह, अमरकान्त आदि दर्जनों आँचलिक कहानीकारों की चर्चा की जाती रही है और पर्वती आँचलिकता के नाम पर अधिक से अधिक शेखर जोशी की कहानी 'कोसी का घटवार' कहानी की चर्चा होती रही है। किन्तु सच तो यह है कि 'पर्वती आँचलिकता' के सूत्रधार तथा सर्वश्रेष्ठ कथाकार विद्यासागर नौटियाल की रचनाओं को प्राय: चार दशकों तक उपेक्षित किये जाने के बाद अब यदाकदा उनकी चर्चा की जाने लगी है जबकि पर्वती आँचलिकता पर आधारित और 1956 में प्रकाशित उनकी 'भैंस का कट्या' कहानी आँचलिकता की पहली कहानी थी। उसके बाद उनकी दर्जनों ऐसी कहानियाँ प्रकाशित होती रही हैं और इस रूप में उनकी सर्वश्रेष्ठ कहानी 'फट जा पंचधार'

है जिसमें पीढ़ी दर पीढ़ी एक छोटे से कर्ज को चुकाने में चुक जाती है और अन्त में बेटी को ठाकुर की रखैल के रूप में बन्धक रखने के बाद भी कर्ज़ पूरा नहीं होता। यह प्रेमचन्द की परम्परा में 'ठाकुर का कुआँ', 'सवा सेर गेहूँ', उनके कालजयी उपन्यास 'गोदान' की कर्ज परम्परा को आगे बढ़ाने वाली कहानी है। इसी प्रकार मोहन थपलियाल की कहानी 'दो जून की रोटी', एस. आर. हरनोट की कहानी 'बिल्लियाँ बतियाती हैं' तथा 'जीन काठी' आदि कहानियों की शृंखला इस क्रम को बहुत आगे तक ले जाती हैं। हरनोट के दो कहानी-संग्रह, 'जीन काठी और अन्य कहानियाँ' तथा 'मिट्टी के लोग' के कन्द्र में मुख्यत: पहाड़ी गाँव तथा उनकी दुर्निवार गरीबी ही है। यह गरीबी तब दुगनी-तिगुनी हो जाती है जब ऊँची जाति के लोग 'रोटी और बेटी' दोनों को अख्तियार करने के लिए आमादा हो जाते हैं। पर्वती अंचल की इस विपदागाथा को शैलेश मटियानी, बटरोही, तुलसी रमण, सुंदर लोहिया नवीन कुमार नैथानी आदि कहानीकारों ने विविध आयामों तथा दशाओं से देखते हुए प्रस्तुत किया है। इनमें एस.आर. हरनोट, नवीन नैथानी तथा संजय खाती आदि केवल बिल्कुल आज के कहानीकार ही नहीं है बल्कि इनकी कथा प्रविधि में लोक, परम्परा और आधुनिकता का अद्‌भुत समन्वय है। भारत का प्राय: एक चौथाई हिस्सा पर्वती अंचलोंवाला है और यही देश का सबसे उपेक्षित हिस्सा भी है। अत: जब इस हिस्से से आये कहानीकारों ने स्वयं पर्वतों के यथार्थ की कहानी कहने का निर्णय ले लिया, तब से उसकी असली वास्तविकता सामने आने लगी वरना मैदानी कहानीकारों की दृष्टि से पहाड़ रोमांस, नयनाभिराम दृश्य और सैलानियों के लिए 'हनीमून' के स्वर्ग मात्र थे। इस स्वर्ग का वास्तविक जीवन कितना नारकीय है, यह आज के कहानीकार अधिक घनीभूत वास्तविकता के साथ उपस्थित कर रहे हैं।

इसके ठीक विपरीत आज की कहानी का नागरी परिवेश इससे कुछ अधिक पृथक परिस्थितियों में जीनेवाला नहीं है। वहाँ एक अलग 'नरक कुण्ड' कथा लिखी जा रही है, जिसका जिक्र हम ऊपर कर आये हैं। आगे हम इस परिवेश का प्रतिनिधित्व करने वाले कुछ बिलकुल आज और अभी के कहानीकारों की उल्लेखनीय कहानियों का जिक्र करेंगे। पहले ही कहा जा चुका है कि आज का नागर जीवन 'ऑपरेशन माउस' के द्वारा संचालित हो रहा है। 'ऑपरेशन माउस' दरअसल बीसवीं शताब्दी के उत्तरार्द्ध में उत्पन्न हुए कथाकार संजय कुन्दन की एक कहानी का शीर्षक है। देखने की जरूरत है कि आखिर यह कहानी है क्या? इसी कुंजी से इस परिवेश में लिखी जानेवाली अनेक कहानियाों के ताले भी खुलते नजर आएँगे। 'ऑपरेशन माउस' जैसा नाम से स्पष्ट है घर में एक चूहे के होने की आशंकाओं से पीड़ित एक सॉफ्टवेयर इंजीनियर होने की महत्त्वाकांक्षा वाले

युवक की कहानी है जो कम्प्यूटर वाले चूहे (माउस) से तो बेहद प्यार करता है और समझता है कि यही चूहा उसे आज की 'चूहा दौड़' (रेटरेस) में सबसे आगे ले जाएगा, लेकिन जब उसे पता चलता है घर में चुपचाप आनेवाला एक अलक्षित चूहा कभी उसकी डबल रोटी कुतर जाता है और कभी अखबार और घर में यहाँ वहाँ अपने उत्पात के निशान छोड़ जाता है कि वह ठीक से सो भी नहीं पाता। उसे सबसे बड़ा खतरा तो यह है कि यह 'चूहा' कहीं उसके कम्प्यूटर से जुड़े तार-वार न कुतर डाले। तब तो महाअनर्थ हो जाएगा। इस कम्प्यूटर के तार तो न जाने कहाँ-कहाँ से जुड़े हैं।

अन्त में वह चूहे मारने वाली टिकिया का पूरा पैकेट खरीद लाता है और घर में सब जगह बिखेर देता है और अगली सुबह पाता है कि बॉलकनी में एक चूहा अपनी अन्तिम साँसें गिन रहा है। इससे वह इतना आतंकित हो जाता है कि उसे लगता है कि वह चूहा क्रमशः विशालकाय होता हुआ उसके पीछे दौड़ा आ रहा है। वह घबराकर घर का दरवाजा खोलता है और सड़क पर भागने लगता है।

पूरी कहानी बेहद मानीखेज है और अनेक अर्थ ध्वनियों से भरी हुई है। चूहा (चाहे सजीव या यंत्र रूप में) आज मानो संसार का चालक तथा संहारक दोनों हो गया है। लोग उसको गणेश का वाहन न मानकर स्वयं गणेश तथा लक्ष्मी दोनों मानने लगे हैं। वे उसी की पूजा करने लगे हैं पर उससे उतने आतंकित भी हैं कि वह सपनों में भी उनका पीछा नहीं छोड़ता और दुःस्वप्न के रूप में उन्हें सोने नहीं देता। एक सजीव चूहा तथा एक यंत्र चूहा को सामानान्तर रखकर लिखी गयी यह कहानी आज की युवा महत्त्वाकांक्षाओं तथा यंत्रीकृत विश्व में अपने सपनों के साकार होने की कल्पना से इतना ग्रस्त है कि उसे चारों ओर चूहे ही चूहे नजर आते हैं।....दरअसल आज भी उस प्राचीन बाल कथावाले 'बाँसुरी वादक' गड़रिये की प्रतीक्षा है जो गाँव (विश्व ग्राम) के सारे चूहों को अपने संगीत से अभिमन्त्रित करके उन्हें गाँव (विश्वग्राम) से बाहर कर दे।...यह भी कहानी का एक संकेतगर्भित 'सपना' हो सकता है, पर जो आज के विश्वग्राम में सम्भव नहीं है, क्योंकि आज के विश्व में कोई ऐसा 'बाँसुरीवादक' गड़ेरिया सुलभ नहीं है।

संजय कुन्दन की यह कहानी आज के 'विश्व' को प्रतिबिम्बित करनेवाली एक प्रतिनिधि कहानी कही जा सकती है।...संजय कुन्दन की कुछ कहानियाँ अति रंजनाओं से भरी हुई हैं, जैसे 'बॉस की पार्टी'। किन्तु अतिरंजनाओं में व्यापक व्यंजनाएँ हैं। वे परम्परागत कहानी के ढाँचे को ध्वस्त नहीं करते, किन्तु उसे तोड़ते-मरोड़ते जरूर हैं। वे कहानी की 'कथा-भाषा' में भी कोई प्रयोग नहीं करते और

न कोई अपनी निजी कथा-भाषा तलाशने या निर्मित करने की कोशिश ही करते हैं, शायद इसलिए भी कि उनका कथ्य ही अधिक प्रभावपूर्ण होता है, और वे कथ्य में ही कल्पना मारते हैं इस हद तक कि कभी-कभी कथ्य फंतासी की सीमा छूने लगता है।

'कथा-भाषा' में तथा एक सीमा तक 'कथ्य' में अभिनव प्रयोग करनेवाले सबसे समर्थ युवा कहानीकार चन्दन पांडेय हैं जो सम्भवतः आज के युवतम (जन्मः 1982) कहानीकार भी हैं।

चन्दन पांडेय ने अपने ढंग की एक दिलचस्प 'कथा-भाषा' विकसित की है। मसलन 'हमारे पास हद से अधिक स्वर्ग हो गया है।' 'नेहा के छिलके (त्वचा) से मुझे खीरमोहन की गन्ध आ रही थी। या 'सड़क के उस पार' के समय दरअसल पीछे चला गया है।'' उन्होंने प्रेम की रूमानी अवधारणा में भी पर्याप्त परिवर्तन किया है। वे किशोर प्रेम में लिखे गये 'ख़ते खून वाली अवधारणा में परिवर्तन करते हुए प्रेम में, 'कुत्ते के खून' से ख़त लिखने वाले कहानीकार हैं।

लेकिन वे केवल शैलीवादी कहानीकार नहीं हैं। अपनी एक महत्त्वपूर्ण कहानी 'सुनो' में बयान करते हैं कि भ्रष्टाचार से मुक्ति कहाँ है, जहाँ यू.पी. एस. सी का चेयरमैन भी खुले आम रिश्वत लेता है। वे प्रायः लम्बी कहानियाँ लिखते हैं और उनकी कहानियाँ भागती हुई गति से चलती हैं। वे घटनाओं तथा कथा स्थितियों के कच्चे माल से ठसाठस हैं। उनकी कहानियाँ प्रायः अधबने उपन्यास होती हैं, इसलिए वे अधूरी लगती हैं। लेकिन अन्ततः वे भावुकतापूर्ण परिणतियों से बच नहीं पाते।

आज के अधिकांश कहानीकारों की विडम्बना यही है। वे शुरुआत भावुकता विरोधी अभियान से करते हैं, किन्तु अन्त भावुकता के गर्त में गिरकर।

प्रभात रंजन (1970)

प्रभात रंजन इक्कीसवीं सदी के एक अन्य उल्लेखनीय कहानीकार हैं। इनकी कहानियाँ कस्बों तथा महानगरों के परिवेश को जोड़ती हैं। इस रूप में वे कहानी में केवल 'जानकी पुल' नहीं बनाते बल्कि 'कस्बों तथा महानगरों के बीच सेतु का निर्माण करते हैं। 'जानकी पुल' इनका अब तक एकमात्र कहानी संग्रह है जिसकी कहानियों में एक वयस्क व्यंग्य बोध है। इनकी कहानियों के केन्द्र में वह युवा समुदाय है जो रोजगार या अन्य शिक्षा प्राप्त करने के लिए शहरों में, ज्यादातर महानगरों में आता है। इन कहानियों की विशेषता है कि ये केवल महानगरों की विडम्बनाओं को नहीं बतलातीं और वहाँ की 'खोई हुई दिशाओं'

में खो जाती हैं, बल्कि बार-बार कस्बे की ओर लौटकर अपनी जड़ों को वहाँ फैलाती हुई मिलती हैं। इन कहानियों से पता चलता है कि आज महानगरों की विडम्बनाओं तथा विद्रूपताओं से कहीं अधिक बड़ा खेल छोटे शहरों में खेला जा रहा है। मुख्यत: राजनैतिक क्षेत्रों में इन कहानियों का 'लोकेल' प्राय: एक जैसा है कि किन्तु उनमें एकरसता नहीं है।

इनकी प्रारम्भिक कहानियों में कनुप्रिया जैसी रोमानियत और किशोरवय वाली कच्ची भावुकता भी दिखाई देती है। किन्तु कहानीकार जल्दी ही उससे उबर जाता है और स्वयं उस किशोर में से बाहर निकलकर अपना ही मखौल उड़ाता नजर आता है। उसका 'मोहभंग' बाहर के यथार्थ या परिवेश से नहीं होता बल्कि अपने ही भीतर के रोमानियत वाले सपनीले दिनों से होता है।

प्रभात रंजन में एक गहरी राजनैतिक चेतना भी है और वे जानते हैं कि आज युवा समुदाय को भरमानेवाली तथा बरगलाकर गुमराह करनेवाली शक्ति राजनीति में है और वह नशे में डुबोकर बरबाद करनेवाली ड्रग्स से कहीं अधिक मारक तथा संहारक ताकत राजनीति के नशे में है। युवा शक्ति तथा युवा संगठन के नाम पर यह मुख्यत: राजनैतिक हिप्पियों का गिरोह है जो अल्पवय में युवा वर्ग को 'क्षयग्रस्त' कर रहा है। प्रभात रंजन की कहानियाँ बड़े महीन ढंग से इस ओर संकेत करती हैं। इनकी 'जानकी पुल' तथा 'फ्लैश बैक' जैसी कहानियाँ इन्हीं स्थितियों को चिह्नित करती हैं। कहानी 'बदनाम बस्ती' में मुजफ्फरपुर तथा 'मिस लिली' जैसी कहानियों में अपने जन्म तथा शिक्षा-दीक्षा से जुड़े शहरों को उसी तरह 'एक्सप्लोर' करने की कोशिश की गयी है। जैसे 'जेम्सज्वॉयस ने 'डब्लिनर्स' में 'डबलिन' शहर की। प्रभात रंजन में कथा जीवन की पर्याप्त सम्भावनाएँ हैं यदि उनका समुचित विकास हो सका तो।

युवा कहानीकार रवि बुले में भी कथा-लेखन की क्षमता तथा सम्भावना है पर उनका अब तक का कहानी लेखन बहुत 'जल्दबाजी' का लेखन है जो एक 'नर्वस राइटिंग' है। कई जगह तो फ्लैट हो जाता है और कहीं अकारण फैंटेसी का रूप धारण कर लेता है। लेकिन चंदन पाण्डेय की तरह ही अपनी कथा-भाषा निर्मित करने की कोशिश है और वे भाषा के बड़े चुलबुले प्रयोग करते हैं जैसे वे बम्बई के बारे में लिखते हैं, 'बसन्त सेना अब ऐसे शहर में थी जो झूठ की पीठ पर बसा हुआ था।' 'जीवन में पहली बार मैं अपने नाम के प्रति चैतन्य हुआ 'नाथू राम गाँधी' हर नाथू राम उर्फ संघी के पीछे से खून निकलता रहता है।''

रवि बुले की कहानियों का मुख्यत: लोकेल एक ही है बम्बई। जैसे प्रभात रंजन की कहानियों का लोकेल सीतामढ़ी और मुजफ्फरपुर। रवि बुले 'स्थान'

(स्पेस) में अपने को 'स्थित' करके अपने समय (टाइम) को खुर्दबीनी निग़ाहों से देखने वाले कहानीकार हैं।

1980 में जन्मे कुणाल सिंह युवतम पीढ़ी के सबसे प्रतिभाशाली कहानीकार हैं। 'सनातन बाबू का दाम्पत्य' तथा 'रोमियो जूलियट और अँधेरा' अब तक उनके प्रकाशित कहानी संग्रह हैं। बहुत गहरे अर्थों में वे मखौल के कहानीकार हैं। मुख्यत: कदम-कदम पर प्रेम के रोमांस का मिथक तोड़ते चलते हैं, इसीलिए वे अपनी कहानियों का शीर्षक भी 'रोमियो जूलियट और अँधेरा' और 'दिलवाले...' एक फिल्म के रूप में प्रेम का मखौल उड़ाती और उसे तार-तार करती भाषा। वे किस्सागो हैं किन्तु उनकी किस्सागोई भी अपनी तरह की है। अपने इकलौते उपन्यास 'आदिग्राम उपाख्यान' में वे उपन्यास के एक किस्सागो पात्र की भाषा के बारे में लिखते हैं, 'बूढ़े की यह कथा भाषा भी पहले की तरह सुबोध और अलंकृत थी—नितान्त अभिधामूलक तथा कहीं-कहीं विवरणात्मकता की हद तक सपाट। लेकिन जो चीज उसे खास बनाती थी, वह थी बिना किसी रूपक, प्रतीक या मिथक का सहारा लिये यह कथा अपनी प्रभान्विति में मर्मस्पर्शी और बहुआयामी थी।'' ठीक यही बात कुणाल सिंह की अपनी कथा-भाषा पर भी लागू होती है। 'रूपक' पिछले दशक की कहानियों और उपन्यासों का सबसे रूढ़ तथा चिढ़ाने वाला 'विशेषण' बन गया है। कहीं किसी विदेशी उत्तर आधुनिक 'आराध्य' ने लिख दिया कि उपन्यास अपने मूल रूप में एक राष्ट्रीय रूपक होता है, तब से किसी-न-किसी अराध्य की बैसाखियों के बिना न चलपाने वाले रूढ़ वामपन्थी समीक्षक 'गोदान' से लेकर 'नौकर की कमीज' तक के 'राष्ट्रीय रूपक' की 'कमीज' पहनाने पर तुले हुए हैं। कुछ पहले एक प्रत्येक महत्त्वपूर्ण उपन्यास 'महाकाव्य' हुआ करता था और अब 'गोदान' से लेकर 'नौकर की कमीज' तक 'राष्ट्रीय रूपक' होने लगे हैं। कुणाल सिंह की कहानयाँ और 'कथा भाषा' रूपक के इस मिथक को भी तोड़ती है। यही नहीं, उनकी 'कथा-भाषा' एक विशेष उद्देश्य से एक वाग्जाल भी रचती है। इस 'वाग्जाल' के द्वारा वे एक जादुई परिवेश भी रचते हैं। इस तरह न तो उनकी कथा-भाषा को और न कथा-शिल्प को यथार्थवादी कहने की जुर्रत की जा सकती है।

विचारों में कुणाल सिंह घनघोर वामपंथी हैं पर रूढ़ होती जाती वामपंथी व्यवस्था तथा सत्ता की क्रूरता तथा नृशंसता की धज्जियाँ उधेड़ने में भी वे कोई कोर कसर नहीं छोड़ते। इस मामले में उनकी विचारधारा 'ट्राटस्कीयन' प्रतीत होती है जो एक सतत क्रान्ति तथा 'प्रतिक्रान्ति' की आवश्यकता पर विश्वास करता था।

इस अर्थ में कुणाल सिंह की कहानियों में एक गहरी 'राजनैतिक चेतना' ही नहीं, गहरा 'राजनैतिक विवेक' है जो इधर के अन्य किसी युवा कथाकार

में दिखाई नहीं देता। तीस वर्ष से भी कम उम्र में लिखी गयी उनकी कहानियाँ यदि आगे चलकर किसी दुर्घटना या किसी रचनात्मक 'विकलांगता का शिकार न हो गयीं' तो वे केवल अपनी पीढ़ी ही नहीं आनेवाली पीढ़ी के भी अत्यन्त सक्षम रचनाकार सिद्ध हो सकते हैं। किन्तु यह भी उनकी आनेवाली रचनाओं को ही सिद्ध तथा प्रमाणित करना होगा।

नवोदित महिला कहानीकारों में नीलाक्षी सिंह में भी कथा रचने तथा 'कथा-भाषा' निर्मित करने की अद्भुत क्षमता है। यह उनकी 'परिंदगी जैसा कुछ...' जैसी कुछ कहानियों से परिलक्षित होता है। किन्तु उनकी प्रतिभा की पहचान अभी होनी है।

इन कहानीकारों के अतिरिक्त प्रियदर्शन, पंकज सुबीर, वन्दना राग, अल्पना मिश्र, मनीषा कुलश्रेष्ठ, हृषीकेश सुलभ, दिनेश कर्नाटक, शशिभूषण द्विवेदी, मुरारी शर्मा, पंखुरी सिन्हा, गौरीनाथ, अनन्त कुमार सिंह, मनोज पांडेय आदि इस दशक की हिन्दी कहानी में अपने ढंग से अपनी भूमिका निभा रहे हैं।

आकलन

आज की कहानी मेरी दृष्टि में केवल पिछले दो दशकों की कहानी है, यानी जहाँ से एक नये परिवर्तन की शुरुआत हुई थी। यह परिवर्तन क्या था और है इसकी चर्चा मैंने ऊपर की है। लेकिन एक निरन्तरता है, उसे सीमा बद्ध नहीं किया जा सकता, न किसी स्थल विशेष पर विरामचिह्न लगाकर कहा जा सकता है कि यहाँ परिवर्तन हो गया है। खासतौर पर इक्कीसवीं सदी में जब जीवन के अन्य क्षेत्रों में गति की त्वरा से साहित्य में भी परिवर्तन की गति तीव्र से तीव्रतर होती जा रही है। इसलिए आज की कहानी को हम उसकी गति त्वरा में ही उसकी सीमा और सामर्थ्य को समझने की कोशिश करेंगे। संक्रमण तो यह है कि 'आज की कहानी' पिछली कहानियों को अनजाने ही केंचुल की तरह उतीराती हुई, अधूरी और अधबनी है।

आज कहानी जहाँ है और उसका जो चौमुखी विकास हो रहा है, उससे एक बात तो स्पष्ट है कि वह परिवर्तन और विकास के प्रत्येक बिन्दु को अंकित करती हुई आगे बढ़ रही है। अत: हम पाते हैं कि उसमें उसके बाँधने और व्यक्त करने की 'उतावली' है, और जहाँ वह अधिक है, वह कहानी अधबनी है, वह सूचनाओं तथा तथ्यों का संग्रह मात्र है। वह इस बात का बोध होते ही उसे रचना बनाने की अफरातफरी में अतिनाटकीय, अतिरंजित तथा फंतासीकृत करने लगती है। आज के सूचना माध्यमों ने कहानीकार के मस्तिष्क को ठसाठस कर दिया है। अत: वह कहानी के विधागत चैनल पर उसे हमेशा ठीक-ठीक रूपान्तरित नहीं कर पा रहा है। कभी-कभी इसीलिए वह लम्बी कहानियों के रूप में अनावश्यक विस्फार (विस्तार नहीं) का शिकार हो रही है। आज की अनेक कहानियाँ सबकुछ हो जाना चाहती हैं। वे 'समूचा विश्व' होना चाहती हैं। उनके तले नृतत्वशास्त्र, समाजशास्त्र, इतिहास, पत्रकारिता आदि सबकुछ आने लगा है।

इसी का दूसरा पक्ष है चमत्कारिकता के प्रति आकर्षण। कहानी में 'विडम्बना' की जगह चमत्कार लेता जा रहा है। विडम्बना किसी न किसी मानवीय त्रासदी से जुड़ी रहती है, जबकि चमत्कार अलौकिकता से।

चमत्कार की तलाश में कहानी 'विकलांग' पात्रों को लाने लगी है और उन्हें 'ह्यूमन एनीमल' बनाने लगी है। कुछ ही पहले भोपाल गैस त्रासदी पर आधारित अँग्रेज़ी का एक चर्चित उपन्यास इसी शीर्षक से प्रकाशित हुआ था। यद्यपि ध्यान आकृष्ट करने का यह कोई अनोखा तरीका नहीं है। कहानी में हमेशा अन्धे, (सूरदास), लंगड़े, बहरे और गूंगे पात्र अनेक रहे हैं। पर तब वे अनोखापन लाने के लिए नहीं लाये जाते थे बल्कि अपनी विकलांगता के वाबजूद अपने सामर्थ्य के लिए संघर्ष करते दिखलाये जाते थे। किन्तु यह विकलांग तलाश कहानी को हमेशा चमत्कार की ओर नहीं ले गयी। जैसे नवीन नैथानी के एक पात्र का पैर बचपन से ही मुड़ा हुआ है, कान सामान्य से ज्यादा बड़ा है। वह एक ही कान से सुन सकता है। किन्तु कहानीकार ने उसे चमत्कार की ओर न ढकेलकर रचनात्मक प्रतीकात्मकता के रूप में प्रयुक्त किया है। किन्तु समर्थ कहानीकार अखिलेश अपनी कहानी 'ग्रहण' के विकलांग पात्र के साथ ऐसा नहीं कर सके हैं। उनके पात्र की विकलांगता ने उसे असामान्य और असाधारण बना दिया है और कहानी में उसके माध्यम से कई करिश्माई कार्य सम्पन्न कराये जाते हैं। आज की कहानी कहीं-कहीं अतिरिक्त विवरणात्मक हो गयी है। विवरणों का अपना सौन्दर्य होता है। और समर्थ कहानीकार इस वर्णन के सौन्दर्य से ही कहानी को अधिक अर्थवान बना सकता है जैसा महान कथाकार टॉल्सटॉय ने अपनी विख्यात कहानी 'डेथ ऑफ ईवान इल्यीच' में किया है।

आज सूचना देनेवाला संसार भी संकट में है क्योंकि यदि वह केवल 'सच' का वाहक बनता है तो या तो उसे खरीदने, धमकाने और उस पर दबाव डालने की कोशिश की जाती है या उसकी हत्या कर दी जाती है।

यद्यपि आज की कहानी पर ऐसा कोई आसान आसन्न संकट नहीं है। वह इसलिए भी कि कहानी-विधा अभी ऐसे किसी भयावह सच को कहानी नहीं बना पा रही है और जब सचमुच ऐसा होगा तो उसे रचना या कला होने का जोखिम तो उठाना ही पड़ेगा। "जो बचेगा वह कैसे रचेगा?"

समीक्षा

जिसे आधुनिक हिन्दी समीक्षा कहा जा सकता है, उसकी ठीक-ठीक शुरुआत आचार्य रामचन्द्र शुक्ल (1884-1941) से पहले नहीं होती। किन्तु संस्कृत में कम-से-कम छः प्रकार के साहित्य शास्त्र सम्प्रदाय थे। रस, अलंकार, वक्रोक्ति रीति, ध्वनि और औचित्य। सभी मूलतः सिद्धान्त शास्त्र थे किन्तु उनका मुख्य उद्देश्य यह बतलाना होता था कि कविता क्या है? इसलिए यह महज संयोग नहीं था कि आगे चलकर आचार्य रामचन्द्र शुक्ल ने अपने विख्यात समीक्षात्मक निबन्ध का शीर्षक ही रखा था 'कविता क्या है?' और यह भी संयोग नहीं है कि पश्चिमी आधुनिक समीक्षा की शुरुआत भी इसी मौलिक प्रश्न और उसके उत्तर से होती है कि 'कविता क्या है?' किसी ने कहा, कविता मूलतः भाषिक संरचना है जो विधान (स्ट्रक्चर) के बीच तनाव (टेंसन) के संश्लेषण से उत्पन्न होती है। किसी ने विडम्बना (आयरनी) पर बल दिया तो ब्लैमर जैसे समीक्षकों ने कविता में 'जेस्चर' को ही प्रमुख माना। नयी समीक्षा के एक आचार्य क्लिन्थबुक्स ने विसंगति (पैराडाक्स) को ही कविता का मूल गुण माना जबकि विलियम इम्पसन कविता ने अनेकार्थकता (एम्बीग्युटी) को कविता का प्रधान गुण मानते हुए कविता में सात प्रकार की (सेवेन टाइप्स ऑफ एम्बीग्युटी) अनेकानेकताओं का विवेचन करते हैं। नयी समीक्षा के मूलभूत सिद्धान्तों की चर्चा हम आगे करेंगे क्योंकि आधुनिक हिन्दी समीक्षा पर सर्वाधिक प्रभाव 'नयी समीक्षा' तथा 'मार्क्सवादी समीक्षा' का पड़ा है। बल्कि आगे चलकर हम देखेंगे कि यह प्रभाव क्रमशः सपाट तथा अभिधात्मक होता हुआ शुद्ध अनुकरण में बदल गया। अन्तर्दृष्टि सम्पन्न समीक्षाएँ भी छिट-पुट दिखायी देती हैं। अनुकरणमूलक, पूर्वग्रहग्रस्त तथा दूषित मनोवृत्ति से लिखी गयी समीक्षाओं का ही प्रभाव बढ़ता गया। ऐसे में किसी नये तथा मौलिक 'सिद्धान्तशास्त्र' की रचना तो होने से रही।

बहरहाल, यहाँ हम हिन्दी समीक्षा की पृष्ठभूमि की बात कर रहे हैं तो उस रूप में पाते हैं कि जहाँ संस्कृत-साहित्य शास्त्र मुख्यतः सिद्धान्तशास्त्र था या व्याहारिक समीक्षा के नाम पर 'गुण दोष, विवेचन' वाली समीक्षा थी, वहीं

रीतिकाल तक आते-आते उन्हीं सिद्ध सिद्धान्तों पर आधारित 'लक्षण ग्रन्थ लिखे जाने लगे। गुण-दोष विवेचनवाली परम्परा भारतेन्दु तथा महावीर प्रसाद द्विवेदी तक चलती रही और आचार्य रामचन्द्र शुक्ल तक किसी आधुनिक समीक्षा दृष्टि का विकास नहीं हो सका। इस सम्बन्ध में स्वयं रामचन्द्र शुक्ल ने अपने 'इतिहास' में लिखा था, कहने की आवश्यकता नहीं कि हमारे हिन्दी साहित्य में समालोचना पहले पहल केवल गुण दोष दर्शन के रूप में प्रकट हुई। लेखों में इसका सूत्रपात बाबू हरिश्चन्द्र के समय ही हुआ।...पुस्तकों की विस्तृत समालोचना उपाध्याय पं. बद्रीनारायण चौधरी ने अपनी आनंद-कादम्बिनी में शुरू की। लाला श्रीनिवास ने 'संयोगिता स्वयंवर' की बड़ी विशद और कड़ी आलोचना की जिसमें दोषों का बड़ी बारीकी से उद्घाटन किया गया था उक्त पत्रिका में निकाली थी। इस प्रकार की पहली पुस्तक पं. महावीर प्रसाद द्विवेदी की 'हिन्दी कालिदास की आलोचना' थी। इसके उपरान्त द्विवेदी जी ने कुछ संस्कृत कवियों की दूसरे ढंग की अर्थात विशेषता परिचायक-समीक्षाएँ भी लिखीं, यद्यपि द्विवेदी जी ने हिन्दी के बड़े-बड़े कवियों को लेकर गम्भीर समीक्षा का स्थायी स्वरूप नहीं प्रस्तुत किया, पर नयी निकली पुस्तकों की भाषा आदि की खरी आलोचना करके हिन्दी साहित्य का बड़ा भारी उपकार किया।

इस प्रकार आचार्य महावीर प्रसाद द्विवेदी ही हिन्दी के पहले समीक्षक माने जाएँगे। इस समय हिन्दी समीक्षा की जो दूसरी परम्परा चल रही थी, वह यह सिद्ध करने की थी कि हिन्दी साहित्य का अब तक सबसे बड़ा कवि कौन है? मिश्र बन्धुओं ने 'हिन्दी नवरत्न' नाम से समीक्षाग्रन्थ लिखा, जिसमें यह सिद्ध किया गया कि 'देव' हिन्दी के सबसे बड़े कवि हैं। इसके जवाब में पं. पद्मसिंह शर्मा ने बिहारी पर पुस्तक लिखी और यह सिद्ध करने की कोशिश की कि हिन्दी के सबसे बड़े कवि बिहारी हैं। इसके बाद पं. कृष्णबिहारी मिश्र ने 'देव और बिहारी' नाम की पुस्तक लिखी जिसके उत्तर में लाला भगवानदीन ने 'बिहारी और देव' नाम की पुस्तक लिखी। इस प्रकार केवल गुणदोष विवेचन से आगे बढ़कर 'तुलनात्मक समीक्षा' लिखी जाने लगी।

इस प्रकार स्वयं शुक्ल जी तुलनात्मक या निर्णायक समीक्षा को अच्छी समीक्षा नहीं मानते और उन्होंने पश्चिम में 'नयी समीक्षा' या 'न्यूक्रिटिसिज्म' के प्रवर्तक जे.ई. स्पिनगार्न की 1911 में प्रकाशित पुस्तक 'दी न्यूक्रिटिसिज्म' का हवाला देकर लिखा कि 'निर्णायात्मक समालोचना की चाल बहुत कुछ उठ गयी है...कवियों को श्रेणी में बाँधना और उन्हें नम्बर देना एक बेहूदी बात समझी जाती है।' स्वयं आचार्य शुक्ल की समीक्षा का विवेचन हम आगे करेंगे, किन्तु इससे एक बात तो स्पष्ट हो ही जाती है कि स्वयं आचार्य रामचन्द्र शुक्ल उस

समय पश्चिम में समीक्षा की सबसे नयी पद्धति 'नयी समीक्षा' से न केवल पूरी तरह परिचित थे, बल्कि आगे चलकर स्वयं उनकी समीक्षा पर नयी समीक्षा के वास्तविक प्रर्वतक माने जाने वाले तबके सबसे प्रभावशाली समीक्षक आई.ए. रिचर्ड्स की समीक्षा पद्धति का पर्याप्त प्रभाव पड़ा था, इसका भी विवेचन हम शुक्ल जी वाले प्रकरण में करेंगे। उससे यह भी साबित होता है कि बहुत बाद में सन् 60 के हिन्दी समीक्षकों ने नयी समीक्षा पद्धति के अवयवों को स्थूल ढंग से ग्रहण करके उसका जो ढोल बजाया, उसको शुक्ल जी ने बड़े विवेकपूर्ण ढंग से ग्रहण करके अपनी निजी समीक्षा पद्धति निर्मित की थी। यही नहीं, उन्होंने उसे प्राचीन समीक्षाशास्त्र–मुख्यतः रसशास्त्र के सन्दर्भ में रखकर और उसे उससे जोड़ते हुए अपना समीक्षाशास्त्र निर्मित किया था—यद्यपि यह समीक्षाशास्त्र उनके आकस्मिक निधन के कारण पूरा नहीं हो सका था।

लेकिन यहाँ यह भी कह देना आवश्यक है कि तुलनात्मक समीक्षा पद्धति को निकृष्ट समीक्षा पद्धति कह देने के बावजूद स्वयं आचार्य रामचन्द्र शुक्ल अपनी समीक्षा में उससे पूरी तरह मुक्त नहीं हो सके और देव–बिहारी आदि की छवि को धूमिल करते हुए उन्होंने सूर, तुलसी और जायसी पर जो निबन्ध लिखे—जो आगे चलकर इनकी किताब 'त्रिवेणी' में संकलित हुए, उसमें सूर और जायसी को कमतर कवि सिद्ध करते हुए तुलसीदास को ही सर्वश्रेष्ठ कवि के रूप में स्थापित किया।

वैसे तो वस्तुतः आधुनिक हिन्दी समीक्षा की शुरुआत आचार्य रामचन्द्र शुक्ल जी से ही होती है किन्तु आचार्य रामचन्द्र शुक्ल की समीक्षा को समझने के लिए महावीर प्रसाद द्विवेदी के युग तथा महावीर प्रसाद द्विवेदी की समीक्षा को समझना होगा। वैसे तो जैसा हमने देखा, शुक्ल जी ने तत्कालीन हिन्दी साहित्य को परिभाषित तथा परिनिष्ठित करने में आचार्य महावीर प्रसाद द्विवेदी की भूमिका को बहुत महत्त्व दिया है किन्तु वे उनकी कविता–दृष्टि तथा भाषा के गठन के सम्बन्ध में उनकी अवधारणाओं से बिल्कुल सहमत न थे। अपने इतिहास में वे लिखते हैं, 'खेद है कि सच्ची और स्वाभाविक स्वच्छन्दता का यह मार्ग हमारे काव्य में चल नहीं पाया...संस्कृत–काव्य के संस्कारों के साथ महावीर प्रसाद द्विवेदी आये जिसका प्रभाव गद्य साहित्य और काव्य निर्माण दोनों पर पड़ा।' साथ ही शुक्ल जी के अनुसार महावीर प्रसाद द्विवेदी ने सरस्वती के माध्यम से जिस सरल सीधी भाषा का आग्रह किया, उससे वृत्तात्मक (मैटर ऑफ फैक्ट) पद्यों का खड़ी बोली में ढेर लग गया। यही नहीं, हिन्दी कविता में आनेवाली रहस्यात्मक वृत्ति को वे इसी की तीखी प्रतिक्रिया मानते हैं।

स्पष्टतः शुक्ल जी पर आई.ए. रिचर्ड्स की समीक्षा का गहरा प्रभाव था।

उन्होंने अपने इतिहास के समालोचना वाले अंश में आई.ए. रिचर्ड्स को जगह-जगह उद्धृत भी किया है। हम पहले ही देख आये हैं कि जिस तरह आई.ए. रिचर्ड्स ने तुलनात्मक समीक्षा पद्धति को अप्रासंगिक और फालतू बता कर खारिज कर दिया है, उसी तरह शुक्ल जी ने भी उसे खारिज कर दिया है। शुक्ल जी ने लिखा है, 'प्रभावाभिव्यंजक समीक्षा कोई टिकने की वस्तु नहीं है। न ज्ञान के क्षेत्र में उसका कोई मूल्य है और न भाव के क्षेत्र में।' फिर शुक्ल जी ने अपनी बात को प्रमाण पुष्ट करने के लिए आई.ए. रिचर्ड्स का ही उद्धरण दिया है।

शुक्ल जी कविता में कलावाद और रहस्यवाद के विरोधी हैं। उन्होंने अपने प्रसिद्ध निबन्ध 'कविता में रहस्यवाद' में विस्तार से विचार किया है। वे 'सौन्दर्यवाद' तथा 'कला कला के लिए' के प्रवर्तक तथा व्याख्याता पश्चिमी विचारक-ह्विसलर तथा डॉ. बैडले के विरोधी हैं, वे कविता की तरह-तरह की व्याख्याएँ करने और 'नाना अर्थचक्रों' के भी विरोधी हैं। यहाँ भी उन्होंने अपनी बात के समर्थन में आई.ए. रिचर्ड्स का ही सहारा लिया है। अपने इतिहास में वे लिखते हैं, 'काव्य और कला के सम्बन्ध में अब तक प्रचलित इस प्रकार के नाना अर्थवादों का पूरा निराकरण रिचर्ड्स ने अपनी पुस्तक 'साहित्य समीक्षा सम्बन्धी सिद्धान्त' (प्रिंसीपलस ऑफ लिटरेटी क्रिटिसिज्म) में बड़ी सूक्ष्म और गम्भीर शैली में किया है...रिचर्ड्स का वक्तव्य है, 'यह सिद्धान्त कविता को जीवन से अलग समझने का आग्रह करता है। पर स्वयं डॉ. ब्रैडले मानते हैं कि जीवन से उसका लगाव भीतर-भीतर अवश्य है। हमारा कहना है कि यही भीतरी लगाव असली है जो काव्यानुभव (पोयटिक एक्सपीरियन्स) होता है। वह जीवन से ही होकर आता है। काव्य की शेष जगत से भिन्न कोई सत्ता नहीं है न उसके कोई अलौकिक और विशेष नियम हैं। प्रत्येक काव्य एक परिमित अनुभव खंड मात्र है जो विरोधी उपादानों के संसर्ग से छिन्न-भिन्न हो जाता है...उसकी भारी विशेषता यह है कि वह एक हृदय से दूसरे हृदय में पहुँचाया जा सकता है। इस अनुभव की सबसे बड़ी विशेषता उसकी सर्वग्राह्यता (कम्युनिकेबिलिटी) है...यह अनुभव सबके लिए होता है। किसी एक के लिए नहीं।'

अतः स्पष्ट है कि शुक्ल जी ने कविता के सम्बन्ध में अपनी कई मूल स्थापनाएँ रिचर्ड्स के सिद्धान्तों के आधार पर ही निर्मित की हैं। किन्तु जैसा कि पहले कहा गया शुक्ल जी किसी भी पश्चिमी समीक्षा सिद्धान्त को यथावत ग्रहण नहीं करते। वे भारतीय समीक्षा सिद्धान्तों के आलोक में ही उसे जाँचते परखते हैं, जैसे रिचर्ड्स ने कविता की सर्वग्राह्यता तथा एक हृदय से दूसरे हृदय तक पहुँचने की उसकी क्षमता को उसकी मुख्य विशेषता बताया है, तो शुक्ल जी तत्काल अपने यहाँ के रस सिद्धान्त के आलोक में उसे देखते हुए लिखते हैं कि

"इसी को हमारे यहाँ 'साधारणीकरण' कहा गया है। और यह कहकर भारतीय समीक्षा शास्त्र में उसकी समानान्तरता ढूँढते हुए लिखते हैं, 'यह तो हुई रिचर्ड्स की मीमांसा।' अब हमारे यहाँ के सम्पूर्ण काव्य क्षेत्र की अन्त: प्रवृत्ति की छानबीन कर जाइए। उसके भीतर जीवन के अनेक पक्षों और जगत के नानारूपों के साथ मनुष्यदृश्य का गूढ़ सम्बन्ध मिलेगा...काव्यानुभव की विशेषता होती है कि वह रमणीयता के रूप में होता है जिसमें व्यक्तित्व का विलय हो जाता है। यहाँ फिर यह ध्यान देने योग्य बात है कि रिचर्ड्स के साथ पश्चिम में नयी समीक्षा के दूसरे प्रवर्तक टी.एस. एलियट ने भी अपने विख्यात निबन्ध 'ट्रेडीशन एंड इनडीविजुअल टैलेंट' में अपने 'निरवैक्तिकरण' वाले सिद्धान्त में भी यही स्थापना की है। वे कवि व्यक्तित्व को मात्र माध्यम (मीडियम) मानते हैं। शुक्ल जी इसे भी अपने लक्षण ग्रन्थों के साक्ष्य में ही देखते हैं और कहते हैं कि रसानुभव में भी जिसे लोकोत्तर या 'ब्रह्मानन्द सहोदर' आनन्द कहा गया है, वह मूलत: 'व्यक्तित्व विलयन' की ही प्रक्रिया है।

शुक्ल जी अपना समीक्षा सिद्धान्त इसी प्रकार की आवाजाही के बीच रचते हैं। इस प्रकार वे न तो वे भारतीय काव्यशास्त्र के कठमुल्ले टीकाकार बन कर रह जाते हैं और न पश्चिमी समीक्षा सिद्धान्तों का अन्धानुकरण करनेवाले समीक्षक। लेकिन यह दुर्भाग्य से हिन्दी समीक्षा के विकास में शुक्ल जी तक ही सीमित रह गया। बाद के अधिकांश हिन्दी समीक्षक या तो संस्कृत काव्यशास्त्र की कसौटी पर ही आधुनिक साहित्य की जाँच-परख करने की कोशिश करते रहे या फिर उनमें पश्चिम में होने वाले प्रत्येक परिवर्तन और प्रवृत्ति का यथावत अनुवाद और अनुकरण करने की होड़-सी लग गयी। यह केवल नयी समीक्षा तक सीमित नहीं रहा, बल्कि इसी आलोचना परम्परा को अधिकांश मार्क्सवादी आलोचकों ने भी अपनाया और समकालीन समीक्षक पाठालोचना करते हुए 'उत्तर आधुनिक' पद्धतियों को अक्षरश: (वह भी कम समझ के कारण) भ्रष्ट अनुवादों के रूप में प्रस्तुत कर रहे हैं। इस दृष्टि से केवल मुक्तिबोध, विजयदेव नारायण साही तथा मलयज आदि कतिपय समीक्षकों ने अपनी स्वतन्त्र अन्तर्दृष्टि सम्पन्न समीक्षा पद्धति विकसित करने की कोशिश की। मूलत: मार्क्सवादी समीक्षक डॉ. नामवर सिंह ने एक महत्त्वाकांक्षापूर्ण प्रयास के रूप में मार्क्सवादी समीक्षा पद्धति तथा नयी समीक्षा पद्धति के बीच सेतु बनाते हुए एक समीक्षाशास्त्र निर्मित करने की कोशिश की, किन्तु इसमें उन्हें कोई विशेष सफलता नहीं प्राप्त हुई।

अत: केवल शुक्ल जी ने रसशास्त्र तथा नयी समीक्षा पद्धतियों का विधिवत अध्ययन कर उनके बीच समानान्तरता ढूँढी और अपनी स्वतन्त्र समीक्षा-पद्धति निर्मित की। ऐसा प्रतीत होता है कि शुक्ल जी ने रोमैंटिक काव्य समीक्षकों तथा

पश्चिमी मेटाफिजिकल कविता के समीक्षकों—पोप, ड्राइडन, हैजलिट तथा कॉलरिज आदि का भी विधिवत अध्ययन किया था और इसीलिए वे कविता में कल्पना विम्बविधान तथा 'चित्रविधान' वाली भाषा की महत्ता को भी समझने वाले पहले हिन्दी समीक्षक थे।

शुक्ल जी की अधिकांश महत्त्वपूर्ण काव्य स्थापनाएँ उनके विख्यात निबन्ध 'कविता क्या है?' में व्यक्त हुई हैं। अत: यहाँ उनके इस निबन्ध की मूल प्रवृत्तियों को समझना जरूरी है। इस निबन्ध में सबसे पहले उन्होंने कविता की अपनी परिभाषा दी है—"जिस प्रकार आत्मा की मुक्तावस्था ज्ञानदशा कहलाती है, उसी प्रकार हृदय की मुक्तावस्था रस दशा कहलाती है। हृदय की इसी मुक्ति की साधना के लिए मनुष्य की वाणी जो शब्द-विधान करती आयी है, उसे कविता कहते हैं।" इस प्रकार शुक्ल जी ने प्रारम्भ में ही, कविता क्या है? का उत्तर देते हुए स्पष्ट शब्दों में अपनी परिभाषा व्यक्त कर दी है।

लेकिन यह तो महज परिभाषा मात्र है, एक सूक्ति या सूत्र के रूप में। आगे उसी को विश्लेषित तथा व्याख्यायित करते हुए उन्होंने कविता सम्बन्धी अपनी सारी धारणाओं को स्थापनाओं का रूप दे दिया है। मसलन यह रस दशा क्या है? क्या यह वही परम्परागत संस्कृत शास्त्रों वाली अलौकिक तथा अमूर्त आनन्दावस्था है? ब्रह्मानन्द सहोदर वाली? बिलकुल नहीं। इसे स्वयं शुक्ल जी आगे स्पष्ट कर देते हैं। 'हृदय की यह मुक्तावस्था' यह है कि इस स्थिति में मनुष्य अपने संकुचित तथा स्वार्थ सम्बन्धों के संकुचित मंडल से ऊपर उठा कर अपने हृदय को 'लोक की सामान्य भूमि पर ले जाता है। यहाँ यह लोक की सामान्य भूमि महत्त्वपूर्ण है, क्योंकि इसी को आगे चलकर लोक मंगल से जोड़ते हैं जिसकी आनेवाले आलोचकों ने ऐसी अनेकार्थी व्याख्याएँ की हैं जिस 'अनेकार्थीपन' के शुक्ल जी घोर विरोधी थे। दरअसल, यही शुक्ल जी कविता के निर्वैयक्तिकरण सिद्धान्त को स्थापित करते हैं और कहते हैं कि उस भूमि पर पहुँचे हुए मनुष्य को अपनी सत्ता का पता नहीं चलता क्योंकि वह अपनी इस सत्ता (व्यक्तित्व) को लोकसत्ता में विलीन कर देता है। यहाँ शुक्ल जी टी.एस. एलियट की निर्वैक्तिकता वाले सिद्धान्त को पीछे छोड़ देते हैं, क्योंकि इसके आगे एलियट यह नहीं बतलाता कि कविता करती क्या है? जबकि शुक्ल जी स्पष्ट शब्दों में कविता के कार्य तथा दायित्व को विस्तार से अपनी व्यावहारिक समीक्षा में लागू करते हुए बतलाते हैं। उनके द्वारा तुलसी, जायसी और सूर के काव्यों की तुलना केवल तुलनात्मक समीक्षा नहीं है, बल्कि अपनी इसी कसौटी पर कसे जाने की प्रक्रिया है। यह महज उनके पूर्वग्रहों का आरोपण नहीं है। अत: कम से कम शुक्ल जी की समीक्षा दृष्टि में ज्ञान और क्रिया के बीच की दूरी या

अन्तर्विरोध नहीं हैं। शुक्ल जी मूलत: 'रसवादी' हैं। लेकिन क्या उनका 'रसवाद' पारम्परिक रसवाद से भिन्न है? वैसे प्राचीन काल में भी 'रस' की अनेक व्याख्याएँ हुई हैं और इन व्याख्याओं के भी अनेक सम्प्रदाय रहे हैं जिनमें अभिनव गुप्त की व्याख्या को लोगों ने सर्वश्रेष्ठ माना है। यहाँ देखने की जरूरत है कि शुक्ल जी का रसवाद क्या है? शुक्ल जी भाव, विभाव, संचारी भाव आदि के संयोग को तो रसनिष्पत्ति, जिसे वे रस परिपाक कहते हैं, मानते हैं, किन्तु आधुनिक परिप्रेक्ष्य में रखकर वे उनकी अलग से व्याख्या करते हैं और बतलाते हैं कि सभ्यता के विकास के साथ-साथ उनके मूल स्वरूप में परिवर्तन होता गया है और इसी क्रम में कविता का स्वरूप भी बदलता गया है, किन्तु अपने बदले हुए स्वरूप में भी कविता के कुछ मूल तत्वों को सुरक्षित रखना होगा, तभी रसपरिपाक सम्भव होगा। अत: वे यह भी बतलाना जरूरी समझते हैं कि वे मूल तत्त्व क्या हैं? पहले तो वे यह बतलाते हैं कि कविता के लिए मूल भावों से तादात्म्य आवश्यक है। वे कहते हैं कि ''जिन रूपों और व्यापारों से मनुष्य आदिम युग से ही परिचित है, जिन रूपों और व्यापारों को सामने पाकर वह नर जीवन (मनुष्य जीवन) के प्रारम्भ से ही 'लुब्ध' और क्षुब्ध होता रहा है, उनका हमारे भावों के साथ सीधा सम्बन्ध है। लेकिन वे यह भी जानते हैं कि सभ्यता के विकास के साथ इन भावों के मूलरूप आच्छन्न होते गये हैं और उसमें विकसित तथा परिवर्तित होती गयी बुद्धि का हस्तक्षेप बढ़ता गया है। कह सकते हैं कि इसके कारण कविता बौद्धिक व्यापार अधिक होती गयी है। किन्तु वे कहते हैं, कविता का यह 'प्रच्छन्न रूप' मर्मस्पर्शी नहीं हो सकता। इसी कारण इस प्रच्छन्नता का उद्‌घाटन कविकर्म का मुख्य कर्म है।'' आगे हम इस मर्मस्पर्शी रूप पर विचार करेंगे। अत: वे कविता को 'बयान' या 'स्टेटमेंट' नहीं मानते। ऐसा होने पर कविता 'छंदोबद्ध' होकर भी मर्मस्पर्शी काव्य नहीं बन सकती। इस सन्दर्भ में हम सहज ही समझ सकते हैं कि शुक्ल जी क्यों इतिवृत्तात्मक कविता को श्रेष्ठ कविता नहीं मानते। इसी कारण वे कहते हैं कि कविता में अर्थग्रहण से काम नहीं चलता। बिम्बग्रहण अपेक्षित होता है और यह बिम्बग्रहण गोचर या मूर्त विषय या वस्तुओं का ही हो सकता है। 'बिम्ब' की बात करने वाले शुक्ल जी हिन्दी के पहले समीक्षक हैं। बाद में हम देखते हैं कि हिन्दी समीक्षा और कविता दोनों में बिम्ब को कविता में कितना महत्त्व दिया जाने लगे है। यहीं शुक्ल जी अपनी रस आधारित समीक्षा को आधुनिक पश्चिमी समीक्षा दृष्टि से भी जोड़ते हैं। पश्चिमी समीक्षा और काव्य में बिम्ब की बात बहुत पुरानी नहीं है। वहाँ भी सबसे पहले टी.ई. ह्यूम ने ही कविता में बिम्बवादी आन्दोलन की शुरुआत की थी जो आगे चलकर कविता का प्रमुख गुण माना जाने लगा। शुक्ल जी भी 'विम्ब' को कविता का प्रमुख

गुण मानते हैं। यहाँ यह भी ध्यान देने योग्य है कि वे कविता में गोचर या मूर्त वस्तुओं को ही महत्त्व देते हैं। वे कविता में अमूर्तता (ऐब्सट्रेक्सन) के विरोधी हैं। वे कविता में वर्णनात्मकता (बयानबाजी) के विरोधी तो हैं ही, अर्मूतता के भी विरोधी हैं। इन दोनों रूपों से बचकर कविता अपनी बिम्बधर्मिता में ही सार्थक, महत्त्वपूर्ण और सम्प्रेषणीय बनती है, जो उसका मुख्य कार्य है।

शुक्ल जी कविता में प्रकृति की बहुत महत्त्वपूर्ण भूमिका मानते हैं। क्योंकि उसके विभिन्न उपकरण मनुष्य के आदिम सहचर हैं और वे आज भी मनुष्य के सामूहिक अचेतन (कलेक्टिव अनकांसस) में सुरक्षित हैं। यहीं शुक्ल जी प्राचीन रसवादियों की भी आलोचना करते हैं क्योंकि वे प्रकृति को 'उद्दीपन मात्र मानते हैं।' इसी कारण अधिकांश प्राचीन काव्यों में प्रकृति 'आलम्बन' नहीं बनती। शुक्ल जी के अनुसार वह केवल कुछ संस्कृत काव्यों में ही साकार हो पाती है जो कविता के लिए आवश्यक है और यह तभी सम्भव होता है, जब कवि अपने वर्णन या विवरण को संश्लिष्ट रूप में प्रस्तुत करता है। यहाँ 'संश्लिष्ट' शब्द बहुत महत्त्वपूर्ण है। यह कविता में कब आता है? शुक्ल जी इस 'संश्लिष्टता' को प्राचीन कवियों भवभूति तथा कालिदास के 'मेघदूत' आदि में तो दिखाते ही हैं, पश्चिम के महान प्रकृत प्रेमी कवि वर्ड्सवर्थ को इसका सर्वोत्तम कवि मानते हैं। पर शेली को वे प्रकृति की असाधारणता तथा भव्यता का चित्रण करनेवाला कवि मानते हैं और वे असाधारणत्व को कविता का बहुत महत्त्वपूर्ण गुण नहीं मानते।

अब शुक्ल जी द्वारा बार-बार प्रयुक्त 'आलम्बन' शब्द को भी समझ लेना चाहिए जिसे शुक्ल जी कविता मुख्यत: काव्य का आत्यांतिक उपकरण मानते हैं। निश्चित रूप से यह आलम्बन रस शास्त्रियों द्वारा प्रयुक्त ठीक-ठीक वही आलम्बन नहीं है, यद्यपि शुक्ल जी प्रारम्भ में उसकी व्याख्या उसी रूप में करते हैं। वे लिखते हैं, 'जो तथ्य हमारे किसी भाव को उत्पन्न करें, उसे उस भाव का आलम्बन कहना चाहिए।' ऐसे रसात्मक तथ्य आरम्भ में ज्ञानेन्द्रियाँ उपस्थित करती हैं। फिर ज्ञानेन्द्रियों द्वारा प्राप्त सामग्री से भावना या कल्पना उसकी योजना करती है। अत: कहा जा सकता है कि ज्ञान ही भावों के संचार के लिए मार्ग खोलता है। ज्ञान प्रसार के भीतर ही भावप्रसार होता है। हम देखते हैं कि पहले शुक्ल जी 'ज्ञान' भाव को दो पृथक-पृथक प्रवृत्तियों के रूप में देखते हैं और कविता को केवल भावसंचार की कृति मानते हैं, किन्तु यहाँ हम देखते हैं कि वे कविता को 'ज्ञान' तथा 'भाव' दोनों से संयुक्त करके देखने लगे हैं, यानी कविता केवल हृदय की वस्तु नहीं बल्कि ज्ञान तथा मस्तिष्क और हृदय से संयुक्त होकर ही कविता बनती है। यहाँ भी हम देखते हैं कि शुक्ल जी आई.ए. रिचर्ड्स के सिद्धान्तों को भारतीय रस सिद्धान्त के सन्दर्भ में रखने की प्रयत्न कर रहे हैं। रिचर्ड्स कविता को

'इंटलेक्ट' तथा 'इमोशन' दोनों के सन्तुलित संयोग से उत्पन्न मानता है। इस तरह कविता ज्ञानेन्द्रियों द्वारा भाव ग्रहण कर कल्पना तथा बुद्धि के संयोग से उत्पन्न होती है जिसे रिचर्ड्स 'फ्यूजन ऑफ थॉट एंड इमोशन' कहता है।

लेकिन शुक्ल जी द्वारा कविता तथा कविता के कर्म की व्याख्या की सीमा यह है कि इस व्याख्या में हमेशा वे इस भावना तथा बुद्धि संयुक्त विवेक से काम नहीं लेते, बल्कि स्वयं भावातिरेक में बह जाते हैं। मसलन जब वे कहते हैं कि कविता 'पशु' को मनुष्य तथा क्रूर-कठोर और 'पत्थर हृदय' मनुष्य में मनुष्यता का संचार करती है या कर सकती है '...किसी महाक्रूर पुलिस कर्मचारी को जानकर देखिये, जिसका हृदय पत्थर के समान जड़ और कठोर हो गया है...ऐसों को सामने पाकर स्वभावतः मन में यह आता है कि क्या इनकी भी कोई दवा है? इनकी दवा कविता है।' यह कविता पर भावातिरेकी तथा अतिरिक्त भार डालना है। व्यवहार जगत में कविता न ऐसा कभी कर सकी है और न कर पाएगी। ऐसे भावातिरेकी उद्‌गारों पर बहस भी बेकार है।

शुक्ल जी भावना और कल्पना को सामानार्थी मानते हैं। 'साहित्यवाले इसी को भावना और आजकल के लोग कल्पना कहते हैं।' जाहिर है, बेपर की भावनात्मक उड़ान कल्पना नहीं होती। सम्भवतः शुक्ल जी का ध्यान पश्चिमी समीक्षकों द्वारा परिभाषित तथा व्याख्यायित कल्पना की ओर नहीं गया होगा। वे अपने मनोविज्ञान ज्ञान के बावजूद रचना में कल्पना की भूमिका को ठीक-ठीक नहीं समझ सके। शुक्ल जी के पहले तक कल्पना यथार्थ के विपरीत पड़नेवाली वायवीय वृत्ति समझी जाती थी, शुक्ल जी ने कविता में उसकी भूमिका को समझा तो किन्तु उनकी दृष्टि में वहाँ के समीक्षकों ने कविता में उसकी भूमिका को बहुत बढ़ा-चढ़ाकर प्रस्तुत किया। वे अपनी पुस्तक 'रसमीमांसा' में लिखते हैं, 'कल्पना और व्यक्तित्व की इतनी मुनादी हुई कि काव्य के अन्य पक्षों से हटकर दृष्टि यहीं आ जमी। कल्पना काव्य का बोध पक्ष है। कल्पना में आयी हुई रूप व्यापार योजना का कवि या श्रोता को अन्तःसाक्षात्कार या बोध होता है। पर इस बोध पक्ष के अतिरिक्त काव्य का भावपक्ष भी है। कल्पना को रूप योजना के लिए प्रेरित करने वाली और कल्पना में आयी हुई वस्तुओं में श्रोता या पाठक को रमानेवाले रति, करुणा, क्रोध, उत्साह, आश्चर्य इत्यादि भाव या मनोविकार होते हैं। इसी से भारतीय दृष्टि ने भावपक्ष को प्रधानता दी और रस सिद्धान्त की प्रतिष्ठा की। पर पश्चिम में कल्पना-कल्पना की पुकार के सामने धीरे-धीरे समीक्षकों का ध्यान भावपक्ष से हट गया और बोध पक्ष पर ही भिड़ (केन्द्रित) गया। कविता की रमणीयता उसके हल्के आनन्द के रूप में मानी जाने लगी...इस प्रकार कवि तमाशे दिखाने वाले के रूप में और श्रोता या पाठक तटस्थ तमाशबीन

के रूप में समझे जाने लगे।' (रसमीमांसा, पृ. 250-251)

पहली बात तो यह कि शुक्ल जी ने जिन भावों को मनोविकार (विकार क्यों?) कहा है, कविता में उनकी अभिव्यक्ति केवल भावनात्मक ढंग से नहीं होती। स्वयं शुक्ल जी कविता की रचना प्रक्रिया में विचार और अनुभूति (थॉट एंड इमोशन) दोनों की सम्भावित भूमिका स्वीकार कर चुके, अतः भाव पर अतिरिक्त बल देना, सम्भवतः उनकी पहले की स्थापना रही होगी।

अब यहाँ देखें कि पश्चिम के समीक्षकों ने कल्पना तथा कल्पना की भूमिका को किस रूप में देखा है, तब यह बात स्पष्ट होगी कि क्या कल्पना ने सचमुच कविता को तमाशे की चीज़ बना दिया था। दरअसल, कल्पना की अवधारणा तथा भूमिका के पीछे एक ठोस दार्शनिक परम्परा थी जिसकी शुरुआत महान दार्शनिक कांट के दर्शन से होती है। कांट ने 'बुद्धिवाद' और 'इन्द्रियानुभववाद' के पुराने दार्शनिक झगड़े को उसे समन्वित करके समाप्त किया और स्थापित किया और बताया कि मनुष्य का मन एक सक्रिय सत्ता है जो निरन्तर प्रकृति पर अपने को आरोपित करता चलता है। यहाँ ध्यान देने की बात है कि कांट का मन न केवल बुद्धि है और न भावना। वह दोनों का समन्वित रूप है। और दृश्य जगत जो हमें दिखाई पड़ता है, वह हमारे इस आरोपण के द्वारा दिखाई देनेवाला दृश्य जगत ही है। कॉलरिज ने कांट की प्रकृति पर आरोपण करनेवाली भूमिका को ही कविता में कल्पना द्वारा किये जाने वाले कर्म के रूप में देखा। यानी कल्पना (कविता में) कोरी कल्पना नहीं होती, बल्कि कविता की रचनात्मक शक्ति होती है। एडीसन ने कविता में कल्पना की इस भूमिका को और स्पष्ट करते हुए बताया कि कल्पना के एक छोर पर तो कवि स्थित होता है पर कविता में प्रेषणीयता तब आती है जब दूसरे छोर पर खड़े ग्राहक (श्रोता या पाठक) तक भी वह इसी रूप में पहुँच सके। यानी कल्पना ही इस सम्प्रेषणीयता ले आने की भूमिका निभाती है। अब यहाँ देखें कि कल्पना की इस भूमिका या कार्य के द्वारा ही तो शुक्ल जी का साधारणीकरण भी होता है। यानी कल्पना कविता में कोरा और छिछला 'आनन्द' और तमाशा दिखानेवाली भूमिका ही नहीं निभाती। यही नहीं, यह कार्य कल्पना, बुद्धि और इन्द्रियानुभव (इन्द्रियों द्वारा प्राप्त अनुभव, जिसे शुक्ल जी भाव या मनोविकार कहते हैं) को समन्वित करके फ्यूजन ऑफ थॉट एंट इमोशन ही करती है। मूलतः शुक्ल जी भी तो कविता को यही मानते हैं।

महान प्रकृतिवादी कवि वर्ड्सवर्थ कल्पना को शेष सृष्टि के साथ रागात्मक सम्बन्ध स्थापित करनेवाली वृत्ति मानते हैं जिसे शुक्ल जी भी कविता की मुख्य भूमिका मानते हैं। अतः आश्चर्य होता है कि किन प्रमाणों के आधार पर उनकी यह धारणा बन गयी है कि कल्पना कविता को तमाशा तथा छिछोरा आनन्द

देनेवाली रचना बना देती है।

लेकिन कल्पना के स्वरूप और कार्य के बारे में शुक्ल जी की धारणा एक जैसी नहीं है। चिन्तामणि भाग-1 के अपने निबन्ध 'रसात्मक बोध के विविध रूप' में वे लिखते हैं, 'काव्य वस्तु का सारा रूप विधान इसी की क्रिया से (यानी कल्पना से) होता है...अत: अनुभव आदि विभावों और चेष्टाओं के द्वारा आश्रय को जो रूप दिया जाता है वह भी कल्पना के द्वारा' (पृ. 265) अत: अब बचता ही क्या है? यहाँ तो शुक्ल जी ने कविता के केन्द्र में ही कल्पना को पहुँचा दिया है और उसे अपने रससिद्धान्त के साथ 'ऐप्रोप्रिएट' भी कर लिया है। यही नहीं, अतिरिक्त वक्रता तथा अप्रस्तुत विधान की प्रक्रिया को भी कल्पना द्वारा सम्पन्न होनेवाली वस्तु स्वीकार किया है। यहाँ वे एडीसन की इस बात से भी सहमत हैं कि कल्पना कवि तथा पाठक दोनों के लिए अनिवार्य हैं।

शुक्ल जी के प्रिय समीक्षक आई.ए. रिचर्ड्स के अनुसार कल्पना के पाँच कार्य हैं। 1. बिम्बों का निर्माण, 2. अलंकार, उपमा, उत्प्रेक्षा तथा अप्रस्तुत विधान का कार्य सम्पन्न करना, 3. पाठक तथा ग्राहक को रस के आस्वाद में सहायता पहुँचाना, 4. समीक्षक में रसज्ञ की दृष्टि उत्पन्न करना और 5. कल्पना का अन्तिम तथा सर्वाधिक महत्त्वपूर्ण कार्य मौलिक उद्भावना है।

ये सभी बातें शुक्ल जी की 'कविता क्या है' वाली स्थापनाओं से मेल खाती हैं और स्वयं भी इसी तरह कल्पना के चार क्षेत्र मानते हैं। 1. इस भूलोक के भीतर ही पर किसी अन्य लोक में, 2. इस भूलोक के भीतर ही पर अतीत के क्षेत्र में, 3. इसी भूलोक के भीतर पर भविष्य में जाकर कार्य करना। 4. इस गोचर जगत से परे अभौतिक पर व्यक्त क्षेत्र में जाकर कार्य करना। उन्होंने कवि में विधायक कल्पना का होना आवश्यक माना है।

दरअसल, शुक्ल जी का कॉलरिज वाली कल्पना की अवधारणा से विरोध है। वे वर्ड्सवर्थ की तरह ही प्रकृति को मन का प्रक्षेपण नहीं मानते। वे लिखते हैं, 'कल्पना की सारी रूप सामग्री बाह्य जगत की होती है, कल्पना केवल तरह तरह की योजना करती है।' (काव्य में रहस्यवाद-चिन्तामणि भाग-2, पृ. 117)।

अत: मूलत: हम शुक्ल जी की कल्पना सम्बन्धी अधिकांश अवधारणाएँ पश्चिमी समीक्षकों की अवधारणाओं के अनुकूल ही पाते हैं और वे उन्हें बिल्कुल भी अप्रासंगिक नहीं मानते जैसाकि उनकी रस मीमांसा वाली पुस्तक में कहा गया है। ऐसा प्रतीत होता है कि शुक्ल जी की मृत्यु के उपरान्त प्रकाशित होनेवाली पुस्तक 'रसमीमांसा' के सम्पादक ने पुस्तक में से उसका 'विलायतीपन' हटाने के लिए अपनी कुछ 'मौलिक उद्भावनाओं' को भी उसमें जोड़ दिया है। अत: इस सम्बन्ध में चिन्तामणि भाग-1 और भाग-2 के निबन्धों में व्यक्त विचारों

को ही शुक्ल जी के प्रामाणिक विचार मानना चाहिए।

अब कल्पना के कार्यों को छोड़कर शुक्ल जी की आलोचनात्मक दृष्टि के अन्य पक्षों को देखें। शुक्ल जी की आलोचनात्मक दृष्टि मूलत: ईश्वरवादी और दार्शनिक दृष्टि अद्वैतवादी है। वे भले ही लोक और लोकमंगल की भी बातें करते हैं किन्तु मूलत: वे मानते हैं कि सम्पूर्ण सत्ताएँ एक ही परम सत्ता और सम्पूर्ण भाव एक ही परम भाव में अन्तर्भूत हैं। अत: बुद्धि क्रिया से हमारा ज्ञान जिस अद्वैत भूमि पर पहुँचता है, उसी भूमि पर हमारा भावात्मक हृदय भी समन्वित हो जाता है। कविता क्या है? इसमें यह समन्वय ही महत्वपूर्ण है जो शुक्ल जी की कविता सम्बन्धी विचारों की रीढ़ है।

शुक्ल जी 'सूक्ति' और 'सुभाषित' वाली कविताओं को कविता नहीं मानते। सूक्ति तो नहीं, किन्तु वे उक्ति को ही कविता मानते हैं। ''उक्ति ही काव्य होती है, यह तो सिद्ध बात है।'' उक्ति ही काव्य है, इस पर विवाद हो सकता है, हुआ भी है, खासतौर पर जब वे वक्रोक्तिवाद का विरोध करते हुए भी कुंतक के इस कथन के समर्थक हैं, 'वक्रोक्ति काव्य जीवितम्'। किन्तु वे इसे एक सीमा तक ही स्वीकार करते हैं। 'हमसे कुंतक जी का वक्रोक्ति काव्य जीवितम' वहीं तक मानते बनता है, जहाँ वह भावानुमोदित हो या किसी अन्तर्वृत्ति से सम्बद्ध हो, इसके आगे नहीं। कुंतक जी की वक्रता बहुत व्यापक है। इसके अन्तर्गत वाक्य वैचित्र्य की वक्रता तथा वस्तु वैचित्र्य की वक्रता दोनों आ जाते हैं। सालंकृत वक्रता के चमत्कार में ही वे काव्यत्व मानते हैं। लेकिन इसके बाद ही वे 'उक्ति' को ही कविता मानने लगते हैं और उसकी व्याख्या करते हुए कहते हैं कि 'हमारे यहाँ 'व्यंजक वाक्य' को ही काव्य माना जाता है। फिर पूछते हैं किस प्रकार की व्यंजना करनेवाला वाक्य? जाहिर है कि जिसमें वाक्य वैचित्र्य तथा वस्तु वैचित्र्य दोनों हों। यानी तब वह ठीक-ठीक उक्ति ही नहीं रह जाता है, उक्ति को कविता बनने के लिए कुछ और होना पड़ता है। यह कुछ क्या हो, यह बात तब स्पष्ट होती है, जब वे कविता की भाषा (पोयटिक डिक्शन) पर विचार करते हैं। वहाँ वे कहते हैं कि 'कविता में कही गयी बात चित्र रूप में हमारे सामने आनी चाहिए। अत: उसमें गोचर रूपों का विधान अधिक होता है और यह गोचरता भी ऐसी होनी चाहिए जो केवल कुछ व्यक्तियों के लिए ही नहीं, बल्कि संसार के अधिकांश व्यक्तियों के लिए गोचर हो, यानी दिखाई पड़े। किन्तु भावनाएँ तो अगोचर होती हैं जो शुक्लजी के अनुसार कविता का मुख्य आधार है। इसलिए उनको भी सम्मिलित करने के लिए शुक्ल जी ऐसे मूर्तिविधान (बिम्बविधान) की बात करते हैं तो फिर कविता को अभिधा या उक्ति मात्र ही कैसे कहा जा सकता है? यहाँ आकर शुक्ल जी 'कविता क्या है' की व्याख्या में दुविधा में

फँसे नजर आते हैं, बल्कि कुछ लोगों को उनमें अन्तर्विरोध भी नजर आ सकता है। शुक्ल जी पर बहुत बाद में लिखने वाले युवा समीक्षक मलयज ने इसीलिए लिखा था कि 'उनका काव्य सिद्धान्त उतना पुख्ता नहीं है, उसमें दरारें रह गयीं हैं। इन दरारों में शुक्ल जी की भावना बोलती है, उनका कवि हृदय स्वर भरता है।' यद्यपि इन दरारों या अन्तर्विरोध को मलयज ने शुक्ल जी की शक्ति माना है, किन्तु इतना तो स्पष्ट हो जाता है कि शुक्ल जी बुद्धि और हृदय या थॉट एंड इमोशन में जो समीकरण या सामंजस्य स्थापित करना चाहते हैं तथा अन्तर्जगत तथा बाह्य जगत के बीच जो समन्वय करना चाहते हैं, वह उनके काव्य सिद्धान्त के द्वारा स्थापित नहीं हो पाता। इसका कारण बतलाते हुए भी मलयज लिखते हैं, 'लेकिन शुक्ल जी के रसवाद पर दुर्भाग्य से शास्त्रीयता की इतनी मोटी पर्त चढ़ चुकी है कि उसके भीतर छिपे सामान्य मनुष्य के चेहरे को टटोलना एक दुस्साहसिक कार्य ही माना जाएगा। शुक्ल जी लोक जीवन, लोकमंगल आदि का अकसर हवाला दिया करते हैं। उनकी दृष्टि में यह लोक भी अमूर्त और अस्पष्ट है।' मैंने भी इससे पहले उनके रस शास्त्र की अस्पष्टता तथा दुहरेपन की ओर संकेत किया है। वे बाह्य यथार्थ का उल्लेख करते हैं किन्तु उनका बाह्य यथार्थ प्रकृति तथा जंगलों में निवास करनेवाले जीव-जन्तुओं तक सीमित है, वे श्रम करने वाले मनुष्य की भी बात करते हैं किन्तु इन सबको भी उनका रसवाद आच्छादित कर लेता है। यही नहीं, वे कविता की रचनाप्रक्रिया का मनोवैज्ञानिक विश्लेषण करते हुए रिचर्ड्स की शब्दावली में उसे 'सिंथेसिस ऑफ अपोजिट इम्पल्सेज' मानते हुए उसके समानान्तर शब्द 'विरुद्धों का सामंजस्य के द्वारा उसका बौद्धिक विश्लेषण भी करते हैं और उसी क्रम में 'भावसबलता' को उसका प्रमुख गुण मानते हैं जिसमें कई तरह के भावों का मिश्रण होता है किन्तु तभी उनको अपने देसी 'रसवाद' का स्मरण हो आता है और वे 'ब्रह्मानन्द' सहोदर आनन्द, ईश्वर की अद्वैत सत्ता और कविता के अमूर्त अलौकिक अस्तित्व पर उतर आते हैं जो उनके लोक, गोचर लोकमंगल तथा सामान्य मनुष्य की अवधारणा, सबको मटियामेट कर देता है। इस प्रकार वे 'विरुद्धों का सामंजस्य' करने की कोशिश में स्वयं विरुद्धों के पुंज बन जाते हैं। इस प्रकार उनकी विश्लेषणात्मक तर्क प्रक्रिया तो कुछ और तर्क परिणतियों की ओर ले जाती है, किन्तु अपने रस बोध का ध्यान आते ही वे अपनी अखंड भारतीयता प्रमाणित करने में लग जाते हैं। उनके इन तमाम अन्तर्विरोधों का कारण हमें 'रस मीमांसा' के सम्पादक की इस टिप्पणी में मिल जाता है जो वे पुस्तक की भूमिका में लिखते हैं, "उन्होंने (शुक्ल जी ने) कदाचित यह पुस्तक बहुत पहले सम्बन्धित और परिष्कृत करके प्रकाशित करा दी होती यदि पंडित मंडली ने विलायतीयत कहकर उनकी चिन्तन की चर्चा

न चलाई होती। वे अपने मत को विलायती मानने के लिए प्रस्तुत न थे।'' अतः अपने को इन आरोपों तथा प्रहारों से बचाने के लिए शुक्ल जी इतने स्वचेत (सेल्फ कांसेस) हो गये थे कि अपने को भारतीय सिद्ध करने के लिए वे अपने विवेक सम्मत बौद्धिक चिन्तन की तर्क संगत लीक से हटकर वे जगह-जगह लकीर के फकीर होते हुए दिखाई देते हैं जो उनका प्रकृतपथ नहीं था और न उच्चस्तरीय बौद्धिक क्षमता के अनुरूप था। ऐसे, समझौते अकसर महान चिन्तकों तथा आविष्कर्ताओं को गैलिलयो से लेकर आज तक करने पड़े हैं। शुक्ल जी की चिन्तन पद्धति सदोष नहीं थी, न उनकी तर्क बुद्धि, बल्कि विलायती कहे जानेवाले तीक्ष्ण तीरों से अपने के विद्ध होने से बचाने के लिए उन्हें अपनी समीक्षा पद्धति में यह घालमेल करने पड़े थे।

यहाँ एक बात बता देना जरूरी है कि शुक्ल जी मुख्यतः और मूलतः काव्य के समीक्षक हैं, गद्य के नहीं। उनकी काव्य समीक्षा भी मुख्यतः भक्तिकाल तक सीमित रही, वे न तो रीतिकाल के काव्य के साथ पूर्णतः न्याय कर सके, न आधुनिक काल के साथ। इसका सबसे बड़ा प्रमाण है उनकी छायावाद के प्रति धारणा और उनके द्वारा किया गया छायावादी काव्य का विवेचन। संक्षेप में कह सकते हैं कि उनकी 'सैद्धान्तिक समीक्षा' की अपेक्षा उनकी व्यावहारिक समीक्षा दृष्टि एकांगी तथा एकपक्षीय है: छायावाद के प्रति उनकी धारणा सर्वविदित है। शुक्ल जी ने छायावाद के अत्यन्त प्रमुख कवि सूर्यकान्त त्रिपाठी की स्वच्छन्द छन्द वाली कविताओं को अमेरिकन कवि वाल्ट ह्विटमैन के कविता संग्रह 'लीव्स ऑफ ग्रास' जो 1855 में प्रकाशित हुआ था, की नकल बताते हुए लिखा, ''यह अमेरिका के एक कवि वाल्ट ह्विटमैन की नकल है जो बांग्ला में थोड़ी बहुत हुई, ऐसी रचनाओं में छंदोव्यवस्था का ही नहीं, बुद्धितत्व का भी प्रायः अभाव है।'' स्पष्ट है कि शुक्ल जी न तो हिटमैन की कविताओं को समझ पाये, न निराला की कविताओं को और महज एक 'फतवे' के द्वारा दोनों को खारिज कर दिया, जबकि ह्विटमैन पश्चिमी कविता में आधुनिक भावबोध ले आनेवाला पहला कवि था और निराला जी की महत्ता जिस तरह क्रमशः स्थापित होती चली गयी, उससे शुक्ल जी की यह फतवेबाजी अप्रासंगिक ही नहीं, निरर्थक भी साबित हुई है।

अतः इतना तो स्पष्ट हो ही गया कि शुक्ल जी की समीक्षा दृष्टि 'आधुनिक' नहीं थी और वह अभी भी मध्ययुग के आसपास ही मँडरा रही थी। उनकी दृष्टि में हिन्दी की कविता 'नयी धारा' के प्रवर्तक मैथिली शरण गुप्त और मुकुट धर पांडेय थे। ''अतः हिन्दी कविता में नयी धारा का प्रवर्तक-विशेषज्ञ श्री मैथिली शरण गुप्त और मुकुटधर पांडेय को ही समझना चाहिए।'' और उनकी दृष्टि में इस नयी धारा की मुख्य विशेषताएँ ये थीं। ''ये कवि जगत और जीवन के विस्तृत

क्षेत्र के बीच नयी कविता का संचार कर रहे थे। ये प्रकृति के साधारण असाधारण सभी रूपों पर दृष्टि डालकर उनके रहस्यमय सच्चे संकेतों को परखकर भाषा को अधिक चित्रमय, सजीव और मार्मिक रूप देकर कविता का एक अकृत्रिम, स्वच्छन्द मार्ग निकाल रहे थे।'' इसके विपरीत उनके अनुसार, 'छायावाद नाम चल पड़ने का परिणाम यह हुआ कि बहुत से कवि रहस्यात्मकता, अभिव्यंजना के लाक्षणिक वैचित्र्य, वस्तु विन्यास की विशृंखलता, चित्रमयी भाषा और मधुमयी कल्पना के ही साध्य बने। अर्थ भूमि के विस्तार की ओर उनकी दृष्टि न रही। विभावपक्ष शून्य अथवा अर्निदिष्ट रह गया। असीम और अज्ञात प्रियतम के प्रति अत्यन्त चित्रमयी भाषा में अनेक प्रकार के प्रेमोद्गारों तक काव्य की गतिविधि बँध गयी। हृत्तंत्री की झनकार, अभिसार, अनन्त प्रतीक्षा, प्रियतम का दबे पाँव आना, आँख मिचौली, इत्यादि के साथ-साथ शराब, प्याला, साकी आदि सूफी कवियों के पुराने सामान भी इकट्ठे किये गये।' आगे हम देखेंगे कि छायावाद के प्रति शुक्ल जी की 'भड़ास' यहीं नहीं रुकी, बल्कि उन्होंने उसे सूफी कवियों की ही नकल नहीं, अँग्रेज़ी के रोमैंटिक कवियों की कविताओं का अक्षरश: अनुवाद भी कह डाला जो बंगला कविता की राह से रवीन्द्रनाथ टैगोर के साथ आया।

अत: इस तरह तो शुक्ल जी के अनुसार हिन्दी कविताएँ फिर से 'रीतिकाल' ले आयीं। ये सारी बातें आगे चलकर कितनी निरर्थक सिद्ध हो गयीं यह बताने की जरूरत नहीं है। इन सबसे केवल यही सिद्ध हुआ कि शुक्ल जी के पास आधुनिक काव्य को समझनेवाली काव्य दृष्टि नहीं थी और उनकी काव्यदृष्टि अभी तक इसीलिए रोमैंटिक काव्य दृष्टि भी नहीं बनी थी, आधुनिक काव्य दृष्टि तो दूर।

शुक्ल जी ने छायावाद के विरोध में जमीन-आसमान के कुलाबे एक कर दिये। अपने पक्ष में तर्क जुटाने के लिए वे कहाँ-कहाँ नहीं गये। पर शुक्ल जी भी यह अच्छी तरह जानते थे कि कविता न तो तर्क के आधार पर लिखी जाती है और न केवल तार्किक आधार पर उसे समझा जा सकता है। किन्तु केवल प्रेम में ही आदमी अन्धा नहीं होता बल्कि विरोध और क्रोध में भी अन्धा हो जाता है। विरोध की इसी दृष्टिहीनता के कारण शुक्ल जी अन्धाधुन्ध अपनी ही बातों और स्थापनाओं का विरोध भी करते गये। मसलन, वे कविता में सपाट बयानी, एकस्तरीय वर्णनात्मकता तथा सूक्तियों के विरोधी हैं, पर इन सब गुणों से विभूषित मैथिलीशरण गुप्त की कविताओं में उन्हें यह सब नहीं दीखा। बदले में छायावाद की बिम्बात्मकता, सांकेतिकता तथा अनेक अर्थस्तरीयता, व्यंजनात्मकता आदि काव्य गुणों को नहीं देख सके। और उन्होंने छायावाद को कलावादी भी बना दिया? सन् 36 तक तो निराला की 'राम की शक्तिपूजा' तथा अनेक यथार्थपरक साहित्यक

दृष्टि वाली कविताएँ छप चुकी थीं। प्रसाद की 'कामायनी' भी प्रकाशित हो चुकी थी। यद्यपि आगे चलकर इन लोगों की कविताओं के सम्बन्ध में उनका रुख काफी नरम हुआ और उनकी अनेक विशेषताओं की ओर उनका ध्यान भी गया, किन्तु इतिहास में ये कोप उक्तियाँ अपनी समझ तथा दृष्टिहीनता का परिचय दे चुकी थीं।

शुक्ल जी कलावाद और व्यक्तिवाद के विरोधी हैं, यह तो उनकी विवेक सम्पन्न समीक्षादृष्टि का प्रमाण है किन्तु अपनी व्यावहारिक समीक्षा में उन्होंने न केवल छायावाद को कलावादी आन्दोलन करार कर दिया, बल्कि संकीर्ण अर्थ में उसे व्यक्तिवादी आन्दोलन भी घोषित कर दिया। क्या केवल मैंने मैं शैली अपनाने के कारण वे निराला की प्रगतिशील सामाजिक तथा राजनैतिक दृष्टि को नहीं समझ सके। आगे चलकर डॉ. नामवर सिंह ने अपनी पुस्तक 'छायावाद' में उन भ्रमों का परिहार किया, नामवर सिंह ने प्रसाद की काव्यात्मक उत्कृष्टता को भी उजागर किया और निराला की महत्ता भी बतायी। शुक्ल जी के एकमात्र प्रिय छायावादी कवि सुमित्रानन्दन पन्त की ही ओर नामवर सिंह तथा रामविलास शर्मा ने संकेत किया। शुक्ल जी की व्यवाहारिक समीक्षा की सीमाएँ क्रमशः सामने आईं। दुर्भाग्य से आगे के कुछ समीक्षकों ने उनकी इन सीमाओं को भी ग्रहण कर उनका विस्तार किया।

छायावादी कविताओं को कामवासना का काव्य मानना, यह एक तो उनके न समझ पाने का ही परिणाम है, और दूसरी ओर यह कहना कि "कामवासना के शब्दों में प्रेम-व्यंजना भारतीय काव्य धारा में कभी नहीं चली।" यह भी भारतीय काव्य के प्रति शुद्धतावादी दृष्टि है। भारतीय कविता मुख्यतः संस्कृत कविता और बाद में भी अपभ्रंश की कई काव्य कृतियों में इतना शुद्धतावादी दृष्टिकोण नहीं अपनाया गया है। शुक्ल जी कालिदास के प्रकृति-प्रेम और प्रकृति की काव्यात्मक अभिव्यक्ति की प्रशंसा करते नहीं अघाते, पर क्या उनका ध्यान उसी 'मेघदूत' की 'विकृत जघनों' वाली प्रकृति की ओर नहीं गया था। 'कुमार सम्भव' में शिव-पार्वती की केलिक्रीड़ा को वे क्या कहेंगे, कालिदास के यहाँ उद्दाम काम क्रीड़ा के दृश्य भरे पड़े हैं, क्योंकि तत्कालीन भारतीय कवि काम, रति और सम्भोग आदि को स्वाभाविक तथा प्राकृतिक सम्बन्धों की तरह मानव-सम्बन्धों का ही एक अंग मानते थे। इससे शुक्ल जी परम्परा नहीं, रूढ़ि का ही पालन करते प्रतीत होते हैं।

बाद में उसी इतिहास में छायावादी कविताओं की अलग-अलग व्याख्या करते हुए उनकी कतिपय विशेषताओं की ओर उनका ध्यान गया जरूर, किन्तु वे उन्हें बहुत महत्त्वपूर्ण नहीं मानते। मसलन प्रसाद जी की 'लहर' के बारे में

वे लिखते हैं, " 'लहर' में कुछ ऐतिहासिक वृत्त लेकर (प्रसाद ने) छायावाद की चित्रमयी शैली को विस्तृत अर्थभूमि पर ले जाने का प्रयास भी उन्होंने किया और जगत के वर्तमान दुख, द्वेषपूर्ण मानव-जीवन का अनुभव करके इस 'जले जगत के वृंदावन बन जाने' की आशा भी व्यक्त की, तथा 'जीवन के प्रभात' को भी जगाया।' किन्तु प्रसाद जी की कविताओं में प्रेमचर्चा के शारीरिक व्यापारों और चर्चाओं में, रंगरेलियों, अठखेलियों इत्यादि की ओर उनकी दृष्टि विशेष रूप से जाती थी। शुक्ल जी ने प्रसाद के काव्य 'कामयानी' को विशाल भावना को रूप देनेवाला काव्य बताया, किन्तु अपने सिद्धान्तों में बिम्बों को इतना महत्त्व देने वाले शुक्ल जी का ध्यान 'कामायनी' की अद्भुत बिम्बयोजना तथा प्रसाद जी के जीवन सम्बन्धी विशाल विजन की ओर भी नहीं गया। उसे उन्होंने चित्रमयी भाषा कहकर ही टरका दिया और उनके जीवन दर्शन को भी दर्शन का ऊपरी आभास कहकर खारिज कर दिया, उसके आनंद को तान्त्रिकों और योगियों वाला 'आनन्द' बताया।

पंत जी की प्रकृति सम्बन्धी कुछ कविताओं की उन्होंने प्रशंसा की और उनमें स्वाभाविक रहस्यवाद पाया, किन्तु प्रसाद की कविताओं में पुरानी काव्य पद्धति के विरुद्ध प्रतिक्रिया का बहुत बढ़ा-चढ़ाकर प्रदर्शन ही देखा। उन्होंने केवल पंतजी को ही स्वाभाविक स्वच्छन्दता का कवि माना। निराला में विषय की व्यापकता देखने के बावजूद उनमें उन्हें नाद सौन्दर्य तथा संगीततत्त्व का अधिक समावेश दिखा और कहा कि 'परिणाम यह होता है कि समन्वित अर्थ की ओर झुकाव कम हो जाता है। निराला पर विवेकानन्द तथा रवीन्द्रनाथ टैगोर की कविताओं का ही अधिक प्रभाव उन्हें दीखा। कुल मिलाकर उन्हें निराला की भाषा व्यवस्था भी, और अर्थ या भाव की अभिव्यक्ति ढीली लगती है।

इस प्रकार शुक्ल जी की व्यावहारिक समीक्षा छायावाद तक ही सीमित रही और हमने देखा कि यहाँ भी वे अपने पूर्वग्रहों से बाहर नहीं निकल सके। न अपनी रूढ़िबद्ध समीक्षा दृष्टि का विस्तार कर सके।

अन्ततः शुक्ल जी परम्परा और रूढ़िबद्ध शास्त्रीय समीक्षक ही सिद्ध होते हैं जिनकी दृष्टि तत्कालीन काव्य के समानान्तर विकसित होनेवाले विशाल और व्यापक गद्य साहित्य की ओर प्रायः गयी ही नहीं। उन्होंने प्रेमचन्द के भी युग-प्रवर्तक कथा साहित्य को बिना समझे-बूझे हल्की-फुल्की तारीफ करके निपटा दिया।

पहले ही कहा जा चुका है कि सन् 36 तक 'गोदान', 'कामायनी' और 'राम की शक्तिपूजा' जैसी युगप्रवर्तक कृतियाँ प्रकाशित हो चुकी थीं। पूरा हिन्दी साहित्य एक युगान्तकारी तथा क्रान्तिकारी परिवर्तन की प्रक्रिया से गुजर रहा था।

किन्तु आचार्य रामचन्द्र शुक्ल जैसा समर्थ समीक्षक वाराणसी के पंडिताऊ झगड़ों को सुलझाने में ही अपना परम्परा प्रेम तथा भारतीयता प्रमाणित करने में जुटा रहा।

आचार्य रामचन्द्र शुक्ल हिन्दी समीक्षा के जितने गौरव और गरिमा हैं, उतने ही बड़े दुर्भाग्य भी हैं। लेकिन देखना है कि हिन्दी समीक्षा अपने शुक्लोत्तर युग में कितनी आगे बढ़ सकी?

महावीर प्रसाद द्विवेदी और रामचन्द्र शुक्ल

वस्तुतः आचार्य रामचन्द्र शुक्ल की समीक्षा में जितने अन्तर्विरोध और असंगतियाँ हैं, उतने उसके पहले या उसके बाद के शायद ही किसी अन्य समीक्षक में हों। इसके एकमात्र अपवाद महावीर प्रसाद द्विवेदी हैं। उनकी सीमाएँ चाहे और जो भी हों, उनमें अन्तर्विरोध नहीं हैं। वे कांसिस्टेंट हैं, जिसे उनका हठ भी माना जा सकता है। किन्तु उनमें नमनीयता भी है। वे प्रभाव को एक स्वाभाविक प्रक्रिया मानते हैं, जबकि शुक्ल जी प्रभावित होते हुए भी, अपने प्रभावित उद्धरणों का उल्लेख करते हुए भी अपने को बिल्कुल प्रभावित नहीं मानते। जबकि महावीर प्रसाद द्विवेदी कहते हैं कि प्रभाव ग्रहण करना तो भारतीय चिन्तन परम्परा में प्रारम्भ से ही रहा है। अन्तर्विरोध कब आता है? विचारों तथा चिन्तन में अन्तर्विरोध एक स्वाभाविक क्रिया है। यह प्रायः उसी परस्पर विरोधी समान रूप से प्रबल विचारों के संघर्ष या कशमकश के तनाव से उत्पन्न होता है जैसे कविता परस्पर विरोधी भावनाओं के संघर्ष तथा सामंजस्य से उत्पन्न होती है। किन्तु जैसे उच्च श्रेणी की कविता उनमें समन्वय स्थापित करके बनती है, वैसे ही परस्पर विरोधी विचारों में तर्क संगत सामंजस्य करके श्रेष्ठ समीक्षा लिखी जाती है। किन्तु जब ऐसा नहीं हो पाता तथा विवेक और तर्क पर पूर्वाग्रह तथा पीछे खींचने वाले संस्कार हावी होने लगते हैं तो विचारों और चिन्तन में अन्तर्विरोध उत्पन्न होता है, और आदमी परस्पर विरोधी बातें करने लगता है। रामचन्द्र शुक्ल इसके 'आदर्श' उदाहरण हैं। उनकी प्रतिभा निसंदिग्ध थी और उसके उत्कर्ष काल में उन्होंने कविता के बारे में वे विचार व्यक्त किये जो उनके 'कविता क्या है?' वाले निबन्ध में लिखे गये हैं। उसमें परम्परा और आधुनिकता या कह लें अपनी अर्जित स्वतन्त्र प्रतिभा के आधार पर उन्होंने कविता में घटित होनेवाले परस्परविरोधी आत्मसंघर्ष को और उसके द्वारा अन्त में स्थापित किये गये सामंजस्य के स्वाभाविक स्वरूप को भी समझा, जिसके स्त्रोत और सूत्र उन्हें आई.ए. रिचर्ड्स से मिले थे। उस समय के उनके अधिकांश समीक्षा-सिद्धान्त सूत्र भी उन्हें आई.ए. रिचर्ड्स से ही मिले थे। और इसी कारण उन्होंने जगह-जगह अपनी स्थापनाओं के प्रमाण में

आई.ए. रिचर्ड्स को उद्धृत भी किया है। रिचर्ड्स के कारण ही वे मनोविज्ञान तथा कविता के मनोवैज्ञानिक विश्लेषण में प्रवृत्त हुए थे जो रिचर्ड्स ने अपनी पुस्तक 'प्रिंसिपल्स ऑफ लिटरेरी क्रिटिसिज्म' के निबन्धों में स्थापित किये थे।

किन्तु क्रमशः भारतीय तो क्या, हिन्दू संस्कारों तथा काशी के पोंगा पंडितों के दबाव में अचानक उनके भीतर अपनी तथाकथित भारतीयता का भान हुआ और वे उनके विपरीत परम्पराबद्ध परस्पर विरोधी विचार व्यक्त करने लगे जो उनकी पूर्ववर्ती स्थापनाओं को ध्वस्त करनेवाली थीं, जो उनकी अन्तिम तथा असमाप्त पुस्तक 'रस मीमांसा' के संकलित निबन्धों में व्यक्त हुए हैं। उनके विचारों के इस परस्पर विरोधी पक्ष की ओर ऊपर पर्याप्त संकेत किया जा चुका है।

ऐसा नहीं कि अपने विचारों तथा चिन्तन की इस प्रक्रिया को लेकर उनके मन में कोई कशमकश, असमंजस या द्वन्द्व नहीं था, किन्तु जैसा कि कवि-आलोचक मलयज ने ऊपर लिखी अपनी पुस्तक में कहा है कि 'शुक्ल जी ने अपने भीतर की कशमकश को खुलकर व्यक्त नहीं किया, पर वे उसे नजरअंदाज भी नहीं कर सकते थे....वे बुद्धि से अपने भीतर बाहर के असामंजस्यपन (अन्तर्विरोध को) का समाधान नहीं कर सके थे। यही कारण है कि उनका काव्य सिद्धान्त उतना पुख्ता नहीं है और उसमें दरारें रह गयी हैं।' बाद में मलयज ने उनकी प्रत्यावर्तन वाली प्रक्रिया को भी समझते हुए लिखा था, 'शुक्ल जी के रसवाद पर दुर्भाग्य से शास्त्रीयता की इतनी मोटी पर्त चढ़ चुकी है...।' मलयज ने यह भी लक्ष्य किया था कि 'शुक्ल जी में आर्यावर्त के संस्कार थे।'' उनके यही आर्यावर्ती संस्कार बाद में प्रबल होकर उनकी विवेक बुद्धि पर हावी हो गये।

यद्यपि मलयज ने अपनी पुस्तक में ही एक जगह शुक्ल जी का समर्थन करते हुए शुक्ल जी की इन दरारों को भरने तथा उनके अन्तर्विरोधों का समाहार करने की कोशिश की है, किन्तु वे भी अन्ततः यह मानने पर विवश हुए कि शुक्ल जी मूलतः भाववादी थे (अन्तर्जगत को बाह्य जगत के द्वारा ही निर्मित मानने के बावजूद), आर्यावर्ती संस्कारों वाले थे, उनका रसवाद काफी घाल-मेल वाला है और वे 'छायावाद' को समझ नहीं सके।

जबकि महावीर प्रसाद द्विवेदी अपनी समीक्षा दृष्टि से बिल्कुल निभ्रान्त थे। यद्यपि निभ्रान्त होना हमेशा दृष्टिसम्पन्नता का द्योतक नहीं होता। महावीर प्रसाद द्विवेदी सरल, सुस्पष्ट और पुख्ता थे। उनके मन में न कोई उलझन, न कोई कशमकश और न कोई द्वन्द्व था। इसीलिए वे दो टूक शब्दों में अपनी बातें कहते थे। यहाँ यह भी ध्यान देने योग्य है कि शुक्ल जी को कई 'समीक्षासूत्र' महावीर प्रसाद द्विवेदी से ही मिले थे। मसलन कविता की भाषा के सम्बन्ध सबसे पहले

महावीर प्रसाद द्विवेदी ने ही कहा था, जिसका आगे चलकर रामचन्द्र शुक्ल ने न केवल जगह-जगह प्रयोग किया बल्कि उसी के आधार पर उन्होंने कविता में बिम्ब को इतना महत्त्व दिया तथा कहा कि कविता का काम पाठक को बिम्ब ग्रहण कराना है। यद्यपि उसका वास्तविक स्वरूप उन्होंने पश्चिमी बिम्बवाद (इमेजिज्म) से ग्रहण किया था जिसके प्रर्वतक टी.ई. ह्यूम थे। उनके समीक्षाग्रन्थ 'स्पेकुलेशन्स' ने आधुनिक पश्चिमी कविता की धारा ही मोड़ दी थी। इसी तरह सबसे पहले द्विवेदी जी ने ही छायावादी कविताओं की रहस्यवादी प्रवृत्ति पर आपत्ति की थी, जिसके आधार पर शुक्ल जी ने छायावादी कविता की सभी अन्य विशेषताओं को दरकिनार कर पूरे छायावाद की बखिया उधेड़ दी थी। आचार्य महावीर प्रसाद द्विवेदी ने ही हिन्दी समीक्षा में व्यावहारिक समीक्षा की नींव रखी और 'सरस्वती' में पृथक से पुस्तक समीक्षा के स्तम्भ की शुरुआत की। स्वयं उन्होंने कालिदास के काव्य का व्यावहारिक विश्लेषण किया। उन्होंने 'कालिदास की आलोचना', 'कालिदास की निरंकुशता' तथा 'नैषध चरितचर्चा' जैसे व्यावहारिक समीक्षा वाले निबन्ध लिखे जिन्हें शुक्ल जी ने 'स्वतन्त्र समालोचना' नहीं माना, पर उन्हें पुस्तकों की भाषा सम्बन्धी त्रुटियाँ दिखाकर खरी-खरी आलोचना करनेवाले को 'हिन्दी साहित्य का बहुत बड़ा उपकार' माना।

महावीर प्रसाद द्विवेदी का हिन्दी समीक्षा में एक बहुत बड़ा योगदान भारतेन्दु युग की लड़खड़ाकर चलती अशुद्ध हिन्दी तथा ढुलमुल पद तथा वाक्यविन्यास को एक मानक स्वरूप देना है। इस मामले में उन्हें साहित्य का डिक्टेटर तक कहा गया, किन्तु उस समय की नितान्त अव्यवस्थित हिन्दी भाषा को व्यवस्थित कर उसका एक व्याकरण सम्मत भाषा के रूप में विकास करना अत्यन्त आवश्यक था। 'सरस्वती' के माध्यम से उन्होंने किसी ऐसे लेखक या कवि को नहीं बक्शा, जो आगे चलकर हिन्दी के अत्यन्त श्रेष्ठ कहानीकार और कवि बने। इस मामले में उनका ऋण छायावादी कविता के शिखर शिरोमणि कवि निराला ने भी स्वीकार किया। शुक्ल जी से पहले द्विवेदी जी ने ही रीतिकालीन कविता की क्षयशील तथा सामन्तवादी पतनशील प्रवृत्तियों को उजागर किया, वरना तब तक हिन्दी के समीक्षक देव, बिहारी भूषण और मतिराम आदि को ही आधार मानकर हिन्दी नवरत्न आदि, ग्रन्थों में कवि तथा कविताओं का वर्गीकरण कर रहे थे। द्विवेदी जी ने हिन्दी नवरत्न की पोल तो खोली ही, इस तुलनात्मक वर्गीकरण तथा श्रेणीबद्ध करनेवाली आलोचना पद्धति का खोखलापन भी सिद्ध किया, जिसके बाद रामचन्द्र शुक्ल ने रीतिकाल की कुछेक कविताओं को केवल लक्षण ग्रन्थों के आधार पर लिखी गयी कविताएँ घोषित कर दिया। उसके साथ ही शुक्ल जी ने संकेत (क्यू) लेकर तुलनात्मक समीक्षा को आई.ए. रिचर्डस को साक्ष्य मानकर

एक निकृष्ट समीक्षा पद्धति पाना। हालाँकि स्वयं शुक्ल जी ने यही तुलनात्मक समीक्षा पद्धति अपनाते हुए रीतिकाल के कवियों का रीतिबद्ध या रीतिसिद्ध तथा रीतिमुक्त कवियों के रूप में वर्गीकरण किया और यही पद्धति उन्होंने भक्तिकाल के कवियों सूर, तुलसी, जायसी और कबीर आदि की कविताओं का विश्लेषण करते हुए अपनायी। इसके कारण शुक्ल जी को भी प्रभाववादी पद्धति कहीं कहीं अपनानी पड़ी जो उनके 'आर्यावर्त्ती' (भारतीय नहीं) सरोकार तथा पूर्वग्रहों का परिणाम थी।

यद्यपि द्विवेदी जी भी शुक्ल जी की परवर्ती समीक्षा की तरह शुद्धतावादी थे, किन्तु उनका शुद्धतावाद उनके सरल, एक आयामी मस्तिष्क के कारण था। लेकिन शुक्ल जी का शुद्धतावाद अपने व्यापक एक्सपोज़र के बावजूद सोच-समझकर तथा जाँच-परखकर लिया हुआ निर्णय था। पश्चिम से प्रभावित मस्तिष्क अक्सर पश्चाताप की मुद्रा में प्रतिक्रियावादी होता हुआ प्रायः ऐसे ही दुराग्रहों तथा पूर्वग्रहों से ग्रस्त हो जाता है, जैसे बाद में अज्ञेय तथा निर्मल वर्मा जैसे लेखक भी हुए। किन्तु द्विवेदी जी की समीक्षा ऐसे पूर्वग्रहों और प्रतिक्रियाओं से उत्पन्न नहीं हुई थी। वह शास्त्र सम्मत परम्परानुमोदित, किन्तु पश्चिम की उदारतावादी हाब्स, लॉक, रूसो तथा जॉन स्टुअर्ट की सोशल कांट्रैक्ट थ्योरी से प्रभावित होकर बनी थी। उन्होंने अपनी परम्परा तथा संस्कारों का न किसी प्रयत्न के साथ परित्याग किया था, और न किसी प्रायश्चित में उनका पुनर्ग्रहण किया था। शुक्ल जी एक निरन्तर दुविधाग्रस्त प्रखर जटिल मस्तिष्क में थे जो रसवादी, भाववादी भारतीय होने के प्रयत्न में हमारे लिए केवल विरासत में अपनी उलझनें, उधेड़बुन तथा बुनियादी शंकाएँ छोड़ गये। द्विवेदी जी ने न तो पश्चिम को अंगीकार करके प्रतिक्रिया और पश्चाताप करते हुए उसका विरोध किया, जबकि शुक्ल जी ने ठीक इसका उल्टा किया। परिणाम स्वरूप रस के मधुरस में उनके पंख फँसे रह गये। यह हिन्दी समीक्षा की एक त्रासद विडम्बना है।

शुक्ल जी टॉल्सटॉय और गाँधी जी दोनों के विरोधी हैं। टॉल्सटॉय के साहित्यिक विचारों का विरोध आई.ए. रिचर्ड्स ने भी किया है। किन्तु रिचर्ड्स का विरोध साहित्यिक आधार पर है, किन्तु शुक्ल जी का विरोध ईसायित के आधार पर है। वे इसीलिए रवीन्द्र नाथ के विचारों के भी विरोधी हैं और उनके 'प्राचीन साहित्य' नामक निबन्ध की आलोचना करते हुए लिखते हैं, 'यह परमभक्त ईसाई टॉल्सटॉय के साहित्यिक उपदेशों का बंग प्रतिनिधि है।' इससे हिन्दूवाद की गन्ध आती है जो शुक्ल जी थे। यद्यपि शुक्ल जी बुद्धि विरोधी नहीं थे, पर अपने विरोधियों के विरोधी जरूर थे और वे उनपर डंडा लेकर पिल पड़ते थे, चाहे इसके लिए तर्क-कुतर्क, किसी चीज का सहारा लेना पड़े। वे उन्हें

अनपढ़, गँवार, जाहिल सबकुछ कह डालते थे। जिस तरह टॉल्सटॉय या गाँधी जी के हृदय परिवर्तन तथा सुधारवाद में शुक्ल जी की आस्था न थी, इसी प्रकार वे साम्यवाद के भी कट्टर विरोधी थे। उन्होंने उसे निम्न श्रेणी की ईर्ष्या द्वेष और अहंकार से प्रेरित आन्दोलन माना, जिसके नेता लेकिन महात्मा लेनिन कहलाये। लोक मंगल की बात करनेवाले शुक्ल जी का लोक कितना अमूर्त तथा वायवीय है, वह उनकी बात से समझा जा सकता है कि लोक के मूर्त रूप जनता को वे मूर्ख जनता कहते हैं। वे साम्यवादी क्रान्ति को निम्नश्रेणी और नीची जातियों का विद्रोह मानते हैं और स्पष्ट है कि नीची जाति के लोगों द्वारा ऊँची जाति के लोगों पर शासन उन्हें बर्दाश्त न था। तो यह था उनका लोकमंगल जो बाकायदे हिन्दूवादी वर्णव्यवस्था पर आधारित था। वे नीची जातियों के लोक (लोग) का मंगल नहीं बल्कि केवल ऊँची जति के लोगों का मंगल चाहते थे। अतः ऐसी अवधारणाओं के प्रवर्तक शुक्ल जी के बीज विचारों को महिमा-मंडित करना (जो आजतक हो रहा है) मुश्किल है। यही रामचन्द्र शुक्ल का मिथ या मिथक है (जो वे स्वयं हैं) जिसे मलयज ने ठीक समझा है और उन्हें कुल मिलाकर एक मिथक ही माना है।

यह पहले ही कहा गया है कि रामचन्द्र शुक्ल अन्तर्विरोधों के आगार हैं जो अन्तर्विरोध हिन्दी नवजागरण काल से ही हिन्दी लेखन में चला आ रहा था। इसी कारण हिन्दी नवजागरण के अग्रदूत भारतेन्दु हरिश्चन्द्र के बारे में डॉ. रामविलास शर्मा को कहना पड़ा था कि "भारतेन्दु हरिश्चन्द्र हिंदी के समर्थक नहीं थे। भारतेन्दु हरिश्चन्द्र उर्दू के विरोधी थे। यह अन्तर्विरोध उस युग की सांस्कृतिक परिस्थितियों में निहित था।" शुक्ल जी भी इस अन्तर्विरोध के शिकार थे। पहला प्रश्न तो यह उठता है कि वे इस अन्तर्विरोध के शिकार क्यों हुए? दूसरा प्रश्न यह उठता है कि इस 'अन्तर्विरोध' से बचकर उन्होंने क्या किया और क्या दिया?

महावीर प्रसाद द्विवेदी पहले साहित्य चिन्तक थे जिन्होंने साहित्य को 'साहित्य सीमित साहित्य' के दायरे से बाहर निकालकर यह बताया कि साहित्य को (और साहित्य समीक्षा को भी) किसी भी ज्ञान-विधा से परहेज नहीं करना चाहिए, बल्कि इसमें उन सबका समावेश होना चाहिए। आगे चलकर जब साहित्य तथा साहित्य समीक्षा में समाजशास्त्र, मनोविज्ञान, इतिहास, अर्थशास्त्र, राजनीति शास्त्र तथा विज्ञान और वैज्ञानिकता, सभी का समावेश होने लगा और उसके आधार पर अलग-अलग साहित्यशास्त्र तथा सम्प्रदाय बनने लगे तो वह इसी मौलिक अवधारणा का स्वाभाविक विकास था। अतः ध्यान दिया जाना चाहिए कि इसी अवधारणा के अन्तर्गत कला के लिए कला तथा साहित्य की स्वायत्तता आदि का

खंडन निहित था। शुक्ल जी ने अपनी समीक्षा में जब कलावाद का विरोध किया तो वे प्रकारान्तर से उसी स्थापना की पुष्टि कर रहे थे। अतः आधुनिक हिन्दी समीक्षा के प्रारम्भ में ही द्विवेदी जी की यह स्थापना बहुत महत्त्वपूर्ण साबित हुई। किन्तु आगे चलकर जब यह 'अवधारणा' सम्प्रदायवाद का रूप धारण करने लगी तो हिन्दी समीक्षा मानो घूम-फिरकर प्राचीन साहित्य शास्त्र के अलग-अलग बँटे सम्प्रदायों की ओर लौटने लगी जहाँ किसी ने कहा, वक्रोक्ति ही काव्य है, किसी ने उसे ध्वनि, औचित्य, अलंकार तथा रीति में ही परिभाषित करने का प्रयत्न किया। यह अन्धों द्वारा हाथी के असली रूप को पहचानने की कोशिश करने जैसा प्रयास था। हिन्दी की अद्यतन समीक्षा पद्धतियों में आज तक यह सम्प्रदायवाद चल रहा है। द्विवेदी जी की मंशा कतई यह नहीं रही होगी। वे केवल साहित्य समीक्षा को एक अत्यन्त खुला तथा बहुमुखी मंच दे रहे थे। इसीलिए उन्होंने यह कहा था कि 'ज्ञान राशि के संचित कोष का नाम ही साहित्य है।' साहित्य की यह परिभाषा कोरी फतवा बाजी नहीं थी बल्कि उसके पीछे कहीं व्यापक विचार दृष्टि थी, जिसका उल्लेख ऊपर किया जा चुका है।

किन्तु द्विवेदी जी सभी ज्ञानविधाओं के विशेषज्ञ नहीं थे, न हो सकते थे। उन्होंने केवल हिन्दी समीक्षा की भूमि को उर्वर बनाने के लिए बीज छिड़के थे। जिसका सर्वाधिक तथा शायद सर्वश्रेष्ठ उपयोग रामचन्द्र शुक्ल ही कर सके। उन्होंने विज्ञान, मनोविज्ञान, समाज शास्त्र तथा परोक्ष रूप से राजनीति शास्त्र को भी समीक्षा के दायरे में लाने की कोशिश की। किन्तु हमेशा की तरह उनके पूर्वग्रह तथा आर्यावर्ती संस्कार आड़े आये और वे अन्त में उन सबका परित्याग कर रस की शरण में चले गये। भले ही उन्होंने उस रस को प्रासंगिक तथा आधुनिक बनाने की कोशिश की हो, लेकिन वह कुल मिलाकर एक लीपापोती ही साबित हुई।

द्विवेदी जी ने सबसे पहले भाषा परिमार्जन का कार्य हाथ में लिया तथा 'सरस्वती' पत्रिका के माध्यम से उसे एक ठोस व्यावहारिक आधार दिया। भारतेन्दु ने निज भाषा की उन्नति को उन्नति मात्र का मूलाधार जरूर माना लेकिन वे तथा उनके मंडल के अन्य लोग अशुद्ध तथा केवल उर्दू शब्दों का बहिष्कार करनेवाली लद्धड़ और लड़खड़ाती हिन्दी लिखते रहे। द्विवेदी जी ने यह कर दिखाया कि भाषा की उन्नति मतलब भाषा का प्रचार ही नहीं, उसे व्यवस्थित रूप देते हुए उसका विकास करना भी है।

रामचन्द्र शुक्ल ने जहाँ छन्द विहीन मुक्त छन्द वाली कविता की आलोचना की है और इसी आधार पर निराला की मुक्तछन्द वाली कविताओं को नकलची कविताएँ करार कर दिया है और उन्हें अमेरिकी कवि वाल्ट ह्विटमैन की कविताओं

की नकल करने वाला कवि माना है, वहीं द्विवेदी जी पद्य के नियमों को कविता के लिए बेड़ियाँ मानते हैं जिनके कारण कविता की स्वाभाविक उड़ान में बाधा पड़ती है।

रामचन्द्र शुक्ल की समीक्षा दृष्टि कहीं कहीं इतनी संकुचित है कि यद्यपि उन्होंने तत्कालीन किसी भी समीक्षक की अपेक्षा पाश्चात्य साहित्य की काव्य तथा समीक्षा शास्त्र की अद्यतन प्रवृत्तियों का विधिवत अध्ययन किया था, किन्तु वे साहित्य में आनेवाली प्रत्येक नयी प्रवृत्ति को विदेशी प्रभाव से ग्रस्त मानने लगे थे। उन्होंने न केवल सूफी प्रभाववाली प्रवृत्ति को विदेशी कहकर उसकी अवहेलना की और काव्य में रहस्यवाद का बहिष्कार उसे विदेशी प्रभाव मानकर भी किया और फिर छायावाद पर तो वे उसे विदेशी कलम कहकर टूट ही पड़े, जबकि द्विवेदी जी किसी भी प्रभाव को स्वाभाविक मानकर उसे मुक्त हृदय से ग्रहण करने के लिए तैयार दीखते हैं, यदि वह स्वस्थ प्रवृत्ति वाला प्रभाव हो। नाट्यशास्त्र के नियमों को भी वे अपने समय के सन्दर्भ में ही प्रासंगिक समझते हैं और पाश्चात्य समीक्षा प्रणाली के भी आवश्यक तथा उपयोगी गुणों को अपनाने की राय देते हैं, जबकि रामचन्द्र शुक्ल जैसा कि ऊपर दिखाया जा चुका है, उन्हें कई जगहों पर अपनाने के बाद भी उनसे प्रभावित समीक्षा तथा काव्य का बहिष्कार करते हैं।

द्विवेदी जी तो लिखते हैं, 'दूसरों के द्वारा प्राप्त ज्ञान से लाभ उठाने की परम्परा और परिपाटी तो परम्परा से ही चली आ रही है। वस्तुतः शुक्ल जी का दृढ़ तथा एक हद तक रूढ़ व्यक्तित्व एक ओर तो कोई ऋण स्वीकार नहीं करना चाहता और उनमें अपने विचारों को स्वीकार कराने की हठधर्मिता भी है।

निश्चित रूप से शुक्ल जी ने अपनी अप्रतिम प्रतिभा से इतना ज्ञान संचय कर लिया था कि उन्हें अपने आसपास के लोग लिलिपुटियन और बौने नजर आने लगे थे किन्तु ज्ञान और भावबोध में बड़ा अन्तर होता है। शुक्ल जी का भावबोध पारम्परिक था और ज्ञान आधुनिक तन्तुओं से बुना हुआ। इन दोनों में अकसर टकराहट होती थी किन्तु शुक्ल जी अकसर उसे दबा देते थे और अपने परम्परा तथा तत्कालीन समाज अनुमोदित विचारों को ही निष्कर्ष के रूप में आगे ले आते थे।

द्विवेदी जी यद्यपि संस्कृत और शास्त्रों की परम्परा में रचे बसे थे, किन्तु उनके सामने यह स्पष्ट हो चुका था कि दुनिया कितनी बदल चुकी है और समाज और साहित्य को भी उसके अनुरूप बदलना चाहिए और यह भी कि यह उनका सम्पादकीय तथा लेखकीय दायित्व भी है और इसी दायित्व का निर्वाह उन्होंने जीवन भर यथासम्भव किया। वे आधुनिक समीक्षा की एक उर्वर पृष्ठभूमि बना

गये। जगह-जगह उसकी पचखियाँ छोड़ते हुए शुक्ल जी ने उन्हीं पचखियों से जोड़ती हुई अपनी समीक्षा की उन्नति और ऊँची दीवार खड़ी की। शुक्ल जी के व्यक्तित्व में अधिक जटिलता तथा पेंचोखम था किन्तु उन्होंने अपने भीतर की इस जटिल उधेड़बुन को सामने न लाकर उसे सरलीकृत तथा सामान्यीकृत करते हुए ही अभिव्यक्ति किया।

इस समय तक की हिन्दी समीक्षा में यह बात ध्यान देने योग्य है कि इस काल के समीक्षकों में से कोई समीक्षक मुख्य रूप से गद्य-साहित्य का समीक्षक नहीं था। यानी इस समय तक की हिन्दी गद्य-साहित्य की समीक्षा में कोई विकास नहीं परिलक्षित होता।

आधुनिक गद्य साहित्य और मुख्यतः रचनात्मक गद्य साहित्य की ओर सबसे पहले ध्यान आकृष्ट किया नन्द दुलारे वाजपेयी ने।

नन्द दुलारे वाजपेयी (1906-1968)

यद्यपि उन्हें मुख्यतः छायावादी कविता के प्रथम समीक्षक के रूप में ही जाना जाता है, किन्तु वाजपेयी ने अपने समय की प्रमुख रचनात्मक गद्य कृतियों का भी विधिवत और विस्तार से विश्लेषण किया।

किन्तु पहले उनकी साहित्य दृष्टि को समझ लेना चाहिए। वाजपेयी जी की समीक्षा का प्रारम्भ अपने गुरू तथा सर्वश्रेष्ठ समीक्षक आचार्य रामचन्द्र शुक्ल की कुछ स्थापनाओं का विरोध करते हुए हुआ। सबसे पहले तो उन्होंने शुक्ल जी की केन्द्रीय स्थापना 'लोकमंगल वाद' से ही अपनी असहमति व्यक्त की क्योंकि वे उसे साहित्येतर प्रतिमान मानते हैं और कहते हैं कि शुक्ल जी का 'रसवाद' और लोकमंगलवाद दोनों एक ही हैं किन्तु ऐसा लगता है कि वे यह लोकमंगल वह साहित्य के क्षात्र धर्म (क्षत्रिय धर्म) द्वारा चाहते हैं जिसके द्वारा वह अनीति, अमंगल तथा अन्य अभावों का उन्मूलन करेगा। वाजपेयी जी इसे साहित्य का साहित्येत्तर कार्य मानते हैं।

इसके बाद वे अपनी समीक्षा के केन्द्रीय विषय छायावाद पर आते हैं और कहते हैं कि छायावाद कतई पश्चिमी 'रोमैंटिसिज्म' का भारतीयकरण नहीं था। उसकी अपनी सामाजिक पीठिका थी। वह निस्सन्देह भारत में स्थित थी। उसके पीछे भारतीय नवजागरण की पृष्ठभूमि थी जिसमें नारी की स्वतन्त्रता, रूढ़ियों और कुरीतियों का बहिष्कार, समाज में जनचेतना का आह्वान आदि सब शामिल हैं और वह केवल वायवीय, स्वप्निल, कुहरीली साध्य भाषा का काव्य नहीं है। सन् '36 तक आते-आते उसमें स्वतन्त्रता संघर्ष के स्वर भी जुड़ जाते हैं। शुक्ल जी ने

इन सबको अनदेखा किया। वाजपेयी जी ने छायावाद की परिभाषा इस रूप में दी, 'मानव अथवा प्रकृति के सूक्ष्म किन्तु व्यक्त सौन्दर्य में आध्यात्मिक छाया का भान मेरे विचार से छायावाद की एक सर्वमान परिभाषा हो सकती है।' वे छायावाद में निहित आध्यात्मिकता को तो स्वीकार करते हैं किन्तु वह किसी धार्मिक सम्प्रदाय से जुड़ी हुई आध्यात्मिकता नहीं है। वाजपेयी जी छायावाद को मानववाद तथा सांस्कृतिक नवोत्थान का काव्य मानते हैं, प्रसाद जी के प्रसिद्ध काव्य 'कामायनी' को वे 'मानवीय विरह' का काव्य मानते हैं जिसमें 'अलौकिक आध्यात्मिकता' भी छिपी हुई है। प्रसाद के बारे में वे लिखते हैं, 'मेरा दृढ़ विचार है कि प्रसाद जी वास्तववाद (यथार्थवाद) वस्तुतन्त्र के प्रवर्तक हैं।'' वे प्रसाद को साहित्यिक प्रगतिशीलता का कवि मानते हैं और निराला को साहित्य में प्रगतिवाद का संस्थापक मानते हैं। वे अपनी आध्यात्मिकता की परिभाषा भी बताते हैं, 'साहित्य में आध्यात्मिकता से आशय यही है कि उसका रचयिता अपनी रचना के समय अतिशय उदार और गम्भीर मानवीय गुणों से सम्पन्न होता है।' मानवीय होना का अर्थ वे सेक्युलर होना मानते हैं। और लौकिकता का अर्थ भी वे मानवीयता ही मानते हैं। उनकी दृष्टि में साहित्य मुख्यतः मानवीय व्यापार है और उसके केन्द्र में मनुष्य है। भारत के प्राचीन रहस्यवाद के वे विरोधी हैं और मानते हैं कि उसके कारण प्राचीन काव्य में विकृति ही आयी। भारतीय मानववाद को वे पश्चिमी मानववाद से भिन्न मानते हैं और कहते हैं कि मानवतावाद और मानववाद मानवतावाद दो भिन्न चीजें हैं। किन्तु इस भिन्नता की वाजपेयी जी अलग से कोई व्याख्या नहीं करते और केवल टॉल्सटॉय तथा शेक्सपीयर का उदाहरण देकर रह जाते हैं।

जहाँ तक रहस्यवाद का सम्बन्ध है, छायावादी कविता में रहस्यात्मकता या रहस्य की अनुभूति को शुक्ल जी तथा वाजपेयी जी दोनों भारत के प्राचीन रहस्यवाद से जोड़कर देखते हैं और इस रूप में शुक्ल जी उसकी निन्दा करते हैं और वाजपेयी जी उसकी स्तुति। जबकि कविता के सन्दर्भ में दोनों यह समझ नहीं पाते कि कविता का मूल तत्त्व है ऐम्बीग्युटी या एक खास प्रकार की अस्पष्टता, जिसके बिना कविता बन ही नहीं सकती और जिसकी शुरुआत प्रसाद की कविता से होती है। ऐसा नहीं कि शुक्ल जी इम्पसन द्वारा प्रतिपादित 'सेवेन टाइप्स ऑफ ऐम्बीगुएटीज़' से परिचित न हों, किन्तु न जाने क्यों उन्हें छायावादी कविता में रहस्यवाद ही रहस्यवाद दीखा, वह भी पश्चिम से आयातित रहस्यवाद। रहस्यवाद का यह भ्रमजाल रचने में स्वयं छायावादी कवियों की काव्य, भूमिका भी रही है। उन्होंने अपनी कविता को परम्परा अनुमोदित सिद्ध करने के लिए उसे वेद-वेदान्तों से जोड़ना शुरू कर दिया। सबसे पहले प्रसाद जी ने रहस्यवाद के सम्बन्ध

में लिखा, 'उसका (छायावाद का) सम्बन्ध जिस रहस्यवाद से जोड़ा जाता है वह प्राचीनतम वैदिक साहित्य तथा उपनिषदों की मौलिक परम्परा का पल्लवन है। किन्तु आगे वह लिखते हैं, 'छायावाद के मूल में रहस्यवाद भी नहीं है।' महादेवी जी ने लिखा, 'जो (छायावाद) प्रकृतिवाद, अध्यात्मवाद, रहस्यवाद आदि अनेक नामों का भार सम्भाल सके।' निराला ने तो अपने को उस हद तक परम्परावादी सिद्ध करने की कोशिश की कि वे कविता की प्रत्येक प्रवृत्ति को वेदान्त से निकला हुआ मानने लगे जबकि उनकी किसी कविता का वेद-वेदान्त से कहीं कोई सम्बन्ध जुड़ता हुआ नहीं दीखता।

इस प्रकार अपने बारे में भ्रमजाल फैलाने में स्वयं छायावादी कवियों की भूमिका कम नहीं थी। समीक्षकों में शुक्ल जी ने अज्ञात के प्रति कौतूहल या जिज्ञासा को स्वाभाविक रहस्यवाद कहते हुए स्वीकार कर लिया, किन्तु साम्प्रदायिक रहस्यवाद को कविता से खारिज कर दिया। यह स्वाभाविक रहस्यवाद उन्हें केवल सुमित्रानन्दन पन्त की कविताओं में दीखा। वे साम्प्रदायिक रहस्यवाद उसे कहते हैं जो संसार को मिथ्या मानता हो और केवल उसे ब्रह्म प्रतिबिम्ब मानता हो।

प्रसाद जी ने अपनी छायावादी कविता में आनन्दवाद की प्रतिष्ठा करने की कोशिश की और उसे ही रहस्यवाद से जोड़ा जो बुद्धिवाद के विपरीत जाता है। किन्तु वे भी संसार को मिथ्या न मानने वाले रहस्यवाद को ही स्वीकार करते हैं। इसलिए उसे भी शुक्ल जी वाला स्वाभाविक रहस्यवाद ही समझना चाहिए।

जैसा कि ऊपर कहा गया है, निराला जी सबकुछ को वेदान्त से जोड़ने के बाद सबकुछ को रहस्यवादी बना देते हैं। वे लिखते हैं, 'तमाम आर्य साहित्य का मूल यही रहस्यवाद है...पौराणिक रूप को और छायाओं से परे जो सत्य है, वही हम रहस्यवादियों तथा छायावादियों का लक्ष्य है।' इस प्रकार छायावादी कवियों के ये विचार खुद एक भ्रमजाल रचते हैं जिसका वस्तुतः उनकी कविताओं से कोई सीधा सम्बन्ध नहीं था।

वाजपेयी जी भी मूलतः छायावाद और रहस्यवाद को एक ही मानते हैं और वे रहस्यवाद का मूल या उत्स ढूँढ़ने के पचड़े में नहीं पड़ते। ऐसा प्रतीत होता है कि वाजपेयी अपनी समीक्षा में न तो परम्परा में (शुक्ल जी की तरह) बहुत दूर तक जाते हैं और न पश्चिमी समीक्षक के प्रति अधिक मुखापेक्षी होते हैं, बल्कि उधर अधिक दृष्टिपात भी नहीं करते हैं। वे अपनी एक अलग समीक्षा दृष्टि विकसित करने की चेष्टा करते हैं। किन्तु उन्हें इसमें अधिक सफलता नहीं मिलती, क्योंकि उनकी समीक्षा मूलतः प्रतिक्रिया में लिखी गयी समीक्षा है और वह उनकी दृष्टि को अधिक सीमित कर देती है।

शुक्ल जी की समीक्षा आदि छायावाद की देहरी पर आकर चुक जाती या रुक जाती है तो वाजपेयी जी की समीक्षा कविता में प्रयोगवाद और गद्य साहित्य में प्रेमचन्द तक आकर रुक जाती है। प्रेमचन्द पर उन्होंने सम्भवतः हिन्दी में पहली पुस्तक लिखी थी और फिर जैनेन्द्र और अज्ञेय आदि पर भी निबन्ध लिखे। इस प्रकार उन्होंने अपने को गद्य और पद्य साहित्य पर समान अधिकार रखने वाले समीक्षक के रूप में प्रतिष्ठित करने का प्रयत्न किया किन्तु उन्होंने प्रेमचन्द तथा छायावादियों को तो एक हद तक समझा, किन्तु प्रयोगवाद और नयी कविता तक आकर वे गच्चा खा गये। समीक्षा में नितान्त स्वतन्त्र दृष्टि बहुत अच्छी नहीं होती। वाजपेयी जी की समीक्षा इसका ज्वलन्त उदाहरण है। छायावाद के बाद वाजपेयी जी ने 'प्रयोगवादी' कविताओं की समीक्षा करने की कोशिश की। 1945 में प्रकाशित 'तारसप्तक' की कविताओं की समीक्षा करते हुए सम्भवतः पहली बार उन्होंने ने ही प्रयोगवाद नाम भी दिया था। 'तारसप्तक' की भूमिका में अज्ञेय ने उसमें संकलित कविताओं के सन्दर्भ में प्रयोग शब्द का इस्तेमाल किया था और फिर दूसरा सप्तक की भूमिका में प्रयोगशील शब्द का। अज्ञेय ने वहाँ प्रयोगवाद जैसी कोई नयी काव्य प्रवृत्ति चलाने की बात नहीं की थी। वाजपेयी जी ने ही उन्हें व्यंग्य से प्रयोगवादी कहा। इन कविताओं के प्रति उनकी प्रतिक्रिया बहुत अनुकूल नहीं थी। उन्होंने उन पर उलझी हुई संवेदना, अतिरिक्त बुद्धिवादिता तथा वैचित्र्यवाद आदि अनेक आरोप लगाये तथा कहा कि उनमें सामाजिक बोध नहीं है, वह मूलतः साहित्यिक अनाचार है। वस्तुतः उनकी समीक्षा कविताओं पर कम, अज्ञेय के वक्तव्यों पर अधिक आधारित थी। सप्तकों की कविताओं में सामाजिकता का अभाव न था। उनमें रामविलास शर्मा, मुक्तिबोध, शमशेर बहादुर सिंह, रघुवीर सहाय आदि कवि सम्मिलित थे जो कविता की प्रगतिशील धारा से जुड़े थे। वाजपेयी जी की प्रगतिवाद के प्रति भी कोई बहुत अच्छी धारणा न थी। इसी को उनकी सर्वथा स्वतन्त्र समीक्षा दृष्टि कहा जा सकता है जो छायावाद को तो सांस्कृतिक नवोत्थान की कविता मानती है, किन्तु 'नयी कविता' तक की कविताओं में कुछ खास नहीं दीखा। उनके प्रति वे असहिष्णु ही बने रहे। यह असहिष्णुता तथा नितान्त स्वतन्त्र दृष्टि समीक्षा को एकांगी ही नहीं बनाती, पूर्वग्रहग्रस्त भी बना देती है। इससे वाजपेयी जी की काव्य रुचि का भी पता चलता है। वाजपेयी जी ने प्रयोगवादी नहीं कही जानेवाली जिन नयी कविताओं की प्रशंसा भी की, वे शृंगारिक ही अधिक थीं। उन्हें उसमें सुनहरी सेज, कटते हुए नीवि बंधन और सेज पर जूही का फूलना आदि ही अधिक प्रिय लगा। विश्वकविता में रोमैंटिसिज्म के बाद की आधुनिक कविताओं से भी उनका अधिक सम्पर्क नहीं जान पड़ता वरना वे नयी कविता के बिम्बों, प्रतीकों, संकेतों और मुक्तिबोध तथा शमशेर की

कविताओं की सुरियलिज्म (अतियथार्थवाद) वाली सूक्ष्म शैली वाली कविताओं की विशेषताओं को और पकड़ पाते। उनकी काव्य दृष्टि अत्यन्त सीमित तथा संकीर्ण ही बनी रही। अज्ञेय तथा जैनेन्द्र की कथा कृतियों का उन्होंने अपेक्षाकृत बेहतर विश्लेषण किया और प्रेमचन्द के गोदान की सीमाओं को भी पहचाना।

बाद में उनकी काव्य दृष्टि अवश्य कुछ संयत तथा उदार हुई और उन्होंने नयी कविता में मानवतावाद और धर्मनिरपेक्षता भी देखी।

डॉ. नगेन्द्र (1915–)

डॉ. नगेन्द्र भी वाजपेयी जी की तरह मूलतः छायावादी कविता के ही समीक्षक थे और उन्होंने छायावाद को 'सूक्ष्म का स्थूल के प्रति विद्रोह' कहा था जिससे लगता है कि वे द्विवेदी युग की इतिवृत्तात्मक कविता के विरोधी थे। किन्तु उन्होंने प्रारम्भ में एक पूरी पुस्तक मैथिली शरण गुप्त पर लिखी थी जिसकी रामचन्द्र शुक्ल ने अपने इतिहास में प्रशंसा की थी। लेकिन फिर उन्होंने सुमित्रानन्दन पर भी पुस्तक लिखी और छायावाद के परम प्रशंसक बन गये। यह पल-पल परिवर्तित होनेवाला 'प्रोटिचन' चरित्र उनकी समीक्षा का 'स्थायी' गुण बन गया। अपने परिपक्व दिनों में उन्होंने रसशास्त्र पर भी एक विशाल गम्भीर ग्रन्थ लिखा था और क्रमशः उनकी समीक्षा फिसलते फिसलते शैली, विज्ञान तथा पाठालोचन तक आ गयी थी। अपने को निरन्तर अपटूडेट या अपडेट रखना डॉ. नगेन्द्र की समीक्षा दृष्टि की खास विशेषता थी। अपनी समीक्षा पद्धति में उन्होंने मनोवैज्ञानिक दृष्टि भी भरने की कोशिश की थी।

दरअसल, डॉ. नगेन्द्र प्रगतिवाद तथा प्रयोगवाद, दोनों के विरोध में रसवादी हो गये थे। देखने की जरूरत है कि समीक्षा की उनकी यह रसवादी दृष्टि क्या थी?

डॉ. नगेन्द्र अँग्रेज़ी से हिन्दी में आये थे। वे अँग्रेज़ी साहित्य के विद्यार्थी थे। वे जीवन तथा समीक्षा और साहित्य में भी एक अत्यन्त महत्त्वाकांक्षी व्यक्ति थे। वे दोनों में आचार्य पद प्राप्त करना चाहते थे। समीक्षा के लिए उन्होंने इसीलिए सारे फॉर्मूले अपनाये। इसलिए उनकी समीक्षा 'पल्लवग्राही' ही बनी रही। उनके प्रिय कवि सुमित्रानन्दन पन्त ने भी 'पल्लव' से लेकर 'युगवाणी', 'युगान्त', 'लोकायतन' और 'कला' और 'बूढ़ा चाँद' तक अनेक प्रयोग किये किन्तु अन्त में वे भी गुलिवर ट्रॉवेल्स की तरह अन्त में धर्मवीर भारती के शब्दों में लिलिपुटियन ही बनकर रह गये।

डॉ. नगेन्द्र के साथ भी कुछ ऐसा ही हुआ और उनका रस सिद्धान्त उनका वाटरलू ही सिद्ध हुआ। उसके बाद वे हिन्दी साहित्य समीक्षा में निरन्तर अप्रासंगिक

सिद्ध होते गये। अपने समकालीन हजारी प्रसाद द्विवेदी और डॉ. रामविलास शर्मा जैसे समीक्षकों के विपरीत।

डॉ. नगेन्द्र की 'रस सिद्धान्त' पुस्तक केवल 'रस सिद्धान्त' पर केन्द्रित न होकर सभी प्राचीन काव्य सम्प्रदायों का सर्वेक्षण है जो प्राचीन भारतीय साहित्य शास्त्र सम्प्रदायों में रुचि रखनेवालों के लिए उपयोगी हो सकती है, आधुनिक साहित्य तथा समीक्षा के सन्दर्भ में उसकी कोई उपयोगिता नहीं है। इसके अलावा प्राचीन साहित्य शास्त्रों के विश्लेषण में लेखक अपनी स्वतन्त्र तथा मौलिक समीक्षा दृष्टि का परिचय नहीं देता।

कुल मिलाकर डॉ. नगेन्द्र की समीक्षा दृष्टि अनेक प्रकार की समीक्षा सरणियों के हाशिये पर ही चक्कर लगाती रह जाती है।

आचार्य हजारीप्रसाद द्विवेदी (1907-1979)

आचार्य हजारी प्रसाद द्विवेदी की समीक्षा दृष्टि भी यद्यपि आचार्य रामचन्द्र शुक्ल की तरह ही मूलतः भक्ति और रीति काल से आगे नहीं बढ़ती, किन्तु उन्होंने मुख्यतः आदिकाल के काव्य की जो व्याख्या की है, वह शुक्ल जी के विवेचन से सर्वथा विपरीत है और इसी तरह भक्ति काव्य में आचार्य शुक्ल ने कबीर के काव्य के बारे में जो कहा है, आचार्य द्विवेदी की काव्य विश्लेषण दृष्टि उससे बिलकुल भिन्न है। डॉ. नामवर सिंह की दृष्टि में वह अधिक प्रगतिशील तथा मानवीय गुणों से सम्पन्न समीक्षा दृष्टि है। वे आचार्य द्विवेदी के 'आलोचक' के बारे में लिखते हैं, 'आचार्य हजारी प्रसाद द्विवेदी समालोचकों की उस महान परम्परा में अन्यतम हैं, जहाँ सर्जनात्मक और आलोचनात्मक, दोनों प्रकार की प्रतिभाओं का दुलर्भ मणिकांचन योग पाया जाता है।' वस्तुतः आचार्य द्विवेदी रूढ़ अर्थ में साहित्य समीक्षक थे ही नहीं, वे साहित्य चिन्तक थे। उनकी साहित्य अवधारणा बहुत व्यापक तथा विस्तृत थी जिसकी चर्चा हम आगे तनिक विस्तार से करेंगे। यही व्यापकता उनकी समीक्षा का केन्द्र भी है। साहित्य को इतने व्यापक परिप्रेक्ष्य में रखकर विचार करनेवाला सम्भवतः कोई दूसरा समीक्षक नहीं हुआ। वे अत्यन्त मुक्त मस्तिष्क से विचार करनेवाले समीक्षक हैं। उनमें शुक्ल जी की तरह कोई आग्रह नहीं है और न वाद-विवाद वाली तथा प्रतिद्वन्द्वी को ध्वस्त करनेवाली अकाट्य तार्किकता।

आचार्य शुक्ल की तरह ही उन्होंने अपने काव्य चिन्तन का प्रारम्भ रस चिन्तन से ही किया, क्योंकि काव्य समीक्षा के अनेक सम्प्रदाय होने के बावजूद समस्त प्राचीन काव्य चिन्तन रसशास्त्र पर ही आकर केन्द्रित हो गया था और विरासत

में वही साहित्य शास्त्र परम्परावादी हिन्दी साहित्य समीक्षकों को भी मिला। किन्तु यह रस शास्त्र ही केन्द्र में क्यों आया और यही परम्परा आगे चलकर फलती रही। द्विवेदी जी ने प्रकारान्तर से यह भी जानने की कोशिश की है और बिना किसी विचारधारात्मक पूर्वग्रह के उसके इतिहास का भी उद्घाटन किया है। समस्त रसशास्त्र काव्य को सहृदय के लिए लिखा गया साहित्य मानता है। इसी सहृदय का भाव विभाव और संचारी भाव के संयोग से साधारणीकरण होता है। किन्तु यह सहृदय है कौन? क्या यह सर्वसाधारण मनुष्य है? इस प्रश्न का उत्तर ढूँढ़ने पर पता चलता है कि यह 'सहृदय' साधारण मनुष्य तो है ही नहीं, सहृदय हो पाना कोई आसान काम नहीं है। इस उच्चपद पर पहुँचने के लिए अनेक गुणों से विभूषित होना चाहिए। आचार्य द्विवेदी ने रस तथा सहृदय का सैद्धान्तिक विवेचन करने के बजाय उसका व्यावहारिक विवेचन कर उसका इतिहास बताया है। सामान्यत: लोग अभिनव गुप्त द्वारा निर्धारित इस परिभाषा को ही यथावत ग्रहण करके उसका विवेचन करने लगते हैं कि 'काव्य और शास्त्र के निरन्तर अध्ययन और अनुशीलन और अभ्यास से जिसका मन मुकुर विमल हो चुका हो और जो कवि के भाव के साथ हृदय संवाद रखने की क्षमता रखता हो, वही सहृदय है। रसशास्त्र के प्रणेता भरतमुनि ने भी प्रेक्षक की प्राय: यही विशेषताएँ बताई हैं। उसे अत्यन्त संवेदनशील होना चाहिए, रूपवान तथा उच्चवर्ण (वर्ग) का होना चाहिए। उसमें विलासप्रियता, रसिकता तथा शृंगारप्रियता होनी चाहिए। इस प्रकार यह सहृदय सामन्ती वर्ग का व्यक्ति होता है जो धन सम्पन्न हो तथा जिसके पास काव्य विनोद का पर्याप्त अवकाश हो। इस प्रकार हम देखते हैं कि 'रस' कुल मिलाकर शृंगाररस का पर्याय हो गया था और वात्स्यायन के कामसूत्र का 'नागरिक' हो गया। इसीलिए व्याख्याकारों ने शृंगाररस को ही रसराज घोषित कर दिया था। द्विवेदी जी रस की इस व्याख्या तथा अवधारणा को ही स्वीकार नहीं करते जिसके केन्द्र में मनुष्य कहीं है ही नहीं और उसके आधार पर लिखा गया काव्य या नाटक केवल सामन्तों और विलासियों का मनोरंजन करनेवाला साहित्य है। यानी रस की पूरी परिकल्पना तथा अवधारणा सामन्तवादी है, और आज के सन्दर्भ में पूरी तरह त्याज्य और निकृष्ट है। किन्तु शुक्ल जी तो अपनी समीक्षा के केन्द्र में इसी को रखते हैं और अपने अन्तिम अपूर्ण ग्रन्थ 'रसमीमांसा' में इसी की स्थापना करते हैं। यद्यपि शुक्ल जी 'रस' की अपनी अवधारणा तथा व्याख्या प्रस्तुत करते हैं किन्तु उनके जैसा बुद्धिवादी तथा आधुनिकता और आधुनिक समीक्षा सरणियों से पूरी तरह परिचित समीक्षक का रसवादी हो जाना चमत्कृत तो करता ही है। द्विवेदी जी भी रस का पूरी तरह परित्याग नहीं करते किन्तु देखने की जरूरत है कि वे 'रस' को क्या समझते हैं और उसे क्यों आवश्यक मानते हैं?

रस की अपनी इस नयी अवधारणा और व्याख्या के लिए डॉ. नामवर सिंह के अनुसार द्विवेदी जी ने भारतीय साहित्य में एक दूसरी परम्परा ढूँढ़ ली जिसमें उन्हें अपना सम्पूर्ण मनुष्य दिखाई पड़ा। यह दूसरी परम्परा थी बाल्मीकि और कालिदास के काव्य की। अपनी इस मान्यता को प्रमाण पुष्ट करने के लिए द्विवेदी जी वैदिक साहित्य में भी जाते हैं जिसकी दृष्टि में मनुष्य, प्रकृति, जड़ और चेतन सभी एक हैं। उसी 'आनन्द' की अभिव्यक्ति हैं जो रस का अभीष्ट है। यह आनन्द आस्वाद का आनन्द नहीं है बल्कि मनुष्य को बन्धनमुक्त होने की प्रेरणा देता है। द्विवेदी जी की यह स्थापना किंचित उलझन में डालने वाली है, रस केवल आनन्द के बजाय मनुष्य को बन्धनमुक्त होने की प्रेरणा कैसे देता है? यह स्थापना कुछ दूर की कौड़ी जान पड़ती है। किन्तु डॉ. नामवर सिंह इसका तार्किक आधार प्रमाणित करने के लिए कहते हैं कि बाल्मीकि इस बन्धनमुक्ति के लिए नेता (नायक या उन्नायक) के रूप में राम को सामने लाते हैं और रामायण की रचना करते हैं। भारतीय जनमानस में राम सामान्य मनुष्य को अत्याचार और शोषण के बन्धन से मुक्त करानेवाले नेता के रूप में ही प्रतिष्ठित हैं। बहरहाल, द्विवेदी जी की इस स्थापना से सहमत या असहमत हुआ जा सकता है, किन्तु उन्होंने सामन्तवादी जकड़बन्दी वाली अवधारणा से मुक्ति दिलाने की चेष्टा तो की ही है।

वस्तुतः द्विवेदी जी की समीक्षा दृष्टि का सबसे महत्त्वपूर्ण अवदान यह है कि उन्होंने साहित्य को समस्त कलाओं से संयुक्त करके एकसूत्रता में पिरोया और यह स्पष्ट किया कि साहित्य या काव्य अपने आप में सीमित तथा स्वायत्त नहीं है, बल्कि समस्त कला विधाओं की अपनी-अपनी अभिव्यक्ति प्रणाली का ही अंग है जिसकी अपनी अभिव्यक्ति प्रणाली है। लेकिन यह अभिव्यक्ति प्रणाली भी दूसरी कलाओं की अभिव्यक्ति प्रणाली से जुड़ी हुई है। अपनी बात को स्पष्ट करने के लिए उन्होंने रीतिकालीन कविता के सन्दर्भ में चित्रकला की राजपूत शैली तथा कांगड़ा शैली को आधार बनाया जिससे पता चलता है कि उस काल की कविता तथा चित्रकला किस प्रकार एक दूसरे से आदान-प्रदान कर रहे थे और एक दूसरे से 'प्रेरणा' ग्रहण कर रहे थे।

द्विवेदी जी समस्त कला विधाओं में एकसूत्रता स्थापित करने में छन्द की भूमिका को ही प्रमुख मानते हैं। छन्द अभिव्यक्ति की इच्छा है अर्थात सृजन ही प्रेरणा का आधार है जो समस्त कलाओं में व्याप्त है। छन्द ही द्विवेदी की लालित्य (सौन्दर्य) वाली अवधारणा का बीज है। हिन्दी के किसी भी अन्य समीक्षक ने समस्त कलाविधाओं की इस अन्तर्निहित एकसूत्रता को नहीं पहचाना है। शुक्ल जी तो इसके लिए कलावादियों से मारामारी करने लगते हैं क्योंकि वे इस एकसूत्रता

को नहीं देख पाते। इस प्रकार द्विवेदी जी ने साहित्य का एक नया सौन्दर्यशास्त्र ही रच डाला है। इसके पीछे एक नया तत्त्ववाद भी है जो इस प्रक्रिया में ज्ञान, इच्छा और कर्म को भी एकसूत्रता में पिरो देता है।

यही नहीं, द्विवेदी जी धर्म और कला को भी अलग-अलग नहीं मानते। "इस युग में धर्म और कला को अलग-अलग रखकर विचार नहीं किया जा सकता।" यह बात भक्तिकाल के काव्य के सन्दर्भ में महत्त्वपूर्ण हो जाती है। भक्तिकाल के कवि धार्मिक ही थे, किन्तु अपनी भक्ति साधना की तन्मयता तथा सृजन क्षण की समाधिस्थ स्थिति में जो वाणी फूटती थी, वह काव्य ही तो थी। चित्रकला, मूर्तिकला, वास्तुकला, धर्मविधान तथा साहित्य, सभी मनुष्य की सृजनेच्छा के ही परिणाम हैं। वास्तविक समीक्षादृष्टि इसी समग्रता को पहचान पाती है। जो नहीं पहचान पाती, वह एकांगी समीक्षा है। द्विवेदी जी ने समीक्षा की इसी समग्रता को पहचाना था।

द्विवेदी जी की समीक्षा की दूसरी महत्त्वपूर्ण विशिष्टता उसकी इतिहास दृष्टि और परम्परा बोध है। अतीत और वर्तमान के बीच निरन्तरता के बोध को द्विवेदी जी इतिहासबोध तथा परम्पराबोध के लिए अनिवार्य मानते हैं, क्योंकि इसी के द्वारा हम परम्परा तथा आधुनिकता के बीच सम्बन्ध स्थापित कर पाते हैं। किन्तु अतीत के प्रति द्विवेदी जी की दृष्टि शोधात्मक और गवेषणात्मक है, उसमें अतीत की उपयोगी वस्तुओं का चयन करके वर्तमान से उसकी अविच्छन्नता स्थापित करने की कोशिश है। प्राचीन के अध्ययन को वे साधन ही मानते हैं, सिद्धि नहीं। वे परम्परावादी नहीं हैं, न पुनरुत्थानवादी हैं। वे उन परम्परावादियों की आलोचना करते हैं जो अतीत में जाकर वहीं बैठ जाते हैं। वे प्राच्यवादी(ओरिएंटलिस्ट) पश्चिमी विद्वानों के श्रम का आदर तो करते हैं, किन्तु जानते हैं कि हमारा अतीत उनका अतीत नहीं हो सकता, हमारे अतीत के प्रति वे वह आत्मीयता तथा संग्लनता नहीं अनुभव कर सकते हैं, जो हम करते हैं और इसीलिए उससे विच्छिन्नता का दुख भी वे नहीं समझ सकते। द्विवेदी जी यह भी जानते हैं कि हमारे अतीत में उनकी दिलचस्पी अपने वर्तमान के लिए उपयोगी चीजें चुनने के लिए है।

लेकिन अतीत के प्रति द्विवेदी जी की चिन्ता का मुख्य विषय यह है कि किन्हीं कारणों से हमारी परम्परा का स्रोत सूख गया है और वह हम तक नहीं पहुँच पा रहा है और इसी कारण उससे हमारा जीवन्त सम्पर्क नहीं हो पा रहा है। हम परम्परा की बहुत बातें करते हैं, किन्तु यह नहीं जान पाते कि परम्परा और हमारे बीच एक गहरी खाई उत्पन्न हो गयी है और परम्परा विहीन होकर कोई वर्तमान सम्पन्न नहीं हो सकता। सम्भवतः इसी कारण हमारा साहित्य भी मूलहीन (रूटलेस) साहित्य बनकर रह गया है और जिसकी जड़ें सूख गयी हैं।

साहित्य का वह बिरवा लहलहा नहीं सकता। तथाकथित आधुनिक साहित्य को द्विवेदी जी शायद इन्हीं कारणों से बहुत उच्चस्तरीय नहीं मानते, क्योंकि उसका अधिकांश पश्चिम से आयातित है। इसीलिए उसमें वह जीवन्तता या स्वाभाविकता नहीं है। और दूसरी ओर जो तथाकथित परम्परावादी साहित्य है, वह तो केवल शवसाधना कर रहा है। उसमें प्राण नहीं है, केवल प्राचीन पोथियाँ हैं। वे नहीं जानते कि जो वे ढो रहे हैं, वह परम्परा नहीं है, परम्परा का शव है। अतीत से हमारी इसी विच्छिन्नता को लक्ष्य कर रवीन्द्र नाथ टैगोर ने बड़ी व्यथा से लिखा था, 'न जाने किस जगह हमारी नाड़ियों का सम्बन्ध (अतीत से) ऐसा टूट गया है कि उस काल से प्रवाहित होता हुआ प्राणरस आज हमारे तक पहुँच नहीं पा रहा है...हमारे जातीय इतिहास के कई पन्ने कौन फाड़कर ले गया है जिससे हम उस समाज के साथ संगति नहीं बैठा पा रहे हैं...ऐसा लगता है जैसे हम लोग किसी परित्यक्त राजधानी के खंडहरों में रह रहे हैं...।' यह बेहद दहला देनेवाली व्यथा है जिसे पोंगापंथी परम्परावादी लोग नहीं अनुभव कर सकते जो इन खंडहरों में रहते हुए उसकी खुदाई में निकली हड्डियों तथा अस्थिपंजरों की पूजा में लगे हुए हैं। स्पष्टतः द्विवेदी जी की 'व्यथा' का भी यही कारण है जो उनकी 'आलोचना' में तो दीखता ही है, अपने सबसे मार्मिक और हताश रूप में उनकी रचनात्मक कृतियों में दीखता है।

सम्भवतः इसी विरक्ति के कारण द्विवेदी जी ने आधुनिक साहित्य पर बहुत नहीं लिखा, किन्तु ऐसा नहीं है कि उन्होंने आधुनिकता पर विचार नहीं किया है। देखने की जरूरत है कि उनकी दृष्टि में 'आधुनिकता' क्या है?

वे समाज को सचेत रूप से बदलने की इच्छा को आधुनिकता मानते हैं। हम देखते हैं कि उनकी आलोचना दृष्टि में मध्ययुग के प्रति गहरी दिलचस्पी है। मध्ययुग के प्रति उनकी दिलचस्पी इस कारण है कि इसी के पेट से आधुनिकता और आधुनिक युग निकला है। द्विवेदी जी 'आधुनिक बोध' की प्रतिष्ठा मध्यकालीन बोध के माध्यम से करते हैं। द्विवेदी जी मध्ययुग के समाज को एक ठिठके हुए 'स्तब्ध' समाज के रूप में देखते हैं जब समाज में परिवर्तन की इच्छा का अभाव था, स्वतन्त्र चिन्तन की कमी थी, आत्मविश्वास खो चुका था और आप्तवाक्यों का अन्धानुकरण हो रहा था। द्विवेदी जी इसकी शुरुआत 9वीं 10वीं शताब्दी से मानते हैं जिसका विस्तार 18वीं शताब्दी तक दिखाई पड़ता है। इस पर डॉ. नामवर सिंह कहते हैं कि 'कालसीमा' पर विवाद हो सकता है। विवाद इसलिए हो सकता है कि तब क्या द्विवेदी जी मानते हैं कि 19वीं सदी का पुनर्जागरण समाज में विकास और परिवर्तन ले आया था? या फिर यह कि 1857 सचमुच किसी क्रान्तिकारी परिवर्तन का वर्ष था? या फिर यह कि 1857 के बाद

अँग्रेज़ी शासन में जो स्थायीत्व आया और अँग्रेज़ों ने भारत के सर्वतोमुखी विकास के लिए जो कार्य किये, उसने सचमुच भारत को प्रगति के पथ पर ला दिया? ये सारी बातें विवादास्पद हो सकती हैं। पुनर्जागरण को बहुत से लोग कुल मिलाकर एक पुनरुत्थानवादी आन्दोलन मानते हैं जिसमें अनेक अन्तर्विरोध थे। इसी तरह 1857 के गदर को कुछ लोग एक एकांगी विद्रोह मानते हैं जिसका उद्देश्य मुसलमानी सत्ता का पुनर्स्थापन था और जिसमें भारत के सर्वसाधारण वर्ग की भूमिका नगण्य थी। अँग्रेज़ों द्वारा किये गये विकास कार्यों वाले तर्क में जरूर कुछ दम है, पर क्या इसी विकास के नाम पर किये गये कार्यों ने भारतीय समाज को जगाने के बजाय अगले सौ वर्षों के लिए सुला दिया? ('हंड्रेड इयर्स ऑफ स्लीप?') तुलसीदास ने कहा है, 'पराधीन सपनेहुँ सुख नाहीं।' परतन्त्र समाज के लिए सुख एक सपना ही बना रहता है। इसीलिए मार्क्स ने भारत पर लिखते हुए इसे एक 'अभिशप्त विकास' ही माना था। दरअसल भारतीय समाज गाँधी के आगमन के बाद ही जागा। इसे पं. जवाहरलाल नेहरू ने अपनी आत्मकथा में भी स्वीकार किया है। जो हो, आचार्य हजारीप्रसाद द्विवेदी ने उसे स्पष्ट नहीं किया है।

हाँ, डॉक्टर नामवर सिंह मध्ययुगीन भारतीय समाज की इस स्तब्धता में भी एक दूसरी परम्परा ढूँढ़ लेते हैं। वे द्विवेदी जी की इस स्तब्धता की व्याख्या करते हुए लिखते हैं, 'इस स्तब्ध मनोवृत्ति का प्रभाव था कि जोर मुख्यत: शास्त्र शासित समाज पर ही था।' उनके अनुसार इसे चुनौती देता है सन्तों और भक्तों का साहित्य। यह चुनौती शास्त्र को लोक की चुनौती है। द्विवेदी जी ने 'हिन्दी साहित्य की भूमिका' में कहा है कि 'लोकमत की जैसी प्रधानता इस युग में दिखाई देती है, वैसी सम्पूर्ण भारतीय साहित्य में शायद ही कभी दीखी हो...लोकमत का इतना दवाब था कि पंडितों को भी लोकमत की ओर झुकने के लिए बाध्य होना पड़ा।' वस्तुत: 'दलित साहित्य' की उत्पत्ति भी इसी युग में हुई। कबीर, दादू, रैदास आदि कवि इसी युग में पैदा हुए। दलितों, छोटी जातियों के असन्तोष और विद्रोह की शुरुआत इसी समय से होती है।

यहाँ ध्यान देने की बात है कि रामचन्द्र शुक्ल ने इन सन्त कवियों की उपेक्षा भले न की हो, उनकी अनदेखी करते हुए उन्हें वास्तविक कवि मानने से ही इन्कार कर दिया था। यहाँ ध्यान देने की बात यह भी है कि द्विवेदी जी अपनी 'समीक्षा' में प्रारम्भ से ही शुक्ल जी की मान्यताओं तथा स्थापनाओं का प्राय: खंडन सा करते आ रहे हैं। यहाँ हम यह भी देखते हैं कि एक डॉ. नामवर सिंह अपनी पुस्तक 'दूसरी परम्परा' में द्विवेदी जी को एक प्रगतिशील, समाज के प्रति जागरूक तथा लोकवादी समीक्षक के रूप में देखते हैं जो रूढ़िबद्ध शास्त्रों तथा

पोथी में बन्द अवरुद्ध ज्ञान का विरोधी है और जो अतीत की ओर मुँह किये भी भविष्योन्मुख है। उनके अनुसार अतीतवादी टी.एस. इलियट की दृष्टि पीछे देखनेवाली है और द्विवेदी जी की दृष्टि आगे देखनेवाली।

इसमें कोई शक नहीं कि द्विवेदी जी की समीक्षा साहित्य को साहित्य तक सीमित न रखकर ज्ञान की सभी विधाओं से उसका सम्बन्ध स्थापित करती है और उसी सन्दर्भ में उसका विवेचन करती है।

अतः इसी अर्थ में वह शुद्ध साहित्यिक आलोचना न होकर 'भारतीय चिन्तन धारा का स्वाभाविक विकास है।' द्विवेदी जी ने पहली बार साहित्य आलोचना की परिधि में इतिहास दृष्टि तथा संस्कृति विवेचन को भी ले लिया, जिसका विकास आगे की हिन्दी आलोचना में हुआ, कभी टूटे-फूटे खंडित रूप में, कभी महज ज्ञान प्रदर्शन के रूप में और कभी एक संश्लिष्ट समीक्षा के रूप में।

डॉ. रामविलास शर्मा (1912-2000)

डॉ. रामविलास शर्मा हिन्दी के पहले घोषित मार्क्सवादी प्रगतिशील समीक्षक थे जिन्होंने इतिहास और संस्कृति को भी अपनी समीक्षा की परिधि में लिया। किन्तु अपनी समीक्षा में जिस तरह वे मार्क्सवादी सिद्धान्तों को 'अप्लाई' करते हैं वह एक रैखिक है। वे उसे मम्छिका के स्थान पर 'मच्छिका' की तरह रखते जाते हैं, इससे वह अत्यन्त सरलीकृत होकर उनकी समीक्षा में उतरता है। वे अपने समीक्षा सिद्धान्तों की शुरुआत ही मार्क्सवादी सिद्धान्तों के पाठ्यक्रम में निर्धारित सिद्धान्तसूत्रों से करते हैं। वे लिखते हैं, 'जब से व्यक्तिगत सम्पत्ति का जन्म हुआ, समाज में वर्ग बने, कुछ का कर्तव्य मेहनत करना हुआ और कुछ का कर्तव्य उसकी रक्षा करना और उन्हें ज्ञान देना हुआ, तब से सत्ता पर उनका इजारा हो गया उनका जो केवल रक्षा करते थे, केवल ज्ञान देते थे, पेट भरने और तन ढाँकने के साधन पैदा करना जिनका काम न था। जो लोग उपयोगी वस्तुएँ पैदा करते थे, उनका जीवन दुखमय हुआ, जो लोग (और) उन उपयोगी वस्तुओं के मालिक थे उनका काम सुन्दरता की उपासना करना हुआ।'

निष्क्रिय और अवकाश भोगी जीवों के सौन्दर्यप्रेम को न्यायपूर्ण ठहराने के लिए ऐसा शास्त्र ही बन गया जो सौन्दर्य को उपयोगी वस्तुओं से अलग करके देखता था। सौन्दर्य की सत्ता वस्तुओं से हटाकर मनुष्य के मन या आत्मा में कर दी गयी और वस्तुओं को उस शाश्वत सौन्दर्य का प्रतीक भर माना गया है।'' (लोक जीवन और साहित्य) यह व्याख्या मार्क्सवाद के 'स्टडी सर्किल' में दिये जानेवाले प्रारम्भिक व्याख्यानों सी लगती है और यह समीक्षा शैली सोवियत क्रान्ति के आसपास के दिनों में प्रारम्भिक साहित्य समीक्षकों की शैली है। यहाँ तक

कि सन् 1936 में प्रकाशित प्रख्यात आलोचक क्रिस्टॉफर कॉडवेल की विश्वविख्यात किताब 'इल्यूजन एंड रीयालिटी' में भी ऐसी सामान्यीकृत और सरलीकृत पद्धति नहीं अपनायी गयी है। वहाँ भी रोमैंटिक कवियों तथा आधुनिक कवियों का विश्लेषण करते हुए 'शुद्ध उपयोगितावादी' दृष्टि न अपना करके कविकर्म और कविता को जटिल स्तरों पर जाकर साइकी, फैंटेसी, स्वप्न आदि के सन्दर्भों में विश्लेषित किया गया है। जबकि डॉ. शर्मा की पूरी व्यावहारिक समीक्षा इसी सरलीकृत उपयोगितावादी दृष्टि पर आधारित है, चाहे वह भारतेन्दु हों, महावीर प्रसाद द्विवेदी हों, रामचन्द्र शुक्ल हों या छायावादी कवि तथा आधुनिक कवि हों। जाहिर है, ऐसी उपयोगितावादी समीक्षा अपनी उपयोगिता प्रमाणित करने के लिए और सारे साहित्यकारों को एक ही ढाँचे में फिट करने के लिए एक ही पैने से हाँकती चली गयी है। यही कारण है कि डा. शर्मा किसी पद्य या गद्य लेखक के साथ न्याय नहीं कर पाये हैं, न उन्हें समझ पाये हैं। उनकी समीक्षा पद्धति औचित्य सिद्ध करनेवाली हो गयी है। चाहे वह अपना औचित्य करने के लिए या अपने पसन्दीदा साहित्यकार का औचित्य सिद्ध करने के लिए। मसलन उनके परमप्रिय 'युगप्रवर्तक' साहित्यकार भारतेन्दु हरिश्चन्द्र को ही लें। उन्हें 'भारतेन्दु युग' का अध्ययन शुरू करते ही पता चल जाता है कि भारतेन्दु साहित्य 'अन्तर्विरोधों' से भरा है। वे लिखते हैं, 'भारतेन्दु युगीन साहित्य में एक ओर राजभक्ति मिलती है और दूसरी ओर देश भक्ति मिलती है...।' इस अन्तर्विरोध की चरम अभिव्यक्ति स्वयं भारतेन्दु के लेखन में होती है। लेकिन इस अन्तर्विरोध को समझते हुए भी डॉ. शर्मा इसका औचित्य इस आधार पर करते हैं कि भारतेन्दु तथा उनके साथियों को 1857 के बाद रानी विक्टोरिया के लुभावने घोषणा पत्र पर इतना यकीन हो गया था कि वे राजभक्त हो गये। मार्क्सवादी डॉ. रामविलास शर्मा को इसमें कोई सामन्तवादी प्रवृत्ति नहीं दिखाई पड़ती, न अपनी गुलामी से कोई क्लेश है, बल्कि स्वयं भारतेन्दु उनकी प्रशस्ति में कसीदे पढ़ने लगते हैं। डॉ. शर्मा भारतेन्दु के सामन्ती संस्कारों को भी अनदेखा कर देते हैं, जैसे भारतेन्दु ने अपने सामन्ती संस्कारों का अतिक्रमण करके कोई नया अवतार ले लिया हो। आश्चर्य है कि 'मार्क्सवाद का ककहरा पढ़ाने वाले डॉ. शर्मा को भारतेन्दु के एक ओर रीतिकालीन संस्कार और दूसरी ओर हिन्दूवादी संस्कार नज़र नहीं आये। सभी जानते हैं कि 'उदार सामन्त' अपना लोकवादी तथा कल्याणवादी मुखौटा दिखाने के लिए 'हर्षवर्धन' बन जाता है। क्या डॉ. शर्मा को पता नहीं था कि भारतेन्दु कितनी हिन्दूवादी संस्थाओं के संरक्षक थे? यह स्वयं डॉ. शर्मा का अपना अन्तर्विरोध है जो अन्त तक चलता है, जिसे हम आगे देखेंगे। डॉ. शर्मा कृतियों की समीक्षा नहीं करते, कृतिकार की करते हैं और यदि वह उनका पसन्दीदा नहीं

हुआ तो उसकी ऐसी-तैसी करने पर उतारू हो जाते हैं। किन्तु दुर्भाग्य से डॉ. शर्मा में आचार्य रामचन्द्र शुक्ल वाली यह क्षमता भी नहीं है, अकसर वे अपनी ही फजीहत करा लेते हैं।

ऐसा नहीं कि डॉ. शर्मा अपने प्रिय साहित्यकारों के अन्तर्विरोधों तथा असंगतियों को जानते न हों, किन्तु उनका ठीकरा वे तत्कालीन समाज, युग और वर्गविशेष के सिर पर फोड़ते हैं। जैसे भारतेन्दु के बारे में वे लिखते हैं, 'भारतेन्दु की असंगतियाँ उनके युग की सीमाओं से पैदा हुई हैं। वे उनके वर्ग की असंगतियाँ है, उस काजल की कोठरी की स्याही हैं जिसमें भारतेन्दु का जन्म हुआ था।' डॉ. शर्मा विचारों तथा विचारधारा की समीक्षा करते हैं, साहित्य या रचना की नहीं। भारतेन्दु के साहित्य की रचनात्मक विशेषताओं पर उन्होंने शायद ही कुछ लिखा हो या उसका सघन विश्लेषण (क्लोज एनलसिस) किया हो। डॉ. शर्मा के पास केवल एक ही कसौटी है जिस पर कसकर वे किसी साहित्य की महत्ता निर्धारित करते हैं, जैसे उसका साहित्य लोक या समाज से जुड़ा है कि नहीं, उसके साहित्य में सामाजिक यथार्थ की अभिव्यक्ति है कि नहीं। यथार्थ से उनका तात्पर्य केवल वस्तुगत यथार्थ से होता है और न वे यथार्थ के अनेक स्तरों को जानने की कोशिश करते हैं जिनका जिक्र अज्ञेय ने अपनी कहानी 'पठार का धीरज' में और अपने कहानी संकलन की भूमिकाओं में किया है, बल्कि डॉ. शर्मा का यथार्थ यथार्थवाद और सामाजिक यथार्थवाद है। इसी तरह वे रचना में यह देखते हैं कि उसमें समाज है भी तो वह 'समाजवाद' पर आधारित समाज है कि नहीं। यही सरलीकृत स्थूल कसौटी या निकष वे भारतेन्दु से लेकर प्रेमचन्द, अज्ञेय और अन्य परवर्ती साहित्यकारों के लिए भी इस्तेमाल करते हैं। सभी जानते हैं कि सभी साहित्यकार अपनी युगीन और वर्गीय सीमाएँ लेकर ही पैदा होते हैं, किन्तु देखने की जरूरत होती है कि वह अपनी रचनाओं में उन युगीन सीमाओं के अतिक्रमण करने की कोशिश करता है या नहीं। यह कार्य टॉल्सटॉय ने काउंट (जागीरदार और जमींदार) होते हुए भी अपनी रचनाओं में सफलता से किया था, इसीलिए वे संसार के महानतम कथाकार माने जाते हैं। इसी तरह रचनाकार अपने समाज की विकृतियों और असंगतियों को समझकर उसका सूक्ष्म तथा यथार्थपूर्ण चित्रण कर पाता है तभी वह महत्त्वपूर्ण रचनाकार माना जाता है। फ्रेंच उपन्यासकार बाल्जाक ने तत्कालीन फ्रेंच समाज का ऐसा ही चित्रण अपने उपन्यासों में किया है। इसी कारण टॉल्सटॉय के बाद श्रेष्ठता क्रम में उसी का नाम लिया जाता है। जबकि यहाँ भी डॉ. शर्मा प्रेमचन्द के उपन्यासों के स्थूल और कृत्रिम आदर्शवादी चित्रण को यह कहकर उचित ठहराते हैं कि यह युगीन सीमा का परिणाम था और उस वक्त समाज में किसानों और मजदूरों का कोई संगठित

आन्दोलन नहीं चल रहा था और उनपर (प्रेमचन्द पर) मध्यवर्गीय सुधारवाद हावी था। तो क्या कथाकार को किसी संगठित आन्दोलन पर आधारित उपन्यास ही लिखना चाहिए? क्या उसके पास अपनी कोई स्वतन्त्र दृष्टि नहीं होनी चाहिए जिसके आधार पर अपने समाज की सीमाओं, असंगतियों तथा विसंगतियों का चित्रण कर सके? जाहिर है, प्रेमचन्द के पास ऐसी कोई रचनात्मक अन्तर्दृष्टि नहीं थी। गोदान तक आते-आते उन्होंने थोड़ी बहुत यह दृष्टि अर्जित भी की तो विसंगतियों, असंगतियों तथा शोषण तन्त्र के उस विकराल दानव के आगे वे असहाय ही दिखाई पड़ते हैं। 'गोदान' के अन्त में होरी की 'मृत्यु' इसी हताशा की देहरी पर समाप्त होती है। भले ही उसे बाद में तरह-तरह से गौरवान्वित करने की कोशिश रामविलास शर्मा सरीखे अनेक आलोचकों ने की हो। रामविलास शर्मा तो इस विश्लेषण के पचड़े में नहीं पड़ते। उन्हें तो प्रेमचन्द को रामचन्द्र शुक्ल तथा निराला सहित त्रिमूर्ति के रूप में स्थापित करना था।

इसी तरह उनके द्वारा आचार्य रामचन्द्र शुक्ल की समीक्षा विश्लेषण को भी देखें। उन्होंने लिखा, 'हिन्दी साहित्य में (बीसवीं सदी में) शुक्ल जी का वही महत्त्व है जो उपन्यासकार प्रेमचन्द और कवि निराला का।' यहाँ भी वे शुक्ल जी की 'असंगतियों का जिक्र करते हैं पर बाद में उनका औचित्य भी सिद्ध करते हैं। वे कहते हैं कि शुक्ल जी भौतिकवादी नहीं थे, किन्तु भौतिकवाद की ओर उनका अधिक झुकाव था। वे रसवादी थे, किन्तु रस सिद्धान्त की उन्होंने लौकिकतावादी व्याख्या करके उसे लोक दृश्य और लोकमंगल से जोड़ा। ऊपर शुक्लजी वाले प्रसंग में मैंने शुक्ल जी के इस अमूर्त लोक तथा लोकवाद के बारे में मलयज की व्याख्या को उद्घृत किया था। पर डॉ. शर्मा कहते हैं कि शुक्लजी ने अपनी इस व्याख्या के द्वारा आनन्द को काव्य का लक्ष्य मानने वाली सामन्तवादी विचारधारा को ध्वस्त किया। पर बाद में वे यह भी लिखते हैं कि शुक्ल जी के विचारों में असंगति है, क्योंकि वे एक ओर संसार की सत्यता पर जोर देते हैं और ज्ञान को भौतिक जगत की ही उत्पत्ति मानते हैं और दूसरी ओर विश्वआत्मा और भौतिक जगत में ब्रह्म की उपस्थिति की बात करते हैं। किन्तु असंगति का परिहार करने के लिए भी वे तर्क जुटा लेते हैं और झटपट निष्कर्ष निकालकर लिखते हैं कि "शुक्ल जी का यह कार्य आलोचना साहित्य में यथार्थवाद की प्रतिष्ठा करता है।" यह शुक्ल जी को अपने पक्ष में खींच लेने की कोरी तथा निराधार कोशिश है। शुक्ल जी और चाहे जो हो, यथार्थवादी तो नहीं ही है या शायद होना भी नहीं चाहते थे। और फिर साहित्य में यथार्थवाद की प्रतिष्ठा करना ही परम लक्ष्य कैसे हो गया? वह यथार्थवाद जो यथार्थ को कभी पूरी तरह समझ ही नहीं पाया। डॉ. शर्मा की समीक्षा इसी तरह सबसे (अपने प्रियजनों को) परस्पर

का हकीम बनाती चलती है या फिर उस साहित्य को ही मृत घोषित कर देती है। आगे भी वे यही करते रहे हैं। वे यथार्थवादी शुक्ल जी में असंगति भी ढूँढ़ लेते हैं। शुक्ल जी ने सूरदास में लोकसंग्रह का अभाव बताया है तो शर्मा जी कहते हैं कि उनकी (सूरदास की) प्रेम की कवितायें लोकधर्मी पाप-पुण्य की मर्यादा को कुचलती हैं। उसका जयघोष सामन्ती व्यवस्था को चुनौती है। इस सामन्तवाद विरोधी मानव मूल्य को हम लोक-संग्रह से बाहर कैसे रख सकते हैं?'' वे आगे भी सूर की सराहना करते हुए लिखते हैं कि 'पथिक वेश में राम, लक्ष्मण सीता के वन जाने में लोकसंग्रह का भाव है तो वैसा ही भाव कृष्ण की बाललीला, रासलीला और उधवगोपी संवाद में भी है।'' यहाँ भी वे शुक्ल जी की समीक्षा में पक्षपात तो देखते हैं। लेकिन फिर भी कहते हैं, उन्होंने (शुक्ल जी ने) आलोचना के नये मानदंड स्थापित किये हैं। लेकिन फिर आगे जाकर कहते हैं कि तुलसीदास द्वारा शूद्र और नारी सम्बन्धों को लेकर शुक्ल जी उलझन में पड़ गये हैं और तुलसीदास की रक्षा के लिए उन्होंने एक से एक कमजोर तर्कों का सहारा लिया है कि शुक्ल जी ने तुलसीदास के साथ पक्षपात किया है और सूरदास को ही नहीं जायसी और कबीर को भी नीचा स्थान दिया है। शर्मा जी कहते हैं कि यह ठीक ही है, क्योंकि इन सबकी अपेक्षा तुलसीदास का क्षेत्र अधिक व्यापक है। शर्मा जी यह नहीं बताते कि जायसी और कबीर में मानव करुणा का अभाव कैसे है? पूर्वाग्रहों को देखते हुए भी उनकी हर बात में हामी भरते हुए उन्हें हिन्दी के सर्वश्रेष्ठ समीक्षक का दर्जा दे देते हैं। यह वे उसी प्रकार करते हैं जैसे शुक्ल जी तुलसीदास को भक्तिकाल का सर्वश्रेष्ठ कवि घोषित कर देते हैं।

छायावादी कवियों में निराला शर्मा जी के प्रिय कवि रहे हैं। छायावादी कवियों ने जिस स्वाधीनता की माँग की थी, शर्मा जी के अनुसार उसकी सर्वोत्तम अभिव्यक्ति निराला के काव्य में मिलती है। अन्य छायावादी कवियों की तरह निराला केवल 'भावोच्छ्वास' के कवि नहीं हैं। उनमें अद्‌भुत 'देशप्रेम' है। इसी लिए वे 'क्रान्तिकारी' हैं। उनमें अपार मानवीय करुणा है। निराला के 'चिन्तन' में क्रान्तिकारी और जनता का गहरा सम्बन्ध है। अन्तत: शर्मा जी यह बताते हैं कि निराला में यह भाव फासिस्ट शक्तियों के दमन तथा सोवियत रूस की क्रान्ति के बाद आयी। पहली बात तो यह लक्ष्य करने की है कि शर्मा जी ने विचारों के आधार पर ही निराला के काव्य का विश्लेषण अधिक किया है, उनमें अन्तर्निहित काव्यगुणों के कारण नहीं। निराला में उन्होंने वे असंगतियाँ नहीं देखीं। एक ओर निराला ने 'हे विप्लव के वीर तुम्हें बुलाता कृष्ण अधीर', 'भिखारी', 'वह तोड़ती पत्थर' आदि अनेक कविताएँ लिखीं, वहीं दूसरी ओर 'सरस्वती

वन्दना', 'नाथ तुमने गहा हाथ हरि का मन से गुणगान करो, भवसागर पार करो हे', 'तरिण तार दो', 'भजन कर हरि के चरणन मन', 'पतित पावनी गंगे', 'कृष्ण', कृष्ण-राम-राम आदि सैकड़ों कविताएँ ऐसी लिखी हैं जो डॉ. राम विलास शर्मा के मार्क्सवादी ढाँचे में तो क्या, आधुनिक भावबोध से भी जिसका दूर तक नाता नहीं दीखता। लेकिन निराला में डॉ. शर्मा को केवल क्रान्ति दीखती है। यही नहीं, वे निराला को हिन्दी का प्रगतिशील कवि भी मानते हैं जिसका 'भावबोध' सोवियत क्रान्ति तथा दूसरे महायुद्ध में फासिस्ट शक्तियों की पराजय के बाद की मानसिकता से जुड़ा हुआ है।

जबकि वास्तविकता यह है कि निराला को इस ढाँचे में फिट नहीं किया जा सकता है और न किसी साँचे में ढाला जा सकता है। वे प्रत्येक ढाँचे को तोड़कर बाहर निकल आते हैं। यही उनकी स्वाधीनता की भावना है जो उनकी कविताओं के केन्द्र में है, जो कभी-कभी निरंकुश होकर शब्द सीमा से भी बाहर निकल जाती है। उनकी परवर्ती कविताएँ 'वारि कमसिन वारि सिन वारि...' आदि ऐसी ही हैं। यही निराला की विशेषता है जिसे एक बहेलिए की तरह 'जाल' लेकर घूमने वाले डॉ. रामविलास शर्मा कभी फँसा नहीं पाते क्योंकि वे स्वयं पहले से ही एक बहुत बड़े जाल में फँसे हुए हैं जो उनकी दृष्टि पर जाल बुनकर छा गया है, जिसके बाहर वे देख नहीं पाते, लेकिन यहाँ भी डॉ. शर्मा अपनी दूरदर्शिता और सूक्ष्मदर्शिता दिखाते हुए निराला में भी अन्तर्विरोध ढूँढ़ लेते हैं, 'निराला काल्पनिक इच्छापूर्ति, आत्म प्रवंचना और रहस्यवादी रूढ़ियों के कवि भी हैं...ये प्रवृत्तियाँ आरम्भ से अन्त तक रहती हैं। लेकिन इन सबके बावजूद निराला की कविताओं के बारे में उनके निष्कर्ष यह हैं कि 'निरालामूलत: संघर्ष के कवि हैं।' अब यह कहना मुश्किल है कि किस संघर्ष के? स्वाधीनता के? सौन्दर्य के? प्रेम के? इसका उत्तर अन्तत: डॉ. शर्मा को ही देना है।

छायावादोत्तर कवियों के आकलन में भी डॉ. शर्मा यही स्थूल सरलीकरण वाले निकष अपनाते हैं, प्रगतिशील नयी कविता की शुरुआत की सन् 1938 से प्रकाशित होनेवाली पत्रिका 'रुपाभ' से मानते हैं। 'रुपाभ' के प्रकाशन से शुरू होनेवाली नयी कविता प्रगतिशील कविता है।' और 'सन् 47 में प्रतीक के साथ शुरू होनेवाली नयी कविता प्रयोगवादी कविता है जो समाज परक प्रगतिशीलता का विरोध करती है।' इसी सादगी और सरलता के साथ वे अपनी वर्गीकरण वाली घोषणाओं में आगे कहते हैं, '1958 में 'कृति' के प्रकाशन के साथ शुरू होनेवाली नयी कविता उस पराजित पीढ़ी की कविता है जो व्यक्तिनिष्ठ मूल्यों के बदले मूल्यहीनता का अंश लेकर आगे बढ़ती है। भूखी पीढ़ी नंगी पीढ़ी, अकविता, ताजी कविता आदि की अनेक अर्द्धविक्षिप्त पीढ़ियाँ इस मूल्यहीनता

के झंडे के नीचे एक दूसरे को ललकारती हैं, ये सभी राजनीति के प्रगतिशील तत्त्वों को अस्वीकार करती हैं।' अपने पिछले बीस साल की आधुनिक कविता को डॉ. शर्मा इसलिए सहानुभूति से देखते हैं क्योंकि वह पूँजीवाद को अस्वीकार और समाजवाद को स्वीकार करेगी। बस हो गया, सम्पूर्ण छायावादोत्तर आधुनिकता का यह तूफानी सर्वेक्षण! कितना सरल तथा साफ–सुथरा है डॉ. शर्मा का यह निकर्ष? उनकी दृष्टि में न कोई द्वैत है, न द्वन्द्व है और न उलझाव है। उनकी दृष्टि निभ्रान्त है। उनकी तुलना में तो मार्क्सवादी समीक्षा सिद्धान्त के साथ क्रिस्टोफर कॉडवेल और रैल्फफॉक्स जैसे मार्क्सवादी समीक्षक साहित्य आकलन के अनेक जटिल स्तरों से गुजरते हैं। सन् 1936 में प्रकाशित अपनी विश्व विख्यात पुस्तक 'इल्यूजन एंड रीएलिटी' में कॉडवेल रोमैंटिक कविता तथा आधुनिक कविता और कथा साहित्य की आलोचना करता हुआ भी कविता में ड्रीमवर्क, फैंटेसी और मनोवैज्ञानिक साइकी का विश्लेषण करना जरूरी समझता है और रैल्फफॉक्स सामन्तवादी तथा बुर्जुआ साहित्य को लताड़ता हुआ भी उसी युग के एमिली ब्रौंटे के विश्व विख्यात उपन्यास 'वुदरिंग हाइट्स' का विश्लेषण करते हुए कैथेरिन और हेथक्लिफ के प्रेम सम्बन्धों की त्रासदी को विक्षिप्तता कहकर खारिज नहीं करता बल्कि सामन्ती युग की बहुत बड़ी त्रासदी मानता है। जबकि हमारे यहाँ के सर्वमान्य मार्क्सवादी समीक्षक डॉ. राम विलास शर्मा समाजवाद की स्थापना की उतावली में अज्ञेय के 'शेखर' को ही नहीं, शमशेर बहादुर सिंह और मुक्तिबोध की कविताओं को भी समझने में असमर्थ रहते हैं और उन्हें अस्तित्ववादी और सुरियलियस्टिक आदि कहकर उनकी उपेक्षा करते हैं। शमशेर और मुक्तिबोध दोनों ही विचारों में प्रगतिवादी हैं। मुक्तिबोध तो बाकायदे मार्क्सवादी हैं किन्तु वे अस्तित्ववाद और सुरियलिज्म को ठुकरा नहीं सकते क्योंकि वे आधुनिक साहित्य में उनकी भूमिका और महत्त्व को जानते हैं। रचना प्रक्रिया में उनकी जरूरत को भी। किन्तु अपने डॉ. शर्मा तो रचना प्रक्रिया की जहमतों में जाने की जरूरत ही नहीं समझते या समझ पाते। उनका मस्तिष्क इतना निर्भ्रान्त तथा ठोस (या रुठस) है कि वे प्रमुख मार्क्सवादी समीक्षा सिद्धान्तों को भी समझने में असमर्थ रहते हैं।

डॉ. रामविलास शर्मा की प्रमुख पुस्तकें हैं : 'प्रेमचन्द और उनका युग' (1952), 'भारतेन्दु हरिश्चन्द्र' (1957), 'आचार्य रामचन्द्र शुक्ल और हिंदी आलोचना' (1955), 'निराला की साहित्य साधना' (1969) आदि।

मुक्तिबोध (1917–1964)

आचार्य रामचन्द्र शुक्ल के बाद मुक्तिबोध अकेले ऐसे समीक्षक हैं जिन्होंने साहित्य

के सिद्धान्त और व्यवहार] दोनों पक्षों पर विस्तार से विचार किया है। वे पहले हिन्दी समीक्षक थे जिन्होंने काव्य की रचना×प्रक्रिया का सघन बौद्धिक विश्लेषण किया था। वे विचारों में मार्क्सवादी थे और सामान्यत: हिन्दी के मार्क्सवादी समीक्षक काव्य की रचना प्रक्रिया का विश्लेषण अनिवार्य नहीं मानते, रचना प्रक्रिया को समझने के लिए वे कवि की सामाजिक पृष्ठभूमि और वर्गीय पृष्ठभूमि को जानना पर्याप्त समझते हैं। मुक्तिबोध विधिवत नये साहित्य का सौन्दर्य शास्त्र भी लिख रहे थे जो अपेक्षाकृत अल्प आयु में उनकी मृत्यु के कारण सम्पन्न नहीं हो सका। वे कविता की रचना प्रक्रिया के विश्लेषण में मनोवैज्ञानिक पद्धति का सहारा लेते हैं। चूँकि रचना प्रक्रिया या सृजनप्रक्रिया को समझने तथा विश्लेषित करने की कोशिश उनकी समीक्षा के केन्द्र में है, इसलिए उसे समझना जरूरी है: रचना प्रक्रिया पर मुक्तिबोध ने अनेक निबन्ध लिखे हैं। वे मानते हैं कि 'रचना प्रक्रिया का एक बहुत बड़ा अंग आत्मसंघर्ष है।' रचना के निर्माण में एक अन्तर्निहित मनोवैज्ञानिक प्रक्रिया होती है, वह अत्यन्त महत्त्वपूर्ण है। आत्मपरक काव्य तथा व्यक्तिवादी काव्य, दोनों सर्वथा पृथक किस्म के काव्य हैं। प्रत्येक काव्य स्वाभाविक रूप से आत्मपरक तो होता ही है। उनके अनुसार रचना प्रक्रिया के दो पक्ष हैं। एक कलाकार की अन्तर्दृष्टि, जिसके सम्मुख कलातत्त्व उद्घाटित होते हैं और दूसरे वह कला भाव जो रचनाकार के मनोजगत में पहले मूर्तिमान होते हैं। बौद्धिक मनोवैज्ञानिक पद्धति पर आधारित होने के कारण वे मानते हैं कि रचना प्रक्रिया चेतन-उपचेतन और अवचेतन सभी धरातलों पर एक साथ चलती रहती है। यद्यपि इसमें किसी प्रकार की रहस्यात्मकता (या रहस्यवाद) नहीं होतद्ध फिर भी उसमें स्वप्न, फैंटेसी, कल्पना आदि के इतने स्तर संगुम्फित रहते हैं कि गहरी रचनात्मक संसक्ति के बिना उसे समझना असम्भव है। यहाँ यह बता देनद्ध जरूरी है कि शुक्ल जी रामविलास जी आदि समीक्षकों ने रचना प्रक्रिया के इन पक्षों को बिल्कुल नहीं समझा था, इसीलिए वे अपनी सरलीकृत समीक्षा दृष्टि के कारण स्थूल स्तर पर वर्गीकरण करके उसे सीधे रहस्यवाद के खाने में डाल देते थे। दिलचस्प बात यह है कि ऐसा केवल समीक्षक ही नहीं करते थे, बल्कि तब के कवि भी रचनाप्रक्रिया के ऐसे उद्घाटक क्षणों तथा स्फुरणों को किसी अलौकिक शक्ति का चमत्कार समझते थे और अपने को रहस्यवादी समझने में गौरव का अनुभव करते थे। प्रसाद, निराला, पन्त, महादेवी आदि सभी कवि अपने को काव्य की रहस्यवादी परम्परा से जोड़ने की कोशिश करते थे। मुक्तिबोध ने पहली बार रचनाप्रक्रिया के तीन क्षणों की व्याख्या करके इस रहस्य पर से परदा उठा दिया था और इसे सीधे एक मनोवैज्ञानिक प्रक्रिया माना था। अत: एक सच तो यह है कि शुक्ल जी या रामविलास जी आदि किसी ने हिन्दी समीक्षा को

वैज्ञानिक आधार नहीं दिया था, कविता की रचनाप्रक्रिया का कोई शुद्ध वैज्ञानिक आधार हो भी नहीं सकता। यदि वह है तो मूलतः मनोवैज्ञानिक आधार है जिसे मुक्तिबोध की समीक्षा ने विधिवत समझा और समझाया भी। मुक्तिबोध के काव्य विश्लेषण के क्षेत्र हैं—कवि, काव्यकर्म रचना प्रक्रिया और काव्य का लक्ष्य। मुक्तिबोध की यह समीक्षा दृष्टि स्वयं की रचना प्रक्रिया को समझने के चिन्तन से निर्मित होती है। अपनी कविता की रचना प्रक्रिया में वे स्वयं जिन प्रश्नों, समस्याओं तथा बाधाओं से जूझते हैं, वे ही उनकी समीक्षा दृष्टि का आधार बनते हैं, उनकी समीक्षा भी स्वयं एक रचना प्रक्रिया है जो एक ओर रचना करती है और दूसरी ओर उनकी समीक्षा दृष्टि। ऐसा इसलिए सम्भव हो पाता है क्योंकि अपनी रचना प्रक्रिया के वे स्वयं एक तटस्थ द्रष्टा भी होते हैं। विख्यात अँग्रेज़ी कवि टी.एस. इलियट भी ऐसा ही समीक्षक था, किन्तु उसने भी उसकी मनोवैज्ञानिक प्रक्रिया को नहीं समझा था।

मुक्तिबोध की समीक्षा के बारे में यह भी कहा जा सकता है कि वे अपनी रचना के लिए जो संघर्ष करते हैं वह उनका निजी संघर्ष है और उससे समीक्षा के कोई सामान्य मानदंड नहीं निर्मित होते हैं। किन्तु उनका चिन्तन तथा आत्मसंघर्ष इतना तटस्थ तथा पारदर्शी हो जाता है कि अपने विशेष को सामान्य बनाता चलता है और यह विश्वास बना रहता है कि रचना मात्र के विश्लेषण के लिए मूल्य और मानदंड बन रहे हैं। यहाँ यह बात ध्यान में रखना जरूरी है कि मुक्तिबोध कहीं भी यह दावा नहीं करते कि वे कविता मात्र के विश्लेषण के लिए कोई नया मानदंड निर्मित कर रहे हैं बल्कि वे अपनी सीमा स्वयं निर्धारित कर देते हैं और कहते हैं कि मैं ये सारी बातें केवल नयी कविता को सामने रखकर उसी के सन्दर्भ में कर रहा हूँ और शायद वे छायावादी तथा अन्य युगों की कविताओं के सन्दर्भ में उतनी प्रासंगिक न हों। इसीलिए उन्होंने अपनी एक पुस्तक का नाम ही रखा है, 'नयी कविता का आत्मसंघर्ष'। अतः भले ही कुछ दूसरे लोग नयी कविता के मानदंड निर्मित करने का दावा करते हों, मुक्तिबोध ने ही 'नयी कविता' की सबसे प्रामाणिक व्याख्या की और बिना किसी दावे के नयी कविता के प्रतिमान निर्मित कर दिये। कविता की रचनाप्रक्रिया को समझे बिना उसके प्रतिमान नहीं निर्मित किये जा सकते। ऐसे में जो भी प्रतिमान निर्मित किये जाएँगे। वे अपने ही आग्रहों (या दुराग्रहों के) के आरोपण मात्र होंगे।

मुक्तिबोध की समीक्षा में कुछ पारिभाषिक शब्द बार-बार आते हैं जिन्हें वे प्रायः निकष के रूप में प्रयुक्त करते हैं। इनमें सबसे प्रमुख शब्द युग्म हैं—'ज्ञानात्मक संवेदना' और 'संवेदनात्मक ज्ञान' तथा 'बाह्य का आभ्यान्तरीकरण' और 'अभ्यान्तर का बाह्यीकरण'। उनके अनुसार कविता संवेदनात्मक ज्ञान तथा ज्ञानात्मक

संवेदना के तीव्र मानसिक घात-प्रतिघातों को प्रकट करती चलती है। ऐसी कविता ही उच्चश्रेणी की कविता बन पाती है।

इसके लिए जरूरी है कि ज्ञान को संवेदना के स्तर पर लाया जाय और उसे सम्प्रेषणीयता के लिए प्रभावोत्पादक ढंग से व्यक्त किया जाय। ऐसी प्रभावात्मकता उत्पन्न करने के लिए इसी स्तर की काव्यकला की जरूरत पड़ती है और उसे प्रत्येक कवि अपने-अपने ढंग से निर्मित तथा उपलब्ध करता है और यहीं एक कवि दूसरे कवि से पृथक होकर अपना काव्य व्यक्तित्व रचता है। इसे मुक्तिबोध इन शब्दों में समझाते हैं, 'मानवजगत के मार्मिक पक्षों के वेदनात्मक (प्रभावोत्पादक) चित्रण के लिए अभिव्यक्ति की सम्पदा भी चाहिए।' स्पष्टत: मुक्तिबोध यहाँ कविता के रूपपक्ष की बात कर रहे हैं। अभिव्यक्ति सम्पदा ही कविता का शिल्प या कलापक्ष है। यहाँ यह भी प्रतीत हो सकता है कि मुक्तिबोध अन्तर्वस्तु को छायावादी अर्थ में ग्रहण कर रहे हैं क्योंकि यहाँ उनका जोर मार्मिक पक्षों और वेदनात्मक चित्रण पर है जो छायावादी वेदना या पीड़ा की ओर संकेत है और उस घनीभूत पीड़ा की ओर भी जो पूँजीभूत होकर कविता के रूप में ढुलक आती है और जो वर्ड्सवर्थ के 'रिकलेक्टेड इन द ट्राक्वैलिटी' का ही दूसरा रूप है। लेकिन शायद मुक्तिबोध का अभिप्राय यह नहीं है जो आगे चलकर स्पष्ट होगा। शायद मुक्तिबोध यह भी मानते हैं कि इस रूप में अभिव्यक्त होते ही भाव का सामान्यीकरण हो जाता है। यानी वह विशेष से सामान्य हो जाता है।

मुक्तिबोध कविता को एक सांस्कृतिक प्रक्रिया मानते हैं जिसमें जीवन के मूल्य और जीवन दृष्टि भी अन्तर्निहित होती है या होनी चाहिए। यह पक्ष हमें समाजशास्त्रीय आलोचना की ओर ले जाता है। पहले देखें कि कविता की यह सांस्कृतिक प्रक्रिया क्या है? मुक्तिबोध कहते हैं, "काव्य रचना केवल व्यक्तिगत मनोवैज्ञानिक प्रक्रिया नहीं, एक सांस्कृतिक प्रक्रिया है। फिर भी वह एक आत्मिक प्रयास है। उसमें जो सांस्कृतिक मूल्य परिलक्षित होते हैं, वे व्यक्ति की अपनी देन नहीं, समाज की या वर्ग की देन हैं। यहाँ ध्यान देने की बात है कि नयी कविता जब तक वर्तमान ह्रासग्रस्त, अधम, पतनशील सभ्यता की असलियत को पहचान नहीं लेती, सभ्यता के मूलभूत प्रश्नों से अपने को जोड़ नहीं लेती, मानवता के भविष्य निर्माण के लिए संघर्ष से जब तक स्वयं के साथ संयोजित नहीं कर पाती, जब तक उसमें उत्पीड़ित और शोषित मुखों के बिम्ब नहीं दिखाई देते, उनके दृश्यों का आलोक नहीं दिखाई देता, तब तक हमारा कार्य अधूरा रहेगा।" मुक्तिबोध के इस कथन में छोटी सी रेटारिकल (भाषणतत्व) ध्वनि सुनाई पड़ती है, उसका स्वर नेताओं के वक्तव्यों जैसा हो गया है किन्तु यह मुक्तिबोध का

स्वाभाविक स्वर नहीं है, वे सृजन प्रक्रिया की असली व्याख्या 'एक साहित्यिक की डायरी' में ही कर पाते हैं जिसे हम आगे समझेंगे। इसी तरह सांस्कृतिक प्रक्रिया वाले निबन्ध में परोक्ष रूप से टी.एस. इलियट के विरुद्ध (भोक्ता और सृजनकर्ता में एक पार्थक्य होता है) यह कहते हैं कि 'संवेदनशील मनुष्य होने के कारण मनुष्य के कष्टपूर्ण जीवन का उनपर प्रभाव अवश्य पड़ता है। साथ ही विषम सभ्यता के भयानक दृश्यों से उनका चित्त भी क्षुब्ध हो जाता है, फिर भी वे इन बातों के चित्रण की ओर ध्यान नहीं देते। 'भोक्ता' और स्रष्टा मन के बीच यह पार्टीशन बहुत खतरनाक है, अस्वास्थ्यमूलक है।' यहाँ ऐसा लगता है कि मुक्तिबोध या तो टी.एस. इलियट की बात को ठीक से समझ नहीं पाये या यहाँ वे 'अन्तर' वाली इस बात को अलग सन्दर्भ में कह रहे हैं। टी.एस. इलियट यहाँ जिस पार्थक्य की बात कह रहे हैं, वह मुक्तिबोध की रचना प्रक्रिया के तीन क्षणों वाली स्थापनाओं से बहुत अलग नहीं है। टी.एस. इलियट का तात्पर्य यह है जब तक हम अपने भुगते हुए और यातनाप्रद अनुभवों और वेदना से भरी हुई भावनाओं से अलग, निर्लेप तथा तटस्थ होकर रचना नहीं करते, तब तक वह वास्तविक अर्थ में रचना बनती ही नहीं। वह महज आँसू बनकर रह जाती है जो घनीभूत पीड़ा की अभिव्यक्ति होती है, उसे अपनी बंजर भूमि (वेस्टलैंड) का चित्रण करने के लिए उन अनुभवों से अपने को अलग निर्मोह भाव से तटस्थ कर लेना होगा तभी वह उस वेस्टलैंड की रचना कर सकेगा, बिना गलदश्रु तथा भाव विगलित होते हुए। वरना हम भावना के उसी ज्वार में बहते जाएँगे जिसमें अनेक छायावादी कवियों से लेकर आज तक छुट-भैये कवि बह रहे हैं। स्वयं मुक्तिबोध के काव्य में यह भावप्रवणता नहीं दिखाई देती। इसीलिए हम भावप्रवणता या भावुकताग्रस्त साहित्य का तिरस्कार करते हैं। यही आधुनिक भावबोध का भी मूलमन्त्र है। यही आधुनिक कवि और छायावादी कवियों या राष्ट्रगान करनेवाले मैथिलीशरण गुप्त की ऐसी हाहाकारी उक्तियों से अलग होता है। 'हम कौन थे, क्या हो गये, और क्या होंगे अभी...' आदि। 'नया कवि' 'भारत भारती' नहीं लिख सकता, न लिखना चाहेगा। मनुष्य के कष्टपूर्ण जीवन और 'विषम सभ्यता के भयानक दृश्यों का चित्रण' ऐसी हाहाकारी पंक्तियों के द्वारा नहीं हो सकता। क्या मुक्तिबोध चाहेंगे कि भोक्ता और स्रष्टा में ऐसी ही एकता हो? निश्चित रूप से नहीं और ऐसा ही उनकी समीक्षा की मूलस्थापनाओं के द्वारा व्यक्त होता है।

लेकिन मुक्तिबोध टी.एस. इलियट के निर्वैक्तिकरण की स्थापना को ठीक-ठीक नहीं समझ पाये हैं वरना 'कामायनी' के गहन अध्येता-मुक्तिबोध 'कामायनी' और टी.एस. इलियट के 'वेस्टलैंड' के अन्तर को भी समझ पाते। जहाँ 'कामायनी'

का नायक प्रलयप्रवाह को भीगे नयनों से देख रहा है, वहीं प्रथम महायुद्ध का भोक्ता कवि निर्लेप मन से लिख रहा है, 'लंदन ब्रिज इज फॉलिंग, फॉलिंग,' इन पंक्तियों में 'व्यथा' या दर्द कम नहीं है क्योंकि आगे वही हॉलोमैन के अन्त में अलक्षित रूप से भविष्यवाणी कर रहा है। 'दिस द वे, द वर्ल्ड एंड्स, नॉट विद बैंग्स बट ह्विस्पर। भोक्ता और स्रष्टा में अन्तर इसलिए जरूरी है। यही अन्तर मुक्तिबोध की विश्वदृष्टि का निर्माण करता है।

मुक्तिबोध कविता में 'द्वन्द्व' या अन्तर्द्वन्द्व की विशेष भूमिका मानते हैं क्योंकि बाह्य और अभ्यान्तर में हमेशा सामंजस्य ही नहीं होता, 'द्वन्द्व' भी होता है। शायद यही द्वन्द्व उस तनाव (टेंसन) का कारण भी होता है जिससे काव्य में सौन्दर्य या रमणीयता उत्पन्न होती है। भारतीय साहित्य शास्त्रों में इसे ही शब्द और अर्थ के बीच का तनाव कहते हैं जिससे चारुता या काव्य सौन्दर्य उत्पन्न होता है। किन्तु मुक्तिबोध यह भी कहते हैं कि जड़ीभूत सौन्दर्याभिरुचि से बचने के लिए कवि को अपने वर्ग के दायरे से बाहर निकलना पड़ता है। वे कविता में अन्तर्वस्तु को महत्त्वपूर्ण मानते हुए भी काव्यविवेक पर ज्यादा जोर देते हैं। अन्तर्मन की भावनाओं में संशोधन के लिए एक विकसित विवेक की आवश्यकता होती है, किन्तु निरा विवेक रचना का रूप धारण नहीं कर पाता जब तक संवेदनात्मक अनुभव का अंग न बन जाय। किन्तु यह प्रयासहीन तथा स्वत:स्फूर्त ढंग से होना चाहिए।

मुक्तिबोध अनुभव की विशिष्टता में भी विश्वास करते हैं। विशिष्ट अनुभव प्राय: अपने से इतर के अनुभवों को महत्त्वहीन मानता है। किन्तु सच्चा रचनाकार इन इतर अनुभवों का भी तिरस्कार नहीं करता और उनको भी अंगीकार करने के लिए अपने को खुला छोड़ देता है। उसके अपने विशिष्ट अनुभव बाह्य के विशाल अनुभवों से मिलकर एक हो जाते हैं। इस प्रक्रिया में बाह्य उसके अन्तर में बहता हुआ प्रवेश कर जाता है और रचनाकार सहज ढंग से उसे ग्रहण कर उसे अपनी संवेदना का अंग बना लेता है और जब ऐसा नहीं हो पाता तो पूर्ण काव्य की सृष्टि नहीं हो पाती। एक ओर कविता आत्मकेन्द्रित हो जाती है और दूसरी ओर सपाट वक्तव्य बनकर रह जाती है। पूर्ण काव्य के लिए दोनों का एकीकरण अनावश्यक होता है।

...क्या रचनाकार की कोई निजी दृष्टि भी होती है? मुक्तिबोध कहते हैं कि जिसे रचनाकार की निजी दृष्टि कहते हैं, वह रचनाकार के संस्कारगत, पारिवारिक और वर्गीय प्रभावों का योग होती है। इसीलिए अन्तत: वह वर्गीय दृष्टि ही होती है। क्या रचनाकार इस वर्गीय दायरे का अतिक्रमण कर सकता है? इसके उत्तर में मुक्तिबोध कहते हैं कि यह तब सम्भव होता है, जब रचनाकार किसी व्यापक तथा प्रमाणिक विचारधारा से अपने को सम्पृक्त करे। मुक्तिबोध

श्रेष्ठ कविता की सृष्टि के लिए किसी व्यापक मानवीय विचारधारा या दर्शन को अंगीकार करना जरूरी मानते हैं। यहाँ प्रश्न उठता है कि अंगीकार की गयी विचारधारा की प्रामाणिकता या महत्ता कैसे सिद्ध होगी? शायद इस अंगीकरण की प्रक्रिया बहुत जटिल तथा यातनाप्रद भी होती होगी क्योंकि इसमें कवि को चुनना (टू चूज) पड़ता है और चुनाव तथा 'वरण' की यह प्रक्रिया—यदि यह चंयन ईमानदारी से किया जाता है, तो एक कष्टप्रद प्रक्रिया है। मुक्तिबोध इसे आत्मविस्तार का ही अंग मानते हैं। ईमानदारी इस बात में है कि कवि या रचनाकार यह कार्य पूरी प्रामाणिकता से करना चाहता है तो उसे अपने अन्तर की प्रसुप्त भावनाओं को जगाकर उसकी ओर उन्मुख करना होगा—इसमें उसके अपने विवेक और विचार भी शामिल रहते हैं। इस तरह यह अपने विश्वासों की पुष्टि या औचित्य उसमें पा लेता है। इस तरह किसी विचारधारा को ग्रहण करना आसान काम नहीं है जैसा समझा जाता है, इसीलिए रचनाकार किसी राजनैतिक पार्टी का सदस्य नहीं हो सकता, भले ही उसकी विचारधारा में विश्वास करता हो।

मुक्तिबोध भी मानते हैं कि दार्शनिक विचारधारा रचनाकार की निजी आवश्यकता होती है और वह उसे ज्यों का त्यों स्वीकार नहीं करता, उसे लचीला बनाकर उसमें नये अर्थ भरता हुआ उसका विकास करता है जो अन्ततः उसका निजी जीवनदर्शन बन जाता है।

नयी काव्य प्रवृत्ति में विभिन्न विचारधाराओं तथा दर्शनों से प्राप्त किये गये उपकरण मिलते हैं क्योंकि रचनाकार को आत्मऔचित्य, आत्मविस्तार तथा आत्मतुष्टि का आधार चाहिए। वही उसकी जीवन दृष्टि या मुक्तिबोध के शब्दों में विश्वदृष्टि होती है। दिक्कत तब आती है जब ग्रहण की गयी विचारधारा का विकास स्वयं रुक गया हो और उसमें सृजनशील उद्वेग उत्पन्न करने की क्षमता का अभाव हो। ऐसी स्थिति में उसे अन्धभाव से ग्रहण करने वाला रचनाकार, उसका झंडाबरदार या प्रचारक मात्र बन जाता है। ऐसा केवल रचनाकार के साथ नहीं होता, समीक्षक के साथ भी होता है, समीक्षा में ध्रुवीकरण इन्हीं कारणों से होता है।

इसी सन्दर्भ में मुक्तिबोध अपनी समीक्षा में द्वन्द्वात्मकता विकसित करते हैं और कहते हैं कि 'कला चाहे यर्थाथवादी ही क्यों न हो, वह आत्मपरक प्रयास है वह व्यक्ति सापेक्ष है, वर्ग सापेक्ष है, जीवन सापेक्ष है। कला की स्वतन्त्रता का अर्थ है, कलातत्त्वों की अन्तः संगठनशील, गतिशील संगति अर्थात कला की स्वाभाविकता का निर्वाह।

'...कला की स्वतन्त्रता और कलाकार की स्वतन्त्रता ये दोनों समानार्थी या समीपार्थी शब्द नहीं हैं। कला अपनी संघटना में ऐसे तार्किक पैट्रन पर निर्भर करती

है जो उसकी रचनात्मक संगति और सामंजस्य के लिए आवश्यक है किन्तु कलाकार कभी कभी एस्कीमिक पैट्रन, शैली मोह, आदर्श, निष्कर्ष आदि के निर्वाह के लिए उस दिशा या गति की उपेक्षा करता है तो उसकी रचना बाधित हो जाती है।'' ''कला जीवन सापेक्ष है इसका तात्पर्य यह है कि जीवन जो भावरूप में उसके अन्त:करण में स्थित है, वह उस पर निर्भर है।'' अत: 'लेखक की स्वतन्त्रता भी समाज सापेक्ष है।'

यही मुक्तिबोध की द्वन्द्वात्मक समीक्षा दृष्टि है जो व्यक्ति और समाज के बीच भी एक द्वन्द्वात्मक सम्बन्ध स्थापित करती है और जो एक प्रकार के सापेक्षतावाद पर आधारित है। लेखक मूलत: अपने विवेक से ही नियन्त्रित होता है, किसी समाज या सामाजिक व्यवस्था (सिस्टम) से नहीं। इसे ही मुक्तिबोध के चिन्तन का केन्द्र माना जा सकता है जो रामविलास शर्मा तथा उनके अनुयायियों की तथाकथित प्रगतिशील समीक्षादृष्टि के कठमुल्लेपन से बहुत दूर है।

इसी सन्दर्भ में मुक्तिबोध प्रगतिवाद की कमजोरियों पर भी विचार करते हैं, 'प्रगतिवाद के प्रवक्ताओं के पास मध्यवर्गीय अन्धसिद्धान्तवादी अहंकार तो है किन्तु कला की सृजन प्रक्रिया में, कला सम्बन्धी समस्याओं में वह सूक्ष्म गति नहीं है जो एक जीवन मर्मज्ञ और कला मर्मज्ञ के लिए आवश्यक होती है। यही नहीं वे लेखकों और मुख्यत: नये लेखकों से तनकर अलग रहते थे। सिद्धान्तों के आइवरी टावर में रहकर (अपनी ठाटदार रोजी-रोटी का सवाल वे पहले ही हल कर चुके होते हैं) अपने टॉवर के बुर्जों से वे नये लेखकों के यूथ पर अपने तीर-कमान का प्रयोग करते थे खूँखार होकर...प्रगतिवाद की विफलता में उसके प्रवक्ताओं की निस्संग अक्षमता और जड़ बधिर, अधपंगु 'प्रतिभा' का विलक्षण योग था।''

सामान्यत: संयत तथा गम्भीर रहनेवाले मुक्तिबोध की ये प्रतिक्रियाएँ अत्यन्त तीखी तथा व्यंग्यात्मक हैं। किन्तु आज भी ऐसे 'जड़ बधिर अन्ध, पंगु' तथाकथित प्रगतिवादी समीक्षकों का इतना विस्तार और अधिकार है कि वे एक ही झटके से किसी भी मीडियाकर रचनाकार को महान या फिर किसी प्रतिभाशाली रचनाकार को कुंठित, आत्मकेन्द्रित तथा प्रतिभाहीन घोषित कर सकते हैं। यही कारण है कि नये रचनाकारों में समीक्षा तथा समीक्षक मात्र के प्रति घोर वितृष्णा तथा उपेक्षा का भाव उत्पन्न हो गया है। वे उसे बिचौलिया या ब्रोकर मानने लगे हैं। मुक्तिबोध की दृष्टि में ये ठाटदार रोजी-रोटी वाले लोगों में अधिकांश प्रोफेसर, विभागाध्यक्ष आदि ही हैं। अत: आज तक हिन्दी समीक्षा में कोई गम्भीर प्रगतिवादी समीक्षा प्रणाली विकसित हो सकी है यह कहना मुश्किल है। उनके आयातित या प्राय: अनूदित समीक्षा सिद्धान्तों में तथा रचनात्मक निकषों में कोई संगति नहीं है। वे

उसे ज्यों का त्यों लागू या आरोपित कर देते हैं। अतः यह कहना कि उनमें से अनेक मतिमन्द पूर्वग्रही तथा नितान्त अवसरवादी हैं, बहुत गलत नहीं है। आज भी अनेक तथाकथित संगोष्ठियों में मंचों से फेचकुर फेंकते वक्ताओं के मुँह से ऐसी प्रगतिशील सूक्तियाँ सुन सकते हैं जो क्रान्ति का डपोर शंख बजाती रहती हैं।

किन्तु इसका तात्पर्य यह नहीं है कि स्वयं मुक्तिबोध मार्क्सवादी समीक्षक नहीं हैं। आगे हम उनके द्वारा की गयी 'कामायनी' की समीक्षा में देखेंगे कि उसमें विधिवत मार्क्सवादी औजारों का ही उपयोग किया गया है। वस्तुतः मनोवैज्ञानिक तथा मार्क्सवादी विश्लेषण पद्धतियों का सम्मिलित तथा संयुक्त उपयोग मुक्तिबोध की समीक्षा पद्धति में मिलता है, भले यह कुछ प्रगतिवादियों के गले न उतरे। प्रगतिवादियों की तरह ही लघुमान वादी समीक्षकों के सम्बन्ध में भी मुक्तिबोध के विचार महत्त्वपूर्ण हैं। अद्यतन मानवतावादी आज यह मानते हैं कि 1. मानव निरन्तर लघु है 2. इसीलिए उसका दुःख स्थायी है 2. वह इस दुःख से मुक्ति के प्रयत्न में एक प्रकार की वीरता प्रदर्शित करता है जो उसके लघुत्व का ही विक्षेप है 4. लघुत्व के कारण ही उसमें आत्मदया और आत्मघृणा होती है जिसके निषेध के लिए वह शौर्य प्रदर्शित करता है। 5. मानव मुक्ति के लिए प्रयत्न वृथा है। मुक्ति जैसी कोई चीज नहीं है। हम एक दुख से दूसरे दुख की ओर जाते हैं।

यह दरअसल दूसरे महायुद्ध के बाद पश्चिमी मुख्यधारा और हिन्दी के आधुनिकतावादियों का चिन्तन है जो वहाँ अस्तित्ववादी चिन्तन के रूप में प्रचलित था। मुक्तिबोध ने उसे ही यहाँ 'सार रूप' में प्रस्तुत किया है। इसे उन्होंने 'नकारवादी मानवता' कहा है। पश्चिम का तत्कालीन साहित्य भी इसी का प्रतिरूप है। यह मुख्यतः मानव मुक्ति की भी विचारधाराओं के विरुद्ध है यानी वह साम्यवादी विचारधारा के विरुद्ध है। मुक्तिबोध उसे ही व्यक्तिवादी दृष्टि की उपज मानते हैं। लेकिन इस मामले में मुक्तिबोध साम्यवादी रूस और पूँजीवादी अमेरिका को पृथक नहीं मानते। वे मानते हैं कि 'दोनों औद्योगिक देश हैं और औद्योगिकता व्यक्तित्व विनाश करती है।' केवल फर्क यह है कि व्यक्तित्व विभाजन के बावजूद स्वतन्त्र देश (अमेरिका) में मनुष्य निर्णय के लिए स्वतन्त्र है—अपने विनाश के निर्णय के लिए।

यहाँ मुक्तिबोध 'लघुमानव' वाली अवधारणा का विरोध तो करते ही हैं जिसे वे पश्चिमी नकारवादी मानवतावाद का प्रतिरूप मानते हैं। किन्तु वे व्यक्तित्व की सुरक्षा का मतलब यह नहीं मानते कि मनुष्य अद्वितीय या 'नदी के द्वीप' है। मुक्तिबोध समाज को नकारने वाली इस अवधारणा को प्रतिक्रियावादी मानते हैं। यहाँ तक कि यह प्रतिक्रियावादी ही नहीं, बल्कि यह एक विकृत और बीमार

जीवन दृष्टि का प्रतीक है।

मुक्तिबोध वस्तुतः इन दोनों अतिवादी विचार धाराओं से पृथक अपनी स्वतन्त्र चिन्तन पद्धति विकसित करने के लिए संघर्षरत हैं जो मूलतः आत्ममंथन है। प्रगतिवादी चिन्तन से वे निराश हैं। प्रगतिवादियों की यह विडम्बना है कि 'ये लोग मानवता, संघर्षशील मानवता, मुक्ति संघर्ष, जनवाद, किसान, मजदूर क्रान्ति आदि शब्दों का प्रयोग करते हैं और विभोर होकर उन तत्त्वों का प्रतिपादन भी करते हैं,' किन्तु यह प्रतिपादन अतिसरलीकरण (रामविलास शर्मा आदि प्रगतिवादियों के सन्दर्भ में) पर आधारित है। उनका प्रगतिशील मानव निष्ठावान क्रान्तिकारी मानव है, उसमें कोई शंका या घबराहट नहीं है जबकि वास्तविक मानव कहीं अधिक उलझा हुआ] कमजोर और विविधपक्षी रुझान रखनेवाला मनुष्य है। प्रगतिवादी शुरू से ही नयी कविता का विरोध करते रहे हैं किन्तु मुक्तिबोध 'नयी कविता' में न तो लघुमानव का बिम्ब देखना चाहते हैं और न तथाकथित सरलीकृत क्रान्तिकारी मानव का। उनके काव्य और चिन्तन] दोनों में मनुष्य के लिए चिन्ता और बेचैनी, द्वन्द्व और शंका है। उनका मनुष्य 'अँधेरे' में अपना रास्ता तलाशता है।

इन सबसे निष्कर्ष यह निकलता है कि मुक्तिबोध की 'प्रगतिशीलता' की अपनी अवधारणा हिन्दी में प्रचलित 'प्रगतिशील विचारों' से बिलकुल मेल नहीं खाती।

मुक्तिबोध हिन्दी के पहले समीक्षक हैं जिन्होंने सृजन प्रक्रिया या रचना प्रक्रिया पर विस्तार से विचार किया है। किन्तु वे कहीं भी गुह्य या रहस्यवादी नहीं होते। उनकी चिन्तन प्रक्रिया एक ओर मनोवैज्ञानिक विश्लेषण पद्धति पर आधारित है तो दूसरी ओर अपनी स्वतन्त्र विवेकशील चिन्तन पद्धति पर। इसीलिए उनके यहाँ 'विवेक और संघर्ष' का बहुत महत्त्व है। यह विवेक सम्मत संघर्ष या आत्मसंघर्ष किसी भी पूर्ववर्ती या परवर्ती हिन्दी समीक्षक में केवल मलयज की समीक्षा में दिखता है जिनकी समीक्षा दृष्टि पर हम आगे विचार करेंगे।

मुक्तिबोध ने व्यावहारिक समीक्षाएँ भी लिखी हैं जिसका सर्वोत्तम उदाहरण हैं 'कामायनी एक पुनर्विचार'। किन्तु 'कामायनी' की समीक्षा केवल व्यावहारिक समीक्षा नहीं है। वह रचना, जीवन तथा दर्शन के बीच अन्तःसम्बन्ध ढूँढ़ने की प्रक्रिया है जिसकी तलाश स्वयं मुक्तिबोध अपनी रचनाओं में करते हैं। मुक्तिबोध का काव्य निकष इतना अटूट और प्रखर है कि त्रिलोचन के काव्य संग्रह 'धरती' पर विचार करते हुए वे लिखते हैं : 'धरती पढ़ जाने पर मालूम होता है कि उसके संघर्ष का भाग निकाल देने पर जो भी काव्य बचता है, वह लंगड़ा है। यानी मस्तिष्क और हृदय को यदि काट नहीं डाला गया है तो चरण भुजाओं

को अवश्य उच्छिन्न कर डाला गया है।' समीक्षा का यह खरा निकष इतना तटस्थ तथा निमर्म है कि कहीं से कोई छूट नहीं देता और न मुँह देखी बात करता है। निश्चित रूप से त्रिलोचन की कविता का दबा-ढँका, अत्यन्त काट-छाँट से निर्मित ठंडे शिल्पवाला जो रूप है वह 'बाथटब' के पानी के साथ बेबी को भी बाहर फेंक देनेवाला बन गया है। मुक्तिबोध ने उनकी कविता के उस टोर्सों या कबंध रूप की ओर बहुत सही संकेत किया है।

साहित्य में जनवादी मोर्चे की आवश्यकता पर भी सबसे पहले मुक्तिबोध ने ही लिखा था। किन्तु कई स्थलों पर वे 'जनवाद-जनवाद' चिल्लानेवालों पर कटाक्ष भी करते हैं। दरअसल, उन्हें जनवाद पर लिखने वाले अधिकांश लोग पाखंडी प्रतीत हो रहे थे। वह नौजवान जो अपने अखबार में जनता की आवाज बुलन्द करता है, भ्रष्टाचारियों और सत्ताधारियों का पर्दाफाश करता है, यदि आप उसके जीवन को देखें तो पता चलेगा कि उसके तथा उसके विरोधी साहित्यकारों के साहित्य में कोई फर्क नहीं है। इस पाखंड से झल्लाए हुए मुक्तिबोध के आक्रोश का पता इसी से चलता है कि उन्होंने ऐसे कवियों और आलोचकों को 'रखैल', 'अवसरवादी' और 'प्रतिभाहीन' कहा था।

मुक्तिबोध ने कई कवियों के अतिरिक्त सुमित्रानन्दन पन्त पर भी एक निबन्ध लिखा था जो सन् 1960 की 'कृति' पत्रिका में प्रकाशित हुआ था। कई दृष्टियों से यह निबन्ध बहुत महत्त्वपूर्ण है क्योंकि इसमें पन्तजी के काव्य का ही नहीं, बल्कि छायावादी काव्य तत्त्वों का बहुत सूक्ष्म विश्लेषण किया गया है। इसमें पन्तजी को छायावादियों में सबसे मुक्त तथा यथार्थ को बहुत सहज ढंग से व्यक्त करनेवाला कवि कहा गया है जो प्रकृति का अत्यन्त कुंठाहीन रूप से चित्रण करता है। वे विचार के कवि हैं किन्तु उनके विचार भावना से भीगे हुए हैं। उनमें विश्लेषणात्मक क्षमता का अभाव है। वे प्रसाद जी की तरह दार्शनिक नहीं हैं। प्रसाद जी अन्तर्मुखी हैं। उनकी अन्तर्मुखता में भावों का स्पष्ट दर्शन, जटिलता और समग्रता का आकलन और विश्लेषित, संश्लेषित अभिव्यक्ति की सामर्थ्य है। यह क्षमता पन्त जी में नहीं है। उनका काव्य अधिकतर निवेदनात्मक है। किन्तु पन्तजी में अपनी मनःस्थिति, मनोदशा को दूसरों में संक्रमित करने की अद्‌भुत क्षमता है। प्रसाद जी को समझने के लिए साहित्यिक विशेषज्ञता चाहिए। पन्त जी इसीलिए अधिक लोकप्रिय हैं। पन्त जी निरन्तर विकासमान तथा परिवर्तनशील हैं किन्तु नये भावों की ही अभिव्यक्ति के अनुकूल वे नये शिल्प का विकास नहीं कर सके। फलतः उनकी कविताओं में बासीपन आता गया। उनकी विचारात्मकता काव्य तत्त्व पर भारी पड़ गयी। इसीलिए उनके बाद का काव्य छूँछा नजर आता है। इसीलिए उनका काव्य 'झुकाव' का काव्य बनकर रह गया, मर्म

का नहीं। प्रसाद जी में जो गहरा द्वन्द्व दिखाई पड़ता है और उससे जो काव्यदीप्ति उत्पन्न होती है, वह पन्तजी के पास नहीं हैं। प्रसाद जी का द्वन्द्व उनके जीवन संघर्ष का द्वन्द्व है। एक गहरा अन्तर्मुखी व्यक्तित्व जिसमें काव्य की एक ओर विलासपूर्ण शृंगारिक परम्परा है और दूसरी ओर अपनी संस्कृति, अद्वैतवादी दर्शन और उससे अनुप्राणित सत्य....चिन्तन द्वारा प्रसाद जी इन संवेदनाओं को समस्यात्मक रूप दे देते हैं। पन्त के पास ऐसी कोई समस्या नहीं है क्योंकि उनके पास ऐसा कोई द्वन्द्व नहीं है। इसीलिए उनके पास ऐसा कोई दर्शन भी नहीं है जो उस द्वन्द्व और चिन्तन से उत्पन्न होता। इसीलिए पन्त पर निजता का कोई बोझ नहीं है। वे सरल सीधी प्रतिक्रियाओं के कवि हैं। वे बुनियादी तौर पर एस्थीट हैं। प्रसाद जी की दार्शनिक व्यवस्था इतनी दृढ़ और कठोर हो गयी थी कि उसमें परिवर्तनशील नये विचारों और दर्शनों से गुहार करने की क्षमता कम थी। लेकिन पन्त ने इसे खुले हृदय से ग्रहण किया। वे स्वयं पल-पल परिवर्तनशील रहे। किन्तु वैचारिक परिवर्तन का वे काव्यानुवाद नहीं कर पाये। इसीलिए वैचारिक परिवर्तन के बावजूद उनकी काव्य कृतियाँ निष्प्राण रहीं।

हम देखते हैं कि यहाँ मुक्तिबोध केवल पन्त और प्रसाद का ही नहीं पूरे छायावादी काव्य का संक्षिप्त किन्तु बेहद सूक्ष्म तथा सटीक क्रिटीक, प्रस्तुत करते हैं। प्रसाद काव्य-मुख्यरूप से 'कामायनी' स्वयं मुक्तिबोध के लिए एक चुनौती रहा है। कामायनी में प्रसाद जी ने अपने काव्य विजन के आधार पर एक पूर्ण दर्शन का निर्माण किया है जिसे मुक्तिबोध रचना का चरम उद्देश्य मानते हैं। किन्तु प्रसाद जी का यह दर्शन मुक्तिबोध को स्वीकार्य नहीं है। वे उसमें असंगतियाँ देखते हैं। वह ऐसे स्वप्नों और आदर्शों पर आधारित है जो वैज्ञानिक और बौद्धिक नहीं है। वह ऐसे आर्य दर्शन पर आधारित है जिसका 'आनन्दवाद' मुक्तिबोध को एक सरलीकृत स्वप्न लगता है। आचार्य रामचन्द्र शुक्ल को भी 'कामायनी' का यह आनन्दवाद स्वीकृत नहीं था किन्तु उसका कारण दूसरा था। वे लिखते हैं कि 'यह आनन्दवाद वल्लभाचार्य के 'काय' का आनंद न होकर तान्त्रिकों और योगियों की अन्तर्भूमि पर आधारित है।' यानी यहाँ बौद्धिकता का अभाव तो शुक्ल जी भी देखते हैं किन्तु उनकी असली आपत्ति यह है कि आनन्दवाद योगियों और तान्त्रिकों की उपासना पद्धति से उपजा है। जबकि 'कामायनी' में तान्त्रिकता का कोई आभास नहीं मिलता। इसके अलावा शुक्ल जी उसपर रहस्यवाद का भी आरोपण करते हैं पर साथ ही उसमें 'वर्गहीन समाज की साम्यवादी प्रकार की' दबी हुई गूँज भी सुनते हैं, जबकि मुक्तिबोध 'कामायनी' में प्रजाननों द्वारा विद्रोह में साम्यवादी क्रान्ति की कोई झलक ही नहीं देखते और उनकी आपत्ति इसी पर है। शुक्ल जी और मुक्तिबोध दोनों को 'कामायनी' के दर्शन पर ही

आपत्ति है। निश्चित रूप से 'कामायनी' के उत्तरार्द्ध का दर्शन पक्ष उसका सबसे दुर्बल पक्ष है। लेकिन उसकी महत्ता उसकी उत्कृष्ट काव्यात्मकता में है जिसे मुक्तिबोध समझ पाये हैं, शुक्ल जी नहीं। मुक्तिबोध काव्यकृति को 'स्वानुभूत जीवन की कल्पना द्वारा पुनर्रचना' मानते हैं। और इस तरह वे काव्य मात्र को मूलतः फैटेंसी मानते हैं और 'कामायनी' को भी फैंटेसी ही मानकर उसकी व्याख्या करते हैं जो बेहद महत्त्वपूर्ण है। प्रसाद जी ने इसमें स्वानुभूत जीवन की समस्या को फैंटेसी के रूप में ही प्रस्तुत किया है और उनकी विधायक कल्पना इस समस्या के समाधान के लिए ही जीवन की पुर्नरचना करती है। 'कामायनी' की फैंटेसी का ढाँचा अध्यात्मिक रहस्यवादी है। किन्तु उसका मूल कथ्य प्रणय है। इस कथ्य में फैंटेसी ने रंग भरे हैं। इस फैंटेसी में जो चरित्र हैं, वे प्रतीक हैं। इसलिए उन्हें यथार्थ चरित्रों के रूप में नहीं देखा जा सकता। मसलन 'श्रद्धा' अपने को लोक अग्नि में तपा हुआ कहती है किन्तु वास्तविक जीवन में लोक की अग्नि के लिए कोई आहुति नहीं देती। ये असंगतियाँ फैंटेसी की हैं। इसलिए उन्हें वास्तविक जीवन की असंगतियों के रूप में नहीं देखा जा सकता। वह फैंटेसी ही क्या जिसमें असंगतियाँ न हों। 'कामायनी' उस तरह का काव्य नहीं, जिस तरह के काव्य प्रियप्रवास या 'साकेत' हैं। 'कामायनी' की कथावस्तु, पात्र और घटनाएँ आदि महज माध्यम हैं। प्रसाद जी की जीवनदृष्टि राष्ट्रीय सांस्कृतिक अभ्युदय से प्रेरित थी। वे राष्ट्रवाद और पूँजीवाद दोनों का विरोध वैसे ही कर रहे थे जैसे पश्चिम के आदर्शवादी विचारक या रवीन्द्रनाथ ठाकुर नेशनलिज्म का विरोध कर रहे थे। उनपर मार्क्सवादी वैज्ञानिक दृष्टि का प्रभाव न था। 'कामायनी' पर मुक्तिबोध की मूल आपत्ति यही थी। उन्हें 'कामयानी' में सुसंगत मार्क्सवादी विचारधारा का अभाव दिखाई देता है। इसीलिए वे 'कामायनी' की काव्यात्मक विशेषताओं पर ज्यादा विचार नहीं करते। उन्हें 'कामायनी' का समृद्ध तथा उत्कृष्ट संसार नजर नहीं आता, न मनु का विषाद, गहरा अन्तर्द्वन्द्व तथा अस्तित्व की निरर्थकता का वह बोध जो जीवन में अर्थ की तलाश में उन्हें धर्म और अध्यात्म की ओर ले जाता है, जो मूलतः एक तरह का आत्म समर्पण है। प्रसाद जी ने जिस विशाल पीठिका पर 'कामायनी' की कथा को अवस्थित किया है, उसमें उन्हें मनुष्य की मुक्ति का और कोई बेहतर विकल्प नहीं मिल सकता था और उनसे रूसी क्रान्ति के महज दस-बारह वर्ष बाद मार्क्सवादी विचारधारा पर आधारित जनक्रान्ति कराने की कल्पना भी नहीं की जा सकती थी। स्वयं युक्तिबोध ने लक्षित किया है और जो कि एक वास्तविकता है कि प्रसाद जी ने थोड़ी-सी अवधि में काव्य यात्रा का आश्चर्यजनक रूप से लम्बा सफर तय किया है। वे रीतिकाल और ब्रजभाषा की पृष्ठभूमि से उभरकर आये थे और स्वयं प्रारम्भ में ब्रजभाषा में ही कविताएँ

लिखते थे। स्वयं खड़ी बोली में 'आँसू' से लेकर 'कामायनी' तक का सफर या कह लें विकास आश्चर्य में डालनेवाला है। 'गौरव था नीचे आये प्रियतम मिलने को मेरे, मैं इठला उठी अकिंचन देखे जो स्वप्न सवेरे' से लेकर 'कौन तुम संस्सृति जल निधि तीर, तरंगों से फेंकी मणि एक...' में भाषा और भावबोध का कितना लम्बा अन्तर दिखाई देता है। ऐसे प्रसाद जी से मार्क्सवादी क्रान्ति तक की छलाँग लेने की अपेक्षा करना एक आरोपित तथा असम्भव किस्म की प्रत्याशा है। और क्या स्वयं मुक्तिबोध मार्क्सवादी विचारधारा तथा उसके द्वारा होनेवाली क्रान्ति के प्रति पूरी तरह आश्वस्त न थे? उनका 'ब्रह्म राक्षस कौन है?' सूनी, अँधेरी, औदुम्बरों के जाल में फँसा ब्रह्मराक्षस, सुमेरी, बेबिलोनी जनकथाओं, वैदिक ऋचाओं...मार्क्स, एंजेल्स, टॉयन्बी, हाइडेगर, स्पेंग्लर, सार्त्र, गाँधी आदि सबकी नयी व्याख्याएँ करता हुआ यह 'ब्रह्मराक्षस' आखिर पहुँचता कहाँ है?...अँधेरी सीढ़ियों पर चढ़ता, उतरता लुढ़कता और फिर चढ़ता...उसके लिए जीने की अकेली सीढ़ियाँ चढ़ना, बहुत मुश्किल है।...और अन्त में "तम विवर में मरे पक्षी सा बह विदा हो गया।" हालाँकि मुक्तिबोध उस ब्रह्मराक्षस का सजल, उर शिष्य होना चाहते हैं। ताकि उसका अधूरा कार्य पूरा कर सकें। यानी इसमें भी सम्भावना ही है, एक क्षीण सी आशा की किरण मात्र! वैदिक ऋचाओं से लेकर मार्क्स, हाइडेगर, सार्त्र और गाँधी तक सबको लेने के बाद भी उन्हें कोई समाधान (युक्ति का) नहीं दीखता तो वे भला अभी-अभी रीतिकालीन औदुम्बरों के जाल से मुक्त हुए प्रसाद जी से किसी मुक्ति की कामना क्यों करते हैं? उन्हें वह तब तक के सम्भावित आनन्दवाद में ही मुक्ति का वह विकल्प दीखा, पर वह दीखा तो! प्रसाद की यह जटिल, संघर्ष और घनघोर अन्तर्द्वन्द्व से भरी काव्ययात्रा 1935 में प्राय: वहीं पहुँची जहाँ तक मुक्तिबोध का औदुम्बरों से घिरा आत्मसंघर्ष 1960 में पहुँच पाया। प्रसाद को एक स्वप्न समाधान तक पहुँचना था, वे पहुँच गये। यदि 1936 में मुक्तिबोध की तरह ही अल्प आयु में वे दिवंगत नहीं हो गये होते तो शायद वे भी 'ब्रह्मराक्षस' के सजल उर शिष्य हो सकते थे या शायद अधिक सम्पन्न तथा उन्नत शिष्य!

मुक्तिबोध ने 'कामायनी' को इस पूरे परिप्रेक्ष्य में रखकर क्यों नहीं देखा या देख सके, यह समझना मुश्किल है। दरअसल, यह वैसे भी मुक्तिबोध के द्वारा 'कामायनी' के दर्शन का विश्लेषण है। काव्य का नहीं। वे 'कामायनी' के निष्कर्ष को एक पलायनवादी वैयक्तिक निष्कर्ष मानते हैं जो समाज और मानवता को कोई सन्देश नहीं देता। पर प्रश्न उठता है कि कवि के लिए क्या यह जरूरी है कि वह किसी दर्शन के रूप में सन्देश का एक फॉर्मूला या गुटका थमा दे इस आश्वासन के साथ कि इससे उसकी सारी व्याधियाँ दूर हो जाएँगी? यह

तो और ज्यादा काव्यविरोधी, बल्कि अमानवीय तथा भरमानेवाला कार्य होता है। 'कामायनी' यदि एक फैंटेसी है तो वह एक स्वप्न है, महज स्वप्न। कम-से-कम प्रसाद में स्वप्न देखने की वह उत्कट प्यास और क्षमता तो है। इसके अतिरिक्त 'कामायनी' की महत्ता उसके उत्कृष्ट काव्य सौन्दर्य में है। उसके दर्शन या सन्देश में नहीं।

मुक्तिबोध मनु को एक दुर्बल चरित्र के रूप में देखते हैं, 'वह सच्चे हृदय से प्रेम नहीं कर सकता। वह प्रेम करता है रूप, रस गन्ध से। वह प्रेम करने में नितान्त असमर्थ व्यक्ति है। वह प्रेमपात्र की छाया ग्रहण करता है, उसका शरीर भी। किन्तु उसका अन्त:करण या जीवन नहीं और न अपना जीवन और अन्तकरण उसे दे सकता है। यही मनु का वास्तविक व्यक्तित्व है। यह मनु के चरित्र का आधुनिक विश्लेषण है। मनु हिन्दी कविता के पहले आधुनिक चरित्र हैं, खंडित, आत्मविभाजित और एलिएनेटेड मनुष्य का विश्लेषण इसी रूप में होना चाहिए। तब मुक्तिबोध उन्हें शायद अधिक सहानुभूति दे पाते।

डॉ. नामवर सिंह मुक्तिबोध द्वारा उठाये गये गूढ़ और जटिल प्रश्नों को संश्लिष्ट सामयिक बोध के रूप में देखते हैं। 'आत्मबोध' जिसे मुक्तिबोध कवि के लिए आवश्यक मानते हैं, उसे नामवर सिंह मानते हैं कि केवल अपने भीतर ही नहीं, दूसरों के भीतर भी होना चाहिए यानी वह आलोचक और पाठक के भीतर भी होना चाहिए।

मुक्तिबोध ने आलोचना में विश्लेषण की ऐसी पद्धति तथा दृष्टि विकसित की वह इससे पहले तो थी ही नहीं बाद की हिन्दी आलोचना से भी क्रमश: लुप्त होती चली गयी। इसका कारण दृष्टि तथा आवश्यक आलोचनात्मक तैयारी का अभाव तो है ही, मुख्य कारण अवसरवादिता, ठकुर सुहाती और विचारात्मक पूर्वग्रह है जिन्हें हम प्रसंग आने पर विवेचित करेंगे।

मुक्तिबोध की प्रमुख पुस्तकें हैं—'कामायनी एक पुनर्विचार' (1961), 'नयी कविता का आत्म संघर्ष तथा अन्य निबन्ध' (1964), 'नये साहित्य का सौन्दर्यशास्त्र', 'एक साहित्यिक की डायरी' आदि।

शिवदान सिंह चौहान (1918-2000)

शिवदान सिंह प्रगतिशील तथा मार्क्सवादी समीक्षा के प्रमुख तथा प्रारम्भिक समीक्षक हैं। कह सकते हैं कि उन्होंने हिन्दी में प्रगतिशील समीक्षा की आधार भूमि तैयार की। 'आलोचना' पत्रिका के सम्पादक के रूप में उन्होंने प्रगतिशील समीक्षा को एक सुसंगठित और सुदृढ़ रूप दिया। 'आलोचना' के माध्यम से अनेक नये प्रगतिशील समीक्षक सामने आये। प्रगतिशील समीक्षा के विकास और वर्चस्व

में आलोचना पत्रिका की भूमिका आगे चलकर डॉ. नामवर सिंह के सम्पादन में और अधिक विकसित हुई और उसने प्रगतिशील तथा मार्क्सवादी समीक्षा के अन्तर्राष्ट्रीय स्वरूप को भी हिन्दी पाठकों तथा समीक्षकों के लिए सुलभ किया। इससे हिन्दी की प्रगतिशील समीक्षा के प्रारम्भिक कट्टर मार्क्सवादियों की संकीर्ण समीक्षा पद्धति से मुक्ति मिली।

सम्भवत: शिवदान सिंह चौहान की समीक्षा दृष्टि का क्षितिज उतना विस्तृत और व्यापक नहीं था, किन्तु वे तब तक के अन्तर्राष्ट्रीय प्रगतिशील समीक्षा सिद्धान्तों से अपरिचित नहीं थे, किन्तु आगे चलकर उनकी समीक्षा दृष्टि का विकास अवरुद्ध होता चला गया, जिससे वे प्रगतिशील समीक्षा तथा समीक्षकों की दृष्टि में ही क्रमश: अप्रासंगिक होते चले गये। किन्तु उससे प्रगतिशील समीक्षा को उनका अवदान कमतर नहीं हो जाता।

उनकी महत्त्वपूर्ण पुस्तकें हैं: 'प्रगतिवाद' (1946), 'साहित्य की परख' (1946), 'हिन्दी साहित्य के अस्सी वर्ष' (1954), 'साहित्यानुशीलन' (1955), 'आलोचना के मान' (1958), 'साहित्य की समस्याएँ' (1958) और 'परिप्रेक्ष्य को सही करते हुए' (1999)।

इस दौर के अन्य प्रमुख प्रगतिशील समीक्षक हैं, नेमिचन्द्र जैन जिन्होंने अपनी पुस्तक 'अधूरे साक्षात्कार (1966) में तत्कालीन चर्चित तथा अनेक श्रेष्ठ उपन्यासों का अत्यन्त सूक्ष्म तथा विवेकपूर्ण विश्लेषण किया है जिससे हिन्दी में उपन्यास समीक्षा को पहली बार एक विधिवत समीक्षा पद्धति की नयी दिशा मिली। नेमि जी मुख्यत: नाट्य समीक्षक थे और उन्हें ही हिन्दी में पहली बार नाट्य समीक्षा की आधारशिला रखने का श्रेय है जिसका दुर्भाग्य से अधिक विकास नहीं हो सका।

इसके अतिरिक्त प्रकाश चन्द्र गुप्त, अमृतराय, रांगेय राघव, रमेशकुंतल मेघ, शिवकुमार मिश्र, विश्वनाथ त्रिपाठी तथा नन्दकिशोर नवल आदि प्रमुख प्रगतिशील समीक्षक हैं।

डॉ. नामवर सिंह (1927)

मुक्तिबोध के बाद प्रगतिशील समीक्षा ही नहीं, पूरी हिन्दी समीक्षा की धारा को जिसने अनेक दिशाओं में प्रवाहित होने का अवसर दिया, वे डॉ. नामवर सिंह हैं। उनकी समीक्षा पर विस्तार से विचार करने की आवश्यकता है...नामवर जी मानते हैं कि वास्तविक आलोचनात्मक दृष्टि समकालीन रचनात्मकता की पहचान से ही बनती है। समकालीनता पर यह आग्रह समकालीन परिवेश में निरन्तर बदलते हुए साहित्यिक परिवेश को भी ध्यान में रखता है। यानी समीक्षा दृष्टि के इस

परिवर्तन के साथ स्वयं को भी परिवर्तित करना होता है।

नामवर सिंह यद्यपि प्रगतिशील मार्क्सवादी समीक्षक के रूप में विख्यात हैं। वे मूलतः हिन्दी समीक्षा की उस परम्परा में आते हैं जो आचार्य रामचन्द्र शुक्ल और आचार्य हजारीप्रसाद द्विवेदी से शुरू होती हुई उन तक पहुँचती है। उनकी मार्क्सवादी समीक्षा बहुत लचीली और नमनीय है। वे कट्टर मार्क्सवादी समीक्षक कभी नहीं रहे। उनकी समीक्षा पद्धति में अनेक समीक्षात्मक पद्धतियों तथा सिद्धान्तों का समन्वय है जो पश्चिमी नयी समीक्षा से लेकर अद्यतन उत्तर आधुनिक समीक्षा पद्धति तक आता है। उनकी यह नमनीयता कभी-कभी नितान्त प्रभाववादी पद्धति में बदल जाती है। इसका कारण मुख्यतः यह है कि वे पिछले कई दशकों से मुख्यतः वाचिक तथा मौखिक परम्परा के समीक्षक बन गये हैं। इसलिए अपने वक्तव्यों के दौरान जो नये तथा स्वतःस्फूर्त विचार उनके मस्तिष्क में आते हैं, उन्हें वे तार्किक आधार देकर बड़े सुगठित रूप से प्रस्तुत कर देते हैं। जिससे उनके विचारों में विरोधाभास तथा अन्तर्विरोध तो आ ही जाता है। वे विचारोत्तेजक होने के साथ-साथ विवादोत्तेजक भी हो जाते हैं। अपनी इस उत्तेजक विवादास्पदता के कारण ही वे निरन्तर प्रासंगिक तथा समकालीन भी बने रहते हैं। अपने इन विचार स्फुरणों से वे लगातार एक नयी चुनौती भी फेंकते रहते हैं जिसकी तरंगें वृहत्तर होती हुई बहुत दूर तक पहुँचती हैं। बुद्धिवादी प्रतीत होती हुई नामवर जी की समीक्षा मूलतः तर्कवादी हैं। वे हिन्दी के अकाट्य तर्कवादी समीक्षक हैं। उनकी समीक्षा की परिधि अत्यन्त विस्तृत और व्यापक है।

इस विशाल और व्यापक परिधिवाली समीक्षा के विकास को समझना आवश्यक है, तभी हम उसके केन्द्र बिन्दु (कोर) तक पहुँच सकते हैं, उनकी बहुज्ञता उनकी तर्कशक्ति को समृद्ध करने में बहुत सहायक होती है। समीक्षा के क्षेत्र से बाहर जाकर वे दर्शन, समाजशास्त्र, इतिहास आदि की सहायता से एक ऐसा व्यूह-सा तैयार कर लेते हैं जिसमें श्रोताओं (पाठकों को नहीं) को मोहाविष्ट करने की क्षमता उत्पन्न हो जाती है। एक अच्छी कहानी या कविता की तरह उनकी यह वाचिक परम्परावाली समीक्षा श्रोताओं पर एक तर्कातीत प्रभाव छोड़ती है, किन्तु यह प्रभाव जितना सघन होता जाता है, उनकी समीक्षा उसी क्रम में वस्तुनिष्ठता से प्रभाववादिता या भाववादिता की ओर बढ़ती जाती है। इसी कारण उनके निष्कर्षों में सरलीकरण और सामान्यीकरण बहुत होता है।

अपनी समीक्षा की शुरुआत उन्होंने 'हिन्दी भाषा में अपभ्रंश का योग' से की और अपनी थीसिस उन्होंने 'पृथ्वीराज रासो की भाषा' पर लिखी। और जैसे ही उन्हें अपने अकादमिक अंकुश से मुक्ति मिली, उन्होंने अपने प्रिय विषय छायावाद (1955) पर एक स्वतन्त्र पुस्तक लिखी। नामवर सिंह से पहले छायावाद

को इतने कोहरेंट तथा आर्गेनैतिक रूप में किसी ने नहीं देखा था। छायावाद की ऐतिहासिक भूमिका का विश्लेषण करते हुए उन्होंने वैयक्तिक काव्य कहे जाने वाले छायावादी काव्य के सामाजिक पक्ष का उद्घाटन किया। सी.एम. बाबरा ने जिस तरह रोमैंटिक कविता के सभी अवयवों तथा प्रवृत्तियों में अन्तःसूत्रता स्थापित करके उन्हें विश्लेषित किया, डॉ. नामवर सिंह ने भी छायावाद को तत्कालीन राजनैतिक तथा सामाजिक पृष्ठभूमि में रखकर उसका विश्लेषण किया। नामवर जी से पूर्व 'छायावादी' काव्य को इतने कोहेरेंट रूप में कोई नहीं देख सका था। छायावाद को वैयक्तिक काव्य कहे जाने के विरुद्ध उन्होंने उसके सांस्कृतिक, सामाजिक और राजनैतिक पक्ष का उद्घाटन बड़ी सूक्ष्मता से किया तथा स्वतन्त्रता, राष्ट्रीयता, नवजागरण, नारी नवोत्थान आदि तत्कालीन आन्दोलनों के सन्दर्भ में छायावाद की भूमिका की व्याख्या की।

इसी तरह छायावाद या स्वच्छन्दतावादी काव्य को सामान्यतः विज्ञान विरोधी समझा जाता है, किन्तु छायावादी भावबोध में वैज्ञानिक चेतना किस तरह घुली-मिली है, यह उन्होंने उसमें निहित 'विराट' की व्याख्या करके समझाया; इस काव्य के पीछे वैज्ञानिक अनुसन्धानों का ब्रह्मांड तक जिस तरह प्रसार है, उसे समझने के लिए छायावादी कवि प्रश्नाकुल होकर उस अज्ञात के रहस्य को जिज्ञासा और कौतुहल के द्वारा समझना चाहता है 'कौन तम के पार, रे कह' या 'चीर दो यह क्षितिज मैं भी देख लूँ उस पार क्या है?' जैसी पंक्तियाँ इसी कौतूहल तथा जिज्ञासा का परिणाम हैं। इसके पीछे कोई पारम्परिक रहस्यवाद नहीं है जैसा कि आचार्य रामचन्द्र शुक्ल आदि ने समझा था।

छायावाद के प्रेम का भी एक वैज्ञानिक पक्ष है, पश्चिमी रोमैंटिक आन्दोलन तथा छायावाद के बीच एक कालखंड का ही नहीं ऐतिहासिक परिस्थितियों का भी जो बड़ा अन्तराल है, उसे नजरअन्दाज नहीं किया जा सकता। इसी को न समझ पाने के कारण शुक्ल जी ने छायावाद को रोमैंटिक कविता का यथावत अनुवाद घोषित कर दिया था। छायावादी कविता का प्रकृति प्रेम वर्ड्सवर्थ का बैक टू नेचर नहीं है। विज्ञान ने जिस तरह उसे समझा और उद्घाटित किया, छायावाद उससे बिलकुल अछूता नहीं है। छायावादी कवि अपनी घोषणाओं के बावजूद वैदिक ऋषियों की तरह प्रकृति से प्रेम नहीं करता, कर भी नहीं सकता। प्रकृति उसके लिए बीसवीं शताब्दी में उतनी रहस्यपूर्ण तथा दैविक शक्तियों वाली नहीं रह गयी थी। वह जंगलों और जंगली जानवरों से घिरा मनुष्य नहीं रह गया था। उसे पता चल गया था कि बिजली क्यों चमकती हैं, क्यों तुषारपात होता है, बारिश क्यों होती है, सूर्य, चन्द्र, तारे आदि ग्रह-नक्षत्र आदि क्यों हैं जो वैदिक युग के मनुष्य के लिए रहस्य, भय तथा चकित कर देने वाले आश्चर्यजनक तत्व थे। अतः

इस युग के रहस्यवाद को छायावाद पर थोपना निरी अज्ञानता का ही द्योतक था। नामवर जी ने छायावाद सम्बन्धी इन भ्रमों का भी निराकरण किया। प्रसाद जी की 'कामायनी' में निश्चित रूप से प्रकृति के प्रति एक नया दृष्टिकोण है, उसमें प्रकृति से प्रेम ही नहीं, संघर्ष भी है। कैलाश पर्वत और शिव आदि उसमें मिथक तथा फैंटेंसी के रूप में ही आये है। प्रकृति से प्रेम और संघर्ष में जो विरोधाभास है, इसे समझाते हुए नामवर जी ने लिखा है, 'कुछ लोगों को यह विरोधाभास प्रतीत हो सकता है, किन्तु यह सच है कि आधुनिक मनुष्य ने प्रकृति से प्रेम करते हुए भी उससे संघर्ष किया है।....यह आधुनिक युग का ही सच नहीं, मानव जाति के समूचे इतिहास का निष्कर्ष है।' यहाँ तक कि छायावादी कवियों के वर्णबोध, ध्वनि बोध, और लयबोध में भी एक प्रकार की वैज्ञानिकता शामिल थी। रंगों, ध्वनियों, छवियों को पहचानने में भी एक प्रकार की वैज्ञानिक दृष्टि थी।

डॉ. नामवर सिंह ने यह भी स्पष्ट किया कि छायावादी कवियों के अतीत के प्रति आकर्षण में केवल अतीत मोह (नास्टेल्जिया) नहीं, बल्कि परम्परा के प्रति एक नयी चेतना थी जिसे टी.एस. इलियट आदि आधुनिक कवियों ने उद्‌घाटित किया था।

'छायावाद' पुस्तक नामवर जी की पहली आलोचनात्मक उपलब्धि तो थी ही, उससे यह भी पता चलता है कि किसी विगत किन्तु अत्यन्त शक्तिशाली काव्य आन्दोलन का मूल्यांकन कैसे किया जाता है।

विज्ञान या किसी प्राय: स्थापित तथा प्रयोगसिद्ध निष्कर्षों के प्रति पूरी तरह समर्पण (सरेन्डर) कर देना मनुष्य की प्रकृति और स्वभाव में नहीं है, होना भी नहीं चाहिए। वह निरन्तर सन्देह तथा जिज्ञासा करता है। विकास का भी यही मूलमन्त्र है। आज का आधुनिक कवि भी यही कर रहा है और छायावाद ने भी यही किया था। अत: उसे किसी रहस्यवाद के खाते में ढकेल देना न तब उचित था और न आज। छायावाद की सीमाएँ कुछ दूसरी थीं जिन्हें नामवर जी की पुस्तक 'छायावाद' उद्‌घाटित नहीं करती। यह सम्भवत: उसकी विषय परिधि में ही नहीं था। उसे स्वयं सुमित्रानन्दन पन्त जैसे कवियों तथा डॉ. देवराज जैसे आलोचकों ने स्पष्ट किया।

'छायावाद' डॉ. नामवर सिंह की पहली आलोचनात्मक उपलब्धि थी। आगे चलकर नामवर सिंह ने अपनी पुस्तक 'कविता के नये प्रतिमान' में मार्क्सवादी समीक्षा पद्धति तथा 'नयी समीक्षा' के समन्वय से एक नया समीक्षा शास्त्र रचने की कोशिश की। यह एक महत्त्वाकांक्षापूर्ण प्रयास था और यदि यह सफल हो जाता तो जो कार्य आचार्य रामचन्द्र शुक्ल प्राचीन भारतीय रस शास्त्र तथा पश्चिमी

समीक्षा पद्धति के बीच सेतु बनाने की कोशिश करने में असमर्थ रहे, उसे डॉ. नामवर सिंह मार्क्सवादी समीक्षा पद्धति तथा नयी समीक्षा के बीच से एक नया रास्ता निकालकर सम्भव कर सकते थे, किन्तु दुर्भाग्य से ऐसा नहीं हो सका। क्यों नहीं हो सका? पुस्तक पढ़ने पर उसका पहला कारण तो यह प्रतीत होता है कि पुस्तक बेहद जल्दबाजी में लिखी गयी है। इसलिए उसमें न तो मार्क्सवादी समीक्षा पद्धति का समुचित उपयोग हो सका है और न नयी समीक्षा पद्धति का। केवल नयी समीक्षा के कुछ बीज शब्दों तथा सूत्रों को कुछ कवियों की कविताओं पर यथावत लागू कर दिया गया है। डॉ. नामवर सिंह पहले हंगेरियन मार्क्सवादी समीक्षक जार्ज लूकाच से अत्यन्त प्रभावित थे। फिर वे अँग्रेजी समीक्षक एफ.आर. लिविस की समीक्षा पद्धति से बेहद प्रभावित हुए और उन्होंने कवियों तथा कथाकारों का स्वतन्त्र दृष्टि से विश्लेषण करना प्रारम्भ किया। किन्तु इसी बीच उन्होने नयी समीक्षा के प्रमुख समीक्षकों जॉनक्रो रैन्सम, एलेन टेट, टी.एस. इलियट, सिम्पसन, एडमंड विलसन, क्लिन्थस ब्रुक आदि को पढ़ा और 'कविता के नये प्रतिमान' लिखते समय वे इन सभी समीक्षा पद्धतियों के बीच कोई समन्वय इसलिए स्थापित नहीं कर सके क्योंकि उन्हें पूरी तरह आत्मसात किये बगैर 'नयी कविता के प्रतिमान' लिखते समय यहाँ वहाँ लागू कर दिया। यदि यह कार्य वे विधिवत श्रम तथा समय देकर सम्पन्न करते तो निश्चित रूप से आधुनिक साहित्य का एक नया समीक्षा शास्त्र निर्मित करने में सफल होते जो एक ऐतिहासिक महत्त्व का स्थायी कार्य होता। हिन्दी समीक्षा का यह दुर्भाग्य ही कहा जाएगा कि उसके दो सबसे प्रतिभाशाली समीक्षक मुक्तिबोध तथा नामवर सिंह इसे इसलिए सम्भव नहीं कर सके क्योंकि जहाँ मुक्तिबोध उसे अधूरा छोड़कर अल्पायु में ही दिवंगत हो गये, वहीं डॉ. नामवर सिंह पता नहीं किन कारणों से उसे जल्दबाजी में सम्पन्न करने की कोशिश में लड़खड़ा गये।

इसी बीच उन्होंने 'कहानी : नयी कहानी' नाम की पुस्तक लिखी जो नयी कहानियों के स्तम्भ में लिखी संक्षिप्त टिप्पणियों तथा कुछ और पत्रिकाओं में प्रकाशित निबन्धों का संग्रह है। इस पुस्तक का महत्त्व इस बात में है कि इसके माध्यम से हिन्दी की कहानी समीक्षा में पहली बार एक सुसंगत कथा-समीक्षा पद्धति सामने आयी। ऐसा प्रतीत होता है कि नामवर जी ने इस पुस्तक के माध्यम से भी कहानी का एक समीक्षा सिद्धान्त गढ़ने की कोशिश की। किन्तु इसमें पहली दिक्कत तो यह आयी कि सामान्यत: पश्चिमी समीक्षा और मूलत: नयी समीक्षा में जिस पद्धति का प्रयोग कविता के विश्लेषण के लिए किया जाता था, उसे नामवरजी ने कहानी पर लागू करने की कोशिश की। हालाँकि इन दोनों विधाओं के प्रतिमान बिलकुल अलग हों ऐसा, नहीं कहा जा सकता। अपेक्षाकृत नयी विधा

होने के कारण अपने विकास क्रम में विश्व की कहानी कविता के भी काफी निकट आ गयी थी और विधाओं का बन्धन तोड़कर एक मुक्त विधा के रूप में स्थापित हो गयी थी। दूसरी ओर द्वितीय महायुद्ध के बाद की पश्चिमी कविता भी बन्धनमुक्त होकर गद्य रूपों में व्यक्त होने लगी थी। इसलिए दोनों के प्रतिमान बिल्कुल अलग नहीं रह गये थे। यहाँ भी नामवर जी के मार्क्सवादी संस्कारों तथा कहानी विश्लेषण के नये औजारों के प्रयोग में टकराहट सी दिखाई देती है और वे कहीं तो मार्क्सवादी चिन्तक के रूप में कहानी का विश्लेषण करने लगते हैं और कहीं चेखव, हेमिंग्वे आदि की कहानियों का विश्लेषण करने वाली आधुनिक पश्चिमी समीक्षा के सूत्रों को अपनाते हुए और उनका हवाला देते हुए उन्हें हिन्दी की नयी कहानी पर लागू करने की कोशिश करने लगते हैं। चूँकि नामवर जी ने अपनी एक प्राय: करिश्मायी समीक्षा भाषा तब तक विकसित कर ली थी और ललित निबन्धों जैसा समीक्षा रूप भी निर्मित कर लिया था। इसलिए स्वतन्त्र निबन्ध रूप में ये समीक्षाएँ बेहद प्रभावशाली तथा आकर्षक सिद्ध हुईं किन्तु उनमें कोई सुसंगत क्रमबद्धता नहीं दिखाई देती है बल्कि प्राय: एक निबन्ध में स्थापित किये विचार या सिद्धान्त तत्काल दूसरे निबन्ध में ही पहले का खंडन करते हुए प्रतीत होते हैं। अत: यह पुस्तक भी कहानी की कोई नियामक समीक्षा पद्धति निर्मित करने में असमर्थ रही। बाद में नामवर जी ने कहानी समीक्षा लिखना ही बन्द कर दिया। फिर वे प्राय: क्षण भर के लिए ही नयी कविता समीक्षा पर रुके, किन्तु वहाँ भी वे देर तक टिके न रह सके।

'कहानी : नयी कहानी' में नामवर जी ने कुछ चर्चित कहानियों की क्लोज एनालिसिस (निकट परीक्षण) की है और बड़े कौशल से की है जिसका मूल आधार है 'उपन्यास की तरह कहानी भी सामाजिक परिवर्तन के लिए जोरदार अस्त्र का काम कर रही है।' किसी भी साहित्य विधा से यह माँग उस 'फंक्शनल क्रिटिसिजम' का उदाहरण है जो क्रिस्टोफर कोडवेल जैसे मार्क्सवादी समीक्षकों की साहित्य से माँग रही है। लेकिन इसी सन्दर्भ में नामवर जी टेक्चर (शब्द गठन) और स्ट्रक्चर (रूप गठन) की बात भी करते हैं जो स्पष्टत: नयी समीक्षा पद्धति की शब्दावली है। इस प्रकार का द्वन्द्व उनकी समीक्षा दृष्टि में एक विरोधाभास-सा पैदा कर देता है। एक ओर वे कहानी में सोद्देश्यता तथा सार्थकता को बहुत बड़ा गुण मानते हैं और कहते हैं कि अच्छी और सफल कहानी को सार्थक कहानी (मूल्य के स्तर पर) के रूप में देखने की जरूरत है। इस तरह कहानी के सम्बन्ध में उनकी सामान्य मान्यताएँ ये हैं। ''अपनी महान जय यात्रा में मनुष्य ने सौन्दर्य के द्वारा समय-समय पर नये-नये कलारूपों की सृष्टि की ताकि वह नित्य विकसित वास्तविकता को अधिक समझ और समेट सके। हमारी

इसी ऐतिहासिक आवश्यकता से एक समय कहानी भी उत्पन्न हुई और अपने रूप सौन्दर्य द्वारा उसने हमारे सत्यबोध को भी विकसित किया। कहानी की इसी भूमिका की माँग है कि वर्तमान परिस्थिति में उसकी सार्थकता की परीक्षा व्यापक सन्दर्भ में की जाय।'' यानी वे कहानी में सफलता की जगह सार्थकता पर जोर देते हुए भी इसकी सार्थकता को रूप-सौन्दर्य से जोड़ देते हैं ''सत्य सौन्दर्य का उद्घाटन रूप सौन्दर्य के द्वारा ही होता है। सार्थकता की परीक्षा भी रूप सौन्दर्य के सन्दर्भ में ही की जा सकती है।'' इसी उलझन भरी दृष्टि का परिणाम है कि निर्मल वर्मा जैसे रूपवादी (सौन्दर्यवादी) कहानीकार उनको सर्वाधिक महत्त्वपूर्ण लगते हैं और 'राजा निरबंसिया' जैसी चमत्कारिक तथा भावुकताग्रस्त कहानी भी उन्हें सार्थकता की दृष्टि से महत्त्वपूर्ण लगने लगती है। अत: उनके कहानी सम्बन्धी निकष बहुत स्पष्ट नहीं हैं। द्विजेन्द्र नाथ मिश्र की कहानी को वे उषा प्रियंवदा की कहानी 'वापसी' की तुलना में इसी आधार पर खारिज कर देते हैं और विष्णु प्रभाकर की अत्यन्त लोकप्रिय कहानी 'धरती अब भी घूम रही है' को भी भावुकताग्रस्त कहानी कहकर अपने कथा निकष से निर्वासित कर देते हैं। किन्तु 'राजा निरबंसिया' जैसी शरतचन्द्रीय भावुकता से ग्रस्त कहानी की इतनी अनुशंसा क्यों?

अत: कहानी सम्बन्धी उनकी मान्यताओं का भी विश्लेषण किया जाय तो पता चलता है कि कहानी समीक्षा को वे जिस ठोस समीक्षात्मक आधार देने का संकल्प लेकर चले थे, उसे पूरा नहीं कर पाये? प्रारम्भ में ही वे अपना मकसद स्पष्ट करते हुए कहते हैं कि 'कहानी की सही समीक्षा पद्धति के विकास में सबसे बड़ी बाधा है कहानी सम्बन्धी सामान्य धारणा अर्थात कहानी को चरित्र, वातावरण, कथानक, विषय वस्तु आदि में बाँटकर देखना।' लेकिन स्वयं उनकी कहानी समीक्षा में यह विभक्तिकरण बहुत दूर तक काम करता हुआ दिखाई देता है जो उनकी समीक्षा दृष्टि में विरोधाभास पैदा कर देता है। जैसे एक जगह वे लिखते हैं कि 'नये भावसत्य के अनुसार कहानी का रूप बदलता जरूर है, किन्तु इतना नहीं बदलता कि वह कहानी ही नहीं रह जाय। लेकिन तुरन्त बाद वे लिखते हैं, 'उसी बीच कहानी का रूप इतना विस्तृत हो गया है कि निबन्ध, स्केच, और रिपोर्ताज भी कहानी की सीमा में आ गये हैं। कभी-कभी इन साहित्यिक रूपों की सीमाएँ एक दूसरे के भीतर इतनी दूर तक चली जाती हैं कि उन्हें अलगाना कठिन हो जाता है। एक ही रचना कभी स्केच, कभी निबन्ध (कहानी: नयी कहानी पृ. 20) लगती है।

कहानी सम्बन्धी अपने निकष में वे कहानी की प्रभावान्विति या सम्पूर्ण प्रभाव को कविता में अर्न्तनिहित लय की तरह महत्त्वपूर्ण मानते हैं। और यही

प्रभावान्विति लय (संगीत की तरह) उन्हें निर्मल वर्मा की कहानियों में सबसे अधिक मिलती है जिसकी वजह से वे उन्हें कालातीत (क्लैसिक) कथाकार मानते हैं। यह कथा समीक्षा के छद्म की पराकाष्ठा है।

समीक्षा में वे मार्क्सवादी समीक्षा तथा नयी समीक्षा दोनों पद्धतियों में समन्वय करने की कोशिश करते हैं। इसे वे 'कविता के नये प्रतिमान' के दूसरे संस्करण में स्वीकार ही नहीं करते, बल्कि आवश्यक मानते हैं। इस सम्बन्ध में मार्क्सवादी समीक्षक जेटेभी हॉथार्न को उद्धृत करते हुए लिखते हैं 'रूपवादी आलोचना के तत्त्वों का उपयोग मार्क्सवादी समीक्षा को समृद्ध करने के लिए हो सकता है।'' (कविता के नये प्रतिमान पृ. 4)

इसके लिए उनके पास दूसरा ऐतिहासिक तर्क यह है कि इंग्लैंड में स्क्रूटनी सम्प्रदाय के हाथों मार्क्सवादी समीक्षा को पराजित इसलिए होना पड़ा, क्योंकि उसने काव्य के रूप पक्ष में और उसकी सापेक्ष स्वतन्त्रता का पूरी तरह तिरस्कार किया था और उसकी सामाजिकता पर अतिरिक्त बल दिया था।'' कविता के नये प्रतिमान में इसीलिए काव्य के रूप पक्ष पर अतिरिक्त बल दिया गया है। जैसा कि पहले कहा गया कि उनके मन में रूढ़ और कट्टर या कठमुल्लापन वाली समीक्षा को लेकर हमेशा एक द्वन्द्व रहा है और वे एक सन्तुलित समीक्षा पद्धति विकसित करना चाहते थे, किन्तु मार्क्सवादी समीक्षा के प्रति उनका शपथ ग्रहण इसमें हमेशा बाधक होता रहा वरना हिन्दी समीक्षा में डॉ. नामवर सिंह से अधिक अध्यव्यवसायी तथा समीक्षा की सभी अद्यतन पद्धतियों से सुसज्जित समीक्षक आज तक कोई न हो सका। नामवर जी की यह हमेशा अपटेड रहनेवाली प्रवृत्ति भी उन्हें कहीं टिककर अडिग भाव से कोई स्टैंड लेने में बाधक होती रही है। इसीलिए नामवर जी हमेशा प्रासंगिक बने हुए तथा हर मोर्चे पर मुस्तैद नजर आते हैं। किन्तु उनकी यही मुस्तैदी उनका तथा हिन्दी समीक्षा का सबसे बड़ा दुर्भाग्य है। नामवर जी के निर्णयों और निकषों को कभी अगर संयुक्त रूप से फिल्टर करके एकत्र किया जाएगा तो बहुत हद तक यह डर है कि कहीं हाथ शून्य ही न लगे।

नामवर जी केवल मार्क्सवादी समीक्षा तथा नयी समीक्षा के सम्बन्धों पर ही विचार नहीं करते, बल्कि नयी समीक्षा तथा रस शास्त्र के सम्बन्धों पर भी विचार करते हैं। किन्तु उन्होंने उस सम्बन्ध में जो निष्कर्ष निकाले हैं, वे बहुत स्पष्ट नहीं हैं। मसलन, काव्य चिन्तन में वस्तुपरकता तथा रूपवाद दोनों पर चिन्तन कवि व्यक्तित्व तथा परिवेश से निरपेक्ष रहकर भी किया जा सकता है। पहली बात तो यह कि काव्य अपने आप में वस्तु कैसे हो सकता है? यह केवल 'रूपवादी' विश्लेषण पद्धति से ही सम्भव हो सकता है। 'आलोचना' जुलाई,

सितम्बर 1967 में प्रकाशित डॉ. रघुवंश के निबन्ध का एक अंश वे अपने पक्ष में उद्धृत करते हुए इसी बात को साबित करना चाहते हैं। जिस वस्तुपरकता को मार्क्सवादी चिन्तन में परिवेश सापेक्ष वस्तुपरकता के रूप में भौतिक परिस्थितियों द्वारा निर्मित देखा गया है, उसे यहाँ नयी समीक्षा के प्रभाव में कविता के स्वायत्त रूपगत स्वरूप तक सीमित कर दिया गया है और जोर दिया गया है कि असली विश्लेषण उसी का होना चाहिए। काव्य को, रचना को सदा अपने आप में पूर्ण मानकर विचार (भारतीय काव्य शास्त्र में) किया गया है और उसे न तो रचनाकार के व्यक्तित्व से सम्बद्ध करके देखा गया, न उस पर सामाजिक, युगीन अथवा अन्य किसी प्रकार की प्रतिक्रिया के रूप में विचार किया गया।'' (डॉ. रघुवंश, 'आलोचना' जुलाई सितम्बर 1967) नामवर सिंह उसी वस्तुपरकता को रूपपरकता की सीमा तक खींचकर उसे स्वीकृति देते हैं।

नामवर जी की समीक्षा मुख्यत: पोलेमिकल रही है। वे सचमुच वाद-विवाद और संवाद के समीक्षक हैं। वे अत्यन्त मेधावी समीक्षक हैं। शायद ही किसी अन्य हिन्दी समीक्षक ने इतनी दृष्टि सम्पन्नता तथा तैयारी के साथ समीक्षा के क्षेत्र में प्रवेश किया हो। लेकिन जिसे अँग्रेज़ी में 'सिंसियरिटी तथा इंटीग्रिटी' कहते हैं, वह उनमें जरा कम-कम है। अपना अभिमत तथा स्टैंड बदलने में उन्हें देर नहीं लगती किन्तु अपनी बौद्धिक प्रखरता तथा विशाल अध्ययनशीलता के बल पर वे हमेशा अपने पक्ष में दलीलें एकत्र करने में सक्षम हो जाते हैं। विगत प्राय: तीन दशकों से उन्होंने शायद ही कुछ लिखा हो। वे आलोचना की मौखिक परम्परा में विश्वास करने लगे हैं। जगह-जगह अनेक अवसरों पर दिये गये उनके व्याख्यानों को एकत्र करके तथा सर्तकता से सम्पादित करके पुस्तक रूप में प्रकाशित किया जाय तो उनकी समीक्षा दृष्टि को समझने में अधिक सहायता मिल सकती है।

विजयदेव नारायण साही (1924-86)

मुक्तिबोध के बाद विजयदेव नारायण साही अकेले ऐसे समीक्षक हैं जो निरन्तर अपनी उत्तेजक तथा प्रखर जिज्ञासाओं के द्वारा साहित्य के मर्म तक पहुँचना चाहते हैं। उन्होंने समीक्षाएँ कम लिखी हैं जिनमें से अधिकांश उनके जीवनकाल में प्रकाशित न हो सकीं। उनकी सबसे महत्त्वपूर्ण किताब 'जायसी' है जो हिन्दी में व्यावहारिक काव्य समीक्षा का मानक ग्रन्थ है। उस पर विस्तार से चर्चा आगे की जाएगी। एक आलोचक के रूप में साही अपने लम्बे निबन्ध 'लघुमानव के बहाने' नयी कविता पर एक बहस के द्वारा चर्चा में आये। देखने की जरूरत है कि उनका यह 'लघुमानव' क्या है और नयी कविता से उसका क्या सम्बन्ध है। साही नयी कविता के सबसे महत्त्वपूर्ण व्याख्याता हैं। इसके पहले लक्ष्मीकान्त

वर्मा ने 'नयी कविता के प्रतिमान' के नाम पर नयी कविता की अत्यन्त उलझी हुई पुस्तक लिखी थी। साही जी छायावादी तथा उत्तरछायावादी कविता के स्वरूप को समझना चाहते हैं जो आवश्यक भी है क्योंकि किसी काव्य प्रवृत्ति की पृष्ठभूमि को समझे बिना न तो उसे पूरे सन्दर्भ में समझा जा सकता है और न उसका समुचित विश्लेषण किया जा सकता है। साही जी छायावादी कविता को संकल्प का काव्य मानते हैं, जो उस समय की अविभाजित मानसिकता की देन थी। किन्तु क्रमशः उसमें एक रिक्ति का स्वर शामिल हो जाता है। जिस 'कामायनी' को हम छायावादी कविता का चरमोत्कर्ष मानते हैं, उसमें प्रसाद जी बार-बार हताशा का शिकार होते दिखाई देते हैं, 'कहूँ क्या मैं हूँ निरुपाय/गगन के नील विवर में आज? वायु की भटकी एक तरंग/शून्यता का उजड़ा सा राज...' किन्तु स्वप्नद्रष्टा प्रसाद मनु को पराजित नहीं दिखाना चाहते और अन्त में आनंदवाद में समाधान ढूँढ़ लेते हैं।

इसके बरक्स साही जी उत्तर छायावादी कविता को अरमानों की कविता मानते हैं। उसके कवि बच्चन, दिनकर और भगवतीचरण वर्मा आदि जवानी फक्कड़ता और मस्ती के कवि हैं। 'मस्ती का आलम साथ चला हम धूल उड़ाते जहाँ चले?' (भगवतीचरण वर्मा) एक आन्तरिक रिक्ति वहाँ भी है किन्तु उसे मधुशाला में डुबोकर भूलना चाहते हैं। छायावादी कविता हिन्दी कविता में 'गुणात्मक परिवर्तन' की कविता है किन्तु उत्तर छायावादी कविता में कोई मूलभूत परिवर्तन का स्वर नहीं मिलता, वह मिलीजुली अनुभूतियों की कविता है। उसके कवियों के पास कोई सुनिश्चित जीवन दृष्टि नहीं है।

साही जी के ये ऑब्जर्वेशन्स सूक्ष्म और सटीक हैं किन्तु महज इनके आधार पर वे जो सामान्य निष्कर्ष निकालते हैं, उनसे असुविधा होती है। वे कोई मूल्यांकन और आकलन का आधार नहीं बनते। मसलन वे जब बच्चन की पंक्ति "तीर पर कैसे रुकूँ मैं, आज लहरों में निमन्त्रण" और प्रसाद की कामायनी की प्रारम्भिक पंक्ति 'एक पुरुष भीगे नयनों से देख रहा था, प्रलय प्रवाह', में समानता देखते हैं तो आश्चर्य होता है। 'भीगे नयनों से प्रलय प्रवाह' देखने के पीछे एक विशाल पृष्ठभूमि है और वह है 'देव संस्कृति का विध्वंस'। वह एक पुरुष मनु है जो उस विध्वंस के बाद अकेला बच गया है। चूँकि वह उत्तुंग शिखर पर है, इसीलिए बचा भी रह गया है। उसे लहरें निमन्त्रण नहीं दे रही हैं। बल्कि वह उन लहरों से ही तो किसी प्रकार बचा है। जबकि बच्चन की लहरें प्रलय की लहरें न होकर जीवन प्रवाह की लहरें हैं और कवि जीवन प्रवाह से कटकर किनारे पर बैठा केवल उन्हें देखता नहीं रह सकता, उसे उसमें शामिल होना चाहिए।

अतः ये दोनों पंक्तियाँ परस्पर विरोधी हैं। साही जी का उनमें समानता

देखना असंगत लगता है।

वैसे साही जी छायावादी कविता और उत्तरछायावादी कविता में मूलभूत अन्तर देखते हैं। छायावादी कविता में एक सम्पूर्ण जीवन दृष्टि है जबकि उत्तरछायावादी कविता सीमित दृष्टि की कविता है। उत्तर छायावादी कविता का कोई लक्ष्य या गन्तव्य नहीं है। वहाँ मस्ती का आलम है। जो महज धूल उड़ाता हुआ कहीं भी जा सकता है।

साही जी कविता के माध्यम से बीसवीं सदी के मनुष्य की नियति का विश्लेषण करते हैं और इस रूप में समीक्षा को एक व्यापक सन्दर्भ देते हुए समीक्षा की एक नयी पद्धति विकसित करने की कोशिश करते हैं जो मुक्तिबोध की समीक्षा पद्धति के निकट होते हुए भी उससे भिन्न थी, क्योंकि वह किसी विशेष विचारधारा से प्रतिबद्ध नहीं थी।

बीसवीं सदी के मनुष्य की मूल समस्या यह है कि वह एक विभाजित मानसिकता वाला व्यक्ति है जिसे टी.एस. इलियट ने डिसोशिएसन ऑफ सेंसीविलिटी कहा था। यह विभाजन उसके कार्यपरक सच (फंक्शनल ट्रुथ) और उद्देश्यपरक नैतिक सत्य (परपजफुल मोरल ट्रुथ) के बीच हो गया है। विज्ञान जो अब तक अजेय सम्राट था, अब वह अपने आसन से हिला हुआ नजर आता है। अत: आज का मनुष्य इस द्वन्द्व और संशय में है कि वह जो कुछ कर रहा है, उसका कोई मकसद, उद्देश्य या अर्थ है भी या नहीं। पहले का मनुष्य संशयग्रस्त नहीं था। उसके सामने एक स्पष्ट लक्ष्य था जिस तक पहुँचने के लिए वह कृत संकल्प था।

अपनी बात की पुष्टि में वे 'कामायनी' का उत्तर पक्ष सामने रखते हैं और कहते हैं कि आज का मनुष्य 'कामायनी' का मनुपुत्र है जो निहत्था है और असुर-पुरोहितों से घिरा हुआ है। 'कामायनी' के उसी पक्ष या उदाहरण को लेकर वे छायवाद को नयी कविता से जोड़ते हुए लघुमानव की अवधारणा की स्थापना करते हैं, जिसके हाथों में टूटी तलवारों की मूठ या 'रथ का टूटा हुआ पहिया' है। इसी अर्थ में वह पराजित तथा लघु मानव है। वह चक्रव्यूह में घिरा हुआ है और उससे निकलने की कोई राह उसे नहीं सूझ रही है।

उत्तर छायावादी कविता के बारे में साही जी कहते हैं कि जैसे बॉयरन की कविता के पचास टुकड़े करके बिखरा दिये हों। वे नयी कविता के कई कवियों को भी इससे बरी नहीं करते, खासतौर पर धर्मवीर भारती की कविता को।

साही जी इसे एक महज प्रवृत्ति के रूप में नहीं, बल्कि एक व्यापक भावबोध के रूप में देखते हैं। यानी वह तत्कालीन गद्य और कविता दोनों में देखी जा सकती है। वह कहते है कि यह 'बायरन की उद्धत मेधावी निपुणता' 'चित्रलेखा'

और 'मधुशाला' दोनों में है।

उत्तरछायावादी कवि अपने यथार्थ की घोषणा बहुत नाटकीय ढंग से करता है। उसमें तिलमिलाहट की यातना नहीं, एक मस्ती और नशीलापन है। वह हमारे मस्तक पर बहुत जोर नहीं डालता। वह खतराहीन काव्य है। बिना जोखिम वाला काव्य। नयी कविता का लघु मानव भी इसी से बनता है। वह अज्ञात कुलशील, नामहीन संख्यातीत रूपों में याद किया जाने वाला मनुष्य है।

साहित्य और राजनीति में वे एक रिश्ता कायम करते हैं। उनके अनुसार छायावाद के सामरस्य और सामंजस्य के बाद जो द्वन्द्वात्मक स्थिति बनी, वह उस समय के साहित्य की वास्तविकता थी जिसके एक छोर पर साम्यवाद था और दूसरे छोर पर गाँधीवाद। हालाँकि इन दोनों में रिश्ता कायम करने की कोशिश में साही जी स्वयं द्वन्द्व में दिखाई देते हैं। उनके समीक्षात्मक चिन्तन में यह द्वन्द्वात्मकता सर्वत्र विद्यमान है। साही जी इस तनाव और द्वन्द्व को युगीन मानसिकता के रूप में देखते हैं। गाँधीवाद और साम्यवाद के बीच द्वन्द्व ही तत्कालीन हिन्दुस्तान की तनावपूर्ण आन्तरिक लय है। साहित्य के विश्लेषण में भी साही जी इसी राजनैतिक पैटर्न को प्रयुक्त करते हैं। गाँधी तब एक चुम्बक की तरह थे जिनके चारों ओर विरोध के बावजूद सारी राजनैतिक पार्टियाँ एकत्र हो गयी थीं। किन्तु जब उसमें बिखराव शुरू हुआ, तब उसका प्रभाव साहित्य सहित जीवन के सभी क्षेत्रों पर पड़ा। मार्क्सवादी पार्टी 'क्रान्ति' के बजाय 'डेमोक्रेटिक' पार्टी बन गयी। यह 'संघर्ष' और समझौतों का दौर था। दोनों साथ-साथ चल रहे थे।

इसी तरह साहित्य में भी साही जी संघर्ष और समझौता, दोनों देख रहे थे। लेकिन छायावाद के बाद उन्हें साहित्य में भी यही विखराव दीखने लगा। साही जी सबके बावजूद वे छायावाद, उत्तरछायावाद और नयी कविता में एक निरन्तरता देखते हैं। नयी कविता छायावाद से इस अर्थ में भी भिन्न थी कि उसमें आध्यात्मिकता तथा कोई समग्र जीवन दृष्टि नहीं थी। उनके अनुसार इस आध्यात्मिकता का विनाश उत्तरछायावादियों ने किया। आध्यात्मिकता से सम्भवत: उनका तात्पर्य जीवन के मूलभूत प्रश्नों से तात्त्विक स्तर पर जूझने से था।

साही जी की यह बात सामान्य रूप से ठीक ही लगती है, लेकिन दिनकर की 'उर्वशी' शायद अपने ढंग से अपवाद है। इसी तरह 'अंधायुग' और मुक्तिबोध की कविताओं में यह प्रश्नाकुलता मिलती है। अज्ञेय की 'असाध्यवीणा' में भी आध्यात्मिक मुद्रा है। किन्तु साही जी की यह बात ठीक है कि वैसा तत्त्व चिन्तन नहीं है, जैसा प्रसाद की 'कामायनी' में है।

साही जी की मान्यता यह है कि गाँधी जी के बाद भारतीय मानसिकता में विभाजन हो गया। साही जी ने संवेदना में विभाजनवाली यह अवधारणा टी.एस.

इलियट से उधार ली है जिसने मिल्टन के काव्य का विश्लेषण करते हुए लिखा था कि मिल्टन के बाद अँग्रेज़ी काव्य में 'डिशोसिएशन ऑफ सेंसीविलिटी' आ गया। साही जी इस विभाजित मानसिकता को संकल्प के विनाश के रूप में देखते हैं। अर्थात उसके बाद मनुष्य में किसी लक्ष्य की ओर उन्मुख होकर क्रियाशील होने की शक्ति का अभाव हो गया। सम्भवतः वे इसी मानसिकता से उपजे मनुष्य को 'लघुमानव' मानते हैं। किन्तु उनका यह 'लघुमानव' तात्विक स्तर पर लघुमानव है। वह साधारण मनुष्य या सामान्यजन नहीं है जिसकी बात आज के साहित्य के सन्दर्भ में बहुत होने लगी है। सामान्य जन या साधारण मनुष्य विभाजित या अविभाजित मानसिकता वाला मनुष्य नहीं होता। वह विकसित चेतना या अविकसित चेतना वाला मनुष्य होता है। वह साहित्य का मनुष्य (लघुमानव) नहीं होता। वह जीवन का मनुष्य होता है। इसलिए साही जी का लघु मानव साहित्य का लघुमानव है। जीवन का नहीं। लघुता की ध्वनि दूसरी है। वह काफ्कास्व (काफ्का वाले) अर्थ में अपने को अत्यन्त तुच्छ या भुनगा समझने लगता है।

साही जी छायावादी दौर को एक और सन्दर्भ में भी देखते हैं। उनके अनुसार तब हिन्दी के अगल-बगल दो सांस्कृतिक संस्कार थे। उर्दू और अंग्रेजी के (एक और संस्कार ब्रजभाषा वाला भी था जिससे छायावाद को अधिक जूझना पड़ा, अँग्रेज़ी काव्य तो उसके लिए अनुकरणीय था। साही जी उसे कैसे भूल गये?) हिन्दी को इन दोनों से विद्रोह करके अपना संसार रचना था। साही जी के अनुसार यह विद्रोह ही उसे अँग्रेज़ी की रोमैंटिक कविता की ओर ले गया। यह एक विरोधाभासी स्थापना है। छायावाद अँग्रेज़ी संस्कार से विद्रोह भी कर रहा था और उससे प्रभावित भी हो रहा था। दरअसल, उन्होंने न तो अँग्रेज़ी के संस्कार से विद्रोह किया और न उर्दू संस्कार से। छायावाद का असली विद्रोह रीतिकालीन कविता और ब्रजभाषा से था। 'पल्लव की भूमिकायें' में पन्त जी ने इसे बहुत विस्तार से बताया है।

साही जी की यह बात तो ठीक है कि छायावाद और नयी कविता के बीच कोई अबंध्य खाई नहीं थी। बल्कि एक क्रमशः विकसित तथा परिवर्तित होती हुई निरन्तरता थी जो नयी कविता के पुरोधा अज्ञेय के गद्य और पद्य दोनों में तो दिखाई देती ही है शमशेर और धर्मवीर भारती आदि में तो बाकायदे नजर आती है। वैसे तो साही जी को तीसरे दशक के बाद के मानव का नामकरण साधारण मानव तथा सामान्य जन के रूप में स्वीकार्य है और वे उससे सम्बन्धित कविता को साधारण आदमी की कविता कहना भी पसन्द करते हैं। अतः इस तरह इस पूरे निबन्ध के प्रारम्भ में स्थापित लघुमानव वाली अवधारणा अन्त तक

आते-आते स्वयं ही तिरोहित हो जाती है।

साही जी की दूसरी स्थापना 'महामानव' और असाधारण मानव वाली है जो सम्भवत: नीत्से के सुपरमैन की अवधारणा से ली गयी है। उसे भी वे हिन्दी साहित्य पर लागू करने की कोशिश करते हैं, पर कर नहीं पाते। वे छायावादी कविता को महामानव वाली कविता, उत्तरछायावादी कविता को साधारण मानव वाली कविता, और नयी कविता को लघुमानव वाली कविता कहते हैं। हम ऊपर देख आये हैं कि उनकी लघुमानव वाली अवधारणा स्वयं अन्त में उन्हीं के तर्कों से खंडित हो जाती है। रही महामानव वाली बात तो वह छायावादी काव्य के मनुष्य पर लागू नहीं होती है। स्वयं साही जी ही दिखा आये हैं कि 'कामायनी' के मनु अन्त में टूटे हुए और हताश नजर आते हैं और सामरस्य के चरणों में गिर जाते हैं। रही छायावाद के दूसरे महामानव राम की बात तो वे भी अन्त में हताश नजर आते हैं और टूटकर बिलखने लगते हैं और जब उन्हें सान्त्वना दी जाती है कि होगी जय होगी जय, तो वे नये सिरे से शक्ति अर्जित करते हैं। साही जी गद्य साहित्य में शेखर को सबसे असाधारण मनुष्य मानते हैं। यहाँ भी साही जी दूसरों के बहकावे में आ जाते हैं। शेखर असाधारण कहाँ से है? 'शेखर' की भूमिका में उसे यातना द्वारा प्राप्त द्रष्टा कहा गया है। पर वह द्रष्टा हो कहाँ पाता है। वह अपने अतीत को कुरेदकर विश्लेषित करनेवाला द्रष्टा जरूर है, पर उसी अतीत से जो शेखर निकलता है, वह आजीवन (जब तक का जीवन उसमें वर्णित) है, वह निरन्तर संघर्ष करता, गिरता, लड़खड़ाता, टूटता और बनता बिगड़ता रहता है। पहले तो वह न तो ठीक से क्रान्तिकारी बन पाता है और न लेखक (जो दोनों उसके स्वप्न हैं) प्रेम के क्षेत्र में भी वह पराजित होता है। उसकी बालसखा सहेली शारदा उसे अन्त में दुत्कार देती है। और शशि जिसकी सान पर वह धार पाकर जीवन्त होता रहता है, अन्त में वह भी उससे छिन जाती है। बीच में वह आत्महत्या करने का भी प्रयत्न करता है। वह असाधारण कहाँ है? वस्तुत: वह निरन्तर संघर्षशील मनुष्य है और अपनी संघर्षशीलता तथा पथ की खोज में हमेशा गतिशील बना रहता है। उसे असाधारण हिन्दी के कुछ प्रगतिशीलों ने बना दिया और साही जी उस में आ गये। इस तरह की 'असाधारण' वाली अवधारणा भी ध्वस्त हो जाती है। हिन्दी साहित्य में कोई 'असाधारण मनुष्य' नहीं है और यही उसकी विशेषता तथा वास्तविकता के प्रति उसकी निकटता है। असामान्य मनुष्य हमेशा विकृत मनोवृत्ति वाला होता है। हिटलर की तरह जहाँ से असाधारण वाली यह अवधारण निकली है।

दरअसल, असाधारण वाली अवधारणा तो स्वयं अज्ञेय बाद में ले आये और जो सिद्ध करता है कि नयी कविता का हर मनुष्य न तो साधारण है और न

लघुमानव। वस्तुत: केवल अज्ञेय की कविता 'असाध्यवीणा' का प्रियंवद केशकम्बली असाधारण है जो असाध्य को साध्य बना सकता है, अपनी अलौकिक शक्ति के द्वारा। और अलौकिकता आते ही कविता तिरोहित हो जाती है। अज्ञेय की रचनाओं में असाधारणता ही नहीं, व्यक्ति केन्द्रीयता भी बढ़ती गयी है जो उनके उपन्यास 'नदी के द्वीप' और कविता 'नदी के द्वीप' में और अधिक स्पष्ट होकर मुखर हुई है।

साही जी की समीक्षा की विशेषता है कि वे युग विशेष के भावबोध की अभिव्यक्ति कविता और कथा साहित्य दोनों में देखते हैं। भगवती चरण वर्मा के चित्रलेखा', अज्ञेय के 'शेखर' के अलावा उन्होंने इलाचन्द्र जोशी के उपन्यासों का भी जिक्र किया है। निश्चित रूप से इलाचन्द्र जोशी के सारे उपन्यासों के पात्र ('जहाज का पंछी' को छोड़कर) असाधारण हैं क्योंकि वे मनोवैज्ञानिक अर्थ में असामान्य (एबनॉरमल) हैं।

कुल मिलाकर साही जी की लघुमानव वाली अवधारणा वस्तु स्थितियों (ऑबजेक्टिव सिचुएशन्स) के द्वारा सिद्ध नहीं होती। क्योंकि लघुमानव से उनका तात्पर्य साधारण आदमी नहीं है, उनका लघुमानव केवल तात्विक स्तर पर लघु है। वह रघुवीर सहाय का 'फटा सुथन्ना' पहनने वाला आदमी नहीं है। न वह उनका रामदास है या धूमिल का मोचीराम है या सोमित्र मोहन का लुकमान अली है। इस मामले में साही जी अतिवादी समीक्षक के रूप में सामने आते हैं। उनकी समीक्षा के एक छोर पर असाधारण आदमी (सुपरमैन) है तो दूसरे छोर पर लघुमानव है। जैसा कि कहा गया, वस्तुस्थितियों का ठीक-ठीक अध्ययन करके ये अवधारणाएँ नहीं विकसित की गयी हैं। ये मानसिक तथा आरोपित अवधारणाएँ हैं।

जैसाकि पहले बताया गया है, साही जी की पुस्तक 'जायसी' हिन्दी में व्यावहारिक समीक्षा का एक मानक ग्रन्थ है। 'जायसी' पुस्तक की सबसे बड़ी विशेषता है कि उसमें पहली बार हिन्दी के किसी क्लासिक ग्रन्थ का आधुनिक समीक्षात्मक निकषों पर आकलन किया गया है, वह भी बिना किसी आरोपण के। आकलन की यह दृष्टि थोड़ी चौंकानेवाली इस अर्थ में है कि पहली बार किसी मध्यकालीन कालजयी कृति के ऊपर से आध्यात्मिकता तथा धार्मिकता के सारे मुल्लमे उतारकर एक रचना के रूप में उसके काव्यत्व का विश्लेषण किया गया है। जायसी के विश्लेषण में यह काम शुक्ल जी भी नहीं कर सके। इसीलिए साही जी ने पहले जायसी के प्रतिनिधि ग्रन्थ 'पद्मावत' के बारे में शुक्ल जी द्वारा व्यक्त विचारों का ही विश्लेषण किया है। साही जी ने जायसी को हिन्दी का पहला विधिवत कवि कहा है। कबीर में इसके चिह्न और प्रयास हैं, किन्तु

कुल मिलाकर उनमें काव्य तत्त्व का अभाव ही दीखता है। वैसे तो प्राचीन कवियों के पुनर्विश्लेषण की प्रक्रिया शुक्ल जी से ही शुरू हो जाती है। उन्होंने उन कवियों के बारे में देव-बिहारी वाली बातूनी बहसों से निकालकर काव्यत्व के आधार पर उनका विश्लेषण प्रारम्भ किया था। वह महत्त्वपूर्ण तो था किन्तु वे भी सम्प्रदायों तथा धार्मिक प्रेरणास्रोतों का पता करने में ज्यादा उलझ गये थे। लेकिन जायसी के सम्बन्ध में साही जी की विश्लेषण पद्धति शुक्ल जी से अलग और आगे निकल जानेवाली है। पहले तो वे भी शुक्ल जी की तरह मानते हैं कि कबीर कवि कम और उपदेशक तथा रूढ़िग्रस्त मान्यताओं के बारे में सूक्तियाँ कहनेवाले सन्त अधिक हैं। इसके विपरीत जायसी मूलतः कवि हैं, जैसे कालिदास कवि हैं, अमीर खुसरो कवि हैं या फारसी के निजामी कवि हैं। (जायसी : पृष्ठ 2)

किन्तु साही की दृष्टि में जायसी इन लोगों से भी भिन्न कवि हैं। साही जी जायसी को न तो सूफी, सन्त और आध्यात्मिक कवि मानते हैं और न पद्मावात को कोई ऐतिहासिक गाथा। इस मामले में उनकी मान्यता शुक्ल जी, वासुदेव शरण अग्रवाल और माता प्रसाद गुप्त आदि सभी से भिन्न है। उनके अनुसार जायसी ने अपने आसपास बिखरी लोकगाथाओं, दन्त कथाओं, धार्मिक आध्यात्मिक मान्यता और कुछ हद तक ऐतिहासिक तथ्यों को समेटकर एक विराट ग्रन्थ निर्मित किया है और उन सबको रचनात्मक रूप देते हुए रत्नसेन तथा पद्मावती आदि को एक महान चरित्र बना दिया है। इस सन्दर्भ में वे फिरदौसी के शाहनामा से यह कथन उद्धृत करते हैं, "मैंने रुस्तम को एक महान पहलवान बना दिया, वरना वह सीस्तान का एक मामूली कुस्तीबाज ही तो था।" प्रत्येक बड़ा रचनाकार यही करता है और जायसी ने भी यही किया है। वह बने बनाये महानायकों को (राम, कृष्ण की तरह) अपने काव्य का केन्द्र नहीं बनाते बल्कि अपनी काव्यात्मक प्रतिभा के द्वारा उन्हें महानायक बना देते हैं। यही सामान्य को विशेष बना देनेवाला कवि कर्म है। 'पद्मावत' के केन्द्र में है, जायसी की अद्भुत रचनात्मक प्रतिभा और उनके द्वारा निर्मित एक अपूर्ण काव्यलोक। यह लोक सिंहलगढ़ चित्तौड़ या दिल्ली नहीं है और न उसके नायक नायिका हैं रतनसेन, अल्लाउद्दीन, पद्मिनी, नागमती आदि। बल्कि वे एक जिस चमत्कारिक क्षमता से उदीप्त होकर एक सूत्र में बँध जाते हैं, वह है जायसी की सजर्नात्मक प्रतिभा। साही जी ने काव्य के इतिहास में अत्यन्त विरल इसी सर्जनात्मकता का विश्लेषण किया है।

इसके लिए उन्होंने सबसे पहले इस धारणा को छिन्न-भिन्न किया है कि जायसी मूलतः सूफी सन्त थे और 'पद्मावत' सूफी सम्प्रदाय से प्रभावित काव्य है। साही जी इस सम्प्रदायवाद की जड़ ही खोद डालते हैं क्योंकि किसी भी प्रकार की साम्प्रदायिकता मूलतः रचना विरोधी होती है। अतः साही जी यह सिद्ध

करना चाहते हैं कि जायसी किसी सम्प्रदाय विशेष के कवि नहीं थे। इतने सारे मायाजाल से जायसी और 'पद्मावत' को मुक्त करके 'पद्मावत' के शुद्ध कवित्व का उद्घाटन ही जायसी का मुख्य उद्देश्य है। इस प्रक्रिया में उन्होंने जो प्रमाण, तथ्य तथा तर्क दिये हैं, वे शोधार्थियों के लिए तो उपादेय हैं ही, किसी महान कविता या रचना की अज्ञानियों या निहित स्वार्थों द्वारा जकड़बन्दी की जाती है और उसे इस मकड़जाल से मुक्त कराना कितना जरूरी हो जाता है, साही जी द्वारा इस विश्लेषण से पता चलता है।

अतः साही जी की यह खोज केवल जायसी के 'पद्मावत' या सिंहललोक की खोज नहीं है, बल्कि इस काव्यलोक की खोज है जिसे कवि की अकृत्रिम सर्जनात्मकता निर्मित करती है और साम्प्रदायिक शक्तियाँ किस तरह उसे विकृत करती हैं। इस प्रकार यह खोज एक साथ सही पथ का, काव्य के प्रतिमानों का निर्माण तथा उसके इर्द-गिर्द जमा झाड़-झंखाड़ का उन्मूलन दोनों है। वे लिखते हैं, 'जायसी के व्यक्तित्व और उनकी कृति 'पद्मावत' के चारों ओर सूफी मतवाद का इतना मलबा इकट्ठा हो गया है कि कवि और उसकी कविता का साक्षात्कार करने के लिए इस बद्धमूल धारणा से उधेड़बुन करना जरूरी है।'

इस उधेड़बुन के बाद साही जी पद्मावत को जिस रूप में देखते हैं, वह यह है कि मूलतः 'जायसी ने अपनी संवेदना को सर्जनात्मक रूप प्रदान करने के लिए इस युग में परम्परा अथवा रूढ़ि, लोकमानस अथवा काव्य शासन, दर्शन अथवा योग, संस्कृत और फारसी के बहुत सारे उपादानों का उपयोग किया है। कभी कभी असंगत से प्रतीत होते उपादानों को अपनी भावनात्मक भट्ठी में गलाकर एक कर दिया है और जो उनकी निजी सम्पत्ति है। (जायसी पृ. 51)

यहाँ भी हम देखते हैं कि साही जी मूलतः कवि कर्म और रचना प्रक्रिया की ही व्याख्या कर रहे हैं। दर्शन, योग इतिहास, परम्परा, लोकमानस आदि सभी वैचारिक सरणियों से सामग्री और उपादान एकत्र करके कवि उन्हें अपनी भावनात्मकता में पिघलाकर उसके रसायन से ही काव्य सृष्टि करता है। हिन्दी समीक्षा के विकास में कुछ सामान्य तत्त्वों की एक सूत्रता देखते हुए हम पाते हैं कि साही जी भी काव्य सृष्टि के लिए वैचारिकता तथा भावनात्मकता दोनों का तादात्म्य आवश्यक समझते हैं।

साही जी 'पद्मावत' को एक विषाद गाथा (एलेजी) या त्रासदी के रूप में देखते हैं, 'अपनी मूल प्रकृति में पद्मावत एक त्रासदी है। हिन्दुस्तान शायद एशिया की धरती पर लिखा हुआ एक मात्र ग्रन्थ है जो यूनानी ट्रेजडियों के अधिक निकट है।' (जायसी पृ. 62)।

अतः 'पद्मावत' की यह व्याख्या इसी त्रासदी की व्याख्या है। सामान्यतः

यह माना जाता है कि भारतीय काव्य में त्रासदी की अवधारणा ही नहीं है। साही जी इस भ्रामक अवधारणा को भी गलत सिद्ध करना चाहते थे। संक्षेप में वे अपनी बात को इस तरह प्रमाणित करते हैं, रतनसेन पद्मावती के सौन्दर्य के बखान से अभिभूत होकर सिंघल द्वीप पहुँचता है और अथक परिश्रम से पद्मावती को प्राप्त कर चित्तौड़ ले आता है। किन्तु कुछ ही दिनों बाद दिल्ली के सुलतान अल्लाउद्दीन की कुदृष्टि पद्मावती पर पड़ती है। उसे प्राप्त करने के लिए चित्तौड़गढ़ घेरा जाता है और अन्ततः उसका पतन होता है। रतनसेन युद्ध में मारा जाता है। परम्परानुसार पद्मावती रतनसेन के शव के साथ ही जलकर भस्म हो जाती है। गढ़ पर विजय प्राप्त करने के बाद अल्लाउद्दीन गर्वोन्नत उत्साह और उत्कंठा से जब पद्मावती को प्राप्त करने के लिए गढ़ में प्रवेश करता है तो उसे वहाँ मिली है केवल चिता की राख जिसमें सबकुछ भस्म हो चुका होता है। हत्भाग्य और हताश सुलतान चिता से एक मुट्ठी राख उठाता है और उसे हवा में उड़ा देता है। 'छार उठाइ लीन्हि एक एक मूठी। दीन्ही उड़ाई पिरिथिमी झूठी।' एक मुट्ठी राख को हवा में उड़ाकर उसे प्रतीत होता है, सारी पृथ्वी सारा जीवन महज एक झूठ है।

जग-जीवन, वैभव, पराक्रम, प्रेम, सौन्दर्य अन्ततः सबकुछ एक झूठ है, निस्सार है। रह जाता है एक विराट शून्य! मनुष्य के जीवन की इससे बड़ी त्रासदी और क्या हो सकती है। पद्मावत इसी मायालोक की गाथा है। जिसका मूलधन है केवल एक मुट्ठी राख। अन्ततः पद्मावत की सबसे बड़ी विशेषता है कि जायसी ने जिस तन्मयता, सूक्ष्मता तथा कलावन्तता के साथ इस 'मायालोक' की रचना की है, अन्त में उसे एक ही झटके से ढहा दिया है। इस विराट विषाद गाथा को विजयदेव नारायण साही ने जिस अनोखी समीक्षा-दृष्टि से उद्‌घाटित किया है, वह हिंदी समीक्षा में व्यावहारिक समीक्षा का अन्यतम उदाहरण है।

साही जी ने अपने इस अन्वेषण को सम्भव बनाने की प्रक्रिया में जो प्रतिपादन किये हैं, उन्हें भी जानना जरूरी है। किसी भी सम्प्रदाय की रचना पर आरोपण को साही जी उसकी रचनात्मकता को विकृत करना मानते हैं। यह सम्प्रदाय केवल धार्मिक ही नहीं, कोई राजनैतिक सम्प्रदाय भी हो सकता है। यानी जब रचना किसी सम्प्रदाय विशेष का वाहक बनती है तो ऐसा वह अपनी रचनात्मकता की क्षति की कीमत पर ही करती है। इसी प्रकार साही जी मात्र मनोरंजन को भी साहित्य का कर्म नहीं मानते। यहाँ साही जी एक अत्यन्त महत्त्वपूर्ण सिद्धान्त की स्थापना करते हैं जिसके आलोक में साहित्य का सही विश्लेषण किया जा सकता है। वे लिखते हैं, 'वस्तुतः मात्र मनोरंजक साहित्य और मात्र सन्देशवाहक साहित्य दोनों अन्ततः एक ही सिक्के के दो पहलू साबित होते हैं। मात्र मनोरंजक साहित्य यह देख नहीं पाता कि जिन्दगी के अर्थ से आलोकित करनेवाले तत्त्व क्या हैं...और

मात्र सन्देशवाहक साहित्य मानकर चलता है कि सारे मूलभूत प्रश्नों के उत्तर प्राप्त हो चुके हैं और वे सारे प्रश्न जो उसके बने-बनाये ढाँचे के बाहर खड़े हैं, वे न केवल अप्रासंगिक और अनावश्यक हैं, बल्कि प्रश्नकर्ता की कुटिल बुद्धि की उपज हैं, अतः जितना असंदिग्ध सन्देश होता है, उतना ही जल्दी पुराना और बासी पड़ जाता है।' (जायसी पृ. 65)

इस कथन से साही जी प्रायः एक सार्वकालिक साहित्य निकष का निर्माण करते हैं जिसके आधार पर प्राचीन और आधुनिक, प्रायः सभी प्रकार के साहित्य की महत्ता को परखा जा सकता है। 'बने बनाए ढाँचे' का अनुसरण करने के कारण महत्त्वपूर्ण साहित्य का कितना बड़ा हिस्सा उपेक्षित और अन्धकार में रह गया है, यह बताने की जरूरत नहीं है। इस विवेक सम्पन्न जानकारी तथा उसका दृढ़ता से पालन करने के कारण साही जी की लड़ाई हमेशा दो-दो मोर्चों पर होती रही, इसीलिए उनके साहित्य तथा समीक्षा को भी इन ढाँचों का शिकार होना पड़ा। सम्भवतः इसीलिए उनका महत्त्वपूर्ण साहित्य उनके निधन के उपरान्त ही प्रकाशित हो सका।

साही जी समीक्षा के इन अतिवादी छोरों को भेदकर एक विरल सन्तुलन स्थापित करते हुए जिस तरह काव्यानुभूति को अर्थवान बनाते हैं, वही उनकी सृजनात्मक समीक्षा का रहस्य है। अपनी इसी स्थापना को आगे बढ़ाते हुए साही जी सृजनात्मकता के इस रहस्य की विस्तृत व्याख्या भी करते हैं, 'साहित्य में किसी विचारधारा या दार्शनिक सिद्धान्त का वहन करना अलग बात है और अपने युग की सम्पूर्ण चिन्तनशीलता में उलझी हुई अनुभूति को आत्मसात करना दूसरी बात। यही आत्मस्थ चिन्तनशीलता गम्भीर साहित्य को बौद्धिक सघनता प्रदान करती है।' (जायसी पृ. 67)

यहाँ साही जी का साहित्य चिन्तन खुलकर सामने आ जाता है। वे साहित्य पर किसी भी विचारधारा या दार्शनिक सम्प्रदाय के आरोपण को रचनात्मकता विरोधी मानते हैं। इस सम्बन्ध में दिये गये उनके तर्कों की उपेक्षा नहीं की जा सकती। किसी भी बनी-बनाई ढाँचोंवाली विचारधारा साहित्य में इसलिए वर्जित या गर्हित नहीं है कि हम उस विचारधारा के विरुद्ध हैं या किसी और विचारधारा की हिमायत कर रहे हैं (यह भी उतना ही गर्हित है) बल्कि उस युग की उलझी हुई चिन्तनशीलता हमेशा उससे बाहर छूट जाती है और गम्भीर तथा महत्त्वपूर्ण साहित्य के निर्माण के लिए जिस 'बौद्धिक सघनता' (इंटलेक्चुअलटफनेस) की अपेक्षा होती है, उसे हम उपलब्ध या आत्मसात नहीं कर पाते।

'जायसी' पुस्तक में बौद्धिक सघनता या 'इंटलेक्चुअल टफनेस' का प्रयोग बार-बार हुआ है। इस बौद्धिक सघनता से साही जी का तात्पर्य क्या है? क्यों

वह साहित्य तथा साहित्य चिन्तन के लिए अनिवार्य है? साही जी आगे चलकर स्वयं अपनी इस इंटलेक्चुअल टफनेस वाली स्थापना को स्पष्ट करते हैं क्योंकि वही उनकी समीक्षा दृष्टि की रीढ़ है। वे पद्मावत वाले प्रसंग में ही बौद्धिक सघनता और विचारधारात्मक चिन्तन में अन्तर को स्पष्ट करते हैं, 'बौद्धिक सघनता और मात्र विचारधारात्मक प्रतिबद्धता में अन्तर को स्पष्ट करने के लिए हम कुछ उदाहरण पद्मावत से ही लें।' (जायसी पृ. 68)।

वे उदाहरण के रूप में पद्मावत में वर्णित तोते और पिंजरे को लेते हैं। वे बतलाते हैं कि अध्यात्मिक दृष्टि से आसानी से पिंजरे को शरीर और तोते को आत्मा का प्रतीक माना जा सकता है (माना भी गया है) किन्तु वे इस प्रयोग के 'वाच्यार्थ' और 'व्यंग्यार्थ' दोनों के संश्लिष्ट अर्थ को महत्त्व देते हुए कहते हैं कि इस अर्थ में तीव्रता, वैचारिक तरंगाकुलता और भावों का समायोजन हो जाता है और इससे एक अर्थ विस्तार करती हुई 'झंकार' उत्पन्न होती है जिसे 'बौद्धिक सघनता' कहा जा सकता है। इसी व्याख्या को आगे बढ़ाते हुए वे कहते हैं कि पिंजरे से तोते के उड़ जाने के बाद पद्मावती तथा सखियों के बीच जो संवाद होता है। उसके संकेत, प्रतिध्वनियाँ और उससे उत्पन्न सर्जनात्मक तरंगें जो संकुल प्रभाव उत्पन्न करती हैं, वह अर्थ के इकहरेपन को तोड़कर उसे अनेक स्तरों पर झंकृत करता है। यह केवल चित्रात्मकता भावात्मक न होकर उसका सम्मिलित उद्रेक है जिसमें विचार और भावना, दोनों संयुक्त हैं, यही बौद्धिक सघनता है। यहाँ आकर कोई सन्देह नहीं रह जाता है कि बौद्धिक सघनता से साही जी का तात्पर्य 'विचारों' और भावनाओं का संयुक्त रचनात्मक संयोजन ही है (जिसे आई.ए. रिचर्ड्स ने 'फ्यूजन ऑफ थॉट एंड इमोशन' कहा है) शुक्ल जी, मुक्तिबोध और एक हद तक नामवर सिंह की भी समीक्षात्मक दृष्टि में हम इसी संयोजन की केन्द्रीयता देख चुके हैं। साही जी तक आते आते यह हिन्दी समीक्षा का एक प्रतिमान बन जाता है।

बौद्धिक सघनता और वैचारिक प्रतिबद्धता के अन्तर को रेखांकित करते हुए वे आगे लिखते हैं, 'यदि हम आन्तरिक अखंडता और भावात्मक उत्कर्ष से अधिक किसी तरह का मतवाद देखेंगे तो वही गलती करेंगे जो जिस तरह चेतन-अवचेतन की शब्दावली देखकर लोगों ने इलाचन्द्र जोशी के फ्रायडवादी, अज्ञेय को मनोविश्लेषणवादी और अमीर-गरीब की खाई का जिक्र देखकर प्रेमचन्द को मार्क्सवादी चौखटे में कस देने का प्रयास किया।' (जायसी पृ. 78)

साही जी बौद्धिक सघनता को वैचारिक प्रतिबद्धता से क्यों पृथक करना चाहते हैं, वह यहाँ पूरी तरह स्पष्ट हो जाता है। किन्तु जैसा कि वे पहले कह चुके हैं ऐसा वे किसी कुटिल बुद्धि के कारण नहीं मानते बल्कि वे इसे रचनात्मकता

की अनिवार्य शर्त के रूप में देखते हैं।

साही जी किसी इतिहास से सम्बद्ध कृति में 'ऐतिहासिकता की खोज' को भी अनिवार्य नहीं मानते हैं। यह भी वैसा ही आरोपण है, जैसा वैचारिक प्रतिबद्धता। वे कहते हैं कि यदि हम 'पद्मावत' के सिंघल द्वीप को किसी ऐतिहासिक स्थल के रूप में देखेंगे तो यही नहीं सिद्ध कर सकेंगे कि उसकी कथा ऐतिहासिक तथ्यों पर आधारित है। दूसरे इतिहास लोक में उस ऐतिहासिकता के लिए स्थान नहीं होता जो रचना के लिए अनिवार्य होती है। हाँ, वे 'पद्मावत' के समाज को एक सामन्ती समाज के रूप में जरूर देखते हैं। सामन्ती समाज अपरिचय, अजनबीपन और अलगाव उत्पन्न करता है। वहाँ सत्ता की निरंकुशता ही प्रधान होती है, प्रचंडता और कोमलता पाशविकता और प्रदीप्त सौन्दर्य, घोर आत्महीनता और परकाया प्रवेश इन सबके बीच द्वन्द्वों की सीमा रेखा मिट जाती है, जिस आधारभूत आन्तरिकता से शेष सभी गुणों का निस्सारण होता है। (जायसी पृ. 90)

अतः पद्मावत सामन्ती समाज में नैतिकता, मानवता, मूल्यों और सभी प्रकार की कोमलताओं के निस्सरण और विनाश की ही विषादगाथा है। कथा के अन्त में रतनसेन के साथ पद्मावती तथा नागमती दोनों का सती हो जाना कोई गौरवगाथा नहीं है, बल्कि सामन्ती समाज की क्रूर व्यवस्था की नियति है। सामन्ती समाज अन्त में महज एक 'मुट्ठी राख' के रूप में ही शेष रह जाता है। साही जी के अनुसार इस विषाद गाथा के चित्रण या ट्रेजिक विजन के स्रष्टा के रूप में जायसी अकेले हैं। उनका न कोई पूर्ववर्ती है और न परवर्ती है। (वहीं, पृ. 92) पद्मावत में एक दुनिया भीतरी है और एक दुनिया बाहरी। 'स्वप्नों और आकांक्षाओं की एक दुनिया भीतर है और उसे रौंदती हुई सत्ता की एक आतंककारी दुनिया बाहर है और जब ये दोनों दुनियाएँ एक दूसरे के निकट आ जाती हैं तो क्या होता है?...जवाब है, चिन्ता से उड़ती राख और एक वीरान सन्नाटा। उस राख में एक धड़कता हुआ दिल था, उसका क्या हुआ? ग़ालिब के शब्दों में 'जला है जिस्म जहाँ दिल भी जल गया होगा। कुरेदते हो क्यों ये ख़ाक जुस्तजू क्या है?' यह जुस्तजू है उस दुनिया को समझने की कोशिश जिसे जायसी की विषाद दृष्टि (ट्रेजिक विजन) ने रचा है। उस दुनिया को 'तुमने' भीतर से देखा है, अब बाहर से देखो, यही पूरा सच है।

और रचना को रचने के लिए तथा रचना के इस सच को जानने के लिए यही दृष्टि जरूरी है। भीतर से बाहर और फिर बाहर से भीतर यही विजयदेव नारायण की समीक्षा दृष्टि किसी और रास्ते से आकर मुक्तिबोध के आभ्यन्तरीकरण और वाह्यीकरण से आकर मिल जाती है।

डॉ. देवराज

डॉ. देवराज मुख्यत: बुद्धिवादी दार्शनिक थे। दर्शनशास्त्र पर उन्होंने अनेक ग्रन्थ हिन्दी और अँग्रेज़ी दोनों में लिखे हैं। किन्तु विश्व साहित्य का अध्ययन भी उनका बहुत विस्तृत तथा व्यापक था। हिन्दी की छायावादी कविता में दिलचस्पी होते हुए भी वे टी.एस. इलियट की तरह क्लैसिस्टि थे। उनकी समीक्षा मुख्यत: सैद्धान्तिक थी, किन्तु उन्होंने व्यावहारिक समीक्षा भी कम नहीं लिखी है। दार्शनिक होने के कारण उनकी समीक्षा दृष्टि चिन्तन परक थी। किन्तु उनके चिन्तन की सीमाएँ थीं। अपनी रुचियों में वे मूलत: रोमैंटिक थे किन्तु अपनी समीक्षा दृष्टि उन्होंने क्लैसिकल साहित्य के अध्ययन के आधार पर विकसित करने की कोशिश की थी किन्तु उनकी इस दृष्टि की भी सीमा यह थी कि वे मुक्तिबोध और विजयदेव नारायण साही की तरह अकाट्य तथा प्रमाणपुष्ट ढंग से अपने विचारों को कोई दृढ़ आधार नहीं दे सके। इसलिए उनकी अधिकांश समीक्षात्मक स्थापनायें प्रतिक्रियाएँ ही कहीं जाएँगी। 'प्रतिक्रियाएँ' उनकी एक समीक्षा पुस्तक का नाम भी है, किन्तु उनका अधिक गम्भीर ग्रन्थ 'साहित्य चिन्ता' है जिसमें उन्होंने अपनी साहित्यिक स्थापनाएँ व्यक्त की हैं, जिसमें उन्होंने संस्कृति तथा सांस्कृतिक पृष्ठभूमि को साहित्यिक कृति तथा साहित्य समीक्षा के लिए भी महत्त्वपूर्ण माना है। उनका संस्कृति चिन्तन टी.एस. इलियट के संस्कृति चिन्तन पर आधारित है। यद्यपि उन्होंने भारतीय संस्कृति का भी विधिवत अध्ययन किया है और भारतीय संस्कृति पर एक पुस्तक भी लिखी है, किन्तु उनका संस्कृति विश्लेषण मुख्यत: टी.एस. इलियट के संस्कृति विश्लेषण पर ही आधारित है। यह द्वन्द्व उनकी समीक्षा में बराबर बना रहा है। वे अपनी क्लैसिकल समीक्षा दृष्टि और रोमैंटिक दृष्टि में कोई सम्यक सन्तुलन नहीं स्थापित कर सके। दूसरा द्वन्द्व या द्वैत उनकी समीक्षा दृष्टि में यह है कि वे भारतीय कालसिद्ध कृतियों से पूरी तरह परिचित होते हुए भी पश्चिमी कालसिद्ध कृतियों से अधिक प्रभावित लगते हैं। मुख्यत: अँग्रेज़ी की कालसिद्ध आधुनिक चार्ल्स, डिंकेस, जॉर्ज इलियट, जेन आस्टिन और हेनरी जेम्स आदि की कृतियों से। इसीलिए छायावादी तथा आधुनिक कृतिकारों में उन्हें कोई विशेष जँचता ही नहीं। 'कामायनी' को वे एक असफल कृति मानते हैं और निराला पर विचार करना जरूरी नहीं समझते। अज्ञेय के 'शेखर' से प्रभावित होकर उन्होंने दो खंडों में अपना विशाल उपन्यास 'पथ की खोज' लिखा, किन्तु उन्होंने शेखर पर कभी विधिवत विचार नहीं किया। वस्तुत: उनकी व्यावहारिक समीक्षा दृष्टि सीमित थी। अब उनकी मुख्य सैद्धान्तिक स्थापनाओं को देखें। साहित्य

समीक्षक के लिए उन्होंने तीन गुणों का होना अनिवार्य माना है—1. किसी कृति की विशेषताओं को पहचानने और उन्हें ग्रहण करने की क्षमता, 2. उन विशेषताओं की वस्तुनिष्ठ ढंग से मूल्यांकन करने की क्षमता। 3. किसी कृति का मूल्यांकन समीक्षा के सार्वभौमिक रूप से स्वीकृत निकषों के आधार पर होना चाहिए किन्तु उनका अनुकरण या अनुसरण न करते हुए अपनी मौलिक बुद्धि के आधार पर ही उन्हें प्रयुक्त करना चाहिए। यानी उनके अनुसार आलोचना सार्वभौमिक मानदंडों पर आधारित एक बौद्धिक व्यापार है। शायद आलोचना के निकषों का सार्वभौमिक होने का आग्रह वे इसलिए करते हैं, ताकि आलोचना अपने अतीत के एकदेशीय निकषों पर ही हर प्रकार के साहित्य का मूल्यांकन करने लगे। इससे आलोचना में जातिवाद और सम्प्रदायवाद आ सकता है। स्पष्ट है कि वे यहाँ केवल भारतीय रसवादी आलोचना (ऐसा शुक्ल जी सहित कई भारतीय रसवादी समीक्षक करते रहे हैं) से बचने की हिमायत कर रहे हैं। वे रसवादी नहीं हैं, जैसाकि कुछ आधुनिकतावादी समीक्षक उन्हें मानने लगे थे। जैसा कि कहा गया, वे क्लैसिस्ट हैं किन्तु पुरातनवादी नहीं।

आलोचक के अतिरिक्त वे कलाकार और लेखक के लिए भी कुछ बातें आवश्यक मानते हैं। उनके अनुसार वास्तविक कलाकार या लेखक यदि किसी वाद विशेष के विचारों का अपनी रचना में उपयोग करता भी है तो वह उसके प्रचार-प्रसार के लिए नहीं, बल्कि अपनी दृष्टि विस्तार के लिए करता है या उसे करना चाहिए। उसमें बँधकर कोई रचना श्रेष्ठ नहीं हो सकती। उन्होंने यह भी लक्ष्य किया है कि हिन्दी के अनेक लेखक अपने समय की माँग के अनुसार या अनुरूप नहीं लिखते, बल्कि उस समय की प्रचलित आलोचनात्मक मान्यताओं के अनुसार उनके द्वारा स्वीकृति पाने के लिए लिखते हैं। जाहिर है, यहाँ उनका संकेत, उस समय तथा आज भी हिन्दी की प्रगतिशील आलोचना के मानदंडों की ओर है। इसके साथ ही वे रचना के लिए अपने समय की सीमाओं का अतिक्रमण करना भी जरूरी समझते हैं। लेकिन वे प्रगतिशील समीक्षा के ही विरोधी नहीं हैं। प्रगतिवादी समीक्षा के विरोध में दूसरे छोर पर खड़े भारतीयतावादी आलोचक जो पश्चिमी समीक्षा की प्रवृत्तियों तथा पद्धतियों की नितान्त अवहेलना करते हुए उसके सर्वथा बहिष्कार की बात करते हैं, उनके भी वे विरोधी हैं। जाहिर है, वे समीक्षक की सम्पन्न तथा तटस्थ विवेक बुद्धि को अधिक प्रामाणिक मानते हैं।

वे हिन्दी समीक्षा तथा समीक्षकों में जो एक प्रवृत्ति जोर पकड़ती जा रही है कि पश्चिमी चिन्तन तथा समीक्षा में जैसे ही कोई नयी प्रवृत्ति या चिन्तन आया नहीं कि वे बिना समझे-बूझे उसे मूल्यांकन का आधार बनाकर नयी कृतियों का

आकलन करते हुए उस पर आरोपित करने लगते हैं (जैसाकि इधर उत्तरआधुनिकता की छीछालेदर करते हुए कुछ अद्यतनवादी समीक्षक करने लगे हैं) डॉ. देवराज पहले से ही ऐसी प्रवृत्तियों का विरोध करते रहे हैं।

वे मानते हैं कि श्रेष्ठ आलोचक की मान्यताओं के पीछे व्यवस्थित मौलिक चिन्तन का बल रहता है और उसकी मान्यताएँ उसी साहित्यिक अनुभव के आधार पर निर्मित होती हैं। इसके साथ ही वे मानते हैं कि जो समीक्षक किसी कृति में व्यक्त विचारों के आधार पर ही उसकी श्रेष्ठता या निकृष्टता निर्धारित करता है, वह उस कृति के प्रति न्याय तो करता ही है, अपनी दूषित तथा पूर्वग्रहग्रस्त दृष्टि का भी परिचय देता है। किन्तु साथ ही वे केवल शिल्प की श्रेष्ठता की वजह से किसी कृति को महत्त्वपूर्ण नहीं मानते। उसमें एक अन्तर्दृष्टि या 'चिन्तन' का होना जरूरी है। स्वयं उन्होंने अपने उपन्यास 'पथ की खोज' में यही कोशिश की है कि आखिर मनुष्य का लक्ष्य क्या है? उसके जीवन की सार्थकता किस बात में निहित है? मानव अस्तित्व की यही तलाश उन्हें अस्तित्ववादी दर्शन की ओर ले गयी और उनका अस्तित्ववादी उपन्यास 'अजय की डायरी' इन्हीं प्रश्नों, जिज्ञासाओं तथा जीवन के अर्थ (मीनिंग ऑफ लाइफ) की तलाश का उपन्यास है। इन्हीं कारणों से वे अज्ञेय के उपन्यास 'नदी के द्वीप' में अत्यन्त प्रौढ प्रांजल परिष्कृत गद्य तथा अत्यन्त सूक्ष्मवर्णनशैली के बावजूद उसे श्रेष्ठ कृति नहीं मानते क्योंकि उसमें इस अर्थ और तलाश (क्वेश्ट) का अभाव है। उसमें कोई जीवन दर्शन नहीं व्यक्त हुआ है। उनकी दृष्टि में अस्तित्व के अर्थ की तलाश में वह कहीं भी जा सकता है। अत: रचनाकार के लिए कोई भी विषय गर्हित और अश्लील नहीं होता। उसे अपनी कृति में अपने को पूरी तरह उड़ेलना होता है। पूरी ईमानदारी और प्रामाणिकता के साथ (विद सिन्सियारिटी एंड आथेंटीसिटी)। अपनी तलाश में वह कुप्रिन की तरह 'गाड़ीवालों के कटरे' में भी जा सकता है और गटर (नाली) में भी भले ही उसे स्वयं को 'नाली के कीड़े' के रूप में ही प्रस्तुत करना पड़े। रचनाकार में यह निर्भीकता, साहसिकता और रूढ़ियों से पृथक नैतिक बल होना ही चाहिए।

इस अर्थ में डॉ. देवराज अत्यन्त आधुनिक आलोचक सिद्ध होते हैं।

पहले ही कहा गया है कि डॉ. देवराज साहित्य विवेचन के लिए संस्कृति विवेचन को आवश्यक मानते हैं। इसी बात को उन्होंने अपने 'साहित्य और संस्कृति' निबन्ध तथा 'संस्कृति का दार्शनिक विवेचन' नाम के ग्रन्थ में प्रतिपादित किया है। इस तरह वे साहित्य, संस्कृति और दर्शन में एक अन्त: सम्बन्ध देखते हैं। क्या है यह अन्त:सम्बन्ध? और साहित्य के लिए क्या जरूरी है? उनके अनुसार अपने समय के सांस्कृतिक संघर्ष से निरपेक्ष रहनेवाला व्यक्ति न तो श्रेष्ठ

साहित्यकार हो सकता है और न श्रेष्ठ आलोचक। वे सामाजिक चेतना को भी सांस्कृतिक चेतना के बगैर पंगु पाते हैं। क्योंकि प्रत्येक समाज अपने समय के विशिष्ट अवयवों से ही निर्मित होता है, इसीलिए प्रत्येक समाज की अपनी पृथक विशिष्टता होती है जो उसे दूसरे समाज से अलग करती है, क्योंकि इस समाज को निर्मित करने वाले सांस्कृतिक अवयव अलग-अलग होते हैं, इस दृष्टि से डॉ. देवराज को कोई आधुनिक कृति पूरी तरह सन्तुष्ट नहीं करती। उसी अर्थ में वे 'क्लासिस्ट हैं, वरना क्लैसिकल साहित्य और रोमैंटिक साहित्य में कोई अन्तर नहीं बचता। रोमैंटिक साहित्य प्रायः सांस्कृतिक बोध से वंचित या हीन होता है क्योंकि वह मूलतः अपनी ही अनुभूति तथा भावनाओं पर विश्वास करता है और उन्हें ही व्यक्त करता है। इसी कारण वह व्यक्ति केन्द्रित साहित्य ही है। सांस्कृतिक चेतना का सम्बन्ध पूरे जातिगत विकास और बोध से है। उसे लगातार प्राचीन मान्यताओं और मूल्यों से संघर्ष करना पड़ता है, किन्तु यह संघर्ष बिना उन मूल्यों और मान्यताओं को जाने बगैर सम्भव नहीं है। डॉ. देवराज को यही शिकायत आधुनिक साहित्य से है क्योंकि उसका परम्परा तथा प्राचीन संस्कृति का निषेध या नकार उसे बिना समझे या जाने ही है। टी.एस. एलियट भी इसीलिए परम्परा और संस्कृति को जोड़कर ही देखते हैं। इसी कारण उनकी महान कविता 'वेस्टलैंड' तब तक पूरी नहीं होती, जब तक वे अपने सर्वश्रेष्ठ काव्य 'फोरक्वार्टेट्स' तक नहीं पहुँचते। डॉ. देवराज आधुनिक साहित्य में ऐसा कोई समीकरण नहीं पाते।

डॉ. बच्चन सिंह (1919-2008)

डॉ. बच्चन सिंह भी 'वाद' निरपेक्ष समीक्षक हैं। वे डॉ. देवराज के समकालीन भी हैं, किन्तु वे उनकी तरह साहित्य और समीक्षा के गहन और गूढ़ प्रश्नों से नहीं उलझते। वे मुख्यतः शैक्षणिक (अकादमिक) समीक्षक हैं। उन्होंने अपना लघु शोध प्रबन्ध निराला (क्रान्तिकारी कवि निराला) पर लिखा था किन्तु पी. एच. डी. के लिए उन्होंने अपना शोध प्रबन्ध रीतिकालीन कवि 'बिहारी' पर लिखा था। इसके बाद उन्होंने आधुनिक समीक्षा पद्धतियों पर कई पुस्तकें लिखीं जो मुख्यतः परिचयात्मक अधिक हैं। उन्होंने पश्चिमी समीक्षा की अद्यतन प्रवृत्तियों संरचनावाद और उत्तर आधुनिकतावाद पर भी कई लेख लिखे। उसके बाद उनकी दिलचस्पी साहित्य के इतिहास की ओर हो गयी और उन्होंने 'आधुनिक हिन्दी साहित्य का इतिहास' और 'हिन्दी साहित्य का दूसरा इतिहास' जैसी पुस्तकें लिखीं। 'आलोचना के बीज शब्द' जैसी एक उपयोगी पुस्तक भी लिखी जिसमें समीक्षा शास्त्र में प्रचलित पारिभाषिक शब्दों की व्याख्या की गयी है। डॉ. बच्चन

सिंह ने कुछ लघु उपन्यास भी लिखे थे जो प्राय: अलक्षित ही रह गये।

विश्वम्भरनाथ उपाध्याय (1925-2008)

विश्वम्भरनाथ उपाध्याय मुख्यत: प्रगतिशील दृष्टिकोण के समीक्षक थे, किन्तु उन्होंने भारतवर्ष के प्राचीन समीक्षा शास्त्र का भी पर्याप्त विवेचन किया था। उनकी समीक्षा दृष्टि का दायरा बहुत विस्तृत है और उनकी पुस्तकों की संख्या भी काफी है। 'पन्त जी का नूतन काव्य और दर्शन' (1955), 'हिन्दी की दार्शनिक पृष्ठभूमि' (1957), 'निराला की साहित्य साधना' (1958), 'आधुनिक कविता : सिद्धान्त और समीक्षा', 'कबीरदास' (1961), 'समकालीन सिद्धान्त और साहित्य' (1973), 'समकालीन कविता की भूमिका' (1973), 'जलते और उबलते प्रश्न' (1976), 'स्वातंत्र्योत्तर कथा साहित्य' (1978), 'मीमांसा और पुनर्मूल्यांकन' (1986), 'समकालीन मार्क्सवाद' (1987), 'सिद्ध सरहपा' (2004), 'भारतीय काव्य शास्त्र का इतिहास' (2005)। उपाध्याय जी ने आधुनिक तथा प्राचीन साहित्य दोनों का मार्क्सवादी दृष्टिकोण से विश्लेषण किया है। परन्तु कुल मिलाकर इनकी समीक्षा दृष्टि भी शैक्षणिक (अकादमिक) ही है।

रमेश कुन्तल मेघ (1931)

रमेश कुन्तल मेघ ने अपनी समीक्षा में कृतियों को मुख्यत: सौन्दर्य-शास्त्रीय तथा मिथकीय दृष्टि से देखा है। ये बहुपठित समीक्षक हैं तथा समीक्षा जगत की अद्यतन प्रवृत्तियों से परिचित हैं। इनके अध्ययन का क्षेत्र विस्तृत है। समाजशास्त्र, सौन्दर्यशास्त्र, नृतत्वशास्त्र आदि का भी इन्होंने अच्छा अध्ययन किया है, लेकिन इस अध्ययन को अपनी समीक्षा दृष्टि पर लागू करने में वे असमर्थ रहे हैं। ऐसा भी प्रतीत होता है कि अपने व्यापक अध्ययन को इन्होंने पूरी तरह आत्मसात नहीं किया है। जिससे इनकी समीक्षा की भाषा और दृष्टि दोनों इतनी दुरूह, जटिल तथा कुहाच्छन्न हो गयी हैं, जिससे कोई स्पष्ट विचार तथा निष्कर्ष उभरकर नहीं आते। भाषा की अस्पष्टता तथा दुरूहता मूलत: स्वयं लेखक के मस्तिष्क में विचारों के स्पष्ट न होने के कारण आती है। इनकी समीक्षा में अपने पांडित्य का प्रदर्शन ही अधिक है, जिसकी वजह से न तो इनके विचार स्पष्ट हो पाते हैं और न इनकी कोई स्थापना। समीक्षा ग्रन्थ इन्होंने अनेक लिखे हैं। इनकी पुस्तकें हैं— 'मिथक और स्वप्न', 'कामायनी के मनस्सौन्दर्य की सामाजिक भूमिका' (1962), 'आधुनिक बोध तथा आधुनिकीकरण' (1969), 'मध्यकालीन रसदर्शन और समकालीन सौन्दर्य बोध' (1969), 'तुलसी : आधुनिक वातायन से' (1975),

'क्योंकि समय एक शब्द है' (1975), 'अथातो सौन्दर्य जिज्ञासा' (1977), 'साक्षी है सौन्दर्य प्राश्निक' (1980)। हिन्दी समीक्षा में ये कोई महत्त्वपूर्ण योगदान नहीं कर पाये।

शिवकुमार मिश्र (1931–2013)

शिवकुमार मिश्र मार्क्सवादी समीक्षक हैं और उसी के सिद्धान्तों के आधार पर कृतियों का परीक्षण करते हैं। ये अपने निर्णयों तथा निष्कर्षों में इतने स्पष्ट तथा दृढ़ हैं कि उनसे कुछ हठधर्मिता की ध्वनि आती है। कट्टर मार्क्सवादी समीक्षकों में प्रायः यही हठधर्मिता दिखाई देती है। इनकी पुस्तकें हैं—'कामायनी और प्रसाद की कविता गंगा' (1954), 'वृन्दावनलाल वर्मा उपन्यास और कला' (1950), 'नया हिन्दी काव्य' (1962), 'आधुनिक कविता और युगदृष्टि' (1966), 'प्रगतिवाद' (1966) 'मार्क्सवादी साहित्य चिन्तन इतिहास और सिद्धान्त' (1973), 'यथार्थवाद' (1975), 'साहित्य और सामाजिक सन्दर्भ' (1977), 'प्रेमचन्द विरासत का सवाल' (1981), 'दर्शन साहित्य और समाज' (1981), 'भक्तिकाल और लोकजीवन' (1983), 'हिन्दी आलोचना की परम्परा और रामचन्द्र शुक्ल' (1986) और 'आलोचना के प्रगतिशील आयाम'।

नन्दकिशोर नवल (1937)

आधुनिक प्रगतिशील समीक्षक हैं। इनकी समीक्षादृष्टि में हठधर्मिता नहीं है। रचनाओं का विश्लेषण ये बहुत स्पष्ट ढंग से करते हैं। छायावादी काव्य और आधुनिक कविता में इनकी गहरी दिलचस्पी है। इनकी समीक्षा में स्पष्टता है। निराला पर इन्होंने कई पुस्तकें लिखी हैं। इनकी पुस्तकें हैं—'कविता की मुक्ति' (1980), 'हिन्दी आलोचना का विकास' (1981), 'प्रेमचन्द का सौन्दर्यशास्त्र' (1982), 'शब्द जहाँ सक्रिय है' (1989), 'यथा प्रसंग' (1992), 'मुक्तिबोध ज्ञान और संवेदना' (1994), 'दृश्यालेख' (1995), 'निराला : कृति से साक्षात्कार' (1997), 'रचना का पक्ष' (2000), 'शताब्दी की कविता' (2001), 'पार्श्वछवि' (2002), 'निराला की काव्य छवियाँ '(2002), 'कविता : पहचान का संकट' (2006) और 'मैथिलीशरण' (2011), 'आधुनिक हिंदी कविता का इतिहास' (2012)। ये पुस्तकों तथा रचनाओं पर बहुत विस्तार से विचार करते हैं और इनकी समीक्षा दृष्टि निर्भ्रान्त है।

मैनेजर पांडेय (1941)

मैनेजर पांडेय इधर के प्रगतिशील समीक्षकों में अत्यन्त चर्चित समीक्षक हैं। इनकी समीक्षा दृष्टि मुख्यतः मार्क्सवादी समाजशास्त्रीय दृष्टि है। व्यावहारिक समीक्षा इन्होंने बहुत कम लिखी है। इनकी पुस्तकें हैं—'साहित्य और इतिहास दृष्टि' (1981), 'शब्द और कर्म' (1981), 'साहित्य में समाज शास्त्र की भूमिका' (1989), 'भक्ति आन्दोलन और सूर का काव्य' (1995) तथा 'आलोचना की सामाजिकता' (2005)। ये भी मुख्यतः मौखिक परम्परा के समीक्षक हैं, इसलिए इनकी समीक्षा वाद, विवाद तथा प्रतिवाद वाली है।

शम्भुनाथ (1948)

ये प्रगतिशील समीक्षा के मेधावी चिन्तक हैं। ये मौलिक विचारक हैं और इन्होंने भी मुख्यतः संस्कृति को केन्द्र में रखकर साहित्य पर विचार किया है। ये जनशक्ति को साहित्य के लिए प्रेरक शक्ति मानते हैं। इन्होंने भारतीय नव जागरण पर भी नये सिरे से विचार किया है। ये मानते हैं, पूँजीपतियों तथा उद्योगपतियों द्वारा धर्म को माध्यम बनाकर जनता का ध्यान शोषण से हटाकर देश को सांस्कृतिक उपनिवेश बनाया जा रहा है। आज हम शासन की विदेशी गुलामी से हटकर धार्मिक अनुष्ठानों की जकड़बन्दी में फँसते जा रहे हैं। इसके विरुद्ध व्यापक जन जागरण जरूरी है। जनता का एक हिस्सा तो आज विक्षोभ से उबल रहा है। किन्तु दूसरा हिस्सा जो तेजी से सुविधाओं की ओर बढ़ता जा रहा है, वह सचमुच धर्म की अफीम पीकर कीर्तन और भगवती जागरण में लगा हुआ है। आज जनता में सोचने की शक्ति क्षीण होती जा रही है। साहित्यकला और संस्कृति सम्बन्धी आयोजन उत्सवधर्मी होते जा रहे हैं और उन्हें उत्सव और महोत्सव कहा भी जाने लगा है। शम्भुनाथ के साहित्य चिन्तन का निचोड़ यही है। इनकी प्रमुख कृतियाँ हैं— 'दिनकर : कुछ पुनर्विचार' (1976), 'साहित्य और जन संघर्ष' (1980), 'बौद्धिक उपनिवेशवाद की चुनौती और रामचन्द्र शुक्ल' (1988), 'प्रेमचन्द का पुनर्मूल्यांकन' (1988), 'दूसरे नवजागरण की ओर' (1993), 'धर्म का दुखान्त' (2000), 'हिन्दी नव जागरण संस्कृति' (2004) और 'सभ्यता से संवाद' (2008)।

मलयज (1935)

असमय निधन हो जाने के कारण मलयज बहुत लिख नहीं सके। इनकी केवल दो समीक्षा पुस्तकें प्रकाशित हैं—'कविता से साक्षात्कार' (1979) तथा 'संवाद

और एकालाप' (1989)। मरणोपरान्त रामचन्द्र शुक्ल पर उनकी अधूरी पुस्तक डॉ. नामवर सिंह के द्वारा सम्पादित रूप में प्रकाशित हुई है जो अनेक दृष्टियों से महत्त्वपूर्ण है और उस पर आगे विचार किया जाएगा।

मेरी दृष्टि में मुक्तिबोध, नामवर सिंह और विजयदेव नारायण साही के बाद मलयज ही आधुनिक हिन्दी आलोचना के सर्वाधिक महत्त्वपूर्ण समीक्षक हैं। इसलिए मलयज पर तनिक विस्तार से लिखना आवश्यक है। मुक्तिबोध ने एक लेख प्रसाद और पन्त की तुलना (शायद तुलना नहीं, बल्कि अन्तर या फर्क ज्यादा सही शब्द होगा) करते हुए विस्तार से दोनों में फर्क का विश्लेषण किया था। मलयज ने भी अपनी पुस्तक 'संवाद और एकालाप' में पन्त और शमशेर पर एक लेख लिखा है। देखते हैं वे दोनों के बीच क्या फर्क देख पाते हैं। दरअसल यह लेख शमशेर और पन्त पर न होकर शमशेर की दृष्टि में निराला और पन्त पर है। शमशेर का मानना है कि पन्त पर जो कीट्स और शेली का प्रभाव है, उससे वे प्रभावित हैं और निराला में जो नाद सौन्दर्य तथा निरन्तर प्रयोगधर्मिता है वह उन्हें आकृष्ट करती है। किन्तु मलयज ने इस लेख में यह नहीं देखा कि शमशेर रोमैंटिसिजम से अधिक प्रतीकवादी (सिम्बॉलिस्ट) और सुरियलिज्म जिसे हिन्दी में अतियथार्थवाद कहा जाता है, उससे प्रभावित थे। बहरहाल हम आगे मलयज की अन्य रचना सम्बन्धित स्थापनाओं को देखेंगे।

मलयज एक नितान्त स्वतन्त्र और अपने किस्म के अकेले समीक्षक हैं। वे किसी भी रचना या समीक्षा की तह तक पहुँचना चाहते हैं। जैसे सामान्यतः मुक्तिबोध को फैंटेसी का रचनाकार माना जाता है, किन्तु यह फैंटेसी है क्या? क्या यह यथार्थ से बिल्कुल परे कोई सपनीली-सी कल्पना है? जबकि वास्तविकता इससे ठीक उलटी है। फैंटेसी यथार्थ के बिल्कुल करीब जाकर उससे रू-ब-रू होकर उसे समझने की कोशिश है। जब हम किसी व्यक्ति, वास्तविकता या सच के बिल्कुल करीब जाकर समझने की कोशिश करते हैं तो निश्चित रूप से उसका आकार-प्रकार ठीक वही नहीं रह जाता है जो हमें दूर से दिखाई पड़ता है। अपनी कहानियों के सम्बन्ध में मुक्तिबोध ने लिखा है कि मैं मध्यमवर्ग की साँवली गहराइयों को बहुत अच्छी तरह जानता हूँ। मुक्तिबोध की प्रायः सभी कहानियों के केन्द्र में मध्यमवर्ग का मनुष्य है। लेकिन इस मध्यमवर्ग के मन या अन्तस्तल को उन्होंने साँवली क्यों कहा है? मुक्तिबोध की रचनाओं में जो रंगों का उपयोग है, मलयज उन्हीं के माध्यम से उनके मर्म तक पहुँचते हैं। वे कहते हैं, 'साँवला रंग आत्मा के अन्तर्मन का रंग है। आत्मा के लैंडस्केप का रंग। और यह रंग हमेशा एक उदासी को महसूस कराता है और उदासी का रंग भूरा है। भूरी-भूरी खाक धूल का रंग। मध्यम वर्ग का आदमी एक गहरी उदासी में डूबा

रहता है क्योंकि वह न तो 'सतह' के नीचे उतर सकता है और न सतह से ऊपर उठ सकता है। वह भीड़ के साथ रहने को अभिशप्त है। वह आदमी सतह से छिटककर अपने वर्ग की सीमा पार कर बाहर नहीं जाता, वह उसके ऊपर उठता है पर उसी में रहते हुए। वह अपने 'क्लास' (वर्ग को) डिस्टर्ब नहीं करता क्योंकि उसका संघर्ष वही है। यही वर्गबोध है। इसी से समझा जा सकता है कि वर्गबोध से बाहर निकल पाना कितना कठिन कर्म है। 'वर्ग' में रहते हुए उससे संघर्ष करना या करने की कोशिश करना, यही मुक्तिबोध की रचनाओं में गुत्थी-दर-गुत्थी पैदा करता चला जाता है। मलयज ने अपनी समीक्षा में उनकी इसी गुत्थी को सुलझाने की कोशिश की है। यह सतह का आदमी ही हिन्दुस्तान का औसत आदमी है, आम आदमी है, सामान्य मनुष्य है। यह सतह का आदमी या औसत मनुष्य हमेशा मीडियाकर होता है। मीडियाकर शब्द को हम हमेशा निषेधात्मक अर्थ में लेते हैं। लेकिन मलयज ने महान विचारक पॉस्कल को उद्धृत करते हुए कहा कि 'मिडियाक्रिटी इज़ ह्यूमेनिटी'। अधिकांश जनता मिडियाकर ही होती है क्योंकि वह सतह से नीचे जाने या सतह से ऊपर उठने की बात सोच भी नहीं सकती क्योंकि वह उससे ऊपर उठ ही नहीं सकती। यही सतह की संस्कृति है। अपने वर्ग, अपनी 'बिरादरी' से बाहर हो जाने की बात सोचना छिन्न मूल हो जाना है। अकेले हो जाना है, जिससे वह डरता है। लेकिन इस औसत आदमी या साधारण आदमी का एक और पक्ष है जिसे मुक्तिबोध के माध्यम से मलयज ने समझा है। 'आज हम ऐसे समय में रह रहे हैं जिसमें उससे आगे बढ़ना एक अमानवीय कर्म है।' निश्चित रूप से अपने वर्ग से अपने आसपास के समूह से आगे निकल जाना एक अमानवीय कर्म है। बिना अपने समूह-वर्ग की चिन्ता किये बगैर आगे बढ़ना उसे कुचलकर आगे बढ़ना है। यह एक निमर्म, निष्ठुर कर्म है। जयशंकर प्रसाद ने लिखा है, 'महत्त्वाकांक्षा का मोती निष्ठुरता की सीपी में रहता है।' मलयज कहते हैं, 'हर सफलता के पीछे एक हत्या होती है। इसीलिए औसत, साधारण बने रहना ही सबसे मानवीय कर्म है। अतः शायद इसीलिए यह साधारण आदमी सामान्य आदमी ही हमेशा आधुनिक साहित्य का केन्द्रीय विषय बनाया गया है। साधारण आदमी, आम आदमी, सामान्य आदमी आदि सुनते-सुनते लोगों के कान पक गये हैं। यह लगभग एक क्लिशे बन चुका है। किन्तु पहली बार हिन्दी समीक्षा में मुक्तिबोध के माध्यम से मलयज ने साहित्य में इसकी अपरिहार्यता की इतनी सटीक तथा स्पष्ट व्याख्या की है। इसी से यह भी पता चलता है कि मुक्तिबोध ने क्यों इसे अपने साहित्य के केन्द्र में रखा है।

किन्तु मलयज मुक्तिबोध के साहित्य को समझने-समझाने की प्रक्रिया में यहीं नहीं रुकते। प्रश्न उठता है कि यह आदमी क्या सतह से ऊपर उठ सकता

है? क्यों मुक्तिबोध ने अपनी एक किताब का शीर्षक 'सतह से ऊपर उठता आदमी' रखा है। इसे मुक्तिबोध द्वारा श्रीकान्त वर्मा को लिखे एक पत्र में स्पष्ट किया गया है। वे लिखते हैं कि 'हम (साहित्यकार) हमेशा मनुष्य की भावनाओं, उनकी मूल प्रवृत्तियों से खेलने की कोशिश करते हैं, बजाय उनको उनकी बुद्धि या विवेक द्वारा समझने की। असली दिक्कत यही है। हमें मनुष्यों को स्वतन्त्र रूप से सोचना, जानना सिखाना चाहिए।' यानी लेखक को ज्ञान-सजग ढंग से जिस सांस्कृतिक दलदल में हमारा जनमानस फँसा हुआ है, उससे उबरने की सूरत बतानी चाहिए।

इसीलिए मुक्तिबोध के यहाँ एक कास्मिक विजन और विश्व है, जिसकी ओर वे पहुँचना चाहते हैं। उनके हाथों में एक मशाल या टॉर्च है जो एक प्रकाश वृत्त का ही अन्धकार हटा पाती है, पर यह नहीं जानती कि आगे और कितनी दूर तक अँधेरे का विस्तार है। मुक्तिबोध अच्छी तरह जानते हैं कि बुद्धिजीवी भी एक प्रेत योनि में फँसा हुआ ब्रह्मराक्षस है, आडम्बरों में फँसा हुआ। बुद्ध, ईसा, गाँधी, सार्त्र, मार्क्स न जाने कितने ज्ञानवान विचारक इसी गुत्थी को सुलझाने में हजारों वर्षों से असमर्थ रहे, वे उसी गुत्थी को सुलझाने की फिर से कोशिश करते हैं। इसलिए कि उनका प्रकाश में विश्वास है, भले ही वे कविता 'अँधेरे में' लिखते रहे हैं, मानो वे स्वयं एक ब्रह्मराक्षस हों। मुक्तिबोध की उसी गुत्थी को मलयज ने भले ही न सुलझाया हो, किन्तु वे ही हिन्दी के अकेले समीक्षक हैं जो इस गुत्थी की तह तक पहुँच सके हैं।

मिडियाक्रिटी की तरह ही जब हम किसी रचना या सिद्धान्त में अन्तर्विरोध पाते हैं तो उसे एक वैचारिक अस्थिरता या भटकन के रूप में देखते हैं। ग़ालिब के उस शेर की तरह कि 'चलता हूँ थोड़ी दूर हर इक तेज रव के साथ, पहचानता नहीं हूँ अभी राहबर को मैं।'' लेकिन मलयज, अन्तर्विरोध को एक विशेष कला और मूल्य के रूप में देखते हैं। शमशेर बहादुर सिंह की कविता पर विचार करते हुए वे इसी निष्कर्ष पर पहुँचते हैं। वे लिखते हैं, 'अन्तर्विरोध के संसार में एक खास तरह की कला की उपज हो सकती है। एक ऐसी कला जो अन्ततः अपने को ही सन्तोष दे। एक संगीहीन अकेले मनुष्य को सन्तोष दे।' वे अन्तर्विरोध को बिलकुल चाकचौबन्द दुरुस्त करने व बने-बनाये ढाँचे में बिलकुल फिट और साँचे में ढले हुए साहित्य के मनुष्य के प्रति बेतरतीबी का प्रोटेस्ट भी मानते हैं। एक छिपा हुआ विद्रोह। जब चीजें बदल रही हों, कुछ भी स्थिर न हो पा रहा हो, दृश्य लगातार बदल रहे हों, चारों तरफ संशय का वातावरण हो तो एक बेहद ईमानदार आदमी या रचनाकार को किसी एक विचार या सिद्धान्त या विचार को पकड़कर बैठ जाना सम्भव नहीं हो पाता। कभी कहीं वह एक निष्कर्ष पर पहुँच भी रहा हो तो पाता है कि उस निष्कर्ष की भावभूमि वाला परिदृश्य ही बदल

चुका है और उसे अपने निष्कर्षों पर सन्देह होना शुरू हो जाता है। अन्तर्विरोध यहीं जन्म लेते हैं और वे अत्यन्त ईमानदारी तथा निजता के प्रमाण होते हैं। निजता के अलावा उसमें हमेशा एक तनाव और गहरी ऊब छिपी हुई होती है।

मलयज की दृष्टि में शमशेर बहादुर सिंह की कविता ऐसे ही तनावग्रस्त अन्र्तमानस की उपज है। उसमें किसी कविता में किसी एक शब्द का प्रतिशब्द वहीं उपस्थित मिलता है। अत: ऐसी कविता कभी बूढ़ी नहीं होती।''

अज्ञेय ने शमशेर बहादुर सिंह को कवियों का कवि कहा था। शायद इसलिए कि शमशेर की कविताओं को सब नहीं समझ सकते। मलयज भी ऐसा ही कुछ मानते हैं। वे लिखते हैं कि 'वह (शमशेर की कविता) सीधे नहीं उतरेगी आपकी संवेदना में। आपको कुछ तैयारी करनी होगी। वह आज के प्रभावों से बने सम्पूर्ण व्यक्ति की शर्तों को स्वीकार नहीं करती।...वह आपको कमजोर बनाती है क्योंकि वह आपको अपने बेलाग हथियारों के प्रयोग से वंचित करती है, शमशेर जी की कविता आपको इस नियति के संसार से बाहर ले जाना चाहती है। उसका सम्मोहन और उसके शिल्प की शक्ति ऐसी है कि आप कभी-कभी बाहर चले भी जाते हैं पर यह अहसास एक पीली छाया की तरह बराबर लगा रहता है कि आप अपने साथ छल कर रहे हैं।'

यहाँ मलयज शमशेर की कविता की कोई अमूर्त व्याख्या नहीं कर रहे हैं जो उतनी ही अमूर्त और जटिल लगे, जितनी स्वयं शमशेर की कविताएँ। बल्कि मलयज किसी भी रचना के अन्तस तथा आत्मा में इतने गहरे उतर जाते हैं कि लगता है वे अमूर्तन कर रहे हैं जैसा कि हमने ऊपर मुक्तिबोध की रचना के सम्बन्ध में उनके विश्लेषण को देखा था। बल्कि इसके ठीक विपरीत यहाँ वे किसी भी गूढ़ तथा जटिल रचना के प्रति पाठक और आलोचक की भी कुछ आत्मछलयुक्त प्रतिक्रियाओं को ठीक-ठीक समझा रहे हैं। दरअसल, रचना को हम पढ़ते हैं तो हम यह कहकर हार नहीं मानना चाहते कि हम उस रचना को नहीं समझ सके बल्कि क्लेम करते हैं कि आप उस रचना को बहुत कुछ समझ सके, उसके साथ बहुत दूर तक जा सके। जबकि सच्चाई यह होती है कि आप उस रचना को छू भी नहीं सके या वह रचना आपको छू नहीं सकी। यह हमारा छल है जिसकी चर्चा मलयज कर रहे हैं। यह बात भी सामान्य पाठक के लिए नहीं है। वह तो ऐसी रचनाओं के करीब जाता ही नहीं, वे उसकी पाठ परिधि की ज़द में नहीं आतीं। यह उस प्रबुद्ध पाठक के बारे में है, जिसके सन्दर्भ में अज्ञेय ने शमशेर को कवियों का कवि कहा था। लेकिन यह बात तो बिलकुल ठीक है कि शमशेर आसान कवि नहीं हैं, बेहद मुश्किल और जटिल कवि हैं। मलयज शमशेर की कविता की इस स्थिति की ज्यादा व्याख्या नहीं करते जैसा कि उन्होंने

मुक्तिबोध की रचनाओं के सम्बन्ध में उनकी रचनाओं में प्रयुक्त विशेष शब्दों की व्याख्या करते हुए किया है। शायद समझने के अभाव में या किसी तात्कालिक कारण से। इसलिए शमशेर की कविताओं की यह व्याख्या अधूरी है। मलयज की आलोचना में यह अधूरापन बहुत है। क्योंकि जहाँ उनकी विश्लेषण पद्धति तथा स्थापनाओं को एक पुस्तक के आकार की दरकार होती है, वहाँ वे उसे महज एक अधूरे से संक्षिप्त निबन्ध में निपटा देते हैं। यह शायद इस कारण भी है कि उनके ज्यादातर निबन्ध पुस्तक समीक्षाओं के रूप में हैं और पुस्तक समीक्षाएँ समीक्षक को इतना समय और स्थान नहीं दे पातीं कि वह अपनी बात को मुकम्मिल तौर पर सुनिश्चित रूप से कह पाये। जहाँ ऐसा हो पाया है, वहाँ मलयज की समीक्षा दृष्टि तथा उसकी विशिष्टता का समुचित रूप निखरकर सामने आ पाया है।

लेकिन अत्यन्त अल्पायु में ही निधन हो जाने के कारण मलयज कभी यह नहीं कर पाये कि वे अपनी समीक्षा दृष्टि को पूरी तरह विकसित और परिपक्व बनाकर किसी पुस्तक में व्यवस्थित रूप से प्रस्तुत कर सकें। रामचन्द्र शुक्ल पर उनका महत्त्वाकांक्षापूर्ण प्रयास भी इसी कारण अधूरा ही रहा। किन्तु कुछ अर्थों में वह अपने अधूरेपन में भी हिन्दी समीक्षा को एक नयी विश्लेषण पद्धति तो देती ही है।

मलयज के ये फैले बिखरे समीक्षात्मक विचार सूत्र इतने लोडेड (अर्थगर्भित) हैं कि मलयज के समीक्षक को भी उनकी समीक्षक दृष्टि को उनके इसी फैले बिखरेपन में पकड़ना पड़ता है। अतः देखें उन्हीं विचार-स्फुरणों को उनके उसी बिखरेपन में। विजयदेव नारायण साही ने अपने नयी कविता वाले चर्चित निबन्ध में लघुमानव की एक अवधारणा प्रस्तुत की है जिसकी चर्चा ऊपर यथास्थान की जा चुकी है। प्रश्न उठता है कि यह लघुमानव मुक्तिबोध द्वारा विश्लेषित तथा मुक्तिबोध पर विचार करते हुए मलयज द्वारा व्याख्यायित कहीं साधारण या सामान्य आदमी है या कुछ और? मलयज ने पृथक से 'लघुमानव का प्रश्न' शीर्षक निबन्ध में इस पर विचार किया है। देखें, लघुमानव की उनकी अवधारणा क्या है? यह पूरा निबन्ध पढ़ जाने के बाद ऐसा लगता है कि मलयज सैद्धान्तिक स्तर पर लघुमानव की अवधारणा को एक सीमा तक ही सच मानते हैं, और यह जानते हैं कि रचनात्मक स्तर पर किसी ईमानदार रचनाकार को उसे स्वीकार करना कठिन है। पर लघुमानव के आधारभूत सत्य को वैचारिक स्तर पर स्वीकार करते हुए भी स्रष्टा तथा रचनाकार के सामने उसे रचनात्मक स्तर पर ग्रहण करने में अनेक मौलिक समस्याएँ खड़ी हो जाती हैं। लघुमानव के प्रश्न को साहित्यिक सन्दर्भ में जब रचनाकार की विशिष्ट प्रकृति की अवहेलना करके

प्रतिपादित किया जाने लगता है, तब अपनी समसामयिकता और अनिवार्यता के बावजूद उसमें से राजनीति की गन्ध आने लगती है। यानी मलयज रचना के लिए लघुमानव की अवधारणा को न केवल आवश्यक नहीं मानते बल्कि रचना में उसे लागू करने की चेष्टा रचना को दूषित कर देना मानते हैं। अब सवाल यह उठता है कि फिर सैद्धान्तिक स्तर पर भी हम (रचनाकार) उसे स्वीकार क्यों करें? जबकि मेरी दृष्टि में लघुमानव की अवधारणा सैद्धान्तिक स्तर पर भी किसी ठोस आधार पर टिकी हुई नहीं लगती। सामान्य या सामान्य से अलग हटकर मनुष्य को उसकी लघुता (तुच्छता) का बोध कराना या कराने की चेष्टा करना दरअसल, स्वयं अपनी लघुता या तुच्छता के बोध से उपजी मनोदशा है। यानी यह एक प्रकार की आत्मदया (सेल्फ पिटी) है और मलयज अत्यन्त आत्मदया या सेल्फ पिटी को रचना की बहुत बड़ी दुर्बलता मानते हैं (हम आगे इसकी चर्चा करेंगे)। आश्चर्य की बात है कि मलयज ने अपने इस निबन्ध में विजयदेव नारायण साही के मूल निबन्ध से एक भी उद्धरण नहीं दिया है जिससे पाठक समझ सके कि आखिर लघुमानव की मूल अवधारणा है क्या? ऐसा लगता है कि किन्हीं कारणों से मलयज लघुमानव की अवधारणा को एक भुरभुरी जमीन पर टिका हुआ मानने और जानने के बावजूद उसे पूरी तरह दरकिनार नहीं करना चाहते और इसीलिए उसे अपनी व्याख्या द्वारा एक तार्किक आधार देने की कोशिश करते हैं।

वस्तुतः 'लघुमानव' की अवधारणा स्वयं अपने आपमें एक विशिष्ट अवधारणा है जो सामान्य से पृथक अपने आपको प्रमाणित करना चाहती है, वरना समाज का बहुसंख्यक तो सामान्य या साधारण होता है जिसे मुक्तिबोध मध्यवर्ग के रूप में देखते हैं, जबकि उनका तात्पर्य बहुसंख्यक समाज से है जिसमें निम्नवर्ग भी शामिल है और जो व्यवहार के लाभ हानि वाले गणित पर चलता है। उसके सामने कोई मूल्य या आदर्श नहीं होते। वह केवल अनुसरण और अनुकरण के रूप में संचालित होता है। वह भीरू होता है और जैसा कि मुक्तिबोध ने बताया है, वह अपने समूह या बिरादरी से अलग होने की हिम्मत नहीं रखता, बल्कि धीरे-धीरे वही उसकी आस्था बन जाती है। लघुमानव की अवधारणा इन सबका निषेध करती है और वह अपने को विशिष्ट लघु प्रमाणित करने की चेष्टा करती है। यह एक प्रतिपक्ष की विचारधारा है जो हाथ में टूटे रथ का पहिया लेकर अपने को पराजित होने का बोध कराती हुई घनघोर आत्मदया (सेल्फ पिटी) से ग्रस्त है। यह आत्मदया है क्या? स्वयं मलयज इस बारे में लिखते हैं, '...यह अहसास निर्मल वर्मा की रचना के प्रति एक करुणा जगाता है। आपकी इस करुणा को भी जज्ब कर लेने वाली जड़ निर्मल वर्मा की रचना में है। मलाल आपको होता है तो इस बात का कि जैसे एक ही अनुभव वृत्त और एक जैसी ही कला

संवेदना की लगातार इन ब्रीडिंग से वह करुणा तेजी से 'आत्मदया' में बदलती जाएगी। इससे रचना की जो हालत होगी उसके लिए आपको अभी से तैयार रहना पड़ सकता है।

'छायावाद' के बाद से ही हिन्दी कविता 'आत्मदया' और उससे उबरने के संघर्ष की कविता रही है। हालाँकि पहली नजर में यह बात सामान्यीकरण सी दिखाई देती है जोकि वह शायद है, पर इस बात में कितनी सच्चाई है?...आत्मदया महान कविता को जन्म नहीं दे सकती...छायावाद में ही आत्मदया का बीज पड़ चुका था। 'सरोज स्मृति' में आत्मदया निराला के व्यक्तित्व में पड़ गयी दरार का संकेत देती है। दूसरे छायावादोत्तर कवि आत्मदया का अपना स्वर तेज करते हैं। प्रयोगवाद और नयी कविता जिस भूमि से शुरू होती है, उसका प्रारम्भिक स्वर ही अज्ञेय के 'मैं पदाक्रान्त रिरियाता कुत्ता' की कातर आस्था है। तब से आज तक की काव्य प्रेरणा यह आत्मदया ही रही है...मैं सोचता हूँ आखिर यह आत्मदया इतने लम्बे समय तक क्यों बनी रही? इससे बड़ा इमोशन हम अपनी रचना के लिए क्यों नहीं पैदा कर पाये?...आत्मदया शायद इसलिए बनी रही कि हमने देशकाल में होनेवाले हमलों, परिवर्तन और उलटफेर को सिर्फ भावजगत पर झेल लिया हमारी संवेदना इतनी जबर्दस्त शॉक एवजार्बर साबित हुई कि तमाम उलटफेर के बीच हम केवल उदास होते रहे...हमने उस व्यवस्था को नहीं बदलना चाहा जो हमें अपने शिकंजे में निरन्तर पीसती रही...हमने जब जब लड़ाई का निश्चय किया, हमारे हाथों में गलत हथियार थे। अतः विफल लड़ाई की यह टूटन हमें और भी आत्मदया में धकेलती रही।'

ऊपर यह लम्बा उद्धरण इसलिए देना पड़ा कि इस पूरे वक्तव्य या कथन में मलयज का केन्द्रीय समीक्षा निकष प्रकट होता है। पहली बात तो यह कि वे निराला की विख्यात कविता 'सरोन स्मृति' से लेकर उत्तर छायावादी कवियों और अज्ञेय सहित पूरी नयी कविता ही नहीं, आज तक के समस्त साहित्य में (केवल कविता में ही नहीं) आत्मदया की भावना भरी हुई पाते हैं, और वे पहले ही बतला देते हैं कि आत्मदया वाली रचना महान रचना नहीं हो सकती। यानी उनके इस निकष पर छायावाद से लेकर आज तक के साहित्य में कोई महान लेखक नहीं हुआ, बड़ा लेखन जरूर हुआ।

मलयज गहरे आत्ममन्थन के आलोचक हैं। मुक्तिबोध के अलावा हिन्दी में इतने गहरे आत्ममंथन वाला कोई अन्य आलोचक नहीं हुआ।

मलयज के बाद हिन्दी समीक्षा एक स्थगित समीक्षा है जिसमें त्वरा तो बहुत है, किन्तु गहनता तथा मंथन नहीं है। त्वरा हमेशा सतह पर ही देख सकती है। आगे हम जिन समीक्षकों का उल्लेख करेंगे, उनमें से अधिकांश इस त्वरा तथा

सतह के समीक्षक हैं या शास्त्रीय समीक्षक हैं। प्रश्न उठ सकता है, शास्त्रीय समीक्षा में क्या बुराई है? इसका उत्तर पहले हम मलयज से ही पाने की कोशिश करें, 'शास्त्रीय समीक्षा का सबसे बड़ा दोष उसमें आलोचनात्मक प्रतिभावों का रूढ़ आचरण माना जा सकता है।' किन्तु मलयज शास्त्रीय समीक्षा को खारिज नहीं करते और वे मानते हैं कि उसमें एक चीज ऐसी है जो साफ-साफ नजर के सामने रहती है। और उसको लेकर प्रबुद्ध पाठक किसी दुविधा की स्थिति में नहीं रहता। इसके विपरीत सर्जनात्मक समीक्षा पाठक को यह सुविधा नहीं देती। कृति के आन्तरिक रचनात्मक शिल्प को उद्घाटित करने के नाम पर उसमें कभी-कभी व्यक्तिगत धारणाओं एवं स्वनिर्मित मान्यताओं की ऐसी घनघोर धुन्ध होती है कि पाठक के लिए उसमें भटकने की पूरी सम्भावना रहती है। ऐसी समीक्षा पाठक के स्वतन्त्र रचना विवेक को जाग्रत और प्रशिक्षित न करके रचनात्मक शैली की आत्मीयता, निकटता और खुलेपन की बारीक आड़ लेकर उसमें अपने वस्तुनिरपेक्ष मानदंड आरोपित करती है।'

यह अत्यन्त सन्तुलित समीक्षा दृष्टि है, किन्तु यह आलोचना कर्म को बहुत विशिष्ट किन्तु विकट स्थिति में डाल देती है। उसे एक तनी हुई रस्सी पर चलने जैसा कर्म बना देती है। उसमें शास्त्रीयता तथा सृजनात्मकता का एक विरल सन्तुलन होना चाहिए। पर यह हो कैसे? एक सीमा तक आचार्य रामचन्द्र शुक्ल की समीक्षा में यह सन्तुलित बनाये रखने की क्षमता है। यानी क्षमता तो है किन्तु वे प्रायः इस सन्तुलन पर कायम नहीं रहते। इसके दो कारण हैं। एक तो यह कि आधुनिक पश्चिमी समीक्षा पद्धतियों की कुछ विशेषताओं की ओर आकृष्ट होते हुए भी वे अपने भारतीय संस्कारों के आग्रह से मुक्त नहीं हो पाते और घूम-फिरकर रसमीमांसा में लौट आते हैं। रचना की तह में पहुँच पाने वाली जिस अन्तर्दृष्टि की बात मलयज करते हैं, वह केवल मुक्तिबोध में है और उस तक पहुँच पाने के लिए उनमें बेहद जद्दोजहद, उठा-पटक और पेचोखम भी उनमें हैं। ऐसी ईमानदार कशमकश हिन्दी के किसी और समीक्षक में नहीं है। किन्तु ऐसा प्रतीत होता है कि मुक्तिबोध भारतीय समीक्षा शास्त्र की विभिन्न पद्धतियों की परम्परा से पूरी तरह परिचित नहीं हैं वरना उनकी ईमानदार समीक्षा दृष्टि उनको भी अपनी विश्लेषणात्मक समीक्षा दृष्टि की परिधि में ले लेती। इसके विपरीत मुक्तिबोध मनोविश्लेषणात्मक समीक्षा दृष्टि का सहारा लेते हैं जो बिल्कुल अपनी उपार्जित मनोविश्लेषणात्मक दृष्टि है, शास्त्रीय मनोविज्ञान या मनोविश्लेषण से उसका कोई ताल्लुक नहीं है। सृजन के तीन क्षणों या स्तरों की जो अवधारणा उन्होंने प्रस्तुत की है, वही उनकी उपलब्धि है। वे सृजन या रचना प्रक्रिया के विशेषज्ञ हैं।

ऐसी कोई निजी उपार्जित समीक्षात्मक अवधारणा मलयज नहीं प्रस्तुत कर

पाये हैं। वे अभी अपनी निजी जद्दोजहद तथा कशमकश से गुजर ही रहे थे कि सहसा स्वयं ही संसार से गुजर गये।

अज्ञेय (1911-1987)

अज्ञेय प्रचलित अर्थ में समीक्षक नहीं हैं। वे मुख्यत: चिन्तक हैं और उनके चिन्तन के दायरे में केवल साहित्य नहीं आता, बल्कि धर्म, दर्शन शास्त्र, समाज, राजनीति, मूल्य, भाषा आदि सबकुछ आ जाता है। वे व्यावहारिक समीक्षक भी नहीं हैं। सिवा कुछ कवियों और साहित्यकारों पर कुछ टिप्पणियाँ लिखने के। वे सिद्धान्तकार भी नहीं हैं। उन्होंने कोई नया सिद्धान्त भी नहीं गढ़ा है। उनकी रचनात्मक कृतियों तथा चिन्तन में भी मौलिक होने का आग्रह बहुत है और उन्होंने अद्वितीयता पर बहुत बल दिया है। उनके विश्वास आम या साधारण आदमी के नहीं हैं। वे लिखते हैं, 'आम आदमी क्या होता है? आम शायद जनता होती है क्योंकि जनता एक अमूर्तन है, केवल पारिभाषिक अस्तित्व रखती है, पर आम आदमी क्या होता है? यानी साहित्यकार के लिए, कलाकार के लिए जिसे भी देखो, वह खास है, अद्वितीय है, बल्कि जिसके देखने से आम ही खास हो जाए, वही कला दृष्टि है। जैसे आस्थावान के लिए ईश्वर आम नहीं होता, वैसे ही कलाकार के लिए मनुष्य आम नहीं होता।' निश्चित रूप से रचनात्मक दृष्टि आम को खास बना देती है, यानी सामान्य को विशिष्ट बना देती है। किन्तु इसका अर्थ यह नहीं होता कि आम या साधारण आदमी होता ही नहीं, बल्कि समाज का बहुसंख्यक समूह साधारण आदमियों का ही होता है, यह हम मुक्तिबोध की समीक्षा दृष्टि और मलयज के विश्लेषण में देख आये हैं। अज्ञेय भाषा (यानी साहित्य की भाषा) को भी 'आम नहीं मानते, क्योंकि कवि के इस्तेमाल में आते ही वह विशिष्ट हो जाती है।'

कविता में वे विचारों से अधिक शब्दों पर बल देते हैं, 'काव्य सबसे पहले शब्द है और अन्त में भी यही बात बच जाती है कि काव्य शब्द है।'' अज्ञेय के उपन्यासों के सन्दर्भ में हमने देखा है कि अज्ञेय पर फ्रेंच काव्य आन्दोलन प्रतीकवाद (सिम्बोलिज्म) का बहुत प्रभाव है और उन्होंने 'प्रतीक' नाम की एक प्रसिद्ध पत्रिका भी निकाली थी। भाषा के प्रयोग में भी हमने पाया था कि उनकी वर्णन पद्धति किस तरह से प्रतीकवादी भाषा की वर्णन प्रणाली है। कविता की उनकी उपरोक्त परिभाषा (?)भी प्रतीकवादी कवियों के मसीहा फ्रैंच कवि मलार्मे की उस परिभाषा से बहुत मिलती-जुलती है जिसमें कहा गया है कि ''कविता विचारों से नहीं, शब्दों से लिखी जाती है।'' यह परिभाषा प्रारम्भ से ही विवाद

का विषय रही है—पश्चिम में भी और भारत में भी। परन्तु अज्ञेय तथा शब्द की केन्द्रीयता पर आपत्ति करने वाले दोनों यह भूल जाते हैं कि कविता ही नहीं, रचना मात्र शब्द और अर्थ के संयुक्त प्रयोग से बनती है। प्राचीन भारतीय काव्य शास्त्र में भी भाषा के शब्दार्थ मुक्त भाषा (यानी शब्द तथा अर्थ के संयुक्त प्रयोग से बनी भाषा) ही काव्य भाषा या कह लें काव्य होती है। अतः अज्ञेय द्वारा शब्द पर अतिरिक्त बल देना बहुत उपयुक्त नहीं प्रतीत होता। वे चूँकि अद्वितीयता पर विश्वास करते हैं, इसलिए उनका चिन्तन भी निरपेक्ष हो जाता है, जबकि घटित होनेवाली हर घटना और चिन्तन को सत्य के निकट पहुँचने के लिए सापेक्ष होना ही पड़ता है। वैज्ञानिक सिद्धान्त सापेक्षवाद के युग में निरपेक्ष पर बल देना भी वास्तविकता से दूर होना है। लेकिन ऐसा नहीं है कि अज्ञेय हर जगह निरपेक्ष को ही आधार बनाकर चलते हों। स्वतन्त्रता उनके निकट मनुष्य का सर्वोच्च मूल्य है और वे यह भी मानते हैं कि मनुष्य की स्वतन्त्रता सबसे पहले व्यक्ति की स्वतन्त्रता है। 'कोई दार्शनिक या तार्किक पद्धति समाज या राष्ट्र की स्वतन्त्रता को चरम मूल्य के रूप में प्रतिष्ठित नहीं कर सकती, यदि वह व्यक्ति के स्वातन्त्र्य का अपहरण करती हो। यहाँ स्पष्टतः उनका साम्यवादी स्वतन्त्रता की अवधारणा की ओर संकेत है जहाँ समाज और देश की स्वतन्त्रता पर तो बल दिया जाता है, पर व्यक्ति की स्वतन्त्रता पर नहीं। किन्तु ऐसा नहीं है कि अज्ञेय व्यक्ति की निरपेक्ष स्वतन्त्रता के हिमायती हैं। 'स्वाधीनता की सच्ची कसौटी मैं नहीं ममेतर है। वैज्ञानिकों की सत्य की स्वाधीनता सत्य के शोध की स्वाधीनता है, किन्तु कलाकार की स्वाधीनता में अनिवार्य या मूल्यबोध की स्वाधीनता भी शामिल की जानी चाहिए जिसका अर्थ यह हो जाता है कि साहित्यकार ऐसे समाज में स्वाधीन नहीं हो सकता जो समाज (यानी व्यवस्था) स्वाधीन न हो।'' व्यक्ति और समाज के सम्बन्धों पर अज्ञेय ने अनेक स्थलों पर लिखा है, किन्तु ऐसा प्रतीत होता है कि उनका बल व्यक्ति पर अधिक है। 'मेरा बल इस पर होगा कि मानव कैसे व्यक्तित्व को बनाये रखते हुए समष्टि के कल्याण का प्रयत्न करे...मेरे लिए व्यक्तित्व का विकास सामाजिक जीवन की आधारभित्ति है। अभिमूल्यों का सृष्टा। और अभिमूल्य मानवीय मूल्य ही हो सकते हैं। मानव व्यक्ति ही हो सकता है, होगा। समाज अभिमूल्यों को स्वीकृति दे सकता है। प्रतिष्ठित कर सकता है, उनकी सृष्टि नहीं कर सकता है।'

अज्ञेय का व्यक्ति पर बल देना समझ में आ सकता है। उनकी सभी कृतियों के केन्द्र में भी व्यक्ति ही है, किन्तु अपने इस गहन चिन्तन की सुदीर्घ अवधि में अज्ञेय का ध्यान इस ओर नहीं गया या उन्होंने उधर जाने की जरूरत नहीं समझी कि यह व्यक्ति बनता कैसे है? न जाने कितने प्रकार के दबावों भौगोलिक,

आर्थिक, सांस्कृतिक तथा संस्कारगत परिस्थितियाँ जो प्रत्येक देश तथा समाज में पृथक-पृथक होती हैं, व्यक्ति का निर्माण करती हैं। यह व्यक्ति तथा उसका मानस विकास के क्रम में न जाने कितनी अनुकूल और प्रतिकूल, सुखद और दुखद परिस्थितियों से गुजरता है। तब जाकर वह व्यक्ति बनता है जिसकी अभ्यर्थना करते हुए अज्ञेय नहीं अघाते। आश्चर्य इसलिए भी होता है कि 'शेखर' में अज्ञेय ने उसके संस्कारगत सामाजिक तथा मनोवैज्ञानिक प्रभावों का विश्लेषण किया है जिससे व्यक्ति बनता है। शेखर में आखिर इसी बात का तो विश्लेषण है कि आखिर क्रान्तिकारी बनते कैसे हैं? व्यक्ति समाज और व्यवस्था से विद्रोह तो कर सकता है किन्तु उस विद्रोह का निर्माण करने वाले प्रभावों तथा शक्तियों का वह निषेध नहीं कर सकता, बल्कि वह कुछ विशेष बन पाता है तो उन्हीं सामाजिक परिस्थितियों द्वारा ही, और इसके लिए उसे समाज का ऋणी ही होना चाहिए, न कि उसका निषेध करना चाहिए। अज्ञेय मनोविज्ञान के विशेषज्ञ माने जाते हैं और उस विशेषज्ञता का प्रमाण उन्होंने काफी हद तक 'शेखर' में दिया भी है किन्तु मनोविश्लेषण शास्त्र में व्यक्तित्व को निर्मित करनेवाले जिन तत्त्वों का उल्लेख किया गया है, उनमें से एक व्यक्ति का अहं (इगो) भी है। फ्रॉयड के सहयोगी एडलर का तो पूरा मनोविश्लेषणशास्त्र इसी अहं के विवेचन पर आधारित है और उसके अनुसार कुछ व्यक्तियों में यह अहं इतना प्रबल हो जाता है कि उसका पूरा व्यक्तित्व उसी के द्वारा संचालित होने लगता है। 'शेखर' में अज्ञेय ने इसी अहं केन्द्रित व्यक्ति का विश्लेषण तो किया है और साथ ही उन प्रभावों का भी जो उसके अहं को आहत कर उसके अहं-केन्द्रित व्यक्तित्व को गढ़ते हैं। तो व्यक्ति और व्यक्तित्व यह भी होता है और यदि उसे केन्द्र में रखकर हम जिस समय और समाज को रचने की कोशिश करेंगे तो उसके द्वारा नीरो, हिटलर, बुद्ध और गाँधी कोई व्यक्ति उत्पन्न हो सकता है और ऐसा व्यक्ति जो मूल्य या अभिमूल्य रचेगा, वह कितना कल्याणकारी या संहारक हो सकता है, यह भी इतिहास हमें दिखा चुका है। तो इनमें से किस या कैसे व्यक्ति के द्वारा अभिमूल्य या मूल्य रचने की बात अज्ञेय कर रहे हैं? अतः अज्ञेय मौलिक चिन्तक तो हैं किन्तु उनकी मौलिकता निरपेक्ष प्रकृति की ही है। वे अपने व्यक्ति को मौलिक तथा अद्वितीय प्रमाणित करने के लिए तर्कों का इतना बड़ा वाग्जाल रचते हैं। अतः उनका मूल्यों को रचने या उन्हें तलाश करने की बात इसलिए असंगत लगती है कि वे बैडफेथ या आत्म छल से इतने घिरे हुए हैं कि व्यक्ति तथा व्यक्तित्व को प्रमाणित तथा स्थापित करने की प्रक्रिया में वे घूम-फिरकर केवल अपने को ही प्रमाणित करते रहते हैं। इसीलिए मलयज ने ठीक ही लिखा है कि उनके चिन्तन में विकास नहीं है, केवल अलग-अलग सन्दर्भों की आवृत्तियाँ

हैं। यदि हम उसके केन्द्र में उनकी कोई एकनिष्ठ आस्था कहें तो वह ऐसी आस्था है जो बद्धमूल या रिजिड आस्था है, जिसमें नमनीयता देने की कोई गुंजाइश नहीं है। फिर वे वैचारिक प्रतिबद्धता के इतने विरुद्ध क्यों हैं, क्योंकि प्रतिबद्धता भी तो शब्दावली के हेर-फेर से मूलतः किसी विचारधारा में आस्था ही है। फर्क यह है कि विचारधारा के प्रति प्रतिबद्धता सामाजिक सन्दर्भ में परिभाषित होती है और व्यक्तिनिष्ठ 'आस्था' किसी अमूर्त सत्ता के प्रति। ऐसा आस्थावादी व्यक्ति यदि अपनी आस्था को परिभाषित करने की कोशिश करेगा तो पाएगा कि उसकी आस्था का केन्द्र या लक्ष्य वह स्वयं है। अतः अज्ञेय अपनी समस्त तर्कणाशक्ति के प्रखर उपयोग के बाद और बावजूद स्वयं केन्द्रित चिन्तक हैं। यही उनका आत्मनेपद है।

अतः अज्ञेय मूलतः आत्मनिष्ठ समीक्षक हैं। उनकी अधिकांश समीक्षा अपने विचारों तथा धारणआओं की व्याख्याएँ हैं। अपने पूर्ववर्ती, समकालीन तथा परवर्ती साहित्य का आकलन उन्होंने बहुत कम किया है। युवा साहित्य और परवर्ती नवलेखन के प्रति उनकी धारणाएँ तिरस्कार वाली ही हैं। मलयज ने अज्ञेय के चिन्तन के सम्बन्ध में विचार करते हुए लिखा है कि ''ऐसा क्यों होता है कि संस्कृति जैसे गहन विषय पर विचारमंथन करने वाले मनीषी लोग अकसर अपनी निस्पतियों में यथास्थितिवाद के गर्त में जा गिरते हैं।...और यथास्थितिवादी सामान्यतः राजनीति विरोधी और विशेषतः वामपन्थ विरोधी होता है? अज्ञेय भी कुल मिलाकर यथास्थितिवादी ही सिद्ध होते हैं और युवापीढ़ी के प्रति भी उनकी धारणा निभ्रान्त रूप से नव लेखन विरोधी है। युवालेखन के सन्दर्भ में अज्ञेय ने संत्रास, टेरर, एलिएनेशन आदि की चर्चा की है और वे नौजवान लेखकों के साहित्य में सर्वत्र अनास्था, सिनिसिज्म और व्यंग्य करने की लत देखते हैं। शायद वे यह मानते हैं कि नवलेखन वाले लोग ढोंगी और पाखंडी हैं। उन्होंने नयी पीढ़ी को नामरूप बदन विहीन कहा है। अन्ततः अज्ञेय का चिन्तन अपनी त्रिशंकु स्थिति से उबरने के लिए एक अन्ध आस्थावादी आध्यात्म के गर्त में जा गिरता है।

देवी शंकर अवस्थी (1930-66)

अज्ञेय जहाँ नवलेखन के प्रति एक तरह से तिरस्कार का रुख रखते हैं, वहीं डॉ. देवी शंकर अवस्थी नवलेखन या युवालेखन के वास्तविक अर्थों में पहले समीक्षक माने जाएँगे। यद्यपि उन्होंने नयी पीढ़ी के प्रति रुझान की प्रेरणा डॉ. नामवर सिंह से ली थी और विशेष रूप से नयी कहानी, नयी कविता तथा साठोत्तरी कहानी पर लिखने की शुरुआत नामवर सिंह के बाद की थी, किन्तु नयी कहानी तथा नयी कविता पर अपनी दो पुस्तकों में विचार करने के बाद नामवर सिंह का समीक्षात्मक

चिन्तन कई दिशाओं में व्याप्त होकर विकसित हुआ। किन्तु देवीशंकर अवस्थी सही अर्थों में नवलेखन के समीक्षक कहे जाएँगे। यदि 1966 में मात्र छत्तीस वर्ष की आयु में एक सड़क दुर्घटना में उनका अल्पवय में ही अवसान न हो गया होता तो वे निश्चित रूप से नये साहित्य के प्रतिनिधि समीक्षक के रूप में सामने आते।

डॉ. देवीशंकर अवस्थी ने समीक्षक के रूप में शुरुआत एक एकेडमिक समीक्षक के रूप में 'अठारहवीं शताब्दी के ब्रजभाषा काव्य में प्रेम भक्ति' नामक ग्रन्थ से की थी जो सम्भवतः उनका पी.एच.डी. के लिए किया गया शोध प्रबन्ध था। किन्तु उसके तत्काल बाद वे अपने समकालीन साहित्य के विवेचन में लग गये। उन्होंने मौलिक रूप में 'आलोचना और आलोचना' नाम की केवल एक पुस्तक लिखी किन्तु अपने द्वारा सम्पादित पाँच पुस्तकों को विस्तृत भूमिकाओं तथा कुछ अन्य निबन्धों में उन्होंने अत्यन्त महत्त्वपूर्ण विचार व्यक्त किये। 'आलोचना और आलोचना' में उन्होंने नये साहित्य और मुख्य रूप से नयी कविता और प्रयोगवाद के सम्बन्ध में अपने विचार व्यक्त किये हैं। आधुनिक कविता के बारे में सबसे पहले उन्होंने आधुनिकता शब्द पर ही विचार करते हुए शुरुआत की है कि कम-से-कम हिन्दी साहित्य में आधुनिकता का आरम्भ 1857 या फोर्ट विलियम्स कॉलेज की स्थापना के बाद न होकर, जैसा कि प्रायः हिन्दी साहित्य के इतिहासकार मानते हैं, बल्कि इसके लक्षण सन् 1900 से दीखना शुरू होते हैं। इसी समय 'सरस्वती' पत्रिका का प्रकाशन शुरू होता है, बालमुकुन्द गुप्त, महावीर प्रसाद द्विवेदी और श्रीधर पाठक जैसे साहित्यिक व्यक्तित्व सामने आते हैं। वरना इस समय के पूर्व तक रीतिकाल ही खिंचा चला जाता है। इस काल में आकर ज्ञान की विविध विधाओं में विस्तार होता है। विचारों में बौद्धिकता तथा दृष्टि में वैज्ञानिकता आने लगती है। किसानों और मजदूरों की स्थिति पर विचार किया जाने लगता है। पश्चिमी समाजशास्त्रियों हॉब्स, लॉक, बेंथम तथा जॉनस्टुअर्ट मिल के सामाजिक और आर्थिक विचारों का प्रभाव पड़ता है और आचार्य महावीर प्रसाद द्विवेदी 'सम्पत्ति शास्त्र' जैसे ग्रन्थ लिखते हैं। दूसरे-तीसरे दशक तक आते आते किसान और मजदूर आन्दोलन भी जोर पकड़ने लगते हैं। साहित्य तथा काव्य में यथार्थ के प्रति आग्रह वैज्ञानिक दृष्टि के प्रभाव से उसी समय आरम्भ होता है। देवीशंकर अवस्थी लिखते हैं कि द्विवेदी युगीन इतिवृत्तात्मक काव्य की चरम परिणति 'साकेत' में होती है और छायावादी काव्य बोध की चरम परिणति 'कामायनी' में होती है।

बाद की काव्य प्रवृत्तियों पर विचार करते हुए देवीशंकर अवस्थी बतलाते हैं कि आधुनिक प्रयोगवादी कविता में 'अलंकार' का स्थान बिम्ब ने ले लिया और प्रयोगवाद में जहाँ प्रयोगात्मक विम्बों पर आग्रह था जैसे चाँदनी चन्दन सरीखी

क्यों दिखे यह उस रुपये की सी है जिसमें चमक है, पर खनक गायब है। जबकि नयी कविता में बिम्ब अधिक संश्लिष्ट तथा काव्यबोध के अभिन्न अंग के रूप में आने लगे जो शमशेर और केदारनाथ सिंह आदि कवियों में दिखाई पड़ा।

किन्तु ऐसा प्रतीत होता है कि देवीशंकर अवस्थी मूलतः काव्य के समीक्षक न होकर गद्य साहित्य के समीक्षक हैं। नयी कहानी तथा साठोत्तरी कहानी के सम्बन्ध में उनके विचारों को कहानी वाले अध्याय में विश्लेषित किया जा चुका है। अकसर रचनाकार (कविता तथा कथा साहित्य दोनों के) समीक्षा तथा आलोचना की उपयोगिता पर ही प्रश्नचिह्न लगा देते हैं। उनकी दृष्टि में रचना और पाठक के बीच आलोचक केवल एक ब्रोकर या 'प्रॉपटी एजेंट' का काम करता है और अपना कमीशन लेकर अलग हो जाता है यानी वह एक तरह का प्रॉपटी एजेंट होता है। इसीलिए देवीशंकर अवस्थी ने सबसे पहले समीक्षा या समीक्षाशास्त्र की उपयोगिता पर ही विचार किया है। उनकी दृष्टि में समीक्षा की उपयोगिता अथवा आवश्यकता यह है कि सबसे पहले तो वह लेखक और पाठक के बीच सेतु का काम करती है यानी वह न रहे तो रचना पाठक तक पहुँच नहीं सकती। उनकी इस धारणा पर आगे विचार किया जाएगा। इसके आगे समीक्षा के सैद्धान्तिक पक्ष पर विचार करते हुए वे लिखते हैं, 'समीक्षा रसबोध की बौद्धिक व्याख्या और मूल्यांकन है। इस व्याख्या या आकलन के लिए जिन सिद्धान्तों को उपस्थित किया जाता है, उन्हें ही हम साहित्यशास्त्र कहते हैं। वास्तव में समीक्षा और समीक्षक का एक ऐतिहासिक अस्तित्व है जो कृति एवं कृतिकार से भिन्न है। इस ऐतिहासिक अस्तित्व का होना इस बात का प्रमाण है कि उसकी कुछ न कुछ उपयोगिता अवश्य होनी चाहिए।' इसके अतिरिक्त वे मानते हैं कि समीक्षा की उपयोगिता पाठक के लिए भी है, क्योंकि सामान्य पाठक इतना सहृदय या प्रशिक्षित नहीं होता कि वह अपने व्यावहारिक विवेक के आधार पर यह निर्णय ले सके कि कौन सी कृति श्रेष्ठ और पठनीय है या कौन सी कृति केवल मात्र मनोरंजन के लिए लिखी गयी है या वह वांछनीय है ही नहीं। यानी समीक्षक का काम एक ओर पाठक को प्रशिक्षित करना है और दूसरी ओर लेखक को यह बतलाना है कि उसकी कृति में कौन सी कमियाँ रह गयी हैं और उसमें क्या होना चाहिए था। वस्तुतः समीक्षक की यह डिक्टेटर वाली भूमिका ही रचनाकार को उत्तेजित या नाराज करती है। उसके रचनाकर्म को चुनौती देती है और उसे बतलाना चाहती है कि उसे क्या करना चाहिए और क्या नहीं करना चाहिए। वैसे तो अवस्थी जी यह मानते हैं कि प्रत्येक व्यक्ति में एक सहजात या जन्मजात मूल प्रवृत्ति होती है कि वह अपने विकास क्रम में यह छाँटता और चुनता जाता है कि क्या अच्छा और क्या बुरा है और कौन सी चीज श्रेष्ठ या निकृष्ट है।

लेकिन यह सहजात या जन्मजात दृष्टि प्रत्येक पाठक (यदि वह पढ़ता है तो) या व्यक्ति की अलग-अलग होती है, उसमें किसी सामान्य तत्त्व का होना आवश्यक नहीं होता है। सम्भवतः समीक्षक उसे अन्तर करने की एक सामान्य दृष्टि या निकष दे सकता है, लेकिन वह निकष तभी उपयोगी हो सकता है जब समीक्षक स्वयं किसी मतवाद या जड़बोध से पूर्वाग्रहग्रस्त न हो। यानी समीक्षक की भूमिका और उपयोगिता तो होती है, किन्तु हमेशा असंदिग्ध नहीं होती।

जहाँ तक किसी कृति के प्रति पाठक की प्रतिक्रिया का प्रश्न है, प्रायः इतनी भावात्मक और भावनात्मक होती है कि वह जिस रचना या कृति में जितना मग्न हो जाता है या हो सकता है, उसी को अपना निकष बना लेता है। समीक्षक शायद वस्तुपरक निर्णय लेने की क्षमता एक हद तक दे सकता है।

किन्तु आलोचक के निर्णय तथा निकष पर तब सन्देह होने लगता है, जब एक ही लेखक या कृति के बारे में परस्पर विरोधी आलोचनाएँ मिलने लगती हैं। किसी की दृष्टि में कोई कृति महान होती है तो किसी की दृष्टि में अत्यन्त सामान्य। यानी आलोचना का कोई सामान्य या सर्वसम्मत निकष नहीं बन पाता। किन्तु कालजयी कृतियाँ या रचनाकार ऐसे होते हैं जिनकी महानता पर किसी भी युग में सन्देह नहीं व्यक्त किया गया। शेक्सपीयर, कालिदास, बाल्मीकि और तुलसीदास प्रत्येक युग में सर्वमान्य तथा सर्वस्वीकृत रहे। बल्कि इसके ठीक विपरीत होता यह है कि प्रत्येक युग ऐसी महान कृतियों को अपने तथा अपने युग के अनुरूप ढालने के लिए, या अपने युग तथा अपने विचारों के अनुकूल उनकी व्याख्या करने लगता है। वस्तुतः यही कालसिद्ध कृतियों की विशिष्टता का सबसे बड़ा निकष होता है। वह प्रत्येक युग के समीक्षक के लिए एक प्रमाण या साहस बन जाता है। ऐसी कृतियाँ इसीलिए बार-बार पुनर्परिभाषित होती रहती हैं। इसका एक कारण यह भी होता है कि ऐसी कृतियाँ इतनी अर्थगर्भित, अनेक स्तरीय तथा जटिल होती हैं कि प्रत्येक युग में उनकी प्रासंगिकता का एक नया आयाम खुलकर सामने आ जाता है। देवीशंकर अवस्थी ने कुछ इसी सन्दर्भ में आलोचना की उपयोगिता तथा सार्थकता प्रमाणित करने की कोशिश की है।

देवीशंकर अवस्थी ने कोई सिद्धान्त स्थापित नहीं किये और न किसी विचारधारा पर आधारित सिद्धान्त का अनुमोदन ही किया। किन्तु उनकी अल्पकालिक समीक्षाओं में हम देखते हैं कि वे निरन्तर एक समीक्षा दृष्टि की तलाश जरूर कर रहे थे जो उनकी व्यावहारिक समीक्षाओं में हमें दिखाई दे रही थी। मैंने पहले ही कहा कि वे सही मायने में समकालीन साहित्य के समीक्षक थे जो हमें उनकी नयी कविता, नयी कहानी तथा साठोत्तरी कहानी सम्बन्धी समीक्षाओं में दिखाई देती है। साठोत्तरी कहानी के महेन्द्र भल्ला की केवल एक

लम्बी कहानी 'एक पति के नोट्स' की उन्होंने विशद और विश्लेषणात्मक समीक्षा की है और उसके माध्यम से अत्याधुनिक भावबोध को समझाया है। यही कार्य उन्होंने अपने मार्गदर्शक तथा शोध निर्देशक आचार्य हजारी प्रसाद द्विवेदी के चर्चित ऐतिहासिक उपन्यास 'चारुचन्द्र लेख' की समीक्षा में किया है। इस उपन्यास को इन्होंने 'एक टूटा दर्पण' कहा है। देखने की जरूरत है कि ऐसा उन्होंने क्यों कहा है। इसी से उनकी समीक्षा दृष्टि का पता चलता है। इस उपन्यास की कथा को अवस्थी जी ने 'त्रिकाल व्यापिनी कथा' कहा है, क्योंकि इसमें अतीत का इतिहास है, वर्तमान के विचार हैं और भविष्य के लिए सन्देश है। अवस्थी जी की दृष्टि में उपन्यास में अतीत का इतिहास तो है, किन्तु वह किसी व्यवस्थित ऐतिहासिक क्रम में न होकर 'अतीत' में निर्बाध रूप से 'कल्पना' के विचरण की कथा है। इसमें बगैर शिल्प पर विचार किये, ठोस परिस्थितियों पर विचार किये, कथा की सम्भावनाओं, प्रतीतियों एवं मूल्यसत्ता पर विचार किये इस ऐतिहासिक यथार्थ की कथा कल्पना उन्मुक्त उड़ान के पंखों पर की गयी है। अवस्थी की दृष्टि में कल्पना की इस उन्मुक्त उड़ान के कारण सबकुछ गड्डमड्ड हो जाता है और कोई साफ तस्वीर नहीं उभरती। अधिकांश जनवादी धारणाएँ, अधकचरी और वायवीय बनकर रह जाती हैं। कुल मिलाकर उपन्यास उस पूरी सामन्ती व्यवस्था की ट्रेजडी को तो व्यक्त करता है जहाँ इच्छा शक्ति, क्रिया शक्ति अपंग और पंगु बनकर रह जाती है और बढ़ते हुए विदेशी आक्रमण के प्रवाह को रोकने में असमर्थ रहती है, लेकिन अवस्थी जी की दृष्टि में उपन्यास का कैनवास इतना बड़ा है और उसमें कथा सूत्रों के इतने प्रसंग बिखेर दिये गये हैं कि उपन्यासकार न उन्हें सँभाल सका है, न उन्हें अपनी वांछित कलात्मक परिणति तक पहुँचा सका है और न अन्त में उन्हें समेट सका है। और यही सबकुछ उसके एक दरके हुए दर्पण होने का प्रमाण है। आज की भाषा में कहें तो उपन्यास अनेकानेक प्रसंगों का एक विशाल कोलाज है। उपन्यास की इस विशद व्यावहारिक समीक्षा में अवस्थी जी की सूक्ष्म विश्लेषणात्मक शक्ति की दाद देनी पड़ती है जिनसे उनकी अपनी समीक्षा दृष्टि का पता भी चलने लगता है कि वह कितनी वस्तुपरक तथा भावनिरपेक्ष है।

अन्त में कहा जा सकता है कि देवीशंकर अवस्थी हिन्दी के निर्मित होते हुए एक समर्थ समीक्षक थे जिनके असमय अवसान से हिन्दी के एक गद्य समीक्षक की प्रतिभा का पूर्वानिखार प्राप्त होने से वंचित कर दिया।

रमेश चन्द्र शाह (1937)

ये भी अज्ञेय की परम्परा के समीक्षक हैं और अपनी समीक्षाओं में संस्कृति चिन्तन पर बहुत बल देते हैं। 'छायावाद की प्रासंगिकता' (1975), 'समानान्तर'

(1973), 'वागर्थ' (1981), 'सबद निरन्तर' (1987), 'भूलने के विरुद्ध' (1990), 'अज्ञेय : वागर्थ का वैभव' (1995), 'आलोचना का पक्ष' (1998), आदि उनकी आलोचनात्मक कृतियाँ हैं।

शाह साहब की समीक्षा दुविधा तथा विरुद्धों के बीच फँसी हुई समीक्षा है। वे हमेशा एक ऊहापोह में फँसे हुए आलोचक हैं, इसीलिए उनके समीक्षात्मक निबन्ध अतिरिक्त रूप से लम्बे होते हैं। वे रचना को केवल रचना के सन्दर्भ में रखकर नहीं देखते या नहीं देखना चाहते, कोई कृति सामने आते ही न जाने कितनी दिशाओं से विचार उमड़-घुमड़ कर उनके मस्तिष्क में आने लगते हैं। मसलन वे धूमिल की कविता पर भी लिख रहे हों तो उन्हें उपनिषदों तथा याज्ञवलक्य आदि की स्मृतियाँ सताने लगती हैं और अकुलाहट में अनेक दिशाओं में भटकने लगते हैं। अत: उनकी समीक्षा में एक वैचारिक धुन्ध हमेशा बनी रहती है जिससे कोई सीधा साफ निष्कर्ष निकालना कठिन हो जाता है। वे विचारधारा से बचना चाहते हैं, किन्तु उनके विचार उन्हें परम्परा की तरफ नहीं, बल्कि परम्परावाद की ओर ले जाते हैं। मलयज ने उनके सम्बन्ध में ठीक ही लिखा है कि 'साहित्य के सवालों को शाह साहित्य में उगाकर साहित्य में ही नहीं लेते। उनके लिए ये सवाल मानव संस्कृति के सवाल भी हैं। शाह साहब साहित्य विमर्श में किसी एक रचना के तार छूते हैं तो उसकी झंकृति मानव नियति और अस्तित्व के दूरागत क्षितिजों-सीमान्तों तक एक सघन-सी थरथराहट लिये हुए दौड़ जाती है। साहित्य और कला उनके लिए एक दुबली एकल तान नहीं है (शाह का पाठक कभी-कभी इस तान (एकल) के लिए तरस जाता है)। तथ्य देना (आलोचना में) उनकी मजबूरी है, पर उसके साथ ज्यादा देर तक रहना उन्हें रास नहीं आता।' मलयज की इन पंक्तियों में रमेशचन्द्र शाह की समीक्षा की सारी विशेषताएँ एकत्र कर दी गयी हैं, जिनके दलदल से वे कभी निकल नहीं पाते।

परमानन्द श्रीवास्तव (1935-2013)

यद्यपि परमानन्द श्रीवास्तव की सारी पुस्तकों के शीर्षक सैद्धान्तिक ध्वनि लिये हुए हैं, किन्तु मूलत: वे अत्यन्त सजग, सतर्क व्यावहारिक समीक्षक हैं जिनकी समीक्षात्मक दृष्टि की रुचियाँ समकालीन रचनात्मक साहित्य पर केन्द्रित रहती हैं। अद्यतन तथा ताजा तरीन किसी उल्लेखनीय कृति पर यदि किसी की दृष्टि सबसे पहले पड़ती है तो वे परमानन्द श्रीवास्तव हैं। उनकी प्रकाशित समीक्षा पुस्तकें हैं—'नयी कविता का परिप्रेक्ष्य' (1968), 'कविकर्म और काव्य भाषा' (1975), 'उपन्यास का यथार्थ और रचनात्मक भाषा' (1976), 'समकालीन कविता का व्याकरण' (1989), 'शब्द और मनुष्य' (1988), 'कविता :

समकालीन कविता का यथार्थ' (1988), 'उपन्यास का पुनर्जन्म' (1995), 'कविता का अर्थात्' (1999), 'कविता का उत्तर जीवन' (2004), 'अँधेरे कुएँ से आवाज' (2005), 'दूसरा सौन्दर्य शास्त्र क्यों' (2005) आदि।

वीर भारत तलवार (1947)

वीर भारत तलवार ने अपने प्रारम्भिक वर्षों में प्रायः एक दशक तक एक सक्रिय वामपंथी कार्यकर्ता के रूप में झारखंड के आदिवासी क्षेत्रों में रहकर गहन शोध किया तथा झारखंड मुक्ति के आन्दोलन में कार्य किया और इसी अवधि में 'झारखंड' पत्रिका का सम्पादन किया। बाद में जवाहरलाल नेहरू विश्वविद्यालय में प्राध्यापन करते हुए इन्होंने दो अत्यन्त महत्त्वपूर्ण शोधपरक समीक्षा ग्रन्थ लिखे। 'किसान, राष्ट्रीय आन्दोलन और प्रेमचन्द : 1918–22' तथा 'हिन्दी नवजागरण पर पुनर्विचार करते हुए' एक वृहद शोध ग्रन्थ 'रस्साकस्सी'। रस्साकस्सी में उन्होंने भारतेन्दु युग कहे जाने वाले हिन्दी नवजागरण का पुनर्परीक्षण किया तथा हिन्दी नवजागरण सम्बन्धी प्रायः स्थापित बद्धमूल धारणाओं का अत्यन्त प्रमाण पुष्ट ढंग से खंडन करते हुए कई नयी स्थापनाएँ कीं। मसलन, अधिकांश हिन्दी साहित्य के इतिहासकारों ने भारतेन्दु हरिश्चन्द्र को उस युग का नायक तथा राजा शिवप्रसाद को उस युग का प्रायः खलनायक बना दिया है। वीर भारत तलवार ने इस धारणा का खंडन करते हुए सिद्ध किया है कि राजा शिव प्रसाद ने, जो प्रारम्भ में भारतेन्दु के शिक्षक भी थे, हिन्दी को पहले नयी चाल में ढाला, जिसका श्रेय लेते हुए भारतेन्दु ने उसे अपने नाम से प्रचारित-प्रसारित किया और हिन्दी साहित्य के इतिहासकार-रामचन्द्र शुक्ल सहित सभी लेखक गतानुगतिक ढंग से इसी मान्यता का अन्ध भाव से अनुकरण करते हुए आगे बढ़ाते रहे। वीर भारत तलवार के अनुसार सरकारी स्कूल अधीक्षक के रूप में राजा शिवप्रसाद ने हिन्दी को आगे बढ़ाते हुए विज्ञान सहित सभी विषयों के पाठ्यक्रमों में उसका प्रवेश कराया। किन्तु चूँकि राजा शिवप्रसाद अँग्रेज़ी हुकूमत में शिक्षा अधिकारी थे, इतिहासकारों ने उन्हें राजभक्त तथा भारतेन्दु को देशभक्ति नायक के रूप में प्रस्तुत किया। जबकि वास्तविकता यह थी कि भारतेन्दु ने राजभक्ति सम्बन्धी अनेक स्तुतिपरक कविताएँ लिखी थीं। इसके अतिरिक्त वीरभारत तलवार ने यह प्रमाणित किया है कि यद्यपि राजा शिव प्रसाद मुसलिम विरोधी थे, लेकिन उनका मुसलिम विरोध तब के मुसलिम नेता और उर्दू उन्नायक सर सैयद अहमद से था। उनकी स्पर्धा भी सर सैयद अहमद से थी, न कि भारतेन्दु से। वीर भारत तलवार के अनुसार राजा शिवप्रसाद का हिन्दी विकास के लिए किया गया कार्य भारतेन्दु से कहीं अधिक था।

इसके अतिरिक्त वीर भारत तलवार ने यह भी तथ्यों के आधार पर प्रमाणित

किया है कि तथाकथित हिन्दी नवजागरण के नायक हिन्दी लेखक हिन्दी नवजागरण के नाम पर वस्तुतः हिन्दू नवजागरण का कार्य कर रहे थे और उनका तमाम कट्टर हिन्दूवादी और मुसलिम विरोधी संस्थाओं से गहरा सम्बन्ध था। अतः डॉ. तलवार के मुताबिक वे छिपे रूप में धर्मनिरपेक्षता के आवरण में हिन्दू धर्म के विकास के लिए कार्य कर रहे थे। इसी कारण वे अपेक्षाकृत उदार तथा समाज सुधार के सामाजिक आन्दोलन आर्य समाज के भी कट्टर विरोधी थे। ये सारी स्थापनाएँ डॉ. तलवार ने महज फतवों के रूप में नहीं दी हैं। इन्हें गहन अध्ययन तथा शोध करने के बाद तथ्यों पर आधारित प्रमाण पुष्ट ढंग से प्रमाणित किया है। इस तरह डॉ. तलवार अपने ढंग के अकेले भाषा तथा साहित्य के समीक्षक हैं जिन्होंने साहित्य समीक्षा तथा शोध कार्यों को बिना अकादमिक तथा यान्त्रिक पद्धति का अनुसरण करते हुए सुविचारित ढंग से प्रस्तुत किया।

डॉ. रघुवंश (1921–2013)

डॉ. रघुवंश की अपनी एक समीक्षा दृष्टि है जो किसी विचारधारा से प्रतिबद्ध नहीं है। लेकिन केवल इसी कारण उन्हें रूपवादी आलोचक कहना, जैसाकि कुछ लोग मानते हैं, उचित नहीं है। हालाँकि यह भी सच है कि उनकी समीक्षा दृष्टि साहित्य विश्लेषण में बहुत गहरे तक नहीं जा सकी है। पश्चिमी नयी समीक्षा का भी कोई विशेष प्रभाव उनपर परिलक्षित नहीं होता। नये साहित्य में मूल्यमूढ़ता, मानवता का ह्रास तथा निराशा, कुन्ठा आदि देखते हैं किन्तु उसे वे पूर्ववर्ती साहित्य की पाखंडपूर्ण अन्ध आस्था के प्रति विद्रोह मानते हैं। वे आधुनिकता को नये भावबोध की परीक्षा कर एक रचना दृष्टि मानते हैं किन्तु यह रचना दृष्टि आयी कहाँ से और इसके मूल में कौन सा नया भावबोध है इसकी वे परीक्षा नहीं करते। उनकी प्रमुख कृतियाँ हैं—

'साहित्य का नया परिप्रेक्ष्य' (1963), 'समसामयिकता और आधुनिक हिन्दी कविता' (1972), 'आधुनिकता और सर्जनशीलता' (1980), 'भारत का काव्य' (1980)।

रामस्वरूप चतुर्वेदी (1951–2003)

रामस्वरूप चतुर्वेदी भी साहित्य की सर्जनशीलता पर विचार करने वाले समीक्षक हैं। ये पश्चिम की नयी समीक्षा की एक पद्धति के अनुरूप मानते हैं कि साहित्य मूलतः भाषिक सपना है। उनके अनुसार साहित्यकार भाषा में ही सोचता है, भाषा में ही व्यक्त करता है, इसलिए साहित्य का सर्वस्व भाषा ही है। किन्तु वे यह

नहीं सोच पाते कि भाषा एक माध्यम मात्र है जो किसी विशेष विचार, भावबोध या मान्यता को व्यक्त करती है, इसके अलावा स्वयं भाषा जिन तन्तुओं से निर्मित होती है, उसका एक सामाजिक तथा परिवेशगत आधार होता है। भाषा को सबकुछ मान लेने के बावजूद ये यह भी कहते हैं कि "भाषा का आधारभूत रूप वह है जो रचनाकार समाज से स्वीकार (ग्रहण) करता है और उसी के अनुकूल उसकी संवेदना निखरती है जिसे वह फिर अपनी काव्य भाषा में व्यक्त कर देता है। यह काव्य भाषा कवि के व्यक्तित्व के अनुकूल रूपाकार ग्रहण करती है।" इस प्रकार वे स्वयं अपनी पूर्ववर्ती स्थापना का खंडन कर देते हैं कि काव्य केवल भाषिक संरचना है। भाषा की निर्मिति के पीछे समाज है और उसी के प्रभाव से कवि की संवेदना निर्मित होती है और उस संवेदना को ही वह 'काव्य भाषा' में व्यक्त कर देता है। अतः इससे फिर यही सिद्ध होता है कि भाषा केवल वाहक और माध्यम मात्र है। अतः हम चतुर्वेदी जी की समीक्षा में वैचारिक गड्डमड्ड और विरोधाभास देखते हैं। उनकी कृतियाँ हैं—'हिन्दी नवलेखन' (1960), 'भाषा और संवेदना' (1964), 'अज्ञेय और आधुनिक रचना की समस्या' (1968), 'हिन्दी साहित्य की अधुनातन प्रवृत्तियाँ' (1969), 'कविता यात्रा : रत्नाकर से अज्ञेय तक' (1976), 'हिन्दी साहित्य और संवेदना का विकास' (1986), 'काव्य भाषा पर तीन निबन्ध' (1989), 'प्रसाद निराला अज्ञेय' (1989), 'कविता का पक्ष' (1994), 'हिन्दी गद्य विन्यास और विकास' (1996), 'आधुनिक कविता यात्रा' (1998), 'आचार्य रामचन्द्र शुक्ल : आलोचना का अर्थ और अर्थ की आलोचना' (2001) और 'भक्ति काव्य यात्रा' (2002)। चतुर्वेदी जी ने प्राचीन आधुनिक तथा नव्यतम साहित्य प्रवृत्तियों पर कलम चलाई है किन्तु किसी पर गहनता से विचार नहीं कर सके हैं। ऐसा होना स्वाभाविक भी है क्योंकि इतनी त्वरा में लम्बी यात्रा तय करके किसी सुनिश्चित तथा सुविचारित निष्कर्ष तक पहुँच पाना कठिन कर्म है।

डॉ. जगदीश गुप्त (1927-2001)

गुप्त जी नयी कविता के आन्दोलन से घनिष्ठ रूप से जुड़े रहे हैं। 'अर्थ की लय' उनकी महत्त्वपूर्ण तथा विवादास्पद स्थापना रही है जिसकी अवधारणा उन्हें पश्चिमी नये समीक्षकों से प्राप्त हुई है। नयी कविता का पक्षधर होते हुए भी वे विजय देव नारायण साही की नयी कविता के सन्दर्भ में लघुमानव की अवधारणा से बिल्कुल सहमत नहीं हैं। उनके अनुसार मानव को लघु मानना उसका अपमान करना है। वे मानते हैं, नयी कविता का लक्ष्य एक नये मनुष्य की स्थापना है, बदलते युग के अनुरूप नये मानव की स्थापना, न कि उसे लघु बनाकर या काकरोच

का रूप देकर अभिशप्त करना। कविता नयी कविता के कई अन्य समीक्षकों से गुप्त जी की स्थापनाओं में विचारोत्तेजकता अधिक है किन्तु इस मामले में वे मुक्तिबोध के आसपास नहीं पहुँच पाते।

चन्द्रकान्त महादेव वांडीवेडेकर (1932)

वांडीवेडेकर मूलतः मराठी भाषी हैं किन्तु इन्होंने हिन्दी में कई समीक्षात्मक पुस्तकें लिखी हैं। 'हिन्दी और मराठी के सामाजिक उपन्यासों का तुलनात्मक अध्ययन' (1960), 'अज्ञेय की कविता एक मूल्यांकन' (1971), 'हिन्दी उपन्यास स्थिति और गति' (1977), 'कविता की तलाश' (1983), 'जैनेन्द्र के उपन्यास मर्म की तलाश' (1983), 'आधुनिक हिन्दी उपन्यास सृजन और आलोचना (1985), 'कथाकार अज्ञेय' (1995), 'चन्द्रकान्त देवताले की कविता: कविता का स्वभाव' (1995)। उन्होंने आधुनिक हिन्दी साहित्य से सम्बन्धित पुस्तकें लिखी हैं और उनके मर्म को समझने की चेष्टा की है। उन्होंने प्रेमचन्द जैनेन्द्र, अज्ञेय, रेणु, मोहन राकेश, मुक्तिबोध, शमशेर, केदारनाथ सिंह और धूमिल आदि सभी आधुनिक हिन्दी साहित्यकारों की कृतियों का गम्भीर अध्ययन तथा विश्लेषण किया है। ये किसी रचना का आस्वाद उसमें अन्तर्निहित तत्वों के आधार पर बिना किसी आरोपण के करना चाहते हैं।

अशोक वाजपेयी (1941)

अशोक वाजपेयी ने मुख्यतः कविता पर केन्द्रित समीक्षाएँ ही लिखी हैं। इनमें फुटकर विचारात्मकता है किन्तु साहित्य तथा संस्कृति सम्बन्धी अनेक कला-विधाओं से अपनी गहरी आत्मीयता के कारण ये साहित्य पर अपना ध्यान कम केन्द्रित कर पाये हैं। इनकी पुस्तकें हैं—'फिलहाल' (1970), 'कुछ पूर्वग्रह' (1984), 'कविता का गल्प' (1997) और 'कवि कह गया है' (2001)।

बीसवीं शताब्दी का अन्त इस दृष्टि से महत्वपूर्ण है कि स्वतन्त्रता के बाद की हिन्दी समीक्षा में मुख्यतः दो दिशाओं में जाने वाली प्रवृत्तियाँ ही दिखाई पड़ती हैं। एक ओर तो मार्क्सवाद से प्रभावित प्रगतिशील समीक्षा दृष्टि का तेजी से विकास हुआ और महान रूसी सोवियत देश के पतन तक हिन्दी में भी प्रगतिशील समीक्षा का ही आधिपत्य लगभग अधिनायकवाद के रूप में ही साहित्य और समीक्षा में पूरी तरह हावी रहा। किसी लेखक या समीक्षक ने यदि मार्क्सवादी लीक से तनिक भी हटकर अपनी स्वतन्त्र दृष्टि का उपयोग करते हुए लिखा, तो उसे तत्काल बिना किसी विशेष छानबीन के प्रतिगामी और प्रतिक्रियावादी

घोषित कर दिया गया। इसका सबसे घातक प्रभाव तो यह पड़ा कि रचनात्मक साहित्य में कलातत्त्व की पूर्णतः उपेक्षा की गयी और यदि किसी महत्त्वपूर्ण तथा प्रतिभाशाली रचनाकार ने कलातत्व की दृष्टि से उत्कृष्ट साहित्य की रचना की और भाषा तथा शिल्प पर अधिक ध्यान केन्द्रित किया तो उसे रूपवादी घोषित कर दिया गया। अतः समीक्षा का एकमात्र निकष विचार भी नहीं, बल्कि विचारधारा हो गया। यानी रचना में रचनात्मकता नहीं, उसमें व्यक्त विचार ही प्रमुख हो गये। इस प्रक्रिया में इस समीक्षा दृष्टि ने प्रसाद से लेकर अज्ञेय तथा अनेक प्रतिभासम्पन्न रचनाकारों की न केवल उपेक्षा की, बल्कि उनके विरुद्ध अभियान भी चलाया। इस वर्चस्व के कारण अनेक अधकचरे तथा सतही साहित्य लिखनेवाले कवि तथा कथाकार हिन्दी के स्थापित लेखक घोषित कर दिये गये। अतः चार-पाँच दशकों तक अनेक अत्यन्त महत्त्वपूर्ण रचनाकार अलक्षित तथा उपेक्षित रह गये। किन्तु इस क्रम में सबसे अधिक नुकसान स्वयं समीक्षा का ही हुआ। हिन्दी समीक्षा उत्तरोत्तर दरिद्र, दयनीय तथा संकीर्ण होती चली गयी। अनेक रचनाकारों ने तो समीक्षा मात्र को ही अप्रासंगिक तथा अवांछनीय करार दिया। रचना और समीक्षा का सम्बन्ध सूत्र ही टूट गया। समीक्षा में विचार अलग पड़े थे तथा रचना अलग। समीक्षा तथा समीक्षक की दुर्गति इस सीमा तक पहुँच गयी कि कौन सी रचना उत्कृष्ट है और कौन सी निकृष्ट, इसका निर्णय समीक्षक नहीं, पोलित ब्यूरो का सदस्य करने लगा। लेकिन कुछ रचनाकार और उनकी कृतियाँ इतनी दुर्दमनीय या नमनीय लगीं कि प्रगतिशील समीक्षक उन्हें अपनी समीक्षा में एप्रोप्रिएट करने में लग गये। प्रेमचन्द से लेकर रेणु, श्रीलाल शुक्ल, मनोहरश्याम जोशी तथा विनोद कुमार शुक्ल के साथ ऐसा ही हुआ। प्रगतिशील समीक्षा ने इन्हें पचा लिया।

इसके विपरीत समीक्षा का एक 'ध्रुवान्त' सम्भवतः प्रगतिशील समीक्षा की अतिवादी प्रवृत्ति की प्रतिक्रिया बनकर आया जो हठधर्मिता की सीमा तक शुद्ध भारतीयता का समर्थक था। स्पष्टतः हिन्दी में उसका रूप मूलतः हिन्दूवादी ही था जिसकी शुरुआत तो भारतेन्दु युग के हिन्दी नवजागरण से ही हो गयी थी, जिसके प्रबल प्रभाव को रोकने तथा समाहित करने के लिए रामविलास शर्मा जैसे मार्क्सवादी समीक्षकों ने भारतेन्दु युग तथा भारतेन्दु की पुनर्व्याख्या ही शुरू कर दी। रामविलास शर्मा की यह पुनर्विश्लेषण प्रक्रिया उनके जीवन के अन्त तक आते-आते ऋग्वेद तक जा पहुँची थी। 1936 में प्रगतिशील लेखक संघ की स्थापना के साथ ही हिन्दी प्रगतिशीलों ने प्रेमचन्द को अपना सिरमौर घोषित कर दिया। यद्यपि यह एक चतुर तथा नीतिगत निर्णय था किन्तु इसका विधेयात्मक पक्ष यह था कि इसने हिन्दी तथा उर्दू लेखकों के बीच एक सुदृढ़ सेतु बनाने की शुरुआत की जिसका सुखद प्रभाव यह पड़ा कि वास्तविक रूप से महत्त्वपूर्ण हिन्दी लेखन

का प्रमुख पक्ष धर्मनिरपेक्ष रूप लेकर विकसित हुआ, कि जिससे बड़ी तादाद में मुसलमान लेखकों ने हिन्दी के विकास में अत्यन्त महत्त्वपूर्ण योगदान किया। यहाँ यह बात विशेष रूप से लक्ष्य करने की है कि यह लेखन मुख्य रूप से हिन्दी गद्य के रचनात्मक लेखन में हुआ जिसका उल्लेख पहले के प्रासंगिक अध्यायों में कर आया हूँ। प्रगतिशील लेखक संघ की स्थापना के बाद इस तथ्य की ओर भी ध्यान जाना जरूरी है कि उसके पहले अधिवेशन में हिन्दी-उर्दू तथा अँग्रेज़ी के भारतीय लेखक एक साथ सम्मिलित हुए थे। किन्तु प्रगतिशील लेखक संघ की स्थापना के प्रायः एक डेढ़ साल बाद ही प्रगतिशील समीक्षकों में ऐसी हठधर्मिता तथा एकआयामी अधिनायकवादी दृष्टिकोण विकसित होने लगा जिसका उल्लेख हम ऊपर कर आये हैं।

प्रगतिशील समीक्षा की इसी एकआयामी हठधर्मिता ने भारतीयतावादी लेखन तथा समीक्षा को पुनः सिर उठाने का मौका दिया। इन भारतीयतावादी समीक्षकों ने पश्चिम विमुख साहित्य लेखन पर जोर देते हुए एक ओर भारतीयता के नाम पर मुख्यतः मार्क्सवादी चिन्तन तथा लेखन पर आक्रमण शुरू किया और दूसरी ओर कुछ अधिक चतुर तथा बौद्धिक समीक्षकों तथा लेखकों ने भाषा तथा शब्द को साहित्य का केन्द्र तथा मूलमन्त्र बताते हुए उसी की तरह-तरह की व्याख्याएँ शुरू कर दीं। शैली विज्ञान वाली समीक्षा आई जिसके पैरोकार मुख्यतः भाषाविद रवीन्द्रनाथ श्रीवास्तव तथा विद्यानिवास मिश्र जैसे समीक्षक बने। आगे चलकर शब्द, स्मृति, मौन और शून्य पर जोर देने वाले कुछ उत्तर आधुनिकतावाद की ओर चले गये और कुछ लेखक समीक्षक भारतीय आध्यात्मिकता का गुणगान करते हुए (मुख्यतः वे जो शब्द, स्मृति तथा मौन आदि के व्याख्याता थे) 'असाध्यवीणा' तथा 'अन्तिम अरण्य' की शरण में चले गये।

किन्तु प्रगतिशील समीक्षा के ही कुछ विवेकवान तथा बौद्धिक विश्लेषण करनेवाले समीक्षकों ने ऊपर उल्लिखित दोनों पक्षों के अतिवाद को समझते हुए एक सन्तुलित तथा सामंजस्यपूर्ण समीक्षा पद्धति के विकास का प्रयास किया जिनमें डॉ. नामवर सिंह तथा मुक्तिबोध प्रमुख थे। किन्तु इस प्रयास में इन दोनों समीक्षकों ने दो रास्ते अख्तियार किये। मुक्तिबोध ने जहाँ गहन चिन्तन करते हुए मार्क्सवादी समीक्षा को एक आत्मसंघर्षपूर्ण मनोवैज्ञानिक आयाम दिया तथा स्वयं गहरा आत्मसंघर्ष करते हुए समीक्षा तथा रचना दोनों में जीवन दृष्टि तथा विश्वदृष्टि को केन्द्र में रखते हुए उसके आधार पर एक प्रामाणिक निकष निर्मित करने का प्रयास किया, वहीं नामवर सिंह ने नीत्से के इस कथन का मर्म समझा कि 'चूँकि मैं दोनों पक्षों के सच को बहुत कुछ समझता हूँ, इसीलिए मैं ही इस द्वैत की पीड़ा (सफरिंग) को समझता हूँ।' नामवर सिंह ने इस द्वैत को सुलझाने के लिए अपनी

मार्क्सवादी बिरादरी पर कोई आक्रमण तो नहीं किया, किन्तु समीक्षा में एक अधिक सन्तुलित विवेकपूर्ण पद्धति के निर्माण के लिए मार्क्सवादी समीक्षा पद्धति तथा नयी समीक्षा पद्धति के बीच सामंजस्य स्थापित करने के प्रयास में कविता के नये प्रतिमान स्थापित करने का प्रयास किया। दुर्भाग्य से यह प्रयास बहुत सफल नहीं हुआ। फिर उन्होंने भारतीय परम्परावादी समीक्षकों को निरुत्तर करने के लिए आचार्य हजारी प्रसाद द्विवेदी को आधार बनाकर भारतीय चिन्तन के ही अतीत में एक दूसरी परम्परा ढूँढ़ने की कोशिश की जो अधिक सहिष्णु, उदार तथा लोकोन्मुख थी। इस तरह उन्होंने एक अपने ढंग का लोकायत लिखने की कोशिश की जो अपेक्षाकृत अधिक महत्त्वपूर्ण प्रयास था, किन्तु इससे हिन्दी समीक्षा को कोई नयी दिशा नहीं मिली।

बीसवीं शताब्दी के अन्तिम दशकों में यह नयी दिशा ढूँढ़ने के प्रयासों में अधिक उद्विग्नता, हलचल और अकुलाहट आ गयी। किन्तु यह अकुलाहट भरे उद्विग्न प्रयास इक्कीसवीं सदी के पहले दशक तक छिटपुट तथा छुटभैये प्रयास ही सिद्ध हो रहे हैं। वास्तविकता यह है कि इक्कीसवीं सदी की समीक्षा के सामने इतनी दिशाएँ खुल गयी हैं कि उसकी समझ में नहीं आ रहा है कि किस पथ का अनुसरण किया जाय। अत: इक्कीसवीं सदी की समीक्षा में आज चारों ओर धुन्ध ही धुन्ध है। इस धुन्ध में कुछ ईमानदार रचनाकार समीक्षक तो गहरे 'उधेड़बुन' में पड़े हुए हैं और कुछ आज और आज से पहले के समीक्षात्मक चिन्तन को समझने के प्रयास में लगे हुए हैं। बुजुर्ग कवि-चिन्तक कुँवरनारायण की पुस्तक 'आज और आज से पहले' तथा कवि-समीक्षक गिरिधर राठी की 'उधेड़बुन' जैसी पुस्तकें इसी धुन्ध में दिशा तलाशने का प्रयास करने में लगी हैं।

और अन्त में हिन्दी समीक्षा की अद्यतन स्थिति क्या है? दरअसल, समकालीन समीक्षा को कह लें, विरासत में समीक्षात्मक पद्धतियों की इतनी परम्पराएँ प्राप्त हुईं कि उसके लिए यह तय करना कठिन हो गया कि वह इनमें से किसे सार्थक समीक्षा पद्धति मानकर उसे अपनाएँ। उसके सामने समीक्षा की इतनी दिशाएँ खुली थीं कि उनके बीच कहीं भटका हुआ दीख रहा है। अत: दीख यह रहा है कि आज की अधिकांश समीक्षाएँ जहाँ वे किसी विशेष विचारधारा से सम्बद्ध नहीं हैं, मुख्यत: सब्जेक्टिव (आत्मपरक) प्रकृति की समीक्षाएँ हैं। इसीलिए उनमें से अधिकांश समीक्षाएँ पूर्वाग्रहग्रस्त है। पूर्वाग्रहग्रस्त इसलिए हैं कि व्यावहारिक समीक्षा के रूप में उनके समीक्षक प्राय: यह पूर्व निर्णय लेकर चलते हैं कि किस कृति विशेष की अनुशंसा करनी है या अवमानना या उपेक्षा। यह तो व्यावहारिक समीक्षा की स्थिति है। जहाँ तक सैद्धान्तिक समीक्षा का प्रश्न

है उनके निर्णायक प्राय: विश्वविद्यालय होते हैं जहाँ की समीक्षात्मक पद्धतियाँ विभागीय स्तर पर शोध प्रबन्धों के रूप में लिखी गयी पुस्तकों के लेखकों के द्वारा नहीं बल्कि उनके निर्देशकों द्वारा निर्धारित होती हैं। मसलन किसी विद्यार्थी को किन्हीं कृतियों को संरचनावाद के सन्दर्भ में विश्लेषित करना है तो यह पुस्तक मूलत: संरचनावाद का अध्ययन हो जाएगी। इसी तरह कोई रूपवाद, पर कोई नयी समीक्षा पर, कोई मार्क्सवादी समीक्षा पद्धति पर और कोई रसवाद अथवा किसी भी अन्य प्राचीन भारतीय समीक्षा पद्धति पर। ऐसी समीक्षाएँ प्राय: आरम्भिक किस्म की होती हैं। वे शोधपरक सैद्धान्तिक समीक्षाएँ होती हैं।

एक और किस्म की समीक्षाएँ पत्र-पत्रिकाओं में बिखरी हुई नजर आती हैं। इनमें कोई व्यवस्था नहीं दीखती। पत्र-पत्रिकाएँ हर किस्म की समीक्षा को स्वीकार करती हैं। किन्तु ऐसी समीक्षाएँ पत्र-पत्रिका विशेष के आकार-प्रकार तथा निर्धारित स्थान सीमा द्वारा प्रतिबन्धित होती हैं। ऐसी समीक्षाओं में 'पुस्तक समीक्षाओं' का विशेष महत्त्व है क्योंकि किसी कृति का महत्त्व सिद्धान्त नहीं निर्धारित करते, न उनके आलोक में ही पाठक समुदाय उसे समझता या प्रभावित होता है। बल्कि एक हद तक पाठक समुदाय का एक वर्ग 'पुस्तक समीक्षाओं से अवश्य प्रभावित तथा कंडीसंड' होता है।

परन्तु समीक्षकों का एक वर्ग जिसमें कवि या कथाकार लेखक-समीक्षक भी शामिल हैं, एक स्वतन्त्र चिन्तक के रूप में आज भी सक्रिय हैं। यद्यपि यह समुदाय अत्यन्त अल्पसंख्यक है। इनमें कुछ पत्रकार-समीक्षक भी शामिल हैं जो ज्यादातर स्वतन्त्र तो हैं, पर अधिकांशत: समीक्षक नहीं है।

इधर ऐसे युवा पीढ़ी के समीक्षक हैं। इनमें समीक्षक वीरेन्द्र यादव ने उपन्यासों पर गम्भीर विचार व्यक्त किये हैं। हाल में ही उनके द्वारा सम्पादित दो खंडों में उपन्यास ग्रन्थ की सुदीर्घ भूमिकाएँ इस दृष्टि से विशेष महत्त्वपूर्ण हैं। उसी तरह आलोचक विजय कुमार ने कई विश्लेषणपरक समीक्षाएँ तो लिखी ही हैं, पिछले दिनों प्रकाशित उनकी पुस्तक 'अँधेरे समय में विचार' पश्चिमी चिन्तन पद्धतियों का अच्छा विश्लेषण करती है।

इनके अतिरिक्त डॉ. कृष्णदत्त पालीवाल, डॉ. नित्यानन्द तिवारी, विष्णुखरे, पुरुषोत्तम अग्रवाल, गोपाल राय तथा मधुरेश आदि अनेक आलोचक समीक्षा के क्षेत्र में आज सक्रिय हैं।

निबन्ध तथा अन्य गद्य विधाएँ

यहाँ निबन्ध से हमारा तात्पर्य यह है कि वे निबन्ध जो आलोचनात्मक या समीक्षात्मक निबन्ध की श्रेणी में नहीं आते। वैसे तो हिन्दी में निबन्ध के लिए लेख और रेडियो से प्रसारित होने वाले लेखों के लिए वार्ता आदि अनेक शब्द प्रचलित हैं, किन्तु गद्य की वह विधा जो कथा की या साहित्य-समीक्षा की श्रेणी में न आती हो और जिसमें कोई विशेष विचार, समस्या या भावात्मकता प्रधान हो उन सभी गद्य विधाओं को निबन्ध कहा जा सकता है। अँग्रेज़ी में इसके लिए एसे या ट्रिटाइज शब्द चलते हैं।

ऐसा प्रतीत होता है कि हिन्दी में निबन्ध लेखन की परम्परा अँग्रेज़ी से आयी थी। एक दौर था जब अँग्रेज़ी में किसी सुव्यवस्थित साहित्य-समीक्षा का विकास नहीं हुआ था। जिसे पश्चिमी समीक्षाशास्त्र कहा जाता है, उसका विकास अँग्रेज़ी से बहुत पहले ग्रीस में सुकरात तथा अरस्तू के द्वारा किया गया था और उसके ढाई-तीन सौ वर्षों बाद रोम में होरस तथा लीग जाइनस आदि समीक्षकों के द्वारा हुआ। अँग्रेज़ी में साहित्य-समीक्षा की विधिवत शुरुआत ड्राइग्न, और सैमुअल जानसन आदि के द्वारा होती है जिसका चरमोत्कर्ष रोमैंटिक युग में कॉलरिज की समीक्षा में हुआ। टी.एस. इलियट ने कॉलरिज को अँग्रेज़ी का सर्वश्रेष्ठ समीक्षक माना है।

कहने का तात्पर्य यह है कि उस दौर में जब अँग्रेज़ी में साहित्य समीक्षा स्थगित-सी थी या किसी सुव्यवस्थित समीक्षा पद्धति का विकास नहीं हुआ था, निबन्ध उसी दौर की देन है। अँग्रेज़ी के सबसे पहले तथा सर्वाधिक प्रसिद्ध निबन्धकार फ्रांसिस बेकन थे। फिर डॉ. जॉनसन, एडिसन, विलियम हैजलिट तथा चार्ल्सलैम्ब तथा बाद में रस्किन के निबन्ध बहुत प्रसिद्ध हुए। हिन्दी में निबन्धों की शुरुआत यद्यपि हो चुकी थी, किन्तु वे सामान्यत: सुधारपरक हुआ करते थे। वे या तो बाल विवाह, स्त्री-शिक्षा आदि विषयों पर हुआ करते थे अथवा होली, दीवाली, दशहरा आदि पर्वों तथा उत्सवों पर लिखे जाते थे। भारतेन्दु ने स्त्री सेवा पद्धति, ईश्वर बड़ा विलक्षण है, भारतवर्ष की उन्नति कैसे हो सकती है, खुशी

तथा सरयूपार की यात्रा आदि बहुत अच्छे निबन्ध लिखे थे। किन्तु साहित्य समीक्षा के बीज निबन्धों में ही छिपे रहते हैं, जिन्हें हम भारतेन्दु के निबन्धों में देख सकते हैं। हिन्दी कविता, हिन्दी भाषा, तरंगिणी की समालोचना, रामायण का समय तथा नाटक आदि ऐसे ही निबन्ध हैं। उस समय के सबसे सुविचारित तथा गम्भीर निबन्ध बालकृष्ण भट्ट ने लिखे। प्रतापनारायण मिश्र भी भारतेन्दु युग के महत्त्वपूर्ण निबन्धकार माने जाते हैं।

किन्तु हिन्दी निबन्धों की विधिवत शुरुआत महावीर प्रसाद द्विवेदी से पहले न हो सकी। इसी युग में अँग्रेज़ी निबन्धों के अनुवाद भी हुए। महावीर प्रसाद द्विवेदी ने अँग्रेज़ी के सर्वाधिक विख्यात निबन्धकार बेकन के निबन्धों का अनुवाद 'बेकन विचार रचनावली' नाम से प्रकाशित किया। यद्यपि अँग्रेज़ी के निबन्धकार जॉनसन ने निबन्ध को मस्तिष्क के अव्यवस्थित विचारों की अभिव्यक्ति देने वाली विधा कहा था। किन्तु आचार्य रामचन्द्र शुक्ल ने निबन्ध विधा को अत्यधिक महत्त्व देते हुए लिखा कि "यदि गद्य कवियों और लेखकों की कसौटी है तो निबन्ध गद्य की कसौटी है।" उन्होंने निबन्ध को विशृंखल या असम्बद्ध विचारों की अभिव्यक्ति देनेवाली विधा नहीं माना, बल्कि कहा कि निबन्धकार अपने मन की प्रवृत्ति के अनुसार स्वच्छन्द गति से इधर-उधर की सूत्रशाखाओं पर विचरता रहता है।" शुक्ल जी का तात्पर्य है कि निबन्ध में लेखक को स्वतन्त्रता रहती है कि वह चाहे जिस विषय पर स्वच्छन्द रूप से अपने विचार व्यक्त करे। और शायद उन्होंने निबन्ध को गद्य की कसौटी इसलिए माना कि निबन्ध में लेखक यद्यपि निर्बाध रूप से अपने विचारों को अभिव्यक्ति देता है, किन्तु इसका तात्पर्य यह नहीं है कि निबन्धकार निरंकुश ढंग से अनर्गल प्रलाप करता रहे, बल्कि अबाध स्वतन्त्रता के बावजूद वह अपने गद्य को विशेष दिशा में रोचक तथा आकर्षक भाषा में 'फ्री एशोसिएन ऑफ आइडियाज' या विचार सम्बद्ध साहचर्य प्रक्रिया अपनाते हुए अपनी वैचारिक उड़ान को कल्पना के सहारे किसी सार्थक दिशा में अग्रसर करता जाय। आचार्य शुक्ल ने अपने निबन्धों के संग्रह 'चिन्तामणि' में इसी प्रक्रिया का अनुसरण किया है। जिस पर हम आगे विचार करेंगे।

मेरी दृष्टि में हिन्दी के पहले तथा सबसे महत्त्वपूर्ण निबन्धकार चन्द्रधर शर्मा गुलेरी थे। 1900 ई. में चिन्तामणि घोष ने हिन्दी की सर्वाधिक चर्चित पत्रिका 'सरस्वती' की शुरुआत की और उसी वर्ष माधवप्रसाद मिश्र ने 'सुदर्शन' नाम की पत्रिका निकाली तो दूसरी ओर गुलेरी जी ने 'समालोचक' नाम की पत्रिका की शुरुआत की जिसका पहला अंक अगस्त 1902 में प्रकाशित हुआ। उसके अंकों में (1902 से लेकर 1907 तक) हम गुलेरी जी की निबन्ध लेखन प्रतिभा का अवलोकन कर सकते हैं। शुक्ल जी के अनुसार "उस पत्रिका के माध्यम से

गुलेरी जी एक अनूठी निबन्ध शैली लेकर साहित्य क्षेत्र में उतरे थे। ऐसा गम्भीर और पांडित्यपूर्ण हास्य जैसे उनके लेखों (निबन्धों) में रहता था, वैसा कहीं और देखने में न आया। गूढ़ शास्त्रीय विषयों तथा कथा-प्रसंगों की ओर विनोदपूर्ण संकेत करती हुई उनकी वाणी चलती थी। उनके व्याकरण जैसे रूखे विषयों के लेख भी मजाक से खाली नहीं रहते थे।''

तात्पर्य यह कि गुलेरी जी के निबन्धों की जड़ें दूर-दूर तक फैली हुई हैं। उनके निबन्धों को मुख्यत: तीन भागों में विभाजित किया जा सकता है। पहली श्रेणी में उनके वे ललित निबन्ध हैं जो अपने रूपगठन में उनकी कहानियों के निकट पड़ते हैं। ऐसे ही निबन्धों में 'मारेसि मोहि कुठाऊँ', 'कछुआधर्म', 'घंटाघर', 'आँख', 'धर्म संकट', 'खोज की खोज', 'लायलपुर के बछड़े', 'कस्तूरी मृग', 'पोथी पढ़ि-पढ़ि जगमुआ', 'हलवाई', 'श्रद्धा', 'होली की ढिठोली' व 'एप्रिल फूल', 'औरचारणों और भाटों का झगड़ा' आदि निबन्ध हैं, जिनसे ललित निबन्धों की वह परम्परा शुरू होती है जो आगे चलकर आचार्य हजारी प्रसाद द्विवेदी के ललित निबन्धो में अपने चमोत्कर्ष पर पहुँच जाती है।

दूसरी श्रेणी में पुरानी हिन्दी के निबन्ध हैं जो मनोवैज्ञानिक आधार पर हिन्दी भाषा के स्रोतों का अध्ययन करते हैं। इन निबन्धों का महत्त्व इस बात में है कि इनमें लेखक भाषा के समाजशास्त्रीय सन्दर्भों तथा उसके सांस्कृतिक पक्षों की छानबीन करता है।

गुलेरी जी के निबन्धों की तीसरी श्रेणी वह है जिसमें उन्होंने वैदिक, औपनिषदिक तथा पौराणिक आख्यानों का भाषिक अध्ययन करते हुए उनका पाठालोचन भी किया है। अपनी इन भाषिक व्याख्याओं को उन्होंने भाषा का 'कंकाल' बनाकर पंडिताऊ जड़ता का परिचय नहीं दिया है। मनु वैवस्यत, शुन: शेप की कहानी, 'महर्षि च्यवन का रामायण' तथा 'देवकुल' आदि ऐसे ही निबन्ध हैं।

गुलेरी जी आर्यसमाज के आलोचक तो हैं ही, उनके आक्रोश के शिकार प्राय: वे विद्वान भी होते हैं जो विदेशी सभ्यता तथा संस्कृति की धाक जमाने के लिए भारतीय इतिहास तथा परम्परा को विकृत करने का प्रयास करते हैं।

गुलेरी जी के निबन्धों के प्रिय विषयों में से एक पुरातत्व भी है। इनमें 'शैशुनाक मूर्तियाँ' शीर्षक निबन्ध बहुत महत्त्वपूर्ण है। गुलेरी जी को भारतीय संस्कृति, इतिहास तथा पुरातत्व आदि के विषय में अँग्रेज़ी विद्वानों की धारणाओं तथा स्थापनाओं पर विश्वास नहीं था।

गुलेरी जी ने अपने कुछ निबन्धों में अनेक पुराकथाओं का पुनर्विश्लेषण भी किया है जिनमें 'शुन:शेप की कहानी' महत्त्वपूर्ण है। शुन:शेप नामक राजपुत्र को

जिसे राजा हरिश्चन्द्र का पुत्र बताया गया है, बलि के लिए चुना जाता है और अन्त में बड़ी मुश्किल से बिचारे की रक्षा हुई थी। इस बारे में गुलेरी जी कहते हैं कि इससे ध्वनित होता है कि भारतवर्ष में काफी दिनों तक 'नरबलि' की प्रथा थी। 'इस कथा को पढ़कर यह अनुमान लगाना भूल है कि मनुष्य की बलि प्राय: होती थी। बलि करने वाले व्यक्ति का न मिलना आदि बातें इस घटना का निरालापन दिखाती हैं।' ऐसे निबन्धों में गुलेरी जी भारतीय परम्परा और संस्कृति की रक्षा करते हुए दिखाई देते हैं।

किन्तु 'कछुआधर्म' आदि निबन्धों में वे इन पर, इनमें से कुछ प्रवृत्तियों पर व्यंग्यबाण चलाते हुए भी दिखाई देते हैं।

गुलेरी जी के निबन्धों के प्रिय विषयों में से एक विषय 'पुरातत्व' भी था जिनमें उन्होंने प्राचीन शिला लेखों, मूर्तियों तथा सिक्कों का अध्ययन किया है। इस दृष्टि से 'शैशुनाक मूर्तियाँ' शीर्षक निबन्ध बहुत महत्त्वपूर्ण है। इसमें गुलेरीजी ने इन मूर्तियों का जिस तरह से वर्णन किया है, उससे ये मूर्तियाँ स्वयं हमारे सामने 'मूर्तिमान' हो जाती हैं। उनका यह खुर्दबीनी विश्लेषण अद्‍भुत है। मसलन एक जगह वे लिखते हैं, 'यह प्रतिमा बहुत ही सुन्दर है किन्तु इसका अगला भाग जितना अच्छा है पीछे और बगलों के भाग इतने रमणीय नहीं हैं। नीचे धोती की तरह एक ही वस्त्र पहनाया गया है। उसके सामने घनी-चुनावट में समेटकर लम्बी लाँग के रूप में नीचे गिराया गया है। नितम्ब पर एक मोरी है जिसमें होकर वस्त्र का एक छोर पीठ पर से टेढ़ा जाकर दाहिनी कुहनी पर बल खाकर नीचे की ओर गिरा है। ऊपर का भाग नंगा है। दाहिने हाथ में चँवर बड़ी अच्छी धज के साथ लिया हुआ है।' इस तरह वस्त्राभरण, आँख, नाक, मुँह आदि की बनावट के अध्ययन द्वारा गुलेरी जी ने बड़े तर्कपूर्ण ढंग से यह सिद्ध कर दिया है कि ये मूर्तियाँ शिशुनाक वंश से सम्बन्धित हैं।

इसी तरह गुलेरीजी ने कुछ सामान्यीकृत विशेषताओं के आधार पर मूर्तियों की अधूरी तथा प्राय: गलत पहचान करानेवाली प्रचलित पद्धति (जो उस समय के पाश्चात्य विद्वानों द्वारा अपनाई गयी स्वीकृत पद्धति थी) पर करारा प्रहार किया है। गुलेरी जी अच्छी तरह जानते थे कि ऐसी गलतियाँ पूरे इतिहास तथा संस्कृति को विकृत करके नितान्त असत्य अवधारणाओं को जन्म देती हैं। झूठी मूर्तियों के अध्ययन के पीछे उनका मुख्य उद्देश्य ऐसी भ्रामक धारणाओं का परिहार करना ही था।

भारतीय संस्कृति के समर्थक होते हुए भी गुलेरी जी अध्यात्मवाद तथा रूढ़ियों के विरोधी थे। उस सन्दर्भ में वे एक जगह लिखते हैं, 'उस विवाद ने कभी-कभी सनातन धर्म और सुधार के बीच विवाद का रूप धारण कर लिया

है। जैसे पठनीय व्याकरण वाले यह दुहाई दिया करते हैं कि '...अपर्णियं तु भवति यथा व्यासमेवास्तु' आदि कहकर नयी कल्पनाओं का मुँह बन्द कर दिया करते हैं...।''

काशी नागरी प्रचारिणी सभा द्वारा प्रकाशित गुलेरी ग्रन्थावली के पहले खंड में शोध तथा ललित निबन्धों की शैली में लिखे गये कुछ ऐसे दिलचस्प निबन्ध भी हैं जो हिन्दी में निबन्धलेखन की एक नयी शैली का सूत्रपात तो करते ही हैं, किवदन्तियों तथा निजंधरी कथाओं का भी अद्‌भुत रचनात्मक उपयोग करते हैं। ऐसे ही निबन्धों में से एक निबन्ध है, 'राजाओं की नीयत से बरकत उनका कमाई के लिए मूर्तियाँ पधारना।' लेख में कहा गया है कि जब राजा की नीयत खराब होती है तो राज्य की पैदावार कम हो जाती है, और यदि राजा की नीयत ठीक रहती है तो राज्य की पैदावार बढ़ जाती है। आगे वे कौटिल्य को उद्‌घृत करते हुए लिखते हैं कि धन कमाने का एक करिश्माई तरीका यह था कि रात ही रात में कहीं देवमन्दिर या चितास्तूप या सिद्धस्थान पर कोई अद्‌भुत घटना खड़ी करके वहाँ यात्रियों की भीड़ बढ़ा दी जाती थी और उस स्थान पर चढ़ावे की रकम से खूब कमाई की जाती है (जो अकसर आज भी होता है)। इसी प्रकार गुलेरी जी ने पाखंडियों को भी खूब आड़े हाथों लिया है। इसी का एक उदाहरण देते हुए उन्होंने एक जगह लिखा है, 'कहते हैं कि जयपुर में महाराजा रामसिंहजी के समय में एक गुसाई जी आये थे जिनके ठाकुर जी 'शयन आरती के समय पर्दे के पीछे नृत्य करते थे। श्रद्धालुओं की खूब भीड़ जमा होने लगी। एक दिन स्वयं महाराज वहाँ पहुँच गये और जब नुपूरों की ध्वनि हो रही थी तो उन्होंने परदा हटा दिया। क्या देखते हैं कि चूहों के पैरों में मंजीरे बँधे हुए हैं और वे प्रसाद के लोभ में इधर-उधर दौड़ते हुए यह 'रासलीला' कर रहे हैं।'

गुलेरी जी के निबन्धों का मूल्यांकन ऐसे छिटपुट उद्धरणों से नहीं हो सकता। उनमें ज्ञान की विविध सरणियों को ग्रहण कर एक निजी भावबोध निर्मित करने की ऐसी क्षमता थी जिसकी स्वतन्त्र विवेचना की आवश्यकता है। अपनी समग्रता में गुलेरी जी के निबन्धों ने अतीत के अध्ययन के लिए एक नयी 'इतिहास दृष्टि' दी थी, जिसकी ओर सम्भवत: अभी तक किसी का ध्यान नहीं गया है।

रामचन्द्र शुक्ल के निबन्ध

वैसे तो आचार्य रामचन्द्र शुक्ल का अधिकांश समीक्षात्मक लेखन उनके निबन्धों में ही सिमटा हुआ है या फिर उनके आधार ग्रन्थ 'हिन्दी साहित्य का इतिहास' में। 'कविता क्या है', 'काव्य में रहस्यवाद' आदि उनके विख्यात समीक्षात्मक निबन्ध हैं। भूमिकाओं के रूप में उनके लिखे गये निबन्ध 'त्रिवेणी' में संग्रहीत

हैं जिसमें सूर, तुलसी तथा जायसी पर लिखे गये उनके विस्तृत निबन्ध संग्रहीत हैं। किन्तु ये सब शुद्ध समीक्षात्मक निबन्ध हैं। हम विभिन्न समीक्षकों के ऐसे निबन्धों पर ऊपर अलग से विचार कर आये हैं और यहाँ 'निबन्ध' शीर्षक अध्याय में मैंने समीक्षात्मक निबन्धों को भरसक नहीं रखा है, इसलिए भी कि फिर पुनरावृत्ति की आशंका बढ़ जाती है और इसलिए भी कि हम देख आये हैं कि निबन्ध लेखन की परम्परा का समीक्षात्मक निबन्धों से पृथक विकास हुआ है। आगे भी हम ध्यान रखने की कोशिश करेंगे कि इन दोनों के बीच जो विभाजन रेखा है, वह मिट न जाय। यह बार-बार दुहराने की जरूरत नहीं है कि 'निबन्ध' परिभाषा के अन्तर्गत आनेवाले लेखन में जो कल्पना की स्वच्छन्द उड़ान की सुविधा होती है, वह सुविधा समीक्षात्मक निबन्धों को प्राप्त नहीं होती। अत: दोनों के बीच विभाजन की रेखा बहुत स्पष्ट है। हिन्दी गद्य साहित्य पर विचार करनेवाले कुछ अन्य लेखकों ने इस विभाजन रेखा को ध्यान में नहीं रखा है। इसलिए काफी कुछ घालमेल हुआ है।

शुक्ल जी के अधिकांश निबन्ध तीन भागों में प्रकाशित उनकी 'चिन्तामणि' शीर्षक पुस्तक में संग्रहीत हैं। इनमें अनेक तो साहित्यिक तथा समीक्षात्मक हैं, किन्तु प्राय: एक दर्जन निबन्ध आत्मव्यंजक निबन्धों की श्रेणी में आते हैं और जिनका सम्बन्ध मनोविज्ञान से है। ये निबन्ध भावपरक हैं और उनका सम्बन्ध चित्त की विभिन्न प्रवृत्तियों से है। उनमें शुक्ल जी के सूक्ष्म हास्य बोध का भी पता चलता है, 'ईर्ष्या' नामक निबन्ध में उन्होंने लिखा है कि ईर्ष्या क्रोध का अचार या मुरब्बा है। और यह भी कि "ईर्ष्या सामाजिक जीवन की कृत्रिमता से उत्पन्न एक विष है।" यह एक गहरी मनोवैज्ञानिक उक्ति तो है ही, इससे यह भी पता चलता है कि ईर्ष्या कुछ अन्य मूल प्रवृत्तियों की तरह स्वाभाविक मनोवृत्ति नहीं है, बल्कि सभ्यता के विकास के साथ विकसित होनेवाली एक ऐसी कृत्रिम मनोवृत्ति है जो हमारे सामाजिक जीवन में विष घोल देती है। इसी प्रकार उत्साह में वे कहते हैं "साहसपूर्ण आनन्द की उमंग का नाम उत्साह है।" ऐसे निबन्धों में मनोविकारों के माध्यम से मानव व्यवहार का अध्ययन किया गया है। इसमें व्यवहार जगत को अन्तर्जगत से सम्बन्धित दिखाया गया है, यानी दोनों में अटूट रिश्ता है यानी जो लेखक यह कहकर किसी कृति या कृतियों पर टिप्पणी करते हैं कि फलाँ रचना का सम्बन्ध 'अन्तर्जगत' से है और फलाँ रचना का सम्बन्ध बहिर्जगत से है, वे दोनों के बीच इस अटूट अन्त:सूत्रता को समझ नहीं पाते।

इसी तरह शुक्ल जी ने लज्जा, करुणा, घृणा और क्रोध आदि मनोवृत्तियों का विश्लेषण करते हुए उन्हें व्यवहार जगत तथा सामाजिक जगत से जोड़ा है। 'श्रद्धा और भक्ति' निबन्ध में उन्होंने ढोंग और 'पाखंड' की भी पोल खोली

है। गेरुआ वस्त्र पहनकर धर्म का डंका पीटने वाले और देश हितैषिता का लम्बा चोगा पहने, देशोद्धार की पुकार करने वाले लोगों को भी उन्होंने लताड़ लगाई है। इसी प्रकार 'करुणा' निबन्ध में वे लिखते हैं कि 'मनोवेग वर्जित सदाचार दम्भ या झूठी कवायद है।' और जो लोग भीतर से दम्भी और संकोच रहित होने पर भी संकोची होने का अभिनय करते हैं, उन्हें शुक्ल जी ढोंगी मानते हैं। ईर्ष्या का मानसिक पक्ष बताने के बाद वे उसके सामाजिक पक्ष पर भी विचार करते हुए लिखते हैं, 'जिस समाज में छोटाई-बड़ाई का अभियान जड़ जमाकर बैठा हो, उसके भिन्न-भिन्न वर्गों में स्थायी ईर्ष्या स्थापित हो जाती है।' यहाँ शुक्ल जी यह नहीं बताते कि यह छोटाई-बड़ाई का अभिमान वर्ण-व्यवस्था के कारण आता है किन्तु अनजाने ही वे जो कह जाते हैं उससे स्पष्ट हो जाता है कि सवर्णों में सवर्ण होने का अभिमान होता है, इसीलिए दलित वर्ग के लोगों में इसी कारण सवर्णों के प्रति ईर्ष्या की भावना घर कर जाती है। 'क्रोध' को त्याग देने का उपदेश हम हमेशा से सुनते आये हैं, किन्तु शुक्ल जी ने उसके विधेयात्मक पक्षों पर भी विचार किया है। किसी अबला या स्त्री पर, दुर्बल या गरीब व्यक्ति पर अत्याचार होते देख क्रोध आना स्वाभाविक ही नहीं, वांछनीय भी है और उसका प्रतिकार या प्रतिरोध न करना दुर्बलता और संवेदनशून्यता का द्योतक होता है। अनेक मनोवृत्तियाँ जिन्हें उपदेशकों ने दूर करने का जो उपदेश दिया है उसे शुक्ल जी पाखंड मानते हैं जैसे क्रोध जैसी मनोवृत्ति को सर्वथा दूर करने का उपदेश। इसके अतिरिक्त अनेक मनोवृत्तियाँ मूलप्रवृत्तियों के रूप में होती हैं। उनका निषेध करना या अवदमन करना अस्वाभाविक ही नहीं है बल्कि अनेक विकृतियाँ जन्म लेती हैं जिनसे स्माज में अनेक अपराध भी जन्म लेते हैं। यद्यपि शुक्ल जी ने उनके उस पक्ष पर विचार नहीं किया है किन्तु उनके संकेत इस ओर जरूर आते हैं।

शुक्ल जी द्वारा मनोवृत्तियों के इस विश्लेषण को डॉ. रामविलास शर्मा ने हर जगह पाश्चात्य विचारों या मनोवैज्ञानिकों के प्रतिपक्ष में रखकर विचार किया है जो उचित नहीं है। शुक्ल जी का यह विश्लेषण पूर्णत: पश्चिम विमुख नहीं है और न हो सकता है। हर जगह नितान्त मौलिक होने का दावा कोई झूठा व्यक्ति ही कर सकता है। रामविलास शर्मा का शुक्ल जी को माध्यम बनाकर पश्चिम का नितान्त बहिष्कार घूम-फिरकर भारतीयता की ओर ही मुड़ जाता है जो उनके मार्क्सवादी होने पर ही प्रश्नचिह्न खड़ा कर देता है। मार्क्सवाद कहाँ से आया था? कहीं रामविलास जी भारत में ही मार्क्सवाद का उत्स प्रमाणित करने के लिए ही तो अन्त में ऋग्वेद का विवेचन नहीं करने लगे थे?

इसी तरह शुक्ल जी मानते हैं कि कल्पना का आधार इन्द्रियबोध है। शुद्ध

कल्पना जैसी कोई चीज नहीं होती। इस पर रामविलास जी की टिप्पणी है कि पश्चिम में कॉलरिज जैसे विचारकों ने कल्पना को शुद्ध तथा शाश्वत माना है जो विचार का विषय है किन्तु रामविलास जी भी मानते हैं कि शुक्ल जी के कल्पना सम्बन्धी विचार कल्पना सिद्धान्त के प्रथम संस्थापक पश्चिमी विचारक एडीसन के बहुत निकट हैं जिसका कल्पना सिद्धान्त 'लॉक' के वस्तुवाद पर आधारित है। वस्तुवाद, वस्तुपरक होता है, आत्मपरक नहीं। किन्तु यहाँ भी रामविलास जी का कहना है कि एडीसन भी यह नहीं बता पाता कि काव्य के लिए कल्पना क्यों आवश्यक है? इसका उत्तर वे देते हैं यह इसलिए कि एडीसन के पास 'रसवाद' नहीं था। फिर वही कल्पना सिद्धान्त को भी भारतीय रसवाद से जोड़ने की कोशिश? रामविलास जी शुक्लजी के निबन्धों को प्रगतिशील बनाने पर भी तुले हैं। यह शुक्ल जी के निबन्धों का विरोधाभास जरूर है और स्वयं उनकी प्रगतिशीलता पर प्रश्नचिह्न लगा देता है।

कहने का तात्पर्य यह कि शुक्ल जी के निबन्धों को पश्चिम विरोधी आदि न मानकर देखा जाय तो उनका अकादमिक अर्थ में कोई मनोवैज्ञानिक आधार तो नहीं है, किन्तु वे ऐसे मनोविश्लेषण (मनोविश्लेषणशास्त्र नहीं) पर आधारित हैं जिनका आधार इन्द्रियों, संवेदना, संवेग तथा स्थायीभाव तो है ही, एक विस्तृत सामाजिक आधार भी है और इन दोनों के बीच उन्होंने जो विरल सन्तुलन स्थापित किया है, वही उनकी सबसे बड़ी विशेषता तथा उपलब्धि है।

आचार्य हजारी प्रसाद द्विवेदी के निबन्ध

आचार्य हजारी प्रसाद द्विवेदी निर्विवाद रूप से हिन्दी के सर्वश्रेष्ठ ललित निबन्ध लेखक हैं। उन्होंने हिन्दी में सर्वथा नूतन निबन्ध शैली का सूत्रपात किया। विषय-वस्तु की दृष्टि से भी उन्होंने अपने निबन्धों के लिए अद्भुत विषय चुने। 'अशोक के फूल', 'नाखून क्यों बढ़ते हैं', 'बसन्त आ गया है', 'देवदारू कुटज' और 'घर जोड़ने की माया' जैसे अनोखे विषय चुनकर उन्होंने यद्यपि गम्भीर संस्कृति चिन्तन किया है, किन्तु उनके ऐसे निबन्धों में लालित्य का ऐसा सरस प्रवाह है कि उन्हें रचनात्मक साहित्य की कोटि में रखना ही अधिक उपयुक्त प्रतीत होता है। 'अशोक के फूल' (1948), 'कल्पलता' (1951), 'कुटज' (1964) और 'आलोक पर्व' (1972) आदि उनके विख्यात निबन्ध संग्रह हैं।

अपने ललित निबन्धों में द्विवेदी जी बौद्धिक बोझ से बचना चाहते हैं और उनमें जगह-जगह कल्पना तथा अनुभूति का संचार करते चलते हैं। किन्तु उनकी कल्पना की उड़ान एक निराले सत्य का उद्घाटन करती चलती है। इस मामले में उनके निबन्ध आचार्य रामचन्द्र शुक्ल के निबन्धों से सर्वथा भिन्न हैं। उनमें

शुक्ल जी वाली गम्भीर बौद्धिक विश्लेषणात्मकता नहीं है, बल्कि बीच-बीच में हास्य तथा विनोद के फौव्वारे छूटते चलते हैं। उनके निबन्धों में मुक्त चिन्तन की प्रक्रिया कल्पना के पंखों पर उड़ती चलती है। कृष्ण बिहारी मिश्र ने उनके निबन्धों के बारे में ठीक ही लिखा है कि जैसे वीणा का एक तार छूते ही मानो सारे तार झंकृत हो उठते हैं, वैसे ही उनकी कलम से एक बात के बाद दूसरी बात स्वत: फूटती चली जाती है तथा कल्पनात्मक चिन्तन की एक लड़ी-सी बन जाती है। इस मनका के मोती अपने झिलमिलाते रूप में अनेक जीवन उद्भावनाएँ सँजोए रहते हैं। यद्यपि वे भावोद्गार के रूप में ही व्यक्त होते हैं किन्तु उनसे एक ऐसा विचार-सूत्र भी बनता चलता है जो अन्तिम निष्कर्ष में एक नया जीवन दर्शन दे जाता है।

कभी द्विवेदी जी ने 'कालिदास की लालित्य योजना' पर एक पुस्तक लिखी थी। लालित्य उनका प्रिय विषय रहा है, उन्होंने उसकी बहुत विस्तृत और व्यापक व्याख्याएँ की हैं। इसी दृष्टि से कालिदास तथा बाणभट्ट उनके प्रिय रचनाकार हैं। अपने निबन्धों में जब भी उनका मन अतीत में जाकर उमड़ने-घुमड़ने लगता है तो वह कालिदास और फिर बाणभट्ट पर जाकर टिकता है। यद्यपि दोनों के ऐतिहासिक काल में बहुत बड़ा अन्तर है लेकिन दोनों में जो सामान्य तत्त्व द्विवेदी जी को दीखता है, वह उनका लालित्यबोध ही है। कालिदास तथा बाणभट्ट का रचनालोक उन्हें आविष्ट कर लेता है। उन्हें उज्जयिनी के गवाक्षों से झाँकती सुन्दरियों के चेहरे दिखाई पड़ते हैं। उज्जयिनी के राजमार्गों पर पवनवेग से भागते रथों के घोड़ों की टाप सुनाई पड़ती है। मेघदूत के मार्ग में पड़ने वाले भारत का मानचित्र उनके सामने दृश्यमान हो जाता है तथा 'मानदंड' बना नगपति हिमालय के उत्तुंग धवल शिखर जगमगाते हुए सम्मुख आ जाते हैं। गुप्तकाल का स्वर्णयुग उन्हें लुभाता है। किन्तु अचानक वे मानो किसी मोहनिद्रा से जाग जाते हैं और आज की सामाजिक व्यवस्था की अवनति उन्हें विचार करने के लिए बाध्य करती है। वे अतीत की ओर अपने मोहग्रस्त आकर्षण को वर्तमान से पलायन की मनोवृत्ति मानते हैं, "सामने अभेद्य अज्ञान का दुर्ग है, चारों ओर लूटमार, अत्याचार तबाही मची हुई है और तुम गुप्तकाल की वीथियों में विचरण कर रहे हो?" उन्हें गुप्तकाल सामन्तयुग का प्रतीक लगने लगता है। वे अचानक भौतिक जगत की क्रूर सच्चाइयों में उतर आते हैं और लिखते हैं कि 'लोग कहते हैं कि इस जगत से परे कोई और ब्रह्मलोक है जो शाश्वत और सनातन है, किन्तु मैं कहता हूँ कि मनुष्य से बड़ा कोई 'सत्य' नहीं है। मनुष्य ही सबसे बड़ा सच है। उसकी दुर्दमनीय जिजीविषा ही शाश्वत और सनातन है। मनुष्य की भूख में ही मनुष्यता है।' द्विवेदी जी मानवतावादी नहीं, मानववादी हैं। वह मानव जो उनके गाँव के

खेतों की पगडंडियों पर नंगे पाँव, नंगे सिर चिलचिलाती धूप में भी चलता जा रहा है, अविराम। वह भूखा है, प्यासा है, दीन-हीन दुर्बल है, किन्तु उसके भीतर अदम्य जिजीविषा है। यही मनुष्य द्विवेदी जी को उज्जयिनी की अतीत वीथियों से खींचकर गाँव की पगडंडियों पर ला पटकता है—वह उनकी आँख से कभी ओझल नहीं होता। द्विवेदी जी के निबन्धों में ओर-छोर मिलानेवाली यह एकतानता है। अपने आकर्षण के इन दो ध्रुवों से वे लगातार जूझते हैं और अपने लेखन पर ही उन्हें सन्देह होने लगता है, 'क्या कला गरीबों के लिए भी हो सकती है? समाजवाद गरीबों के लिए है या गरीबों को ध्वस्त करने के लिए। वह जो चिथड़ों में लिपटी हुई बुढ़िया कराहती हुई हाथ में तेल किट्ट वलुप शीशी लिए हुए नगर के चिकित्सालय के लिए भागी जा रही है, क्या कला उसके लिए कुछ कर सकती है?' मारिये गोली ऐसी कला को।''...जब दिल भारी हो और दिमाग खाली तो ऐसे में शास्त्र चर्चा अच्छी नहीं लगती।...कभी अचानक द्विवेदी जी के निबन्ध में हींग बेचनेवाला एक बलिष्ठ पठान आ जाता है जिसे हिन्दू, मुसलमान मानते हैं। किन्तु क्या यह वही पठान नहीं है जो पाणिनी और भाषक का वंशज है जिनके व्याकरण सम्भत भाषा से हिन्दू धर्मशास्त्रों, वेदों और उपनिषदों की भाषा का निर्माण हुआ है? इन्हीं के पुरखों ने वेदों का सम्पादन किया है। वह पठान हिन्दू है या मुसलमान? क्या यह प्रश्न हमारे लिए कोई महत्त्व रखता है? ऐसे बहुत सारे प्रश्न द्विवेदी जी को भारतीय संस्कृति पर पुनर्विचार करने के लिए विवश करते हैं और फिर इस अवनति पर भी कि 'कालिदास की बिहार भूमि' में आज ऐसी सभ्यता (या बर्बरता) का तांडव हो रहा है, जो चित्त को मथे बिना नहीं रह सकता। फिर भी भरोसा है कि वह रक्त बचा तो है...लेकिन मैं दूसरी बात सोच रहा हूँ। कहते हैं 'फलेन परिचीयते वृक्ष यानि दरख्त की पहचान फल से होती है। आज हिन्दुओं की जो दुरवस्था है, वह है उसकी बहुविघोषित सभ्यता का परिणाम। कैसे कहूँ कि वह अच्छी थी जबकि उसका परिणाम बुरा नजर आ रहा है।' यहीं द्विवेदी जी भारतीय सभ्यता और संस्कृति का बखान करनेवाले दूसरे चिन्तकों से अलग हो जाते हैं। और यह काम वे अपने निबन्धों के माध्यम से करते हैं। द्विवेदी जी मानो काल के प्रवाह के मँझधार में खड़े हैं। एक ओर वह विकास की विडम्बनाओं और विषमताओं को देख रहे हैं और दूसरी ओर अपने बहुघोषित स्वर्णिम अतीत के प्रति उनके मन में शंका उठने लगती है कि क्या हमारा अतीत कभी ऐसा था भी? या वह केवल हमारे दिवास्वप्नों में गढ़ा हुआ अतीत है? इन दिवास्वप्नों में उनका अपना दिवास्वप्न भी है जो उन्हें बार-बार खींचकर ले जाता है और वे मान बैठे हैं कि वह जरूर स्वर्णिम अतीत रहा होगा? द्विवेदी जी के निबन्धों की ये शंकाएँ, प्रश्न और जिज्ञासाएँ ही उन्हें जीवन्त तथा

महत्त्वपूर्ण बनाती हैं जहाँ वे ब्राह्मण होकर भी ब्राह्मण नहीं रह जाते, हिन्दू होकर भी केवल हिन्दू नहीं रह जाते। वे एक विश्वमानव बन जाते हैं जो गुरुदेव रवीन्द्रनाथ ठाकुर का भी स्वप्न था।

द्विवेदी जी जहाँ भी अति या अतिवाद देखते हैं, वे उसका निषेध करते हैं। कभी-कभी उन्हें अपने निरन्तर निषेध पर भी शंका होने लगती है और वे अपने पर ही झुँझलाकर अपने को एनारकिस्ट (नकारवादी) मानने लगते हैं। दरअसल, वे कहीं प्रतिबद्ध नहीं हैं। वास्तविक चिन्तक कहीं बँधा हुआ नहीं होता तभी वह उन्मुक्त होकर चिन्तन कर सकता है। यहाँ भी द्विवेदी जी सभी चिन्तकों से पृथक हो जाते हैं। उनका चिन्तन निर्बाध तथा अबाध जाति से प्रवाहित होता रहता है। इसे ही विचार प्रवाह कहते हैं।

अपने निबन्धों में वे कहीं भी उग्र नहीं होते। वो किसका विरोध कर रहे हैं? किसका प्रतिकार कर रहे हैं? किसकी स्थापनाओं का खंडन कर रहे हैं? किस पर हँस रहे हैं? किस पर व्यंग्य कर रहे हैं? समझनेवाला ही यह समझ पाता है वरना कुछ लोग उन्हें ढुलमुल विचारोंवाला विचारक मान लेते हैं। किन्तु व्यंग्य की भी उनकी अपनी परिभाषा है। वे कहते हैं, 'व्यंग्य वह है जहाँ कहनेवाला अधरोष्ठों में हँस रहा हो और सुनने वाला तिलमिला उठा हो और उसका जवाब देना उसे और भी उपहास्यास्पद बना देता हो।'

और विनोदभाव तो उनके निबन्धों को कभी अति गम्भीर या बोझिल होने नहीं देता। वे कह सकते हैं कि 'कचनार का फूल इसलिए मुझे बहुत पसन्द है कि इसकी पकौड़ियाँ भी बन सकती हैं। अति गम्भीरता के वो परमविरोधी हैं वे उसका इस सीमा तक उपहास कर सकते हैं कि संसार का सबसे मनहूस और तर्कशील प्राणी वनमानुष होता है।'

वृक्षों, फूलों और पत्तियों के माध्यम से किसी संस्कृति विशेष का ऐसा अपूर्व विश्लेषण हो सकता है, यह द्विवेदी जी के निबन्धों को पढ़कर ही जाना जा सकता है। तरंगायित पत्तों वाले अशोक वृक्ष में फूल सुन्दरियों के मृदुचरणों के आघात से ही खिलते हैं। इस वाक्य से यह जाहिर होता है कि अशोक वृक्ष के तले भी कोई उत्सव मनाया जाता होगा। और फिर वे उस उत्सव के उत्साह में जाते हुए एक कालखंड विशेष की सभ्यता, संस्कृति, आचार-विचार, आहार-विहार, रस्मों रिवाज का ऐसा विश्लेषण कर डालते हैं कि पढ़नेवाला चकित और विमूढ़ होकर द्विवेदी जी के शब्दों के जादू में फँसा हुआ प्रायः उस युग में स्थानान्तरित कर दिया जाता है।

'अशोक के फूल' में यदि भारतीय संस्कृति के अतीत में जाकर उसकी विवेचना की गयी है तो 'देवदारु' निबन्ध में वर्तमान की सभ्यता समीक्षा है।

वर्तमान की चूहा-दौड़ में न शामिल होकर जो अडिग और अविचलित अपने स्थान पर देवदारु की तरह अड़ा रहता है, वही मनुष्य कहलाने का अधिकारी है। द्विवेदी जी लिखते हैं, 'देवदारु के बारम्बार प्रकम्पित होने में एक प्रकार की मस्ती अवश्य है। युग-युगान्तर की संचित अनुभूति ने ही मानो यह मस्ती प्रदान की है। जमाना बदलता रहता है, अनेक वृक्षों, लताओं ने वातावरण से समझौता कर लिया है, कितने ही मैदानों में जा बसे हैं और अच्छी प्रतिष्ठा प्राप्त कर ली है, किन्तु देवदारु है कि नीचे ही नहीं उतरा, समझौते के रास्ते नहीं गया और अपनी खानदानी चाल नहीं छोड़ी। झूमता है तो ऐसे मुस्कुराता हुआ, मानो कह रहा है मैं सब जानता हूँ, सब समझता हूँ, तुम्हारे करिश्मे मुझे मालूम हैं, मुझसे क्या छिपा सकते हो...हजारों वर्षों के उतार-चढ़ाव का ऐसा साक्षी दुर्लभ है।' द्विवेदी जी की इन पंक्तियों में आज की मूल्यहीन, मानहीन सभ्यता पर निर्मम प्रहार तो है ही, किन्तु साथ ही एक मार्मिक वेदना भी है कि आज जो अविचलित अडिग तथा दृढ़ संकल्प है, वह अपनी भौगोलिक स्थिति में ऊँचा तो बना हुआ है, किन्तु अपनी इस ऊँचाई पर वह निपट अकेला है और देख रहा है, लोग क्या से क्या हुए जा रहे हैं। रसातल की ओर जा रहे हैं और उसे ही सफलता का शिखर मानकर मन-मुदित हैं।

किन्तु द्विवेदी जी की आस्था देवदारु में है। अतीत के आकाश में विचरण करने के बाद भी उनके पाँव धरती पर ही अडिग तथा अविचलित हैं। वे लिखते हैं, 'स्वर्गीय वस्तुएँ भी 'धरती' से मिलकर ही मनोहर होती हैं।'

महादेवी वर्मा (1907-1987)

आचार्य हजारीप्रसाद द्विवेदी के बाद यदि किसी निबन्धकार में हिन्दी का अत्यन्त प्रौढ़ तथा प्रांजल गद्य प्राप्त होता है तो वे महादेवी वर्मा के निबन्ध हैं। द्विवेदी जी की भाँति ही वे मूलतः संस्कृति चिन्तक हैं, किन्तु उनका प्राथमिक उद्देश्य है रूढियों से चली आ रही भारतीय स्त्री को पाँवों में पड़ी बेड़ियों से मुक्त करना। इस दृष्टि से उनका प्रतिनिधि निबन्ध संग्रह 'शृंखला की कड़ियाँ' देखा जा सकता है। उनके निबन्धों में विचारात्मक भावात्मकता है। वे विचार और भावना के सीमान्त पर स्थित हैं। नारी मुक्ति उनका प्रमुख उद्देश्य है—उनके निबन्ध संग्रह हैं—'महादेवी का विचारात्मक गद्य', 'शृंखला की कड़ियाँ' (1942), 'क्षण दा' (1957), 'साहित्यकार की आस्था तथा अन्य निबन्ध' (1964), 'भारतीय संस्कृति के स्वर' (1984) आदि। महादेवी वर्मा के निबन्धों में भारतीय नारी की गौरव, गरिमा के साथ ही उसकी दीन दयनीय दुर्दशा का प्रतिकार करते हुए एक दीप्त तथा दृढ़ आह्वान का स्वर सुनाई पड़ता है।

महाराजकुमार रघुवीर सिंह

एक जमाने में इनके भारतीय इतिहास से सम्बन्धित निबन्ध अत्यन्त चर्चित हुए थे। 'जीवनकण', 'जीवन धूलि', 'बिखरे फूल', 'सप्रदीप तथा शेष स्मृतियाँ' आदि उनके प्रमुख निबन्ध संग्रह हैं।

रामधारी सिंह दिनकर (1908-1974)

प्रसिद्ध उत्तरछायावादी कवि दिनकर के कई विचारात्मक निबन्ध संग्रह हैं। 'मिट्टी की ओर' (1946), 'अर्द्धनारीश्वर' (1952), 'रेती के फूल' (1954), 'हमारी सांस्कृतिक एकता' (1956), 'धर्म, नैतिकता और विज्ञान' (1959), 'वेणुवन (1958), 'उजली आग' (1956), 'राष्ट्रभाषा और राष्ट्रीय एकता' (1958) और 'आधुनिकता बोध' (1975) आदि उनकी प्रमुख गद्य कृतियाँ हैं। दिनकर जी के निबन्धों पर पुनर्जागरण कालीन समाज सुधारकों का प्रभाव था और उनके निबन्धों की भाषा उनके काव्य की ही भाँति ओजस्वी और लालित्यपूर्ण थी। बाद में नेहरू के विचारों की छाप उनके ऊपर स्पष्ट रूप से दिखाई पड़ती है।

सच्चिदानन्द हीरानन्द वात्स्यापन अज्ञेय (1911-1987)

पहले ही देखा जा चुका है कि अज्ञेय जी कवि और कथाकार होने के अतिरिक्त अत्यन्त गम्भीर चिन्तक भी थे। उनके विचार 'वाद' से परे तो थे, किन्तु विवाद से परे नहीं थे। इसका कारण यह था कि वे समीक्षा में ही नहीं, समीक्षा से इतर लिखे गये अपने निबन्धों में भी ऐसी स्थापनाएँ करते चलते हैं जो केवल अत्यन्त निजी ही नहीं होतीं, बल्कि स्पष्टतः एक विशेष प्रतिद्वन्द्वी को सामने रखकर व्यक्त की गयी होती हैं। उनके सर्वोत्तम निबन्ध वे हैं जिनमें सामान्य धारणा के विपरीत उनकी अद्भुत विनोदवृत्ति अत्यन्त मुखर होकर व्यक्ति हुई है। इस दृष्टि से उनका प्रतिनिधि निबन्ध संग्रह 'सबरंग' (1956) है जो एक छद्मनाम कुट्टिचातन नाम से प्रकाशित हुआ था। उसके अतिरिक्त 'आत्मनेपद' (1960), 'आलबाल' (1971), 'लिखि कागद कोरे' (1978), 'धार और किनारे' (1982), 'युगसंधियों पर' (1982), 'छाया का जंगल' (1984) और 'स्मृतिछन्दा' आदि उनके निबन्ध संग्रह हैं। अज्ञेय जी के निबन्धों का दायरा बहुत व्यापक है। उन्होंने साहित्य, भाषा, संस्कृति, परम्परा, आधुनिकता, लोकतन्त्र धर्मनिरपेक्षता भारतीयता आदि सभी विषयों पर अपने विचार व्यक्त किये हैं। वे अत्यन्त मौलिक ही नहीं, उनके व्यक्तित्व की गहरी छाप लिये हुए हैं। वे हमेशा इस बात का ध्यान रखते

हैं कि उनके विचार दूसरों से भिन्न और स्वतन्त्र हों। उनकी साहित्य समीक्षा तथा निबन्ध दोनों ही उनके इस स्वतन्त्रत 'चिन्तन' का विस्तार हैं।

हरिशंकर परसाई (1924–1995)

हरिशंकर परसाई अपने ढंग के अनोखे निबन्ध लेखक थे। वे हिन्दी के पहले ऐसे लेखक हैं जिन्होंने साहित्य के हाशिये पर पड़ी हुई व्यंग्य विधा को एक स्वतन्त्र तथा प्रमुख गद्य विधा के रूप में प्रतिष्ठित किया। दरअसल, व्यंग्य एक चुभता हुआ नश्तर तो है ही, वह एक ऐसी गहरी खुर्दबीनी दृष्टि है जो समाज की विसंगति, विडम्बना, विरोधाभास, अन्तर्विरोध, दम्भ, पाखंड का एकदम से पर्दाफाश कर देती है। इस पर्दाफाश करने के कौशल में ही व्यंग्यकार की प्रतिभा की असली पहचान होती है। परसाई न केवल इस कला में निष्णात हैं बल्कि हिन्दी के विरल व्यंग्यकार हैं। परसाई के निबन्धों की सबसे बड़ी विशेषता यह है कि उनको किसी विधा विशेष में नहीं बाँधा जा सकता। उनके निबन्ध अकसर कहानी की तरह प्रतीत होते हैं या फिर ललित निबन्धों की तरह। उनकी बड़ी रचनाएँ अकसर उपन्यास का-सा रूप धारण कर लेती हैं। व्यंग्य तो उनका स्थायी भाव है ही और वह इतना प्रखर होता है कि अपने निशाने पर खड़े व्यक्ति, संस्था या व्यवस्था को बींध कर रख देता है। परसाई जी की व्यंग्य कृतियाँ हैं— 'पगडंडियों का जमाना' (1966), 'जैसे उनके दिन फिरे' (1963), 'सदाचार का ताबीज' (1967), 'शिकायत मुझे भी है' (1970), 'विकलांग श्रद्धा का दौर' (1980), 'भूत के पाँव पीछे', 'बेईमानी की परत', 'सुनो भाई साधो' (1983), 'तुलसीदास चन्दन घिसे' (1980), 'कहत कबीर' (1987), 'हँसते हैं, रोते हैं', 'तब की बात और थी', 'ऐसा भी सोचा जाता है' (1993), 'पाखंड का आध्यात्म' (1998), 'आवारा भीड़ के खतरे' (1998) आदि। जैसाकि पहले कहा गया, व्यंग्य विधा को पहली बार परसाई जी ने गम्भीर तथा महत्त्वपूर्ण गद्य विधा के रूप में प्रतिष्ठित किया।

श्रीलाल शुक्ल (1925–2008)

यदि कोई दूसरा व्यंग्यकार परसाई जी के निकट पहुँचता हुआ दिखाई देता है तो वे हैं श्रीलाल शुक्ल (बाद में उपन्यासकार के रूप में प्रतिष्ठा अर्जित करने वाले कथाकार श्रीलाल शुक्ल की पहली पुस्तक 'अंगद के पाँव' (1958) उनकी व्यंग्यात्मक निबन्धों का ही संग्रह है।) इस पहली पुस्तक से ही पता चल गया था कि श्रीलाल शुक्ल में व्यंग्य करने की कैसी अद्भुत क्षमता है। उन्होंने एक

ऐसी मौलिक व्यंग्यभाषा निर्मित की थी, जिसमें हास्य और व्यंग्य दोनों का अद्‌भुत मिश्रण है। 'अंगद के पाँव' के बाद की उनकी निबन्ध पुस्तकें हैं—'यहाँ से वहाँ' (1970), 'मेरी श्रेष्ठ व्यंग्य रचनाएँ' (1979), 'कुछ जमीन पर, कुछ हवा में' (1993), 'आओ बैठ लें कुछ देर' (1995), 'अगली शताब्दी का शहर' (1996), 'खबरों की जुगाली' (2006)। परसाई जी की ही तरह उनके व्यंग्यात्मक निबन्ध बड़े महीन ढंग से मार करते हैं। उन्हें टूटते हुए मूल्यों की चिन्ता बहुत है किन्तु उनके निबन्धों में इस मूल्यहीन समाज पर ही सबसे अधिक चुटकियाँ ली गयी हैं।

नामवर सिंह (1927)

यह आश्चर्यजनक लग सकता है कि अत्यन्त प्रखर और गम्भीर प्रगतिशील समीक्षक के रूप में प्रतिष्ठा पाने वाले डॉ. नामवर सिंह की पहली पुस्तक 'बकलमखुद' (1951) थी जो यद्यपि ललित निबन्धों का संग्रह है किन्तु उसके निबन्धों में हास्य और व्यंग्य की कमी नहीं थी। बाद में लिखे गये उनके समीक्षात्मक लेखन में भी हास्य और व्यंग्य प्रचुरमात्रा में मौजूद है। यह विशेषता उनकी पुस्तक 'इतिहास और आलोचना', 'कहानी, नयी कहानी' तथा 'वाद-विवाद संवाद' के निबन्धों में भी मिलती है। उनके समीक्षात्मक निबन्ध भी शेर-ओ-शायरी के बड़े सटीक उद्धरणों से लबरेज होते हैं, इसीलिए उनके निबन्धों की भाषा की एक अपनी अनोखी छटा है।

विद्यानिवास मिश्र (1926-2005)

विद्यानिवास मिश्र आचार्य हजारी प्रसाद द्विवेदी की परम्परा में ललित निबन्ध लिखने वाले निबन्धकार हैं। किन्तु उनके निबन्धों पर द्विवेदी जी के निबन्धों का प्रभाव इस हद तक हावी है कि उनकी अनुकृति सी प्रतीत होने लगते हैं। इसीलिए उनका कोई अपना व्यक्तित्व नहीं बन पाता। उनके निबन्धों पर मिश्र जी की विद्वता की छाप जरूर होती है। उनमें भारतीय संस्कृति की छायाएँ झाँकती रहती हैं जिनमें वे मिट्टी की गन्ध लाने की कोशिश करते हैं। उनके निबन्ध संग्रह हैं—'छितवन की छाँह' (1953), 'हल्दी दूब' (1955), 'आँगने का पंछी और बनजारा मन' (1963), 'मेरे राम का मुकुट भीग रहा है' (1974), 'परम्परा बाँधना नहीं है' (1976), 'कँटीले तारों के आरपार' (1976), 'कौन फुलवाबीन निहारी' (1989), 'निजमुख मुकुट' (1981), 'भ्रमरसन्द के पत्र' (1981), 'तमिल के झरोखे से' (1981), 'अस्मिता के लिए' (1981), 'संचारिणी' (1985),

'नैस्तर्य की चुनौती' (1988), 'शेफाली झर रही है' (1989), 'भावपुरुष श्रीकृष्ण' (1990), 'क्षोहम' (1991), 'जीवन अलभ्य है जीवन सौभाग्य है' (1991), 'नदी नारी और संस्कृति' (1993), 'फागुन हुई दो दिना' (1994), 'भारतीय चिन्तनधारा' (1995), 'शिरीष की याद आयी' (1995), 'थोड़ी सी जगह दे' (2004) और 'कितने मोरचे' (2007) आदि।

मिश्र जी की परम्परा में अटूट आस्था है। वे भारतीय परम्परा को एक अविच्छन्न धारा मानते हैं जिसमें किसी दूसरी परम्परा के लिए जगह नहीं। वे इतिहास में विश्वास नहीं करते। उनकी दृष्टि में इतिहास परम्परा को ही नहीं, तथ्यों को भी तोड़-मरोड़ कर पेश करता है। मगर तब प्रश्न उठता है कि परम्परा और अतीत को जानने का साधन क्या है? क्या हम पुराणों को ही इतिहास मानें जैसा कि परम्परावादी मानते हैं? निश्चित रूप से ये प्रश्न विवाद के विषय रहे हैं। चिन्तकों तथा चिन्तन की ये दो धाराएँ आज भी समानान्तर रूप से उपस्थित हैं और उनके बीच वाद, विवाद, संवाद चलता रहता है।

विवेकी राय (1924)

विवेकी राय के ज्यादातर निबन्ध गाँवों पर केन्द्रित हैं, मुख्यतः स्वतन्त्रता के बाद के गाँव। इनके निबन्ध संग्रह हैं—'किसानों का देश' (1956), 'गाँवों की दुनिया' (1957), 'त्रिधारा' (1958), 'फिर बैतलवा डाल पर' (1962), 'जुलूस रुका है' (1977), 'गँवई गन्ध गुलाब' (1980), 'नया गाँव नाम' (1984), 'आम रास्ता नहीं है' (1988), 'आस्था और चिन्तन' (1991), 'जगत तपोवन सो कियो' (1995), 'वन तुलसी की गन्ध' (2002) और 'जीवन अज्ञात का गणित है' (2004)।

शिवप्रसाद सिंह

आचार्य हजारी प्रसाद द्विवेदी के निकटवर्ती शिष्य शिवप्रसाद सिंह उन्हीं की परम्परा और पद्धति के ललित निबन्ध लिखनेवाले निबन्धकार हैं। उनकी चिन्ता का मुख्य विषय मानवीय मूल्य हैं। उनके निबन्ध संग्रह हैं—'शिखरों के सेतु' (1962), 'कस्तूरी मृग' (1972), 'चतुर्दिक' (1972), 'मानसी गंगा' (1986), 'किस-किसको नमन करूँ' (1987), 'क्या कहूँ, कुछ कहा न जाय' (1995) और 'खालिस मौज में' (1998)।

केशवचन्द्र वर्मा (?)

इन्होंने भी व्यंग्यात्मक निबन्ध ही लिखे हैं। इनके निबन्ध संग्रह हैं—'मुर्गछाप हीरो', 'अफलातूनों का शहर (1974) और 'वृहन्नला का वक्तव्य' (1974)।

धर्मवीर भारती (1926–1997)

नयी कविता के प्रमुख हस्ताक्षर और कथाकार डॉ. धर्मवीर भारती अत्यन्त प्रखर निबन्धकार भी हैं। इनके अनेक निबन्धों में चुभता हुआ व्यंग्य है। उनका सबसे चर्चित निबन्ध संग्रह, 'ठेले पर हिमालय' है जिसमें हास्य, व्यंग्य सम्बन्धी निबन्धों के अलावा कुछ अत्यन्त भावप्रवण निबन्ध भी हैं जिन्हें भावुकतापूर्ण निषेध भी कहा जा सकता है। इनके अन्य निबन्ध संग्रह हैं, 'पश्यन्ती' (1969), 'कहनी-अनकहनी' (1970), 'कुछ चेहरे, कुछ चिन्तन' (1945) और 'शब्दिता' (1997)।

कुबेरनाथ राय (1935–1996)

ये भी हजारी प्रसाद द्विवेदी की परम्परा के ही निबन्धकार कहे जाएँगे। इन्होंने भी अपने निबन्धों में लालित्य रस का भरपूर उपयोग किया है। इनके प्रायः दो दर्जन निबन्ध संग्रह हैं, जिनमें प्रमुख हैं, 'प्रिया नीलकंठी' (1968), 'रस आखेटक' (1970), 'गंधमादन' (1972), 'कामधेनु' (1980), 'विषाद योग' (1973), 'मन पवन की नौका' (1982), 'किरात नदी में चन्द्रमधु' (1983), 'दृष्टि अभिसार' (1984), 'मराल' (1995), 'उत्तर कुरु' (1994), 'वाणी का क्षीर सागर' (1998), 'अन्धकार में अग्निशिखा' (1998) और 'आराम की नाव' (2002)। ये भी मुख्यतः संस्कृति पर विचार करने वाले निबन्धकार हैं और मानते हैं कि भारतीय संस्कृति के निर्माण में अनेक आर्य तथा आर्येत्तर जातियों का योगदान रहा है, यानी वह शुद्ध आर्य संस्कृति न होकर, कई जातियों तथा परम्पराओं की मिलीजुली संस्कृति है।

शरद जोशी (1931–1991)

शरद जोशी ने मुख्यतः व्यंग्य लिखा है। कई पत्र-पत्रिकाओं में लिखे गये अपने स्तम्भों के द्वारा उन्होंने काफी लोकप्रियता प्राप्त की थी। प्रायः व्यंग्यकारों को यह सुविधा प्राप्त होती है कि वे जहाँ चाहें, अपने व्यंग्यवाण चलाते रहें। राजनीति, नौकरशाही तथा उच्चवर्ग के सम्पन्न लोग उनके व्यंग्य के प्रिय विषय होते हैं।

कभी-कभी व्यंग्य लेखक अपने लेखों में अपनी भड़ास या खुन्नस भी निकालता है। शरद जोशी ऐसा भी करते रहे हैं। उनके निबन्धों का कोई उद्देश्यपरक लक्ष्य नहीं होता। उनके पास परसाई जी की तरह कोई विशेष जीवन दृष्टि भी नहीं है और वो परसाई जी की तरह जोखिम भी नहीं उठाते। उन्हें मजा लेकर मन्द-मन्द मुस्कुराते हुए पढ़ा जा सकता है। उनकी संवेदना भी औसत दर्जे की ही है। उनके निबन्ध संग्रह हैं—'जीप पर सवार इल्लियाँ' (1971), 'हम भ्रस्टन के भ्रष्ट हमारे किसी बहाने' (1971), 'रहा किनारे बैठ, (1972), 'तिलस्म' (1975), 'दूसरी सतह' (1975) और यत्र-तत्र सर्वत्र (2000)।

निर्मल वर्मा (1929-2005)

निर्मल वर्मा ने अपनी कहानियों और उपन्यासों की तरह ही निबन्धों में भी अपनी जादुई भाषा के लिए हमेशा जाने जाएँगे। पश्चिमी साहित्य और चिन्तन का उन्होंने गहरा अध्ययन किया है और उन पर इसका प्रभाव स्पष्ट है। वे गम्भीर चिन्तक हैं किन्तु उनके निबन्ध चिन्तन से बोझिल नहीं होते। उनमें एक काव्यात्मक तरलता वर्तमान रहती है। उनकी वर्णन प्रणाली इतनी मोहक होती है कि वह पाठक को आविष्ट कर लेती है। उनका चिन्तन उसी से गुँथा हुआ चलता है। इसका एक मुख्य कारण यह है कि वे अपनी भाषा के द्वारा एक परिवेश तथा वातावरण रचते हैं जो प्राय: एक रहस्य भरा वातावरण लगता है और रहस्य हमेशा आकर्षक लगता है, भले ही हम उसका भेद कभी भी न जान सकें। निर्मल वर्मा की यह विशेषता उनकी कहानियों और उपन्यासों की तरह उनके निबन्धों में भी मिलती है। बाद के निबन्धों में वे पश्चिमी चिन्तन से विमुख से लगने लगते हैं (लगते हैं, होते नहीं) और भारतीय चिन्तन की ओर आकृष्ट हो जाते हैं। किन्तु यह पेंडुलम का दूसरा छोर होता है जहाँ वे भारतीय चिन्तन परम्परा से अधिक परम्परागत रुढ़ियों की ओर आकृष्ट होते दिखाई देते हैं। उन्होंने निबन्धों के अतिरिक्त यात्रावृत्तान्त, संस्मरण आदि भी लिखे हैं जिनमें कहानी और निबन्ध में बहुत बारीक अन्तर रह जाता है। उनके ऐसे संग्रह हैं—'चीड़ों पर चाँदनी' (1964), 'हर बारिश में' (1970), 'शब्द और स्मृति' (1976), 'कला का जोखिम' (1981), 'ढलान से उतरते हुए' (1985), 'भारत और यूरोप : प्रतिश्रुति के क्षेत्र' (1997) और 'आदि अन्त और आरम्भ' (2001)। अपने निबन्धों में वे कला के कर्म और प्रयोजन को लेकर बहुत चिन्तित रहते हैं। सम्भवत: वे कला की स्वायत्तता में विश्वास करते हैं, इसी कारण संस्कृति, धर्म, इतिहास समाज और सामाजिक परिवेश से अपनी कृतियों को जोड़ नहीं पाते। अत: उनकी रचनात्मक कृतियाँ अलग धरातल पर चलती हैं और उनका चिन्तन अलग धरातल पर। फिर भी

उनके निबन्ध तत्काल तो आविष्ट कर ही लेते हैं।

इस दौर के और आज के अन्य उल्लेखनीय निबन्धकार हैं—कृष्ण बिहारी मिश्र, रमेशचन्द्र शाह और ज्ञान चतुर्वेदी आदि। आज की निबन्ध विधा बहुत व्यापक तथा विस्तृत हो गयी है। उसने प्रायः ज्ञान की सभी विधाओं के बारे में सोचना शुरू कर दिया है। इतिहास, नृतत्वशास्त्र, समाजशास्त्र, संचार माध्यम (मीडिया) धर्म, समाज, सम्प्रदाय, संस्कृति, संगीत, चित्रकला, रंगमंच सिनेमा तथा प्रौद्योगिकी आदि सभी उसके दायरे में आने लगे हैं। ये निबन्ध आज की निरन्तर बढ़ती हुई पत्रिकाओं के पृष्ठों में और अखबारों के स्तम्भों में बिखरे हुए दिखाई देते हैं। इनमें से अधिकांश तो टिप्पणियों के रूप में सीमित रह जाते हैं या अखबारी स्तम्भों में—जिनमें शब्द संख्या तथा स्थान आदि सभी पूर्व निर्धारित होते हैं। आज निबन्ध ने मुक्त चिन्तन का रूप ले लिया है और वह अपनी पुरानी मस्तिष्क के लूज फॉर्म वाली परिभाषा के अधिक निकट आ गया है।

आत्मकथा

हम आधुनिक हिन्दी गद्य साहित्य में आत्मकथा की शुरुआत कब से मानें? क्या भारतेन्दु के उस छोटे से लेख से जिसमें उन्होंने अपने बारे में कुछ बातें बहुत बेबाकी से लिखी हैं? शायद नहीं। क्योंकि आत्मकथा एक विस्तृत फलक की माँग करती है। उसमें एक जीवन यात्रा होती है—कभी छोटी और कभी बड़ी पर वह एक यात्रा जरूर होती है। इसके अलावा आत्मकथा एक कॉन्फेशन की तरह या गाँधी की आत्मकथा की तरह जो मूलतः एक कान्फेशन ही है। अतः आत्मकथा लिखने का एक उद्देश्य तो यह होता है कि कोई अपने अब तक बिताए गये जीवन का विश्लेषण करना चाहता है। आत्मविश्लेषण कभी-कभी हमारे भीतर अपराधबोध की ग्रन्थि बन जाती है, जिसे हम खोलना चाहते हैं, उससे मुक्त होना है और फिर मुक्त हृदय होकर आगे बढ़ना चाहते हैं अपने किसी निर्धारित लक्ष्य या उद्देश्य की ओर। गाँधी के मन में ऐसी ही अपराधबोध की ग्रन्थि थी। उनके पिता जब मृत्यु शय्या पर पड़े हुए थे तो किशोर गाँधी अपनी नव विवाहिता पत्नी के साथ रमण कर रहे थे। चेतना आते ही उनके मन की यह अपराध ग्रन्थि उनका पीछा करने लगी। उनके 'सत्य के प्रयोग' इसी ग्रन्थि से मुक्त होने की प्रक्रिया में किये गये प्रयोग थे। ये प्रयोग अन्त में इस सीमा तक पहुँच गये कि न केवल उन्होंने पूर्ण ब्रह्मचर्य धारण कर लिया, बल्कि कुमारी कन्याओं के साथ प्रयोग करके यह जानना चाहने लगे कि वे ईश्वर की तरह पुन्सत्वहीन हो सके हैं या नहीं। ऐसे प्रयोग या कॉनफेशन केवल महात्मा या महान व्यक्ति ही करते हैं या कर पाते हैं। उनकी 'आत्मकथाएँ' इसी मंथन की दास्तान या दस्तावेज होती हैं।

अतः ऐसा लगता है कि आत्मकथा लेखन सबके लिए न तो जरूरी होता है और न होना चाहिए, वरना उससे एक दम्भ की गन्ध आने लगती है। हम अपने कर्मों का कच्चा चिट्ठा खोलकर दुनिया को दिखाना चाहने लगते हैं कि हम कुछ हैं। कुछ आत्मकथाएँ आत्मऔचित्य सिद्ध करने के लिए लिखी जाती हैं या किसी या कुछ को लक्ष्य बनाकर उसकी भर्त्सना करने के लिए, कुछ किसी

रहस्योद्‌घाटन के लिए लिखी जाती हैं, कुछ महज अपने घर-परिवार अथवा अपने सम्पर्क में रहनेवालों तथा अपने बीच घटित तथाकथित गृह कलह का 'डर्टीलिलेन' पब्लिक में धोने के लिए। ऐसी आत्मकथाएँ सबसे निकृष्ट कोटि की होती हैं।

हिन्दी साहित्य में इन सभी श्रेणियों की आत्मकथाएँ लिखी गयी हैं। उन्नीसवीं सदी में भारतेन्दु लिखित संक्षिप्त आत्मकथा के बाद बीसवीं सदी आते-आते हिन्दी गद्य में आत्मकथाओं की भरमार हो गयी, जिनकी एक बहुत लम्बी सूची है। किन्तु मैं उस सूची पत्र को यहाँ देने के बजाय कुछ उल्लेखनीय आत्मकथाओं के बारे में बात करूँगा। बीसवीं सदी की शुरुआत के साथ भाई परमानन्द की 'आपबीती' (1921), रामविलास शुक्ल की 'मैं क्रान्तिकारी कैसे बना' (1933), भवानीदास सन्यासी की 'प्रवासी की कहानी' (1939), डॉ. श्यामसुन्दर दास की 'मेरी आत्मकहानी' आदि कुछ उल्लेखनीय आत्मकथाएँ प्रकाशित हुईं। लेकिन केवल उस दौर की नहीं, आजतक की अत्यन्त महत्त्वपूर्ण आत्मकथा राहुल सांकृत्यायन की 'मेरी जीवन यात्रा' (1940) है। यह आत्मकथा कई दृष्टियों से महत्त्वपूर्ण है। राहुल सांकृत्यायन का जीवन अनवरत यात्रा की कहानी है। वे आजीवन यायावर ही रहे। किन्तु उनकी यह यायावरी वृत्ति एक निरुद्देश्य भटकन नहीं थी। इन यात्राओं के द्वारा उन्होंने केवल अपने अनुभव संसार में ही वृद्धि नहीं की, बल्कि ऐसा बहुत कुछ अर्जित तथा संचित किया, जिसने हिन्दी साहित्य, संस्कृति तथा इतिहास के भंडार में भी वृद्धि की। उन्होंने भारत के अत्यन्त दुर्गम अनुलंघनीय स्थलों की ही पदयात्रा नहीं की बल्कि तिब्बत, लंका और रूस आदि की भी ऐसी यात्राएँ कीं जिससे पहली बार पता चला कि उन दुर्गम तथा प्रायः अलक्षित स्थानों की भाषा, संस्कृति, खान-पान, रहन-सहन, पारिवारिक तथा सामाजिक व्यवस्था आदि किस प्रकार की है। सबसे बड़ी इन यात्राओं की विशेषता यह रही कि वे वहाँ केवल यात्री और अजनबी बनकर नहीं रहे, बल्कि उस समाज में एक सदस्य के रूप में घुलमिल गये। इस एकात्मकता ने उन्हें जो अनुभव सम्पदा प्रदान की, वह केवल उनकी अनुभव सम्पदा बनकर नहीं रही बल्कि सभी के लिए एक ज्ञान सम्पदा बन गयी। उनकी ऐतिहासिक तिब्बत यात्रा से तो भारतीय भाषाओं तथा संस्कृति की ऐसी विलुप्त ज्ञानराशि का पता चला, जिसने हमारी साहित्य, संस्कृति तथा इतिहास की धारणाओं में बहुत बड़ा उलट-फेर पैदा कर दिया। हम अपने ही इतिहास (मुख्यतः साहित्येतिहास) के बारे में पुनर्विचार करने के लिए विवश हो गये। इसके अलावा उनकी जीवनयात्रा में ऐसे अनोखे अनुभव स्थल हैं जो केवल पढ़ने से ताल्लुक रखते हैं। हिन्दी आत्मकथाओं की शृंखला में यह पहला 'मील का पत्थर' है।

इसके बाद सबसे उल्लेखनीय आत्मकथा पांडेय बेचन शर्मा उग्र की 'अपनी

खबर' (1960) है। यह अपने ही आसपास तथा अनुभवों में की गयी अत्यन्त बेबाक, निर्भीक तथा प्रखर आत्मयात्रा है। उग्र जी जीवन भर एक उग्र तथा विवादास्पद लेखक बने रहे। उनकी कथाकृति 'चाकलेट' से तो जो बवेला मचा, उससे सारा हिन्दी साहित्य परिचित है जिसे गाँधी जी ने एक सरपंच की भूमिका निभाते हुए शान्त किया।

उग्र जी की भाषा शैली भी अनोखी थी। हालाँकि वह भावनात्मक तथा उत्तेजक किस्म की थी, किन्तु उसमें वैचारिक तत्त्व कम नहीं थे। उन्होंने 'अपनी खबर' में अपने ऊपर ही विचार करते हुए आत्मविश्लेषण किया है और प्रायः ग़ालिब की शैली में अपनी ही खबर ली है। हिन्दी आत्मकथाओं में यह दूसरा महत्त्वपूर्ण पड़ाव था। प्रेमचन्द ने इससे पहले 'हंस' का आत्मकथा विशेषांक (1932) निकालकर आत्मकथा लेखन को एक दिशा दी थी, जिसका भरपूर उपयोग आने वाले आत्मकथा लेखकों ने किया।

हरिवंश राय बच्चन की चार खंडों में प्रकाशित वृहद आत्मकथा आत्मपरीक्षण का अनुक्षण इतिहास लिखने वाली महागाथा है। महादेवी वर्मा ने कभी कहा कि आज का लेखक अपनी हर साँस का लेखा-जोखा रखना चाहता है। अपनी आत्मकथा में बच्चन जी ने प्रायः यही किया है। चार खंडों में प्रकाशित इस आत्मकथा के शीर्षक हैं—'क्या भूलूँ क्या याद करूँ' (1969), 'नीड़ का निर्माण फिर' (1970), 'बसेरे से दूर' (1978) और 'दस द्वार से सोपान तक' (1985)। यह मूलतः एक रचनाकार के निर्माण की कहानी है। 'संघर्ष' करते हुए सफलता के शिखर पर पहुँचने की कथा। कोई भी 'आत्मकथा' केवल आत्म की कथा नहीं होती। वह अपने समय और परिवेश में लिपटी हुई होती है। यही उसकी सार्थकता भी होती है। यह चूँकि एक रचनाकार की कथा है, इसलिए इसमें अपने समय की रचनाओं और रचनाकारों का ही विशेष रूप से उल्लेख है, कवि सुमित्रानन्दन पन्त चूँकि बच्चन जी के आदर्श रहे हैं, इसलिए उनसे सम्पर्क तथा सम्बन्धों की कथा इसमें किंचित विस्तार से कही गयी है। कवि शमशेर बहादुर सिंह से भी अपने अन्तरंग सम्बन्धों की कथा बहुत बेवाकी से कही गयी है। इन सबके साथ-साथ अपनी व्यक्तिगत जीवन यात्रा का भी वर्णन विस्तार से किया गया है। इस आत्मकथा में एक लम्बे काल खंड को अपनी परिधि में लिया गया है। इसमें बच्चन जी के साथ-साथ उनका समय भी बोलता चलता है। उसके बारे में धर्मवीर भारती ने कहा है, 'हिन्दी में अपने बारे में सबकुछ इतनी बेबाकी, साहस और सद्भावना से कह देना—यह पहली बार हुआ है।'

इसके अलावा बलराज साहनी की 'मेरी फिल्मी आत्मकथा' (1947) तथा वृन्दावन लाल वर्मा, डॉ. रामविलास शर्मा, शिवपूजन सहाय, रेणु, अमृतलाल नागर

तथा रामदरश मिश्र की आत्मकथाएँ इस दौर की उल्लेखनीय कृतियाँ हैं।

कुछ महिला लेखिकाओं ने भी उल्लेखनीय आत्मकथाएँ लिखी हैं। इनमें प्रतिभा अग्रवाल की 'दस्तक जिन्दगी की' (1990) और 'मोड़ जिन्दगी का' (1996) सबसे महत्त्वपूर्ण हैं। इसके अलावा उपन्यास लेखिका मैत्रेयी पुष्पा की 'कस्तूरी कुंडल बसे', मन्नू भंडारी की 'एक कहानी अपनी भी', प्रभा खेतान की 'अन्या से अनन्या' और चन्द्रकिरण सौनरेक्सा की 'पिंजरे की मैना' महिला लेखिकाओं की चर्चित आत्मकथाएँ हैं।

किन्तु इस बीच सबसे उल्लेखनीय आत्मकथाएँ दलित लेखकों ने लिखी हैं। मोहन दास नैमिषराय की दो भागों में प्रकाशित आत्मकथा 'अपने-अपने पिंजरे' और ओमप्रकाश वाल्मीकि की 'जूठन', सूरजपाल चौहान की 'सन्तप्त' काफी चर्चित रही हैं। किन्तु दलित लेखकों की सबसे चर्चित तथा उल्लेखनीय आत्मकथा डॉ. तुलसीराम की 'मुर्दहिया' रही है।

प्रसिद्ध हास्य कवि गोपाल प्रसाद व्यास की आत्मकथा 'कहो व्यास कैसी कटी?' बीसवीं सदी के अन्तिम दशक की सबसे उल्लेखनीय आत्मकथा है। पद्मा सचदेव की आत्मकथा 'बूँदवावड़ी' जितनी जीवंत तथा पुरलुत्फ है, उतनी ही एक दर्दभरी दास्तान भी है। बचपन में ही पिता को खो देना, पियक्कड़ पति मिलना, ससुरालवालों का अमानवीय व्यवहार, कई जानलेवा बीमारियों से अनवरत जूझना किन्तु अन्त में सतत् संघर्ष के द्वारा प्राप्त स्वतन्त्र आत्मनिर्भर जीवन। यह आत्मकथा अदम्य जिजीविषा की अपूर्व दास्तान है। यह सही अर्थों में एक पूर्ण तथा भरपूर आत्मकथा है।

दूसरी अत्यन्त उल्लेखनीय आत्मकथा कथाकार भीष्म साहनी की 'आज के अतीत' हैं। यह एक सहज सरल व्यक्ति की बेहद ईमानदार कहानी है जिसमें कोई छद्म नहीं है। यहाँ आत्मा को अहं केन्द्रित नहीं बनाया गया है। इस पूरी आत्मकथा को पढ़ जाने के बाद लगता है, यह मूलतः एक दरवेश की कहानी है। पूरी पुस्तक में अनेक ऐसे स्थल हैं, जिसमें लेखक बड़ी सरलता तथा निरीहता से कहता है, 'मुझे रोना छूट गया' या 'मुझे रोना आ गया।' केवल अपने ही नहीं, दूसरों के दुख पर भी द्रवित होकर रो सकने की यह क्षमता इस आत्मकथा को जीवन्त ही नहीं, अत्यन्त मानवीय भी बनाती है। इसमें गमे जाना इस मायने में कम है कि भीष्म जी अपने को अपनी खुशी और गम को अकेले रखकर नहीं देखते। उनका मैं की जगह 'पर' से जुड़ा हुआ है। चाहे वह माता-पिता, भाई-बहन के रूप में हो या मित्र सहयोगी और पूरे परिवेश के रूप में। भीष्म जी की यह आत्मकहानी अविभाजित भारत की है, विभाजन और विस्थापन की है, दंगों और पुनर्स्थापन की तथा उसके बाद के मोहभंग तथा उस दुःस्वप्न की जिससे

पूरा देश आज भी गुजर रहा है।

यह ऐसे व्यक्ति की कहानी है जो अति संवेदनशील ही नहीं, अपने चतुर्दिक के प्रति अति वेदनाशील भी है। यह व्यक्ति अपने को कहीं बाँधकर या समेटकर नहीं रखता। यह एक खुले हुए व्यक्ति की खुली हुई कहानी है। यह उस व्यक्ति की कहानी है जो भारत ही नहीं, रूस, बुलगेरिया और वियतनाम तक जाती है, जो कम्युनिज्म की कामयाबी तथा उसके ध्वंस दोनों को विश्लेषित करती है।

आत्मकथा से यह भी पता चलता है कि भीष्म जी का व्यक्तित्व बहुत जटिल नहीं है। वे बहुत जुझारू भी नहीं हैं। इस सम्बन्ध में वे लिखते हैं, 'मेरे ऐसे स्वभाव की भूमिका मेरे जीवन में बहुत नकारात्मक रही है। मेरा जीवन अपने लिए हीरो बनाने में बीता है (स्वयं को हीरो बनाने में नहीं) इससे मेरे स्वतन्त्र, चिन्तन दृष्टि का विकास, सभी को नुकसान पहुँचा।' भीष्म जी ने आत्मकथा में अपने को एक सामान्य तथा औसत व्यक्ति के रूप में ही प्रस्तुत किया है।

पूरी आत्मकथा में एक जबर्दस्त विनोदप्रियता भी है जो इसे एक परलुत्फ कृति बनाती है। इसे केवल एक 'आत्मकथा' न मानकर एक स्वतन्त्र रचनात्मक कृति के रूप में भी पढ़ा जा सकता है। यह एक ऐसे विनम्र व्यक्ति की कथा है जो जीवन से बहुत ज्यादा नहीं माँगता, जो मिला है, उसी से सन्तुष्ट है। यहाँ न कटुता है और न शिकवा-शिकायत। यह दरअसल, एक दरवेश की दास्तान है। इसी मामले में यह आत्मकथा अनेक अन्य आत्मकथाओं से अलग तो है ही, विशिष्ट भी है। हिन्दी में ऐसा विनम्र आत्मविश्लेषण कम ही आत्मकथाओं में मिलता है जिसमें तटस्थता तथा जीवन के प्रति अटूट आस्था है।

इसी क्रम में साठोत्तरी कथाकार रवीन्द्र कालिया की अनोखी आत्मकथा 'ग़ालिब छुटी शराब' है। सामान्यतः यह माना जाता है कि आत्मकथा एक विधा तो है, किन्तु इसकी कोई शैली या प्रविधि नहीं होती। रवीन्द्र कालिया की इस आत्मकथा की विशिष्टता तो यह है कि अतिमद्यपान के कुप्रभावों से जब उसका शरीर जर्जर हो जाता है, उसे लगातार ज्वर रहने लगता है, उसे भूख नहीं लगती। नींद नहीं आती और डॉक्टर उसे चेतावनी दे देते हैं कि अब वह अगर शराब की एक बूँद भी पिएगा तो जिन्दगी से हाथ धो बैठने का खतरा है, तो यातना के इन क्षणों में वह सोचना शुरू करता है कि आखिर मनुष्य शराब पीता क्यों है? सैकड़ों हजारों वर्षों से शराब ने न जाने कितनी जिन्दगियाँ और घर बरबाद किये हैं, पर यह है कि छुटती नहीं कम्बख्त। ये मुँह की लगी हुई। लोग कर्ज लेकर भी शराब पीने से गुरेज नहीं करते। ग़ालिब ने एक शेर में कहा है, 'कर्ज की पीते ये मय, लेकिन समझते थे कि हाँ, रंग लाएगी हमारी फाकामस्ती एक दिन' और किसी और शायर ने कहा है, 'पहले शराब जीस्त थी, अब जीस्त

है शराब।' लेखक ने अपना भी यही हाल बना रखा है। ऐसी ही बदहाली और खस्ताहाली में वह सोचना शुरू करता है कि आखिर उसने शराब पीनी कब और कैसे शुरू की? और इसके बाद प्रत्यावलोकन प्रविधि (फ्लैशबैक टेकनीक) में वह अपने अतीत में चला जाता है और शुरू हो जाती है यह आत्मकथा। पहले वह अपने युवाकाल के प्रारम्भिक दिनों को देखता है जब वह कॉलेज का विद्यार्थी था और अपने कुछ साथियों के साथ उसने बीयर पीनी शुरू की थी, फिर अपने युवा प्राध्यापक तथा सहज लोकप्रिय हो गये कहानीकार मोहन राकेश के सानिध्य में आकर, जो उन दिनों कहानीकार के रूप में उनके हीरो हुआ करते थे—उनके साथ बीयर बार में बैठने लगा। उन्हीं दिनों उर्दू शायरों तथा कथाकारों के सम्पर्क में भी आया जिनकी कोई भी बैठक या महफिल शराब के बगैर अधूरी रहती थी। शराब पीने की उसकी मिकदार भी बढ़ने लगी। चूँकि उन्हीं दिनों उसने अपने लेखन की शुरुआत भी उर्दू कहानियों के अनुवाद से की थी, इसलिए न केवल उर्दू नगमानिगारों से उसका सम्पर्क बढ़ने लगा, बल्कि उनके साथ गुजारी गयी हर महफिल मयखाने में तब्दील होने लगी। इस तरह मयनोशी की यह कहानी शहर-दर-शहर घूमने लगती है। लेखक ने बड़े कौशल से अपनी इस कहानी को अपने समय के कला परिवेश से जोड़ा है और बताया है कि न जाने कितनी युवा और प्रखर प्रतिभाएँ शराब तथा नशीली दवाओं की चपेट में आकर देखते-देखते खाक़ में मिल गयीं। उसने एक पूरी की पूरी पीढ़ी को शराब, नींद और नशे की गोलियों की गिरफ्त में आकर बरबाद होते देखा। वह खुद बमुश्किल और शायद महज संयोग से उनका शिकार होते-होते बचा, किन्तु एक हद तक शिकार तो हो ही गया। शराब के माध्यम से लिखी गयी यह कथा दरअसल एक बेहद पुरलुत्फ तथा मुकम्मल उपन्यास है। लेखक का अंदाजे बयाँ इतना दिलचस्प है कि कोई चाहे तो प्राय: तीन सौ पृष्ठों की इस कहानी को एक बैठक में पढ़ सकता है। अपने शराब जर्जर शरीर से लिखी गयी यह आत्मगाथा हास्यविनोद, चुटकियों तथा चुटकुलों का जखीरा है। यह कथा अपने परिवेश (मुख्यत: साहित्य परिवेश) से इतनी लिप्त तथा सम्पृक्त है कि एक पूरी कलापीढ़ी हमारे सामने आ जाती है। यह आत्मकथा ही नहीं, कथाकृति है और इस रूप में कोई भी आत्मकथा हिन्दी में अब तक नहीं लिखी गयी है। इसकी बेबाकी तथा आत्मोद्घाटन की अत्यन्त ईमानदार और खुद को कहीं न बख्शने वाली शैली हर जगह अपनी ही शल्यक्रिया करती चलती है। ग़ालिब के इस मशहूर शेर के एक अंश पर आधारित इसका शीर्षक बेहद मौजूं है कि 'ग़ालिब छुटी शराब, पर अब भी कभी-कभी/पीता हूँ अब्रे रोज़ शबे माहताब को।'

कथाकार और नाटककार स्वदेश दीपक की आत्मकथा 'मैंने मांडू नहीं देखा'

भी उपन्यास की शैली में लिखी गई एक दिल दहला देनेवाली दास्तान है। अपने जीवन के सात वर्ष जो लेखक ने 'सिजोफ्रेनिया' से ग्रस्त मरीज के रूप में बिताये थे, यह दास्तान उसी को बयान करती है, इस औपन्यासिक आत्मकथा की सबसे बड़ी विशेषता यह है कि इसमें लेखक अपने से बाहर निकलकर उस व्यक्ति की दशा या स्थिति बयान कर रहा है, जो वह स्वयं है किन्तु कथा में इस स्वयं को (आई) पर (अदर) के रूप में इस तरह विश्लेषित किया गया है, मानो वह किसी अन्य व्यक्ति की कथा बयान कर रहा हो। इसे तटस्यता भी नहीं कहेंगे, अपनी इस विक्षिप्त-सी मानसिकता में वह इस सीमा तक निरपेक्ष है कि वह सचमुच एक दूसरे व्यक्ति का जीवन जीने लगता है। अस्पताल के बिस्तर पर वह संवेदन शून्यता की मन:स्थिति में अपनी बाँह जला लेता है और जलती हुई बाँह से पिघल पिघलकर माँस गिरना देखता है जैसे किसी फिल्म का दृश्य देख रहा हो। यही नहीं, इस जख्मी बाँह में जब कीड़े पड़ जाते हैं और लगभग सड़ती हुई बाँह से निकलकर बिलबिलाते हुए बिस्तर पर घूमने लगते हैं, तब भी वह इस दृश्य को ऐसे ही देखता है और जब उसकी बाँह का ऑपरेशन होता है तो वह बाँह पर चलते चाकुओं तथा कैंचियों को उस डॉक्टर से भी अधिक निरपेक्ष भाव से देखता रहता है जो उसका ऑपरेशन कर रहा है। वह अपने प्रति करुणा से भरी दयाद्र आँखों की करुणा को देखकर उनके प्रति कृतज्ञ तो हो सकता है, किन्तु जानता है कि इस करुणा से उन्हें मुक्त करने का उसके पास कोई उपाय नहीं है।

अँग्रेज़ी साहित्य का अध्यापक होने के कारण उसके मस्तिष्क में अंग्रेजी की कालजयी काव्य पंक्तियाँ मँडराती रहती हैं और प्राय: ऋषिवत मुद्रा में स्वदेश दीपक उनका वाचन करता रहता है। जब वह ठीक होने लगता है तो अपने मित्रों तथा हितैषियों से उसकी मुलाकातें होती हैं, किन्तु वह प्राय: उन्हें चकमा देकर लुप्त हो जाता है और उससे उसको अपार अह्लाद प्राप्त होता है। यह आत्मकथा अर्द्धविक्षिप्त मानसिकता में लिखी गयी एक 'पागल की डायरी' (लु-सुन-चीनी कथाकार की विख्यात कहानी) जैसी है, किन्तु अपनी शैली और शिल्प में तो यह एक बेजोड़ कथाकृति है।

हिन्दी में आत्मकथाएँ कम नहीं लिखी गयी हैं। ऊपर उल्लखित आत्मकथाओं के अलावा हिन्दी के अनेक ख्याति प्राप्त कथाकारों ने अनेक आत्मकथाएँ लिखी हैं। प्रसिद्ध उपन्यासकार भगवतीचरण वर्मा ने 'कहि न जाय का कहिए' नाम की आत्मकथा तीन खंडों में लिखी थी जो उनके मरने के बाद प्रकाशित हुई। यह उनके सुदीर्घ जीवन संघर्ष की कहानी है। नयी कहानी के प्रसिद्ध कथाकारों कमलेश्वर तथा राजेन्द्र यादव ने भी आत्मकथाएँ लिखीं।

कमलेश्वर की आत्मकथा भी तीनखंडों में है जिनके नाम हैं, 'जो मैंने जिया', 'यादों के चिराग' और 'जलती हुई नदी'। राजेन्द्र यादव ने अपनी आत्मकथा 'मुड़मुड़ के देखता हूँ' में अपने जीवन के एक कालखंड विशेष को चित्रित किया है। रमणिका गुप्त की आत्मकथा 'हादसे' और वयोवृद्ध कथाकार विष्णु प्रभाकर की तीन खंडों में प्रकाशित 'पंखहीन' (2004), 'मुक्त गगन में' (2004) और 'पंछी उड़ गया' (2004) केवल एक व्यक्ति की ही नहीं, प्राय: एक पूरी शताब्दी के उथल-पुथल की युगगाथा है।

आत्मकथाओं ने एक अलग ढंग से हिन्दी के गद्य साहित्य को समृद्ध किया है। किन्तु कई आत्मकथाओं में आत्मश्लाघा, आत्मऔचित्य तथा अपने सामान्य और औसत जीवन को बढ़ा-चढ़ाकर प्रस्तुत किया गया है जिससे अँग्रेज़ी मुहावरे की 'होलियर दैन दाऊ' की ध्वनि ही सुनाई पड़ती है।

संस्मरण

आत्मकथा तथा संस्मरण में बहुत बारीक अन्तर है। दोनों अपने अतीत में की गयी अन्तर्यात्राएँ हैं। संस्मरण में लक्ष्य कोई व्यक्ति विशेष या स्थान विशेष होता है। आत्मकथा में भी अतीत में की गयी यात्राओं के विभिन्न पड़ावों पर अनेक व्यक्ति तथा स्थान आते रहते हैं। फर्क यह है कि संस्मरण उनपर केन्द्रित हो जाता है और आत्मकथा उन्हें छोड़ती हुई अगले पड़ावों की ओर बढ़ जाती है। संस्मरण सामान्यत: उन विशिष्ट दिशाओं में मोड़ लेता है जो हमारे ऊपर ऐसा अमिट प्रभाव छोड़ जाते हैं, जिन्हें हम भूल नहीं पाते। खासतौर पर जब वे नहीं होते हैं तो उनकी स्मृतियाँ हमारा पीछा करती हैं और वही हमें उनकी ओर फिर से खिंचने लगते हैं। अनेक संस्मरण ऐसे ही क्षणों में लिखे जाते हैं और यही संस्मरणों का सर्वोत्तम रूप होता है। कभी-कभी संस्मरण ऐसे व्यक्तियों के प्रति श्रद्धांजलियों के रूप में लिखे जाते हैं जो कभी-कभी तो मात्र औपचारिकता का निर्वाह भर करते हैं, पर कभी-कभी हम इस प्रक्रिया में उनके जीवन के ऐसे अनछुए तथा अनदेखे उन पहलुओं को देख पाते हैं, जिनकी ओर उनके जीवनकाल में हमारा ध्यान नहीं गया होता है। ऐसा ही कभी-कभी उन स्थानों और स्थलों के बारे में होता है, जहाँ हम अपने जीवन के किसी दौर में रहे होते हैं या जहाँ हम कभी अचानक पहुँच गये होते हैं और फिर कभी दुबारा उन तक पहुँच नहीं पाते। किन्तु उनकी स्मृतियाँ हमारे मन में 'हांट' करती रहती हैं और उनसे छुटकारा पाने के लिए हम उनके बारे में कोई संस्मरण लिख देते हैं। ऐसे ही किसी स्थान के बारे में किसी ग्रीक कवि ने लिखा था कि 'तुम जहाँ भी जाओगे, यह शहर तुम्हारा पीछा करेगा।' ऐसे संस्मरण बेहद मर्मस्पर्शी होते हैं, क्योंकि कोई स्थान महज एक भौगोलिक इकाई भर नहीं होता। वहाँ के अनेक दृश्य, व्यक्ति, उन व्यक्तियों से जुड़ी हुई स्मृतियाँ भी उस स्थान से लिपटी हुई हमारे सामने आने लगती हैं। किसी सिनेमा की रील की तरह। इसीलिए संस्मरणों ने हमारी गद्य विधा में बहुत महत्त्वपूर्ण स्थान घेर रखा होता है। अनेक संस्मरण उन महापुरुषों तथा युगपुरुषों के बारे में होते हैं, जिनसे मिलकर हम कृत-कृत अनुभव करते

हैं और भावविह्वल होकर कृतार्थ हो जाते हैं तथा कभी-कभी गौरवान्वित भी अनुभव करते हैं और दूसरों को यह बतलाना जरूरी समझते हैं कि हम भी इनसे मिले थे। हिन्दी में बहुत से संस्मरण ऐसे ही लिखे गये हैं। बनारसीदास चतुर्वेदी की 'हमारे आराध्य', अजित कुमार की 'बच्चन निकट से', शिवपूजन सहाय की 'वे दिन वे, लोग', कन्हैयालाल मिश्र की 'भूले हुए चेहरे', माखनलाल चतुर्वेदी की 'समय के पाँव', पद्म सिंह शर्मा की 'मध्य पराग' ,काका साहब कालेलकर की 'स्मरण और श्रद्धांजलियाँ' आदि संस्मरण ऐसे ही हैं। इस दृष्टि से अज्ञेय की 'स्मृति लेखा' अधिक महत्त्वपूर्ण पुस्तक है क्योंकि उनकी स्मृति के वृत्त में आनेवाले व्यक्तियों उसमें गहन विश्लेषण भी किया गया है केवल श्रद्धासुमन ही अर्पित नहीं किये गये हैं।

परम्परागत ढंग से ही विशिष्ट लोगों की स्मृति में लिखे गये कुछ और स्मरण ग्रन्थ हैं और ओंकारनाथ श्रीवास्तव : 'गाँधी स्मरण और विचार', 'काकासाहब कालेलकर' (1968), रामधारी सिंह दिनकर : 'व्यक्तित्व की झाँकियाँ' (1970), पदुमलाल पुन्ना लाल बख्शी : 'स्मृति त्रिवेणिका', (1975), कमलेश्वर : 'रेखाएँ और संस्मरण' (1975), क्षेमचन्द्र सुमन : 'मैंने स्मृति के दीप जलाये' (1976), विष्णुकान्त शास्त्री : 'कुछ ख्वाबों में कुछ खयालों में' (1978), शंकर दयाल सिंह : 'अतीत के गर्त से' (1979), रांगेय राघव : 'यादों के झरोखे' (1980), विष्णु प्रभाकर : 'औरों के बहाने' (1981), राजेन्द्र यादव : 'जिनके साथ जिया' (1981), प्रतिभा अग्रवाल : 'युगपुरुष' (1983), पद्मा सचदेव : 'दीवान खाना' (1984), अज्ञेय : 'हजारी प्रसाद द्विवेदी कुछ संस्मरण' (1988), हम हशमत : 'कृष्णा सोबती' (1977), 'चन्द सतरें' : अनिता राकेश, 'मेरा हमदम मेरा दोस्त' 'में' मोहन राकेश, राजेन्द्र यादव, कमलेश्वर धर्मवीर भारती, मन्नू भंडारी, लक्ष्मीनारायण लाल, राजेन्द्र सिंह बेदी, कृष्ण चन्दर, इस्मत चुगताई और अमृता प्रीतम आदि के स्मरण उन्हीं के मित्रों तथा स्वयं प्रख्यात लेखकों कमलेश्वर, मोहन राकेश, राजेन्द्र यादव, इलाचन्द्र जोशी, उपेन्द्रनाथ अश्क, ख्वाजा अहमद अब्बास और बलवंत गार्गी आदि ने बड़ी आत्मीयता के साथ लिखे हैं। रामनाथ सुमन ने भी अपने समय के अनेक लेखकों तथा राजनेताओं के बारे में बहुत अच्छे संस्मरण लिखे हैं। स्वर्गीय रांघेय राघव की पत्नी सुलोचना ने रांघेय राघव से सम्बन्धित 'पुनः' नाम के बड़े मार्मिक संस्मरण लिखे हैं।

साठोत्तरी कहानीकारों ने भी एक नये अन्दाज में बेहद पुरलुत्फ संस्मरण लिखे हैं। संस्मरण के मामले में काशीनाथ सिंह बेजोड़ हैं। उनका अन्दाज किंचित तंजिया है, किन्तु बनारसी स्लैंग्स वाली थोड़ी उजड्ड और लट्ठमार भाषा में उन्होंने जो संस्मरण लिखे हैं वे पूरे संस्मरण साहित्य को एक नयी दिशा में मोड़ देते

हैं। उनके ऐसे संस्मरण ग्रन्थ हैं : 'याद हो कि न याद हो' (1992), 'आछे दिन पाछे गये' (2004) और 'काशी का अस्सी' (2003)। काशीनाथ सिंह की तरह ही उनके सहयोगी और कथाकार दूधनाथ सिंह ने अपनी संस्मरण पुस्तक 'लौट आ, ओ धार' (1995) में संस्मरण लेखन की एक नयी पद्धति तथा प्रविधि का प्रयोग किया है जो अभिभूत करनेवाला है। इस संस्मरण की विशेषता यह है कि वैसे तो यह दूधनाथ सिंह के जीवन से सम्बन्धित एक विशेष कालखंड की आत्मकथा है जो उत्कर्ष संघर्ष के दिनों की कथा कहती है, लेकिन उसमें उनकी कर्मभूमि शहर इलाहाबाद भी शामिल है और उनके संघर्ष तथा निर्माण के दिनों के साक्षी तथा सहायक मूर्धन्य छायावादी कवि सुमित्रानन्दन पन्त भी शामिल हैं जिनके सान्ध्यि की कथा भी दूधनाथ सिंह की आत्मकथा के समानान्तर चलती रहती है। पुस्तक का शीर्षक दूधनाथ सिंह ने अपने प्रिय तथा अन्तरंग कवि शमशेर बहादुर सिंह की एक कविता पंक्ति से लिया है जो अपने आप में एक प्रयोग है। न कभी कोई बहती हुई जलधारा लौटती है और न मनुष्य का अतीत, किन्तु मनुष्य अतीत के किसी विशेष कालखंड के बारे में कामना जरूर करता है कि काश! वे दिन फिर लौट आते। हालाँकि उनके लौटने की कामना करते हुए वह डरता भी है कि कहीं वे दिन सचमुच लौट न आयें! इस संस्मरण कृति में यह कामना तथा आशंका दोनों सन्निहित हैं।

इसके अलावा विष्णुचन्द्र शर्मा का 'अमित्र' (1998), कृष्णा सोबती का 'हमहशमत' दो भाग, राजेन्द्र यादव का 'वे देवता नहीं है', रवीन्द्र कालिया का 'सृजन के सहयात्री' (1996), मनोहरश्याम जोशी का 'लखनऊ मेरा लखनऊ' (2002), विश्वनाथ त्रिपाठी का 'नंगा तलाई का गाँव' (2004), देवेन्द्र सत्यार्थी का 'यादों के काफिले', 'लौटकर आना ही होगा', कान्ति कुमार जैन का 'रघुवीर सहाय रचनाओं के बहाने एक संस्मरण', मनोहर श्याम जोशी 'जो कहूँगा सच कहूँगा' (2003), कान्ति कुमार जैन। कान्ति कुमार जैन ने इधर संस्मरण लेखन में पर्याप्त ख्याति अर्जित की है। उनके संस्मरण लेखन में आत्मीयता तो है ही, एक उद्घाटन की प्रवृत्ति भी है जो सबकुछ खुलासा कह देती है। ऐसे संस्मरणों में आचार्य रजनीश के संस्मरण अत्यन्त उद्घाटक हैं जो आजकल के योगी तथा आचार्यों के निर्माण (मेंकिंग ऑफ ए योगी) की कहानी बड़े दिलचस्प ढंग से बयान करते हैं।

डायरी तथा पत्र

डायरी वैसे तो नितान्त निजी और व्यक्तिगत लेखन है जिसे सामान्यत: गोपन ही रखना चाहिए किन्तु एक साहित्यकार की डायरी कुछ विशेष अर्थ ही रखती है और वह प्राय: सार्वजनिक होने के लिए ही लिखी जाती है। इस रूप में मुक्तिबोध की 'एक साहित्यिक की डायरी' से अधिक महत्त्वपूर्ण डायरी हिन्दी में अब तक और कोई नहीं लिखी गयी। वैसे तो यह रूढ़ अर्थ में डायरी है ही नहीं। एक गहन तथा गूढ़ साहित्यिक चिन्तन है जो रचना प्रक्रिया के अनेक आयामों का उद्‌घाटन करती है। जो डायरियाँ और पत्र केवल वैयक्तिक सम्बन्धों तथा औपचारिक रचनाओं के आदान-प्रदान के रूप में लिखे गये हैं, मेरी समझ में वे साहित्य की दृष्टि से कतई प्रासंगिक नहीं है, इसलिए मैं यहाँ उनका उल्लेख करना आवश्यक नहीं समझता हूँ। इस दृष्टि में कथाकार निर्मल वर्मा की डायरियाँ तथा यात्रा-वृत्तान्त बहुत महत्त्वपूर्ण हैं। उनमें वर्णनात्मकता की एक नयी शैली, कथा भाषा गढ़ी है जो अपने लिए एक स्वतन्त्र साहित्य विधा गढ़ती है। निर्मल वर्मा फ्लावेयर की डायरी 'जार्ज सैंड' को लिखे गये पत्रों तथा आन्द्रेज़ींद के जनरलों आदि से बेहद प्रभावित हैं और उनकी डायरियाँ तथा पत्र आदि उसी पद्धति का अनुसरण करते हैं। उनकी ऐसी कृतियाँ हैं 'चीड़ों पर चाँदनी', 'धुन्ध से उठती धुन' और 'देहरी पर पत्र' और अज्ञेय की 'एक बूँद सहसा उछली' एक यात्रा वृत्तान्त तो है ही, उसमें बर्लिन डायरी के कुछ अंश भी हैं। अज्ञेय की 'एक बूँद सहसा उछली' उतनी लोकप्रिय नहीं हो सकी, जितनी इससे पूर्व लिखी गयी यात्रा वृत्तान्त वाली पुस्तक 'अरे यायावर रहेगा याद' थी। इसके करण स्पष्ट हैं : 'अरे यायावर रहेगा याद' का गद्य अत्यन्त प्रफुल्ल गद्य है और बहता पानी निर्मला (उसी पुस्तक के एक अध्याय का शीर्षक) की तरह ही सहज ढंग से प्रवाहित होता हुआ गद्य है, जबकि 'एक बूँद सहसा उछली' का गद्य गरिष्ठ तथा रुक्ष गद्य है। उस पर चिन्तनपरकता भारी पड़ गयी है। कवि रघुवीर सहाय की संस्मरणात्मक डायरी 'दिल्ली और परदेश' भी उत्कृष्ट गद्य का नमूना है।

किन्तु इन सबसे पृथक शमशेर बहादुर सिंह की पुस्तक 'शमशेर की गद्य रचनाएँ' हैं। अपनी कविताओं की तरह ही गद्य में भी उन्होंने अभिनव प्रयोग

किये हैं। उनकी गद्य पुस्तकें 'प्लाट का मोर्चा', 'दोआव' तथा 'कुछ और गद्य रचनाएँ' ऐसी ही पुस्तकें हैं। 'दोआब' पहली बार 1948 में प्रकाशित हुआ था जिसने हिन्दी में एक नयी गद्य शैली की स्थापना की थी। उनकी गद्य कृतियों में काव्यतत्त्व और लालित्य दोनों है। उनकी साहित्यिक समीक्षाएँ भी एक पर्सनल ऐसे (उनके प्रसिद्ध निबन्ध का शीर्षक) की तरह लिखी गयी हैं, सोचने के क्रम में व्यक्त की गयी प्रतिक्रिया है।

एक दिलचस्प तथ्य यह है कि जिस तरह शमशेर ने अपनी बहुत सी कविताएँ कवियों पर लिखी हैं, वैसे ही उनके गद्य साहित्य में भी बहुत-सा गद्य देश-विदेश के कवियों पर लिखा गया अर्द्धसमीक्षात्मक ललित गद्य है। उन्होंने अतियथार्थवादी (सुरियलिस्टिक) कवि लुई आरागाँ से लेकर रहीम, ग़ालिब और निराला, सुभद्रा कुमारी चौहान, कैफी आजमी, नामवर सिंह, नरेन्द्र शर्मा, उपेन्द्र नाथ अश्क और केदारनाथ अग्रवाल आदि कवियों पर केन्द्रित गद्य रचनाएँ भी लिखी हैं। उनमें पत्र, संस्मरण, डायरी आदि सबकुछ सम्मिलित हैं। किन्तु ये सब रचनाएँ हैं, निबन्ध नहीं। इस सन्दर्भ में कविता के रूप में लिखी गयी कवि श्रीकान्त वर्मा की डायरी आत्मकथ्य भी है, आत्म विश्लेषण भी और आत्मभर्त्सन भी। 'आज मेरा जन्म दिन है। मन आत्मग्लानि से भरा हुआ है। इन तमाम वर्षों में मैंने क्या किया? चाटुकारिता, अहं, दर्प, छल, आत्मछल, आकांक्षा, लोभ, वैभव प्रदर्शन, आत्म प्रदर्शन, प्रतिद्वन्द्विता, शत्रुता, आत्मरति/नाटकीय जीवन जिया/मैं अपने अन्दर बैठा हुआ एक पिशाच हूँ। अन्यायी अत्याचारी, रोगग्रस्त, भोगग्रस्त/ईश्वर मुझे शक्ति दो इस छद्म और छल से उभरने की।' (डॉ. रामचन्द्र तिवारी की पुस्तक 'हिन्दी का गद्य साहित्य' से उद्धृत)।

इसके अलावा, जयप्रकाश नारायण की 'मेरी जेल डायरी' और चन्द्र शेखर की जेल डायरियाँ महत्त्वपूर्ण हैं।

इन सबके अतिरिक्त डॉ. नामवर सिंह द्वार संपादित तीन खंडों में प्रकाशित कवि और समीक्षक 'मलयज की डायरी' अब तक साहित्यिक डायरियों में सबसे महत्त्वपूर्ण तथा जीवंत है। इन डायरियों में गहन आत्मविश्लेषण है, जो उतना ही गहन और गम्भीर अपने सहवर्ती साहित्यकारों का भी बेलाग विश्लेषण है।

जहाँ तक जीवनी का प्रश्न है तो साधु, सन्तों और राजनेताओं की जीवनियों को छोड़ दें, तो मेरी समझ में साहित्यकारों पर केन्द्रित ये चार जीवनियाँ ही अत्यन्त प्रामाणिक ढंग से लिखी गयी हैं जिनमें सुगठित तथा परिष्कृत गद्य का प्रयोग किया गया है। वे हैं प्रेमचन्द के पुत्र अमृतराय राय द्वारा लिखी गयी प्रेमचन्द की जीवनी 'कलम का सिपाही', डॉ. रामविलास शर्मा द्वारा लिखी गयी निराला की जीवनी 'निराला की साहित्य साधना', विश्वनाथ, त्रिपाठी द्वारा लिखी गयी आचार्य

हजारी प्रसाद द्विवेदी की जीवनी, 'व्योमकेश दरवेश' और कथाकार दूधनाथ सिंह द्वारा महादेवी वर्मा की जीवनी 'महादेवी'।

अमृतराय ने प्रेमचन्द के पुत्र होने के बावजूद प्रेमचन्द के जीवन का बड़ा तटस्थ तथा निरपेक्ष चित्रण तथा विश्लेषण किया है। विश्वनाथ त्रिपाठी, लम्बे अरसे तक एक समीपवर्ती शिष्य के रूप में द्विवेदी जी का शान्तिनिकेतन से लेकर शिवालिक (चंडीगढ़) तक, और उसके उपरान्त उनके जीवनान्त होने तक का बहुत मर्मस्पर्शी तथा सजीव चित्रण किया है। अभी हाल में ही प्रकाशित इस जीवनी की विशेषता तथा सीमा भी यह है कि द्विवेदी जी के व्यक्तित्व तथा कृतित्व से लेखक इतना अभिभूत तथा मोहाविष्ट है कि एक आचार्य और उसके बाद एक वरिष्ठ प्रशासनिक अधिकारी के रूप में द्विवेदी जी के दुर्बल संकल्प व्यक्तित्व का तटस्थ विश्लेषण नहीं कर पाया है, बल्कि जहाँ तक बन पड़ा है उसका बचाव ही किया है। अतः पुस्तक में भक्तिरस ज्यादा है। फिर भी जहाँ-जहाँ लेखक का विवेक भाव जाग्रत हुआ है, वहाँ-वहाँ लेखक ने द्विवेदी जी के व्यक्तित्व का विश्लेषण करने की कोशिश जरूर की है। मसलन, उसने बताया है कि द्विवेदी जी मुख्यतः साहित्य के आनन्द में डूबे हुए अत्यन्त भावप्रवण और औगढ़ किस्म के व्यक्ति थे, वे सही मायने में दरवेश थे, व्यावहारिकता तथा प्रशासनिक कुशलता उनमें नहीं थी। इसीलिए अनेक शीर्ष पदों पर रहने के बावजूद वे कायदे-कानून तथा उनके दाँव-पेंच से बिलकुल अनभिज्ञ थे। इसलिए अक्सर उनसे ऐसी त्रुटियाँ हो जाती थीं कि उनके विरुद्ध दुरभिसन्धि करनेवाले उनको अपमानित करने के लिए उनका भरपूर उपयोग कर लिया करते थे। बनारस विश्वविद्यालय से उनका निष्कासन इस प्रसंग में सबसे बड़ी घटना या दुर्घटना थी। किन्तु सबसे दुखद तथ्य था कि द्विवेदी जी इनसे भी कोई सीख नहीं ले सके। इसीलिए बनारस विश्वविद्यालय में जब उनका पुनरागमन हुआ तो जिस तरह के सुनहरे सपने दिखाकर उन्हें लाया गया था, वे आते ही चकनाचूर होने लगे क्योंकि उसकी आधार भूमि भुरभुरी थी। वे वहाँ रेक्टर बनाये गये पर वहाँ भी उनके पुराने शुभेच्छुओं ने उन्हें टिकने नहीं दिया। फिर उन्हें विभागाध्यक्ष बनाने की कोशिश की गयी किन्तु वहाँ भी उनके लिए अभेध्य दीवार खड़ी कर दी गयी। अतः विकल्प के रूप में एक पृथक विभाग के रूप में व्याकरण विभाग की सृष्टि की गयी, किन्तु वहाँ भी उनके दिन डगमगाते हुए ही बीते। एक तो इसलिए भी कि वे व्याकरणाचार्य नहीं थे, वे अप्रतिम साहित्य तथा संस्कृति शोधक थे। इसके अतिरिक्त उत्तर प्रदेश हिंदी संस्थान का उपाध्यक्ष बनाया गया जो और भी बदतर सिद्ध हुआ। वहाँ सरकारी तिकड़मों की कमी नहीं थी, किन्तु फिर भी वे अपने भारी भरकम पुत्री प्रधान परिवार के भरण-पोषण के लिए अन्त तक अपमान का

घूँट पीकर वहाँ बने रहे। त्रिपाठी जी ने यद्यपि इन तथ्यों की ओर भी संकेत किया है, लेकिन उन्हें उनकी किसी अन्तर्निहित दुर्बलता के रूप में नहीं देखा है। फिर भी यह जीवनी इतनी जीवन्त तथा मर्मस्पर्शी कथाओं तथा घटनाओं से भरी हुई कथा है, जिसमें अविराम डूब कर बहा जा सकता है, लेकिन जो कभी-कभी 'आग का दरिया' भी बन गयी है।

रिपोर्ताज

यह सम्भवत: फ्रेंच भाषा का शब्द है। हिन्दी में अब तक इसके लिए कोई उपयुक्त शब्द नहीं बन पाया है। यह अपेक्षाकृत नयी गद्य विधा है। यह महज रिपोर्टिंग नहीं है और न निबन्ध है। यह किसी घटना या अवसर विशेष की जैसे किसी सार्वजनिक पर्व या उत्सव की गद्य कथा है। किन्तु यह कहानी इसलिए नहीं है कि इसमें कुछ भी काल्पनिक नहीं होता। इसमें किसी अवसर विशेष या घटना विशेष की अनुक्षण प्रस्तुति होती है। यह एक खास तरह की भाषा और शैली का भान कराती है जो लेखक की सूक्ष्म ग्राहिता तथा क्षमता पर निर्भर करती है कि वह उस घटना को उसकी गत्यात्मकता में किस तरह यथावत प्रस्तुत कर पाता है। मेरा खयाल है कि महायुद्धों के दिनों में युद्ध रिपोर्टरों द्वारा आँखों देखे महायुद्ध की भयावय प्रस्तुति के प्रयास में इस विधा का जन्म हुआ होगा। प्रथम महायुद्ध के दिनों में रिने मारिया द्वारा लिखा गया महाकाय रिपोर्ताज 'आँखों देखा महायुद्ध' रिपोर्ताज की पहली पुस्तक होगी जिस पर कई फिल्में भी बन चुकी हैं। इसके पश्चात प्रख्यात कथाकार अर्नेस्ट हेमिंग्वे के द्वारा स्पैनिश सिविल वार की रिपोर्टिंग के रूप टोरेंटो स्टार और लुत्फ अत के लिए लिखी गयी रिपोर्टिंग, मूलत: रिपोर्ताज के रूप में लिखी गयी थी जिससे पहली बार हेमिंग्वे को विश्व ख्याति प्राप्त हुई थी। स्पेनिश सिविल वार के अतिरिक्त ये रिपोर्ताज प्रथम महायुद्ध से भी सम्बन्धित हैं। यद्यपि तब इन्हें रिपोर्टिंग ही कहा गया था, किन्तु ये रिपोर्ट्स, रिपोर्ताज नाम की नयी गद्य विद्या को ही जन्म दे रहे थे। ये रिपोर्ताज उसकी बाईलाइन नाम की पुस्तक में संकलित हैं। हिन्दी में वैसे सन् 40 के आसपास से ही तथाकथित रिपोर्ताज लिखे जाने लगे थे जिन्हें रांगेय राघव, अमृतराय, प्रभाकर माचवे तथा ठाकुर प्रसाद सिंह ने लिखा था। किन्तु इसकी वास्तविक शुरुआत सन् 45 के आसपास फणीश्वरनाथ रेणु के रिपोर्ताज से होती है। मेरी दृष्टि में फणीश्वरनाथ रेणु ही हिन्दी के सर्वोत्तम रिपोर्ताज लेखक हैं। उन्होंने 'नेपाल क्रान्ति कथा' नाम से नेपाली क्रान्ति के लिए किये गये उपक्रम जिनमें वे स्वयं भी शामिल थे, रिपोर्ताज 'दिनमान' में लिखे थे। उनकी पुस्तक 'ऋण जल धन-जल' में बिहार

के भयानक सूखे और 1967 में पटना में आयी विनाशकारी बाढ़ के अनुभवों के सजीव तथा रोमांचक चित्र अंकित किये गये हैं।

'धर्मयुग' के सम्पादक के रूप में धर्मवीर भारती 1971 के भारत-पाक युद्ध में बांग्लादेश गये थे। युद्ध के मोर्चे पर भी सेना के साथ गये थे, जिनसे सम्बन्धित रिपोर्ताज उनकी पुस्तक 'युद्धयात्रा' में संगृहीत हैं। वैसा पहला रिपोर्ताज रांगेय राघव का माना गया है जो 1941 में बंगाल के भीषण अकाल से सम्बन्धित है और जो 'हंस' में 'तूफानों के बीच' नाम से प्रकाशित हुआ था।

रेणु के बाद सबसे प्रभावशाली रिपोर्ताज निर्मल वर्मा के इलाहाबाद की महाकुम्भ यात्रा पर आधारित हैं। निर्मल वर्मा ने साधु संतों तथा तीर्थयात्रियों की वास्तविकता जानने और समझने की अत्यन्त प्रमाणिक चेष्टा की थी। आखिर ऐसी तीर्थयात्राओं, गंगा स्नानों, बद्रीनाथ, केदारनाथ, अमरनाथ और अब वैष्णवदेवी आदि की यात्राओं का क्या महत्त्व है? क्या उपलब्ध होता है उससे, जिनके प्रति मोहाविष्ट होकर लाखों की संख्या में एक विशालजन समूह वहाँ की यात्रा करता है, जिसमें सैकड़ों लोग मर-खप जाते हैं, पर फिर भी यह कारवाँ है कि बढ़ता ही जाता है—जुनून की हद तक दीपक की लौ की ओर बढ़ते पतंगों की तरह। क्या रहस्य है इसका आज भी इक्कीसवीं शताब्दी में भी? अपनी कुम्भ यात्रा में निर्मल वर्मा भी इस रहस्य को नहीं भेद पाये हैं। किन्तु उनके इन रिपोर्ताज से ऐसा प्रतीत होता है कि साधु-सन्तों के सत्संग से उन्हें भी कुछ विशेष हासिल नहीं हुआ।

विचार और चिन्तन

विचार और चिन्तन को एक पृथक गद्य विधा मानना आवश्यक है यानी वह विचार और चिन्तन नहीं जो कहानियों तथा उपन्यासों में बिखरा पड़ा है। या केवल साहित्य समीक्षा की पुस्तकों में। स्वतन्त्र चिन्तन भी एक विधा है। आज गद्य का क्षेत्र इतना विस्तृत हो चुका है कि उसके दायरे में संस्कृत, इतिहास, समाजशास्त्र, नृतत्वशास्त्र आदि सबकुछ आ गया है। इक्कीसवीं शताब्दी तक आते-आते यह दायरा निरन्तर वृहत्तर होता जा रहा है। यही कारण है कि पिछले दो दशकों में चिन्तनपरक पुस्तकें अधिकाधिक संख्या में प्रकाशित हुई हैं। उनमें से कुछ का उल्लेख आगे किया जाएगा। भारतेन्दु के समय में यद्यपि प्रचुर मात्रा में चिन्तनपरक साहित्य लिखा गया और पत्र-पत्रिकाओं में भी खूब विचार प्रधान निबन्ध प्रकाशित हुए, किन्तु उन्हें स्वतन्त्र चिन्तन इसलिए नहीं कहा जा सकता कि वे एक निश्चित मिशन के तहत लिखे जाते थे और उनका स्वतन्त्र चिन्तन भी एक निश्चित सीमा के अन्तर्गत आबद्ध होता था। इसके अलावा यह भी नहीं कहा जा सकता कि उनमें बहुत वैचारिक गहनता या गम्भीरता होती थी। हिन्दी क्षेत्रों का अधिकांश चिन्तन साम्प्रदायिक दृष्टि से लिखा हुआ लेखन ही था।

साहित्य में गम्भीर चिन्तन की परम्परा शायद आचार्य रामचन्द्र शुक्ल के लेखन से शुरू हुई जिन्होंने साहित्य को भी साहित्य के बाहर की ज्ञानसरणियों के माध्यम से देखने की कोशिश की। 'चिन्तामणि' के सभी लेख साहित्यिक नहीं हैं और उनमें शुक्ल जी के स्वतन्त्र चिन्तन को देखा जा सकता है। किन्तु पहली बार आचार्य हजारी प्रसाद द्विवेदी के निबन्धों में ही वैचारिक चिन्तन को खुलकर पूर्ण स्वतन्त्रता के साथ अभिव्यक्त करने का अवकाश मिला। इस दृष्टि से उनकी पुस्तक 'हिन्दी साहित्य की भूमिका' केवल साहित्य चिन्तन की पुस्तक नहीं है बल्कि वह संस्कृति और इतिहास की भी अत्यन्त महत्त्वपूर्ण पुस्तक है। साहित्य की आधारभूमि की खोज में द्विवेदी ने विचार और चिन्तन की अनेक दिशाओं में प्रवेश किया है।

बाद के चिन्तकों में मुक्तिबोध का नाम सर्वोपरि है। उनके समीक्षात्मक

निबन्धों को छोड़ भी दें तो उन्होंने अपने अन्य निबन्धों में जो गहन चिन्तन किया है, वह एक गहरी 'अँधेरी बावड़ी' में प्रवेश करने की तरह ही है। खासतौर पर भारतीय इतिहास, सभ्यता तथा संस्कृति पर उनके चिन्तनपरक निबन्ध बहुत महत्त्वपूर्ण हैं। भारत का स्वर्णयुग, वृहत्तर भारत, मध्ययुगीन सांस्कृतिक अभ्युत्थान तथा मानव समाज की प्रक्रियाएँ, भारत में मुगलों का आधिपत्य, राष्ट्रीय चेतना का विकास और भारत में आधुनिक युग का उषाकाल आदि निबन्ध गहरे चिन्तन तथा आत्ममन्थन से उत्पन्न निबन्ध हैं।

जैनेन्द्र तथा अज्ञेय को भी चिन्तक लेखक माना जाता है। जैनेन्द्र चिन्तक हैं भी किन्तु उनका चिन्तन गहरे उहापोह से निकला चिन्तन नहीं है, यानी कह सकते हैं कि उनमें विचार तो हैं, चिन्तन नहीं है। उनके निष्कर्ष पहले से निकले हुए होते हैं। प्रश्न तथा उत्तर के रूप में लिखे गये उनके निबन्धों में प्रश्न तो पूर्वनिर्धारित होते ही हैं, उनके उत्तर भी पूर्वनिर्धारित होते हैं, यानी वे सोचने की प्रक्रिया में उत्तर नहीं होते हैं। उनकी पुस्तक 'साहित्य का श्रेय और प्रेय' के निबन्ध भी ऐसे ही हैं। अज्ञेय का चिन्तन जरूर गहरा प्रतीत होता है किन्तु उनमें मौलिकता का आग्रह इतना अधिक होता है कि वह प्रायः किसी प्रतिक्रिया में किया गया चिन्तन प्रतीत होता है, चाहे वह यथार्थ के बारे में किया चिन्तन हो या व्यवस्था और राजनीति के बारे में या विचारधारा के बारे में। किन्तु अज्ञेय का चिन्तन सचमुच स्वतन्त्र, पृथक तथा मौलिक है।

बाद के लेखकों में निर्मल वर्मा सचमुच प्रश्नों से जूझते लेखक लगते हैं। मसलन एक जगह वे पूछते हैं कि क्यों हमारे देशों में आध्यात्म हो या मार्क्सवादी— एक लेखक को बुरी तरह जड़ीभूत कर लेता है? दूसरी जगह वे लिखते हैं कि "कल रात मुझे लगा कि चिन्तन की जमीन पर यह मेरा सूखा समय है। अब उसमें से वैसे निबन्ध नहीं उगेंगे, जैसे मैंने 'शब्द और स्मृति' और 'कला का जोखिम' में लिखे थे। निर्मल वर्मा का चिन्तन केवल उनके निबन्धों में नहीं, उनकी डायरियों और पत्रों में भी बिखरा पड़ा है। यद्यपि निर्मल वर्मा के चिन्तन पर पश्चिमी महान लेखकों का प्रभाव है, किन्तु उनसे उन्होंने केवल चिन्तन की पद्धति ग्रहण की है, प्रभाव ग्रहण नहीं किया है। निर्मल वर्मा की विडम्बना यह है कि उनके चिन्तन तथा रचना में गहरा द्वैत है। यह अपने आप में एक गम्भीर विचारणीय प्रश्न खड़ा करता है।

निर्मल वर्मा के बाद मलयज सबसे महत्त्वपूर्ण चिन्तक हैं। उनका चिन्तन भी उनके निबन्धों से बाहर उनकी बाद की प्रकाशित विशालकाय डायरी में बिखरा पड़ा है। उनकी पुस्तक 'संवाद और एकालाप' में वह व्यवस्थित रूप में व्यक्त हुआ है। यदि अल्पवय में ही उनका निधन नहीं हो गया होता तो वे कितने

महत्त्वपूर्ण चिन्तक हो सके होते, इसकी कल्पना करना मुश्किल है।

बीसवीं शताब्दी का अवसान होते-होते और इक्कीसवीं सदी के पहले दशक तक अचानक विचार तथा चिन्तनपरक लेखन की बाढ़ सी आ गयी है। वैसे वैचारिक दृष्टि से यह प्रत्यावलोकन तथा पुनर्मूल्यांकन का दौर है। खासतौर पर इतिहास, संस्कृति तथा राजनीति के पुनर्मूल्यांकन का दौर। अत: आश्चर्य नहीं, इस बीच 1857 को केन्द्र में रखकर न जाने कितने निबन्ध लिखे जाने लगे हैं। 1857 को केन्द्र में रखकर इसलिए कि एक ओर तब से आधुनिक युग की शुरुआत मानी जाती है, और दूसरी बात यह है कि आज के चिन्तक उस प्रश्न को लेकर प्रश्नाकुल हो गये हैं कि क्या सचमुच 1857 में कोई सामूहिक स्वतन्त्रता संग्राम या क्रान्ति जैसी चीज घटित हुई थी या वह केवल मुगल साम्राज्य को पुन: स्थापित करने की कोशिश थी या एक विशेष वर्ग द्वारा अपनी सम्पत्ति तथा सापेक्ष स्वतन्त्रता को सुरक्षित रखने का प्रयास था? क्या उसमें एक सम्प्रदाय विशेष की ही भूमिका थी? पूरे जनसमूह की नहीं? ये और प्रश्न आज चिन्तकों को नये सिरे से उन्मथित करने लगे हैं। विशेष रूप से विलियम डालरिंपल (Willam Dalrimple) की पुस्तक 'द लास्ट मुगल' के प्रकाशन के बाद।

इसी तरह अन्तिम निर्णायक स्वतन्त्रता संघर्ष के दौरान और फिर स्वतन्त्रता के बाद विभाजन के प्रश्न पर भी अनेक लेखकों ने पुनर्विचार करना शुरू कर दिया है। खासतौर पर हमारे अग्रिम पंक्ति के नेताओं की भूमिका पर विचारक वीरेन्द्रकुमार बरनवाल ने अपनी पुस्तक 'गाँधी और जिन्ना' पुस्तक में इन प्रश्नों पर गम्भीरतापूर्वक विचार किया है।

बीसवीं शताब्दी के अन्त से पूर्व ही प्रश्न उठने लगा था कि इक्कीसवीं सदी में गाँधी की क्या प्रासंगिकता रह जाएगी? यह इसलिए भी कि प्रौद्योगिकी पर आधारित चरित्र विकास के इस युग में जब पूरी अर्थव्यवस्था का स्वरूप बदल चुका है, गाँधी की खादी, चरखा, मशीन तथा नगरकेन्द्रित, विकास विरोधी कार्यक्रमों की क्या कोई भूमिका बच गयी है। गाँधी पिछड़ेपन के प्रतीक माने जाने लगे थे। किन्तु इक्कीसवीं सदी की शुरुआत होते होते लोगों ने विकास के विनाशक परिणामों का जो तांडव नृत्य देखा तो विकास की आधुनिक अवधारणाओं तथा कार्यक्रमों के प्रति पूरे विश्व में लोग सशंकित तथा आतंकित रहने लगे। हालाँकि तब यह विकास 'प्वाइंट ऑफ नो रिटर्न' के बिन्दु पर पहुँच चुका था। किन्तु अपनी असहायता तथा हताशा में लोगों ने गाँधी के 'हिन्द स्वराज' जैसी पुस्तकों पर पुनर्विचार तो करना शुरू कर ही दिया और गाँधी पर न केवल अधिकाधिक संख्या में पुस्तकें लिखी जाने लगीं, बल्कि इस बीच ब्रिटिश फिल्म निर्देशक की महान फिल्म 'गाँधी' बनाई गयी। इस नयी सदी में एक दशक के भीतर ही हिन्दी में भी कम-से-कम गाँधी

केन्द्रित चार फिल्में बनीं। अभी हाल में ही इतिहासकार सुधीरचन्द्र की 'गाँधी, एक असम्भव सम्भावना' पुस्तक आयी है जिसमें गाँधी के स्वप्न और उनकी सीमाओं पर गम्भीरतापूर्वक विचार किया गया है। और तो और भारत, के वामपंथी बुद्धिजीवियों ने भी जिन्होंने कभी गाँधी को ब्रिटिश एजेंट कहा था, गाँधी के विचारों तथा स्थापनाओं पर पुनर्विचार करना शुरू कर दिया है।

पिछले दो दशकों में हिन्दी में पश्चिमी पूँजीवादी विचारों के ही विस्तार के रूप में उत्तर आधुनिकता का भी एक नया दौर लगभग एक जलजले के रूप में हिन्दी में फैला। फलस्वरूप हिन्दी में उत्तर आधुनिकतावादी विचारों की बाढ़-सी आ गयी जिसके मुख्य प्रवक्ता के रूप में सुधीर पचौरी ने अनेक किताबें लिख डालीं। आलोचक और विचारक विजयकुमार ने भी 'अँधेरे समय में विचार' नाम से पश्चिमी उत्तरआधुनिक चिन्तकों पर एक सुविचारित पुस्तक लिखी जिसमें उनके चिन्तन पर तटस्थ ढंग से विचार किया गया है। इलैक्ट्रानिक संचार माध्यमों के प्रचार के साथ-साथ, उनकी भूमिका पर भी अनेक पुस्तकें लिखी गयीं। सुधीश पचौरी उसके विशेषज्ञ के रूप में सामने आये हैं। उनकी इस विषय पर दो पुस्तकें प्रकाशित हुई हैं। 'पापुलर कल्चर के विमर्श' और 'मीडिया : समकालीन संस्कृति विमर्श' आदि।

एक और नये विषय आदिवासियों के जीवन संस्कृति और विकास के नाम पर उनके विनाश पर इधर अनेक उपन्यास, कहानियाँ और विचारात्मक पुस्तकें लिखी गयी हैं। प्रसिद्ध लेखक तथा विचारक रामशरण जोशी की इस विषय पर एक पुस्तक आयी है, 'माओवाद, हिंसा और आदिवासी'। इसमें आदिवासी क्षेत्रों में माओवादी हिंसा के प्रश्न का विश्लेषण किया गया है।

इधर विचार और चिन्तन सम्बन्धी पुस्तकें इतनी बड़ी संख्या में लिखी जा रही हैं कि उनपर विचार करने के लिए एक स्वतन्त्र पुस्तक की आवश्यकता है। यहाँ मैं उनमें से कुछ का अत्यन्त संक्षिप्त परिचय भर दे पाया हूँ।

इसके साथ ही हिन्दी गद्य साहित्य की यह सुदीर्घ यात्रा यही सम्पन्न होती है। इसमें मेरी अपनी सीमाएँ रही हैं जो निश्चित रूप से पाठकों के सामने आएँगी। बहुत कुछ कहने की प्रक्रिया में कुछ न कुछ छूट ही जाता है।

❑❑❑

णाणं
पयासयं
वीर नि. सं. 2470
भारतीय ज्ञानपीठ
ई. सन् 1944

ज्ञान गरिमा के
70 वर्ष

भारतीय
ज्ञानपीठ